启真馆 出品

经济思想译丛

A Soaring Eagle Alfred Marshall

雄鹰翱翔 阿尔弗雷德·马歇尔传

1842–1924

（澳）彼得·格罗尼维根 著

程晨 译 罗卫东 校

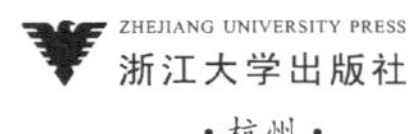

ZHEJIANG UNIVERSITY PRESS
浙江大学出版社
·杭州·

阿尔弗雷德·马歇尔，政治经济学教授和大学管理者（来自布里斯托大学的壁炉）

经布里斯托大学图书馆许可转载。

图 1

图 2

图 3

图 4

图 5

图 6

图 7

图 8

图 9

图 10

图 11

图 12

图 13

图 14

图 15

图 16

图 17

图 18

图 19

图 20

图 21

图 22

图 23

图 24

图 25

图 26

图 27

图 28

图 29

图 30

图 31

图 32

图 33

图 34

图 35

图 36

图 37

图 38

图 39

PRINCIPLES

OF

ECONOMICS

BY

ALFRED MARSHALL,

PROFESSOR OF POLITICAL ECONOMY IN THE UNIVERSITY OF CAMBRIDGE;
FELLOW OF ST JOHN'S COLLEGE, CAMBRIDGE;
SOMETIME FELLOW OF BALLIOL COLLEGE, OXFORD.

VOL. I.

Natura non facit saltum.

London:
MACMILLAN AND CO.
AND NEW YORK.
1890

[All Rights reserved]

图 40

图 41

图 42

图 43

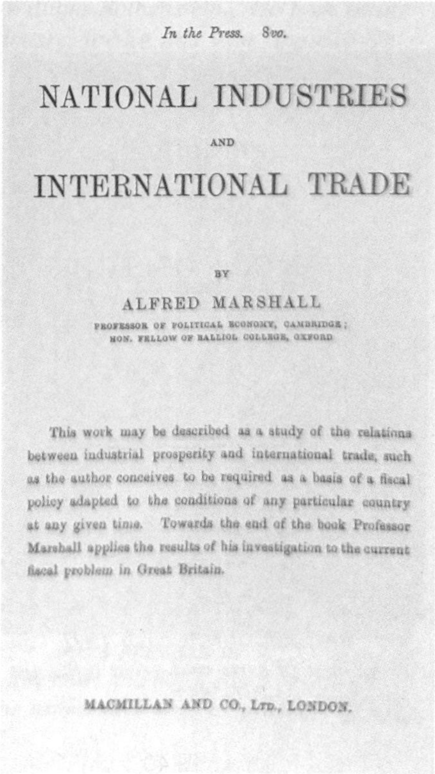

In the Press. 8vo.

NATIONAL INDUSTRIES

AND

INTERNATIONAL TRADE

BY

ALFRED MARSHALL

PROFESSOR OF POLITICAL ECONOMY, CAMBRIDGE;
HON. FELLOW OF BALLIOL COLLEGE, OXFORD

This work may be described as a study of the relations between industrial prosperity and international trade, such as the author conceives to be required as a basis of a fiscal policy adapted to the conditions of any particular country at any given time. Towards the end of the book Professor Marshall applies the results of his investigation to the current fiscal problem in Great Britain.

MACMILLAN AND CO., LTD., LONDON.

图 44

图 45

图 46

图 47

图 48

图 49

图 50

图 51

图 52

ST JOHN'S COLLEGE, CAMBRIDGE

THE FUNERAL OF THE LATE

ALFRED MARSHALL, Sc.D.

BORN 26 JULY 1842

DIED 13 JULY 1924

EMERITUS PROFESSOR OF POLITICAL ECONOMY

HONORARY FELLOW OF THE COLLEGE

will take place on Thursday, July 17. The first part of the Service will be held in the College Chapel at 2 p.m.

Members of the University and other friends who wish to be present are requested to take their places in the Chapel by 1.50.

It was his wish that no flowers should be sent.

The interment will be in St Giles's Cemetery, Huntingdon Road.

图 53

图 54

1/127

1894

BALLIOL CROFT,
MADINGLEY ROAD, CAMBRIDGE.

16.X.94

Abundant thanks, Beloved Fox, for relieving me of the fear of disgracing the old Alma Mater. But I wanted your letter to inclose to him: & you have inserted irreverent remarks, that put it hors de combat. So I have had to extract its hints. Please see that I have not gone wrong; & if not post. Very sorry about your cold. I don't think all the men are up yet, or rather come up or

图 55

I find an additional reason for thinking that this is a favourable time for retiring from my post in my belief that you have a staff of exceptional ability; and that you will have no difficulty in selecting from them, should you desire it, a Principal who will carry on the work of the College without any breach of continuity, and with much greater chance of success than I could have had.

Everything that could be done by yourselves or the Staff to make my post pleasant, has been done; and I shall always feel that I owe my hearty apologies to the College for having entered upon duties which I was not strong enough to discharge. It is my one consolation with regard to the past that in all directions in which her influence could reach, my wife has more than made up for my deficiencies; and it is my chief regret with regard to the future that her work must be lost to the College.

It is with feelings of deep gratitude for the most generous and considerate treatment which I have always received at your hands, that I ask your kind permission to retire from my present post in three months from this time.

I am, Gentlemen,

Your most obliged servant.

Alfred Marshall.

T.D.

图 56

图片说明

卷首插图：阿尔弗雷德·马歇尔，政治经济学教授兼大学管理者（来自布里斯托大学的壁炉，用以纪念其最初的两位校长——阿尔弗雷德·马歇尔与威廉·拉姆齐爵士）。承蒙布里斯托大学惠允复制。

照片 1、2、11、12、21、26、51 及 52 承蒙剑桥大学经济学与政治学系及马歇尔图书馆惠允复制，摘自 A.C. 庇古编《阿尔弗雷德·马歇尔纪念集》，麦克米伦出版社，1925 年。照片 3、5、8 承蒙纽纳姆学院院长及院务委员惠允复制。照片 4、6、7、14、18、23–25、27–28、33、34、38、39、50 及 51 承蒙剑桥大学经济学与政治学系及马歇尔图书馆惠允复制。照片 9–10 承蒙麦钦泰勒学校惠允复制，摘自 F.W.M. 德雷伯著《麦钦泰勒学校四百年：1561–1961》，牛津大学出版社，1962 年，第 96–97 页插图。照片 13 承蒙老克利夫顿校友会秘书 H.C. 爱德华兹先生及校长惠允复制，摘自《克利夫顿学院 1862–1912》，布里斯托：范戴克印刷公司，1912 年，图 8。照片 15 承蒙剑桥大学圣约翰学院院长、院务委员及学者惠允复制，摘自《剑桥大学圣约翰学院建筑历史：从创立之初到吉尔伯特·斯科特》，剑桥大学为圣约翰学院印制，1980 年，图 X。照片 19 摘自约翰·梅纳德·凯恩斯著《传记随笔》，伦敦：鲁伯特·哈特·戴维斯出版社，1933 年。照片 20 承蒙剑桥大学出版社惠允复制，摘自玛丽·佩利·马歇尔著《我的回忆》，剑桥大学出版社，1947 年，图 11。素描 29、30 承蒙伦敦大学学院图书馆惠允复制，摘自威廉·拉姆齐爵士文件。照片 35 承蒙布里斯托大学惠允复制，摘自巴兹尔·卡托尔和 J.W. 谢伯恩著《大学生活》，布里斯托：J. W. 阿罗史密斯有限公司为布里斯托大学出版，1959 年，图 2。照片 41 摘自《笨拙》杂志。照片 42 摘自《哈里奇快报》，1908 年 12 月 5 日。照片 43 摘自《约克郡先驱报》，1909 年 2 月 20 日。照片 44 摘自埃夫伯里勋爵著《自由贸易》，麦克米伦出版社，1904 年。照片 45 摘自约翰·梅纳德·凯恩斯著《传记随笔》，《约翰·梅纳德·凯恩斯文集》第 10 卷，1972 年，图 10。照片 46 承蒙麦克米伦出版公司惠允复制，摘自 A. 西季威克与 E.M. 西季威克著《亨利·西季威克回忆录》，1906 年。照片 47 摘自罗伯特·斯基德尔斯基著《约翰·梅纳德·凯恩斯：希望的破灭 1883–1920》，伦敦，麦克米伦出版社，1983 年（原文 1903 年疑为笔误，应为

1983 年。——译者注）。照片 49 承蒙英国国家肖像馆惠允复制。照片 55、56 承蒙理查德 · 弗里曼惠允复制，摘自他收藏的福克斯韦尔信函。照片 16、31、32、36 及 54 经拍摄者许可复制。部分复制材料虽经多方努力，仍未能联系到当前版权所有者。凡在此列并拥有相关版权者，敬请与作者联系。

缩　写

AMCA

《阿尔弗雷德·马歇尔评鉴》(*Alfred Marshall Critical Assessments*), J.C. 伍德(J.C. Wood)(编),伦敦:克鲁姆赫尔姆出版社(Croom Helm), 1982 年

BUL

布里斯托大学图书馆

CUL

剑桥大学图书馆

DNB

《英国人物辞典》

EEI

阿尔弗雷德·马歇尔,《产业经济学要义》(*Elements of the Economics of Industry*),伦敦:麦克米伦出版社,第 3 版,1899 年

EEW

《阿尔弗雷德·马歇尔早期经济学手稿:1867–1890 年》(*Early Economic Writings of Alfred Marshall*, *1867–1890*),约翰·K. 惠特克(John K. Whitaker)(编),伦敦:皇家经济学会之麦克米伦出版社,1975 年

EOI

阿尔弗雷德·马歇尔、玛丽·佩利·马歇尔,《产业经济学》(*Economics of Industry*),伦敦:麦克米伦出版社,第 2 版,1881 年

EPW

阿尔弗雷德·马歇尔,《阿尔弗雷德·马歇尔早期哲学手稿》(*The Early*

Philosophical Writings of Alfred Marshall），提亚诺·拉菲利（Tiziano Raffaelli）（编），马歇尔研究（No. 6），佛罗伦萨：佛罗伦萨大学经济学部，1990 年。后作为补充档案 4 发表于《经济思想史和方法论研究》（*Research in the History of Economic Thought and Methodology*），格林尼治、康涅狄格：JAI 出版社，1994 年。书中所参考的都是最初的版本。

HME

《阿尔弗雷德·马歇尔论经济学的历史和方法》（*Alfred Marshall on History and Method of Economics*），彼得·格罗尼维根（编）作序，悉尼：悉尼大学经济思想史研究中心，再版于经济学经典系列 2（No. 5），1990 年

IT

阿尔弗雷德·马歇尔，《产业与贸易》（*Industry and Trade*），伦敦：麦克米伦出版社，第 3 版，1920 年

JNKD

约翰·内维尔·凯恩斯，《1864–1927 年日记》（*Diaries 1864–1927*），CUL，Add 7827–7867

KMF

凯恩斯编录的马歇尔文档，J.M. 凯恩斯文件，国王学院图书馆

MCC

阿尔弗雷德·马歇尔，《货币、信用与商业》（*Money*，*Credit and Commerce*），伦敦：麦克米伦出版社，1923 年

Memorials

《阿尔弗雷德·马歇尔纪念集》（*Memorials of Alfred Marshall*），A.C. 庇古（编），伦敦：麦克米伦出版社，1925 年

NCA

纽纳姆学院档案馆

OP

《政府文件》（*Official Papers*），阿尔弗雷德·马歇尔（著），J.M. 凯恩斯（编），伦敦：皇家经济学会之麦克米伦出版社，1926 年

阿尔弗雷德·马歇尔，《经济学原理》（*Principles of Economics*），伦敦：麦克米伦出版社，

P Ⅰ，第 1 版，1890 年

P Ⅱ，第 2 版，1891 年

P Ⅲ，第 3 版，1895 年

P Ⅳ，第 4 版，1898 年

P Ⅴ，第 5 版，1907 年

P Ⅵ，第 6 版，1910 年

P Ⅶ，第 7 版，1916 年

P Ⅷ，第 8 版，1920 年

P Ⅸ，第 9 版集注版，1961 年，C.W. 吉尔博（编），伦敦：皇家经济学会之麦克米伦出版社，第 2 卷

TCC

剑桥大学三一学院，雷恩图书馆，特色馆藏

UCL

伦敦大学学院，布鲁姆斯伯里科学图书馆，特色馆藏

中文版序

在世界近现代历史上，有若干个姓“马歇尔”的名人。仅仅美国最高法院就有两位姓马歇尔的大法官，其中天秤座的一位因处理著名的“马伯里诉麦迪逊案”而载入了美国民主政治发展的史册。其他如美国陆军五星上将、英国著名考古学家，皆是马歇尔这个姓氏中彪炳青史的著名人物。

本书的传主阿尔弗雷德·马歇尔，是以经济学家闻名于世的，他是英国人，狮子座。马歇尔在经济学史上的地位，主要是由以下两个方面的贡献奠定的。首先，他写出了《经济学原理》这样一部杰作，创建了综合、系统、影响巨大且持续的经济学原理，推动了古典政治经济学向现代经济科学的整体转型；其次，他投身于经济学人才培养，殚精竭虑、苦心经营，在剑桥大学创建了世界上第一个经济学学位，培养了一批又一批具有世界影响的经济学家，20世纪最伟大的经济学家凯恩斯就是马歇尔学生群体中的杰出代表。当然，马歇尔在其漫长的一生中，以人道主义情怀，积极投身于改进英国经济体系尤其是改善劳工阶层生活状态的现实进程之中，深度参与了议会相关的立法调查、听证活动，为改进英国的劳动制度与政策体系做出了不可忽视的贡献。

当然，马歇尔对经济科学的最大贡献以及对20世纪经济学的深远影响，主要还是来自《经济学原理》这部传世之作。对这部以20年之功精雕细磨的呕心沥血之作，马歇尔寄予了极大的期望，出版后对其依然一丝不苟、精益求精。从该书1890年首版问世，到马歇尔辞世的1924年止，30余年时间里，马歇尔对其先后修订了8次，出了9版。如其所愿，《经济学原理》的出版使其名声大振。这部博大精深的经济学经典，在其问世后的数十年时间里，成为国际范围内最为流行的大学教科书，哺育了无数的青年学子。一代又一代的经济学人正是通过学习研读《经济学原理》而成长起来的。

1924年，马歇尔以82岁的高龄病逝，但他的影响并未随之消失，而是在随后的更长时间里继续着。

1935年，经济学家亨利·达文波特在他的书中这样写道："马歇尔已经统治经济学几十年了，并且在英语国家的经济学家中，他的统治地位仍将继续。"此时马歇尔已经逝世11年了。

1941年，熊彼特这样写道："在马歇尔的著作中，具有比他实际完成的重要得多的东西，即可以永垂不朽的某种东西，或者我们可以说，远远超过任何具体成就的寿命的生命力。除了他的天才提供我们使用的，并不可避免地要在我们的手里磨损掉的那些产品之外，在《经济学原理》中还有关于继续前进的微妙的建议或指导。"此时，马歇尔离开人世已经17年。

1996年，米尔顿·弗里德曼写道，马歇尔的光辉巨作《经济学原理》"在价格理论的教学中一直领袖群伦……整个20世纪都是如此"，此时距离马歇尔逝世已经72年。

进入21世纪，马歇尔的影响力也没有减弱的趋势，张五常虽然批评马歇尔当年在修订《经济学原理》第三版时，把"吉芬商品"概念引进经济学中是犯了一个巨大的错误，但是在他心目中，马歇尔是仅次于斯密的伟大经济学家。马歇尔的这个错误，也可被视为推动经济学前进的动力。

在经济学这样一门自我标榜为"科学"的学科中，作品的半衰期比历史学、哲学、文学、艺术学等人文类学科要短得多。学术影响超过30年的经济学家不多，超过半个世纪的更少，而影响力在一个世纪以上的简直是凤毛麟角，200多年来，有此能力的人不超过10位，而在某些标准更严格的人那里，不超过5位。但无论按照何种标准和要求来衡量，马歇尔的地位都坚如磐石。

1990年，在马歇尔的《经济学原理》问世100周年之际，国际经济学界举行了一系列的纪念活动，向这位经济学的巨人致敬。著名经济学家、诺贝尔经济学奖获得者、芝加哥大学乔治·斯蒂格勒教授总结出如下几点马歇尔的学术贡献：第一，马歇尔在价值理论中将时间作为一个重要因素，特别是分析了供给和供给弹性在市场中即时的、短期的和长期的不同特征。正是由于马歇尔强调了时间因素在经济分析中的重要性，他的著作引入了一系列非常有用的分析性的概念，大大强化了经济学的分析能力，这类概念一直到今天仍然是标准的经济学教科书中必须使用的。第二，提出了外部经济性和内部经济性的原理，对两者进行了创造性的区分，对在收益递增情况下仍然可能存在某种竞争的现象进行了解释，丰富了福利经济学、生产理论和价格理论等领域的讨论。

第三，马歇尔使企业理论的重要性为人们所认识，并且对企业和产业之间的区别与联系进行了考察，可以说是正式开启了经济学对企业和产业问题的分析性工作。第四，马歇尔对消费者理论进行了详尽的阐述。斯蒂格勒认为这四个方面是马歇尔对经济学的主要贡献。这些主要的理论贡献以及马歇尔苦心孤诣的体系化、形式化的尝试，奠定了经济学作为一门分析性的、独立的社会科学的基础。除此之外，马歇尔还有其他若干次要但对于现代的经济学来说是不可缺少的贡献，比如他对工业区概念、人力资本概念的阐释，对货币需求理论的表述，对新的国际贸易理论的促进等。斯蒂格勒对马歇尔学术贡献的概括虽然得到很多人的认同，但随着学术界对马歇尔思想的研究日益深入，今天看来，这个总结既不全面，也不够准确。尽管作为经济思想史大家的斯蒂格勒，其知人论世的判断力可谓首屈一指，但仍然不可能对博大精深的《经济学原理》这座宝藏中所蕴藏的珍宝囊括殆尽。

“英雄惜英雄”，熊彼特不愧是一位知人善论的大思想家，他有广博得让人讶异的知识和卓越的学术创造力以及高迈的学术品位，能够透过马歇尔作品的外表进入它的深处，到达智识平庸的读者完全无法企及的地带。他堪称马歇尔的真正知音。在《从马克思到凯恩斯十大经济学家》这部名作中，熊彼特关于马歇尔那一章也是值得我们反复研读的。熊彼特的过人之处不仅在于准确地总结了马歇尔的被人们认识到和实际推动经济学发展的几个重要的贡献，这些基本上都已经成为那个时代学术界的共识，还在于指出了连凯恩斯这位马歇尔最出色的学生都没有察觉到的马歇尔经济学中深藏着的那些珍贵的东西，比如，马歇尔的报酬递增思想，以及毕生念兹在兹的经济生物学和进化论经济学等思想。他希望人们关注马歇尔著作中隐藏在简洁流畅文本内部的丰富而深刻的思想，因为打开马歇尔学说奥秘的金钥匙正埋藏在这种思想中。

《经济学原理》一书使马歇尔迅速跻身于伟大经济学宗师之列。这部作品是承前启后的皇皇巨著，其思想之丰富、内容之深邃、体系之独特、叙事之得体、结构之完备、采用的经验资料之翔实，以及所依据的哲学和社会理论基础之厚实，在经济学领域中堪称空前，在他之后，可以与其比肩的综合性作品再也没有出现过。1890 年真是一个值得纪念的年份，或许只是巧合，在这一年，威廉·詹姆斯在美国出版了他的《心理学原理》，这同样是一部产生长时间重大影响的经典之作。两部经典巨作在各自的学科发展中产生的影响都是跨越时代的。

1891 年，在《经济学原理》问世以后的次年，吉丁斯就写道：“《经济学原理》这本书的出版是一起极其重要的事件……毫不夸张地说，很少有著作能涵盖如此丰富的内容、富有如此新颖的观点和详尽的信息、采用如此广博而彻底的研究方法，而事实上也确实如此。如果把它称之为自穆勒以来的最伟大的系统性著作，这还远远不够，唯一能与之相媲美的只有《国富论》。在19世纪最后十年这本书对政治经济学产生的影响，正和18世纪后期斯密所产生的影响一样……它收集整理了大量经济学知识，在更广泛的基础上重构了经济学的理论体系；它使经济学的每一个领域都更加丰富、更加科学，这样的特点是经济学在这些年的发展中从没出现过的。正如近代经济学研究是从穆勒开始的，未来的经济学研究则必然从马歇尔开始，它标志着一个科学时代的结束，另一个科学时代的到来。”[1] 20世纪的经济学史完全证明了吉丁斯当年的判断和预见的正确性。

不仅如此，进入21世纪后，经济学的相当一部分依然是带着马歇尔经济学的思想遗产上路的。2006年，著名的学术出版社爱尔伽出版社出版了《爱尔伽马歇尔手册》，该书在有关马歇尔遗产的部分将“报酬递增和竞争困境”“企业理论”“福利经济学”作为关键的内容进行了讨论，同时还在“演化经济学”“产业经济学”“认知经济学”“制度经济学”“供给的微观经济学”“方法论”等主题上，把马歇尔与当代经济学的进展以作对比的方式进行了考察和描述。由此可见，马歇尔的经济学思想仍然像酵母一样发挥着作用，不断催生出新的经济学发现。

要全面、准确而深刻地把握马歇尔在经济学上的诸多贡献，首先当然是要精读包括《经济学原理》在内的马歇尔的著作，但仅限于此也是不够的。不同于经济学内部专业化分工已经很发达的现时代，经济学家的学术贡献与其个性、人生经历之间的关系日益乖离，学科创建之初的那一代宗师，他们的学问是与其生命经历密不可分的。正因为此，要了解经济学宗师的思想和理论，还得要了解他们的人生。

和其他一切学术领域的大师一样，经济学家马歇尔也是一个思想充满多样性、难以清晰把握和理解的人。在他的理论中有很多值得探索和揭秘的“谜题”。对于刚进入经济学行当的新人而言，马歇尔的《经济学原理》是一本很难掌握的书。他的理论体系中的张力甚至矛盾的特性至今让人困惑与不解。比如，他对经济学的定性，希望是一门生物的经济学而不是物理的经济学；对于经济学研究方法，希望将归纳和演绎相结合，理论与实际情况相互参照；认为

---

[1] 转引自格罗尼维根：《阿尔弗雷德·马歇尔》[M]. 丁永健，译. 北京：华夏出版社，2009：15-16。

经济学的使命，具有实证性和规范性的双重内容；等等。

学者的个人因素与其学问之间的关系，在文化科学领域中要比在自然科学中更加值得重视。了解马歇尔的价值观、性格特点和心理倾向，有助于我们更好地理解他的经济学体系中包含的复杂性和张力。庇古在马歇尔逝世后的一次演讲中曾经说道：当你第一次读《经济学原理》时，你很容易觉得这是一本相当易懂的书，但是第二次读的时候你会隐隐约约觉得自己不是很明白了，若你读了其他书后又来第三次或第四次读此书时，你会发现每个平凡的句子背后都暗藏玄机。我相信，庇古说出了很多读者的共同感受。马歇尔的文字平实而通达，夹叙夹议，娓娓道来，字面的含义貌似好懂，这一点常常被一些"科学感"很强的当代经济学家看不起，以他们的学术标准来评判，马歇尔的东西太平常了，不够"高大上"。他们不知道的是，马歇尔看似好懂其实难懂，你越是重视他，越是深入研读他的作品，你就越不会对他做出轻浮的评论。很多经济学家看不起马歇尔，并不是因为马歇尔过时了，而是因为他们看不懂马歇尔。他们没有耐心和兴趣去认真通读《经济学原理》，完全不了解马歇尔经济学的特殊性、深刻性和现代性，不具备马歇尔的"高级的常识感"。在某种意义上，不了解马歇尔的人生关怀、不知道他的个性特点、不熟悉他进入经济学的背景、不知道他的问题意识以及知识结构、不了解他的叙事风格和策略，就很难读懂他的《经济学原理》。

马歇尔是一个苦心孤诣的学术经营者，他在写作《经济学原理》时，对长期学术发展的布局和叙事的策略都进行了精心的调配。不同水平的读者读到了自认为正确的内容，这对于经济学的传播自然是很有益处的，但是，客观上也造成了不同天赋和地位的读者在理解上的巨大差异。虽然不能说一百个人心中有一百个哈姆雷特这句话也适用于马歇尔，但是马歇尔在不同的人心中有多个面相，是自然的。今天大家都知道的那个马歇尔，其实是被某一类占统治地位的对马歇尔的理解建构起来的。经济学发展路径从来就是具有解释权和话语权的那部分学者主导的路径。思想史上的边缘者和失踪者，都不在这个路径上。我们一时无法想象，马歇尔如果还在人世，将如何看待别人眼里的自己，以及他开创的经济科学发展成了今天这样的局面。马歇尔如是，亚当·斯密、马克思等伟大的思想家又何尝不是如此。

我是 1978 级经济系政治经济学专业本科生。最初接触马歇尔及其思想，还是在经济学说史课堂上，当时我们用的是李宗正、鲁友章两位先生编写的教科书。这在当时是使用最多的权威教材。其中关于马歇尔及其经济学的内容少得可怜，而且基本上持否定态度，将其简单划入资产阶级庸俗经济学的阵营，一批了之。在很长时间里，我都认为马歇尔经济学不仅是庸俗的，而且是错误的，早已经过时了，不值得认真对待。后来，我开始阅读《经济学原理》，以及其他一些相关书籍，对马歇尔的印象才开始改变。随着自己学习和研究的进步，对马歇尔的了解和理解也日益加深，心目中的马歇尔形象也因而越来越丰满，越来越高大。我越来越深刻地认识到，今天的经济学家对马歇尔的了解很不够，理解得更不够，这使得他们的研究与传统之间出现了断裂。马歇尔著作中极为丰富的内涵，不仅在今天的政治经济学语境中被简单粗暴地加以处理，即使是在西方主流经济学界，也只是被礼貌地尊重，而未获得应有的关注，更无重视。我以为这是明珠暗弃、暴殄天物，是完全不应该的。这种状况必须有所改变。

关于马歇尔的生平等，他的夫人（玛丽·凯丽）、学生（凯恩斯、庇古等）都先后撰写过回忆文字。1940 年《经济学原理》出版 50 周年之际，约瑟夫·熊彼特撰写了长篇纪念文章，这篇文章在《美国经济评论》上刊出，马上获得了马歇尔遗孀的高度肯定。罗纳德·科斯也曾于 20 世纪 70 年代初撰写了对马歇尔身世以及方法论进行精细考据的文章；惠特克为《新帕尔格雷夫经济学大辞典》撰写了“马歇尔”长篇词条；马克·布劳格在他的代表作《经济理论的回顾》一书中以最大的篇幅介绍马歇尔的经济学。在《经济学原理》出版 100 周年的一系列纪念活动期间，国际学术界关于马歇尔的研究文献更是非常丰富多彩。

1995 年，澳大利亚悉尼大学的经济思想史教授格罗尼维根总结了以前的研究成果以及获取的文献档案资料，撰写出版了体量巨大的《雄鹰翱翔：阿尔弗雷德·马歇尔传：1842-1924》，极为详细地描述了马歇尔漫长的一生。正如作者本人在他的序言中讲到的，为了撰写该书，他用了 10 年时间，其中有 3 年是全时。在这 10 年中他遍访世界各地的学术机构、图书馆、档案馆，拜访了包括罗纳德·科斯、惠特克在内的所有在世的重量级马歇尔研究者，得到了有力支持，解决了一本高水平传记必定不能有的史料不实问题，然后才得以完成这部近百万字的巨作。这真是名副其实的“十年磨一剑”!

这部马歇尔传记甫一面世，即引起了学术界的热烈反响，好评如潮。晚年曾经着迷于马歇尔身世问题的诺贝尔奖得主、著名经济学家科斯这样评价道：“很多人认为，自从凯恩斯为马歇尔写了长篇纪念文章以后，再也没有必要写马歇尔的传记了。现在看来他们都错了，格罗尼维根教授以其巨细无遗的研究，准确而生动地向我们讲述了一个完全不同的马歇尔的人生。所有对现代经济学发展感兴趣的读者，都会从这本传记中受益。”著名的马歇尔研究专家科茨则写道：“马歇尔在全世界享有盛誉，对20世纪的经济学影响深远，然而，关于他的学术性的传记却从未面世，这一点简直不可思议。现在，这个缺憾终于由格罗尼维根弥补了。对于所有经济学家、研究思想史的学者和社会科学领域的学生来说，本书的出版都是一个重大事件。经过多年努力，格罗尼维根教授对马歇尔及其著作的认识是极其深刻的，对马歇尔作品的分析是全面的，他的判断是客观而富有洞察力的。本书的出版是一项具有里程碑意义的成就。”老牌的马歇尔研究者惠特克则评价道：“这是关于马歇尔生活与工作的一部全面的学术性传记，有关他早期背景的研究尤其引人入胜。”

马歇尔拥有漫长的一生。虽然他在生活中的故事要比亚当·斯密、康德这类学究式思想家的要多一些，人生的体验也要丰富得多，但其生命历程却远不如熊彼特、凯恩斯、维特根斯坦、赫希曼这类学者精彩。所以要做出一部资料翔实、事实准确可靠而又可读性强的传记，实非易事。格罗尼维根教授向世人奉献了这本马歇尔生平研究的集大成之作品，居功至伟。它为我们了解马歇尔的身心成长、个性演变、思维轨迹和学术理路，从个性、实践、学术三者的彼此关系中找到进一步准确把握和理解马歇尔思想的途径，提供了一把极为有用的钥匙。

毋庸置疑，格罗尼维根的这部马歇尔传，已经成为关于马歇尔研究史无前例的权威经典，自1995年出版后，在至今近30年里，其地位一直坚如磐石。或许，我还可以断言，在未来相当长的时间内，不太可能出现可以取代其地位的新作。

在20世纪的最后20年，有三部经济学家的杰出传记横空出世，按时间顺序，分别是斯基德尔斯基的《凯恩斯传》、伊恩·罗斯的《亚当·斯密传》和格罗尼维根的这部马歇尔传，这三部传记的共同特点是史料丰富、考证扎实、立论严谨，而且对传主与所处时代的关系着墨甚多，可以加强读者的代入感。它们在严谨性、生动性和历史感之间实现了较好的平衡。在某种意义上说，这样的传记对于我们学习和深研思想史而言，有着不可替代的重要价值。

我自己早年在日本学习过，时间虽然不长，但受日本学术界做思想史研究的著名学者的影响却很深，我很赞同日本学者以人物为经，以时代为纬，以作品为中心的思想史治学方式。回国后，我也有意识地实践这样的方式。多年来，我在浙江大学经济学院招收外国经济思想史方向的博士研究生，带领大家长期坚持研究包括《国富论》《政治经济学原理》《经济学原理》《通论》在内的一系列伟大的政治经济学经典作品。我本人一直将学术研究的重点放在亚当·斯密身上。我也给自己指导的每一名经济思想史专业研究生或者博士后安排了相关的思想家及其作品作为论文研究的主题。其中，张日波、程晨等主攻马歇尔经济学这个主题。对以人物为对象的经济思想史研究而言，阅读传记特别是有定评的好的传记是必须要做的课业，格罗尼维根的这部马歇尔传也就很自然地成为他们的必读书。在阅读中，大家比较一致的感受是，虽然这部传记已经出过一个中文版，但这个中文版在翻译的过程中做了大量删节，尤其是一些十分重要的学术性注释等，都被舍去了，删去的内容大概要占原书近四分之一的分量，十分可惜；同时，从译文的准确性来讲，也存在可以改进之处。总之，无论从文本的完整性，还是从准确性角度出发，为了让更多的国内读者享受这部优秀的传记，还是有必要重新翻译出版。浙江大学出版社启真馆是一家专注于人文社会历史思想著作出版的知名出版机构，启真馆的传记系列是一个在读者中很有口碑的图书品牌。我向启真馆总经理王志毅先生推荐了这部传记，希望出版一个新的译本，志毅欣然同意。2018 年，我将翻译该书的任务交给了博士研究生程晨同学，她勇敢地接受了这一艰巨而繁重的任务。此后的几年时间里，程晨一边写关于马歇尔演化经济学的学位论文，一边做格罗尼维根的马歇尔传的翻译工作，两件事情交错进行。经过持之以恒的艰苦努力，该书终于译竣。程晨从本科高年级开始，一直到博士后阶段，跟着我做学问，差不多有 10 年时间，她是我的学生中对马歇尔经济学理解最深的一位，无论是学术把握的准确性还是语言文字水平，都值得信赖，加之做事认真、耐心仔细、责任心强，她的译稿是令人放心的。我通读了全部译稿，只做了少数几处修改。

我们本来计划在译稿基本完成后，约请作者格罗尼维根教授写一个序言，还打算邀请这位经济思想史领域的杰出学者来中国参加新译本的首发式，然而，天不遂人愿，教授没有等到这一天就驾鹤西去了，令人至感遗憾！但我相信，对于在世界上历史最悠久的最大国家，以使用人口最多的语种和准确完整的面貌呈现自己呕心沥血之作这件事情，格罗尼维根教授一定会乐观其成。

2024 年，是马歇尔逝世 100 周年。马歇尔辞世整整一个世纪了，然而，他以另外一种方式一直活着，像所有往哲先贤一样，陪伴着我们走向未来。

我们谨以本书向阿尔弗雷德·马歇尔致敬！

罗卫东　2024 年国庆节于浙江大学紫金港校区成均苑

前　言

1961年的一个下午，我在澳大利亚国立大学图书馆（堪培拉）阅读戈德隆德（Gardlund）关于维克塞尔（Wicksell）的巨作，自此，我对经济学家传记产生了兴趣。此后，在1972年的伯明翰，我与威廉·贾菲（William Jaffé）之间有趣的谈话使得这一兴趣进一步加强，贾菲表示研究瓦尔拉斯传记这项事业给他带来了极大的快乐，然而，遗憾的是，他未能在有生之年完成它［贾菲在1980年去世，他的研究成果由唐纳德·A. 沃克（Donald A. Walker）于1983年编辑出版。——译者注］。早期他和乔治·斯蒂格勒就经济学家的传记是否具有价值进行过争论，我是站在贾菲这边的，而且我在讲授经济思想史的数十年里总是涉及那些有卓越贡献的经济学家的传记资料。从20世纪70年代早期开始，我还在一个经济学荣誉研讨会上讲授马歇尔的《经济学原理》。教学过程中我结合了马歇尔生平有趣的小片段——这些片段补充和修正了凯恩斯写于1924年的纪念马歇尔的文章，由此，马歇尔复杂性格中的矛盾面得以逐步展现。于是，我开始考虑亲自撰写一本马歇尔传。1983年，受到斯基德尔斯基（Skidelsky）呼吁撰写一本全面的马歇尔（和西季威克）传的鼓舞，我和约翰·惠特克提起了这件事，随后去悉尼拜访了几天。惠特克是研究马歇尔的专家，因此很可能正打算从事这项工作。得到否定的回答后，我决定调查一下这项工作的可行性。我在剑桥大学马歇尔图书馆待了几个学期，想弄清楚是否有足够的材料来支撑一部详尽的传记。本书就是这次初步调查成果的佐证。在本书的开篇我便提醒读者，存在材料的缺失这一局限是我在最初整理马歇尔文件时就充分意识到了的。十年后的今天，上述这些经历已经成为历史。

我的马歇尔传之旅持续了十年，其中有三年几乎是全职，我深刻感受到传记作者工作的喜悦与艰辛。1990年夏天，受到“马歇尔年”和《经济学原理》出版百年纪念会的鼓舞，以及在会中来自三个国家的研究马歇尔的顶级学者的鼓励，我在剑桥大学耶稣学院开始动笔。其中五位学者，贾科莫·贝卡蒂尼（Giacomo Becattini）、罗纳德·科斯（Ronald Coase）、鲍勃·科茨（Bob Coats）、丽塔·麦克威廉斯–塔尔伯格（Rita McWilliams-Tullberg）、约翰·惠特克（John Whitaker）答应与我合作并乐意阅读我的初稿，而这项任务之艰巨，大概他们在最初同意我的请求时还没有深刻意识到。后来，其中一位女性，来自马歇尔所称的“柔弱的性别”的塔尔伯格，主动核对了我的第二稿，她工作高效且极富洞见和幽默感。最初读者的那些来信和评论都足以组成一部中等体量的书。但他们给予我的帮助远远不止这些评论。科斯慷慨地向我展示了他关于马歇尔家族的大量研究，这些研究现存于芝加哥大学的雷根斯坦（Regenstein）图书馆，在我对芝加哥的短暂访问期间，他提取出这些研究的重点并给予我学术上的帮助。他对我的帮助远不止于此。贝卡蒂尼将他这些年无比珍贵的马歇尔研究成果的复印件送给了我。在他的办公室我得以俯瞰亚诺河。他还抽出宝贵的几天时间就我的初稿进行讨论，随后还用美丽的意大利语传真了很多信件给我。在位于夏洛茨维尔、由杰斐逊创建的雄伟的弗吉尼亚大学附近，我度过了美妙的三天，这期间，约翰·惠特克让我使用他收集的马歇尔的通信复印件，他正在用这些信件编辑《马歇尔通信集》。无论我有任何需求，他都时刻准备好从他丰富的马歇尔知识宝库中找出我需要的信息。鲍勃·科茨从世界各地寄给我源源不断的信件，这种鼓励是至关重要的，我作为马歇尔传记作者在面对各种各样棘手的问题时，他总是能提供有用的、敏锐的关于阅读书目的建议。丽塔·麦克威廉斯–塔尔伯格从斯德哥尔摩，间或从纽纳姆学院给我发出大量传真和信件，而且总是附带着她在长期研究马歇尔的过程中收集的资料复印件。最近在纽纳姆学院档案馆重新找到的玛丽·佩利·马歇尔的笔记，就是她以这种方式给我的，笔记在关键问题上补充了许多见解，这些意外收获让我非常惊喜。我有时会在脚注中感谢这五位朋友的帮助，但这远不足以报偿他们。毋庸置疑，我对本书的所有瑕疵负全责。我还要感谢迪克·弗里曼（Dick Freeman），我和他在沃金度过了愉快的一天，他让我阅读马歇尔写给福克斯韦尔的信，现在他是这些信和大部分福克斯韦尔文件的保管人。

其他人全部或部分地阅读了我的手稿，并提出了一些建议。迈克尔·怀特（Michael White）和彼得·克里斯勒（Peter Kriesler）给我许多深刻的建议和评论，前者还用红色、蓝色，间或是绿色的墨水在初稿上添加有益的批注。

约翰·麦克阅读了有关马歇尔大学生涯的那一章，对于数学荣誉考试他提供了一些有用的意见和参考文献，他本人在马歇尔之后也参加过这个考试；提亚诺·拉菲利（Tiziano Raffaelli）查看了初稿的第5章，并给我大量有关马歇尔早期哲学研究的资料，让我收获颇丰；路易斯·哈达德（Louis Haddad）阅读并评论了第16章马歇尔的“社会主义倾向”；路易吉·帕西内蒂（Luigi Pasinetti）阅读并简短评论了第15章、第20章及第21章，杰弗里·哈考特（Geoffrey Harcount）则阅读了关于马歇尔遗产的那一章，他先前为这一章提供过有用的资料。1984年之后，在我多次访问剑桥大学时，杰弗里·哈考特和彼得·克里斯勒还为我提供了条件极好的大学宿舍。

还有一些人检查了手稿的文风和语句的连贯性。桑德拉·弗莱施曼和我的女儿萨拉阅读了一些早期章节，以免我犯表达和语法错误。这一任务也由我的两位研究助理马克·多诺霍和休·金完成，他们都阅读了整篇手稿，还找出了不确切的表达、错误的拼写和标点符号，特别是马克·多诺霍，他在悉尼大学图书馆藏书的脚注中发掘了很多与马歇尔相关的不易察觉的信息。

作为传记作者体会到的另一件乐事是图书馆和档案馆的慷慨援助，这点我深有感触。我至今仍然惊讶于各行各业的人们对我提供了如此巨大的帮助，我向他们提出一大堆问题，而有时连这个问题涉及的人物他们都从未听过。首先，我想由衷地感谢马歇尔图书馆的所有管理员和工作人员，他们极为慷慨地花时间和精力帮我搜寻资料、影印件以及照片复印件。感谢各个学院的档案保管员们，特别是圣约翰学院、纽纳姆学院、国王学院和三一学院，以及伦敦各图书馆的各类机构、布里斯托大学，以及英国其他机构的工作人员，他们都极为慷慨。我经常从悉尼写信去询问他们。这类致谢的详细清单会在后文列出，同时，对于他们允许我引用这些手稿或其他复印资料，我也感激不尽。

在这里，我还要特别感谢一些其他机构。感谢悉尼大学及其经济系慷慨地给我提供了一些国外的特别职务，让我可以去搜集档案资料或参加会议，在会上我得以展示一部分马歇尔研究成果。澳大利亚研究委员会资助了我的差旅费用，更重要的是，它于1990年授予我高级研究奖学金，以便我从1991年起全心全意地从事传记书写工作。没有这一帮助，本书可能永远不会完成。杰克·托为我的研究和本书的写作提供了很多方面的特别帮助；克里斯·雷切尔提供了至关重要的建议，即使用计算机来处理图片复印件以保留更多细节，并为本书第2章制作了族谱图；瓦莱丽·琼斯再一次将我杂乱无章的手稿整理成精美的文稿，她从事这项艰巨的打字工作长达三年半，她也从未抱怨我没完没了的修正和改动。朱莉·莱帕德通过埃尔加给予我极好的有关编辑上的建议和评论。最后，我要向我的妻子和孩子表示歉意，从1984年初开始他们便耐心地忍受我对阿尔弗雷德·马歇尔的沉迷，特别是在本书完成的最后阶段，每天都要修正打字稿和校稿，几乎全周无休，并且，即使对最伟大的圣人来说，制备索引都是对耐心极大的考验。

彼得·格罗尼维根

1994年12月于悉尼

目　录

图表目录

图示

表格

图示 2.1 与 2.2 来自科斯文件，承蒙芝加哥大学约瑟夫·雷根斯坦图书馆特殊馆藏部和科斯教授本人惠允复制。图示 4.1 承蒙剑桥大学圣约翰学院院长、院务委员及学者惠允复制，摘自《剑桥大学圣约翰学院建筑历史：从创立之初到吉尔伯特·斯科特》，剑桥大学为圣约翰学院印制，1980 年，1862 年地面规划图。图示 6.1 承蒙剑桥大学图书馆理事会惠允复制，摘自马歇尔个人收藏的 J.S. 穆勒《政治经济学原理》(CUL, Marshall.d.62)。图示 6.2 摘自 J.K. 惠特克编《阿尔弗雷德·马歇尔早期著作：1867–1890》，伦敦：麦克米伦出版社（为皇家经济学会出版），1975 年，第 2 卷，第 5 页，承蒙编辑与出版商惠允复制。表格 10.1、10.2 与 10.3 摘自《苏格兰政治经济学杂志》，37 卷（1），1990 年 2 月，第 53、54、56 页，经版权所有者许可使用，略有调整。表格 12.1 来自 J.K. 惠特克编《阿尔弗雷德·马歇尔早期著作 1867–1890》，伦敦：麦克米伦出版社（为皇家经济学会出版），1975 年，第 1 卷，第 89–90 页，承蒙编辑与出版商惠允复制，略有调整。

第 1 章　阿尔弗雷德·马歇尔的生平：引言及概述 1

现代英国经济学之父、剑桥学派的创始人阿尔弗雷德·马歇尔，出生于 1842 年 7 月 26 日，一个星期二，一个 19 世纪中期极为平常的伦敦夏日。此时，在下议院及上议院的所在地威斯敏斯特，议会成员正在三读殖民地旅客和税额评估（2 号）议案，审议教区委员的报告，全神贯注地质询内阁大臣。在上议院，威灵顿公爵主持二读济贫法修正案。在温莎堡，维多利亚女王和阿尔伯特亲王在花园里骑马。这晚的皇家晚宴邀请了夏洛特·邓达斯夫人、查尔斯·韦尔斯利勋爵、肯特公爵夫人和乔治·库珀爵士。在临近温莎堡的伊顿公学，教务长款待了近百名来宾，这标志着“竞选演说”的结束。副大法官约翰·威格拉姆爵士在法庭上裁决原告胜诉，结束了泰勒与皮尤的夫妻财产归属案的漫长诉讼。萨里郡的验尸官卡特先生开始调查前一天约翰·米切尔的死亡案，后者是沃金地区西南铁路的劳工，死亡时处于醉酒状态。迪斯科德·梅洛迪在古德伍德赛马场的卡拉芬锦标赛中获胜。在上议院，一年一度的 11 位绅士和 11 位运动员之间的板球比赛正在进行第二天的较量。谢里登的《情敌》正在位于干草市场的皇家剧院上演；戴维奇斯皇家萨里剧院晚上演出的是贝利尼的歌剧《梦游女》；随后上演的是莎士比亚的《麦克白》，在剧中，斯坦斯伯里先生指挥整个歌剧团演唱了洛克关于女巫的全部曲目。就在这些寻常的事情发生的时候，阿尔弗雷德·马歇尔来到了这个世界。

这些都是阿尔弗雷德·马歇尔来到这个世界之时发生的寻常事件。而这些寻常事件标志着他不寻常的人生的开始。兜兜转转，阿尔弗雷德·马歇尔最终成为知名经济学家。他撰写的《经济学原理》是使用时间最长的经济学教材之一。他还写过一些其他作品，但没有前者那么出名。他是剑桥学派的创始人，并且创建了英国新古典经济学这一独特流派。他将早期的古典主义思想和新近的边际主义经济学融合进了这个基于供给和需求的新的经济学体系。

阿尔弗雷德·马歇尔的贡献远不止于此。他是知名教师，还数次推动教育改革。他的学术足迹不仅遍布传统和古老的剑桥大学及牛津大学，还包括创建于19世纪70年代的“红砖大学”布里斯托大学学院。他对政府财政和其他经济事务有着卓越的贡献，并且在1891年到1894年任英国皇家劳工委员会成员时的许多活动中也表现不俗。他还参与学术团体，并参与组建英国经济学会，
2 这一学会在19世纪90年代以后大大推动了经济学的职业化。他在社会主义、女权主义、城镇规划、社会福利组织、民族主义、和平主义、帝国主义，以及在其他感兴趣的主题上都有自己明确的观点。在政治、教育、教会、工人运动和社会改革方面，他认识很多杰出的人物。马歇尔八十多年的漫长一生横跨了相对平静的维多利亚时代和爱德华时代、“重大”但沉痛的第一次世界大战（1914–1918年），以及战后重建和调整的动荡岁月。总之，他的一生既充实又有趣，而且在很多方面都有其特性。

阿尔弗雷德·马歇尔的完整传记早就应该出现了。[1]这不仅是因为马歇尔在现代经济学发展史上无可争议的地位——《经济学原理》在问世一个世纪之后，它的影响还在持续；而且，之后出现了大量的专著和文章，对马歇尔多种多样的经济学贡献进行研究，这极大地巩固了马歇尔在经济学——这个他奉献了大半生的学科——历史上的地位。[2]然而，对马歇尔生平的研究兴趣不仅仅源于他对经济学发展的贡献。研究他的生平还能帮助我们了解维多利亚时代思想史和社会史的许多相关特点，因为他的一生无疑反映了维多利亚时代后期思想家的特质。例如，他和许多同时代的思想家一样，对人类进步有着坚定的信念，认为普及教育是实现人类进步的明智方法，认为它可以提高工人阶级和社会底层人民——马歇尔常称他们是“被社会抛弃的人”——的生活水平，尤其是改变他们的生活模式。[3]对于马歇尔和同时代的许多人来说，这些关于进步

[1] 罗伯特·斯基德尔斯基，《约翰·梅纳德·凯恩斯：希望的破灭1883–1920》（*John Maynard Keynes, Hopes Betrayed 1883–1920*），伦敦：麦克米伦出版社，1983年，第32页。

[2] 此类文章大多收集在由J. C. 伍德（J. C. Wood）于1982年编辑出版的四卷本《阿尔弗雷德·马歇尔评鉴》（*Alfred Marshall. Critical Assessments*）中，伦敦：克鲁姆赫尔姆出版社（Croom Helm）；还必须加上《经济学原理》问世百年纪念会时发表的文章。《马歇尔研究公报》（*Marshall Studies Bulletin*）的前三期对此进行了回顾。

[3] 阿尔弗雷德·马歇尔，《经济学原理》第1版，1890年，第1篇第1章；《经济学原理》第8版，1920年，第1篇第1章。

的信仰以及为它的实现所做出的必要努力，都是基于用理性的不可知论取代被抛弃的基督教信仰这一需要。这些人成长于混乱的 19 世纪五六十年代，经历了数十年的教会危机，形成这种思想是很典型的结果。[1]

虽然马歇尔经历的宗教信仰危机与他剑桥大学同事西季威克相比相对温和，但对于他的传记作者来说，研究他的经历比单纯地记录维多利亚时代英国进步的不可知论要有意思得多。从 1865 年到 19 世纪 70 年代早期，马歇尔宗教信仰的丧失以及他知识方向的逐渐转变，都发生在他所谓的经济学学徒生涯的最初几年。这个思想上的转变使马歇尔放弃继续从事数学研究的打算，转而进行知识理论的研究，他试图弄清楚一个理性人可以信仰的究竟是什么。马歇尔在研究同时代人有关宗教争论的主要作品时，遇到了一些形而上学的问题，这使他依次研究了伦理学、心理学，接着是一个新兴的研究领域。这些问题，再加上部分为了满足自己从事社会改革以提高工人阶级生活水平的强烈愿望，使马歇尔最终投身于政治经济学的研究。马歇尔从高中时期开始到 19 世纪 60 年代早期准备剑桥大学数学荣誉考试的时候，以及后来在研究生时期，都涉猎了一些哲学作品，这为他思想转型奠定了知识基础。[2]

对马歇尔思想进程的研究，还可以让我们了解有关 19 世纪 60 年代剑桥 3
大学道德科学发展的那段激动人心的岁月。研究马歇尔的经历是有益的，这可以从两个方面来说。首先，马歇尔曾认真地考虑以心理学和哲学为业，他在 1870 年之前所写的心理学和哲学的文章涉及当时对英国心理学思想发展状况的一些讨论——那时心理学界被培因（Bain）的教科书《感觉与理智》（*The Senses and the Intellect*）以及《情感与意志》（*The Emotions and The Will*）统治，特别是随着感官生理方面的事实性知识的大量增加，“联想主义学派”提出的问题被大量讨论。其次，马歇尔参加的格罗特俱乐部，也能让我们对同时期剑桥大学的哲学争论有更多深刻的见解。例如，可以从中了解德国唯心主义哲学影响英国哲学思想的方式，因为当时马歇尔沉迷于黑格尔（Hegel）的《历史哲学》（Philosophy of History），这在很多方面都对他以后的思想发展产生了影响。上述提到的这些思想乍一看属于不同的领域，实际上，都受到了达尔文和斯宾塞的生物进化论这一最新科学发现的极大影响。进化论对马歇尔——这位

[1] A. J. 科克沙特（A. J. Cockshut），《无信仰者：英国不可知论思想 1840–1890》，伦敦：柯林斯出版社，1964 年，第 3 章第 2 节，第 143–149 页。

[2] 详细的讨论见下文第 5 章和第 6 章，特别是第 113–118 页。若之后的注释提到前文，上文或下文，没有特别指出的，也请参考码边——编者注。

维多利亚后期杰出的社会科学家——产生了最初和持续的影响，这件事本身就是一个有趣的案例，研究这个案例需要从传记的角度充分把握事物的方方面面，比如研究当时的优生学运动。这也再一次说明斯宾塞的著作在当时有巨大的影响，但在20世纪的大部分时间里人们相对忽视了他的思想，因此反复重申是有必要的。总之，马歇尔的一生追逐过许多思想潮流，不仅局限于与当时的与经济学发展有关联的方面。这些经济学之外的兴趣同样为马歇尔在19世纪80年代早期创建的经济学体系提供了无形但依然非常重要的基础。

研究马歇尔的经历，还有助于我们了解许多维多利亚时代后期大学教育的发展史，当然这里特指剑桥大学，在那里，马歇尔作为学生、讲师和教授度过了人生的大部分时光。马歇尔的传记除了展现一个没有显赫社会关系的穷人在19世纪60年代求学于剑桥大学的经历，以及那时参加数学荣誉考试所需要的条件、获得奖励的类型这些具有社会价值的内容之外，还以其他方式向我们展示了当时教育发展的历史。最有趣的是，他在剑桥大学参与的各种各样的改革，都取得了某种进步。一个很重要的例证就是，他一直推动设立的独立的经济学和政治学荣誉考试在1903年成功实现。这件事不仅对当时英国对待经济学和商学教育的态度产生了显而易见的影响，还提高了像在剑桥大学这样的高校中的经济学讲师的地位，因而至关重要。他在提高剑桥大学及一般高等教育中女学生和女老师的地位以及教育实践上的基本立场是不断变化的。由此可见，马歇尔在剑桥大学——英国首屈一指的三大教育机构之一——的教育实践，也为窥探维多利亚时代晚期大学教育改革打开了一扇窗户。

马歇尔的经历同样为我们刻画了维多利亚时代中产阶级家庭的面貌。马歇
4 尔是一位敏锐且广博的旅行者，特别是1875年亲眼看到美国的发展之后，他产生了许多有趣的想法。其中不仅包括对美国制造业和贸易的状况、各种形式的贸易保护主义观点的考察，还包括他在旅途中所遇之人的人物特写，观看纽约歌剧院演出后的感想，在宗教“社会主义”团体的经历，以及对尼亚加拉大瀑布的壮观景象的感受。马歇尔同样对艺术颇感兴趣，尤其是绘画和音乐。他在“红皮书”（Red Book）[1]中收集的信息，以及不为学术目的而收集的名人肖

[1] 在红皮书中，马歇尔除了记录每年的经济数据，还记录文学、艺术、哲学等领域发生的事件。关于红皮书，详见下文第5章，第128–129页，第6章，第163–164页。有关肖像收集的情况，见下文第128页。

像都暗示了这一点。马歇尔的生平也能展现维多利亚时代中产阶级对社会主义的反应：对其极端的指令心生恐惧，同时又着迷于它带来的崭新思想和社会图景。马歇尔的社会主义倾向是丰富且多变的，他从讲授其主要观点时被动地了解这些思想，到更加主动地参加合作性质的边缘组织，而在 19 世纪 70 年代早期及之后，马歇尔又开始反对它的一些主要观点。马歇尔的生平从很多方面展现了维多利亚时代丰富的生活全貌，并详细记录了一位胸怀大志、善变、古怪的维多利亚时代学者和思想家的喜怒哀乐。

本书范围

首先，马歇尔丰富而漫长的一生有许多不同的面向，经济学仅是他人生的组成部分之一，尽管是一个意义重大的部分。关于经济学的内容是以各种各样的方式呈现的，涉及马歇尔作为一位经济思想家和著作家（第 6、12、19 章）、一位经济学教育家（第 9、10、15 章），以及作为一位“全面”传播经济学观点的人（第 11、13、17 章）的活动和成果。在他的旅行（第 7 章）、退休生活（第 17 章）及友谊（第 18 章）中也存在大量经济学素材，经济学也是他的遗产（第 20 章）的主要组成部分。因此，马歇尔传记的绝大部分因这个他毕生感兴趣的事业而多姿多彩。他的传记包含如此多的经济学主题是不足为奇的，马歇尔作为一位从事学术研究的经济学前辈，对提高经济学在社会上的地位做出了极大贡献，足以被载入史册。

这些有关经济学的具体章节的安排值得我作进一步说明。按照马歇尔发表文章的时间顺序，可以划分他的经济学思想的发展阶段，其中，第一阶段包括他自己称之为经济学学徒期的那段岁月。马歇尔经济思想发展的第一阶段旨在强调他的经济学研究具有广泛公认的基础，包含穆勒、古诺、冯·屠能、斯密和李嘉图的思想成果，马歇尔首次出版著作标志着这一阶段结束。这些著作就是 1879 年私人发行的《国外价值纯理论和国内价值纯理论》（*Pure Theory of Foreign and Pure Theory of Domestic Value*）以及（与妻子）合著的《产业经济学》（*Economics of Industry*）。这些著作以各自不同的内容表明，在那个时候，马歇尔已和他最初的导师约翰·斯图亚特·穆勒（John Stuart Mill）的经济学观点相去甚远。

马歇尔经济学思想发展的第二阶段主要涵盖他撰写巨著《经济学原理》（*Principles of Economics*）的那段时间。他历经艰难完成了这一鸿篇巨制，还奇怪地一再对其进行修订，并撰写了这本巨作的缩写本《产业经济学要义》，

于 1892 年出版，而对于早就承诺过的《经济学原理》第 2 卷，马歇尔却始终
5 未能完成。本书第 12 章按时间顺序介绍了《经济学原理》的撰写和修订情况，但没有对具体内容进行详细分析。

《经济学原理》这一传奇故事的最后部分与马歇尔经济思想发展的第三个阶段，也就是最后一个阶段相重合：本书第 19 章讨论分别于 1919 年和 1923 年出版的马歇尔的最后两本著作，以及马歇尔关于撰写一本有关进步的书的计划。

第 12 章和第 19 章穿插着讨论了马歇尔与政府打交道的经历，他对皇家委员会的贡献多被收录于约翰·梅纳德·凯恩斯在马歇尔去世后编辑出版的马歇尔《政府文件》中。按形式对马歇尔的出版作品分门别类，从而呈现他的经济学思想，似乎更利于理解，不过这样的话，时间线就不够清楚。

实际上，本书的一个突出特点就是并未严格按照时间顺序来组织材料，部分是由于马歇尔生平的素材是不连贯的。在本书开篇当然要先对马歇尔的家族身世以及他接受的正规教育（第 2–4 章）作必要的交代，随后介绍了大学刚毕业时的那段历险（第 5、6 章），接下来，用来呈现他活动的素材只是松散地按照时间顺序编排（这些活动涉及旅行、学术生活、社会主义、妇女问题、俱乐部和学术团体等）。选择介绍哪些活动取决于材料的可得性，未必意味着这些活动在他的生活中十分重要。本章引言的后续部分会更加充分地说明这一点。总之，本书是根据信息的可得性这一基本原则来呈现马歇尔生活的各个方面的。以这种方式介绍他的生平，使本书忽视的那些部分隐匿在已经给出的目录框架中，但当呈现与他的生活相关的具体活动时，这种因材料缺失而导致的局限会更为明显。本书最后一章更明确地评论了这些缺失，并且展示了一些难以纳入前面章节的材料。使用这一方法也意味着需要先按时间顺序对马歇尔的一生进行集中回顾。

在做这项工作之前，有必要说一说书名的由来。“翱翔的鹰”这一形象高度契合阿尔弗雷德·马歇尔的一生。顺带说一句，凯恩斯的纪念文章以及埃奇沃思本人也选用它来形容马歇尔。[1] 初看，鹰让我们注意到马歇尔和剑桥大学圣约翰学院之间长期的联系：他从 1861 年到 1865 年是学院的本科生，从 1865 年到 1877 年任住校研究员，在 1884 年被任命为剑桥大学政治经济学教

[1] 这些引用在卷首标题页给出。1890 年《笨拙》（*Punch*）画报同样将马歇尔比作雄鹰，与代表社会主义的蛇扭打在一起，见图 41。

授之后，从 1885 年直至去世任非住校研究员。更重要的是，埃奇沃思和凯恩斯之所以使用如此醒目的比喻，是因为鹰能够代表 19 世纪 80 年代以来马歇尔在经济学专业中所占的统治地位。不只如此，它还可以强调马歇尔年轻时的雄心壮志。正如本书所表明的那样，青年马歇尔力求在各种可能的领域获胜，在某种程度上似乎是为了弥补因出身卑微而导致的社交上的劣势。他渴望像雄鹰一样翱翔，这很好地形容了 19 世纪 60 年代后期马歇尔对事业的追求，这比他垂暮之年自己给出的**事后**解释要有力得多。

按时间顺序概述马歇尔的一生：1842–1924 年 6

1842 年，马歇尔出生于柏孟塞（Bermondsey），这是一个伦敦下层地区。他的父亲威廉·马歇尔是英格兰银行的一名办事员，母亲叫作丽贝卡，旧姓奥利弗，马歇尔在家里五个孩子中排行老二。1852 年至 1861 年，马歇尔在麦钦泰勒学校（Merchant Taylors' School）以相当优异的成绩完成学业，这是一所非寄宿的伦敦公学。马歇尔擅长并钟爱数学。他选择哪所大学取决于学校是否提供奖学金，所以他本想去牛津大学圣约翰学院就读，毕业后还能作为英国国教的牧师谋一份“生计”。然而，叔叔提供的资金支持，本人对古典研究的厌恶以及对数学日益浓厚的兴趣，使得马歇尔最终选择了剑桥大学圣约翰学院，并参加了数学荣誉考试（1861–1865 年）。他是此次考试的第二名，仅次于瑞利勋爵，随后短暂地在克利夫顿学院（位于布里斯托）作为代课教师教授数学，后于 1865 年底当选为所在学院的研究员。从 1865 到 1868 年，他依靠数学辅导维持生计，还从收入中拿出一部分偿还给叔叔。从 1865 年开始，他的兴趣日益从数学和自然科学，转移到哲学及其相关研究、心理学以及政治经济学。1868 年，他被任命为圣约翰学院的道德科学讲师。从 1870 年到 1875 年初，他主要是给女学生讲授道德科学，并遇到了他未来的妻子玛丽·佩利。从 19 世纪 70 年代初开始，马歇尔的阅读和教学愈发集中于经济学。他在 1872 年发表了一篇关于杰文斯《政治经济学理论》的书评，在 1873 年向剑桥哲学学会展示了自己关于经济学中数学理论的一些论述，并在 1876 年发表了一篇文章讨论穆勒的价值理论。从 19 世纪 70 年代初开始，他还撰写了一本有关国际贸易的书（但未曾出版）。1875 年，曾资助马歇尔就读剑桥的叔叔去世了，他给马歇尔留下一笔遗产，马歇尔用这笔钱造访了美国，对那里的经济和社会情况进行调研。1876 年他与曾经的学生玛丽·佩利订婚，后者于 1874 年通过道德科学荣誉考试，且从 1875 年开始一直在纽纳姆学院教授经济学。他们于 1877 年结婚，然而按照当时实施的学院规定，马歇尔不得不辞去赖以为生的研究员职位。那时他们的经济情况并不乐观，所以马歇尔需要另谋一份工作。在婚礼之前，他们的生活已经有了保障，因为马歇尔成功地在布里斯托大学学院谋得一份校长以及政治经济学教授的职位，这所大学在他们婚礼的前一年才成立。可以说，这场婚礼开启了马歇尔人生的新阶段，结束了他从 1862 年到 1877 年与剑桥大学长达 15 年的纠缠。

从 1877 年到 1881 年，马歇尔在布里斯托大学学院身兼两职。从 1878 年起，他的妻子帮他教授白天的政治经济学课程。在布里斯托大学的这段岁月从各个方面看都是多事之秋。1878 年马歇尔的母亲逝世，不久后他的弟弟沃尔特也去世了。1879 年马歇尔自己也病倒了，随即被确诊为肾结石，需要休整。马歇尔的病痛时期由此开始，按他自己的说法，几乎用了十年也没能真正恢复过来。这一年，他与妻子合著的教科书《产业经济学》出版了（该书于 1881
7 年再版），还出版了一些私人印刷的政治经济学问题图解。此书的拥趸西季威克将它介绍给英国和欧洲各地的经济学家。身体抱恙，加之从事不擅长的行政工作所带来的压力，使得马歇尔多次尝试辞去布里斯托大学的职务，但直到找到了继任者——刚被任命为化学教授的威廉·拉姆奇，马歇尔才如愿辞职。随后，他和妻子在欧洲大陆待了一年，在巴勒莫（Palermo）过冬并将大部分时间用于写作。马歇尔就是从这个时候开始撰写《经济学原理》的，这项工作占据了他 19 世纪 80 年代的全部时间。1882 年，马歇尔夫妇重返英国，继续在布里斯托大学执教了一年。1883 年，他们移居牛津大学，在贝利奥尔学院，马歇尔取代汤因比成为给印度公务员教授经济学的讲师。1884 年，新学院选举他为荣誉研究员。1884 年 11 月，剑桥大学政治经济学教授亨利·福西特（Henry Fawcett）意外去世，马歇尔申请了这个空缺职位，随后正式当选。至此，马歇尔被剑桥大学流放的岁月结束了。马歇尔离开剑桥的这些年，作为一位经济学家，他的声誉越来越高，部分是由于最杰出的竞争对手在这些年相继逝世，但主要还是由于他教学的高质量、对教学的热情，以及筹备中的巨著被赋予的厚望。这些年，马歇尔还参与了关于亨利·乔治（Herry George）的《进步与贫穷》（*Progeress and Poverty*）一书的公开争论，并且撰写文章来参与公共事务，例如，他发表了文章《伦敦穷人何所居》（1884 年）。

从 1885 年初马歇尔作为政治经济学教授在剑桥大学定居，到 1908 年他退休，是马歇尔人生的第三阶段，这也是他事业的巅峰期。在这段时期，他发表了大部分学术论文，[1] 出版了《经济学原理》早期的版本（包括 1890 年、1891 年、1895 年、1898 年和 1907 的版本），所有主要的改动都在这几版中完成；他还给皇家委员会（1886 年就贸易萧条问题给皇家委员会、1887 年给金银委员会、1893 年给老年穷人委员会、1897 年给地方财政委员会、1899 年给印度货币委员会）提供了重要的专家证词，担任皇家劳工委员会的成员（1891–1894 年），撰写（1903 年）并出版（1908 年）了关于国际贸易财政政策的备忘录。这些年他还参与了很多学术团体。他于 1880 年加入皇家统计学会，于 1886 年加入政治经济学俱乐部，1890 年他成为英国科学促进协会 F 分部主席，并领导创建了英国经济学会，后者于 1902 年改名为皇家经济学会。他担任教授时的许多时间都用来提高经济学在剑桥大学教学中的地位，最初是在当时历史和道德科学荣誉考试的背景下，以提高奖学金的方式鼓励学生学习经济学；后来，他致力于创立一个单独的经济学和政治学荣誉考试。剑桥大学在 1903 年批准了这一提议，并在 1905 年举办了第一次考试。领导经济学教学之外，他在学校其他事务中发挥的作用非常有限。不过有一个重要的例外，他在反对剑桥大学成为男女混合的高校、反对为女性授予学位，甚至反对为男女混合班授课这些事上发挥了不小的作用。

1908 年马歇尔从政治经济学教授的职位上退休，标志着他人生的最后一个阶段的开始。这一阶段始于一些争议和荣誉：争议是他选择庇古（Pigou）作为教授职位的继任者，而非他的老同事和老朋友福克斯韦尔（Foxwell）；荣 8
誉则是指皇家经济学会赠予马歇尔的荣誉学位和官方肖像画。之后其他争论也接踵而至。在年轻的梅纳德 · 凯恩斯的协助下，马歇尔在 1910 年《泰晤士报》的来信专栏中评论了卡尔 · 皮尔森关于酗酒家长对子女的影响的看法，这表明了他强烈的遗传和优生学观点。第一次世界大战期间，《泰晤士报》的来信专栏同样刊登了马歇尔对合理处置德国和德国物品的观点，其中不涉及德国军国主义。后来马歇尔放弃了出版《经济学原理》第 2 卷的计划，转而致力于撰写《经济学原理》的其他姊妹篇。尽管退休后可供写作的空闲时间大增，但写作的进展仍十分缓慢。进展缓慢的部分原因是日益恶化的健康状况——特

---

[1] 这些文章包括：《统计学的图解法》，《统计学杂志》纪念版，1885 年；《一般价格波动的补救措施》，《当代评论》，1887 年；《济贫法和政府资助的养老金》《济贫法改革》，《经济学杂志》，1892 年；《论租金》，《经济学杂志》，1893 年；《消费者剩余》，《美国学会年报》，1893 年；《老一代经济学家与新一代经济学家》，《经济学季刊》，1897 年；《分配与交换》，《经济学杂志》，1898 年；《经济骑士的社会可能性》，《经济学杂志》，1907 年。马歇尔在其教授生涯的前五年还发表了一些演讲以及主席讲话，包括《政治经济学的当前地位》（1885 年），《工资理论与事实》（1885 年），《可补救因素如何影响（A）就业连续性和（B）工资率？》（1885 年），《合作》（1889 年），《竞争的某些方面》（1890 年）。

别是在 1914 年之后，还有部分原因是马歇尔的注意力有所分散，未能集中于这项工作。1919 年，第一本姊妹篇《产业与贸易》(*Industry and Trade*) 出版；1923 年，《货币、信用与商业》(*Money*, *Credit and Commerce*) 一书作为之前研究的集合出版，有人怀疑这本书主要是由玛丽·佩利·马歇尔筹备的。到 1921 年，短期记忆力丧失的加剧使得马歇尔已不再可能完成有建设性的工作。他在生命的最后十年一直想要出版一本有关经济进步的书，然而也仅仅完成了一个粗略的大纲。到 1924 年 5 月，他的病情再一次加重。1924 年 7 月，就在即将迎来 82 岁生日的时候，马歇尔在贝利奥尔庄园与世长辞，这所房子由马歇尔帮忙设计，他和妻子于 1886 年搬来此处居住。他的妻子玛丽·佩利·马歇尔在他去世后又活了二十年，如同马歇尔比他的许多熟人和同时代人更长寿一样。

以维多利亚时代为主的一生

不同于亨利·西季威克——他的一生正好处于维多利亚女王的统治时期之内，[1] 马歇尔的生命在维多利亚时代结束之后还延续了将近四分之一个世纪。很显然，时代塑造了马歇尔，他对时代的变化十分关注，这体现在他的很多作品之中，特别是他生命的最后十年也就是一战开始之后，技术、社会和政治的飞速变化使他对时代的关注更加热切。从他的作品特别是《产业与贸易》中，可以很明显地看出他努力尝试理解这些变化，这也是《产业与贸易》如此重要的原因之一。到 20 世纪 20 年代，马歇尔智力的衰退程度可以从与时代极不相称的《货币、信用与商业》中看出，马歇尔在书中很少跟进最近发生的变化，他对近五十年货币问题的讨论是以一个大杂烩的形式展现的，似乎这半个世纪以来没有发生什么变化。[2] 不过，尽管马歇尔的一生见证了这些时代的发展变化，并且偶尔会记述它们，例如汽车、飞机、电影、留声机，还有布尔什维克革命、国际联盟，他甚至预见到了一战各方与德国再次爆发战争的极大可能性，但是“在许多方面，马歇尔仍然是一位备受尊崇的维多利亚时代后期的思想家”。[3]

---

[1] J.B. 施内温德 (J. B. Schneewind)，《西季威克的伦理学和维多利亚时代的道德哲学》，牛津：克拉伦登出版社 (Clarendon Press)，1977 年，第 13 页：“他于 1838 年 5 月 31 日出生，此时她 (维多利亚女王) 登基还不到一年，他于 1900 年 8 月 28 日去世，差不多半年之后她与世长辞。”

[2] 见下文，第 19 章，第 617–618 页，第 20 章，第 760 页。

[3] 雅各布·瓦伊纳 (Jacob Viner)，《马歇尔经济学：其人与其时代》(‘Marshall's Economics, in Relation to the Man and to his Times’)，《阿尔弗雷德·马歇尔评鉴》，第 1 卷，第 242 页。

关注“维多利亚时代”的“后期”具有重大的意义。正如 G.M. 扬格（G. M. Young）[1] 在他描写英国维多利亚时代的经典之作中所提到的，19 世纪 40 和 50 年代是维多利亚时代前期和后期的“分界线”，这段时间正好对应着马歇尔的童年和学校生活。到 19 世纪 60 年代，当马歇尔开始享受大学生活带来的塑造性的智力体验时，维多利亚时代后期开始了。这是一个政治舆论对 19 世 9
纪主要经济问题达成共识的时期，这些问题包括对外贸易政策、如何对待穷人，以及国家的作用，在这个时期，主要的政治和经济团体也不再就自由贸易进行争辩。虽然自由贸易事实上被普遍接受，但并不意味着盲目遵循**自由放任主义**。这一时期主要的经济学家，特别是在这一领域对马歇尔有主要影响的约翰·斯图亚特·穆勒，都不是 19 世纪 30、40 年代曼彻斯特学派“极端**自由放任**”的教条化支持者。事实上，到 19 世纪 50、60 年代，**曼彻斯特主义**的门徒大多仅仅分布在欧洲大陆和北美。[2] 只有在 19 世纪 80 年代马歇尔四十不惑之时，英国就上述三大主要经济问题达成的共识才开始彻底瓦解，而马歇尔对这一时代特点的反应被大量记录下来。

记述时代的大背景，有助于我们重新认识维多利亚中期这几十年马歇尔成长的环境。这些年是社会变革的时期，到 19 世纪 60 年代社会变革到达顶峰，后来弗雷德里克·哈里森（Frederic Harrison）称之为“斗争中的 60 年代”。[3] 其中，只有一些事件直接影响了马歇尔及其家人的生活。比如，1851 年 5 月 1 日到 10 月 15 日，在专门设计并建造的奇妙的水晶宫中举办的万国工业博览会。不难想象，像其他络绎不绝的参观者一样，时年九岁多的马歇尔大概和家人一起参观了这场激动人心以及让人大开眼界的歌颂人类科学和技术进步的展览。还有 1848 年 4 月宪章派递交请愿书同样直接影响了马歇尔一家，因为英格兰银行采取了预防措施以应对可能发生的内乱。毫无疑问，1848 年是欧洲革命的一年，它将“社会主义的幽灵”带到政治生活的最前沿，特别是路易·勃朗、皮埃尔–约瑟夫·普鲁东、夏尔·傅立叶、克劳德·昂利·德·圣西门设计的法国模式上。马歇尔欣赏这些作者并在接下来的几十年里宣扬他们

---

[1] G. M. 扬格，《一个时代的画像：维多利亚时代的英国》，乔治·基特森·克拉克（George Kitson Clark）注释版，伦敦：牛津大学出版社，1977 年，第 110 页。

[2] 雅各布·瓦伊纳，《马歇尔经济学：其人与其时代》，《阿尔弗雷德·马歇尔评鉴》，第 242–244 页。

[3] 弗雷德里克·哈里森，《现实和理想：关于社会、政治、文学和艺术》，伦敦：麦克米伦出版社，1908 年，第 369–370 页。这个部分的其余内容大多来自 G. M. 扬格所著的《一个时代的画像》，以及广泛的史料，尤其是关于维多利亚时代的。

的观点。这不平凡的一年在欧洲大陆的几乎每一个国家都引起了骚动。它同样播下了民族主义、宪政主义和社会主义的种子，并在随后的数十年里迎来丰收。相比之下，在英国，宪章运动作为一个主要的政治力量退出历史舞台，同时兴起的是基督教社会主义，后者由马歇尔后来在剑桥大学的同事弗雷德里克·莫里斯（Frederick Maurice）、查尔斯·金斯利（Charles Kingsley）和马歇尔的熟人例如勒德洛（Ludlow）等积极领导和推动。

19 世纪 40 年代和 50 年代还发生了其他许多社会、政治、经济、文学和科学大事。1843 年诞生了第一个工人阶级合作社——罗奇代尔先锋社，这一运动后来引起了成年马歇尔的极大兴趣。随着《皮尔银行法案》的通过，1844 年也标志着从立法上解决了过去十年货币银行学的争论。这一年同样见证了马克思和恩格斯友谊的开始，虽然那时还未引人注意，但他们注定要在下个世纪初震撼世界。1845 年，得克萨斯加入美国，随后美国与墨西哥爆发了冲突，三年后，亚利桑那、新墨西哥、加利福尼亚被划入美国从而使其进一步扩张，美国民众刚好赶上加利福尼亚的淘金热并且受益颇丰。1846 年，《谷物法》的废除预示着在大不列颠范围内真正的自由贸易开始了，当半个世纪后自由贸易
10 走向终结时，马歇尔仍坚决地捍卫它。《谷物法》的废除以及 1849 年《航海法》的废除标志着贸易限制措施大体上被废止了，也表明十年来经济自由主义在不断成长，而与此同时，与工作场所有关的限制不断增加。《工厂法案》于 1842 年禁止女性和儿童从事井下劳动，于 1844 年规定了女性和儿童的工作时间，紧接着在 1848 年规定，在特定的工业部门例如纺织工业中男性的日工作时间不得超过十小时。与阿尔弗雷德·马歇尔生命中的第一个十年为伴的是法规和改革带来的日益扩大的经济自由。

19 世纪 50 年代同样激动人心。1851 年，拿破仑三世发动政变，澳大利亚掀起淘金热，英国和法国之间铺设了世界上第一条海底电缆。1852 年，滑铁卢战役的英雄以及保守的英国首相威灵顿公爵去世；现代意大利之父加富尔成为皮埃蒙特的首相，后来在这个王国的基础上诞生了统一的意大利；这一年，伦敦举办了第一届合作社代表大会，与此同时，巴黎成立了动产信贷银行，这是合作银行的先驱。1853 年，格莱斯顿提出了首个预算方案，拉开了一系列预算方案的序幕，这一年也迎来了最后一个和平时期的预算方案。1854 年初，在克里米亚，英国加入法国对俄国宣战，并参与阿尔玛、巴拉克拉瓦和因克曼战役，占领了塞瓦斯托波尔。除了导致沙文主义的扩张和附加所得税的增长之外，克里米亚战争中还出现了弗洛伦斯·南丁格尔的传奇事迹，并且激发

丁尼生（Tennyson）创作《轻骑兵的冲锋》一诗。丁尼生在 1850 年华兹华斯（Wordsworth）去世之后接任“桂冠诗人”一职。1856 年，巴黎和平会议的举办标志着克里米亚战争的结束，这次会议在随后的几十年里，为意大利、德国和巴尔干半岛的民族主义斗争开辟了道路。而对英国来说，十年时期最后以印度的民族起义和印度帝国的巩固为结束。

19 世纪 40 年代和 50 年代同样是改革的时代，例如蓝皮书以及社会调查的发展。随着英国科学促进协会在 1833 年创立了一个特殊的“统计”部门，个别的政府部门开始引进官方统计学家，再加上天才的业余数据收集者从事的一些重要的统计事业，这些都极大地促进了社会和经济数据的广泛普及。提到统计学界的作者，人们立刻会在脑海中浮现出这些名字——比利时社会统计学家凯特勒、法国的勒普莱（Le Play）、英国的波特和麦克库洛赫，他们的研究成果极大地促进了马歇尔早期的社会研究。1832 年通过的《改革法案》（第一次）是英国议会改革迈出的重要的第一步。第二次重大的议会改革发生在 1867 年。在私人的努力下，更多的是在公共管理者和改革者例如埃德温·查德威克的推动下，改革后的议会在公共环境、公共卫生、公共教育和交通方面都颇有建树。市政改革和这些年诞生的真正的市政机构也加速了改革的进程。19 世纪 50 年代不仅见证了赫伯特·斯宾塞在《社会静力学》一书中极力称赞的经济自由的个人主义，也见证了日益增长的政府干预。后面这一点对于移走英国快速发展的城市聚居区中的污水池至关重要，议会委员会以及一些个人的调查——例如梅休对伦敦穷人和下层社会的调查——揭露了这一问题。另外，这些年伦敦以及其他城市还处于霍乱和斑疹伤寒肆虐以及铁路发展的时期。

改革和变化同样触及教会、教育和大学这些领域。例如，受到议会制度改革的激励，剑桥大学于 1848 年在传统的数学荣誉学位和古典学科荣誉学位基础上新增了自然科学荣誉考试和道德科学荣誉考试，从而扩大了大学教育的范围。 11
拉格比公学的院长托马斯·阿诺德所开展的教育实践，后来在其他公学中扩散开来。19 世纪 40 年代，在循道宗教徒以及其他不从国教者引起早期骚乱之后，书册派和牛津运动联合起来进一步摧毁已建立的英国国教的统治地位，一个代表性事件就是约翰·亨利·纽曼在 1845 年公开皈依了天主教。1851 年，更详细的研究验证了长期以来的猜测：领圣餐以及定期参加教会活动的人已是少数群体，一般局限于所谓的中产阶级和上流社会。即使这样，中产阶级的宗教信仰还是不断地被知识和研究的发展破坏。一个例证就是大卫·施特劳斯所写的《耶稣传》（由乔治·艾略特翻译成英文），这是德国《圣经》批判学的主要作品；另一个是伯特·钱伯斯在1844年匿名出版的《创造的痕迹》中传达的演化观点，它对《圣经》中创世记的内容提出质疑，预示着生物进化论即将大放异彩。

19世纪60年代伊始美国内战爆发。同一时期，维托里奥·埃马努埃莱在佛罗伦萨——1864年起成为临时首都——加冕为意大利国王，这意味着意大利王国实现了真正意义上的统一，此外，19世纪60年代初同样吹响了德意志统一的号角。德意志帝国的统一之路从1862年俾斯麦被任命为普鲁士王国首相开始，接着同丹麦的战争使普鲁士吞并了石勒苏益格和基尔，1866年和1870年普鲁士又分别取得了普奥战争和普法战争的胜利，最终在1871年威廉一世被拥立为德意志帝国皇帝。19世纪60年代同样是殖民征服的时代。1861年西班牙再度占领圣多明各，1862年法国吞并交趾支那，并在非洲买下亚丁湾附近的奥博克，1864年法国人将柬埔寨作为保护国纳入它的东南亚殖民帝国。同一年，法国、英国和荷兰舰队联合袭击了日本以迫使它开放贸易市场。这一时期，法国扶持奥地利的马克西米利安大公成为墨西哥皇帝，企图将殖民的触角伸往墨西哥，但以失败告终；英国通过兼并土地扩大了开普殖民地的边界，开始了南非殖民的冒险，同时，随着英国人同毛利人之间第二次战争的结束，大英帝国在新西兰的殖民地得到了巩固。这些都标志着争夺殖民地的开始以及帝国主义的扩张，这种扩张一直持续到19世纪末。19世纪60年代，世界范围内还发生了一些重要的社会改革。俄国沙皇亚历山大二世颁布法令废除了农奴制。1862年9月，亚伯拉罕·林肯宣布从1863年开始废除美国的奴隶制度，1865年通过的美国宪法第十三修正案将这一决议写入宪法，到了1875年，英国海军试图消灭从太平洋群岛运输契约奴工到昆士兰进行农业开发的交通线，而将犯人输往澳大利亚西部这一行为已在1865年被明令禁止。希腊和波兰爆发了革命，匈牙利经历了另一场宪政危机，它们都是初生的民族主义和政治动乱的进一步的信号，而19世纪70年代刚一开始就爆发了巴黎公社运动。

相比之下，19世纪60年代早期英国国内的景象就平静多了。1861年12月，英国人民和他们的维多利亚女王一起沉浸在女王的丈夫、“老好人”阿尔伯特亲王逝世的悲痛中。除了这个带来伤痛的皇家事件，这个十年的早期可以
12 说相当平静。由1860年单一财政法案改革开启的格莱斯顿式财政，不仅巩固了这位未来首相对国家财富的控制权，而且将所得税保持在2.5%的平均水平。

而英国的宗教界就没有如此平静了。就英国国教与非国教的统治权，发生了两场重大的法庭辩论，更一般而言，是就不健全的教义内容展开了讨论。1860年由七位教会人士所著的《随笔和评论》（*Essays and Reviews*）出版

了，作者之中就包括阿尔弗雷德·马歇尔未来的朋友和恩人本杰明·乔伊特（Benjamin Jowett）。这本书的出版使其中两位作者遭到法庭的起诉。一位被指控胆敢质疑《圣经》中的神启；另一位则被指控质疑作恶之人是否会遭受永恒的惩罚，这一指控曾在 1852 年成功地使 F. D. 莫里斯（F. D. Maurice）失去了伦敦国王学院的两个职位。而此次被起诉的《随笔和评论》的两位作者的境遇稍好，在 1864 年上诉时得到了女王的庇护。

与此同时，科伦索事件也引起了骚乱，即引发有关教会是否有权开除被认定为异端的主教的争论。这一事件再一次激起人们对于圣经批判学的热情。科伦索，纳塔尔地区的主教，出版了一本考证《圣经》前五卷的书，他指出前五卷中存在大量的矛盾和历史性错误。当他因此被南非上级罢免了主教之位时，科伦索愤而上诉；这一上诉最终在 1866 年得到了枢密院的支持。对于年轻的阿尔弗雷德·马歇尔来说，科伦索大概是一个耳熟能详的名字。在科伦索进入教会并获层层晋升之前，他曾获剑桥大学数学荣誉考试的第二名，而且还曾是马歇尔所在学院的研究员。此外，他还写过代数和算术的课本，马歇尔在准备数学荣誉考试以及在大学之前的数学学习中都使用过这些教材。

1865 年匿名出版的《瞧这个人：对耶稣生平和工作的考察》（*Ecce Homo, A Survey of the Life and Work of Jesus Christ*）对信奉者造成了第三次冲击。这本书详尽地考证了耶稣生平的各种证据，从而重点强调了基督教教义的人道主义和道德特点。该书在勒南 1862 年出版的备受争议的《耶稣的一生》之后问世。对此书的评价褒贬不一，沙夫茨伯里（Shaftesbury）愤怒地形容此书为“来自地狱之口的有史以来最恶毒的书”，蒲塞（Pusey）痛心于此书的作者用居高临下或者说屈尊俯就的语气将耶稣的人性与神性分离，而西季威克则称赞此书为“伟大的作品”，因其“出人意料的有力，引人入胜，特别是第二部分甚妙”。西季威克还表示此书在剑桥大学掀起了“轩然大波”，虽然它的作者始终“不肯露面”。到 1869 年，此书的作者约翰·罗伯特·西利（John Robert Seeley）作为皇家钦定的历史学教授回到了剑桥大学，他担任这一职位直到 1894 年去世。[1]

[1] 沙夫茨伯里对此书的反应引自大卫·L. 爱德华兹所著的《英国国教领袖 1828–1978 年》，伦敦：霍德 & 斯托顿出版公司，1978 年，第 148 页；蒲塞向格莱斯顿传达了对此书的看法，见约翰·莫利（John Morley）《威廉·尤尔特·格莱斯顿传》，伦敦：爱德华·劳埃德出版社，1908 年，卷 1，第 599 页；西季威克对此事的反应，可见他 1866 年 2 月 19 日写给母亲的信件，参见 A. S. 和 E. M. S.《亨利·西季威克回忆录》，伦敦：麦克米伦出版社，1906 年，第 143 页。没有记录可以表明，阿尔弗雷德·马歇尔是如何看待这部作品的，不过他对这位未来的教授同事十分友好。同样我们也无从知晓，马歇尔如何回应这些及其他的教会动乱，不过似乎可以肯定，他在《瞧这个人》出版后不久便阅读过此书。

大概也有必要对这一时期的文学和科学领域的成就稍加回顾。在英国，这是狄更斯（Dickens）、勃朗特姐妹（the Bronte sisters）、萨克莱（Thackeray）、盖斯凯尔夫人（Mrs. Gaskell）、查尔斯·金斯利（Charles Kingsley）、哈里耶特·比彻·斯托（Harriet Beecher Stowe）和乔治·艾略特的时代；在欧洲大陆，这是福楼拜（Flaubert）、屠格涅夫（Turgenev）、维克多·雨果（Victor Hugo）、托尔斯泰（Tolstoy）以及陀思妥耶夫斯基（Dostoevsky）的时代。丁尼生是这一时期英国最著名的诗人；在大西洋彼岸爱默生（Emerson）统治着诗界；在法国，波德莱尔（Baudelaire）掀起了诗歌的新浪潮。

19世纪40和50年代同样是约翰·斯图亚特·穆勒、托马斯·卡莱尔（Thomas Carlyle）、乔治·格罗特（George Grote）以及奥古斯特·孔德（Auguste Comte）发表大部分最主要作品的时期。赫伯特·斯宾塞的《社会静力学》、蒙森（Mommsen）的《罗马史》、巴克尔的《文明史》也在这段时间相继问世。一系列著作还推动了心理学的形成和发展，主要包括亚历山
13 大·培因、费里尔（Ferrier）、费希纳（Fechner）、亥姆霍兹（Helmholtz）和
罗茨（Lotz）的作品。查尔斯·达尔文最终在1859年出版了《物种起源》，并于1871年出版《人类的起源》，它们都产生了极为轰动的影响。

19世纪60年代早期，文化、科学以及文学方面的进步巩固了过去几十年的发展成果。这是约翰·斯图亚特·穆勒在哲学领域发光发热的最后十年；这是赫伯特·斯宾塞发表《第一原理》的时期，在书中他宣告了一个宏大的计划——构造一个囊括生物学、心理学、社会学和伦理学的哲学体系；亨利·梅因（Henry Maine）出版了他的著作《古代法》，开辟了英国法理学史研究的道路。这十年间创立的百余家评论刊物很好地展现了19世纪60年代思想界发生的动荡，其中比较重要的代表有1865年创建的激进的《双周评论》以及于次年创建的较为温和的《当代评论》。

尽管在1847年、1857年和1865年出现过危机，维多利亚中期仍然标志着英国经济的重大进步。人均实际国民收入从18英镑缓慢而稳固地上升到24英镑，这一时期的年平均增长率差不多高达3%。伴随这种经济进步而来的是更多的改革，以及对进一步改革的不断增长的需求。19世纪60年代早期发生的许多事件就说明了这一点。1861年，英国邮政局开设了自己的储蓄银行机构，这样一来，即使是最底层的民众都能够体会到节俭带来的好处，节俭这一美德也是塞缪尔·斯迈尔斯（Samuel Smiles）在《自己拯救自己》一书中不遗余力赞扬的。1862年，新《公司法案》的通过使得有限责任公司成为商业组

织的一般形式，为商业发展带来了新的生机。这一年，伦敦举办了世界博览会，这次的参展公司数量相比 1851 年在水晶宫举办的万国工业博览会增加了一倍，从 14000 家增加至 29000 家，可见英国企业发展之迅猛。城市的发展也前进了两大步。1863 年大都市线率先通车，标志着伦敦地铁系统的首个阶段顺利完成。1864 年奥克塔维亚·希尔（Octavia Hill）开始进行贫民窟住房改革，这项运动后来受到阿尔弗雷德·马歇尔的大力称赞和支持。后来引起这位未来经济学家关注的另一个事件，是 1985 年伍尔弗汉普顿建筑业首创的劳资纠纷自治调解机制。

后文将讨论以上这些事件是如何影响阿尔弗雷德·马歇尔——这位维多利亚时代后期思想家的。[1] 幼年的马歇尔在维多利亚时代中期度过了自己的童年、早期教育乃至大学生活，这一时期是马歇尔此后的思想生根发芽的沃土。

撰写马歇尔传记所面临的难题

从某种程度上来说，撰写马歇尔的传记所遇到的困难要比撰写任何一个去世已有大半个世纪的人物的传记严峻得多。要面临的第一个困难就是缺少马歇尔生平早期的材料，有关马歇尔的家庭、童年、早期受到的教育以及大学时期的资料少之又少。而马歇尔本人对他的家庭和私人事务也常常避而不谈。他和同窗几乎没什么联系，似乎只在读大学时才和其中一位同学保持联系。直到 1865 年马歇尔在荣誉考试中获得第二名而名声大振时，友谊似乎才开始走进马歇尔的生活，即便这样，交流也十分有限。第二个困难是，有关马歇尔早期 14
生活的例证，包括他作为经济学学生的早期经历，都来自他 50 岁之后的回忆，更详细的证词甚至来自更晚些的时候。霍尔罗伊德（Holroyd）[2] 在他所著的奥古斯塔斯·约翰（Augustus John）传记中就曾告诫我们，一位老人对年轻时候的回忆不可全信。因为晚年的这些回忆还有待考证，对马歇尔来说也是如此。惠特克曾经证实，[3] 马歇尔在 1877 年之前的信件留存得非常少，这一年他 35 岁，刚刚成家。在这一时期的信件中，有一大半是他从美国写给母亲的，其余

[1] 特别参见第 4–6 章，记述了 19 世纪 60 和 70 年代马歇尔思想形成时期的经历。

[2] 迈克尔·霍尔罗伊德，《奥古斯塔斯·约翰传》，企鹅出版社，1976 年，第 438 页："因此，一位老人在很多年后追忆以往的岁月而重塑的年轻人……可能会误导我们。"

[3] 这一未发表的谈话，是惠特克于 1990 年 7 月 9 日在由皇家经济学会组织的《经济学原理》百年纪念会议上说的。

的则是有关大学事务的。而在现存的近800封信件中，有三分之一保存在福克斯韦尔（113封）、约翰·内维尔·凯恩斯（95封）和马歇尔的出版商麦克米伦（68封）手上。不过，与其说这些人是马歇尔的主要通信者，倒不如说他们有保存信件的习惯。幸运的是，与马歇尔生平相关的大部分信息可以从已出版的资料以及档案资料中发掘出来，包括公开记录在册的出生、死亡以及婚姻情况。

还有另一个难题是如何评估现存的手稿资料。根据马歇尔的遗嘱，手稿的第一执行人是庇古教授，后者也是马歇尔的剑桥大学教授职位的继任者。遗嘱中明确要求庇古对现存的手稿进行校订，“对认为有价值的那些材料，力图使之简洁，去除有争议的部分，对于拿不准是否要发表的材料，一律不发表”。收藏在马歇尔图书馆的现存手稿都在20世纪80年代后期经过专业的重新分类和编目。这些资料明确显示，马歇尔在生前的最后几年亲自对它们进行过仔细的检查和筛选，这无疑是个删除不需要的、令人尴尬的和有争议的材料的机会。尽管他的妻子玛丽·佩利·马歇尔一定程度上阻碍了马歇尔的筛选过程——她有时会从废纸桶中抢救出一些被马歇尔丢弃的材料，[1]但一些材料还是在这一时期被毁坏了。

以下事实或许有重要意义，庇古在《纪念集》（*Memorials*）中列入了马歇尔文章中未出版的部分，这些部分是以马歇尔在1921年所作的这段评论为开头的，他认为一个年轻人写自传的意义极为有限：

> 我认为年轻人所写的自传很少有什么意思，一个老人对半个世纪或者更长时期的政治观、社会观和情感的观察与反思才更让人感兴趣：如果时间和精力允许，我乐意就我的精神和社会伦理方面的经历写一些概述性的文字。不过，我恐怕**没有**这样的时间和精力了。[2]

如果马歇尔抱有这样的意图来决定保留哪些作品，那么，在《纪念集》中缺少他早期的观察与反思就在很大程度上得到了解释。

此外，马歇尔还表示过不想出版他的私人信件，但是可以“选择有价值的信件”公开。原因很简单，他充分意识到，在许多仓促写给同事和朋友的书信

[1] 这方面的细节参见下文第20章，第748–749页。

[2]《纪念集》，第358页（**重点**为本书作者所加）。

和随笔中，他的防备已然松懈。所以在这些文件中，包含许多从未在马歇尔的 15
书或其他正规出版物中出现的观点，而后者通常会经过翻来覆去的修改和思考。[1] 鉴于此，马歇尔早期的家庭关系为何笼罩在迷雾之中也就不足为奇了。除了从美国寄给母亲的那些几乎不带感情色彩的信，马歇尔早期的家庭通信无一幸免地遗失了。而在幸存下来的其他信里，也极少提及他的家庭事务，即使在信中提及，也仅仅局限于写给福克斯韦尔的被标记为“私人”的信件中，而在写给约翰·内维尔·凯恩斯的信中就更少提及了，这两位都是马歇尔在 19 世纪 70 年代、80 年代、90 年代的挚友。仅有的一点有关马歇尔家庭方面的材料，最初是来自玛丽·佩利为约翰·梅纳德·凯恩斯和 W. R. 斯科特（W. R. Scott）——马歇尔的官方讣告作者——所准备的说明，这些材料都被二人保存了下来。其余的信息只能从对官方档案旷日持久的调查研究，以及追踪任何可能的相关线索中获得。对于他的家庭关系以及出生的其他细节，马歇尔似乎小心翼翼地留下尽可能少的信息。

凯恩斯纪念马歇尔的文章

让撰写马歇尔传的作者望而生畏的，还有凯恩斯为《经济学杂志》准备的这篇出色的阿尔弗雷德·马歇尔的讣告小传。凯恩斯在 1924 年 7 月 13 日马歇尔去世之后，用不到两个月的时间写就了这篇文章，它向我们展示了他“导师”的光辉形象，这部经典传记在凯恩斯的文友中广受赞誉。[2] 凯恩斯在写给莉迪娅·卢波科娃（Lydia Lopokova）的信中表示，阿尔弗雷德·马歇尔的逝世让他极为悲恸。[3] 更为重要的是，他们以及凯恩斯的其他通信，还有小传本

---

[1] 1895 年 5 月 15 日阿尔弗雷德·马歇尔写给本杰明·基德的信件，剑桥大学图书馆，Add 8064 M552。

[2] * 利顿·斯特雷奇在 1924 年 10 月 21 日写给梅纳德·凯恩斯的信中说道，“感谢你将你的马歇尔传寄给我，我怀着极大的兴趣和敬意阅读了这部作品。在我看来这是你最出色的作品之一……期待更多的此类作品——篇幅恰当以及才思敏捷”（迈克尔·霍尔罗伊德，《里顿·斯特拉奇传》，企鹅出版社，1979 年，第 900 页注释 23）。莉迪娅·卢波科娃在 1924 年 10 月 30 日写给 J. M. 凯恩斯的信中表示，“弗吉尼亚（伍尔芙）让我转告你她极为喜爱你写的马歇尔小传，而且她也尝试着写传记”[《莉迪娅与梅纳德》，波莉·希尔和理查德·凯恩斯（编），伦敦：安德烈·多伊奇出版社，1989 年，第 243 页]。

[3] J. M. 凯恩斯 1924 年 5 月 16 日写给莉迪娅·卢波科娃的信，收录于《莉迪娅与梅纳德》，第 195 页。下文 651 页大量引用了这封信。

身，都说明凯恩斯发掘出马歇尔生前许多重要的传记材料。[1] 这使得这篇文章成为马歇尔传记作者一个极为重要的文本，其中包含了很多如今已无迹可寻的材料。另外，此文的发表引发了许多马歇尔旧识的直接回应，他们提供的信息帮助凯恩斯修订了这篇文章，并在庇古的《纪念集》中再次出版。[2] 其他此类材料则被整理进凯恩斯所写的人物传记合集的注释中。[3]

同时，这篇小传和他的作者也给予其他马歇尔的传记作者一个警告。现存于马歇尔图书馆的信件显示，凯恩斯曾经怀疑他所展示的一些材料是否真实，尤其是有关马歇尔父亲的部分。他试图从英格兰银行那寻求额外的信息，但基本上失败了。小传中，越是使用华丽修辞的地方，其包含的实际材料往往越少，比如，凯恩斯对马歇尔的祖辈的讨论，他对马歇尔立志成为一名传教士的
16 说法，马歇尔在剑桥大学学习数学的经历，以及他随后从数学研究和物理研究转向形而上学、心理学和伦理学，最后转向政治经济学的过程。[4] 这篇小传的其他部分已经可以由现有的材料加以修正。此外，发表在经济学术杂志上的讣告篇幅有限，不能全面阐述马歇尔生平的许多重要方面。[5] 事实上，讣告这一形式本身就有局限，凯恩斯在精练篇幅的同时尽量多说好的方面，只谈到一些最起码的不好的方面。而他有时也遵循埃奇沃思提出的编辑上的建议，删除一些事情以及重述其他事情。[6] 尽管如此，凯恩斯为马歇尔所写的传记文章仍是一篇了不起的杰作，其内容被后人广泛引用。

凯恩斯所写的小传对阿尔弗雷德·马歇尔的生平进行了概述和明智的评价，其对人物敏锐的评论及洞见也十分有价值，然而无论人们多么钦佩和欣赏这篇文章，它也无法代表马歇尔的一生，在它最初发表时，约翰·内维尔·凯恩斯和埃奇沃思就机智地发表了这种观点。最重要的事实是，凯恩斯所写的小传是一篇讣告。正如瓦伊纳在谈及马歇尔时那富于表现力的论述：

---

[1] J. M. 凯恩斯，《阿尔弗雷德·马歇尔》，第 172 页注释 2。

[2] J. M. 凯恩斯，《阿尔弗雷德·马歇尔》，收录于《纪念集》，第 8 页注释 1。

[3] J. M. 凯恩斯，《阿尔弗雷德·马歇尔》，第 161、163、170、174 页的注释，以及第 180 页的注释 3（最后两个注释说明了庇古在为出版《纪念集》而校订原始传记上所起的作用）。

[4] 详见下文第 2–6 章。

[5] 例如，对于马歇尔创建了经济学荣誉考试，他在剑桥大学女性教育问题上所起的作用，他参与创建英国经济学会，特别是他对政府咨询作出的贡献，不同于凯恩斯在短文中用一两段将它们带过，本传记用若干章来探讨这些问题。

[6] 下文第 20 章，第 740 页将进一步讨论。

> “不说死者坏话”这个基于道德和礼貌的原则仅针对刚刚去世的人，而距马歇尔去世已有很长时间了。所以，对待马歇尔本人或其作品仍然小心翼翼或有所保留，已经毫无意义。毋庸置疑，马歇尔有两个方面的缺陷，其中一些影响了他的追随者，以致这一方面我们要着重说明。我还坚信，哪怕是他的优点，我们也不能钦佩到盲从的地步。每一代都应该——也将会——产生它自己的经济学，从上一代人那借鉴，被上一代触动，在上一代的基础上推进，抑或是倒退。马歇尔的经济学无疑是过去那代人的，并且逐渐远离我们这代人的经济学。首先，马歇尔的经济学本质上假设了一个自由的社会，并且社会中的个体可以自由地选择经济行为。而自由，无论是经济体系的自由，还是个体的自由，在全世界的大部分地区都从未存在或遭到抑制。适用于当代的经济学，更像是战争经济学，以及备战或反对战争的经济学，也就是**国防经济**，对此，马歇尔只能提供非常有限的指导。
>
> 这是维多利亚时代之人，包括马歇尔自己的一大特征，他们的公共话语通常以两种调子结束。一方面，他们确信维多利亚时代所有已经建立的制度和他们珍视的价值观都会在未来继续存在，另一方面，他们期待人类的社会状况会继续改善。现在，维多利亚式的对现状的自满和对未来进步的乐观都是完全不合适的。作为一位社会哲学家，马歇尔眼下还不仅仅属于一个时代。如果在不久的将来，他变成了这样，大家应该关注，但不必惊奇。[1]

正是基于瓦伊纳的上述观点，第一本全面记述马歇尔生活的书写就了。本书试图尽可能毫无遮掩地展现马歇尔的一生。本书充分关注马歇尔的社会哲学，并与他的经济学思想相联系，以防止两者局限于某个时代，致力于让读者享受完整的思想盛宴。

[1] 雅各布 · 瓦伊纳，《马歇尔经济学：其人与其时代》，第 253–254 页。

19 第2章　家庭与世系

1889年，一本名为《本时代的男人和女人》的传记出版了，其中有关于阿尔弗雷德·马歇尔的简短条目，看过这个条目的读者，或许会认为马歇尔像《圣经》中的人物麦基洗德（Melchizedec）[1]一样，无父无母，甚至连出生地也没有。有人推测这一条目是马歇尔本人所写，它先是介绍了马歇尔的出生日期，紧接着便是教育上的成就并聚焦于随后的学术生涯。[2]在这一方面，凯恩斯所写的纪念文章也仅仅增添了很少的信息。小传的第一句话介绍了马歇尔的出生日、错误的出生地、父母的名字以及马歇尔出生时父亲错误的职业。文章接着说道，马歇尔一家是“一个西部牧师家族”，马歇尔的高祖父威廉·马歇尔牧师，是一个如赫拉克勒斯般力大无穷的传奇人物。除了还提到马歇尔的曾祖父约翰·马歇尔牧师——他在马歇尔家族和霍特里（Hawtrey）家族（包括后来的经济学家R. G. 霍特里）之间建立起了联系（约翰·马歇尔娶了玛丽·霍特里。——译者注），凯恩斯的小传里对马歇尔先人的讨论就到此为止了。与上述简短条目相比，凯恩斯在家庭方面的论述仅仅好一点。

小传的第二段介绍了马歇尔的父亲，然后提到了马歇尔的一位叔叔和一位姑妈，两位都是父亲这边的旁亲，这点凯恩斯没有提。其他有关家庭的信息也很少被提及。对凯恩斯这位优生学家来说，遗传的力量只在一个有限的方面十分强大。凯恩斯用一个牧师家族来解释马歇尔想成为“牧师”；用他父亲对家

[1] *《希伯来书》第7章第3节将麦基洗德描述成“无父，无母，无世系之人”。正是出于这个原因，人们给乔伊特取的绰号就是麦基洗德，因为他和马歇尔一样，在牛津大学求学后隐藏了自己的家庭背景。参见下文第18章，第687–688页。

[2]《本时代的男人和女人》，伦敦：劳特利奇出版社（Routledge），第13版，1889年，第608页。

庭的专横来解释马歇尔对“妇女的专制”，并且凯恩斯还更为含蓄地表达了这样的观点：马歇尔对货币和银行的兴趣是源于他父亲在英格兰银行的工作，文中还错把普通的办事员夸大成了银行出纳。[1]

马歇尔本人对遗传学有着强烈兴趣，尤其感兴趣于父母对后代的影响，他还积极参与高尔顿运动，因此，修正这些有关家庭和祖辈的有几分错误的细节描述是合情合理的。有更充分的理由支持我们修正这些错误信息，而非一味迎合过时的高尔顿优生学的口味。而马歇尔刻意隐瞒自己的出生地以及家庭背景这一事实，恰恰充分反映了他性格中的某个方面。这也同样说明马歇尔对剑桥大学和牛津大学就他的学术成就而授予他的学术地位缺乏安全感。这一特征表明马歇尔除了单纯和相当谦逊之外不免有些势利。

此外，早期家庭关系的特质对于理解他以后的一些行为至关重要。例如，他如何看待妇女在社会中的地位，他对个人主义的坚持，也许甚至包括他摆脱宗教信仰之后的轻松，都源自家庭。家庭关系在他的职业生涯中同样发挥了极为重要的作用。不论是他有机会在剑桥求学，还是他为直接地了解贸易保护主义而造访美国，都是承蒙他父亲的兄弟之一——查尔斯叔叔的帮助，凯恩斯 20
的小传里着重介绍了这位叔叔，尽管描述有些失真。更早些时候，马歇尔在学校教育中展现的非凡才能不仅有他自己的原因，部分还因为他姑妈路易莎的善心，马歇尔的姑妈仅此一位，她让马歇尔在德文郡度过了丰富的暑假生活。其余时间都投入紧张学习的马歇尔体质虚弱，这些暑假经历显然增强了他的体质。所以应当对马歇尔的家庭和世系进行更详细的论述，而非像前人那样语焉不详。[2]

一个肮脏的出生地

马歇尔的出生证明记录了更为重要的事实。马歇尔出生于父母家中，父

[1] J. M. 凯恩斯，《阿尔弗雷德 · 马歇尔》，第 161–162、163–165 页。

[2] 有一些例外情况，如 R. H. 科斯所写的围绕这一主题的文章：《马歇尔知道他在哪出生吗？》，《经济社会的历史公报》，7（1），1986 年夏；《阿尔弗雷德 · 马歇尔的父母》，《政治经济学史》，16（4），1984 年冬；《阿尔弗雷德 · 马歇尔的家庭和祖先》，收录于《阿尔弗雷德 · 马歇尔回顾》（*Alfred Marshall in Retrospect*），丽塔 · 麦克威廉斯 – 塔尔伯格（编），奥尔德肖特：爱德华 · 埃尔加出版社，1990 年。本章大大受益于科斯教授的研究。他欣然允许我查阅他存于芝加哥大学约瑟夫 · 雷根斯坦图书馆特色馆藏中的详细文档，下文再提及时统称为科斯的文章。

母居住在伦敦东南角萨里郡的柏孟塞，圣玛利亚马格达伦教区（Saint Mary Magdalene）的夏洛特街66号，一个皮革市场之中。在以后的生活中，马歇尔把柏孟塞，萨里郡，甚至更多地把伦敦当成自己的出生地，[1]一些早期的传记作者[2]则错误地将克拉彭当成是出生地，有时还用类似绿意盎然这样的形容词来修饰他的出生地。克拉彭，马歇尔一家曾多次在这一地区的不同地点居住，[3]但是，在马歇尔出生时，他们一家还无力负担这个地区的房子，马歇尔的父亲于1877年退休，退休前几年他们才得以搬去更高级的克拉彭广场居住。[4]

马歇尔的出生证明还提供了关于他父母的一些细节信息。父亲威廉·马歇尔，是英格兰银行的一名办事员，这是他第二次作为一名自豪的父亲进行出生登记。母亲丽贝卡·马歇尔，婚前姓奥利弗。事实上，他们在两年前的1840年5月13日才刚刚结婚，婚礼就在伦敦泰晤士河南端的南坎伯韦尔教区

[1] 他的入学记录上的出生地写的是萨里郡柏孟塞，维恩（Venn）记录的也是这个地方［《剑桥大学校友录》（Alumni Cantabrigienses），第330页］；在《本时代的男人和女人》（伦敦：劳特利奇出版社，1887年，第707页，1889年，第608页）第12版和第13版中的传记条目中没有提供出生地，而他本人在1910年给古斯塔夫·埃克斯坦（Gustav Eckstein）提供的出生地简化成了伦敦，后者计划编写伟大的经济学家的简短传记合集。罗纳德·科斯所写的《马歇尔知道他在哪出生吗？》中表明，1871年人口普查表中马歇尔的出生地是"萨里"，1881年变成"肯特，西德纳姆（Sydenham，Kent）"，这是其父母在搬离柏孟塞之后和搬去克拉彭之前所居住过的地方，马歇尔的妻子或者他的小舅子提供了这一信息，后者与马歇尔夫妇一起居住在布里斯托。1891年的人口普查表则把"萨里，克里登（Croydon，Surrey）"当成了出生地，这个信息很可能是由玛丽·佩利·马歇尔提供的。

[2] 例如参见约翰·梅纳德·凯恩斯，《阿尔弗雷德·马歇尔》，第161页，他从玛丽·佩利·马歇尔写的笔记里获得了信息（见凯恩斯编录的《马歇尔文档》，凯恩斯文件，剑桥大学国王学院，以下用缩写KMF指代凯恩斯的《马歇尔文档》）；W.C. 米切尔，《阿尔弗雷德·马歇尔》，《社会科学百科全书》，纽约：麦克米伦出版社，第9卷，第155页；伯纳德·科里（Bernard Corry），《阿尔弗雷德·马歇尔》，收录于《国际社会科学百科全书》，第2版，大卫·西尔斯（编），芝加哥：麦克米伦和自由出版社，1968年，第10卷，第25页。出人意料的是，大卫·理斯曼也弄错了他的出生地，见《马歇尔之使命》（伦敦：麦克米伦出版社，1990年），第3页。约翰·惠特克的《阿尔弗雷德·马歇尔：1842–1924》将他的出生地精确地指为柏孟塞，一个伦敦郊区（《新帕尔格雷夫经济学大辞典》（*The New Palgrave*），伦敦：麦克米伦出版社，1987年，第3卷，第350页）。

[3] 可以参见马歇尔的妹妹梅布尔·路易莎和弟弟沃尔特的出生证明，以及英格兰银行提供的从19世纪40年代到60年代早期的信息，马歇尔一家先在克拉彭的拉克霍尔地区（Larkhall Rise）的拉塞尔广场（Russell Place）5号居住，随后在克拉彭的牧师住宅区居住，最后这个地址是1861年人口普查表上记录的。

[4] 阿尔弗雷德·马歇尔的叔叔查尔斯·亨利的日期为1874年8月11日的死亡证明上，记录了作为报告者的马歇尔父亲的地址是克拉彭地区的维多利亚大道12号。

大教堂举行。阿尔弗雷德是这个大家庭的第二个儿子，他的哥哥查尔斯·威廉（Charles William）于 1841 年 4 月 13 日出生，距婚礼刚好 11 个月。在查尔斯出生的时候，威廉·马歇尔和他年轻的妻子居住在同样位于伦敦东南角的新佩卡姆（New Peckham）。[1] 阿尔弗雷德出生之后，还有三个孩子陆续来到这个家庭，相隔的时间都较长。他的两个妹妹安格尼丝（Agnes）和梅布尔·路易莎（Mabel Louisa）分别在 1845 年出生于西德纳姆以及在 1850 年出生于克拉彭，最小的孩子沃尔特也在 1853 年出生于克拉彭。[2]

柏孟塞的夏洛特街是马歇尔父母近 40 年的婚姻生活中最差的居住地，他们的婚姻显然没有得到马歇尔家族的眷顾，一个银行办事员看上去是个不错的工作，但若要在环境更好的新佩卡姆地区，靠这份工作维持一个有年轻妻子和即将迎来第二个孩子的家庭生活是非常困难的。[3] 阿尔弗雷德出生证上记录的出生地是皮革市场，19 世纪前期柏孟塞主要以制革业闻名，其他产业还包括酿造业和制帽业。夏洛特街毗邻一个叫作“制革厂”的地方，周围还有一些其他制革企业。圣托马斯和盖伊医院的废物掩埋处坐落于它的北边，进一步证明马歇尔的出生地是一个社会地位不高的地区，此类废物掩埋处由于危害公共健康在 1850 年被废除。此时，马歇尔一家早已搬离不利于健康的柏孟塞 21
地区了。

一篇有关 19 世纪柏孟塞的报道解释了马歇尔后来隐瞒其出生地的原因：

> 柏孟塞——“皮革之乡”，现在仍有这种叫法……是一个人口稠密、热闹、日益商业化之地。然而，制造业的兴盛与柏孟塞的一般面貌形成鲜明对比。柏孟塞的街道大多看起来比较沉闷，除了一栋独特的老房子，层层而上十分精致，看上去“摇摇欲坠”，或是除了街道的名称能引发人

[1] 威廉·马歇尔和丽贝卡·奥利弗的结婚证明显示，他们结婚时的居住地是新佩卡姆地区的公园路（Park Road）；阿尔弗雷德·马歇尔的哥哥查尔斯·威廉的出生证明显示，马歇尔的父母居住在新佩卡姆地区的迈尔斯莫广场（Maismore Square）。

[2] 他们的出生证明显示，阿尔弗雷德·马歇尔的大妹安格尼丝出生在肯特郡的西德纳姆地区的鲍尔格林（Ball Green）；他的小妹梅布尔出生在克拉彭的拉克霍尔地区的拉塞尔广场 5 号，最小的弟弟沃尔特也出生在克拉彭的同一地方。

[3] 1842 年英格兰银行普通职员的工资似乎很低。一位研究银行的历史学家曾在《笨拙》周刊（第 3 卷，第 188 页）上发表过一篇有趣的文章，形容银行办事员是“这座城市里做着最辛苦的工作，拿着最低的工资，最客气的那群人”（W. 马斯顿·阿克斯，《英格兰银行：1694–1900》，伦敦：为政府官员和英格兰银行印制，1931 年，第 2 卷，第 486 页注释 2）。

> 们愉快的联想之外，就没有什么能够入得了眼了。宏伟的拱门在柏孟塞的街道上随处可见，它们支撑着一条铁路，飞快的火车载着乘客来回轰鸣，好似一个个劳累过度的巨人；一所高雅的免费学校和一座风景如画的教堂为这个地方增色不少，但是对比之下，周围不愉快的环境特征就更加明显了。……柏孟塞有一个大的产业……几个世纪以来，这一地区都是制革业和皮革贸易的中心。……同时制帽业也十分兴盛。……数不清的水道形成的交叉口为皮革制造业创造了得天独厚的条件，但同时也给拥挤的居民带来了可怕的灾难。[1]

柏孟塞的皮革产业一应俱全：兽皮销售，鞣革，皮革加工，摩洛哥皮革加工，皮革销售和切割，速递员，羊皮纸制造，羊毛分拣，马鬃制造，羊皮销售，皮革染色以及胶水制造。这些制革厂需要很强的意志力"来忍受气味"，包括鞣革工艺，以及使用鞣料和废料制作副产品例如肥料和胶水时的刺激性臭味。[2]《伦敦百科全书》[3]中有关柏孟塞皮革市场的记述引用了狄更斯对这一地区的评价，即"散发着邪恶的气味"，而《梅休的伦敦》(*Mayhew's London*)[4]则谈到了"拾粪人"(pure-finders)从事的令人讨厌的贸易，他们所捡拾的狗粪对于生产优质的皮革产品例如儿童手套和书皮是至关重要的，这为马歇尔的出生地增添了更多的色彩（狗粪可以用作装订皮革的干燥剂，在18、19世纪的英国，一些人会收集狗的粪便卖给制革厂，因此在制革厂中存在狗粪的现货贸易。——译者注）。尽管夏洛特街不幸毗邻制革厂，但它离臭名昭著的雅各布岛（Jacob's Island）还很远，后者是梅休在描述维多利亚中期的伦敦时提到的可怕的贫民窟，在狄更斯的《雾都孤儿》[5]中，比尔·赛克斯就死在这里，它也位于柏孟塞之中，更增加了柏孟塞在维多利亚中期的坏名声。

二战摧毁了这一地区，所以我们已经无法亲眼看见阿尔弗雷德·马歇尔出生的街道和房屋。然而，声名狼藉的柏孟塞地区充分说明了马歇尔对其出生地

---

[1] 爱德华·沃尔福德（Edward Walford），《新旧伦敦：对其历史、人民和地区的记述》，伦敦：卡塞尔·培特 & 加尔平出版社，1873–1878年，第6卷，第100–101、123页。

[2] 出处同上，第124页。

[3] 本·温雷布（Ben Weinreb）、克利斯托夫·希伯特（Christopher Hibbert），《伦敦百科全书》，伦敦：麦克米伦出版社，1983年，第59页。

[4]《梅休的伦敦》，彼得·昆尼尔（编），伦敦：布拉肯出版社，1984年，第306–314页。

[5] 温雷布、希伯特，《伦敦百科全书》，第415页。

遮遮掩掩的原因。马歇尔早年曾住在这样贫穷的地方，他在二十出头的时候还特意去类似的地方调研，回顾这些是十分有益的，因为他此后对贫困问题格外关注，还曾深入考察英格兰和苏格兰主要城镇的贫困区。

“一位无私、善良的”父亲：威廉·马歇尔（1812–1901 年）

阿尔弗雷德·马歇尔出生时，他的父亲是一名英格兰银行结算处的办事员，年薪 140 英镑。此时，威廉·马歇尔差不多 30 岁，已经在这家银行工作 22
了 12 年。此职位的担保人是威廉·马歇尔的两位舅舅，担保人对于获得这类要职来说是必要的，每个担保人都要缴纳 500 英镑的保证金。一位舅舅叫约翰·本托尔，居住在斯特兰德大街的克雷文路 37 号，威廉·马歇尔在 1830 年入职英格兰银行之前，曾在他手下工作过两年。另一位舅舅是桑顿·本托尔，他是一名银行家，定居在托特尼斯。父亲去世之后，威廉·马歇尔和兄弟姐妹就和这位舅舅住在一起。可见，阿尔弗雷德·马歇尔的父亲与其母亲家中从事金融业的亲戚联系甚密。在探寻马歇尔父亲一族的祖辈之前，我们先要进一步刻画阿尔弗雷德·马歇尔父亲的形象。[1]

关于马歇尔的父亲，只有极少的细节被保留下来。他有两张仅存的照片，凯恩斯主要是根据其中一张来描述马歇尔的父亲：

> 坚韧古板，有极大的决心，富有洞察力，最严格的福音派信徒，瘦削的脖子，下巴突出且有坚硬的胡子，他用自创的一类盎格鲁 – 撒克逊英语创作福音派史诗，在其小圈子中还受到了一些欢迎，他到 92 岁依然专制。他的专横本性所能捕捉的最方便的目标就是他的家庭，首当其冲的就是他的妻子；然而，这种专横扩展到了整个女性群体，这位老绅士还写了一本题为《男人的权利和女性的职责》的小册子。遗传的力量是强大的，阿尔弗雷德·马歇尔没能完全摆脱父母的影响。[2]

---

［1］这些信息大多由博物馆馆长、历史研究部门以及英格兰银行于 1984 年 3 月提供给作者，此外，还参考了本书第 23 页注释［2］所引用的科斯的材料。

［2］凯恩斯，《阿尔弗雷德·马歇尔》，第 162–163 页；这两幅威廉·马歇尔的照片见图 1 和图 4。可以注意到，图 4 的角度显得他更为和善。

随后在谈到学校的作业时，凯恩斯将马歇尔本人描绘成[1]他父亲“专横本性”的受害者。威廉·马歇尔常常让儿子“用希伯来语”完成学校作业，并监督他学习到晚上 11 点，这让我们想起了“慈爱而严厉的詹姆斯·穆勒”。此事来源于玛丽·佩利写给凯恩斯的以协助他撰写小传的笔记。笔记中还说，威廉·马歇尔早上 8：00 到下午 5：30 在英格兰银行工作，通常在晚上 10：00 到第二天 3：00 进行文学创作。他用黑咖啡来使自己在夜晚保持清醒。小时候的阿尔弗雷德·马歇尔曾被迫向父亲保证再也不研究下棋，从这件事中可以看出威廉·马歇尔清教徒的克制本性，也能看出他作为父母对孩子的感情。“马歇尔小时候备受头痛的困扰，唯一的治疗途径就是下棋。因此，为了治疗头痛，他父亲允许他下棋；但后来他要求阿尔弗雷德向他保证再也不下棋了。阿尔弗雷德的一生都在坚守这个承诺，尽管他在报纸上看到有关下棋的问题还是会很激动。但他表示，父亲让他许下这样的承诺是正确的，否则他会忍不住为此花费一生的时间。”[2]

凯恩斯采纳埃奇沃思的建议[3]，将阿尔弗雷德父亲的脾性轻描淡写成秉持严厉的纪律，并淡化他“在家庭中有点像个暴君”这一事实。[4]威廉的专制被他的外孙，即阿尔弗雷德·马歇尔的外甥克劳德·吉尔博（Claude Guillebaud）口头上证实了。他形容他的外公是“一个邪恶的老暴君，他的种种恶行让我可怜的母亲多年来生活在痛苦之中。他不允许我母亲嫁给她心爱的男人——一个身无分文的陆军中尉。而在我的母亲嫁给我父亲之后，这位老绅士对我父亲也是处处为难，仅仅因为他娶了我的母亲。他和我们一起生活了许多年直到去
23 世。我仍记忆犹新的童年回忆之一就是，在听到他终于去世的消息时，我和兄弟们高兴得手舞足蹈起来”。[5]

在一封提及他父亲的信件（这类信件极少）中，阿尔弗雷德·马歇尔回忆起了小时候父亲对他们的控制。这是一封写给约翰·内维尔·凯恩斯的信，讨论一名即将照看他哥哥查尔斯·威廉的孩子的家庭女教师，马歇尔表示他的哥哥“反对太严厉的纪律，我的妹妹和她丈夫吉尔博也这么想”。随后阿尔弗雷德·马歇尔解释道：“我父亲对此有自己强烈的观点，他的想法有时会使我

[1] 凯恩斯，《阿尔弗雷德·马歇尔》，第 163 页。

[2] 玛丽·佩利·马歇尔，《关于阿尔弗雷德·马歇尔的传记笔记》（KMF）。

[3] F. Y. 埃奇沃思于 1924 年 8 月 30 日写给 J. M. 凯恩斯的信（KMF）。

[4] 玛丽·佩利·马歇尔，《关于阿尔弗雷德·马歇尔的传记笔记》（KMF）。

[5] C. W. 吉尔博于 1924 年 11 月 17 日写给 J. M. 凯恩斯的信（KMF）。

的妹妹十分痛苦。我父亲极为无私，并且是出于善意。但他不知道，如果没有我母亲一直以来的温柔，他极端严酷的纪律会让孩子们生活得多么艰难。”[1]威廉·马歇尔的训诫技能是从小培养的。他在父亲死后，负责看管他的兄弟姐妹。那时他们住在位于托特尼斯的桑顿舅舅家中，玛丽·佩利·马歇尔对此事的描述让人印象深刻，[2]“他用拖鞋管教他们”。不过事实上威廉·马歇尔的“拖鞋式训诫”存在的时间非常短暂，让这个精彩的故事大打折扣。这是因为，1828年父亲去世之后他们搬去托特尼斯，同一年，威廉·马歇尔便进入他的法定监护人约翰·本托尔的伦敦股票经纪公司工作了。

在维多利亚中期的家长中，马歇尔父亲对训诫的看法和实践不足为奇。然而，在他后来所出版的作品中，他呼吁复兴阿尔弗雷德大帝时代的传统英语，并对体罚孩子的工具表现得极为着迷。在说到“tanner”这个词时，威廉·马歇尔提出应该拼写为“tawer”，“鞣革（taw）者或制革者是对皮革进行加工的人，‘tan’是小树枝。而在我上学时代的苏格兰，男孩们常常被叫作‘tawse’的皮鞭处罚”。此书之前还提到了“swipe”和“scourge”二词，威廉·马歇尔注意到单词的拟声特点。“这个单词表现出了挥舞藤条的声音。我想，自童年以来我就没听说过这个词，而今我在和敬爱的小学校长联系时想起了这个单词，谢天谢地！”[3]但显然，除了喜爱这些与惩罚相关的东西，阿尔弗雷德·马歇尔的父亲还有许多其他特质。毕竟，他著名的儿子形容他是一位“无私、善良”的父亲，或者如玛丽·佩利后来所说的，是一位“具有很好的

---

[1] 阿尔弗雷德·马歇尔于1892年8月4日写给J. N. 凯恩斯的信［马歇尔图书馆，1（105）］。此时他的父亲早已和吉尔博一家一起居住在耶茨伯里（Yatesbury），他也在这里去世。马歇尔在信中还表示，约翰·内维尔·凯恩斯应该给这位即将上任的女教师（她已受雇于凯恩斯一家）“这样一个暗示，即在有关所有纪律的问题上，我的妹妹是比我父亲更明智的顾问：由于我父亲上了年纪（此时他差不多八十高龄）而且不易被说服，所以，一般把他的建议当成耳旁风比较好，就不要与他据理力争了”。有关马歇尔直系亲属的更多细节参见本章结尾。

[2] 玛丽·佩利·马歇尔，《关于阿尔弗雷德·马歇尔的传记笔记》（KMF）。

[3] 奥古斯都·黑尔回忆童年时期自己被马鞭处罚，形容它们“过于严厉了”［引自尤金·C. 布莱克（Eugene C. Black）所编的，《维多利亚时代的文化和社会》（*Victorian Culture and Society*），伦敦：麦克米伦出版社，1973年，第201–202页］。还能举出很多其他例子。正文中的引文出自威廉·马歇尔所著的《英格兰语言的过去、现在和未来》（*The Past, Present and Future of England's Language*），伦敦：朗曼、格林出版公司，1877年，分别在第84页和73页。关于18世纪苏格兰学校校长使用叫作“tawse”的皮鞭的情况，参见查尔斯·吉本（Charles Gibbon），《乔治·库姆传》（*The Life of George Combe*），伦敦：麦克米伦出版社，第1卷，第17–20页。

文学品位及才能……极具决心、洞察力……极为虔诚的新教徒”。[1]

玛丽·佩利·马歇尔说威廉具有伟大的才能，这并不能从威廉·马歇尔在英格兰银行的事业中得到支持。参加工作之后，他被描述成“单身，不欠债，笔迹清晰，算账很快，被调去支行工作也毫无怨言”。他先是在现金账办公室工作了两年，之后在结算办公室工作了十年，随后同时在票据办公室和结算办公室工作了十年，后去票据办公室工作了十五年，还当了四年的编外出纳员，他职业生涯的最后六年在出纳部门度过。1877 年 9 月 18 日他退休了，每年的退休金是 340 英镑，相当于他退休前工资（510 英镑）的三分之二。[2] 他在职业生涯快结束的时候进入出纳部门工作，这是他得以获得不菲退休金的原因。这已经可以媲美他儿子的收入了，阿尔弗雷德同时担任布里斯托大学学院的校
24 长以及政治经济学教授时的收入为 700 英镑，后来他去剑桥执教仍能获得这笔收入。威廉·马歇尔得以进入出纳部门工作更多是依靠资历而非能力。当他“被调去出纳部门时，已经为银行奉献了四十余年”。依据银行政策，他的最后一次提拔是为了确保老员工能获取尽可能多的退休金。[3] 事实上，威廉·马歇尔的大部分夜晚都用于私人研究，这表明他在银行的工作并不是非常紧张，也不需要高度集中注意力。总而言之，威廉·马歇尔在银行度过的职业生涯十分漫长但也非常平淡，除了经年累月、兢兢业业之外，无出类拔萃之处。

那么，威廉·马歇尔的文学才能能否弥补他银行职业生涯中的平凡呢？凯恩斯提到威廉·马歇尔用“自创的一类盎格鲁—撒克逊英语创作福音派史诗”，还是小册子《男人的权利和女性的职责》的作者。事实上，阿尔弗雷德的父亲在退休前后出版了一系列这类叙事诗。但是，他写的这本反对女权主义的小册子（正好支持了凯恩斯所主张的高尔顿式观点即“强大的遗传作用”）却没能在任何主要的图书馆中陈列。他自创的在这些史诗中使用的盎格鲁 – 撒克逊语言也没有流传下来。他在一本书里，明确表明他语言的主要来源是“阿尔弗雷德大帝时代的英语”：

[1] 阿尔弗雷德·马歇尔于 1892 年 8 月 4 日写给 J.N. 凯恩斯的信；玛丽·佩利·马歇尔，《关于阿尔弗雷德·马歇尔的传记笔记》（KMF）。

[2] 此信息由博物馆馆长、历史研究部门以及英格兰银行于 1984 年提供。

[3] H. G. 德·弗雷纳（H. G. de Fraine），《在老英格兰银行的工作与生活》（*Servant of this House. Life in the Old Bank of England*），伦敦：康斯塔伯出版社（Constable），1960 年，第 78 页。

> 我不是一个语言学家；我文章的权威性来自近来备受尊敬的、极为博学的博斯沃思博士完成的一本词典，在字里行间徜徉，我感到一阵狂喜。在发现此书的第一个月，我好比一位游人第一次进入一个巨大的杳无人迹的洞穴，里面尽是最美丽的钟乳石，以及最稀有和最珍贵的化石。[1]

可见，威廉·马歇尔对古英语的拥护并没有多少独创性。但他在转述和语言学解释上的能力达到了一个合理的标准，所以他所著之书也十分有价值，足以被朗曼、格林出版公司出版。[2]这本书中有些意见是他的儿子阿尔弗雷德后来支持的。威廉·马歇尔认为学习拉丁语和希腊语是“为一个伟大的幻象牺牲小孩子们的健康”，而类似的为“其他伟大的幻象”即形而上学牺牲健康也遭到威廉·马歇尔的强烈谴责。此书进一步的目标就是“为教育提供纯正的阿尔弗雷德大帝时代的英语”，书中按字母顺序列举古老的英语单词，给出了现代用法中的“盎格鲁—拉丁语变形”，以及详细的词源和语言学上的解释。[3]这一实际目的减损了此作品的学术宗旨，并且抵消了孩子们放弃学习古典文学和形而上学所获得的健康。但是，这大概也解释了阿尔弗雷德·马歇尔名字的由来。如果真是这样，那么，他父亲对于古英语的爱好恐怕由来已久。

威廉·马歇尔使用古老的盎格鲁—撒克逊文字创作的福音派史诗，是他践行复兴九世纪“纯正”英语形式这一愿望的例证。这些诗中还宣扬基督徒的生活，揭露“天主教”的危险。在第一篇题为《洛奇莱尔》(*Lochlere*)的诗中，他明确提出了复兴古英语的目标。诗中还强调了宗教皈依对于基督教生活的重要性。此诗最后一节中的几行话，体现了威廉·马歇尔的诗歌风格，还表现了

[1] 威廉·马歇尔，《英格兰语言的过去、现在和未来》，第64页，第101–102页。约瑟夫·博斯沃思博士编辑了第一本盎格鲁—撒克逊英语词典，并于1838年出版，其简本几经再版。参见《英国人物传记大辞典》(*Dictionary of National Biography*)，第2卷，第902–903页。它批评博斯沃思的作品没有遵循现代语言学传统，并且包含许多错误的细节。

[2] 1878年1月的《不列颠评论季刊》(*The British Quarterly Review*)第541–542页上有一篇对此书的评论。除了意识到此书作者内在的保守主义倾向，这篇书评还认为此书的目标是有缺陷的，因为它忽视了“统治一切语言的第一原则和必要法则，即，语言本身有机成长的生命力，我们谓之时髦或谓之堕落，但是，什么才是真正的进步，完全不在我们可控的范围内”。它继而说道，“哪怕此书的目标是多么用心良苦，并且受到大力拥护，显然都不可能实现。无论是语言，还是其他任何事情，人类都绝不会一直倒退”。

[3] 威廉·马歇尔，《英格兰语言的过去、现在和未来》，第104–105页。

他进行英语改革的企图：

25 现在的他向大地呼唤，天色已破晓：
他在周围寻找耶稣的来到，
当他来到时，将成为你们的领头羊，
他将使黎明到来。快啊，来得快些吧，
主啊，快些来吧！光之子，来吧！
快来吧！[1]

尽管这些诗未得到公众的欢迎，威廉·马歇尔在有生之年还是出版了另外三本史诗。1877 年，他出版了《里纳尔夫之梦》(*Rinalpho's Dream*)，这是一首抵制罗马天主教诱惑的诗。接着在 1898 年出版了《艾伯特》(*Aarbert*)（于 1899 年再版），在 1901 年出版了《赫伯特》(*Herbert*)。《艾伯特》传达的旨意是新教和清教的，它支持《圣经》的教导，强烈而坚定地反对"与之相冲突的固守仪式派的、天主教的、唯信仰论的以及异教徒的学说"。威廉·马歇尔无需为这般"狭隘"道歉，因为他所说的话和"天主教会所诉诸的暴力"和"诅咒"相比不算什么。[2] 威廉·马歇尔的神学观点，简明地概括在这首十分冗长且枯燥的诗的节选中：

不，艾伯特！我们既不去罗马，
也不去寒冷的日内瓦；圣公会的荣光
将温暖我们的信念，
使我们沉浸于美好仪式的盛况中。[3]

就像这节诗所说的，威廉·马歇尔的福音主义似乎采用了维多利亚时代更为普遍的表现形式。它属于英国国教的传统，避免了加尔文主义和天主教复兴

[1] 威廉·马歇尔，《洛奇莱尔》，《四幕诗》(*Lochlere. A Poem in Four Parts*)，伦敦：朗曼、格林出版公司，1877 年，第 172 页。之前段落中引用的观点来自诗集的前言，第 14 和 21 部分。括号中的文字是他对古英语单词的解释。

[2] 威廉·马歇尔，《艾伯特，一个剧本》(*Aarbert, A Drama*)，伦敦：斯旺·索南夏因出版公司(Swann Sonnenschein & Company)，1898 年，第 5–6 页。

[3] 出处同上，第 137 页。

这两个神学极端。他的史诗展现了对克拉彭式福音主义的简单信仰，这种福音主义认为人必须通过皈依以及接受上帝通过耶稣基督之死而赐予的救恩来亲自体验上帝的存在。个体灵性皈依是威廉・马歇尔至少三本史诗的主题。克拉彭式福音派还有义务在他们的同胞中宣讲福音。特别是当威廉・马歇尔看到他的二儿子阿尔弗雷德并无意愿从事他所期望的牧师一职时，在自己的作品中传播有关新教和清教的言论，恐怕就变得更为重要了。

在威廉・马歇尔的文学作品中还可以看见另外一些带有自传性质的描述。艾伯特的妻子米尔达（Milda）“追随艾伯特臣服于上帝”，她“是丈夫最亲信的人之一，但她更为稳重和谦卑，他们一起分享了许多人生的经历”。[1] 但随后显示，这仅是一个理想典型，而不是威廉・马歇尔自己真实的婚姻状况。诗中频繁地提到破产[2]，说明威廉・马歇尔对早年他父亲生意上的失败感到羞愧。作为诗歌，这些史诗并无多少优点，玛丽・佩利曾给凯恩斯寄去阿尔弗雷德・马歇尔所写的诗的草稿，如果遗传的力量真如凯恩斯所说的那样强大的话，那么，这些诗的丢失大概反倒是一件幸事。[3] 威廉・马歇尔的另外两部作品表明他对罗马天主教极度憎恶，不过在那个时代，这种憎恶也不是什么稀罕事。[4] 关于 26
威廉・马歇尔作为一家之主以及一名父亲所发挥的作用，除了这些作品以及他对训诫的看法之外，就没什么其他可说的了。

阿尔弗雷德 1875 年在美国写的信都是寄给母亲的，信的结尾总会表达对父亲和妹妹们应有的“诚挚的爱”，但除此之外，这些信很少提及威廉・马歇

[1] 威廉・马歇尔，《艾伯特，一个剧本》（*Aarbert, A Drama*），伦敦：斯旺・索南夏因出版公司（Swann Sonnenschein & Company），1898 年，第 3 页。

[2] 同上，例如可见第 112、345 页。本章的下一部分简要提及了阿尔弗雷德的祖父也就是威廉的父亲在生意上的失败。

[3] 玛丽・佩利・马歇尔在于 1924 年 11 月 20 日写给约翰・梅纳德・凯恩斯的信（KMF）中提到，她附寄了一些她刚刚发现的诗，并表示“阿尔弗雷德一生中只写过这些诗”。这些诗很可能丢失了，因为无论是在国王学院的凯恩斯文件中，还是在马歇尔图书馆中的马歇尔档案里，都没有发现它们的踪迹。还可参见凯恩斯于 1924 年 11 月 21 日写给莉迪娅・卢波科娃的信：“马歇尔太太刚刚给我寄了一些她丈夫的写的仅有的一些诗。写得不如我！（但你不许把我写的诗给任何人看）”。见《莉迪娅与梅纳德》，第 259 页。

[4] 参见 G. F. A. 贝斯特（G .F. A. Best），《维多利亚时期英国流行的新教》（‘Popular Protestantism in Victorian Britain’），收录于 R. 罗伯森（R. Robson）所编的《维多利亚时期英国的思想和制度》（*Ideas and Institutions of Victorian Britain*），伦敦：乔治・贝尔父子出版公司（G. Bell &Sons），1967 年，第 5 章，尤见第 138 页所述，“罗马天主教在 30 年代早期并没有展现其残暴和疯狂……最激烈的时候是从 30 年代中期”到“70 年代”晚期，这段时间正是威廉・马歇尔最易受到影响的年纪。还可参见 R.H. 科斯，《阿尔弗雷德・马歇尔的父母》，第 525–526 页。

尔。不过，阿尔弗雷德于7月18日在尼亚加拉大瀑布写的信是一个例外。信中对父亲的足疾表示了关心，并祝愿他尽快康复。一个月后（8月22日在圣路易斯写的信），阿尔弗雷德对父亲和母亲"相处得越来越融洽"感到高兴，并且十分羡慕父亲在"音乐上的成功"。他还说，"如果我有时间，我很想努力追随他，以他为榜样。知道他酷爱这类消遣，我实在是太高兴了。因为对他而言这大概是最好的娱乐方式，从各方面看都好"。遗憾的是，这些音乐上的成功的性质并没有得到解释，恐怕就是捐助了一系列的音乐会。除了肯定了阿尔弗雷德·马歇尔对音乐的喜爱之外，这一评论还指出了他父亲的一个文化面向，而这个面向在其他记述中缺失了。[1]《货币、信用和商业》[2]中一个带有自传色彩的脚注提及了他父亲在文化方面的另一个信息：为了教育也为了娱乐，他曾带阿尔弗雷德·马歇尔参观大英博物馆。可见，在《经济学原理》第1版中马歇尔感谢父亲"在一些特别方面"的帮助，不仅仅是出于孝心。[3]

阿尔弗雷德评价他的父亲是无私和善良的，这与威廉·马歇尔性格的另一面相一致。前文提到他们成功地从柏孟塞搬到西德纳姆，又从西德纳姆搬到克拉彭，最后定居在克拉彭广场，这表明马歇尔家族具有上进的倾向。虽然这些可能仅仅因为阿尔弗雷德的父亲企图以此表明自己重新获得了"绅士"的地位——结婚证上他介绍自己是一位"绅士"，但同样也可以看作他试图用银行办事员微薄的工资，给孩子们提供尽可能好的物质条件和机会。[4]这种无私和善意的行为同样体现在他不惜花费高价以确保儿子们能够得到尽可能好的教育上。阿尔弗雷德和弟弟沃尔特都在麦钦泰勒学校读书，即使对于非寄宿生的他们来说，费用也十分昂贵。此外，沃尔特还得以去剑桥大学彼得学院学习，不过他被诊断为肺痨，还没毕业便去世了，他在南非度过了较为安逸的最后几个月，

---

[1] 马歇尔档案，通信文件，1：295–296。关于马歇尔对音乐的兴趣，参见下文第21章，第773页。

[2] 阿尔弗雷德·马歇尔，《货币、信用和商业》，伦敦：麦克米伦出版社，1923年。第264页及注释2，相关段落如下："埃及的浅浮雕表明，现代的**个体**无论是身体上还是智力上都没有比几千年前的祖先能干多少。七十年前，父亲带我去大英博物馆时，这个想法就给我留下了深刻的印象。"

[3]《经济学原理》第1版，第12页。需进一步了解，可参较下文第39页及本书第54页注释［2］。

[4] 本书第25页注释［3］说明了在阿尔弗雷德·马歇尔出生时，英格兰银行雇员的薪水很低。这一状况在随后几十年里也并无多大改善。参见H. G. 德·弗雷纳，《在老英格兰银行的工作与生活》，第136–137页。

为此他的父亲和兄弟们恐怕提供了不少经济上的帮助。[1]

关于威廉·马歇尔对儿子阿尔弗雷德产生的持久性影响，说到这里也就差不多了。他所创造的家庭氛围，在小阿尔弗雷德的成长过程中留下了不少心灵创伤。受父亲的影响，阿尔弗雷德·马歇尔在以后的生活中对批评十分敏感，因而对犯错有着病态的恐惧。[2]他父亲在诗歌中透露的坚定的福音派信仰已经趋于狂热，这恐怕是促使阿尔弗雷德·马歇尔放弃宗教信仰的原因。比起对抗不那么固守原教旨的英国国教，这种教条的信仰要对抗剑桥大学的理性批判主义就困难得多了。在维多利亚时期的英国，一个非常虔诚的父亲对儿子的宗教信仰往往产生负面的影响，阿尔弗雷德写给福克斯韦尔的信表示这一情况基本属实。[3]然而，正如玛丽·佩利[4]所说，他的父亲完全相信阿尔弗雷德在巨 27
大财力的支持下，有能力在高校中取得优异的成绩，如果没有此前经济上的牺牲，阿尔弗雷德可能就无法进入剑桥求学。不仅如此，从本托尔那边来看，和凯恩斯的纪念文章强加给他的牧师血统相比，他父亲的家族提供的血统更适合阿尔弗雷德以后的职业发展。[5]

马歇尔家族谱系

阿尔弗雷德·马歇尔的父亲威廉是家中长子，这个大家庭共有五个儿子和一个女儿。作为叔叔和阿姨，他们中的一些人对年幼的阿尔弗雷德产生过重要的影响。阿尔弗雷德父亲这一辈人中没有牧师。阿尔弗雷德的祖父也叫威廉，他倒是有两个兄弟是牧师。除去后来的妹夫，他们是跟阿尔弗雷德亲属关

[1] 参见《麦钦泰勒学校注册簿》，第 2 卷，以及《彼得学院或圣彼得学院招生簿：人物记录》（剑桥大学出版社，1912 年）。威廉·马歇尔将《英格兰语言的过去、现在和未来》中的文章献给他的儿子沃尔特·马歇尔，沃尔特在南非的微风中寻求健康，然而“不久便去了天堂”。1873 年，年轻的阿尔弗雷德·马歇尔在《工人阶级的未来》这篇文章中提到，作为父亲的威廉·马歇尔此后便全身心投入阿尔弗雷德的教育（参见《纪念集》，第 114、117 页）。

[2] R. H. 科斯，《阿尔弗雷德·马歇尔的父母》，第 527 页。科斯引用克劳德·吉尔博的话作为证据。如果这是真的，那么，阿尔弗雷德的父亲恐怕在一定程度上需要对马歇尔的行文风格负责，即他在《经济学原理》中小心翼翼地布局和论述，生怕犯一丁点错误。

[3] 参较 F. B. 史密斯，《无神论者的使命 1840–1900》（‘The Atheist Mission 1840–1900’），收录于 R. 罗伯森（R. Robson）所编的《维多利亚时期英国的思想和制度》，第 229–231 页，以及参见下文第 671 页。

[4] 玛丽·佩利·马歇尔，《关于阿尔弗雷德·马歇尔的传记笔记》（KMF）。

[5] J. M. 凯恩斯，《阿尔弗雷德·马歇尔》，第 161–162 页。

系最近的牧师。阿尔弗雷德·马歇尔的曾祖父约翰·马歇尔，是埃克塞特文法学校的校长，并且也是一名牧师。所以，他是阿尔弗雷德直系亲属中的第一位牧师。18 世纪中期，约翰·马歇尔娶了玛丽·霍特里（Mary Hawtrey），这意味着阿尔弗雷德·马歇尔间接地和 20 世纪的经济学家 R. G. 霍特里产生了联系。[1] 约翰·马歇尔的父亲叫作威廉·马歇尔，是 17 世纪的牧师，相比于精神力量，他身体所拥有的奇迹般的巨大力气更为人所知。这样一来，马歇尔的直系亲属中的牧师就仅限于曾祖父和高祖父，所以他充其量只是一个与“西部牧师家族”相隔很远的后代。[2]

28 依据现存材料构建的阿尔弗雷德·马歇尔的家谱，让我们对阿尔弗雷德遗传自父亲一脉的相关特征有了系统的了解。正如之前所说，阿尔弗雷德·马歇尔有四个叔叔和一个姑姑，分别是爱德华、亨利、桑顿和查尔斯·亨利叔叔，以及路易莎姑姑。

爱德华叔叔（1817–1862 年）在海军工作，他于 1829 年应征入伍，1830 年提升为海军候补少尉，1833 年成为大副，1843 年成为海军上尉，1853 年成为中校，到 1857 年已经晋升为海军上校。他曾在地中海、非洲的西海岸以及好望角工作，在雷神号、霹雳号、斯奈克号、毁灭号以及沙弗号等舰船上工作过。他于 1862 年去世，年仅 45 岁，本该更加辉煌的海军生涯戛然而止。他留下了一个儿子，叫作莱昂内尔（Lionel），不过阿尔弗雷德似乎没有和父亲这边的亲戚保持什么联系。

桑顿叔叔（1822–1861 年）也在公共事业领域供职。19 世纪 30 年代后期，他在一个药剂师手下当学徒，在伦敦的盖伊医院学习医药学，当 1843 年获得外科手术文凭时，他居住在柏孟塞的图利大街 200 号，距哥哥威廉家很近。他的表兄弟霍特里博士是伊顿的一位牧师，霍特里的介绍信对桑顿选择学医起到了推动作用。军医的工作让他辗转于新西兰和澳大利亚。1851 年他在悉尼成婚，1852 年唯一的孩子在阿德莱德（Adelaide）出生。随后他返回英国，居住在圣约翰伍德，直至去世。

---

[1] J. M. 凯恩斯，《阿尔弗雷德·马歇尔》，第 162 页及注释 3。这一点来源于 1924 年 8 月 15 日 R.G. 霍特里写给 J. M. 凯恩斯的信（KMF），以及玛丽·佩利所写的笔记。后者简单地阐述道，“曾祖父约翰是埃克塞特文法学校的校长。他娶了美丽的霍特里小姐（我有一幅约翰·唐纳所画的她的肖像）”（KMF）。凯恩斯声称，相比于高祖父威廉，马歇尔从“精细的霍特里家族”中收获得更多。

[2] 科斯，《阿尔弗雷德·马歇尔的家庭与祖先》，第 25 页注释 38。

亨利叔叔（1821–1880 年）是一位商人。他在加尔各答做生意，后于 19
世纪 50 年代末返回英国。从 1874 年开始，他经营着一家材料公司（马歇尔 29
钢铁公司），这家公司由他的哥哥查尔斯·亨利资助。对阿尔弗雷德·马歇尔及其家庭来说，亨利叔叔比爱德华叔叔或者桑顿叔叔更加重要。他在印度的活动很可能对阿尔弗雷德的哥哥查尔斯·威廉在印度次大陆的工作有所帮助，查尔斯·威廉从 17 岁开始就在那里打拼，先是担任孟加拉丝绸公司的雇员，最后变成这家公司的经理。从阿尔弗雷德写给母亲的信[1]中可以看出，亨利叔叔在 1875 年还与哥哥威廉一家保持联系。亨利叔叔 1876 年 10 月所写的遗嘱中，指定阿尔弗雷德·马歇尔作为他的遗嘱执行人之一，这更加说明马歇尔家族虽相隔甚远，但旁系间的关系十分融洽。

查尔斯·亨利叔叔（1820–1874 年）的个性最为鲜明，他是凯恩斯在小传中唯一提及的一位叔叔。[2] 1862 年，阿尔弗雷德·马歇尔正是得到了他的资助，才得以进入剑桥学习数学。1875 年的夏天，他的遗产又使得他的经济学家侄子能够亲赴美国研究贸易保护主义。[3]从图 2.1 可以看出，查尔斯叔叔在家中幸存的五个儿子里排行第三。据凯恩斯所说，查尔斯叔叔的发家史（这使他得以慷慨地资助才华横溢的侄子）是"阿尔弗雷德经常谈论"的事之一。这里完整地引用了凯恩斯在小传中的描述，让我们看看事实是如何被美化的：

> 他在金矿大发现的时候前往澳大利亚探寻财富，并在那里安顿下来，一些家族的怪癖使他希望间接地寻求利益。所以他选择继续做一名牧场主，不过，让邻居们高兴的是，他不雇用那些身体正常的人，尽雇用那些或瘸或盲或身体残缺之人。当淘金潮到达顶峰的时候，他的回报来了。所有身体健全的劳动力都涌入采金地，查尔斯·马歇尔是他所在的地区唯一继续营业的牧场主。几年后，他盆满钵盈，衣锦还乡，已经准备好关心这位聪明又叛逆的侄子。[4]

凯恩斯的这段描述是依据玛丽·佩利提供的材料写就的。下文就是玛丽所

[1] 阿尔弗雷德·马歇尔于 1875 年 6 月 5 日写给丽贝卡·马歇尔的信，马歇尔档案，1：289。
[2] 约翰·梅纳德·凯恩斯，《阿尔弗雷德·马歇尔》，第 164–165 页。
[3] 参见下文，第 6 章，第 173 页；以及参见第 7 章，第 193–203 页，特别是第 193 页。
[4] 约翰·梅纳德·凯恩斯，《阿尔弗雷德·马歇尔》，第 165 页。

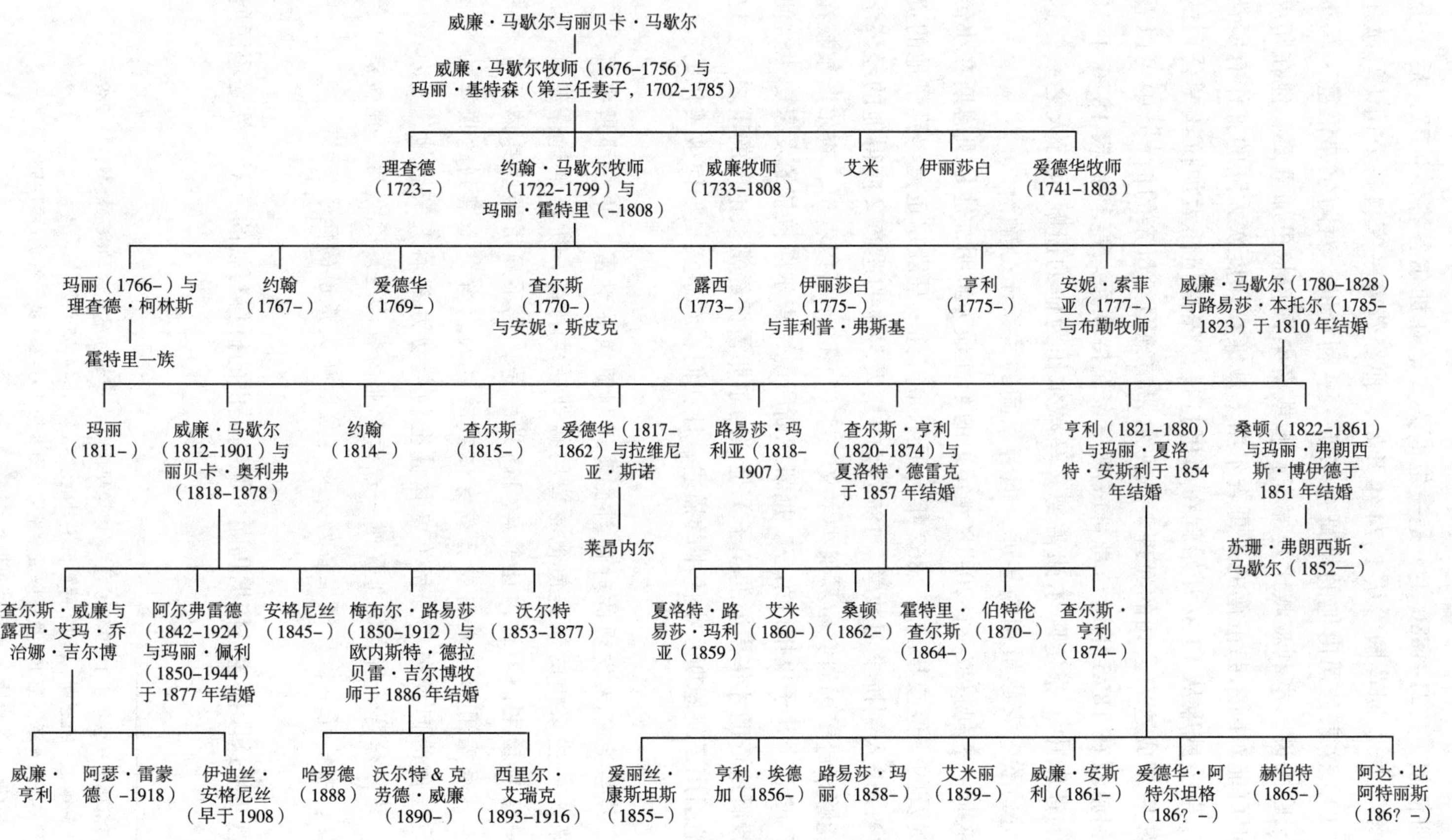

来源：基于科斯文件中的材料，雷根斯坦图书馆（芝加哥大学）。经特殊馆藏部和科斯教授许可使用。

图 2.1　马歇尔的家族传承

写的版本，从中我们可以发现凯恩斯重述细节时的随心所欲：

> 查尔斯·亨利是阿尔弗雷德特别喜欢的一位叔叔，他不喜欢待在托特尼斯受哥哥威廉的掌控，于是离家出走，去船上当服务生。他很有天赋，并最终在澳大利亚发家。他在完全不懂德语的情况下去德国买羊，然后将这些羊运往澳大利亚。他还高薪聘请一位牧羊人，以确保每只羊都能安全到达目的地。他和盲人、瘸腿之人、身体残缺的人订立合约，以确保在淘金热的时候不至于人手不足，当人们蜂拥进入采金地，其他牧场主劳动力短缺的时候，他便靠销售羊毛等其他生意发财了。[1]

关于查尔斯叔叔财富来源的事实与以上描述十分不同。19世纪40年代末
开始，他在澳大利亚牧场的寻租活动，让我们对其所拥有的“天赋”，深谋远 30
虑以及“家族的癖好”有了更准确的理解。不过，他到达澳大利亚的具体时间和当时情形已经无从考证，我们也无从知晓他是如何从一个“船上侍者”摇身一变成为颇有资产的牧场主。在1851年的淘金热之前，他已经是达令草场（Darling Downs）上一个相当有钱的人，这片牧区位于现在的昆士兰南部。19世纪40年代起，就有许多人定居于此，查尔斯叔叔也是在这个恰当的时机到达这里。事实上，在19世纪40年代和50年代，直到1866年的经济危机，澳大利亚的地主或者牧场主大都“大发其财”，他们依靠饲羊或者销售羊肉、羊毛以及羊脂赚取利润。1848年8月，查尔斯·马歇尔与其他定居者一起合作申请了达令草场的租赁权。到1851年，他已经坐拥格勒盖兰（Glengallan）这个富饶的牧场，从1855年开始，他与其他人一起合作开发这片牧场，在19世纪70年代初，与他合作的最后一位是斯莱德（Slade）。在19世纪50年代和60年代，他购买了一些土地并开始投资采矿业。1851年，维多利亚州和新南

[1] * 玛丽·佩利·马歇尔，《关于阿尔弗雷德·马歇尔的传记笔记》。进口德国萨克森州的绵羊是很常见的贸易，1862年，查尔斯·马歇尔在德国购买了许多羊。当船上侍者这件事，在一定程度上是真的，因为1841年人口普查时，查尔斯填的职业是“水手”。值得注意的是，凯恩斯巧妙地用玛丽·佩利所说的船上侍者的故事暗喻阿尔弗雷德（就写在凯恩斯描述查尔斯叔叔的前一段）本人。现在是阿尔弗雷德·马歇尔“离家出走，哪怕是做剑桥大学的杂役，他也要沿着几何的绳索攀岩，窥探诸天”（凯恩斯，《阿尔弗雷德·马歇尔》，第164页；科斯，《阿尔弗雷德·马歇尔的家庭与祖先》，第14页）。

威尔士州的金矿大发现使得这些殖民地的劳动力供给严重短缺。这些金矿大发现同样创造出了“对食用家畜的巨大需求，这恰恰是牧场所能提供的”。很可能是为了开拓这个巨大的出口市场，查尔斯·马歇尔和一位来自西印度群岛的同伴达夫森（Davson）在1851年造访了特伦（Turon）采金地。巴特利（Bartley）记述了一个有关他们的趣闻轶事，他形容查尔斯他们俩是“可怕、美味又难以消化的”硬面包（damper），这是一种澳大利亚森林地带居民用水、盐和面粉制作的传统面包，在简陋的露天炉灶上烘烤而成。就这样，19世纪50年代的淘金热给他的牧区带来了丰厚的利润，查尔斯·马歇尔在澳大利亚渐渐富裕起来。[1]

不过，新设立的牧场的劳动力短缺问题不仅仅发生在19世纪50年代的淘金热时期。从达令草场的畜牧业开始发展的时候起，这个问题就一直存在。通过不同渠道获取劳动力供应可以大大解决这一问题。在1840年之后的几十年，囚犯、中国劳工、南太平洋群岛的契约劳工肯纳卡人（Kanaka），以及1854年之后涌入的来自德国的自由移民，为这个地区输送了许多劳动力。在允许囚犯运输的最后几年里，昆士兰的牧羊人和牧牛人主要集中在这个州的南部，他们对囚犯这种廉价劳动力十分依赖，在这种输送渠道被禁止之后，他们转而进口中国劳工。[2]

人们说，查尔斯叔叔是一位优秀的商人、经济学家和企业家，他充分地利用了多种可供选择的劳动力来源。1849年，他起诉了一名无礼傲慢且实施潜逃的囚犯劳工并要求赔偿，他还在法庭上回应了这些指控——未按《主仆法案》（Master and Servants' Act）支付劳工工资以及具有其他违反此法案的行为。1850年到1852年，当淘金热引发的劳动力短缺到达顶点时，查尔斯通过雇用大量囚犯来弥补劳动力的短缺，科斯尖锐地指出，他所雇用的是“自由受限之人”（haltered），而非“跛脚之人”（halt/lame）。当1852年囚犯不再被输

---

[1] 科斯，《阿尔弗雷德·马歇尔的家庭与祖先》，第15页；D. B. 沃特森（D. B. Waterson），《牧场主、移民与保管员：达令草场的历史1858–1893年》，悉尼大学出版社，1968年，第13页；科斯文件（雷根斯坦图书馆）。

[2] 沃特森，出处同上，第20页；1850年1月20日莱斯利家族的通信，米切尔图书馆，A4094，其被引用在罗伯特·休斯（Robert Hughes）的《致命海岸》（*The Fatal Shore*）中，伦敦：帕恩出版社（Pan Books），1988年，第567页；《澳大利亚百科全书》，第5版，悉尼，1988年，“达令草场”条目；詹姆斯·贾普（编），《澳大利亚人——民族、人民与起源的百科全书》（*The Australian People, An Encyclopaedia of the Nation, its People and their Origins*），悉尼：安格斯与罗伯逊出版社（Angus & Robertson），1988年，第298–300、486、725–726页。

送到澳大利亚西部各州，这一供给来源已无利可图之时，查尔斯很可能诉诸德国移民，甚至中国劳工。1873 年和 1874 年，他常在伦敦与合伙人 W. B. 斯莱德通信，信中他极力掩饰雇佣肯纳卡契约劳工这一事实，这就意味着他已经意识到这一行为可能是不道德的。在一封信中，他表示要为表现突出的个人授予奖章，显然这是在兑现雇用劳工时就许下的承诺。他还特别强调，要在报纸上对这种仁慈的行为进行宣传。此外，他还劝告他的合伙人，采用这种体现雇主 31
对工人尊敬的行动，能向外界传达一种信息，即“工人并没有被当作奴隶对待”。查尔斯叔叔去世之后，昆士兰的有色人种契约劳工的运输开始被禁止。1875 年，英国开始对“黑奴买卖”（blackbirding）以及类似的“大西洋上罪恶的”奴隶贸易采取行动，英国向西太平洋派驻了高级专员，并维持海军巡逻以杜绝这种不法行为。[1]

关于查尔斯叔叔的牧场事业，还有一个更能体现出其上进心的例子值得说一说。玛丽·佩利·马歇尔的描述正确地指出，在澳大利亚的绵羊产业，包括达令草场的牧羊业中，从萨克森以及德国其他地方进口的绵羊往往占据了一个非常重要的位置。所以，1862 年查尔斯·马歇尔亲自来到欧洲，在德国梅克伦堡州购买品质优良的绵羊，这次行程对于年轻的阿尔弗雷德·马歇尔的未来发展起到了至关重要的作用。因为这次欧洲之旅，查尔斯肯定会在伦敦歇脚，他也的确去探望了哥哥一家，并向包括侄子阿尔弗雷德在内的家人们分享了他在澳大利亚取得的辉煌成就，恐怕查尔斯还与这些容易轻信他人的家庭成员开起了玩笑，“编造奇谈”来说明他如何巧妙地解决了淘金热所引发的劳动力短缺问题。同时，他也着手借钱给侄子，让他去剑桥大学读书。饲养品质优良的绵羊，生产优良的羊毛，这些都是查尔斯·马歇尔牧场管理的成功之处，关于他所拥有的格勒盖兰牧场的羊群的报道，也一直在强调这些非凡的成就。

综上所述，让查尔斯能够慷慨地帮助他的家族[2]，特别是侄子阿尔弗雷德所需要的雄厚财产，其来源从两方面来看不是那么光彩。牧场所赚取的巨额利润，最初是依靠 1852 年之前对廉价囚犯劳工的压榨，后来在 19 世纪 70 年代

---

[1] 科斯，《阿尔弗雷德·马歇尔的家庭与祖先》，第 17–20 页；科斯文件（雷根斯坦图书馆）。科林·克拉克（Colin Clark），《澳大利亚的希望与恐惧》（*Australia' s Hopes and Fears*），伦敦：霍利斯 & 卡特出版社（Hollis & Carter），1958 年，第 38 页。

[2] 如前文所述，1874 年，查尔斯叔叔还帮助他的弟弟亨利在伦敦建立了一家公司。查尔斯死后，他的遗孀抱怨说，根据查尔斯的遗嘱，许多遗产都赠与了那些在她看来不配得到遗产的亲戚。科斯文件（雷根斯坦图书馆）。

早期，来源于他雇用的半奴隶性质的契约劳工，他们大部分是来自太平洋岛的岛民。这样的做法在马歇尔家族看来是一种耻辱。坚定的福音主义者一直与大西洋奴隶贸易作斗争，并在 1833 年取得了初步胜利，显著的胜利包括 19 世纪 60 年代美国南北战争解放了黑奴，以及 1875 年英国开始采取行动以杜绝昆士兰的“黑奴买卖”。因此，如果马歇尔家族知道查尔斯·马歇尔通过雇用半奴隶性质的契约劳工获得了巨额财富（随后马歇尔家族也间接因此获益），那么，他们隐藏这一事实似乎是合理的。出于上述原因，查尔斯叔叔本人也有理由缄口不谈这些事实，并且有理由编造另一个后来“阿尔弗雷德经常谈论”的故事来掩饰自己成功的原因。相比于吹嘘他在澳大利亚的牧羊业、地产业以及采矿业的投资技巧，一个生动有趣的发家史无疑会更加精彩。1862 年，在这一关键的时点上，阿尔弗雷德正需要经济上的帮助以进入剑桥大学深造，而查尔斯叔叔的欧洲购羊之旅使他能够适时地给侄子提供帮助。现在来看，阿尔弗雷德·马歇尔在《经济学原理》（第 3 版起已删除）中所说的“奴隶制并不总是毫无益处”，对照这段被长期隐瞒的家族历史，就显得更加意味深长了。[1]

阿尔弗雷德·马歇尔唯一的姑姑，路易莎，是另一位凯恩斯直接提到的马歇尔家族成员。小传中说到阿尔弗雷德的父亲总是监督儿子学习到深夜，“阿尔弗雷德常说，是姑姑路易莎救了他的命，他在道利什镇（Dawlish）（位于德文郡）附近的姑姑家度过了漫长的暑假。姑姑还给了他一只小船，一支枪，和
32 一匹小马。在暑假结束要回家之时，他已经又黑又壮。”[2] 在玛丽·佩利写给凯恩斯的笔记中，增补了许多关于这位阿尔弗雷德最喜欢的姑姑的信息，巧的是，阿尔弗雷德最喜欢的妹妹梅布尔·路易莎刚好和姑姑重名。路易莎姑姑是维多利亚时代女性道德典范的一个缩影，她终生未婚嫁，放弃了个人的婚姻幸福以及组建自己小家庭的机会，她为整个马歇尔家族奉献了一生。“阿尔弗雷德发自内心地喜爱这位姑姑。她把照顾兄弟及其家人当作是人生中的第一要务。她拒绝了好些提亲的人，因为她希望维持一个大家庭的核心，让家人都凝聚在一起。她的确这样做了，直到她漫长生命的尽头。”她的兄弟们都把她作为自己的遗嘱执行人以及子女的监护人。19 世纪 70 年代初，她搬去克拉彭，

[1]《经济学原理》第 1 版，第 589 页注释 1（从第 3 版开始被删除了，详见《经济学原理》第 9 版集注版，C. W. 吉尔博所编，伦敦：皇家经济学会之麦克米伦出版社，第 621 页）。

[2] J. M. 凯恩斯，《阿尔弗雷德·马歇尔》，第 163 页。

从此和阿尔弗雷德·马歇尔的父母离得很近。其他一些玛丽·佩利所写的有关路易莎姑姑的内容，都被凯恩斯原封不动地引用了，不过，他唯独遗漏了她的房屋的真实名称，即肯顿小屋（Kenton Cottage），位于道利什镇附近。[1] 上述这些论述可以解释，为何阿尔弗雷德·马歇尔从美国寄回的第一封信（1875 年 6 月 5 日）会提到姑姑路易莎，信中阿尔弗雷德请求母亲把有关美国之旅的信件转交给姑姑，因为“我想，她很可能会对其中一些内容感兴趣”。此外，1892 年，阿尔弗雷德的《产业经济学要义》一书出版，路易莎姑姑也在他拟定的赠书名单之中。[2]

虽然玛丽·佩利给凯恩斯提供的笔记里提到了阿尔弗雷德的祖父威廉是一名海军工薪出纳员，但凯恩斯的小传中完全没有提到这个大家族中的祖父和祖母——祖父威廉·马歇尔（1780–1828 年）以及其妻子路易莎·本托尔（1785–1823 年）。祖父威廉养育的儿子们在军事和商业上都取得了成功，不过与此不同，威廉本人在事业上似乎没有多大成就。之前提到，校长约翰·马歇尔有三个幸存下来的儿子，威廉就是其中之一，除了威廉之外的其他两个儿子后来都成了牧师。在 1810 年威廉和路易莎·本托尔结婚之前，并无多少有关他的信息。结婚后，他去了南非的好望角，赴任好望角驻军的军需部长助理一职。威廉祖父在这一职位上待了许多年，大概是因为身处这块英国新近殖民地的上层阶级，对这样的生活十分喜爱。他们在好望角工作期间诞下五名子女，三人不幸夭折，仅两人——阿尔弗雷德的父亲威廉，以及后来成为海军军官的爱德华存活了下来。

在 1816 年 3 月，威廉祖父搬去了毛里求斯（Mauritius）。一开始他在警务处任职，后来，他在一次公开拍卖中购买了圣路易斯港口的租借所有权（享有船运和卸货的独占权），从此便“交上了厄运”。威廉祖父所期望获得的垄断利益并没有得到实现。事实上，这一投机行为给他带来了严重的经济灾难。这一投资上的失败，在一定程度上是因为租借权的成交价太高。在 1818 年 4 月威廉写给代理长官的备忘录中，他表示无法支付成交价的第一期费用，请求予以减免，此外，他列举了两点理由来说明成交价过高的原因。第一，他错误地

[1] 玛丽·佩利·马歇尔，《关于阿尔弗雷德·马歇尔的传记笔记》（KMF）。科斯（《阿尔弗雷德·马歇尔的家庭与祖先》，第 33 页注释 38）指出，她对于家庭事务的兴趣解释了，为何她是唯一一位与霍特里家族保持联系的人。

[2] 阿尔弗雷德·马歇尔于 1875 年 6 月 5 日写给丽贝卡·马歇尔的信，马歇尔档案，1：289。赠书名单见马歇尔档案，文件 6（2）。

认为港口可以用到 1820 年 3 月 1 日，然而 1818 年 4 月 1 日该港口就被关闭了，提前了将近两年。第二，他声称拍卖人的虚假竞标破坏了竞标市场，将价格从 17500 美元（威廉认为这是竞标会产生的合理价格）提升到了最终成交价
33 23000 美元。此外，1818 年 3 月一场飓风还毁坏了他的一些船只和财产，对其经济状况来说无疑是雪上加霜。在租期的第一年，威廉需支付购价的第一期费用，再加上负担日渐壮大的家庭的开销，不仅耗尽了他的原始资本，还让损失高达 6000 英镑。最终，威廉还是获得了一些减免。因为，后来他已经完全无法偿还政府的债务，他在对承包项目未经过充分评估之时，就涉足这一领域，显然不够精明。1823 年，他的妻子路易莎去世，威廉祖父带着六个年幼的孩子离开了毛里求斯，此时最小的孩子才 1 岁，最大的也不过 11 岁。他们定居在苏格兰的利斯镇（Leith），威廉又开始做起了生意，不过依然以失败告终。总之，到 1827 年，威廉祖父变成了一名微末的职员，直到 1828 年去世。他的墓志铭上说他“曾是皇家海军的工薪出纳员”，基于此，玛丽·佩利将这一信息告诉了凯恩斯，不过这显然不是真的，现实是威廉仅担任过好望角驻军的军需部长助理一职，而且只有 6 年，可见，马歇尔家族有夸大自身的社会地位的倾向。[1]

除了提到阿尔弗雷德的母亲之外，凯恩斯的小传中基本忽略了阿尔弗雷德的其他女性长辈，这可能是为了强化文章第二段中的暗示，即马歇尔家族对女性存在偏见。这些遗漏令人非常遗憾，特别是不应当忽视阿尔弗雷德·马歇尔的奶奶，路易莎·本托尔。前文说到阿尔弗雷德·马歇尔的父亲在英格兰银行的工作有两位担保人，他们就是路易莎·本托尔的兄弟，一位是伦敦股票经纪人约翰·本托尔，另一位是托特尼斯的银行家桑顿·本托尔。1828 年，阿尔弗雷德的祖父威廉去世，约翰·本托尔成了 6 位遗孤的法定监护人，不过，桑顿·本托尔位于托特尼斯的住所更为宽敞，所以，孩子们和桑顿舅舅生活在一起。前文还提到，1828 年，时年 16 岁的阿尔弗雷德的父亲得到了人生的第一份工作，即在舅舅约翰·本托尔的股票经纪公司当职员。所以说，如果阿尔弗雷德·马歇尔有什么金融方面的才能的话，很大可能是遗传自父亲家族中的本

[1] 科斯，《阿尔弗雷德·马歇尔的家庭与祖先》，第 10–12 页。还有一例可供参考，据巴特利的记录，1851 年，当他在特伦采金地见到查尔斯·马歇尔和其同伴达夫森时，查尔斯表示他的哥哥威廉·马歇尔是英格兰银行的总出纳，这显然言过其实（出处同上，第 16 页）。

托尔基因。[1]

科斯对本托尔家族祖先的大量研究，大大丰富了这一遗传的可能性。路易莎·本托尔的父亲（阿尔弗雷德·马歇尔的外曾祖父）也是一名银行家。路易莎的祖父约翰·本托尔（阿尔弗雷德·马歇尔的外高祖父）是一名酒类销售商，他的妻子是伊丽莎白·桑顿（见图 2.2），他们居住在艾塞克斯郡的科尔切斯特镇。伊丽莎白·桑顿家族“在商业和公共事务中，比本托尔家族更加显赫。他们中不乏商人、银行家、议员，其中一些人是克拉彭地区最显赫的人物。经济学家立刻会发现，这意味着阿尔弗雷德·马歇尔与《大不列颠的票据信用》（*Paper Credit of Great Britain*）的作者亨利·桑顿有亲缘关系。……阿尔弗雷德·马歇尔和亨利·桑顿都是罗伯特·桑顿的后代，罗伯特·桑顿是 17 世纪约克郡波金镇（Birkin）的教区牧师，他是阿尔弗雷德·马歇尔的曾曾曾曾祖父，是亨利·桑顿的曾曾曾祖父”。[2] 多半是祖父威廉利用得自父亲和岳父的资本投资商业，最后却血本无归，才使得其家族以及妻子家族中的直系亲属无人问津，所以这些显赫的亲戚便成了鲜为人知的事。因此，缺乏此类信息的凯恩斯在推断马歇尔家族的基因遗传时，并没有将他们和桑顿－本托尔家族联系在一起。不过还不止于此，这一层关系不仅能说明马歇尔和 19 世 34
纪早期主要货币经济学家亨利·桑顿是亲戚，还能说明马歇尔和福斯特（E. M. 福斯特是亨利·桑顿的玄孙）也有血缘关系，进而和布鲁姆斯伯里文化圈（Bloomsbury group）有了些许联系。[3]

挚爱的母亲：丽贝卡·马歇尔·奥利弗（1817–1878 年）

凯恩斯在其纪念文章开篇的第一句话就提到了马歇尔母亲的名字，此外，在第二段提到马歇尔的父亲威廉对女性存有偏见时，还说威廉的“专横本性最容易施暴的对象”就是他的妻子，以上就是凯恩斯对马歇尔的母亲所作的全

[1] 参较科斯，《阿尔弗雷德·马歇尔的家庭与祖先》，第 20–21 页。

[2] 科斯，《阿尔弗雷德·马歇尔的家庭与祖先》，第 21–22 页。根据图 2.2，科斯的文章中少写了一个“曾”，因为这位共同的祖先罗伯特·桑顿（1623–1697/8）是阿尔弗雷德的曾曾曾祖父威廉·桑顿的父亲（见科斯文件，雷根斯坦图书馆）。

[3] 同上，第 22–23 页。

35

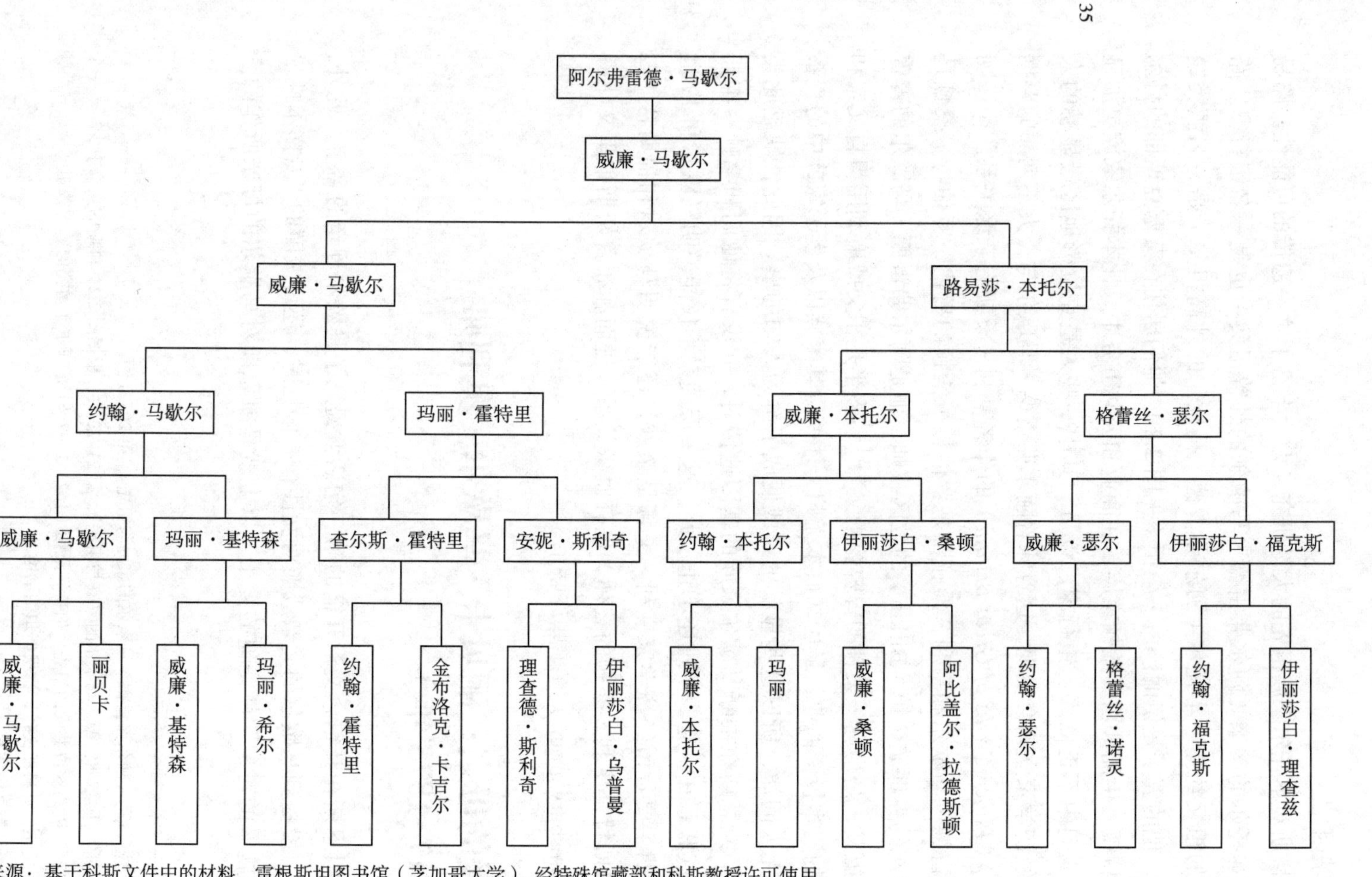

来源：基于科斯文件中的材料，雷根斯坦图书馆（芝加哥大学）。经特殊馆藏部和科斯教授许可使用。

图 2.2 威廉·马歇尔的家族

部介绍。[1]凯恩斯很少提到马歇尔的母亲，并非因为对此没有兴趣。在这个弗洛伊德所处的时代，没有人允许在一本人物传记中忽视母亲对孩子的影响。从凯恩斯与玛丽·佩利的通信可以看出，缺乏相关信息才是主要原因。不过，阿尔弗雷德哥哥的儿子，也就是阿尔弗雷德的侄子威廉（见图 2.1）或许能够填补这些遗漏。他通过阿尔弗雷德的外甥克劳德·吉尔博，间接地告诉玛丽·佩利（大概是在看过凯恩斯为他的著名经济学家叔叔所写的纪念文章之后），再由后者转述给凯恩斯，如果“你知道阿尔弗雷德母亲的趣事一定会很开心。看来，威廉比任何人都了解阿尔弗雷德的母亲。他说她来自梅德斯通市（Maidstone），是一名药剂师的女儿，她和阿尔弗雷德父亲的婚姻，遭到了马歇尔家族的反对，所以她不得不断绝了与娘家的来往。她极有魅力，阿尔弗雷德非常爱她。每当有好事发生他都会感慨——比如在他八十大寿的演讲中，‘如果我的母亲还活着，她会有多高兴啊’”。[2]事实上，玛丽·佩利写给凯恩斯的笔记中仅仅提到了阿尔弗雷德和母亲之间深厚的感情。随后，玛丽·佩利在写给沃尔特·斯科特的笔记中也重申了这一点，当时斯科特正受英国学术院委托撰写马歇尔的传记。[3]玛丽·佩利本人与阿尔弗雷德的母亲也很少见面。唯一一次有记录的见面，是在她和阿尔弗雷德的结婚典礼上。丽贝卡·马歇尔在婚礼之后一年内突然离世，再加上阿尔弗雷德和玛丽这对年轻夫妻结婚后搬去了布里斯托，她们更不可能经常碰面了。[4]

正如前文提到的，阿尔弗雷德·马歇尔父母的结婚证上显示，丽贝卡·奥利弗的父亲是一名屠夫，不是侄子威廉所认为的药剂师。他们的婚姻遭到马歇尔家族的一致反对，这看起来是可信的，因为两名证婚人都来自奥利弗家族：丽贝卡的哥哥爱德华和姐姐伊丽莎白。丽贝卡的父母在她结婚之前就已经相继去世，父亲于 1833 年去世，母亲于 1838 年去世。1840 年 5 月，威廉和丽

[1] J. M. 凯恩斯，《阿尔弗雷德·马歇尔》，第 161–162 页。即使是这样简单的介绍，都需要玛丽·佩利四处打听，因为在阿尔弗雷德去世的时候，没人知道他母亲的婚前姓。她在 1924 年 7 月 26 日写给凯恩斯的信中说，“一个远房亲戚找到了家谱，里面有阿尔弗雷德母亲的婚前姓氏，太好了，我还担心已经遗失了”（KMF）。

[2] 玛丽·佩利 1925 年 1 月 14 日写给约翰·梅纳德·凯恩斯的信（KMF）。显然，威廉·马歇尔是写信将这些事情告诉表弟克劳德·吉尔博的（参见科斯，《阿尔弗雷德·马歇尔的父母》，第 520 页）。马歇尔八十大寿的演讲参见下文第 17 章，第 649–650 页。

[3] 玛丽·佩利·马歇尔，《关于阿尔弗雷德·马歇尔的传记笔记》（KMF）；《给沃尔特·斯科特的笔记》，收录在马歇尔档案的棕色大箱中，第 24 项。相关文章在下文第 38 页有所引用。

[4] 参见下文第 8 章，第 230–231、234 页。

贝卡结为夫妻，此时，威廉・马歇尔也已经为孤 12 年了。在威廉的父亲去世之后，父亲的兄弟们对于成为侄子和侄女的监护人并没有多大兴趣，而对威廉自己的兄弟来说，他结婚之时，他们大多已经身处异乡。弟弟爱德华在海军服役，亨利在印度，查尔斯・亨利在做水手，只有桑顿是盖伊医院的医学生，并就在伦敦，是唯一一位可能去婚礼的人。妹妹路易莎没有出席婚礼是毫不意外的，她居住在德文郡，当时没有连接两地的火车，从德文郡前往伦敦需要艰苦的长途跋涉，对于一个 23 岁的未婚女子来说，这显然不太合适。

36 而本托尔家族的缺席，更加印证了家族对这门婚事的反对，因为新郎的舅舅们有些就住在伦敦。丽贝卡・奥利弗的家世恐怕可以解释新郎家族沉默的原因。“丽贝卡和威廉结婚的时候，她父亲的家族中有几名屠夫、一些邮差，至少还有一位农民，和一位客栈老板（大概是小旅店的掌柜）。……她的母亲丽贝卡・达文波特（Rebecca Davenport）（即阿尔弗雷德・马歇尔的外婆）是一位农民的女儿，……1786 年他的儿子在造纸厂当学徒时，称自己的父亲是一位‘庄稼汉’。”[1] 可见，阿尔弗雷德・马歇尔从他外婆一方继承的是农业劳动者血统，在先前几代，还冒出来了一位赤贫者，这与遗传自外公家族的小商人血统相比，更让人难堪。所以马歇尔家族隐藏奥利弗家族这边的信息，也就不足为奇了。

事实上，丽贝卡・奥利弗是这个有 7 个孩子的大家庭中最小的女儿。大儿子乔治出生于 1801 年，随后他的父亲做起了屠夫，他本人在 1835 年结婚并生了若干孩子。二儿子爱德华在幼年不幸去世。三儿子詹姆斯・爱德华也是一名屠夫，后来结婚生子。第四个儿子爱德华出生于 1808 年，在英格兰银行工作，成家了但没有子嗣，于 1868 年离世。第五个儿子亨利出生于 1810 年，第六个孩子是女儿伊丽莎白，她出生于 1814 年。在最小的妹妹丽贝卡结婚时，伊丽莎白还是未婚。到阿尔弗雷德・马歇尔出生那年，他依然有四位已婚的舅舅和一位未婚的姨妈。阿尔弗雷德・马歇尔很可能从未见过这些舅舅和姨妈，更别提他的表兄弟姊妹们了。不过也有可能见过舅舅爱德华和姨妈伊丽莎白，前文提到这两位参加了阿尔弗雷德父母的婚礼。[2]

现存的阿尔弗雷德母亲的照片拍摄的时间较晚，不过仍能看出丽贝卡的美貌。或许是因为久病体弱，其中一幅照片中她看起来有些忧虑和悲伤。她惊人

[1] 科斯，《阿尔弗雷德・马歇尔的父母》，第 520 页及注释 8。

[2] 科斯文件（存于雷根斯坦图书馆）。

的美貌大概是威廉·马歇尔娶她的原因之一。另外一个原因则是，威廉·马歇尔和她的哥哥爱德华互相认识，他们同为英格兰银行的职员，这为他们的见面提供了机会。[1] 对她的五个孩子来说，丽贝卡无疑是一位好母亲。就像阿尔弗雷德写给约翰·内维尔·凯恩斯的信中所说的，每当父亲用严厉的纪律惩戒他们时，母亲总会站出来保护他们。关于他的母亲，我们可以参考阿尔弗雷德 1875 年从美国写给母亲的 11 封信，以及他写给福克斯韦尔的一些信中的描述。

从阿尔弗雷德写给福克斯韦尔的信中可以看出，他非常爱自己的母亲，并且在照顾别人方面颇有护士的潜质。从信中可见，他母亲晚年被病痛困扰。她长期患有严重的疾病，1875 年 1 月，阿尔弗雷德花费了差不多一个月的时间照顾母亲，当时他正在剑桥大学讲授道德科学的课程。1875 年 1 月 31 日，阿尔弗雷德写信给福克斯韦尔说，他母亲恢复得很快，不过这也让他付出了不少代价，他从未感觉“如此精疲力尽”。四天后，他又表示他“太开心了”，因为母亲“恢复得更快了”。[2] 马歇尔不仅在与福克斯韦尔的通信中常提到母亲的病，在 1875 年夏天去美国期间，也十分牵挂母亲的健康，可见，这一疾病恐怕非常严重。

阿尔弗雷德从美国寄出的第一封信上写道，致“我心爱（darling）的母 37
亲”，其他几封则是以“亲爱的（dear）……”或“我最亲爱的母亲”开头。信总是以“您的爱子阿尔弗雷德·马歇尔”为结束语，并顺带问候父亲和妹妹。从家里寄到美国的信非常少，所以，马歇尔除了在回应这些信时会提到一些家庭生活之外，其他通信中就很少提及私人生活了，信的内容大多是旅行的细节，这些信在一定程度上是为了增补经济学以及其他方面的旅行笔记，他所

[1] 这一信息由英格兰银行提供，1829 年 2 月 19 日爱德华·奥利弗进入英格兰银行工作，一年后，威廉·马歇尔进入该公司。1867 年爱德华退休，他在银行的大部分时间和妹夫是同事，两人还经常在同一个办公室或部门工作。有意思的是，爱德华·奥利弗先前曾在罗德斯先生（Rhodes）手下做学徒，罗德斯是拉姆斯盖特（Ramsgate）地区的一名药剂师，后来，他被当时的银行主管，后来先后担任英格兰银行副行长和行长的蒂莫西·亚伯拉罕·柯蒂斯（Timothy Abraham Curtis）引荐进入银行工作。当 1829 年爱德华开始在英格兰银行上班时，他居住在斯特兰德大街（The Strand），诺森伯兰路（Northumberland Street）36 号，这个地点离约翰·本托尔（威廉·马歇尔的舅舅，股票经纪人）的房子很近，后者于 1828 年开始在此居住。因此，这可能进一步解释了，威廉·马歇尔为何与爱德华·奥利弗及其妹妹丽贝卡，即他未来的妻子有进一步的接触。

[2] 有关马歇尔对母亲的照顾，参见下文第 237 页；见马歇尔于 1875 年 1 月 31 日，以及 1875 年 2 月 4 日写给福克斯韦尔的信（弗里曼收藏，11，12/229）。

做的这些笔记也被他一并寄回家。所以，这些通信其实具有双重的作用，这就解释了第一封信中马歇尔为何要求母亲不要将信件折叠起来，因为一旦有折痕，信就“站立不住了”，显然，这些信要与他的讲稿一样“站在”他保存文件的木箱子里。

一些信的内容透露出，它的读者基本上是女性，包括阿尔弗雷德的妈妈、妹妹和姑姑路易莎。例如，通信中谈论的话题包括吃饭时间、旅馆费用、洗衣费、教堂礼拜的仪式等等，还说到了其他宗教话题。比如波士顿的一位论派（Unitarian）在结婚仪式上相较于英国国教的优越性，因为它主张妻子不必在仪式中宣誓服从于丈夫，还有加拿大的年轻女性拥有管理自己事务的自主权。不过，信中说在美国西部还缺乏一些有力量的女权运动，内华达州矿业城镇的女性不太看重贞操。马歇尔记录了自己和一些年轻女士的短途旅行，他是通过介绍信认识她们的。不过，这并不意味着这些信是专门为这些特定读者所写。他之所以讨论这些主题，很大可能是为了避免母亲在看信时感到无聊，特别是当他和爱默生见面之后，寄回家的信中包含了许多马歇尔自己的哲学评论，这对母亲来说可能比较枯燥。马歇尔还就他难以辨认的笔迹表示了歉意，并且承诺会在以后的信中有所改进（不过，这一承诺似乎并没有兑现）。

一个更加私人的笔记中记录了阿尔弗雷德・马歇尔此次旅行中带给母亲的礼物。包括一本他猜想母亲会感兴趣的有插图的杂志，还有一本特意为她购买的哈泼斯杂志；还有一份波士顿教堂发给他的小册子，里面介绍了这间教堂举行仪式的顺序，还包括一些玻璃制品，立体地展现了流动的尼亚加拉大瀑布，他希望它们能在回程中幸存下来。

阿尔弗雷德的母亲用的是紫色的信纸，这使得很容易将它们和邮件待领处的其他信件区分开来，不过，马歇尔建议把信封上娟秀的笔迹换成更粗更大的字体。马歇尔常常关心家人的身体是否健康以及生活是否愉快。例如他特地询问了哥哥查尔斯在一次意外事故之后的恢复情况，以及父亲的脚伤是否好转，他还对母亲在“一次下楼散步后”健康的明显恶化表示了担忧。此外，他还曾提醒妹妹，过多地对穷人唱圣歌是有害的。上述这些就是阿尔弗雷德信件中的全部私人内容。虽然这些信有些旅行笔记的作用，但仍描绘出了一位爱着母亲的儿子和一位无私奉献的哥哥，他在远离家乡的地方时时刻刻都牵挂着家人的幸福。阿尔弗雷德的信都是直接寄给母亲的，可见他对母亲的热爱和对父亲尽职尽责的孝顺有所不同。不过，单单寄信给母亲这件事并不能
38 过度引申，因为在维多利亚时代，子女和父母之间的通信只寄给其中一人并不

是什么稀罕事。[1]

丽贝卡·马歇尔于 1878 年 6 月 13 日突然离世，享年 62 岁。官方死因是慢性肠梗阻并发 20 小时的昏迷。此时阿尔弗雷德·马歇尔的婚礼结束还不足一年，不久前丽贝卡的丈夫刚从英格兰银行退休，定居在伍斯特郡（Worcestershire）的莫尔文镇（Great Malvern）。她的死亡证明上显示，她去世时并没有亲属在场，我们有理由相信当时她的丈夫和女儿刚好不在身边。阿尔弗雷德·马歇尔写给福克斯韦尔（同一年，福克斯韦尔也失去了他的母亲）的信记录了他的感受："我不久前也失去了我的母亲，我和你有同样的感受。她之于我就像你的母亲之于你，我的妹妹们非常想念她，我相信你的姐妹们也一样。不过，我的妹妹们和你的姐妹们相比年龄要大些，她们在宗教问题方面和我的父亲看法一致：所以她们大体还算快乐。"[2] 这封不动声色的信，掩饰了母亲的去世对阿尔弗雷德·马歇尔产生的重大影响。[3]

阿尔弗雷德·马歇尔的兄弟姐妹

阿尔弗雷德·马歇尔家庭的简单情况由一些已知的关于他的兄弟姐妹以及他们的子女的信息构成。玛丽·佩利对这些信息做了简要概括。

> 阿尔弗雷德有一个哥哥，一个弟弟和两个妹妹。
>
> 他的哥哥查尔斯在 17 岁的时候被送往印度，后来成为一家丝绸公司的经理。他娶了露西·吉尔博（Lucy Guillebaud），并育有两个儿子。儿子威廉现在是一名医生，另一个儿子亚瑟（Arthur）死于一战。
>
> 查尔斯后来回到了英国，并在巴斯福德镇（Bathford）去世。
>
> 妹妹安格尼丝和哥哥查尔斯一样也去了印度，并最终在那里去世。
>
> 妹妹梅布尔·路易莎嫁给了牧师 E. 吉尔博并育有四个儿子，C.W. 吉尔博就是其中之一。

[1] 马歇尔档案，通信 1/289–299。丽贝卡·马歇尔的两张照片见图 2 和图 3。

[2] 阿尔弗雷德·马歇尔于 1878 年 9 月 1 日写给 H. S. 福克斯韦尔的信（弗里曼收藏）。

[3] 参见下文第 8 章，第 234 页；第 14 章，第 498 页。

> 她是一个有音乐天赋的人。
>
> 她在巴斯福德镇去世。
>
> 她和阿尔弗雷德之间的感情非常深厚。
>
> 梅布尔曾说，阿尔弗雷德是他见过最棒的护士。他在母亲患重病时无微不至地照顾她，使她的病情大为好转。此外，我们去巴勒莫（Palermo）之后（1882 年），我染上了疟疾，虽然那时他腿脚不便，但仍然独自照顾我直到痊愈。
>
> 他非常爱他的母亲、他的妹妹梅布尔以及他的姑姑路易莎。这些年，他真正牵挂的人除了一些他以前的学生，就是这几位亲人了。[1]

最大的孩子查尔斯·威廉在 1841 年 4 月 13 日出生，此时距离他父母的婚礼刚好 11 个月，约 14 个月之后的 1842 年 7 月，阿尔弗雷德出生。第一个女儿安格尼丝出生于 1845 年 12 月 25 日，随后在 1850 年 5 月 4 日另一个女儿梅布尔·路易莎出生，最小的儿子沃尔特在 1853 年 4 月 1 日出生。[2] 虽然阿尔弗雷德·马歇尔比最小的弟弟年长 11 岁，他仍是兄弟姐妹中最长寿的。

玛丽·佩利对查尔斯·威廉·马歇尔的叙述已经很详细了，无需再补充。1858 年查尔斯去了印度，此时阿尔弗雷德还没有上大学，这减轻了父母经济上的负担，有助于他们资助显然更受宠爱并且更有天赋的二儿子阿尔弗雷德。
39 查尔斯管理的孟加拉丝绸公司给他提供了丰厚的退休金，他在 1895 年后的某一天回到了英格兰，开始享受自己舒适的退休生活。他在巴斯福德镇为上了年纪的父亲购置了一座房屋，它成为马歇尔家族的避风港，因为妹妹梅布尔·路易莎在她的丈夫去世之后带着四个儿子搬到了这里，最后也在这里去世。查尔斯·威廉娶了露西·吉尔博，而露西的哥哥娶了查尔斯的妹妹梅布尔·路易莎。查尔斯和露西育有三个孩子，这与玛丽·佩利提供给斯科特的材料有些不同。唯一的女儿伊迪丝·安格尼丝（Edith Agnes）在 1895 年和 1907 年之

[1] 玛丽·佩利，《给沃尔特·斯科特的笔记》；事实上，在斯科特为英国学院所写的马歇尔讣告的开头引用了全部笔记，《阿尔弗雷德·马歇尔 1842–1924》，（伦敦：牛津大学出版社，献给英国学院，无日期，第 1 页）。不过奇怪的是，斯科特的描述中还添加了马歇尔的另一个亲戚——牧师理查德·马歇尔（Richard Marshall），斯科特说他“是马歇尔的同辈人……一个相当有名的诗人，不过他只想留下最好的作品，所以烧掉了所有的手稿”。无论是玛丽·佩利提供的笔记，还是其他我所熟知的资料，都没有找到这个人的相关信息。

[2] 信息来自阿尔弗雷德兄弟姐妹的出生证明。

间去世。大儿子叫作威廉，玛丽·佩利错把他当成丽贝卡·奥利弗家族的亲戚，称他是阿尔弗雷德的“威廉表哥”。威廉后来成为一名医生。小儿子亚瑟·雷蒙德（Arthur Raymond）曾在剑桥大学学习数学和工程学，后来成为英国陆军上尉，于1918年2月在鲁昂的军事医院不幸逝世，死因是前一年12月的枪伤未愈。[1]

关于查尔斯·威廉，已经没有更多的信息可以说了。1875年，阿尔弗雷德在美国与家人的通信中，提到了哥哥这年夏天发生的意外事故，不过没有说这件事是发生在英格兰还是印度。如果发生在印度，那么，或许是为了照顾哥哥，妹妹安格尼丝在这年夏天之后前往印度就可以解释了。[2]可见，查尔斯将唯一的女儿取名为安格尼丝，或许有重要的意义。他在1915年去世，从一张他晚年所拍摄的照片（此时他已退休，定居在巴斯福德）可以看出，他和父亲威廉以及弟弟阿尔弗雷德长得很像，特别是他和阿尔弗雷德都蓄着相似的海象胡子。从查尔斯的遗嘱可以看出，他是受过些教育的人。遗嘱中的条款将他的书籍、显微镜以及其他科学器材做了不同的安排。或许是生意上需要这些工具，不过更大的可能性是由于他本人对昆虫学和生物学有浓厚的兴趣——和同时代的维多利亚人一样。[3]

阿尔弗雷德的弟弟沃尔特似乎也是一个极有天赋的人。1866年至1872年，他在麦钦泰勒学校读书并且获得了学校三百周年校庆奖学金。1872年10月15日，他被剑桥大学录取，并以自费生（pensioner）的身份进入彼得学院学习。在校期间，他感染了肺结核，于是被家人送去了气候更有利于健康的南非，还没毕业就死在了那里。作为家中幼子，他一直是父母的掌上明珠。父亲威廉·马歇尔形容儿子沃尔特是一个非常受欢迎的孩子，“无论是在彼得学院，

[1] 阿尔弗雷德·马歇尔于1918年1月18日写给雷蒙德·马歇尔的信，见《纪念集》，第495–496页。

[2] 1875年6月20日，阿尔弗雷德在写给母亲的信中说到他十分喜欢读查尔斯的来信，据此可以猜想，哥哥从印度寄回的家信也寄给了阿尔弗雷德。8月22日，他在从圣路易斯写给母亲的信中表示，他十分担心查尔斯发生的事故，不过在信的这端，他依然安慰母亲说他相信“或许没你想得那么严重”。这一点表明他们不太了解查尔斯事故的具体情况，由此推测，查尔斯可能还在印度（马歇尔档案，通信1：191，1：198）。所以就像正文所说，安格尼丝离开英格兰去往印度的原因很可能是为了照顾查尔斯。在出版《产业经济学要义》这本书时，阿尔弗雷德自豪地给父亲、哥哥查尔斯、妹妹梅布尔以及姑姑路易莎寄去了样书［马歇尔档案，文件6（2）］，名单中没有安格尼丝，这说明妹妹安格尼丝很可能在1892年前就去世了。

[3] 这几段广泛地引用了查尔斯·威廉·马歇尔的遗嘱，它保存在科斯文件中（雷根斯坦图书馆）。1915年，遗嘱的附录中提到了妻子和女儿的逝世。遗嘱在1895年还指定路易莎姑姑为遗嘱执行人之一。

还是其他地方，他都深受大家的喜爱”。[1]阿尔弗雷德在《经济学原理》第1版中的一句话，可能正是来源于父亲在这件事上给他的启发。“我们看到，父母双方都同样地关爱着孩子，但当真正失去了最心爱的儿子时，总有一方会比另一方更受打击。”[2]

阿尔弗雷德的妹妹安格尼丝似乎也追随了路易莎·马歇尔姑姑的脚步，她在印度照顾哥哥，而且还没结婚就去世了。马歇尔从美国的来信为有关妹妹的这个简单描述增添了一丝其他色彩。妹妹安格尼丝“在济贫院唱歌”，马歇尔8月22日的信中表示他希望“她们对穷人不要只唱圣歌。就像身体不能只吃肉一样，人类的思想也不能只接触圣歌”。[3]在同一封信中，马歇尔让母亲转告安格尼丝，在信封上写地址时把娟秀的笔迹换成“粗体且清晰的笔迹”，好让他在美国圣路易斯邮局找信时不再那么麻烦。

40 我们对于阿尔弗雷德最小的妹妹梅布尔·路易莎更为熟悉，她是阿尔弗雷德最喜欢的妹妹。[4]原因之一是梅布尔也对音乐很感兴趣，而且她似乎是两个女孩子中更聪颖的。前文已经提到她试图不顾父亲的反对嫁给自己爱的人，此外，当她后来嫁给牧师吉尔博（查尔斯妻子的兄弟）之后，父亲威廉仍对这门婚事不满意。他们在1886年2月结婚，结婚后他们在耶茨伯里（Yatesbury）（位于威尔特郡）为父亲准备了一处永久居所，父亲和他们一起生活直到1901年去世，这使得父亲有广阔的天地对女儿、女婿以及外孙们施展暴政。梅布

[1] 参见《1863–1934年麦钦泰勒学校注册簿》；托马斯·A. 沃克（编），《彼得学院或圣彼得学院招生簿：人物记录》（剑桥大学出版社，1912年）。威廉·马歇尔，《英格兰语言的过去、现在和未来》，扉页。

[2]《经济学原理》第1版，第151–152页。第2版删除了这些话。

[3] 阿尔弗雷德·马歇尔于1875年8月22日写给丽贝卡·马歇尔的信（马歇尔档案，通信1：298）。阿尔弗雷德母亲去世后，他曾于1878年9月1日写信给福克斯韦尔（弗里曼收藏），表示在大多数宗教问题上，妹妹们和父亲看法一致。

[4] C. W. 吉尔博，《关于阿尔弗雷德·马歇尔的一些个人回忆》（‘Some Personal Reminiscence of Alfred Marshall’），*AMCA*，第1卷，第91页。这一论点的论据包括玛丽·佩利所说的“她和阿尔弗雷德之间的感情非常深厚”，以及前文引用的玛丽给斯科特所写的笔记中就此事的评论，还包括阿尔弗雷德于1898年12月17日写给福克斯韦尔的一封信（马歇尔档案，3/40）。信中详细描述了梅布尔·路易莎髋部受伤的情况，显然这次受伤使她很长时间生活无法自理。而她接受的药物治疗是最高级的，还包括当时最先进的X光射线治疗（马歇尔称之为“伦琴射线”），在圣诞假期开始之前，梅布尔和威尔士亲王（后来的爱德华七世）的妻子玛丽都在位于伯恩茅斯（Bournemouth）的同一家医院疗养。这封信的这一部分被马歇尔特意标记为“私人”。不过，由于后来家族中没有别的人回忆起此事，所以，约翰·惠特克怀疑这封信中的妹妹不一定是梅布尔，因为那时候，梅布尔的孩子们在3–10岁之间，应该对此事有些印象才对。

尔和吉尔博育有四个孩子：最大的孩子哈罗德（Harold）在 1888 年 9 月出生，随后双胞胎克劳德和沃尔特在 1890 年 7 月出生，最后一个孩子西里尔（Cyril）出生于 1893 年。1907 年梅布尔的丈夫去世，她便带着孩子们搬去巴斯福德投靠哥哥查尔斯，此时查尔斯也早就失去了妻子。1912 年梅布尔在这里去世。克劳德·吉尔博后来所写的回忆录中，并没有有关舅舅阿尔弗雷德到他家中拜访的记录，无论是在耶茨伯里还是巴斯福德的住所都没有，不过他还是坚称阿尔弗雷德"常常来看他们"。[1] 后来，玛丽·佩利回忆起来，有一年夏天他们外出旅游时，阿尔弗雷德的亲戚曾在他们克利夫顿的房子中借住两个月。[2] 还有一些阿尔弗雷德写给外甥哈罗德和克劳德的信也被保存了下来。此外，根据克劳德·吉尔博后来的回忆以及阿尔弗雷德写给坦纳（Tanner）的信（保存在圣约翰学院），阿尔弗雷德·马歇尔非常关心外甥们的学业，他保证沃尔特和克劳德都能去自己所在的圣约翰学院，并且认为这比去吉尔博推荐的传统的三一学院要好。吉尔博家的双胞胎在进入剑桥大学求学之后，常常去位于贝利奥尔庄园的马歇尔家中用餐。[3]

家庭和世系能够提供许多关于传主的重要信息。对阿尔弗雷德·马歇尔来说，家人作为他生活的见证者能够透露出更多马歇尔所掩盖的家族信息，这比从家族历史中挖掘出少量事实还要有用。一方面，马歇尔本人可能对相关信息不是很了解，另一方面，马歇尔也采取了积极的手段来掩盖家族情况，包括销毁私人文件中的家族资料，并且掩饰家族的实际地位——他采取的策略是不说谎话但也不说实情。例如，他将自己的出生地说成是萨里郡或伦敦，而不说柏孟塞；他还在自传条目中省略了自己父母的信息。虽然马歇尔非常注重隐私，但他对家族事宜以及祖先信息的隐瞒，不能用他本人隐私观念很强来解释。更多的是因为，马歇尔是圣约翰学院的青年才俊，他后来所参与的格罗特俱乐部（Grote Club）和伊拉努斯协会（Eranus Society）中不乏身世极为显赫的朋友和

[1] C.W. 吉尔博，《关于阿尔弗雷德·马歇尔的一些个人回忆》，第 91–92 页。C.W. 吉尔博于 1924 年 11 月 27 日写给 J.M. 凯恩斯的信（KMF）。

[2] 玛丽·佩利·马歇尔，《MSS 笔记》（NCA）。

[3] 参见阿尔弗雷德·马歇尔于 1904 年 10 月 3 日写给哈罗德·吉尔博的信，见《纪念集》，第 494–495 页；阿尔弗雷德于 1918 年 12 月 24 日以及 1920 年 11 月 16 日写给哈罗德的信（马歇尔档案，棕色大箱，第 26 项）；阿尔弗雷德于 1904 年 9 月 28 日写给克劳德·吉尔博的信，以及一封未标日期的信（马歇尔档案，1/362–363）；阿尔弗雷德于 1909 年 2 月 3、4、9 日写给 J.R. 坦纳的信，保存在圣约翰学院档案馆（S、JCC Arch）；坦纳文档 11/54，59，72；C.W. 吉尔博，《关于阿尔弗雷德·马歇尔的一些个人回忆》，第 91–93 页。

同事，而马歇尔自己的出身和近亲根本无法与之相比，因此，就算不是因为丢脸，谈起自己的家世也总会让他不太舒服。所以在这些圈子里，他喜欢伪装成没有家庭的样子，正如他后来的朋友乔伊特在牛津大学成功实践的那样。[1] 总而言之，通过上述方式，阿尔弗雷德对同事和朋友隐藏了家庭信息，还在早期的传记条目中对家庭关系避而不谈。到很晚的时候，他的社会地位已经稳固，那些让人难堪的祖辈已经成为遥远的过去，这时，他的亲戚才开始得到公开的承认。比如，他曾为外甥们进入圣约翰学院就读提供帮助。然而，他的许多叔叔、表亲、阿姨，甚至他的母亲，都笼罩在一片朦胧之中，很少被人提及，甚至连马歇尔的妻子对他们也不甚了解。

41 下一章会说到，阿尔弗雷德·马歇尔的中学以及童年时光并不是很愉快，这恐怕也是他后来想要隐藏这段人生经历的原因。尽管后来他在和一位朋友兼同事的一次偶然交流中极力掩饰，但事实上他和父亲的关系并不是很融洽。在阿尔弗雷德的童年和青春期，父子矛盾的种子就开始逐渐显现。比如，父亲严格限制他的休闲和娱乐时间，对他的教育极为严苛，后来父子俩在宗教信仰上也产生了一些分歧。正因为如此，阿尔弗雷德才和母亲有着极为深厚的感情，因为当父亲强加给他过多的惩戒时，母亲总会挺身而出保护他，而且在各种各样的家庭事务中，母亲总会从他的角度出发与父亲辩论。1878 年，母亲的突然离世对阿尔弗雷德来说是沉重的打击，特别是弟弟沃尔特（弟弟过去十年的成长和教育都和阿尔弗雷德本人的经历极为相近）也正好在不久前去世。所以，1877 年和 1878 年的这些家庭变故使得马歇尔的内心遭受了严重的创伤。[2]

女性在马歇尔的早期生活中起到了非常重要的作用，这点再怎么强调也不为过。阿尔弗雷德除了深深地爱着母亲，还十分喜爱路易莎姑姑以及妹妹梅布尔，妻子也是他深爱的人。阿尔弗雷德在 1876 年和未婚妻一起去了瑞士旅行，除妻子之外，和他一起进行过夏季旅行的成年亲戚就只有两个妹妹了。1871 年阿尔弗雷德自己先去圣莫里茨（St. Moritz）旅行了一趟，随后在 1873 年带两个妹妹去了那里。[3] 另一方面，马歇尔对查尔斯叔叔怀有的感情更多的是感激，而不是热爱和钦佩。1873 年查尔斯叔叔从澳大利亚返回伦敦时，没有迹

[1] 参见下文，第 18 章，第 687 页。

[2] 参见下文第 8 章，第 234 页，以及第 14 章，第 498 页。

[3] 参见下文第 7 章，第 190 页。

象显示阿尔弗雷德曾去拜访过他。当 1874 年 8 月查尔斯叔叔去世时，他的通信都被镶上了黑边，当有至亲去世时，马歇尔家族都会以此来表示敬意。一般来说，他的叔叔在阿尔弗雷德的生活中并不是很重要，他的哥哥也是如此，这是有理由的，因为在阿尔弗雷德的青春期这一重要的人生阶段，哥哥离开他们去了印度。而且他们兄弟俩在教育背景和成长经历上的差异，决定了他们之间的关系一定不会很亲密，即使他们的年龄只相差了 14 个月。阿尔弗雷德清楚自己的家庭关系不能对他的社会技能和适应能力有所帮助，更何况他的背景中还包括这样的出生地和家世，所以他试图将它们隐藏起来。家族的某些遗传使得马歇尔对批评十分敏感而且厌恶争论，除此之外，当马歇尔担任布里斯托大学学院的校长这一需要责任感和领导能力的职位时，威廉·拉姆奇还注意到马歇尔在社交上缺乏自信与风度。[1] 后文我们仍会不时回顾马歇尔的家庭与世系，因为它们以不同寻常且极为重要的方式影响着马歇尔的生活。

[1] 参见下文第 8 章，第 272–273 页。

47 第 3 章　童年与学校生活（1842–1861 年）

阿尔弗雷德·马歇尔的童年以及学校生活（19 世纪 40 和 50 年代）几乎完全处于维多利亚时代中期。19 世纪 40 年代中期，马歇尔进入家庭小学（Dame School）学习时还是一个“小不点”，随后他进入了一所位于克拉彭地区、似乎具有福音派性质的私人学校。1852 年初，9 岁的马歇尔“被送往麦钦泰勒学校”读书。[1]

在他上学的这段时间，马歇尔家庭的经济和社会地位在逐渐上升。到 1845 年，马歇尔一家已经离开了柏孟塞区夏洛特街的“贫民窟”，他们搬到了西德纳姆地区的鲍尔格林，这年的圣诞节安格尼丝·马歇尔就出生在这里。尽管鲍尔格林地区有一个煤气厂，但和夏洛特街毗邻的制革厂来说，无疑已经是一大进步了。此外，新家的地址距离西德纳姆工人阶级聚集的下层地区较远。这让新家看起来有些像上流人士的居所，不过，马歇尔的新家仍然在西德纳姆的富人区和中上层阶级聚集区之外。[2] 1850 年，马歇尔一家已经搬到了克拉彭，在拉克霍尔地区的拉塞尔 5 号居住。从这次搬家可以看出，马歇尔一家的收入一定有了大幅增长，的确，在 1842 年到 1843 年之间，威廉·马歇尔被调到银行票据和结算处工作，这让他的工资逐年增加，最终达到了每年 250 英镑的水平。[3] 1851 年的人口普查显示，这时的马歇尔一家已

[1] 玛丽·佩利·马歇尔，《关于阿尔弗雷德·马歇尔的传记笔记》（KMF）。

[2] 有关西德纳姆的信息来源于本·温雷布和克利斯托夫·希伯特的《伦敦百科全书》，第 852–853 页。

[3] 有关工资的信息由英格兰银行提供。1840–1850 年期间的银行职员的工资预算数据显示（H.G. 德·弗雷纳，《在老英格兰银行的工作与生活》，第 137 页），年收入 250 英镑对于这个家庭来说（此时三个孩子都未满 10 岁）已经相当充裕了。

经有仆人了。[1]

在麦钦泰勒学校学习的时候，他们一家已经在克拉彭居住，小阿尔弗雷德每天都要从克拉彭赶往学校。这所很好的公立中学[2]，当时还坐落在萨福克巷（Suffolk Lane）的旧址。在泰晤士街（Thames Street）和坎农街（Cannon Street）之间有许多小巷子，萨福克巷就是其中之一，它们都位于伦敦桥和南华克桥（Southwark bridge）之间。早年，泰晤士河和他父亲上班的英格兰银行之间有一条直达线路，这对阿尔弗雷德来说很方便。“他从克拉彭乘坐汽船或者公共汽车去上学。”[3] 毋庸置疑，在进入麦钦泰勒学校之前，阿尔弗雷德就读的教育机构都离家很近：他去的家庭小学恐怕就在西德纳姆；随后进入的私人教育机构就位于克拉彭。

童年与早期教育

鉴于家族史料的匮乏，关于阿尔弗雷德 • 马歇尔的童年与早期教育我们知之甚少，这并不令人意外。约翰 · 梅纳德 · 凯恩斯的父亲在日记中详细记录了孩子的出牙日期，以及其他婴儿活动，而马歇尔的父亲没有这样做。父母相当频繁地搬家，以及 1845 年和 1850 年两个妹妹的出生，对小阿尔弗雷德会产生什么样的影响，我们只能推测了。关于小马歇尔上家庭小学的情况，也无从考证。如果这所学校是遵循当时一贯的教育方法，那么，他所接受的通识教育和教学将是相当“机械”且无用的。[4]

对于马歇尔在 9 岁前进入的“私人”教育机构，我们知之甚少。那时，大 48
约三分之二的伦敦小学都是私人办学的。他们

[1] 1851 年人口普查，复件收录在科斯文件中。

[2] 1864 年的《公学法案》列出了“公学”的名单（维多利亚女王第 27 和 28 年，第 92 号法令）。“公学包括伊顿公学、温彻斯特公学（Winchester）、威斯敏斯特公学（Westminster）、卡尔特公学（Charterhouse）、圣保罗公学（St Paul’s），麦钦泰勒学校（位于伦敦），哈罗公学（Harrow）、拉格比公学（Rugby）和什鲁斯伯里公学（Shrewsbury）。”参见 G.M. 扬格，《一个时代的画像》，第 327 页，注释 15（乔治 · 基特森 · 克拉克注释版）。这些都是需要个人付费的学校。

[3] 玛丽 · 佩利 · 马歇尔，《给沃尔特 · 斯科特的笔记》。

[4] 参见《曼彻斯特统计学会对 1835 年萨尔福德地区教育状况的报告》（*Report of the Manchester Statistical Society on the State of Education in the Borough of Salford in 1835*）（伦敦：1836 年），第 14 页，被引用于大卫 · 德 · 朱斯提诺（David de Giustino）的《征服心灵》（*Conquest of Mind*），伦敦：克鲁姆赫尔姆出版社，1975 年，第 177 页。

> “深深植根于国民性格中的弱点，对上流社会或者想象中的上流社会十分着迷。……一架嘶哑的钢琴，一些老旧的地球仪，门口还有一个黄铜门牌，上面刻着‘少年学会’（Juvenile Academy），对于许多家长来说，与讲授正确的拼写和良好的算术相比，前者更加重要。”教会学校至少还会受到检查，但私人学校不会受到任何监督。纽卡斯尔（Newcastle）委员会对伦敦地区的调查报告显示，“许多私人学校都开办在对健康不利的场所，也不适合教学”，据说学校里的教师，“没人认为自己太老、太穷、太无知、太虚弱、太病态，没有资格教书育人，其他人也不会这样认为”。事实上，在私人学校教书“仅是贫困者的避难所”。[1]

不论小阿尔弗雷德所接受的初等教育和这个模式是否相同，基本可以肯定的是，与同时代的亨利·西季威克相比，[2]阿尔弗雷德没有私人家庭女教师来指导他的基础教育。此外，由于阿尔弗雷德的父母受到的教育很有限，所以不大可能对阿尔弗雷德的这方面成长提供很多帮助，当然，如果利斯镇的学校给父亲威廉带来的不仅仅是关于体罚的“美好记忆”的话，情况或许会有所不同。不过，这种教育应该还是有些作用的。因为，麦钦泰勒学校要求孩子在9岁入学时，“每个人都必须至少有一些拉丁语文法的基础”，也就是说，要掌握爱德华时代的“词形变化规则”即“第六拉丁语法”，并且需要拥有“良好的读写能力”，还需要“熟知早期圣经历史的主要知识，以及教会的《教理问答（手册）》”。[3]对于最后一项技能来说，马歇尔家族的孩子从父亲威廉强制他们参加的周日礼拜中学习到了不少。

玛丽·佩利那里保存了阿尔弗雷德·马歇尔对童年的些许记忆。她回忆道，阿尔弗雷德“曾说他小时候很少玩游戏。他父亲怕他结交不良的朋友，所以不让他参加克拉彭广场的板球俱乐部。在麦钦泰勒学校，他加入了一个板

---

[1] 弗朗西斯·谢泼德（Francis Shephard），《伦敦1808–1870：恶魔都市》（*London 1808–1870: The Infernal Wen*），第236页，引用了纽卡斯特委员会的报告的第1卷第93页，以及第3卷第564页；还可参见史密斯的《初等教育》（*Elementary Education*），第303页。

[2] A.S.和E.M.S.，《亨利·西季威克回忆录》，伦敦：麦克米伦出版社，1906年，第4页。

[3] 来自委员会的报告：1864年（Cmnd 3288），《若干学院和学校的收入和管理》（*Revenues and Management of Certain Colleges and Schools*），第2卷，附录，第249、254页。

球俱乐部，不过，活动地点［我猜测在樱草花山（Primrose Hill）[1]］离家很远，因此三年间他只设法参加了 10 场比赛。他在自家花园里和妹妹安格尼丝练习板球，他视力很好，虽然姿势不标准，但仍能很好地击中球。他很少玩游戏，而是常在花园里的小屋中摆弄车床。他给弟弟沃尔特制作了 9 根别针，还喜欢给母亲做一些有用的东西，例如，一个放置墨水防止它倾覆的台子”。[2]

当他在麦钦泰勒学校开始读中学时，已经很少有玩乐的休闲时光了。学校的作息时间和现在类似，不过，在放学后，他的父亲会要求他做家庭作业到晚 49
上 11 点。对于麦钦泰勒学校来说，

> 上课时间为早上 9:15 到下午 1:00，以及下午 2:00 到下午 3:45，所有男孩每年要在学校学习 39 个星期。他们的假期包括复活节的两个星期、8 月和 9 月中的六个星期，以及圣诞节的四个星期。在大选日（6 月 11 日）之后，学校也会休息一个星期。此外，除了这些假期，校长有权在一年中给学生多放 4 次假，每次为期一天。下列节日学校也会放假：查理一世逝世纪念日、圣灰星期三、耶稣升天节、女王诞辰、牧师遗孤慈善纪念日、圣保罗儿童慈善纪念日、市长就职日以及托马斯·怀特爵士诞辰，另外每周六只放假半天。[3]

由于马歇尔的父亲是坚定的福音派信徒，所以星期天要用来休息和做礼拜，而不可以休闲娱乐。因此，只有下午放学后的短暂时光，以及星期六的半天假日是他可能用来玩耍和娱乐的时间。这就难怪阿尔弗雷德格外珍惜在道利什镇的肯顿小屋和姑姑路易莎度过的六个星期（8 月和 9 月）的暑假时光了。用阿尔弗雷德自己的话说，这“救了他的命”，因为在此之前他已经超负荷以及长时间地连续学习 39 周了。与家中极为有限的娱乐活动相比，那些“船、

[1] * 玛丽·佩利所猜测的地点有误。麦钦泰勒学校的校长赫西博士表示，麦钦泰勒公司为学校的板球活动租用了肯宁顿椭圆球场（Kennington Oval）的部分场地，租金为每年 20 基尼，这点可见 1864 年的《若干学院和学校的收入和管理》第 205 页。

[2] 玛丽·佩利·马歇尔，《给沃尔特·斯科特的笔记》。

[3] 霍华德·斯汤顿（Howard Staunton），《英国的好学校》（*The Great Schools of England*），伦敦：桑普森、劳 & 马斯顿出版社（Sampson, Law & Marston），1865 年，第 239 页。

枪和小马”无疑是欢乐的天堂。[1]那些家中的娱乐活动，恐怕只限于参观大英博物馆这种有教育意义的旅行，或者是全家出动参加伦敦的某些重要活动，例如1851年的万国工业博览会。

这种以现代标准来看极度残缺的童年，在当时是较为普遍的。阿尔弗雷德的青少年时期在许多方面都和奥古斯都·黑尔的相似。下午五点，黑尔可以稍微休息一会，“休闲方式通常是照顾猫咪”。他被禁止沾染“糖果之类的世俗嗜好”，一旦破戒就会遭到惩罚，即被迫用“惩戒勺”喝下一剂食用大黄和苏打水；并且，从“很小的时候”就开始参加教会，刚开始的短时间内仅仅是每周天出席，后来稳定在每周两次。“晚饭后，一切消遣都被禁止”，并且在“冬天的时候，还得忍受五点后没有蜡烛的漆黑的房间”。[2]维多利亚时代人的童年大体是如此。不过，安南（Annan）[3]所写的莱斯利·斯蒂芬（Leslie Stephen）的童年则是例外，他让我们知道，福音派中产阶级家庭的教育虽然虔诚，但也可以充满欢声笑语，而且无需像黑尔、拉斯金（Ruskin）或者萨缪尔·巴特勒（Samuel Butler）的童年那样严厉或残酷。从现存的资料看，阿尔弗雷德·马歇尔的童年和早期家庭生活大概更像奥古斯都·黑尔的经历，而不是莱斯利·斯蒂芬的。下面这段描写维多利亚时代童年和家庭生活的论述，恐怕可以很好地体现马歇尔的早期家庭经历：

> 在这个被称作家庭的教权世界中，父亲就是上帝，一个易怒可怕的人物。在福音派基督教的形式下，对父亲的爱就像是对上帝的爱，这种爱是充满敬畏的。维多利亚时代的家庭是围绕着母亲这一日常生活中的权威展开的，她为孩子们提供安慰，她是孩子们的天堂，甚至是避难所。孩子们的世界和角色在社会中被定义。家庭的教养确保孩子被人接纳，但不是被人欣赏。通过雇用仆人，中产阶级和上层阶级的孩子融合在了一起。因此，他们（或者说他们自认为）的情感得到了发展，能够更加熟悉、理解和同情等级更低的人。而在很小的时

[1] 玛丽·佩利·马歇尔，《关于阿尔弗雷德·马歇尔的传记笔记》（KMF）。路易莎姑姑似乎和本托尔家族一样生活富足，因为她没有像哥哥一样轻易地在婚姻中放任自己，所以经济状况比较好。

[2] 奥古斯都·黑尔，《回忆童年与少年》，摘自尤金·C. 布莱克（编），《维多利亚时代的文化和社会》（*Victorian Culture and Society*），伦敦：麦克米伦出版社，1973年，第201–210页。

[3] 诺尔·安南（Noel Annan），《莱斯利·斯蒂芬：维多利亚时代的无神论者》（*Leslie Stephen, The Godless Victorian*），伦敦：韦登菲尔德 & 尼科尔森出版社（Weidenfeld & Nicolson），1984年，第16–17页。

候，他们仍有着等级观念。父亲、母亲、家庭、姑妈、叔叔以及仆人所组成的家庭将服从、德性和忠诚的信条教给孩子。纪律是社会的核心。每个孩子都必须在激励和压制下学习遵守秩序和自我约束。文化要求人们单纯、坚定刚毅、有荣誉感和责任心、顺从以及严格遵守秩序。上帝给予制裁，家庭按此教育，世俗世界对此也表示认同。[1] 50

进入麦钦泰勒学校：1852 年

如果真的像玛丽·佩利对凯恩斯所说的，[2] 阿尔弗雷德 9 岁进入麦钦泰勒学校读书，那么，他应该是在 1852 年的上半年，也就是 7 月 24 日他 10 岁生日之前进入该校。这所学校规定的最早入学年龄就是 9 岁，这意味着阿尔弗雷德是从这所古典学校的最低年级（也就是一年级）开始读起的。由于升入高年级似乎是发生在每学期最开始的 1 月，或者学期末的圣诞节之后，所以阿尔弗雷德进入麦钦泰勒学校的时间很可能是 1852 年 1 月。[3]

对于选择这所学校的原因，玛丽·佩利向凯恩斯记述了下列理由（凯恩斯在小传[4] 中引用了大部分内容）："他的父亲看到了阿尔弗雷德的才能，希望他能去一所好学校学习，于是请求一位银行主管向麦钦泰勒学校推荐阿尔弗雷德。主管表示'你知道吗，你这是在向我要 200 英镑'。不过最后他还是给了这个机会。"对此论述需要加以解释。为阿尔弗雷德选择麦钦泰勒学校，不仅仅因为它是和伊顿公学、哈罗公学和拉格比公学并驾齐驱的七所优质的公学之一，还因为这也是离家最近的学校，或许还是走读学校里最便宜的一个。在 19 世纪 50 年代初，学费还是马歇尔家庭需要考虑的一个重要问题。

此外，这所学校提供丰富的奖学金，包括直通牛津大学圣约翰学院的奖学金，甚至还包括该学院的生活奖学金，这在当时相当不寻常，不过，在阿尔弗雷德离开学校的这一年（1861 年），这项规定遭到了废止。这对于有能力但相对比较贫穷的中产阶级家庭的孩子来说，确实是一笔非常可观的奖金。可见，

[1] 尤金·C. 布莱克，《社会化导论：童年和家庭》，见《维多利亚时代的文化和社会》，第 200 页。

[2] 玛丽·佩利·马歇尔，《关于阿尔弗雷德·马歇尔的传记笔记》（KMF）。

[3]《若干学院和学校的收入和管理的报告》，第 204、253 页：记录显示他在 1852 年 2 月 5 日"入学"（《麦钦泰勒学校试读名录》，第 8 卷，市政厅图书馆，伦敦）。

[4] 玛丽·佩利·马歇尔，《关于阿尔弗雷德·马歇尔的传记笔记》（KMF）。凯恩斯，《阿尔弗雷德·马歇尔》，第 162–164 页。

正如19世纪60年代初公学委员会所披露的那样，[1]这所学校倾向于招收“自由职业者、牧师、法律顾问、律师、商人、军人和公职人员的孩子”。

玛丽·佩利关于威廉·马歇尔以上述方式为儿子取得提名权的说法不太准确。该校规定，只有由麦钦泰勒公司的成员和董事组成的理事会成员（共40人）才有资格提名学生。学校的注册入学人数固定在250人，但事实上常常会超过一小部分。在1842年以后的20年间，入学人数在最多的1851年275人和最少的1855年247人之间变化，平均人数为262人。最长的学制是10年（从9岁到19岁），不过在正常情况下，每个男孩待在学校的时间通常是8年，所以每年平均有30–35个空缺。在此基础上，每个理事会成员每四年最多可以提名三位学生。因此，受到提名不是件易事。麦钦泰勒公司每年赞助学校2000–3000英镑，换句话说，每个学生每年平均可获得10英镑。按最多的10年学制计算，这相当于每个学生都可能会有100英镑的补助。这一事实也在一定程度上解释了为何提名权具有巨大的价值。此外，它还能提供进入牛津
51 大学圣约翰学院就读的机会以及奖学金，两所学校的裙带关系使得理事会成员提名的价值翻倍。这样，玛丽·佩利记述的那位提名人（提名阿尔弗雷德·马歇尔去麦钦泰勒学校读书的人）口中的200英镑就得到了解释。麦钦泰勒学校的入学登记显示，阿尔弗雷德·马歇尔的提名人是波那米·多布里（Bonamy Dobree），这位英格兰银行的主管是理事会成员之一。对于阿尔弗雷德的父亲是如何拿到提名的，我们不得而知；一个可能的原因是，多布里或许认识阿尔弗雷德奶奶家族（本托尔家族）的人。[2]

相比于提名所具有的高昂潜在价值，麦钦泰勒学校的收费还是比较适宜的。每年的10英镑学费（每季度支付2英镑10先令）是学生最主要的花费，涵盖了学校所提供的全部教育服务。此外，还有两处额外的开销。第一，当首次入学时，每个男孩需要付给麦钦泰勒公司3英镑的入学费。第二，当升年级时（通常是每年一次），每个男孩都要支付给所升入年级的主任5先令。另

[1]《若干学院和学校的收入和管理的报告》，第50–51、257页。通过查阅与阿尔弗雷德·马歇尔同时代的注册学生的信息，可以证实许多孩子的家长确实从事这些职业。

[2]《麦钦泰勒学校入学登记簿》（Merchant Taylors' School Admissions），第2卷，1825–1852年；市政厅图书馆，伦敦，《若干学院和学校的收入和管理的报告》，第249–250、253页；玛丽·佩利·马歇尔，《关于阿尔弗雷德·马歇尔的传记笔记》（KMF）。波那米·多布里（1794–1863）曾任英格兰银行的副行长和行长，关于他的详细信息，参见F.伯思（F. Boase），《现代英国传记》（*Modern English Biography*），伦敦：1965年，第2卷附录，专栏118–119页。

外还有一些校服费、午餐费、车费，以及书本费和其他学校设备的使用费。1858 年，一个与阿尔弗雷德同时代的人描述学生们是一群“穿着翻领衣服的少年”，这从约翰·利奇（John Leech）所画的萨福克巷的教室中可以观察得到。阿尔弗雷德 1855 年的照片很可能就是这副打扮。还有人描述这些男孩“都被强制穿着，或者说包裹在（可能是）最丑的衣服里”。他们背着蓝皮的书包，翻领的纽扣上有一个墨水瓶，墨水都是在学校的小商店中购买的。当一个男孩升到六年级时，就不再穿伊顿式衣领的衣服，并开始戴大礼帽，衣领竖起，还戴着黑色的领结。当被提拔为督促者或者说导生之后，就需要穿着燕尾服或晚礼服。阿尔弗雷德·马歇尔应该也遵循了这种服装传统。不过，有趣的是，马歇尔的同学 E.C. 德尔默（E.C. Dermer）后来回忆说，阿尔弗雷德在学校总是“穿着怪异”。每年的书本费在 2 英镑和 5 英镑之间，每周的午餐费和车费在 2 先令和 3 先令之间，加在一起，每学年 39 周至少要花费 5 英镑。[1]

对于有妻子、四个孩子以及一个女仆，年收入约 250 英镑的银行职员来说，他在家庭预算中对学校花费的支持，足以说明为了天资聪颖的爱子的学业，马歇尔一家在经济上作了不小的牺牲。这个预算的具体来源我们无从知晓，不过，在阿尔弗雷德·马歇尔进入麦钦泰勒学校的时候，威廉·马歇尔一家的经济状况和它一致。预算表遗漏了一些项目，例如马歇尔一家可能需要负担的教堂中的专用长凳的费用，慈善和宗教职责内的花费，度假以及路途产生的费用。以下是基于 1845 年到 1850 年的花费所制成的年度预算表：

	1845–1850 年		
	英镑（£）	先令（s.）	便士（d.）
所得税（每英镑需缴税 7 便士）	7	5	10
人寿保险	8	0	0
房租	28	0	0
各种税（包括济贫税）	6	0	0
面包（每周四分之七磅）以及面粉（每周四分之一磅）	10	12	4

［1］《若干学院和学校的收入和管理的报告》，第 251 页；F.W.M. 德雷伯（F.W.M. Draper），《麦钦泰勒学校四百年：1561–1961》（*Four Centuries of Merchant Taylors' School 1561–1961*），伦敦：牛津大学出版社，1962 年，特别是参见第 13–14 章，第 134、138 页。

续表

	1845–1850 年		
	英镑（£）	先令（s.）	便士（d.）
52 牛奶（每天 1 夸脱）	6	0	0
黄油（每周二分之一磅，每磅 1 先令 6 便士）	9	0	0
奶酪（每周 1 磅）	1	6	8
肉（每天二分之一磅）	36	0	0
啤酒（每天 2 夸脱）	10	0	0
茶（每周四分之三磅，每磅 3 先令 4 便士）	11	18	0
咖啡（每周二分之一磅，每磅 1 先令 6 便士）	1	19	0
糖（每周二分之一磅，每磅 5 便士）	4	10	0
仆人工资	8	0	0
一家六口人的衣服、靴子、鞋等	50	0	0
四个孩子的教育费用（每人 8 英镑）	24	0	0
洗涤费	8	0	0
煤炭、燃料、柴等	10	0	0
肥皂，蜡烛或其他照明物品	6	0	0
马铃薯、蔬菜、水果等	8	0	0
家具保险	1	0	0
总预算（换算后）	255	11	10

这个预算表还不包括生病及药物治疗的费用，或可能的意外事故开销。如果职员生病了，就会失去银行奖励守时员工的“全勤奖”（Morning Money），工资会随之降低。预算表中也没有列出烈酒或葡萄酒（恐怕对于马歇尔一家来说，这不是一个重要的项目）、家具、玻璃制品或家用亚麻布的花销。一些项目还需要加以解释，因为计算方法尚不明确。例如，按照上述假设，教育经费总共应该是 32 英镑。尽管如此，进入麦钦泰勒学校后，阿尔弗雷德每年的教育花费约为 20 英镑，这已经大大超过了这个银行职员家庭预算中的人均 8 英镑的水平。[1]

[1] 来源于 H.G. 德·弗雷纳，《在老英格兰银行的工作与生活》，第 137 页，他也发现了预算表中有些算法不明确。

学校及其教学课程

接下来的 10 年中，阿尔弗雷德·马歇尔在麦钦泰勒学校度过了大部分时光，那么，这是一所怎样的学校呢？首先，它很古老，始建于 1561 年，依然坐落于麦钦泰勒公司在建校时购买的地方。这一最初的校址由苏赛克斯楼（Sussex House）的一半组成，在此之前是苏赛克斯伯爵的财产。它包括“一栋西门楼，有一个长长的庭院，庭院（庭院同样连接着一个小教堂，庭院的南端有两个长廊）的南端是蜿蜒的楼梯，还包括上面说的两个长廊，以及一部分小教堂”。当 1859 年阿尔弗雷德·马歇尔在这所学校的求学进入尾声时，麦钦泰勒公司购买了大楼的另一半，打算用这个增加的空间来升级学校的设备和新建一个运动场，不过，这项计划并没有得到实施。事实上，1875 年，学校搬去了更适合办学的新校址，这些计划就显得多余了。[1]

原有的建筑在 1666 年的伦敦大火中付之一炬，这意味着 19 世纪的学校已经不具备都铎遗风了。从描绘萨福克巷的学校的画中可以看出，如同时代的观察者所说的那样，学校看起来灰蒙蒙的，而且缺乏建筑美感。[2] 这也说明伦敦 53
学校的特殊缺点，正如委员会 1864 年披露的那样：“中学位于大城市的中心，它们无法像乡村学校那样给男孩们提供足够的消遣设施……圣保罗公学和麦钦泰勒学校的男孩们完全没有运动场地，同样的，全部四所伦敦学校的孩子都无法体会漫步在乡村小路上的自由，而这点对于剩下的公学来说都是社会活动的一个重要方面。虽然他们可以在伦敦的街道上行走，但这显然不是男孩们能够消磨课后时光的地方。……教学楼和房屋的条件似乎还不错，但是，为了教学和娱乐目的，校园都急需扩建。”[3]

---

[1] F.W.M. 德雷伯（F.W.M. Draper），《麦钦泰勒学校四百年》，第 2 页。

[2] 参见德雷伯，第 153–154 页。图 9 就是其中的一幅。

[3] *《委员会对公学的调查报告》，第 50、205 页。这大概解释了阿尔弗雷德·马歇尔为何会如此热爱真正的乡村，1861 年他为奖学金考试第一次进入剑桥大学时，就强烈表达了这种观点（见第 4 章）。玛丽·佩利给沃尔特·斯科特的笔记中也说，“阿尔弗雷德十分热爱乡村。他告诉我，当他为参加一个奖学金考试第一次拜访剑桥大学时，他走在剑桥大学后花园通往克顿（Coton）的小路上，不由得兴奋地大喊，因为他终于来到了真正的乡村。”参较马歇尔在《经济学原理》第 1 版中的论述：“经历相似并且在所有方面都相似的两个人，面对同一件事，都会有不同的反应。例如，一群城市学校的孩子被送往乡村享受为期一天的假期，恐怕没有哪两个人得到的快乐的方式是一样的，得到的快乐的大小也不同。”（《经济学原理》第 1 版，第 151 页，从第 2 版开始被删除）。

下午 1:00 到 2:00 是午饭时间，然而校舍里却没有地方供学生吃饭，不过伦敦还是有些位置上的优势。一个昔日学生回忆他在萨福克巷的校园生活（距离阿尔弗雷德离开学校不到十年）时说："一些人会去学校旁边的小饭馆吃饭，现在这些小饭馆还在学校附近，其他人会去齐普赛街（Cheapside）的餐馆吃饭。我自己则是去鱼商会馆（Fishmongers' Hall）对面的切尔西圆面包店（Chelsea Bun House）解决午饭，……每天午饭要花 6 便士。……午饭不会花费很长时间，和许多其他男孩一样，我用剩下来的时间来探索这座城市，这座城市需要我们全面的了解。"[1]

小阿尔弗雷德有可能去鱼商会馆对面的切尔西圆面包店吃午饭，也有可能去依然在附近的小饭馆吃饭，英格兰银行的职员也常去这些小饭馆就餐。[2] 中午的一段空闲时光使得孩子们能够在狄更斯和梅休笔下的伦敦开展短途旅行，特别是对于娱乐活动受父亲严格控制，周末无法放松的阿尔弗雷德来说，无疑十分有吸引力。因此，中学的所在地或许激发了阿尔弗雷德对社会观察和社会调研的最初的兴趣，他后来对此十分热衷。

通过"一扇容易踢开的小门"就到达了学校内部，首先是一条石头铺成的过道。这条过道通往一个四周有回廊的庭院和一个楼梯，带回廊的庭院暗示着这所学校起源于都铎王朝时期，楼梯则"被粗大的栏杆保护着"。楼梯顶部有一些摇门，上面摆放着麦钦泰勒公司的徽章。通过这些摇门，就进入了这所学校最主要的部分——大教室。学校就是教室这一概念对于后期接受教育的人来说比较陌生，但是在那时也没什么不妥："学校就是一个长而宽的教室，每侧
54 都有一排窗户，从天花板直到最高层的长凳。学校的每侧都有四层的长凳。我印象中只有最高层的长凳有可供写作的桌子；其他三个较低层只能尽量在自己的膝盖上写字。"[3]

同时代萨福克巷的图片展现了当时教室的格局，这样就解释了 19 世纪 40 年代晚期家长为何会对"由于缺乏桌子男孩们不得不以扭曲的姿势上课"这一点有所抱怨。一位在马歇尔之前入学的学生抱怨这些房间"实在不适合用作考试场地，可以想象，男孩们只能把长凳当成桌子，跪在长凳前写字"。阿尔弗雷德·马歇尔的同学以及后来的导生德尔默回忆道，"以前是没有桌子

[1] 引自德雷伯，《麦钦泰勒学校四百年》，第 139 页。

[2] H.G. 德·弗雷纳，《在老英格兰银行的工作与生活》，第 9 页。

[3] 引自德雷伯，《麦钦泰勒学校四百年》，第 134–135 页。

的，男孩们看起来就像是在教室中匍匐前进，到 1852 年，低年级的孩子仍然没有桌子”。因此，他和小阿尔弗雷德最初的两年都体验了这种艰苦的条件，后来当他们升入更高的年级后，设施逐渐得到了改善，在他们中学生涯的最后一年，作为导生终于享受到了属于自己的独家桌子。[1]

学校里还有一些物品值得一提。教室的左手边有“一个大大的开放式壁炉，一个结实的铁笼里放着燃煤，晚饭时调皮的男孩在上面烤栗子吃”。这种冬天取暖的方式在当时是一件奢侈的事情，于 19 世纪初才开始引进校园，由于没有足够的烟囱，学校中常常弥漫大量烟雾和烟灰。到了冬季，需要用蜡烛来照明，在插图中，高高的窗户上积满了煤烟，这让房子的外观看起来更具吸引力，但蜡烛的用量就大大增加了。蜡烛由学校提供，费用由男孩们承担。1850 年，一些中学开始引入煤气灯作为照明工具。[2] 在一学年的大部分时间里，取暖和照明都是必不可少的，这也就进一步恶化了教室本来就令人担忧的卫生条件。

19 世纪 50 年代进行的改良和校长詹姆斯·奥古斯都·赫西牧师对教育改革的热情分不开。赫西在 1845 年至 1870 年之间任校长，也就是说，涵盖了马歇尔的全部在校时间。赫西在中学以及牛津大学求学时成绩非常优异，在接受校长的任命之前长期在教会服务。[3] 在给公学和学院调查委员会准备的有关学校政策的陈述中，他就明确地表达了对教学大纲进行各方面改革的决心。赫西在出任校长之前，就已经和他的前任安排好了学校架构上的变动。年级数从 8 个增加到 10 个，在教学大纲中加入英国历史和地理，学费提高到阿尔弗雷德·马歇尔后来入学时的标准，也就是每年 10 英镑。在担任校长的第一年，赫西改革了考试模式，将在校时间调整为阿尔弗雷德上学时的从上午 9:30 到下午 4:00，中间有一个小时用来吃午饭，他使导生[4] 竞选更加合理，并且坚 55

[1] 引自德雷伯，《麦钦泰勒学校四百年》，第 136–137、148 页。房子的布局见图 10。

[2] 同上，第 137–138 页。

[3] 詹姆斯·奥古斯都·赫西（1814–1892），《英国人物辞典》（*DNB*），《附录》，第 22 卷，牛津大学出版社 1949–1950 年重印版，第 840–841 页。1845 年，赫西娶了居住在克拉彭的 R. 卡泽诺夫的女儿艾玛·卡泽诺夫（Emma Cazenove），这或许是麦钦泰勒学校和威廉·马歇尔产生联系的原因之一。

[4] * 导生（Monitors）是学校中的知识精英，马歇尔读书时共有 8 名导生。他们有时会辅导低年级男孩学习，也有训诫他们的责任（《若干学院和学校的收入和管理》，第 263–264 页）。E.C. 德尔默在于 1924 年 11 月 19 日写给玛丽·佩利·马歇尔的信中回忆道，学校给予他们一些特权来彰显其尊贵的地位。在 1861 年的导生名录中德尔默名列第二，阿尔弗雷德·马歇尔则是第三导生。有关这个词的起源，参见詹姆斯·鲍文（James Bowen），《西方教育史》（*A History of Western Education*），伦敦：梅休因出版社（Methuen），1981 年，第 3 卷，第 293–295 页；G.M. 扬格，《一个时代的画像》，第 71 页，注释 * 表示这一制度曾在切特豪斯学校（Charterhouse）使用过。

持为孩子们的午饭争取更多合适的设施。

对于阿尔弗雷德·马歇尔未来的发展而言，最重要的莫过于1850年，赫西任命剑桥大学数学荣誉考试的第二优胜者J.A.L.艾雷牧师担任数学老师。这大大增强了麦钦泰勒学校数学教育的实力。公学调查委员会1864年的报告显示，“这所中学在数学教学中花费的时间（每周至少有五个下午）比任何其他学校都多”[1]。

赫西积极推动迁校址并最终得以实现，他还进一步改善萨福克巷学生校舍的条件。他强烈反对“悲惨、昏暗的学习环境，并且试图让空气更加流通”，当时陈旧的教室这一不尽如人意的教学条件也是他改革的对象。他的一系列努力意味着，阿尔弗雷德·马歇尔和他的同学从第三年开始就可以享受桌子带来的便利了，该校的高年级学生还有了单独的教室。总而言之，阿尔弗雷德以后的日子多亏了这位固执、勇敢、求实创新的校长的改革热忱。[2] 1877年，阿尔弗雷德想起了自己的校长，并请求他为自己（马歇尔正在申请布里斯托大学的校长一职）写一封推荐信。下面是推荐信中的一些溢美之词：

> 我很荣幸为我以前的学生——充满活力、能力超群、优秀的马歇尔先生写这封推荐信。马歇尔先生于1861年6月从我任校长的麦钦泰勒学校毕业，他的成绩极为优异，获得了我校最高的数学奖学金，还担任第三导生，他曾被授予前往牛津大学圣约翰学院求学的奖学金……经过独立的思考，以及对自己心智的剖析，马歇尔最终拒绝了这次机会，而是选择了金额较小的帕金奖学金，这一奖学金是剑桥大学每年授予前往他们学校的最优秀的数学家的，他决心去剑桥大学谋前程。他的选择没有错。……他主宰自己命运的勇气和决断力对于领导一个新兴机构来说极其珍贵。我赞赏马歇尔先生的真诚与

[1]《公学调查委员会的报告》(*Report of the Commissioners on Public Schools*)，第204页；不过，学校不断从大学引进人才这件事也说明，即使是这种数学培养模式对科学研究来说仍然不够，例如，他们引进了牛津大学色德来自然哲学讲席教授（Sedleian Professor of Natural Philosophy）普莱斯（Price），以及查尔斯·莱伊尔爵士（Sir Charles Lyell）和威廉·惠威尔（William Whewell）（同上，第26、31页）。

[2] 关于赫西改革的详细论述以及对他任校长期间的评价，参见德雷伯，《麦钦泰勒学校四百年》，第14章，尤见第151–155页。

高度的责任感，我相信他身上的特质可以很好地实现你们对他的最高期望。[1]

即使 19 世纪 40 年代以及 50 年代初对教学大纲作了调整，这所学校与同时代的其他公学一样，本质上提供的仍是古典教育。希腊语和罗马语的学习占据了上午（从 9:30 到 13:00）的大部分时间，孩子们不仅要学习语法和公共演说的逻辑，还要学习写作和翻译，以及语源学的基本知识。此外，在那时，学习古典文学被认为能够最好地了解“我们所生活的思想与道德世界，以及通过了解流芳百世的大师的作品来了解他们的思想、生活和个性”[2]。四年级或低年级的时候，早上的课程中加入了法语，麦钦泰勒学校一个更为与众不同之处在于，从六年级开始，教学大纲里还加入了希伯来语。[3] 年级较低的学生在下 56
午 2:00 到 4:00 之间学习算术和写作。当升到四年级时，就变为学习数学。在最后两年，每周的数学课上会有两个小时用于学习绘画。据推测，孩子们学习的应该是技术制图，而非艺术上的绘画。历史和地理的学习涵盖在上午的语言学习之中，而周一上午的大部分时间是留给宗教教育的，比如学习圣经历史。本着同样的精神，周六上午的家庭作业“必须严格与宗教主题相关，这样，这些事或许就不会占用男孩们周日的时间”。[4]

该校还以严格的宗教教育著称，规定每天要按照英国国教的祈祷书祷告四次（分别是上午和下午课程开始时与结束时），在男孩们“到达一定年纪的时候，他们的坚振礼（confirmation）以及随后的第一次领圣餐仪式通常是在格雷律师学院（the Hon. Society of Gray’s Inn）的教堂中由校长亲自施行”。通常每年有 30 个男孩通过这种方式领受坚振。十年中，入学人数最多的一年也才

[1] J.A. 赫西牧师于 1877 年 6 月 23 日写给布里斯托大学学院理事会的信。

[2]《公学调查委员会的报告》，第 28、254 页。有意思的是，我们注意到在赫西在陈述中表示，“学校一直都有英语知识测试，尽管如此，偶尔还会测试朗读的正确性，还有译文的拼写和造句”（同上，第 254 页）。

[3] * 同上，第 153–154、156 页。玛丽 · 佩利说威廉 · 马歇尔“常常监督阿尔弗雷德学习到深夜 11 点”（KMF），凯恩斯在此论述的基础上擅自加上“用希伯来语完成作业”（《阿尔弗雷德 · 马歇尔》，第 163 页），知道这一点之后，无疑使威廉父亲极为严厉的形象有所缓和。毕竟，如果这些深夜的学习包括大量希伯来语，那么，16 或 17 岁时才开始学习与 9 岁起就开始学习到 11 点相比，听起来似乎没那么严厉。

[4] 同上，第 45、263 页。

稍大于 260 人，这意味着校长的这部分工作开展得相当顺利。[1]

教学大纲中的一些内容对阿尔弗雷德·马歇尔随后在剑桥大学的学习十分重要，因此我们需要详细地阐述。第一，可以注意到，教学大纲中遗漏了自然哲学和德语，对此赫西校长本人也对公学调查委员会表示了遗憾。[2] 委员会表示，自然哲学仅是"很小的疏忽……实际上，根本不在英格兰高年级中学的教学范围内"。德语在教学中逐渐增加了。公学委员会的报告适度地表达了对法语的喜爱，但还是推荐了德语，因为在实际使用中德语的作用越来越大。学习德语要胜过学习意大利语，尽管在文化生活中但丁（Dante）十分重要。[3]

对于教学大纲中遗漏的自然哲学来说，马歇尔在剑桥大学准备数学荣誉考试的过程中至少填补了一部分这方面的漏洞。为了弥补德语上的缺陷，马歇尔于 1868 年和 1870 年在德累斯顿和柏林接受私人教学，还有一些非正式的学习是在于阿尔卑斯山脉、蒂罗尔和巴伐利亚的登山旅行时完成的。第二，中学时期的教育使马歇尔对法语十分精通。这就解释了他的图书馆中为何保存了大量的经济学和其他专业的法语书籍，他还可以用法语通信。[4]

和其他公学相比，麦钦泰勒学校的数学教育的广泛性值得强调。校长在给公学委员会的陈述中自豪地表示本校在数学培养上具有高标准。他列举了 1861 年 10 月考试的科目，还列出了最高的两个年级所使用的数学课
57 本。这些清单收录在本章的附录中。其中一些书的作者是沃尔顿和德亨特（Todhunter），他们正是 1865 年马歇尔参加的荣誉考试的考官。所以，教科书中至少有一本使得马歇尔提前了解了剑桥数学考试的情况。

数学在这所学校（这里是马歇尔在数学这一领域跨出第一步的地方）的相对重要性，还可以体现在 1861 年的学校预算表中。这一年，古典文学部的经

---

[1]《公学调查委员会的报告》，第 263 页。我们不清楚阿尔弗雷德是不是通过这种方式领受圣餐的。与格雷律师学院的档案保管员核对的结果是，他们没有保存这类领圣餐的记录。

[2] 同上，第 256 页。

[3] 同上，第 31–32 页。对于意大利语，委员会指出，"对于任何有教养的人来说，对意大利语的无知无疑是一个灾难。没有一个法国和德国诗人可以与但丁比肩；没有哪一种诗歌文学可以像意大利全盛时期的诗歌那样对我们产生如此强大或如此有益的影响"。尽管马歇尔夫妇曾经遍览意大利的风光，但和妻子不同，马歇尔对意大利语只是略知一二。[当然，阿尔弗雷德·马歇尔的同事，经济学家埃奇沃思和维克斯蒂德（Wicksteed）对意大利语十分精通。] 关于那时马歇尔所上的德语课，以及法语和德语对他经济学研究的重要影响，参见下文第 5 章和第 7 章，关于马歇尔对意大利语的掌握程度，参见第 17 章，第 632 页，注释 1。

[4] 马歇尔和勒瓦瑟（Levasseur）和瓦尔拉斯之间的通信显示他是有能力用法语写信的，并且他的法语阅读比法语写作还要好。

费是 2147 英镑（包括以学校为名义的各类支出共 450 英镑），数学部的经费是 994 英镑（占 31.6%）。[1]

总之，从教学大纲上看，马歇尔后来对他父亲为他选择这所学校十分感激，尽管他对过多的古典文学教育也有所抱怨。这所学校吸引马歇尔的父亲的另一个原因是，它为本校优秀的学生提供进入牛津大学或剑桥大学的机会。尤其重要的是，获得奖学金的 50 人中有 37 位可以进入牛津大学圣约翰学院，托马斯·怀特爵士是圣约翰学院和麦钦泰勒学校之间的纽带，他是麦钦泰勒公司（创建了麦钦泰勒学校）的理事会成员，也是圣约翰学院的创始人。“从学校中选出的男孩进入圣约翰学院之后，前三年是见习资格，考核优秀之后，就可获得生活奖学金。”麦钦泰勒学校提供的这种奖学金于 1575 年正式生效，它类似于伊顿公学提供的进入剑桥大学国王学院求学的机会。1861 年，基于枢密院的命令，议会颁布了一项法案废止了这一方式。1861 年，马歇尔以优异的成绩完成了学业，并获得了这种见习资格。[2] 他的同学 E.C. 德尔默在写给玛丽·佩利·马歇尔的信中表示：“在提供这一机会的最后一年，拒绝牛津大学圣约翰学院的‘生活奖学金’，这是极为大胆的举措。我怀疑在他之前没人这么做过！”[3]

阿尔弗雷德·马歇尔在麦钦泰勒学校：1852–1861 年

对于马歇尔拒绝牛津大学奖学金这一“大胆的举措”需要进一步探讨。前文提到马歇尔的父母煞费苦心地为儿子争取到了泰勒学校的提名权，主要就是因为该校可以提供去牛津大学的奖学金。凯恩斯在此基础上展开论述，添枝加叶地说进入牛津大学圣约翰学院“是父亲为马歇尔设计的成为福音派牧师的第一步”。这一说法有待考证，因为只有凯恩斯一人强调马歇尔的父亲期望儿

[1]《公学调查委员会的报告》，第 203–204 页。如果除去这些以学校为名义的收费项目（税费、维修费、保险费、燃煤费以及守门人的工资），数学部在学校预算中的比例则会上升到 37%。数学教学中还包括由兼职的助教所讲授的绘画课，在中学的最后四年，每周的数学课上会有两个下午共两小时用于绘画（同上，第 255 页）。如果绘画课教的不仅仅是技术制图的话，那么，马歇尔对艺术的热爱或许就是从这时开始的。马歇尔在国内外的旅行，以及在 19 世纪 70 年代及后来的人生中都展现了这种对艺术的喜爱。（参见下文，尤见第 21 章，第 773–775 页。）

[2]《公学调查委员会的报告》，第 257 页。

[3] 参见 E.C. 德尔默于 1924 年 11 月 19 日写给玛丽·佩利·马歇尔的信（KMF），参较前文提到的 J.A. 赫西博士于 1877 年 6 月 23 日写给布里斯托大学学院理事会的信（见上文第 55 页）。

子成为一名牧师。[1]几乎没有同时期的人，或者其他资料能为这一说法提供支持。玛丽·佩利在写给凯恩斯的笔记中，以及给沃尔特准备的资料中都没有提
58 及这一观点，不过，沃尔特所写的讣告中提到了这种可能性。[2]此外，维恩编著的《剑桥大学校友录》、《泰晤士报》以及外甥克劳德·吉尔博发表在《剑桥评论》（*Cambridge Review*）的那些简短讣告以及类似的启事中也没有提及这一点。这些文章只将在剑桥大学学习数学这一职业生涯的转变归因于马歇尔对古典研究的极端厌恶，以及在中学的最后几年他对数学的喜爱和精通。[3]更重要的是，在马歇尔自己写的带有自传性质的草稿中，在提到为何转变职业生涯方向的时候，并没有提到自己的父亲。在 1887 年第 12 版《本时代的男人和女人》中，关于马歇尔的条目简单地表示，“他毕业于麦钦泰勒学校，在这里获得了牛津大学圣约翰学院古典文学的见习资格，但**由于热爱数学**他最终选择了剑桥大学圣约翰学院”。[4]1910 年前后，马歇尔为一本德国参考书准备了内容更加详尽和丰富的自传，其中更为细致地解释了职业生涯转变的原因，凯恩斯广泛地引用了这一条目，不过唯独忽视了这个部分。为了适应这本参考书的风格，马歇尔用第三人称叙述道：“他毕业了麦钦泰勒学校；1861 年，在如今已经废止的旧规章下，他获得了前往牛津大学圣约翰学院学习拉丁语和希腊语的资格。”马歇尔还加上了他大约 25 年前已给出的原因：“不过，17 岁的时候，

[1] J.M. 凯恩斯，《阿尔弗雷德·马歇尔》，第 163 页。

[2] * 参较《英国人物辞典：1922–1930 补充卷》，第 462 页，凯恩斯所写的阿尔弗雷德·马歇尔的条目。上面斩钉截铁地说，进入牛津大学就“意味着马歇尔以后将会从事古典研究，这是他接受圣职的第一步，也是他父亲的夙愿”。此外，凯恩斯在他所写的小传中（《阿尔弗雷德·马歇尔，第 167 页》），在未从玛丽·佩利的笔记中获得任何证据或支持的情况下，再一次强调：“在剑桥大学求学时，比起古典文学，马歇尔对数学更感兴趣，不过，这并未妨碍他坚持之前的宗教信仰。他仍然渴望从事圣职，他热烈渴望能去异国他乡传教。他的一生都是传教士，不过，在一场激烈的思想斗争之后，他的宗教信仰逐渐瓦解了，此后他成了所谓的不可知论者。”最后一句话的开头说明了凯恩斯别出心裁的原因，出于同样的原因，凯恩斯还强调马歇尔出自一个牧师家族（同样没有列出多少证据），不过玛丽·佩利的笔记在一定程度上佐证了这一点。沃尔特·斯科特（《阿尔弗雷德·马歇尔 1842–1924》，第 1–2 页）也表示“他的父亲为他设计了一条笔直而狭窄的道路，先是拿着奖学金去牛津大学圣约翰学院就读，然后从事圣职”。

[3] J.A. 维恩，《剑桥大学校友录》，第 2 部，第 4 卷，第 330 页；《泰晤士报》，1924 年 7 月 14 日；《剑桥评论》，1924 年 10 月 31 日。其他讣告，比如 1924 年 7 月 19 日桑格在《国家文艺杂志》发表的讣告则没有提到马歇尔在旧规章生效的最后一年拒绝牛津大学奖学金的事情。

[4]《本时代的男人和女人》，第 12 版，伦敦：劳特利奇出版社，1887 年，第 707 页；1889 年的第 13 版，以及随后版本的《名人录》（*Who's Who*）中都原封不动地引用了这一条目（重点为本书作者所加）。

他对数学产生了日益浓厚的兴趣；在中学即将毕业之时，他毅然放弃了前往牛津大学的机会，而是选择去拥有英国最好的数学专业的剑桥大学寻求出路。”[1]

我们有理由相信马歇尔自己的解释。这一观点得到了其他证据的支持，其中就包括他中学同学 E.C. 德尔默提供的证言：

> 我惊讶于马歇尔在大学选修了这么多的课（凯恩斯的纪念文章中提到伦理学、玄学、心理学）。当我们升入高年级之后，他只对数学感兴趣，虽然后来他并未以数学家成名。我们过去的“课程”十分古板——古典文学占据了我们全部的上午时间，而且每星期下午有 10 个小时用来学习数学，我们拥有最好的数学老师（艾雷，剑桥数学荣誉考试第二优胜者）。我讨厌数学，并且为“微分”感到头疼，就像马歇尔受不了拉丁文散文和诗歌一样。[2]

大量资料都可以证明马歇尔对数学产生了日渐浓厚的兴趣，其中一些也提到了这一兴趣产生的动因。玛丽·佩利回忆道：

> 在中学的最后一两年，马歇尔有能力做更多自己喜欢做的事情，于是便致力于学习数学。数学老师艾雷曾说“他很有数学天赋”。他的父亲不喜欢看到数学书：于是马歇尔就在往返学校的途中，将欧几里得数学书放在口袋里。他看到一个命题，就边走边在脑海中运算，时不时还停下来思考。他因此形成了转动脚趾的习惯，后来很多年都没有改掉。在学校时，他不得不以学习古典文学为主，包括希伯来语，当他成为导生之后，他获得了去牛津大学圣约翰学院学习古典文学的奖学金。但他没有接受，因为他想去剑桥大学学习数学。他感觉 59
> 他更关心古典文学之外的东西。他觉得如果去牛津大学研究数学也不是万全之策。所以，尽管面临家长的反对以及资金的缺乏（他的父亲已无法进一步资助他），他还是毅然选择了剑桥大学。……他的父亲

[1]《剑桥大学政治经济学教授：阿尔弗雷德·马歇尔》（‘Alfred Marshall: Professor Political Economy, Cambridge’），*AMCA*，第 1 卷，第 148 页，参较第 151 页。里面提到这一参考书是由古斯塔夫·埃克斯坦计划编纂。凯恩斯，《阿尔弗雷德·马歇尔》，第 181–182 页大量引用了这一条目。

[2] E.C. 德尔默于 1924 年 11 月 19 日写给玛丽·佩利·马歇尔的信（KMF）。德尔默说“升入高年级之后”，马歇尔才开始对数学产生兴趣，这与马歇尔所回忆的 17 岁才开始喜欢数学是一致的。

> 后来告诉他，在发现马歇尔因忧虑而生病之后，他才不再强烈反对他去剑桥大学了。[1]

玛丽·佩利的大部分叙述都被凯恩斯引用了。然而，凯恩斯对此大肆渲染，并且将数学变成了阿尔弗雷德获得自由的象征。凯恩斯着重强调马歇尔在得知"父亲看不懂"数学课本时的喜悦。然后他振臂高呼得出结论："不！他才不要在牛津大学的死语言中埋葬自己；他要逃走，哪怕是做剑桥大学的杂役，他也要沿着几何的绳索攀岩，窥探诸天。"[2]凯恩斯暗示，马歇尔求学生涯发生转变的一个重要原因是报复父亲，不过这一点没有得到玛丽·佩利的笔记的支持。此外，凯恩斯还忽视了她所提到的马歇尔父亲最终同意儿子选择剑桥大学的原因。凯恩斯似乎旨在用这些微妙的变化来渲染他笔下的马歇尔所具备的牧师和传教士的色彩，以及加深马歇尔父亲家庭暴君的形象。

很容易可以找到一个与牧师无关的原因，来解释马歇尔的家人为何更喜欢牛津大学而非剑桥大学。对于年轻有为、举止文雅的阿尔弗雷德来说，牛津大学的奖学金是对生活稳定的保障。而剑桥大学，按照马歇尔自己的话来说，显然意味着需要自己"寻求出路"，而且这个寻求过程还需要得到查尔斯叔叔的资金支持。虽然马歇尔在 1861 年 6 月获得了帕金奖学金，这让他可以在剑桥大学维持基本的生活，但比起牛津大学的奖学金"数额要小得多"。除了去剑桥大学需要额外的资金支持以外，[3]在剑桥大学圣约翰学院能否取得足够好的成绩来获得奖学金也是极其不确定之事。总之，马歇尔拒绝了牛津大学和稳定的前程，选择了前途未卜而且需要额外费用的剑桥大学。对于像阿尔弗雷德这样家庭条件相对较差的人来说，这样孤注一掷的选择面临巨大的风险。和弟弟们不同，威廉·马歇尔规避一切风险，选择了英格兰银行职员这个安稳的工作，因此在他看来，儿子的选择近乎疯狂。这意味着家庭对这个任性的儿子的教育投入有可能会付诸东流。最后，马歇尔的父亲不得不妥协，因为他的反对可能让儿子的健康状况进一步恶化。从经济上的牺牲程度，可以看出相比于古典文学，马歇尔对数学的热爱程度（后来他将热情投入经济学研究）。

---

[1] 玛丽·佩利·马歇尔，《关于阿尔弗雷德·马歇尔的传记笔记》（KMF）。

[2] J.M. 凯恩斯，《阿尔弗雷德·马歇尔》，第 164 页。玛丽·佩利在《关于阿尔弗雷德·马歇尔的传记笔记》中关于查尔斯叔叔的笔记中提到了这个离家出走的海上侍者，见上文第 2 章第 29 页以及注释。

[3] 下文第 4 章，第 89–91 页估算了向查尔斯叔叔借款的可能金额。

马歇尔对他在中学时所接受的古典教育的批判态度需要进一步探究。这是他一生中反复出现的主题。1904 年，在给当时在马尔伯勒学校（Marlborough School）读六年级的外甥哈罗德·吉尔博写的信中，马歇尔批判了古典教育在精神与道德的培育上缺乏实用性。马歇尔的信同样回顾了过度学习古典文学的 60
危害，还有他父亲有害的教育实践，这些对于年轻的阿尔弗雷德来说都是多余的：

> 我感触很深。实际上，我从 6 岁到 17 岁学习的只有古典文学。然后我在学校获得了一席之地，还获得了去牛津大学学习古典文学的机会（如今已被废止）。随后，我花了 5 年的时间学习数学，接下来的 3 年我主要是学习哲学。现在我已经忘了所学过的数学和哲学知识了，就像我忘了古典文学一样，不过我非常感激它们（数学和哲学），但我觉得古典文学没有什么可感激的地方。[1]

其他人的记述也显示，马歇尔对中学强制实施的古典教育抱怨不已。约翰·内维尔·凯恩斯在日记中提到在 1877 年 4 月的一次小型晚宴上，马歇尔陷进“一种矛盾的情绪之中。他说为了不学习古典文学他愿意付出很大的代价，他以前在古典教育上浪费的时间，如果用在音乐、绘画、雕刻、一些现代语言、生物学以及一般的文化知识上，都是极为有益的”[2]。19 世纪 70 年代初，他作为圣约翰学院一名年轻的研究员，曾公开谴责剑桥大学培养过程中过多的古典教育，他还提议废除希腊语的必修制度。[3]

在生命的最后几年，马歇尔给出了一个更加私人的原因，来解释为何他在中学的最后几年愈发讨厌古典文学，特别是希腊语：

---

[1] 阿尔弗雷德·马歇尔于 1904 年 10 月 3 日写给哈罗德·E. 吉尔博的信，《纪念集》，第 494–495 页。这反映了一个兴起自 19 世纪中期的普遍观点，即古典教育缺乏价值。例如，参见《赫伯特·斯宾塞论教育》（*Herbert Spencer on Education*），F.A. 卡夫纳（编），剑桥大学出版社，1932 年，第 4 页，第 15 页，1859 年首次发表的一篇文章。还可参见乔治·库姆的《自传》，收录于查尔斯·吉本，《乔治·库姆传》，卷 1，第 17–21 页，参较大卫·德·朱斯提诺，《征服心灵》，第 170–172 页，其中引用了一个颅相学家对英国传统古典教育的批判，这先于赫伯特·斯宾塞的论述并有可能对他产生了影响。

[2] JNKD，1876 年 4 月 16 日（正文是 1877 年，此处可能是作者笔误。——译者注）。

[3] 参见下文第 9 章，第 274 页。

> 在学校时，我被告知无须在意希腊语的发音。我推断大概是因为记住发音会占用时间和精力；所以我没有根据字典核对我的发音，就这样，我遭受到了人生中最严厉的一次惩罚。这让我觉得，古典文学的学习不会让我的时间发挥它的价值；于是我尽可能地逃离它，并且爱上了数学。后来，我发现优秀的科学专业的学生都非常珍惜时间，但许多古典文学专业的人似乎不懂得珍惜。[1]

众所周知，马歇尔是一个对批评极为敏感的人，这个虽然愚蠢但也非常无辜的错误让他遭受的极为严厉的惩罚[2]，应该是压倒马歇尔的最后一根稻草，他对古典研究仅剩的兴趣也消失殆尽了。加之每晚在父亲的监督下学习古典文学直到深夜，这个过程也十分不愉快。接下来，这个自传性质的片段还简略地提到了他的校长对他学习古典文学所提供的帮助："我的校长是一位胸怀宽广的人，他擅长写拉丁散文，并且直接用拉丁语构思，而不是先用英语构思再翻译成拉丁语。我最感激他的就是这一点。"[3]

他选择数学的另一大原因是他在 17 岁之后对数学研究的兴趣与日俱增。
61 从他在往返学校的途中学习欧几里得就可以明显看出他对数学的"深情"。麦钦泰勒学校的教学大纲中规定，学生从六年级开始学习微分学，这也可能"激发出了他的天性"。首席数学老师艾雷在高年级授课这一事实是马歇尔日渐热衷于数学的深层次原因。艾雷是"学校里最好的教师"，[4]除此之外，他对马歇尔的赞赏使得马歇尔日益喜爱艾雷以及他的数学课。玛丽·佩利回忆，艾雷曾称赞马歇尔"有数学天赋"，[5]这对一个非常在意评价的男孩来说是极为令人欢

[1] 阿尔弗雷德·马歇尔，《1920 年 10 月 3 日的自传片段》，马歇尔档案，棕色大箱，第 11 项；凯恩斯所写的《阿尔弗雷德·马歇尔》第 163 页注释 4 引用了所有相关的部分；这与前文引用的德尔默写给玛丽·佩利的回忆相一致。

[2] *《公学调查委员会的报告》第 205 页和 263 页显示（**尤其**表示校长极少，"三年中没有一次"诉诸鞭刑），这所中学在惩戒方面的声誉是较为良好的，而马歇尔的父亲作为一名严守纪律的人较常使用的是棍棒或拖鞋，因此，谁实施了这一严厉的惩罚，以及这一惩罚是什么就值得推敲了。当然，这也有可能是马歇尔自己夸大了事实，这是他后来表述中的一个显著特征。

[3] 阿尔弗雷德·马歇尔，《1920 年 10 月 3 日的自传片段》，马歇尔档案，棕色大箱，第 11 项。这说明马歇尔并不知道赫西对于该校数学教育改革的重大贡献，包括任命来自剑桥大学的艾雷教授数学课。

[4] J.M. 凯恩斯，《阿尔弗雷德·马歇尔》，第 164 页；E.C. 德尔默于 1924 年 11 月 19 日写给玛丽·佩利的信（KMF）。

[5] 玛丽·佩利，《关于阿尔弗雷德·马歇尔的传记笔记》（KMF）。

欣鼓舞的。不过，另一个更为重要的原因是，他有可能因此获得该校八大主要奖学金之一的数学奖。他在古典文学、语言或其他学科上是难以获得这种奖学金的，因为这些学科的竞争太过激烈。他在 1857 年获得了若干数学奖，在 1859 年和 1860 年的考试中他的排名都相当靠前，于是，他如愿在 1861 年获得了最高的数学大奖。在校期间他还获得了一些其他奖励，包括 1854 年获得拉丁文法大赛第二名，1860 年获得校长颁发的论文特别奖。[1]

对于一个敏感的男孩来说，成为班级第一带来的荣耀和成功无疑是最好的鼓励。马歇尔可能很少得到父亲的称赞。马歇尔也很好胜，玛丽・佩利告诉沃尔特・斯科特，婚后他们常常在晚上玩西洋双陆棋，“如果输了他会很恼火”。[2] 总之，他擅长数学，而且在这一科目上没有其他学生能与之媲美，他享受这种胜利的滋味，就像“赢了游戏那样兴奋”，所以，数学对年轻的阿尔弗雷德的吸引力越来越大。[3] 假使不考虑“追逐天性”以及苦苦思索而成功解题所得到的快乐，对于没什么朋友，父亲吝于夸奖，而且社交圈子中缺乏凭借优异的学识和努力拼搏成为导生和获奖者这一类人的马歇尔来说，很可能就此沦为学校的最末等，这时，成为第一名就是他强大的动力。

马歇尔在数学上的成功以及对古典教育的抱怨，或许会让人觉得他总体上缺乏能力和成就，为了避免产生这样的印象，我们必须强调马歇尔曾当选麦钦泰勒学校的第三导生。前文说过，导生是该校最优秀的精英，还拥有一些特权。在麦钦泰勒学校，导生还会接受一些额外的公共演讲方面的培训。赫西博士在给公学委员会递交的文书中提到了这一点。学生参与公共演讲的机会“每年有两次，分别在圣诞节和 6 月，机会仅限于 8 名导生。由赫西博士亲自监督，他认为这可以很好地展现他们的才能和品质，还可以让他们更加从容镇定”。一些演说的副本和麦钦泰勒学校在萨福克巷校址的其他资料都保存在市政厅图书馆的档案室中。[4]

---

[1]《麦钦泰勒学校试读名录》，第 8 卷，1845–1859 年，第 9 卷（市政厅图书馆，伦敦）。《公学调查委员会的报告》，第 258–259 页。马歇尔中学时的好朋友 H.D. 特雷尔（H.D. Traill）是第一导生，1861 年他独得三项大奖，另外两名导生 E.C. 德尔默和 A. 拉夫伯勒（A. Loughborough）各获得一项大奖，他们两人还一起分享了法语大奖。艾雷是 1846 年剑桥数学荣誉考试的第二名，或许是他告诉马歇尔剑桥大学比牛津大学更适合学习数学。

[2] 玛丽・佩利・马歇尔，《给沃尔特・斯科特的笔记》。

[3] 同上。

[4]《公学调查委员会的报告》，第 205 页。我很感激科斯教授，是他提醒我注意存于市政厅的这些材料，但很可惜，里面一篇马歇尔的演讲材料都没有。

马歇尔在学校的友谊也值得一谈。玛丽·佩利告诉斯科特，马歇尔晚年“常说应该去拜访更多的老同学和老同事”，[1] 但他当时已经没有精力和时间去
62 实现它了。德尔默写给玛丽·佩利的信证实了昔日导生间缺乏联系。“1861 年 6 月 11 日之后，我就很少与他交谈或见面了，大概只见过一两次，一次是我拜访剑桥大学的时候，还有一次是很久之后，你们搬到了我教堂的对面居住。”[2] 玛丽·佩利在写给凯恩斯的笔记中说，马歇尔“不轻易在学校交朋友”，因为他父亲担心他结交不好的人。她接着说，“马歇尔在中学里最要好的朋友是 H.D. 特雷尔和后来成为艺术家的西德尼·霍尔。特雷尔和马歇尔的关系最好，他后来成为导生，随后在牛津大学圣约翰学院求学。特雷尔的哥哥是有名的板球运动员，他送给特雷尔一本穆勒的《逻辑体系》，特雷尔曾和马歇尔一起在导生的桌子上阅读这本书，这让校长赫西博士非常惊讶”。[3]

马歇尔和特雷尔之间的友谊很有意思。事实上，特雷尔是该校的首席导生，他在 1861 年独得八项大奖中的三项。他在牛津大学获得法学学士学位之后，成了《电讯报》(*Telegraph*) 的记者兼编辑，还任《文学》(*Literature*) 期刊的第一编辑，他还创作过一些书和戏剧。或许是特雷尔学术上的成就吸引了年轻的阿尔弗雷德，也有可能是特雷尔哥哥著名板球运动员的身份让年轻的马歇尔感到十分荣耀，因为据说马歇尔小时候十分喜爱板球。马歇尔的另一位朋友是西德尼·霍尔，他是 1860–1861 学年的第 8 名也就是最后一名导生，后来追随父亲的脚步成了一名艺术家。在普法战争期间，他是《画报》(*The Graphic*) 的一名特殊战地画家，他在 1922 年末去世，享年 80 岁。上述所说的马歇尔的两个朋友除了都是导生所以在学术上很有天赋之外，还有一些共同的特征。他们都比马歇尔稍小，分别出生在 1842 年的 8 月和 10 月。他们都在马歇尔入学之后不久进入麦钦泰勒学校，分别是 1853 年和 1855 年。[4]

---

[1] 玛丽·佩利·马歇尔，《给沃尔特·斯科特的笔记》。

[2] E.C. 德尔默于 1924 年 11 月 19 日写给玛丽·佩利·马歇尔的信（KMF）；1900 年，德尔默已经退休并居住在伯恩茅斯，玛丽·佩利·马歇尔常常拜访这个地方，因为她的父母退休后也居住在那里，有时候马歇尔也会陪妻子一同前往。正是在这里，两位儿时好友意外地重逢了。

[3] 玛丽·佩利·马歇尔，《关于阿尔弗雷德·马歇尔的传记笔记》(KMF)。赠予 H.D. 特雷尔《逻辑体系》一书，且精通板球的哥哥大概是 W.J. 特雷尔，他于 5 年前毕业于麦钦泰勒学校。

[4] E.C. 德尔默于 1924 年 11 月 19 日写给玛丽·佩利·马歇尔的信（KMF）。关于 H.D. 特雷尔的详细信息参见 *DNB* 的附录，第 1257 页，关于霍尔和特雷尔的信息还可参见《麦钦泰勒学校注册簿 1561–1924》。西德尼·P. 霍尔出版了一本《1875 代表作选辑》(*Sketches from an Artist's Portfolio in 1875*)（伦敦：桑普森、劳 & 马斯顿出版社）献给威尔士亲王，里面包含了他在意大利、俄国和英国的绘画，还有挑选出来的一些普法战争期间的画作。

喜欢和圈子中年纪较轻的后辈交往，也是马歇尔后来在大学交往时表现出的一个特点。[1]

从玛丽·佩利的叙述中可以推断，阿尔弗雷德·马歇尔的外表以及对待游戏的态度都不利于他结交朋友。一张拍摄于 1855 年的照片上，马歇尔穿着（大概是）麦钦泰勒学校的校服，拍摄的时间很可能是 9 月份刚开学的时候，此时马歇尔刚刚在德文郡的路易莎姑姑家度过暑假，身体也恢复了健壮。这与 E.C. 德尔默描绘的马歇尔不太一样，德尔默表示，上学时，阿尔弗雷德“看起来总是过度劳累的样子，小小的身子，脸色苍白，大家都叫他‘蜡烛’，而且他还穿着怪异。他对游戏不太感兴趣（除了板球），但喜爱研究棋局，并不轻易结交朋友”。[2] 喜欢板球和下棋，十分好学，再加上穿着古怪，这些大概是他和特雷尔以及霍尔成为朋友的原因。他们随后的艺术生涯，都与传统的教会模式和惯例相去甚远，这或许表明和其他同学相比，他们都有些不太合群的行为。马歇尔难以维系一段持久的友谊，这种情况伴随了他的大半生。[3]

从一些生活的小片段中可以看出马歇尔的文学品位。他和特雷尔在导生的桌子上研读穆勒的《逻辑体系》，进一步验证了他日益高涨的愿望——放弃古典文学，从事更加科学的数学研究。只有后者会激励学生去设法弄懂这本并不容易读的书。所有熟知这本书的人都不难理解，赫西看到两位公认最聪明的学生在研读此书时的诧异。穆勒在《自传》中谈到此书时表示，“这本书谈论的 63
问题太抽象了，估计不会广为流传；这是一本仅供学生研读的书，学习此类专业的人数不仅会很少（至少在英国如此），而且大多还着迷于与之不同的形而上学”。[4] 据玛丽·佩利所说，阿尔弗雷德·马歇尔对沃尔特·司各特小说的喜爱是他在学生时代养成的，并伴随了他的余生，这没什么稀奇的，但也代表

[1] 参见下文，第 5 章，第 109–110 页，以及第 18 章，第 660–661 页。

[2] E.C. 德尔默于 1924 年 11 月 19 日写给玛丽·佩利·马歇尔的信（KMF）；玛丽在给凯恩斯的信件（1924 年 11 月 20 日）中回忆道，德尔默的外号是“芬妮”，因为他实在缺乏男子气概。马歇尔的照片见图 11。

[3] 参见下文，第 18 章，第 696–697 页。

[4] 约翰·斯图亚特·穆勒，《自传》，伦敦：朗曼、格林、里德 & 戴伊出版公司，1873 年，第 224 页。

了他文学品位的发展。[1]

1861 年 6 月，马歇尔离开麦钦泰勒学校，将要在剑桥大学数学专业开启崭新的生活。麦钦泰勒学校给予他相当扎实的数学训练，这使他得以进入剑桥大学圣约翰学院学习，还为他赢得每年 50 英镑的帕金奖学金（共计 4 年）。除此之外，学校还增强了他对自己能力的信心。在学校取得的优异成绩，以及和 H.D. 特雷尔、西德尼·霍尔等人的社会交往所带来的益处，同样对独自应付剑桥求学生涯的马歇尔有所帮助。在麦钦泰勒学校的这段时光，不仅使他进入剑桥学习，还让这个内向的、被母亲溺爱的、土生土长的伦敦孩子体会到了生活百态，并逐渐长大成人。这段时光就这样塑造了马歇尔。

这些留存下来的马歇尔中学生涯的资料，足以让我们更好地理解他以后的生活和事业。与普遍认可的凯恩斯的假说相反，他放弃古典文学转而学习数学，不是为了逃离专权的新教徒父亲给他安排的牧师事业。在解释职业生涯的转变时，不过分强调这一点，为我们理解马歇尔后来对宗教信仰的抛弃提供了更大的空间。凯恩斯所说的，在经历了一次短暂的信仰危机后，马歇尔最终成了一个坚定的不可知论者，这样的剑桥刻板印象则更容易扭转过来。凯恩斯的推测缺少证据支持，而且马歇尔放弃牛津大学古典文学事业还存在其他合理的解释，因此无法排除其他的可能性。

在 17 岁的时候，马歇尔已经独立发展出了对数学的强烈偏好，并决定将其作为未来可能从事的职业。另外，他的 18 岁也同样重要。正如马歇尔后来于 1917 年回忆的那样，[2] 这一年他发现了让他终身受益的学习方法，这一灵感

---

[1] 许多马歇尔的同龄人都有这一爱好，例如，1875 年在哈佛大学与马歇尔见过面的奥利弗·温德尔·霍姆斯（Oliver Wendell Holmes）。1911 年，霍姆斯在写给比利时大使之妻莫切尔夫人的信中表示，"刚刚我又陷入了对斯科特的周期性的沉迷。我想很多人都很喜爱他，旧秩序笃信剑和绅士，对我来说，这绝唱令人着迷，尽管现在已对商业社会达成了共识"［引自埃德蒙·威尔逊（Edmund Wilson），《爱国者之血》（*Patriotic Gore*），伦敦：霍加斯出版社（Hogarth），1987 年，第 747 页］。"周期性的沉迷" 或许激发了马歇尔在 1907 年写成关于经济学骑士精神的文章，他很喜欢这一比喻（见《纪念集》，第 323–346 页）。巴克尔（Buckle）在《英国文明史》（*History of Civilisation in England*）中提出，这一概念可能来自中世纪的浪漫主义观点。下文第 21 章，第 772–773 页更加详细地讨论了马歇尔的文学品位。

[2] 阿尔弗雷德·马歇尔，《1917 年的自传片段》，棕色大箱，被引用于凯恩斯，《阿尔弗雷德·马歇尔》，第 165 页。凯恩斯还加上了如下富有洞见的评论，"短时间内可以全神贯注，但连续长时间工作就无法集中注意力，这是马歇尔终生的特点。他很少能一气呵成地完成任何繁重工作。同样的，他也饱受记忆力差的困扰，当他还在上大学的时候，数学课本就给他造成了不少麻烦。在童年时期，马歇尔有很强的算术能力，不过后来也丧失了"（同上，第 165–166 页）。

或许来源于午饭时间在伦敦城以及伦敦西区的闲逛：

> 我想是在 17 岁时，我人生的新纪元打开了。当时我在摄政街（Regent Street）看到一名工人站在一个橱窗前，但他的神情却并未有任何松懈，我便驻足观看。他准备在商店窗户上绘制店铺业务的简短陈述，就是在玻璃上画出白色的字母。每画一笔都需要单独挥动胳膊和手臂，以达到更好的效果；画完一笔，大概有两秒钟精神处于极度亢奋状态。他便在原地等待几分钟，让心情平复下来。如果他不多花这几分钟，那么，雇主将损失的不仅仅是工人一天的工资。这启发我确立了一个思考的方法，我下定决心，决不在头脑不清楚时思考问题；并将连续紧张工作中的休息看作是神圣的绝对宁静。当我 64
> 进入剑桥大学，可以完全支配自己的时间后，我决定不在没有中途休息的情况下看数学书超过一刻钟。我一直随身携带一些通俗读物，在中途休息时，我不止一遍地阅读过莎士比亚的所有作品、鲍斯韦尔（Boswell）的《约翰逊传》、埃斯库罗斯（Aeschylus）的《阿伽门农》（唯一一部我可以毫不费力阅读的希腊戏剧）、卢克莱修（Lucretius）的大部分作品等。当然，我也常常因为数学而兴奋起来，持续阅读超过半小时，不过，这说明我的头脑还很活跃，所有不会有什么害处。

马歇尔的学校生活还揭示了他的其他性格特征和信念来源，这在日后生活中也得到了体现。一个明显的例子就是，他坚信必须接受**实用的**教育，因而批判古典研究。他关心教育改革，包括教学场所的改革，这来源于他在萨福克巷旧校址那艰苦的条件下接受的多年教育。马歇尔对乡村和新鲜的空气的热爱，是他安置穷人以及寻找剑桥大学的住所的一项指导原则。这段学校生活显示，马歇尔是一位不轻易交朋友的人，他独来独往，他在家庭中寻求庇护，由于天性内向而行为有些怪异。最后，他的学校经历更显示出，他对成功和胜利有着强烈的渴望，数学上的优异表现进一步增强了这一观点。这大概就是他进入剑桥追求数学荣誉和科学事业的真正原因。

第三章附录 68

1861 年麦钦泰勒学校使用的数学教材

高等班——第 1 部分

（1）《欧几里得》，第 1、4、6 册，第 14 册第 1–21 页。

（2）《代数》（Hall）

（3）《平面三角学》（Snowball）

（4）《几何圆锥》（Drew）

（5）《解析圆锥》（Puckle）

（6）《微分学》;《自变量》

（7）《静力学》（Parkinson）

（8）《动力学》（Parkinson）

（9）《流体静力学》（Phear）

（10）《球面三角学》（Snowball）

高等班——第 2 部分

（1）—（5），（7）同第 1 部分

（6）《微分学》，至第 12 章

高等班——第 3 部分

（1）—（4），（7）—（9）同第 1 部分

（5）《解析圆锥》（Todhunter）

高等班——第 4 部分

（1）—（3），（7）同第 1 部分

（4）《几何圆锥》，《抛物线和椭圆》

第二等

（1）—（3）同高等班

第三等

（1）—（2）同高等班

第四等

《欧几里得》同高等班

《代数》，至级数为止

第五等
《欧几里得》第 1–4 册
《代数》，至第 105 页（包括疑难问题）

第六等
《欧几里得》第 1、2 册
《代数》，至第 88 页

第七等，第 1 区
《欧几里得》，第 1 册，第 1–20 页
《代数》（Scott 和 Bridge 的初等代数），至第 43 页

推荐给高等班级和第二等班级的书还有：布兰德（Bland）的《方程式》（*Equations*）、布兰德的《几何问题》（*Geometrical Problems*）、新德（Hind）或伦德（Lund）的《大代数》（*Larger Algebra*）、格雷戈里（Gregory）的《微积分范例》（*Examples in Differential and Integral Calculus*）、沃尔顿的《力学问题》（*Mechanical Problems*）、沃尔顿的《平面坐标几何问题》（*Problems in Plane Co-ordinate Geometry*）、《剑桥行政楼问题》（*Cambridge Senate House Problems*）。

来源：《公学调查委员会的报告》，第 255–256 页。

69 第 4 章　剑桥大学圣约翰学院的本科生（1861–1865 年）

1861 年 6 月 10 日，阿尔弗雷德·马歇尔作为自费生——“需支付所有费用并且不享有任何减免”[1]的普通学生——被剑桥大学圣约翰学院录取。按惯例，他于 1861 年的米迦勒学期正式入学。他的入学证书是由他在麦钦泰勒学校的校长 J.A. 赫西牧师，以及指定的入学导师 A.V. 哈德利牧师（A.V. Hadley）——之后一直是马歇尔的导师——亲自颁发。[2] 1861 年 6 月共有 16 位学生被圣约翰学院录取。他们年纪相仿，大多都在 1842 年受洗。[3] 1865 年 1 月马歇尔参加了数学荣誉考试，不久之后以第二名的成绩获得一等荣誉学位。1865 年 11 月 6 日，他当选为学院的研究员（Fellow）。从 1861 年年中（马歇尔刚满 19 岁），到 1865 年初（此时他 23 岁），马歇尔将大约三年半的本科生涯都贡献给了数学研究。

---

[1]《1862 年剑桥大学学生指南》（*The Student's Guide to the University of Cambridge 1862*），剑桥：戴顿、贝尔出版公司（Deighton, Bell & Co），1862 年，第 44 页。

[2] A.V. 哈德利牧师（1834–1867），资深荣誉学位优胜者，以及史密斯奖（Smith Prize）的第一名，1856 年成为圣约翰学院的研究员，1857–1865 年担任导师。《鹰》（*The Eagle*）（第 6 卷，第 30 期，第 97 页）记载，阿尔弗雷德·马歇尔在 1867 年向哈德利纪念基金捐了 5 英镑，可见，当时马歇尔的生活日渐充裕，而且对于导师给予他的帮助十分感激。

[3] 见圣约翰学院入学登记簿，1861 年 6 月；《生平登记簿》（*Biographical Register*）第 2848 条目，圣约翰学院。这些资料显示马歇尔在 1842 年 9 月 7 日受洗，大约是出生的 6 周后。1861 年 6 月被圣约翰学院录取的 16 人中，有 8 人在 1842 年受洗，5 人在 1841 年受洗，其余 3 人分别受洗于 1843 年、1844 年和 1845 年。

19 世纪 60 年代的剑桥大学

1861 年录取马歇尔的剑桥大学是英国最古老的两所大学之一，始建于 12 世纪，稍晚于它的竞争对手牛津大学。19 世纪 60 年代之前的几十年，英国大学教育已经有了一些进步。19 世纪 20 年代伦敦新建了两所学院，一所是哲学激进派于 1826 年成立的伦敦大学学院，它是一所非宗教机构，旨在增加接受大学教育的机会；另一所是 1829 年建立的伦敦国王学院，它接收所有基督教学生，包括非国教教徒。依照法案，这两所学院在 1836 年合并为伦敦大学（University of London）。1832 年，法案还在杜伦（Durham）成立了另一所大学。1837 年又创立了一所学院，接着在 1851 年又有两所学校创立。1852 年，欧文斯学院（Owens College）在曼彻斯特成立，后在此基础上发展成为曼彻斯特大学。19 世纪 60 年代末，支持成立地方性大学的法案获得通过，因此这类大学直到 19 世纪 70 年代才有所发展。其中就包括 1875 年成立的布里斯托大学学院，它在马歇尔未来的职业生涯发展中扮演了重要的角色。苏格兰也有自己的大学：阿伯丁大学、圣安德鲁斯大学、格拉斯哥大学、爱丁堡大学，有些成立于 15 世纪。1851 年，爱尔兰历史悠久的都柏林学院和贝尔法斯特学院组成了女王大学。

19 世纪 20 年代以来，尤其是 19 世纪 50 年代，新的大学纷纷成立，与此同时，从 19 世纪开始，传统大学开始了对教学大纲和管理的逐步改革。一些
改革是自发产生的，但更多的是由议会调查和立法推动的，一开始只是提建 70
议，后来便强制推行。19 世纪开始，牛津大学和剑桥大学开始扩展教学大纲，并以笔试代替口试。不过在废除宗教审查上还没什么进展。在牛津大学，所有被录取者都必须宣誓接受《三十九条信纲》以示对英国国教的忠诚，而剑桥大学只要求取得学位者这么做。研究员也是神职人员，所以根据独身制，学院研究员是不能结婚的。大学的核心不是一个中心机构，而是由学院组成。例如，1862 年，剑桥大学只负责教学、举行考试、授予学位、颁发奖励和奖学金，以及维持纪律，[1] 其余事务都由大学中的 17 个学院完成。事实上，学院的讲师们还负责大部分的实际教学工作。

[1]《1862 年剑桥大学学生指南》，第 9 页。虽然大学也有图书馆，但学院提供主要的图书馆服务，大学图书馆仅在工作日的下午 2 点到 4 点开放。同上，第 39 页。

1850年，时任英国首相约翰·罗素勋爵（Lord John Russell）表示支持建立委员会来调查这两所大学的教育制度，以及它们的收入来源。1852年，委员会分别形成了报告。为了帮助制定剑桥大学法案（1856年获通过），剑桥大学在改革中不像牛津大学那样保守。它废除了除神学以外的所有学位获得者的宗教审查，但仍对“评议会的成员有严格限制”，这一大学的行政主体只允许“那些宣称自己是英国国教真正信徒的文科硕士以及博士参加”。因此，实际上，非国教教徒和无信仰者是无法参与大学管理的。1856年的法案规定，学院不得对非国教教徒获得研究员职位加以限制，圣约翰学院也开始实施。然而，1856年的立法并没有废除查理二世统治时期颁布的《统一法案》，这项法案要求所有学院的硕士和研究员、大学的教授和讲师都要签署一份声明，确认自己同意英国国教的祈祷文。直到1871年，也就是亨利·西季威克因拒绝同意《三十九条信纲》而辞去三一学院研究员职位后不久，在经过多年的议会辩论以及大学内部论战之后，宗教审查这一问题终于由立法解决了。不过，在1882年之前，学院研究员仍然不可以结婚，在许多大学学院，拥有神职者在获得终生研究员资格上仍然享有一些优势。[1] 这些宗教审查对马歇尔的职业生涯有着持续的影响，当他们出现时我们会再次讨论。

马歇尔进入大学时没有入学考试，中学校长给他颁发的成绩优异的结业证书确保了他的入学资格。然而，一等荣誉学位的申请人需要在第二学年的四旬节学期参加（马歇尔在1863年5月参加）所谓的初次考试（Previous Examination），这一考试制度在1824年引进。这次考试的科目很少，而且对于接受良好公学教育的人来说非常简单。考试的内容包括一本希腊语福音书，一部拉丁语和希腊语名著，佩利的《天道溯源》(*Evidences of Christianity*)，还有欧几里得的前三篇和一些演算。从1855年开始，荣誉学位的申请者，例如马歇尔，在初试时还需要接受一些附加测试。这些测试都与数学有关，旨在
71 让申请数学荣誉学位的考生有更万全的准备。准备这些测试会打断学生数学学习的进程，因为需要额外的阅读，这也是约翰·威廉·斯特拉特（后来的瑞利勋爵）所担忧的，他在1865年以第一名的成绩取得数学荣誉学位，而马歇尔

[1] D.A. 温斯坦利（D. A. Winstanley），《维多利亚晚期的剑桥大学》(*Late Victorian Cambridge*)，剑桥大学出版社，1947年，第36–38、67–89页。

屈居第二。[1]

当然还有其他一些考试。[2] 这些学院会定期组织考试，在一定程度上是为了维持纪律，马歇尔在圣约翰学院求学时也遇到过，下文会有所讨论。此外，普通学生（pass student 或 poll men）和荣誉学生（参加荣誉考试的学生）都需参加大学组织的期末考试（评议会考试）以取得学位。学生需要在校住满十个学期，普通学生的考试在 5 月，荣誉考试不在学年末，而是在 1 月。数学荣誉考试是马歇尔一生中参加过的最综合性的考试。1824 年，剑桥大学引入了古典文学荣誉考试制度。1857 年之前，除贵族外，荣誉学位的申请者必须先通过数学考试，才可以获得古典文学荣誉学位。喜爱古典文学的人，像亨利 · 西季威克，需要先参加数学荣誉考试，他获得了数学荣誉考试的第三十三名，继而成了 1858 年古典文学专业最优秀的学生（古典文学荣誉考试的第一名）。自然科学和道德科学荣誉考试创立于 1848 年，于 1851 年首次实施，开设独立的神学荣誉考试在 1848 年被提出，后来才得以实施。但是，后来引入剑桥大学荣誉制度的学位考试，从未撼动数学荣誉学位或古典文学荣誉学位在剑桥的地位。因为在这些考试中取得好的成绩，实际上就确保了学院研究员的职位。此外，成绩优异的学生还可以参加一些特殊的竞赛和考试，以此获得奖学金和荣誉，这些都是新的荣誉学位获得者无法得到的。数学荣誉学位给优秀的获胜者提供了在大学任职的机会，这就解释了为何福西特（1856 年取得第七名）和莱斯利 · 斯蒂芬（1854 年取得第十名）这样的学生会选择考取数学荣誉学位。[3]

---

[1] D.A. 温斯坦利，《维多利亚晚期的剑桥大学》，剑桥大学出版社，1947 年，第 144 页。关于附加测试的详细信息参见《剑桥大学文学士考试指南》（*A Guide to the Examinations for the Degree of B.A. at the University of Cambridge*），剑桥大学出版社，1865 年，第 7–10 页，还可参见丽塔 · 麦克威廉斯 – 塔尔伯格，《剑桥的女性》（*Women at Cambridge*），伦敦：格兰兹出版社（Gollancz），1975 年，附录 A。马歇尔在麦钦泰勒学校接受的质量极高的数学教育，让他在初试和附加测试中有很大的优势。而对于瑞利来说，初试是"一个相当大的障碍"，在他看来，"在口试时，考官们知道他立志成为一名数学家，然而，他们很难找到一个他可以回答的问题，好让他体面地通过测试。"罗伯特 · 约翰 · 斯特拉特，《约翰 · 威廉 · 斯特拉特——第三代瑞利男爵》（*John William Strutt, Third Baron Rayleigh*），伦敦：爱德华 · 阿诺德出版社（Edward Arnold & Co.），1924 年，第 30 页。

[2] 参见 D.A. 温斯坦利，《维多利亚晚期的剑桥大学》，第 146–157 页；谢尔顿 · 罗斯布莱特（Sheldon Rothblatt），《教师的革命》（*The Revolution of the Dons*），第 181–187 页；A.S. 和 E.M.S.，《亨利 · 西季威克回忆录》，第 27–28 页；丽塔 · 麦克威廉斯 – 塔尔伯格，《剑桥的女性》，附录 B。

[3] 诺尔 · 安南，《莱斯利 · 斯蒂芬》，第 24–28 页；劳伦斯 · 戈德曼（Lawrence Goldman），《先进的自由主义者：亨利 · 福西特 1833–1884 年》（'An Advanced Liberal: Henry Fawcett 1833–1884'），收录于劳伦斯 · 戈德曼（编），《盲目的维多利亚时代：亨利 · 福西特和英国自由主义》（*The Blind Victorian: Henry Fawcett and British Liberalism*），剑桥大学出版社，1989 年，第 3 页。

资格考试是对初试（Previous）内容的扩展，而且仅是适度的扩展。考试还包括一个额外的部分，即要求学生参加一位教授（19 世纪 60 年代剑桥大学 12 位教授之一）的课程，考题的内容跟所参加的课程主题严格相关。据说以这样的方式把不情愿的学生填满课堂对教授来说是一件丢脸的事，但一些教授，包括福西特，[1] 都很喜爱这种制度并在 1876 年反对废除它。19 世纪五六十年代，试图改革这种不尽如人意的制度的尝试都以失败告终。大学成员不想允许普通学生参加荣誉课程而降低荣誉学位的含金量，或者他们由衷地相信既有的教学大纲已经为普通学生提供了必要的通识教育和文化教导。对普通学生来说，这一时期的剑桥大学相当于一所精修学校，它巩固了学生在公学掌握的知识，通过社会交往塑造了他们的个性，让他们举止优雅。虽然考试通过的标准如此低，但在 1851 年之前，国王学院还允许学生不参加大学考试就获得学位。[2]

像剑桥大学或牛津大学提供的荣誉课程一样，它们提供的留校工作的机会
72 不多，但是，它们为好学之人提供了非常多的教育机会。一个普通学生可以广泛地阅读，还可以在大学良好的学术氛围中充分地讨论交流，特别是在父母已经用财力和家庭关系确保孩子未来有一份满意的工作的情况下。通过建立适当的社会关系网，他们往往可以从政，或在教会、医学、法律等行业寻得一份工作，或是去公学教书。与之相比，荣誉学生的工作可能较为狭窄，获得荣誉学位的学生也许能获得一个研究员的职位。他可能就此从事学术工作，也可能接受神职为教会服务，然后晋升为主教成为教会的领导阶层，或是晋升为有财有势的重要公学的校长。这些职位之间的流动性很大。当教会在上议院拥有一席之地时，高层神职人员便可以在教堂和学术职位，或教堂和当地的最高委员会之间自由调动。如果这些都失败了，还有文学行业可供选择，特别是在 19 世纪 60 年代以来期刊数爆炸式增长的情形下。有关系的学生不需要争取太好的学业成果，不过，对于那些没有雄厚财力和显赫家世的学

[1] 参见莱斯利·斯蒂芬，《亨利·福西特》（*Life of Henry Fawcett*），伦敦：史密斯、埃尔德出版公司（Smith, Elder & Company），1885 年，第 123–124 页；温斯坦利，《维多利亚晚期的剑桥大学》，第 180–184 页。

[2] 谢尔顿·罗斯布莱特，《教师的革命》，第 181–182 页。

生来说，获得高等荣誉学位就显得至关重要了。[1]

大学教育给这些精英所授予的大量学术奖励是可以理解的。1862 年马歇尔在读时，剑桥大学共有 1526 名本科生，大约只有不到五分之一的人可以获得一等学位。1865 年，马歇尔完成数学荣誉考试这年，总共只有 45 名优胜者，取得古典文学荣誉学位的人更少，取得道德科学荣誉学位的只有 2 人。1865 年这样的情况并不奇怪。更一般地说，1862 年，剑桥大学本科生仅占英格兰和威尔士 20 岁到 24 岁男性人口的 0.2%，占总人口的 0.008%。要进入这样的特权团体，必须接受过昂贵的公学教育，在马歇尔的时代，一所好的寄宿学校每学年的开销超过 100 英镑。相比之下，马歇尔作为走读生，每年在麦钦泰勒学校仅需花费 20 英镑。基于对西德尼学院学生的数据分析，19 世纪 60 年代的新生大部分来自牧师家庭，以及从事医药、法律和教育等自由职业者家庭。[2] 作为一名工资低微的银行职员的儿子，马歇尔能够进入这个优秀的群体是极为幸运的，所以当他在 1861 年放弃牛津大学圣约翰学院以及可能紧随其后的研究员职位时，他的家人十分恼火，因为这是家庭的经济投入以及他本人优异的学业成绩好不容易得到的机会。

19 世纪 60 年代，大学教育所需的开销大得惊人，不过也相对比较灵活。 73
灵活性体现为学生自己在支配花销上有相当大的自由，而且在学期开始之前以及求学过程中他们有机会获得各种津贴、奖学金和奖励。1862 年《剑

[1] * 正如前文所提到的，这正是莱斯利 · 斯蒂芬和亨利 · 福西特选择攻读数学荣誉学位这个苦差事的原因，也是更无显赫背景的阿尔弗雷德 · 马歇尔在 1861 年做出同样选择的原因。斯蒂芬在放弃神职和离开大学导师的岗位之后，成了一名文学工作者，虽然更加艰辛但取得了巨大的成功。福西特既参与政治（包括在格莱斯顿政府中担任邮政大臣），又担任剑桥大学政治经济学的教授。亨利 · 西季威克的妹夫爱德华 · 班森（Edward Benson）是校长、学者和主教，后来晋升为坎特伯雷的大主教并在上议院拥有一席之地。马歇尔后来认识的主教朋友中，韦斯科特（Westcott）和克莱顿（Creighton）在教会、学校、大学和主教宫之间游刃有余，他们在神学和社会政治方面的学识都非常渊博。更详细的讨论还可参见罗斯布莱特，《教师的革命》，后记，第 248–250、256–273 页。马歇尔本人这样写道，“出生于社会上层阶级的人要比出生于较低层级的人更具优势，因为很大程度上，他们能够从父母那获得更好的引荐以及更高的人生起点”（《经济学原理》第 1 版，第 591 页；第 8 版，第 563 页）。

[2] 数据来源于《大英百科全书》（*Encyclopaedia Britannica*），爱丁堡：A&C 布莱克出版社（A & C Black），第 9 版，第 23 卷，1887 年，第 853 页；B.R. 米切尔（B.R. Mitchell），《英国历史统计摘要》（*Abstract of British Historical Statistics*），剑桥大学出版社，1962 年；J.R. 坦纳（J.R. Tanner），《剑桥大学注册年鉴》（*The Historical Register of the University of Cambridge*），剑桥大学出版社，1917 年；罗斯布莱特，《教师的革命》，第 2 章，附录 2。他还注意到，西德尼学院中贵族新生的人数要比三一学院的少得多。

桥大学学生指南》[1]列出了一个本科生每年所有的花费，其中包括学费、食品杂货费用、书籍开销、来往剑桥的旅途费用、个人娱乐的支出，还有零用钱，每年在125英镑到250英镑之间。这还不包括聘请私人教师的费用。私人教师对数学高等荣誉学位的考生来说至关重要，每年的平均花费为24英镑到30英镑，不过根据私人教师的水平以及上课时间的不同，还可能高得多。列出的花费还不包括假期在学院的住宿费，每周在1英镑到1英镑5先令不等，同样这项开销对于攻读数学或古典文学荣誉学位的学生来说也非常重要，因为他们在漫长的假期中也必须学习。所以，一个普通学生每年的总费用可能低至125英镑，而家境富裕的申请荣誉学位的学生在聘请优秀的私人教师的情况下，每年的费用可能会达到500英镑甚至更多。但在1862年的指南所说的最低的125英镑中，个人费用和社交费用占了很大一部分，所以经济拮据的学生可以大幅削减这部分支出。[2]

剑桥大学每学年的安排同样需要进一步说明。先是米迦勒学期（有时也叫作10月学期），从10月初或10月中旬开始，到12月初或12月中旬结束。接下来是3到4周的圣诞假期，然后是四旬节学期（从1月末到3月初都有讲课），之后是复活节放假，放假时间根据每年日历上的宗教节日的变化而不同。最后，以一个短暂的复活节学期结束这一学年。考试在1月（数学和古典文学荣誉考试）或5月进行，荣誉学位的初试也会在5月进行。道德科学荣誉考试最初在12月举行，后来改到6月。包括圣约翰在内的学院在12月和6月举办自己的预备测试，这些测试从属于大学的考试，能够帮助笔试经验不足的学生练习书写，还能据此评选学院的奖学金和奖励。漫长的暑假横跨7、8、9月，以及10月的一部分。每年的学期加起来共有25周。

因此，当1861年阿尔弗雷德·马歇尔入学时，剑桥大学是一所精英教育

---

[1]《1862年剑桥大学学生指南》，第63、65、72页。

[2] * 罗斯布莱特，《教师的革命》，第66–69页。罗斯布莱特在书中表示，虽然聘请私人教师的花费大多在24英镑到30英镑之间，但花费100英镑也并非罕见。像阿尔弗雷德·马歇尔这样的自费新生，根据1867年两位学院导师的估算，每年的花费至少在125英镑至150英镑之间，在他们看来，大多数学生会花费180英镑至210英镑。不过，个人花费之间的差距也相当大。还有一些证据可以验证罗斯布莱特（第67页注释3）所提供的数据：1888年至1892年，亚瑟·鲍利（Arthur Bowley）估算的费用为每学期44英镑，共11个学期，还有一些特殊的临时开销大约在60英镑，其中有20英镑会在离开学校时退还给他。他在剑桥大学度过了11学期，这样每年的平均费用为145英镑。参见阿加莎·H. 鲍利（Agatha H. Bowley），《回忆亚瑟·鲍利教授爵士》（*A Memoir of Professor Sir Arthur Bowley*），第36–37页。

机构，受过教育的自由职业者阶层聚集于此，他们未必非常富有，但一般都接受过良好的公学教育。这所大学每年的开销说明情况的确如此。即使是按照最 74
低标准，一名住校荣誉学生的花费对于银行职员每年 250 英镑的工资来说，都是一笔相当大的开销。难怪马歇尔要向一位富裕的叔叔借钱上学，这位位列荣誉考试第二名的优胜者在毕业后花了一些时间才还清这笔债务。[1] 大学教育也产生了一个严重的问题，像马歇尔这样来自中低产阶级的孩子往往不被其他人接纳。没有闲钱参加社交娱乐的年轻新生，会面临很大的社交困难。在圣约翰这种大而富有的学院，潜在的社会烙印可能更大，尤其对马歇尔来说，情况更加糟糕。前面说到过，他在麦钦泰勒学校结交的朋友们都去了牛津大学。就算不是整个大学生涯，至少在大学生涯的早期，马歇尔都是学校里孤单的局外人，在社会地位和经济地位上都是如此。[2]

剑桥大学圣约翰学院

1861 年 6 月录取马歇尔的学院是剑桥大学的新学院之一，这是他即将生活 6 年的地方。剑桥大学的历史可以追溯到 12 世纪，而圣约翰学院始建于 16 世纪初，这个学术机构在 1516 年才开始正式运转，虽然它的建筑要古老得多。圣约翰学院的校友有诗人华兹华斯，首相卡斯尔雷（Castlereagh）和帕默斯顿（Palmerston），新教领袖克拉克森（Clarkson）、威尔伯福斯（Wilberforce）和马丁（Martyn），还有改革家萨缪尔·惠特布雷德（Samuel Whitbread）和霍恩·图克（Horne Tooke）。圣约翰学院还培养出了弗雷德里克·威廉·赫谢尔（Frederick William Herschel）、詹姆斯·约瑟夫·西尔维斯特（James Joseph Sylvester）和约翰·柯西·亚当斯（John Couch Adams），代表该学院在“培养数学荣誉学位的最高优胜者”方面声名鹊起。那时学院里报考数学荣誉考试的人数是报考古典文学荣誉考试的人数的 3.5 倍。1865 年，马歇尔获得数学荣誉考试第二名这年，获得数学荣誉学位的 45 名优胜者中有三分之一来自圣约翰学院，圣约翰学院总共有 24 名学生获得了数学荣誉学位，但只有 2 人获得古典文学一等荣誉学位，另有 4 名学生获得古典文学其他等级的荣誉学位。1861

[1] 下文第 89–90 页对债务负担给出了更详细的估计，为了还清查尔斯·马歇尔叔叔的贷款，马歇尔在 1865–1867 年中会从他的经济收入中取出部分偿还给叔叔。

[2] 退休后，马歇尔在谈及大学改革时提到过这一问题。参见下文，第 17 章，第 639–640 页。

年剑桥大学入学的新生超过 300 人，其中 16 人进入圣约翰学院。根据可得的数据，与西德尼学院相比，圣约翰学院更加具有贵族气息。例如，18 世纪末，该学院 5% 的学生是贵族以及当时章程规定的特殊群体的子弟，他们可以免试获得文学硕士学位。到马歇尔读大学的时候，这一比例有所下降，而且他们再也不能如此轻易地获得文学硕士学位了。[1]

76 下面，我们来介绍一下 1861 年马歇尔进入圣约翰学院时学院的场地构造。先是共有三个庭院，最初的一个庭院可以追溯到 16 世纪初，相隔差不多一个世纪之后，17 世纪又有了第二个和第三个庭院，场地逐渐扩展到了河对岸。19 世纪 30 年代又有新庭院投入使用，包括走廊、许多学生和研究员的宿舍，19 世纪 50 年代初一个化学实验室投入使用，这也是新时代到来的标志。不过，该学院在 20 世纪末的外观和马歇尔当年读大学时看到的校园有显著区别。虽然看起来，现在包含守门人居所的壮丽的双塔型大门仍然很像马歇尔当年出入的那个，但在马歇尔上学时，还没有新的尖顶雄伟的礼拜堂，如今它已经变成剑桥大学的著名地标之一。新的礼拜堂始建于马歇尔毕业的 1865 年，用了将近 4 年建好，1869 年完工之时马歇尔已经是圣约翰学院的一名研究员。在马歇尔本科及以后的日子里，院长小屋（Master's Lodge）仍然在第二庭院，旧礼拜堂旁边，而新的院长小屋面对桥街（Bridge Street），在学生、研究员的住所以及新的守门人住处旁，如今游客如织，这些新建筑依然符合未来的建筑审美。拥有华丽穹顶的新师生休息室以及扩建后的餐厅如今都对游人开放，它们在 19 世纪 60 年代后期完成重建。[2]

从 1862 年前后学院的平面图和庭院分布（见图 4.1）中可以看到马歇尔学生时代的学院建筑位置，这也是他毕业后成为研究员（1865–1877 年）或他后

[1] * 爱德华·米勒（Edward Miller），《一个学院的画像》（*Portrait of a College*），剑桥大学出版社，1961 年，第 1 章，第 68–71、72、77–78 页；J.R. 坦纳，《剑桥大学注册年鉴》，1917 年，第 524 页。米勒在 92 页还说道，到 1881 年，剑桥大学本科生中的绝大部分还是来自自由职业者家庭，但来自律师、医生和公务员家庭的人数已经超过来自神职人员家庭的人数。大学中，乡绅贵族的儿子越来越少，商人的儿子越来越多，甚至还有越来越多的学生来自并不非常富裕的"白领阶层"的家庭——父母从事职员、出纳等工作。因此，在 1860 年，阿尔弗雷德·马歇尔父亲的背景和职业仍是十分罕见的。

[2] 亚力克·C. 克鲁克（Alec C. Crook），《1511–1885 年剑桥大学圣约翰学院建筑历史：从创立之初到吉尔伯特·斯科特》（*From the Foundation to Gilbert Scott. A History of the Buildings of St John's College, Cambridge 1511–1885*），剑桥大学为圣约翰学院印制，1980 年，尤见第 7–9 章。T.G. 邦尼（T.G. Bonney），《漫长人生之回忆》（*Memories of a Long Life*），剑桥：梅特卡夫出版公司，1921 年，第 25 页，第 53–60 页。

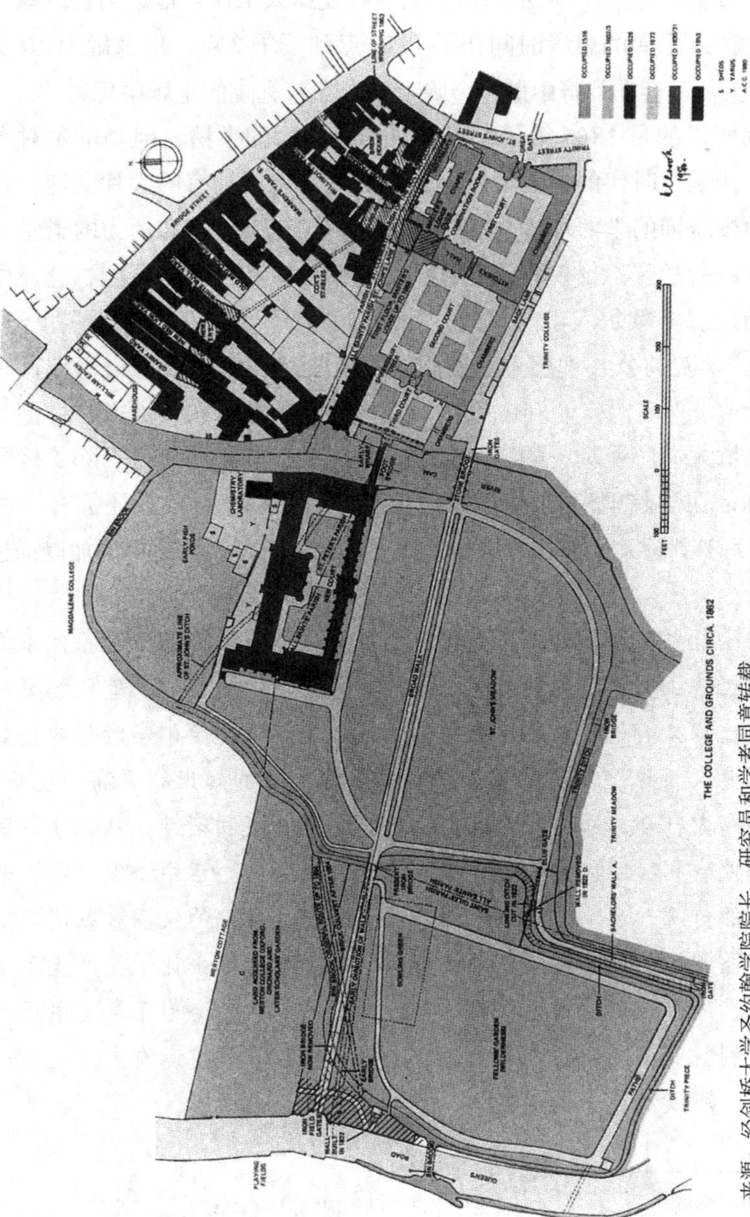

75

来源：经剑桥大学圣约翰学院院长、研究员和学者同意转载。

图 4.1：剑桥大学圣约翰学院场地，1862 年左右

来成为政治经济学教授时（1885–1908 年）使用的建筑。更为重要的是，它们同样显示，圣约翰学院拥有广阔的场地，包括走廊旁的“荒野”和草地，马歇尔非常享受居住在这里。“阿尔弗雷德通常喜爱露天工作。他成为圣约翰学院的研究员之后，最主要的思考时间在早上 10 点到下午 2 点，以及晚上 10 点到凌晨 2 点。白天他都会在荒野中散步，晚上则是在新庭院的走廊中思考。”[1] 虽然玛丽·佩利所说的是 1865 年马歇尔本科毕业之后的事情，但马歇尔对乡村风景的喜爱，让学生时代的他不可能不好好利用学院所拥有的大片空地。在脱离麦钦泰勒学校压抑的学习环境之后，剑桥一定是充满年轻和活力的天堂。

不过，一所学院不仅仅有砖、瓦、墙壁、教室和舒适的花园，它还由人际关系交织而成。马歇尔入学前不久开始的教育改革，持续了半个多世纪之久，在此期间，“学院的公共理想重获新生，这所学院再一次成为道德教育和品质塑造的殿堂”。[2] 所以，西利可以在 19 世纪 60 年代中期争论道，相比于德国的大学，剑桥大学广受赞誉的学院制是一个决定性的有利条件。除了接受学术和研究训练，在学院里，“学生们还需要遵守一些纪律，并且还拥有一些家庭生活”。[3] 关于剑桥大学学院的这些独特之处，罗斯布莱特简单地加以描述：[4]

> 77 学生背井离乡，远离家庭的影响以及之前所适应的环境。他不像寄宿学校的小男孩那样能够完全接纳新环境对他的影响，他已经更加成熟，这意味着他可以承担更多的责任。纪律不再像中学时那样繁重和毫无意义。这个年龄的学生，可以掌握先进的知识和更高的理想，他将要走向社会，非常渴望从前人那里得到建议和帮助。从这些方面来说，他会积极回应学院的影响。在学院的共同生活中，以及在古老而卓越的传统气息下，学生渐渐开始认同所处学院的氛围和基调。遗迹和美丽的风景让学院既宁静又充满历史气息，似乎让学生产生了谦逊和克己的品质。他渴望实践这个社群的理想，学会为了学院中更大群体的利益而放弃一些个人的愉悦。同时，因为学院没有大到让人迷失其中，所以他还会保留某种个性。

---

[1] 玛丽·佩利·马歇尔，《关于阿尔弗雷德·马歇尔的传记笔记》（KMF）。

[2] 谢尔顿·罗斯布莱特，《教师的革命》，第 239 页。

[3] 约翰·罗伯特·西利，《大学的自由教育》（‘Liberal Education in Universities’），首次发表于 1867 年，被引用在罗斯布莱特，《教师的革命》，第 175 页。

[4] 谢尔顿·罗斯布莱特，《教师的革命》，第 236 页。

学院生活对性格的塑造，也是马歇尔后来在赞颂剑桥大学是一所男性大学时所强调的。[1] 19 世纪晚期教师们对学院制的夸奖还包括，“在剑桥，一个人的社会背景不是那么重要……归根结底，人与人之间的差异与学术成就、个人诚信、责任感，以及那些难以言表但十分重要的品质有关”。[2] 和生来家庭条件和经济条件更好的学生相比，且不说超越他们，那些能够与之平等的机会，对于相对贫穷但雄心勃勃的剑桥学生来说，都激励着他们变得更加优秀。当时，贝利奥尔学院的院长，著名的本杰明·乔伊特就是这些潜在优点的最佳例证。剑桥大学学生手册在提及学院选择时也明确谈到了这些优点。它不仅强调了获取奖学金的重要性，“对寒门之子来说具有决定性意义”，还列出了各学院所提供的奖学金的数量和要求、为毕业生提供的职位，还有所需缴纳的学费。[3]

从这些方面来说，圣约翰学院非常有优势。首先，该学院有 56 个研究员职位。这些职位提供给取得硕士学位不满七年者，除非这个人还在学院或大学担任重要职位。此外，圣约翰学院还可以任命七所捐资中学的校长，包括什鲁斯伯里公学的校长和第二校长。对于热衷教会事业的人来说，该学院还提供 51 份俸金。而且，学院所设置的讲师职位也在增多。1860 年的新规章设立了 10 个学院讲师，包括新的道德和自然科学荣誉学位的讲师。交叉学院授课的流行，特别是和三一学院的合作，在 19 世纪 60 年代进一步增加了讲师职位的数量，这对 1868 年的马歇尔来说是重大利好。对于出于某种原因想要放弃神职的研究员来说，学院讲师的职位能够免除这种规定，让他们保留研究员的待遇。

学院为本科生提供 60 种基础奖学金，还有大量其他奖学金和奖励，例如，伍德和黑尔奖学金专门为贫困的优秀学生提供帮助。圣约翰学院还通过每年的
考试来招收减费生（Sizarships），[4] 奖励书本给在 12 月和 6 月的学院测验中表 78
现优异的学生。在为成绩优异的学生所提供的奖学金数量这一方面，剑桥大学圣约翰学院完全可以与牛津大学圣约翰学院相匹敌，后者是马歇尔曾毫不犹豫放弃的。[5]

[1] 参见下文第 14 章，尤见第 503–504 页。

[2] 谢尔顿·罗斯布莱特，《教师的革命》，第 237 页。

[3]《1862 年剑桥大学学生指南》，第 69、71–72、76–79 页。

[4] * 减费生（Sizars）是指进入学院和大学时，“因家庭贫困而获得津贴和减免费用”的那类学生。参见《1862 年剑桥大学学生指南》，第 44 页。

[5] 同上，第 315–317 页；爱德华·米勒，《一个学院的画像》，第 86–87 页；T.G. 邦尼，《漫长人生之回忆》，第 15 页。

学院对贫穷但成绩优异的学生所给予的支持和机会并不意味着完全消除了学生之间的等级差异。罗斯布莱特[1]承认，“很显然，有钱的学生才能在剑桥大学住上更好的宿舍、享有更便利的生活设施，学生的家庭背景可以保证他能够进入心仪的学院”。恐怕更典型的是，“富家子弟”倾向于将大学教育视为他们“身份”所带来的特权，“易于轻视家境不好的同学”。马歇尔读本科时，圣约翰学院的院长是威廉·亨利·贝特森（William Henry Bateson），他在19世纪30年代读大学期间就曾反对板球俱乐部和划船俱乐部拒绝接收减费生的规定。20年后，萨缪尔·巴特勒注意到贫困的大学生们常常集中于“昏暗、破败的房间里”，“他们很少出现在除大厅、礼拜堂和课堂之外的地方，他们吃饭、祷告和学习的习惯也似乎不受欢迎”。[2]马歇尔作为自费生，其地位要比减费生高得多，不过，特别是像马歇尔这种依靠奖学金和借款维持自费生地位的人，他的社交圈子仍然被严格排除在那些能够与研究员同桌吃饭的“有钱学生”之外。

导师安排学院的课程，学院讲师则负责实际教学，19世纪60年代起，讲师的数量日益增加。当时导师所承担的责任并没有现在所理解的那种含义，“导师通常负责学生入学、房间和宿舍的分配，对一般开支提一些建议。他还负责学院课程的规划。……在学生的道德和物质利益相关的方面，导师的责任很不明确。导师应该像父亲一样，有一些导师把这一职责履行得相当好”。[3]在维多利亚时代早期，导师就已经失去了最初的教学功能。当时对于追求高等数学和古典文学荣誉学位的学生来说，私人教师和私人辅导的需求日益增加，于是导师的作用发生了变化。不论有些私人教师和学院以及大学的联系有多紧密，学院逐渐丧失了这一重要的教学职责，后来学院设置了越来越多的讲师职位，这一情况才有所缓解。学院希望通过任命有资格同时指导荣誉学生和普通学生的研究员，来取代私人教师。19世纪60年代这一转变开始发生了：学院任命的讲师数量逐渐增加，尤其在像三一学院和圣约翰学院这样较大的学院，但在世纪之交之前，私人辅导仍然是大学教育中的一个重要部分。私人辅导的消失还源于学院教育方式的改革，19世纪末，更加个性化的导师辅导制重新
79 兴起了。[4]

[1] 谢尔顿·罗斯布莱特，《教师的革命》，第237页。

[2] 爱德华·米勒，《一个学院的画像》，第81页。

[3] 罗斯布莱特，《教师的革命》，第196–197页；T.G. 邦尼，《漫长人生之回忆》，第15–16页。

[4] 谢尔顿·罗斯布莱特，《教师的革命》，第196–198页。

和中学一样，马歇尔就读的大学学院也处于一位改革家的领导之下，即威廉·亨利·贝特森，他在 1857 年至 1881 年担任圣约翰学院院长。贝特森曾在 1850 年担任调查委员会的秘书，从针对“剑桥大学及各学院的状况、纪律、学术和收益”的调查中收获了不少大学改革的经验。1858 年，他当选为剑桥大学副校长。总之，他在学校事务中表现积极，还曾在评议会担任秘书。在任期间，他是公认的大学自由改革派的领袖，从他努力为妇女争取更高的大学教育中就可以看出。[1]

他在圣约翰学院实行了一系列改革，在 1860 年修订的规章中，他增加了教师岗位，废除了各类宗教审查，放宽了对奖学金的评选以及学院考试范围的限制。[2] 凯恩斯[3] 曾经说过，至少在两件事上，马歇尔受到过贝特森的特别优待。1868 年，贝特森为马歇尔设立了一个道德科学讲师的特别职位，此前该学院已经有两个类似的职位了。马歇尔对凯恩斯说，这一“善举”最终决定了“他的一生”。1877 年，贝特森写了一封推荐信，力荐马歇尔出任布里斯托大学学院校长一职，他在信中对马歇尔的品性大加赞赏——“他质朴而真诚，很有自我牺牲的意识”。贝特森还说道，“他任学院讲师期间，作出了重要且有价值的贡献，他讲课生动有趣，广受欢迎……一旦他接受了某项工作，就意味着他能够会全身心地投入并且大有作为”。[4] 虽然贝特森并没有在学院或大学中掀起革命，在具体的改革问题上有时还比较保守，但他大大改善了学院和大学的社交以及教育礼仪。[5]

从 19 世纪 60 年代早期学院的日常安排中大致可以看出马歇尔是如何度过大学生涯的。首先，每周必须参加 7 次礼拜，早礼拜在 7:15 举行，另外，周六、周日和宗教节日晚上还有唱诗礼拜。一个男声合唱团负责唱诗，“他们从国王学院赶往三一学院，再从三一学院赶往圣约翰学院，所以唱诗仪式都很短暂，对于那些强制出席的人来说，也不算难以接受”。晚礼拜在晚餐之后于下午 4 点在大厅举行，除了学院宴会之外，一学期中每天都要进行这项活动。科伦索主教回忆他 1832 年的大学生活时说，晚餐通常有“肉、蔬菜以及学院自酿的啤酒”，虽然肉在到达学生手上之前就已经凉了，但也不失为“丰盛的晚

[1] 威廉·亨利·贝特森（1812–1881），*DNB*，第 1 卷，第 1321 页。

[2] 爱德华·米勒，《一个学院的画像》，第 86–94 页。

[3] 约翰·梅纳德·凯恩斯，《阿尔弗雷德·马歇尔》，第 172 页，注释 2，第 164 页，注释 2。

[4] 贝特森博士于 1877 年 6 月 20 日写给布里斯托大学学院理事会的信。

[5] 爱德华·米勒，《一个学院的画像》，第 94 页；温斯坦利，《维多利亚晚期的剑桥大学》，第 70–71、81–82 页，以及第 7 章，特别是第 289–314 页；T.G. 邦尼，《漫长人生之回忆》，第 41–43 页。

餐”。早餐需要学生自行解决，贫困的学生会非常节俭，而富裕的学生则可以“享受火腿、鸽肉派和排骨的盛宴”，来度过早上最美好的时光。饮食服务处每天都会为所有住校生提供黄油和面包。[1]

80 课程从早上 8 点就开始，通常不会在下午，以及从不在周日进行。私人教师的辅导持续更长时间。圣约翰学院著名的数学私人教师德亨特，从早上 8:15 到下午 3 点都有课，吃过晚饭后，从下午 5:30 继续上课到晚上 10 点。对私人教师来说，这样的时间安排并非不常见。[2] 下午通常用来参与划船或板球运动——当时仅有这两项学院运动，或者学生会根据自己的偏好和经济状况，选择骑马、散步、游泳、下棋或是打牌。晚上，许多学生会参加酒会或其他社交聚会。[3] 那些攻读荣誉学位的学生则会利用休闲的时间用功学习。本章结尾会讨论我所了解到的马歇尔的大学生活。

数学荣誉考试

19 世纪 60 年代，对于剑桥大学成功人士来说，数学荣誉考试就像是皇冠上的珍珠。这一历史悠久的考试享有极高的声誉，不仅因为它是对学生智力以及坚持长期学习的能力的极大考验，还因为这个考试为成绩优异者提供了丰厚的回报。在其悠久的历史中，荣誉考试的形式和主题都经历了很大的变化。从 1763 年开始，笔试取代以前的辩论成为考试的标准形式。到 19 世纪 40 年代，荣誉考试只涉及数学内容。1824 年，荣誉考试的初试（Little Go）开始实施，存在已久的哲学和神学的痕迹也被抹去了。马歇尔所参加的是 1848 年调整后的荣誉考试。前 3 天，需要参加 6 项基本测试。通过第一阶段的测试后，学生才有资格参加接下来更高级的第二阶段测试，即在 5 天的时间内完成 10 项测试，第一阶段和第二阶段的测试之间有一周的休息时间。[4]

---

[1] 爱德华·米勒，《一个学院的画像》，第 80–82 页；T.G. 邦尼，《漫长人生之回忆》，第 19–20 页，第 23–24 页。

[2] 爱德华·米勒，《一个学院的画像》，第 87 页。

[3] 同上，第 86 页。参较 T.G. 邦尼，《漫长人生之回忆》，第 17–19 页。因此，马歇尔和费伊所说的，导师让他放弃在学院的球类运动，看来是虚构的。参见 C.R. 费伊（C.R. Fay），《图书馆副馆长的回忆》（‘Reminiscences of a Deputy Librarian’），第 88 页。

[4] W.W. 劳斯·鲍尔（W.W. Rouse Ball），《数学荣誉考试的起源和历史》（*The Origin and History of the Mathematical Tripos*），剑桥：E. 约翰逊出版社（E. Johnson），1880 年，第 17–18 页；罗伯特·约翰·斯特拉特，《约翰·威廉·斯特拉特——第三代瑞利男爵》，第 33 页。

第二阶段的测试会按照成绩将学生排名，包括一等荣誉学位获得者（也就是优胜者）的名单，以及二等荣誉学位或三等荣誉学位获得者的名单。所有申请者都会被严格按照成绩在这些等级中进行排名，所以竞争非常激烈。1768 年开始，荣誉考试之后还有史密斯奖的考试，史密斯奖是剑桥大学设立的数学奖。[1] 荣誉考试通常被视为“对耐力的严峻考验”，[2] 著名的哲学家、三一学院的院长威廉·惠威尔（曾以第二名的成绩获得一等荣誉学位）表示，为数学荣誉考试所做的艰苦的准备是“一次对思维的有效训练”。此外，惠威尔认为学习数学极其重要，因为数学是“真理的标志”，是现代分析体系下先进研究的基石，不仅对数学研究十分重要，对物理学，甚至社会科学等相关学科都是如此。[3] 其他人也谈论过维多利亚中期荣誉考试的优点，例如罗斯布莱特在介绍剑桥大学考试时说道，

> 荣誉考试强调方法性、精确性、逻辑性和严密性，而方法是触类旁通的：熟知辩论原理的人，知道怎样从实际材料中归纳出一般化结论，所以他可以自学任何学科。如果有必要的话，荣誉考试也可视为职业生涯的筹备活动。数学和古典文学对学校管理者来说显然十分重要；逻辑和辩论则是律师和政治家的工具；归纳概括能够使牧师了解神的旨意；科学方法对医生至关重要。
>
> 荣誉考试在理念、内容以及考核方式上都是科学的。和牛津大学 81
> 不同，剑桥大学严格按照成绩将荣誉学生排名，从第一名优胜者或一等荣誉学位开始往下排序。这使荣誉学生之间的竞争更加激烈，大家都相信，荣誉考试制度的选拔方式是严谨而客观的。正如弗朗西斯·高尔顿在 1869 年写道，“剑桥考试的公平性和周密性从未被人质疑过”。不过，需要承认的是，这种排名也有缺陷。对同一届的学生来说，排名是精确的，然而当不同届的学生竞争同一个学院研究员的

[1] W.W. 劳斯·鲍尔，《剑桥笔记》（*Cambridge Notes*），剑桥：黑佛出版公司（Heffers），第 2 版，1921 年，第 270 页。

[2] W.W. 劳斯·鲍尔，《数学荣誉考试的起源和历史》，第 14–15 页。

[3] 威廉·惠威尔，《剑桥大学——尤其在主要学科上的——自由教育》（*On a Liberal Education in General, and with particular reference to the leading Studies in the University of Cambridge*），第 1 部分，伦敦：帕克出版社（Parker），第 2 版，1850 年，第 40、56、63–68 页。正如第 6 章所说，惠威尔用数学方法分析经济问题，马歇尔早期从事经济研究时，对这种方法很熟悉。

职位时，就难以用排名比较了。同样，也有人质疑荣誉考试考察的是固定的教科书知识，这些知识缺乏想象力，而且可以通过死记硬背快速掌握。这样，考试内容就缺乏综合性、分析性以及前沿性。荣誉考试的这一特点使得它成为管理学生的有效手段。要在考试中取胜，需进行大量前期准备与死记硬背，并具备长时间奋战考试周所需的速度与耐力。竞争异常激烈，人们会提前在可能的获胜者身上押注。“由于他们的运动天性，英国人甚至将大学考试也视为体育比赛。”如果一个学生认真谨慎，如果他需要荣誉学位所带来的学术认可以及经济奖励，如果他不惜以损害健康为代价拼命学习（尤其是最后一年），那么，他是没有多少时间玩乐的。[1]

对于数学教育中是否需要这种对体力和耐力的考验，人们还有所争论。关于马歇尔荣获荣誉考试第二名，以及后来进一步成为数理经济学家，惠特克是这样说的：

虽然对数学的喜爱指引马歇尔进入剑桥大学……但并不意味着他像劳思（Routh）或凯利（Cayley）一样是天生的数学家。据说，马歇尔晚年在阅读最新的数学论文时，仅从首尾的段落就能推测出其余的内容，这一“剑桥传奇”必定言过其实了。尽管马歇尔早年痴迷欧几里得，但他在研究数理经济学的初期仍然感到无从下手，这说明他可能并未完全掌握高深的抽象理论。虽然杰文斯和埃奇沃思在数学训练上不如马歇尔，但他们似乎在抽象逻辑的领域更胜一筹。

没有特别的数学天赋的人在数学荣誉考试中名列前茅，这似乎不可思议。但值得注意的是，当时的数学荣誉考试主要考察书本知识和快速运算的能力，它不仅是为严肃的数学研究所做的一次训练，还是运用耐力以取得高额回报的过程。因此，第二优胜者罗默（Romer）成了首席大法官（Lord Chief Justice），而 1868 年以史无前例的最高分荣获第一名的约翰·费莱彻·莫尔顿（John Fletcher Moulton），后

[1] 谢尔顿·罗斯布莱特，《教师的革命》，第 182–183 页。所引用的高尔顿的话来源于《遗传的天才》（*Hereditary Genius*），伦敦：麦克米伦出版社，1962 年，第 59 页。第二处引用的话来自诺尔·安南，《莱斯利·斯蒂芬》，第 25 页。

> 来成了上诉法院常任高级法官（Lord of Appeal in Ordinary）。当然，上述这些都不能证明马歇尔（或罗默或莫尔顿）这样最终从事其他领域的人，不是优秀的数学家，但可以说明关于马歇尔的下述常见观点可能太夸张了——他作为数学巨匠，不惜压抑自己热爱数学的天性来从事经济学研究。[1]

虽然后来的数学家对荣誉考试仍有诸多不满，但这一考试确实有许多长处。“马歇尔的研究从现实出发，并且期望消费者剩余这样的经济学概念可以发挥**实际**的作用，对像马歇尔这样的人来说，这种数学训练，尤其是对函数形式的了解非常重要。”[2]比起对数学不甚了解的经济学同行们，马歇尔所接受的数学训练让他拥有了更多的机会。

荣誉考试在马歇尔职业生涯中占据重要的地位，这意味着我们需要更加详细地考察数学荣誉学位的考试大纲，以及19世纪60年代初剑桥考试的状况。这也意味着我们可以进一步了解大纲所包含的课程。1862年的《剑桥大学学 82
生指南》列出了数学教学大纲中的基础课程：

> 欧几里得，第1-6册，第11册命题1-21，第12册命题1、2。
>
> 算术、初等代数：代数符号的基本运算法则，包括相关证明；简单二次方程式的解；算术和几何级数；二项式定理、对数原理。
>
> 平面三角的基础部分，到三角形解法为止。
>
> 圆锥曲线的基础部分、几何圆锥，以及通过焦点和中心点的曲率半径和曲率弦的值。
>
> 静力学的基础部分，不包括微分学：平面上某点的力的合成与分解、机械功率、重心的特性。
>
> 动力学的基础部分，不包括微分学：自由落体、抛物、碰撞物、

[1] 约翰·惠特克，*EEW*导论，第1卷，第3–4页。引文中的“剑桥传奇”参见下文第20章，第744页注释。玛丽·佩利表示，莫尔顿“极其擅长考试。所有的书上的问题他都做过，比任何人写的都快，因此有大把时间钻研难题”（《MSS笔记》，NCA）。还可参见彼得·纽曼（Peter Newman），《F.Y.埃奇沃思》（F.Y. Edgeworth），收录于《新帕尔格雷夫经济学大辞典》，第2卷，第87–88页。

[2] J.克里迪（J. Creedy）、D.P.欧布莱恩（D P. O' Brien），《马歇尔、垄断和直角双曲线》（'Marshall, Monopoly and Rectangular Hyperbolas'），《澳大利亚经济论文》（*Australian Economic Papers*），29（55），1990年12月，第142页。

> 摆动物的匀速和加速运动。
>
> 牛顿《原理》的前三部分；用牛顿方法证明命题。
>
> 流体静力学的基础部分，不包括微分学：非弹性流体的压强、比重、流体、气压，以及简单机器和仪器的构造与使用。
>
> 光学的基础部分：平面和球面的反射与折射定律，眼球，望远镜。
>
> 天文学的基础部分，能够解释较为简单的天文学现象，无需计算。[1]

以上通常是第一年需要学习的内容，无论是学院的数学课程，还是私人教师的授课都是如此。马歇尔早在麦钦泰勒学校[2]就已经学习过这些基础知识，有些甚至比大学第一年所学的内容更加深奥。1850年麦钦泰勒学校任命数学荣誉考试的第二优胜者艾雷做该校的数学老师，这为学生带来了可观的回报。毫无疑问，马歇尔需要特别感谢中学的训练，这让他在数学荣誉学位的竞争中拥有潜在对手所不具备的巨大优势。

第二年开始学习难度较高的数学了。在第一年结束后的漫长暑假中，打算攻读荣誉学位的学生就已经开始准备了。第二年学院的教学大纲中包括如下主题，通过私人教师的指导，荣誉学生已经在暑假提前学习了这些课程：

> 微积分、微分方程、静力学、粒子动力学、牛顿《原理》前三部分、部分空间几何。大部分学院第二个夏季考试都涵盖了上述内容。
>
> 第一个夏季考试之后，就是漫长的暑假，学生能够利用这段时间取得长足的进步。每个高级荣誉学位的候选人都在私人教师的指导下度过这个暑假。在暑假结束之时，他们已经掌握了方程论、微积分和力学基础。第二学年的米迦勒学期会学习静力学和微分方程，四旬节学期会学习牛顿定律、粒子动力学、简单的空间几何、刚体动
> 83 力学的基础部分，复活节学期通常用来复习这一年学习的课程，迎接学院考试。[3]

[1]《1862年剑桥大学学生指南》，第83–85页。

[2] 见上文第3章的附录。

[3]《1862年剑桥大学学生指南》，第93–94页。

学习了这些课程之后，学院会组织考试检验学生的掌握情况。"第三个暑假通常用来学习空间几何、有限差分、刚体动力学、光学和流体静力学。第三学年的米迦勒学期通常学习天体力学和球面天文学，四旬节学期学习声学和光学，复活节学期通常用来复习这一年学习的课程。这里列举的大部分内容是学院第三学年讲授的课程。"[1]

大学最后阶段推荐的书目，比如，帕金森（Parkinson）的《光学》（*Optics*）、赫谢尔的《天文学》（*Astronomy*）、布鲁诺（Brunnow）的《球面天文学》（*Spherical Astronomy*）、戈德福里（Godfray）的《月球运动说》（*Lunar Theory*）、艾雷的《行星理论》（*Tracts on Planetary Theory*）和《岁差和章动》（*Precessions and Nutation*），以及德亨特的《变分法历史》（*History of the Calculus of Variations*），显示这一阶段的学习难度已经远超中学阶段。第三个暑假以及第三学年所学习的就是这些内容，在马歇尔读书时还有一些关于流体静力学、有限差分、光学的补充阅读，还包括斯托克斯（Stokes）所教授的课程。[2]

从第三学年的复活节学期开始，为期半年的考前复习开始了，考试照例会在 12 月 30 日之后的第一个星期二举行。此次复习包括整个暑假和米迦勒学期，在第一项测验来临前，学生还会利用部分圣诞节假期做最后冲刺。通常会着重复习课程中较难的部分，好的私人教师会根据荣誉考试所任命的不同考官，来帮助学生猜题。斯特拉特[3]回忆道，"他仔细研究了考官的偏好，成功地猜中了当时以严谨著称的著名考官德亨特出的某些考题"。这种训练很常见，私人教师将其精进成一门艺术，他们的声誉取决于"以在考试中取胜为目的，严格训练和教导本科生的能力……他们成功与否和所培养的一等荣誉学生的数量严格挂钩"，这也决定了他们收费的高低。[4]

前文对数学荣誉学位的介绍不仅仅关注其考试的内容，还暗暗强调了这类考试的一些重要特征。首先，无论是在校还是放假，学生都必须不间断地学习，很少有休息或放松的机会。莱斯利·斯蒂芬的私人教师德亨特让他退出

[1]《1862 年剑桥大学学生指南》，第 95 页。

[2] 关于马歇尔和斯托克斯可能存在的联系，见下文第 88、126 页。

[3] 罗伯特·约翰·斯特拉特，《约翰·威廉·斯特拉特——第三代瑞利男爵》，第 33 页。

[4] 谢尔顿·罗斯布莱特，《教师的革命》，第 199 页。参较 J.J. 汤姆森（J.J. Thomson），《回忆与思考》（*Recollections and Reflections*），伦敦：乔治·贝尔父子出版公司，1936 年，第 2 章，尤其是第 35–42 页。

剑桥联合会（Cambridge Union，但无法阻止他在联合会的讨论上发言），并且“推着”他不断前进。[1]马歇尔也在私人教师的劝阻下退出了学院的划船队，因为这些活动有可能影响他的学业。[2]约翰·内维尔·凯恩斯在剑桥学习一年后，不顾父母和亨利·福西特的反对，放弃了攻读数学荣誉学位。他在日记中表示了遗憾，他说在剑桥学习数学平均每天需要花费7个小时，而在伦敦大学只需5个小时就可以确保获得文学士一等荣誉学位，还可以获得一些奖学金。[3]

84 其次，《学生指南》强调了私人教师的重要性。这对所有竞争性的考试来说都是有益的，而对于争取数学荣誉学位的学生来说，绝对是至关重要的一点。“虽然作为数学生命力的真理是一成不变的，但包含这些真理的形式天天都在变化。因此，对于十分看重排名的荣誉考试的考生来说，做数学这门学科的弄潮儿是非常必要的，这点只有在私人教师的指导下才能完成……要想在数学荣誉考试中取得好名次，必须依靠私人教师的帮助。”[4]

最后，要赢得这次考试，需要长期稳步的前进，因此合理的学习方法也十分重要。

> 数学专业的学生必须循序渐进地学习。耐心和持续的练习之后，这门学科的难度就会逐渐降低。只有经过耐心和持续的努力，他才有可能取得成功。如果他习惯逃避这些难点，而不是钻研并克服它们，那么，这些问题将一直阻碍他进步。所以，当遇到任何解不开的难题时，请立刻寻求学院导师或私人教师的帮助。[5]

在经过三年半艰苦和漫长的学习之后，最终的考验来临了。表4.1展示了十六次考试大概的日程安排。考试在两周半内完成，每天考两次，中间有一个半小时的间隙可以用来吃午饭。首先，从1月的第一个周二到周四，这三

[1] 诺尔·安南，《莱斯利·斯蒂芬》，第25页。

[2] 玛丽·佩利·马歇尔，《给沃尔特·斯科特的笔记》，但也需要参较马歇尔后来告诉费伊的说法（《图书馆副馆长的回忆》，第88页）；家庭教师也给了T.G.邦尼同样的建议，“你可以学得很好，也可以划得很好，但你无法同时兼顾两者”（《漫长人生之回忆》，第17页）。

[3] JNKD，见1872年10月14日和19日、1873年1月12日和18日，以及1873年7月的日记。

[4]《1862年剑桥大学学生指南》，第97–98页；T.G.邦尼，《漫长人生之回忆》，第16页，文中说他本人一直都有一位私人教师，“每个希望在荣誉考试中取得高名次的人”都会这么做。

[5]《1862年剑桥大学学生指南》，第98页。

天的时间里共有六次基础部分的考试；一周之后，第二部分的考试从周一早上开始到周五下午 4 点结束（包括第三个周二），到这时，考生都已疲惫不堪。设置两个部分的间歇并非让考生休息的善举，而是为了选拔出进入第二部分的考生，周末前名单会在剑桥大学主要的建筑——评议会大楼——前公示。荣誉考试的最终成绩会于下一个周五在评议会大楼前宣布，下面是聚集而来的兴奋的人群。最终的结果也会在报纸上广泛传播，并且，正如前文提到的，学生之间就获胜者所进行的赌博此时也得以见分晓。

通过表 4.1 还可以看出每次考试的大致内容和考官。前六次考试中只有一次考试涉及疑难问题，第二部分考试涉及的纯数学及其他科目包括：

表 4.1　剑桥大学数学荣誉考试时间

表中提到的第一个周二是指 12 月 30 日之后的首个周二；表中提到的周一是指考试开始后的第二个周一。

日期	时间	科目	考官
周二	9–12	欧几里得、圆锥曲线	副监考官、主考官
	1–4	算术、代数、平面三角学	主监考官、副考官
周三	9–12	静力学、动力学	主监考官、副考官
	1–4	流体静力学、光学	副监考官、主考官
周四	9–12	上述科目的疑难问题	主、副监考官
	1–4	牛顿力学、天文学	主、副考官
周一	9–12	自然哲学	主、副监考官
	1–4	纯数学	副监考官
周二	9–12	相对简单的疑难问题	主、副监考官
	1–4	自然哲学	主、副考官
周三	9–12	疑难问题	主监考官
	1–4	纯数学	主、副监考官
周四	9–12	疑难问题	副监考官
	1–4	纯数学、自然哲学	主、副监考官
周五	9–12	纯数学、自然哲学	主监考官、主考官
	1–4	纯数学、自然哲学	副监考官、副考官

代数，包括方程理论；

平面三角学和球面三角学；

二维、三维代数几何及其现代扩展；

微积分；

微分方程；

85 差分演算；

变分法；

还包括一些属于自然哲学的科目，限于粒子和刚体的静力学和动力学；

流体静力学、流体动力学；

光学；

天文学；

同解析法和牛顿的方法解释月球运动理论；

行星运动理论；

岁差和章动；

光的波动。[1]

数学荣誉考试的考官由剑桥大学任命，为公平起见，实行轮流制。当年的监考官下一年变成考官，随后学校会任命新的监考官。1865年的考官是威廉·沃尔顿和迈克尔·威金森（Michael Wilkinson），他们都来自三一学院，前者是主考官；监考官是艾萨克·德亨特（Isaac Todhunter）和乔治·理查森（George Richardson），前者是主监考官。

86 这样的教学大纲可以培养出数学家和科学家吗？一位剑桥大学历史学家表示，这取决于产生的结果，"我不认为它是失败的，且不论其他人，被迫学习这些课程的凯利、西尔维斯特、亚当斯、格林、斯托克斯、开尔文（Kelvin）、麦克斯韦（Maxwell）一点也不差。"[2] 其他人[3] 则表示，一个世纪以来荣誉考试严重地损害了英国严谨的数学研究，所以在20世纪初，剑桥大学开始重新

[1]《1862年剑桥大学学生指南》，第86页。

[2] W.W. 劳斯·鲍尔，《剑桥笔记》，第306页。

[3] C.H. 哈迪（C.H. Hardy），《纯数学》（*Pure Mathematics*），剑桥大学出版社，第7版，1938年，前言。彼得·纽曼在《F.Y. 埃奇沃思》中曾加以引用，第88页。

考虑荣誉考试的竞争方式。它不再公示成绩的排名，因此大大改善了排名所引发的过度竞争。当时，大学的研究领域日渐扩展，使得此类单纯考察数学和相关科目的考试变得多余和过时。1912 年，马歇尔的学生之一，同时也是顶尖优胜者的亚瑟·贝里表示，1881 年至 1909 年，参加数学荣誉考试的人数不断减少，而参加自然科学荣誉考试，以及后来的机械科学荣誉考试的人数不断增加。更重要的是，贝里还说道，数学荣誉考试作为一种考查机制是存在缺陷的：

> 首先，考生的能力和知识水平参差不齐，其中可能包括未来的数学领袖，也包括那些对数学没什么兴趣、只为取得学位而学习一些必要知识的人，因此，要制定合适的考题显然非常困难。……此外，优秀的数学家通常会在这一阶段对数学的某几个部分产生兴趣，因此任何类型的专业化都会让他们感到气馁。想要追求更高分析水平的纯粹的数学家，还必须回答几何光学的问题……在考试中……并没有展现原创性研究的空间。考试题目主要考察的是知识，还有有限形式的原创性，这种原创性体现为知识的快速应用，并通过某种类型的考题展现。……另一个严重的缺陷是……数学和实验物理学几乎完全脱节。[1]

贝里还发表了关于考试性质的更加详细的论述，同样值得引用一番：

> 数学荣誉考试要求考生在限定的时间（每次考试三小时）内完成试卷上的问题，不能参考任何书本或笔记。标准的考卷由两部分组成：第一部分来源于“书本知识”，即证明一个已知的定理；第二部分是“附加题”或例子，理论上说是“书本知识”的推论，但实际上常常和它关系不大。在最后一次改革之前，荣誉考试还包括两次“疑难问题”的考试，这些难题的解题方法从未在书本中给出。“附加题”

[1] 亚瑟·贝里，《剑桥大学数学荣誉考试的最近变化》（‘Recent Changes in the Mathematics Tripos at Cambridge’），教育委员会，《英国的数学教育》（*The Teaching of Mathematics in the United Kingdom*），第 2 部分，伦敦：皇家文书出版署（HMSO），1912 年，第 186–188 页。还可参见谢尔顿·罗斯布莱特，《教师的革命》，第 252 页。

> 和“疑难问题”是剑桥大学数学荣誉考试的特色：它们来源于原版英文书籍，甚至是前沿的论文。[1]

书本知识和疑难问题相结合，使得考官可以分辨考生之间细微的差距，这对排名十分关键。考官关注答案的完整性和质量，这对分数十分重要，而答题
87 的数量则不重要。[2] 关于为准备荣誉考试所接受的训练，马歇尔后来在布里斯托大学的朋友以及圣约翰学院的同事詹姆斯·威尔逊曾说过一个故事：他是1859年荣誉考试的第一名，随后患上重病，几个月后他发现“疾病让他忘记了所有高等数学知识”。[3]

圣约翰学院的自费生：1861年10月—1865年1月

1861年6月，马歇尔作为自费生被圣约翰学院录取，同年10月，他进入这所学院开始了米迦勒学期的学习。他在第三庭院[4]的E6室度过了整个大学生涯，这间屋子可以俯瞰康河和“后花园”。因此，他很容易就能捕捉从康河传来的夏日气息，那时，它仍是学院师生以及市民的污水渠。哈德利牧师是马歇尔的导师，他是1856年数学荣誉考试的第一名以及史密斯大奖的获得者，因此，对于来自麦钦泰勒学校、有很高数学抱负的新生来说，这点可能非常有利。很可能就是哈德利提醒马歇尔不要参加学院的划船队，以免影响荣誉考试的排名，不过，这个建议并没有立刻被马歇尔采纳。当马歇尔面对社会和宗教问题时，哈德利也许给予了这个第一次离开母亲、亲人和家乡的年轻大学生许多忠告。

学院考试的成绩会定期刊登在《鹰》上，查阅这一期刊可以发现，马歇尔似乎延续了在麦钦泰勒学校一贯的好成绩。事实上，他在大学中表现得更好，中学时他仅是第三导生，还不是班级的第一名。1862年米迦勒学期的“记事

---

[1] 亚瑟·贝里，《剑桥大学数学荣誉考试的最近变化》，第185–186页。

[2]《1862年剑桥大学学生指南》，第91–92页。

[3] 詹姆斯·M. 威尔逊，《自传》（*An Autobiography*），A.T. 威尔逊和J.S. 威尔逊（编），伦敦：西季威克 & 杰克逊出版社（Sidgwick & Jackson），1932年，第44–52页，引文在第48页。

[4] G.C. 摩尔·史密斯（G.C. Moore Smith），《圣约翰学院的房客名单》（*Lists of Past Occupants of Rooms in St John's College*），剑桥大学，1895年3月，第40页。感谢圣约翰学院的档案保管人马尔科姆·安德伍德（Malcolm Underwood）博士，他慷慨地让我借阅这些资料。

报”显示[1]，马歇尔在 6 月举行的第一学年的学院期末考试中位列第一，领先于 1865 年与他一起获得一等荣誉学位的 14 名同学院学生。《鹰》中没有记载这一成绩所获得的奖励（圣约翰学院通常会为此次考试中成绩优异的学生提供书籍作为奖品），但马歇尔出色的表现大概可以解释凯恩斯所提到那笔奖学金。[2] 第二学年[3]，马歇尔仍然表现出色。此外，他还赢得了专门资助优秀贫困生的伍德和黑尔奖学金，价值 20 英镑。不过，这是唯一一次马歇尔没有取得第一名的学院考试。排在他前面的是亚历山大·伍德（Alexander Wood），[4] 他在第一学年的名单中位列第三，后在 1865 年以第六名的成绩获得一等数学荣誉学位，在所有获得数学荣誉学位的圣约翰学院的学生中排名第二。仅获第二对马歇尔的自尊心和抱负造成了冲击，后来这一结果再也没有在他的本科生涯中重演。1864 年四旬节学期，[5] 他再一次夺回学院第一的宝座，在最后的荣誉考试中，他打败了学院的劲敌并领先他至少四个名次。在他可努力的范围内，马歇尔永不言败。

圣约翰学院关于马歇尔的官方记录到他取得数学荣誉学位之后大体就结束了。马歇尔入学的相关证据，除了《鹰》的记录之外，还有入学登记时坚毅但仍显稚气的签名，[6] 另外还有一些申请玛格丽特夫人划船俱乐部（即所谓的学 88
院划船俱乐部）的推荐信。

玛丽·佩利给沃尔特·斯科特的笔记[7] 中表示，“划船是马歇尔在学院时最喜欢的娱乐活动。如果没有导师的劝阻，他肯定会一直参加划船队的活动。”马歇尔是 1861 年 10 月 16 日被选入划船俱乐部的，但只在 1862 年的成员名单中出现过一次。[8] 与康河上游的三一学院的莱斯利·斯蒂芬牧师不同，马歇尔

[1]《鹰》，第 3 卷，1863 年，第 241 页。

[2] 约翰·梅纳德·凯恩斯，《阿尔弗雷德·马歇尔》，第 164 页，注释 1。凯恩斯所指的可能是每年 50 英镑的圣约翰基金会的奖学金。

[3]《鹰》，第 4 卷，第 59、60 页。

[4] 亚历山大·伍德（1840–1917）是马歇尔在圣约翰学院的竞争对手，后来担任谢伯恩学校（Sherborne School）的助理研究员（1867–1902 年）。1866 年至 1874 年他是圣约翰学院的研究员，1870 年被任命为索尔兹伯里市的索多和马恩教区的执事。维恩，《剑桥大学校友录》，第 2 部分，第 6 卷，第 554 页。

[5]《鹰》，第 4 卷，第 118 页。

[6] 本书并未复印这个签名。感谢圣约翰学院的图书馆副馆长马尔科姆·普拉特先生，让我得以一见。

[7] 玛丽·佩利·马歇尔，《给沃尔特·斯科特的笔记》。

[8] 划船俱乐部备忘录，1857–1867 年，圣约翰学院档案馆，Soc 26.2.1。这一信息由学院的档案保管人马尔科姆·安德伍德先生提供。

的导师哈德利牧师显然并不相信“强身派基督教”能够成为未来的最高优胜者，于是他成功说服马歇尔退出划船俱乐部。至于马歇尔中学时最爱的板球，玛丽·佩利在介绍马歇尔的大学生活时从未提起，或许是因为圣约翰学院板球俱乐部对于攻读数学荣誉学位的穷学生来说，无论从金钱还是时间上来看都太过奢侈了。

玛丽·佩利还记录了一些马歇尔大学时的学习习惯：

> 阿尔弗雷德说他并不擅长书本知识，而是喜欢钻研疑难问题。荣誉考试的考官告诉他，他所完成的书本知识的答卷看起来和别人所做的疑难问题的答卷一样差。
>
> 他在剑桥大学的主要生活来源是奖学金，后来依靠辅导数学赚钱来偿还叔叔的借款。为了确保全神贯注，他每次学习时间不超过一刻钟，除非有时太投入而忘了停止。他手边常备鲍斯韦尔的《约翰逊传》或莎士比亚的作品，以便在休息时阅读。[1]

这种学习方法是马歇尔中学时通过观察摄政街的写招牌的工人而学到的。除了为解决数学问题而保持头脑的清醒，通过阅读莎士比亚的几乎所有的戏剧、埃斯库罗斯的《阿伽门农》，以及阅读塞缪尔·约翰逊的人生智慧，都大大丰富了马歇尔的文化观。在马歇尔晚年所写的自传片段中，他回忆道，他认为这个方法对于过度工作（他在中学时不得不如此）的人来说非常有用。于是，他“多年后将这一方法告诉了乔伊特教授：后来他跟我说，他将相似的方法介绍给了一些贝利奥尔学院的年轻学生”。[2]

马歇尔很少提及他的大学老师们。他是否按照正常课程安排在1864年米迦勒学期上过斯托克斯教授的光学课？瑞利曾回忆道，这是“他生命中的重要时刻……因为……这是他第一次近距离接触物理学界的领袖，他的思维和表达方式让人深深着迷。首先，他热爱实验图解”。[3]马歇尔本人没有留下对这些经历的回忆，实在令人遗憾，因为当他取得学位之后曾表示希望继续和斯托克

[1] 玛丽·佩利·马歇尔，《关于阿尔弗雷德·马歇尔的传记笔记》（KMF）。

[2]《1917年7月18日的自传片段》，J.M. 凯恩斯在《阿尔弗雷德·马歇尔》第165页部分引用了这些叙述；马歇尔档案，红色大箱1，第1项。参较前文第3章，第63–64页，马歇尔亲自介绍了这一方法。

[3] 罗伯特·约翰·斯特拉特，《约翰·威廉·斯特拉特——第三代瑞利男爵》，第32页。

斯一起工作，不过，大学毕业后他成了圣约翰学院研究员，成为研究员之后不久他就放弃了这一想法。[1]

不过，我们应该知道马歇尔的私人教师是谁。有关 1865 年荣誉考试结果的报道中，《泰晤士报》（1865 年 1 月 30 日）表示 E.J. 劳思是当年前十名优胜者的私人教师，因此也就是马歇尔的私人教师。当时劳思是“名气最大的数学教师。他的教学绝不是单纯地‘辅导’，实际上是一系列无比清晰、精心安排 89
的课程，他的听众比许多数学教授和学院讲师的听众还要多”。[2] 劳思的酬劳不菲，在汤姆森攻读荣誉学位（1876–1880 年）时，劳思的收费是每年 36 英镑。这是物超所值的，作为一名私人教师，劳思在 33 年的辅导生涯中，培养出了 27 名最高优胜者，其中连续 24 年的第一名都是他的学生。[3] 如果正如《泰晤士报》所说的那样，马歇尔的私人教师是劳思，那么，我们就能理解马歇尔为什么花了很长时间才还清叔叔资助他读书的钱了。

在这里，我们还要提及一位身份不明确的数学老师，马歇尔在后来为数极少的提及大学生活的经历时曾提到过这位老师。在 1889 年合作大会的主席演讲中，马歇尔回忆道，

> 我上大学时，有一次因为一道题解不出来，便愁眉苦脸地去找我的数学导师。我告诉他，昨天一天我都在研究这道题，到现在仍然不会做，但前天，我却毫不费力地做出来 20 道题。帕金森博士是个聪明的人，他高兴地看着我说，“太好了，你昨天收获的恐怕比前天的多。做会做的事收获不大，但努力尝试不会做的事才会取得更大的进步。”[4]

这位导师显然就是斯蒂芬·帕金森博士（1825–1889 年），他的追悼会于 1889 年 1 月在圣约翰学院举行，这大概勾起了马歇尔的回忆，导致他在上述演讲中提到了他。帕金森是 1845 年的最高优胜者，还是那一年史密斯大奖的获得者，他是圣约翰学院的研究员（1845–1871 年以及 1882–1889 年），也是

[1] 参见下文第 5 章，第 94、126 页。

[2] J.J. 汤姆森，《回忆与思考》，第 35 页，以及第 36–38 页详细描述了劳思的教学方式。

[3] J.J. 汤姆森，《回忆与思考》，第 38、42 页。

[4] 阿尔弗雷德·马歇尔，《合作》（‘Co-operation’），收录于《纪念集》，第 246 页。

该学院的导师（1864–1882 年）。他的书后来成为数学荣誉考试的指定教材之一，19 世纪 50 年代，他都在为学院的荣誉学生授课，他的学生中包括 1859 年荣誉考试的最高优胜者詹姆斯·威尔逊，马歇尔一家去布里斯托大学后和他成了朋友。威尔逊曾说过一则趣闻，“我很想去上斯托克斯的课，他关于光的波动理论的讲演十分精彩。……帕金森阻止了我，因为它和荣誉考试没什么关系。”[1] 如果作为导师的帕金森六年后也给予了马歇尔同样的建议，那么大概可以解释马歇尔为什么对斯托克斯的课没有印象了。不论马歇尔是否收到过这样的建议，他在后来参与伊拉努斯协会或剑桥哲学学会的聚会时，应该会碰到过斯托克斯。[2]

马歇尔大学时的经济状况可以帮助我们了解他在学院的社交情况。他的经济状况取决于他所赢得的奖学金类型，还有他每年的花费，包括学院开销、学期外的住宿费、私人教师的薪酬，以及一些杂项开支。最后一项包括交给学院和大学的特殊费用，以及学位服、房间里的家具、餐具等必要开销。参考 1862 年的成本估算（罗斯布莱特[3] 表示，学生指南上的成本估算得过高了），辅以圣约翰学院特殊的开支，可以很好地估算出马歇尔大学的费用。

学院的费用预计为每年 70 英镑，包括房租 10 英镑（当时圣约翰学院的最低收费）、学费 18 英镑、煤炭费 3 英镑 10 先令、25 周的餐饮费共 20 英镑 12 先令 6 便士、洗衣费 5 英镑 8 先令，以及各类学院费用共 5 英镑 7 先令 4 便士。到 1865 年 1 月荣誉考试结束为止，10 个学期的开销总共是 234 英镑左
90 右。在长假和学期间的短假期中，荣誉学生或多或少都会在私人教师的指导下学习，因此学期外的费用每年至少有 27 英镑（十个学期共需 81 英镑）。如果在圣诞节等假期回家的话，会减少学期外住宿的费用，但会增加往返剑桥和伦敦的路费。还有一些杂费大约是每年 20 英镑，不到《学生指南》上估算的这一项的 60%，这些杂费包括买书的支出、额外的食物和点心，以及置换衣物等个人开销。由于马歇尔在学院考试中的优异成绩为他赢得了图书奖励，所以这方面的支出很小。至于马歇尔为攻读荣誉学位而聘请私人教师的花费，我们只能大致猜测一下。如果他的私人教师是 E.J. 劳思，那么，马歇尔所花费的很可能是每年 36 英镑（共三年），汤姆森在 1876 年所付的就是这个价，1856 年

[1] 更详细的叙述见维恩，《剑桥大学校友录》；詹姆斯·M. 威尔逊，《自传》，第 44–45 页。

[2] 参见下文，第 5 章，第 112–113 页。

[3] 谢尔顿·罗斯布莱特，《教师的革命》，第 66–69 页。

参加荣誉考试的邦尼所付的也是这个价。总的来说，十个学期的本科生涯所有的日常花费大概是 483 英镑，这远远多于 30 年后亚瑟·鲍利上学时所花费的，不过后来的整体物价也大大下降了。[1]

学杂费预计共 30 英镑 3 先令，其中大学和学院特殊费用占去了一半多，包括圣约翰学院的入学费 2 英镑 3 先令，杂费 5 英镑，初次考试费用 2 英镑 10 先令，文科学士学位费 7 英镑。《学生指南》估算的布置自己房间的最低费用是 10 基尼（英国旧时金币名，1 基尼相当于 21 先令，于 1813 年停止流通。——译者注），其中 3 英镑用来购买餐具和亚麻布，还有 3 英镑用于购买帽子、礼服和白罩衣，还有本科生必需的学生服。星期天全天都要穿礼服、戴帽子，甚至在户外散步的时候，以及工作日的午前以及黄昏之后都需要如此穿戴。[2] 加上这些，马歇尔的大学费用已经达到 513 英镑了。

马歇尔在麦钦泰勒学校赢得的帕金奖学金是每年 50 英镑，最多奖励 4 年，所以十个学期的本科生涯，马歇尔按比例获得了 166 英镑。如果马歇尔还获得了每年 50 英镑的学院基金会奖学金，那么还能获得最高 150 英镑的收入。[3] 第三年，他还获得了黑尔和伍德奖学金，再次收入 20 英镑。这样算来，他的奖学金收入最高是 336 英镑，最低是 186 英镑。[4] 所以，查尔斯叔叔借给马歇尔的钱最低是 177 英镑，最高为 327 英镑，无论是哪种情况，这无疑都是一笔巨款，而且马歇尔的大学预算已经极为精俭了。

这样的预算是不足以结交朋友的，仅仅能够满足最低限度的娱乐。从 91

[1] * T.G. 邦尼，《漫长人生之回忆》，第 16 页。鲍利每学期的日常费用为 44 英镑，按我的估算，马歇尔每学期是 48 英镑 6 先令。扣除物价因素（1888–1892 年与 1861–1865 年相比物价有所下跌），鲍利的费用相当于 1861–1865 年的 53 英镑。鲍利的特殊花销或学杂费几乎是马歇尔（预算为 30 英镑）的两倍，高达 55 英镑，其中 20 英镑在学生取得学位离开大学时会退还。参见阿加莎·H. 鲍利，《回忆亚瑟·鲍利教授爵士》，第 36–37 页。

[2] T.G. 邦尼，《漫长人生之回忆》，第 22 页。

[3] 约翰·梅纳德·凯恩斯，《阿尔弗雷德·马歇尔》，第 164 页，注释 1。维恩的《剑桥大学校友录》中并没有关于马歇尔获得圣约翰学院基金会奖学金的记录，学院也没有任何记录可以验证他获得了这一奖学金。不过，学校没有禁止学生同时拥有各类奖学金和奖励。参见罗斯布莱特，《教师的革命》，第 80–83 页。

[4] 马歇尔的收入和支出之间的差额，还取决于他是否不止一次获得过黑尔和伍德奖学金。至于马歇尔的年度预算支出，玛丽·佩利曾表示他在大学中主要依靠奖学金维持生活，这表明文中较高的奖学金收入可能更接近现实，因为此时的奖学金占总支出的比例约为 75%，如果是较小的奖学金收入的话，占比仅为 40%。另外，马歇尔花了至少两年之间才还清欠款，所以叔叔的资助并不是小数目。

1861 年 10 月到 1865 年 1 月，第三庭院的 E6 房间从未发出过共进晚宴或共进丰盛的早餐的邀请，甚至是 1865 年 1 月，本该庆祝考试结果的时候也没有。已有的记录显示，马歇尔在中学时只有特雷尔和霍尔两位好友，而他大学时期的好友，也只有同为学院划船俱乐部的罗顿·莱维特（Rawdon Levett）。[1] 这也同当时学院生活的相关记载相吻合。家境不好的学生是不受欢迎的，在 19 世纪 80 年代的圣约翰学院，来自英格兰银行职员家庭的孩子仍然很少，在马歇尔上学时的 19 世纪 60 年代就更加罕见了。

在这样的经济和家庭背景下，要想获得大家的认可必须依靠学术上的成功，再加上马歇尔本人的好胜心，这些足以促使马歇尔这样的学生为赢得荣誉考试而埋头苦读。所以，为了追寻成功，马歇尔的本科生涯几乎就是长时间的学习，学习，再学习，他几乎没有时间娱乐、运动和消遣。贫穷从某种意义上来说进一步促成了这种孤独的斯巴达式生活。除了短暂的划船活动，马歇尔在这些年的所有娱乐和消遣几乎是可以独自进行，且不需要花费什么钱的活动。对于从儿时起就热爱真正的乡村的马歇尔来说，在剑桥的乡下漫步显然就是一种消遣。每周两次在教堂的合唱可能是另外一种形式的消遣，它唤醒了马歇尔潜在的对音乐的兴趣。这些消遣，再加上刻苦的学习就构成了他大学生活的全部，这一经历实在没什么值得回忆，甚至还不如马歇尔同样孤独的中学生活。约翰·内维尔·凯恩斯[2] 曾记录了一首当时的流行的小曲，总结了追求炫目的数学最高荣誉的学生那枯燥节制的生活：

他渴望拔得头筹
他吃得少，只喝茶
他日复一日挑灯夜战
从二项式解到（n+1）次幂

数学荣誉考试：1865 年 1 月

伴随着数学荣誉考试的到来，这种不利于身体健康的生活达到了高潮，同时也接近了尾声。考试于 1865 年 1 月 3 日（星期二）开始，最先考的是欧几

[1] 玛丽·佩利·马歇尔，《MSS 笔记》（NCA）。下文第 18 章对马歇尔的友谊有更详细的论述。
[2] JNKD，1883 年 10 月 4 号。

里得几何学，试卷的第一题是“在给定的直线中找到一点，使得它距离两个已知点的距离之差最大”。1865 年 1 月 5 日（星期四）下午 4 点，经历六场考试之后，荣誉考试的第一部分和基础部分结束了，最后一题是关于标准公历对儒略历的修正。和后来的最高优胜者瑞利勋爵不同，马歇尔在给家人的信中没有提到他对前三天考试是否满意，以及对接下来的考试是否有信心。在初次考试中，瑞利仅取得了第五名。一周后的最终考试来临之前，瑞利在与 92
家人的通信中提到了一位“强大的对手”，这个对手是马歇尔还是其他人就不得而知了。[1]

前三天的初试内容主要包括欧几里得几何学、圆锥曲线、一些初等代数和三角学、力学，诸如此类的知识直到 20 世纪 50 年代仍是许多大学的教学内容，还包括一些性质相似的物理学知识。但是，考试给人留下的总体印象是要求考生精通这些领域的所有细节，这逐渐为 20 世纪的数学教育所淘汰。[2]

1 月 16 日（星期一）开始了较难的第二阶段考试。第一场考试以应用“力的平行四边形定理”开题，这周剩下的日子里全是一场接一场的考试。随后的考题都是英语课本中的应用数学和（理论）物理的相关问题，有些简单，有些即使知道解题方法也很困难。“高等代数”的问题既有技术性也很精细，但没有传达任何关于这一学科的概念结构。相似的意见也适用于“纯”数学的相关话题，只有在微积分领域有所不同。这也没什么稀奇的，直到 19 世纪中期，代数的结构概念，更笼统地说数学上的结构概念才开始发展，当时在英国也没有引起广泛的重视。许多欧洲大陆的优秀数学家的作品，既没有传播到英国，也没有被翻译成英语，这一状况直到 19 世纪末才有所改善。[3]

瑞利会在两场考试之间的午休时间小憩 20 分钟，他会请三一学院的守门人叫醒他，不知道马歇尔有没有同样的安排。在按字母顺序排列的考生名单

---

[1] 罗伯特·约翰·斯特拉特，《约翰·威廉·斯特拉特——第三代瑞利男爵》，第 33–35 页；荣誉考试的题目摘录自考卷集（CUL）。马歇尔在《经济学原理》第 1 版第 242 页和第 8 版第 194 页说道，“即使不同专业的大学生也会对彼此的能力进行评估”。

[2] 最后两句话来自我的同事，悉尼大学理论数学系的约翰·麦克（John Mack）。他还向我提供了 1912 年英国数学教育的报告，以及亚瑟·贝里的文稿。

[3] 这一段的大部分内容来源于上一条注释所提到的约翰·麦克。邦尼在《漫长人生之回忆》的第 29 页回忆道，在五天的考试时间里回想这些“书本知识”非常困难，而且对附加题望而生畏。另外，詹姆斯·威尔逊（《自传》，第 45 页）说，最开始很难，“剩下的就相对容易了”。

中，马歇尔的顺序较为靠前。由于试卷是按顺序收取，所以先交卷的马歇尔失去了一些时间上的优势。[1]不过，在 1 月 20 日（星期五）下午 4 点之后一切已成定局，马歇尔肯定和所有考生一样都松了一口气。猜测那天晚上他做了什么应该是一件有趣的事情。

我们不清楚 1 月 27 日早上在评议会大楼前的等待考试结果的人群中有没有马歇尔，也不知道马歇尔的父母、弟弟或妹妹们有没有起个大早花钱赶到剑桥听取结果。同样，我们也无从知晓马歇尔本人听到是次于瑞利的第二名这一结果时的感想。和瑞利[2]一样，马歇尔很可能就他答题的情况询问了一位与他同学院的考官，玛丽·佩利后来回忆道，这位考官告诉马歇尔，“他所完成的书本知识的答卷看起来和别人所做的疑难问题的答卷一样差”。[3]来自三一学院的考官沃尔顿明确地告诉瑞利，两位曾经获得过一等学位的考官基于他前三天的考卷预测瑞利将是第一名，而现存的记录中找不到马歇尔在前三天考试中的成绩，不知道马歇尔所询问的那位考官有没有告诉他类似的信息。

93 1865 年 1 月 30 日，《泰晤士报》的报道宣称没有必要怀疑瑞利是因为贵族身份才获得此等荣誉的，马歇尔对此作何感想，我们也无从得知。随后还有一位三一学院的研究员对此事发表了相似的看法，据推测这位研究员就是亨利·西季威克。《泰晤士画报》（*Illustrated Times*）的编辑通过私人教师劳思表示希望刊登前两名优胜者的合影，[4]大概是瑞利或劳思告诉了马歇尔这一请求，不过瑞利对此断然拒绝，如果能够知道马歇尔的反应，将是一件有趣的事。

马歇尔没有参加史密斯大奖的原因也无从考证了。考试在 1 月 30 日开始，最终的冠军是瑞利，泰勒获得第二名（他是数学荣誉考试的第三名）。原因之一或许是马歇尔不想在他原本以为能拿到第一的领域再一次被打败。另外，正如亚瑟·贝里提到的，[5]史密斯奖考察的是数学的原创性研究能力，这可能是马歇尔没参加这次考试的更重要的原因。中学时，艾雷对马歇尔的数学天赋和才能进行评价时没有提到这个方面。还有一个可能的原因是，这个奖项的金额较低，马歇尔或许觉得不值得为此花费额外的精力。

---

[1] 罗伯特·约翰·斯特拉特，《约翰·威廉·斯特拉特——第三代瑞利男爵》，第 34 页。总之，在名单上，前两名优胜者之间隔着 14 位考生，其中 7 位的姓氏都是以 M 开头。

[2] 罗伯特·约翰·斯特拉特，《约翰·威廉·斯特拉特——第三代瑞利男爵》，第 35 页。

[3] 玛丽·佩利·马歇尔，《关于阿尔弗雷德·马歇尔的传记笔记》（KMF）。

[4] 罗伯特·约翰·斯特拉特，《约翰·威廉·斯特拉特——第三代瑞利男爵》，第 35 页。

[5] 亚瑟·贝里，《剑桥大学数学荣誉考试的最近变化》，第 187 页。

这些悬而未决的问题，我们已经无从考证，不过这毕竟是他大学生涯中的一个高光时刻，当时人们普遍认为，马歇尔取得了巨大的成功：在激烈的角逐中夺得第二名。凭借这个成绩，马歇尔[1]跻身于一小撮著名的第二优胜者之列，包括威廉·惠威尔、克拉克·麦克斯韦、开尔文勋爵等剑桥名人，还有两年后获得第二名的 W.K. 克利福德（W.K. Clifford），或许是拥有相似经历的缘故，他与马歇尔成为好朋友。再次强调，马歇尔后来的自传片段中从未提及在经历长时间的刻苦学习之后取得成功的体会。最详细的一段记述如下[2]："1865 年他以第二名的成绩取得了数学荣誉学位，杰出的物理学家瑞利勋爵取得了第一名。1865 年马歇尔当选为圣约翰学院的研究员。"《鹰》[3]在 1865 年米迦勒学期的报道中说，唯一的遗憾是"最高优胜者这个年轻的贵族……并非来自圣约翰学院。不过，圣约翰学院在这一年收获颇丰，共产生了 15 位优胜者，其中包括取得第二名的阿尔弗雷德·马歇尔先生"。1 月末，马歇尔被告知圣约翰学院的研究员职位有空缺，而荣誉考试中取得的好成绩已经可以确保他在即将到来的 11 月当选研究员。

对大多数人，特别是像马歇尔这样成绩优异的人来说，大学都是一段值得回忆的时光。所以，如此有限的信息就更让人惊讶了。不过，马歇尔不愿回忆大学时光的原因也不难猜测。一个依靠奖学金、奖励和借款完成学业的贫穷大学生，拼命地学习只为向家人证明他放弃牛津大学古典文学事业的正确性。对他来说，这漫长的十个学期的确没有什么称得上快乐的时光。贫穷、孤独与艰苦的学习，加之再也不能像中学时那样去路易莎姑姑家度过一个轻松的暑假，还有远离妈妈和逐渐长大的妹妹，得不到她们的宽慰，都使得人生的这一阶 94
段变得不那么让人留恋。当乍看之下这些努力都仿佛徒劳无功时，马歇尔避而不谈大学经历就更加容易理解了，成为第一优胜者一直是他的心愿，它支撑着马歇尔度过了这段难熬的岁月，但他最终却与第一名失之交臂。虽然第二名的结果已经足以让马歇尔成为大学研究员，但是，对于年轻的马歇尔来说，这和失败没什么区别。如果说中学时的马歇尔之所以喜爱数学是因为他总能拿到第一，鉴于他在圣约翰学院的学院考试中也总是第一名，那么，他未能在最终的

[1] 约翰·梅纳德·凯恩斯，《阿尔弗雷德·马歇尔》，第 166 页，注释 1。

[2]《剑桥大学政治经济学教授：阿尔弗雷德·马歇尔》，*AMCA*，第 1 卷，第 148 页。文中将马歇尔取得学位的这一年错印成"1861"年，实际上是 1865 年。

[3]《鹰》，第 4 卷，1865 年。

荣誉考试中夺冠这件事，大概是促使马歇尔几乎立刻放弃数学或自然科学的原因。对于虽没被排挤，但也没有朋友的马歇尔来说，拔得头筹是最大的安慰，没有如愿以偿会让他更加懊恼。

说到底，荣誉考试将他变成了一个怎样的数学家呢？毋庸置疑，从任何标准来衡量，许多优胜者都称得上是数学家，其中一些人还是数学领域的先驱。他们所接受的训练促使许多人进入应用数学和应用物理领域，还有一些人成为著名的理论数学家和几何学家。不过一位叫哈迪的优胜者后来辩称，这些人所达到的成就往往不是荣誉考试的训练带给他们的。[1] 阿尔弗雷德·马歇尔小心谨慎并且相当有技巧地将数学应用于经济学，虽然比起精练的代数语言和微积分，他更偏爱运用几何学，但荣誉考试的经历和大学时期的积累对此的益处绝不能被低估。[2] 初看起来，一个穷困的大学生在经历漫长而孤独的艰苦学习之后，所获得的这些回报实在不算多，不过，马歇尔凭借第二优胜者的身份赢得了学院研究员的职位，他受到的数学训练也对其后来的经济学生涯有所帮助，这也算是莫大的宽慰了。

[1] 这些关于数学的结论大多来自前文注释中提到的约翰·麦克的观点。前文注释 57 和第 86 页引用过哈迪的观点。

[2] 参见第 6 章，尤其是第 745–747 页。关于马歇尔在《经济学原理》中对数学的批判性使用，参见下文第 12 章，第 402–404、412–413 页。

第 5 章　职业探索阶段（1865–1872 年）：年轻的圣约翰学院研究员

98

1905 年 11 月，沃尔特·莱顿（Walter Layton）——马歇尔最引以为豪以及最成功的剑桥经济学的学生，记下了马歇尔在介绍政治经济学这门学科时所说的一段话。这段话道出了马歇尔认为经济学研究非常有价值但也有局限性的原因，它也是对大学毕业后的这段重要时期的概括，不过，其中与经济学相关的内容我们将留待下一章讨论。

> 马歇尔想跟着斯托克斯学习数学和物理学。后来，他觉得形而上学是理解人类生活的钥匙。他每天早上 5 点就起床阅读康德的“批判系列”，后来又转向伦理学。为了解决实际问题又转向经济学。接着，回到伦理学中寻找不是形而上学或不是经济学范畴的问题。他在思考一个问题：当一个人知道其他人所坚信的对他们有利的东西是不真实的时候，他会怎样发表自己的观点？[1]

凯恩斯上过马歇尔的课，所以很可能听过类似的话。无论如何，他随后的论述和莱顿的记述比较相似，还有所扩展。凯恩斯表示，当马歇尔用辅导数学挣的钱还清了查尔斯叔叔的借款之后，他感到无比自由，现在终于可以追随自己的内心了。他原本打算跟随斯托克斯继续学习，但他“突然对知识，特别是

[1] 莱顿文集，剑桥大学三一学院（莱顿，箱 15，15[b]，第 25 页）。

神学的哲学基础产生了浓厚的兴趣”，原计划随即被打断。[1] 意识到自己准备不足也是当时改变计划的一个原因。在《货币、信用与商业》一书的前言中，马歇尔进一步解释了他踏上经济学的曲折道路，填补了 1905 年莱顿记录中的空白：

> 大约在 1867 年（当时我在剑桥教授数学），我得到了曼塞尔（Mansel）的《班普顿演讲》（Bampton Lectures），我发现人类自身的可能性是他最重要的课题。于是我花了些时间研究形而上学，但很快转向了看起来更先进的心理学研究。心理学所要求的更高、更快的人类发展的可能性令我着迷，这带给我另一个问题：如今英国（以及其他国家）工人阶级的生活水平，在何种程度上满足了他们对生活的全部需求？老一辈的智者告诉我，生产资料的数量并不能满足大多数人对休闲和教育的需求，他们还告诉我，要想弄明白这些问题需要学习政治经济学。我听从了他们的建议。我像荒漠中流浪的人，渴望早日品尝真理的甘美。但随着学习的深入，我发现需要学习的知识实在太多。到现在，经过半个世纪的专门研究，我感觉自己比刚入门时更加无知。[2]

99 马歇尔后来的描述证实，他在 19 世纪 60 年代末逐渐转向“精神科学”（心理学）。一封写给詹姆斯·沃德（James Ward）（剑桥大学心理学教授，马歇尔在道德科学领域的同事）的信中有更加详细的说明：

> 其实我对精神科学很感兴趣。从 1861 年进入剑桥求学以来，我花在精神科学上的时间和花在数学上的差不多。对哲学的兴趣驱使我早上 5 点就起床，煮一杯咖啡，在早饭前阅读 3 个小时，对经济学的热情都不足以让我这样做，直到我生病，右脚肿成原来的两倍大才停止。这是 1867 年的事了。不久后，我的兴趣从形而上学转向心理学。当皮尔森让我做政治经济学的讲座时，我答应了，但我还是更喜欢他的研究领域——哲学。很快，我被学院任命为讲师，我还教逻辑

[1] 约翰·梅纳德·凯恩斯，《阿尔弗雷德·马歇尔》，第 166–167 页。
[2] 被引用在凯恩斯，《阿尔弗雷德·马歇尔》，第 171 页。

学和伦理学的课程。但我常说，在 1871 年之前，精神科学才是我心之所属。然而渐渐地，我发现想要研究经济学——通往人类幸福的钥匙——的心情日益迫切。大约在 1871 年到 1872 年之间，我告诉自己是时候在哲学和经济学之间做一个选择了。我苦苦思索了一年，其间常常因为追寻真理的快感而更加偏爱哲学，不过，由于经济学在现实中越来越紧要，不仅和财富的增长有关，还和生活质量密切相关，我最终安定下来专攻经济学。[1]

对于刚毕业这段时间的活动，以及收获的友谊，玛丽·佩利回忆道，克利福德和莫尔顿是马歇尔“最好的两个朋友……当他还是圣约翰学院年轻的研究员时”。他们俩和马歇尔，以及来自圣约翰学院的莫斯（Moss），是一个阅读莎士比亚作品的七人小组的成员，[2] 对于莎士比亚的爱好者（马歇尔声称自己是）来说，这是一个无比理想的团体。她还回忆说，“这个七人团体常常参加波茨夫人的派对。波茨夫人是剑桥里数一数二的美人，但波茨先生却很丑，他们被称为‘美女与野兽’”。[3] 玛丽·佩利还提到马歇尔同样是伊拉努斯协会的成员，这是“一个用餐俱乐部，每个成员分摊自己部分的花费，轮流主持并且轮流提供讨论的话题（也叫自带食品的聚餐，每个人负责自己的用餐），成员包括亨利·西季威克、维恩、福西特和克利福德”。[4] 玛丽·佩利没有提到

[1] 阿尔弗雷德·马歇尔于 1900 年 9 月 23 日写给詹姆斯·沃德的信，《纪念集》，第 418–419 页。精神紧张和疲惫导致脚肿，从现代医学知识来看有点难以置信。1859 年左右，查尔斯·达尔文写给胡克（Hooker）的信中也提到了类似的症状［被引用在艾德里安·戴蒙德（Adrian Diamond）和詹姆斯·摩尔（James Moore）的《达尔文》中，伦敦：企鹅出版社，1992 年，第 475 页］。

[2] 玛丽·佩利·马歇尔，《关于阿尔弗雷德·马歇尔的传记笔记》（KMF）。W.K. 克利福德（1845–1879）来自三一学院，1867 年他以第二优胜者的身份获得数学荣誉学位，1866 年 11 月他当选为“剑桥使徒社”第 165 名成员。J.F. 莫尔顿（1844–1921）来自圣约翰学院，1868 年他以第一优胜者的身份获得数学荣誉学位，1867 年 6 月成为“剑桥使徒社”第 166 名成员。托马斯·莫斯（1845–1872）和莫尔顿一样，于 1864 年被圣约翰学院录取，1868 年他以第四名的成绩获得古典文学荣誉学位，1868–1872 年任圣约翰学院的研究员，1872 年在新西兰去世。参考维恩《剑桥大学校友录》，*DNB*，以及保罗·利维（Paul Levy），《G.E. 摩尔和剑桥使徒社》（*G.E. Moore and the Cambridge Apostles*），牛津大学出版社，1981 年，第 307 页。

[3] 玛丽·佩利·马歇尔，《MSS 笔记》（NCA）。

[4] 玛丽·佩利·马歇尔，《关于阿尔弗雷德·马歇尔的传记笔记》（KMF）。相关论述见下文第 112–113 页。

另一个剑桥讨论小组——格罗特俱乐部，据马歇尔本人所说，[1]他在1867年加入，还对讨论的内容做了记录，部分记录被保存了下来。[2]对于马歇尔从1865年1月取得学位之后，到1865年11月当选研究员之前发生的事，玛丽记录道：

> 他曾去他非常崇敬的珀西瓦尔（Percival）所在的克利夫顿学院待过一阵子。在那里，他和戴金斯（Dakyns）以及J.R.莫兹利（J.R. Mozley）成了朋友，正是他们建议马歇尔阅读曼塞尔的导论，将他引入了哲学之路，不过马歇尔对此书不甚满意。后来，他想要阅读康德的原版著作，去德国之后便在德累斯顿（Dresden）学习德语（1868年），并开始阅读康德。他的老师认为这并不是一本适合初学者阅读的书，但马歇尔回应道，"如果不是为了康德，我不会学习德语"。黑格尔的《历史哲学》对他也有很大的影响。多年来，他专心致志地研究哲学，也对心理学产生了兴趣，他一度打算将研究决定专注力的原因作为自己毕生的事业。他打算先研究一下经济学（一段短暂的时间），再回到哲学或心理学。他之所以研究经济学，是因为他被告知通过经济学可以了解自己的目标在多大程度上可以实现。时任圣约翰学院院长的贝特森给了马歇尔道德科学讲师这一职位，马歇尔还教授过道德科学其他分支的短期课程，例如逻辑学和边沁主义，不过他仍渐渐转向了经济学。[3]

100 这些传记片段为我们展现了1865年1月之后，马歇尔在这一思想发展的重要阶段的大致经历。克利夫顿学院（一所新建于布里斯托附近的公学）的数学老师身体抱恙，马歇尔在1865年的上半年短暂地填补了这一空缺。除了克利夫顿学院的校长珀西瓦尔，马歇尔还和同事戴金斯和莫兹利成了朋友，或许还有那年夏天考察这所学校的西季威克。不对本科时的马歇尔开放的剑桥团体，如今向他敞开了大门。很可能是西季威克将克利福德和莫尔顿相继介绍给马歇尔认识，他是剑桥使徒社的资深成员（1856–1865年），大概就是在那里

[1] A.S和E.M.S.,《亨利·西季威克回忆录》，第137页。

[2] 与西季威克文集一起存放在剑桥大学三一学院，Add MS c. 104 65（17）。

[3] 玛丽·佩利·马歇尔，《关于阿尔弗雷德·马歇尔的传记笔记》（KMF）。

结识的克利福德和莫尔顿。西季威克被称为“天使”，一直参与他们的会议。[1]不过，莫尔顿和莫斯都是 1864 年进入圣约翰学院读书，大概已经各自认识了当时还是学生的马歇尔。

1865 年暑期，马歇尔没有休假，他辅导数学赚钱以偿还查尔斯叔叔的借款。1865 年 11 月，他当选为圣约翰学院的研究员。1865 年的米迦勒学期，他居住在学院的第二庭院，C2 室。接下来的两年里，依靠学院研究员的工资和辅导数学的收入，他加快了偿还债务的速度。同时，他开始阅读哲学书籍，最初是受到在克利夫顿学院与莫兹利和戴金斯的神学辩论的启发，后来则是受到大学中其他朋友的启发。他逐渐受到欢迎的一个迹象就是，1867 年他受到邀请加入格罗特俱乐部。马歇尔后来声称，他对哲学研究太过热情，以至于在 1867 年影响了他的健康。同一年，马歇尔还开始了经济学和心理学的研究，还和莫兹利兄弟前往瑞士攀登阿尔卑斯山。

马歇尔在苏格兰度过 1866 年的暑假，大概就是这一年，他第一次进入北方的工业区研究贫困问题。以后的假期，特别是暑假，马歇尔基本上都在国外度过。1868 年和 1869–1870 年的冬天，马歇尔在德累斯顿和柏林学习德语。1873 年之前，几乎每个暑假，他都喜爱去蒂罗尔、巴伐利亚和瑞士登山。1868 年，贝特森为马歇尔安排了一份道德科学讲师的工作，因此避免了学院研究员必须接受圣职的麻烦。1872 年，伊拉努斯协会成立伊始，马歇尔在学校的重要地位让他几乎立刻就被邀请成为其中的一员。

19 世纪 70 年代早期，马歇尔作为年轻的研究员积极参与大学和学院的改革。他积极参与提高妇女教育权利的运动，关注学院教学改革以及更一般的教育改革。[2]在大学工作之外，他还被劳工问题吸引，甚至为社会主义杂志贡献力量。19 世纪 70 年代初之前，马歇尔的讲座还不仅仅只和经济学有关，但渐渐地，（据他自己所说）最初很不情愿地，他开始将教学专注于这一学科。到

[1]“天使”是指那些住在剑桥，不被强制要求参加学期内会议的使徒（常指毕业的前使徒——译者注）。参见保罗·利维，《G.E. 摩尔和剑桥使徒社》，尤见第 65–68 页。

[2] 19 世纪 60 年代末和 70 年代初，马歇尔在《剑桥大学公报》（*Cambridge Gazette*，1868 年 12 月 2 日和 9 日，1869 年 4 月 14 日，1869 年 11 月 10 日）和《剑桥大学报》（*Cambridge University Reporter*，1871 年 2 月 22 日）上刊登了一些信件。起初，他着力就荣誉考试的初次考试提出改革意见，最后讨论了学院成员的独身制度。一封写给《剑桥大学报》的信，以及一本寄给大学评议会成员的小册子（1871 年 3 月 1 日和 1872 年 5 月 22 日）进一步就初试进行激辩，尤其讨论了古典文学学位考试给予初试的重要性。

1875 年，他的“经济学学徒期”可以说完成了，但是，他在圣约翰学院短暂
101 的研究员生涯也即将暂时告一段落，因为他和道德科学专业的学生、经济学同行玛丽·佩利将在 1877 年 7 月结婚。[1]

接下来，我们将详细阐述马歇尔毕业后的这段岁月，通过追随他的心路历程，来看看他是如何探寻自己向往的职业。放弃数学，转向宗教怀疑主义、神学争论、理论知识、形而上学、伦理学、人类进步、心理学、经济学，这都是他探寻之路上的足迹。1865 年认识的“睿智的长者”，以及后来结识的朋友也是其中的关键部分。克利夫顿学院、圣约翰学院的研究员职位，以及剑桥的一些讨论社团都为他的思想之旅创造了条件，正是这些场合给了他结交朋友、扩展知识和眼界的机会。马歇尔思想历险发生在“斗争中的 60 年代”，这是精神和知识都极为动荡的时代，也是具有里程碑意义的十年。

“斗争中的 60 年代”

马歇尔在剑桥大学的第一个十年恰好就是“斗争中的 60 年代”。创造这个词的弗雷德里克·哈里森简洁地给出了原因：

> 这是《随笔和评论》和科伦索事件引发教会论战的时代，是大学向非国教教徒开放的时代，是为国民教育而斗争的时代，也是就教会税率、国家教会、选举权改革争论不休的日子。这段时间还是格莱斯顿政府在下议院以及他的两个部门占统治地位的时候，先后颁布的法案包括：1867 年的《改革法案》、1869 年的《爱尔兰教会法案》、1870 年的《教育法案》、1870 年的《爱尔兰土地法》，为《工会法》而进行的长期斗争也以 1871 年和 1875 年法案的出台宣告结束。[2]

未来的英国首相，1866 年进入剑桥三一学院学习道德科学的亚瑟·巴尔福（Arthur Balfour），在自传中也发表了类似的观点，他表示这是宗教与科学

[1] * 这一阶段的大部分经历未在本章展示。1867–1875 年的经济学学徒期见第 6 章；旅行、暑假，包括 1875 年的美国之行在第 7 章讨论；第 9 章的一些部分记述了马歇尔在 1868–1877 年任圣约翰学院讲师的经历；结婚和婚礼则在第 8 章讨论。

[2] 弗雷德里克·哈里森，《现实和理想：关于社会、政治、文学和艺术》，伦敦：麦克米伦出版社，1908 年，第 369–370 页。

对抗的十年，德国圣经批判学和达尔文的《物种起源》使得“所有在神学和科学长河中起伏的人都意识到暴风雨已经来临”。[1] 在马歇尔读大学时，《随笔和评论》和科伦索的庭审，以及西利的《瞧这个人》都掀起了轩然大波。[2] 他的新朋友，特别是 1865 年在克利夫顿学院认识的那些人，使得马歇尔更加关注神学问题和更广泛的社会问题。

19 世纪 60 年代的后 5 年，对于像马歇尔一样对社会和道德科学感兴趣的人来说，是阅读、学习、研究和讨论许多时代新议题的好时机。后来，马歇尔评价这些年是道德科学荣誉考试的黄金时代，因为大学中一些极为优秀的年轻人纷纷开始研究这些问题。[3] 除了哈里森提到的宗教争论、教育改革，以及议会选举 102
权改革之外，还有其他许多事件能体现 19 世纪 60 年代的斗争精神。

表现之一就是社会科学协会进入全盛期，在这里议员、科学家、公共管理者和工人齐聚一堂，通过阐明社会问题来寻找可靠的社会改革方法。该协会最初从“三项运动发展起来，包括法律制度的全面改革，争取妇女的解放——特别是推动《已婚妇女财产法》来保障妇女在婚后也享有所有权和一定的收入，以及在 19 世纪 40–50 年代初交通改革之后进行的刑罚改革”。[4] 60 年代的后 5 年见证了女权主义运动的蓬勃发展，1869 年穆勒出版《妇女的屈从地位》一书，这一年，希钦（Hitchin）成立了一所女子学校，即剑桥大学格顿学院的前身，这大大增加了女性接受高等教育的机会。

在 1864 年国际工人协会成立的基础上，60 年代的后 5 年还见证了劳工运动的不断推进。在德国社会民主党成立之后，1868 年巴枯宁（Bakunin）成立了“国际社会主义民主同盟”。在英国，争取工会权利的运动也愈演愈烈。1867 年，卡尔·马克思出版了《资本论》的第一卷（也是唯一一卷）。一年后，威廉·莫里斯为英国社会主义贡献了自己的文学创作——《地上乐园》（*Earthly Paradise*）。工人阶级的教育问题也开始受到重视，剑桥大学的教授詹

[1] A.J. 巴尔福，《自传篇章》（*Chapters of Autobiography*），埃德加·达格代尔夫人（Mrs. Edgar Dugdale）（编），伦敦：卡塞尔出版社，1930 年，第 51 页。

[2] 见上文，第 1 章，第 12 页。

[3] 马歇尔于 1902 年 2 月 14 日写给福克斯韦尔的信（马歇尔档案，3：44）。

[4] L. 戈德曼（L. Goldman），《社会科学协会：1857–1886》（'The Social Science Association 1857–1886'），《英国历史评论》（*English Historical Review*），1986 年 1 月，第 95–134 页，尤见第 97–99 页；以及他的《英国人的怪癖？19 世纪英国的社会科学协会以及社会学的缺席》（'A Peculiarity of the English? The Social Science Association and the Absence of Sociology in Nineteenth Century Britain'），《过去与现在》（*Past and Present*），第 114 期，1987 年 1 月，第 133–171 页，尤其是 138 页。

姆斯·斯图亚特为工人们组织了第一批进修课程，这一举措得到了剑桥大学道德科学家的强力支持。

这一时期，欧洲民族主义的胜利也值得一提。1871 年意大利完成了统一大业，罗马成为新的首都。威廉一世在凡尔赛宫的镜厅加冕成为德国皇帝，宣告德国第二帝国的建立。正在柏林的马歇尔见证了德国在普法战争中的胜利，以及受此影响所导致的法兰西第二帝国的覆灭，还有 1871 年巴黎公社的昙花一现。这一切使得社会主义革命的幽灵第一次在西欧上方徘徊，为法兰西第三共和国的建立做好了准备。在上述提到的活动里，有一些是马歇尔亲身参与其中的。[1]

艺术、文学、科学领域的革命和社会、国家、政治的革命齐头并进。1867 年，戈蒂耶（Gautier）、魏尔伦（Verlaine）和波德莱尔组成了帕纳斯派（Les Panassiens），发起了“为艺术而艺术”（*L'art pour l'art*）的活动。1871 年，印象派画展首次在巴黎举办。易卜生（Ibsen）分别于 1865 年和 1867 年发表了戏剧作品《布兰德》（‘Brand’）和《倍尔·金特》（‘Peer Gynt’），左拉的小说开始在英语世界引发争议。旧时代还未消逝，新时代已然来临。1870 年狄更斯去世，乔治·艾略特以《米德尔马契》（*Middlemarch*）和《丹尼尔·德龙达》（*Daniel Deronda*）达到了文学事业的巅峰。1869 年马修·阿诺德出版了《文化与无政府主义》来捍卫古希腊文化。斯温伯恩（Swinburne）则在《亚特兰大在卡吕冬》（*Atlanta in Calydon*）和《诗歌与民谣》（*Poems and Ballads*）中对希腊文明进行了不一样的描绘，为在当时被视为上不了台面的作品。当时这
103 些艺术运动引起了阿尔弗雷德·马歇尔的兴趣，当时还是学生的马歇尔的未来妻子玛丽还和她的朋友们一起秘密地阅读过斯温伯恩的作品。[2]

对于一个日渐对经济学感兴趣的人来说，这段时间同样具有革命的意味。人们围绕工资基金说和工会效率展开争论，这些辩论以 1869 年穆勒在《双周评论》上发表的与之前论调相反的文章达到顶峰；工程师弗莱明·詹金（Fleeming Jenkin）在经济学中引入几何图表；1871 年杰文斯出版《政治经济

[1] 下文第 14 章讨论了马歇尔所参与的女权运动；第 16 章论述了他对社会主义和工人运动的参与情况；马歇尔对普法战争的看法主要在下文第 17 章的第 640 页，以及第 642–643 页。

[2] 下文第 21 章，第 772 页讨论了马歇尔的文学品位，包括他对乔治·艾略特小说的喜爱。20 世纪 30 年代，在给简·哈里森（Jane Harrison）的传记作者提供的笔记中，玛丽·佩利·马歇尔提到她阅读过斯温伯恩的作品（NCA）。1875 年马歇尔在写给爱默生的信中捍卫了斯温伯恩（见下文第 196 页），以及参较下文第 129–130 页论及的马歇尔对诗歌的评论。

学理论》，试图建立一个以数学为基础的政治经济学新体系。这些事件发生之时，马歇尔正好刚开始学习经济学。[1] 在这样丰富的思想背景下，马歇尔逐步转向了道德和精神科学，这一过程就是本章所探寻的内容。

克利夫顿学院的数学教师

1865 年 1 月取得学位之后，马歇尔接受了一份在克利夫顿学院当临时数学老师的工作，克利夫顿学院是当时刚成立的公学。[2] 由于该中学的终身数学教师查尔斯·凯（Charles Cay）的呼吸道疾病进一步恶化，马歇尔才有机会填补这一空缺。毋庸置疑，这个 22 岁的毕业生一定是欣喜地抓住了这次机会。这让他在从毕业到 11 月初担任学院研究员的这段时间里，有了一定的收入，加快了偿还查尔斯叔叔债务的速度。由于克利夫顿学院对临时职工和学生没有记录，所以马歇尔在这所学院任教的具体时间也无法确认，大概是 1865 年的前两个学期，这份工作在 7 月份暑假开始之前结束。到 1865 年的米迦勒学期，马歇尔已经回到了圣约翰学院的新办公室。证明他在克利夫顿学院执教过的唯一实质性的证据，就是 1865 年马歇尔和同事们的合影，照片中他身穿长袍站立着，头戴帽子，胡子刮得干干净净。[3]

虽然在克利夫顿的时间很短，但它是马歇尔生命中的重要阶段，因为他在这里结交了许多朋友。玛丽·佩利表示，马歇尔对创始人兼校长约翰·珀西瓦尔“无比崇敬”，还和两位老师约翰·莫兹利和格雷姆·戴金斯结下了特别的友谊。那年夏天，西季威克造访了克利夫顿，马歇尔很可能见到了他。这些友谊值得仔细地讨论，两年后，睿智的长者指引他进入了经济学殿堂。

在这个重要的成长阶段，约翰·珀西瓦尔（1834–1918）对敏感的马歇尔造成了非常深刻的影响，这也解释了他后来为何对珀西瓦尔如此推崇。珀西瓦

[1] 详见下文第 6 章，第 145–154 页，对杰文斯的《政治经济学理论》的论述见 158–160 页。

[2] 约翰·理查德·莫兹利，《回忆克利夫顿》（*Clifton Memories*），布里斯托：J.W. 阿罗史密斯（J.W. Arrowsmith）出版公司，1927 年，第 184 页，莫兹利在书中表示，克利夫顿的工作是马歇尔职业生涯的开端。O.F. 克里斯蒂（O.F. Christie），《克利夫顿学院的历史：1860–1934》（*A History of Clifton College 1860-1934*），布里斯托：J.W. 阿罗史密斯出版公司，1935 年，第 48 页，提到了马歇尔是临时代替生病的查尔斯·凯的工作。

[3] 见图 13，来自《克利夫顿学院周年纪念集：1862–1912》（*Jubilee Album Clifton College 1862-1912*），布里斯托：凡·戴克出版商（Van Dyk Printers），1912 年，照片 8。

尔[1]是一位具有阿诺德传统的校长，他热衷改革，不遗余力地为学生争取最大利益以及推动教育进步。到任之初，珀西瓦尔就积极地为学校寻求最好的老师。1878 年，因积劳成疾，珀西瓦尔在四十岁出头的时候就退休了，此时学校已经发展得相当好了。[2]他对教育的关注绝不仅限于一所中学校长的范围。他为贫穷的男孩也有接受更高教育的机会而奔走。他竭力为女性争取接受高等
104 教育的权利，他在 1876 年推动建立了一所位于克利夫顿的女子中学。当人们在剑桥大学发起的授予女性学位的运动失败之后，他于 1897 年提议为女性建立一所维多利亚女王大学。他对工人教育协会、辅导课程和大学推广教育都贡献颇多。[3]珀西瓦尔对马歇尔后来的职业生涯也十分重要，他在 19 世纪 70 年代积极地参与了布里斯托大学学院的组建。[4]他常年担任理事会成员，很可能和之前为马歇尔争取克利夫顿学院数学老师一职一样，对马歇尔竞聘布里斯托大学学院校长一职有所帮助。1858 年珀西瓦尔以双“第一”的成绩获得牛津大学古典文学和数学荣誉学位，他的老朋友和笔友本杰明·乔伊特在牛津大学给他提供了许多经济上和精神上的必要支持，这对他建立布里斯托大学学院有很大帮助。[5]

珀西瓦尔在政治上十分激进，广泛参与了当时主要的社会事件。这些事件既包括反对虐待动物的运动，也包括抵制“英国人的两大陋习：酗酒和赌博”的运动。[6]他坚定地支持自由贸易和自由竞争，支持英联邦在 20 世纪初的发展计划，提倡用仲裁的方法解决劳资纠纷，支持通过政府干预来改善财富和收入的分配不公。总之，他是那个时代典型的激进并且拥有国教牧师身份的社会

[1] 下文许多信息来自威廉·坦普尔（William Temple），《珀西瓦尔主教的一生》（*Life of Bishop Percival*），伦敦：麦克米伦出版社，1921 年。还有一些信息来自 *DNB* 中珀西瓦尔的条目。

[2] 坦普尔，《珀西瓦尔主教的一生》，第 17–19 页，第 34 页。

[3] 坦普尔，《珀西瓦尔主教的一生》，第 41–42、258、259、276–277 页。珀西瓦尔传的作者在第 283 页记述了他对工人教育的贡献：“珀西瓦尔不断改进国民教育的真正核心之处在于，他竭力让美和智慧的宝库对普通人开放，并且卓有成效。”下文第 18 章，第 661 页提到玛丽·佩利·马歇尔是位于克利夫顿的女子学校的理事会成员之一。

[4] 坦普尔，《珀西瓦尔主教的一生》，第 53 页，以及参见约翰·惠特克，《阿尔弗雷德·马歇尔：1877–1885 年》（Alfred Marshall：the Years 1877 to 1885），《政治经济学史》，4（1），1972 年春，第 1–5 页。下文第 8、9 章，第 230–237、275–293 页详细记述了马歇尔在布里斯托大学的日子。

[5] 坦普尔，《珀西瓦尔主教的一生》，第 259–264 页；珀西瓦尔和乔伊特的友情开始于牛津大学，在珀西瓦尔担任克利夫顿学院校长期间，乔伊特是他忠实的通信者（同上，第 32–34 页）。下文第 18 章，第 687–695 页会详细记述乔伊特和马歇尔的友情。

[6] 坦普尔，《珀西瓦尔主教的一生》，第 225–234 页，引文来自第 225 页。

改革家。[1]

在克利夫顿学院创建之初，作为校长的珀西瓦尔常常组织研究员讨论社会热点问题，这一定影响了刚刚拿到数学学位、未婚的临时教师马歇尔。在讨论中，马歇尔了解到了阻止工人阶级过上“完满生活”的因素，以及促进“人类能力更大和更快发展”的手段，包括通过教育改革推动普遍的社会进步。珀西瓦尔对音乐的热爱，以及他的文化兴趣，拉近了他们之间由教育背景差异导致的距离。麦钦泰勒学校的艾雷将马歇尔领入数学之路从而帮助他摆脱了古典文学，克利夫顿学院的院长珀西瓦尔则为马歇尔展现了一个高贵的职业，一种理想的生活方式，让他在完成数学教学之后还能从容地思考。[2]

对于马歇尔和亨利·格雷姆·戴金斯（1838–1911）的友情，可说的内容不多。1856 到 1860 年，戴金斯在剑桥大学三一学院学习古典文学。早在拉格比公学读书时，他和亨利·西季威克就曾一起创作戏剧，他是亨利·西季威克的“终生挚友”。[3] 他们的通信内容包含神学问题、文学、日常事务，还有女性教育问题以及女权运动。假期里，他们还一同前往德国和瑞士度假。因此，虽然离开了剑桥，戴金斯还是西季威克非常重要的朋友。[4] 在担任丁尼生儿子们的家庭教师之后（雇佣双方都比较满意），[5] 戴金斯开始在克利夫顿学院教授古典文学。随后他还担任舍监，直到 1889 年五十出头时，他从克利夫顿学院退休。J.A. 西蒙兹（J. A. Symonds）的传记作者记录了 1864 年戴金斯在克利 105
夫顿的生活，此时马歇尔还不认识他：

> 虽然他个头很矮，但长相英俊，身强体壮，感情细腻、丰富，西蒙兹立刻就注意到他。他们意气相投，对美都有强烈的感知力，他们

[1] 坦普尔，《珀西瓦尔主教的一生》，第 238–257 页。在以后的人生中，马歇尔可能在一些经济问题上对这位前导师造成过影响。同样可参见 G. 基特森·克拉克，《教徒与英国大环境：1832–1885》（*Churchman and the Condition of England 1832-1885*），伦敦：梅休因出版社，1973 年，特别是第三部分。

[2] 坦普尔，《珀西瓦尔主教的一生》，第 33 页提到了对音乐的兴趣。这本传记里到处都体现了马歇尔为何会如此崇敬他的第一位雇主，马歇尔后来赞扬的许多理想信念都在珀西瓦尔的生命中得到了展现。下文第 17 章，第 628 页的注释显示，这样的崇敬之情后来变成互相的了。

[3] A.S. 和 E.M.S.，《亨利·西季威克回忆录》，第 13 页。

[4] 同上，第二章，尤见第 73 和 85 页。

[5] R.B. 马丁（R.B. Martin），《丁尼生传》（*Tennyson. The Unquiet Heart*），牛津：克拉伦登出版社，1983 年，第 436–437、438–439 页；菲利斯·格罗斯克斯（Phyllis Grosskurth），《约翰·阿丁顿·西蒙兹》（*John Addington Symonds*），伦敦：朗曼出版社，1964 年，第 77 页。

> 温和、敏感但有时会变得过于兴奋，他们都对哲学思辨有着浓厚的兴趣。戴金斯的理论以实证主义为支撑。……1864年3月29日，西蒙兹在写给他的信中说："你知道，在这世上，我最渴望的就是被爱。而你是如此无私、真诚和纯粹地爱着我，恐怕找不出第二个像你一样的人了。"[1]

从上述描写中容易看出马歇尔是如何与戴金斯在克利夫顿学院成为朋友的。除了他们都有共同的剑桥背景之外，或许是戴金斯友善的性格拉近了他与这位1865年临时加入教师队伍的年轻毕业生的距离。同样的，刚刚毕业的马歇尔年轻聪颖，热情好学，这些都引起了戴金斯的好感。和西季威克、西蒙兹不同，除了玛丽·佩利·马歇尔的回忆，戴金斯和马歇尔的友谊并没有信件之类的实质性证据。[2]在这段友谊中，马歇尔收获了很多。在哲学思辨方面，包括实证主义世俗宗教和社会学，在绘画、音乐、诗歌和文学等艺术方面，马歇尔都有了进一步的发展。他还受到新朋友的鼓舞，亲自去德国和瑞士领略朋友口中的美景。信仰和神学问题，特别是如何应对宗教困惑，同样是他们讨论的内容之一，当时西季威克和戴金斯的通信也围绕这一话题展开了讨论。他们的通信内容表明，西季威克重新阅读了曼塞尔的《班普顿演讲》，还就科伦索事件发表了看法，他本人还进行了细致的圣经研究，在马歇尔就任克利夫顿学院教师期间，西季威克还阅读了穆勒刚刚出版的《对威廉·汉密尔顿爵士哲学的考察》(*Examination of Sir William Hamilton's Philosophy*)。[3]最后，戴金斯还将马歇尔引入了剑桥大学的社交圈子，这是马歇尔在穷困刻苦的大学时期无法进入的。这个圈子的根据地在三一学院，其核心是亨利·西季威克，当时他是剑桥大学一颗冉冉升起的新星，为像马歇尔这样没有社会关系的年轻毕业生提

---

[1] 菲利斯·格罗斯克斯，《约翰·阿丁顿·西蒙兹》，第77页。1865年克利夫顿学院教师的合影中有戴金斯和马歇尔，见图13。最后一句引文含蓄地表达了他们之间的同性恋关系，这也是戴金斯早早就从克利夫顿退休的原因。

[2] 除了可以参见前文引用的她给凯恩斯的笔记，还可以参见她写的《我的回忆》(*What I Remember*)第23页，戴金斯的名字出现在他们在布里斯托所交的朋友名单中。那时戴金斯已经结婚了，这很好地掩饰了他的性取向，而作为一所男校的老师，具有这一倾向是十分危险的。我们并不知道，马歇尔在克利夫顿当老师的时候是否知道这点。

[3] A.S.和E.M.S.，《亨利·西季威克回忆录》，特别是在第81、88、91、120、129页。

供了进入这个有利圈子的机会。[1]

马歇尔在克利夫顿学院收获的第三段珍贵的友谊来自约翰·莫兹利（1840–1932）。1858 年从伊顿公学毕业后，莫兹利进入剑桥大学国王学院学习，1862 年，他以第 12 名优胜者和第 5 名的成绩分别获得数学荣誉学位和古典文学荣誉学位。1861 到 1869 年，他在国王学院担任研究员，1864 年，他还在克利夫顿学院找了一份助理研究员的工作。1865 年下半年，他辞去了克利夫顿的工作，前往曼彻斯特担任欧文斯学院的数学教授，因而和 W.S. 杰文斯成了同事，杰文斯于 1866 年被任命为新创立的逻辑、精神和道德哲学专业的教授。[2] 1865 年初，马歇尔与莫兹利初次见面，这时的莫兹利比马歇尔大两岁，而且已在三年前获得剑桥大学数学和古典文学两个一等荣誉学位。

1920 年 10 月，马歇尔在自己所写的自传片段中表示，他在克利夫顿学院 106
第一次接触曼塞尔的宗教观点，这正好是他对宗教信仰产生怀疑的时候。不过，他补充道，1865 年夏天离开克利夫顿的时候他还没有改变自己的宗教信仰。[3] 所有证据都显示，是莫兹利将曼塞尔的《班普顿演讲》介绍给了马歇尔。玛丽·佩利在写给凯恩斯的传记笔记中提到莫兹利是将阿尔弗雷德·马歇尔引入哲学领域的人，让他不仅仅局限于信仰上的讨论，还将曼塞尔的《逻辑学导论：探究逻辑过程中的心理特征》（*Prolegomena Logica*, *An Inquiry into the psychological Character of Logical Processes*）推荐给了马歇尔。总之，通过曼塞尔的作品，莫兹利唤起了马歇尔“对认知，特别是和神学有关的认知的哲学基础的浓厚兴趣”，他随即放弃了跟随斯托克斯学习的计划。[4] 在写给凯恩

[1] 这些圈子包括格罗特俱乐部，或许还包括伊拉努斯俱乐部，更一般地说，是指日益壮大的圣约翰学院之外的剑桥大学道德科学的教师圈子，包括维恩、福西特、莫里斯和奥尔迪斯·赖特（Aldis Wright）。关于这件事，很可能是戴金斯注意到，莫兹利很适合参加格罗特俱乐部在剑桥特兰平顿举办的聚会；总之，西季威克在 1865 年 11 月写给戴金斯的信中表示他极力邀请“莫兹利……让他来参加我们在特兰平顿的聚会”（A.S. 和 E.M.S.，《亨利·西季威克回忆录》，第 131 页）。参见下文第 110–112 页。

[2] 参见罗莎蒙德·考内坎普（Rosamund Könekamp），《威廉·斯坦利·杰文斯的生平》，收录在《威廉·斯坦利·杰文斯论文与通信集》（*Papers and Correspondence of William Stanley Jevons*），R.D. 科里森·布莱克（R.D. Collision Black）和罗莎蒙德·考内坎普（编），伦敦：麦克米伦出版社，1872 年，第 1 卷，第 46–47 页。关于莫兹利的生平信息来自维恩的《剑桥大学校友录》，第二部分。

[3] 阿尔弗雷德·马歇尔，《1920 年 10 月 3 日的自传片段》，棕色大箱，马歇尔档案。第一部分是以笔记的形式呈现。

[4] J.R. 莫兹利于 1924 年 11 月 24 日写给约翰·梅纳德·凯恩斯的信（KMF）；玛丽·佩利·马歇尔，《关于阿尔弗雷德·马歇尔的传记笔记》（KMF）。

斯的一封信中，莫兹利表示19世纪60年代初宗教怀疑的气氛非常浓。人们从多个角度出发对正统宗教理论发起批判。除了曼塞尔作品的影响，人们还开始意识到《创世记》并不能准确解释人类的起源，莫兹利将原因归结为进化论和地质研究的发展。此外，约翰·斯图亚特·穆勒在《论自由》（*Essay on Liberty*）中对现代基督教的性质发表了看法，还有当时圣经批判学，尤其是《随笔和评论》也造成了一定的影响。[1]不过，下文会更详细论述，曼塞尔的观点似乎对马歇尔研究方向的转变至关重要，马歇尔本人的记录也显示，正是莫兹利将曼塞尔的主要著作引荐给他。[2]

在离开克利夫顿后的一段日子里，莫兹利仍对马歇尔有一些持续的影响。[3]在莫兹利被引荐进入格罗特俱乐部后不久，他就介绍马歇尔进入了这个圈子。[4]他似乎还让马歇尔体会到了攀登阿尔卑斯山的乐趣。1867年，莫兹利兄弟和马歇尔一同前往穆伦（Mürren）度假登山。在50年后写给马歇尔的一封信中，莫兹利提起了这段经历。他们攀登在白云石山脉陡峭的山坡上，马歇尔婚后还常常来这里度假。[5]

不论这段经历有没有影响马歇尔对数学的热爱——为中学生讲授数学的基础知识对于刚刚毕业的第二优胜者来说恐怕没有多少乐趣——在克利夫顿的日子他获得了丰富的人生经验和极为重要的友谊。1877年搬到布里斯托之后，马歇尔与珀西瓦尔和戴金斯又重新取得了联系，他和莫兹利则一直偶尔联络。[6]马歇尔在1865年的米迦勒学期回到圣约翰学院，不久后，他当选为研

---

[1] J.R. 莫兹利于1924年11月24日写给约翰·梅纳德·凯恩斯的信（KMF）。

[2] 上文第104页提到了戴金斯和西季威克的书信往来，根据所涉及的话题，戴金斯很可能鼓励年轻的马歇尔听从莫兹利的建议。

[3] 后来他们就各奔前程了，虽然1892年马歇尔似乎给莫兹利寄了一本《产业经济学要义》的样书（马歇尔档案，文件6：1）。下文将提到许多年后，莫兹利也将自己的书作为回赠（第18章，第662页）。

[4] 丽塔·麦克威廉斯–塔尔伯格提醒我注意一封莫兹利写给J.B. 梅厄（J.B. Mayor）的信（1904年4月21日），莫兹利在信中提到自己在1863年10月参加了格罗特俱乐部的聚会，这时他已经毕业，但是还未在克利夫顿学院任教（1864年）。当时西季威克、维恩和J.B. 皮尔森会都是固定成员。1865年9月，莫兹利回到剑桥，他声称有其他人加入了聚会，其中包括阿尔弗雷德·马歇尔和亨利·杰克逊。不过马歇尔本人的记录否定了这一说法（下文第111页），莫兹利在写给梅厄的信的开头就承认“日期……在我脑海中混成了一锅粥”（丽塔·麦克威廉斯–塔尔伯格于1991年8月给本书作者的信），莫兹利的信件存放在三一学院图书馆（Add MS.c. 105.66）。

[5] 参见J.R. 莫兹利于1916年9月29日写给阿尔弗雷德·马歇尔的信，马歇尔档案，1/89，以及下文第18章，第661–662页。

[6] 玛丽·佩利·马歇尔，《我的回忆》，第23页。

究员，此后，其社交范围和知识视野进一步得到拓展，在克利夫顿产生的对社会问题和道德科学的兴趣也进一步增强。

圣约翰学院研究员：1865 年 11 月—1877 年 7 月

1865 年米迦勒学期，马歇尔回到圣约翰学院开始了全职的工作。1865 年
11 月 6 日，他当选为学院研究员，学校必须再次确认他的国教徒身份，1866 107
年伊始，他搬入新庭院（New Court）的房子，住宿条件和他日渐提高的地位相符。1871 年之前，他住在新庭院 A 楼顶层的 15 号套间，1872 年，他搬到了 E 楼的 11 号套间，直到 1877 年结婚之前他都住在这里。这两个套间都位于新庭院，而且进入“荒野”和“回廊”（见图 4.1）都很容易，他喜欢在那里思考问题。[1] 马歇尔第一次当选学院研究员的时候，正是大学和学院的改革时期。院长贝特森是大学中活跃的改革派，他之前是财务主管（Bursar），聪明能干，是“最亲切的好朋友之一”。[2] 马歇尔担任研究员期间，同样是圣约翰学院施行重建计划的时候，这些计划包括新建一个礼拜堂、一个院长小屋、一个师生休息室，以及扩建餐厅。[3]

圣约翰学院共有 56 名研究员，这个职位让他们享有一些重要的特权。首先，他们可以从学院收入中获得一定的分红。和马歇尔同期的研究员邦尼表示，这一收入来源并不稳定。19 世纪 60 年代这一收入是 210 英镑（免交所得税），1872 年上涨为 300 英镑，达到学院章程所规定的上限。当 19 世纪 80 年代农业萧条对学院租金产生影响时，这些红利开始下降。到 1894 年，它们达到历史最低的 80 英镑。[4] 因此，在马歇尔第一次担任研究员的大部分时间里，这一收入都处于历史最高水平，这也加快了他偿还查尔斯叔叔借款的速度。

此外，住校研究员每天还有 4 先令 6 便士的津贴。这使他们能够支付晚餐、其他餐费和邮费等必要开销。他们也有资格参加定期举办的学院宴会，并可以报销来访者的相关费用。研究员的高级晚餐比本科生的更丰盛，但也在合

---

[1] G.C. 摩尔 · 史密斯，《圣约翰学院的房客名单》，剑桥大学，1895 年 3 月，第 40、49、58 页。

[2] T.G. 邦尼，《漫长人生之回忆》，第 32–33、41–43 页。同样可参见上文第 4 章，第 79 页，贝特森对马歇尔的帮助很大。

[3] T.G. 邦尼，《漫长人生之回忆》，第 53–60 页。亚力克 · C. 克鲁克，《1511–1885 年剑桥大学圣约翰学院建筑历史：从创立之初到吉尔伯特 · 斯科特》，第 8、9 章。

[4] T.G. 邦尼，《漫长人生之回忆》，第 69 页。

理的范围内。

> 一般来说，它由两道菜组成，之后还有奶酪（一周两次），之前是汤或鱼，这是1850年后引入的奢侈品。高台上有一张大桌子，有24个座位（圣约翰学院共有56个研究员），桌子上有四大块肉。它们被装在锡镴盘子里，一般都是坐在对面的研究员负责切肉，但如果任何人需要更多的食物（这常常会发生），侍者会将盘子带到他的面前。……蔬菜通常是与大块肉一起食用，周五有烤黄油布丁和牛肉。下一道菜是馅饼或布丁，随季节变化而不同。奶酪是以旧式的方式送来的——黑木制成的托盘上放着一大块奶酪，放在小轮车上。[1]

晚餐通常在4:00或4:30开始，如果要参加教堂的唱诗礼拜的话，就在7:00或7:15开始。对研究员来说，如果参加早一点的晚餐，每周收费2先令1便士，如果参加晚一点的那场，则是2先令6便士或2先令9便士。5月6日和12月27日是学院的例行宴会，每年11月研究员选举时还会举办一次宴会，此外，学院主席还有权举办一些宴会——米迦勒学期两次，四旬节学期一次，复活节学期两次，长假期间一次。研究员可以免费邀请一位客人参加这样的盛宴，再邀请额外的客人则需要支付10先令6便士。

除非一个研究员担任特定的学院职位，比如导师、学监（他的职责包括维
108 持教堂里的秩序）、学院讲师、财务主管、管理员、主席或院长，否则他对学院是没有什么重要责任的。如果他是住校研究员，那么只需参加教堂的仪式和其他学院活动。一个资深的研究员很可能会在学院理事会——学院的管理机构——中担任“高级”职务。在这期间，马歇尔只有两个头衔。1868年，他被任命为道德科学讲师，这大大增加了他的收入。[2] 1877年3月17日，马歇尔被选为学院管理员，不久后他就辞去了圣约翰学院研究员的职位。管理员的

[1] T.G.邦尼，《漫长人生之回忆》，第33页；特殊项目的费用来自这一时期的《管理员笔记》（*Steward's Notebook*），圣约翰学院档案馆，S.D.8.1。

[2] 讲师的工资至少为马歇尔增加了100英镑的收入。参见H.F.霍华德（H.F. Howard），《剑桥大学圣约翰学院的财政》（*The Finances of St John's College, Cambridge*），剑桥大学出版社，1935年，第194页。再加上当时约300英镑的学院分红，马歇尔的年收入达到了400英镑，而他的生活开销则很少，当时这一收入已经赶上了他的父亲。下文第9章，第268–270页记述了他在学院的授课情况。

工作是“监督公共餐桌的物品采购和供应，让厨师和侍者各司其职，保证资金的使用到位，从一些学院成员中筹集资金用于公共餐厅或类似活动”。[1]

这是为研究资源分配的经济学家量身定做的一项工作，他能将自己的学科应用于一个大家庭的管理中。作为管家的马歇尔是否试图衡量切达干酪与斯蒂尔顿干酪的边际效用，或者更经济地安排学院的物品？与他《经济学原理》中干练的家庭主妇或“年轻夫妻”仔细核对其年度预算，并根据上年度结果重新分配支出不同，圣约翰学院的记录并没有显示马歇尔是一位具有创新和改革意识的管理员，尽管在厨房人事管理，以及获得更低的采购价格方面仍有很大的改革空间。或许短短 6 个多月的在职时间，马歇尔还来不及把技能运用到改革中去。[2] 然而，他的继任者试图通过购买伦敦而不是剑桥的物品来打破地方垄断，这个管理上的尝试在一定程度上说是成功的。[3]

在研究员生涯的头两年（包括 1867 年），除了研究员收入之外，阿尔弗雷德·马歇尔还通过数学辅导赚钱，以便更快地还清查尔斯叔叔的借款。1867 年，债务已清，占据大部分时间的数学辅导工作可以停止了。[4] 不过，即使按照之前估计的最高 327 英镑的借款来算，用两年半的时间偿还了这笔贷款的马歇尔，并不需要在数学辅导上花费过多的时间。用每年学院分红的三分之一再加上 6 个学生的辅导费，马歇尔就可以轻松地在两年半内抵销债务，这还是在新的生活方式可能带来额外开支的情况下，例如，去稍远的地方或出国旅行，还有购买图书。[5] 马歇尔有充足的时间进行哲学研究，参与小组讨论和散步。他对研究哲学问题如饥似渴，他常常在 5 点钟起床，自己做一杯咖啡，在数学

[1]《1860 年剑桥大学圣约翰学院规章》(*Statutes of St John' s College Cambridge 1860*)，第 21 页。

[2] 1877 年 10 月，继任者替代了马歇尔的这项工作，不过，由于马歇尔和玛丽·佩利在 1877 年 8 月 17 日完婚，所以马歇尔不太可能在 7 月底之后还担任这一职位。《经济学原理》第 8 版，第 118–119 页讨论了家庭主妇和“年轻夫妻”的资源配置问题。

[3] 这一信息由学院的档案保管人 M.G. 安德伍德博士提供，关于这一部分的许多资料都来自他慷慨的赠予。

[4] 阿尔弗雷德·马歇尔于 1900 年 9 月 23 日写给詹姆斯·沃德的信，《纪念集》，第 418–419 页，本章开头第 199 页（应为第 99 页——译者注）大段引用了信中的话。

[5] * 玛丽·佩利给凯恩斯的笔记中说，马歇尔在 1867 年的海外旅行中带了 60 英镑，主要用于夏天徒步旅行的开销。详见下文第 7 章，第 191–192 页的讨论。由于在职业生涯的这一阶段，马歇尔只买用到的书，还不是一个收藏家，所以这笔开销每年应该不超过 40 英镑。有一些书是从圣约翰图书俱乐部买来的，例如约翰·拉斯金（John Ruskin）的《时间与潮流：就法律工作给桑德兰工人的 22 封信》(*Time and Tide, Twenty-Two Letters to a Working Man of Sunderland on the Laws of Work*）就是他在 1870 年购入的，现存于马歇尔图书馆。

辅导之前进行 3 个小时的艰苦阅读。早年这段狂热的钻研哲学的时光，说明马歇尔已经将中学时让他印象深刻的那个学习方法（灵感来自摄政街的一位招牌
109 撰写人）抛诸脑后。他在这个知识大发现的阶段废寝忘食地学习，他后来回忆，还因此大病一场。[1]

担任圣约翰学院担任研究员的这几年，马歇尔几乎没有新朋友。正如玛丽·佩利向凯恩斯回忆，并由凯恩斯转述的那样，他很喜欢“石膏像和学院的服务人员。他把石膏像当成真人，对它们谈论自己喜欢的东西”。[2] 在以后的人生中，马歇尔记录了一些他与贝特森以及其他道德科学讲师之间的美好回忆，包括剑桥大学道德科学讲师 J.B. 梅厄和 J.B. 皮尔森。当时，梅厄和皮尔森也是格罗特俱乐部的成员。[3] 马歇尔早期的手稿[4] 还提到了另外两位学院研究员：W.H.H·哈德逊和 T.G. 邦尼。[5] 他本科的劲敌亚历山大·伍德在 1868 年成为一名研究员，毫不意外，马歇尔和他的关系依旧疏远。因此，除了参加莎士比亚阅读小组之外，在圣约翰的大部分时间里，马歇尔仍然是孤单一人。[6] 总的来说，1867 年起，马歇尔开始参加不同社团举办的户外活动，这似乎让他结识了一些新朋友，当时，他不再需要通过辅导数学来偿还债务，而且他越来越沉迷于道德和精神科学的研究。除少数例外，他与学生之间的友谊更引人注目。[7]

---

[1] 阿尔弗雷德·马歇尔于 1900 年 9 月 23 日写给詹姆斯·沃德的信，《纪念集》，第 418 页。

[2] 玛丽·佩利·马歇尔，《关于阿尔弗雷德·马歇尔的传记笔记》（KMF）；约翰·梅纳德·凯恩斯，《阿尔弗雷德·马歇尔》，第 213 页，注释 1。

[3] * 约瑟夫·比尔斯提斯·梅厄（Joseph Bickerstith Mayor，1828–1916）于 1842 年被圣约翰学院录取为减费生，1851 以第二名的成绩获得古典文学荣誉学位，1852 年至 1864 年担任圣约翰学院研究员，1870 年至 1879 年担任伦敦国王学院古典文学教授。他是西季威克的老朋友，也许是因为他们都来自拉格比公学。在马歇尔当研究员的时候，梅厄偶尔从伦敦赶来参加格罗特俱乐部的聚会。他曾担任道德科学讲师，但不可能和马歇尔同时担任这个工作。约西亚·布朗·皮尔森（Josiah Brown Pearson，1841–1895）于 1860 年被圣约翰学院录取为减费生，1863 年获得道德科学一等荣誉学位，1865 年至 1880 年担任圣约翰学院研究员。他在 1866 年接受圣职，不久后马歇尔加入格罗特俱乐部，皮尔森曾竞选莫里斯（1872 年莫里斯去世）的职位，但没有成功。

[4] 手稿集（MSS Book），棕色大箱（马歇尔图书馆）。

[5] ¶ 威廉·亨利·H. 哈德逊（William Henry H. Hudson，1838–1916）于 1857 年被圣约翰学院录取，1861 年以第三优胜者的成绩获得数学荣誉学位，1862 年当选为研究员，1869 年至 1881 年在该学院担任数学讲师。T.G. 邦尼（在记述马歇尔在圣约翰学院的生活时，本书大量引用了邦尼的自传）在 1859 年成为研究员，1868 年至 1876 年间，接替哈德利担任学院导师。两人都参与了在剑桥大学开展的为女性争取教育权利的运动，见下文第 228–229、496 页。

[6] 参见上文第 99 页。

[7] 参见下文第 18 章，第 660–662 页。

格罗特俱乐部、伊拉努斯协会、剑桥大学哲学学会和剑桥“改革”俱乐部

从 19 世纪后期开始，讨论性社团在剑桥大学兴起，它们在社交和文化生活中起着非常重要的作用。剑桥交流协会（The Cambridge Conversazione Society），又名“协会”，或更为人所知的“使徒社”，大概是其中最出名的一个。马歇尔在这一阶段认识的许多人都是这个社团的成员。马歇尔在本科时并没有被邀请加入这个组织（只有在本科阶段可以被邀请进入该社），这进一步说明了他在本科时期缺乏社交关系。如果包括他父亲职业在内的背景没有对他的社交设置障碍的话，以马歇尔的学术才华、所毕业的中学，以及连乔伊特都赞赏的非凡的雄辩口才，[1] 他绝对有资格加入这个精心挑选出来的本科生团体。 110

仅限 15 人的谈天说地俱乐部（Chit Chat Club）成立于 1860 年，马歇尔本该被邀请加入其中。成员大部分都是毕业于道德科学专业的学生，在 19 世纪 70 年代，成员名单看起来就像是荣誉考试的名人录，集中了当时最优秀的毕业生。19 世纪 70 年代初，迪尔克（Dilke）、卡彭特（Carpenter）和赛姆斯（Symes）都是成员之一。梅特兰（Maitland）于 1872 年加入，这一年他以第一名的成绩获得道德科学荣誉学位；福克斯韦尔两年前也取得了同样的成绩，同一年他便成为该俱乐部荣耀的一员，威廉·坎宁安（William Cunningham）也是如此。詹姆斯·沃德在 1875 年 5 月加入。约翰·内维尔·凯恩斯观摩了 1874 年 3 月的聚会，不过不愿意再接受 5 月份的活动邀请，后来他的态度有所缓和，并在 1876 年初再次加入并参与了一年的活动。后来的成员还包括马歇尔的同事坦纳和利斯（Leathes）。[2] 令人惊讶的是，在 19 世纪 70 年代，即使马歇尔在道德科学方面已经树立了足够的威信，但俱乐部的记录显示，他既

---

[1] * 玛丽·佩利·马歇尔，《关于阿尔弗雷德·马歇尔的传记笔记》(KMF)。她在文中说，“马歇尔具有非凡的雄辩口才，乔伊特告诉我他觉得阿尔弗雷德是他见过的口才最好的人——紧随其后的是 J.A. 西蒙兹”，她在早先写给凯恩斯的信中也回忆道，19 世纪 70 年代初，马歇尔会在圣约翰的房间里举办星期天的晚间讨论，一位女同学曾表示，“他演讲极为精湛，将最简单的主题说得妙趣横生。她觉得马歇尔是她所见过的最棒的演说家。已经不止一个人对我这么说过了”（未注明日期的信，KMF）。

[2] 谈天说地俱乐部，会议记录簿（剑桥大学图书馆，Add 6151–6155）。该俱乐部对理解马歇尔早期剑桥生活十分重要，是贾科莫·贝卡蒂尼提醒我注意这一点。

没有被邀请，也没有被推荐加入这一俱乐部，虽然当时他的一些密友就是其中的成员。这表明，虽然同事们对马歇尔并无敌意，但也不是非常需要他。

不过，到 1867 年，阿尔弗雷德·马歇尔与一些青年学者有了更密切的往来。“第二优胜者”的名号以及随后成功当选圣约翰学院的研究员，都为这一切打下了基础。在克利夫顿与莫兹利和戴金斯的友谊为马歇尔带来了必要的社会关系。马歇尔本人对道德和精神科学的探索和思考使得他更有资格被一些圈子接纳。1867 年，他加入格罗特俱乐部。1874 年，他开始参加伊拉努斯协会的活动。19 世纪 70 年代初，他为剑桥哲学学会和剑桥改革俱乐部至少做过一次报告。此外，他还和其他教师一起参与到大学改革的讨论和实施中。

马歇尔加入的第一个社团是格罗特俱乐部，这是为纪念其创始人约翰·格罗特牧师而命名的哲学讨论社，格罗特在 1855 年至 1866 年担任剑桥大学奈特布里奇道德哲学教授（Knightbridge Professor of Moral Philosophy）。“这是剑桥大学最具思想性的俱乐部或聚会……当然，除了众所周知的‘使徒社’之外。……这个小型聚会中较为常见的成员包括格罗特教授，J.B. 梅厄，H. 西季威克，奥尔迪斯·赖特和我，偶尔还会有一两个其他人出现，不久之后，国王学院的 J.R. 莫兹利和圣约翰学院的 J.B. 皮尔森加入了我们。……每学期我们都在位于特兰平顿的格罗特住所中聚会一到两次，格罗特热情地招待我们，晚饭之后，其中一人领读一篇文章，然后再一同讨论。”[1]

111 F.D. 莫里斯牧师作为格罗特奈特布里奇教席的继任者，继续参与俱乐部的活动，聚会的地点变为领读文章的成员的房间。这是 1867 年马歇尔被邀请加入时的做法，1900 年 10 月，马歇尔在为西季威克传的作者准备的文稿中回忆道：

> 1867 年我加入时，活跃的成员有 F.D. 莫里斯教授（格罗特的继任者）、西季威克、维恩、J.R. 莫兹利和 J.B. 皮尔森。……1867 年或 1868 年以后，俱乐部稍稍沉寂了一段时间，但 W.K. 克利福德和 J.F. 莫尔顿的出现很快赋予了它新的活力。一两年间，西季威克、莫兹利、克利福德、莫尔顿和我都成为活跃的成员，我们都定期参加聚会。克利福德和莫尔顿当时阅读的哲学不多，所以他们在讨论的前半小时都保持沉默，并热切地倾听别人，特别是西季威克的意见。随后

[1] 引自 A.S 和 E.M.S.,《亨利·西季威克回忆录》，第 135 页。

他们畅所欲言，语速惊人。如果需要一字不差地记录十几个我认为最好的对话，我应该会从西季威克和克利福德作为主讲人的那些晚上挑选出两到三个。另一个肯定是一次聚会开始之前的茶歇上，不过很遗憾我没有记录（应该是在 1868 年初），实际上，除了莫里斯和西季威克，其他人都没有说话。西季威克不停发问想要引出莫里斯对三十、四十和五十年代英国社会和政治生活的回忆。在回应西季威克的问题和意见时，莫里斯容光焕发，脸上带着神圣的光芒。我们其他人随后一致表示，今天晚上所有的欢乐都归功于他。我们其他人都不知道如何激起莫里斯这位老人的活力：因为他总是看起来很疲倦，无论其他人有多热切，两三分钟的谈话之后就会再一次陷入沉默，只有当有人触动他的心弦后，他才会变得积极。[1]

这段《西季威克传》中的描述省略了一个有趣的自传性质的片段。马歇尔提到，到 1869 年或 1870 年的时候，“我渐渐对哲学有了一些了解，1867 年我还是一名初学者（1865 年末我才开始阅读哲学作品，同时我还要讲授数学课）。克利福德和莫尔顿刚刚开始接触哲学”。[2]

马歇尔还回忆了一些 1867 年会议的细节，这些内容来自当时的马歇尔所做的备忘录，证实了他对这一年的讨论没有作出什么贡献，因为那时的他对哲学知识还不太了解。例如，在 1867 年 3 月 5 日的聚会上，当晚讨论的内容是惠威尔的《道德原理》（*Elements of Morality*），马歇尔说自己没有发言，因为他只看了其中“几页”。接下来的会议中，阿尔弗雷德·马歇尔在自己的房间里读了一篇有关“简约律”的文章，会议开始之前他为文章松散的结构致歉，表明他在当时还不太自信。不过，除了西季威克和维恩的一些批评性意见（马歇尔处理得很得体），这篇论文似乎受到了好评，尽管西季威克后来跟马歇尔说莫里斯似乎对这篇文章不是很满意。1867 年 11 月，在维恩的房间里举行的会议上，马歇尔已经有了充分的信心，他在有关惠威尔的讨论中“插话进去”，表达了自己对于巴特勒（Butler）和庇罗怀疑主义关系的看法，不过他随后意识到自己的发言可能不妥，对莫里斯有所“冒犯”。关于这次会议，马歇尔继续说道，

---

[1] 引自 A.S 和 E.M.S.，《亨利·西季威克回忆录》，第 137–138 页。

[2] 西季威克文件，剑桥大学三一学院，Add MS c.104 65（17），省略的片段见第 2 页。

> 我失误了。我不该先说巴特勒的一般方法，也不该说庇罗（Pyrrho）的方法，虽然后者用不好的材料做了这么糟糕的工作。我甚至没有解释清楚，我所说的困难是指实际方面的，是日常商业活动中都会发生的错误。[1]

112 遗憾的是，没有关于莫尔顿和克利福德参会时的记录留存下来。他俩到来时，马歇尔在讨论中的表现已经因他广泛的哲学涉猎而大为进步。1867 年的记录仅仅表明马歇尔是哲学领域的新手，与他三十年后对当时的自己的评价一样。

马歇尔在 1867 年所做的会议记录还包括了一些轻快的内容，如晚餐间的谈话，以及正式的文章讨论结束之后的谈话。例如，在 3 月 14 日的会议上，谈话的内容和政治有关，成员们围绕着迪斯雷利（Disraeli）新政府实施的选举改革畅所欲言，从约翰·斯图亚特·穆勒支持黑尔的选举方案的可能性，谈到长期参与选举改革的布赖特政府会如何应对，以及克兰伯恩（Cranbourne）勋爵与格莱斯顿的重修旧好和对德比（Derby）法案保守的反对。1867 年 11 月，在马歇尔所记录的最后一次会议上，他们讨论了巫术，例如催眠术［莫里斯先说了一件发生在哈丽特·马蒂诺（Harriet Martineau）身上的奇闻］和透视眼，主要是莫里斯和西季威克发表了意见。弗里德里克·哈里森所散布的关于孔德抄袭的传言引起了西季威克的注意，西季威克表示，对比《以赛亚书》和《耶利米书》可能也会引发类似的指控，这是马歇尔所记录的与神学问题最紧密的一次会议。[2]

格罗特俱乐部的早期会议使得马歇尔与同事 J.B. 皮尔森和 J.B. 梅厄的关系更近了，他们都是圣约翰学院的道德科学讲师。[3] 这本出版的传记中还省略了马歇尔在回忆格罗特俱乐部时对皮尔森的描述：

> 他是道德科学的中流砥柱（除西季威克以外），是 J.B. 梅厄的挚友，是一名虔诚的广教派教徒。他带来许多能干的杰出人士，

---

［1］西季威克文件，剑桥大学三一学院，Add MS c.104 65（17），第 13 页，上一段所引用的语句来自第 5、6–7 页。庇罗是一位怀疑主义哲学家，他在公元前 275 年去世。巴特勒是十八世纪的神学家和道德哲学家。

［2］同上，第 14–15、17 页。

［3］同上，第 1 页。约翰·梅纳德·凯恩斯，《阿尔弗雷德·马歇尔》，第 172 页，注释 2，不过，这是马歇尔去世前不久所说的，那时他的记忆力已经急剧退化。

这些年轻人大多来自圣约翰学院，都在准备接受圣职，同时也在争取道德科学荣誉考试的荣誉，让这个考试颇具几分神学的意味。[1]

更具神学意味的当属伊拉努斯协会。1872 年，威斯特、莱特福特（Lightfoot）和霍特这些剑桥学者和未来的主教创立了这一协会，旨在进行跨学科的交流而非神学讨论。1896 年，西季威克在为撰写霍特传的作者提供的资料里，对该协会的作用和成员作出了以下描述：

> 它的创立初衷就是汇集不同学术领域的代表，让他们定期聚会交换意见，更多的是严谨的和方法论上的交流，而非日常的社交聚会。最初的成员包括克拉克·麦克斯韦、西利、亨利·杰克逊和我，还有我称之为核心成员的三位神学家。俱乐部的成员时多时少，但从未超过 12 名。一年通常聚会五六次，地点是某一成员的住所。主人负责阅读一篇文章，作为谈话的引子。话题的范围没有任何限制，大致的想法就是让每位成员轮流选取自己感兴趣的话题，大家所选的或多或少和自己的研究相关，只要不是太技术性以至于别人听不懂就行。不过，对话题没有硬性的要求，如果他偏爱关乎大众利益的话题，例如教育、政治、社会阶层之间的责任等也完全可以。事实上，我们常常讨论后一种话题，我想补充说明的是，读完文章之后的讨论是自发性 113
> 的、不受约束的，不像那种正式的辩论。[2]

西季威克补充道，还有其他人陆续加入该协会。他提到了阿克顿勋爵（Lord Acton），克利福德·阿尔巴特（Clifford Albutt）教授和乔治·达尔文，

---

[1] 西季威克文件，Add. MS c.104（1）

[2] A.S. 和 E.M.S.,《亨利·西季威克回忆录》，第 223–224 页。刘易斯·坎贝尔（Lewis Campbell）和威廉·加内特（William Garnett),《詹姆斯·克拉克·麦克斯韦的生平》(*The Life of James Clerk Maxwell*)，伦敦：麦克米伦出版社，1882 年，第 434、366 页，其中声称，伊拉努斯俱乐部的建立，很大程度上要归功于 1853–1857 年的前使徒社成员们，他们想在周六晚上再次聚会讨论投机性问题。这一说法没有被完全接受。虽然西季威克在 1856 年成为使徒社成员，麦克斯韦和霍特分别于 1851 年和 1852 年加入使徒社，但威斯特和莱特福特都不是使徒社成员，随后提到的伊拉努斯协会的成员也没有加入过使徒社。麦克斯韦的传记作者重印了他为协会写的三篇文章，第一篇是在自然科学高歌猛进的情况下，宿命论和自由意志论的对抗（1873 年 2 月 11 日)，第二篇是关于疼痛的缓解（1876 年 10 月 31 日)，第三篇是关于心理物理学（1878 年 2 月 5 日)。同上，第 434–463 页。

并暗示这还不是完整的名单。[1] 1874 年 2 月，霍特在写给妻子的一封信中指出，他在当月的一次聚会中发言了，那次缺席的成员只有马歇尔、考威尔和福斯特。[2] 1881 年一封写给威斯特的信指出，那时的俱乐部依然活跃。[3] 与玛丽·佩利向凯恩斯所回忆的相反，没有任何记录显示维恩、福西特和克利福德也是其中一员，[4] 尽管克利福德曾是使徒社成员，还是麦克斯韦的朋友，应该很可能是成员之一。不论马歇尔是否曾经在该协会举办的辩论和谈话中获得什么启发，他与许多成员，例如威斯特、霍特、莱特福特和乔治·达尔文，要么保持着私人联系，要么还偶尔通信探讨社会问题。

19 世纪 70 年代，马歇尔还参加了另外两个剑桥社团。第一个是剑桥“改革俱乐部”，马歇尔在 1873 年 11 月的会议中展示了一篇关于“工人阶级的

---

[1] A.S. 和 E.M.S.,《亨利·西季威克回忆录》，第 223–224 页，注释 1。后来加入的成员包括历史学家阿克顿勋爵，他参会的时间大概是担任剑桥大学钦定历史学教授期间，还有后来的普鲁米安天文学和实验哲学教授（Plumian Professor）乔治·达尔文，他在 1868 年以第二优胜者的成绩获得学位（当时的第一名是莫尔顿），1868–1878 年他在三一学院做研究员，还包括 T. 克利福德·阿尔巴特，他和迈克尔·福斯特是 19 世纪 70、80 年代剑桥医学院改革的中坚力量。

[2] 亚瑟·霍特爵士,《芬顿·约翰·安东尼·霍特的生平与通信》(*Life and Letters of Fenton John Anthony Hort*)，伦敦：麦克米伦出版社，1896 年，第二卷，第 201–202 页。霍特提到的考威尔大概是指爱德华·拜尔斯·考威尔（Edward Byles Cowell, 1826–1903），他离开牛津之后于 1867 年进入三一学院担任研究员，后成为剑桥大学梵文教授。迈克尔·福斯特（Michael Foster, 1836–1907）是剑桥大学杰出的医学老师和科学家，他在剑桥生涯的不同时期都得到了西季威克的大力支持。参见 J.N. 兰利（J.N. Langley),《纪念迈克尔·福斯特爵士》(‘Sir Michael Foster in Memoriam’),《生理学杂志》(*Journal of Physiology*)，35（3），1907 年 3 月，第 238 页。霍特早些时候向撰写麦克斯韦传的坎贝尔和威廉·加内特提供了有关伊拉努斯协会的材料。参见刘易斯·坎贝尔和威廉·加内特,《詹姆斯·克拉克·麦克斯韦的生平》，第 417 页。

[3] 亚瑟·霍特爵士,《芬顿·约翰·安东尼·霍特的生平与通信》，第 283 页。奥德丽·坎宁安（Audrey Cunningham),《我的师友：威廉·坎宁安》(*William Cunningham. Teacher and Friend*)，伦敦：S.P.E.K.，1950 年，第 70 页，文中提到西季威克曾在 1888 年左右邀请坎宁安加入协会，还表示亚历山大·麦卡利斯特（Alexander Macalister）教授（解剖学家）、贝特森（生物学家）、达尔文、T. 克利福德·阿尔巴特（物理学教授）、梅特兰、亨利·杰克逊、亨利·西季威克都是常客。奥德丽没有提到马歇尔（那时他可能已经退出了这一协会，因为 1877–1885 年他离开了剑桥），不过她记录了一则趣闻，那是阿克顿为数不多的发言之一：“慷慨激昂地……猛烈抨击了纽曼主教和圣查尔斯·博罗梅奥（St Charles Borromeo）。”

[4] 见上文第 99 页。无论如何，在他们的传记中没有找到加入伊拉努斯协会的证据，参见莱斯利·斯蒂芬,《亨利·福西特》；弗雷德里克·波洛克（Frederick Pollock),《威廉·金顿·克利福德传》(‘Memoir of William Kingdon Clifford’)，收录于《威廉·金顿·克利福德演讲和论文集》(*William Kingdon Clifford. Lectures and Essays*）一书，莱斯利·斯蒂芬与弗雷德里克·波洛克（编），伦敦：麦克米伦出版社，1879 年；H.T. 弗朗西斯（H.T. Francis),《纪念约翰·维恩》(*John Venn. In Memoriam*)，剑桥大学出版社，1923 年。

未来”的文章，这篇文章后来在《鹰》上发表。[1] 马歇尔似乎还常常参加剑桥哲学学会的一些会议。他在其中展示了一篇“借助一系列直角双曲线来图解某些与垄断有关的经济问题”的文章，在会上，他的学生亨利·克宁汉（Henry Cunynghame）演示了如何构建这种等轴双曲线。[2] 在这些会议上，马歇尔不仅认识了剑桥科学领域更为杰出的同事，还见到了许多当时的科学界泰斗。

在马歇尔致力于研究哲学问题的这些年里，格罗特俱乐部的成员对他的帮助最大。当马歇尔为社会问题及其解决方法所吸引时，该俱乐部里睿智的长者将其引向了政治经济学。莫里斯就是其中之一，他的基督教社会主义理想使他充分认识到这个问题的重要性，还有向学生们教授这方面课程的皮尔森，以及在这个阶段同样熟悉这一领域的西季威克，还有这一章较少提到的亨利·福西特。1863 年，福西特当选为剑桥大学政治经济学教授，再加上他对社会改革的浓厚兴趣，很可能影响了马歇尔，指引他将这一领域作为自己毕生的事业。[3]

宗教信仰的破灭

19 世纪 60 年代的后半期，马歇尔对宗教信仰产生怀疑，这似乎是他逐步走上道德和精神科学（追溯宗教的源头）的一个消极因素。另一个原因可能是，对荣誉考试的结果感到失望，从而怀疑自己能否有能力驾驭物理科学。[4] 114
克利夫顿学院的戴金斯和莫兹利将一些哲学问题介绍给马歇尔，对他产生宗教怀疑也有所帮助。具体来说，在莫兹利的建议下，马歇尔阅读了曼塞尔的作品，从而打开一个关于认识论、形而上学、道德甚至包括心理学问题的全新领域。1867 年后的 5 年，马歇尔的阅读集中在这些话题上，早从 1865 年开始，马歇尔就利用闲暇时间阅读哲学著作了。

曼塞尔的著作是促使马歇尔改变思考方向的最直接力量，而 19 世纪英国

[1] 第 9 卷，1873 年，第 1–23 页，《纪念集》，第 101–118 页。在这之前，1872 年和 1873 年，俱乐部讨论的文章来自莫尔顿、詹姆斯·斯图亚特、西德利·泰勒（Sedley Taylor）、米利森特·福西特（Mrs Millicent Fawcett）夫人（关于妇女选举权）、西季威克（论正义）。1878 年，一份剑桥大学改革俱乐部建设基金的招募书表明，这个俱乐部所凝聚的大学力量消失了。

[2] 剑桥哲学学会议程，1873 年 10 月，第 318–319 页。也可参见下文，第 6 章，第 162–163 页。

[3] 下文第 6 章开头，第 142–145 页将继续探讨这一话题。

[4] 参见上文第 4 章，第 93 页。

发生的质疑和反对基督教信仰的事件进一步加深了这一影响。德国哲学及其对圣经的批判就是其中之一，还有达尔文进化论的出现，以及其他（特别是地质学的）科学证据对《创世记》的考据。对圣经真理的双重打击让英国圣公会及其信徒难以招架，因为在《三十九条信纲》中完全没有提到圣经字面真理的性质及其对信仰的重要性。广泛接受这些信纲的人在这个问题上没有明确的立场，这意味着教会可以容纳各种有关圣经的立场，从全盘接收文本的字面含义到充满人道主义的圣经解释，从而质疑它的历史准确性并主张把福音仅作为一种道德引导，就像西利在《瞧这个人》中所做的那样。圣经和教会的权威因此受到削弱，19 世纪中叶，英国国教知识分子开始有意识地抛弃基督教。《随笔与评论》的争论所引发的教义危机，以及科伦索事件，让人们意识到自己有参与圣经批判的权利，在理论知识面前，圣经的权威大大降低。这与蒸蒸日上的科学知识形成鲜明对比。不过，不论其起源如何，维多利亚时代知识分子的宗教怀疑都与认识论问题分不开。[1]

尽管德国历史学家和哲学家对圣经的批判以及进化论，都对马歇尔产生了一定的影响，但最终使他抛弃信仰的仍是他对曼塞尔的《班普顿演讲》的研究，这个作品的全称是《关于宗教思想界限的八次讲座》（*The Limits of Religious Thought examined in eight Lectures*），由曼塞尔 1858 年在牛津大学的讲座内容组成。该书在标题页上引用了乔治·贝克莱和威廉·汉密尔顿爵士的话，揭示了曼塞尔非常认同知识论是神学辩论的核心这一观点。而且，对马歇尔这样的人来说，阅读这些演讲很容易激发他进一步探索知识论所提出的哲学和心理问题的欲望。19 世纪 60 年代，年轻的学者对宗教怀疑仍然十分重视。解决这些怀疑所产生的精神冲突，需要对其所涉及的问题进行艰苦而费时的研究。[2]

---

[1] 参见 A.O.J. 科克沙特，《国教的态度：维多利亚时代宗教争论研究》（*Anglican Attitudes: A Study of Victorian Religious Controversies*），伦敦：柯林斯出版社，1959 年，第 1 章，特别是第 12–23 页。其他章节论述了《随笔与评论》以及科伦索事件造成的影响。还可参见杰弗里·费伯（Geoffrey Faber），《乔伊特与其时代背景》（*Jowett, A Portrait with Background*），伦敦：费伯出版社（Faber & Faber），1958 年，第 11 和 12 章论述了《随笔与评论》的影响，第 314–324 页论述了科伦索事件。

[2] * 参较 J.M. 凯恩斯对西季威克与基督教和宗教怀疑作斗争的反应，“为了阅读原版的《创世记》，他甚至还学了阿拉伯语”［1906 年 3 月 17 日写给 B.W. 斯威辛班克（B.W. Swithinbank）的信，引自 R.F. 哈罗德（R.F. Harrod），《约翰·梅纳德·凯恩斯传》（*Life of John Maynard Keynes*），伦敦：麦克米伦出版社，1952 年，第 116–117 页］。不过，凯恩斯在撰写马歇尔抛弃信仰时，忘记了从西季威克无聊的传记中得到的这些信息。

曼塞尔的讲座旨在通过从理性或思想的角度考察知识的局限性，从而澄 115
清基督教信仰的性质和责任。本书开头就表示接受贝克莱的观点——“抛弃信仰决不是知识所推动，而是对知识的无知”，以及威廉·汉密尔顿爵士的主张——“神学中出现的任何困难，都是曾在哲学中出现过的”。更为显著的是，曼塞尔在第 1 版的前言中，以赞许的态度引用了伯克利 19 世纪的第一编辑 A.C. 弗雷泽（A.C. Fraser）的话：“他那个时代的神学斗争，其更为重要的根源，都是与知识的局限以及人类的无知有关的哲学问题。”[1] 曼塞尔的目标超越了德国理性主义的命题，后者认为超自然的现象无法从历史上考据（施特劳斯），只能立足于黑格尔的发展理论来考察国家史和观念史（鲍尔和瓦特克）。曼塞尔的目的是“探索康德提出的与神学有关的形而上学的研究，即先验综合判断如何可能”，即考察诸如信仰上帝等神学问题中经验的适用性。[2]

曼塞尔的讲座阐述了人类思维在把握不可知事物时的局限性（第一讲），以及与绝对的本质相关的哲学问题，对黑格尔、费尔巴哈和施特劳斯展开了强有力的抨击（第二讲，特别是第 43–44 页），以及人类思维中哲学和规律之间的关系（第三讲）。曼塞尔认为，对反思性和直觉性的宗教意识的分析，特别是对以信任和道德义务为主要模式的宗教直觉的分析（这暗示着信仰上帝的力量以及上帝作为道德立法者的存在），这都是上帝的恩惠（第四讲，这是关键的一次讲座）。第五讲探讨了推测性真理和规范性真理之间的区别，对宗教知识可以辨认的规范性真理的论述是基于前几讲的争论而形成的。第六讲根据以前的论点来考察宗教思想的本质。第七讲分析了针对基督教学说的道德异议，其中主要关注了康德在道德理论中出现的错误。曼塞尔还批判了理性主义对永久性惩罚的看法。[3] 第七讲和最后一讲提到信仰的重要性不仅仅是神圣恩典的象征，也是道德理性、宗教思想和神学的非推测性和非科学性的界限的象征。总之，曼塞尔得出结论，人类既不能以先验的理由直观地理解上帝，也不能从感知和归纳中获得这种理解。宗教理解以及对上帝的认识取决于启示

[1] H.L. 曼塞尔，《宗教思想局限性》（*The Limits of Religious Thought*），伦敦：约翰·默里出版社（John Murray），第 5 版，1867 年，标题页及第 44 页。

[2] 同上，第 46–47 页；伊曼努尔·康德（Immanuel Kant），《纯粹理性批判》（*Critique of Pure Reason*），诺曼·康尼·史密斯（Norman Keny Smith）译，伦敦：麦克米伦出版社，1929 年，第 50 页。

[3] 这可能是 F.D. 莫里斯在《批判班普顿演讲》（*Strictures on the Bampton Lectures*）一书中攻击曼塞尔的《班普顿演讲》的原因之一，1859 年班普顿本人回应了这些批评。莫里斯对班普顿的批判主要是基于哲学论据而非神学论据。

和信仰。

曼塞尔对信仰和启示的辩护及对理性的抗拒招致了各方批评。约翰·斯图亚特·穆勒——他的知识理论基于感知的必要性——拒绝了曼塞尔在探索关于上帝的知识时，不加批判和无理由的信念这一结论。在穆勒看来，缺乏感知上帝的知识就意味着没有相信上帝的证据。[1] 赫胥黎（Huxley）、廷德尔（Tyndall）和赫伯特·斯宾塞等不可知论者从物理科学的角度对此书做了回应，他们同意曼塞尔的前提，认为人类的知识是有限的，但得出了不同的
116 结论，那些知识无法到达的地方，信仰不能给理性的头脑提供明确的答案，眼前的事物以及关于上帝的知识不能以某种方式来决定。[2] 第三种回应来自莫里斯，他把曼塞尔的《班普顿演讲》看作是"对哲学方法的侮辱"，对曼塞尔否认"人类能够获得无限的知识"这点感到"愤慨"。[3]

关于曼塞尔这一神学巨著的来龙去脉已无需争辩。[4] 关于《班普顿演讲》的内容已经说的很多了，它吸引马歇尔这样的人——熟悉知识理论但直到那时还受困于三个相当有限的方面，其中成长过程中更基础的两个方面就植根于先

[1] J.S. 穆勒，《对威廉·汉密尔顿爵士哲学的考察》，伦敦：朗曼、格林出版公司，1865 年，特别是第 5–7 章；参较《逻辑体系》（*A System of Logic*），第 3 部，第 21 章，穆勒表示，"信仰并不是证据，并不意味着无需必要的证明"（大众版，1896 年，第 369 页，参较第 370 页，进一步讨论了证据和信仰之间的关系）。要想进一步了解穆勒与曼塞尔之间的争论，以及他如何用三元本质来回应曼塞尔的《班普顿演讲》，可参见莱斯利·斯蒂芬，《英国功利主义者》（*The English Utilitarians*），伦敦：达克沃斯（Duckworth）出版社，1900 年，第 3 卷，约翰·斯图亚特·穆勒，第 376–377、409–416 页。

[2] 参见例如 T.H. 赫胥黎，《英国文人休谟》（*Hume*, *English Men of Letters*），伦敦：麦克米伦出版社，1879 年，第 48–52 页。赫伯特·斯宾塞，《第一原理》，第 1 部分，第 6 版，伦敦：威廉 & 诺格特出版社（William & Norgate），1910 年，特别是 50、56–57、69 页。同样参见伯纳德·莱特曼（Bernard Lightman），《不可知论的起源》（*The Origins of Agnosticism*），巴尔的摩：约翰·霍普金斯出版社（Johns Hopkins Press），1987 年，第 1 章，第 6–9、15–16 页，第 2 章和第 3 章详细叙述了曼塞尔在他的宗教哲学中对康德的运用，以及《班普顿演讲》出版所引发的思想风暴，其中包括赫伯特·斯宾塞的回应。

[3] 参见 H.L. 曼塞尔，《回应 F.D. 莫里斯牧师在 1858 年对班普顿讲演集的批判》（*An Examination of the Rev. F.D. Maurice's Strictures on the Bampton Lectures of 1858*），伦敦：约翰·默里出版社，1859 年，第 40、97 页，为此引用了莫里斯的《批判》。

[4] 关于曼塞尔宗教哲学的同情评价，可参见 W.R. 马修斯（W. R. Mathews），《曼塞尔教长的宗教哲学》（*The Religious Philosophy of Dean Mansel*），多伦多：牛津大学出版社，1956 年。此书强调了曼塞尔演讲的清晰性和学术性，以及他对德国哲学的认知程度。后者在曼塞尔的《通信、演讲和评论》（*Letters, Lectures and Reviews*）中也得到了体现，特别是在 19 世纪 50 年代末写的关于康德哲学和现代德国哲学的论文中，伦敦：约翰·默里出版社，1873 年。参较伯纳德·莱特曼，《不可知论者的起源》，第 33 页。

验的推理——来进行艰苦的哲学思考和研究。对马歇尔知识背景的这个方面需要重申和说明。马歇尔对认识论的朦胧意识起源于具有英国圣公会福音派背景的青年时期，为麦钦泰勒学校强制性的宗教教育所加强。宗教知识的性质和起源是成长过程和教学过程中的重要组成部分，这一教育以圣经的权威性和显示真理的重要性为主。学校，尤其是大学教育让他有了第二次认识论的觉醒：数学知识的性质和起源，尤其是欧几里得几何的经典形式。更具体地说，将数学知识看成是必要的和必然的真理是不言自明的，是剑桥数学训练的一个方面，从它在大学荣誉课程大纲中的卓越地位，以及这些可以掌握真理的方法中就可以看出。这是惠威尔在捍卫数学专业化的价值时所强调的。[1] 名列前茅的优胜者必然深受数学知识的这一特性的影响。除了这种与宗教知识和数学知识的实际接触外，马歇尔还通过与 H.D. 特雷尔一起在导生的桌子上阅读穆勒的《逻辑学》，了解了更多关于认识论的理论讨论。该书广泛论述了获取知识的正确途径，以及检验其有效性或真理的方法。特别是对于年轻的阿尔弗雷德·马歇尔来说，不可能忽视穆勒对道德和社会科学真理的不同地位和不同确定性的看法（特别是相对自然科学来说），以及他对几何真理的具体性质的详细考察。[2]

19 世纪 60 年代中期，作为具备一定知识背景的天资聪颖的毕业生，马歇尔通过阅读曼塞尔的《班普顿演讲》，拓宽和深化了他的认识论见解。首先，这本书让马歇尔回忆起了穆勒《逻辑学》中更困难的部分。更重要的是，曼塞尔的论述会让人对宗教、几何和道德真理的性质产生怀疑。此外，曼塞尔的《班普顿演讲》为进一步探索这些问题提供了一个非常棒的阅读清单。它的参考文献提到了德国唯心主义哲学和历史批评领域的文本，包括黑格尔和年轻的黑格尔主义者的文章、康德的形而上学和他对纯粹理性的批判，以及许多有关人类思维哲学和道德理论的著作。[3] 如果要认真研究神学知识的话，必须通读这些文本。虽然马歇尔后来把曼塞尔的理论描述为向他展示宗教信仰中“有多少需要捍卫的东西”，但理解曼塞尔观点的过程，对马歇尔思想发展起到了最重要的影响。要了解这个过程，就需要考察马歇尔在 1867 年认真研读的哲学作品。117

遗憾的是，关于马歇尔丧失宗教信仰的确切后果，以及其过程所带来的痛

[1] 见上文第 4 章，第 80–81 页。

[2] 参见 J.S. 穆勒，《逻辑体系》，伦敦：朗曼、格林出版公司，1896 年。第 1 版的前言，特别是第 5 页，以及第 2 部，第 5 章和第 6 章，“证明与必然真理”（Of Demonstration and Necessary Truths）。

[3] 可能正是曼塞尔的著作激起了马歇尔阅读黑格尔的《历史哲学》的兴趣。

苦，我们不得而知。与青年西季威克与信仰作斗争的情况不同，在马歇尔的思想被形而上学研究主导的这段时间，没有什么详细的记录，正如凯恩斯所说，[1] 这些思想后来汇入不可知论，让马歇尔更加积极地转向了伦理学和社会科学。我们无法确定，30 年后马歇尔向沃德回忆的那时所得的疾病以及右脚的肿胀是宗教创伤对身心的摧残，还是仅仅由于忧虑和过度劳累造成的。但是，他抛弃基督教信仰之后——即使他曾受洗，还在麦钦泰勒学校的宗教教育下度过青年时代，培育和确定了基本的基督教信仰——他似乎很容易就适应了没有信仰的生活。与西季威克不同的是，他似乎从来没有遭受持续的宗教怀疑，在 1865 年 11 月接受研究员职位时也似乎没有对确认《三十九条信纲》有任何顾忌，就像他先前接受学位所做的那样。这或许是因为，马歇尔直到 1874 年的某个时候才彻底放弃了宗教信仰。1875 年，马歇尔在写给福克斯韦尔的一封信中，提到了同为伊拉努斯协会成员的莱特福特参与了一场论战，他说如果是去年他仍会对这些问题感到"兴奋"，"但我现在无比确信，基督既不相信也不曾教导给人们这些教条，所以我现在只是这场论战的兴趣寥寥的旁观者"。[2] 就在几天前，他还开了一个玩笑，他将一本福音派小册子中的几页寄给了福克斯韦尔，他大概是在 1875 年 1 月回父母家照顾母亲的时候得到它的。[3]

"仅仅是一个旁观者"，是马歇尔在美国参加教堂礼拜，以及后来与妻子在英国旅行时参加礼拜给人留下的印象。这说明马歇尔是宗教活动的置身事外的观察者，就像在进行宗教比较研究的学生一样。[4] 马歇尔在晚年所写的自传片段中记录了一些丧失宗教信仰的细节，玛丽·佩利·马歇尔在写给凯恩斯的传记笔记中将这些内容做了概述。[5] 它表明出于种种原因马歇尔在后来的生活

[1] 约翰·梅纳德·凯恩斯，《阿尔弗雷德·马歇尔》，第 169–170 页。

[2] 马歇尔于 1875 年 2 月 7 日写给福克斯韦尔的信（弗里曼收藏，14/229）；下文第 18 章，第 671 页和注释完整引用了这封信。感谢圣约翰学院档案馆的安德伍德博士，他提醒我有必要确认马歇尔在 1865 年的信仰。对于后者，还可参见 19 世纪 90 年代他对此事的评价，见下文第 8 章第 246 页。

[3] 马歇尔于 1875 年 2 月 4 日写给福克斯韦尔的信（弗里曼收藏，13/229）；福克斯韦尔可能回应了这一幽默，马歇尔几天后关于宗教信仰的那封信很可能就是对福克斯韦尔疑问的回应。

[4] 参见下文第 7 章，第 195–196、209–210 页。

[5] 下文第 20 章第 737–738 页中详细讨论了这个问题，还就马歇尔的葬礼以及随后在圣地举办的葬礼的特点进行了评论（第 743 页）。保存于剑桥大学三一学院的西季威克文集［Add MS c.96（20）］中有一些自传式描述，表明"奇迹般的处女生子"是西季威克相信《三十九条信纲》的"最大障碍"。不过，他应该对永生也持怀疑态度，因为他一直在研究精神现象，企图找到直接证明"个体持续存在的证据"。

里没有任何宗教信仰，马歇尔本人将抛弃宗教信仰归结于他对信纲中神学教条的反对。

不过，马歇尔从不否认宗教对社会和道德教育所起的作用。1921 年 12 月，根据玛丽·佩利的记载，相比于神学，马歇尔要更加相信宗教的力量，这与他在《经济学原理》中表达的关于宗教的效用的观点以及 19 世纪 90 年代马歇尔在剑桥伦理学会所表达的观点相一致。[1] 马歇尔在后来所写的一个片段中，提到了关于教育、机会和社会组织的经济思想，这种观点指向"'经济宗教'，它声称让基督教发展成与现代知识和现代组织相适应的宗教"。[2] 这种类似孔德的世俗化宗教的愿景揭示了马歇尔渴望寻找宗教的替代品，对于维多利亚时期的抛弃了基督教信仰的不可知论者来说，这是相当普遍的做法。[3]

留存下来的 19 世纪 60 年代后期的马歇尔手稿为我们展示了他所采用的神
学批判。蒲塞曾计算过，[4] 在大洪水之后，诺亚的子孙们需要 4200 年才能使人 118
口增长到 14 亿，马歇尔在手稿中对此作了评价。马歇尔阐释道，蒲塞对人口增长率的估计有误，蒲塞所提出的增长率远远超过当时英国的人口增长率。这是现存的唯一一个神学论据证明马歇尔对圣经的批判。不出所料，马歇尔用他的数学才能来说明自己的论据（与科伦索的方法很像）。[5]

从 19 世纪 60 年代中期开始学习"哲学"

从现存的笔记可以看出马歇尔从 19 世纪 60 年代中期开始阅读的作品类型，此外，笔记还揭示了他哲学研究的其他方面。留存下来的四篇哲学论文都与知识论和心理学问题有关，其中一篇曾于 1867 年初在格罗特俱乐部上宣讲

[1] 同上。马歇尔加入伦理学会的事宜参见下文第 13 章（第 447–449 页），对于宗教的效用的观点参见《经济学原理》第 8 版，例如第 198、247 页。

[2] 马歇尔档案，红箱 1（5）：1922 年 8 月 18 日写于希维尔（Seavale）的片段。

[3] 参见 A.O.J. 科克沙特，《无信仰者：英国不可知论思想 1840–1890》，特别是第 2 部分，第 2–4 章；苏珊·巴德（Susan Budd），《无信仰的各种类型：1850–1960 年英国社会的无神论者和不可知论者》（*Varieties of Unbelief. Atheists and Agnostics in English Society 1850-1960*），伦敦：海尼曼出版社（Heinemann），1977 年，第 6、9–10 章。

[4] E.B. 蒲塞，《先知丹尼尔——在牛津大学的讲座实录》（*Daniel the Prophet*, *Lectures delivered at the University of Oxford with notes*），前言，第 22 页，牛津大学出版社，1864 年第 1 版，1868 年第 2 版。

[5] 马歇尔图书馆，Box 8（1）。据推测，这个片段可能是由于其人口统计学的内容而被保留。科伦索曾运用算术知识来质疑《摩西五经》（摩西的五本经书）的准确性。参见杰弗里·费伯，《乔伊特与其时代背景》，第 322–323 页。

过。从1868年起，马歇尔的哲学研究与他作为道德科学讲师的职务交织在一起，所以，哲学阅读及其思想的发展受到了一些制约。

19世纪60年代后半期的笔记本中包含了剑桥道德科学荣誉学位考生必读的书籍，此外，还包含一些引文，有时按不同主题进行分类，这同样为我们展示了马歇尔在当时所研究的材料类型。19世纪60年代初，道德科学荣誉考试的内容包括道德和精神哲学（心理学）、逻辑学、政治哲学史、政治经济学和一般法理学。学生根据书目清单来决定要学习的课程，每个科目要求掌握的书一般不超过十本。马歇尔在不同时期的道德和精神科学的书目清单见本章附录。

手稿中的大量摘录和引文与当时撰写的四篇哲学论文的主题相关，另一些则是简单地按主题或来源分组。关于前者的例子包括，与“简约律”和人与兽的主题［“兽”（brutes）性］相关的引用。关于“简约律”的引文包括从汉密尔顿《演讲》（*Lectures*）中摘抄的定义，即“被假定为意识事实的东西，一定是最根本的和最简单的”。手稿还详细地交叉引用了洛克的《人类理解论》（*Essay Concerning Human Understanding*）、贝利的《人类思想哲学通信》（*Letters on the Philosophy of the Human Mind*）、培根的《新工具论》（*Novum Organum*）以及马歇尔当时正在研究的其他书籍。所引的书包括巴克尔的《文明史》（特别是指里德哲学的部分）、刘易斯的《哲学史》、穆勒的《对威廉·汉密尔顿爵士哲学的考察》。

霍布斯的《利维坦》是马歇尔的“野兽”这一主题的主要信息来源。其他来源还包括弗莱明在《哲学词汇》中关于“笑”的部分、费里尔的《概要》（*Institutes*）、亚里士多德的作品（刘易斯引用）和康德的《纯粹理性批判》。涉及的引文按主题可分为：“人类思想的基本趋势”，主要引自汉密尔顿和培因；“自我意识”，引自同样的来源；“天赋”——民族的和个人的——引
119 自柯勒律治（Coleridge）的《朋友》（第2部分，散文1）和18世纪的思想家爱尔维修（Helvétius）、布冯（Buffon）、卡维尔（Cavier）、切斯特菲尔德（Chesterfield）），[1]汉密尔顿在《演讲》中也引用了这些人的观点。

当时，马歇尔还在他的笔记本中收集了一些惊人的明喻和暗喻，以及一些简洁的语录，包括一些从《塔木德》中摘录的语句。这些主题展现了马歇尔所关注的主要问题，其中一些带有明显的传记色彩：

[1] 马歇尔早年曾引用萨缪尔·约翰逊对天赋的看法：“在一个特定的目标上倾尽全力。”这有点像马歇尔后来的经济学生涯。

人应该追寻**怎么办**而非为什么（未署名）

成为一个优秀的伪善者：你就永远不需要欺骗。看起来温和、谨慎、虔诚、真挚。成为这样的人吧。（马基雅维利）

哲学有两个根本的原因，一是有必要将原因和后果联系起来，二是有必要将我们的知识付诸行动。（威廉 · 汉密尔顿爵士）

想象力处理了一切事物：它构成了美、正义、幸福，这些就是世界的全部。[帕斯卡，《思想录》（*Pensées*）][1]

每个人都强大到足以捍卫他的信念。（歌德）

除了确切的知识之外，没有什么比精确的错误更有启发性。（刘易斯）

一则发人深省的格言，阿加西说世上的真理要经历三个阶段：首先人们说这是不正确的，然后人们说它违背宗教，最后说它以前就已经存在。[亨利 · 西季威克，1867 年在《麦克米伦杂志》（*Macmillan Magazine*）上关于阿诺德的一篇文章]

学会说：我不知道（塔木德）

从马歇尔早期哲学论文中所引用的参考资料，可以进一步了解他在 19 世纪 60 年代的哲学阅读。[2] 其中第一篇关于“简约律”的哲学论文，大量引用了威廉 · 汉密尔顿爵士的演讲，这正是这篇论文的灵感来源。[3] 其中还列举或摘录了穆勒的《对威廉 · 汉密尔顿爵士哲学的考察》、培因的《感觉与理智》、曼塞尔的《导论》和费里尔的《形而上学概要》等作品。此外，它的内容表明，马歇尔在 1867 年 3 月以前已经读过达尔文的《物种起源》以及斯宾塞的

[1] * 马歇尔对帕斯卡关于想象的重要性的摘录十分有趣，因为马歇尔后来表示，经济学家必须具备三个属性，即感知、理性和想象力，而且他认为最后一个是最重要的。参见《经济学原理》第 8 版，第 43 页。这一观点从《经济学原理》的第 5 版开始出现，来自马歇尔所写的《呼吁建立经济学和相关政治学课程》（*Plea for the Creation of a Curriculum in Economics and Associated Branches of Political Science*），剑桥大学出版社，1902 年，《经济学原理》第 9 版，第 179 页，但在那个版本中，想象力没有马歇尔随后在《经济学原理》中所说的那样重要。

[2] 提亚诺 · 拉菲利在 *EPW* 中编辑和重印了这些文章。这些讨论，以及随后对这些论文的内容进行简要的考察，都大段引用了这个版本的内容。

[3] 提供灵感并不意味着马歇尔从汉密尔顿的作品中发现“律”，几乎可以肯定的是，他是在曼塞尔的《形而上学》（*Metaphysics*）中第一次接触这一概念。

文章，还关注过刊登于《双周评论》第一卷的《穆勒与汉密尔顿的论战》。[1] 这篇论文也提到了孔狄亚克（Condillac）的《感觉论》（*Traité des sensations*），不过很难从上下文看出，马歇尔是否读过原著。[2]

马歇尔的文章《论费里尔的命题一》借鉴了所有这些参考资料，另外还参考了费里尔的文章《意识哲学导论》（'An Introduction to the Philosophy of Consciousness'）、莫雷尔的《心理学原理》（*Elements of Psychology*）、曼塞尔的《形而上学或意识哲学》（*Metaphysics or the Philosophy of Consciousness*）、
120 莫里斯的《现代哲学：14世纪到法国大革命的道德哲学和形而上学论》（*Modern Philosophy; or a Treatise of Moral and Metaphysical Philosophy from the Fourteenth Century to the French Revolution*），同时它也批评了库辛（Cousin）对洛克"反思"（reflection）概念的解释。[3]

《机械》是马歇尔现存的第三篇哲学论文，其内容主要和心理学有关。毫不意外地，它主要参考了培因的两本书以及斯宾塞的《心理学原理》（*Principles of Psychology*）。文章还显示马歇尔对查尔斯·巴贝奇（Charles Babbage）的《自传》也比较熟悉。[4]

最后一篇文章《逻辑学家或规则制定者对于形而上学者和实用科学家的责任》涉及广泛的哲学方法论问题。它引用了康德的《纯粹理性批判》、斯宾塞的《心理学原理》和惠威尔的《归纳科学的哲学，基于其历史》（*The Philosophy of the Inductive Sciences founded upon their History*），但是它的背景

---

[1] 这本激进的理性主义杂志于1865年开始出版，首任编辑是乔治·刘易斯（George Lewes）和约翰·莫雷。从创刊开始，马歇尔就是这本杂志的狂热读者，并且在1876年在上面发表了一篇有关穆勒价值论的文章。杂志的合订本中有一些发表在19世纪70年代初的有用的文章名录，现在保存在马歇尔图书馆中。关于这本杂志对维多利亚时代文化生活的重要性的讨论，请参阅E.W.埃弗雷特（E.W. Everett），《文人荟萃：1865–1874年的〈双周评论〉及其投稿者》（*The Party of Humanity*: *The Fortnightly Review and its Contributors in 1865-1874*），教堂山：北卡罗来纳大学出版社，1939年，特别是第1、2章。

[2] 参见阿尔弗雷德·马歇尔所写的《简约律》，收录于*EPW*的第51页和注释155。马歇尔很有可能从库辛的《现代哲学史》中借鉴了孔狄亚克的关于规章的例子。无论如何，马歇尔本人没有增添什么新的评论。参见维克多·库辛（Victor Cousin），《现代哲学史讲稿》（*Cours de l'histoire de la philosophic moderne*），巴黎：拉约德 & 迪迪埃出版社（Ladrange & Didier），1846年，新版本，第1卷，第142–145页。

[3] 阿尔弗雷德·马歇尔，《论费里尔的命题一》（'Ferrier's Proposition One'），收录于*EPW*，第63页，注释198。

[4] 阿尔弗雷德·马歇尔，《机械》（'Ye Machine'），第81页和注释232提到了巴贝奇。

是几何学的（因此马歇尔还引用了一些准备荣誉考试时会用到的几何课本）。[1]更具体地说，它主要关注曼塞尔和穆勒之间的争论，即在经验与非经验知识起源的背景下几何公理的地位，曼塞尔在《导论》中提出了这个话题，穆勒在《对威廉·汉密尔顿爵士哲学的考察》以及早期在《逻辑体系》中也有所考察。[2]

梳理马歇尔在哲学和相关学科，特别是逻辑学和心理学方面的阅读，对于了解马歇尔自主进行的研究及其背景大有益处，对于他从 1868 年起教授道德科学课程也很有帮助。然而，这些并不是处于社会科学领域初学者的马歇尔阅读的完整清单。这些都来自这一时期留存下来的有限资料：一本笔记本或者说摘录簿——部分受到道德科学荣誉考试书目的启发，以及论文中留存下来的四篇论文——他可能在格罗特俱乐部上宣讲过几篇。[3]

马歇尔所写的四篇哲学论文中的最后两篇，可能很大程度上归功于 1868 年起与 W.K. 克利福德的友谊。克利福德和莫尔顿在 1868 年底或 1869 年初加入格罗特俱乐部的讨论。他们都在 19 世纪 70 年代初离开剑桥，1871 年克利福德在伦敦大学担任数学教授，1873 年莫尔顿走上了非常成功的法律之路。阿尔弗雷德·马歇尔后来回忆道，他"对克利福德非常敬佩"，因为他"最关心的是思想……而……莫尔顿最关心的是现实世界"。[4]到 19 世纪 70 年代早期，克利福德关于非欧几里得几何学的思想对马歇尔知识论研究的最终结果产生了深远的影响。

哲学文章：1867–1869 年（？）

马歇尔在 19 世纪 60 年代后期的哲学论文旨在阐明一些重大的思想冲突。在这个过程中，马歇尔抛弃宗教信仰，开始了形而上学、道德和精神哲学的研

---

[1] 拉菲利在 *EPW* 中列出了这类书目，见第 130–135，特别是注释 244、245、252、254、262、267–268。

[2] 参较上文注释 88。

[3] 无法确定这些论文有没有在格罗特俱乐部上展示，也无法明确指出写作的先后顺序。在这一点上，拉菲利为 *EPW* 写的导读比较可信，见第 31 页。

[4] 马歇尔档案，棕色大箱，第 26 项（日期不明）。莫尔顿的传记作者及儿子 J.F. 莫尔顿［《莫尔顿勋爵的生平》，伦敦：尼斯贝特出版公司（Nisbett & Company），1922 年］证实了马歇尔的判断，事实上也许启发了马歇尔。克利福德的观点将在下一节中讨论，与马歇尔的看法高度一致。对于这段友谊的进一步评论，还可参见下文第 18 章第 661、695 页。

究，他在寻找一个基本问题的答案，即“我能知道什么”。[1] 四篇文章中的最
121 后一篇专门讨论了这个问题，它考察了“逻辑学家的职责”，以满足“实用科学家”和“心理学家”的要求，马歇尔将后者定义为“一种自然主义者，他们不满足于仅仅列举有限的事物（从逻辑的角度），而是必须有一个理论……来了解它们是如何产生的”。[2] 马歇尔总结了逻辑的作用，就是像“检查员”一样将产生知识的材料或因素划分在四个大类下：“基本思想”、“公理和假设”、“权力和理性”以及“一般方法”。[3] 该文为马歇尔对详细的精神过程所产生的持续性兴趣，以及他对方法的折中性结论提供了理论基础，此外，还表明他对康德的多年研究对其论文产生了重要的影响。[4]

早期论文在纯粹的心理学基础上阐释精神运作的各个方面（《机械》），并且以“自我意识”为主题，当考虑到它们的潜能被自然选择的进化力量加强时，这种“自我意识”就和心理联想的过程相一致。这些论文的内容含蓄地揭示了马歇尔对待这个时期的两大哲学争论的谨慎立场：心身关系问题和自由意志的形而上学，以及联想论者和直觉主义者在解释精神过程，尤其是发现新知识问题上的激烈争论。最初争论双方的代表性人物是约翰·斯图亚特·穆勒和威廉·惠威尔，康德对这个问题发挥着基础性的作用，[5] 不过到了 19 世纪 60 年代，这两个问题合并成一个单独的问题，这个问题将培因和像卡彭特一样的生理心理学家区分开来。

马歇尔的前两篇哲学论文解释了意识和自我意识在作为确定事实的最初

---

[1] * T.H. 赫胥黎，《休谟》，第 48 页，认为这个是康德的问题，即，康德认为哲学家需要解决这一重大问题。赫胥黎表示，康德的另外两个问题，“我应该怎么做”和“我能够希望什么”可以解决这一最终问题。

[2] * 阿尔弗雷德·马歇尔，《逻辑学家或体系制定者对于形而上学者和实干家的责任》（The Duty of the Logician or System-maker to the Metaphysician and to the practical Man of Science），*EPW*，第 94–95 页。这篇文章跟在上文（第 119 页）所引用的关于怎么办和为什么的格言摘录之后。从其中一段内容来看，马歇尔似乎将“自然主义者”或“心理学家”等同于形而上学者，这表明他在当时那个阶段对心理学有一些幻灭。

[3] 阿尔弗雷德·马歇尔，《逻辑学家或体系制定者对于形而上学者和实干家的责任》，第 94 页。

[4] 参见《经济学原理》第 8 版，第 251 页，注释 1（同样可见《经济学原理》第 1 版，第 311–312 页）。关于方法的论述，见《经济学原理》第 8 版，第 27 页（这段论述从《经济学原理》第 2 版开始出现）。至于马歇尔对康德的崇敬，参见下文第 129–130 页。

[5] 参见提亚诺·拉菲利，《马歇尔早期手稿中的人类精神分析》（‘The Analysis of the Human Mind in the early Marshallian manuscripts’），载《政治经济史杂志》（*Quaderni di storia dell’ economia politica*），9（2–3），1991 年，第 29–58 页，特别是第 29–36 页。接下来几段大量引用了拉菲利这篇极好的论文，以及他写的马歇尔早期哲学手稿的精彩导读。

直觉上的作用。第一篇文章涉及汉密尔顿对于“简约律”的看法，即将其作为“意识解释”的一个规律，并将其定义为“被假定为意识事实的东西，一定是最根本的和最简单的”。意识事实本身被解释为“特殊的思维衍生现象……是最基础和最普遍的”。[1] 马歇尔将简约律的纯粹的现象形式解释为：“在观察任何现象时，如果与之类似的一系列现象已经被排列成表并且已经上升到一种现象规律，那么，这种现象应当在旧表中列示，而非另立门户。”马歇尔认为经验证明这一过程是合理的，而且符合“如无必要，勿增实体”（奥卡姆剃刀）的原则。[2] 他将“简约律”应用于同质的观察和感觉中，进而允许将其应用于生物学（达尔文的理论就是一个例子），但他认为不能将其应用到心理学，因为心理学中的感觉是纷杂独特的。人对颜色和声音的感觉是不一样的。一般来说，声音和触感也不一样，而味道和气味则有相通之处。马歇尔以此批评培因将这一方法应用于对同情过程的分析，以及批评穆勒对记忆的分析。在这两种 122
情况下，对这一过程的精神和身体方面的分析缺乏同质性。培因试图通过完全逃避自我意识来解决这一问题，但是马歇尔把它看作是构建推理链所必需的那种必然真理。马歇尔对培因的这一做法深表遗憾。“简约律”同样可以用来决定类比的正当性和有效性的运用：达尔文的《物种起源》就是这种运用的有效性的鲜明例证。然而，达尔文的方法并不能立即转化为心理学这一精神科学的方法。只有在有直接证据表明某种心理因素的演变时，才能将这种方法应用于心理过程。这可以看作是“简约律”的应用，并且表明马歇尔最初对达尔文主义作为理解社会科学的手段持谨慎的态度。[3]

马歇尔的第二篇论文讨论“自我意识”，这是人类区别于野兽的本质特征。这实际上是对费里尔命题一的讨论，即“无论智力能够明白什么，作为知识的基础和条件，必须对它本身有所认识”。[4] 费里尔的命题一作为唯心主义者对科学对待人的立场的一个综合的、象征性的陈述，可以被看作是与日益兴盛的以培因和穆勒为代表的联想主义相对立的一面旗帜，虽然培因逐渐融入了心理生理学的解释。在对待培因和费里尔的问题上，马歇尔的立场来源于格罗特，即认为两个观点有所不同但不是对立的，一个建立在极端的生理的或物质的基

[1] 阿尔弗雷德·马歇尔，《简约律》，收录于 *EPW*，第 48 页。

[2] 同上，第 48–49 页。

[3] 参较提亚诺·拉菲利，*EPW* 的导读，第 12–13 页。在《经济学原理》中这些观点消失了，参见下文第 12 章，第 411–412、425–426、436 页。

[4] 阿尔弗雷德·马歇尔，《论费里尔的命题一》，*EPW*，第 58 页。

础之上，另一个则是哲学的。马歇尔表示，他可以接受培因的许多观点，例如对于行为的习惯和组合的解释，以及对印象和过去印象苏醒之间的关系的解释，联想能力的所有发展完美地解释了纯粹机制的运作过程。然而，需要其他因素来解释主观的自我，即费里尔的“自我意识”，如回忆和期望。对此，马歇尔认为培因的解释较弱。简而言之，马歇尔在培因和费里尔所确信的观点中看到了真相，但并没有关注他们所否认的东西，这是马歇尔从事研究的一个特征，在哲学以外的领域也是如此。[1]

前两篇哲学论文所研究的是连接自我与外部世界的自我意识，通常涉及记忆、感觉融合和感知等问题，这解释了马歇尔为何在那一时期的笔记本上记录了许多事实观察。[2] 有趣的是，这些笔记表明马歇尔对待心理学研究是多么认真，所以，此处对一些片段予以引用。

> 在进行许多活动和参与谈话时，会出现一种无法抗拒（但通常是错误的）的信念，即同样的情形在过去出现过，而且在两个场合都频繁出现相同的话。哈德逊[3] 指出不仅自己有这种想法，和他就这个问题探讨过的每个人都有相同的感觉。那么问题来了：这种情况是否非常普遍，这一信念到底有多错？
>
> 我的手一直托着下巴，然后我把手放到额头上，感受到了一种强烈的暖意。我的第一印象是我的前额是温暖的，但我很快意识到很热
> 123 的是我的手。然后，我再将手放在我的下巴上，再将其放在我的前额上，来验证到底热的是哪个部位。通过把手放在某个位置来确定是否温暖这一事实，一般来说，都是以我的前额为观察对象。
>
> 邦尼[4] 看向一个完全背对他的人，这个人转过身而后解释说，当别人看着他的时候，他总能感觉到。即使当被看的人是背对着观察者时，也不能确凿证明这一“感觉”发挥了作用。这个特例可能是偶发性的。

---

[1] 阿尔弗雷德·马歇尔，《论费里尔的命题一》，*EPW*，第 65–67 页，参见提亚诺·拉菲利的导读，第 15–17 页。当马歇尔将古典经济学和新边际主义者对价值的观点相结合时，他所采取的也是这样的立场，参见下文，第 12 章，第 411 页，以及第 21 章，第 787–788 页。

[2] 马歇尔档案，棕色大箱，第 5 项，《MSS 笔记》。这些笔记参见马歇尔的早期手稿，它们的主题以及对当时两位圣约翰学院研究员的引用表明，这一时期是 1867 或 1868 年。

[3] 指从 1862 年起担任圣约翰学院研究员的 W.H.H. 哈德逊（参见上文，第 109 页，注释 ¶）。

[4] 指从 1858 年起担任圣约翰学院研究员的 T.G. 邦尼（参见上文，第 109 页，注释 ¶）。

> 睡觉之前，我正在收拾书本等东西，这时我看到了躺在桌子上的手表。我的脑海中闪过这样一个念头，我必须把它带进我的房间。然后，我用左手（我的右手拿着口袋里的手帕）小心翼翼地在书上做了一个记号，以便在第二天早上继续阅读。我根本没有想起我的手表。当我整理好书本，一件事又引起了我的注意，即我的马甲口袋里已经没有我之前塞进去的手帕了。注意：我不困。[1]

这些观察同样表明马歇尔在使用经验证据来推断感知的性质时所持的谨慎态度，因此，他在这两篇文章中对穆勒的经验论持批判观点。

马歇尔将《机械》这篇文章设想为“一个心理学通论”的序言，“……可以发展成一个真正的理论”，[2] 是前两篇文章论题的直接延伸。文章详细阐述了他认同的培因的部分理论。与之相关的是联想论者的更机械方面的解释，这与费里尔的命题一在论及自我意识时仔细探讨的人的属性相对立。[3] 探索培因理论中的最为本质的真理部分，使得马歇尔试图构建人类的思想机制。这一构建过程离不开联想论者和进化论者，以及神经心理学和神经生理学，即格罗特所说的“身体上的”部分，他认为费里尔的解释是哲学上的，这与培因和卡彭特的解释有着鲜明的区别。可见，即使马歇尔支持费里尔的命题一以及赞同康德的观点[4]，但他并不像看起来那样坚定地站在唯心主义阵营一边。[5] 从马歇尔对同时代神经学解释和精神无意识性起源的掌握可以看出这篇文章论据的复杂性，对此我们不再深究。[6] 重要的是，马歇尔此后思想上的发展在这篇文章中

---

[1] * 这里省略了这部分笔记本中记录的另外两个事实观察。其中一个是关于制表师轻柔呼吸的习惯，另一个是马歇尔偶然听到的两个男孩关于水流性质的看似不准确的观察，即从管道稳定地出水变成了从管道周期性地排出一桶水。文中的最后一个观察类似于穆勒在《对威廉·汉密尔顿爵士哲学的考察》第 192–193 页中提到的，在讨论认识外部世界的心理学理论时所记录的视觉记忆实验（第 11 章）。

[2] 阿尔弗雷德·马歇尔，*EPW*，第 67 页。

[3] 正如拉菲利指出的那样，在马歇尔关于“野兽”（与人和兽相对的）的手稿笔记中有趣之处是显然的。如前文所述，这些大多来源于霍布斯的《利维坦》的第三章。参见拉菲利为 *EPW* 写的导读，第 14–15 页和注释 33，拉菲利在那里将马歇尔在这一主题上的笔记进行了归纳。

[4] 但马歇尔也并非站在神经生理学这边，他所引用的这方面权威——W.B. 卡彭特毕生都是坚定的康德主义者。参见拉菲利，《马歇尔早期手稿中的人类精神分析》，第 30–32 页。

[5] 下文第 129–130 页讨论了马歇尔对康德毕生的敬意。

[6] 对文章内容的详细考察可以参见提亚诺·拉菲利的《马歇尔早期手稿中的人类精神分析》，尤见第 36–45 页。还可参见他的 *EPW* 导读，第 18–28 页。

已初见端倪。

这篇文章意图阐释感觉、思想、行为、推理、审慎、意志，以及重复行为和记忆之间的关系的机械方面的性质。思考被认为是大脑的职能，行为则是身体的职能。马歇尔阐释道，在感觉（例如压力、光、声音）和感觉的意识之间有一个环形结构。它产生行为的意识，继而产生行为。一个意识或一系列意识产生重复的行为构成了记忆。重复的行为可能是直接发生的，也可能是由一个
124 相联系的意识产生的，或是接连发生的事件（打雷和闪电），或是类似的事件（听到一个声音想起一个类似的声音）。大脑（意识）和身体（行为）是皮带齿轮（神经系统）所带动的机器，或是类似电力或磁力构成的动力装置。中介作用涉及运动的复杂传递；高兴和痛苦的意识以及行为能够被它们所导致的运动类型加以区分，复杂的运动会让人审慎思考，意志力则是一鼓作气的表现。[1] 马歇尔还拓展分析了更多特殊的结果（行为），考察了在一些特定条件下机器是如何形成不同类型的习惯，以及介绍了在推理过程中大脑和小脑的不同作用。他接着引入了对环境（感受来源）变化的预期和快速、复杂和同时运动的概念，类似于国际象棋机器人和巴贝奇提出的自动装置。这种机器行为的可能性被拿来与人类能力（精神力量）相比，后者通常被认为一次只能局限于一种运算。[2]

马歇尔在这篇文章的最后一部分讨论了用通识教育来拓展机器力量。这就使机器接触语言、交流、数字（算术运算），最终和几何相联系。同样，马歇尔也指出了一些机器力量的局限性，进而指出了联想论者在解释精神过程中机械和排他的理论的局限性。代数中的抽象符号或复杂数字并不能被机器掌握和运用。[3] 在绘画上机械能力也有类似的局限。虽然机器可以达到技术上的最高成就，但它绝不可能洞察“行为的秘密花园”，从而绝不会在“艺术”上达到一定高度。这些局限性在机器的谱曲能力上，或学习力学、应用化学、地质学、生物学和心理学上并不明显。这意味着机器的能力受到了进一步的限制，因为马歇尔认为，对于最后三门科学来说，能发挥的实际作用很小。文章末尾提到通过同情和系统的经验来对机器进行道德教育的可能性。这一能力由自然选择所加强，也可能受到“潜藏在人体内的第六感”的影响而得到极大的发

[1] 阿尔弗雷德·马歇尔，《机械》，*EPW*，第 72–75 页。

[2] 同上，第 77–82 页。

[3] 同上，第 87 页。

展，“这一感觉现在日益受到瞩目”，马歇尔称它是“所谓的其他人和其他事物的电力状态”。[1]

马歇尔所说的机器的延伸力量（尽管是通过快乐、痛苦，以及由提供快乐所引发的同情的这些简单动机逐渐灌输而成）表明，他已经和哲学唯心主义渐行渐远，而逐渐接近培因和卡彭特的思想。不过，在其他有些方面，马歇尔还是认同费里尔的唯心主义观点，即自我意识在机器无法企及的推测性和创造性思想这些精神特性上发挥着重要作用。相对于联想主义和进化论哲学，马歇尔在解释精神活动时大大弱化了形而上学的作用。此外，在描述机械方面的思想时，马歇尔坚定持有的生理学基础使他能够保留意志力和审慎（自由意志）的一些作用，并且使他能够用机器的局限性来解决先验知识和经验知识之间的争论。马歇尔对唯心主义者“自我意识”概念的认同，说明他并非**完全**接纳穆勒和其追随者的激进经验论。先验论和经验论的局限是马歇尔最后一篇哲学论文 125
的主题。[2]

虽然马歇尔的最后一篇哲学论文仍属于知识论范畴并与前三篇文章有密切的关系，但这篇文章少了许多心理学视角，即使它表面上讨论了一些逻辑学家和作为形而上学者（与科学家相比）的心理学家的职责。不过，这篇文章仍旧关注先验的唯心主义学派和以生理学和神经学经验论为观点的联想主义学派之间的争论，现在前者的代表是康德，而非以前的汉密尔顿、费里尔或曼塞尔，[3] 后者的代表则是穆勒和培因。如今争论的焦点是几何学，几何学中的公理是某些假设命题的最明显的例证。马歇尔可能在论述中结合了他的数学训练，这间接受到了惠威尔的康德学派先验主义倾向的影响。另外，穆勒和培因运用以往经验和观念联想来解释几何公理的广泛接受性，从而反驳这些公理的

---

[1] 阿尔弗雷德·马歇尔，《机械》，*EPW*，第 91–93 页。这种关于“第六感”的观点可能部分来源于西季威克在当时开展的物理研究。

[2] 拉菲利对这篇文章的评论还说明，马歇尔所构造的人类思想模型对《经济学原理》中的经济分析十分重要。例如，马歇尔对经济系统中市场信号的复杂解释，时间分析的本质，长期情况下选择的增加，以及，最重要的是对人类性格的形成的讨论。最后一点完美地诠释了为何在马歇尔的经济学以及哲学中，人类要优于机器。参见拉菲利，《马歇尔早期手稿中的人类精神分析》，第 48–52 页。

[3] * 这是马歇尔首次在论文中明确征引康德的观点，表明该文可能撰于 1868 年夏季之后——彼时他曾在德累斯顿研习德语，旨在直接阅读康德德文原著而非译本。行文风格及论证表达的自信程度同样暗示，从 1867 年 3 月至此文完稿应有比较充分的时间间隔。此时马歇尔对哲学的理解显然更深入了。参见拉菲利，*EPW* 导读，第 31 页。

先验起源解释。[1]

受到斯宾塞进化论哲学的影响，马歇尔在再一次对先验论表示部分认同的同时，还承认了基于经验的联想主义观点的重要性。斯宾塞思想中的进化论观点表明，可以用经验解释几何学中真理的可信度，这一可信度不仅由经验构成，还来源于经验。这一想法让马歇尔重新对定义和公理进行了调整，使它们和这两派哲学观点相协调。这些公理必须符合简约、独特和直觉的标准，还必须保证能够构建根据既有观念定义的事物。[2]这样，“简约律”和联想主义持续共存的局面才得以保证。

马歇尔的论文游走在由“非欧几里得几何”所引发的争论的边缘。[3]正如亥姆霍兹所主张的，这些发现可以“驳斥这样一种观点，即几何公理是康德意义上的先验直觉的必然后果”。[4]马歇尔的朋友克利福德实际上是最早意识到这些新发现的哲学含义的英国数学家之一，这些哲学含义似乎很快就被马歇尔接受了，也许是因为他本人一直在自觉地朝这个方向前进。新几何学的命题之一是平行线可能相交，这就否定了欧几里得第五公设的一般性，并提出了空间弯曲的可能性。大门为不同的几何学敞开了，没有什么可以被先验地认为是正确的，因为所有的事物都是建立在有效的逻辑基础上的。居住在地球这样的球体上，意味着要对欧几里得几何学进行更多的经验考证。在北极和南极之间可以构建无数条线（经线），而欧几里得几何学认为平面上的两点之间只可能由
126 一条线相连。马歇尔在这篇文章中并没有更多地关注这些令人吃惊的命题，他

[1] *EPW*，第 31 页。

[2] 同上，第 31 页，还可参见马歇尔，《逻辑学家或体系制定者对于形而上学者和实干家的责任》，第 96 页。

[3] *EPW*，第 31 页。

[4] H. 冯·亥姆霍茨（H. von Helmholz），《认识论著作》（*Epistemological Writings*），R.S. 科恩（R.S. Cohen）和 Y. 艾尔卡纳（Y. Elkana）（编），《波士顿科学哲学研究》（*Boston Studies in the Philosophy of Science*），第 27 卷，多德雷赫特和波士顿：莱德尔出版社（Reidel），1977 年，第 18 页，拉菲利在 *EPW* 导读的第 31–32 页对此加以引用。参较亥姆霍茨，《几何公理的起源和含义》（‘The Origin and Meaning of Geometrical Axioms’，1870），英文版载《心灵》，1876 年，第 301–321、304 页，引用在琼·L. 理查兹（Joan L. Richards），《一个数学理论的接纳：1863–1883 年非欧几里得几何学在英国》（‘The Reception of a Mathematical Theory：Non-Eucidcan Geometry in England 1863–1883’），收录于《自然秩序：科学文化的历史研究》（*Natural Order*，*Historical Studies of Scientific Culture*），巴瑞·贝姆斯（Barry Bames）和史蒂芬·卓别林（Steven Chaplin）（编），伦敦：圣哲出版社（Sage），1979 年，第 154–155 页。

后来才渐渐对此有所认识。[1]

马歇尔在知识论上的收获

马歇尔的知识论之旅始于阅读曼塞尔《班普顿演讲》时所产生的宗教怀疑，这对他以后的职业生涯产生了许多重要的后果。我们只能根据仅有的可靠证据，即前文考察的四篇哲学论文以及同时期的笔记片段，还有新朋友和道德科学荣誉考试给他带来的新的职业机会对他的影响（信息更为有限），来推测这些后果。对于马歇尔为何在荣誉考试成绩出来之后，放弃了学习数学以及跟随斯托克斯继续学习的计划，我们也只能作个猜测。宗教怀疑和相关的学习开阔了马歇尔的知识视野，再加上剑桥大学提供的数学之外的执教机会，都可能让原来的计划显得不是那么有吸引力。斯托克斯坚定的基督教信仰（马歇尔正逐步放弃）或许也是影响这一决策的原因之一。[2] 在数学荣誉考试中落后于瑞利以及考官给他的建议，都可能使得马歇尔对自己从事物理学原创性研究的能力产生怀疑。这些因素或许使得“误入”道德和精神科学更具吸引力。新朋友和宗教怀疑拓宽了他在道德科学领域的知识视野，加之在克利夫顿受到珀西瓦尔的影响，这一影响随后在与莫里斯、西季威克和福西特的接触中得到强化，都可能使得马歇尔渴望通过社会改革来为人类谋福祉，从而使他有动力投入新的研究领域。[3]

---

[1] R. 巴特勒，《马歇尔早期作品中的历史部分》（‘The Historical Context of the Early Marshallian Work’），载《政治经济史杂志》，9（2–3），1991 年，第 279–281 页。克利福德在 1870 年 2 月向剑桥哲学学会展示的一篇文章中使用了这些例证，马歇尔很可能在现场。本章后面会说到马歇尔至少参加了一些会议（巴特勒，第 282 页）。1875 年，马歇尔和爱默生交流了这些发现，表明从那时起他已经吸收了这些影响。马歇尔拜访爱默生的事宜见下文第 7 章第 196 页。关于克利福德对新几何在英国传播所起的作用，见琼·L. 理查兹，《一个数学理论的接纳：1863–1883 年非欧几里得几何学在英国》，第 152–156 页。

[2] 参见劳伦斯·汉弗莱夫人（Mrs. Laurence Humphrey），《乔治·加布里埃尔·斯托克斯传和通信选集》（*Sir George Gabriel Stokes. Memoir and Selected Correspondence*），剑桥：剑桥大学出版社，1907 年，卷 1，第 46–47 页。对于斯托克斯调和宗教信仰和科学之间关系的考察可以参见丹尼尔·B. 威尔逊（Daniel B. Wilson），《一个物理学家对唯物主义的取舍：乔治·加布里埃尔·斯托克斯的宗教思想》（‘A Physicist’s Alternative to Materialism: The Religious Thought of George Gabriel Stokes’），《维多利亚时代研究》（*Victorian Studies*），1984 年秋，第 69–97 页。

[3] * 1866 年夏天，马歇尔在苏格兰旅行期间，可能沿途调研了北方工业城市的穷人境况。珀西瓦尔（原因见本章前文）、莫里斯、西季威克，或许还有福西特，大概就是所谓的智慧长者的潜在人选，马歇尔后来回忆，正是他们将自己引入社会问题研究以及政治经济学相关领域，详细的论述见下文第 6 章，第 143–144 页。

如果不是马歇尔晚年对这一问题的回忆得以保存，那么上述最后一点纯粹是后人的猜测。

不过，哲学论文和手稿的确给出了一些他放弃研究某些学科的确凿原因，让人们可以更好地了解马歇尔的职业生涯转变，其中所暗含的方法论也有助于人们理解他后来的著作。

从马歇尔哲学论文的内容中可以得到一个明显的推论，即他对形而上学逐渐失去耐心。从19世纪80年代和90年代马歇尔对待道德科学荣誉考试和其他学科荣誉考试的教育改革的态度中可以明显看出，对这一研究的不耐烦最终变成了极端的厌恶。当然，要定义形而上学并非易事。马歇尔后来的笔友爱德华·凯尔德（Edward Caird）给出了形而上学的双重定义，[1]从中可以找到马歇尔后来如此厌恶这门学科的两个原因。凯尔德首先定义形而上学是“预设于世间万物中的法则的科学”，第二重定义则是“神学或上帝的科学”。前文已经
127 提及，马歇尔讨厌神学。而相较于联想论者和进化论心理学，马歇尔系统性地降低了凯尔德第一定义的重要性，这在他的哲学论文中有大量记述。一旦通过放弃英国国教信仰解决了宗教怀疑问题，以及通过《机械》的神经心理学解决了知识论问题之后，马歇尔就能有力地将形而上学贬低为只适合唯心主义神职人员研究的主题。

马歇尔最终放弃将心理学研究作为未来职业，其理由也可以从他的哲学论文的内容中推断出来，鉴于他后来宣称十分热爱这一学科，这些理由也变得重要起来。马歇尔在写给詹姆斯·沃德的信中表示，经过一番痛苦的挣扎后，直到1871到1872年，他才放弃了心理学转而研究经济学。[2]玛丽·佩利回忆，“他一度想要致力于研究‘注意力’，而‘注意力’依赖于‘全神贯注’的力量”，这个主题与他撰写《机械》时所追求的问题意识不无关系。更令人惊讶的是，她提到了马歇尔在1923年圣诞节晚餐结束时发表的言论，在晚餐期间，他“异常沉默”。下述言论反映了他50多年前在格罗特俱乐部期间进行哲学思辨的真正性质：“我一直在考虑心理学与本体论的关系，如

[1] 参见爱德华·凯尔德，《形而上学》（‘Metaphysic’），见《大英百科全书》，第9版，爱丁堡：A&C布莱克出版社，1883年，第16卷，第79–102页，文中引用的定义见第80页。凯尔德接任乔伊特成为贝利奥尔学院的院长，他上任后在1897年期间和马歇尔就罢工（engineering strike）等英国工业危机通信交流（《纪念集》，第398–403页），参见下文第16章，第599–600页。

[2] 见上文第99页，这封信写于1900年；参较1920年10月3日的传记片段，马歇尔档案，棕色大箱，第5项。

果可以再活一次，我应该会致力于研究心理学。经济学与理想实在没什么关系。”[1]

与上述晚年回忆相反，马歇尔选择放弃心理学作为职业道路的时间可能早于他对沃德所说的 1871 到 1872 年。从他的第三篇到第四篇哲学论文可以看出，大概早在 1869 年他就开始放弃纯粹的心理学研究了。[2] 回想一下，在向格罗特俱乐部的听众们展示《机械》这篇文章之前，马歇尔曾许下宏愿，希望为一个新的“纯粹心理学”打下基础，在此之前他肯定已经有所准备。但在下一篇文章中，他没再提及这一愿望，而是回到了他更擅长的数学领域，虽然仍与哲学有关。当时，他是否意识到他的哲学论文在简单地“走别人的老路子”，[3] 而不是开创实质性的新天地？是否意识到《机械》所提出的话题需要实验心理学的知识，而他对这方面并不熟悉？毕竟，培因和斯宾塞作为马歇尔《机械》一文主要的思想源泉，已经对这一主题可能发展的方向进行了思考。正如扬格[4] 所说，下一步需要实际的生物学和生理学知识，还要结合临床实验的技能。在《机械》中，马歇尔坦承自己缺乏这方面的专业知识。[5] 他意识到

[1] 玛丽·佩利·马歇尔，《关于阿尔弗雷德·马歇尔的传记笔记》（KMF）。

[2] * 虽然这些哲学论文的写作日期不确定，但 1869 年对于最后一篇论文来说似乎不是一个不恰当的日期，因为在马歇尔所写的关于格罗特俱乐部的会议记录中，几乎整个 1867 年只提到了他的“简约律”。所以，另外两篇很可能在 1868 年参会时展示，马歇尔晚年将 1871–1872 年以及 1872–1873 年作为他最终放弃心理学的时候，但这些年似乎更可能是他最终完全致力于研究经济学的日子。有趣的是，19 世纪 70 年代初，据玛丽·佩利所述（《我的回忆》，第 18 页），讲授精神哲学的是西季威克，而非马歇尔。

[3] 这句话来自提亚诺·拉菲利，*EPW* 导读，第 20 页。在写这篇文章的时候，仅凭马歇尔对心理学著作的阅读还不足以让他主动意识到这点，很可能是在格罗特俱乐部就这篇文章进行讨论时，别人向他指出的。就我对心理学史的阅读而言，包括 J.C. 福卢格尔（J.C.Flugel）的《1833–1933 心理学百年史》（*A Hundred Years of Psychology 1833-1933*），伦敦：达克沃斯出版社，1959 年新版；艾德文·G. 博林（Edwin G. Boring）的《实验心理学史》（*A History of Experimental Psychology*），第 2 版，纽约：阿普尔顿 & 克罗夫茨出版公司（Appleton Century Crofts），1957 年；以及更早的几乎与马歇尔同时代的 Th. 里本（Th.Ribon）的《英国心理学》（*English Psychology*），伦敦：亨利·S. 出版公司（Henry S. King & Co.），1873 年，都表明马歇尔明白他所感兴趣的心理学正在如何发展，但从任何主要方面来说，他都没有超越它们。还可参见下文注释 141。

[4] 参见罗伯特·M. 扬格，《19 世纪精神、大脑和适应：从高尔到费里尔的大脑分区和生物学理论》（*Mind*, *Brain and Adaptation in the Nineteenth Century. Cerebral Localisation and its Biological Context from Gall to Ferrier*），牛津：克拉伦登出版社，1970 年，尤见前言。

[5] 阿尔弗雷德·马歇尔，《机械》，*EPW*，第 91 页，他承认自己缺乏植物学、生物学和生理学方面的实践知识。回想一下，马歇尔在 19 世纪 70 年代对古典文学十分厌恶，那时，他甚至请求用包括生物学在内的更实际的学科来替代学校教育中的古典文学。见 JNKD 及上文（第 3 章，第 60 页）。

了这一点，并认为心理学是并非能够由他亲自作出贡献的学科，于是便最终打消了进一步钻研心理学的念头。这与他 1920 年的回忆相符。他不得不放弃心理学，即使“它能够对人性及其可能性进行具有进步性和启发性的研究”，这
128 时，“研究型学生最为忽视”的经济学成了一个不错的选择。[1] 正如惠特克在简要描述马歇尔的这部分生活时所说的那样，“经济学所得……超过……心理学所失”，[2] 马歇尔对心理学的兴趣日趋减少，使他得以把重心放在兴趣与日俱增的经济学之上。

同样，这些哲学文章的内容还体现了马歇尔在方法上的转变，即日益反对纯粹的思辨和直觉，转而看重经验主义和收集事实。最后一篇哲学论文的主要结论就明确指向了这一趋势。文章否定一个先验和不证自明的陈述的普遍有效性，非欧几里得几何学的哲学含义（在这一方面马歇尔可能受到克利福德的影响）进一步加强了文中的观点，文章同时还强调了经验在获取知识上的重要作用。到 19 世纪 70 年代初，马歇尔似乎格外“渴求事实”，他一直强调这一特质对经济学家至关重要。[3]

还有一个更能体现马歇尔看重事实的例子值得一提。玛丽·佩利回忆，到 19 世纪 70 年代初，马歇尔“收集了一些人物画像，按诗人、音乐家、艺术家、政治家等职业分类，希望通过这种方式归纳出不同人的特点，然而没有得到什么有用的结论”。[4] 这一收藏保存在马歇尔档案馆，共 50 份，每份最多有 10 张画像，按国籍、职业以及年代分门别类。其中，超过 20 份关于政客（包括皇室成员），4 份关于音乐家（作曲家）、7 份关于画家、7 份关于诗人、3 份关于作家、5 份关于神学家，关于历史学家、雕塑家和艺术家的各一份。其中甚至还包括 1871 年他在奥伯阿默高（Oberammergau）所观看的耶稣受难剧中

---

[1] 阿尔弗雷德·马歇尔，《自传片段》，1920 年 10 月 3 日，马歇尔档案，棕色大箱，第 5 项。

[2] J.K. 惠特克，*EEW* 导论，第 1 部分第 8 页。

[3] *P* Ⅷ，第 38 页（第 1 篇第 4 章开头）。这可以追溯到《经济学原理》第 1 版第 94 页（第 1 篇第 8 章），在布里斯托演讲的概要中，他也说了这样的话，“要一直追求事实”。参见下文第 9 章，第 290 页，更广泛的参见第 20 章，第 760 页。

[4] 玛丽·佩利·马歇尔，《关于阿尔弗雷德·马歇尔的传记笔记》（KMF）。

的人物。[1]

还有一个例子就是马歇尔于 1875 年制作的“红皮书”，“它用大头针贯穿许多页码，来标记特定的年份，展示那一年发生在哲学、艺术、科学、产业、贸易等方面的事”。[2] 沃尔特·莱顿在 1905 年的讲稿中这样形容它：“马歇尔在筹备一个庞大的统计学意义上的历史——大头针代表某一年份，它提供了这一年已知的所有统计信息，包括欧洲各主权国家、英国政治历史、发明、工业进步、农业、历史统计信息、船运、租金、不同国家的出口和进口、工资、工会、价格。”[3] 这是马歇尔自创的方法（执行过程中受到了玛丽·佩利·马歇尔的帮助），正如后来他跟一些人解释的那样，他用这种方法来观察各种变量之间复杂的统计关系。[4] 这是马歇尔的座右铭——“多中有一，一中有多”（The One in the Many，the Many in the One）——的实际反映，旨在阐释事物的复杂性以及说明在经济学中得出简单的统计推论的难度。正如马歇尔在从剑桥退休 129
时对 J.B. 克拉克说的那样，如果要使经济学理论符合现实，那么，寻求事实就是最困难的事，到那时，马歇尔的阅读已经主要限于与事实有关的书籍了。[5]

更广泛地说，除了马歇尔对事实的哲学偏好之外，19 世纪 60 年代末和 70 年代初还见证了他对历史的态度的转变。在剑桥大学，从 1869 年西利接任金斯利成为钦定讲座教授开始，这一迹象就愈发明显。虽然西利在接受任命之前

[1] * 有关各种各样作家的画像可以充当一个例子，共有三份：第一份包括拉方丹（La Fontaine，2 幅）、夏洛蒂·勃朗特（Charlotte Bronte）、巴尔扎克、温克尔曼（Winckelman）、萨缪尔·约翰逊、大卫·加里克（David Garrick）、里克特（Richter）、斯塔尔夫人（Mme de Stael）和夏多布里昂（Chateaubriand）；第二份包括狄更斯、海涅（Heine）、贝特霍尔德·奥尔巴赫（Berthold Auerbach）、乔治·桑（George Sand）、萨克雷（Thackeray）、卡莱尔（Carlyle，2 幅）、特罗洛普（Trollope）、金斯利（Kingsley）和玛格丽特·盖蒂夫人；第三份包括拉斯金（2 幅）、纳撒尼尔·霍桑（Nathaniel Hawthorne）、利文斯顿博士（Dr. Livingstone）、埃塞尔·达伦小姐（Miss Ethel Dahlen）、G. 麦克唐纳、G.E. 凯瑟尔（G.E. Casual）、斯托夫人（Mrs. Stowe）、莎拉·科布小姐（Miss Sarah Cobbe）、马克·吐温。马歇尔最喜欢的小说家沃尔特·斯科特位列诗人名录中，海涅之前也在其中。刚开始看到这一收藏时，我以为它们具有特殊的骨相学上的目的，然而似乎并不是，因为它们形色各异，根本无法从观察颅骨的形状中得出什么合理的结论。马歇尔在颅相学方面的业余爱好，与他在 19 世纪 60 年代对心理学的沉迷高度一致。关于这些收藏的目的的另一个推测见下文第 6 章第 143 页，第 7 章第 201、213 页。

[2] 参见玛丽·佩利·马歇尔，《我的回忆》，第 20 页。

[3] 莱顿 15^2，第 15 页（莱顿文集，剑桥大学三一学院图书馆）。

[4] 1901 年 3 月 9 日马歇尔写给鲍利的信，《纪念集》，第 422–423 页，以及参见下文第 17 章，第 637–638 页，记录了他与摩尔就这一主题的通信。

[5] 参较马歇尔于 1908 年 3 月 14 日写给 J.B. 克拉克的信，《纪念集》，第 417 页。

因为可能的实证主义倾向而受到审查，但他将历史视为“实践学科”，并将它和“相类似的政治经济学”相联系，使历史这一学科在培养国家领袖上发挥了新的重要作用。[1] 19 世纪 70 年代初的那几年，马歇尔接受了这一新的历史精神，并为历史研究花费了大把时间。

这些哲学论文的内容并没有提供关于历史研究的直接信息，不过，当时道德科学大纲的内容（前文未提及）以及同时期的笔记能够提供一些线索。剑桥规定道德科学专业学生的必读书目包括：孟德斯鸠的《论法的精神》、基佐（Guizot）的《文明史》（*History of Civilization*）、哈勒姆（Hallam）的《中世纪》（*Middle Ages*）以及他的《代议制政府的历史》（*History of Representative Government*）。1862 年剑桥大学学生指南还列出了两本当时新近出版的书，奥斯丁的《法理学讲义》（*Lectures on Jurisprudence*）和梅因的《古代法》。[2] 马歇尔这一时期的作品引用了上述所有书目，前文还提及了他对巴克尔的《英国文明史》的引用（至少提到了书中对里德哲学的论述），也是在这一时期，马歇尔迷上了黑格尔的《历史哲学》。[3]

这些论文的内容也没有体现当时马歇尔对伦理学和道德哲学的强烈兴趣，不过，他的笔记本引用了许多道德哲学著作，其中，对边沁的《道德与立法原理导论》的引用最为重要。此外，马歇尔在 1867 年所记录的约 6 次格罗特俱乐部的会议记录显示，伦理话题在正式和非正式的讨论中都被频频提及。1868 年之后，作为学院讲师的马歇尔，继讲授政治经济学之后，还加开了逻辑学和伦理学讲座，而据玛丽·佩利的回忆，马歇尔在 19 世纪 70 年代初又新增了道德和政治哲学的讲座，讲座主题大多与边沁和约翰·斯图亚特·穆勒的功利主义有关。[4]

还要提到的是马歇尔在这一时期的另一份手稿。这是未完成的诗歌对话，“既是对康德的赞扬，也是对诗歌与科学关系的隐喻”。[5] 表面上，它捍卫了现

---

[1] 参见谢尔顿·罗斯布莱特，《教师的革命》，第 5 章，尤见第 169–171、176–179 页；参较阿龙·卡迪什（Alon Kadish），《历史学家、经济学家和经济历史学家》（*Historians*, *Economists and Economic Historians*），伦敦：劳特利奇出版社，1989 年，尤见第 134–141 页。

[2]《1862 年剑桥大学学生指南》，第 146、149 页。

[3] 参见我的文章《马歇尔与黑格尔》（‘Marshall and Hegel’），载《应用经济学》（*Economie Appliquée*），43（1），1990 年，第 66–69 页。如前所述（注释 89），曼塞尔的《班普顿演讲》引用了黑格尔的《历史哲学》，并且提到了它在德国哲学中的地位。例如，参见 H.L. 曼塞尔，《宗教思想的局限性》，第 5 版，1867 年，第 260–261 页。

[4] 玛丽·佩利·马歇尔，《我的回忆》，第 18 页。这点将在下文第 9 章第 268、270–271 页进一步讨论。

[5] 这一诗歌见 *EPW* 的附录，第 110–112 页。引文来自《对话》（‘Dialogue’）的导读，同上，第 109 页。*EPW* 第 135 页注释 277 解释了创作目的：“为了向康德致敬，证明他是一位彻底的伟大的诗人。”

代诗歌（与古典诗歌相比），还提到了当时风头正劲的勃朗宁和丁尼生，它借年轻主人公之口列举了优秀诗歌所必备的良好品质。对话中的人物以"青春的不妥协"来捍卫现代诗歌，估计这正是马歇尔内心的独白。好的诗歌一定和人有关，"软弱中迸发的全部力量，屈辱中包含的所有荣耀，失败中暗藏的完全胜利，斗争中的和平，向死而生的生命力"，简而言之，"他以极强的生命力走向歌德的'生成'（werden），……他的目光永远朝向茫茫的蓝色天际"。风格对优秀诗歌来说不那么重要。[1] 诗歌可以用散文或韵文写成，但诗歌的"本 130
质"，即"隐喻和例子"必须"给人以明确和强烈的印象"。"诗人必须发出毫不含糊的声音"，并且必须要有"可以说清楚的和明确的东西"。[2] 想象和未知，将诗歌、科学和康德联系起来，康德所主张的人类条件的内在局限是马歇尔不曾遗忘的。1920 年 10 月的自传片段清楚地记录了这一点："新柏拉图主义影响着后来的信条。文字是死的，精神赋予它生命力。我的导师康德——我唯一崇拜的人，但我将停在这里，前方似有薄雾。"[3]

除了康德的影响，这些自传笔记还提到了后来马歇尔放在两本主要著作扉页上的格言，这两个格言都是来自这一思想形成时期。据沃尔特·斯科特所说，《经济学原理》的"自然界没有飞跃"来自康德，[4]《产业与贸易》的"一中有多，多中有一"则改编自柏拉图《斐利布篇》（*Philebus*）中所记录的苏格拉底的话——真正理解"多"中的"一"是上帝赐予人类的礼物。正如前文已经提到的，据玛丽·佩利的回忆，1868 年马歇尔为阅读康德原版著作，前往德累斯顿学习德语，在那些年的夏季，他孤身登山远足，康德的《纯粹理性批判》以及其他哲学作品是他旅行的伴侣。[5] 因而，了解其大学毕业后的这段时期对于理解马歇尔后来的人生格外重要。他最终找到了真正的职业方向，不仅

[1] * 马歇尔曾经尝试过自己写诗，玛丽·佩利曾经给凯恩斯展示过留存下来的一首诗歌，不知道这首诗是否出自同一时期。

[2] 见 *EPW* 的附录，第 110–111 页。

[3] 阿尔弗雷德·马歇尔，《1920 年 10 月 3 日的自传片段》，马歇尔档案，棕色大箱，第 5 项。

[4] 沃尔特·斯科特，《阿尔弗雷德·马歇尔 1842–1924 年》，《英国学术院集刊》（*Proceedings of the British Academy*），牛津：克拉伦登出版社，1925 年，第 4–5 页，不过，下文第 12 章第 411 页将提到其他来源。

[5] ¶ 玛丽·佩利·马歇尔，《关于阿尔弗雷德·马歇尔的传记笔记》（KMF）。她还补充道，刚上德语课时，马歇尔就坚持从康德的作品开始学习。"他的老师认为这并不适合初学者学习，但他回答道，'如果不是为了康德，我就不会学德语'"。那时，康德的英译本当然已经问世了，道德科学荣誉考试推荐了博恩的版本，拉菲利在信中告诉我，事实上，马歇尔在作品中引用的就是这一版。

如此，这段时期也为他未来的事业提供了必要的哲学基础。让我们在“守护神”的故事中体会他的目标吧：“我的目光被橱窗里一幅小小的油画吸引（油画上的男人面容憔悴，神情在渴望着什么，一个‘穷困潦倒的’男人），我花几先令买下了它，把它挂在学院房间里的壁炉架上，从那时起，我称它为我的守护神，并决定将此生致力于让这样的人们也能获得幸福。”[1]

137 第5章附录

在职业探索早期，马歇尔的笔记本中所记录的与道德和精神哲学相关的书籍。[2]

清单1（1867年左右）

道德哲学作品包括：柏拉图的《理想国》、亚里士多德的《伦理学》、西塞罗的《论义务》、巴特勒的《三布道》（*Three Sermons*）、康德的《道德形而上学原理》（*Grundlegung zur Metaphysik der Sitten*）和《德性论》（*Tugendlehre*）、杜格尔德·斯图尔特（Dugald Stewart）的《论活动能力和道德能力》（*On the Active and Moral Powers*）第1卷和第2卷、惠威尔的《道德原理》、杰里米·边沁的《道德与立法原理导论》和《民法典原理》。提到的精神哲学著作包括：笛卡尔的《方法论》（*Discours de la méthode*）、洛克的《人类理解论》第1、2、4卷、维克多·库辛的《十八世纪哲学》中关于康德和洛克的部分、威廉·汉密尔顿爵士《形而上学演讲》（*Lectures on Metaphysics*），费里尔的《形而上学概要》和《知识和存在论》（*Thoery of Knowing and Being*）、亚历山大·培因的《感觉与理智》。

这些哲学书籍清单与19世纪60年代道德科学荣誉考试所提供的清单有以下不同之处。马歇尔的清单忽略了西塞罗的《论至善与至恶》（*De Finibus*），克拉克的《属性》（*Attributes*）和《不变的道德》（*Unchangeable Morality*）、佩利的《道德哲学》（*Moral Philosophy*）、费希特（Fichte）的《伦理学体系》（*Ethical System*），以及柏拉图的《道德对话集》（*Moral Dialogues*）（阿尔弗雷

[1] 引自J.M.凯恩斯，《阿尔弗雷德·马歇尔》，第200页。这幅画收藏于马歇尔图书馆，见本书图14。

[2] * 这些笔记本藏于马歇尔档案，棕色大箱，第5项。

德·马歇尔代之以柏拉图的《理想国》)。马歇尔的精神哲学书籍清单忽略了柏拉图的《提修斯》(*Theaetus*)、亚里士多德的《论灵魂》(*De Anima*)，以及由威廉·汉密尔顿爵士编辑的里德的《哲学》，让人意想不到的是，他还漏掉了康德的《纯粹理性批判》。马歇尔的清单中增加了费里尔和培因的作品，在那个阶段，他对这些作品极为感兴趣，并且提供了洛克的《人类理解论》和库辛的《哲学》里的具体章节和部分。

1869 年 5 月清单 138

这是马歇尔在担任道德科学讲师第一个学年末时编写的，涵盖了与新教学任务相关的更广泛和更多种类的书籍。它保留了以前在道德哲学读物下列出的亚里士多德、惠威尔和斯图尔特的作品，增加了曼塞尔的《心理学》、《道德和形而上学测验》(*The Test of Moral and Metaphysical Philosophy*) 和《逻辑学导论》(*Prolegomena Logica*)、穆勒的《逻辑体系》、惠特利（Whateley）的《逻辑学原理》、培因的《情感与意志》，并注意到一些关于政治经济学的著作，包括穆勒的《原理》、巴斯夏（Bastiat）的《和谐经济论》(*Harmonies économiques*)。关于逻辑学和政治经济的更加详细的清单如下：除了穆勒的《体系》、惠特利的《逻辑学》、曼塞尔的《导论》，内容更丰富的逻辑学清单中还增加了汤姆森的《思维规律》(*Laws of Thought*)、汉密尔顿的《演讲》、培根的《新工具论》和惠威尔的《新工具论修正》(*Novum Organum Renovatum*)。有关政治经济学著作的扩展阅读列表还增加了斯密的《国富论》、李嘉图的《原理》、凯尔恩斯（Cairnes）的《政治经济学的性质和逻辑方法》(*Character and Logical Method of Political Economy*)。与这一时期的道德科学荣誉考试所规定的阅读书目相比，马歇尔关于逻辑学的清单漏掉了亚里士多德《分类与分析》(*Categories and Analytics*)、特兰德伦伯格（Trendelenburg）的《亚里士多德逻辑原理》(*Elementa Logices Aristolelicae*)，以及曼塞尔注释的奥德里奇（Aldrich）的《逻辑学》。政治经济学的清单中，马歇尔忽略了马尔萨斯的《人口论》和《原理》，麦克库洛赫（McCulloch）的《政治经济学原理》，理查德·琼斯（Richard Jones）关于租金的文章及惠威尔所编的琼斯的《遗著》(*Literary Remains*)，还有凯里（Carey）的《政治经济学》和米歇尔·舍瓦利耶（Michel Chevalier）的《政治经济学课程》(*Cours d'économie politique*)。

第 6 章　经济学学徒期（1867–1875 年）及之后

139

马歇尔晚年留下了许多自传片段，[1] 他在其中一个片段中将 1867 年至 1875 年称作自己的经济学学徒期，当时他二十多岁，是圣约翰学院年轻的研究员。本章的主题是阐述马歇尔在那些年（直到 1879 年两本主要出版物问世）经济思想的发展。[2] 这需要系统地研究马歇尔后来给出的他对经济学产生兴趣的原因，特别是他决定专注于这一学科的原因，同时需要考察他主张的那些原创性理论，因为同时代的经济学家和他一样发现了全新的边际方法。[3]

马歇尔对这件事的重要回忆几乎都写于 20 世纪，即写于 60 岁之后。最早的回忆也是写于事件发生的三十多年后。其中重要的材料包括，他在 1900 年和 1908 年写给 J.B. 克拉克的一些信，以及 1908 年或 1909 年写给科尔森（Colson）的一封信，还有他于 1910 年左右为一部出版物准备的一段自传性的

[1]《纪念集》，第 358 页。

[2] 约翰·惠特克的 *EEW* 涵盖了全部的学徒期，几乎所有保存在马歇尔档案中的主要早期经济学作品的手稿都刊印在其中。本章很大程度上依赖于这一优秀的版本和它全面的导读，以及贾科莫·贝卡蒂尼的《重新认识马歇尔》（*Invito a una Rilettura di Marshall*）和《生产经济学》（*Economia della produzione*）中的《A&M.P. 马歇尔简介》（'Introduction to A&M. P. Marshall'），米兰，ISEDI，1975 年，第 9–111 页。

[3] 马歇尔的经济学学徒期中有两个重要方面留待后面的章节讨论。他在暑期深入工业区的实际调查，或者在写给弗拉克斯（Flux）的信中（日期为 1898 年 3 月 7 日的信件，《纪念集》，第 407 页）所提到的类似"游走于工厂之中"的部分将在第 7 章讨论，早期他在剑桥圣约翰学院和布里斯托所进行的政治经济学教学将在第 9 章讨论。

介绍。[1] 这些对早期经济学研究的回忆性记录，主要写于马歇尔刚从剑桥退休的那几年，重点记录时间和特定资料的细节，而自传性的介绍同样提到了他开始研究经济学的原因。

这些记录的内容在细节上有所不同，但基本概要如下。在 1866 年或 1867 年的某个时候，因为觉得自己“忽视应用伦理学的经济学基础”而在研究时受到了“阻碍”，马歇尔开始着手研究政治经济学。[2] 难以分辨这些应用伦理问题具体指什么，它们可能涉及最广泛意义上的工人阶级进步问题，这是马歇尔日益感兴趣的一个社会问题，不过当时马歇尔从未以书面形式阐述过这些问题。这对我们认识马歇尔来说是一大片认知盲区，本章将在后面进一步讨论。尽管通常将 1867 年当作马歇尔研究经济学的开端，但他本人也提到过的 1866 年似乎更加可信。有两件事可以佐证这一日期，首先，这一年的暑假，马歇尔很可能访问了苏格兰北部工业城镇，这意味着他对应用伦理问题的兴趣可能已经开始，由此，可能会产生更多地了解政治经济学的愿望。1865 年，穆勒关于政治经济学的大众版著作问世，这本更便宜的书对于兴趣正浓的初学者来说显然是明智的选择，其中一些内容直接说明了改善工人阶级状况和未来前景的可能性。事实上，马歇尔的确拥有这本 1865 年的大众版穆勒著作，现存于剑桥大学图书馆[3]。这是关于马歇尔经济研究发端的第二条线索。此书的第二 140
次印刷是 1867 年，因此，马歇尔很可能在此之前就购买了这本书，大概是在 1866 年的某个时候。

无论马歇尔是何时开始阅读穆勒的，毫无疑问，他是以这种方式开始了对政治经济学的系统性研究。马歇尔后来写给克拉克和科尔森的信件中，详细阐述了他是如何在三四年间从摆脱穆勒的观点到完成自己“关于价值和分配的主要理论”的，即他在《经济学原理》中展现的，从最初的第五篇中衍生出来的理论体系的核心部分。马歇尔声称，将穆勒的理论数学化，即“将学说转化为微分方程”，是他开创新理论的路径。这使他拒绝了穆勒《政治经济学原理》

[1] 指阿尔弗雷德·马歇尔于 1900 年 7 月 2 日和 1908 年 3 月 24 日写给 J.B. 克拉克的信，见《纪念集》，第 412–413、416–417 页；马歇尔写给 L.C. 科尔森的信（1908 年或 1909 年），《自称数学家的阿尔弗雷德·马歇尔》（‘Alfred Marshall the Mathematician as seen by himself’），载《计量经济学》（*Econometrica*），1（1），1933 年 4 月，第 221–222 页；《剑桥政治经济学教授阿尔弗雷德·马歇尔》（约 1910 年），*AMCA*，I，第 149–150 页。

[2]《剑桥政治经济学教授阿尔弗雷德·马歇尔》，第 149 页。

[3] 存于善本图书馆（马歇尔 d.61）。本章下文将讨论其中的注释。

中的部分内容，例如第二篇中的静态分配理论，而支持其在第四篇中的更具动态性的处理。与此同时，他还指出了穆勒的两个主要的分析缺陷。“他似乎没有吸收微小增量来分析逐步增长的概念；并且似乎并不足以确保……方程数等于变量数，既不多也不少。”

马歇尔对穆勒《政治经济学原理》的批判发现之旅还得到了其他作者的帮助。“我在 1868 年阅读了古诺的著作，大概到 1869 年或 1870 年，我都还没有阅读过冯·屠能的作品，因为我对德语还不够了解。”[1] 在马歇尔后来为《经济学原理》准备的数学附录中，注 5、注 13–14、注 14–20，至多到注 21，都基本在那时完成。马歇尔声称，到 1870 年底，《经济学原理》的数学框架缺少的是效用理论、弹性理论，以及需求集聚理论、劳动分配理论、物物交换理论的几何说明与垄断理论。那时已有的数学框架包括供求价值理论，大部分的生产和资本理论以及大量的分配理论。

1871 年，在马歇尔经济学学徒阶段的中期，杰文斯的《政治经济学理论》问世了。马歇尔发表的第一篇经济学论文[2] 就是对杰文斯《政治经济学理论》的评述，他回忆道，这是一项简单的任务，因为那时他的研究已经精进到足以“立刻明白我在多大程度上赞同和反对他的观点”。在他的学徒阶段后期（评述杰文斯之后），马歇尔在“垄断的数学理论和用图解方法处理穆勒的国际价值问题方面做了很多工作”。[3] 他在 1873 年的剑桥哲学学会会议上提出了前者的理论框架，到 1879 年，这些工作全部被纳入私人印刷出版的关于国内外价值纯理论的章节。“在 1871 年杰文斯极为重要《政治经济学原理》发表之前，我已经用数学描绘出了我现有体系的全部框架，虽然还未成文。”[4] 到 1879 年，大部分理论空缺已被填好，他的理论系统中的要点已经完成。

上述段落中特别提到的有关杰文斯的论据正是来源于这些信件，马歇尔在信中就他在政治经济学分析核心上的理论优先权进行了解释。抱着这一特殊的目的，信件自然对其他一些事情保持了沉默。例如，这些信件完全忽视了马歇尔从事经济学研究的广泛动机。它们忽视了他在经济学上层建筑方面的坚实工
141 作：货币、波动、信贷、资本市场、国际金融、政府职能和公共财政。对于马

[1] 马歇尔于 1900 年 7 月 2 日写给 J.B. 克拉克的信，见《纪念集》，第 413 页。

[2] 刊登在《学会》（*Academy*），1872 年 4 月 1 日（见《纪念集》，第 93–100 页）。下文第 158–159 页有详细讨论。

[3] 马歇尔给 L.C. 科尔森的信，第 221 页。

[4] 阿尔弗雷德·马歇尔于 1908 年 3 月 24 日写给 J.B. 克拉克的信，见《纪念集》，第 416 页。

歇尔在经济学方面的主要理论导师，它们也只狭隘地提到了穆勒、冯·屠能和古诺，但马歇尔声称使自己在范围和方法上获益匪浅的斯密和李嘉图，也是不可不提的名字。1910 年的更全面的自传介绍至少部分地填补了这些遗漏。它表明，在上述这些理论研究计划推进的同时，马歇尔还批判性地研究了“罗雪尔（Roscher）和其他德国经济学家提出的新的经济学观点，以及马克思、拉萨尔（Lassalle）和其他社会主义者的观点”。此外，当马歇尔“最终”（暗指 1866 年或 1867 年之后）放弃“所有回到哲学研究的念头时，他开始密切接触实际业务以及工人阶级的生活。一方面，他致力于了解每个主要行业技术的广泛特征；另一方面，他致力于探索一个工会、合作社和其他工人阶级领导人共存的社会”。[1]

上述最后一句话提醒我们，马歇尔的经济思想致力于实现真正的革命。他渴望抛弃古典经济学关于工人阶级未来可能性的悲观结论，这一结论认为未来将达到静止状态，人口和工资铁律将使工人工资永远维持在低水平，从而使人类进步受到局限。对于这种令人沮丧的预言，马歇尔希望用一种进步的法则替代它，这一法则包括相信人性本身改进的可能性。通过展现人类物质和道德改善的前景，马歇尔希望创造一个更加快乐的政治经济学，从而消除卡莱尔给这一学科贴上的“沉闷”的标签。

这一追求将建立在两种基本类型的研究上。它要求探索技术上的可能从而推动生产力的提高，进而打破约束经济学以及将永恒不幸加在工人阶级身上的人口预言和工资铁律。马歇尔对长期报酬递增的迷恋就是这种经济乐观主义的一部分。此外，它还需要研究工人阶级本身，尤其是在合作和工会运动中表现出来的更自由的部分。这让他能够评估人性可以改善的程度和速度。尽管穆勒的政治经济学和逻辑学已经呈现出了该研究的一些方向，但马歇尔至少在两个方面和穆勒观点相悖。他用连续的演化进步的概念替代了静止状态的概念。首先，马歇尔实际上将静止状态从古典经济进步的终点降格为价格理论的简单的初步抽象。其次，他以必要的道德观取代了穆勒笔下的纯机器般享乐主义的经济人。在日常生活中，人们有责任理性地处理经济事务，通过考虑现在和未来的实际需要，指导家庭采取储蓄和消费决策。因此，对于马歇尔的经济学来说，工作并不是一件痛苦的事，它本身就是一种创造性的活动，会导致“性格”的有益发展。所以，工作和生产是与消费同等重要的经济目标，而不仅仅

[1]《剑桥政治经济学教授阿尔弗雷德·马歇尔》，第 149 页。

是一种手段。强调责任以形成“道德化资本主义”是人类实现最高潜质的方式。马歇尔希望他的新政治经济学可以在这一崇高任务中发挥重要但决不是排他性的作用。[1]

142 这些指导他进行经济学研究的各种方法，最终融汇在马歇尔首次尝试撰写的“有关国际贸易的文章”中，作为他“关于具体经济问题的一系列专题论文”之一。这篇文章与它的初稿阶段相比没有什么大的进步。因此，他之后想要把这些专题论文汇编成与穆勒著作范围相类似的一个总体论著的计划也从未实施，事实上，他的工作朝着相反的方向进行了。[2]最终，基础性的论著《经济学原理》向前推进了，而且几乎掩盖了他后来出版的作为姊妹篇的其他专著。小试牛刀的第一本书，小开本的《产业经济学》诞生了，这是他与玛丽·佩利的婚姻的“副产品”。在此书的准备工作中，他花了三年的时间将经济学学徒期的大量成果以简化的形式凝聚在一起。凭这个原因，将这本书的出版视为马歇尔经济学家生涯的开始是最好不过的了。

关于马歇尔的学徒期的讨论，涉及对他经济思想的来源的考察，这些来源远不止他后来挑选出的那些理论“大师”，而且，还需要考察马歇尔的回忆与现存书面证据之间的矛盾。此外，学徒期广阔的研究视野导致马歇尔制定了雄心勃勃的出版计划，他后来不得不反复修改这些计划。他后续的写作充分证明，这是他从未完全吸收的来自经济学学徒阶段的一个教训。[3]马歇尔在这一阶段赋予经济学研究广泛的目标，这在很大程度上决定了他所讨论的经济学问题的范围。关于这些议题的原因以及具体情境也有待进一步澄清。

研究经济学的动力

直到晚年，马歇尔才明确表示，他从事经济学研究的最初动力源自应用伦理学的问题。探讨关于“人类能力更高和更快发展的可能性”的心理学问题时

[1] 此段和上一段很大程度上参考了加雷斯·斯特德曼–琼斯（Gareth Stedman-Jones）在《被遗弃的伦敦》（*Outcast London*）中有关马歇尔经济学前景的十分有趣的观点，牛津：克拉伦登出版社，1971 年，尤见第 3–11 页。作为对马歇尔新自由主义经济学研究计划的描述，它很大程度上解释了马歇尔在他的研究和写作中所使用的具体手段。

[2]《剑桥政治经济学教授阿尔弗雷德·马歇尔》，第 150 页。

[3] 下文第 12 章和第 19 章，论述作为学术型学生和经济学作家的马歇尔时，还将对此有所讨论。这些构成了本章关于经济写作的续篇。

自然引申出了另一个问题："英国（和其他国家）工人阶级的生活条件通常可以满足何种程度的丰富生活的需求"。在与朋友讨论这个问题时，马歇尔得到了来自"睿智的长者（的建议）……生产资料不足以支撑大多数人的生活、休闲和学习的机会，他们告诉我应该学学政治经济学"。这个建议可能是通过书面文字或口头对话传达的。

"一位读过很多现在称之为道德科学的书的朋友"也给出了类似的建议，"他常说，'啊！如果你懂政治经济学，就不会这么说了'。于是，我去读了穆勒的《政治经济学原理》，我感到非常兴奋"。这两条建议的语境非常相似。马歇尔对"机会不平等的正当性的怀疑"意味着他难以证明"现存的社会状况"的合理性，因此，他觉得有必要对此进行适当的调整和修正。在研究了"最贫穷人们的面孔"之后，那时的马歇尔认为，相对于给予穷人物质上的关怀，更应该关注让他们能够过上"更丰富生活"的机会。他下定决心"尽可能彻底地研究政治经济学"。[1]

有趣的是，马歇尔本人也将类似建议传达给了《经济学原理》的读者，他们是政治经济学的潜在研究者。《经济学原理》开篇就强调了他在 19 世纪 60 143
年代尽力解决的问题，以及后来其他人给出的建议，即"事实和推论……在经济学领域里"[2]是必不可少的，即使解决方案仍有不足之处。这些关注点和他在经济学学徒期，也就是思想形成时期所参加的许多智力活动相吻合。一些例子足以说明当时的情况。刚开始，马歇尔对一些社会主义者的思想很感兴趣，但这种想法很快就幻灭了。他们修正社会现状的方法过于简单化，他们"过于急躁地认为废除私有财产会消除人性的不足和缺陷"。[3]马歇尔对机会不平等的关注，同样说明当时他对生活水平（standard of living）和生活标准（standard of life）相关问题的浓厚兴趣。从他一生对勒普莱的工作的钦佩中可以看出这一点，他大概是通过威廉·萨金特（William Sargant）的《劳动阶级的经济》（*Economy of the Labouring Classes*）来了解勒普莱。[4]马歇尔终其大半生持续探究这个复杂议题。研究贫困群体的外貌以此作为他们是否过上

[1] 这些片段皆被 J.M. 凯恩斯的《阿尔弗雷德·马歇尔》引用，第 171 页。

[2] *P* Ⅰ，第 4 页，以及参见第 2–4 页对该问题的解释；*P* Ⅸ，第 132 页表明，这几页的内容只有非常少的改动。

[3]《剑桥政治经济学教授阿尔弗雷德·马歇尔》，第 149 页；关于马歇尔对"社会主义"和一般社会问题的矛盾关系的看法，参见下文第 16 章，第 570–572、608–609 页。

[4] 本章第 168 页对此有更详细的讨论，有关马歇尔对勒普莱的喜爱，参见 *P* Ⅸ，第 254 页。

富足生活的一项参考指标，基于同一理由，他还在这一时期为智力与物质优越群体建立了肖像库。通过研究收集的不同群体的肖像，他希望概括出不同阶级和职业的面部特征的规律。这可能有助于研究相对应的贫困群体中的人的外貌，也许可以为“应用”心理学或作为性格科学的“性格形成学”提供经验。玛丽·佩利后来回忆，尽管在她19世纪80年代的旅行笔记中马歇尔对工人阶级面孔的关注显而易见，但对于这些面孔的研究从未有过什么结论。[1]

这些关注点有助于解释阿尔弗雷德·马歇尔为何在19世纪60年代末的某个时候开始经济学研究，但它们不一定解释得了他为何在19世纪60年代末或70年代初决定专注于此，或者说，无法解释他为何再也没有“回到”广泛的哲学研究（如他后来所述）。关于他对穆勒在这一领域里的作品感到“兴奋”的事实，也是含糊不清的。此外，至少在几年间，他在研究政治经济学的同时还研究其他一些社会科学，这一事实表明，除了所提到的改善工人阶级未来的可能性（尽管在后来的经济实践中这一原因非常重要），马歇尔专注于经济学的原因还需要更多的解释。同时，也完全有理由发问，谁是睿智的长者，以及谁是那位精通道德科学的朋友，这些建议他有必要研究政治经济学的人究竟是谁？

在第5章中，珀西瓦尔、皮尔森、莫里斯、福西特和西季威克被认为是可能的候选人，可能是他们将马歇尔的兴趣引到改善工人阶级生活水平的社会问题上，此外，他们还可能向他指出了了解政治经济学的必要性。在比马歇尔年长这一点上，所有候选人都满足条件，莫里斯比马歇尔大一轮（37岁），福西特比马歇尔大9岁，珀西瓦尔比马歇尔大8岁，而西季威克和皮尔森分别比马歇尔大4岁和1岁，而马歇尔本人在1867年夏天已经25岁了。

1865年在克利夫顿，珀西瓦尔对马歇尔的影响还不足以促使马歇尔在一年多后研究政治经济学。在马歇尔之前给道德科学学生讲授政治经济学的人是J.B.皮尔森，他很可能对马歇尔的社会改革热情泼了冷水，正如马歇尔后来在
144 回忆中暗示的“睿智的长者”所做的那样。下文将提到马歇尔对道德科学教师皮尔森的批判态度。

亨利·福西特并不是马歇尔的密友，他和约翰·内维尔·凯恩斯，以及早些时候和莱斯利·斯蒂芬的关系更为亲密。没有任何实际证据表明他们关系

[1] 玛丽·佩利·马歇尔，《我的回忆》，第15–16页，以及参见上文第5章，第128页。关于旅行笔记中对于工人阶级面部表情的描述，参见下文第7章，第201、211、213页。

亲密。在马歇尔申请布里斯托大学的职位时，福西特为他写的推荐信只能说明他是个有亲和力的人。他将自己的《自由贸易与贸易保护》（*Free Trade and Protection*）一书赠送给马歇尔，也只是出于基本的礼仪，并不能说明他们的友谊多么深厚。马歇尔在就职演讲中对福西特热情洋溢的赞扬也是如此，只是在同一个部门实行完全不同的教育政策之前，一位继任者对前任所做的必要的评论。不可否认，福西特在合作和利润分享等方面的观点可能对马歇尔产生了一些重要影响；惠特克认为，福西特既没有"对马歇尔的智力产生很大的影响"，也没有"对他的智力发展产生过小的影响"，他仅仅是讲授荣誉学位课程的一位教授。不过，福西特发表的一些关于穷人的观点与马歇尔后来归于"睿智的长者"的观点相符。[1]

莫里斯于 1866 年 11 月重返剑桥，所以，他不大可能是激发马歇尔在社会问题上的兴趣的主要影响人物。但是，莫里斯可能促进了马歇尔在思考方向上的转变。他关于政治经济学价值的积极观点，与马歇尔收到的建议，即关于研究经济学对未来社会改革者的重要性的观点相符。莫里斯在 1866 年 12 月的就职演讲大概也是鼓舞人心的，它将数学研究中的内在稳定性与基于概率平衡的人类行为进行了对比，称赞道德哲学是研究"成就人品的礼仪举止"的学科，并提到"骑士精神是现代欧洲历史上的显著特征之一"。莫里斯批判功利主义是一种"自私逐利的学说"或对"金钱上帝"的盲目崇拜，这点同样也带给马歇尔情感上的共鸣。更一般地说，莫里斯的学说，以及他对合作的强调和对工人阶级疾苦的同情，都对马歇尔当时的自学计划很有启发意义。[2]

相对于提供此类建议的"睿智的长者"，如果马歇尔想要从事改善工人阶级状况这一事业的话，那么，那位告诉马歇尔有必要学习政治经济学并且精通道德科学的"朋友"，最有可能是亨利·西季威克。那时西季威克"读了很多现在叫作道德科学的东西"，包括政治经济学。当西季威克在 1900 年 8 月死于

[1] 约翰·惠特克，*EEW* 导论，第 14–15 页，第 63 页注释 13；阿尔弗雷德·马歇尔，《经济学现状》（'The Present Position of Economics'），收录于《纪念集》，第 152–153 页；亨利·福西特，《贫困：原因与对策》（*Pauperism: Its Causes and Remedies*），伦敦：麦克米伦出版社，1871 年，第 111 页。

[2] 弗兰克·麦克莱恩（Frank McClain），《莫里斯：人与道德家》（*Maurice, Man and Moralist*），伦敦：S.P.K.C.，1972 年，第 71、85 页；F.D. 莫里斯，《决疑论，道德哲学与道德神学：一篇就职演说》（*Casuistry, Moral Philosophy and Moral Theology: An Inaugural Lecture*），伦敦：麦克米伦出版社，1866 年，尤见第 22、31、38 页；F.D. 莫里斯，《合作的理由》（*Reasons for Co-operation*），伦敦：J.W. 帕克出版社（J. W. Parker），1851 年，第 19–26、44–45 页。

癌症时，马歇尔这样回忆道，“在1867年到1877年的日子里，对我而言，他比大学中其他一切事物的总和还要重要”。在学校为西季威克准备的官方悼词中，马歇尔形容自己在道德科学方面，“完全是西季威克的学生”。[1] 在马歇尔申请布里斯托职位时，西季威克为其所写的推荐信表明，[2] 从19世纪70年代初开始，马歇尔在剑桥大学的主导地位促使道德科学中的政治经济学得到了快速发展，这一师生角色后来在经济学领域发生了对换。

且不论马歇尔接触这一领域的初衷如何，19世纪70年代初，他在剑桥大学政治经济学教学中的主导地位，或许正是他决定集中精力研究这一学科的原
145 因所在。没有理由怀疑他之后的说法——这很大程度上是由于对贫困和改善工人阶级状况的社会问题的关注，但至少在这种兴趣被点燃后的头几年里，这一研究仍然让位于哲学和心理学上的研究。正如前文所提到的，马歇尔在1869年放弃将心理学作为以后的职业，[3] 同样有理由相信，不久后他就以经济学替代之，特别是在那时的马歇尔已经意识到他非常擅于讲授这一学科的情况下。不过，这些都不能排除马歇尔在此后数年依然同时阅读着心理学和哲学方面的作品。

马歇尔早期手稿的日期也支持这种观点。现存的最后一篇哲学论文的日期最终确定为1869年之后，马歇尔的首篇重要且系统的经济论文最早始于1870年。换句话说，从1870年开始，马歇尔才将他的写作主题引向这个新的主要兴趣，也就是停止写作与人类思想和心理学相关的主题之后。对经济学的专门研究可能直到19世纪70年代中期才开始，不过，这仅仅是因为他在19世纪70年代早期的教学任务里还包括哲学。马歇尔对心理学的兴趣在1875年之前依然清晰可见。因此，阿尔弗雷德·马歇尔对经济学的选择，与他行善的意愿相比，至少也要归功于他对成功的渴望。在马歇尔档案馆保存的一个没有日期的片段（可能写于19世纪20年代）说明了这一点：“追逐的本能和对胜利的热情为建设性的成就提供了最好的动力，而对于竞争者的最残酷和不择手段的破坏来说也是如此。”[4] 到1869年底，马歇尔的经济学学徒生涯似乎已经正式开始。

[1] 参见下文第18章，第663、665–666页。

[2] 1877年6月20日，H. 西季威克写给布里斯托大学学院理事会的信。

[3] 参见上文第5章，第127–128页。

[4] 马歇尔档案，红箱1（5）。

阿尔弗雷德·马歇尔和约翰·斯图亚特·穆勒的政治经济学

要想对阿尔弗雷德·马歇尔的经济学学徒期进行评价，首先要评估约翰·斯图亚特·穆勒的《政治经济学原理》对他的巨大影响。马歇尔和 J.B. 克拉克以及科尔森的早期通信中有一些关于穆勒的数学方法的讨论。在大学毕业后的 1867 年，马歇尔阅读穆勒时的兴奋之情可以从他所作的注释中得到更加准确的评估，根据笔迹的变化，可以相当准确地区分 19 世纪 60 年代末和更晚些时候所作的注释。如前所述，这本穆勒著作被保留下来了。此外，马歇尔拥有的这本书中，还特别包含了他偶尔添加进去的范围广泛的涂写。在这本 1865 年的大众版中，每页中都插入了一张白纸。在这些白纸上，可以看到他用**几何**的方法表达穆勒的租金理论，不过，马歇尔几乎没有用代数的方法，严格说来，也从未使用微分法。[1]

穆勒的《政治经济学原理》的后三篇是马歇尔标注最为密集的地方，不过
在第 1 篇和第 2 篇中也有一些重要的早期注释。第 1 篇中，年轻的马歇尔对穆 146
勒关于资本的四个命题（第 5 章），[2] 以及对第 6 章关于合作和劳动组合的内容（马歇尔在此处引用了马克思《资本论》第 1 版中的三句话），都表现出了强烈的兴趣。[3] 马歇尔在第 1 篇中评论最多的一次是第 9 章，涉及大规模和小规模生产，这表明他在经济学研究的早期就意识到了这个话题的重要性。第 2 篇第 1 章的注释显示，马歇尔对欧文主义者的“共产主义”非常着迷；他对奴隶经济学也有大量评论（第 2 篇，第 5 章），但除第 15 章关于利润以外，第 2 篇其余部分的注释相对较少。

第 3 篇的注释大概是最多的。鉴于我们对马歇尔早期经济学作品的了解，

[1] 剑桥大学图书馆，马歇尔 d.61。大众版的页码在历次印刷中保持不变。

[2] * 年轻的马歇尔引用了萨金特《近期的政治经济学》第 40 页的内容：“三十年前英国的自由贸易引起了对小麦的巨大需求，俄亥俄州的农民继续种植小麦，对小麦的需求就是对生产小麦的劳动力的需求”。这是对那一章第 9 段所表达的“对商品的需求不是对劳动的需求”的观点的回应，不过，马歇尔后来在 19 世纪 90 年代反驳道，“这是一个很好的例子，说明了穆勒的一些命题应该得到正确的表达，不然可能会被误解”（大众版《政治经济学原理》，第 49 页）。

[3] 引自卡尔·马克思，《资本论》，德语第 1 版，1867 年，第 322、324、353 页。还可参见下文，第 16 章，第 578 页。

这一点并不奇怪。前六章关于价值的篇幅中有许多标注，在有关货币的前几章中也是如此。一条有关货币数量论的评论（第 2 篇，第 8 章，第 2 段）特别有趣，因为它包含了货币数量论的早期代数形式：[1]

> 任何价值为 ν 的特定商品，一年内流通的次数为 α；令货币的平均流通次数为 n，γ 为货币总价值，则有
>
> $$n\gamma=\Sigma(\alpha,\nu)$$

在穆勒论述货币的其他部分，特别是与危机有关的部分（第 3 篇，第 9–13 章）和有关国际价值的部分（第 18 章），马歇尔的笔迹显示，这些都是他后期添加的注释。[2] 不过也有例外，在第 14 章讨论“供给过剩”的地方，马歇尔引用了萨金特的《近期的政治经济学》(*Recent Political Economy*）作为对穆勒关于这一问题的“正统观点”的批判，以及在第 22 章讨论相关的货币管制问题的部分，笔迹显示这些都是马歇尔早期所作的注释。[3] 这表明，马歇尔对穷人等社会问题的兴趣可能部分地受到 1866 年 5 月商业危机的影响，这场危机是由著名的商业银行欧沃伦格尼银行（Overend，Gurney & Co.）的破产引发的，他在苏格兰暑期旅行以及深入北方工业城市考察时可能看到了许多危机带来的直观的影响。[4]

第 4 篇同样有很多注释。在这里，马歇尔首次运用图表将穆勒的地租理论几何化（第 4 篇，第 3 章），这些例子如图 6.1 所示。[5] 第 4 篇中，最密集的注释出现在第 4 章有关利润率下降的部分，第 6 章有关静止状态的部分，以及第 7 章有关“劳动阶级的未来可能性”的部分，这些都与马歇尔当时日益感兴趣

[1] 参较 *EEW*，第 167–170 页，注释 7，马歇尔对货币数量论的早期论述。

[2] 从本章的内容中可以注意到，马歇尔所作的注释对穆勒《政治经济学原理》中的代数方法没有明显的回应，除了对《政治经济学原理》一个脚注进行了标记（大众版《政治经济学原理》，第 363 页注释 *），一些推论是从这个代数中得出的。

[3] 对于后者，马歇尔引用了葛逊（Goschen）的《外汇》(*Foreign Exchanges*），第 4 版，1864 年，第 73 页（大众版，第 384 页）；而对于前者，马歇尔赞同萨金特在他的《近期的政治经济学》里对储蓄过剩的批评（第 50–55 页），这是对穆勒和福西特关于供给过剩和总量过剩的观点的猛烈批判（大众版《政治经济学原理》，第 338 页）。马歇尔所拥有的萨金特的《近期的政治经济学》保存在马歇尔图书馆，其中也就这一点作了注释。

[4] 关于 1866–1867 年商业危机对伦敦工人阶级的影响，可参见 G. 斯特德曼 – 琼斯在《被遗弃的伦敦》中的有益的探讨，第 102–104、243–244 页。

[5] 即本章的图 6.1。

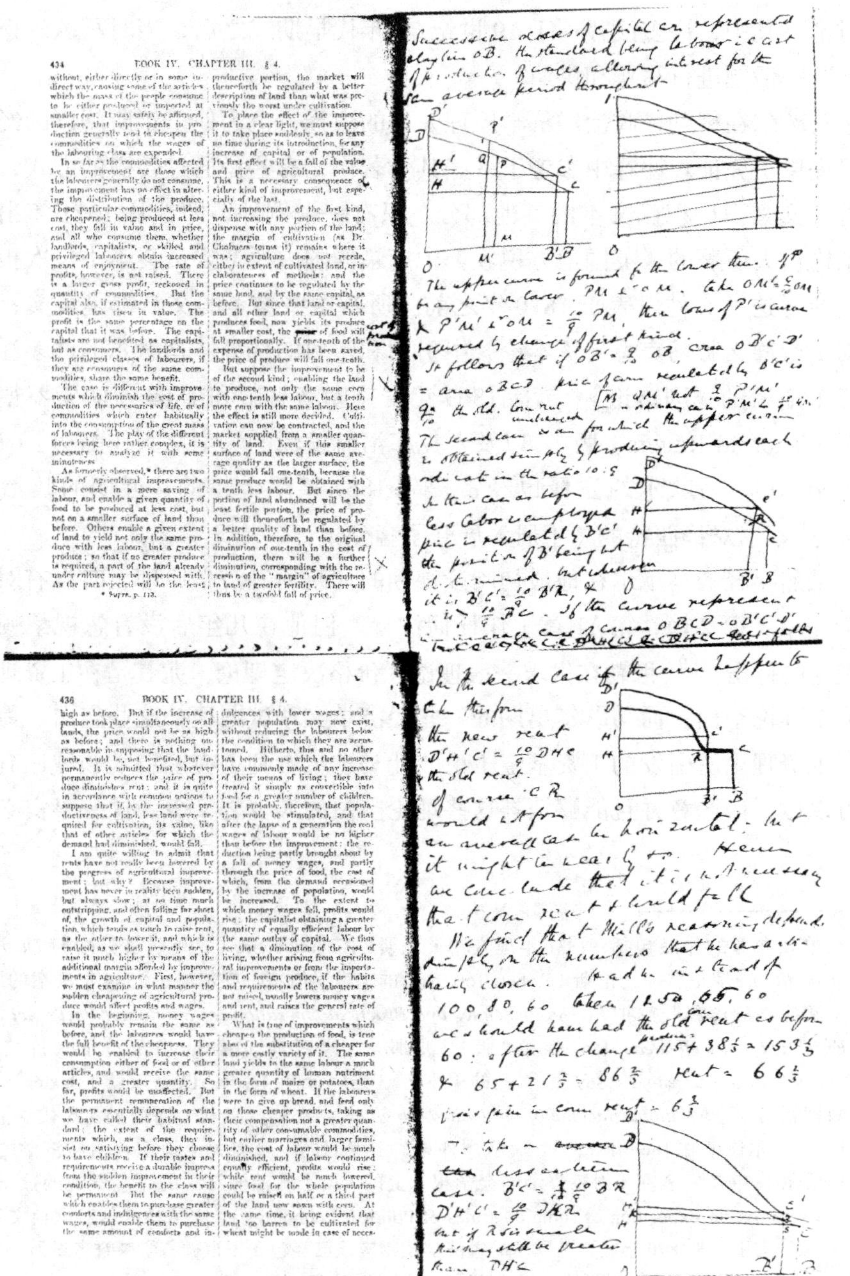

434　　BOOK IV. CHAPTER III. § 4.

without, either directly or in some indirect way, causing some of the articles which the mass of the people consume to be either produced or imported at smaller cost. It may safely be affirmed, therefore, that improvements in production generally tend to cheapen the commodities on which the wages of the labouring class are expended.

In so far as the commodities affected by an improvement are those which the labourers generally do not consume, the improvement has no effect in altering the distribution of the produce. Those particular commodities, indeed, are cheapened; being produced at less cost, they fall in value and in price, and all who consume them, whether landlords, capitalists, or skilled and privileged labourers, obtain increased means of enjoyment. The rate of profits, however, is not raised. There is a larger gross profit, reckoned in quantity of commodities. But the capital also, if estimated in those commodities, has risen in value. The profit is the same percentage on the capital that it was before. The capitalists are not benefited as capitalists, but as consumers. The landlords and the privileged classes of labourers, if they are consumers of the same commodities, share the same benefit.

The case is different with improvements which diminish the cost of production of the necessaries of life, or of commodities which enter habitually into the consumption of the great mass of labourers. The play of the different forces being here rather complex, it is necessary to analyze it with some minuteness.

As formerly observed,* there are two kinds of agricultural improvements. Some consist in a mere saving of labour, and enable a given quantity of food to be produced at less cost, but not on a smaller surface of land than before. Others enable a given extent of land to yield not only the same produce with less labour, but a greater produce; so that if no greater produce is required, a part of the land already under culture may be dispensed with. As the part rejected will be the least productive portion, the market will thenceforth be regulated by a better description of land than what was previously the worst under cultivation.

To place the effect of the improvement in a clear light, we must suppose it to take place suddenly, so as to leave no time during its introduction for any increase of capital or of population. Its first effect will be a fall of the value and price of agricultural produce. This is a necessary consequence of either kind of improvement, but especially of the last.

An improvement of the first kind, not increasing the produce, does not dispense with any portion of the land; the margin of cultivation (as Dr. Chalmers terms it) remains where it was; agriculture does not recede, either in extent of cultivated land, or in elaborateness of methods: and the price continues to be regulated by the same land, and by the same capital, as before. But since that land or capital, and all other land or capital which produces food, now yields its produce at smaller cost, the price of food will fall proportionally. If one-tenth of the expense of production has been saved, the price of produce will fall one-tenth.

But suppose the improvement to be of the second kind; enabling the land to produce, not only the same corn with one-tenth less labour, but a tenth more corn with the same labour. Here the effect is still more decided. Cultivation can now be contracted, and the market supplied from a smaller quantity of land. Even if this smaller surface of land were of the same average quality as the larger surface, the price would fall one-tenth, because the same produce would be obtained with a tenth less labour. But since the portion of land abandoned will be the least fertile portion, the price of produce will thenceforth be regulated by a better quality of land than before. In addition, therefore, to the original diminution of one-tenth in the cost of production, there will be a further diminution, corresponding with the recession of the "margin" of agriculture to land of greater fertility. There will thus be a twofold fall of price.

* Supra, p. 113.

436　　BOOK IV. CHAPTER III. § 4.

high as before. But if the increase of produce took place simultaneously on all lands, the price would not be as high as before; and there is nothing unreasonable in supposing that the landlords would be, not benefited, but injured. It is admitted that whatever permanently reduces the price of produce diminishes rent: and it is quite in accordance with common notions to suppose that if, by the increased productiveness of land, less land were required for cultivation, its value, like that of other articles for which the demand had diminished, would fall.

I am quite willing to admit that rents have not really been lowered by the progress of agricultural improvement: but why? Because improvement has never in reality been sudden, but always slow; at no time much outstripping, and often falling far short of, the growth of capital and population, which tends as much to raise rent, as the other to lower it, and which is enabled, as we shall presently see, to raise it much higher by means of the additional margin afforded by improvements in agriculture. First, however, we must examine in what manner the sudden cheapening of agricultural produce would affect profits and wages.

In the beginning, money wages would probably remain the same as before, and the labourers would have the full benefit of the cheapness. They would be enabled to increase their consumption either of food or of other articles, and would receive the same cost, and a greater quantity. So far, profits would be unaffected. But the permanent remuneration of the labourers essentially depends on what we have called their habitual standard; the extent of the requirements which, as a class, they insist on satisfying before they choose to have children. If their tastes and requirements receive a durable impress from the sudden improvement in their condition, the benefit to the class will be permanent. But the same cause which enables them to purchase greater comforts and indulgences with the same wages, would enable them to purchase the same amount of comforts and indulgences with lower wages; and a greater population may now exist, without reducing the labourers below the condition to which they are accustomed. Hitherto, this and no other has been the use which the labourers have commonly made of any increase of their means of living; they have treated it simply as convertible into food for a greater number of children. It is probable, therefore, that population would be stimulated, and that after the lapse of a generation the real wages of labour would be no higher than before the improvement: the reduction being partly brought about by a fall of money wages, and partly through the price of food, the cost of which, from the demand occasioned by the increase of population, would be increased. To the extent to which money wages fell, profits would rise: the capitalist obtaining a greater quantity of equally efficient labour by the same outlay of capital. We thus see that a diminution of the cost of living, whether arising from agricultural improvements or from the importation of foreign produce, if the habits and requirements of the labourers are not raised, usually lowers money wages and rent, and raises the general rate of profit.

What is true of improvements which cheapen the production of food, is true also of the substitution of a cheaper for a more costly variety of it. The same land yields to the same labour a much greater quantity of human nutriment in the form of maize or potatoes, than in the form of wheat. If the labourers were to give up bread, and feed only on those cheaper products, taking as their compensation not a greater quantity of other consumable commodities, but earlier marriages and larger families, the cost of labour would be much diminished, and if labour continued equally efficient, profits would rise: while rent would be much lowered, since food for the whole population could be raised on half or a third part of the land now sown with corn. At the same time, it being evident that land too barren to be cultivated for wheat might be made in case of neces-

147

图 6.1：马歇尔对 J.S. 穆勒《政治经济学原理》所作的注释，第 4 篇，第 3 章，第 1、4 段。

来源：经剑桥大学图书馆理事会批准复印。

的社会问题密切相关。第 5 篇同样包含了大量的注释，特别是前几章关于税收的讨论，其中，许多注释写于 19 世纪 70 年代早期或之后，当时马歇尔正积极地就这一话题进行写作和讲演。

148 马歇尔在穆勒《政治经济学原理》中的注释，也为他早年所阅读的经济学书目提供了凭证。注释中参考了一些其他著作，有些是通过转引的方式，有些是直接交叉引用穆勒文本的其他部分。只有一个例外，即他从 1871 年出版的帕尔格雷夫所著的《英国地方税收》中摘录的国内税务委员会第十二次报告中的内容，这一文件发表于 1870 年之前。所有这些参考的文献都是英文，除了从第 1 版德文版马克思《资本论》中引用和转引的部分。马歇尔的许多注释还参考了斯密的《国富论》[包括 1863 年麦克库洛赫版和 1869 年的索罗德·罗杰斯（Thorold Rogers）版]，以及麦克库洛赫编辑的《李嘉图作品集》（*Works of Ricardo*）。马歇尔的注释也经常提到 1867 年萨金特的《近期的政治经济学》，这本书对福西特的《手册》展开了猛烈批评。[1]

虽然年轻的马歇尔在他最初阅读穆勒的《政治经济学原理》时没有对工资基金一章（第 2 篇，第 11 章）作任何注释，但他在几年后没有忽视桑顿对这一理论的抨击。[2] 穆勒在供求一般理论、价格决定理论，尤其是在工资理论上留下了理论空白，而马歇尔早期的一些经济学文章试图填补这些空白。穆勒的静态工资理论所引发的工资基金争论，让马歇尔看到了在经济学领域还有很多事可以做，而愿意并且能够填补这些理论空白的人少之又少。这一事实必定使

[1] * 单独参考的作品包括，1831 年理查德·琼斯（Richard Jones）的《财富分配》（*Distribution of Wealth*），罗伯特·托伦斯（Robert Torrens）的《对罗伯特·皮尔爵士 1844 年法案的原则与实践操作的解释与辩护》（*The Principles and Practical Operations of Sir Robert Peel's Act of 1844 Explained and Defended*，1857 年第 2 版），波那米·普莱斯（Bonamy Price）的《价格原理》（*Principles of Currency*，1869），葛逊的《外汇》（1864 年第 4 版），巴克斯特（Baxter）的《英国国民收入》（*National Income of the United Kingdom*，1868），亨利·梅因的《古代法》（1866 年），凯尔恩斯在 1869 年 12 月的《双周评论》上发表的一篇有关土地和政治经济学的文章，惠威尔 1829 年发表在《剑桥哲学学会学报》上的《关于政治经济学的一些学说的数学阐述》（'Mathematical Exposition of some doctrines of Political Economy'），这是马歇尔对这篇文章的唯一一次引用。到 1870 年底，马歇尔的经济学读物应该已经包含了道德科学荣誉考试所要求的书籍，他从 1868 年底开始讲授这一领域的课程，见上文，第 5 章，第 118–120、132 页。

[2] 威廉·桑顿（William Thornton），《论劳动》（*On Labour*），伦敦：麦克米伦出版社，1869 年，第 2 章，以及 1870 年的第 2 版。马歇尔所拥有的这本书保存在马歇尔图书馆，里面有他的大量的注释。穆勒的评论分为两部分：1869 年《双周评论》，V（新系列），5 月，第 505–518 页；6 月，第 680–700 页。他们列出了马歇尔制作并保存在马歇尔图书馆的来自《双周评论》的重要文章。

他更有动力专心研究经济学这一领域，而不是他似乎已在 1869 年准备放弃的心理学。[1]

当时马歇尔对知识论有着强烈的兴趣，因而，他对穆勒独特且有些矛盾的科学方法也很感兴趣。穆勒曾在三本作品中讨论过这些内容。第一本作品认为，政治经济学和所有道德科学一样，其规律是由抽象的、先验的方法表述，而后验方法则用于检验其正确性。使先验方法适合于政治经济学的主要抽象原则是**经济人**的假定，即自利的，追求利益最大化的个人。[2]

穆勒随后的《逻辑体系》一书对这些问题的讨论却大不相同。虽然其讨论政治经济的具体章节在很大程度上引用了早期的论文，但它更广泛的视角在处理政治经济学方法时制造了一些张力。一个明显的张力存在于科学的历史部分和政治经济学的相对应的部分之间，前者与分配有关，其规律因时间和地点而异；而穆勒认为后者是普遍适用的，其中生产理论是最好的例子。另一种张力，在某些方面对年轻的马歇尔来说更为重要，那就是科学的机械性质和人类性质之间的矛盾。穆勒在提出建立性格学作为一般性社会性格科学时，提请注 149
意这一点，因为对其发展来说，经验方法更加合适。[3]

《政治经济学原理》中的实际的科学方法，以及其"对社会哲学的应用"的强调，更偏向于性格学的更广泛的方法，而不是早期著作中认为最适用于政治经济学的那种抽象的、先验的机械方法。[4] 无论是年轻时还是成熟之后，马歇尔都更偏爱穆勒的《政治经济学原理》，而非穆勒和方法论有关的文章。马歇尔在自己所著的《经济学原理》中批判了后者，他赞赏穆勒的《政治经济学

[1] 对于修正理论的争论的普遍重要性，参见 T.W. 哈奇森（T.W. Hutchison），《经济学的革命与进步》（*On Revolutions and Progress in Economic Knowledge*），剑桥：剑桥大学出版社，1978 年，第 3 章，以及迈克尔·怀特（Michael White），《"被上帝遗忘的桑顿"和供求定律》（'That God-forgotten Thornton" and the Laws of Supply and Demand'），《HETSA 公报》（*HETSA Bulletin*），第 9 号，冬，1988 年，第 16–29 页。马歇尔早期所写的关于价值和工资的文章部分是对这一争论的回应，见 *EEW*，I，第 119–160、178–201 页，以及参见 G. 贝卡蒂尼，《重新认识马歇尔》，第 28–36 页。

[2] J.S. 穆勒，《关于一些未决问题的论文》（*Essays on some Unsettled Questions*），尤见第 137–138、143–144、146、153 页。

[3] J.S. 穆勒，《逻辑体系》，第 6 篇，第 9 章，尤见 588–594 页。

[4] J.S. 穆勒，《政治经济学原理》，序。至于其对马歇尔的影响，参见贝卡蒂尼，《重新认识马歇尔》，第 57–61 页。关于穆勒方法论上的复杂立场的详细讨论，请参阅萨缪尔·霍兰德（Samuel Hollander），《约翰·斯图亚特·穆勒经济学》（*The Economics of John Stuart Mill*），牛津：布莱克威尔出版社（Basil Blackwell），1985 年，第 2 章。关于穆勒对生产与分配所做的区分，与马歇尔的社会主义信仰之间的关系，见下文第 596 页。

原理》为作为社会科学的政治经济学提供了正确的融合剂。穆勒的《政治经济学原理》在讨论政治经济学时强调人性，将理论与事实相结合，并对这一主题的历史相关性给予了适度的强调。[1] 穆勒的《政治经济学原理》是马歇尔阅读的第一本政治经济学著作，因而对他的经济思想有着重要的影响，除此之外，穆勒的著作还持续影响了马歇尔后来几十年的思想的发展，尽管马歇尔后来对穆勒的一些理论持批判态度。[2]

经济学方面的其他影响及来源

在穆勒的著作之后，马歇尔在这一阶段阅读的古典政治经济学主要著作还包括斯密的《国富论》和李嘉图的作品。马歇尔倾向于使用这些古典著作的麦克库洛赫版本，在阅读《国富论》时，他还经常使用麦克库洛赫对该文本的广泛注释。他对这两本书十分了解，出于教学目的，他必须熟悉它们，他尤其精通更受学生喜爱的斯密的著作。他在穆勒的书中所作的注释也表明，他曾仔细地研读过它们。关于斯密的大量手稿资料，以及相对较少的关于李嘉图的手稿资料都大体上用于教学任务。然而，正如马歇尔本人指出的那样，他受益最多的古典学说还是来自约翰·斯图亚特·穆勒的著作。[3] 马歇尔对古典学说的精通和推崇让人印象深刻，这在他本人主要经济著作的内容和安排中就可以体现，这一点惹恼了许多后来的评论者。[4]

---

[1] *P* Ⅷ，第 3–4 页，第 1 篇，第 2 章，对穆勒的赞赏见附录 2，第 764–766 页。在第 1 版中，这些内容都在第 1 篇。

[2] 穆勒对马歇尔社会主义观点的影响见下文第 16 章，尤见第 572–573、580 页。还可参阅 K. 巴拉德瓦杰（K. Bharadwaj），《颠覆古典分析：阿尔弗雷德·马歇尔关于价值的早期论文》（'The Subversion of Classical Analysis，Alfred Marshall's Early Writings on Value'），*AMCA*，Ⅲ，第 600–625 页。

[3] D.P. 欧布莱恩，《马歇尔和古典经济学》（'Marshall in Relation to Classical Economics'），收录于《阿尔弗雷德·马歇尔百年纪念文集》（*Centenary Essays on Alfred Marshall*），约翰·惠特克（编），尤见第 137–147 页。马歇尔关于亚当·斯密和李嘉图的现存注释的选集参见 *EEW*，Ⅱ，第 253–260 页。

[4] 例如，G.J. 斯蒂格勒（G.J.Stigler），《生产与分配理论的成型阶段》（*Production and Distribution Theories. The Formative Period*），纽约：麦克米伦出版社，1941 年，第 63、83 页，以及 J.A. 熊彼特（J.A. Schumpeter），《阿尔弗雷德·马歇尔 1842–1924 年》，收录于《十大经济学家》（*Ten Great Economists*），伦敦：艾伦 & 昂温出版社（Allen & Unwin），1952 年，第 95–97 页。关于马歇尔是如何对待李嘉图的，参阅我的文章《李嘉图之于马歇尔》（'Marshall on Ricardo'），收录于《L.L. 帕西内蒂纪念文集》（*Essays in Honour of L. L. Pasinetti*），M. 巴兰兹尼（M. Baranzini）和 G. C. 哈考特（编），伦敦：麦克米伦出版社，1993 年，第 1 章。

在这一方面，古诺和冯·屠能对马歇尔的影响较为重要。正如马歇尔于 1900 年写给 J.B. 克拉克的信中所说，如果他没记错的话，他早在 1868 年、1869 年或 1870 年就研究过他们的作品。马歇尔之所以能够如此早地研究古诺的著作，无疑是因为后者从 19 世纪 40 年代开始，就闻名于剑桥数学界了。[1] 圣约翰大学图书馆中没有古诺的书，马歇尔似乎是在早些时候购买了一 150
本。这本书连同他的注释一起被保存在马歇尔图书馆。

非常可信的是，马歇尔为古诺著作所作的注释都写于 1870 年之前。他的注释涵盖了垄断理论、双寡头理论、竞争均衡以及取消贸易禁令的影响等方面。[2] 古诺对马歇尔的早期影响常常被马歇尔当作论据，用来支持他 1883 年向瓦尔拉斯提出的一个主张，即“他在杰文斯的书问世之前就已经提前发现了书中所有重点，并且在很多方面超过了他”。[3] 其中明确包括最终效用问题，

[1] * J.T. 格雷夫斯（J.T. Graves）和惠威尔在 1848–1849 年间的通信中，提到了古诺的这本数理经济学著作的重要性，并且暗示巴贝奇通过格雷夫斯的介绍，也开始关注这本书。巴贝奇在 1828 年至 1839 年期间担任剑桥大学卢卡斯数学教授，据说他还是剑桥哲学学会的创办人，惠威尔则在 1829 年、1830 年和 1850 年的哲学学会上报告了自己的数理经济学论文。来自圣约翰学院，1845 年以第六名的成绩获得数学荣誉学位，曾短暂担任过圣约翰学院研究员的数学家 J.B. 谢里曼（J.B. Cherriman），于 1857 年在加拿大的一个期刊上发表了关于古诺的书评，他当时是多伦多大学数学与自然哲学教授。德亨特于 1875 年将古诺著作的重要意义告诉了杰文斯，他也是来自圣约翰学院的数学家。他很可能是在格雷夫斯和惠威尔的通信集中看到的有关这本书的介绍，他在为惠威尔的传记做准备时，曾在三一学院研读过惠威尔文集。参见萨利姆·拉希德（Salim Rashid），《威廉·惠威尔与早期数理经济学》（‘William Whewell and Early Mathematical Economics’），《曼彻斯特学派》（*Manchester School*），45（4），1977 年 12 月，第 388–389 页；罗伯特·戴曼德（Robert Dimand），《加拿大对数理经济学的早期贡献：1857 年 J.B. 谢里曼的“古诺书评”》（‘An Early Canadian Contribution to Mathematical Economics：J. B. Cheriman's 1857 “Review of Cournot”’），《加拿大经济学杂志》（*Canadian Journal of Economics*），21（3），1988 年 8 月，第 610–616 页，尤其是第 613–614 页。

[2] * 见 *EEW*，Ⅱ，第 240–248 页，文中讨论了这些笔记是否可能写于 1870 年之前。惠特克（第 240 页）注意到，几乎在所有情况下，注释的图表的横轴都表示价格。一个主要的例外是，马歇尔在初步分析消费者剩余时所画的图（第 244 页的图 2）。正如斯科特·戈登所说，马歇尔将价格作为因变量（需求曲线的价格函数 p=f［Q］），符合他对消费者剩余的分析，因为其描述的是“消费者在不同数量下所愿意支付的价格”，见《马歇尔为何转换坐标轴》（‘Why did Marshall transpose the Axes?’），载《东方经济杂志》（*Eastern Economic Journal*），8（1），1982 年 1 月，第 34–35 页。大概同样需要指出的是，格雷夫斯在一篇寄给惠威尔的文章中，同样将价格作为因变量，并且批评了穆勒在此处相反的处理方式。参见拉希德，《威廉·惠威尔与早期数理经济学》，第 388 页，还可参见下文第 154 页对劳（Rau）的评论。

[3] 马歇尔于 1883 年 11 月 1 日写给里昂·瓦尔拉斯的信，见《里昂·瓦尔拉斯通信集和相关论文》（*Correspondence of Léon Walras and Related Papers*），威廉·贾菲（编），阿姆斯特丹：北荷兰出版社，1965 年，第 1 卷，第 794 页。

马歇尔后来声称，在杰文斯的书问世之前，他就在“最终使用价值”的主题演讲中讨论过这一问题。证明马歇尔使用“最终使用价值”这一概念的例子，可参见 1870 年的一篇关于价值的文章，虽然文章中没有使用这一术语。“价格 P_2M_2 代表的是，当年销售量为 OM_2 时，消费者为商品所愿意支付的最后‘使用价值’，而高于这一价格就不会购买”。[1] 这种用法并不等同于边际效用理论。回忆一下可知，古诺在讨论需求的章节中并没有使用效用分析，所以，马歇尔所声称的古诺在这方面对他的指导变得更加牵强附会。马歇尔很早就接触了古诺的作品，这是一个明显的优势，但这无法延伸为他发展出了效用理论。[2]

马歇尔从未明确说明他是如何注意到冯·屠能的作品的。在马歇尔的早期文章中，很少提到冯·屠能，也没有证据可以支撑他后来向克拉克所说的他在 1869 年或 1870 年阅读了冯·屠能的著作。马歇尔很可能从考茨（Kautz）的《国民经济学及其文献的历史发展》（*Die Geschichtliche Entwickelung der Nationaloekonomik und ihrer Literatur*）中得知冯·屠能的重要性，这是马歇尔在 1870 年阅读的一本书。一则关于租金的未标明日期的笔记（惠特克认为这是 1881 年《经济学原理》第 12 章租金部分的草稿）中有一段有趣的后记：“在罗雪尔和考茨的帮助下学习屠能的地租理论。”[3] 很难说清楚，马歇尔是何时以及如何采纳这一建议的，就像我们也无从得知他购买《孤立国》（*Der Isolierte Staat*）的时间一样（现存于马歇尔图书馆）。[4] 另一段内容对冯·屠能的自然工资理论进行了批判性论述。惠特克认为，这“似乎可以追溯到马歇

[1] *EEW*, I，第 143 页。

[2] 古诺，《财富理论的数学原理研究》（*Mathematical Principles of the Theory of Wealth*），霍姆伍德：理查德·伊尔万出版社（Richard Irwin），1963 年，第 4 章，尤见第 21 部分，第 38 页。马歇尔声称的在杰文斯之前发现的该理论，将在下文第 158–162 页讨论。

[3] *EEW*, Ⅱ，第 319–322 页，该后记在第 320 页。惠特克认为，所提到的著作是指罗雪尔于 1874 年出版的《德国经济学说史》（*Geschichte der nationaloekonomik in Deutschland*），以及考茨于 1860 年出版的《国民经济理论和历史》（*Theorie und Geschichte der Nationalokonomik*）。早些时候出版的罗雪尔的《国民经济基础》（*Grundlagen*）的一些版本中有几章专门讲述了冯·屠能的作品，这也同样可能是马歇尔了解冯·屠能的途径，不过更早而已。

[4] 此书第一部分（第 2 版）出版于 1842 年，包含冯·屠能的农业强度理论、农业体系的区位和作物区域理论；第二部分进一步分为两部分，前者包含工资理论，后者包括关于税收、安置政策、改善交通和通信方面的遗稿，它们分别在 1860 年和 1863 年首次出版。这两本书马歇尔都有（马歇尔图书馆目录，第 87 页）。关于马歇尔一生中出现的此书的各种版本的讨论，可参阅《冯·屠能的〈孤立国〉》（*Von Thunen's Isolated State*），由彼得·霍尔编辑并撰写导言，牛津：培格曼出版社（Pergamon），1969 年，第 18–19 页。

尔研究工作的早期”，但他没有给出任何证据，也没有说明具体的时间。[1]

由于马歇尔后来夸张地声称他受益于冯·屠能颇多，这个问题就变得重要 151
起来。这不仅与边际生产理论和一般分配理论有关，而且与“边际”这个词的使用有关，甚至与边际效用（见1919年的笔记片段）有关。在1900年写给克拉克的一封信中，马歇尔声称已经从“冯·屠能的**边界**（Grenze）”那里得到了“边际”这个词，这个声明在《经济学原理》的早期版本的注释中得到了证实，尽管冯·屠能并没有真正使用这个词，但这“和他的方法相吻合”。[2]1919年的声明同样如此，马歇尔坚称是冯·屠能指引他发现了边际效用的概念。马歇尔形容这是许多“伟大的想法之一……他平静地提出这种观点……主要和农业问题相关”。[3]

马歇尔对冯·屠能的所有回忆，都和这一主张相关——和杰文斯相比，他独立发现了边际方法，其中包括边际效用的概念。最开始，这些总是牵扯到古诺对他的影响，继而特别提到了冯·屠能的影响。冯·屠能在马歇尔边际主义思想发展中的作用，从未得到明确的解释。此外，将古诺和冯·屠能和独立发现边际效用相联系，似乎是有意误导大家，因为他们都没有使用这个概念。不过，马歇尔明确感谢了冯·屠能对他的分配理论的启发。[4]出于这一考虑，他第一次阅读冯·屠能著作的时间就变得更加灵活了。为了证明屠能对其分配理

[1] *EEW*，Ⅱ，第248–252。它批评了冯·屠能的自然工资理论，正如马歇尔在一个后续片段中所做的那样（见下文所引）。在*EEW*的导言中，惠特克指出尼科尔森在他获科布登奖（Cobden Prize）的文章中引用了冯·屠能的自然工资理论，见他的《机器对工资的影响》（*The Effects of Machinery on Wages*），伦敦：斯旺·索南夏因出版公司，1892年，第22页，首次出版在1878年。1873年左右，马歇尔在论述古诺的作品时提到了尼科尔森，参见*EEW*，I，第18页和注释41。其中没有对冯·屠能的介绍。JNKD提到凯恩斯在19世纪70年代初研究古诺，但未提到冯·屠能。

[2] *P*Ⅰ，第10页注释1，直截了当地说道，“我从冯·屠能那里借来的‘边际’增量一词”。然而，在*P*Ⅱ、*P*Ⅲ和*P*Ⅳ中，这被重写为：“‘边际’增量一词和冯·屠能的思想方法相一致，这是我从他的书中领悟的，虽然他没有真正使用这一词。”（*P*Ⅸ，第37页）

[3] 阿尔弗雷德·马歇尔，《1919年12月11日关于边际效用的笔记》（‘Note on Marginal Utility，11 December 1919’），保存于马歇尔档案，红箱1（5）；参较*P*Ⅰ导言，第10页注释1，*P*Ⅷ，第10页注释1，*P*Ⅰ，第55页注释1，并没有作出这样的溯源，从*P*Ⅳ（第168页及注释）到*P*Ⅷ（第93页），边际效用的概念归于冯·维塞尔（von Wieser）。

[4] 正如本章开头马歇尔写给克拉克和科尔森的信中暗示的那样。另见*EEW*，Ⅱ，第248–252页，以及H.M.罗伯森（H.M. Robertson），《从分配理论看马歇尔的目标与方法》（‘Alfred Marshall's Aims and Methods Illustrated from his Treatment of Distribution’），*AMCA*，Ⅲ，第323–324、358–360页。*P*Ⅰ毫不吝啬地感谢了冯·屠能的帮助（如，第507、528及注释、545、548注释1、614注释1、704页）。

论的影响，马歇尔只需在19世纪70年代中期的某个时候研究冯·屠能的作品就足够了，有证据表明他大概率就是这样做的。要想主张他对“边际”一词，以及更一般地称为“边际主义”一词的首创权（更不必说有些荒唐地声称对“边际效用”的使用），马歇尔必须在1869年或1870年，即在1871年杰文斯出版《政治经济学理论》之前阅读冯·屠能的作品。马歇尔发现证明这点要困难得多，证据也不能令人信服。

马歇尔后来对冯·屠能大加赞赏还存在另一个原因。这与冯·屠能的方法有关，它使马歇尔在对该词的特殊感知中，将屠能认定为一位古典学家。[1] 马歇尔后来就这一点将古诺和冯·屠能进行了对比，并表示更欣赏屠能，因为他对古诺的许多严谨但缺乏现实性的理论命题感到失望。

> 在我的印象中，我从古诺那里汲取的观点没有从冯·屠能那得到的多。古诺是一位技巧大师，他指导了我的思想形式。冯·屠能是一个**真正的**数学家，但力量稍欠：他在自然工资上的错误和古诺的小小失误不是一个级别。但是，**他是一名认真的实验者和崇尚事实的学者**，在归纳方面的发展同演绎方面一样充分。最重要的是，他还是一位热心的慈善家。自从我从伦理学转向经济学之后……我对冯·屠能的喜爱胜过其他所有大师。[2]

正是冯·屠能对事实的热爱，并且将事实和抽象推理谨慎地融合在一起，让马歇尔在日后格外欣赏他。1889年，他写信给J.N.凯恩斯（此时凯恩斯正忙于写作他的《政治经济学的范围与方法》）说道：“你知道，冯·屠能的职业是农业改革者。顺便一提，他的抽象经济学正在流行。他时刻关注黑麦和肥料等事实问
152 题。”[3] 因为对事实的热爱，事实和基于事实的抽象推理的结合越来越成为马歇尔本人的经济学信条，冯·屠能在这一方面的工作是马歇尔想要进一步追求的。

冯·屠能的《孤立国》从一个简单而抽象的假说开始，先假定有一个中心城镇，周围是各式的乡村，从中进一步提出假设，并将命题发展为关于位置、土地利用、农业和制造业的相互依存关系的复杂分析。对于更进一步的命题，

[1] 阿尔弗雷德·马歇尔于1898年9月27日写给詹姆斯·博纳（James Bonar）的信，见《纪念集》，第374页。

[2] 片段，见《纪念集》，第359–360页（重点为本书所加）。

[3] 阿尔弗雷德·马歇尔于1889年8月写给J.N.凯恩斯的信，马歇尔档案，1。

例如谷物价格的确定，是在不同的假设条件下进行分析，并通过冯·屠能对自己庄园的详细计算后的数据加以验证，收集观察数据花费了他人生中的大部分时间。[1] 冯·屠能对自己方法的解释如下：

> 现在，我们已经到达了这位作者提出疑问的地方。他迫切地想要搞清楚影响谷物价格的因素以及支配这些价格的规律。这个问题只能通过精确而详细地计算每个农业部门的成本来解决，这些数据都必须来源于现实；为此，作者保存了（仍一直保存着）特洛（Tellow）农场极为详细的账目。在特洛庄园进行的每项任务都被注明在工作簿中，并在每年年末被清算，以探究需要多少人割草或耙地，一个劳动者或一个马队可以执行多少工作等等。特洛农场的财务簿和粮食簿以同样的方式记录着数据，当与工作簿一起编辑时，就可以计算出“能耗成本”的数据，例如一个日工的家庭、一个马队或者一台锄地机的成本。耕地和收割谷物的劳动的数量及花费构成了作物的生产成本，总产量减去生产成本得到耕种该作物的净盈余。从1810年到1815年的5年里，我计算出了特洛农场里每个农业部门的净产值，包括各种作物、乳制品和牧羊业，不过每年都为29.8泰勒（thaler），我的发现与总净产值相吻合。这个计算结果构成了本书所有计算和发现的基础。[2]

逐渐意识到收集事实和实验对科学活动的重要性之后，马歇尔才从基本的直觉主义方法——通过先验论证获取知识——中解放出来。可见，马歇尔从冯·屠能的著作中发现他所应用的这套方法对他来说是一个启示，它确凿地表明了将科学方法应用于他选择的主题的真正可能性。毕竟，这位德国哲学家兼农场主一贯将实验方法应用于经济学的核心问题，价格、工资、利润，租金和生产，并且仔细地观察和收集经验事实，通过形式演绎和反思来检验对这些主题的抽象假设。从《经济学原理》第5版开始，马歇尔插入了一个关于方法论的附录，它系统且最为清晰地表达了他对这种经济学方法的欣赏：

[1] 冯·屠能，《孤立国》，第7–22页，书中第1部分的前两章由孤立国的简单假设，以及它所能帮助解决的问题构成。

[2] 冯·屠能，《孤立国》，第23页。以他的特洛农场的农业实践为基础的经验研究工作如今已经出版，由E.E. 格哈德（E.E. Gerhard）编辑并撰写导言，见《屠能的特洛账簿》（*Thunen's Tellower Büchführing*），迈森海姆：A.M. 格兰出版社（A.M. Glan），1964年，2卷本。

> 归纳法，辅之以分析和演绎，再将事实进行适当的分类、整理、分析，并从中推断出一般性陈述或规律。随后一段时间演绎法扮演了主要角色：它将概括出来的某些概念联系起来，尝试从中得出新的更广泛的概括或规律，然后归纳法再次登场，收集、筛选和安排这些事实，以便测试和“证明”新规律。[1]

然而，冯·屠能与年轻的马歇尔有很深的情感共鸣。因为屠能还是一位伟大的慈善家，他在“大革命的那一年，1848年4月15日，打算在他的农场中
153 执行一个他考虑已久的分红计划”。[2] 马歇尔自己对社会主义思想的粗浅考虑就包括分享利润的方案。虽然马歇尔对这一概念的认识主要来源于穆勒在《政治经济学原理》中的讨论，但冯·屠能对这种想法的接纳无疑是使他成为马歇尔心目中经济学“大师”的另一个原因。[3]

来自德国经济学的其他影响，包括曲线

冯·屠能并非对马歇尔经济学学徒期产生影响的唯一一位德国巨擘。事实上，正如马歇尔在1910年回忆的那样，早年他为“罗雪尔和其他德国经济学家的经济学新观点”所吸引，他广泛地阅读了19世纪德国经济学的作品，[4] 他接受了许多新的观点，其中就包括历史经济学。尽管马歇尔本人承认德国经济学的多样性及重要性，但其影响远比一般认为的更大。[5]

从某种程度上说，德国经济学对马歇尔的更重要的影响体现在理论上。继施特莱斯勒之后，[6] 德国经济学对马歇尔的潜在影响可以表述如下。在1825年至1875年间，德国的经济学课本将古典的增长和生产理论与价格和分配理论相结合，其中，个人需求和效用通常起着重要作用。“就新古典体系与马歇尔

---

[1] *P* Ⅷ，第781页。

[2] 参见彼得·霍尔，为冯·屠能《孤立国》所写的导言，第18页。

[3] 参见下文第16章，第602–603页。

[4] *P* Ⅰ，第70页，*P* Ⅶ，第768页。

[5] 马歇尔对德国历史学派的强烈推崇参见下文第164页，以及参见第19章，第707页。

[6] 参见埃里奇·W. 施特莱斯勒（Erich W. Streissler），《德国经济学对门格尔和马歇尔的影响》（'The Influence of German Economics on the work of Menger and Marshall'），收录于布鲁斯·J. 考德威尔（Bruce J. Caldwell）（编），《卡尔·门格尔和他的经济学遗产》（*Carl Menger and his Legacy in Economics*），达勒姆：杜克大学出版社，1990年，第31–68页，尤其是第55–58页。

的《经济学原理》的相关性而言，这是一半古典，一半‘新’古典”的表述，这些德国经济学课本从商品开始讨论，继而是需求、劳动分工、产业组织、储蓄、生产要素（土地、劳动、资本），有时还有企业家理论。到 1870 年，马歇尔已经阅读了赫尔曼、罗雪尔、劳和曼戈尔特的作品。这种结构类似于马歇尔的《经济学原理》的框架。价格理论在个别价格和市场中总是通过供求分析来处理。用施特莱斯勒的话说，[1] 这些德国经济学家“很快就心满意足地认为，他们在供求关系上找到了足够多的原因”，而无需深入研究需求满足和成本理论。“他们总是**一次处理一个价格**。德国经济学……**供求关系的局部均衡分析**是最卓越的。”

其中一些德国作者在价格分析中使用了几何图形来阐述供求关系，本节的其余部分将探讨他们的工作。其中最复杂的尝试由汉斯·冯·曼戈尔特（Hans von Mangoldt）进行，他绘制了需求函数和供给函数来说明特定市场的价格决定。需求函数显然与效用相关，曲线的形状随人口增长、消费倾向，以及更一般地说经济发展和收入、财富的增加而变化。根据所分析的商品性质的不同（是奢侈品还是必需品），需求曲线可能凸向或凹向原点。同样，供给曲线也有不同的形状，反映了成本行为的差异。[2] 可惜的是，马歇尔不可能从曼戈尔特对供求的图形分析中受益。马歇尔的书库显示，他只拥有曼戈尔特去世后出版的《国民经济学》（*Volkswirtschaftslehre*），这本书和《国民经济学概论》（*Grundriss der Volkswirtschaftslehre*）的第 2 版一样，没有任何数学处理或图 154
表。[3] 他在曼戈尔特的书（保存在马歇尔图书馆）中的注释仅仅集中在劳动生产率和产业组织的章节，其中重点标注了“承办人”（**企业家**）的作用。[4]

曼戈尔特对供求的图形分析受到了劳早期的，但远没有那么复杂的处理方法的启发。在马歇尔图书馆中，保存着一本 1847 年版本的劳的《原理》，这是

[1] 参见埃里奇·W. 施特莱斯勒，《德国经济学对门格尔和马歇尔的影响》，收录于布鲁斯·J. 考德威尔（编），《卡尔·门格尔和他的经济学遗产》，达勒姆：杜克大学出版社，1990 年，第 55 页。

[2] T.M. 汉弗莱（T.M. Humphrey），《马歇尔的交叉图及其前人的使用》（‘Marshallian Cross Diagrams and their Uses before Alfred Marshall’），《里士满联邦储备银行经济评论》（*Federal Reserve Bank of Richmond Economic Review*），78（2），1992 年 3/ 4 月，第 10–11 页。

[3] 埃里奇·W. 施特莱斯勒，第 55 页；汉弗莱，第 14 页。

[4] 指冯·曼戈尔特，《国民经济学》（*Volkswirtschaftslehre*），斯图加特：恩格霍恩出版社（Engelhorn），第 2 版，1868 年，第 232 页。总的来说，马歇尔的注释很少，且仅限于一章。*P* Ⅰ，第 492 页，提到了曼戈尔特，以及赫尔曼和西尼尔，他们都将利润视为生产中差异化优势所带来的一种特殊收入，还可参较 *P* Ⅸ，第 827 页。

马歇尔在德国购买的一本二手书，可能购买于他经济学研究的早期阶段。劳认为以代数形式重新陈述理论对于他的分析来说非常重要，尽管这种重述仅适用于一条线性需求曲线以及一条垂直供给曲线的简单情况。更有趣的是，他用纵轴表示价格，用横轴表示数量，这样的变换让马歇尔后来名声大噪。[1] 马歇尔充分地意识到了劳的贡献的重要性。他在 1879 年初将劳的书借给了杰文斯，后者当时正在构建数理经济学的附录。1910 年，他将这本书的第 5 版借给梅纳德·凯恩斯，因为劳的“曲线”在与利夫曼（Liefmann）教授的谈话中又被提及，然后这本书就一直保存在凯恩斯那里。[2] 可见，德国理论的启发和帮助深深影响了马歇尔的分析结构、方法以及“曲线”，其重要性远远超出了他关于历史和人性在善好经济学中的作用的思考。

马歇尔早期（1869–1874 年）对价值、货币、劳动、资本、租金和国际经济理论的考察

前面几节所介绍的马歇尔早期经济研究的特点，可以从现存的 19 世纪 70 年代早期的经济学手稿上得到支持。虽然它们的具体时间难以确定，但它们可以佐证这样一种观点：马歇尔在 1869 年初停止撰写心理学方面的文章，在一段适当的缓冲期之后，系统性的经济学写作开始了。首先，可以注意到这些早期文章的普遍特征。它们大多倾向于对穆勒在《政治经济学原理》中提出的主题进行评论、重述或详细阐释，经常借助于他在穆勒文本的注释中就开始使用的几何或图形的分析手段。他很少使用代数，几乎没有使用微分。[3] 虽然无法确定这些手稿的年代，但马歇尔在其中引用的资料来源全部发表于 1871 年之前，并且除了少数例外，它们都限于马歇尔在穆勒书中注释里提到的材料，或

[1] T. W. 汉弗莱，第 5–6 页；劳，《国民经济学原理》（*Grundsatze der Volkswirhschaftslehre*），海德堡：温特出版社（Winter），1847 年，第 578–580 页（马歇尔在此书中没有注释）。它的第一页有马歇尔的签名以及上一任主人的签名，日期为 1852 年 12 月 24 日。

[2] 马歇尔于 1879 年 6 月 30 日写给杰文斯的信，见《纪念集》，第 371 页，杰文斯在附录中表示这是 1868 年第 8 版，首次出现在他的《政治经济学理论》第 2 版。马歇尔于 1910 年 12 月 4 日写给 J.M. 凯恩斯的信（凯恩斯文集，L/M/41）。此书的第 5 版和第 8 版都位于马歇尔图书馆目录第 69 页。

[3] 马歇尔在 1870 年关于固定资本的片段（*EEW*，I，第 223–224 页）和关于工资的早期论文（同上，第 186 页注释 4）中，使用了代数方法。他运用微积分解决经济问题主要局限于他早期数学笔记本中的分析研究（同上，II，第 270、279–283 页），以及对古诺的文本的一些注释（同上，II，第 243–244 页）。

者限于道德科学荣誉学位所设定的政治经济学必读书目。[1]19 世纪 30 年代初，155
他讲授的荣誉学位课程集中于穆勒政治经济学的基础和高级部分，因此可以推测，这些文章中的大部分材料都与他为这一任务所做的准备有关，这是他非常看重的一件事。[2]最后，这些早期文章是理论性的和分析性的，很少使用事实性的说明。[3]

现存的、似乎是最早的经济学手稿涉及租金提高的影响。这篇论文十分有趣，因为在其中，马歇尔有意识地决定"采用曲线作为工具"进行分析。这篇文章的主题基于穆勒的《政治经济学原理》的第 4 篇第 3 章第 4 段的内容，这也是马歇尔的注释中首次出现图表的章节。[4]这些注释构成了这篇文章的基础，甚至再现了注释中的一些图表。[5]按照时间顺序，接下来出现的一些简单的手稿片段，涉及穆勒对于资本和固定资本的基本命题，这些片段不可能出现在 1870 年以后，这些主题同样也是马歇尔在穆勒文本中留下大量注释的地

[1] * 除了约翰·斯图亚特·穆勒的《政治经济学原理》《关于政治经济学中的若干未决问题》，以及他在 1869 年《双周评论》上发表的对桑顿的《论劳动》的评论之外，马歇尔早期的文章还参考了亚当·斯密的著作、李嘉图的《原理》、马尔萨斯的著作、凯里的《原理》、麦克库洛赫的《原理》，萨金特的《近期的政治经济学》以及威廉·桑顿的《论劳动》（1870 年第 2 版）。除了萨金特的书，这些都是道德科学荣誉考试的必读书目。正如福克斯韦尔于 1879 年 11 月 12 日写给杰文斯的信（《威廉·斯坦利·杰文斯论文与通信集》，V，第 77 页）中所说，"马歇尔从（萨金特）那里学习和吸收了很多思想"。此外，马歇尔还提到了杜尔阁（Turgot）的《考察》（*Réflexions*）（他早期购买了 1844 年戴尔版的《杜尔阁作品集》），以及克里夫·莱斯利（Cliffe Leslie）的两篇文章［重印于《爱尔兰、英格兰和大陆国家的土地系统和产业经济》（*Land Systems and Industrial Economy in Ireland, England and Continental Countries*），伦敦：朗曼、格林出版公司，1870 年］，马歇尔所拥有的这本书保存在马歇尔图书馆，里面有大量注释（见 *EEW*，I，第 195 页注释 17）。马歇尔引用了桑顿《论劳动》的第 2 版（出版于 1870 年上半年）这一事实，帮助我们将其中一些早期论文的时间确定在 1870 年后期或 1871 年（同上，I，第 185 页，第 200 页注释 1）。

[2] 参见下文，第 9 章，第 268–270 页，讨论了阿尔弗雷德·马歇尔对于圣约翰学院对他的授课调查的回应。其中提到中断讲授逻辑学课程，促使他"通过开展（政治哲学和政治经济学方面的）阅读，让自己不那么低效地讲授这些主题"（对调查的官方回应，1872 年，第 72 页）。

[3] 一个例外是对钢笔生产的讨论，使用的数据是马歇尔从《资本论》第 1 卷中得到的。参见 *EEW*，I，第 140–141 页，提到马歇尔承认这一信息的原始来源，马歇尔档案，箱 7（3），《统计》（'Statistics'），第 19 项，制造业，它来自《资本论》，第 1 卷，第 451 页。马歇尔对马克思的看法在下文第 16 章第 578 页中会有更充分的讨论。

[4] 马歇尔对使用图表的评论参见 *EEW*，I，第 231 页；他对穆勒文本的注释在上文第 145–147 页业已讨论。

[5] *EEW*，I，第 235 页，图 4 和图 5，和上文图 6.1 对比。

方。[1] 在马歇尔八十大寿之前的一篇关于货币的文章中，[2] 他提到“1871 年左右”很可能是他下一个作品出现的日期。它与前两个手稿一样，也纯粹是对穆勒文本（第 3 篇，第 8 章）的评论，这仍然是马歇尔在穆勒文本中仔细标注过的一章。这些注释提供了前面提到的货币数量论的代数表达。[3]

与货币论文同时期的关于价值的论文，[4] 开创了新的领域，因为它明确地使用了穆勒文本之外的资料。后来，马歇尔本人也无法确定这篇文章的确切时间。1888 年 12 月，他在写给约翰·内维尔·凯恩斯的信中说道，“我不能确定日期，但我相信它写于 1870 年。我可以确定的是，它写于 1874 年之前”。随后，在 1892 年 4 月，他写信给埃奇沃思说，我可能是从“（19 世纪）60 年代末”开始写的；[5] 这些证据对于更准确地判断这个问题并不是很有帮助，但与货币论文同时期的 1870 年或 1871 年初，似乎是最可能的写作时期。[6]

因为马歇尔那时已经研究了古诺的作品，所以在手稿中没有直接的引用就显得很奇怪。“在引入需求曲线时，提到古诺的影响是再合适不过的了……（并且）一些受到古诺的影响的痕迹可能受到质疑。”[7] 需求曲线只是简单地作为价格的函数，并没有引入效用变量，这显示了古诺对他的影响。还有关于马歇尔给出的市场定义，他后来明确表示这点也是如此。[8] 有趣的是，马歇尔的图表都是以价格函数的形式画出的，这和古诺的做法相悖，而且与上文提到的马歇尔在古诺书中所做的注释不一样，这大概可以作为支持这是一篇 1870 年末

[1] 即穆勒《政治经济学原理》的第 1 篇，第 4、5 章，如上文第 146 页所述。马歇尔的片段手稿收录于 *EEW*，I，第 212–224 页。

[2] 马歇尔在保存手稿的信封上写道“约 1871 年的货币理论手稿”（邮戳为 1922 年 4 月 7 日），马歇尔档案，红箱 2（6）。凯恩斯在他的《阿尔弗雷德·马歇尔》中将它当作手稿完成的时间，第 190 页。

[3] 见上文，第 146 页。

[4] *EEW*，I，第 125–159 页。其中，第 125 页引用了斯密的作品，第 127 页引用了杜尔阁的《考察》，第 129 页引用了穆勒的《政治经济学原理》并且对桑顿的观点进行了评论，第 140 页引用了马克思的《资本论》，还提到了李嘉图、马尔萨斯和凯里的《原理》（第 149 页）和桑顿的《论劳动》（第 155 页）。

[5] 马歇尔于 1888 年 12 月 8 日写给约翰·内维尔·凯恩斯的信，以及马歇尔于 1892 年 4 月 26 日写给 F.Y. 埃奇沃思的信，引自 *EEW*，I，第 119–120 页。

[6] *EEW*，I，第 120–122 页。

[7] *EEW*，第 121 页。

[8] 约翰·惠特克，*EEW* 导论，I，第 42 页；关于市场，参见 *EEW*，第 134 页，以及参见古诺，《数学研究》（*Mathematical Researches*），第 23 段。被引用在 *P* Ⅰ，第 384 页和 *P* Ⅷ，第 324 页。

到1871年完成的作品的新增证据。[1] 同样，文章中对于垄断分析的简述可能很大程度上归功于古诺的贡献，马歇尔对古诺文本的注释也证实了这一点。[2]

这篇关于价值的论文的内容很重要，因为其中包含相当丰富和成熟的供求分析，尤其是对供给的分析。对此，可以举出一些例子说明。在谈到“供求比例”时，该文章批评了李嘉图的观点，因为“在不同数量级的供给和需求之间不存在一个比例”，在这一点上，穆勒也对李嘉图展开了批评。[3] 马歇尔将它与对工资基金学说的批评联系在一起，后者同样依靠不同质的比例来决定工资。他还补充了一句有趣的评论，即桑顿对这一理论的批评应该被视为“一种补充，而不是对供求理论的颠覆”（第129页）。于是，供给和需求应被定义为价格函数，先讨论其均衡和稳定性，再对市场情况进行更详细的分析以解释需求和供给的基本条件。在不同的时期考虑供给因素，是马歇尔的《经济学原理》的闻名之处，他还由此提出了在规模报酬递增情形下的不稳定均衡问题。文章结尾提到了一系列有关价值理论的具体案例，包括桑顿的鱼市场（第155页）和联合供应的几个例子（第156–159页）。参考上一节的内容可以发现，马歇尔在这篇文章中使用的图表与劳和曼戈尔特所使用的没什么相似之处。 156

接下来，马歇尔在早期经济学文章中讨论的话题是劳动、工资，以及与之相关的分配问题——作为工人补充收入的一种形式，还有一篇讨论与风险和其他因素有关的利润。值得注意的是，这些论文没有提及冯·屠能，虽然从某些方面说，它们系统地从有关价值论的论文中发展出了论点，论文写作时间与马歇尔自己所回忆的第一次阅读冯·屠能作品时的时间相吻合。[4] 关于分配的一篇文章，就像很多早期论文一样，是直接受到穆勒对这个主题的论述（《政治经济学原理》，第2篇，第13章，第4段）的启发，尽管马歇尔对这个主题的兴趣也可能与桑顿所论述的农村劳动力感到不满的原因有关。[5] 关于利润的文

[1] 参见 *EEW*，第130页和图表1、2，以及上文第150页和注释*。

[2] * *EEW*，I，第152页。文章中提到的内容暗示在后期阶段对垄断进行了单独的处理，如果曾经写成的话，那它没有保存下来。再加上价值论文的整洁形式，这可能意味着马歇尔最初打算发表自己对此方面的看法，不过后期放弃了。参较 *HME* 导论，第12–14页，以及下文，第164–165页。

[3] * *EEW*，第129页（本段括号内的页面都是指同一版本）。马歇尔在对穆勒《政治经济学原理》的注释中就发现了李嘉图在这一问题上的错误，他后来用主观感受（负效用、效用）或货币手段解决了供给和需求的异质性问题。

[4] 参见上文，第150–153页。

[5] 马歇尔同样对穆勒文本中的这一章进行了注释。桑顿关于劳动分配价值和公共土地权利的讨论参见《论劳动》，第2版，1870年，第12–14页。

章从处理方法上来说也是穆勒式的。马歇尔发展了穆勒关于风险溢价的观点，并感谢了斯密对差别利润分析的贡献。马歇尔早期对分配的分析（1872 年关于什一税的论文也必须算在内），表明他在这个问题上的思考本质上仍是穆勒的延续。这也适用于工资学说，虽然它拒绝了穆勒在第 2 篇中粗糙的论述，但仍然具有明显的工资基金风格。早期关于分配的作品在这一阶段没有显示出任何边际生产率思想的迹象。如前所述，到 19 世纪 70 年代中期，马歇尔分配理论的状况表明，他熟知冯·屠能经济学的时间比他自己后来所说的要晚。[1]

1875 年以前的最后一篇文章讨论了好几个主题，其中之一涉及固定生产系数下联合和复合需求的图解方法。这补充了在之前关于价值的文章中有关联合供应的内容。其内容的复杂程度（与他的《经济学原理》的数学附录中的注
157 14、17、18、20、21 十分相似）表明它可能写于 1874 年左右，而不是 1870 年。[2] 现存的一个长篇手稿与国际贸易有关。它将穆勒关于国际价值的章节转化为几何形式，大概写于 1872 年至 1874 年。一个关于贸易总体收益（“总效用”）的简短笔记，可能在 1872 年以前写成。一篇关于外居地主的手稿特别提到了爱尔兰，包括有关澳大利亚地主的一些奇闻轶事也被保留了下来。后者可能是受到查尔斯叔叔经历的启发，当时他已经回到了伦敦。这篇文章可以追溯到 1872 年至 1875 年之间，写于 1872 年或 1873 年的可能性更大。相对成熟的国际贸易的文章表明马歇尔对这个方向越来越感兴趣，从而部分地解释了他为何选其作为第一本书的主题。[3]

同一时期数学笔记本中的内容，则大多是为有关租金、什一税、工资和货币论文中的主张提供严格的分析支持，并为国际贸易中三角易货问题提供了更先进的解决方案。这一点，以及从消费者剩余和生产者剩余出发，对税收和费用的福利效应进行分析，都开拓了新的重要的分析领域，没有受限于穆勒经济学的范围。再一次地，要确定它们的时间并不容易，因为它们似乎源于马歇尔

[1] 马歇尔同样对穆勒文本中的这一章进行了注释。桑顿关于劳动分配价值和公共土地权利的讨论参见《论劳动》，第 2 版，1870 年，第 151 页。

[2] *EEW*，I，第 160 页。

[3] *EEW*，I，第 260–289 页，上述三篇手稿的日期分别参见第 160–161、279–280、281–282 页。关于英国的澳大利亚外居地主的例子见第 282 页。查尔斯叔叔于 1873 年中期从澳大利亚回国并定居伦敦，在英国度过了晚年（上文，第 2 章，第 30–31 页）。

经济学学徒期的整个过程。[1]

总的来说，马歇尔在 19 世纪 70 年代早期所写的文章为政治经济学中的一些主要论题提供了一个系统性的概貌：租金、货币、价值、工资、国际经济理论。一般来说，它们的发展依赖于供求分析的系统性应用，并且通过图形分析让它们远远超出了穆勒的经济学范畴。在这个过程中，马歇尔从古诺的工作中得到了启发，也许还得到了像劳一样的德国作者的启发。在该阶段，明确的边际主义内容仍然很有限。不过，从他的货币理论中可以看出一些端倪，他这样解释个人对货币的需求：个人希望平衡以一般购买力（对商品的控制）形式持有资产的收益，与以利息资产形式持有较少财富的成本。早期价值理论证明了供求分析在解释竞争性价格决定方面的作用。各种形式的供给调节的时间维度，包括供给曲线下降的情况，已经得到广泛认识，稳定均衡、联合需求、复合需求或供应等相关问题也是如此。所研究的问题主要来自穆勒，有时来自桑顿或李嘉图；而分析工具来自马歇尔本人。继古诺之后，这一阶段对于垄断均衡分析的特殊问题有了清晰的预兆。

马歇尔的早期租金分析用图表的形式阐释了“李嘉图的”集约边际分析。它同时说明了农业产出价格和生产它的土地租金是如何被决定的。马歇尔通过一种函数来表达这一点，该函数显示，相等剂量的资本和劳动力的收益递减，直到某一“剂”的成本等于其回报，即边际收益等于边际成本。这种图解技术也被用来研究进步的影响，以及征收什一税对地租和农产品价格的影响。

早期工资理论以古典方式，即从资本方面考虑劳动需求，但马歇尔允许资本家决定资本是否用于工资、固定资本或其他目的。在解释劳动需求时，边际生产力没有发挥明确的作用。竞争将促使工资达到工人产品的贴现价值，而固 158
定资本的使用则取决于利润率，从而也取决于工资率。

最后一篇关于国际贸易的文章通过（相互需求）曲线全面和系统地揭示了贸易均衡的发展，这一分析是马歇尔将几何应用于经济问题上的最复杂的例子。和之前一样，马歇尔从穆勒的论述中得到了很多（但并非全部）灵感。19 世纪 70 年代中期，马歇尔从消费者剩余出发，尝试对税收和公共价格理论进行福利分析，就其实质内容而言，这是他早期论文中最具创新性的工作，并且

[1] *EEW*，II，第 268–283 页，关于税收和费用的福利效应的内容在第 279–283 页。关于日期，特别参见第 268 页和注释 1，根据福克斯韦尔（马歇尔的学生之一）保存的笔记，一些图表可以追溯到 1870 年。

它在分析和给出的解决方案方面也开创了新的领域。[1]

马歇尔早期工作的另外两个方面也值得注意。首先，它是高度理论化的，并没有马歇尔后来愈发关注的事实性论述。其次，他在这些早期文章中发展的观点构成了他后期研究的主要假设的基础，除分配理论之外，它们原封不动地出现在后来的《经济学原理》中。关于价值、租金和国际贸易方面的工作也是如此。正如精心构思的关于价值的论文中简单提及的那样，撰写其中一些论文是为了出版，但事实上，这些文章从未得到出版，这可能与同时代的经济学发展有关，许多人似乎重复了他的工作。杰文斯《政治经济学理论》的出版，以及弗莱明·詹金对劳动、税收和价格的图形分析，都挫败了马歇尔在这一阶段发表自己的曲线分析成果的打算。[2]

杰文斯、弗莱明·詹金与推迟的出版计划

1871 年末或 1872 年初，马歇尔受邀在《学会》(*Academy*)上评论杰文斯的《政治经济学理论》，该杂志是由牛津学者查尔斯·阿普尔顿(Charles Appleton)博士于 1869 年为学术交流而创立的，当时学术期刊的概念仍在萌芽时期。[3] 马歇尔后来表示，[4] 编辑听说他在政治经济学方面的工作与杰文斯类似，因此邀请他评论杰文斯的书。向《学会》推荐马歇尔的人几乎可以肯定是西季威克，1871 年，他“在《学会》上发表了很多文章，主要是对哲学著作的评论”。[5] 也可能是西季威克让马歇尔知晓了杰文斯作为经济学家的一面，虽说马歇尔自己也有可能已经注意到了杰文斯的早期作品。这些早期作品是指 1866 年引起大众关注的《煤炭问题》(*The Coal Question*)，以及 1863 年的《黄金价值严重下跌》(*A Serious Fall in the Value of Gold*)。

不难看出，为何马歇尔热切期盼着杰文斯的著作，却又为何在阅读后感到

[1] 这一段大量引用了约翰·惠特克对这些早期论文的总结，参见 *EEW*，导论，I，第 42–44 页。

[2] * 玛丽·佩利·马歇尔(《MSS 笔记》(NCA)回忆说：“70 年代，他第一次写作时，他的想法是从一系列专题论文开始创作，实际上到 1876 年，他已经完成了若干篇，包括货币的壳理论、国内外贸易理论及工会理论。在完成了更多的论文之后，他打算写一本专著。这个计划后来流产了。”

[3] 杰文斯的《政治经济学理论》出版于 1871 年 10 月。关于《学会》期刊，参见 T.W. 海克(T.W. Heyck)，《英国维多利亚时代知识生活变迁》(*The Transformation of Intellectual Life in Victorian England*)，伦敦：克鲁姆赫尔姆出版社，1982 年，第 178、215–217 页。

[4] 阿尔弗雷德·马歇尔，对他所写的杰文斯书评的评论(日期不明)，见《纪念集》，第 100 页。

[5] 参见 A.S 和 E.M.S.，《亨利·西季威克回忆录》，第 244 页注释 1。

失望。“它对解决我的困难毫无帮助。”[1] 对于曾讲授过边沁主义的人来说，关于效用的内容似乎不是特别新鲜或有意思，尽管杰文斯对最终（边际）效用的 159
贡献应该可以称得上这样的评价。杰文斯关于价格决定的讨论，对马歇尔来说，似乎还不如自己已经非常成熟的供求分析来得好。在这一阶段，马歇尔本人在分配理论上遭遇了真正的困难，但杰文斯的书却几乎没提供什么帮助。在租金理论方面，马歇尔在 1869 年就已经通过几何数学化了穆勒的论述，从而达到了和杰文斯同样的高度；在劳动和资本方面，马歇尔在他的评论中表示，它们不是一种新的、一般性的理论，而是“首次处理了一些小的观点”，或者构成了杰文斯著作的主要价值的“启发性论述”和“谨慎分析”的例子。不过，马歇尔确实认为杰文斯对资本和利息的数学化和处理是“大胆而精妙的”。[2]

杰文斯对马歇尔评论的反应是，它比“《周六评论》更公道，但没有任何有价值的批评”。[3] 另外，对马歇尔来说，书评给出了他一直认为的重要观点。而且，这也说明了马歇尔后来记录的首次阅读杰文斯著作时感到失望的另一个方面的原因。这就是杰文斯对古典理论的抨击，马歇尔认为这是没有根据的批评，他至少给出了两点原因。首先，马歇尔在完成评述后不久就表示，杰文斯没有公正对待李嘉图的天才思想；其次，杰文斯没有看到马歇尔本人反复强调的观点，即新旧经济学之间的差别是形式上的而非实质上的。[4] 更重要的是，马歇尔认为，杰文斯在理论中没有充分认识价值和分配的相互依赖关系，分配方程（价格 = 利润 + 工资）需要一个一般均衡解，而不是杰文斯提出的顺序解。[5] 马歇尔还批评了杰文斯的效用理论的某些内容，比如，有关国际贸易利益的讨论。[6] 但马歇尔也从杰文斯的效用理论中受益颇多，特别是表现在

---

[1] 阿尔弗雷德·马歇尔，对他所写的杰文斯书评的评论（日期不明），见《纪念集》，第 99 页。

[2] 阿尔弗雷德·马歇尔，《评述杰文斯的〈政治经济学理论〉》（‘Review of Jevons's *Theory of Political Economy*’），《学会》，1872 年 4 月 1 日，见《纪念集》，第 94、95 页。

[3] W.S. 杰文斯于 1874 年 7 月 7 日写给 J.D’ Aulnis 的信，《威廉·斯坦利·杰文斯论文与通信集》，第 4 卷，第 62 页。

[4] 阿尔弗雷德·马歇尔，《评述杰文斯的〈政治经济学理论〉》，见《纪念集》，第 93 页，还可以参较《纪念集》第 99–100 页的片段（日期不明）。

[5] 阿尔弗雷德·马歇尔，《评述杰文斯的〈政治经济学理论〉》，见《纪念集》，第 94–95 页，参较阿尔弗雷德·马歇尔于 1879 年 1 月 10 日写给 H.S. 福克斯韦尔的信（弗里曼收藏，44/155），信中马歇尔提到了杰文斯未能解决的分配理论的问题。这封信可能一直在福克斯韦尔的脑海中徘徊，当他同一年晚些时候写信给杰文斯时，提到了马歇尔工作的独创性。见下文，本书第 204 页注释［5］。

[6] 阿尔弗雷德·马歇尔，《评述杰文斯的〈政治经济学理论〉》，《纪念集》，第 95 页，还可以参较上文第 157 页，在谈及国际贸易的手稿中也提到了相关话题。

他自己在早期论文中没有圆满解决的政治经济学的度量问题上。最后但同样重要的一点是，马歇尔这位以第二名的成绩获得剑桥数学荣誉学位的人，对于杰文斯“偶尔的数学上的模棱两可”感到恼火，包括一些微积分和代数上的混淆。[1]

在自己所拥有的杰文斯的《政治经济学理论》第 1 版中，[2] 马歇尔所做的注释进一步阐明了他评论的这些方面。他不同意杰文斯的“价值完全取决于效用”的观点，并指出“劳动是价值的原因**之一**”（第 2、186 页）。他也不同意因为关注效用而过度强调消费（第 47 页）。注释揭示了马歇尔在这个阶段对度量的强烈关注。在讨论价值和价格时，马歇尔表示所有这些表达式都需要一套度量单位（第 83 页）。对于杰文斯的租金方程（第 207 页），马歇尔指出，“我们不能从产品中扣除报酬，除非我们有一个共同的价值衡量标准”。这些注释表明，马歇尔对杰文斯对穆勒的抨击十分反感，但不包括他对李嘉图的抨击。
160 这些反对意见是马歇尔撰写书评后才提出的。在谈到杰文斯批评穆勒的供求比例时，马歇尔指出，“穆勒的语言是非常随意的，但杰文斯的论证中所提到的内容，在穆勒的论述中都已经以某种形式呈现过了”（第 102–103、139 页）。杰文斯书中有关边际的数学处理过程也同样受到了指责。例如，在关于工资的章节（第 179 页）中，“他似乎不知道可以消掉△ x”。马歇尔在杰文斯的主张——“连续 5 年每年投资 1 英镑的结果与 1 年投资 5 英镑的结果相同”——旁坚定地写下了一个“不”字（第 221 页）。务实的改革家马歇尔同样明确反对杰文斯试图仅用时间来衡量投资的做法，“这像一出**戏**：够真实，但没有实际意义”（第 228 页）。偶尔会有“好”或“足够真实”的评论，在最后一章关于赫恩（Hearn）的部分（第 263 页），马歇尔评论道，“确实如此，但不是杰文斯的”。

虽然马歇尔发表的第一篇文章，即这篇关于杰文斯的书评清楚地表达了他对“用日常语言表达经济推理和结果”的强烈偏好，但同时保留了弗莱明·詹金和他自己所使用的简洁明确的图形表达方法。[3] 对于杰文斯整洁的图表，马

[1] 阿尔弗雷德·马歇尔，《评述杰文斯的〈政治经济学理论〉》，见《纪念集》，第 98 页。

[2] * 保存在马歇尔图书馆。段落中引用的页面是指这个版本，其中可以找到马歇尔的注释。马歇尔愿意从杰文斯所知的关于文献、符号的广泛知识中学习，例如，在第 2 版附录书目中提到的拉德纳（Lardner）和托泽尔（Tozer）（第 17 页），同时他还标记了一些明显感兴趣的书和文章。

[3] 阿尔弗雷德·马歇尔，《评述杰文斯的〈政治经济学理论〉》，见《纪念集》，第 99 页；参较马歇尔于 1906 年 2 月 27 日写给亚瑟·鲍利的信，见同上，第 427–428 页。

歇尔是支持的，相反，他建议未来的版本中删除微积分和代数的部分，这可能掩饰了马歇尔的失落，因为在这一领域他再一次被人捷足先登，就像此前1870 年的复活节学期，当福克斯韦尔向马歇尔展示詹金的《供求定律的图形表示》（‘Graphical Representation of the Laws of Supply and Demand’）时，马歇尔的脸上露出了“懊恼”的神情，因为有人抢先一步使用了和他的方法非常接近的供求分析法。[1] 很显然，杰文斯的书证明，马歇尔只是从事图形分析工作——这是马歇尔在 1869 年经过深思熟虑并自发采用的新的分析工具——的经济学家之一，这可能使他意识到，匆忙发表 1870 年手稿中的价值和价格图形理论，也不会有什么收获了。

马歇尔和杰文斯之间的私人联系，直到 1875 年杰文斯担任道德科学荣誉考试的考官时才得以发生。不过，在 1874 年，杰文斯已经接触了马歇尔的“曲线”，这是他的学生在他所批改的政治经济学答卷中提到的。1875 年 1月，杰文斯写信给马歇尔，表示他十分遗憾在去年 12 月份错过了与马歇尔见面的机会，并且他对政治经济学问题“非常感兴趣”。“然而，最让我感兴趣的是，其中一些人无疑是根据你的观点应用了图形方法。我不太明白那些图表的细节，因为一些人写得过于匆忙，他们以为只要简单地画出轮廓，考官就一定知道所有的细节。不过，我完全了解你将曲线应用于税收等问题的方式非常成功。我毫不怀疑，这种方式在经济领域有一个很好的研究前景，希望你能将你在这一方面已经取得的研究成果发表出来。”[2] 这一年，马歇尔的学生兼未来的妻子玛丽·佩利所参加的荣誉考试结果还没有一个定论，两个考官将她投在一等荣誉学位，两个考官投给了二等学位。这也是詹姆斯·沃德取得道德科学一等荣誉学位的一年。[3] 1875 年，沃德告诉约翰·内维尔·凯恩斯（继沃德之后，于 1875 年获得道德科学一等荣誉学位），“杰文斯说，你的逻辑学试卷答得很好，很值得一读。我觉得他更欣赏你的逻辑学而不是经济学，他显然没那

[1] 参见 H.S. 福克斯韦尔于 1925 年 4 月 24 日写给约翰·梅纳德·凯恩斯的信，被惠特克引用于 *EEW* 的导论，I，第 45 页注释 26。

[2] W.S. 杰文斯于 1875 年 1 月 7 日写给马歇尔的信，见《威廉·斯坦利·杰文斯论文与通信集》，第 5 卷，第 95–96 页。马歇尔可能因为母亲的病情而离开剑桥，他在伦敦待到了 2 月初，如他写给福克斯韦尔的信中所述（1875 年 1 月 17 日和 31 日，弗里曼收藏，11，12/229）。

[3] 参见玛丽·佩利·马歇尔，《我的回忆》，第 17 页；《剑桥注册年鉴》（*Cambridge Historical Register*）第 710 页指出，还有 10 位男子在那一年参加了荣誉考试，其中 4 人获得了二等学位，6 人获得三等学位。JNKD，1874 年 12 月 15 日，推测“皮尔森和加德纳（Gardiner）是想要授予她二等学位成绩的人”。

161 么相信马歇尔，而且认为你的曲线很好笑”。[1] 这一次，马歇尔出席了为考官们举办的一个派对，[2] 在那里，他和杰文斯可能进一步讨论了经济学中的数学分析问题，交换了各自的不同意见。沃德对凯恩斯的评论，以及随后马歇尔和杰文斯之间的通信，都暗示了这一可能性。

马歇尔在1875年2月写给杰文斯的一封信表明，杰文斯曾经送给马歇尔一本自己的《政治经济学的数学理论》(*Mathematical Theory of Political Economy*)。马歇尔在感谢之余承认，“我们之间的实质性差异比我曾经设想过的要小”，这表明他们之前很可能已经讨论过那篇书评了。穆勒是“我们观点的主要分歧所在”，因为马歇尔把穆勒的政治经济学视为“不完整的真理”，而不是杰文斯所认为的谬论。然而，马歇尔承认“穆勒不是最顶尖的建设性天才，而且通常认为他给科学带来的最重要的好处是源于他的性格而不是他的智力”。[3] 1877年，杰文斯为马歇尔申请布里斯托大学学院校长一职写了热情洋溢的推荐信。1879年，西季威克私人印刷的马歇尔的纯价值理论小册子以及《产业经济学》的出版，使杰文斯完全相信在经济学中“马歇尔所拥有的学术能力”。[4] 然而，在谈及杰文斯1879年的《政治经济学理论》第2版中扩写的序言时，福克斯韦尔对杰文斯说道：“说到谁优先……马歇尔的工作与你的属于同一时期”，都是用“彻底的数学”来表达他们的想法，杰文斯回应道，他的《政治经济学理论》首次出版时，他没有从马歇尔那学来任何东西。[5] 马歇尔对杰文斯的过分恭维发生在杰文斯去世之后。其中特别包括对杰文斯社会散文的欣赏，在十多年后写给博纳的一封信中，马歇尔承认杰文斯是一位真

---

[1] 引自JNKD，1875年12月13日。

[2] 同上。

[3] 马歇尔于1875年2月4日写给W.S.杰文斯的信，《威廉·斯坦利·杰文斯论文与通信集》，第5卷，第100页；杰文斯送给马歇尔的文章是《政治经济学中数学理论的发展》(‘The Progress of the Mathematical Theory of Political Economy’)，这篇文章曾在1874年11月11日的曼彻斯特统计学会上被宣读过，并刊印在1874–1875年的会报上，第1–19页。

[4] W.S.杰文斯，《政治经济学理论》第2版序，1897年，第15和41页。杰文斯曾给马歇尔赠书一本，保存在马歇尔图书馆。在做注释时，马歇尔特别注意了这两个版本之间的变化（如，第18、62、66、90、98页），仍旧对贸易主体的概念以及分配理论加以批判。杰文斯的推荐信是以信的形式寄给马歇尔的（1877年6月23日）。基于他即将出版的有关外贸易理论的研究，杰文斯将马歇尔称作“最具原创性的经济学家之一”(《威廉·斯坦利·杰文斯论文与通信集》，第4卷，第204–205页)。

[5] 福克斯韦尔于1879年11月12日写给杰文斯的信，以及1879年11月14日杰文斯给福克斯韦尔的回信，见《威廉·斯坦利·杰文斯论文与通信集》，第5卷，第78、80页。

正的古典经济学家，就其高度原创性而言与配第（Petty）、李嘉图、赫尔曼和冯·屠能相媲美。[1]

杰文斯去世后一年，马歇尔为杰文斯准备的一篇悼词表明了他对杰文斯贡献的歌颂和赞美，不过不涉及他的《政治经济学理论》。这本书没什么“令人吃惊的发现”，“被他对李嘉图的反感扭曲了”，而且“当古诺将数学应用于经济学的做法更为人所知的时候，它将失去光彩”。马歇尔认为，杰文斯的大部分工作“不受这些瑕疵”的影响，而且在他的应用经济学中，由于其“独创性”、“启发性”和“智慧”，“伟大之处显而易见”。[2] 几年后，马歇尔在与 J.N. 凯恩斯通信时重申了这一立场，“我认为杰文斯的巨大错误在于将仅适合于研究价格的方法应用到效用上……这是因为我认为他在这一点上是错误的，这也是他与他的前辈冯·屠能和古诺的不同之处，我认为他的伟大之处很大程度上并不依赖于《政治经济学理论》这本书”。马歇尔声称这个错误是指杰文斯在“享乐主义和经济学之间的……系统性混乱”，在这点上马歇尔一直谨慎地保持沉默。为了避免在他的消费者剩余和效用的概念之间造成混淆，马歇尔打破沉默并说服凯恩斯相信，消费者的租金是“一笔金钱而不是效用”，而如果已知“缴税的商品是为富人、穷人或任何阶级的人所消费”，那么，消费者租金的税收损失仅和效用损失有关。[3] 在效用方面，包括在杰文斯贡献很大的 162
度量方面，马歇尔本人从来没有承认他从杰文斯的《政治经济学理论》中学到过什么。[4]

惠特克[5]提醒人们注意，马歇尔在他可能从杰文斯的《政治经济学理论》中学到什么这点上，他“不是那么坦率”，即使在论证的“形式”方面（尤其是关于效用和消费者剩余），他也应该承认杰文斯的贡献，且不谈那些“实质”

[1] 参见马歇尔于 1883 年 1 月 19 日写给福克斯韦尔的信（马歇尔档案，3/7），以及马歇尔于 1898 年 11 月 27 日写给博纳的信，见《纪念集》，第 374 页。

[2] 见《马歇尔教授致敬经济学家杰文斯》（‘Professor Marshall on Jevons as an Economist’），被寄给正在组织 1883 年 5 月 22 日的追悼会的福克斯韦尔。引用的部分来自约翰·惠特克所编的马歇尔通信集里的版本，第 1 卷，第 110 封。如第 12 章所述，马歇尔当时正在起草关于李嘉图的笔记，见下文第 405 页。

[3] 马歇尔于 1889 年 11 月 26 日和 12 月 2 日写给约翰·内维尔·凯恩斯的信，马歇尔档案，1：72，1：93（重印于 *P* Ⅸ，第 260–261 页）。

[4] 关于这一点，参见迈克尔·怀特，《必要性的发明：马歇尔修辞和吉芬商品》，《经济记录》，66（192），1990 年 3 月，尤其是第 3–5 页。

[5] 参见惠特克，*EEW* 导论，第 103 页，参较第 46–47、49–50、84–85 页。*P* Ⅷ，第 101 页，《纪念集》，第 128 页注释 3。

内容。有关边际效用理论——促使马歇尔的需求理论发展成《经济学原理》的成熟版本，以及关于劳动负效用的处理，都只是得到了十分勉强和含糊的承认。在谈论谁优先的问题时，马歇尔更喜欢含糊地强调他的前辈古诺和冯·屠能的价值，但他们在这些主题上对马歇尔都没什么帮助。[1] 在可能是他写给杰文斯的最后一封信中，[2] 马歇尔承认他是“经济学中抽象定量推理的主要作者”，这可能涉及理论或统计意义上的贡献。

更重要的是，杰文斯似乎间接影响了马歇尔的出版计划。杰文斯去世后的一个月，马歇尔写信给埃奇沃思说：“我有时希望我的书在杰文斯之前就出版了，由于我没有，所以我决定推迟出版，直到我满意为止。命运是残酷的，1872 年至 1881 年期间，我在经济学曲线上几乎没有任何新的发现。”[3] 这些言论的含义如下：一旦丧失了利用曲线作为经济分析工具的优先权——先是 1870 年弗莱明·詹金的图形分析著作出版，然后杰文斯《政治经济学理论》中精美的图表问世，马歇尔便改变了出版意向，准备出版关于国际贸易的著作。这是他的“曲线”可以发挥优势的一个领域，尤其是 25 年前穆勒在《政治经济学原理》中的分析之后，有关这一主题上的著作很少。[4]

后来在写给梅纳德·凯恩斯的信中，马歇尔提及了弗莱明·詹金的图形分析对他的影响。其中提到他如何熟知詹金的一篇文章的“一些八卦”：

> 当然，我是在 1870 年的《休会研究》（*Recess Studies*）上看到弗莱明·詹金的第一篇文章的，但是这与我在剑桥哲学学会的简短讲话（参见 1873 年 10 月的会议记录）——解释 H.H. 克宁汉（H.H.Cunynghame）在垄断价值中为画直角双曲线而使用的伟大的机器——没有关系。然而，在那篇文章中，我解释了消费者剩余（我

[1] 下文第 21 章，第 776–777 页还有进一步讨论。

[2] 阿尔弗雷德·马歇尔于 1879 年 6 月 30 日写给 W.S. 杰文斯的信，见《纪念集》，第 371 页。

[3] 阿尔弗雷德·马歇尔于 1882 年 9 月 12 日写给埃奇沃思的信，埃奇沃思文集，藏于大英图书馆的政治和经济科学目录，Coll.Misc，470/31 M 469。

[4] * 事实上，在福西特的《自由贸易与贸易保护》出版之前，关于国际贸易的著作很少，伦敦：麦克米伦出版社，1878 年；马歇尔在就职演说中提到的杰文斯、J.E. 凯尔恩斯，白芝浩（Bagehot）和克里夫·莱斯利等过去 12 年中逝世的伟大的英国经济学家，在这一领域的作品相对较少。不过，杰文斯在《政治经济学理论》第 2 版的第 142–146 页，确实提到了一些关于贸易的重要内容，凯尔恩斯将他的《政治经济学主要原理》（*Leading Principles of Political Economy*，1874 年）的第三部分用来讨论国际贸易。

> 后来称之为“租”），我认为这是我自己的发明，因为我对杜普伊特（Dupuit）一无所知。我当然需要它（克宁汉的机器），为了我日后称之为“折中利益曲线”的东西。麦克斯韦站起来说，这篇论文的某些部分让他想起了弗莱明·詹金的工作，当然他指的是，1871-1872 年爱丁堡皇家学会会议记录上的文章。这让我很困惑，因为我没有看过这篇论文。
>
> 最后，当我的《经济学原理》出版时，詹金给我写了一封客气的 163
> 信，有点像瓦尔拉斯写的关于多重交叉点的那样，确定了发表的优先权：然后我看到詹金的研究比我从《休会研究》中看到的更加深入。[1]

除了证明马歇尔对关于消费者剩余和折中利益概念的独立发现以及优先权十分敏感外，这封信还有令人费解的地方。其中之一是马歇尔声称没有继续关注詹金对税收归宿的贡献，但其实当时他自己正在研究这个话题。马歇尔通过伊拉努斯协会认识了克拉克·麦克斯韦，后者和詹金时有通信，他能够很容易地提醒马歇尔注意这一贡献，毕竟，它的发表来源不是那么难以获取。[2] 而詹金给马歇尔的信似乎没有留存下来。

“对经济学的历史研究燃起极大兴趣”

在 1892 年 11 月写给 L.L. 普莱斯的一封信中，马歇尔回忆说，[3]“在 70 年

[1] 阿尔弗雷德·马歇尔于 1910 年 12 月 4 日写给约翰·梅纳德·凯恩斯的信，凯恩斯文集，剑桥大学国王学院，文件 L/M/41。福克斯韦尔后来写信给凯恩斯，谈到了他在 1870 年给马歇尔展示詹金的有关供求的文章时，马歇尔的反应（收录于 *EEW*，I，第 45 页注释 26）。

[2] 1910 年 12 月，马歇尔在与凯恩斯的通信中回忆道，在这次哲学学会的会议上，克拉克·麦克斯韦告诉马歇尔，他的报告让自己想起了弗莱明·詹金的工作。参见马歇尔于 1910 年 12 月 4 日和 12 月 12 日写给凯恩斯的信，凯恩斯文集，L/M/41，剑桥大学国王学院。参较马歇尔于 1904 年 4 月 7 日写给 H.H. 坎宁安的信，见《纪念集》，第 449 页。路易斯·坎贝尔和威廉·加内特，《詹姆斯·克拉克·麦克斯韦的生平》的第 336 页记录了麦克斯韦和弗莱明·詹金的友谊。

[3] 阿尔弗雷德·马歇尔于 1892 年 8 月 19 日写给 L.L. 普莱斯的信，见《纪念集》，第 378–379 页。这是马歇尔对普莱斯所评论的《经济学原理》第 2 版的回应。他提到了马歇尔在这封信中提出的一些问题，参见他的《关于最近的经济著作的笔记》（‘Note on a Recent Economic Treatise’），《经济学杂志》（*Economic Journal*），2（1），1892 年 3 月，收录于《阿尔弗雷德·马歇尔评鉴》，第 2 卷，第 41–42 页。

代初，我对经济学的历史研究充满了热情，我开始追溯亚当·斯密的学说的起源”。他在这些年不仅深入研究了经济学的历史，还对经济学研究相关的当代与历史事实进行了搜寻。正如前文已经所提到的，1869 年西利就任历史学教授后，剑桥大学掀起了一阵崇尚真正的历史精神的风潮。对此，马歇尔的回应可能是如饥似渴地阅读大量历史作品。据记载，19 世纪 70 年代初，他将夏天的大部分时间都贡献给了历史书。在沉浸于经济学研究之前，马歇尔在对知识论的批判性研究中构建了关于事实分析重要性的哲学立场，可能强化了他对历史的痴迷。如前所述，马歇尔最早的经济学研究中缺乏和事实有关的材料，在 19 世纪 70 年代初，经济学学徒期的最后几年，马歇尔弥补了这一缺陷。[1]

马歇尔当时收集的一系列统计资料，很好地说明了他在这一阶段对事实的渴望。[2] 它们的来源各不相同，包括剪报，以及从《经济学人》(*Economist*)和《双周评论》等马歇尔当时热衷阅读的期刊上摘录的内容，还包括从书籍、统计研究以及官方和非官方的参考著作中摘录的内容。收集的数据包括人口统计数据、国民收入、消费数据、价格数据，关于死亡率、犯罪、饮酒问题的社会统计数据，还有贸易和税收数据，土地国有化数据，煤和水作为能源以及复利的作用。西博姆（Seebohm）、霍伊尔（Hoyle）和胡布纳（Hübner）的统计研究补充了萨金特的《近期的政治经济学》，以及马克思的《资本论》中的内容。[3] 整理这些数据以供参考的困难之处，可能是马歇尔在 1875 年建立他的“红皮书”的动机之一，这让他可以更方便地获取当代经济统计数据和历史数据。它提供每一年的大量经济数据，还有关于文学、艺术、哲学、欧洲君主和英国政治史的信息，简而言之，它介于统计年鉴和一个男孩自己的年度笔记之
164 间。红皮书的另一个作用是提醒马歇尔经济原因和影响的复杂性，从而在早期阶段告诫自己对简单回归分析的有效性保持警惕。[4]

马歇尔“红皮书”的内容表明他在这一阶段对历史或历史主义的全方面的迷恋，这种迷恋可能很大程度上归功于他在同时期对黑格尔的《历史哲学》、

---

[1] 参见上文第 5 章，第 129 页，关于他是如何以及在何处度过这些暑假的，见下文，第 7 章，第 189 页。

[2] 马歇尔档案，箱 7（3）：统计资料（Statistics）。

[3] 据推测，这是指 F. 西博姆的发表在《双周评论》上的关于人口历史方面的文章，1865–1870 年，以及 E.A. 胡布纳的《世界各国统计表》(*Statistische Tafel aller Lander der Erde*)，柏林，1851 年，和威廉·霍伊尔的《我们的自然资以及它们时如何被浪费的：政治经济学中遗漏的一章》(*Our Natural Resources and How they are Wasted. An omitted Chapter in Political Economy*)，曼彻斯特，1871 年。

[4] 参见上文第 5 章，第 128–129 页及注释，还可参见下文第 17 章，第 638 页。

巴克尔的《文明史》、梅因的早期作品，以及对斯宾塞的作品，尤其是《第一原理》的研究。现存的这段时期的笔记还涉及大量经济史，不仅仅局限于从中世纪末开始的现代欧洲历史，而且还包括有关亚洲古代世界（中国、印度、波斯）和地中海盆地（以色列、腓尼基，以及更完整地说，希腊和罗马）的经济组织的资料。这些历史研究的增加得益于他对德语的日渐熟悉，1868 年他开始接受德语课程，这使他得以了解罗雪尔、劳、克尼斯（Knies）、考茨，以及其他德国经济学历史运动的成员的作品。《经济学原理》中出现的历史章节只是这些历史研究成果的冰山一角，在后续的版本中，这些章节变成了附录一。它们还以更有限的方式，出现在 1879 年《产业经济学》的一些章节中。[1]

红皮书中的内容还揭示了马歇尔研究学说史的大量证据，正如马歇尔在写给普莱斯的信中所提到的，这是他年轻时热衷于历史的一个表现。这些研究的范围在马歇尔写给福克斯韦尔的一封信中有更完整的记载。信中，马歇尔给他的前学生兼继任者（圣约翰学院道德科学讲师）提供了建议，以帮助他准备政治经济学的讲座。在几乎否定了布朗基（Blanqui）的《政治经济学史》（*History of Political Economy*）——马歇尔称之为“一个可靠的，但只比平庸之才稍稍高出一点的人”的作品——之后，马歇尔继续建议道：

> 除了麦克库洛赫、麦克劳德（McLeod）和特拉弗斯·特维斯（Travers Twiss）的作品之外，没有关于这一主题的英文作品了。最后一位的作品有些用处，它已经绝版并且非常稀少，但可以在剑桥大学图书馆中找到。关于政治经济学的法文书籍一如往常地让我失望。不过有两本杰出的著作是例外：拉维涅（Lavergne）的《十八世纪的法国经济学家》（*Les Economistes francais du XVIIIe siécle*），无论如何你得买来读一读，还有杜尔阁的《关于财富的形成和分配的考察》。……在学校图书馆里有一本由戴里（Daire）编辑的非常棒的《重农学派论文集》。它已经绝版了。应该将它和拉维涅的书一起阅读。我常常试着阅读萨伊（Say）的书，这是一项令人讨厌的任务，每次我都被它的沉闷击败。……你应该看看麦克库洛赫的《论经济政策》（*Treatise on Economic Policy*），以及他对亚当·斯密生平的介绍，还有琼斯（Jones）关于早期政治经济学的一篇小文章。如果你不读

[1] 比如，可参见 *EOI*，第 1 篇，第 7、9 章；*P* Ⅰ，第 1 篇，第 2、3 章，以及 *P* Ⅷ，附录一。

> 德语，我就不能推荐很多早期中世纪和古代经济理论的作品。但出于各种原因，你可能有兴趣研究莱基（Lecky）的《理性主义》和哈勒姆的《中世纪》中的某些部分，特别是与意大利经济有关的方面。顺便提一句，我相信有一些优秀的意大利语的政治经济学作品。我还曾想过专门学习意大利语。我忘了提1854年E. 勒瓦瑟（E.Levasseur）的《法律体系的历史研究》(*Récherches historiques sur le systeme de Law*)。……勒瓦瑟是有才学的。当然你也可以看布朗基的作品，尽管他比较平庸，但他在认识经济现象与经济历史之间的一致性上有所进步。[1]

从马歇尔图书馆所保存的他在经济理论史和经济史方面的笔记，以及关于经济史和经济方法的早期手稿中可以看出，马歇尔的确遵循了自己给出的建议。[2]这些材料被设计成讲义或准备独立发表的出版物，完美地展现了马歇尔
165 当时对经济学历史的痴迷，他还指出经济学的学生需要熟悉经济学的历史知识。虽然最开始，马歇尔承认随着经济科学的进步，对此类知识的需求会减少，但他仍然认为研究经济理论史有三个重要原因。它“有可能帮助我们在抽象理论方面取得进展”，并且“熟悉那些为当代知识做出贡献的……伟大思想家的思想”是十分必要的。第三，它促进了我们对“他们所处时期的社会和政治现象”的理解。[3]第三点强调的不仅仅是经济理论的相对性，它还旨在强调学说史与一般历史的相互依存关系。[4]这篇未完成的论文的其余部分以古代史说明了这一点，从中可以发现，在19世纪70年代早期，马歇尔对历史文献有着广泛的了解。[5]

虽然后来，马歇尔在教导经济学学生时，对历史的意见已经有所保留，但他从未放弃过承认事实知识重要的立场。对他而言，这些知识总是包含历史资

[1] 马歇尔于1878年5月29日写给福克斯韦尔的信（弗里曼收藏，46/155，36/155），文中引用的是第一封信中的内容。

[2] 马歇尔档案，箱5，第5–10项，关于经济理论史和经济历的笔记；经济学史和经济方法的讲义见同前，1（f）项。后者收录于*HME*，但不在*EEW*中。

[3] *HME*，第2、5页。

[4] 请参阅我的《阿尔弗雷德·马歇尔和经济思想史》，载《政治经济史杂志》，9（2–3），1991年，第一部分，尤其是第64–67页。

[5] *HME*，导论，第15、18–19页。

料的。马歇尔在这个问题上的立场在他 20 世纪剑桥经济学的讲座中就得到了体现，如今在他《经济学原理》中强调的历史资料中也十分明显。他在自己的作品中对这些事实材料的使用，以及他使用这种材料的各种方式，都是他研究生涯中反复出现的主题，本章后文将从他的国际经济学手稿开始说明这一点。

哲学基础：边沁、黑格尔、斯宾塞和梅因

马歇尔在《经济学原理》中对边沁大加称赞，认为他对 19 世纪经济学的发展起到了关键性的作用，他不仅是“坚定的逻辑学家”，还是“热心的改革者”。不过，正如玛丽·佩利回忆的那样，在他 19 世纪 70 年代早期的讲座中，把边沁的重要影响——“比其他任何非经济学家对经济学的影响都大”——归因于他对度量的强调，一个主要的例子就是他在《道德与立法原理导论》中对快乐和痛苦的衡量。[1] 边沁的书是道德科学荣誉学位教学大纲的重要组成部分，而学习功利主义是该荣誉学位中道德哲学体系的重要组成部分。当马歇尔在 19 世纪 70 年代初讲授道德和政治哲学时，他讲座的主要内容就是最初由边沁开创，并经由约翰·斯图亚特·穆勒发展的功利主义。此外，他对这一问题的了解也得益于与西季威克的讨论，后者当时正在撰写他的《伦理学方法》，第 1 版于 1874 年问世。[2] 尽管对边沁赞赏有加，并且对功利主义学说的内容和问题有着准确的认识，马歇尔本人并不是“冷酷的功利主义者”。马歇尔对经济行为的描述与穆勒所说的效用最大化的“经济人”不同。因此，他在经济分析中谨慎使用效用最大化，并严格区分于功利主义伦理学，“更不必说享乐主义心理学，或任何狭隘的物质主义或自私贪婪”。[3]

边沁对马歇尔的影响集中在度量人类行为程度这一重要问题上。边沁的粗 166
略计算促使马歇尔寻求一种以科学的方式度量人类行为的方法。使用货币这一衡量工具使经济学比其他社会科学更具优势。“一旦一个人的动机所产生的力

[1] *P*Ⅰ，第 58 页，以及 *P*Ⅷ，第 760 页；玛丽·佩利·马歇尔，《我的回忆》，第 19 页。

[2] 参见上文第 5 章，第 129 页。在他的《伦理学方法》（第 2 卷，第 3 章）中，西季威克提出了一些关于快乐度量和通约性（commensurability）的重要问题。

[3] J.K. 惠特克，《阿尔弗雷德·马歇尔的经济和社会思想的一些被忽视的方面》（‘Some Neglected Aspects of Alfred Marshall’s Economic and Social Thought’），*AMCA*，Ⅰ，第 457 页；参较 *P*Ⅷ，第 17 页注释 1，以及 *P*Ⅸ，第 136–137 页，介绍了《经济学原理》第 1 版第 83 页注释 1 经历的巨大变化。

量——而不是动机本身——能够近似地用一定量的货币来衡量，这笔金额是他为了获得某种满足刚好可以放弃的，或者说刚好可以使他愿意忍受一定的劳累，这就打开了用科学的方法来测量的大门。”[1] 对马歇尔而言，重要的是边沁的建议，而不是他的解决方案。此外，马歇尔在早期阶段批评了获取极大享乐这一功利主义信条是空洞的这一说法。19 世纪 80 年代初的手稿片段质疑了功利主义的至善原则，因为在最大化的精确性质中暗含了极为含混不清的结果。在《经济学原理》中，马歇尔利用他的有机体信念——整体可能大于其各部分的总和——进一步削弱了它的实际价值。[2]

最后一点引出了黑格尔的《历史哲学》对马歇尔的影响，这是他当时正在仔细研读的书。这本书的影响，连同赫伯特·斯宾塞对于“本书的实质”的影响，都在他《经济学原理》后续版本的序言中得到多次承认。在关于经济学的历史和方法的未完成论文中，以及在 1875 年关于美国产业特点的剑桥讲座中，还有 1879 年关于水作为一种国家财富要素的吉尔克里斯特（Gilchrist）讲座的结论部分，直接的黑格尔式修辞尤为明显。[3] 玛丽·佩利·马歇尔回忆说，马歇尔的讲座将黑格尔的《历史哲学》与他的理论史风格结合在一起，在马歇尔去世前不久，他曾向凯恩斯表明，黑格尔的《历史哲学》对他的思想产生了重要影响。[4]

马歇尔对黑格尔的历史观坚信不疑的原因之一是，它让马歇尔有动力去相信，社会科学与环境之间是相互依存的，这种观点为刻画有机体的发展过程注入了进化论和生物学的味道。不那么明显但依然可以发现的是，马歇尔对黑格尔历史归纳的大胆推进一直非常钦佩，这表明他有意识地渴望对人类社会发展

[1] *P* Ⅷ，第 15 页，还可参见下文第 175 页，马歇尔在 1876 年的文章《穆勒先生的价值理论》中对此话题的讨论。

[2] *EEW*，Ⅱ，第 316–319 页；另见 *P* Ⅷ，第 25 页，内容可追溯到 *P* Ⅱ，第 80 页。J.K. 惠特克，《阿尔弗雷德·马歇尔的经济和社会思想的一些被忽视的方面》，第 470–472 页，解决了马歇尔和边沁思想的一些其他潜在冲突，还可参见瓦伊纳对这一话题的经典处理，《马歇尔经济学：其人与其时代》，尤其是第 245–249 页。

[3] *P* Ⅰ，第 9 页；*HME*，第 6–7、10–21 页；《美国产业的一些特征》（‘Some Features of American Industry’），*EEW*，Ⅱ，第 355–377 页，尤其是第 376 页；《国家财富要素之一的水》（‘Water as an Element in the National Wealth’），《纪念集》，尤其是第 138–141 页。在下文第 7 章（第 200–201 页）和第 9 章（第 292–293 页）将详细讨论后两个讲座。

[4] 玛丽·佩利·马歇尔，《我的回忆》，第 20 页；J.M. 凯恩斯，《阿尔弗雷德·马歇尔》，第 172 页注释 2。

过程中复杂的相互作用进行整体解释。[1] 无法确定是谁最初将黑格尔的作品介绍给马歇尔，但毫无疑问，年轻的马歇尔对这位德国哲学家的痴迷程度远远超过当时的剑桥同龄人。[2]

不能过分强调斯宾塞对马歇尔思想的重大影响，因为这一点目前很难理 167
解。上一章提到了斯宾塞对马歇尔早期哲学和心理学写作的影响，前几段则提到了马歇尔承认斯宾塞对其《经济学原理》的实质性影响。莫兹利给凯恩斯写信说，他所写的小传低估了斯宾塞的作品对年轻的马歇尔所产生的影响，特别是《第一原理》。玛丽·佩利·马歇尔还回忆说，马歇尔曾给她讲授过有关斯宾塞的《社会静力学》和《第一原理》的课。马歇尔图书馆中收藏了斯宾塞的所有主要著作，包括 19 世纪 80、90 年代出版的那些。[3]

斯宾塞对马歇尔出版的作品的直接影响主要局限于《经济学原理》一书。即使这样，这些直接影响也很少，主要是涉及对生活，习俗及其演变的广泛概括。例如，斯宾塞在《休闲福音》（'Gospel of Relaxation'）中的格言：工作是为了生活，生活不是为了工作，就受到了马歇尔的赞许并被其引用；《生物学原理》中提出的文明发展对人口的有效控制，被认为是经数据检验的事实性发现；斯宾塞关于身体和精神器官发展的观点认为，器官的运用给人带来快感，

[1] *P* Ⅰ，第 765 页，*P* Ⅷ，第 764 页；我所写的《马歇尔与黑格尔》（'Marshall and Hegel'）是对这一影响的详细论述，尤其是第 70–82 页。

[2] * 在第 5 章中提到曼塞尔在这一方面可能发生的作用；我的《马歇尔与黑格尔》，第 66–67 页，提到莫里斯、西季威克、乔伊特和 T.H. 格林随后强化了这一影响。西季威克和莱斯利·斯蒂芬曾是黑格尔的信徒，不过很快就对他的工作感到失望。作为马歇尔 19 世纪 70 年代早期的获奖学生之一，亨利·坎宁安回忆道，“在这个时候的剑桥，提到黑格尔时只有叹息和嘲笑”。如果马歇尔是那些“叹气”的人之一，就可以证实玛丽·佩利所说的黑格尔在马歇尔讲座中所发挥的作用。参见 C.H. 达德利·沃德（C.H.Dudley Ward）和 C.B. 斯宾塞，《非传统公务员》（*The Unconventional Civil Servant*），伦敦：迈克尔·约瑟夫出版社（Michael Joseph），1939 年，第 61 页。

[3] 参见 J.R. 莫兹利于 1924 年 11 月 24 日写给 J.M. 凯恩斯的信（KMF），参较约翰·梅纳德·凯恩斯，《阿尔弗雷德·马歇尔》，第 169 页，凯恩斯把斯宾塞的《第一原理》描述为“难以理解的”，还可参较玛丽·佩利·马歇尔，《我的回忆》，第 19 页。1927 年的马歇尔图书馆目录中包括《生物学原理》，2 卷本，1865 年，1867 年；《第一原理》，第 2 版，1867 年；《社会静力学》，1868 年；《科学、政治和哲学论文集》（*Essays: Scientific, Political and Speculative*），3 卷本，1868 年，1868 年，1874 年；《描述社会学》（*Descriptive Sociology*），4 卷本，1873–1881 年；《社会学原理》，第 1 卷，1876 年，第 3 卷，1896 年；《伦理学资料》（*The Data of Ethics*），第 2 版，1879 年；《社会学研究》（*Study of Sociology*），1880 年；《政治制度》（*Political Institutions*），1882 年；《人与国》（*The Man versus the State*），1884 年；教会制度（*Ecclesiastical Institutions*），1885 年；《有机进化要素》（*Factors of Organic Evolution*），1887 年。不过，在建立了经济学优等学位考试之后，他将许多斯宾塞的著作捐赠给了道德科学图书馆。见下文，第 10 章，第 336 页注释 *。

这被马歇尔视为自然选择的有益结果。因此，斯宾塞的工作有助于马歇尔对工人阶级进步的经典观点进行批评和阐述。[1]然而，在斯宾塞死后不久，马歇尔对斯宾塞的称赞——“他开创了一个充满希望的新世界，他在许多不同的方向上赋予人类高度进取心……相比于穆勒，他在提高英国智力活动的效用上做得更多”——被《经济学原理》中的其他评论冲淡了。孔德和斯宾塞在社会科学试图实现的雄心壮志被认为是不现实的野心；而在一些版本中，马歇尔在使用斯宾塞的《描述社会学》时表现得非常谨慎，尽管这本书即使对经济学家来说也是有用的。[2]然而，科学写作中的这种普遍主义观点，对于初次接触它的年轻的马歇尔来说是具有很大吸引力的，而涉足一切与调查研究有关的内容的这一诱惑，也是一个陷阱，阻碍他实现他的庞大出版计划。[3]不论斯宾塞对他造成的这一潜在负面影响有多大，马歇尔尽可能地用事实来武装他的理论，是对19世纪70年代斯宾塞智力挑战的更积极回应。

亨利·梅因爵士在马歇尔早期经济思想发展中的重要性也值得关注。马歇尔19世纪60年代末的笔记将梅因的《古代法》和《村落共同体》(*Village Communities*)列为与政治经济学学生密切相关的作品。肯定的是，他当时已经研读了这些书。[4]它们的主要影响是巩固了马歇尔关于习俗对经济和社会发展的影响的看法，即起初有益而随后有害的影响，正如他的《经济学原理》在论述自由产业和企业的历史图景时明确表示的那样。[5]然而，从第1版起，马歇尔就开始收回在财产的法律起源方面对亨利·梅因爵士“巨大贡献”的慷慨赞扬。这可能是因为，在与威廉·坎宁安论战时，他在一篇为历史辩护的文章
168 中，把他对习俗在中世纪农村生活中的重要性的夸张观点归因于他在梅因的作

[1] *P* Ⅷ，第136页，第184页及注释（马歇尔对支持斯宾塞假说的事实证据的评论集中在第3–5版，参见*P* Ⅸ，分别在第289页和247页）。关于他对工人阶级进步的经典观点的批判，见上文，第141页。

[2] 参见1904年11月23日的《每日纪事》，收录于《纪念集》，第507页；还可参见*P* Ⅷ，第770页，*P* Ⅸ，第254页及注释。

[3] 参见下文，第12章，第422–426页，第19章，第714–715页。写作上的困难还来源于马歇尔目标的复杂性，以及对错误的病态恐惧（见下文第21章，第784–787页，以及上文第2章，第26页）。

[4] 马歇尔档案，棕色大箱，第7项；1927年马歇尔目录（第53页）中列出了《古代法》（1866年第2版），《早期制度史》(*Early History of Institutions*)（1875年），《村落共同体》（1881年第4版），《早期法律与习俗》（1883年）和《大众政府》（1885年）。

[5] *P* Ⅰ，第12–14页，*P* Ⅷ，第724–726页；参较J.K.惠特克，*EEW*导论，I，第72注释18。

品中的发现。[1] 最初体现在马歇尔在经济学史和经济学方法的早期论文中提到习俗、种姓、村落共同体的部分，在《产业经济学》关于产业组织和土地使用权的章节则可以更清晰地看到。[2] 到第八版时，梅因的贡献已经被缩减为，笼统地提及“梅因的作品”、斯宾塞的作品和白芝浩的《物理与政治》（*Physics and Politics*），作为提供给希望了解早期文明中习俗的不同重要性的读者的参考书目。然而，马歇尔在他的经济学的各个部分对习俗的重视并没有受到影响，所以，梅因著作的实际影响仍然贯穿了他《经济学原理》的整个创作过程。[3]

在这一点上，可能还需进一步提及影响马歇尔早期经济学的两个人物。相对重要的一位是法国社会历史学家和统计学家勒普莱，马歇尔可能是从威廉·萨金特的《劳动阶级的经济》中接触勒普莱的作品，不过后来马歇尔自己购买了勒普莱的大量作品。[4] 对马歇尔这种研究工人阶级现状以探寻改进手段的人来说，除了会对勒普莱研究的性质产生兴趣之外，他在后续版本的《经济学原理》中还强调了勒普莱与众不同的收集事实的方法。马歇尔将它形容为，“对一些精心挑选出的家庭的所有生活细节进行仔细的研究。要做好这一点，需要兼有挑选案例时的判断力，以及阐释它们所需的洞察力和同情心。用得好的话，它就是最好的方法”。[5] 马歇尔偏爱此方法的原因是，它可能捕捉到了一个真实的代表性家庭，而不是使用从统计数据中取平均数得来的一个概念家庭。举例来说，后者体现在凯特勒（Quételet）提出的基于人类行为正态分布的“普通人”（I’homme moyen）概念中。寻求经济行为者的真正代表，意味着他试图在特定市场中寻求代表性的消费者和代表性厂商。勒普莱的个人主义

[1] 参见 *P* I，第 21 页注释 1；从第 1 版开始，另一处删除的对梅因的引用见第 54 页注释 2；并参见马歇尔的《答复》，《经济学杂志》，2（3），1892 年 9 月，第 509 页。这一争论可见下文，第 13 章，第 469–471 页。

[2] *HME*，特别是第 10–11 页；*E0I*，第 40–42 页，尤其是提到“所谓的村落共同体”（第 41 页），第 60 页。

[3] *P* Ⅷ，第 726 页注释 1。《经济学原理》中对习俗的提及相当频繁，例如，第 6–7、12、21、61、103、140–141、155–156、182–183、267 页，第 392 页及注释，第 531–532 页及注释，第 559–560、637–642 页，其中许多可能都与亨利·梅因爵士的研究有关。

[4] 文中指，威廉·萨金特，《劳动阶级的经济》，伦敦：辛普金、马歇尔公司（Simpkin，Marshall and Company），1857 年，其中总结了许多勒普莱的数据，并与同一问题上英国的调查结果做对比，检验其准确性。如前所述（上文，第 154 页注释 *），萨金特对马歇尔的早期经济思想具有重要影响。马歇尔拥有三卷本《法国的社会改革》（*La Reforme sociale en France*），以及六卷本的《欧洲工人》（*Les ouvriers européens*）。

[5] *P* Ⅷ，第 116 页。

和自助的社会哲学，以及关于性别分工和教育重要性的观点，同样吸引着马歇尔，并且有助于解释他致力于慈善组织协会，以及对相应的社会福利进行案例研究的原因。[1]

相比之下不那么重要，但十分有趣的早期影响来源于赫恩的《政治经济学》(*Plutology*)。特别吸引马歇尔的是他在论述欲望时对论据的组织，以及接下来对满足这些欲望所需的生产安排的详细讨论。此外，赫恩关于工业组织的详细讨论，以及他在文中对达尔文进化论的接纳，还有更多关于价值和工资的具体贡献，都使那一阶段的马歇尔产生了极大的兴趣。[2]

国际贸易手稿和其他19世纪70年代末发表的作品

1877年2月初，马歇尔向约翰·内维尔·凯恩斯展示了他正在写的一本关于国际贸易的书的部分内容。1877年7月，凯恩斯记录了他阅读此书的缓
169 慢进展，一方面是因为他发现很难在手稿中获得一个“连贯的观点”，另一方面是由于马歇尔的行文风格“不好”，“甚至可以说，根本没有风格”。[3]马歇尔在1873年的某个时候开始写作这本书。到1876年底或1877年初，此书的手稿已经先进到足以送到麦克米伦出版社以供出版考虑了。虽然没有马上退稿，但麦克米伦认为这本书在“文学形式和实际结构上”都太糟糕了，它被送到了一位独立读者手上。1877年5月，麦克米伦把手稿归还给马歇尔，因为它的“风格”缺乏“生动性，那位读者读不下去”。此外，麦克米伦还就马歇尔如何最好地改善它提出了建议。[4]这就解释了凯恩斯在7月阅读此书时的乏味。1877年8月马歇尔的婚礼，以及随之而来的在布里斯托定居和新事业带来的新责任，再加上和新婚妻子一同撰写《产业经济学》，都意味着国际贸易的手稿被搁置了。1878年春末，马歇尔通知他的出版商说，“就它目前的样子看，它永远成不了一本让人读来舒适的书”，并且将会被抛弃。取而代之的是，

[1] 参见下文，第11章，马歇尔与慈善组织协会的关系，以及第14章，第514–515页，关于勒普莱的性别分工的观点。

[2] 详情请参阅我的《阿尔弗雷德·马歇尔和澳大利亚经济学》('Alfred Marshall and Australian Economics')，《HETSA公报》，第9号，1988年冬，尤其是第1–5、9–12页，以及参较上文第160页，马歇尔对杰文斯引用的赫恩的贡献的批注。

[3] JNKD，1877年2月8日，和1877年7月16日。

[4] 亚历山大·麦克米伦于1877年4月17日和1877年5月14日写给阿尔弗雷德·马歇尔的信（马歇尔档案，2/36，2/37）。

马歇尔提出，他希望在 1881 年底之前出版至少三本书。第一本书是关于“适用于经济理论”的图表方法，“包括国际贸易曲线”；第二本是供一般读者阅读的对外贸易图书；第三本是有关贸易、金融和税收的，作为补充《产业经济学》的姊妹篇。约一个月之前，他曾写信给福克斯韦尔，他正在认真考虑在国际贸易的书出版之前先研究曲线的事情。这些计划一个都没有实现，不过，西季威克私人印刷的关于国内和国际价值的章节可以看作这些计划的部分替代品。或者说，他所承诺的关于图表方法的书最终在《经济学原理》中得到了实现。[1]

马歇尔在与塞利格曼（Seligman）和克宁汉的通信中回忆了这本未出版的国际贸易图书的始末。给克宁汉的信表明，这个国际贸易图书的出版计划与马歇尔对至少在某些方面确立优先地位的愿望有密切关系。19 世纪 70 年代，马歇尔通过出版自己的研究从而确保其优先性的需要依然十分紧迫。[2] 在给克宁汉的信中提到的研究计划，比在四年前写给塞利格曼的信中有更为简明的表达：

> 大约在 1873 年，我决定我的第一本书将会和国际贸易有关，会涉及贸易保护等问题，从分析和现实两方面入手，但不会包括历史的角度。于是我开始写作。……这项工作分为两部分。第 1 部分写给一般读者，第 2 部分用较小的字体印刷，专供专业学生阅读。第 2 部分以我最爱的句子开头——多中有一，一中有多，并展示了如何详细修改国际贸易的纯理论以使其适用于许多产业问题和其他问题。接下来是关于国际贸易纯理论的三章，然后是关于国内贸易的两章。这些是 170
> 为引入“消费者租金”做准备，我想将它应用于衡量关税的间接影响

[1] * 马歇尔档案，2/49，马歇尔给麦克米伦的未注明日期的草稿；马歇尔于 1878 年 4 月写给福克斯韦尔的信（弗里曼收藏，信件 44/155）。在马歇尔写给麦克米伦的信中，福西特的《自由贸易与贸易保护》（1878 年年中问世）似乎被认为是可能的竞争对手，这一可能性遭到了马歇尔的否认。正如菲利斯·迪恩（Phyllis Deane）指出的那样，穆勒的国际贸易理论在福西特的书中不曾发挥任何作用，这本书依靠的是一般自由经济原理和对同时期真实世界的描述，用“生动、直接和有力的行文风格”来传递信息。参见她的《亨利·福西特：普通人的政治经济学家》（‘Henry Fawcett: the Plain Man's Political Economist’），收录于 L. 戈德曼（编），《盲目的维多利亚时代》（*The Blind Victorian*），第 103–104 页。有关马歇尔计划中的关于图表的书，和后来出版作品之间的关系，请参阅 J.K. 惠特克，*EEW* 导论，I，第 65–66 页。

[2] 阿尔弗雷德·马歇尔于 1904 年 4 月 7 日写给亨利·克宁汉的信，见《纪念集》，第 449 页；参较马歇尔于 1910 年 12 月 10 日写给梅纳德·凯恩斯的信，见上文所引，第 162–163 页。

> 的手段上，无论贸易保护是否存在。到1877年6月，我几乎已经完成了第1部分的初稿，以及除了最后一章之外的第2部分，我发现最后一章特别麻烦（我现在非常确信我永远不会写它）。[1]

171 此书保存下来的手稿章节，加上西季威克印刷的章节，重构了此书的内容。图6.2从《阿尔弗雷德·马歇尔早期经济学手稿：1867–1890年》中摘录了此书的目录，《手稿》中也重印了这些留存下来的章节。[2]没有留存下来的部分和章节放在方括号内。我们不对本书相当复杂和令人费解的论点进行概述，而是将讨论局限于与马歇尔的经济学学徒身份有关的一些特征。[3]

正如马歇尔给塞利格曼和克宁汉的信中所说，本书的第1部分是为一般读者设计的。它展现了前文提到的他的经济学发展过程中的很多特点。一部分早期论据表明，19世纪70年代中期，当马歇尔撰写这些材料的大部分时，已经把他对历史的热情置于脑后。事实仍然很重要，但正如他后来在《经济学原理》中提醒的那样，必须谨慎使用斯宾塞的《描述社会学》。有必要正确解释事实中复杂的相互关系，是他多次给予读者的忠告（第39、52–53、61、95页），而且他还发现作者并不擅长分析美国和其他国家的贸易保护。[4]如果要在解释中加入大量历史，那么历史细节——在阐述具体问题时通常有大量可得的材料——必须适当地融入论证。尽管采取了更为谨慎的态度，但马歇尔在撰写国际贸易的书时并没有完全放弃历史观点。熟悉历史本质，总是回溯《经济

---

[1] 阿尔弗雷德·马歇尔于1900年4月写给E.R.A.塞利格曼的信，见J.道夫曼（J.Dorfman），《塞利格曼通信集》（'The Seligman Correspondence'），载《政治学季刊》（*Political Science Quarterly*），56（3），1941年9月，第408–410页。

[2] 引自*EEW*，II，第5页。重构后的文本见第7–236页，其中穿插着惠特克对各个组成章节和部分的简要介绍。这表明其篇幅之庞大。重印的材料证实了马歇尔在给塞利格曼的信中的说法，即前面引文所说的第2部分的大部分内容已经完成，除了第7章，这是他在1777年6月写不下去的一章。

[3] 对马歇尔的国际贸易理论的详细评价参见约翰·克里迪，《马歇尔和国际贸易》（'Marshall and International Trade'），《阿尔弗雷德·马歇尔百年纪念文集》，约翰·惠特克（编），剑桥大学出版社，1990年，第79–107页。瓦伊纳的细致论述将马歇尔的贡献放在更广泛的历史背景中。参见他的《国际贸易理论研究》（*Studies in the Theory of International Trade*），纽约：哈珀兄弟出版公司（Harper & Brothers），1937年，尤其是第541–555、570–575页。

[4] * 马歇尔在一封写给埃奇沃思的信中回忆说，美国保护主义者倾向于滥用"一些统计数据"来支持他们的观点，他给美国经济学家和统计学家H.L.摩尔（H.L.Moore）寄了此信的副本（马歇尔于1912年6月5日写给摩尔的信，《摩尔文集》，哥伦比亚大学，见下文，第17章，第637–638页）。本段及接下去6段的括号内指的是*EEW*中刊印的国际贸易图书的页码。

国际贸易理论（以及与自由放任原理有关的经济学其他部分）

第 1 部分

第 1 章	[国际贸易的基础及其产生的利益：初步讨论关税以及支持和反对贸易保护的论点。]
第 2 章	[国际交易的货币方面。]
第 3 章	[国际贸易存在与否对一个国家生产力变化的影响；国际贸易对平均货币工资的影响；等等。]
第 4 章	国际贸易对产业和社会进步的影响。
第 5 章	国际贸易对产业和社会进步的影响（续）。
第 6 章	对国际贸易征税。
第 7 章	保护国内产业。

第 2 部分

第 1 章	国际贸易纯理论的范围。
第 2 章	国际贸易纯理论的前提。图表方法。国际需求曲线的基本规律。
第 3 章	国际贸易稳定均衡与不稳定均衡。
第 4 章	国际需求变化对交换比率的影响。关税归宿。
第 5 章	国内价值。
第 6 章	税收总负担。消费者租金。
第 7 章	[关税的间接影响，无论是否存在“保护”。]
附录	[生产成本；穆勒的价值理论；租金；经济措施；定义的索引。]

来源：引自 J.K. 惠特克（编），《阿尔弗雷德·马歇尔早期经济学手稿：1867–1890》，伦敦：皇家经济学会之麦克米伦出版社，1975 年，第 2 卷，第 5 页，引用得到了编辑和出版商的慷慨许可。

表 6.2：1873–1877 年国际贸易手稿目录

学原理》中的历史性材料，并且时常提及它们，这表明马歇尔对广泛的历史视野和一般归纳的一贯喜爱，这也是他欣赏黑格尔、斯宾塞、梅因和巴克尔的原因。

在中世纪，日耳曼精神使得人们倾向于加入行会和其他产业公会。他们在稳固的条件下被牢牢绑定在一起，传统（das Hergebrachte）具有无可争辩的统治地位。但是，新大陆的发现以及机械科学的第二次革命创造了一个新的秩序。变革的时代给产业带来了不可抗拒的力

> 量。旧的组织绝不会屈服于它，因此会在这一影响下变得支离破碎。直到它们能够迅速适应每一个新的变化，有效的组织才可能再次出现。它们不仅需要能够在细节问题上不断调整，而且要能够迅速修改它们的目的：它们需要经常审查他们的行动原则，并且迅速地就战术问题作出决定。铁路，印刷和电报加快了随之而来的产业需求的变化速度，而如今通信手段的发展正在使产业组织适应时代的新环境（第123页）。

马歇尔也提出了一些方法论问题，这些问题涉及图表分析这一主题，这是他在向麦克米伦承诺的1881年前出版“曲线”研究时就有所暗示的。下面的引文思考了这种分析中固有的一些缺陷，突出了马歇尔后来对数理经济学有效
172 性的保留态度，并且他在实践中也考虑到了这一点。与一些同时代的实践者不同，马歇尔痛苦地意识到应用他的分析方法是难以获得现实和有用的结果的：

> 通过在各种情况下近似地确定曲线的形状来发现规律，似乎并没有超越目前统计科学可以给我们提供的资源。的确，还需要很长时间来完成这项任务。而当它完成时，将这些曲线交给数学分析过程进行操作可能是值得的：但在那之前，对曲线的数学处理不能使我们得到任何结果，这种结果也无法立刻从观察图表中获得。即便如此，数学分析的方法在确定交易比率的移动上也无法提供任何可观的帮助。在我们能够用近似规律来表示影响交换比率位置的横轴和纵轴的力量大小之前，还需要做大量的额外工作。最后，即使这样做了，在数学处理问题的方式上仍然存在更多困难。有必要非常小心地对待这个困难，因为它甚至在一定程度上损害了通过图表方法处理问题的效率（第162-163页）。

许多后来使得马歇尔闻名的经济理论都包含在这项早期工作中。一个明显的例子是消费者租金的概念，以及它在税收超额负担定理中的应用（第74–75、77、212–224页）。他还考察了补贴和税收对生产者剩余的潜在影响（第224–230页）。他提出了对报酬递减行业征税，然后用这些收入补贴报酬递增行业的著名论点，这不仅是旨在提高总体福利的政策，而且也表明政府关注人们以正当的方式花费自己的收入（第230–234页）。在国内价值理论中，分析涵盖了关于价值的早期文章中的大部分内容，包括多重均衡及其稳定性（第

199–201 页）、供应曲线下降的不可逆性（如第 204 页），以及马歇尔后来价值分析中的其他工具。国际贸易纯理论展现了对相互需求曲线的分析，至少到 20 世纪 40 年代末，这都是国际贸易的教科书中的内容，马歇尔将这些工具用于解决贸易收益、贸易条件和关税的潜在利益和损失的问题（第 112–118 页）。和 1904 年马歇尔写给克宁汉的信中所说的不同，本书没有对垄断进行分析，因此就算本书在 1878 年或 1879 年出版，折中利益概念的优先权也不会因此而确定。本书还涵盖了马歇尔对斯密、李嘉图和穆勒等古典经济学家的看法，在批评杰文斯等经济学家时用来充实自己的论据。马歇尔认为，在古典学者的大部分学说中都有“真理的元素”，但他们的理论通常被视为“没有使其成为真理的必要条件”。然而，在这个阶段，他仍然乐意坚持这样的观点——斯密的某些学说无论如何“肯定是错了”（第 60–61 页）。

这一早期工作关注的不仅是“经济科学中涉及自由放任原则的部分”，同时它也揭示了他在经济学研究中对社会的深切关怀。这就回溯了他开始阅读这一学科的动机。一个例子就是他对贸易萧条和其他经济下滑所造成的劳动者就业和收入停滞的关注（第 35–37、43–44 页），另一个例子是他对社会主义者，如路易·勃朗（Louis Blanc），以及更重要的是，对那位“大胆而敏锐的天才”
拉萨尔所提出的解决这些问题的措施的关注（第 37–39 页）。这本未完成的经 173
济学专著还讨论了其他主题，包括从工人效率和社会福利角度看高工资的经济（第 16–17、20、24–26、29–31 页）；新产业对工作、生活和性格，包括对下一代前景的影响，实际上限定于产业区位发展对经济、社会和道德利益产生的不同影响（第 55–58 页）。除了已经提到的社会主义作家之外，[1] 这部作品还揭示了另一位对他的经济学造成新的重大影响的人物：沃尔特·白芝浩。他“精妙的（1873 年）作品”《伦巴第街》（*Lombard Street*）成为马歇尔的最爱（第 48 页），特别有助于加深他对贸易停滞和金融恐慌的理解，这已经超出了穆勒的分析范围（第 38 页注释 4）。另外，他还引用了白芝浩的《政治经济学的基本原理》（‘Postulates of Political Economy’）中的方法论内容。[2]

顺理成章的是，这本书也证明了马歇尔对自由贸易的好处的不可动摇的信念，这不是一个教条，而是彻底研究贸易对经济和社会发展的益处后所确立的

[1] 马歇尔关于社会主义的观点将在下文第 16 章中讨论。

[2] 这篇文章首次发表于 1876 年的《双周评论》，当 1885 年它重新发表时，马歇尔为它写了一篇导读，这一人生小插曲将在下文第 12 章，第 406–407 页以及注释 * 中讨论。

原则。大部分的工作都是为了阐明这样一个主张，“即没有一位聪明的经济学学生会否认，自由的国际贸易乍看起来倾向于直接增加一个国家的财富”，他们还反驳这样的观点，即“英国以外的许多有能力的经济学家所认为的，这些直接的和有益的影响很可能被有害的间接影响抵消”（第 33–34 页）。这个雄心勃勃的目标解释了马歇尔 1875 年对访问美国的目的[1]以及该书失败的原因。这本书绝不会吸引它预想中的更广泛的读者：第 2 部分的精彩的分析与第 1 部分的概略和一般性不相匹配，这使得论证不仅烦琐且难以理解，通常也不具说服力。

在此，还可以提及一些当时未发表的片段，尤其是因为这些内容补充了国际贸易图书中对于税收超额负担的颇具先驱性的分析。其中一个片段是关于“一般统一税的抽象理论”，这显然是为《国内价值纯理论》第 2 章第 4 部分作的准备，后来发展成为《经济学原理》中的一个关于以效率为由对必需品征税的脚注。[2]这凸显了马歇尔的理论技巧，并且说明他在将定理应用于实际政策上十分谨慎。此外，它还揭示了在 19 世纪 70、80 年代，马歇尔的分析能力处于巅峰时期时，写作中的许多不正确的起点造成了多大的损失。[3]一个大约是同一时间的关于竞争均衡的笔记，考察了在均衡这一性质下，生产的外部效用所带来的问题，这是他读古诺所得到的灵感。他为此深深苦恼，并做了一些尝试来解决他所谓的“古诺问题”，即如何调和竞争均衡和报酬递增。[4]

174 早期发表的一些作品：1873 到 1879 年

马歇尔经济学学徒期发表的第一个成果是他对杰文斯的书评，这个前文已经提到了。前文还提到了 1873 年 10 月的两页短文，关于“借助于一系列双曲

[1] 参见下文第 7 章，第 193–203 页。

[2] 参见 *EEW*，Ⅱ，第 289–302 页，可能写于 1874 年左右。《国内价值纯理论》第 2 章第 4 节见 *EEW*，第 219 –223 页。这个脚注在 *P* Ⅰ，第 447 页注释 1，另见 *P* Ⅷ，第 467 页注释 1。关于这一点的一般性讨论，请参阅我的《马歇尔论税收》（‘Marshall on Taxation’），收录于《阿尔弗雷德·马歇尔回顾》，丽塔·麦克威廉斯 – 塔尔伯格（编），第 98–99 页。

[3] * 约翰·惠特克在介绍这一片段时突出地说明了这一点，他指出，在撰写《经济学原理》时，马歇尔已经忘记了本片段中提出的不同商品的消费者剩余的总损失问题。参见 *EEW*，Ⅱ，第 288 页。

[4] 参见 *EEW*，Ⅱ，第 303–305 页；并参阅惠特克对此的导读，见同前，第 302–302 页。

线的图形表示以解决涉及垄断的经济问题”。[1] 它旨在介绍由他的学生亨利·克宁汉 [2] 发明的工具，用于构建一系列具有相同渐近线的直角抛物线，发明者本人在哲学学会十月议程的第三项议题中亲自做了展示。马歇尔所发表的论文概要没有比作为价格函数的供求曲线（以价格函数的形式）的定义超出多少，他间接地将这些发现归功于古诺。文章还提到了稳定均衡和不稳定均衡的位置，以及分析了包括利润最大化在内的各种垄断问题，后面这个研究方向预示了马歇尔后来提出折中收益的概念。随后还有两篇较长的文章，其中一篇刊登在学院杂志《鹰》上，另一篇刊登在《双周评论》上。两者都是受到穆勒《政治经济学原理》的启发。这些是马歇尔在 1879 年出版两本书之前更为重要的发表作品，标志着马歇尔成功地完成了他的经济学学徒阶段。[3]

《工人阶级的未来》（1873 年）

在剑桥改革俱乐部的一次“座谈会”中，马歇尔讲述了他最初学习经济学的动机。这就是：“工人阶级生活的改善是否具有无法逾越的局限；世界的资源是否真的无法让更多的居民在青年时接受教育，在未来拥有一份职业，过上类似于我们现在倾向于认为的绅士所能拥有的生活。”这并非最终所有人是否都平等的问题，而是进步是否会通过让所有人都变成绅士，来最终消除工人与绅士之间差别的问题。[4] 为了考察这个问题，马歇尔讨论了工人阶级的意义，其中，工作对性格的影响被视为决定性特征。如果这些影响是让他们继续“保

[1]《哲学学报》(*Philosophical Transactions*)，第 2 卷，1873 年 10 月，第 318–319 页；收录于 *EEW*，Ⅱ，第 284–285 页，还可参见上文，第 162–163 页，以及第 5 章，第 113 页。关于其重要意义可参阅 J. 克里迪和 D.P. 欧布莱恩，《马歇尔、垄断和直角双曲线》，载《澳大利亚经济论文》，29（55），1990 年 12 月，第 141–153 页。

[2] * 在 *P* Ⅰ，第 11 页注释 1（*P* Ⅸ，第 37–38 页）中，马歇尔这样解释这一发明的情况：“1873 年，亨利·克宁汉先生参加了我的讲座，看到我因无法绘制一系列直角双曲线而犯愁，他为此发明了一种优美的且具有原创性的工具。它在 1873 年剑桥哲学学会的会议上得到展示，其使用方法也得到了解释。我阅读了一篇论文……其中，我非常详细地描述了多重均衡点和垄断价值的理论，如下文所述（第 5 篇，第 5 章和第 8 章）……”（*P* Ⅶ，第 5 篇，第 5 章和第 14 章）。克宁汉的传记作者没有讲述这一体现他创造力的例子，而是叙述了他协助霍尔曼·亨特（Holman Hunt）为遗失的图片制作幻灯片，以使图片重新显示一事。请参阅 C.H. 达德利·沃德和 C.B. 斯宾塞，《非常规公务人员》，第 104–105 页。

[3] 此处忽略了他在 1874 年为《蜂房》(*Bee-Hive*) 撰写的文章（下文第 16 章中有所讨论，第 574–575 页），以及在布里斯托发表的一些作品（见下文第 9 章，第 289–293 页）。

[4] 马歇尔，《工人阶级的未来》，收录于《纪念集》，第 102 页。

持无礼和粗俗”，那他就属于工人阶级。长时间从事艰苦体力劳动的人在工作后很难参加教育休闲活动，马歇尔讨论了这一困难，并提出了解决办法。其中包括减少工作时间、增加实际收入和为年轻人提供国家教育。为了反驳国家及其贸易无法负担这些措施的观点，马歇尔回应指出，18 世纪以来，英国的生
175 产率得到了快速增长，高工资并不一定意味着丧失国际竞争力，而且一个“曾在投资电报上取得成功的国家，如今应当冒险将资本投在人身上”。[1] 本次讲座中的许多主张，如工作对性格的影响，高工资和短工时的经济，人力资本投资的经济收益，轮班制提高生产率，都可以在《经济学原理》中找到。[2] 因此，这篇文章的重要性在于，它将马歇尔研究经济学的理想动机与《经济学原理》中的成熟研究联系起来，后者在更广泛的背景下提出了实现这一理想的手段，同时继续强调了他最初开展经济学研究的崇高目标。它还同样强调了马歇尔试图构建一种“新”经济自由主义，这一点在前文也有所提及。[3]

《穆勒先生的价值理论》(1876 年)

这篇文章主要是反驳针对穆勒的批评（凯尔恩斯和杰文斯），一方面解释了自己对古典经济学说的“宽容态度”(第 121 页，第 132 页及注释)，[4] 另一方面对穆勒的工作进行了修正和补充，根据本章所提供的证据来看，穆勒比任何人都更值得称作马歇尔的“老师”。马歇尔在测量和成本之间建起了联系，这是斯密和穆勒的作品中都有所暗示的，但它确实是一个“发现”，它使得政治经济学的纯科学性超越了伦理学的范畴。与经济学相比，伦理学缺乏一套“衡量努力、牺牲、欲望等的体系，让这一学科适应更广泛的目标”。马歇尔认为，在经济学中，这种衡量方法可以通过将不可比较的“多样化努力和节欲”转化为可衡量的“生产的必要支出”，即对购买有关商品的人来说的“报酬价格”来实现自己的目的。因此，竞争性价格的分析提供了货币这一衡量标准，

---

[1] 马歇尔，《工人阶级的未来》，收录于《纪念集》，散见各处。关于国家教育的引文，见第 118 页。

[2] * 参较该文第 113 页讨论的轮班工作制，可参见 *P* I，第 732 页注释 1，和 *P* Ⅷ，第 695–696 页注释 1。R.C.O. 马修斯（R.C.O.Matthews）把马歇尔对组织轮岗制的相当不切实际的建议，归因于他同时期剑桥大学学院工作人员的轮岗类型，当时，鉴于他对“大学校工”(gyps) 和学院公务员的友好态度，他应该对此非常熟悉。参见 R.C.O. 马修斯，《马歇尔与劳动力市场》(‘Marshall and the Labour Market’)，收录于《阿尔弗雷德·马歇尔百年纪念文集》，第 29 页，注释 21。

[3] 参见上文，第 141–143 页。

[4] 马歇尔，《穆勒先生的价值理论》(‘Mr. Mill's Theory of Value’)，载《双周评论》，1876 年 4 月，收录于《纪念集》，第 119–133 页。本段括号中所引用的页数来源于这个版本。

从而解决了度量衡的问题（第 125–127 页）。这种阐述穆勒学说的模式的一个优点在于，能够对术语，如供给和需求进行澄清。从而修正了穆勒在《政治经济学原理》中解释这些概念时的粗心大意，这点直到桑顿批评其对市场价值的傲慢态度时才引起了人们的关注（第 128–130 页）。与杰文斯呼吁进行价值理论革命不同的是，马歇尔只是纠正和澄清了穆勒的观点，使它们得到了拯救，并被用作更正确和更有用的价值理论的基础，精确的计量语言是解决这一问题的线索。[1]

《国际贸易与国内价值纯理论》（1879 年）

在 1879 年初或 1878 年末，早先借阅过马歇尔国际贸易手稿的亨利·西季威克，请求马歇尔允许他印刷其中的一些图解章节，以供剑桥经济学讨论组使用。西季威克从第 2 部分中选取了第 2、3、5、6 章（见图 6.2），命名为《国际贸易与国内价值纯理论》（*The Pure Theory of Foreign Trade and the Pure Theory of Domestic Value*）。他没有做任何编辑或导读。大概在 1879 年初，西 176
季威克寄了一些副本给杰文斯，对此杰文斯表示了诚挚的感谢，[2] 他对终于看到了马歇尔"曲线"的第一手材料感到十分高兴。除了在他的第 2 版《政治经济学理论》的序言中为它做"广告"之外，杰文斯还传播了西季威克寄给他的多余副本。其中一本寄到了埃奇沃思手上，他随后在他的《数学心理学》（*Mathematical Psychics*）中引用了马歇尔的研究。[3]

1900 年，马歇尔给塞利格曼写信时，随寄了一份《国际贸易与国内价值

[1] ¶ 马歇尔在《经济学原理》中反复说明度量的问题，正如前文在提到边沁时所说的那样（上文第 165–166 页，它被视为经济学优于道德科学的主要优势所在）。对于比率的可通约性问题，马歇尔在所拥有的穆勒书中的供求比率的部分已经做过了评论。参见大众版《政治经济学原理》，1865 年，第 3 篇，第 2 章，第 3 段，第 270 页，还可参见前文提到的马歇尔对杰文斯理论的评注，第 159–160 页。

[2] 参见杰文斯于 1879 年 2 月 28 日写给西季威克的信，收录于《威廉·斯坦利·杰文斯论文与通信集》第 5 卷，第 23–24 页。用到私人印刷材料的讨论组会议，非常有可能在 1879 年 2 月中旬举行。参见马歇尔于 1879 年 2 月 14 日写给福克斯韦尔的信，信中马歇尔感谢了福克斯韦尔"对西季威克俱乐部的叙述，我总是很高兴听到那里发生的事"（弗里曼收藏，20/9）。下文第 18 章，第 665–667 页将详细地讨论马歇尔和西季威克之间的关系。

[3] W.S. 杰文斯，《政治经济学理论》，第 2 版序言，1879 年，第 41 页，他在这里说，"最近在剑桥大学私人印刷的"马歇尔的作品，"巧妙地用更加几何的方式阐释了数理经济学问题"。参见埃奇沃思，《数学心理学》，伦敦：基根·保罗出版社（Kegan Paul），1881 年，如第 25 页，第 26 页注释 1，第 33 页。

纯理论》的副本给他，来“满足他的好奇心”，后来让马歇尔颇为恼火的，不是他未完成最初的写书计划，而是这份文本已经广泛流通。马歇尔继续说道，

> 其中的内容……现已被《经济学原理》中的对应章节完全取代……很大一部分出现在早期讲座中，那时杰文斯的理论还未问世。手稿没有解释得很全面。……然后，我病得很重，在1878或1879年时，西季威克问我借了手稿。后来他问我，可否印刷一些章节在剑桥大学经济学内部供私人使用。我同意了。他选取了第2、3、5、6章。一段时间之后，我才知道他选择了些什么，当然，粗糙的草稿中哪怕是最明显的缺陷也几乎没有得到修正。这解释了（1）它们的一般粗糙性；（2）缺乏对其含义的解释；（3）没有提及对外贸易的真实条件：它们被假设的非常糟糕；（4）事实上，国内贸易安排在对外贸易的章节之后。至于手稿，我完全删除了对外贸易的第二个案例，而且我的整个处理方式与这些文章中的不同。第2部分的第1章为许多后续章节做了解释（比如，解释说它们属于经济学工具商店，而不是实际操作车间）。[1]

可能就是这件事让西季威克和马歇尔之间有了嫌隙。马歇尔在给塞利格曼的信中似乎表示，西季威克趁他生病来寻求他的许可，将这些材料打印出来以供私人使用，随后却更广泛地传播了它。关于第一点，马歇尔的回忆是错误的。杰文斯在1879年2月收到了这本书的副本，而马歇尔是在4月或5月前往伦敦看病，并确诊了肾结石，这个疾病让他之后的许多年都行动不便。[2]马歇尔本人仍然认为这些文章并没有得到出版。1920年9月28日的一个手稿片段（保存在他的文章中）中说，萨瓦茨基（Zawadski）的《应用数学与政治经济学》（*Les Mathématiques appliquées et économie politique*）（巴黎，1914年）的最后一章对“我未发表的关于图形经济学的文章”进行了讨论，“这件事……不值得注意，除非它被一些充满敌意的重要的批评家拿来大做文章”。[3]1923年，这些贸易几何学作为《货币、信用与商业》一书的附录，首

[1] 阿尔弗雷德·马歇尔于1900年4月23日写给E.R.A. 塞利格曼的信，见J. 道夫曼，《塞利格曼通信集》，第408–410页。

[2] 阿尔弗雷德·马歇尔于1879年4/5月写给福克斯韦尔的信（弗里曼收藏，4/9）。

[3] 马歇尔档案，箱9（6）。

次以马歇尔的名义得到了出版。[1]

《产业经济学》（1879）

1879 年 10 月，麦克米伦出版了阿尔弗雷德·马歇尔和玛丽·佩利·马歇尔合著的《产业经济学》，作为政治经济学函授部学生的课本。这本书概述了价值、工资和利润理论，旨在为约翰·斯图亚特·穆勒的政治经济学辩护，“如果理解得当，就目前而言，它是正确的”。两位作者认为，只有在分配理论中，才有必要离开穆勒。因此，这本面向初学者的绿皮小书被描述为“大概从朗菲尔德（Longfield）和巴特（Butt）著书以来，英国人首次提出边际生产力理论”。[2] 这本书卖得很好。它的第 2 版在 1881 年问世，第 3 版计划在 1885 年出版，1886 年授权了一个俄文翻译版。在被马歇尔于 1892 年出版的标题相 177
近的《产业经济学要义》——实际上是《经济学原理》一书的概要——取代之前，它已售出 15000 册。[3]

1877 年 8 月，玛丽·佩利成为阿尔弗雷德·马歇尔的妻子，她受詹姆斯·斯图亚特教授的邀请为进修课程写一本教科书。这个邀请是在玛丽·佩利成功地完成道德科学荣誉考试不到一年的时候发出的，这后来被阿尔弗雷德·马歇尔认为是“不负责任的”。[4] 当玛丽·佩利和阿尔弗雷德·马歇尔在 1876 年年中订婚时，这本书迅速成了一个联合产品。它的第一个大纲是在纽纳姆学院的一个客厅里完成的，那时玛丽·佩利受聘为学生们讲授政治经济学。到 1877 年 7 月，约翰·内维尔·凯恩斯在他的日记中记录道，阿尔弗雷德·马歇尔已经深深投入这项工作，以至于放弃了自己有关对外贸易的写作，

[1] 参见下文，第 19 章，第 718、719 页及注释 *。

[2] 阿尔弗雷德·马歇尔和玛丽·佩利·马歇尔，*EOI*，第 5 页；G.J. 斯蒂格勒，《生产与分配理论》，纽约：麦克米伦出版社，1941 年，第 344 页。后面这一评价对马歇尔夫妇十分慷慨，它忽略了杰文斯在《政治经济学理论》中对这一主题的贡献。

[3] 丽塔·麦克威廉斯－塔尔伯格，《马歇尔对〈产业经济学〉的看法》（‘Marshall's Attitude to the Economics of Industry’），《经济思想史杂志》（*Journal of the History of Economic Thought*），14（2），1992 年秋，第 257–270 页。此书的一些其他内容也将在下文论述马歇尔的婚姻（第 8 章）时得到讨论，参见第 250–255 页。

[4] 对于斯图亚特在进修活动中的作用，参见 J.D.F. 哈里森（J.D.F. Harrison），《学习和生活 1790–1960 年》（*Learning and Living 1790 -1960*），伦敦：劳特利奇 & 基根·保罗出版社，1961 年，第 6 章，特别是第 221–224 页；以及玛丽·佩利·马歇尔，《我的回忆》，第 22 页；以及马歇尔于 1910 年 5 月 2 日致日本译者的信件草稿，见马歇尔档案，3/85。

并在讨论这项工作时越来越多地使用“我们”一词。[1] 8 月完婚之后，马歇尔夫妇在康沃尔（Cornwall）的短暂的度蜜月期间仍旧致力于这项工作，而且在布里斯托的婚姻生活的头两年里，他们几乎把所有空闲时间都花在这本书上。这预示着马歇尔作者生涯的开始，大量的重写不断地推迟先前向出版商所承诺的时间。此外，所设想的姊妹篇也从未动笔。[2] 重写的部分原因是，两位作者常常以高度简略的形式引入复杂的原始材料来提高本书的难度。正在阅读校样的福克斯韦尔和西季威克的批评意见进一步促进了本书的改写，尤其是当其中一些批评意见是来自于他们对马歇尔的垄断和分配理论的误解时。[3]

该书分为 3 部分，其中第 1 篇涉及土地、劳动、资本以及生产理论；第 2 篇涉及正常价值，第 3 篇和市场价值有关。第 1 篇开头有两个介绍性章节，第 1 章是定义，包括经济学或政治经济学，财富，生产性和非生产性的含义。第 2 章介绍生产要素，其中人类的工作效率受至机器——这些机器被设计用于控制和利用大自然——的帮助，并依赖于体力、知识和智力，以及道德品质。接下来是关于资本、收益递减、人口和济贫法，储蓄和积累，产业组织的历史发展，劳动分工和报酬递增的章节，本篇最后以有关土地所有制的章节收尾。第 2 篇以其主题正常价值的定义开始，通常被理解为“未受干扰的自由竞争行为”。[4] 然后第 2 篇的前两章处理了效用和需求定理（这里承认了杰文斯的一些贡献），以及生产成本和费用与供给定理，内容上与马歇尔在 1876 年所写的关于穆勒价值理论的文章相近。接着，马歇尔讨论了租金，以及租金与价值的
178 关系。随后，他简要地重新考察了价值和需求的关系。第 2 篇的后半部分讨论了分配理论，即扣除租金和折旧后的产出在工资和利润之间的分配问题。随后的章节涉及劳动供给（熟练和非熟练劳动）、经营能力、利息、工资和管理报

[1] JNKD，1877 年 7 月 10 日。

[2] 亚历山大·麦克米伦于 1877 年 4 月 17 日致阿尔弗雷德·马歇尔的信，威廉·杰克（William Jack）于 1877 年 7 月 19 日致阿尔弗雷德·马歇尔的信，马歇尔档案，2/36，2/41。计划的姊妹篇被取名为“贸易与政府”以及“贸易与金融经济学”，序言中提到了这个标题。

[3] 见 1878 年 4 月 26 日、5 月 17 日、5 月 19 日、7 月 3 日、10 月 27 日、11 月 4 日，1879 年 1 月 10 日，马歇尔写给福克斯韦尔的信，以及 1878 年 9 月 22 日马歇尔写给玛丽·佩利·马歇尔的信（弗里曼收藏，44/155；49/155，46/155，36/155，37/155，33/155，48/155）。

[4] * *EEW* 导论，第 70–81 页，惠特克将这一部分以及对分配的处理视为《产业经济学》和后来的《经济学原理》之间的主要区别，这是《经济学原理》问世之后，《产业经济学》的发行受到压制的一个原因。贝卡蒂尼，《重新认识马歇尔》，也证实了前者的发行受到压制，是因为后者在这一主题上显得更加成熟，特别是在处理伦理问题、进化和合作问题上（第 101–111 页）。参较凯恩斯，《阿尔弗雷德·马歇尔》，第 201 页，他提到了马歇尔对该书的价值问题的处理所受的争议。

酬。最后一章重申并总结了正常价值理论的内容，并且是第 3 篇讨论市场价值主题的引子。第 3 篇前 4 章所讨论的主题是正常价值的主要偏离。马歇尔依次论述了货币购买力的变化和经济危机（这是他针对这一主题的唯一出版作品）；供给的不确定性、需求的意外变动以及生产的特殊性导致的暂时的市场波动；地区差异以及从风俗上可解释的问题；由联合和垄断导致的与正常价格的偏离。最后一个话题让本书的主题得到了顺利的过渡，接下来的 3 章讨论工会，随后的 1 章讨论仲裁和调解，最后 1 章是关于合作企业在生产、信贷和交换方面的有利条件。贸易、金融和税收问题被推迟到姊妹篇（从未动笔）中讨论。定位为一本为初学者写的书决定了它的文体形式，例如，将困难的段落放置在方括号中以便读者在初次阅读时轻易省略，还有用粗体强调专门术语及其定义。

这本书的脚注对权威文献的引用表明，马歇尔在学徒期结束时已经非常熟悉政治经济学的文献。除了本章已经提到过的对马歇尔产生影响的政治经济学家之外，《产业经济学》还介绍了许多对马歇尔的思想形成具有重要影响的新作家。比较重要的有，F.A. 沃克（F.A.Walker）的《工资问题》（*The Wages Question*）和 T. 布拉西（T.Brassey）的《劳工问题讲座》（*Lectures on the Labour Question*）。正如《经济学人》的评论家所指出的，作者向读者提及的材料常常包括那些“不常读到的”的文章。[1]

虽然此书好评如潮，[2] 但它的作者在此书出版的一个月之内似乎并不为此感到自豪。后来，马歇尔谈到这本书时，大抵好像他是唯一的作者一样。在给福克斯韦尔的信中，马歇尔坦承他本应删除在第 1 篇中对巴斯夏和穆勒的过多引用，并认为前 3 章尤其需要大量的重述和扩写，部分是为了提高它们的难度以和后续章节相适应。他还抱怨了写小书的困难，这为他后来对此书的批评做

[1] 布拉西和沃克在《产业经济学》中被多次引用。例如，关于布拉西的在第 174、223 页，关于沃克的在第 40、102、118 页。如第 7 章将会提到，马歇尔在 1875 年访问美国期间在耶鲁见到了沃克。《经济学人》的评论发表于 1880 年 2 月 28 日。

[2] * 参见 1879 年 11 月 8 日克里夫 · 莱斯利发表在《学会》上的评论，转载于他的《政治经济学论文集》，第 2 版，伦敦：朗曼、格林出版公司，1888 年，第 73–82 页；W. S. 杰文斯，《政治经济学理论》，第 2 版，1879 年，第 15 页，间接地提到了这本书。其他评论，包括《经济学人》1880 年 2 月 18 日，第 239 页，以及《威斯敏斯特评论》（*Westminster Review*），第 57 卷，1880 年 1 月，第 240 页，都赞扬它作为一本进修学生用书，能够带领学生领略大师 J.S. 穆勒的作品，但《经济学人》有时也指出其“结构略显松散”，而且作者“引用了很多研究论据，有时它们来自一些不为人所知的作者”。

了铺垫，玛丽·佩利把他的观点总结为“半克朗（2 先令 6 便士）说不了什么真话”。[1] 后来的这个批评在私人通信中被多次放大。1900 年 4 月，马歇尔向塞利格曼描述这段经历时表示，“我卷入了一场空洞的产业经济学的写作，为了愚钝之人的利益舍弃了真理”。他的自传片段将这本书描述为“为了工人阶级读者而进行的强行简化”，他还在一份公认从未寄出过的手稿中不情愿地给出了日文版的授权，里面提到“出版的这本书不是我引以为豪的作品”，他还表示那些最初建议出版此书的人很无知，不懂在经济学中“简单与深刻的结合”并非易事。[2]“抑制”此书发行的原因至今仍是一个有争议的话题。[3]

《产业经济学》的出版和私人印刷的关于“曲线”的小册子的广泛流传，是马歇尔在布里斯托担任教授期间的成果，随后他在那里和在剑桥大学完成了十年成功的政治经济学教学工作，这些无疑都表明，到 1879 年，马歇尔已经无比成功地完成了他的经济学学徒生涯。他的作品日渐跻身英国主要经济学家——杰文斯、白芝浩、福西特、克里夫·莱斯利——的作品之列。这些作品都将在 19 世纪 80 年代初死去，因为这些思想形成时期的内容（从 19 世纪 60 年代末起）都将在未来十年转化为一本巨著——《经济学原理》。[4]

[1] 马歇尔致福克斯韦尔的信，1879 年 10 月 25 日，11 月 2 日（弗里曼收藏，9/9，8/9）；玛丽·佩利·马歇尔，《我的回忆》，第 22 页。

[2] 马歇尔于 1900 年 4 月 23 日写给 E.R.A. 塞利格曼的信，参见 J. 道夫曼，《塞利格曼通信集》，第 309 页；阿尔弗雷德·马歇尔，《政治经济学教授阿尔弗雷德·马歇尔》，第 150 页；马歇尔于 1910 年 5 月 2 日写给日本译者的信，马歇尔档案，3/85。此书的内容将在下文第 8 章中讨论，作为马歇尔夫妇在婚姻期间智力合作的重要案例研究。

[3] 参见本书第 227 页注释［3］提到的丽塔·麦克威廉斯 – 塔尔伯格的文章。

[4] 详见下文第 12 章，因此，对于那些对马歇尔一生中所发表的经济理论的发展感兴趣的人而言，第 12 章可以作为本章的续集。

第 7 章　敏锐好学的旅者：欧洲、英国和美国之行 187

在伦敦读小学时，马歇尔就对大自然充满了热爱，因此毕业后，只要负担得起，他就爱去乡村旅行和度假。这一热爱最初可能来源于他和路易莎姑姑一起在德文郡度过的假期，不过随着马歇尔一家在 19 世纪 50 年代后期变得更加富裕，与家人一起去其他乡村度假也有可能是这一爱好的来源。在从美国寄给母亲的第一封信中，马歇尔表示，他觉得路易莎姑姑也许会对随信寄来的旅行日记感兴趣，因为“她以前喜欢我从湖区寄回的日记”。[1] 从 1866 年夏天开始，他的教员职位确保了收入，马歇尔就很快适应了维多利亚时代学者的习惯，即在远离平常的居住地和就职地的地方度过暑假，如果可能，他还会利用学期间的短假期去度假。

这种的短途旅行不仅仅是为了放松和休息，在他大学刚毕业那会儿，这些旅行还包括了长期的闭关学习。利用这段时间，他掌握了一些特殊的学科：比如，他在 1868 年和 1869–1870 年访问了德累斯顿和柏林，目的是学习德语；他在苏格兰和瑞士的暑假致力于哲学研究；在 1871 年到 1873 年的三个暑假中，他对历史进行了大量研究。之后，尤其是婚后，他利用一些夏天进行专门的写作。如 1869 年和 1870 年，马歇尔发展了经济问题的图表方法；1874 年，他撰写了关于对外贸易的文章，从而衍生出 1876 年所写的关于穆勒价值理

[1] 阿尔弗雷德・马歇尔于 1875 年 6 月 5 日写给丽贝卡・马歇尔的信，马歇尔档案 1/289。信中提到的湖泊可能是 1873 年夏天阿尔弗雷德・马歇尔带他的两个妹妹去圣莫里茨时参观过的湖泊，但这些日记似乎更像是指许多年前全家去湖区（Lake District）过暑假写的那些。

论的文章，以及一本有关对外贸易的书稿；在他结婚后的头三个长假（1877–1879）期间，马歇尔和夫人一起撰写了《产业经济学》。马歇尔将19世纪80年代夏天的大部分时间都花在了撰写《经济学原理》的后续章节上，这一写作最初开始于1881–1882年西西里岛的冬季“假日”。[1]

马歇尔还把暑期旅行的一部分用作实地考察，其间他研究了各个城镇和地区的产业和社会条件。玛丽·佩利对凯恩斯和沃尔特·斯科特回忆说，到他结婚的时候，这一类型的旅行已经发展成一个特定惯例。这些回忆，再加上这些旅行中保留下来的一些详细笔记，使马歇尔所说的“漫步于工厂之间”显得更加可信，并且它们旨在帮助马歇尔发现古诺的报酬递增对竞争的假设中哪里出错了。[2]

> 他有一部分假期是在城镇度过的。……他在城镇的计划是参观一个画廊，以及参观最好的杰出人物的印刷品和照片的商店。……（为了他的）……肖像收藏。在一个城镇里，他会花很多时间在主要的大桥上，为了避免盯着别人显得刻意，他背对着河看向行人。他大多是在工人下班的时候，在工人的居住地附近这样做。[3]

188 玛丽·佩利在给沃尔特·斯科特的笔记中补充道，“后来，当我们去国外和英国的制造业城镇参观时，我们常常站在工厂的出口附近，就在下班前看着员工们离开。在星期六的晚上，我们也经常出入市场，看着女工们讨价还价。我们也在工业城镇参加了许多救世军会议”。[4] 1885年玛丽·佩利手稿中的笔记证实了这种系统的社会观察模式。从这个有组织但仍然比较随意的经验观察中得出的概括和结论，并不总是清晰的。一个例外是，马歇尔告诉埃奇沃思，多年来，他一直在观察酒店、旅馆中的社会阶层以及面包配送情况，来系统地考察面包的消费，更一般地说，是小麦类的产品的消费。他从中得出的暂时性

[1] 阿尔弗雷德·马歇尔，《（从西西里岛回家的路上）曲线的大致历史》，马歇尔档案：这份资料，以及后来玛丽·佩利·马歇尔手稿中的一份清单，为马歇尔1924年去世前的所有暑假提供了地点，现转载于下文，第190页。

[2] 马歇尔于1898年3月7日写给A.W. 弗拉克斯的信，见《纪念集》，第407页，参见上文，第6章，第141、163页。

[3] 玛丽·佩利·马歇尔，《关于阿尔弗雷德·马歇尔的传记笔记》（KMF）。肖像收集已在上文第5章，第128页讨论过。

[4] 玛丽·佩利·马歇尔，《给沃尔特·斯科特的笔记》，收录在马歇尔档案的棕色大箱中，第26项。

结论是，“非常富有的人吃的面包不到较贫困阶层的一半；中产阶级则表现得中规中矩”，这与对低档商品的需求有关。[1] 对马歇尔开展实地探察之旅的动机的另一个洞察被保存在《纪念集》的一个片段中：

> 在 1867 年至 1875 年，我还是经济学学徒的时候，我努力学习该国大部分主要产业的运作方法，以便能够在脑海中重建每个主要机器的重要部分，当然，暂且忽视所有的改良和次要问题。这项努力与尝试形成对每个工作所需的能力、训练，以及对其中所包含的压力的粗略估计有关，我的向导——一般情况下他是雇主或工头——通常会回答我对每个人所收到的工资的询问。在多年学习之后，我开始请求向导让我来猜测这些工资。我的误差通常不超过每周两先令：但当超过时，我会停下来寻求解释。有时我的错误是因为这项工作比我预想的更容易或更困难；有时候是因为对工作的需求很大程度上是季节性的，或者易于受时尚和其他原因变化的影响；有时高级技工被安排从事较为低级的工作，因为他适合的工作刚好那时不在进行，当然仍是按适合的工作的工资支付给他；有时，这项工作毫无前途，相当低级，并且没什么更高的发展空间等等。当我询问为什么男人做的工作似乎在女性的工作范围内时，这些解释特别有道理。结果表明，在几乎所有这些情况下，工作比表面上看起来更难，或需要更多的体力或更即时的资源和判断；或者工作时间有时会延长到法律禁止妇女从事的时限之上；或者——在绝大多数技工都是女性的行业中，这种情况并不罕见——男性在同样的工作上的报酬要高于女性，因为他似乎更可能发展出一个工头所具备的品质，企业需要更多这样的男性，而不是在没有这些特殊安排的情况下，仅在其中谋生的人。[2]

在写给美国的天文学家、经济学家和金融历史学家西蒙·纽科姆（Simon Newcomb）的信中，马歇尔明确提到了他夏日“度假”的各种目的。纽科姆

[1] 英国之旅，马歇尔档案，红箱 1（5）；马歇尔于 1909 年 4 月 27 日写给埃奇沃思的信，见《纪念集》，第 438 页。

[2]《纪念集》，第 358–359 页，他允许的周工资误差幅度为 2 先令，实际范围是从初级技工工资的 12.5% 到熟练技工收入的 6% 或 7%。

夫妇想要在访问瑞士时见一见马歇尔，纽科姆建议这次见面可以安排在恩加丁（Engadine），对此，马歇尔回应道：

> 非常抱歉，我们恐怕去不了恩加丁了。我来这里[塞德伦（Sedrun），瓦塔维茨（Val Tavetsch），格劳宾登州（Graubunden）]是为了获得比我在家能得到的更多的不受干扰的写作时间，也是为了这里新鲜的空气。我们根本不是在旅行。我们径直来到这里，住了四个星期。然后，我们要花几天的时间去山谷上游的下一个村庄，如果一
> 189 切顺利的话，就在那里住几个星期。然后，我们将沿着一条铁路线直接经过戈森南（Göshenen）到达英国，如果巴黎的霍乱不严重的话就经过巴黎，如果严重的话就途经科隆。我们将在途中暂停，可能是在戈森南，然后一定会考察一下那里的产业条件，要么就停在法国，要么就按照德国人的路线，停在米卢斯（Mulhouse）或其他地方。我们有很多装书的箱子，用马车载着它们旅行既麻烦又昂贵。所以我们从基雅穆特（Chiamutt）直奔铁路线。
>
> 我们的计划并不确定，部分原因是我不知道如果没有更多的书，我还能坚持多久，部分原因是我们邀请了一些人于9月访问剑桥，但他们还未完全确定自己的计划。[1]

考虑到剑桥的暑假从6月到10月初几乎持续了4个月，所以马歇尔成年后的生活中有四分之一到三分之一是在这种旅行中度过的。因此，本章的内容涵盖了他生命里的重要部分。当意识到其中一些旅行，特别是1875年夏天他对美国的访问，以及1881年10月至1882年9月他在欧洲的休养之旅，在他作为经济学家和社会观察家的工作中发挥了重要作用时，就更有必要对此进行详细的讨论了。

马歇尔的长假旅行概述：1866–1923年

目前现存两份关于马歇尔暑假活动和主要旅游目的地的清单，其中一份旨

[1] 阿尔弗雷德·马歇尔于1892年7月29日写给西蒙·纽科姆的信，收录于华盛顿国会图书馆，手稿（MSS），62英尺隔板处，信笺4–6。

在提供他在“曲线”研究上的大致过程，这显然是在 1882 年他回布里斯托的途中准备的，此前由于马歇尔的健康状况不佳，他们在意大利和巴伐利亚待了 12 个月。另一份由玛丽·佩利所写，列出了他们一起度过暑假的各个地方，一直到马歇尔最后一次生病和 1924 年病逝。《阿尔弗雷德·马歇尔早期经济学手稿：1867–1890 年》的导读略加修改地引用了第一份清单：

> 长假：1866 年，苏格兰，哲学；1867 年，瑞士，同上；1868 年，德累斯顿和萨尔茨卡马尔古特（Salzkammargut），着手研究曲线；1869 年，柏林，西蒂罗尔，政治经济学，亚当·斯密，在耕作上的进步使我决定采用曲线作为方法；1870 年，东蒂罗尔，对外贸易曲线；1871 年，圣莫里茨，各种方面，大量的历史；1872 年，巴特奥赛（Aussee）和东蒂罗尔，主要是历史；1873 年，圣莫里茨，与安格尼丝和梅（他的妹妹们），同上；1874 年，威尔士，开始撰写关于对外贸易的理论，后来发展成一篇关于凯尔恩斯的文章《穆勒的价值理论》，和一本有关对外贸易的书；1875 年，美国，对外贸易；1876 年，瑞士，同上；1877 年，康沃尔，产业经济学；1878 年，厄福德（Ufford），同上；1879 年，托克罗斯（Torcross），同上；1880 年，克洛夫利（Clovelly），价值；1881 年，萨尔科姆（Salcomb），同上；1882 年，阿亨湖（Achensee），同上。[1]

玛丽·佩利的清单扩展了马歇尔在 1882 年自己准备的清单，但只记录了他们暑假的最终或主要目的地，省去了到达它们的路线和途中参观的其他地方。从下面的例子可以看出省略的内容有多少。1881 年夏天在萨尔科姆（南德文郡）度假之后，到 1882 年夏天在阿亨湖（巴伐利亚的阿尔卑斯山脉）度假之前，马歇尔夫妇在意大利度过了几乎一年的时间。1892 年夏天的“环游”是他们唯一的欧洲观光旅行，主要是中欧的德累斯顿和布拉格。不过，这份清单还是值得引用的，以便对马歇尔婚前和婚后喜欢的夏季旅游目的地进行回顾和概括。

> 夏天：1865 年，无处；1866 年，苏格兰；1867 年，瑞士（穆伦 190

[1] 约翰·惠特克，*EEW* 导论，第 1 卷，第 41 页注释 1。

（Mürren）和莫兹利）；1868年，德累斯顿、蒂罗尔；1869年，阿亨湖［巴伐利亚阿尔卑斯山］；1870年，巴特奥赛，巴福（Bad Fush），大格洛克纳山（Gross Glockner）［奥地利］；1871年，恩加丁［瑞士］，巴伐利亚；1872年，巴福；1873年，和女孩们［马歇尔的妹妹，安格尼丝和梅贝尔］在［瑞士］；1874年，威尔士；1875年，美国；1876年，［与佩利（the Paleys）一家］在瑞士；1877年，兰兹角（Land's End），康沃尔［马歇尔8月结婚后的蜜月］；1878年，厄福德［与佩利一家］；1879年，托克罗斯；1880年，克洛夫利；1881年，萨尔科姆；1882年，阿亨湖；1883年，帕罗格（Parrog）［威尔士］；1884年，格恩西岛（Guernsey）；1885年，湖区（Lakes）；1886年，克罗默（Cromer）［诺福克（Norfolk）］；1887年，苏格兰；1888年，约克郡（Yorkshire）；1889年，波尔多（Bordeaux）港（格恩西岛）；1890年，苏格兰；1891年，环游；1892年，塞德伦［瑞士］；1893年，科尔福索（Colfosco）；1894年，史杜本（Stuben）；1895年，拉格雷夫（La Grave）［多芬山脉（Dauphiné）］；1896年，奥斯皮塔莱-安佩索塔尔（Ospitale-Ampesso Tal）；1897年，亨特海因（Hinterhein）［瑞士］；1898年，道斯-格罗德纳塔尔（Dosses-Grödner Tal）［南蒂罗尔］；1899年，拉丹（Radein）［巴伐利亚阿尔卑斯］；1900年，沃克斯坦（Walkerstein）［南蒂罗尔］；1901年，塔司（T'Tass），下格罗德纳塔尔（Grödner），恩加丁；1902年，沃克斯坦，格罗德纳塔尔，南蒂罗尔；1903年，斯特恩-阿贝伊塔尔（Stern-Abzei Tal）［南蒂罗尔］；1904年，谢林汉姆（Sheringham）［诺福克］；1905年，斯特恩-阿贝伊塔尔；1906年，斯特恩-阿贝伊塔尔；1907年，约克郡和剑桥；1908年，安佩索塔尔；1909年，斯特恩-阿贝伊塔尔；1910年，韦伯恩（Weybourne）［诺福克］；1911年，布里克瑟姆（Brixham）；1912年，塔斯托农场（Tustow Farm）和曼斯通（Menstone）；1913年，圣马丁图姆（St Martins Thürn），南蒂罗尔；1914年，塔斯托农场；1915年，科夫堡（Corfe Castle）［多塞特（Dorset）］；1916年，科夫堡［多塞特］；1917年，托基（Torquay）；1918年，弗雷什沃特（Freshwater）；1919年，韦茅斯（Weymouth）和南安普敦（Southampton）；1920年，圣马丁图姆［南蒂罗尔］，最后一次出国；1921年，在多塞特韦勒姆（Wareham Dorset）的海谷（Sea

> Vale）待了 20 周；1922 年，在多塞特的海谷待了 9 周；1923 年，7、8、9 三个月待在海谷；1924 年，自 5 月 10 日至 7 月 13 日在养病。[1]

这些夏日旅行展现了一些不同的模式。在 1877 年结婚之前，阿尔弗雷德·马歇尔通常去国外度过暑假，包括 1875 年夏天历时四个月的北美之行。也有几个例外，1866 年主要是出于经济上的原因（他仍在偿还查尔斯叔叔的欠款），他只去了苏格兰，可能在途中还去了英格兰北部的工业城镇；1874 年他只去了威尔士。这可能是因为母亲和弟弟沃尔特的健康状况不太好，此时去国外旅行是不太明智的。[2] 与此形成鲜明对比的是，在婚姻生活的前 13 年，他们总是在英国国内度过暑假。唯一的例外是从 1881 年 10 月初开始，出于健康原因，他们在意大利和巴伐利亚旅居了 12 个月。经济研究的需要为这种模式提供了主要解释。婚后的前三个夏天被用来撰写《产业经济学》。19 世纪 80 年代的暑假被用来创作《经济学原理》，但也包括实地考察工业城镇，其中有三个假期他们在稍有些异国情调的格恩西海峡群岛度过。从 1891 年到 1909 年的夏天，他们大体上在国外度过暑假。他以环游的形式重新审视了中欧，还重访了他单身汉时去过的一些地方，在此之后，他大部分夏天都在僻静的山村里度过，最初是在瑞士，后来在更幽静、更乏人问津的南蒂罗尔，那里是他们最爱的度假胜地。这种模式的一次例外是在法国度过的假期，即便如此，他们也只是用法国阿尔卑斯山区取代了巴伐利亚、瑞士、意大利和奥地利的山区。出于职业原因，这几年中马歇尔有两个暑假在国内度过。1904 年，马歇尔夫妇在剑桥主持了英国协会的会议。这意味着他们无法去很远的地方度假。1907 年，除了对《经济学原理》第五版进行了大量修订（序言日期为当年 8 月）之外，马歇尔在英国皇家经济学会组织的一次大会上发表了重要讲话，因而他只能待在英国。日益严重的血压问题导致的健康状况不佳，使得马歇尔在 1910 年、1912 年和 1914 年只能待在更为幽静的英国乡村度假。随后，一战的爆发不可避免地使得不列颠群岛以外的活动受到了限制。战前的 1913 年和战后的 1920 年，是马歇尔最后两次去最爱的南蒂罗尔度假。他人生中的最后三个夏 191
天，即 1921 年、1922 年和 1923 年，都在多塞特的海谷度过，马歇尔大部分时间都在撰写《货币、信用与商业》一书（于 1922 年夏末交稿），以及准备之

[1] 玛丽·佩利·马歇尔，《暑假》，收录于马歇尔档案。

[2] 上文第 2 章，第 36、39、41 页。

前计划好的最后一卷关于经济进步的书，对于后者来说，一小捆笔记和部分目录是仅存的成果。

本概述将本章其余内容连贯起来，它是由可得的信件或笔记材料综合而成的。在讨论过单身汉时期的马歇尔的旅行生活之后，我们将考察他旅行经历中的两个亮点。第一个是1875年在北美度过的暑假，主要是在美国；第二个是从1881年10月初起，在意大利和巴伐利亚阿尔卑斯山脉度过的12个月。本章最后讨论了马歇尔在19世纪80年代的英国工厂之旅，以及马歇尔夫妇的回忆录中记录的从1891年起的20个暑期中，他们在欧洲度假的活动。

单身汉的山中夏日：1867–1876年

对于马歇尔大学毕业后的第一个暑假，我们知之甚少，那些清单只简单提到他去了苏格兰。第5章认为这是他第一次“到访几个城市的贫困地区”，对贫困面貌的研究让马歇尔开始关注经济学。在接下来的夏天，莫兹利和他的兄弟带马歇尔领略了攀登阿尔卑斯山脉的乐趣。他们带他在穆伦地区攀登，还去了意大利和奥地利蒂罗尔的白云石山脉。玛丽·佩利回忆道，“过了一会儿，莫兹利和他的兄弟就要回家了。阿尔弗雷德跟我描述了，他们是怎么样一起赶路直到分开的，他们继续赶路而他独留原地，当他们在视线中消失后，阿尔弗雷德发出一声终于迎来独处的喜悦的叫喊。”[1] 马歇尔似乎从小就喜欢独处。

此后，马歇尔的夏天变成了玛丽·佩利·马歇尔后来向凯恩斯描述的模式：

> 在获得学位后的几年里，他几乎每次长假都出国。他随身携带60英镑和一个背包，大部分时间都在高高的阿尔卑斯山上散步。一个夏天接着一个的夏天的步行，让他由羸弱变得强壮。6月初离开剑桥时他疲惫不堪、劳累过度，但10月回到剑桥时，他面色黝黑，身体健壮而挺拔。背包让他变得挺拔了，直到年过八旬，他还保持这样

[1] J. R. 莫兹利于1916年9月19日写给阿尔弗雷德·马歇尔的信，马歇尔档案，1/89；20世纪30年代与马歇尔学会的谈话，见玛丽·佩利·马歇尔，《手稿笔记》（‘MSS Notes’），NCA，‘Recollections of A’，第5页。以下简称为《MSS 笔记》，NCA。

的习惯。他甚至几乎痛苦地努力使自己保持挺直。在阿尔卑斯山上行走时，他的习惯是 6 点起床，8 点前就已经上路了。为防止迷雾降临，他背着包行走两三个小时不休息，直到到达某个地方，再继续寻路。然后他坐下来——有时在冰川上——长时间地阅读一些书，歌德的、黑格尔的、康德的或赫伯特·斯宾塞的书，然后他走到下一个停下来过夜的地方。这是他研究哲学的阶段，后来他开始研究国内外贸易理论。一大箱书从一个地方搬到了另一个地方，不过，马歇尔会只带着一个背包行走一个星期或更长时间。他会把衬衫放在急流中冲洗，然后把登山杖扛在肩上晾衣服。大部分最困难的思考都是在一些独自散步中完成的。这些旅行让他爱上了阿尔卑斯山，甚至在 1919 年，他最后一次去南蒂罗尔时，他还坐在户外工作。[1]

当然，那时攀登阿尔卑斯山是“中上阶层的新运动……当法国铁路能够 192
到达巴塞尔和日内瓦的时候，伦敦到瑞士只需一天的路程，车费还不到 10 英镑。……1855 年，一支由 5 个搬运工和 3 个向导组成的登山探险队，只需要花费两三个朋友每人 4 英镑。”[2] 和马歇尔差不多同时代的剑桥大学的莱斯利·斯蒂芬，就是一个著名的登山者。在他所在的学院里，他的朋友邦尼（Bonney）从 1859 年起就在阿尔卑斯山上度过了许多个夏天，直到 1911 年才停止，和马歇尔一家一样，他的足迹遍布法国的阿尔卑斯山脉、巴伐利亚的阿尔卑斯山脉、白云石山脉和蒂罗尔，以及美丽的瑞士阿尔卑斯山脉。[3]

马歇尔变得非常喜爱爬山，他多次在没有向导带领的情况下在瑞士登山。他很喜爱自己创下的一项阿尔卑斯山壮举：第一位在仅有一个向导带领的情况下，从海利根布卢特（Heiligenblutt）登上大格洛克纳山。其实刚出发时有两位向导，而后他们到达了棚屋，天气变得恶劣起来，他们不得不在那里过夜。早上，年长的向导离开他们去拿

[1] 玛丽·佩利·马歇尔，《关于阿尔弗雷德·马歇尔的传记笔记》（KMF）。她所回忆的 1919 年他们最后一次去欧洲大陆旅行的年份有误，前文提到过，那是 1920 年。另见下文第 216–217 页，以及第 19 章，第 715–716 页。

[2] 诺尔·安南，《莱斯利·斯蒂芬：维多利亚时代的无神论者》，第 90 页。

[3] T G. 邦尼，《漫长人生之回忆》，第 60–66 页；在早前的第 46–49 页，邦尼描述了铁路的到来使瑞士之行变得多么容易，尽管代价是瑞士的环境中许多美丽的东西消失了。

> 食物。年轻的向导在配合马歇尔的步伐穿过冰川之后说：“如果你想攀登大格洛克纳山，我准备好了。”于是他们穿越了非常狭窄陡峭的山脊，到达了顶峰。正是由于这座峻峭的山脊，人们才认为两个向导是必要的。[1]

对于从事重体力劳动的人来说，夜间学习是很难的，马歇尔在第一篇发表的讨论工人阶级未来的文章中就提到了这一点。他用自己在阿尔卑斯山的探险经历来进行说明，这对大部分剑桥的读者来说无疑是吸引人的：

> 记得有次在阿尔卑斯山，我在经历了三天异常艰苦的攀登之后，决定休息一天来阅读一本哲学书。我有良好的训练，除了身体上的疲惫我什么也没意识到。但当需要用心思考时，我的大脑拒绝运转。我极其愤怒但也无可奈何。[2]

登山活动在1876年结束。马歇尔与玛丽·佩利订婚的消息公布之后，未来的岳父——牧师托马斯·佩利带着他们和佩利家族的其他成员去瑞士度假，其间，马歇尔、玛丽和她的兄弟乔治·托马斯一起攀登了罗萨山（Monte Rosa）。对于经验丰富的登山者来说这是美好的一天，但是玛丽·佩利回忆道，这是“我第一次也是最后一次爬山，（尽管）马歇尔热爱攀登……但他如今决定放弃这项运动”。[3]不过，阿尔卑斯山并没有被抛弃，这里仍是马歇尔夫妇最爱的度假地。

当然，在这些夏日单身的远足中，马歇尔还参观了一些大城镇。其中之一就是之前提到过的德累斯顿，他在那里跟随西季威克的老师学习德语。“他在德累斯顿的时候，每天都去看《西斯廷圣母》，但随着时间的推移，他越来越喜欢荷尔拜因（Holbein）的圣母画像，最终胜过了拉斐尔的。那时起，他还喜欢上了德累斯顿的通俗音乐，从音乐中他获得了无比的快

---

[1] 玛丽·佩利·马歇尔，《给沃尔特·斯科特的笔记》，马歇尔档案，棕色大箱，第26项。*P* Ⅱ，第79页注释1（*P* Ⅷ，第121页注释1）在有关时间偏好的部分讨论了对“年轻人”来说“愉快的阿尔卑斯山之旅”。

[2] 阿尔弗雷德·马歇尔，《工人阶级的未来》，收录于《纪念集》，第106页。

[3] 玛丽·佩利·马歇尔，《我的回忆》，第22页。

乐。”[1] 除了几次对普法战争的简短评价之外，1869–1870 年柏林之行留下的回 193
忆很少。他是否也像西季威克一样，欣赏过戏剧和这座即将成为德国帝国首都的城市的壮丽景象，是无从得知的，也没有记录显示他是否喜爱西季威克所抨击的宏伟的美术馆。[2] 关于纽伦堡和慕尼黑的记忆也没有被保存下来，不过，在马歇尔的收藏画中有 1871 年奥伯阿默高的耶稣受难剧的主要参与者的肖像，这说明那一年夏天他们还去了这个地方。一封写给卢乔·布伦塔诺（Lujo Brentano）的信中记载，随后在蒂罗尔度过的暑假的东南线路上，慕尼黑是换乘火车的固定一站，趁此机会，玛丽（有时在丈夫陪同下）会参观那个现代的、分裂派的美术馆。[3]

美国之行：1875 年 6–9 月

1875 年夏天的美国之行无疑是他单身旅行的一大亮点。玛丽·佩利回忆，1874 年查尔斯叔叔去世，在遗嘱中给他留下了 250 英镑，这使得美国之行在经济上成为可能。尽管亲戚们用这件事“嘲笑他”，但马歇尔还是决定把全部遗产花在美国之旅上，这次旅程持续了将近 4 个月。玛丽·佩利事后回忆道，他过去常说“他从来没有把钱花得这么好。与其说他在那里学到了些什么，倒不如说他知道了自己想学什么。他看到了美国即将崛起的霸主地位，了解了其原因和发展方向”。[4] 为什么在美国的 4 个月耗尽了 250 英镑的遗产，马歇尔向金银委员会解释说：“我以前花了大约 15 英镑，在德国较便宜的地方旅行了一个月。当我要去美国的时候，我计算了要花的钱是那时的 4 倍，后来我的确

[1] * 玛丽·佩利·马歇尔，《给沃尔特·斯科特的笔记》，1891 年，他们在婚后一起重访了德累斯顿。拉斐尔的名作《西斯廷圣母》是茨温格博物馆（Zwingler Museum）最受瞩目的作品之一，不过，不知道玛丽·佩利所说的荷尔拜因的圣母像是哪一张，可能是收藏于达姆施塔特博物馆（Darmstadt Museum）的《大迈耶圣母》（Mayor Meyer Madonna）。有意思的是，保罗·布兰特（Paul Brandt）把这两幅画放在一起比较，参见《观察与认识》（*Sehen und Erkennen*），莱比锡（Leipzig）：阿尔弗雷德·克勒纳出版社，1929 年，第 300–301 页。马歇尔对音乐的兴趣可以追溯到德累斯顿之前，他在克利夫顿和圣约翰读书的日子，关于这点参见下文第 21 章，第 774 页。

[2] A.S. 和 E.M.S.，《亨利·西季威克回忆录》，第 54–55、57、60、131 页。

[3] * 阿尔弗雷德·马歇尔于 1905 年 6 月 13 日写给布伦塔诺的信，H.S. 麦克雷迪（H.S.McReady），《阿尔弗雷德·马歇尔：未发表信件若干》（‘Alfred Marshall: Some Unpublished Letters’），载《文化》，第 15 卷，1954 年 9 月，第 308 页。“分裂派”是一群现代的巴伐利亚画家，1892 年他们在慕尼黑组织了自己的画展，誓与他们更为传统的同事划清界限。

[4] 玛丽·佩利·马歇尔，《给沃尔特·斯科特的笔记》。

花了这么多。毫无疑问，那时我旅行的距离更远，我携带了在德国乡村小旅馆所花费的住宿费的3倍，用来负担美国的酒店费用。”[1]要不是查尔斯叔叔的慷慨，这次经济教育之旅就不可能实现了。

这次旅行的大部分内容都被保存了下来，不仅有关于美国产业和美国人性格的大量笔记，还有11封写给他母亲的信，作为他的游记的补充。此外，回到英国后，他在剑桥和后来的布里斯托做了几次关于美国的讲座。[2]

马歇尔乘坐**“西班牙号”**——一艘5000吨重的蒸汽船——从利物浦出发，船上有大量移民。他估计移民人数约为500人，超过一半的人来自德国和瑞典，还包括许多儿童。航行过程没什么可说的。他晕船了好几天，对提供的许多相当奢侈的饭菜感到好笑，其中有些食物他不愿意吃。他甚至看到了一座冰山，船长说在纬度如此低的地方有冰山是很罕见的。他还抱怨缺乏有趣的女士
194 对谈，但有很多有个性的男人可以弥补这一点。因此，他记录了一些乘客侧写作为游记的开始，其中，对一位爱尔兰牧师和一位从南非返回的传教士的描述被保存了下来。[3]

前者被形容为“和蔼可亲、博学、具有很好的思辨能力，但其他方面一般”。马歇尔和他讨论了哲学，他注意到牧师将英国哲学与里德、斯图尔特和汉密尔顿的苏格兰学派混为一谈。牧师没有读过休谟，在马歇尔看来，这说明牧师的阅读“受到了限制”。在讨论盎格鲁—爱尔兰问题时，马歇尔发现他是一个“睿智开明与偏执狭隘的奇特混合物”。[4]

他与牧师威廉·米勒，一位在纳塔尔（Natal）待了20年后回国的美国新教传教士的谈话也呈现类似的特点。“虽然在大多数方面，他是公平和开明的……但他以毫不妥协的口吻谈论必须强制当地人立即服从。”马歇尔还注意到了他对科伦索事件的偏见，以及对“卡菲斯”（Kaffirs，指非洲黑人——译者注）的愚昧和轻率的偏见，他说他们“无论传教士说什么都信”。对这一观察，马歇尔在括号中补充说道，“如果他曾听到从印度回来的传教士们谈论，不管他们怎么努力都无法成功改变一个婆罗门或有思考能力的人的信仰，甚至几乎改变不了任何人的信仰除了最无知和堕落的人，而道德对这些人几乎没有

[1] *OP*，第44页，Q.9659。

[2] 马歇尔档案，箱6（1），以及1875年6月5日到9月25日写给丽贝卡·马歇尔的信，1/288–299。在剑桥和布里斯托的讲座参见下文第200–202页。

[3] 马歇尔于1875年6月5日写给丽贝卡·马歇尔的信，马歇尔档案，1/289。

[4] 马歇尔档案，箱6（1）。

影响，那么，他可能会更加谨慎地考量自己的定论”。[1] 因此，马歇尔在 1875 年既没有表现出父亲那样“反天主教”的情绪，也没有对传教活动的重要性表现出新教徒式的热情。

这艘船于 6 月 6 日停靠在纽约。马歇尔对于轮船进入城市时的景象印象深刻，“从各方面来说都比进入伦敦时要壮观”，但“船比泰晤士河上的少”，可能因为这一天是周日。他同样赞美了哈德逊河沿岸与“房屋颜色相映成趣”的“绚丽的绿色”，马歇尔把这种深刻的明快印象归结于“航行中缺乏色彩”。[2] 马歇尔只在纽约待了 4 个晚上，打算在回程时多待几天。不过他还是非常详细地记录了许多第一印象。他对纽约，以及后来去的奥尔巴尼的荷兰式面貌感到震惊。另外，他在美国建筑中看到了未来的潮流。它既“创新又大胆”，这标志着自“崇古卑屈的文艺复兴建筑打破真正的哥特式建筑”以来，美国可能在“不久”后创造出这个世界“第一座真正的建筑”。对于纽约街道上的灯光广告，马歇尔赞赏道，“这是我见过的最有效的广告形式”。

他下榻于最高级的，也许是“世界上最显赫的”第五大道酒店，这对马歇尔来说是一种全新的体验，这也是他在接下来的美国之旅中光顾过的唯一一家一流酒店。对它的详细描述从极为宽敞的大厅前台开始，到它采用了独特的会计制度，以及酒吧（“美国调酒师是像法国厨师那样的专业艺术家”）、台球室、报纸室、与华尔街相连的股票行情显示系统，最后是楼上的餐厅和早餐室，可容纳 1100 人的住宿条件和“从早上 7 点到午夜不停运转”的电梯。费用是一天 5 美元，包含伙食，“这并不贵”，马歇尔向父母解释道，每天的晚餐都有
“六七十道菜可供选择，其中许多菜极为讲究”。此外，他认为相对于他在奥尔 195
巴尼的二流酒店所支付的每天 3 美元的费用来说，这也是便宜的。奥尔巴尼的酒店并不是“非常干净”，因此它的价值远远低于多收了 2 美元的豪奢的第五大道酒店。[3]

马歇尔在纽约的剧院看了两场戏。到纽约的第二个晚上，他去附近的第五大道剧院看了《好运气》（*Big Bonanza*），这是一出“美国人写的，给美国人看的、关于美国人的”戏剧。虽然这部电影已经上演了 100 天，但在马歇尔看

---

[1] 马歇尔档案，箱 6（1）。

[2] 马歇尔于 1875 年 6 月 5 日写给丽贝卡·马歇尔的信，马歇尔档案，1/289。

[3] * 马歇尔于 1875 年 6 月 12 日写给丽贝卡·马歇尔的信，马歇尔档案，1/290：信中还指出，一等酒店的洗衣费是 12 件 1.5 美元，在海上航行之后，马歇尔的洗衣费达到了 4 美元，因为他积累了很多脏衣服，包括 11 件衣领。

来，这部戏演得很好，他注意到这出戏有三个明显的美国特色："（1）它把商人描绘成神，而科学家就像个傻子；（2）对科学家屈尊俯就，认为他可以帮地毯染色，所以还是有点用的；（3）剧中的主要笑点是，假设观众明白，不需要以卖出它们为目的而拥有'好运气'的股票；但是伦敦的观众很难理解这些点。"[1]

第三个晚上，马歇尔去联合街剧院的行程就没什么收获了。他看了《孤儿》，这是一部美国人改编的法国戏剧，对语言的使用很直白，没什么想象空间。此外，马歇尔还抱怨说，与他在法国看法国喜剧的经历相反，"大多数演员说话的口气就像儿童读课本"。这可能解释了为什么在他的美国之行的笔记中没有更多的关于戏剧的记录了。然而，对纽约一家帽子店遇到的一位店员的描述颇具喜剧色彩，马歇尔说他是"文质彬彬的、聪明伶俐的、绅士的、年长的生意人"。他的服务方式，包括试戴马歇尔自己的帽子来测量尺寸，被马歇尔形容为"一个完美的民主党人，……没有丝毫傲慢。愿这个习惯变得普遍"。马歇尔以少见的带有学究味的幽默补充道："如果这样的话……他们的广告中就必须加上'我们保证店员的脑袋绝对干净'。"[2]

6 月 9 日星期三，马歇尔沿着哈德逊河航行到奥尔巴尼，这次旅行使他想起了宾根（Bingen）和波恩之间的莱茵河，但他更喜欢在德国的经历，因为那里的景色"更具雄山的壮丽，多种多样，当然还有更广阔的水域"。到达奥尔巴尼标志着他此行真正目的——参观工厂——的开始，在接下来的两天半时间里，他竭力完成这项任务。6 月 12 日星期六，他到达斯普林菲尔德（Springfield），第二天早上他参加了公理教堂的礼拜。虽然这次的传教士"充满活力，但能力不强"，但这是他在访问期间考察的众多美国教会仪式中的第一个，这是他研究美国生活方式的总体计划的一部分。[3]

周一，马歇尔抵达波士顿，他在这里待了两周，是他美国之行中停留时间最久的地方。他与哈佛校长 C.W. 艾略特（C.W.Eliot）同住，并与他一起庆祝英国在邦克山战役中胜利一百周年。他还是艾略特在周六俱乐部的晚宴上的嘉
196 宾，并与宴会主人就政治和经济问题进行了多次交谈。马歇尔喜欢波士顿，这是他到目前为止遇到过的最具英国特色的美国城镇，尽管它仍然有很多"美

[1] 马歇尔档案，箱 6（1）。

[2] 同上。

[3] 马歇尔于 1875 年 6 月 12 日写给丽贝卡·马歇尔的信，马歇尔档案，1/290。

国力”（American go），后来他在英国的演讲中也公开称赞了这些特征，这也解释了如果他必须离开英国，他更倾向于移民到那里而不是加拿大的原因。两个星期天他都参加了一神论教会的礼拜，第二个星期天增加了一个浸礼会的仪式。第一个星期天让他意识到圣公会礼拜仪式的不完美。他的言辞中有一种喜悦，因为他发现一神论结婚仪式上省略了女人“必须服从于男人的承诺”。[1]

波士顿之行的社交亮点是周六俱乐部的晚宴，他见到了奥利弗·温德尔·霍姆斯（Oliver Wendell Holmes）、迪恩·豪厄尔斯（Dean Howells）和查尔斯·诺顿（Charles Norton），还拜访了拉尔夫·沃尔多·爱默生（Ralph Waldo Emerson），对此他留下了许多笔记。由于一些误会，马歇尔错过了爱默生邀请他参加的午餐，但爱默生“很和蔼，一点也不傲慢”。爱默生“跟他本人的肖像画非常接近（马歇尔的收藏中竟然没有这幅画），他的眼睛让他的脸看起来十分明亮”，这一点马歇尔和他有些类似。他们谈到了英国的大学，尤其是爱默生更熟悉的牛津大学，他还回想起拉斯金的一次牛津演讲。当爱默生问英国目前谁在继承卡莱尔的文学传统时，马歇尔回答说：“我们年轻人还没有谁完成最高层次的文学作品”，因为科学的吸引力要大得多。当爱默生追问马歇尔例证时，他提到了“是文学巨匠，但发展过于单一的”斯温伯恩，以及克利福德。爱默生插话说，“那个可怕的、物质的、讨人厌的斯温伯恩”不可能有什么了不起的，他对丁尼生和华兹华斯赞不绝口，还说雪莱是“伟大的天才，但……不是一个诗人”，这种说法激怒了马歇尔。

马歇尔之前提到克利福德是一个有前途的科学青年，受此启发，谈话转到了哲学问题上。

> 我解释了为什么克利福德会把不朽等问题搁置一边，接着把他描述成当代连续性作品的代表人物。……然后我们讨论了克利福德感兴趣的问题，即两条直线是否组成一个封闭空间。这种问题对爱默生来说也很新鲜。他觉得很有趣，但也有些不屑一顾。我有点生气，所以我就负气地说了亥姆霍兹的生活在球体表面的生物的例子。他努力地听着……我本不应该说这个的，但我刚看到一本美国指南中描述他为“最伟大的在世先验主义者”，因此我抓住机会询问有关康德的问题，并说亥姆霍兹的例子在我看来，与神学和道德的基本问题有关。例

[1] 马歇尔于 1875 年 6 月 20 日写给丽贝卡·马歇尔的信，马歇尔档案，1/291。

> 如，康德说，心灵可以先验地知道某些道德和神学命题，因为它确实先验地知道了某些物理命题。我翻遍了他的书，想看看他是如何说明这一点的，当我发现这些说法全都被剥夺了价值时，我在一定程度上转变了对其他命题的态度。

爱默生的回答震惊了马歇尔："在我看来，康德的观点十分浅薄，因而跟一个浅薄的回答很配。"只有在讨论莎士比亚时，爱默生才保住了他在马歇尔心里日渐式微的威望。在马歇尔对十四行诗大加赞扬之后，爱默生说："没有什么精神问题比这个问题更有趣了：一个如此成功的人是如何存在的？"马歇尔把这句话称为"他给我的最重要的东西"。遗憾的是，因为马歇尔要去赶火车，这富有成效的谈话就没有继续下去。

197 马歇尔对爱默生的最终评价是："一个温和但敏锐的灵魂，大自然并没有赋予他解决问题的能力，而是赋予了他难得的选择和提出问题的能力……带着细腻的关怀，带着炽热又有点压抑的情绪。"他补充说，难怪"许多女人奉他为最高领袖"。他最后的评论留给了爱默生的房子："舒适，既不大也不豪华。风格朴素，或许有些老旧。内部没什么装饰画，这些很好。"这次访问经历无疑大大提升了马歇尔的自信。[1]

文化之旅伴随着对工厂的访问。除了齐克林的钢琴工厂，他还访问了位于沃尔瑟姆（Waltham）的世界上最大的手表厂，最大的风琴厂（Mason&Hamblin）和其他六座工厂。因此，他可以诚实地跟他的母亲说，他的"时间仍然被占满了"。[2]愉快的波士顿之旅结束后，马歇尔前往诺维奇（康涅狄格州），中途在普罗维登斯（Providence）停留，以便参观另一家工厂。在诺维奇，他在艾米丽·纳恩（Emily Nunn）的建议下，与贝克（Baker）博士住在一起，艾米丽是贝克的外甥女，也是马歇尔在剑桥的熟人，她是1874–1875年间纽纳姆学院的学生。她姐姐也住在诺维奇的贝克家中，晚上还开车带着马歇尔兜风。他非常喜欢这段经历，因为她是"谈话颇具魄力""真诚""甜蜜"的惊艳的结合体，他成功地说服她第二天晚上继续带他兜风。

在诺维奇的逗留使马歇尔得以访问曾经是贸易保护主义者、现在成为自由

---

[1] 马歇尔档案，6(1)。关于爱默生的笔记，还可参见上文提到的有关这次讨论的哲学方面，第5章，第125–126页。

[2] 马歇尔于1875年6月25日写给丽贝卡·马歇尔的信，马歇尔档案，1/292。

贸易主义者的 D.A. 威尔斯（D.A.Wells），后者提供的信息在后来马歇尔关于国际贸易的手稿中派上了用场。在诺维奇，马歇尔还见到了萨缪尔·鲍尔斯法官（Judge Samuel Bowles），鲍尔斯“是政治经济学认真的学徒，还带他参观了好几家工厂”。另外，马歇尔还在耶鲁度过了一个周末，在那里他和萨姆纳（W.G.Sumner）教授待在一起，萨姆纳是“一个非常有能力的人……同时对原理和事实都掌握得很好”。马歇尔后来声称，萨姆纳是他在美国遇到的“最具启发性”的朋友，因为他在耶鲁还见到了 F.A. 沃克（忙于完成他的《工资问题》），所以这个称赞更具分量。从经济学意义上说，他与沃克的会面没什么成果，就像马歇尔后来对沃克的传记作者所回忆的那样：

> 1875 年在波士顿拜访他的那天，我还记忆犹新。我相信我已经带了艾略特校长的介绍信，所以他知道我对什么感兴趣。他静静地坐了一会儿，说“不知道我们谈些什么比较好”。他肯定知道，可能聊一个星期都不会谈到我想知道的事。不过，他习惯于使用比喻，他似乎决定，他能做的最好的事情是让我看到美国经济问题与英国有本质的不同：任何一个国家都有可能从另一个国家学到些什么，但在这些东西应用于大洋彼岸的国家之前，必须经过多次精炼。最后他说，“我知道我该做什么了”，他拿给我一本印第安人的相册，谈起了其中一些人，以及他们与他的关系，我满脑子都是这些人。我不记得接下来谈话的细节，只记得最后谈道：“李嘉图的地租理论中有英国经济学的基础；从某种意义上说，它是普遍的，对于古老的国家来说具有非凡的重要性，但是它的特殊发展并不适用于一亿英亩或更多的土地名义上属于你刚刚看到的照片里的人的新国家。”[1]

给母亲的一封信中同样记述了马歇尔与萨姆纳夫人的一次长谈，他们谈到美国女孩和英国女孩的优点，与此同时，街道上的人们正在庆祝 7 月 4 日独立日，吵闹的人群和燃放的烟花爆竹打扰到了他们。[2]

下一封寄给母亲的信的日期是 1875 年 7 月 10 日。[3] 这封名为“尼亚加 198

[1] 引自 J.P. 门罗（J.P.Munroe），《弗朗西斯·亚玛撒·沃克传》（*A Life of Francis Amasa Walker*），纽约：霍尔特，1923 年，第 308–309 页。

[2] 马歇尔于 1875 年 7 月 5 日写给丽贝卡·马歇尔的信，马歇尔档案，1/293。

[3] 阿尔弗雷德·马歇尔于 1875 年 7 月 10 日写给丽贝卡·马歇尔的信，马歇尔档案，1/294。

拉瀑布”的信，不仅记录了他看到这个备受赞誉的自然奇观时的失望——马歇尔总结道“一个巨大的谎言，比阿尔卑斯山脉的还过分”，还记录了他去康涅狄格州立法机构以及两个共产主义社区［第一次去了新黎巴嫩的震教徒（Shakers）的社区，第二天去了附近的奥奈达人（Oneida）的定居点］参观的经历，还有罗彻斯特市（Rochester）的工厂。信中还提到了一次耳朵疼和牙疼，他不得不将三氯甲烷（旧时医用麻醉剂——译者注）喷在牙龈上止痛，在旅程的最后阶段，牙疼的噩梦再次来袭，他只能在纽约进行牙齿治疗。鉴于马歇尔的社会主义倾向，他对这些宗教乌托邦的印象值得引用：

> 星期三，我去了震教徒[1]的主要定居点新黎巴嫩。我在那里睡了一晚，第二天去了附近的奥奈达，它是除震教徒之外的最重要的共产主义定居点。我在那花了五六个小时，然后在星期五去了罗彻斯特。……尽管我之前看过许多关于他们的书，但与这些共产主义者的接触，还是让我思考了很多与常见的理论大为不同的、极富建设性的生活理论。我给你寄了一篇震教徒写的文章，我还有很多他们的出版物。他们与“这个世界”的艺术不同。属于他们的精神王国的乐曲正在逐渐自我演变，震教徒的乐谱来源十分广泛，在几乎每一本他们的期刊中，都会有新东西出现。除此之外还有许多其他东西。渐渐地，他们将演化出一个精神架构。为什么他们不花点精力装饰他们的建筑物，我在回答我这个问题时说：现有的建筑物都接近立方体了。不过，我必须承认，与周围的风景一起观赏的话，这些建筑倒是生动起来了。
>
> 除了长者埃文斯（Evans，整个运动的领袖）之外，与我聊天最多的是一个年轻的被告知等候我的瑞典人，他拥有天使般的性格。他是瑞典一所大学的学生，不满意于传统生活观念，因为对震教徒的一些观点感兴趣，于是亲自来到美国接触他们。他开始相信，世界上只有在这里存在着早期基督教中所说的在生活中实现自我价值的精神。……虽然总是很安静，但他是愉快的，完全摆脱了自以为是，相比埃文斯，我对他更感兴趣。农业和园艺是震教徒最喜欢的工作，如果你看到他们只穿着棉袍、棕色棉裤，裤脚上沾着泥巴，穿着粗糙笨重的鞋子，你大概会觉得这就是一个普通的农民。但是，在他的脸

［1］震教派起源于18世纪的英格兰，后迁移至美国，是美国较为成功的共产制宗教团体。——译者注

> 上，你能看到真正绅士的教养。他们是少数我乐意与之交换命运的人，不过我还是最喜欢待在原来的地方。[1]

马歇尔珍藏了震教徒的出版作品，收集了他们宗教式舞蹈的照片，后来还用这次美国之行的这一部分经历取悦客人。[2]

一周后，一封来自俄亥俄州克利夫兰市（Cleveland）的信，简述了马歇尔在加拿大的一周里发生的主要事件。“安大略省部长麦金农先生”对此给予了极大的帮助。信中提到在回到美国和克利夫兰之前，他参观了圭尔夫（Guelph）的一所农业学院和政府示范农场，还有汉密尔顿和水牛城的工厂。马歇尔获得了许多关于加拿大移民前景的有用信息，在那里待了一周后，他准备对加拿大的民族特征和经济进步作一些广泛的概括。上一次停滞是自然因素造成的，尤其是寒冷和缺少煤炭。在性格方面，马歇尔认为加拿大人拥有“共和国邻居的大部分优点”，比如“完全没有贵族式的排他性”，高度的自我管理和“有确实可靠依据的”独立性，这些优点甚至扩展到年轻女性身上。最后这一点对马歇尔来说是“正确和有益的”，尽管这样的观点不为一般英国人所认 199
同，更不用说更保守的那些人了。马歇尔认为，加拿大人性格中的一个缺点是，相对于美国人，他们的“活力”较少；这也解释了为什么他更喜欢美国作为潜在的移民地，这种偏好在他之前描述美国的车水马龙时就已经提到过，即使是波士顿也是这番景象。[3]

8月下旬从圣路易斯寄来的信没有提到他在芝加哥的经历，也省略了他往返西海岸的大部分旅行细节。信中简单提到了弗吉尼亚城（内华达州）几乎没有“良好品质的妇女”，这对内华达人的下一代很不利；而在旧金山，可以创造财富，却无法容忍“妇女的权利”；密苏里似乎出乎马歇尔的意料，“到处都是沼泽、黑人、爱尔兰人、疟疾、繁茂的野花和印第安玉米庄稼”。接着，他回忆起参加了“旧金山一个‘农民促进协会’（即农民反抗组织）与‘敌人’的会议……”然后，他在途经印第安纳波利斯、辛辛那提、哥伦布、匹兹堡、

---

[1] 阿尔弗雷德·马歇尔于1875年7月10日写给丽贝卡·马歇尔的信，马歇尔档案，1/294。对这些乌托邦社区的详细的同时代人的记述，参见威廉·阿尔弗雷德·海因兹（William Alfred Hinds），《美国社区》（*American Communities*），1878年首次出版。H.B.巴克斯（H.B.Barkes）介绍了新版的内容，纽约：柯林斯图书，1961年，第81–116页介绍了震教徒的社区，第117–139页介绍了奥奈达的定居点。

[2] 参见下文第16章，第575页，注释*。

[3] 阿尔弗雷德·马歇尔于1875年7月18日写给丽贝卡·马歇尔的信，马歇尔档案，1/295。

费城之后返回纽约。[1] 他提到了哥伦布的监狱，而辛辛那提存在“太多”“底层德国人”。他说匹兹堡是“这个地球上最乌黑的城市”。[2] 在费城，他与贸易保护主义者交谈。对于与美国贸易保护主义经济学家 H.C. 凯里的谈话，马歇尔这样记述道：

> 舒适的房子。偌大的会客厅。好看的画像。精神矍铄，83 岁。穿着睡衣。在前一次（简短的）交谈中，他大声说道，“英国总是喜欢追求只符合自己利益的事”。我说，“我应该马上说，我是个英国人，当你只能看到坏的一面时，英国的行为就得到了解释”，我的语气略显笨拙。他有点不知所措，但在第二次交谈时他避免了之前的话题。年轻时，他曾是个自由贸易主义者。他被人们向西迁移这一事实打击到了：他将其归因于自由贸易，这导致了肥料的出口。而残存的房屋或果园再一次打击了他，“荒山上这里一棵桃树，那里一棵苹果树”。这使他开始批评马尔萨斯。我费了很大的劲才说服他回答这个问题：“当农业增长率、移民率给定时，你是否反对一个旧国家的收益是服从递减规律的。”他不能直接回答是或不是，而是跳到了另一个问题，即为什么人要待在出生的地方。凯尔恩斯的讨论是分散的，除了说事物有“正常价值”之外没什么新东西，麦克劳德则是在胡说八道。“噢！但英国经济学家们并不支持麦克劳德。”“但舍瓦利耶支持他。”“舍瓦利耶在这些方面不值得信赖。”“舍瓦利耶是一个骗子、不诚实的人，一个自由贸易者为了利益反对自己的信念。麦克库洛赫更糟。杰文斯也写了一本充满数学废话的书。他说价值取决于效用。这蠢货不知道只有在价值小的时候效用才大。当法拉第首次发现如何发电时，他的方法非常昂贵。当时只有很少的产出，因此产生的结果也很小，但它的价值极高。”“噢！但他并非意味着总效用，他的意思是单位效用。”“我搞不清他的意思”，他急于转移话题。我觉得，如果不明白价值的含义的话，就没办法理解任何事。“价值取决于再生产的成本”，我试着继续探讨这个话题，但没能成功。我向他提出

[1] 阿尔弗雷德·马歇尔于 1875 年 8 月 22 日写给丽贝卡·马歇尔的信，马歇尔档案，1/296。*IT*，第 446 页注释 1。

[2] 阿尔弗雷德·马歇尔于 1875 年 9 月 5 日写给丽贝卡·马歇尔的信，马歇尔档案，1/297。

> 了这样一个问题，为什么你敦促“保护爱尔兰，却坚称亚拉巴马州无权在自己周围修建海关大楼”。他畏缩了一下说：“噢，我并不是**说**爱尔兰应该得到保护。”他滔滔不绝、长篇大论地向我诉说他的旧观点。谈话持续了 2 小时 45 分钟，他讲了 2 小时 40 分钟。他说，他的父亲离开爱尔兰是因为如果他不这样做，他将在监狱里待上很长时间。我理解他说他的父亲是一个贸易保护主义者，但我看不出这与他自己曾经是自由贸易主义者的事实有什么关系。[1]

这些活动让马歇尔没时间写作。另外，再次袭来的牙痛，以及一位费城牙医的建议让他火速赶往了纽约。最后一封从美国寄给母亲的信，是他在登上艾 200
琳号（Erin）返回英国的一周前写的，信里集中记述了他与美国“工业企业”的最后的探访，还提到了他的“蛀牙”。就像其他所有他在美国遇上的事情一样，出于工作质量和执行效率的原因，都得到了很好的解决。[2] 就这样，他的美国之旅结束了。

查尔斯叔叔（的遗产）对马歇尔的投资收获颇丰。他寄给母亲的内容详尽的信件，以及随信附上的游记，只是第一笔收获。那些旅行笔记的本质和形式可能是受到了亚瑟·扬（Arthur Young）的旅行的启发，马歇尔是这些游记的铁粉。[3] 扬的游记穿插着许多经济方面的细节，更多地来自农业而不是制造业，他详细记述了名胜之地的居住环境、景色以及所有情况。马歇尔的旅行也产生了长期的成果。除了影响他日后有关产业发展的研究，以及美国对英国产业竞争的威胁之外，这次美国之行对其思想更直接的影响体现在，他刚回国不久，于 1875 年 11 月 17 日在剑桥所做的一次演讲。[4] 演讲的标题很贴切——“美国产业的一些特征”，它展示了马歇尔从他的产业领域的研究中得出的一些结论。

---

[1] 马歇尔档案，箱 6（1），美国之行的性格速写：H.C. 凯里。

[2] 阿尔弗雷德·马歇尔于 1875 年 9 月 23、25 日写给丽贝卡·马歇尔的信，马歇尔档案，1/298，1/299。

[3] 那时马歇尔大概已经读过扬的游记了，在为布里斯托的学生准备统计笔记时，他大量地引用了扬的游记里的统计数据。扬的大部分游记都保存在马歇尔图书馆里，见马歇尔图书馆目录，1927 年，第 93 页。

[4] JNKD，1875 年 11 月 17 日，“在道德科学俱乐部，马歇尔读了一篇关于美国产业的文章”。玛丽·佩利，《手稿笔记》（NCA）后来回忆了他所做的三场关于美国的演讲，一次在剑桥，两次在布里斯托。

为了迎合听众，马歇尔的演讲的最后一部分主题是经济环境，尤其是与人的日常活动相关的经济环境，对人类行为乃至人类性格的影响。马歇尔指出，伦理发展与经济基础之间存在着强烈的相互依存关系，他认为这种依赖关系“比通常认为的还要紧密”。[1]马歇尔指出了促进这种伦理发展的两个因素，这两个因素都明确地与黑格尔《历史哲学》中的客观自由和主观自由的概念联系在一起。第一个问题涉及“对性格的和平塑造，使之与周围的环境相协调……从而使其与他所处的社会的行动、同情和利益相一致”。这一过程可能会产生双重社会后果：“乏味和……卑劣”或“和谐的幻想，优雅的热情，美丽的理想”。第二个因素与黑格尔的“主观自由”相关，是指将个人“坚定意志的教育”与“对困难的克服”联系起来，这是美国殖民者身上固有的个人主义精神和独立精神，或者说“美国力”——相比于它的北方邻居加拿大，马歇尔更欣赏美国人身上的这种精神。这一增长的潜在双重后果既包括“放荡与堕落”，也包括“在更高形式上，会发展出一个强有力的法律制度……人的自由放纵将不受外界限制的束缚。这样的社会将充满活力，将拥有强大但平缓的热情，并拥有宏大的理想”。[2]在任何具体社会中，哪种因素占道德发展的主导因素，取决于“生活中的日常事务”，这一命题在他的《经济学原理》的开头得到了重申——“政治经济学或经济学，是对人类日常生活中的行为的研究”——强调了马歇尔研究的行为学目标。[3]1875年的美国之行引出了马歇尔一生中所做的对伦理和经济学之间的关系最为明确的论述，并给出了一个他从未有意放弃的立场。

这次演讲的其他结论强调了之前提到的哲学基础对于马歇尔思想的重要
201 性。例如，演讲反复提到美国是“未来之地，未来的岁月里，世界历史的重担终将揭晓”。[4]同样显著的例子是，他强调西进运动中的进步要素，这是黑格尔关于文明西进——从中国、印度、波斯、地中海国家（同样存在从以色列、腓尼基到希腊、罗马的向西运动），到西欧，并最终跨越大西洋——的历史过程的哲学概念的关键。[5]这次演讲还详述了习俗这一抑制因素，它是“静态社

[1] *EEW*，Ⅱ，第375页，参较第357–358页。

[2] 同上，第375–376页。对于客观自由和主观自由，参见黑格尔，《历史哲学》，西贝利（Sibree）译，纽约：多佛图书（Dover Books），1956年，第18–19、40–45、187–188页。

[3] *EEW*，Ⅱ，第376页，参见*P* Ⅰ，第1页，这一页从第四版到第八版只做了轻微的改动。

[4] 黑格尔，《历史哲学》，第86页；参较*EEW*，II，第355页，马歇尔在一些未发表的演讲笔记中说，“我想在美国看到历史的未来”。关于这些笔记的可能来源，参见下文注释53。

[5] *EEW*，Ⅱ，第355、370页；参较黑格尔，《历史哲学》，第18–19页。

会”发展的制动器。马歇尔将它的退化特性仿照梅因的方式表达为“卫生的、经济的、军事的以及其他规则……仍会持续发挥作用，即使习俗被推行时所想要达到的目的已经不复存在。”[1] 最后但也非常重要的一点是，这次演讲的最后一句话明确地将马歇尔的“伦理信念”与“进化学说”，而不是与一个更加静态的、功利主义的计算结合在一起。这是一个要求人性改善和人类状况改善的人类进步学说的本质要点，并且也重申了马歇尔的伦理信念中与斯宾塞和达尔文有关的内容。[2]

马歇尔对美国贸易保护主义政策捍卫者所提出的英美工人相对生活水平的观点的评论，说明了一个哲学上的真理，即在接受旅行者的叙述是真实可靠之前，需要持怀疑态度。[3] 考虑到听众对伦理的关注，马歇尔在演讲中重点讨论了美国人在职业和居住方面的流动性，这是其道德和产业发展的一个重要特征。独立性和自信心，是移民的典型特质，也是这种流动性的主要原因；适应性和创造性，还有民主和非奴性的精神是其主要结果，这些在马歇尔游记中对美国帽子销售员的描述中就可以明显看到。然而，流动性对道德品质也有不太值得称赞的影响。流动性强调了“货币的可携带性”，因为如果一个人“赚了钱但名声不好，他可以带着他的钱，让它们帮自己赢得新的好名声”（第 364 页）。同样，虽然新英格兰地方政府实践中的“地方职责”特点可以改善“市民协会以应对特殊的紧急情况”（第 364、369 页），但流动性仍加强了经济上的竞争性，而不是合作中的利他性（第 367–369 页）。马歇尔大胆对感性特质进行了概括，他说美国人的脸部特征看不出“生活的枯燥无味”，与之形成鲜明对比的是，在欧洲下层阶级中，那种“粗俗”表现得极为明显。马歇尔所看到的美国社会的特征，使他“强烈地认为这将是世界上头号强国”（第 369 页）。马歇尔看到了美国男女的高度发达的情感本性，对于常常听到的来自托克维尔（De Tocqueville）等观察家的相反意见，他坚定地为自己所看到的辩护。美国宗教运动中的独立性和创新性，从他访问过的震教徒和奥奈达完美主义社区的经历中可以得到说明（第 369–372 页）。当时美国普遍存在的高度的经济和产业平等（第 372–373 页），是他在前一段末尾进行结论性概括之前的最后一个评论。

---

[1] *EEW*，Ⅱ，第 374、357 页。

[2] 同上，第 377 页。

[3] 同上，第 355–356 页。本段括号中的引用来自同一篇演讲。

202 1878年1月，马歇尔在布里斯托所做的关于美国经济状况的讲座，使用了之前剑桥讲座的大部分内容。[1]它首先从这样一个观察开始，即英国的未来能够从美国的现状中得到研究，前提是要对英国状况和美国状况的差异进行提炼。例如，英国缺乏大片空地，也没有“被赋予公民权利的……大批无知的黑人和移民”。正如新闻所报道的，马歇尔在布里斯托的讲座更加强调经济方面，而非上次剑桥讲座上的倾向于伦理方面，这表明马歇尔能够熟练地根据听众的需求处理他的话题。关于经济上的内容，马歇尔回顾了美国的交通发展，从铁路到运河建设，还回顾了东北部产业区位的可能变迁、人口变化、产业训练，以及与英国相比作用有限的美国正规学徒，还有劳动力流动、劳动生产率、管理实践、资本流入和1873年金融危机的后果。他用“焦点图”、图表和地图来说明这些话题。

在后来的作品中，马歇尔只是断断续续地提到他在美国的经历。在美国之行4年后出版的《产业经济学》中，只有一处关于美国的例子算是直接受到了这段经历的启发。这个例子就是作为宗教合作形式的美国社区的成功，他们的“宗教热情”产生了必要的“兄弟般的相互信任的精神”。其他几个提到美国经历的例子，都能很容易地从其他发表的作品中找到来源。[2]《经济学原理》中关于土地的一章提到了马歇尔“几年前沿着密苏里河谷到圣路易斯”的旅行，并记录了他对于农民的房屋与肥沃的“河岸”之间的距离的观察。这是《经济学原理》中唯一一个直接提到美国之行的地方，他还论述了美国发展早期的定居地新英格兰相对贫瘠的土地，这一定居地比在富饶的冲积平原的定居地还要早，正如凯里批驳李嘉图时所说的那样。[3]1890年的一篇演讲回忆了“凯里的盛怒，他感叹说，外国商业使美国的铁路从东建到西，而不是从北建到南”，但这一记忆在他的笔记中没有如此醒目。它还将美国之行描述为一次

[1] 演讲在1878年1月15日的《西部日报》和1878年1月15日《布里斯托时报与镜报》上有所报道。这次公开讲座的文本没有收录在惠特克的《阿尔弗雷德·马歇尔：1877–1885年》的附录D中，不过，他在布里斯托的许多其他公开讲座都收录在其中；*EEW*重印了演讲笔记的摘要，与布里斯托媒体报道的演讲非常类似，因此笔记也有可能不是用于惠特克所设想的大学讲座。参见*EEW*，Ⅱ，第354–355页。

[2] *EOI*，第222页；参较第61页提到的作为土地所有者的农民，第178页提到的相对于英国和德国，美国的零售和批发的相对收益率和价格，第183–184页讨论了芝加哥和纽约的谷物市场，第221讨论了美国术语的使用，“设计商业”用于描述管理组织的功能。第三篇，第4章，论“垄断和合作”显示了马歇尔美国之旅的更普遍的影响。

[3] *P* Ⅰ，第216页注释1；这一注释在第六版被删除了；参较*P* Ⅸ，第281页。

对“美国贸易保护主义的实地调查”，其影响在马歇尔关于此主题的研究中会反复显现。[1]

《产业与贸易》[2] 中提到了美国广告业的浪费本性，但似乎与马歇尔近半个世纪前在纽约的经历无关。在这本书的其他地方，还直接提到了美国之行。这一次旅行使他警觉，贸易保护主义者在以下几个方面倾向于夸大自己的主张（第 783 页及注释）：他们的政策效果，铁路对美国经济发展的重要性（第 798 页注释），以及为联合太平洋铁路沿线高度专业化的养牛场提供黄油和罐头水果等相对奢侈品的重要性（第 805 页注释）。

美国之行的大部分收获是间接显现的。除了在马歇尔接下来的作品——特别是《产业与贸易》——所展现的比较分析之外，这些收获在他后续思想的某些重要方面留下了印记。对于美国工人显而易见的独立性和自信心的强调，以及他们脸上透露着的预示美国强大的产业前景的机敏和智慧，几乎可以肯定， 203
这加强了马歇尔对企业中个人主义的强烈信念，同时也加深了他对国有企业效率的负面看法。这次旅行同样促进了他对自由贸易的持久信念，即使是在一些国家面临经济衰退，而贸易保护似乎是一条捷径的时候。《国际贸易的财政政策备忘录》正是在这个语境中提到了他的美国之行，马歇尔表示，自己在美国和德国的旅行让他意识到，随着竞争力逐渐下降，英国将面对越来越大的经济困难。[3] 难怪他后来吹嘘，查尔斯叔叔的遗产花得特别值。

西西里的一个冬天（1881–1882 年）

1979 年 4 月或 5 月初之间，一位伦敦专家诊断出马歇尔患有肾结石，开出的治疗方案是需要长时间的休息。1881 年 7 月，由于健康状况不佳，加上担任布里斯托大学学院校长需处理繁杂的行政事务的压力，他辞去了这一职务，当有合适的替代人选出现时他便可离职。辞职的目的有三点：他觉得自己的健康状况无法胜任校长的繁杂事务，辞职了就可以放下这些行政工作；他可以遵从医嘱进行长时间的休息，同时也有时间更加全面地思考经济理论的写

[1]“竞争的若干方面”，见《纪念集》，第 258–265 页，特别是第 260 页。

[2] *IT*，第 295 页，第 304 页注释，第 307 页注释，以及上文第 194 页提到了纽约的广告业。本段括号中的页码来自《产业与贸易》。

[3] *OP*，第 393 页。关于马歇尔对社会主义语境下企业中的个人主义和能动性的强调，见下文第 16 章，第 588、593–594、608–609 页。

作，因为之前的基础工作与关于曲线的写作还未完善，就已经被出版了。他最初计划了一个两年的假期，想选一个离伦敦不远的居住地，因为他想帮助妻子玛丽进入这里的大学任教。[1] 马歇尔夫妻何时作出在西西里度过冬天的决定尚不清楚，但这个计划似乎在接下来的几个月内敲定，并在 1881 年 10 月付诸实践。

玛丽·佩利后来回忆，当时是根据气候、水质和成本做出的选择。[2] 从某些方面来说，这是一个勇敢而富有冒险精神的选择，因为“直到爱德华时代早期，普通的英国或美国游客都不会去那不勒斯（Naples）南部冒险。这个美丽但尽人皆知的恶臭的城市，乡村也被认为是不安全的。城里有不舒服的旅馆和贪婪的店主，乡下有土匪和疟疾，人们认为这样冒险会得不偿失”。[3] 然而，当马歇尔还是大学生的时候，学院杂志《鹰》刊登了一篇文章，介绍作者在西西里岛的两周时光。文章赞扬了巴勒莫的文明，冬天温和的气候，有趣的建筑和美妙的风景，尽管它也证实了西西里的乡村旅馆的确让人不适。文章还表明，来自土匪的危险被夸大了，总之，西西里之行非常值得推荐。亨利·西季威克也提供了相似的建议，他的兄弟威廉几年前也在西西里度过了愉快的日子。对于像马歇尔这样自称是歌德爱好者的人来说，西西里有着额外的吸引
204 力，歌德曾在 1786–1788 年的意大利旅行中对这个岛赞不绝口。[4] 不论是什么使他们最终决定去西西里，10 月初，他们已经从英国出发前往马赛，在那里搭乘汽船前往西西里岛的首府巴勒莫。马歇尔在一封来自西西里岛的信中告诉福克斯韦尔，他们于 10 月 9 日抵达，打算在那里待到 1882 年 3 月或 4 月。然后，他们将途经那不勒斯、罗马、佛罗伦萨和威尼斯，然后在巴伐利亚阿尔卑斯度过一个夏天后返回英国。[5]

不管他们是如何、何时做出选择的，马歇尔夫妇并不后悔做出这个选择，他

---

[1] 马歇尔于 1881 年 7 月 24 日写给福克斯韦尔的信（弗里曼收藏，3/252），参较玛丽·佩利·马歇尔，《我的回忆》，第 24–25 页。

[2] 同上，第 24–25 页。

[3] 弗朗西斯·M. 圭尔乔（Francis M. Guercio），《西西里岛：地中海的花园》（*Sicily. The Garden of the Mediterranean*），伦敦：费伯出版社，1938 年，第 11 页。

[4] *《在意大利的两个星期》（‘A Fortnight in Italy’），《鹰》，1863 年，第 3 卷，133–141 页，特别是 140–141 页关于巴勒莫的内容；圭尔乔（《西西里岛：地中海的花园》，第 68 页）表明，截至 1899 年结束的前六年，巴勒莫一个省就报道了不少于 1092 起公路抢劫案，这个统计数字很难用来安慰那些害怕强盗的旅行者。歌德于 1787 年 4 月访问巴勒莫，并在西西里待了两个月，他在巴勒莫之行的基础上写下对这个岛的赞美：“如果你去过意大利但没见过西西里，就等于没去过意大利，因为西西里是一切的线索。”歌德，《意大利之旅》，伦敦：企鹅出版社，1970 年，第 246 页。

[5] 马歇尔于 1881 年 10 月 10 日写给福克斯韦尔的信（弗里曼收藏，16/150）。

们在巴勒莫的五个月无疑构成了他们婚姻生活中的一个高峰。[1]马歇尔在给福克斯韦尔的信中已明显透露出他对在巴勒莫的愉快生活的喜爱。他写道，巴勒莫：

> 是一个迷人的地方，远比我们想象的可爱。到昨天为止，这里已经8个月没下雨了——这很不寻常，这里通常会在晚春下雨。因此，一切都非常燥热：他们说，12月份的乡下通常是最棒的。即使这样，周围乡村的花园和树叶也没有达到我们的预期。因为几乎所有的花园都被十英尺高的泥墙包围着；邻近的乡村主要由多岩石的山组成，至少现在看来上面没什么绿色植物，只有一些零散绿色斑块。但是，山的美几乎超出人眼所及与人之想象。它们的形状极为美丽、极其多样，光影在其间交错，近中远距离变化多端，满眼都是无穷的深色：白色、红色和橙色是主要颜色，但深蓝经常出现在阴影中，即使是其中的干旱之地，现在也时常显现出一抹隐隐的绿色。
>
> 街道风景如画，透过两旁的阳台，能瞥见一望无际的高山，虽然城镇街道的美丽常常归功于群山，但是，城镇甚至比高山更加美妙。当然，我们还没有探索完所有的城镇，我们带着一个气垫去搭乘最近的电车，一直坐到旅途的终点，然后再返回乘坐其他线路。我觉得，我们在此地所见到的美景是其他城市的20倍之多。这里不仅仅有丰富的色彩，它的品位也极佳。马赛也有丰富的色彩，但大部分都令人不悦。但在这里，撒拉逊人的天才风格无处不在，这些组合通常都很精致。在这个城市的主要街道上，我们在两三家商店的橱窗里看到了十几条铺床用的毯子——有点像“奥地利风格”的毯子，但每一条都比我们见过的任何毯子要更漂亮。[2]

这些良好的第一印象是马歇尔对巴勒莫的唯一描述，预示着他们将在镇上度过愉快的6个月。更让人高兴的是，这将是玛丽从7年前完成学位考试以来的第一次真正的假期，在这段时间，她可以进行大量阅读。出于这个目的，也为了马歇尔自己的工作和消遣，他们随寄了7英担（350多公斤）的书。所以，这也不完全是假日。马歇尔告诉福克斯韦尔，“同时，（我）在进行‘经济

[1] 参校 J.M. 凯恩斯，“玛丽·佩利·马歇尔”，第241页；“这几个月太完美太幸福了”。

[2] 马歇尔于1881年10月10日写给福克斯韦尔的信（弗里曼收藏，16/150）。

理论’的写作，包括一些曲线，但我尽量降低它们的重要性”。[1]事实上，《经
205 济学原理》的诞生地点可以说正是在巴勒莫这个城市，因为“关于需求的第三篇大体上是在1881年11月到1882年2月在巴勒莫的屋顶上思考并写就的”。[2]

在玛丽·佩利的回忆录中，有他们在西西里度过的愉快、卓有成效的5个月旅途的更多细节，凯恩斯认为这是“她生命中最幸福与完美的时期”。[3]玛丽·佩利回忆中的第一句话就证实了凯恩斯的说法，它还揭示了马歇尔夫妇在接下来的5个月中所采取的生活方式。

> 我们在巴勒莫待了5个月，后来每当我想要回想一些愉快的事情时，我就想象自己在那个屋顶上。那是一家叫作“奥利维亚”的意大利小旅馆的屋顶，屋顶当然是平坦的，上面铺着彩色的瓷砖。白天，阿尔弗雷德就坐在一把美式椅子上，椅子上有一个用旅行浴盆的封皮临时搭成的一个遮阳篷，在那里他写下了《经济学原理》的前几章。有一天，他从屋顶下来，跟我说他刚刚发现了“需求弹性”这个概念。
>
> 在屋顶上，我们可以看到孔卡德奥（conca d’oro）的景色，橘子树和柠檬树的金色外壳一直向内陆绵延数英里，群山的一边与大海相接，形成了形状各异的半圆。其中有一处景色非常引人注目，让人联想起古老拜占庭人的风格。当地人把它当作山的一个典范，在意大利的很多地方都能看到它的镶嵌画复刻品。或许还因为它的形状适合放置方舟。在许多晴朗的秋日里，能看到120英里以外的埃特纳火山（Etna）隐约坐落在附近的群山之上，日落时，白雪覆盖的山峰变成了粉红色；距海边70英里的地方，利帕里群岛（Lipari Islands）苍白而清晰地漂浮在地平线上，大海通常非常平静，绿色、蓝色和紫色的海面上倒映着云朵的形状。山的美在于形状和颜色，因为山上一点树木都没有。山上以前被树林覆盖，以此来固定土壤，防止它们在雨季时被山坡上冲下的暴洪冲走。西西里岛为了少数人的短期利益而牺牲其

[1] 马歇尔于1881年10月10日写给福克斯韦尔的信（弗里曼收藏，16/150）。

[2] J.M. 凯恩斯，《阿尔弗雷德·马歇尔》，第202页注释3，也可见下文第12章，第404页。

[3] J.M. 凯恩斯，《玛丽·佩利·马歇尔》，第240页；这一说法出现在《我的回忆》的第4部分，第28–34页，此部分的其余大多数内容都是基于这种说法展开的。

> 未来福祉，这是曾经被称作罗马粮仓的西西里岛现在如此贫穷的主要原因之一。当我们 10 月份到达时，这里已经有 8 个月几乎没有雨水了，山主要呈现灰色和黄色，但在 11 月初，冬天的第一场雨来了，渐渐地，灰色变成了绿色。[1]

在屋顶上还可以看到其他东西。邻居家的种着葡萄藤、鲜花和柑橘类水果的小庭院；铺着彩色瓷砖的阳台，还有圣诞节前夕圈养的肥美的火鸡；下面是车水马龙的街道，两边描绘与“华丽雕刻着”许多“历史上的场景”和“圣徒的生活”，在湛蓝的天空和明亮的阳光下，一幅光和色彩的美景更加耀眼。

> 就像古老镶嵌画的金色背景一样，它（指天空）和谐地形成了美丽的色彩，如果在英国灰色的天空下，这些色彩会显得廉价和俗气。但在西西里，黄色的马车、人们绑在头上的红色头巾、粉红色的房子、色彩鲜艳的瓷砖，甚至街上晾晒的彩色衣服和抹布，似乎都在增强这种效果；这样耀眼的光线当然会带来深深的阴影，但它不是灰色的，而是浓郁的紫色和蓝色，建筑物的排列通常也是为了光影的投射。[2]

玛丽·佩利“描述的他们在巴勒莫生活的情景，展现了她利用水彩颜色传递视觉印象的灵敏度和准确性”。[3]这是她从在西西里的冬天开始孜孜不倦追求的一种爱好，其成果体现于马歇尔夫妇在阿尔卑斯山脉、英国乡村，以及其他地方隐居的夏日旅行中。但是，被观察到的不仅仅是颜色，社会和经济现象 206
也同样得到考察；不是在屋顶上，更多是在城镇及其周围的短途旅行中。马歇尔在经济学著作中提到的一些例子可以说明这一点。

最开始观察到的便是，“西西里人能不走路就不走路”。这使观察者得出结论，“巴勒莫的交通比其他任何城镇都便宜”，这一点从他们在 1881 年春天访问的意大利不同城市的乘车费用中可以得到证实。巴勒莫的价格是 60 生丁

[1] 玛丽·佩利·马歇尔，《我的回忆》，第 28–29 页。

[2] 同上，第 30 页。

[3] W.G. 康斯塔伯（W. G. Constable），《剑桥的艺术与经济学》，《鹰》，第 59 卷，1960–1963 年，第 24 页。把玛丽·佩利的描述与一个世纪后的巴勒莫的类似景色相比较，会发现用“准确”这个词来形容是非常合适的。图 23–25 展示了一些她的画作。

（centimes），那不勒斯是 70 生丁，罗马是 80 生丁，旅游胜地佛罗伦萨的价格是一圈 1 里拉（lira）。然而，使用货币作用测量尺度时需要注意：那不勒斯的 70 生丁实际上比巴勒莫的 60 生丁便宜，"因为那不勒斯的距离更远，山也更多，所以必须更好地喂养马匹使之工作，但巴勒莫的道路平坦，吃得半饱的动物也能够胜任这个工作"。[1] 从更社会化的角度来看，这位纽纳姆的讲师也评价了西西里"对女性强烈的撒拉逊式的关注"。这意味着很少有女人敢在街上行走，而"一位英国女士，尤其当她拥有粉红色的脸颊时，会比和蔼可亲的"中年未婚的西西里女仆更引人注目，后者被认为去市场购物是不合适的。[2] 但这位脸颊红润的英国女士发现巴勒莫市场是她最喜欢去的地方：

> 因为在那里，色彩和噪声使这个地方的所有离奇有趣之处更加突出了。我总是去那里买水果，因为明码标价，不太可能上当受骗。葡萄和梨很好很便宜，但是橙子和无花果令人失望。也许最好的橘子都出口了；无花果被棍子串起来，变成了一大团，有些商店完全铺满了这样的无花果，看起来非常脏。事实上，所有能脏的东西都会变脏。如果不是因为没有烟熏，以及用瓷砖代替木头来铺地板的习惯，房子会变得更脏，很少有人敢在教堂的椅子上落座。[3]

更多关于巴勒莫生活的经济观察聚焦于"显著的产业本土化"上。特定地区集中了许多手套店、鞋店、制表商和书商，而椅子制造和黄铜制造等特定行业则集中在特定的街道。有人向他们解释道，这是中世纪行会的遗风，或许这个人就是他们在巴勒莫[4] 结识的索利纳斯（Solinas）教授，他的话后来受到很大误解。40 年后，这位《货币、信用和商业》的作者（指马歇尔）根据 1888 年向金银委员会提供的证据，回忆了中世纪对巴勒莫工业生活的这种影响。1890 年到 1920 年，8 个版本的《经济学原理》都以巴勒莫的例子来论证就业方面的问题：

> 一些年前，我在巴勒莫度过了一个冬天；中世纪的工业传统在那

[1] 玛丽·佩利·马歇尔，《我的回忆》，第 30–31 页。

[2] 同上，第 31–32 页。

[3] 同上，第 32 页。

[4] 同上，第 29 页。

> 里得到了延续；人们所读到的关于中世纪工人中富裕家庭的顾客的所有东西，都存在于现在的巴勒莫。如果你试图收集劳动需求方面的统计数据，你可能什么都找不到。几乎没有人失业，因为几乎没有人正式被雇佣；现代工业形式造成的就业无常、报纸上刊登的耸人听闻的文章都没有出现。但我怀疑，巴勒莫手工业工人的平均就业率是否高于经济萧条时期伦敦东区就业率的一半；平均年收入可能还不到后者的四分之一。我知道有一些这样的情况：雇佣关系维持一整年，雇主在这期间给予员工食宿上的支持，但我相信，在这种体系占据上风的 207
> 中世纪，雇员通常因此放弃了太多的自由，以至于人们可能会质疑他是否完全是一个自由人。在最近一次讨论当前困境的会议上，有人对官方失业报告的充分性提出反对意见，这使我感到震惊。有人说，当人们在自己家里工作时，你无法证明他们失业了，因为这样不稳定的就业状态是他们的常态而非例外。如果他们今天没有工作，他们就没有理由认为明天会有工作。这些人的处境和中世纪的大多数人是一样的——当需要的时候，他们会去找工作。因此他们从来没有“失业过”；所以报纸也没有必要报道。[1]

马歇尔夫人将上述经济观察延伸到巴勒莫的资本匮乏，及其对工作成本和质量的影响；牛奶价格及其对土地租金的影响；以及思考他们在西西里享用的最棒的东西，例如面包和水，不一定有很高的价值。[2]

5 个月的巴勒莫之旅大大缓解了马歇尔的病痛，并让他在接下来的两年内完全康复，[3] 后来玛丽·佩利将其归功于巴勒莫“绝对安静”的环境和“灿烂的阳光”，因此，马歇尔夫妇在西西里岛的逗留绝对物有所值。她后来还回忆，那一年他们在国外的花费差不多刚好是 300 英镑，其中一半来自出租他们布里斯托的房子所得到的收入。同时她也指出，在当时，几里拉就可以在威尼斯朱代卡的一座古老宫殿住上一两周，还包括早餐，而在巴勒莫，他们大部分时间都是在小酒馆里吃饭，每人的餐费只要 1 里拉。[4]

不过，他们在巴勒莫的日子也确实产生了一些问题。温度骤变的傍晚存在

[1] *OP*，第 92–93 页；参校 *MCC*，第 242–243 页，以及 *P* Ⅰ第 733–734 页注释 1，*P* Ⅷ第 688 页注释 1。

[2] 玛丽·佩利·马歇尔，《我的回忆》，第 33 页。

[3] 同上，第 25 页。

[4] 同上，第 25、31 页。

一些危险，容易有感染“感冒、疟疾、癔症的风险……还可能导致发烧”。玛丽·佩利在巴勒莫之行的最后一段时间里感染了疟疾，但在丈夫的悉心照顾下很快恢复了健康。[1] 西西里在英国旅行者心中的坏名声至少有一部分得到了印证。强盗的存在也限制了他们的活动：

> 去3英里之外的蒙雷亚莱（Monreale）的确可行，因为距离近的地方都有武装警察驻守，但在其他方向上可能会遭遇强盗打劫，他们会割下一部分耳朵送给这个人的朋友，并威胁说如果不给大量赎金会继续寄来更多部分。当我们在巴勒莫的时候，简·哈里森（Jane Harrison）——她来这里研究博物馆的一些墙面——和我们住在同一个酒店，她和我一起以佩莱格里诺（Pellegrino）为中心，在周围大约6英里的地方散步，过程非常愉快，我们没有受到任何伤害。但当回到旅馆时，我们发现所有人都惊慌失措，由于这种鲁莽的行为，我们受到了严厉的责备。
>
> 从那以后，我再也没有去过乡下，但是在城里也有很多事情可做。我最喜欢的地方是帕拉提那礼拜堂（Cappella Palatina），我在那里待了很久，还尝试为它作一幅画。它很小，光线昏暗，窗户像一条缝，在阳光下走入礼拜堂，几乎什么也看不见，只有一大片模糊的金色阴影。然而，渐渐地，轮廓和细节的美妙之处浮现了出来。轮廓是诺曼式的，撒拉逊工人将其填满丰富色彩和东方元素。最美的要数金色的拱顶，其中隐约可见伟大的基督的头像。[2]

然而，天下没有不散的筵席。到了2月底，他们踏上了缓慢的归途。对此的记录保存在玛丽·佩利1882年春天所作的水彩画中，“卡普里岛（Capri）有4幅，罗马有1幅，威尼斯有12幅，还有几幅与巴伐利亚和莱茵河有
208 关”。[3] 另外，阿尔弗雷德·马歇尔在撰写《经济学原理》的进程中也记录了这段旅程的细节。3月下旬待在卡普里岛的时候，他正在对《经济学原理》第

[1] 玛丽·佩利·马歇尔，《我的回忆》，第29页，以及她所写的《给沃尔特·斯科特的笔记》，其中她写道，“去巴勒莫之后，我染上了疟疾，虽然那时他腿脚不便，但仍然独自照顾我”。

[2] 玛丽·佩利·马歇尔，《我的回忆》，第33–34页。简·哈里森是她在纽纳姆学院学生时代的朋友。

[3] W.G. 康斯塔伯，《剑桥艺术与经济学》，第24页。

3 篇进行重组，大概在 4 月 20 日，他在威尼斯重读了古诺的作品。罗马和佛罗伦萨（3 月底和 4 月初）的艺术消遣也许阻碍了《经济学原理》的进展，但我们无从推断他们的所见所闻。不过，对西斯廷教堂的参观是一次例外，凯恩斯回忆，贝利奥尔庄园[1]的马歇尔的起居室的天花板上还有一幅米开朗基罗的画像，玛丽·佩利也回忆说，马歇尔坐在轮椅上（因患病，马歇尔尽量避免行走）参观庞贝古城，还坐船游历威尼斯。[2]他们接着经过巴伐利亚（5 月 19 日至 6 月 1 日在维德布鲁赫，6 月 4 日至 8 月 3 日在阿亨湖和瓦尔兴湖），再悠闲地沿莱茵河逆流而上，最终在 8 月 23 日去伯恩茅斯看望了玛丽的父母，随后继续度过了一个月的假期。[3]

斯塔福德郡的陶器、黑泽的舞蹈、米德兰的工厂与约克郡的矿业

马歇尔在英国度过了许多暑假，这些往事被玛丽·佩利记录在 19 世纪 80 年代的“工业旅行”笔记之中，小部分还在她与友人的通信中被提及。笔记中记录了马歇尔对伍斯特（Worcester）和伍尔弗汉普顿（Wolverhampton）（可能是在 1883 年他们在彭布罗克郡度假的时候）的访问；1885 年的英格兰北部之旅，以及 1888 年的东北部之旅，后两次旅行分别与之前所说的湖区和约克郡的假期有关。这些笔记[4]印证了本章一开头就强调的这些暑假的特点：“显然，马歇尔的假期分为两部分：一是在山间或海边刻苦思考和写作，另一部分是去城镇和工厂了解工人和他们的工作。”[5]

一段未注明日期的片段，大致可归于上一段所说的 1883 年，对陶器工业的经济方面进行了详细的描述。其中包括对贸易本土化的原因、对各种类型的陶器的需求、价格、公司规模、技术和劳工条件（包括雇员的生活条件）的评论。主要的区位因素是该地靠近一种重要的原材料，有一种特殊类型的泥灰岩，它与煤混在一起，用于制作保护窑内精细陶器的容器（匣钵），从而降低

[1] 阿尔弗雷德·马歇尔，《我的 1882 年：从西西里归来》，马歇尔档案；J.M. 凯恩斯，《阿尔弗雷德·马歇尔》，第 213 页。

[2] 玛丽·佩利·马歇尔，《手稿笔记》（NCA），第 14 页。

[3] 阿尔弗雷德·马歇尔，《我的 1882 年：从西西里归来》，马歇尔档案。

[4] 马歇尔档案，红箱 1（5）：《英国旅途》。

[5] 玛丽·佩利·马歇尔，《手稿笔记》（NCA），第 17 页。

烧制过程中损坏的风险。另一个原因是有适当的劳动力供应。对这些产品的需求往往变化无常，因为这些产品大多是奢侈品，尤其是针对美国出口市场。针对出口市场的产品很特殊，它具有很高的市场价值，尽管征收了 65% 的关税，英国瓷器仍然很有竞争力。风险和人工成本是影响价格的主要因素，前者不仅来自时尚变化的影响——这种变化往往是突然和决定性的，而且还来自烧制期间的生产风险，因为昂贵的装饰物品可能会破裂或损坏。因此，匣钵对本行业非常重要。

工厂规模往往比较大：明顿家族雇用了 1700 人，布朗·韦斯特雇用了 1000 人，规模与机械的经济是其主要原因。这种大规模生产的另一个原因在《经济学原理》中给出了："小型制造商除非以一种非常试验性的方式，不然甚
209 至负担不起新的图案和设计的实验费用。对于那些已经有很好的市场的产品，他的机会比较大。"[1] 很大一部分比例的员工是妇女，主要从事非技术性、机械的工作，她们的"学徒工作"也仅限于"低级的绘画和传递"。妇女还承担大部分不卫生的工作，例如"擦洗陶器上的碎片"，这会有很大风险因吸入随后产生的灰尘而患上呼吸道疾病，而把陶器浸在含铅釉中也是一项同样危险的活动。然而，已婚妇女倾向于回到原来的工作地点，也许是因为"总体上来说，除了不健康的粉尘和有一些炎热之外，这一职业似乎特别愉快和安全。布朗·韦斯特工厂是我见过的条件最好的工厂，周围全是树木和杜鹃花。一个卫生用品制造商甚至在他车间的窗户上悬挂了鲜花"。此外，马歇尔观察了工人的住房，他认为这些房子的质量很好。

1883 年的旅程以对伍尔弗汉普顿和黑乡（Black Country）的访问为结束，目的是考察当地的工具制造产业，这里生产各种各样的工具，主要用于出口。尽管这一行业几乎所有的工作都有很高的工资，但马歇尔夫妇听到了大量关于该地区醉酒事件的抱怨，但相对而言，关于工会与雇主之间的问题却很少。

1885 年 8 月和 9 月的旅行记录说明了这些旅行的范围，以及马歇尔夫妇在这样的考察中忙碌的行程。他们 8 月份到达了湖区附近的坎布里亚郡（Cumbria），这里的旅行笔记揭示了他们考察的地点和考察的性质：

> 8 月：科尼斯顿（Coniston）：铜矿。卡比（Kirby）：板岩采石场。巴罗（Barrow）：快速增长。看到了大型钢铁厂和漂亮的工厂女

[1] *P* Ⅰ，第 341–342；*P* Ⅷ，第 280–281 页。

> 孩。对（1）女孩和对（2）家族来说，工厂生活更好，还是家庭服务更好？奇妙的漂浮的干船坞。不同品种的矿石。酸性转炉炼钢法。酒店和有魅力的女孩子。弥尔顿（Milton）：铁矿。轮班工作 8 小时。漂亮的更衣室，用废蒸汽加热热水和冷水。建得不错的小镇。健康的工业环境。怀特黑文（Whitehaven）：很阴暗，令人不适。靠近大海的煤矿。妇女受雇在矿口筛煤和拣煤。非常肮脏和令人讨厌的工作。妇女看上去很凶狠。8 月 15 日。兰卡斯特（Lancaster）。一个迷人的，相当保守的古老城市，但拥有大量制造业，主要是家具制造。美丽的公园里空气清新，风景宜人。参观了吉娄公司（Gillows）。切割方形家具的机器。大规模生产有利于产生优秀的设计。妇女都受雇于缝纫装饰业。最具艺术气质的木雕家是爱尔兰人。充耳不闻的木雕工。8 月 25-27 日。普雷斯顿（Preston）。积极向上的城镇。我们见过的最漂亮的旅馆。8 月 26 日。参观霍洛克斯（Horrocks）纺织厂。坐电车，走进工人住宿区。孩子身上脏兮兮。房子很不错，家具几乎都一样。最喜欢的装饰品：大狗造型的瓷器。女工的外表娴静端庄。8 月 27 日。参观纺织厂。由主管经理接管工作。除了工程师的工作外，他喜欢雇佣女性。说她们更容易管理，手指更加灵活。据说目前棉花行业的罢工可能会导致雇佣妇女来照看走锭细纱机（self acting mules）。目前反对意见是，这个工作所需的运动量相当于步行 20 或 30 英里。或许可以修改机器。他说，工人普遍是有年幼孩子的母亲。他说妇女们越来越喜欢这工作。一个家庭一周挣 4 英镑并不少见。我们注意到，在普雷斯顿女工的比例很高，尤其是工作 15 年以上的人。有许多爱尔兰人……

随后他们在黑泽休息了 5 天，他们在那里观看了码头上的舞蹈，并在周日参加了一场由救世军管乐队指挥的神圣音乐会。“演出期间募集了许多资金
来支持这种为上帝和魔鬼所提供的娱乐工作，当听到金镑（即 1 英镑）的馈 210
赠时，还会高呼哈利路亚。”观众大多是工厂中的工人，他们没有醉态，甚至一点酒都没喝，马歇尔夫妇被他们巨大的诚挚以及满脸的虔诚打动。他们在咖啡厅吃了 3 天的土豆派，那里的服务员回忆起他们的美国同行，并称行为举止“非常平等”。虽然马歇尔夫妇哀叹黑泽的物价并不便宜，但他们赞扬它“相对开阔的海洋和舒服的沙滩”很具吸引力，还有非常受欢迎的码头，散步、

跳舞、骑驴，游轮，以及在冬季花园里听到的美妙音乐。然而，黑泽的自然风景还有很多不足之处，远不如附近的莫克姆（Morecambe）。为了准备9月下半月对基思利（Keighley）和谢菲尔德工厂的进一步参观，他们在艾斯加斯（Aysgarth）休息了两周多（9月1–16日）。

在这两周必要的休息之后，他们继续以之前的节奏视察工厂。9月16日，他们来到了“一座理想的工业之城”——基思利，在这里参观了一家纺纱厂。这家纺纱厂启发了他们观察专利对机器成本的影响——“在专利到期前，一台成本只有5英镑，但是售价800英镑的机器是值得购买的，因为它使需要较高技能和大量劳动力的工作为只需要18先令工资的爱尔兰劳工所替代”。不过这种影响并不普遍。工厂主告诉他们，“机械化的趋势是提高而不是降低工人的平均智力水平——如果能够雇用到更聪明的工人，他可以做得更好”，而这正是马歇尔在《经济学原理》中秉持的观点。[1]两天后，他们参观了基思利的哈特斯利（Hattersley）编织厂，厂里的专利机器“在市场上独占鳌头，它一分钟能够绞80股而不是60股”。那个负责引路的“非常聪明”的向导在技术教育的优势这一话题上与他们产生了争论，但却在一个未被详细披露的“染色工艺”的问题上“屈服”了。参观间隙，他们还去了霍沃斯（Haworth，9月17日）和索尔泰尔（Saltaire，9月18日），在那里他们没能访问当地工厂，只是参观了这个城市：“公共洗衣房即将投入使用，这里有漂亮的音乐厅，美丽的舞蹈。”但是据马歇尔夫人的回忆，马歇尔“更喜欢基思利的生活”，那是“理想的工业之城”。

接着他们在谢菲尔德待了一周。周六晚上（9月19日），在被玛丽·佩利简评为“黑乎乎但别有滋味”的城里走了一天之后，他们“去了所有的市场。看到一个女人在拍卖瓶瓶罐罐。用一便士买了12根系带。肉市人声鼎沸。肉卖得很便宜”。周日，尽管“街上的人很粗鲁”，玛丽还是单独去了救世军会议，下午，他们一起研究起了工人的住房，并且推测更讲究的中产阶级居住地应该在郊外。玛丽记录道，工人的住所“都是按照一种样式建起来的。便宜，只有4个房间，本可以有5间的。一周5先令租金”。[2]他们在星期一开始切入访问谢菲尔德的主题：考察这座城市得以闻名的金属加工业。他们所作的观

[1] 参见*P* Ⅰ，第574–575页；*P* Ⅷ，第549–550页。

[2] * 这些关于建筑中需要节省空间的观点可能与马歇尔夫妇在这一方面的个人经验有关。他们设计与建造了贝利奥尔庄园的住所，从1886年开始他们一直定居在剑桥的这个地方。关于贝利奥尔庄园，参见下文第8章，第241–245页。

察再一次同《经济学原理》中的观点联系起来：

> 9 月 21 日访问了史蒂文森先生的铸字机工厂。他说英国只有 6 211
> 家铸字机工厂。他们联合起来规定价格，形成了垄断。因此价格并不随着原材料铅的价格而变动。现在铅很便宜，所以利润非常可观。垄断是由于（1）工人需要长时间的特殊训练，（2）需要大量各种类型的机器。每一台机器所生产的模具都需要熟练工人浇铸铅字，铸造足够多的模具需要花费大量时间。……铸字机和手工劳动协同工作，十分有趣……引入铸造机器后，铅字成本从 5/6 下降到了 1/10。阿尔弗雷德建议，铅字应当用压缩空气系统进行冷却。史蒂文森谈及雇主与劳工之间的冲突，他说大量摩擦可以通过以下方式避免：（1）和团队中的成员而不是仅和代表们谈话；（2）提前很长时间发出通知，使他们为转变思想做好准备；（3）谨慎引进机器，并制定规则，保证不会解雇工人。他说，除了在这些方面遇到麻烦之外，没遇到其他麻烦，并且他已经将某个行业原本非常高的工资削减了 20%。他说他不认为引入机器可以提高工人的能力，但是机器使熟练工与非熟练工之间的差别消除了。这种情况可能在谢菲尔德的行业中更常见，因为手工劳动比机器劳动需要更高的技巧，但在谢菲尔德的刀具及其他类似行业中，企业数量和一流的机械设备却比其他行业都少得多。我们见到了艾布拉姆·克鲁克尚先生，一位非常反对机械化的保守人士。他宣称，机器生产的锉刀近年都没有进步。他还说，谢菲尔德的工人们很愤怒，因为德国制造的剪刀在英国被大量销售，他给我们看了伯明翰剪刀的广告，一罗（144 个）才 20 先令。下午我们访问了哈顿（Hutton）的电镀企业，被劣质的机械震惊。妇女们被雇用来刷洗、电镀、抛光和打包。刷洗是非常肮脏和令人难以忍受的工作……

第二天，马歇尔夫妇访问了一家锉刀制造厂并“看到了全部的生产流程”。用机器切割锉刀的好处已经被下述事实证明了：手工切割要求至少七年的学徒训练，而一个女孩三小时就可以用机器“切割出非常好的锉刀。向导说手工切割者们都逐渐转向使用机械，挣的工资也更高。但是总是有些工作必须依靠手工才能完成”。下午，马歇尔夫妇研究了杰索普（Jessop）钢厂的“泡钢流程”，访问期间，杰索普先生还唱起了谢菲尔德工人的赞歌。不出所料，这段也被马歇尔记录在《经济学原理》中，[1]虽然没有提供更多细节：

> 星期天，工人们会散步20到30英里，然后在周一精神抖擞地去上班。他们喜欢飞鸽、足球和所有的运动。爱好赛马和赌博。与从事轻工业的人相比，男人们的体格很好。谢菲尔德的工人一般都是身材匀称，五官端正。

这次访问还启发了他们对特定区域内产业集聚优势的考察，这后来成为《经济学原理》分析生产时的一个重要主题。谢菲尔德金属产业的集聚还产生了一个专业分拣碎屑并处理废品的企业，《经济学原理》用这个例子来说明材料的浪费“几乎不可能在本土化生产中发生，即使是在小制造商手里”。[2]参
212 观刀具厂的回忆里还包括“对凹洞的研磨”和“令人失望的剃刀演示”。第二天，他们去了一家大型炼钢厂，看到了机器生产的装甲金属板，还观摩了谢菲尔德著名的酸性转炉钢的炼钢流程。谢菲尔德之旅以对索贝（Sorbey）钢锯厂的访问结束：

> 锯子在炉内加热，而后浸油，锯从柔变脆。再加热或回火，使它有弹性。这需要长时间的练习。然后要把锯子锤得表面平整。这同样需要长期的练习。抛光由妇女完成，……锯子继续湿磨。干磨多用于铁而不是钢，只干磨会损害研磨机。索贝先生给我们讲了小业主们租用蒸汽动力来制造车轮的故事——他们从索贝这里购买钢，和一两个助手一起用刀做，一周挣5英镑。索贝作为承销商，负责所有的销售和承担风险。他说，小业主成为大雇主是很普遍的，而生意长期由同一人打理是很不寻常的——它的规模会越来越大而后变成一家

[1] *P* Ⅰ，第358–359页；*P* Ⅷ，第296–297页，版本之间没有变化。

[2] * *P* Ⅰ，第339–440页；*P* Ⅷ，第279页，这两个版本之间没有差异。这些假期考察的影响更加明显地体现在马歇尔对工业布局的阐述中：“斯塔福德郡制造了许多种类的陶器，所有材料都是从很远的地方进口；但是她拥有便宜的煤炭和优质的陶土来制造厚实的‘匣钵’或箱子来烧制陶器。……谢菲尔德的刀具业主要依靠用来制造磨石的优质沙砾。”（*P* Ⅰ，第330页；*P* Ⅷ，第269页，版本之间没有变化。）

公司。[1]

第三段工业之旅的记录发生于 1888 年。他们去了东约克郡、矿业城镇、铁厂，返回的路上还去了莱斯特（Leicester）。现存的旅行记录记载，马歇尔夫妇从斯托克顿（Stockton）出发，去了附近的铁矿村布罗顿（Brotton）和斯金宁格罗夫（Skinningrove），并如实地记录了矿工房屋的特色："又高又瘦，但是屋前空地很宽阔。"然后去了米德尔斯堡（Middlesbrough）的一家铁厂，据说那里的矿渣占英国总量的 1/4。贸易刚刚从严重的经济萧条中缓慢恢复，可以从妇女儿童的脸上看出这种迹象。紧接着他们访问了斯托克顿，按惯例在工人们的房屋之间行走，搭电车去郊区，发现剧院正在演出莎士比亚戏剧（但没提到他们是否看了）。接着，他们去漂亮的诺顿（Norton）村庄搭乘火车到达哈特尔普尔（Hartlepool），在哈特尔普尔，他们参观了造船厂与维修厂，看见了能负载 90 吨的起重机。9 月 23 日，星期天，他们访问了格雷斯迪欧庄园的布斯（Booth）一家人。两年前，当布斯正着手开展著名的伦敦穷人调查时，马歇尔与他结识了。[2] 途经莱斯特之后，他们回到了剑桥，而在英国中部工业城镇时，他们还花了点时间去视察了一个合作社性质的靴子工厂，工厂一共雇用了 700 名男工和 200 名女工。此行社会层面的记录有必要大量引用：

> 机器，既复杂又有趣。一台装有计量器的机器可以记录针脚，但是每 1000 次都得付给专利的所有者 5 先令，一位代理商会时不时地过来检查计量器的使用情况。还有用来给"鞋面"弯曲、打洞、填眼的机器。裁剪是最要求集中精力的工作，即将鞋面从皮面中剥离。经理对女工的评价很高；女工们通常被雇用来做填眼、打洞以及缝合之类的活，其中有些从事缝合这项工作的人一周能挣 1 英镑。他说女工

[1] * 马歇尔用索贝的部分说法概括了谢菲尔德的刀具贸易，见 *P* Ⅰ第 358 页；*P* Ⅷ第 296 页（版本之间无变化）；索贝所描述的行业内的生命周期和企业成长与《经济学原理》中所描述的不同，因为在业界人士的描述中，一种公司的组织形式（从本质上来说更具有永久性）构成了企业成长的最后阶段。正如下文第 19 章第 709–710 页所说，马歇尔在写《产业与贸易》时考虑到了这一点。

[2] 参见贝琳达・诺曼 – 巴特勒（Belinda Norman-Butler），《维多利亚时代的抱负：查尔斯和玛丽・布斯的生活与劳动》（*Victorian Aspirations. The Life and Labour of Charles and Mary Booth*），伦敦：艾伦 & 昂温出版社，1972 年，第 88 页，关于马歇尔与布斯一家的友谊的更详细的讨论参见下文第 18 章，第 695–696 页。

> 干活非常迅速，也很聪明，可以成为检验员——恐怕只有男工会反对——但经理也坦言，婚姻会干扰对此类工作的培训，因而除极个别
> 213 情况外，他不会雇用已婚妇女。这些女工穿着得体，健康、开朗。经理说她们比那些小伙子更会使用金钱；她们的工资待遇也不错。他说那些男工通常挣得很多，但会乱花。一个14岁的小伙子一周可以挣16先令，其中6先令给父母用作伙食费，其余10先令都花在剧院、赌场等地方。男人们通常只把一半的工资给老婆，剩下的都自己花掉了。他们买东西的时候很不明智，例如买不适合工作的精致皮靴。他说穷人将钱都花在垃圾东西上是他们一直辛苦干活的主要原因。他还说，现在越来越多的男孩带回家的钱占工资的比例很小，他们这么年轻就挣这么多并不是一件幸事。而后他们结婚，再指望老婆来养活他们。他说老年工人们的孩子在收入问题上表现得更好。英国的鞋厂不像美国那样分工很细，部分是由于工会（保守派）的反对。这位经理将自己描述成在采购与销售等环节上独断独行的人，他说他等不了委员会的决定。[1]

在马歇尔注意到莱斯特是工人阶级鞋靴的生产中心，而北安普顿是“上等人”鞋靴的生产中心之后，他承诺给出这一地方特色的原因，但手稿在这里就中断了。[2]

以上只展示了马歇尔夫妇在英国度假时所收集的资料的一小部分，因为他们在英国与欧洲大陆度过暑期时，大部分时间都在做这种类型的社会与产业观察。马歇尔在以后的工作中使用这些观察的场合，大多与《经济学原理》有关。一个有趣的文本特征是，这些例子的使用寿命都很长。它们贯穿在《经济学原理》的整个修订过程中，一直到由于过时而丧失了原来的价值。这说明，这些调研存在着经验主义的偶然性。

此外，正如惠特克[3]曾指出的，用这种方式获取数据代价很高。它占用了宝贵的写作时间，而且无论如何大部分这种类型的信息都可以从书籍中有效地获取。它也展现了马歇尔对这件几乎不可能之事——尝试“从所有层面来理解

[1] * 1875年6月，马歇尔写道“这一方法中每个操作都被分解成很多部分，每个人的工作被限制在这个很小的部分里”。马歇尔，“美国产业”，马歇尔档案，箱（6）1。

[2] 一些关于威尔士人的工资和工人生活条件的简要说明也保存在马歇尔图书馆。这些可能是他们1883年旅行的记录，当时马歇尔夫妇正在彭布罗克郡的海岸度假。

[3] *EEW* 的导论，I，第57页。

不断变化的经济现实”——的痴迷。当然，与本章开头所引用的马歇尔自传中的说法一样，这些产业观察不仅仅是为了了解技术及其对工资标准的影响。玛丽·佩利在其笔记中也透露了其他的目的，它们与马歇尔作为一名社会调查者和改革者的形象一致。许多观察都关于妇女工作及其影响，以及工人的生活水平（住房、食物）和生活品质（娱乐、休闲、消费习惯）及其影响，从工人的脸上就能清晰可见。用人脸来刻画社会指标在这些个人观察中显得别出心裁，或许马歇尔试着模仿勒普莱，用一种更加随意的方式进行观察。作为他们全方位社会调查的一部分，马歇尔夫妇既研究了工厂生产的方法，又研究了其影响。

他们采用冯·屠能的方法来收集事实：验证现有的理论和观点，而不是创立新的理论与观点；阐明产业实践的所有方面，尽其所能从现实的语境中展现这些论据。相比于采集数据所花费的时间，马歇尔在著作中直接使用这些数据的次数并不多。尽管如此，就像 1875 年美国之旅这个具体案例一样，它们也 214
通过提供隐含的事实基础，影响了马歇尔对妇女问题、社会主义和社会改革的看法。[1]

马歇尔通信中的一些简短文字，能够凸显这些假期的其他一些特征。在威尔士度假时，他们还访问了斯塔福德郡的陶器厂，大部分时间都贡献给了“食物、沐浴、美好的素描、在河流和海洋上泛舟”。[2] 16 年后的春天他们在康沃尔度假，记录显示，他们从普利茅斯（Plymouth）开始骑行，途经福威（Fowey）和韦德布里奇（Wadebridge），最后到达博克斯特（Boxester），马歇尔对这种出行方式颇为喜爱。[3] 一封从伯恩茅斯（Bournemouth）[4] 寄给埃奇沃思的信简洁地说明了马歇尔喜爱在暑期中从事的第三类活动：“我通常在天气好的时候写作，地点在高高的峭壁上。这里的颜色非常漂亮，有大簇粉色或者红色的石楠花、嫩黄的金雀花、深橙色的砂岩峭壁以及蔚蓝色的大海，如果是在室内，这些颜色的组合就过于花哨了；而在户外，大自然自有分寸。”在英

[1] 参较 *IT*，第 366 页注释，以及下文第 14 章，第 513 页，以及第 16 章，第 575、600 页。

[2] 马歇尔于 1883 年 7 月 22 日写给福克斯韦尔的信，马歇尔档案，箱 3。

[3] * 马歇尔于 1897 年 4 月 8 日写给福克斯韦尔的信，马歇尔档案，箱 3；参较 1896 年 7 月 3 日，马歇尔写给坎南的信，他意识到坎南是一个技术高超的自行车手，并为在这个问题上与他争论而道歉［坎南文件（Cannan Papers），英国经济和政治科学图书馆，1020：100–101］。参较坎南，《阿尔弗雷德·马歇尔 1842–1924》，第 67 页。然而，马歇尔夫妇花了一段时间才能够一起骑自行车，原因将在下文第 249 页讨论。

[4] 马歇尔于 1882 年 9 月 12 日写给埃奇沃思的信（英国经济与政治科学图书馆，Coll. Misc. 470，M. 469）。

国和欧洲的夏天，这位大自然爱好者以这样的方式与严肃的社会与产业观察家、写作者融为一体了。

阿尔卑斯村庄、意大利湖泊与经济学家的茶会：马歇尔夫妇在欧洲

如本章开头所述，除少数情况外，1891–1909 年，马歇尔夫妇都在欧洲大陆度过暑假，通常是在阿尔卑斯山脉。他们的欧洲假日之旅大约是从 1891 年的夏天开始的，玛丽·佩利回忆时称之为一次“环游”（rundreise），但这次旅行现存的记录很少。这次旅行开始于 8 月初，最晚开始于 9 月中旬，[1] 记录中说去了巴黎、维也纳和德国，并举办了迟到的庆祝活动以纪念去年出版的《经济学原理》。这次记录里缺乏玛丽·佩利关于色彩的描述，大概是因为他们没在一个地方停留太久。返回英国一个月后，玛丽·佩利在给朋友本杰明·乔伊特的信中简短地提到了这次旅行：“我们在回来的路上去了德累斯顿。我第一次看见《西斯廷圣母》。我不认为它有什么不妥——人们完全可以相信这是出现在拉斐尔梦中的。我们喜欢参观这里的所有城镇，尤其是布拉格。”[2] 在《产业与贸易》的一个脚注中，马歇尔提到了此次旅行中发现的一些产业特征，这
215 说明，哪怕是这样的远足他也不免要进行此类观察：“1891 年，当我访问波希米亚的某些大型机械厂时，经理对我说，‘你看那个小伙子。几个月前他一周只赚 5 先令。现在我一周付他 12 先令，他只要负责照看三台半自动化机器。但在你们国家，只有熟练工人才被允许操作这些机器，尽管它不需要任何技巧，每个机械师都被迫将自己的注意力局限于一台机器上。’”[3] 从这些少量事实来看，似乎马歇尔夫妇在 1891 年是从英国出发，接着去了巴黎和维也纳，

---

[1] * 1891 年 7 月 31 日之前，马歇尔一直在伦敦担任皇家劳工委员会成员；约翰·内维尔·凯恩斯在 9 月 21 日的日记显示，马歇尔夫妇当时已经回到剑桥，因为那天晚上他和妻子与马歇尔夫妇在贝利奥尔庄园共进晚餐。W.G. 康斯塔伯在《剑桥的艺术与经济学》第 24 页指出，此次环游去了巴黎、维也纳和德国，不过错误地认为时间是 1890 年，而前文提过，当时马歇尔夫妇出于工作原因留在英国。

[2] 玛丽·佩利·马歇尔于 1891 年 10 月 12 日写给本杰明·乔伊特的信，乔伊特文件，牛津大学贝利奥尔学院。马歇尔在 1868 年第一次看到拉斐尔的《西斯廷圣母》时就深深喜爱上了，参见上文第 192 页注释 1。

[3] *IT*, 第 137 页注释 1。

然后在奥地利的一个矿泉疗养地遇见了塞利格曼一家，[1] 接着是布拉格，然后经过波希米亚到达德累斯顿，返程时，他们走了一条未知的路线——可能是途经了科隆——穿过德国与荷兰，最后返回英国。关于他们的喜好、观光习惯，以及这条迷人的路线所提供的其他活动我们都知之甚少，要是他们能提供更多对这次旅行的详细印象就再好不过了。

大多数其他的欧洲旅行并没有这么多的连续的行程。火车几乎能到达欧洲的任何地方，马歇尔夫妇的一贯做法是携带大量行李，里面大部分是马歇尔写作需要的书籍和文献，所以，在一个地方长时间逗留是明智之举。玛丽·佩利后来回忆，南蒂罗尔，尤其是白云石地区，是他们最喜爱的地方：

> 我们在南蒂罗尔度过了大部分的长假，其中，瑞士是我们的最爱。1890-1912 年，白云石地区还没有被观光客和汽车破坏，山谷那侧的人们格外淳朴、好客，我们交了不少好朋友；其中最好的朋友叫作菲洛梅娜（Filomena），她在阿贝伊塔尔（Abtei Tal）的斯特恩（Stern）开了一个沿街小旅馆，我们在那里待了三个夏天。她忠诚于“亲爱的主”，当我们最后一次同她告别时，她说：“我们将在天堂相见。”另一家旅馆的女主人非常自豪，因为她的一个儿子做了牧师，另一个儿子在维也纳做拉丁语教授。这位教授常在假期回家，和他的农民朋友们一起坐着喝酒聊天、畅享生活，一次，他带了一位维也纳的艺术家回来，这位艺术家还在客厅的墙上涂绘拉丁传说。其中一个融合了拉丁元素和雷蒂亚（Rhaetian）元素——拉丁族裔发源的地方。一个雷蒂亚女人同意嫁给一个拉丁男人，但条件是他永远不会触碰她的额头，但是随着时间的推移，他在为她扫去额头上的苍蝇时不小心碰到了，而后女人就消失了。在山谷这侧，拉丁语是常用的语言，大部分农民既不会德语也不会意大利语。[2]

[1] 基于西德尼·韦伯 1891 年 9 月 24 日写给比阿特丽斯·韦伯的信，韦伯在信中说，塞利格曼夫妇跟他描述了 1891 年夏天他们在“奥地利的矿泉疗养地”与马歇尔夫妇的会面 [《西德尼·韦伯与比阿特丽斯·韦伯书信集》（The Letters of Sidney and Beatrice Webb），诺曼·麦肯齐（Norman McKenzie）编，剑桥大学出版社，1978 年，第 1 卷，1873–1892 年，第 310 页]。下文第 262 页引用了部分的书信。

[2] 玛丽·佩利·马歇尔，《我的回忆》，第 47–48 页。

在另一个场合，玛丽回忆了他们“[在施图本]旅馆的巨大房间，房里东西的数量都是3：3张床、3张大桌子、3个真人大小的十字架。”[1]

马歇尔在他的通信中回忆了这些旅行的其他重要方面，前面已经提到过一些（在给布伦塔诺和纽科姆的信中）。1908年6月，他写信给比利时经济学家勒瓦瑟表示，为了加快写作进程，这个暑假他打算在山上待很长一段时间，所以没办法出席统计学会在巴黎的会议。在记述他们从剑桥大学经济学教学职位上退休之后的第一个欧洲假日之旅时，马歇尔解释道：

> 我已经寄了100公斤的书籍和手稿到南蒂罗尔了；我和妻子也已经订好明天从哈里奇（Harwich）出发的船票了。我希望夏天能在高
> 216 山（1500-1600米）的空气中写作，然后返回剑桥大学继续写作。所以你看，这个计划难以改变了，我也不大可能出席统计学会在巴黎的会议了。[2]

玛丽·佩利也生动地回忆了在阿尔卑斯山的假日里马歇尔这种露天写作的习惯，那时所拍的照片也更生动地捕捉到了这一点：

> 阿尔弗雷德在户外写作更加高效，他尤其喜爱高山上的空气。下雨时，他会坐在小旅馆的阳台上，称赞这是菲洛梅娜的“夏日宫殿”来逗她开心。天气好的时候，他会去树林里，在那里他用一个气垫和一个野营凳做了一个“宝座”，用一堆石头组成了个舒服的靠背，他在那儿一坐就是几个小时，专心致志地写作。一天，他偶然抬起头发现一只岩羚羊就站在几英尺开外的地方。它吠叫几声，跺了跺脚，然后悄悄地走开了。第二天，它又出现了。有时，一只牛会从后面过来，对着他的脖子呼气。他一定是仔细挑选了“宝座”的位置，不然也不会有这么多美妙的风景。[3]

同样地，玛丽·佩利记录了他们在安排这样的山区旅居时所面临的新问

[1] 玛丽·佩利·马歇尔，《手稿笔记》，NCA。

[2] 阿尔弗雷德·马歇尔于1908年6月17日写给E. 勒瓦瑟的信（阿诺德·海尔特收藏）。

[3] 玛丽·佩利·马歇尔，《我的回忆》，第48页，还可见图19–22。

题，一战之后，欧洲之旅的状况变得复杂起来。一部分困难就包括所需的护照和其他证明文件变多了，这导致 1919 年的本该好好享受的欧洲之旅——以庆祝《产业与贸易》的出版——泡汤了。一年后，在他们最后一次去蒂罗尔度假的时候，坐的火车既不舒服也不安全，他们不仅没有享受到舒适的旅途，《货币、信用与商业》的手稿还差点被弄丢了。

1919 年 7 月，《产业与贸易》成稿后，阿尔弗雷德急需彻底的放松和休息。医生说他最好能去山里面，于是他到达福克斯顿（Folkestone）准备出发去山区，而我负责准备护照等事宜。天气非常炎热，那天大部分时间，我似乎都挤在领事馆台阶前拥挤的人群中。当终于轮到我时却被告知，必须返回剑桥去取银行或其他机构的证明文件。我感到很绝望，所以在傍晚时分我去了福克斯顿，我们一致认为，欧洲大陆上的麻烦可能会更多，这个夏天最好还是待在英国。也许山上的空气会像以前那样使他精神振奋；他确实开始写第 3 卷了，但是他仍然非常疲倦，因此在 1920 年 6 月时，我们决心为出国再尝试一次。

当距离米兰大约 20 英里的时候，在一个小站，车门被打开了，我们被通知下车，因为一场闪电式罢工开始了，那些沉重的行李要留在车厢里。我们费了好大的劲才找到一辆摇摇晃晃的马车，带着我们和一个手提箱去了米兰。但当我们到达时，没有一家好的旅馆愿意收留我们，他们似乎不喜欢我们破旧的马车和单薄的行李。经过多次徒劳的尝试，一家三流意大利酒店接待了我们，我们在那里待了 3 天，直到罢工结束。我几乎不会说意大利语，如果没有英国领事丘吉尔先生，我也不知道会发生什么。他明白把阿尔弗雷德送到山里是多么重要，并说我们不能等行李（他会处理这件事），应该在火车一开动就离开米兰。他还借给我们他的“通信员”，他会说英语，将为我们送行。第三天早晨，当火车准备开动时，我们和通信员一起去了车站，通信员说，“你拉着我的外套，让他拉着你的”，他提着我们的手提箱，带领我们穿过候车厅里密密麻麻的人群，行李物品在空中乱飞。他成功地带我们挤进了一节坐满了人的头等车厢，火车开往维罗纳（Verona）。我们到达目的地阿贝伊塔尔时，没有遇到什么麻烦，只是不知为何那些车站的名称从德语变成了意大利语，而我们就靠手提箱

> 里的物品和购买的一些物品过活。我总觉得我们可能再也看不到那些
> 217 大箱子了，里面装着所有的手稿，此后它们将成为《货币、信用与商业》的内容，不过奇怪的是，阿尔弗雷德对此毫不担心；6个星期之后，在一个雷雨交加的中午，我们的行李终于运到了旅店，我高兴坏了，多亏了那位领事，这些行李没有被开箱检查。这是我们最后一次去欧洲大陆旅行，鉴于阿尔弗雷德的记忆在逐渐丧失，健康状况也在慢慢恶化，我觉得我们不能再冒险了，尽管他总是向往着他最爱的南蒂罗尔。[1]

有时，奥地利的假日还提供给他们与其他经济学家见面的机会。玛丽·佩利用她的笔墨生动地记录了他们与一群杰出的奥地利经济学家的会面，这一场景同样被摄像机捕捉了下来，这是一张非常和谐的合影。

> 有一年，我们发现隔壁村子里聚集了一大批“奥地利学派”经济学家。冯·维塞尔、庞巴维克一家、扎克坎德尔一家（the Zuckerkandls），还有其他几个人。我们冒昧地邀请他们在我们的大卧室里举行茶话会，这是旅店里最大、最舒服的房间，之后，我们搬去了附近田野里的帐篷棚继续聊天。看到这么多贵宾，菲洛梅娜非常自豪，她从凌晨4点起床，为茶话会准备新鲜黄油和各类美味佳肴。冯·庞巴维克是一个瘦削而敏捷的小个子男人，一位登山爱好者，他几乎每天都要爬白云石山。这在一定程度上消耗了他在经济学方面的精力，他对利息理论不想多说，这是一个我颇为害怕的话题，而他和阿尔弗雷德最近在通信中一直热烈地讨论这个问题。冯·维塞尔教授相貌尊贵，是个讨人喜欢的伴侣，与他的妻女非常相称，我还非常喜欢奥地利学派后来回赠的茶话会，是在他们用来避暑的那座漂亮的老农民房里举办的。[2]

在巴伐利亚境内的阿尔卑斯山脉和蒂罗尔旅行的经历也被用来说明《经济学原理》的某些方面，例如，产业本土化问题，以及为了控制人口每个家庭

[1] 玛丽·佩利·马歇尔，《我的回忆》，第49–50页。

[2] 玛丽·佩利·马歇尔，《我的回忆》，第48页，还可见图18。下文第13章，第476–477页还有更详细的讨论。

只允许一个儿子结婚的习俗。马歇尔在 19 世纪 80 年代末的写作中表示："不久以前，在西蒂罗尔的旅行者还能在一个叫伊姆斯特（Imst）的村庄里找到这种奇怪而又有特色的习惯的遗风（每个村庄都有一种生产部门）。村民们不知怎么学会了一种饲养金丝雀的特殊技巧；年轻人肩上悬挂一根杆子，上面大约有五十个小笼子，他们行至欧洲各个偏远地区，直到卖光了所有的鸟为止。"[1]1880 年左右，马歇尔在巴伐利亚阿尔卑斯山脉的亚亨奥（Jachenau）山谷游览时，注意到了欧洲村庄的婚姻习俗，那里的婚俗仍然具有相当特殊的社会影响力：

> 1880 年游览巴伐利亚阿尔卑斯山的亚亨奥山谷时，我发现这一习俗仍然十分有效。由于他们实行的政策非常有远见，加之树木的价值近期大幅上涨，居民们在大房子里过着富裕的生活，弟弟妹妹们则在他们的旧房子或其他地方做仆人。他们与附近山谷里的工人是不同的种族，后者过着贫穷、艰苦的生活，但他们似乎认为亚亨奥人物质繁荣的代价太大了。[2]

《产业与贸易》还赞扬了来自蒂罗尔的格罗德纳塔尔的工匠们，用以说明当地著名的木雕业不仅只是沉闷单调的工作，还兼具美感。[3]在被同事不断催促为下一学年的荣誉考试列出一个书目清单之后，马歇尔在 1903 年写给福克斯韦尔的信中说道，这次旅行本该让他享受彻底的放松：

> 寂静的山林带走了所有的噩梦；我再也没梦到过经济学。但幸运的 218
> 是，我昨晚醒来，看到了我寄给你的那张书单。它看起来太短了。我想一定是出了什么问题。天亮后我去查看，果然发现我把之前专门写好的一张书单上的书整个给漏掉了。[4]

---

[1] *P* Ⅰ，第 329 页注释 1；*P* Ⅷ，第 268 页注释 1（版本之间没有变化）。

[2] 马歇尔，*P* Ⅷ，第 182 页注释 1，1880 年左右的旅行中回忆起的个人因素直到第 7 版才被插入。马歇尔在 1916 年回忆说，他是在 1880 年前后进行的这次旅行，这是完全错误的；更有可能是在 19 世纪 70 年代早期，那时他还是巴伐利亚阿尔卑斯山脉的常客。

[3] *IT*，第 808 页注释 1。

[4] * 马歇尔于 1903 年 8 月 5 日写给福克斯韦尔的信（弗里曼收藏，12/244）。正是这个假期马歇尔为国际贸易中的财政问题所困扰（见下文第 11 章第 379–381 页，尤其是 380 页注释 ¶），他根本不想思考书单的事（见 1903 年 7 月 31 日，马歇尔致福克斯韦尔的信，弗里曼收藏，5/244）。

就这样，快乐与工作相交织，他在假期中完成了书单，为经济学写作积累案例，并从琐碎恼人的日常生活中解脱出来。

最后的英国假日 1921–1923 年：旧习难改

马歇尔最后三个夏天都是在多塞特的东鲁沃斯（East Lulworth）度过的，离科夫堡不远，一战初期，马歇尔夫妇曾在科夫堡度过了两个与世隔绝的假期。他们仍然更喜欢海边，1911 年他们在位于西南海岸的布里克瑟姆避暑，而 1919 年他们在托基度过了短暂的夏日之旅，这是战后欧洲大陆旅行计划受挫之后的无奈之选。托基也离托特尼斯不远，后者曾是马歇尔年轻时待过的地方，19 世纪 50 年代，马歇尔还在麦钦泰勒学校上学的时候，会去位于托特尼斯的路易莎姑姑家里待上几个暑假，在那里从艰苦的学校生活中恢复过来。正如他在布里克瑟姆写给梅纳德·凯恩斯的信中所述，到现在，产业调查都局限于对渔船漫不经心的观察，他注意到变幻莫测的鱼市，更多是由于他早年在《经济学原理》中就已经作过的鱼价分析，而不是激发了新的思想。不过，马歇尔并没有将渔船视为固定资本，在他生命的倒数第二个十年中，他把它们看作是妻子水彩画中的主题。他说自己有意识地“在德文郡研究春天的变化（例如 1911 年的春天）”，在所租住的小屋的长阳台上，还同时研究岩石和海洋的变化。[1] 马歇尔一边思考着大自然，一边进行漫长而艰巨的写作，这个十年快结束的时候，《产业与贸易》应运而生；就像 20 世纪 20 年代的最后几个夏天一样，他离开剑桥，根据有些已经超过 50 年的材料构思完成了《货币、信用与商业》。[2] 正如他专著中的指导思想一样，马歇尔在假期生活的安排上也保持了高度的连续性，这反映了大多数人所珍视的来自习惯的稳定性。玛丽·佩利在她所写的回忆录的最后一段中也简洁地说明了这一点，这一段最适合引为本章的结尾，尤其是在这样的语境下，“就在去世的前几天他还跟我说，‘但愿你已经准备好了我们在多塞特的住所，因为几天后我们就要出发了’”。

---

[1] ¶ 阿尔弗雷德·马歇尔于 1911 年 5 月 18 日写给约翰·梅纳德·凯恩斯的信，凯恩斯文件，剑桥大学国王学院，L/M/41。《经济学原理》中关于鱼市的分析在第 5 篇，第 5 章，第 4 节（*P* Ⅷ，第 369–371 页；*P* Ⅰ，第 5 篇，第 4 章，第 3 节，第 410–442 页）。这个例子还说明了渔船作为固定资本，其供应只有在长期才能有效增加。

[2] 玛丽·佩利·马歇尔于 1922 年 7 月 31 日写给凯恩斯的信（KMF），还可见下文第 19 章，第 715–719 页。

接下来的三个夏天，我们都在多塞特的一个叫阿里什·梅尔 219
（Arish Mell）的可爱而偏僻的小海湾中度过，他在那里创作他的第三卷。但在1919年完成《产业与贸易》之后，他的记忆力逐渐变差，不久之后，医生悄悄地告诉我，“他再也不能创作出新东西了”。情况确实如此，幸好他自己并不知道。因为以前，他常常走出书房对我说：“我刚刚度过了一段快乐时光，没有比做这种建设性工作更愉快的事了。”[1]

[1] 玛丽·佩利·马歇尔，《手稿笔记》（NCA），[1942] 马歇尔学会讲座，第17页；《我的回忆》，第50页。《经济学原理》一书的连续性原则的重要性将在下文第12章，第411–412页讨论。

223 第 8 章　既是丈夫（1877–1924 年），也是独特的合作伙伴

1877 年 8 月 17 日，在北安普顿郡的厄福德教区教堂，阿尔弗雷德·马歇尔——在结婚证书上自称老牌单身汉的布里斯托大学校长，居住在剑桥大学圣约翰学院，与玛丽·佩利——厄福德的未婚姑娘，依据英国国教传统举行了结婚仪式。主持婚礼的是新娘的父亲托马斯·佩利牧师，新娘的母亲安·朱迪斯·佩利（婚前姓沃莫尔德）作为见证人将新娘交给新郎。其他参加婚礼的宾客还有新郎的父母威廉·马歇尔和丽贝卡·马歇尔、新娘的哥哥乔治·托马斯、新娘已婚的姐姐安·伊丽莎白·布朗以及新郎的两个妹妹安格尼丝和梅布尔·路易莎。[1] 结婚仪式上，马歇尔夫妇并没有签订所谓的“服从条款”，虽然此前新娘的父亲曾极力反对女儿和女婿的这个要求。实际上，马歇尔在美国期间曾给他的母亲写过一封信，他在信中盛赞美国的一位论派在婚礼上已经取消了这一程序。这种安排，在维多利亚时代并不寻常，但一定程度上已经反映了这对年轻夫妇的偏好。[2] 关于这场婚礼没什么别的信息了，只知道新娘穿着一袭白衣，没有戴面纱，只是头上用茉莉花做了简单的装饰，她缓缓走来，“穿着亚麻布裙子，头戴一顶褐色的旧帽子，一点也不像一个新娘”。[3] 蜜月里

[1] 马歇尔夫妇的结婚证书的信息，参见玛丽·佩利·马歇尔，《我的回忆》，第 23 页。

[2] 玛丽·佩利·马歇尔，《我的回忆》，第 23 页；见上文第 7 章，第 196 页。这些偏好很大可能是被穆勒的《论妇女的屈从》影响，伦敦：朗曼、格林出版公司，1869 年，重印于 1906 年，他认为服从条款和补救措施都是错误的（第 58、76 页）。

[3] 玛丽·佩利·马歇尔，《我的回忆》，第 23 页注释 1。

的大部分时间他们都待在康沃尔。[1]

夫妇俩对道德科学都有着浓厚的兴趣。当时他们都在剑桥大学讲授政治经济学，新娘在纽纳姆学院，马歇尔在圣约翰学院。他们一直讲授经济学的课程直到两人退休，并且合作出版了一本经济学教科书。尽管他们有共同爱好，但正如凯恩斯所说，这段婚姻"与韦伯夫妇的那种搭档合作的关系不同，本来如果两人性格迥异，这是有可能的。……这段智力合作，是建立在一方对另一方深深的依赖之中（马歇尔无法独活一天），以及她对他的深情与崇拜之中，这种感情历久弥新，并没有随着她洞察力的提升而消减"。[2] 他们之间的这种默契令亲朋好友羡慕，并祝福。乔伊特与马歇尔夫妇是在布里斯托大学相识的，那时他们刚新婚不久，11 年后他写信给玛丽·佩利说："我时常认为，你们是 224
我所认识的朋友中最快乐的两个人。你们（1）对经济学有共同的追求，（2）有着迷人的社交环境，（3）还拥有一个简单但完美的生活方式。"乔伊特曾在牛津大学与他们密切相处了四个学期，还经常去马歇尔夫妇在布里斯托和剑桥的家中做客。[3] 20 年后，马歇尔的外甥克劳德·吉尔博及其妻子[4]、学生 C.R. 费伊（C.R. Fay）[5]，以及玛丽·佩利的几位密友都是如此评价这对伉俪的。[6]

不过，47 年婚姻生活中的幸福可能有些被夸大了。玛丽·佩利"对她的丈夫自始至终绝对的挚爱"多次出现在各种纪念马歇尔的文章中，已经成为这个话题口口相传的说法，[7] 但仍需要更多佐证。记录显示，玛丽·佩利·马歇尔是一个始终领先于其时代的女性，非常善良，但绝不会感情用事。婚后她

[1] 参见上文第 7 章，第 189–190 页，以及下文第 230–231 页。

[2] * 约翰·梅纳德·凯恩斯，《玛丽·佩利·马歇尔》，第 241 页。哲学家伯特兰·罗素，作为韦伯夫妇长久以来的朋友，这样简要描述了韦伯夫妇的关系："在西德尼·韦伯与比阿特丽斯·波特结婚之前，我就认识他了。但那时的他远不及后来他俩结合之后的一半。他们合作得天衣无缝。……他们的书是所在领域的重要贡献。……我不认为仅凭西德尼的能力可以完成这些贡献，比阿特丽斯的支持是极为有力的。"引自珍妮特·贝弗里奇（Janet Beveridge），《克莱尔集市的史诗》（*An Epic of Clare Market*），伦敦：乔治·贝尔出版公司，1960 年，第 71 页。

[3] 本杰明·乔伊特于 1888 年 12 月 19 日写给玛丽·佩利·马歇尔的信，马歇尔档案，1/50。

[4] C.W. 吉尔博，《关于阿尔弗雷德·马歇尔的一些个人回忆》，*AMCA*，I，第 93 页。

[5] C.R. 费伊，《图书馆副馆长的回忆》，*AMCA*，第 87–89 页。

[6] H.M. 罗伯森，《阿尔弗雷德·马歇尔》，*AMCA*，I，第 444 页。

[7] 贾科莫·贝卡蒂尼，《重新认识马歇尔》，第 24 页。引号中的句子也来源于此。

一直在工作，这在当时的中产阶级家庭中仍然很罕见，[1]尽管她接受过专门的经济学教育（丈夫马歇尔也曾是她的老师），参加过道德科学荣誉考试，但他们夫妻间的智力合作仍是单方面的。甚至对于《产业经济学》来说也是如此，虽然这本书的署名是夫妻二人。事实上，马歇尔的婚姻表现出很大的张力，远远不同于这类夫妻关系的一般经验。在布里斯托大学的早期婚姻生活已经有所体现，后来在剑桥大学的共同生活中也是如此。这通常（虽然不总是）与玛丽·佩利在女性权利上强烈的、进步的观点有着很大的联系。不过，她自始至终对丈夫热烈忠贞，而马歇尔也以自己的方式全心全意地爱着她，这些张力也得到了进一步升华。本章以此为基础，旨在通过一些人的叙述，有些是马歇尔去世前不久别人的回忆，有些是他逝世很久之后别人的回忆，来呈现马歇尔在婚姻生活中的丈夫角色，不过，要权衡那些展现马歇尔人生的这一部分的相互矛盾的说辞是很困难的。

第一份叙述引自 H.M. 罗伯森，[2]这份回忆来自中世纪经济历史学家莫德·塞勒斯（Maud Sellers）博士。19 世纪 70 年代早期，玛丽·佩利回到纽纳姆学院时与她相识，并成为一生的朋友，偶尔也会邀请她来贝利奥尔庄园做客。

> 她把玛丽·马歇尔看作是被牺牲的女人，她对马歇尔则没什么好感。的确，从她跟我说的回忆中，我想起了一个例子，似乎可以说明马歇尔夫人的幽默感可能已经有些淡薄了。一个风和日丽的夏天，在贝利奥尔庄园吃过午饭后，有人跟塞勒斯小姐谈起天气之好，还说如果整个下午都能在阳光下晒太阳，那将是多么惬意啊。莫德·塞勒斯以她一贯的直率回答了这个问题（毫无疑问，她还回忆起自己在炎热的白天努力工作，在亚热带的昆士兰的一所学校教书，她为那些受庇护的维多利亚时代年轻女性探索未知领域，她穿着维多利亚时代中期的服装，她在 20 世纪 20 年代仍然如此穿着），在她看来，只有非常懒惰的人才会在阳光下消磨时间。但就在她这么说的时候，玛丽·马

[1] *“中产阶级家庭中的已婚妇女一边工作，一边照料家庭的仅占一小部分。即使婚前的工作很体面，在 19 世纪 80、90 年代，工作与婚姻之间的分裂仍然是常态，直到一战时这一情况才有所缓解。”J.A. 班克斯与奥利芙·班克斯，《维多利亚时代英国的女权主义与家庭计划》（*Feminism and Family Planning in Victorian England*），纽约：肖肯书局（Schocken Books），1964 年，第 50 页。

[2] H.M. 罗伯森，《阿尔弗雷德·马歇尔》，*AMCA*，I，第 444 页。

> 歇尔就在那里，等着他们结束谈话并离开，以便阿尔弗雷德能不受打扰地在花园里晒晒太阳，塞勒斯表现得有些恼火。我补充一下，莫德·塞勒斯坚持她的想法，并且认为马歇尔养尊处优，她坚信他很懒惰。

第二份回忆来自塞利格·帕尔曼（Selig Perlman），由他的儿子转述。[1] 225
1938 至 1939 年，塞利格·帕尔曼在卡迪夫（Cardiff）担任交换教授时，受到凯恩斯的邀请在剑桥大学做了一系列讲座，由马歇尔留给剑桥大学经济与政治学院的遗产进行资金支持。塞利格·帕尔曼“欣然接受”了凯恩斯的邀请。

> 大概是 1939 年 3 月或者 4 月，他去剑桥大学做了演讲。凯恩斯跟他说玛丽·佩利·马歇尔邀请他去喝茶。我父亲觉得一个一对一的长时间谈话有些无法应付，就回答凯恩斯说他怀疑自己没办法在一个小时甚至 90 分钟内维持马歇尔夫人的谈话兴趣。凯恩斯告诉他不用担心，因为他能插上一两句话就已经很幸运了；他只需要听玛丽·马歇尔（她需要听众）说就可以了。于是他去了。他告诉我，这个下午茶简直是斯巴达式的，马歇尔夫人一直在说话（正如他料想的那样），但是所有的内容都是关于阿尔弗雷德是一个多么有嫉妒心和自私的知识分子。

奥斯汀·罗宾逊爵士在他对玛丽·佩利所著的《我的回忆》一书的评论中，简短地描述了她人生的第二阶段（即她的婚姻生活）。这一时期“她成为阿尔弗雷德的一个没有自我的奴隶，她被束缚了 40 年，马歇尔把她当成‘傻瓜测量仪’，用来衡量自己作品的通俗程度，她是他的各种材料的组织者，是他与恼人的生活琐事之间的挡板……阿尔弗雷德为何要让这个伟大的女人成为奴隶而非伙伴呢”。玛丽·佩利在她的回忆录中并没有给出具体的答案，《我的回忆》一书中也没有提及她婚后的生活，尤其是 1885 年之后在剑桥大学度过的那

[1] 据马克·帕尔曼于 1991 年 7 月 25 日致作者的信中所述。在允许我引用此事时，帕尔曼重申这属于“小道消息”，消息来源是父亲告诉他的一段往事。他相信父亲的经历是真实的，故事中玛丽·佩利的情绪爆发，其诱因或许源自当时谈话间其父提到了比阿特丽斯·韦伯——彼时韦伯的《我的学徒期》刚刚问世。马克·帕尔曼指出，这可能激起了玛丽·佩利·马歇尔心中嫉妒与愤怒。

段日子。[1] 很显然，关于作为丈夫的马歇尔，我们知之甚少。

新娘：玛丽·佩利（1850–1944 年）

玛丽·佩利与她的丈夫一样生长于一个福音派家庭。她的牧师父亲是一位“严厉的福音派信徒，严厉到几乎没有一个邻近的神职人员能和他有亲密关系”，但是人们对他产生反感更多的是由于他沉迷赌马，而不是他在神学上的教条主义。[2] 依据现有的记录可以看出，与马歇尔的成长环境不同，玛丽·佩利的家庭在很多方面都非常自由。玛丽·佩利后来回忆，家里只有两件事是不被允许的。第一是禁止她阅读狄更斯的书，第二是父亲煞有介事地烧掉了她和姐姐的所有玩偶，因为他认为孩子们把玩偶“当作偶像崇拜”。不过，她仍然有很多娱乐活动：她喜欢夏天在教区的草坪上“打棒球、射箭和玩槌球”，她还爱去伦敦旅行，其中包括观看了 1862 年博览会，她还曾在亨斯坦顿和斯卡伯勒度假。“我们有一位兼顾工作和娱乐的父亲，他对电力和摄影都很感兴趣，我们还有一位对生活充满热情的母亲，她总是开朗、有趣。”

玛丽·佩利的家族血统也比她的丈夫的更加高贵。她的母亲，安·朱迪斯·沃莫尔德，是巴顿庄园史密斯·沃莫尔德先生的长女，毫无疑问，巴顿庄园是一个优秀的自耕农家族。她的父亲则是 1833 年剑桥大学数学荣誉考试的第 27 名优胜者，1835 年被选为圣约翰学院的研究员。在接受圣职之后，他在里彭（Ripon）附近的迪斯福德（Dishford）担任助理牧师一职，后来在 1847
226 年，他所在的学院为他提供了位于北安普敦郡的厄福德教区的住宅。这套房子让他得以在这一年结婚。此外，厄福德还是二女儿玛丽·佩利出生的地方，也是玛丽·佩利度过人生前二十年的地方，在这里，她与马歇尔举办婚礼，也是在这里，马歇尔夫妇度过了新婚的第一个暑假。

---

[1] 奥斯汀·罗宾逊爵士，《评玛丽·佩利·马歇尔的〈我的回忆〉》，《经济学杂志》，58（129），1948 年 3 月，第 122–124 页。

[2] 玛丽·佩利·马歇尔，《我的回忆》，第 8–9 页。接下来的四个段落大多来自前两章和附录，以及 J.M. 凯恩斯的《玛丽·佩利·马歇尔》，第 232–233 页，还有丽塔·麦克威廉斯 – 塔尔伯格的一篇文章《玛丽·佩利·马歇尔：1850–1944 年》，以及保存在纽纳姆学院的笔记。玛丽·佩利为简·哈里森的传记提供了一些注释，哈里森是她的一个学生，后来成了一位杰出的古典学者。她为《我的回忆》所准备的一些笔记也被保存了下来，她在 20 世纪 30 年代给马歇尔协会做关于马歇尔的演讲时也用了一些。我非常感谢贾科莫·贝卡蒂尼和丽塔·麦克威廉斯 – 塔尔伯格提供的这些材料。

托马斯·佩利出生于一个拥有诸多专家与学者的卓越世家。玛丽·佩利的祖父曾是哈利法克斯（Halifax）的一名医生。曾祖父威廉·佩利曾在剑桥大学基督学院担任研究员与导师。更重要的是，他还是著名的《道德与政治哲学原理》（*Principles of Moral and Political Philosophy*）一书的作者，其中很多洞见都早于边沁的功利主义，他的另一部作品《自然神学，或从自然现象中收集的神的存在和属性的证据》（*Natural Theology, or Evidence of the Existence and Attributes of the Deity collected from the Appearances of Nature*），是所有剑桥大学本科生必修的初试课程之一。她的曾祖父也曾就读于剑桥大学，随后升任津格尔斯威克文法学校（Giggleswick Grammar School）校长一职，并任这一职位 54 年。曾祖父佩利是她的家族中能与阿尔弗雷德·马歇尔家族相媲美的少数几个祖辈之一：马歇尔的曾祖父约翰获得了牛津大学学位，多年来也一直担任埃克塞特文法学校的校长。

这一背景解释了为什么托马斯·佩利牧师坚信好的教育益处良多，并在两个女儿的教育上坚持这一原则，这在当时是不寻常的。在玛丽·佩利的回忆里，这种教育最初是在家里进行的，直到她 13 岁。她的父亲教她拉丁语，一些欧几里得数学，甚至还教他一些希伯来语。从她 9 岁开始，一位女家庭教师教她德语、法语，还有历史、地理和钢琴等方面的知识。这些教育中有一些是很粗略的，但是“我们的法语和德语是被认真教学的，吃饭的时候，全家都会用德语交谈”。难怪她后来成了贝利奥尔庄园里的外语专家。13 岁时，她在附近城镇的一所“年轻女子高等学校”接受了 3 年“各种各样类型的”教育。玛丽和她的姐姐学习了“曼格纳尔问题”、“地球仪的使用”和礼仪。随着这类学习的介入，她受的教育暂时结束了。

她的姐姐在 1868 年举行了婚礼，无聊的玛丽·佩利决定追随姐姐的脚步。她与一名工程师军官订婚了，而他即将被派往印度执行为期三年的任务。“在他离开的这段时间里，1869 年，专为 18 岁以上女性举办的剑桥地方高等考试开始实行，我因为无所事事，就把时间花在准备考试上。”事实证明，这是一个重大的决定，从多方面改变了她的生活。她和父亲一起学习神学和数学，在她以前的家庭教师那里学习法语和德语，并在 1870 年和 1871 年参加了考试。尽管她被一张关于圆锥曲线的试卷“难倒”了，但她的德语和神学成绩优异，足以获得剑桥大学的奖学金，以参加刚刚开始为女性开设的课程。有了这些新的兴趣，她很快就和那位军官解除了婚约，这一决定得到了父亲的支持，因为她父亲从来没有同意过这个婚约。父亲对她的考试成绩非常“满意和自豪”，

于是做了一个更加激进的决定，从1871年10月起，让她在剑桥上学。因此，
227 玛丽·佩利成了纽纳姆女子学院最初的5名核心成员之一。正是这一选择使得她和马歇尔相遇，因为马歇尔是早期为数不多的愿意给女性授课的大学讲师与教授之一。

玛丽·佩利1871年进入剑桥大学时，她的目标不是参加荣誉考试从而获得学位。在这个阶段，她只是想要接受良好的通识教育。在父亲的建议下，她选修了拉丁语、历史、文学和逻辑学，选修逻辑学是因为父亲认为这是一门“非常稳妥的学科”。父亲选择伯克斯（Birks）教授作为她的精神导师，伯克斯是一位坚定的福音派牧师，是继F.D. 莫里斯之后的道德哲学奈特布里奇教授。一开始，玛丽去了他的教堂和家里，甚至在他的主日学校教书。然而，穆勒的《逻辑学》、西利的《瞧这个人》，以及赫伯特·斯宾塞的书，再加上剑桥的氛围，逐渐使她的信仰产生了动摇，父女之间的精神共鸣也随之“消融”。更令人愕然的是，莫利在《双周评论》上说，玛丽还和她的学生朋友们一起阅读了斯温伯恩的书。

她的同学玛丽·肯尼迪（Mary Kennedy）建议玛丽·佩利了解一些新学科，例如政治经济学。她不情不愿地去听了讲座，不过“决定听下去”，一是因为主题，二是因为主讲老师——阿尔弗雷德·马歇尔。实际上，马歇尔随后还鼓励她参加道德科学荣誉学位的考试。在经过3年对逻辑学、政治经济学、精神、道德和政治哲学等必修课的学习之后，她也确实这么做了。她的成绩非常好，但结果却很含糊。1874年12月，也就是心理学家詹姆斯·沃德被授予道德科学一等学位的这一年，当时剑桥有四位考官，但却没有设置主席来投下关键性的一票，结果玛丽·佩利成为这一体系的受害者。有两票认为应当授予她二等成绩，另外两票认为应当授予她一等成绩，这四位考官分别为皮尔森、加德纳、福克斯韦尔和杰文斯。剑桥大学官方年鉴中没有关于她的成绩的记载，因为直到1881年[1]官方才开始登记女性参加荣誉考试所获得的成绩。古

［1］*《剑桥大学注册年鉴：对校历的补充》，第710–712页；玛丽·佩利·马歇尔，《我的回忆》，第16–17页。这是杰文斯第一次看到马歇尔用曲线来解释政治经济学中的问题（见前文第6章，第160–161页）。杰文斯、福克斯韦尔与皮尔森批阅了玛丽·佩利所写的三篇政治经济学论文。这些收录于R.C.D. 布莱克主编的《威廉·斯坦利·杰文斯论文与通信集》，第7卷，第132–135页；另见1874年6月5日和1874年10月4日杰文斯写给福克斯韦尔的信，《威廉·斯坦利·杰文斯论文与通信集》，第4卷，第52–53、69–70页。1928年，玛丽·马歇尔最终被授予“她的学位”。参见埃塞尔·西季威克，《西季威克夫人回忆录》，第244页注释1。

典学者肯尼迪博士还写了一首诙谐诗来纪念这件事，当时女学生们的考试就安排在他的住所中：

> 虽然两个人对她极尽赞美
> 还有两个人没那么热烈
> 但她的精神与她的道德毅力
> 得到每一位考官的认可。
> 他们一共是六、十二……还是七个、十四人？
> 哦！他们是福克斯韦尔、加德纳、皮尔森和杰文斯。[1]

虽说她的“结果”模棱两可，但她优异的成绩，足以让她被任命为道德科学的常驻讲师，给纽纳姆学院的女学生们授课。[2]

尽管马歇尔与未来妻子在家族背景上有所差异，但是他们却有着许多相似 228
的经历。首先，剑桥大学的氛围从严格的福音派大学逐渐转变为对神学（如果不是对宗教的话）的怀疑与冷漠。另外，两人都是在困难的个人条件之下进入剑桥大学的，但由于勤奋和坚持不懈，两人都赢得了可观的学术声誉。此外，他们对道德科学研究有着共同的兴趣，尤其是对政治经济学进行了专门研究。在这一阶段，马歇尔在经济学上的研究更具先进性，所以他成为玛丽·佩利的老师也并不奇怪。从 1875 年起，他们都在剑桥大学担任政治经济学的讲师，表面上看起来更加平等，但是在一些重要方面并非如此。玛丽主要教的是那些一心追求广泛文化教育的女性，这种教育也是她之前所追求的，她也许也培养了一些获得荣誉成绩的学生。但阿尔弗雷德·马歇尔擅长把先进的政治经济学灌输给一小部分想要获得荣誉学位的优秀学生。阿尔弗雷德·马歇尔是基于他剑桥大学第二大学院的研究员一职来开展教学工作的，致力于教育那些可以拿到学位的学生。这一处境与他妻子的处境形成了鲜明的对比。她的剑桥学术身份在官方看来是不存在的，只是在一个被忽略的学院担任讲师，教

[1] 玛丽·佩利·马歇尔，《我的回忆》，第 17 页。

[2] B.A. 克拉夫（B.A. Clough），《安妮·杰米娜·克拉夫传》（*A Memoir of Anne Jemina Clough*），伦敦：爱德华·阿诺德出版社，1897 年，第 163 页，他把玛丽·佩利的任命日期错误地写成了 1874 年，而不是玛丽·佩利本人在《我的回忆》第 20 页中描述的更可信的 1875 年。《手稿笔记》（NCA），记录了她在斯坦福德讲课的情况，每周给 15 人的班级上 6 次课，带着“论文”进行讲解，其中一位纽纳姆的学生非常优秀，“我不得不努力以跟上她的步伐”（第 20 页）。

那些即使通过了考试也无法获得学位的女学生。

恋爱和订婚（1872–1876 年）

1871 年，阿尔弗雷德·马歇尔与玛丽·佩利在格罗夫门房教室初次偶遇，这听上去很吸引人。他们第一次见面的真正情况少了些诗意但却更为浪漫："晚上，我们围坐在一起，在克拉夫小姐家的客厅里缝制家用亚麻布（为节省开销），这是我第一次见到马歇尔先生，我想我从未见过一张那么具有吸引力的脸庞，轮廓精致，眼睛炯炯有神。在他们谈话的时候，我们安静地坐在一旁，甚至充满敬畏。"直到后来，玛丽才在他的教室里再次看到了她未来的丈夫。"我还记得政治经济学的第一堂课。……马歇尔先生站在黑板旁，有一些紧张，一支弯曲的羽毛笔从他指间飞了出去，他讲课非常认真，眼睛十分有神。"一年后，马歇尔鼓励玛丽·佩利和她的朋友玛丽·肯尼迪参加道德科学荣誉学位的考试。这是这位年轻的女学生（当时她才二十出头）和政治经济学教师（比她大八岁）之间浪漫的开端吗？[1] 很难说这是不是凯恩斯所猜测[2]的一见钟情，但玛丽·佩利对两人"恋爱期"的描述表明，她在这方面采取了主动，就像她在自己的教育中所做的那样。她后来回忆，她不仅邀请他跳"枪骑兵方块舞"——一种当时马歇尔并不熟悉的"复杂的圆舞动作"，[3] 还参加了许多他在圣约翰学院的单身公寓中举办的社交晚会，显然有些是马歇尔刻意安排的。

> 贝特森夫人是圣约翰学院教师的妻子，从 8 点到 10 点在宿舍大厅里举办舞会。四个女孩儿身着白色棉衣、系着蓝色腰带，围着她跳
> 229 舞（其中一位是玛丽，她后来成为一名杰出的历史学家）。还有一些被我们戏称为"小男孩"的大学生，以及几个教师。有一次，马歇尔先生看上去有些沮丧，我邀请他和我一起跳一支枪骑兵方块舞。他看上去很惊讶，并告诉我他不知道怎么跳，但他还是同意了我的邀请，我领着他跳完了这支舞。虽然我为自己的大胆感到震惊，但我没有说

[1] 玛丽·佩利·马歇尔，《我的回忆》，第 13–14 页。

[2] J.M. 凯恩斯，《玛丽·佩利·马歇尔》，第 238 页。

[3] 贝琳达·诺曼 – 巴特勒，《维多利亚时代的抱负：查尔斯和玛丽·布斯的生活与劳动》，第 112 页。

> 什么，我想他也不会说的。有时，讲师们会邀请我们去他们家里参加星期天晚上的聚会，人数控制在 5 人左右是最合适的。当马歇尔先生邀请我们时，克拉夫小姐先将我们带到圣约翰学院的小教堂，再从这里爬升至他的房间——位于新公寓的最高层。第一个星期天晚上，玛丽·肯尼迪告诉马歇尔先生，不要期望我们的头发都是整整齐齐的，因为他没有提供一个“背后镜”给我们。马歇尔先生不知道这是什么东西，但打听了一番后，给我们买了一个非常好的镜子，我到现在还仍然用着。我们喝了茶，还吃了脆饼和松饼，虽然主人告诉我们第一种叫“慢性中毒”，第二种是“突然死亡”，这让我们有些担心。一些老师也被邀请来了，喝完茶之后，我们看照片、聊聊天。……晚餐很简朴，吃了三明治和橘子之后，聚会就结束了。[1]

马歇尔和另一个研究员约翰伊恩·哈德森（Johnian Hudson）常在星期天晚上在他们的学院公寓里为女学生们举办一些社交聚会。有次，“一位来自美国西部的教授，带着他的妻子来到剑桥大学……马歇尔先生邀请我们一起与他们见面。那位女士是一名律师，她给我们讲述了她工作上的一些实操”。[2] 1874 年 12 月，当玛丽·佩利准备参加荣誉考试时，阿尔弗雷德·马歇尔在精神上和实践上给予了她支持，毫无疑问，这一举动增进了两个人之间的友谊。1875 年初，玛丽·佩利离开剑桥大学回家了，他们的恋情也因此中断。这不仅让她在艰苦的考试之后获得喘息的机会，而且这段时间也足够长，使她能够在附近的斯坦福德主动组织起一个短期的初级课程。[3] 这次短期课程有两个重要的后果。玛丽·佩利认为，正是这段教学经验，才使得亨利·西季威克邀请她去接替马歇尔在剑桥大学给女学生们上的政治经济学课程。斯坦福德授课的经历，还使她在同一年受到斯图亚特教授的邀请来编写一本政治经济学的初级课本，这本书成为 4 年后他们联合出版的《产业经济学》。[4] 她在 1875 年初离开剑桥，再加上阿尔弗雷德·马歇尔于这一年的夏天去了美国，这可能会使恋情有所耽搁，但不会太久。1875 年秋，新学期开始，玛丽·佩利和马歇尔的恋情得以

[1] 玛丽·佩利·马歇尔，《我的回忆》，第 15–16 页。

[2] B.A. 克拉夫，《安妮·杰米娜·克拉夫传》，第 201 页。在笔记中（纽纳姆学院，第 8 页），玛丽回忆，“马歇尔先生经常问我们”。

[3] 玛丽·佩利·马歇尔，《我的回忆》，第 20 页。

[4] 玛丽·佩利·马歇尔，《我的回忆》，第 22 页。参见上文第 6 章，第 176–179 页，及下文第 250–255 页。

继续。

1876年5月，马歇尔向她求婚，两人订婚了。简·哈里森是早期就读于纽纳姆学院的另一个学生，也是玛丽·佩利的密友，她认为他们订婚要归功于那天她在玛丽·佩利的裙子上缝上了“干净的白色褶边”。哈里森的传记中解释了马歇尔和玛丽·佩利是如何“在这个被监管的学术世界达成真正的交流的”，她强调这段恋情是在纽纳姆发生的，实际上是“第一段纽纳姆情缘”，尽管纽纳姆学院的创始人们为了避免使这所新学院声名狼藉而对这类活动表达了不满。她还记录了马歇尔经常参加“克拉夫小姐的大型茶话会”和星期天晚上的娱乐活动，以及后来在纽纳姆大厅举行的活动，吃点小茶点，听听音乐，“非常纯真与轻松”。“克拉夫小姐的生活方式为一些监督之下的男女交际活动提供了机会。”[1]

230 他们同为政治经济学专业的教师，这种专业上的联系同样推动了他们爱情的发展。因为约翰·内维尔·凯恩斯一直到1876年7月13日才写道“圣约翰学院的马歇尔和佩利小姐订婚了”，可见他们订婚之后没有立刻正式通知大家。凯恩斯在随后的日记里记录了一些发生在纽纳姆学院之外的、有关这对夫妇的事情，比如他们参加了5月份举行的划船比赛。[2]订婚之后，托马斯·佩利牧师在8月组织了一次去瑞士的家族旅行。前文已经提到过，这次旅行导致马歇尔决定放弃登山这项活动，作为他为未婚妻所做出的第一个牺牲。[3]这并非唯一的牺牲。按照剑桥大学当时的相关条例，一旦结婚，马歇尔必须辞去圣约翰学院的研究员和讲师职务。也就是说，这对夫妇需要在结婚前另谋生计。马歇尔考虑去谋一份教学的新职业，甚至还考虑去当剑桥大学的秩序官（Esquire Bedell），不过，他最终决定申请布里斯托大学学院

[1] * 玛丽·佩利·马歇尔，《我的回忆》，第22页，玛丽·佩利关于简·哈里森的笔记（NCA）。简·哈里森把马歇尔称作“骆驼”，因为“她一看到他就发抖，就像马看到骆驼一样”，当时哈里森不顾马歇尔的建议，学习了古典文学而不是道德科学。1881–1882年，简·哈里森去西西里岛学习古典文学，马歇尔夫妇当时就在那里度假，推测她和马歇尔在那个时候的关系是很有趣的。简·哈里森在纽纳姆的文件中没有记载她在巴勒莫的经历。关于马歇尔的恋情，还可参见维多利亚·格伦迪宁（Victoria Glendenning），《被压抑的哭声》（*A Suppressed Cry*），伦敦：劳特利奇 & 基根·保罗出版社，1969年，第62页；桑德拉·J. 皮科克（Sandra J. Peacock），《简·艾伦·哈里森》（*Jane Ellen Harrison*），纽黑文：耶鲁大学出版社，1988年，第46页。这部分内容是基于安娜贝尔·罗宾逊的一个早期传记笔记（NCA），其第30–32页提到了马歇尔的恋情。

[2] JNKD，1876年7月13日，1877年5月19日。

[3] 玛丽·佩利·马歇尔，《我的回忆》，第22页。从上文第7章，第191–192页，可以看到马歇尔对严肃的登山运动的热情。

的校长一职，广告上的薪水是 700 英镑，这也是在他习惯性地权衡了所有的利弊之后做的决定。这个职位的竞争非常激烈，1877 年 7 月 26 日，他被学院理事会任命为校长。[1] 3 周后，他们举行了婚礼。[2]

早期的婚姻生活（1877–1881 年）

很难说这对年轻夫妇是怀着什么样的期望开始他们的婚姻生活的。他们在 8 月中旬举行婚礼，而在婚礼之前似乎就已经开始找房子了，经过一番搜寻，他们在阿普斯利路（Apsley Road）找到了一所“适合他们”的房子。[3] 马歇尔作为布里斯托大学学院校长的职责实际上是从他被任命的日期——1877 年 7 月 26 日——开始的。1877 年 7 月 30 日，就在婚礼前两周，他参加了大学理事会的第一次执行委员会会议。第二次执行委员会会议是在 1877 年 8 月 18 日，也就是他们结婚的第二天，他是否出席了这次会议，目前还不清楚。执行委员会的会议记录中提到他对学校日程提出了必要的修改意见，并被采纳，后来他才明白，校长的重要职责之一就是安排大学的各项工作。第三次执行委员会会议直到 9 月 24 日才举行。[4]

玛丽·佩利的一些未出版的笔记更详细地记述了蜜月期的故事。“我们首先去了克利夫顿酒店，因为我们想从背后看看我出钱购买的位于阿普斯利路上的房子，房子正在装修，其中最重要的就是在后院用沥青做一个网球场。”除
了方便监督房子翻新之外，蜜月酒店的位置还能让马歇尔便捷地参加大学理事 231
会的会议。“之后我们在法尔茅斯（Falmouth）待了两个晚上。随后又在利泽德（Lizard）和地角（the Lands End）度过了两个星期。我更喜欢利泽德，因

[1] 玛丽·佩利·马歇尔，《我的回忆》，第 22–23 页。JNKD，1877 年 4 月 20 日和 25 日记录了马歇尔对秩序官这一职位的兴趣。在 1877 年 7 月 26 日的布里斯托大学学院理事会的会议纪要中（BUL，特色馆藏），马歇尔的任命记录在第 49–50 页。关于马歇尔在布里斯托的任命及其在那里的职责，见下文第 9 章，第 275–277 页。

[2] * 玛丽·佩利·马歇尔在《我的回忆》第 23 页错把结婚日期说成了 7 月，在布里斯托时期她就常常说错，参见 M.F. 皮斯（M.F. Pease）的记录（BUL，特色馆藏，MSS Coll. DM 219）。1877 年 8 月 11 日，福克斯韦尔写信给约翰·内维尔·凯恩斯说，“马歇尔准备在周五结婚。他刚刚请了几天假，准备去厄福德举行婚礼”（马歇尔档案，约翰·内维尔·凯恩斯书信，1：16）。

[3] 参见玛丽·佩利·马歇尔对马歇尔夫妇于 1878 年至 1883 年在布里斯托生活的描述，以及 1943 年 M.F. 皮斯回忆录中的注释（BUL，特色馆藏，MSS Coll. DM 219）。

[4] 布里斯托大学档案馆，执行委员会会议纪要，第 39、45、49 页。

为那里色彩鲜明，但阿尔弗雷德更喜欢地角，因为那里景色的轮廓更美。在我们相处的日子里，我更喜欢色彩，而阿尔弗雷德更喜欢轮廓。我们在凯南斯湾（Kynance Cove）的一个小木屋里住了两天，而后又外出远足（在阿尔弗雷德患上肾结石之前我们经常这样做）。在度完假回到布里斯托之后的第一个星期天，我们步行去了邓德里（Dundry），沿着山脊步行。我们按时到达了克利夫顿，在新学期开始前安顿了下来。"[1]

然而，这段时间并没有完全用来休闲。很大一部分时间用于重新编写《产业经济学》的第一部分，实际上，在订婚后不久，马歇尔就已经与夫人展开积极的智力合作了。[2]

后来，他们搬入了布里斯托的那幢半独立式洋房，房子坐落在时髦的克利夫顿的相对较新的住宅区，是"布里斯托久负盛名的一个住宅区"，离马歇尔曾于 1865 年教过一段时间数学的那所公立学校不远。购买这个房子花费了 1200 英镑，这笔钱是玛丽·佩利给小家庭带来的资本，大概是她从她著名的曾祖父的"巨额稿酬"中分得的一部分遗产。这幢房子很大，鉴于他校长的身份，马歇尔夫妇需要时不时招待客人。因此，他们一直雇用两名佣人，一个是农民的女儿，年薪 20 英镑，另一个是工人的女儿，年薪 12 英镑。晚宴常常伴随着大学理事会的定期会议，每年有五到六次，在晚宴期间，他们会雇用附近的菜贩为他们服务，从而临时增加人手。即使是这样，按照那时的标准，马歇尔夫妇雇用的佣人数量仍然远低于他们身份应当有的佣人数量，但此后，马歇尔一家从未再有过这么多佣人了。1881 年以后，他们仅有一位住家女佣，那就是忠诚的萨拉·佩恩，事实上，她在他们婚后不久就来过布里斯托的家中。萨拉是萨默塞特郡一名工人的女儿，有 13 个兄弟姐妹，她最开始是来协助第一位女佣的。她在牛津与剑桥为他们服务，一直到她 1920 年去世，尽管马歇尔夫妇在贝利奥尔庄园里举办了许多晚宴，但她一个人操办得很好。[3]

玛丽·佩利用自己的钱买了他们的第一套房子，他们后来转卖了这套房

[1] 玛丽·佩利·马歇尔,《手稿笔记》(NCA)，第 5 页。原文将括号内的文字划掉了。

[2] 玛丽·佩利·马歇尔，《我的回忆》，第 22 页，以及参见上文第 7 章，第 189 页，记录了他们 1877 年夏天在康沃尔撰写《产业经济学》的经历。

[3] 玛丽·佩利·马歇尔，《我的回忆》，第 26–27、39–40 页；J.M. 凯恩斯，《玛丽·佩利·马歇尔》，第 245 页；J.K. 惠特克，《阿尔弗雷德·马歇尔：1877–1885 年》，第 3 页注释 5。（图 36 就是这所房子的照片，如今它仍然矗立在那里。）

子，并用这笔钱在牛津买了房子，还建造了位于剑桥的贝利奥尔庄园，不过，似乎是马歇尔负责购买家具与布置装潢。玛丽·佩利回忆说他在这一方面十分精明，还提到他在圣约翰学院的公寓就是他用淘来的二手的“漂亮饰品”装饰的。当他们去布里斯托时，这种经验显然很有用。[1]一封马歇尔当时写给福克斯韦尔的信就佐证了这一点，[2]信中讨论了他新买的钢琴。马歇尔告诉朋友，“箱体”本身并不重要，“只要不是颜色鲜艳的木头就可以，深色的紫檀木就很好”。

对这种暗色调的爱好预示了他们后来的装修风格，这也许是玛丽·佩利的不满的地方之一，她更喜欢利泽德的明亮色彩，以及她后来描述的巴勒莫的彩绘马车。没有记录显示马歇尔为了外形而舍弃颜色是否导致了早期婚姻生活的裂隙。几个月后，圣约翰学院的朋友们送来了一份结婚礼物，是沃尔顿的风景画，这些画更讨女主人的喜欢，尽管这些画可能带有那种使他在维多利亚 232
时代中期成为一名受欢迎的艺术家的忧郁色彩。[3]后来，一位来自布里斯托的熟人回忆起了这所房子，房间里“书、画相映，散发魅力与美妙……我应该称之为美感”。[4]不过，拉姆齐一家对马歇尔夫妇的家具品位有着不同的看法。1881 年至 1882 年，拉姆齐一家在马歇尔位于克利夫顿的住所（连带着全套家具）中租住了 12 个月。年轻的拉姆齐太太对她母亲说，当听说马歇尔夫妇将于 1882 年 5 月返回布里斯托时，她感到非常高兴，她终于可以远离马歇尔的那些家具了。当他们在年底搬到自己的新房子时，威廉·拉姆齐给他妈妈写信说：“餐厅的装饰现代且舒适，有一种家的感觉，这种感觉马歇尔夫妇一定从未体验过。”[5]不过，马歇尔夫妇似乎也发现很难让房子完全适合他们的需要。他们在 1877 年中期买下这栋房子时，就安排了一些翻修，但后来证明翻修得不够。12 个月后，也就是 1878 年 9 月，玛丽·佩利写信给福克斯韦尔说道，“在林顿（Lynton）度过了 6 天真正的假期后……房子里仍然有许多工人。我们没法待在客厅，只能去行李房”。对她来说，这也没什么要紧的。反正阿

[1] 玛丽·佩利·马歇尔，《我的回忆》，第 26 页。

[2] 1878 年 1 月 28 日，马歇尔写给 H.S. 福克斯韦尔的信，弗里曼收藏，41/155。

[3] 参见下文第 18 章，第 672 页。

[4] G.H. 伦纳德（G.H.Leonard）给《布里斯托时报与镜报》的信，1924 年 10 月 8 日；还可参较下文第 21 章，第 771 页。

[5] 1882 年 5 月 28 日，拉姆齐夫人给她母亲布坎南夫人的信；威廉·拉姆齐爵士 1882 年 11 月 19 日致母亲的信，参见《威廉·拉姆齐的论文与书信——莫里斯·特拉弗斯整理》，第 5 卷（i），UCL。

尔弗雷德将要整天都在学校里，为即将到来的新学年学生注册和其他事情做准备。[1]

按照玛丽·佩利的说法，他们在布里斯托的头12个月，也就是他们结婚的第一年，总体上来看是幸福的。马歇尔的健康状况从1879年春天开始急转直下，但当时仍然很好。他在大学里的工作很有挑战性，不过仍有足够的时间进行社交活动，甚至是编写他们的合著。马歇尔与克利夫顿学院的戴金斯夫妇和珀西瓦尔夫妇重新建立了友谊，他们还与大学理事会成员和布里斯托市民交上了朋友。他们会长途远足，还会在后院草地上打网球。他们为学生举办晚宴和家庭娱乐活动。克利夫顿学院有音乐晚会，偶尔也有客人来访。这一年之后她重新开始经济学教学，玛丽·佩利后来回忆道：

> 我们经常被邀请外出，我被告知克利夫顿的人至少每学期要邀请一次，我有很多联络工作要做。但除了邀请相识之外，我们找到了许多真正的朋友。其中有教务长和他的女儿艾略特小姐，珀西瓦尔一家（后来还有威尔逊一家）、戴金斯一家和艾琳（Alleyne）小姐、弗里一家（the Frys）、皮斯一家（the Peases）、F.F. 塔克特（F.F. Tuckett，白云石山脉的登山家），还有贝多医生（Dr. Beddoe，他们的家庭医生）。其中有一些人一生都与我们保持着真正的友谊。所以，我第一年的社交活动非常繁忙。[2]

玛丽·佩利向皮斯夫人回忆起"大学理事会开会时他们举办的愉快的晚宴——乔伊特、赫里福德·乔治（Hereford George）和其他牛津教员（如亨利·史密斯，萨维安数学教授）机智诙谐的谈话——晚饭后，她常常坐下来听他们谈话"。[3] 与和她丈夫共进晚餐的客人们在一起时，她的这种安静、腼腆的举止，是她在这种场合的一种特点，这种特点一生都陪伴着她。这并不一定是因为害羞。在布里斯托的最初几年里，当她丈夫的客人在场的时候，她最开始是害羞的，这一点从威廉·拉姆齐对1880年初第一次见到马歇尔夫妇时的描述中可以看出。可以说，这段话对校长和他年轻妻子的相貌作了最不讨人喜

[1] 玛丽·佩利·马歇尔于1878年9月22日致福克斯韦尔的信（弗里曼收藏，48/155）。

[2] 玛丽·佩利·马歇尔，《我的回忆》，第23页。

[3] M.F. 皮斯，《马歇尔在布里斯托的岁月》，BUL，特色馆藏，MSS Col DM 219。

欢的描述。拉姆齐对马歇尔后来组织的学生娱乐活动的印象同样不好。然而，
随着认识的深入，玛丽·佩利的魅力逐渐得到了展现，拉姆齐后来“越来越喜 233
欢他们俩”。[1] 拉姆齐的一系列描述显示了他对马歇尔夫妇观感的变化。1880 年 2 月，拉姆齐在一封写给母亲的信中将马歇尔描述为“一个苦行者，只知思想，没有身体。他在讲话时犹犹豫豫，权衡问题非常仔细。我想他需要有人管理，我想我应该可以。如果用正确的方法，他是可以被引导的”。这是拉姆齐第一次与马歇尔夫妇在他们家中共进晚餐，之后拉姆齐被任命为化学教授。在同一封信中，他把玛丽·佩利·马歇尔描述为“一名病人（也就是一个奇怪或古怪的人）。想象一下，一只雌性老鼠，没有耳朵，很多头发在后面扎成一个下垂的发髻；啮齿动物的牙齿非常突出；习惯性抱着一个膝盖，在椅子上摇摆；弥漫着死一般的寂静——这就是政治经济学的女讲师。这当然只是第一印象，以后的情况我们拭目以待”。[2]

与马歇尔夫妇更加熟识之后，拉姆齐对他们的看法发生了转变。一周之后拉姆齐在信中写道，“昨晚我又和马歇尔共进晚餐了，马歇尔夫人进步了一点，她在草地上打网球，表现得很开放”。拉姆齐显然和她一样爱上了这项运动，因为 5 月他曾两次告诉父母他在马歇尔家的后院打球。6 月，他画了这对夫妇的肖像，并解释道，“虽不能说特别像她，但还是刻画了她的特征。她前面的牙齿较为突出。总的来说，画像比她本人好看。让我试试画马歇尔。不，他们有一种愉悦的神情而马歇尔没有。我无法描绘他那若有所思的眼睛，这是很好看的眼睛。可怜的家伙。他真的很不舒服。他患有肾结石，几乎无法治愈。但他说，如果好好保养，不要走太久的路，就不会让他感到疼痛”。[3]

然而，拉姆齐有时也会发现马歇尔夫妇在社交礼仪方面的不足。11 月，他写信给父亲说：“在马歇尔家，当天有许多化学系学生。马歇尔感到极度尴尬，他看着马歇尔夫人，马歇尔夫人有点听天由命。我想发火，在我们其中

[1] M.W. 特拉弗斯（W.M. Travers），《威廉·拉姆齐爵士的一生》（*A Life of Sir William Ramsay*），伦敦：爱德华·阿诺德出版社，1956 年，第 45 页。

[2] 1880 年 3 月 16 日，威廉·拉姆齐致母亲的信，《威廉·拉姆齐的论文与书信》，UCL。下文第 9 章第 281–282 页关于行政上的争议证明了拉姆齐这个第一印象还是很准确的。

[3] 1880 年 3 月 23 日，1880 年 5 月 1 日，1880 年 6 月 4 日，威廉·拉姆齐致母亲的信；1880 年 5 月 19 日，拉姆齐致父亲的信。图 29 和图 30 是拉姆齐绘制的马歇尔夫妇的画像。

一个人的帮助下，我们维持着事情的进行，但进展很慢，很慢。”[1]他没有揭示这种社交失败的原因，有趣的是，我们可以推测一下这是不是马歇尔夫妇社交中经常出现的笨拙情况，抑或仅是突发原因直接导致的例外。很久以后，凯恩斯[2]回忆起他在贝利奥尔庄园参加的一些社交场合，马歇尔“带着一种自然、略尴尬的情绪，用尖锐的笑声和惯用的笑话和短语向他的妻子发号施令”。

到这个阶段为止，也就是1880年，这是他们在布里斯托的第一年，玛丽·佩利后来回忆说，这样一场愉快的社交狂欢彻底结束了。正如拉姆齐描述马歇尔时所提到的，1880年，马歇尔的脸上总是不那么高兴，拉姆齐将这一缺陷归因于1879年春天诊断出的肾结石。玛丽·佩利清楚地描述了这一诊断对他们生活的影响，尽管她发表的作品中委婉地略去了阿尔弗雷德·马歇尔的易怒和坏脾气，这是由被迫戒烟、禁止运动带来的坏脾气，甚至在晚餐后的谈话时间里也时有发生，正如马歇尔在写给福克斯韦尔的信中所吐露的那样。[3]根据这一点和其他一些说法，玛丽·佩利对发生在布里斯托的风暴描述还是值得引述的：

> 234 1879年的春天之前，马歇尔的身体状况看上去都很好。我们在达特茅斯（Dartmouth）度过了复活节假期，一天早上我们去了佩恩顿（Paignton），经过贝瑞·波默罗伊修道院（Berry Pomeroy Abbey）到达托梅斯（Tomes），然后乘汽船回到达特茅斯，因为4月天气非常冷，我想他可能着凉了。回家之后，他咨询了我们的老朋友贝多博士，医生发现马歇尔的肾脏中有结石，让他必须不再进行长距离的散步，不能打网球，治疗的唯一手段就是彻底的休息（当然，当时还未想到手术治疗）。对于一个如此喜欢运动的人来说，这样的建议是一个巨大的打击，但他还是严格地遵照医嘱做了。他不能抽烟，于是他开始做针线活，有时他会用四倍的羊毛线缝补洞口，这样有洞的地方就

[1] 1880年11月29日，威廉·拉姆齐致父亲的信，《威廉·拉姆齐的论文与书信》，UCL。

[2] J.M.凯恩斯，《阿尔弗雷德·马歇尔》，第214页。

[3] * 阿尔弗雷德·马歇尔于1884年3月10日写给福克斯韦尔的信（弗里曼收藏，12/73）。“下次你要来的时候……跟我说一声。我们很想见你，我们不会把你当作外人。吃完饭，我就去跟我太太谈谈，然后还要做一个小时左右的针线活。”玛丽·佩利（《手稿笔记》，NCA，第9页）形容马歇尔在布里斯托的最后几年里对“针刺极度敏感”。

> 比周围的地方厚一些。后来，他学会了织长袜，这是我收到的最好的袜子，因为脚踝处是用更小的针脚和双层羊毛制成的，会更加强韧，这样腿的形状也完美无缺。编织对他来说一直是一种极大的安慰，直到安德鲁·克拉克爵士担心会引起神经问题而禁止了这件事。阿尔弗雷德很担心我会因为缺乏锻炼而受苦。后来的克利夫顿学院的校长 J.M. 威尔逊（J.M. Wilson）经常会在后院和我打网球，阿尔弗雷德通常在旁边饶有兴致地一边喝茶一边观看。不过，尽管他对于一件糟糕的事情也能兴致勃勃地投入，当他知道在一段时间内成为一位病弱者是无法避免的时候，他决定放弃校长的职位了。彻底休息一段时间似乎是唯一的治疗方法。[1]

肾结石对马歇尔健康造成了长久的影响。他自己后来说，这病让他强制休息，致使他的生活被剥夺了十年，这一自我诊断在一定程度上为乔伊特所证实。1891 年，玛丽·佩利描述了他们那年夏天的欧洲之旅，乔伊特回信时表示，她丈夫令人感到“惊讶”和“神奇”，因为“10 年前他几乎不能走路”。[2] 后来几年他的消化系统问题也时常被提及，大概就是从这个时候开始的，人们往往认为他有疑病症，也许是冤枉了他。[3]

然而，在布里斯托期间，健康问题并不是困扰马歇尔夫妇的唯一问题。这甚至还不是这对夫妇在婚姻生活中面对的第一个困难。事实上，他们在布里斯托的第一年以糟糕收尾。阿尔弗雷德亲爱的母亲于 1878 年 6 月突然去世，就在他的弟弟沃尔特因肺病在南非去世后不久。除了一封写给福克斯韦尔的信之外，没有任何材料可以展现马歇尔对丧亲之痛的反应，而他母亲的死亡情况表明他很可能在母亲死前没有见她最后一面。[4] 另外，他在大学学院的任务远没有他刚开始设想的那么有成就感，在结婚证书上，他曾相当自豪地自称是布里

---

[1] * 玛丽·佩利·马歇尔，《我的回忆》，第 24 页。他被禁止远足，这既是疾病严重的标志，也是他神经敏感的潜在原因，那时起，这与他的行为联系越来越紧密。玛丽·佩利（《手稿笔记》，NCA）指出，他们在 1879 年暑假在玛瑞斯康比（Mariscombe）的一个农场中的活动是通过“小马拉车”（pony trap）的方式进行的。如上文第 7 章第 204–208 页所说，在 1881–1882 年于意大利旅行期间，他们乘坐了马车、电车、有棚盖的轮椅、凤尾船，玛丽·佩利对他们在意大利待过的各个地方的“出租马车”的价格细节进行了大量的回忆。

[2] 1891 年 9 月 30 日，本杰明·乔伊特致玛丽·佩利·马歇尔的信（马歇尔档案，1：58）。

[3] 这将在下文第 17 章第 652–654 页进行讨论。

[4] 参见上文第 2 章，第 38、41 页，及下文第 14 章，第 498 页。

斯托大学学院的校长。这个职位所承担的各种行政职责，可能比他在面试时所
235 了解的要费神得多，与他凭借以前有限的相关经验所构想的情形相比也麻烦得多。他担任这一职务的第一年几乎没有其他工作人员的协助，因此，他几乎没有时间从事自己的工作。他的其他工作还包括和妻子一起为进修班的学生写一本关于政治经济学的小书，难得的空闲时间越来越少，他也愈发烦闷。此外，尽管他对布里斯托与剑桥大学完全不同的教学情形已经有了准备，还特意针对布里斯托的情况进行了调整，但他仍然发现在布里斯托的教学工作似乎远没有他想象中的那么有吸引力。马歇尔似乎更喜欢教夜校里的成年人，在 1877–1878 年的白天的课程中，班上 12 个学生中仅有一位男生，这一年也是马歇尔亲自教学的唯一一年。[1] 这种情况显然是他预料中的，因为他在 1877 年决定申请布里斯托的职位时，虽然也是为了结婚不得不离开剑桥，但还有很大一部分原因是这所学院先进的女性教育政策，这意味着他一开始就接受男女平等的教学理念。[2]

行政职责的压力以及日间班的男女构成，使得马歇尔夫妇的婚姻关系发生了重要变化。1878 年 5 月 15 日，应作为布里斯托大学政治经济学教授的马歇尔的请求，大学理事会决定“他有权委派马歇尔太太在 1878–1879 学年讲授上午的课程”，该职位是有薪水可拿的，同样是在马歇尔的建议下，理事会答应将他的教授薪水减少到每年 100 英镑以支付该职位的薪酬。理事会的这一决定使玛丽能够获得一份全职工作并领到薪水，而她此前已经嫁给一位薪资优厚的丈夫，这件事需要放在维多利亚时代，人们对于有工作的已婚中产阶级妇女的态度这一大背景下看待。当时，很少有已婚的中产阶级妇女把事业和家庭责任结合在一起，即使是遇到了仅有的几个就业机会之一。玛丽·佩利被任命为政治经济学讲师的事随后被写入布里斯托大学学院日历，因为与传统相悖，更显得这是极度不寻常的一步。这表现出了她的敢于冒险与打破常规的个性，前文也已经提到过一些这方面的例子。[3]

---

[1] 阿尔弗雷德·马歇尔于 1879 年 6 月 18 日致福克斯韦尔的信（弗里曼收藏，1/9）。详细的有关布里斯托这段经历的信息，请参见第 9 章。

[2] “但是阿尔弗雷德和我都很忧心，感觉我应该被允许参加学院的工作，特别是因为它是第一所混合教育的学院”，玛丽·佩利·马歇尔，《手稿笔记》（NCA）。

[3] 布里斯托大学学院，会议纪要，第 91 页（BUL，特色收藏）。参较 J.A. 和 Olive Banks，《维多利亚时代英国的女权主义和计划生育》（*Feminism and Family Planning in Victorian England*），第 50–51 页，上文第 224 页注释 * 有部分引用。

马歇尔显然赞成他的妻子在结婚一年后重新开始她的教学生涯，后来玛丽在马歇尔教书的另外两个学校中继续保持了这种做法。玛丽·马歇尔在布里斯托的女学生中极受欢迎，这反映在她日间班入学人数的增长上，也反映在布里斯托早期学生的回忆中。其中一段回忆来自 N.F. 皮斯夫人：

> 马歇尔夫妇的到来使 1877 年至 1878 年这段时间变得趣味盎然。马歇尔夫人优雅的魅力吸引了每一个人，在我们看来，她代表了纽纳姆和女性高等教育事业。这一代人很难意识到这一事业对我们意味着什么。那时，没有任何学位或专业考试向女性开放，也没有学院能够让女性也进入同样的课堂，除了我们的学院……在这场斗争中，马歇尔夫人尽了自己的力量，能有她站在我们中间，我们感到非常荣幸。她很早就成立了一个女性辩论社团，这个社团非常活跃，甚至有一次辩论不得不暂停。辩论主题是爱尔兰自治法案。当时有一些居住在克利夫顿的兼具教养与魅力的爱尔兰家庭，我还记得他们的女儿们与我们之中帕内尔（Parnell）的拥护者所展开的那近乎令人热泪盈眶的雄辩。[1]

关于地方自治的辩论，以及也许更广泛的妇女辩论社团的活动，可能不太 236
受布里斯托保守社区的欢迎，但他们的财政捐款对这所新学校的生存来说至关重要。不管这两者之间有没有因果关系，这样的捐赠在 1878–1879 年间确实下降了，在 1879–1880 年间也是相对下降了。到 1881 年，学校的财政状况已岌岌可危。媒体报道了马歇尔从校长职位上退休的消息，还说这所大学在他的领导下取得了巨大的成功，不过并没有报道财务上的问题，大学的官方记载将马歇尔辞职归因为“健康状况不佳”，“没有时间思考和写作”以及他对“不断乞讨”的极度厌恶。马歇尔曾写信给福克斯韦尔说，他从未觉得这部分职责是轻松的，因为布里斯托市民的反应非常不稳定，对变幻莫测的国家政治的反应

[1] M.F. 皮斯，《关于布里斯托大学的一些回忆》，署名日期为 1942 年 2 月 13 日，BUL，特色馆藏。阿尔弗雷德·马歇尔于 1879 年 6 月 18 日致福克斯韦尔的信（弗里曼收藏，1/9）。

也是如此。[1]

玛丽·佩利重新担任大学讲师，这对马歇尔的婚姻还有一些其他影响。19世纪70年代的一项家庭调查显示，超过一半的中上层阶级女性在结婚一年内生了第一个孩子，近90%在结婚的头两年内生孩子，[2]与此相反，马歇尔夫妇一直没有孩子。一种可能的解释是，玛丽·佩利想在情况允许时尽快恢复工作，这个在当时罕见的意愿促使马歇尔夫妇有意识地决定不生育。有大量的人口学证据表明，从19世纪70年代开始，计划生育逐渐成为职业人士和其他中上层家庭的惯常做法，而在维多利亚时代晚期，节育工具很容易获得，对于中产阶级家庭的收入来说也相对便宜。[3]马歇尔夫妇没有孩子的原因是玛丽想要继续她的事业，还是其他，我们稍后再讨论。这对他们的婚姻关系来说是一个非常重要的问题，尤其在布里斯托的早期生活中，这是不容忽视的。[4]

另一个布里斯托早期婚姻生活的特征也需要提及。马歇尔对他在布里斯托大学的工作越来越不喜欢，这种厌恶可能部分地转移为对婚姻生活的不满。对工作的不满从他给福克斯韦尔的多封信中就能体现，他在信中说想去伦敦和剑桥寻求工作机会。这种不满在1879年春进一步加重，除了疾病导致他的休闲活动受到了极大限制外，还要完成《产业经济学》这个苦差事。婚姻常被认为是导致马歇尔离开心爱的剑桥大学，以及脱离圣约翰学院研究员那种迷人的生活的直接原因。他在1884年写信给福克斯韦尔说，“我对让我辞去研究员职位
237 的那些旧条例极为愤恨，但学院却无能为力”，这句话是受到1882年出台的新法令的刺激，该法令允许已婚男子保留他们的研究员职位。[5]此外，如果他的

[1] *《西部日报》(*Western Daily Press*)，1881年9月31日；巴兹尔·卡托（Basil Cottle）和J.W.谢伯恩（J.W. Sherborne），《一个大学的始末》(*The Life of a University*)，布里斯托：J.W.阿罗史密斯出版公司，1959年，第19页。1876–1901年布里斯托大学的捐款收支数据，BUL，特色馆藏。1880年4月20日，马歇尔写信给福克斯韦尔，说他对迪斯雷利领导的保守党的下台，以及自由党的胜利感到非常高兴。他补充说，“我们不敢为钱游说，直到保守党失败的愤怒逐渐消散”（弗里曼收藏，6/151）。1899年，马歇尔写信给休因斯（Hewins）说，他非常“厌恶”布里斯托工作中乞求捐款的部分，他说这差事“几乎要了他的命”（A.W.Coats，《阿尔弗雷德·马歇尔和伦敦经济学院的早期发展》，*AMCA*，Ⅳ，第135页）。

[2] J.A.Banks，《维多利亚时代的价值观和家庭规模》(*Victorian Values and the Size of Families*)，伦敦：劳特利奇 & 基根·保罗出版社，1981年，第72–73页。

[3] 同上，第97–101、113页。

[4] 参见下文第260页和注释*。

[5] 马歇尔于1884年4月29日致福克斯韦尔的信（弗里曼收藏，48/123）。

妻子没有满足他对家庭妇女的期望，就像他在《经济学原理》[1] 中所颂扬的母亲形象一样，那么，他对已婚身份的价值评价则会大大降低，从而使夫妻关系紧张。他们各自的亲人曾与他们同住在布里斯托的房子里，这点也没有对他们的婚姻生活产生益处。[2] 他那独特的妻子对他工作的影响，可能导致了更多的问题。简而言之，在布里斯托的这段时期，与他们的婚姻生活密切相关，马歇尔后来回忆，这是他事业、健康，以及家庭生活中的瑕疵，因为在这期间他承受了丧亲之痛，尤其是他母亲去世的打击。布里斯托的经历不可能为建立一段特别幸福的婚姻关系打下良好的基础。后来，马歇尔把他去布里斯托的这段经历描述为“对一个人生命的腐蚀……这是我做过的最可悲的事”。[3]

随后的婚姻生活：在巴勒莫、布里斯托与牛津

1881–1882 年，他们暂时离开布里斯托去各处旅居，冬天在巴勒莫度过，缓慢向北途经意大利的那不勒斯，春天去了佛罗伦萨和威尼斯，夏天在巴伐利亚阿尔卑斯山和伯恩茅斯度过，这对改善他们的家庭关系似乎有很大帮助。玛丽·佩利·马歇尔后来回忆说，这段时间是她一生中最快乐的时光之一。阿尔弗雷德·马歇尔也有类似的观点。管理布里斯托大学学院的焦虑和苦楚一扫而空。他沐浴阳光、呼吸新鲜空气，在巴勒莫周围的群山中与大自然亲近，同时他也终于开始《经济学原理》这一巨著的写作。与此同时，玛丽·佩利沉浸于她的水彩画和素描，四处逛市场与观光，还有一部分时间与学生时代的密友简·哈里森一起游玩。他们的旅居生活可能为马歇尔家庭内部形成一种公认的生活方式奠定了基础。双方在必要的时候互相支持，但总的来说，他们各自忙

[1] *P* Ⅰ，第 252–253 页，*P* Ⅷ，第 198 页。

[2] * 1881 年居民普查报告显示，这一时期玛丽的哥哥乔治与他们住在一起；玛丽·佩利未发表的纽纳姆笔记表明，他们暑假离开了布里斯托两个月，“我们的房子被阿尔弗雷德的亲友占据”。阿尔弗雷德与岳父的关系也不是很融洽。1885 年 4 月，马歇尔写信给福克斯韦尔邀请他来共进早餐，但他附加了条件，“如果岳父不和我们一起吃早餐的话（我将在明天中午之前知道），我想请你在周日一起吃早餐，但如果他在的话，我就不敢了”（马歇尔于 1885 年 4 月 21 日写给福克斯韦尔的信，弗里曼收藏，68/6）。前文第 3 章第 62 页注释 2 已提到了，妻子去伯恩茅斯看望父母时，马歇尔很少陪伴，他不喜欢的原因可能来源于 1878 年他们在厄福德与佩利家人度过的暑假，这是岳父的教区，也是他们结婚的地方。对于这种相当常见的姻亲问题对他们关系的影响程度，我们只能猜测一二。

[3] 马歇尔于 1891 年 8 月 30 日致约翰·内维尔·凯恩斯的信，马歇尔档案，1：102。

于不同的事业和娱乐活动。刚到达时妻子对马歇尔的照顾也获得了回报，玛丽后来因患疟疾而发烧，马歇尔悉心照顾直到她恢复健康。这是她住在巴勒莫的
238 最后一段时间染上的，那一年的 2 月，巴勒莫格外阴冷潮湿。[1] 这一年里的度假休息在一定程度上缓解并改善了布里斯托的琐事所带来的紧张气氛，更值得庆幸的是，它使马歇尔开始着手开展他的建设性工作，也就是《经济学原理》的写作，玛丽也能够全神贯注地开始绘画，并且水平日渐精进。[2]

回到布里斯托之后，我们对于他们最后一年的生活了解得不多，只知道他们都恢复了各自的经济学教学。不过，马歇尔摆脱了行政上的麻烦，还从小册子的写作转向了他的《经济学原理》的写作，这无疑都让布里斯托的生活轻松多了。之所以能够重返布里斯托，是因为贝利奥尔学院捐赠了每年 250 英镑，或许更确切地说，这是本杰明·乔伊特的礼物。[3] 其中 200 英镑用于支付马歇尔重新担任政治经济学教授的津贴。尽管布里斯托大学学院可能期望这次的教授工作能是长期的，但在 1883 年初，马歇尔夫妇访问了剑桥，讨论了在那里就职的可能性。约翰·内维尔·凯恩斯在他 1883 年 4 月 21 日的日记中写道："布里斯托的马歇尔教授和夫人下午来拜访我们；晚上，我们在圣约翰公寓与他们共进晚餐（还有查尔斯·泰勒博士，他在 1881 年贝特森去世后接替他担任院长）。我坐在马歇尔夫人旁边，与她的交谈十分愉快。"这次访问之后，马歇尔写给福克斯韦尔说，"在剑桥的你们都如此善良美好，想要加入你们的念头几乎克制不住了"，这表明其间他们谈到了让马歇尔回到母校任研究员或讲师的事宜。[4] 然而不久之后，马歇尔夫妇决定搬到牛津开始新生活。1883 年 3 月，阿

[1] ¶ 玛丽·佩利·马歇尔，《我的回忆》，第 29 页；给沃尔特·斯科特的笔记；《科西马·瓦格纳日记》（*Cosima Wagner's Dairies*），马丁·格雷戈尔 – 德林（Martin Gregor-Dellin）与迪特里希·麦克（Dietrich Mack）编，纽约：哈考特·布雷斯·乔万诺维奇出版社，1980 年，第 2 卷，第 803–816 页，详细记录了巴勒莫 1882 年 2 月的寒冷的天气、风暴、大雨，因为这一恶劣的天气使得她的丈夫染上了风寒，还让儿子齐格弗里德（Siegfried）发了高烧。

[2] 参较 W.G. 康斯塔伯，《剑桥的艺术与经济学》（'Art and Economics in Cambridge'），《鹰》，59（1960–63），第 21–26 页；图 23–25 是她在巴勒莫的一些素描作品。

[3] 布里斯托大学学院的会议纪要，第 207–210 页，其中记录了马歇尔再次被任命为政治经济学教授，还有他的妻子被允许协助他讲白天的课程。W.M. 特拉弗斯，《拉姆齐爵士的一生》，第 76 页，表明资金来源是本杰明·乔伊特的私人捐款。

[4] * JNKD，1883 年 4 月 21 日。1883 年 3 月底，马歇尔对福克斯韦尔宣告了这次访问。他们和泰勒一起待在圣约翰学院的公寓，这表明这次访问是为了讨论马歇尔在学校的职位。1883 年 3 月 30 日，马歇尔写给福克斯韦尔的信，马歇尔图书馆，3：10；未注明日期（1883 年 4 月下旬？），马歇尔写给福克斯韦尔的信，马歇尔图书馆，3：13。

诺德·汤因比因脑膜炎意外去世，生前他为印度文官们讲授经济学，因此贝利奥尔学院有了一个职位空缺，于是乔伊特说服马歇尔夫妇接受了这个挑战，去牛津教经济学。[1] 马歇尔本人对于布里斯托生活的评价已在前文提到了。后来玛丽·佩利也指出，“尽管我们很喜欢布里斯托和那里所有的朋友，**但要离开它确实是一种解脱**”。[2]

在 1883–1884 学年伊始，马歇尔一家及时搬到牛津大学，为即将开始的教学做准备。乔伊特向马歇尔建议，担任讲师之后，有很大希望接任波那米·普莱斯（Bonamy Price）成为德拉蒙德教授（Drummond Chair），这更加坚定了马歇尔在这个新的岗位上工作终生的打算。所以，在卖掉克利夫顿的房子后，他们在牛津的伍德斯托克路 46 号买了一栋带小花园的房子。他们现在的收入很高，生活水平有了明显的提高。马歇尔夫妇每年有 400 英镑的收入，其中每年 200 英镑是马歇尔在贝利奥尔学院做讲师的工资，每年 50 英镑来自玛丽·佩利的教学工资，还有 150 英镑是他们（实际上是她自己）的资本收益。考虑到当时 3% 的公债收益率，这笔资金可能高达 5000 英镑。在 1882 年 10 月他们回到布里斯托时重新服侍他们的女仆萨拉，也和他们一起去了牛津，
毋庸置疑，她是举办晚宴时必不可少的帮手。在牛津的一个夏天，他们去了海 239
峡群岛度假，“把房子留给了亲戚居住”。不过，玛丽·佩利的记录中并没有说明是谁的亲戚。[3]

他们在牛津的生活是愉快的，虽然最终有些短暂。有记录表明他们在新环境中总体上是快乐的，不过，马歇尔在写给福克斯韦尔的信中，抱怨了一些工作上的事。尤其是阅读大量关于印度的文章让他苦恼，因为这让他无法集中精力完成他的写作任务。[4] 更一般来说，他在牛津大学的第一学年即将结束时告诉福克斯韦尔：

> 我非常喜欢牛津大学，但我尚未结交许多在经济学上志同道合的

---

[1] 1883 年 3 月 30 日与 1883 年 4 月 30 日，马歇尔致福克斯韦尔的信（马歇尔图书馆，3：10，3：17），以及乔伊特致马歇尔的信，1883 年 3 月 28 日（马歇尔图书馆，1：18）。

[2] 玛丽·佩利·马歇尔，《手稿笔记》（NCA），粗体是我加的。

[3] 玛丽·佩利·马歇尔，《我的回忆》，第 26–27 页；1883 年 3 月 28 日，乔伊特致马歇尔的信（马歇尔图书馆，1：18）。但是参较上文第 237 页和注释 *，她在未出版的回忆中表示，是阿尔弗雷德的亲戚在他们度假的时候占据了他们的房子。

[4] 马歇尔 1883 年 7 月 22 日致福克斯韦尔的信（马歇尔图书馆，3：19）。

人。我不能够参加晚上的聚会……不能以其他方式与大学生和其他人自由交流，这对我造成了很大的阻碍。这让我很难接触合适的朋友。能做的我都做了，但我每次赴约或请客人到家里做客，都有些煎熬。除此之外，我很开心。[1]

一个月后，马歇尔被选举为贝利奥尔学院无薪的研究员，而后他写信给福克斯韦尔，感谢他、詹姆斯·沃德，以及麦卡利斯特（McAllister，一位伊拉努斯协会的老朋友）的祝贺：

贝利奥尔学院已经把我讲师工资涨到200英镑；因为我的教学并不局限于印度学生。研究员的职位没有薪水，但除此之外的权利都可以享受，例如，在管理机构中有一席之地，因此它与名义研究员不同。我们做得很好，也非常开心。[2]

最后一句话后马歇尔用圆括号补充道，“我妻子现在高兴极了，简直就是欣喜若狂。我正在写信的时候，玛丽从萨默维尔大厅回来了。她说学生们打算举行火炬游行庆祝胜利。她也要加入”。玛丽之所以如此快乐，还要参加学生游行，是因为当年早些时候学生们的请愿书获得了同意。请愿书要求“允许女性参加一些普通的荣誉考试。令所有人惊讶的是，此法令以464票对321票获得通过”，对所有关注女性能否获得全面高等教育权利的人来说，这是个值得狂欢庆祝的理由。[3]

玛丽·佩利继续积极参与妇女问题和其他社会问题。在她对牛津这四个令人愉快的学期的叙述中，有一部分回忆了这方面的情况，还有一部分与这一时期一些轻松的娱乐活动相关。

女子学院刚成立不久，我有幸结识了玛格丽特夫人学院（Lady Margaret Hall）的首任院长华兹华斯小姐。她聪明机智，妙语如珠，

[1] 马歇尔1884年3月10日致福克斯韦尔的信（弗里曼收藏，12/73）。

[2] 马歇尔1884年4月29日致福克斯韦尔的信（弗里曼收藏，51/123）。

[3] 同上，参见维拉·布里顿（Vera Brittain），《牛津的女人们》（*The Women at Oxford*），伦敦：哈拉普出版社（Harrap），1960年，第66页。

> 和她一起散步是一种乐趣。后来，拉斯金在牛津大学上绘画课，听者如云，他鼓励大学生们去修路。此时汤因比馆正在兴建中，巴奈特一家经常到贝利奥尔来鼓动年轻人积极参加。慈善组织协会才刚刚成立，菲尔普斯先生担任主席，艾伯特·戴西（Albert Dicey）先生和埃莉诺·史密斯小姐（带着她的狗）定期出席会议；还有一个由西德 240
> 尼·鲍尔先生领导的社会问题讨论协会。所以我们在牛津的四个学期非常有意思。[1]

他们在牛津的大部分社交活动都围绕着他们与贝利奥尔学院的院长本杰明·乔伊特的友谊展开，这段友谊是从布里斯托时期开始的，当时大学理事会会议结束后，乔伊特和他们一起待在克利夫顿。不过，玛丽·佩利也提到了许多其他杰出的贝利奥尔学院研究员，他们互相认识并成为朋友。其中就包括伊芙琳·阿伯特（Evelyn Abbott）、路易斯·内特尔希普（Lewis Nettleship）、安德鲁·布拉德利（Andrew Bradley）、斯特罗恩·戴维森（Strachan Davidson）、艾伯特·戴西、阿尔弗雷德·米尔纳（Alfred Milner），[2] 他们中有些人是马歇尔夫妇一生的朋友。但牛津生活的主要快乐还是由"院长"乔伊特带来的，他们一直保持联络，无论是当面交流还是书信来往，直到乔伊特 1893 年去世。玛丽·佩利亲切地回忆道：

> 乔伊特喜欢把朋友聚在一起，几乎学期里的每个周末都会叫一些他认为投机并愿意相互帮助的人来家里小聚。他打算在周六精心筹备一个规模盛大的聚会，阿瑟·西季威克曾称之为"诺亚方舟"晚宴，因为各种奇怪的人会成双成对地走进来。其中很有趣的一对是身形魁梧的罗斯伯里夫人和身材矮小的暹罗王子。还有葛逊一家、赫胥黎一

[1] 玛丽·佩利·马歇尔，《我的回忆》，第 35 页。

[2] * 出处同上，第 36 页。伊芙琳·阿伯特（1843–1901）是一名古典学者，曾在珀西瓦尔的克利夫顿学院任教一段时间，后来为乔伊特写了传记；路易斯·内特尔希普（1846–1892）是贝利奥尔学院的教员和导师，T.H. 格林传记的作者，在攀登勃朗峰时死于登山事故；安德鲁·塞西尔·布拉德利（1851–1935），贝利奥尔学院的教员和讲师，先后教授英语和哲学（接任格林）；斯特罗恩·戴维森（1843–1916），乔伊特的学生，有望接替他成为贝利奥尔学院的院长，是专门研究罗马史的古典学者；艾伯特·维恩·戴西（1835–1922），1882 年起成为英国法的法佛尼林教授（Vinerian Professor），是著名的宪法律师；阿尔弗雷德·米尔纳子爵（1854–1925），汤因比馆的创始人，葛逊的私人秘书，汤因比的传记作者以及他遗稿的编辑，后来深度参与了南非的事务。

> 家、马修·阿诺德、罗伯特·勃朗宁、“该死的神学”的罗杰斯、澳大利亚总理罗伯特·莫里耶（Robert Morier）爵士、科妮莉亚·索拉基（Cornelia Sorabji），以及艾伯特·格雷夫妇。我记得艾伯特·格雷躺在学院花园的河岸上说：“和副主席待在一起，是不是太值得我们高兴了？”饭后，少数几个本科生被邀请过来和我们一起听音乐。星期天，只在晚饭时举办一次室内聚会，在贝利奥尔学院的音乐会开始之前，这种小型而亲密的聚会是最让人愉快的。最有趣的讨论之一，是和罗伯特·莫里耶爵士讨论“人在哪些领域可以说谎”。另一个有趣的交谈是关于面包的价格，芒代拉（Mundella）先生也积极参与了讨论。房子也有早餐聚会。阿斯奎思（Asquith）先生也在其中，阿尔弗雷德说他的嘴像个盒子，闭得很紧。谈话主要围绕着“时髦事”展开，从素食主义谈起，接着又说到反疫苗主义，对于这个话题，阿斯奎思先生有很多话想说，尤其是关于给他带来麻烦的莱斯特人。阿尔弗雷德建议以投票的方式来处理“时髦事”的问题。聚会在午饭继续进行，阿斯奎思先生对律法界的闲言碎语很感兴趣，作为法律顾问，他对帕内尔有很多自己的看法。他说帕内尔似乎不喜欢爱尔兰，也不关心去不去那里。地方自治法案期间，A.J. 巴尔福（A.J. Balfour）在这里待过一个周末，当时谈话主要也是关于这个主题，乔伊特后来说：“当然，之前我们说的内容没有更进一步的讨论了。”[1]

玛丽·佩利回忆，在伍德斯托克路的家中，他们与乔伊特和维诺格拉德夫（Vinogradoff）教授的一次即兴晚宴，这是在牛津所能进行的无忧无虑的娱乐活动之一。马歇尔非常欣赏维诺格拉德夫教授的作品，玛丽的这段回忆值得引述：

> 有一天，阿尔弗雷德碰巧遇到了维诺格拉德夫教授，对他极为欣赏，于是便邀请他和我们一起用晚餐，那天晚上本来已经和乔伊特约
> 241 好吃饭的。刚开始气氛有些尴尬，因为乔伊特没见过维诺格拉德夫，

[1] 玛丽·佩利·马歇尔，《我的回忆》，第 37–38 页。玛丽·佩利一定见到了一位澳大利亚长官，直到 1901 年联邦政府成立后才选举出总理。

他通常在陌生人面前比较腼腆，但过了一会，谈话变得越来越自在；晚饭后我们坐在小后花园的桦树下，圆月当空，时而谈及哲学，时而论及诗歌，这就是乔伊特口中的“美妙”。那晚是我所见过的他谈得最尽兴的一次，我真希望我还能回忆起那天谈话的更多细节。[1]

然而，与牛津的生活仓促开始的原因一样，它的结束也是由于一个人的意外去世。尽管四个学期之后，马歇尔夫妇“已经在牛津大学定居了下来，习惯了他们在伍德斯托克的小房子和花园”，并双双沉浸于各自的教学工作中，但马歇尔“总是觉得剑桥大学才是他真正的家”。[2] 亨利·福西特于 1884 年 11 月 14 日去世，剑桥大学政治经济学教授的职位空缺，给了马歇尔返回剑桥的机会。12 月，马歇尔被选为教授，1885 年初他们重新在剑桥大学定居，1886 年起他们住进了自己建造的房子中，直至两人分别于 1924 年和 1944 年去世。

隐居的剑桥教授夫妇（1885–1924 年）

人们口口相传马歇尔夫妇是一对恩爱夫妻，这在很大程度上是因为他们在剑桥共同度过了长达 40 年的岁月。他们大部分时间住在贝利奥尔的一栋自己建造的房子中，房子位于当时剑桥的郊区，在马丁利路 6 号，步行就可到达圣约翰学院，骑自行车不一会就可到达纽纳姆学院的大门。忠实的女仆萨拉一如既往地帮助他们，根据玛丽·佩利和其他人现存的通信与回忆，他们在那里的婚姻生活确实如人们所说的那样幸福。当他们的婚姻生活与大家所熟知的双方在学术上的合作关系相结合时，这个结论就更加牢靠了。

1885 年 1 月，当马歇尔夫妇重返剑桥时，最初是租住在剑桥的切斯特顿路（Chesterton Road）17 号。虽然居住的时间很短，但他们经常在这里招待朋

[1] 玛丽·佩利·马歇尔，《我的回忆》，第 38–39 页。保罗·加夫里洛维奇·维诺格拉德夫（Paul Gavrilovitch Vinogradoff，1854–1925）是著名的俄国法律和中世纪历史研究者，1883–1884 年他在英国进行研究。他的英文著作有《英格兰的乡村》（*Villainage in England*）、《庄园的成长》（*Growth of the Manor*）、《封建主义的起源》（*Origins of Feudalism*）、《历史法理学概论》（*Outlines of Historical Jurisprudence*）、《中世纪欧洲法律》（*Laws of Medieval Europe*）以及《社会与法律史研究》（*Studies in Social and Legal History*）。

[2] * 玛丽·佩利·马歇尔，《我的回忆》，第 42 页。她未发表的笔记（NCA，第 1 页）写道：“我们已经决定，牛津是我们未来的家。”然而，在 1884 年，福西特去世了。马歇尔接替这一教职以及他后来作为剑桥教授所开展的活动将在第 10 章进行详细的讨论。

友和同事。从约翰·内维尔·凯恩斯的日记中可以找到许多相关信息，他记录了1885年3月17日在马歇尔家用餐的场景，一同的还有牛津大学的马克伯（Markby）博士和夫人，他接替马歇尔的职位，在牛津临时授课。还有1885年6月27日，他见到了弗朗西斯·亚玛撒·沃克和他的妻子，12个月后，也是马歇尔夫妇在切斯特顿路的房子里举办的最后几场晚宴之一，他与福克斯韦尔，以及马歇尔以前在牛津的学生L.L.普莱斯共进了晚餐。[1]

回剑桥不到一个月，马歇尔就给圣约翰学院的财务主管[2]写信，询问可否租用学院在格兰奇路（Grange Road）的土地建造房屋。从第一封信可以看出，马歇尔的想法与圣约翰学院的政策存在冲突，政策规定在格兰奇路建造的
242 房子的价值要超过2000英镑，而马歇尔只希望花1000英镑建造房屋，并且由他自己和著名设计师J.J.史蒂文森（J.J. Stevenson）[3]共同设计。马歇尔只愿意进行这么小的投资的理由是"只需要占用很小的空间"，[4]并且他的设计师也建议1000英镑足以建造一栋满足他要求的大小，以及建筑效果"不错"的房屋，可以涵盖所有可预见的额外费用。由于这个冲突，马歇尔请财务主管恳求学院理事会在他的事情上破一次例，除了格兰奇路的这个地点，他没有找到更合适的地方，而且如果建房费用对这个租约真的很重要的话，他愿意每年付双倍的租金。

4月底，在得到学院理事会令人沮丧的答复之后，马歇尔还选了一些其他地址，首选依然是格兰奇路，其次是爱情巷（Love Lane）的东边尽头；最后是马丁利路上的一处地址，位于圣约翰学院的板球场对面，板球场后来成了草地网球场。在同一封信中，他再一次强调了最多只愿在房子上花1000英镑的想法，并附上了他的草案作为支撑。5月之中，经过多次信件沟通，双方最终

[1] JNKD，1885年3月17日，1885年6月27日和1886年6月6日。

[2] 马歇尔1885年2月2日致财务主管的信，SB21不动产文件57号，马丁利路，圣约翰学院档案馆。

[3] * J.史蒂文森（1831–1908）。他设计的建筑包括教堂、伦敦和乡村住宅，以及牛津和剑桥大学里的一些建筑修复。他还以船舶的内部设计而闻名，这一能力在马歇尔家的洗碗槽的设备上也有所体现。要欣赏他的作品，可参见《鉴赏家》（*The Connoisseur*），185（744），1974年2月，第102–112页；《*DNB*附录1901–1910》，第414页。感谢R.A.格林博士，他是马丁利路6号最后一位私人住户，他提到在《鉴赏家》里可以参观这所房子，他还让我注意到马歇尔与财务主管之间关于土地购买的通信，这些都保存在圣约翰学院档案中。

[4] ¶ 丽塔·麦克威廉斯－塔尔伯格认为，这可能表明，在1885年，马歇尔夫妇已经放弃了任何生养孩子的想法（或希望）。

达成一致，在马丁利路建一所造价 1000 英镑的房子，租金每年 15 英镑，房屋西边的边界由学院出资建设，连接一个从北边来的入口，而由谁来支付接入城市排水系统的费用还没有定论。马歇尔在最后表示同意的信中希望能够马上得到土地的使用权，因为他想在“差不多两周之内”动工。另外他也希望改变周围苗圃的租赁约定，来确保不会在土地东边——也就是靠近马歇尔家的这一边——“堆放任何粪肥”。

1885 年 6 月 8 日，财务主管通知马歇尔原来的租客即将离开，西边界将会按协议规划建造好；但租契直到 1886 年 6 月 16 日才签署。租期为 98 年，年租金 15 英镑，每半年支付一次，马歇尔承担所有相关税金，但要保证每 3 年粉刷一次房屋，并为房子投保火险。[1] 1885 年 7 月初，房子开始动工了，由于与学院在一条沟渠上的争议，11 月份工期短暂停滞了一段时间，但在 1886 年 7 月，马歇尔对福克斯韦尔表示，8 月搬进新家应该“不成问题”，还说更重要的是他们想邀请沃克一家作为新家的第一批客人。[2]

房子有三层，位于一块很不规则的土地中间（房屋占地 34.14 米 *29.87 米，土地尺寸为 60.35 米 *54.86 米）。最终这里成了一个宽敞、绿树成荫的花园。直到 19 世纪末，附近才建起其他房子。实际上，到 20 世纪 30 年代之前，周围都没有真正意义上的邻居，有的只是林区和农场。玛丽·佩利对于房子一
些特征的描述值得一提，她说设计师最初忘了设计楼梯间，这个失误让他们额 243
外支出了足足 200 英镑才得以弥补：

> 1886 年贝利奥尔庄园建成，我们从此定居在那里……合同上的价格是 900 英镑，但由于设计师的失误，我们总共花费了 1100 英镑。很多年内，这都是马丁利路上唯一的一所房子，我们选择这里的主要原因是它树木繁茂。阿尔弗雷德在设计房屋和节约空间上下了很

[1] 马歇尔于 1885 年 4 月 28 日、1885 年 5 月 16 日、1885 年 5 月 26 日、1885 年 6 月 9 日致财务主管的信，以及财务主管于 1885 年 6 月 8 日的回信，圣约翰档案馆 SB21 不动产文件 57 号。其中还包括一份 1886 年 6 月 18 日的租约副本。1910 年，马歇尔希望自己免受潜在粪堆影响的苗圃倒闭了，这块地将被开发用于建造三个大型住宅。

[2] 圣约翰学院档案馆，剑桥建筑档案 21，1885 年 6 月 27 日，财务主管致 J.A. 莫伊斯的信；1885 年 11 月 6 日，马歇尔致财务主管的信；1885 年 11 月 10 日，财务主管给马歇尔的回信；1886 年 7 月 6 日，马歇尔致福克斯韦尔（弗里曼收藏，42/98）的信。早在 1885 年 6 月，沃克夫妇就和他们的女儿露西一起来拜访过他们。参见 J.P. 门罗，《弗朗西斯·亚玛撒·沃克传》，第 308–309 页。

> 大一番功夫，尤其是在厨房设计上。他极为渴望在较高的楼层上作学术研究，因此他觉得在剑桥最好离地面越远越好（因为地面潮湿）。然而，设计师 J.J. 史蒂文森说服了他，把书房设在了一楼，并加上了一个阳台……他喜欢青草与树木，而且对蔬果园很感兴趣，但对花不太在意。有一次，他写信给我说："我一直认为精美的蔬果园比精美的花园更生动。蔬果园更有内涵、宁静且令人轻松。"[1]

以下是对这所房子更系统的描述。一进门，首先映入眼帘的是一个门廊，还有一个可供脱外套的私密小门厅。右边是一个食品贮藏室和一个相当大的厨房；左边是一个客厅，有一个单独的餐厅（可俯瞰花园），对面则是楼梯间。餐厅和客厅加起来最多可以容纳 12 个人就座参宴。一楼有马歇尔那个带着阳台（对着房子正前方）的书房，正门就在阳台旁边。一楼还有一间卧室（他们夫妇住的）和浴室。三楼还有一间客房，带有更衣室和浴室，在斜面屋顶下面有一间房供女仆使用。其次还有一些小的阁楼储存空间。大部分家具都是嵌入式的，模仿了船舱的样式，以此来节省空间。事实上，这栋房子设计的原则就是最大限度地利用空间。例如，壁炉很小，按照那时的标准，厨房的设计也与众不同。房子真的太小了，它是一栋非常不同寻常的教授住宅。尤其是房子里只有一位住家女仆，相比于马歇尔的社会地位来说是有失体面的。也难怪圣约翰学院的理事会和财务主管都对马歇尔的建房计划表示怀疑，并且不愿意把学院的黄金地段租给他。

在对其特征的评价中，马丁利路房子的古怪被强调为史蒂文森建筑风格的一部分。虽然可以用马歇尔所说的"社会主义"来解释房子的狭小，但也只是在广义的"社会主义"上才说得通，对于这所房子的总体描述还是值得引述的，从中也可以看出马歇尔邀请史蒂文森做他的设计师的原因。对史蒂文森的青睐源自马歇尔牛津时期的生活，那时他就对史蒂文森于 1881 年在班伯里路（Banbury Road）为 T.H. 格林和 T.S. 奥蒙德（牛津大学圣约翰学院的财务主管）所建的房子很感兴趣。

---

[1] * 玛丽·佩利·马歇尔，《我的回忆》，第 42 页。她未发表的笔记（NCA）更直截了当地指出，"贝利奥尔庄园花费了 1200 英镑，因为建筑师（愚蠢的）错误"（括号里的内容在原文中被划掉了）。《泰晤士报》的讣告中提到楼梯井的丢失是马歇尔的失误（下文第 20 章第 739 页有所引用）。房子和阳台的照片可参见图 31–32。

> 大概是班伯里路的房子让马歇尔在 1885 年委托史蒂文森设计他位于剑桥马丁利路 6 号的房子，也就是马歇尔这位伟大的经济学家的“贝利奥尔庄园”。三栋房子都是“安妮女王”时期的建筑风格，史蒂文森尽了最大的努力……马歇尔的住宅是宜人的古怪，这种古怪反映了主人的品位。它非常小（马歇尔夫妇都是社会主义者，仅有一名仆人），设计得十分紧密，屋顶倾斜而过几乎落到了后面的地面上，客厅的一边是低矮的突出的飘窗，在一楼前面有一个漂亮精致的木制走廊。从这里通往书房，有着猫头鹰般聪明脸庞的“现代经济学之父”，戴着一顶小帽，常坐在书房里撰写著作与文章。[1] 244

普莱斯的回忆录[2]中包含了更多关于贝利奥尔庄园的描述，但是他并没有对设计师的建筑美学进行总体评价：

> 我不止一次去贝利奥尔庄园拜访过他们。他们为自己在庄园的装修设计中有一些别出心裁的新发明而感到自豪。马歇尔夫人对艺术的热爱是显而易见的。显然，在露天花园的新鲜空气里开展研究更加有利于健康；书架上按照常见的图书馆样式陈列的书非常引人注目。不过，在房子背后，屋顶从最高处倾斜下来几乎到达地面，马歇尔略带黑色幽默地对我说，这已经遭到邻居和其他人的许多批评了。他曾向设计师史蒂文森提到了这一点，史蒂文森告诉他，房子已经在建造了，就不必再制造其他麻烦，因为内部构造跟他和妻子的要求一致。在整个房屋完工之后，史蒂文森对此的评价是：“房子极为丑陋古怪，但这是我 30 年来一直都渴望完成的实验。”马歇尔曾抗议说那不是他一个人设计的房子，显然没有奏效。

1891 年夏天，玛丽·佩利·马歇尔向塞利格曼夫妇描述了客房和大概的访客设施，那时他们正在欧洲旅行，玛丽邀请他们来贝利奥尔庄园做客。

---

[1] 马克·吉鲁阿德（Mark Girouard），《约翰·詹姆斯·史蒂文森的建筑》，第二部分，收录于《鉴赏家》，185（794），1974 年 2 月，第 109 页。

[2] L.L. 普莱斯，《英国经济学家的回忆和笔记》（*Memoirs and Notes on British Economists*），第 8–9 页。

> 它们（客房）都很小，整栋房子也不过是个小村舍。我们“最好的房间”里有一张双人床，隔壁是一个小更衣室，两扇门隔开，里面有一张小床。我们有时会让居住较大房间的家庭里的年轻成员睡这个小床。最后还有一个房间，比更衣室稍大。如果你不介意拥挤的话……我们很高兴你把两个孩子都带来；总的来说，相比于拥挤而又装修简陋的旅馆，这里会住得更舒服……[1]

几年之后，马歇尔对他的朋友陶西格发出了类似的邀请。与塞利格曼不同的是，陶西格在 1895 年 6 月才拜访了马歇尔夫妇。[2] 在随后的几十年里，许多客人来过贝利奥尔庄园做客。约翰·梅纳德·凯恩斯以他的方式记录了他与瓦格纳和 N.G. 皮尔森的见面，[3] 他父亲的日记中还记录了一次在马歇尔家参加的晚宴，来客有吉芬、尼科尔森、邓巴（Dunbar，来自哈佛）、潘塔莱奥尼（Pantaleoni，来自罗马），摩西（Moses，来自加利福尼亚）。[4] 玛丽·佩利回忆道：

> 在剑桥大学的那些年里，许多经济学家都来过我们家里做客，其中有来自美国的、德国的、意大利的、法国的，还有荷兰的。我们很喜欢皮尔森教授还有他的妻子，他们来过好几次，还有陶西格夫妇我们也很喜欢。此外，埃奇沃思教授也是我们家的常客，因此我们与牛津大学经济学也一直保持联系，以前的学生也常来家里做客。[5]

福克斯韦尔在马歇尔夫妇居住在布里斯托和牛津的时候，偶尔会去他们家里做客，对于后来的贝利奥尔庄园，他也非常熟悉，并表示“那儿有三张空着

[1] 玛丽·佩利·马歇尔致 E.R.A. 塞利格曼的信，1891 年 6 月 9 日，参见纽约的哥伦比亚大学的塞利格曼手稿特殊馆藏。

[2] 阿尔弗雷德·马歇尔致 F.W. 陶西格（F.W. Taussig）的信，1895 年 3 月 20 日（哈佛大学图书馆，陶西格文件）。JNKD 记录了 1895 年 6 月陶西格和西季威克一同出席了在马歇尔家举办的一场晚宴。

[3] J.M. 凯恩斯，《阿尔弗雷德·马歇尔》，第 214 页。

[4] JNKD，1887 年 3 月 13 日、1887 年 6 月 9 日、1890 年 7 月 5 日、1890 年 9 月 15 日；马歇尔 1896 年 4 月 4 日致凯恩斯的信中记录了德国经济学家布伦塔诺的一次访问，并一同吃了午饭（马歇尔图书馆，1/110）。

[5] 玛丽·佩利·马歇尔，《我的回忆》，第 45 页。

的床……其中一张非常小”。[1]L.L. 普莱斯是常来他们家做客的昔日学生之一，
或许是因为他有时要担任道德科学荣誉考试的考官。普莱斯回忆了在“费伦 245
泽”（Firenze）的一次做客经历，这是马歇尔夫妇回到剑桥第一年租住的房子，
在圣约翰学院吃过晚餐后，他无意间把自己锁在了客房外面：

> 马歇尔邀请我在圣约翰学院共进晚餐，在华丽壮观的公共大厅开完会之后，他的身体仍然有些虚弱，他先回家了，给了我一把弹簧锁钥匙。福克斯韦尔带我参观了他的学院公寓。深夜，我回到他们的临时住所，此时贝利奥尔庄园还没有建好。我发现门怎么也打不开。我想应该是一些脏东西把门锁堵住了，随后我沿着马路一直走。大多数房子的灯都已经熄了，主人们或许早就入睡了。我找了一个还亮着灯的房子敲了敲门。里面是一位牧师，我想他大概正在为明天（一个星期天）的布道做准备。我向他借了一个别针，想把门锁里的阻塞物弄出来，听了我的请求他并没有多少惊讶，但我们尝试一番之后发现锁孔里什么都没有。我又往回走，想用更大的力气把它插进去，因为我担心我可能要在外面那扇开着的门和挡住我去路的门之间过夜。可是，唉，我弄坏了钥匙，只能丢人地按了门铃。于是马歇尔下来让我先去他的屋子，后来我尴尬地发现原来门上有两个钥匙孔，我没有尝试另外一个。这就是我的深夜奇遇，第二天吃早饭的时候，马歇尔还愉快地拿这件事打趣。[2]

凯恩斯的日记中还透露了马歇尔夫人之前的一些学生和朋友曾来他们家中暂住，也有一些只同他们吃了晚饭。日记中提到了李小姐、芒代拉小姐、伊瓦特小姐、克拉夫小姐、沙普利小姐、弗莱彻小姐和麦克阿瑟小姐，真是一份令人生畏的名单。[3]玛丽·佩利的亲戚有时候也会来访。[4]没有记录显示马歇尔这边的亲戚也来过，直到马歇尔的外甥达到参加正式午宴的年纪，才与马歇尔

[1] 阿尔弗雷德·马歇尔于 1887 年 8 月 22 日致福克斯韦尔的信（弗里曼收藏，23/168）。

[2] L.L. 普莱斯，《英国经济学家的回忆和笔记》，第 17–18 页。

[3] JNKD，1887 年 11 月 27 日，1888 年 2 月 19 日，1895 年 5 月 4 日，1900 年 2 月 18 日和 1904 年 2 月 4 日。芒代拉、沙普利、弗莱彻和麦克阿瑟小姐在荣誉考试中都取得了不错的成绩。参见下文第 245 页和注释 92。

[4] 阿尔弗雷德·马歇尔于 1885 年 4 月 21 日致福克斯韦尔的信（弗里曼收藏，68/6）。

夫妇在贝利奥尔庄园共进午餐，此时马歇尔早已退休。[1]

然而，并非只有专业经济学家和从前的学生来贝利奥尔庄园做客。由于马歇尔夫妇积极参与社会讨论协会（Social Discussion Society）的会议，演讲者们也经常来贝利奥尔庄园暂住。玛丽·佩利记录了他们在剑桥生活的这一方面：

> 在我们回来后不久就成立了一个社会讨论协会，有许多有趣的参与者，其中包括奥克塔维亚·希尔、艾玛·孔斯（Emma Cons），还有美丽的玛丽·克利福德，她是第一批女性（济贫法）监督员之一。在布里斯托，她常常被称为“穷人的保护神”。除此之外，我们还接待了许多工人。有一次，我带两个工人参观国王学院的礼堂，我们在里面坐了一会，然后我问他们还想参观哪些地方，其中一个说：“别带我们看别的了，这样对这里的印象才不会被冲淡。”本·蒂利特（Ben Tillett）、汤姆·曼（Tom Mann），还有伯内特（Burnett）都是我们的客人，其中托马斯·伯特（Thomas Burt）尤其讨人喜欢。[2]

本·蒂利特是留宿在贝利奥尔庄园的一名工团主义者，他是码头工人的领袖。约翰·内维尔·凯恩斯记录了有蒂利特出席的一次晚宴，其他客人有汉弗莱博士和夫人、V.H. 斯坦顿、哈里·阿维斯（Harry Aves）。在评论梅纳德·凯恩斯所写的马歇尔纪念文章时，佛罗伦斯·凯恩斯（Florence Keynes）这样回忆起那个场合：“你说‘他寻求一个由工团主义者、合作者以及其他工人领导者组成的协会’，这使我想起在贝利奥尔庄园的晚宴上见到的本·蒂利
246 特，他是劳工世界冉冉升起的新星。我记得他是怎样在餐桌上用铅笔刀修剪指甲来显得与众不同的！”[3]

马歇尔作为这类工人集会的组织者，他的谈话也被其中一位客人记录了下来。工人学院成员在 1901 年访问剑桥大学时参加了这次聚会，此次行程还包括为 7 名代表准备的在贝利奥尔庄园的晚宴。

[1] C.W. 吉尔博，《关于阿尔弗雷德·马歇尔的一些个人回忆》，第 91–93 页。

[2] 玛丽·佩利·马歇尔，《我的回忆》，第 43–44 页。

[3] JNKD，1889 年 11 月 8 日；佛罗伦斯·凯恩斯致约翰·梅纳德·凯恩斯的信，1924 年 9 月 5 日（KMF）。

马歇尔教授夫妇一直陪同我们，直到 11 点钟教授才带我们回到住处。在他家里，我们谈到了尼亚加拉大瀑布的力量、潮汐、阳光、电力，还有爱迪生所说的蓄电池；谈到了最好的房屋样式、街道、烟囱和烟的消费者；谈到了约塞米蒂（Yosemite）的美景，谈到了镜湖，以及它如此平静的原因，谈到了它的水面在每天早晨的某个预定的时刻被搅动，谈到了那里的巨松和加利福尼亚更广阔的森林。他还拿出了一些照片给我们看——其中一张湖的倒影如此逼真，乍看之下你根本看不出他是把照片倒过来的——并指出了这个国家的地质奇观。随后我们又探讨了有关劳动和资本的问题。他还建议我们工人学院应该继续追随勒德洛，还有阅读劳埃德·琼斯（Lloyd Jones）的《工人阶级进步史：1832-1867》（*History of the Progress of the Working Classes, 1832-1867*）。他对勒德洛十分感兴趣，还高度评价了他的工作。马歇尔还提到了登特（Dent）和卢埃林·史密斯（Llewellyn Smith），还有霍利约克（Holyoake），但认为他现在年纪太大了，而且他的知识类型是很特别的那种。目前需要一个对工会内外情况都有全面了解的人。他记得曾听莫里斯讲过一个棘手的问题，就是签署《三十九条信纲》，所有学位获得者都需要签署它。他告诉我们，莫里斯反对强迫别人签署，他说莫里斯自己是真正地相信并尊重这些信纲，所以他没法忍受那些并不真正相信，只是为了保住工作而勉强签字的人。随后我们又谈到了一些国家——英国、德国或美国——经济波动的原因，还有英国、法国、德国以及美国人的战争，还谈及我们在他们困难时期所创造的财富，还有他们的进步；还谈到了进出口的关系，以及在证券和货币的生产、进口和流出之间的关系；还说到了我们需要在商品生产方面改进我们的方法与教育，包括电唱机、打字机、铰链螺丝、螺母和垫圈螺栓、辐刨铁器、纽孔机，以及药房还有其他东西。难怪，当我们离开蔷薇园，走出大门时，哈维太激动了，黑暗中他摔倒在一条干燥的沟渠里，我们只能看到他的鞋底。显然，我们非常喜欢这样的谈话与接触。[1]

---

[1] 转引自玛丽·佩利·马歇尔，《我的回忆》，第 44–45 页，以及参见上文第 70、117 页讨论的《三十九条信纲》对马歇尔早年剑桥生活的影响。

这一年夏天，马歇尔夫妇不在家的时候，家中又招待了另外一些来自工人阶级的客人。在他们离开剑桥去度假之后，家里挤满了“来自萨瑟克区的穷人，是女性协会选出来的代表”，玛丽·佩利在这个组织里表现得非常积极。这些客人由女仆萨拉照料。“她把阿尔弗雷德所关心的这件慈善工作做得很好……她热情地招待了这些客人，让她们度过了非常愉快的时光，有些还成为真正的朋友。客人中有一位纤弱的妇人，她告诉我萨拉安排她去吊床上休息，并且在她醒来后为她端来了茶。她说：‘这里犹如天堂一样。’”[1]

就这样，女仆萨拉在这个家庭中的作用变得越来越重要。她不仅在他们关心的所有问题上都是一个“权威”，而且与马歇尔夫妇一样，她也是贝利奥尔庄园这个共同体中的一员。像本杰明·乔伊特这样的常客经常坐在厨房里，与
247 萨拉聊天，还有一些客人说“这是整栋房子里最舒服的地方”。正如玛丽·佩利所回忆的，乔伊特与萨拉的交谈并不仅仅是客套的交际。“他是唯一一个她可以倾诉宗教难题的人。”这些宗教难题是很实际的，她是普利茅斯兄弟会（Plymouth Brethren）的成员，19 世纪 80 年代初，普利茅斯兄弟会的分裂导致规模已经很小的当地教会出现了分割，所以在剑桥的时候萨拉只能和另外一对夫妻一起做礼拜。那对夫妻离开之后，她成了她的教派在剑桥的唯一信徒，最终她决定参加始初循道会（Primitive Methodist）的活动。

从 1877 年马歇尔夫妇在布里斯托的早期婚姻生活开始，萨拉就一直陪伴左右，她一个人就是一支队伍：

> 她比我们更了解我们的关系网；她对来做客的朋友都非常热情，客人们也都对她印象深刻。她能够做一手好菜并且乐于迎接挑战。虽然她认为“自我享受”是不对的，但她总说，在她的生命中，最快乐的时光就是英国科学促进协会来剑桥的那一周，那时每顿正餐都有 12 道菜；她掌控全局，每晚躺在床上还在构思第二天的菜单。有一段时间，她很沮丧，因为她觉得自己对这个世界没有产生足够的价值，但后来她感到了慰藉，因为她意识到自己精心烹制的食物维持了马歇尔的健康，使得他能够写出重要的作品。……她也不是没有缺点；在她生命的最后阶段，她变得有点像个暴君，她时常忧郁地沉默。她几乎总是在 11 月提出想要离职，那是最难对付的一个月，但

[1] 玛丽·佩利·马歇尔，《我的回忆》，第 41 页。

> 我没有在意，因为我知道她不会离开。某一年的 11 月，她说想去澳大利亚，在提供旅途的全部信息之后，就没有下文了。她在自己身上花的钱很少。我们两家的亲戚都给她留下了很多遗产，她本来可以存下许多钱的，但是，她把大部分钱都寄回家了，还借了一些给所谓的朋友，这些人从未还过钱，所以她根本没存下多少。直到生命的最后，她也没什么存款，不需要订立什么遗嘱。在经历了一个多星期疾病的折磨后，她在我们家里去世了，在生命垂危的时候她已经不省人事了，不过正像医生预测的那样，她有两次短暂的清醒时刻。第一次清醒的时候她立了一份遗嘱，希望把遗产给她的侄女莉齐（Lizzie），这段时间一直是她在身边照顾，原本她也是想将遗产留给她的。第二次清醒时，阿尔弗雷德去看望她（她一直对他极为忠诚），他离开之后，萨拉对我说："他叫我忠诚的萨拉，我还有什么其他的渴求呢！"[1]

在贝利奥尔庄园的生活不仅仅有挚友、晚宴、访客，在他们自己设计的房子里，总体上是平和融洽的。但马歇尔家偶尔也会出现分歧。其中很多都是由于马歇尔在女性教育问题上越来越保守的立场，这一保守立场在 19 世纪 90 年代剑桥大学女性学位争夺战中达到了顶峰。类似的观念分歧还发生在道德科学荣誉考试上，尤其是在建立单独的经济学和政治学荣誉考试的最后关头，这是在西季威克去世之后发生的。与福克斯韦尔的通信和约翰·内维尔·凯恩斯的日记是唯一的信息来源，这些似乎是贝利奥尔庄园发生摩擦的原因。[2]

没有通信显示马歇尔对于 1887 年女性争取剑桥学位这一事件的反应，对于菲利帕·福西特（Philippa Fawcett）获得非官方认可的 1890 年数学荣誉考试的第一名这件事，马歇尔也没有作出回应。不过玛丽·佩利写信给乔伊特，对这一胜利充满了兴奋和喜悦。[3] 然而，1894 年，马歇尔在写给福克斯韦尔的信中却说，他没能够说服副校长取消对格顿学院的学生艾伦·麦克阿瑟

[1] 玛丽·佩利·马歇尔，《我的回忆》，第 39–41 页，玛丽·佩利·马歇尔致约翰·梅纳德·凯恩斯的信，1924 年 9 月 12 日（KMF）。马歇尔向查普曼（Chapman）回忆（1904 年 10 月 20 日的信，见《纪念集》，第 456 页），她"甚至操作闪光灯"为马歇尔夫妇的客人们合影，参见下文第 13 章，第 461 页。

[2] 这些问题本身在下文第 14 章，特别是第 506–507 页，第 15 章，第 547–548 页有所讨论。

[3] 玛丽·佩利·马歇尔致本杰明·乔伊特的信，1891 年 10 月 19 日，乔伊特文件，贝利奥尔学院。

（Ellen McArthur）担任历史学讲师的任命，因为她打算给一个男女混合班授课。她在1885年的历史学荣誉考试中取得了优异成绩，所以她得到了这一职位，但这并不是马歇尔所关心的，他在意的是女性教男女混合班所要面对的困
248 难。马歇尔在给福克斯韦尔的信中讲述了他的失败，这封信特别有趣，因为它列出了他遇到的各种困难。

> 我细想了一下，惊讶地发现，我的朋友中有很大一部分都狂热地支持女性解放运动。此外，我妻子和纽纳姆学院的联系对我而言也是要考虑的一个障碍，总的来说，我决定先考虑几天，再决定在我已经参加的活动之外，是否还要承担任何其他重要角色。我已经尽了我的一份，或者说大部分力量。如果我们要战斗，就必须动员那些走读生，以及那些与我没有太多共同点的人，在这一方面，我不是一个很好的人选。但是，如果有其他人组织这场运动，我很乐意充当一个次要的角色，我会花相当可观的时间，但不是非常多的时间来做这件事。[1]

在1897年5月，大学理事会准备为女性学位问题举行最终投票，非住校的文学硕士也可以参与投票，马歇尔再一次请求福克斯韦尔抨击那些支持授予女性学位的人，他说他自己无法这么做。原因是他的妻子在纽纳姆学院学生中已经拥有了很高的声誉，这阻碍他积极参与这件事。

> 如果不是出于以下三点原因，我会亲自发声。（1）我已尽了我的一份力。（2）我的妻子是纽纳姆学院的一员，除了本科生之外，来过我家的客人大约四分之三都曾经是或现在就是纽纳姆学院或格顿学院的学生，这让我不应该也不可能发表任何言论。（3）我没有文学天赋。你是**少数几个**文学造诣深厚的人之一。在我们之间有许多善于思考、勤于工作的人：但那些善于文学修辞的人大多站在另一边。……

[1] 马歇尔致福克斯韦尔的信，1894年11月9日（弗里曼收藏，3/127）。有关背景知识，请参阅丽塔·麦克威廉斯－塔尔伯格，《阿尔弗雷德·马歇尔和剑桥的“女性问题”》，《应用经济学》（1），1990年，第220–221页。JNKD，1904年2月4日提到十年后他在马歇尔家的晚餐上遇到了麦克阿瑟小姐。

> 战士，该苏醒了！时机已经成熟，你还没有尽你的那份力。这是一项重要的任务：这只有你能做。醒来吧！醒来吧！[1]

马歇尔的婚姻经受住了这种原则上的冲击，这原本是他们共同珍视的部分，这些矛盾的化解可以看作是玛丽·佩利对丈夫忠诚的表现。马歇尔在给西季威克的一封信[2]中表明，在很多有关女性学位的问题上他们都达成了一致，但是对于剑桥大学究竟是否应该变为一个“男女混合的大学”，他们意见相左。他们认为在 1887 年采用任何行动来重新展开这个问题的讨论都是不明智的，还都“对女性申请学位的条件不应比参加学位考试的条件更严格”这一原则表示认同。这一证据表明他们在主要问题上的分歧是根本性的。此外，玛丽·佩利在布里斯托教的就是混合班，虽然男性比例很小，但这段经历显然让她不大可能在艾伦·麦克阿瑟开设混合班这一事上站在丈夫那一边。从有限的证据来看，猜测这一事件中存在家庭内部矛盾似乎是很有道理的。

玛丽·佩利似乎在这些困难中得到了许多朋友的帮助。埃莉诺·西季威克（Eleanor Sidgwick）就是其中的一位，她是亨利·西季威克的妻子。她后来作为安妮·克拉夫（Anne Clough）的继位人接任了纽纳姆学院院长一职。她的传记中曾这样记载，“马歇尔夫人晚上拜访了她的朋友，将她的困境带到了纽纳姆的炉边闲谈中。”[3]遗憾的是，这些困境的内容没有被记录下来，但是在那些年里，也就是 20 世纪的前 10 年，她的困境很大可能来源于家庭内部矛盾，由她那位厌女症日益严重的丈夫引起。玛丽的顾问埃莉诺·西季威克对马歇尔 249
非常熟悉。她曾与瑞利勋爵在同一个实验室工作，后者是 1865 年数学荣誉考试的第一名，在这次学位考试中，马歇尔屈居第二。作为西季威克的夫人，埃莉诺很清楚她的丈夫与马歇尔之间关于 19 世纪 80 年代和 90 年代道德科学课程教学大纲改革的争论，还有就其他大学改革事宜的争论。在 1897 年的为女性授予学位的争论中，她与马歇尔发生了分歧，她纠正了马歇尔关于女性学生担任家庭角色方面的可疑数据，以及他对女性智力的错误概括。所以，她可以很好地指导她的朋友玛丽。

埃莉诺也经常帮助玛丽·佩利·马歇尔处理生活中平淡但也绝非无关紧要

---

[1] 马歇尔致福克斯韦尔的信，1897 年 4 月 17 日，马歇尔档案 3，(33)。

[2] 阿尔弗雷德·马歇尔致亨利·西季威克的信，1882 年 6 月 7 日（NCA）。

[3] 埃塞尔·西季威克，《西季威克夫人回忆录》，第 168–169 页。

的琐事。例如在19世纪90年代，人们认为骑自行车不是淑女所为，因为这有可能会导致“腿部肌肉发育不协调”，“损坏女性生殖器官”，还有可能因为骑车要长期低着头却抬高视线而导致“自行车眼”，[1]但是玛丽·佩利十分希望能够学会使用这一新的交通工具，来方便她的工作，不过她的丈夫对此持反对态度。然而：

> 西季威克夫人也有一辆自行车，而且还骑得非常好。在刚骑自行车的那段日子有个小插曲，由于马歇尔夫人不顾马歇尔的劝阻，很想骑自行车，所以西季威克夫人和另一个朋友一起陪她练习，一人骑一边护住马歇尔夫人。马歇尔教授在看到这样的奇观之后，怎么可能继续认为骑自行车是一种粗鲁的或不适合女性的行为？西季威克夫人可正在这么做呢。[2]

结局是好的，那一切就都是好的，西季威克夫人让玛丽·佩利骑自行车的策略被证明是因祸得福，因为她为马歇尔夫妇创造了一个新的共同活动。在1897–1898年恢复讲课之前，马歇尔写了一封信给凯恩斯，信中提到他和妻子“每天早上一起骑行……短暂的乡村度假中他们去骑了四五天”。1897年春天，他告诉福克斯韦尔，两人一起度过了一个漫长假期，他们一起骑车兜风，其乐无穷。[3]

教育上的分歧究竟对他们的关系产生了怎样的影响，是很难给出确切定论的。凯恩斯的日记曾记录，在1898年定期举办的道德科学晚宴中，只有玛丽·佩利一人单独出席，这是不大寻常的事情。也许是她的丈夫无法在这种定期晚宴的欢乐气氛中面对理事会的其他成员，因为当时只有他和福克斯韦尔两人反对给女性颁发学位。对此还有另外一种解释，马歇尔由于身体状况不佳而缺席，所以他常常拒绝参加在别人家中举办的宴会。[4]

在她的回忆录中，玛丽·佩利也记录了她独自出席的定期举办的宴会，

---

[1]《〈我是如何学会骑自行车的〉——弗朗西丝·E·威拉德评》，《经济学人》，1991年8月3日，第78页。

[2] 埃塞尔·西季威克，《西季威克夫人回忆录》，第140–143、168页。

[3] 马歇尔致约翰·内维尔·凯恩斯的信，1897年9月30日（马歇尔图书馆，1：122）；马歇尔致福克斯韦尔的信，1897年4月8日（马歇尔图书馆）。

[4] JNKD，1898年6月10日，参见下文第13章，第444页。

即剑桥女士餐饮协会的晚宴，她是 10 到 12 位成员之一。在某些形式上，她们模仿了全是男性成员的伊拉努斯协会，每学期在每位成员家中聚会一到两次。这一天的晚上，丈夫们的晚餐要么在大学食堂，要么躲在书房中自行解决。[1]

玛丽·佩利积极支持由剑桥学者妻子们组织的女性反抗运动，反对剑桥大学男性对学院事务和一般性学术生活的话语权的垄断，这件事是很有意思的。它再一次证实了作为一位身处维多利亚晚期的教授的妻子，玛丽·佩利的确是 250
非常与众不同。在当时所属的社会里，她是一个格格不入的女人，她只结交与她志同道合的朋友，她的喜好也相当古怪。回忆录中，她对一战后剑桥真正的大人物的衰落表示了遗憾，这也是她与众不同的一个表现。[2]一张去探望查尔斯·布斯（Charles Booth）遗孀的照片中，玛丽穿着“一袭黑色长袍、凉鞋和针织羊毛袜子”，可以看出她生活中的乐趣就像她与“小鼠尾草绿”的联系一样多，在拉斐尔以前的时期“我们常穿着绿色的衣服，用绿色的墙纸”。[3]这让人回想起她的学生时代，以及作为纽纳姆学院未婚青年教师的日子，这一阶段的人生被奥斯汀·罗宾逊（Austin Robinson）形容为特别幸福的时候，[4]当时她和简·哈里森为新建的纽纳姆学院教室挑选了威廉·莫利斯（William Morris）的墙纸。当时，作为一种典型的“美学运动产物”，她学着将阅读斯温伯恩的诗与“她那个时代打破传统的现实主义”结合在一起，以摧毁妄想和在所有问题上“强调批判性观点的价值”这一精神气质为乐。[5]因此，她在慕尼黑参观博物馆，在伦敦参观其他前卫的艺术展览。[6]她的这些行为也许偶尔会引起家里的争吵，而她那同样古怪的丈夫对其独立的妻子的这些癖好到底会容忍到什么程度，我们只能猜测了。

马歇尔对妻子的依赖日益加深，以及妻子生性忠诚与宽容，在很大程度上维系了这段关系，如果他们处于后来的时代，面对种种分歧，这段关系恐怕会分崩离析。尽管在大多数外人看来，他们是幸福的灵魂伴侣，在科学、家庭和

---

[1] 玛丽·佩利·马歇尔，《我的回忆》，第 45–46 页。

[2] 玛丽·佩利·马歇尔，《我的回忆》，第 46–47 页。

[3] 贝琳达·诺曼 – 巴特勒，《维多利亚时代的抱负》，第 208 页。

[4] 奥斯汀·罗宾逊爵士，《玛丽·佩利·马歇尔〈我的回忆〉》，第 123 页。

[5] 玛丽·佩利·马歇尔，《手稿笔记》（NCA）。玛丽·佩利提供给简·哈里森传记作者的笔记（NCA）。

[6] 参见上文，第 7 章，第 193 页和注释 *。

理想上都有共鸣，但现实并非如此，尤其是在19世纪90年代及20世纪早期。马歇尔在女性教育上的观点，让他在是否授予女性学位、是否任命女性为男女混合班授课，以及一所男女混合的大学是否有价值这些问题上公然与妻子持反对意见，这些显然是贝利奥尔庄园里争论的焦点。后来，开设单独的经济学荣誉考试，从而削弱了道德科学荣誉考试的作用，这可能又引起了其他矛盾。她标新立异的、远超一个职业女性范畴的行为，是这段关系的重要组成部分。在对这些问题做总结之前，马歇尔婚姻关系中的知识层面需要进一步地审视。

马歇尔家中的智力合作

阿尔弗雷德·马歇尔与玛丽·佩利结婚之时，距离他们最初的师生关系已经过去4年了。那时候，他们是经济学领域的同事，从订婚开始之时就共同执笔写书，在他们整个活跃的学术生涯中，他们先后在马歇尔成功谋得职位的三所大学中任经济学教师。最后这一方面，前文也已提及，这是他们婚姻关系的一个重要特征。在何种意义上，他们的婚姻成为一种智力上的协作关系？叙述的起点是他们合著书的传奇故事，他们花了4年时间完成这本书，在1892年被马歇尔本人“禁售”之前，这本书的销量一直很好。然而，在这本书中可以找到许多共同工作的痕迹，这让这对经济学家夫妇中处于主导地位的男性成员赢得了许多历史上的声誉。

251 引用玛丽·佩利本人对于《产业经济学》与婚姻生活的联系的叙述，对本节的讨论来说是个不错的开端：

> 我在（1876年）10月回到纽纳姆学院，她（安妮·克拉夫小姐）给我们（玛丽和马歇尔）安排了一间起居室（在纽纳姆学院）。就在那里，我们完成了《产业经济学》的第一份大纲，这是斯图亚特教授要给进修班的课程准备的教科书，当时我抱着轻松的心情承担了这项工作。1879年，这本书以我们共同的名义出版。阿尔弗雷德坚持认为书的后半部分几乎全是他的功劳，并且包含了许多后来出现在《经济学原理》中的萌芽思想，随着时间的推移，我也意识到这确实是他的书。他一直不喜欢这本小书，因为它不符合他的信仰，他坚信“所有简略和简单的教条都是错误的”，他还说，“话说一半

是辨不明真理的”。[1]

她的笔记中更明确地记录道，“《产业经济学》第 2 篇中有他的分配理论萌芽思想，第 3 篇几乎全部都是他的思想了”。[2]

玛丽·佩利的回忆也遭到了一些质疑。凯恩斯在他所写的纪念文章中说道，“马歇尔晚年越来越不喜欢那本小书。《经济学原理》出版后，他开始禁止那本书的销售，并且在 1892 年完成了一本与《产业经济学》同名但内容完全不同的新书，这本新书大体上是《经济学原理》的缩略版”。马歇尔对这本书与日俱增的厌恶，有一种解释是它以“简短且不完善的方法”处理了价值理论，还让马歇尔卷入了《经济学季刊》（*Quarterly Journal of Economics*）上的不必要争论。[3] 更进一步的是，凯恩斯补充道，马歇尔对经济学的复杂性有了越来越深刻的认识，这意味着这本书的作者们原本所认为的“简单性与科学的准确性结合在一起”是不大可能的。凯恩斯总结道：

> 然而，这些感情对这本书真的很不公平。这本书得到了专家们的高度评价，并且在发行期间，一直是最好的小教科书。（在被禁售之前共卖出 15000 册）如果说要选择一本基础教材，也许这本书是最合适不过的了，相比于同时代作家或前辈的作品，以及福西特夫人或杰文斯或后来的一些继任者的作品而言，它都要出色得多。此外，第 3 篇的后半部分，关于贸易联合、贸易组织、贸易争端及合作等重要议题，书中首次以当代思想线索作出了令人满意的讨论。[4]

20 年后，当凯恩斯为马歇尔夫人写讣告时，他再次为这本小书辩护，并补充了他父亲的观点，他父亲对这本书非常了解。[5]

---

[1] 玛丽·佩利·马歇尔，《我的回忆》，第 22 页。

[2] 玛丽·佩利·马歇尔，《手稿笔记》（NCA）。

[3] J.M. 凯恩斯，《阿尔弗雷德·马歇尔》，第 201 页。与劳克林、沃克和麦克文的争论出现在《季刊》的前两卷，第一卷，1887 年，第 359、477 页；第二卷，1888 年，第 218 页。他们讨论的是更广泛意义上的价值，涉及成本与价值的关系，涉及企业利润，还涉及工资与利润的关系。

[4] J.M. 凯恩斯，《阿尔弗雷德·马歇尔》，第 202 页。

[5] J.M. 凯恩斯，《玛丽·佩利·马歇尔》，第 239 页。凯恩斯的父亲约翰·内维尔·凯恩斯，在 1877–1885 年间使用这本书作为经济学荣誉考试的教材，当时马歇尔夫妇不在剑桥大学。

1910 年，一名日本学生未经作者授权私自翻译了这本书，马歇尔给他的书信草稿也暗示了这本小书的命运。在了解这位译者没有恶意之后，他解释了 1892 年版的《产业经济学要义》与早先的《产业经济学》之间的差异后，马歇尔继续写道："新版的发行量比旧版大得多……有些人指出，经济学基础教材应该由一个年轻学生（对这一学科只掌握了基本的知识即可）撰写，持有这种论调的人一定不是经济学家，他们也不明白在这项工作中把简单性与彻底性
252 结合起来最为困难。有些书想要达到这个目标，但很快就销声匿迹了。我的妻子和我试着从把书简单化开始。"[1]

那句被划掉的评论，说"一个年轻的学生"对这个主题只有"基本的了解"，就被邀请去写一部基础作品，这是马歇尔的笨拙与不得体的一面。1876 年，他妻子刚刚完成学业，这倒也不能算是个真正的错误。另外，还有其他证据也可说明马歇尔对这本书使用"禁售"一词的含义。这本书既没有被剑桥大学图书馆收藏，也不在马歇尔图书馆的开架上（不过复印本在马歇尔档案中有所保存），在各个（男子）学院图书馆中也很难找到。例如，圣约翰学院图书馆就没有这本书。但纽纳姆学院图书馆中有三个副本（表明玛丽·佩利是不情愿"禁售"的），在格顿学院也有一本。另外，直到 1885 年，这本书才出第 3 版（J.N. 凯恩斯也参与其中），在 1886 年这本书被允许翻译成俄语。[2] 还需要补充的是，这本书直至 1890 年之前，在马歇尔的学生中非常受欢迎，但是从马歇尔关于学生的笔记来看，一位格顿学院的学生在 1898 年读了这本书；在 1904–1905 年（很不寻常地），一位来自马歇尔所在学院的经济学荣誉学位的学生也读了这本书。到 19 世纪 90 年代末，他的《经济学原理》

[1] * 转载于丽塔·麦克威廉斯－塔尔伯格，《产业经济学》，《经济思想史通讯》（*History of Economic Thought Newsletter*），1972 年秋，第 9 期（原文没有括号里的内容），第 15 页。凯恩斯在写纪念文章时可能看到了这封信，因为他提到了未经授权的日文译本，并引用了马歇尔为日文译本准备的序言。参见他的《阿尔弗雷德·马歇尔》，第 201 页。序言中还说，"本书前半部分强调简单，而后半部分没有更精确的基础就无法取得进展……提前说明一下是必要的：下半部分与《经济学原理》的思路有些类似。当《经济学原理》于 1890 年出版时，我们看到，两本书中的一些意见分歧严重，很难一起售卖"（马歇尔档案，棕色大箱）。这与本节开头所引用的玛丽·佩利的回忆完全一致。

[2] 丽塔·麦克威廉斯－塔尔伯格，《产业经济学》，第 15–17 页。当时《简报》的编辑大卫·科拉德补充道，布里斯托大学的校长赠送了该书的第 1 版给布里斯托大学，校长也是该书的作者之一。

已经有效地取代了这本书。[1]

马歇尔在 1892 年对于此书的禁售曾在学术内容上得到辩护，他本人直到 1907–1908 年也开始使用这些理由为之辩护。当年 C.K. 霍布森参加了马歇尔的讲座，他回忆说马歇尔提到了“这本书的禁售问题。（我用禁售这个词是借用了马歇尔的说法，比起仅仅让这本书停止印刷，他采取了更激进的行动。）有一天马歇尔谈到了美国早期的托拉斯运动。他曾仔细观察了这项运动并总结道，当前起作用的力量只是暂时的，竞争机制一定会再次占主导地位。当他后来观点转变的时候，便禁售了这本书”。[2] 贝卡蒂尼借用了凯恩斯在《通论》中的比喻，来形容 1879 年《产业经济学》出版之后的 10 年，当马歇尔忙于创 253
作他的《经济学原理》时，他逐渐“像一条蛇一样从旧的身体里蜕皮而出。他超越了‘道德制约’，更加强调演化的方面”。简而言之，《经济学原理》的主要工作就是取代了早期尚不成熟的《产业经济学》。[3] 惠特克同样也提出了内容上的原因来解释马歇尔对前一本书的禁售。尽管前一本书有着《经济学原

---

[1] ¶ 参见彼得·格罗尼维根，《阿尔弗雷德·马歇尔与剑桥经济学荣誉学位的设立》（‘Alfred Marshall and the Establishment of the Cambridge Economics Tripos’），《政治经济学史》，1988 年冬，20（4），第 661、664 页。约翰·梅纳德·凯恩斯直到 1905 年才读了这本书（同上，第 667 页）。不过，也并非所有学生都喜爱这本书。正如 1881 年 6 月 10 日福克斯韦尔写给 J.N. 凯恩斯的信中所说，“我能理解……马歇尔的书对初学者而言可能很难而且没有吸引力。那些特别的人不喜欢它：他们最爱的是亚当·斯密的书”（马歇尔档案，凯恩斯，1：22）。一个学生（《剑桥评论》，1889 年 10 月 24 日）形容这本“天真的小册子……封皮上覆盖着温柔的鼠尾草绿色”是本“可怜的小书！它密集地谈论了太多问题，初看时，令人迷惑：大量冗长的定义，在所有表象上兜兜转转”。

[2] * C.K. 霍布森致马歇尔图书馆的管理员的信，1961 年 2 月 21 日。这封信让人回想起在凯恩斯发表关于玛丽·佩利·马歇尔的传记之后，霍布森与凯恩斯在这个问题上的通信。霍布森指出，他在写给凯恩斯的原信中也谈道，“书中没有出现垄断这个词，而是一个隐含的假设，即每个行业都由许多相互竞争的公司构成”。这个说法是存疑的，因为第 3 篇第 4 章专门讨论了垄断和联合，作为市场价值偏离正常竞争价值的一个例子。那一章显然将垄断视为一种相当特殊的情况，认为生产者的联合很难做到。在给霍布森的回信中，凯恩斯（1941 年 12 月 31 日）写道，“马歇尔可能对此（禁售这件事）有点良心不安”，他的“表面上的理由很苍白，因为随着时间的推移，这本书像其他所有书一样都会过时”。我非常感谢丽塔·麦克威廉斯 – 塔尔伯格让我注意到这些材料。请参阅她的《阿尔弗雷德·马歇尔对〈产业经济学〉的态度》（‘Alfred Marshall’s Attitude Towards the Economics of Industry’），里面有更详细的讨论。

[3] * G. 贝卡蒂尼，《重新认识马歇尔》，第 101–111 页，引用的句子来自第 109 页。贝卡蒂尼还说，当他和 C.W. 吉尔博就《产业经济学》的意大利语版交流时，其中引用的材料就是导言，吉尔博立刻察觉到“马歇尔一定不会喜欢”（同上，第 108 页注释 86）。吉尔博还回忆说，当 1890 年马歇尔给他的父亲赠送《经济学原理》这本书时，还要求他返还之前的《产业经济学》以供“销毁”（*P* Ⅸ，第 12 页）。还可参见下文第 427 页，注释¶。

理》初稿的许多特征，它也预示了后一本书的许多品质，但是它对于正常价值和市场价值区别的处理却与《经济学原理》有着本质的不同，对分配理论的处理也是不同。更重要的是，惠特克认为，“除了文学上的建议和起草工作，马歇尔夫人在开头和结尾的章节之外，不太可能做出很大的贡献”，同样，由于马歇尔在《经济学原理》第1版中公开感谢了妻子的帮助，感谢她在手稿的每个阶段给出的宝贵建议，以及感谢她在论据材料方面的建议、关心与判断力，因此在这一意义上《经济学原理》也可被看作是“共同的作品”。[1]所以，玛丽·佩利在这本书中的作用有待进一步评论。

为此，我们有必要来看一下书的大纲。[2]内容分为3篇，第1篇讨论土地、劳动力和资本，第2篇讨论正常价值，第3篇关于市场价值。第1篇中包括2章导言，然后是从生产三要素及生产力方面构建生产理论。第2篇开篇给出了正常价值的定义，还讨论了竞争的作用。接下来是效用和需求法则、生产和供给成本、租金及租金与价值的关系，以及需求对价值的影响。第2篇的后半部分讲的是工资与利润的分配问题。第3篇解释了偏离正常价值的主要原因，最后的章节有关贸易联合，以及生产、信贷、交换的仲裁、调解与合作。

正如玛丽·佩利在生命的最后所回忆的那样，这本书从一开始就是两个人合作的结果，因为它的大纲就是1876年年中他们订婚后在纽纳姆学院的起居室中共同完成的。这一说法与约翰·内维尔·凯恩斯日记中的记载有所不同。他在1876年12月2日的日记中写道，“佩利小姐正在为进修班撰写一本政治经济学方面的书”。仅仅6个月后，他就承认了马歇尔在这项工作中所起的作用，并写道，“我说，考虑到马歇尔的参与和她的风格，佩利小姐的书很可能会获得巨大成功，这话让邦德小姐颇为震惊”。到1877年7月10
254 日，日记显示马歇尔暂时抛下了自己的写作，“正主要潜心于其他书的写作。在谈到这本书时，他总是用‘我们’这个词，他似乎在这上面花了很多时间”。[3]

我们应该还记得，马歇尔夫妇在康沃尔度蜜月期间也花了一部分时间来

[1] J.K. 惠特克，*EEW* 导论，第67–83页，参较第47页；引用的句子来自第67页和注释3。

[2] 参见上文第6章，第177–178页。

[3] JNKD，1876年12月2日，1877年6月15日，1877年7月10日。回想一下，约翰·内维尔·凯恩斯在1877年7月17日的文字中是这样评论阿尔弗雷德·马歇尔的风格的：“马歇尔的写作风格很糟糕，或者更确切地说，他根本没有风格可言。”

撰写这本书。不过，1878 年 4 月，马歇尔在写给福克斯韦尔的信中说，他们把所有的空闲时间都献给了这本书，并期望在 10 月份完成第 1 篇。但是到 1878 年 9 月，有证据表明福克斯韦尔和西季威克已经阅读了第1篇，他们对原稿提出了非常多的修改意见。从 1878 年末到 1879 年初马歇尔与福克斯韦尔的通信中可见，马歇尔的主要问题都是关于正常价值与市场价值的区别，以及分配理论中的如何将国民收益（产品）在工资与利润中进行分配（杰文斯问题）。[1]

1879 年 10 月初，书终于出版了，两位作者在与福克斯韦尔的通信中也开始了自我批评。到底谁才是这本书真正的作者呢？从保留下来的信件可以看出，至少从技术层面上判断，马歇尔似乎才是唯一的作者，因为他事后关于这本书的批判主要是针对第 1 篇。马歇尔承认他倾向于去掉第 1 篇中对巴斯夏和穆勒的过多引用，并认为前 3 章应该大规模重写并扩增内容。另外，信中还把第 1 篇的“糟糕”风格归咎于写作太过随意，“我们当时料想应该会越写越好”。更重要的是，玛丽 · 佩利记录了马歇尔后来所表达的不满，也就是他对于写一本篇幅过小的书的困难：“这本书篇幅太小了，这给我们带来了许多麻烦，我们再不会同意写其他小书了……不过，我们已经计划写一部经济史的大纲，作为与之对应的第三本书（第二本书有关贸易和金融）。”在 1879 年，对马歇尔来说，小的东西并不美丽。一周后马歇尔就后悔了，鉴于第 2 篇和第 3 篇的难度，他表示“或许我们在第 1 篇第 1 章中把调子定得太高了”。[2] 玛丽 · 佩利 · 马歇尔也给出了自己的批评：“这本书不值得我们引以为傲。我们觉得使用逗号这个重要问题没有得到解决，在用法上也前后不一致。至于引用，我们认为我们有一套理论，但也许不是正确的。”信中最具讽刺性的是签名部分，写道，“谨上，代表坚定的阿尔弗雷德 · 马歇尔和玛丽 · 佩利 · 马

[1] 阿尔弗雷德 · 马歇尔致福克斯韦尔的信，1878 年 5 月 17 日和 19 日（弗里曼收藏，44/155，38/155）；玛丽 · 佩利 · 马歇尔致福克斯韦尔的信，1878 年 9 月 22 日（弗里曼收藏，48/155）。关于杰文斯的分配问题，见上文第 6 章，第 159 页。

[2] * 阿尔弗雷德 · 马歇尔致福克斯韦尔的信，1879 年 10 月 25 日，1879 年 11 月 2 日（弗里曼收藏，9/9，8/9）。马歇尔在 1900 年 4 月给塞利格曼写信说：“我的（写作）工作被中断了……因为我被卷入一本空洞的产业经济学的写作，为了那些愚蠢的脑袋不得不牺牲真理。”塞利格曼文件，哥伦比亚大学。然而，在 1886 年皇家贸易和工业萧条委员会的询问中，他很乐意引用它作为证据。参见 *OP*，第 7 页和第 9 页，他声称他所引用的材料（毫无疑问是正确的）是他自己的成果。1923 年，它还被 *MCC* 引用。

歇尔（永远）"，这是两人将婚姻生活描述为商业伙伴关系最为明显的一次。[1]

凯恩斯的日记和马歇尔与福克斯韦尔的通信都表明马歇尔出于好意接管了这本书，因为他在主要负责的篇章中逐步提高了难度。这本书尽管颇为流行，但最后还是两头落空了。它既不适合初学者，也无法让专业学者满意。在玛
255 丽·佩利写给福克斯韦尔有关这本书出版的最后的评论中，前文也有所引用，她说"我意识到这确实是他的书"，这说明她对这个结果也许是有些愤恨的。正如J.N.凯恩斯所预言的那样，也许是她的文笔确保了这本书能够迎合其目标读者，这是马歇尔在气质和文笔上做不到的。

马歇尔对共同署名的坚持也可以有其他一些解释。马歇尔的第一篇文章《工人阶级的未来》受到穆勒的同名章节的影响很深，他在文章开头提到，穆勒自称他的灵感来源于他与妻子的共同创作。在这一点上，马歇尔呼吁应该"唤醒"我们"去思考有一个问题，即女性的敏锐的洞察力是否可以被训练成在处理公共事务和私人事务时给男人提供实质性的帮助"。6年后，马歇尔很可能决定将《产业经济学》与穆勒的第4篇第8章相提并论；妻子提供一些想法，他来执行，一路都有妻子的帮助与指导相伴：一种穆勒夫妇式的，而不是韦伯夫妇那样的伙伴关系。[2]

在《经济学原理》以及随后几十年的经济学作品中，马歇尔夫妇一直按穆勒夫妇的方式共同合作，尽管合作的程度比他们低。马歇尔在《经济学原理》第1版中对玛丽·佩利极尽感谢："我的妻子在手稿书写与论据整理的每个阶段都给予我很大帮助，并给出了许多建议，这本书的完成离不开她的意见、关心与判断力。"从这些材料[3]中不难看出，校对工作是很艰辛的过程，但这也表明玛丽·佩利在该书的创作过程中所扮演的角色更像是一个卑微的研究助手，而非一个合作者。例如，在向凯恩斯阐述自己对杰文斯所说的"系统性混淆享乐论与经济学"的看法时，马歇尔在附言中补充道，"我的妻子找不到上面引用的那段话的出处了，但我确定我曾这么写过"，而另一封信中则表明，拼写、语法及类似的错误都是由她负责的。[4]

---

[1] 玛丽·佩利·马歇尔致福克斯韦尔的信，1879年10月（弗里曼收藏，16/9）。

[2] 阿尔弗雷德·马歇尔，《工人阶级的未来》（1873），见《纪念集》，第101–102页。

[3] 参见下文第12章，第410页，注释*。

[4] 马歇尔致约翰·内维尔·凯恩斯的信，1889年12月2日（马歇尔档案，1：93）；马歇尔致凯恩斯的信，日期不详，但可能是1888年1月（马歇尔档案，1：61），参见下文第12章，第410页和注释*，第424–425页和注释*。

到第 2 版时，对妻子的感谢的话缩减为“许多帮助和支持我的人”，她是那 6 位被感谢的人中最先被提及的。到第 3 版的时候，她的帮助被描述成“非常巨大”，并再一次与其他人分开表述。在第 4 版中，“最值得感谢”的还是她。第 5 版发生了许多实质性的变动，她得到了特别的敬意：“我的妻子在每个版本的每个阶段都给予我许多帮助与建议，尤其是这一版。每一次修订的全过程，很大程度上都仰赖她的建议、关心与判断力。”在接下来的三个版本中，这段致谢基本保留了下来，只有微小的改动。[1]

《经济学原理》的脚注中没有出现对玛丽·佩利针对具体问题给予帮助的致谢。唯一一处出现在马歇尔 19 世纪 70 年代早期所写的关于“旷工”的一份手稿的注释中。在结尾处，马歇尔注释道，“佩利小姐注意到了这样一个问题，即他们（在国外的房东们）在国外的交往是否会导致他们将自己的积蓄投资于国外，而不是国内”。[2] 这似乎证实了玛丽·佩利对《经济学原理》的贡献本质上是很微弱的。C.R. 费伊回忆当他还是图书馆副馆长的时候，收到了“一张珍贵的明信片，上面承认了艾德文·坎南（Edwin Cannan）和我收集的《经济学原理》中的一些语句错误，‘玛丽’这个名字被反复提到”：“感谢你们的勘误。我把它交给玛丽了。这些错误是她负责的领域。马歇尔敬上。”[3] 在英国 256
皇家经济学会纪念《经济学原理》出版一百周年大会上，奥斯汀·罗宾逊爵士重述了这个观点，马歇尔把妻子当成他的“傻瓜测量仪”，在撰写和修订《经济学原理》的过程中，只要是她无法理解的句子都会被删除，因为对普通读者来说可能会太难了。[4]

其他人似乎对她贡献的评价更高。马歇尔与 J.N. 凯恩斯的通信表明，玛丽·佩利在 1889–1890 年校对凯恩斯的《政治经济学的范围与方法》时扮演了一个更加重要的角色。她把自己的意见逐一附在信后，尽管这些意见大多遵循着丈夫的旨意，但确实是对凯恩斯作品的一种独立评价。很难说她的校对工

---

[1] *P* Ⅸ，第 37、41、43、44、54 页。

[2] 参见 J.K. 惠特克，*EEW*，I，第 289 页注释 7。

[3] C.R. 费伊，《图书馆副馆长的回忆》，第 87 页。

[4] 来自 1990 年 7 月，他在圣约翰学院会议上所作的口头陈述，最先来自上文第 225 页引用过的他对《我的回忆》的评论。“傻瓜测量仪”这个词显然是西德尼·史密斯发明的。参见 L.A. Tolemache，《本杰明·乔伊特》。伦敦：爱德华·阿诺德出版社，第二版，1896 年，第 47 页。不过，马歇尔在 1893 年 3 月 17 日写给埃奇沃思的信中说，在他和妻子各自阅读了埃奇沃思的评论后，都无法理解埃奇沃思所提出的“观点”。

作是由凯恩斯邀请的还是马歇尔发起的；考虑到相比于马歇尔，凯恩斯更加认可玛丽的写作风格，所以是凯恩斯邀请的她似乎更说得通。[1]

凯恩斯的回忆虽然与她对《经济学原理》的帮助不直接相关，但也验证了她作为文书助理及研究助手所做的工作：当马歇尔为了准备学生用的资料而把原来的内容分成不同的部分时，需要按照作者与主体将期刊编目，“因为时间有限，这向来都是马歇尔夫人的工作”。[2] 但在她后来没有发表的回忆录中似乎否认了这种说法。马歇尔“将自己的资料整理得有条不紊，他的书房也许看起来不那么整洁，但却井井有条。他的手稿分类放在各个文件夹和信件架中，在需要时可以伸手够到任何需要的资料，他还说可以在黑暗中找到任何一本需要的书。他的手指异常敏感，这是他天性特别敏感的一个标志”，随后，她对于马歇尔整洁的棕色箱子——里面存放着经过仔细分类并编目的经济学文章——进行了冗长地赞颂。[3] 如果这两种编目任务是同样的工作，那么最后那段话相当于玛丽·佩利的自我赞扬，这是不太寻常的。

类似于《经济学原理》中所表达的对妻子的感谢，在1892年出版的《产业经济学要义》和1919年首次出版的《产业与贸易》的序言中都出现了。1892年，马歇尔说：“我的妻子在《经济学原理》的手稿与论据上都给予我许多帮助与建议，在这本书中也是如此；所以在两本书中，我都仰赖于她的意见、关心与判断力。”[4]1919年的致谢更加情真意切：“本书写就的每个阶段都得到了妻子的帮助与建议，跟《经济学原理》一样甚至比它得到的帮助更多；任何称得上是出色的地方都得益于她的意见、关心和判断力，索引完全都是她来完成的。”[5] 出人意料的是，1923年出版的《货币、信用与商业》一书中未见任何对她及其他人的致谢；而讽刺的是，如果没有玛丽·佩利的帮助，这本书是不可能完成的。[6] 标注日期为1923年3月19日的一份最终版本的序言草稿也许解释了这一遗漏的原因：“妻子在我写作的每一时期都给予了帮助，事无巨细地帮助我处理各类事务，奉献了她生命中最美好的时光。她不想在

[1] 马歇尔夫妇致J.N.凯恩斯的信，1889年8月（马歇尔档案），参见本文第327页注释[1]。

[2] J.M.凯恩斯，《玛丽·佩利·马歇尔》，第248页。

[3] 玛丽·佩利·马歇尔，《手稿笔记》（NCA），第18页。

[4] *EEI*, 第7页 .

[5] *IT*, 第11页 .

[6] 玛丽·佩利·马歇尔，《关于阿尔弗雷德·马歇尔的传记笔记》（KMF），参见下文第19章，第715–717页。

扉页上出现自己的名字，但其实那正是她名字应该出现的地方。”[1] 难道是之前的正式合作关系勾起了痛苦的回忆，而这正是她在婚姻的最后时光中极力想要忘记的？

1881 年夏天，他们正在德文郡海岸度假，即将动身前往欧洲过长假，一封写给福克斯韦尔的信对他们夫妻间的合作提出了不同的观点。“我本应该继
续研究贸易和政府经济学的，因为这是玛丽和我一起工作的绝好机会。但我必 257
须先从事经济学理论的研究，她也会帮忙的。我们有很多梦想，想在这两年内在经济归纳方法上做出些什么，但很可能我们无法真正完成这些事。”[2] 两人在合著《产业经济学》的续版（或许是为第 2 版的发行感到高兴与骄傲？），以及一同去实地考察时，都流露出了愉悦之情，这说明这一阶段他们的合作关系是韦伯夫妇那样的。尽管当时仍病得很重的马歇尔对实地考察这件事做出了悲观的预测，但在随后的几年中，这种考察归纳工作进行得很好，对未来的工作产生了重要的直接和间接影响。[3]

另外，有一些不是很琐碎的合作也值得一提。在回忆录里，玛丽·佩利写道，她在 9 岁开始与姐姐一起跟随一位女家庭教师学习德语，为了巩固学到的知识，“全家会在吃饭时用德语交流”。[4] 这使得她的德语比丈夫要流利，还可以为他准备所需要的德语书籍和文章的摘要。所以，总的来说，除个别例外，她在智力上所扮演的角色是丈夫的秘书，为他的工作提供帮助。[5]

特殊的合作关系

作为早期由两位经济学者组成的婚姻之一（或许还会想到更早的时候，亨利·福西特与米莉森特·福西特的婚姻，虽然不完全是经济学者的组合，但他们俩与马歇尔夫妇有着有趣的相似之处），马歇尔夫妇的合作关系无疑是不寻

[1] 见《纪念集》，第 368 页。参较 H.M. 罗伯森，《阿尔弗雷德·马歇尔》，*AMCA* I，第 442–443 页。

[2] 马歇尔致福克斯韦尔的信，1881 年 7 月 24 日（弗里曼文件，3/252）；这封信还提到了《产业经济学》第二版的问世，这是受欢迎的可喜迹象。

[3] 参见上文第 7 章，第 208–213 页。

[4] 玛丽·佩利·马歇尔，《我的回忆》，第 6 页。

[5] * 贾科莫·贝卡蒂尼，《重新认识马歇尔》，第 23 页。值得注意的是，玛丽·佩利自己发表了几篇有关经济学的文章。其中包括关于“妇女工人会议”的评论，《经济学杂志》，1896 年 6 月，6（2），第 107–109 页，以及近十年后关于克拉拉·科利特（Clara Collet）妇女工作的文章的书评，《经济学杂志》，1902 年，12，第 252–257 页。

常的。然而，在学术上的合作关系，通常不是一种强烈的、精神上的合作。在他们及他本人的写作中，并不是如韦伯所说的两颗跳动的心打出同样的字。玛丽·佩利作为经济学讲师的才能是毋庸置疑的，后来布里斯托大学授予她荣誉文学博士称号，算是给她的官方认可。只有西季威克貌似对她的能力有所怀疑，安·卡尔（Ann Carr）对梅纳德·凯恩斯的回忆中也表明了玛丽教学上的特点，这与西季威克所抱怨的相似："都是些老生常谈罢了。"[1] 除此之外，她在马歇尔经济思想创作中所扮演的角色只是小助理和临时顾问，在贝利奥尔庄园举办的经济学活动中，她总是处在幕后的位置。梅纳德·凯恩斯是马歇尔夫妇的好朋友，并且这种关系一直延续到他们夫妻关系的最后时光，他在玛丽·佩利的讣告中强调：

> 在我的记忆中，她从不和来访者讨论经济学的话题，甚至从不参与这些源源不断的经济学谈话。在进行严肃的学术探讨时，她会离开餐厅把房间留给他们，或者来访者会到楼上继续讨论，即使是最无知的小姐，也不可能装出如此一窍不通的样子。[2]

258 费伊所记录的1906年在马歇尔家"第一次奇怪的见面"中，也含蓄地表现出了玛丽在贝利奥尔庄园的地位：

> 庇古让我去拜访马歇尔。马歇尔听了我的想法，赞成"国内外合作"这个概念，一边在沙发上摆开一排书，一边说："看看这些，看到差不多的时候，吹一下管子，玛丽会给你上茶。"
>
> 我看得晕晕乎乎，很快就受不了，吹了管子。
>
> "好了吗，费伊先生？"
>
> "玛丽，请给我们上茶。"
>
> 伴着庄严的脚步声，茶端上来了，走进来的不是女仆，而是马歇尔夫人！当我意识到他所说的玛丽是谁时，那种顺着我脊背流淌着的战栗与恐惧，我至今仍记忆犹新。[3]

---

[1] JNKD，1885年6月10日。在日记中，凯恩斯表示不同意西季威克的判断。安·卡尔致J.M.凯恩斯的信，1944年10月29日（JMK A/44）。

[2] J.M.凯恩斯，《玛丽·佩利·马歇尔》，第242页。

[3] C.R.费伊，《图书馆副馆长的回忆》，第88页。

因此，作为经济学家，他们俩很难成为真正意义上的搭档，他们在经济学训练与能力上是有差距的，正如马歇尔在结婚前一年的一封信中对他妻子的学术能力所描述的那样。随着马歇尔年龄增长，他越来越确信女性在智力上是不及男性的，他对于妻子作为一个经济学家的价值的认可，与他的这一信念到底有多大程度的联系，这是很难说清楚的。1889 年，马歇尔给比阿特丽斯·韦伯的建议是他应用这个信念的一个众所周知的例子；[1] 另一个例子，就是他难以接受女性取得优异的考试成绩，包括他自己的经济学荣誉考试。费伊在另一段回忆中含蓄地指出，玛丽是不接受他的这种观点的：

> 但通常他不认可女学生。有一年 6 月，我和他们一起去哈里奇旅游，我对马歇尔夫人说："纽纳姆学院的学生在经济学荣誉考试中表现真不错。"她们取得了两三次第一名。阿尔弗雷德在角落中说了一句："真是件不幸的事情。"
>
> 马歇尔夫人说："恐怕阿尔弗雷德不赞成我们的观点。"[2]

对于类似这种问题的观点分歧会阻碍他们完成任何真正意义上的合作，即使这样的合作真的有可能发生。至少到 19 世纪 90 年代，玛丽·佩利对于这种合作恐怕已经没有任何意愿与兴趣了，她也许更喜欢扮演一个次要但更平和的角色，在马歇尔繁多的工作中担任文字助手和研究助理。此时她也已经在纽纳姆学院及社团中发展了自己的兴趣，她参加女士餐饮协会，喜欢在丈夫写作的假日时光里画水彩画，在类似的娱乐活动中，她也没有放弃自己作为教授妻子的那些职责，尽可能与她那脾气不好又敏感的丈夫和平共处。

从他们至少部分上失败的合作关系来看，有必要简要推断一下马歇尔从这桩婚姻中到底期盼得到什么。玛丽·佩利回忆了一段在他们订婚前，马歇尔在讲课时发表的言论：

> 关于婚姻："人们常说理想的婚姻生活是丈夫与妻子应该为了彼此而生活。如果这意味着他们应该只为彼此的满足而活着，在我看来

[1] 比阿特丽斯·韦伯，《我的学徒生涯》(*My Apprenticeship*)，伦敦：鹈鹕图书，1938 年，第 398–400 页，下文第 14 章，第 517–518 页有部分引用。

[2] C.R. 费伊，《图书馆副馆长的回忆》，第 88 页。

这是极其不道德的。男人及其妻子不是为了彼此而活，而是为了某些共同目标而相互陪伴。”[1]

259 除了经济学教学工作，婚后的整个工作生涯中他们有着共同的目标。玛丽·佩利经常代表马歇尔出席一些他很想参加但却没有足够精力应对的活动。例如，牛津大学与剑桥大学的慈善组织协会，玛丽积极参与其中，马歇尔对此也很感兴趣，他们会在会议结束当天的晚餐或是第二天的早餐时分享心得。他们两人都是剑桥伦理协会的会员，玛丽会去参加理事会的会议，而回来后马歇尔一定会有一些批判性的事后建议。他们一起在欧洲及英国的许多工厂中进行“经济考察”。除了一些夏季远足，几乎没有记录显示他们一起参加过听音乐会或看戏剧这样的娱乐活动。不过，他们倒是经常一起去画廊。[2]

毫无疑问，马歇尔的脑海中也活跃着关于婚姻的其他想法，19 世纪 70 年代初，他是一位涉猎广泛的读者，在他的求爱期里，他的思想涉及了许多社会科学领域。比如，他读到了拉斯金在 1865 年首次出版的《芝麻与百合》(*Sesame and Lilies*)，其中就描述了已婚女性的形象。书中把婚姻描绘成“一个封印，它标志着把暂时的关系变成永不疲倦的服侍，把时断时续的爱变成永恒的爱恋”。拉斯金补充道：“女性的力量体现在规则中，而非冲突中，她的智慧不在于发明创造，而在于温柔的整理、安排与决策。她能看到事物的特性、需求及位置。她最擅长的是赞美……在办公场所或住所里，她被隔绝在所有危险与诱惑之外……男人的保护使她远离这一切，但在男人的家中，她统治着一切。”[3]

马歇尔关于婚姻的观念也是由他在格罗特俱乐部的哲学导师 F.D. 莫里斯的观念塑造的。由于“社会的神圣起源，莫里斯认为父亲处于一个家庭的核心地位”。然而，他也主张“妻子的作用是独特的，不是丈夫的创造物……丈夫和妻子应该彼此依赖、相互扶持”，但“把女性视为物件”这种倾向却并未因“宣称女性独立”而有所抵消。[4] 似乎更有可能的是，穆勒的《妇女的屈从地位》

---

[1] 玛丽·佩利·马歇尔，《我的回忆》，第 19 页。1924 年，在读了凯恩斯的纪念文章之后，朵拉·桑格（她是马歇尔最喜欢的学生之一 C.P. 桑格的妻子）写信给凯恩斯说，马歇尔在他们的订婚宴上发表了演讲，“他劝告我要侍奉和珍惜查理，但完全忽视了我应得的权利”。朵拉·桑格致凯恩斯的信，1924 年 10 月 22 日（KMF）。

[2] 参见上文第 7 章，第 187、193 页；以及下文第 11 章，第 357–358 页，第 13 章，第 449 页。

[3] 约翰·拉斯金，《芝麻与百合》，西比尔·瑞格（Sybil Wragge）编，伦敦：J.M. 邓特父子有限公司，第 111 页。

[4] 引自弗兰克·M. 麦克莱恩，《莫里斯：人与道德家》，伦敦：S.P.K.C.，1972 年，第 94、108–109 页。

这本书对马歇尔也产生了很大的影响，他保存了这本书的第 1 版。他赞同穆勒的观点，即“婚姻应该是平等的，……是一种没有服从义务的平等合约”。不过，穆勒认为应该将所有就业机会向女性开放，这有助于使“为人类提供更高服务的能力”翻倍，马歇尔是否同意这个福利观点是值得怀疑的。至于有关家庭的观念，马歇尔则对穆勒产生了质疑，穆勒主张两性的智力平等，他认为“自政治经济学成为一门学科以来，两位女性对这一领域已经了解得够多了，足够写出有益的作品”。[1] 因此，穆勒的观点并不是马歇尔对于女性和婚姻看法的唯一来源。

鉴于马歇尔对经济骑士精神的偏爱，他也许更能接受弗雷德里克·哈里森理想中的“女性的未来”：“女人是男人的守护天使和家中的女王，如果这种骑士精神与圣洁的理想沦为笑柄的话，我们找不出一个得体的男人，更别说女人了……女性的光辉在于家庭里的温柔、慈爱、纯洁，以及振奋人心；作为妻子、女儿、姐妹或朋友的女性，让每一个与她交谈的男人文雅起来，从而提高每一个家庭的 260
道德风气。”[2] 褪去华丽的语言，马歇尔在《经济学原理》中是这样说的：

> 一般能力大多取决于童年和青少年时代的环境。其中，最早和最有力的影响来自母亲，当她没有为了高薪或更自私的目的而放弃这个责任时……对于家庭的健康和幸福来说，她能用自己的收入买的东西远不如她待在家里可以为他们提供的物质服务重要，更不用说她在教育孩子方面的道德影响，使家庭和睦，使她的丈夫晚上回家时能够得到欢呼和慰藉。[3]

对于马歇尔小时候的家庭生活，我们知道得很少，事实上，维多利亚时代女性在家庭和社会中角色的主流观点，是符合他自己在成长过程中所构建的女性形象的，这也是拉斯金式（或哈里森式）观点的来源。在此我们回忆一下玛丽·佩利对沃尔特·斯科特所说的话。“他非常爱他的母亲、他的妹妹梅布尔以及他的姑姑路易莎。这些年，他真正牵挂的人除了一些他以前的学生，就是

[1] 约翰·斯图亚特·穆勒，《妇女的屈从地位》（*The Subjection of Women*），第 55、76、98、110 页。马歇尔在 1897 年的演讲“老一代经济学家与新一代经济学家”中攻击了两位女经济学家，她们的作品曾得到穆勒的赞许，参见《纪念集》，第 296 页，更多内容可见下文第 14 章，第 516–518 页。

[2] 弗雷德里克·哈里森，《女性的未来》，载弗雷德里克·哈里森，《现实与理想》（*Realities and Ideals*），伦敦：麦克米伦出版社，1906 年，第 82–83 页。

[3] *P* Ⅰ，第 263、253 页。参较 F.Y. 埃奇沃思，《回忆马歇尔》，载《纪念集》，第 72–73 页。

这几位亲人了。”[1] 在他的性格形成时期，他对女性过度依赖：他的母亲在他的父亲的过分管教中庇护着他；路易莎姑姑在每个夏天的德文郡郊外热情地欢迎他，让他从超负荷的学习中“缓过神来”；他与妹妹安格尼丝和梅布尔一同度假、一起打板球，因为他哥哥很早就已经参加工作了，而最小的弟弟大概过于纤弱。突然间，这种依赖被剑桥大学的男性社会取代，而学校里的男性社会是平等的。这是否使马歇尔产生了一种所谓的“圣母情结”（Madonna complex），一种对女性的崇敬，把她们作为遥远的崇拜对象？[2] 如果这是给玛丽安排的角色，证据也表明，玛丽是讨好的那一方而不是被讨好的那一方，这也就合理地解释了他早期性失败的可能性，[3] 他在后来婚姻关系上的一些怪癖也就更容易

[1] 参见上文第 2 章，第 38–41 页。

[2] 参见安妮·帕森斯（Anne Parsons），《俄狄浦斯情结是普遍的吗？琼斯·马利诺夫斯基辩论的重演和一个南意的“核心情结”》（‘Is the Oedipus Complex Universal? The Jones-Malinowski Debate Revisited and a South Italian “Nuclear Complex”’），载《人与其文化》（*Man and his Culture*），沃尔特·沐恩斯塔伯格（Walter Muensterberger）编，纽约：塔普林格出版公司，1969 年，第 331–389 页，特别是第 341–350 页有关“圣母情结”的内容。

[3] * 在祝贺凯恩斯完成纪念马歇尔的文章的信中，斯特雷奇（Strachey）猜测马歇尔夫妻是否使用了避孕装置（“避孕套”）或其中一方患有不孕症，用以解释为什么他们没有子女；凯恩斯回复道，原因很可能是婚后不久发现马歇尔有不孕症。[引自迈克尔·霍尔罗伊德（Michael Holroyd）的《利顿·斯特雷奇》（*Lytton Strachey*），伦敦：企鹅出版社，1979 年，第 900 页注释]。之前也说了，玛丽·佩利在婚后不久又重新开始投入工作，所以他们有意识地选择不要孩子，但马歇尔在《经济学原理》中含糊地反对了这个观点，“如果自控能力够强，能够在不违背道德准则的前提下维持夫妻的必需生活，最好适当地早婚”（*P* Ⅰ，第 258 页；*P* Ⅷ，第 202 页）。这表明了马歇尔很可能存在性无能的问题。我们所知道的他的背景都与这一假设相符合。例如，他成年后的行为很容易被描述为卡尔·荣格的内向型人格。也就是说，他在“所有态度、活动和情感倾向上都非常谨慎”，“倾向于精确、迂腐、吹毛求疵”，这些行为模式与性无能非常相关。另外，马歇尔似乎表现出“一种对理想化母亲形象的长久依恋”，这也被他的妻子对沃尔特·斯科特所说的话证实，这一点也常常与性无能有关。娶了“一个追求解放的女性”，一个在衣着、生活方式和阅读上都离经叛道的中产阶级职业女性，马歇尔恐怕进一步面临着性无能的风险。最后但也非常重要的一点是，他们的新婚之夜也许是以失败告终的。那天的情形可能是，他们双方在性事上都比较笨拙，加之克利夫顿酒店双人床的奇怪氛围（参较 J.A. 西蒙兹，《回忆录》（*The Memoirs*），菲利斯·格罗斯库特编，伦敦：哈奇森出版社，1984 年，第 156–158 页），还有即将参加布里斯托大学理事会会议的压力，以及第二天工匠要检修他们的第一所房子等事宜，都可能促成了那晚的失败。最初的失败在某些情况下也导致了日后的性无能。再加上，1879 年初马歇尔确诊之后，他极易疲劳，常常需要休息，这样虚弱的身体状况可能导致了几乎永久性的性无能。参见 K. 沃克与 E.B. 斯特劳斯，《男人的性障碍》（*Sexual Disorders in the Male*），伦敦：卡斯尔公司，1954 年，第 58–59、64–65、85–86、165 页。越来越多的人意识到做出这种诊断的困难，参见罗伯特·J. 克兰，迈克·B. 斯特罗基与欧文·戈尔茨坦，《男子性功能障碍》（*Male Sexual Dysfunction*），波士顿：利特尔布朗公司，1983 年，第 50、81、135–136 页。

理解了。

由于维多利亚时期对这些问题往往避而不谈，以及缺乏相关的真实证据，261
所有这些也只是猜测。例如，还有人从其他方面解释他们俩没有孩子的原因。也许是因为玛丽的不孕，或者因为两人都有着自己的事业，经深思熟虑后选择不要孩子。还有一种说法是，由于马歇尔之前就隐瞒了自己的家族背景，这位未来的高尔顿优生学家出于遗传恐惧的原因选择不生孩子。难道贝利奥尔庄园里的小猫小狗——虽然从未被提及——成了孩子的替代品？唯一的信息是，马丁利路 6 号花园里有写有“弗莱”和“希拉”这两个小狗名字的墓碑，以及一张孤零零的照片，证明这对经济学家夫妇（或许说玛丽·佩利？）的确饲养过宠物。[1] 需要猜测的东西是无穷无尽的。马歇尔在由女性主导的成长过程中所构建的“圣母情结”，与玛丽的性格在很多方面是相互冲突的。她既没有践行马歇尔在著作中所倡导的女性的家庭角色，也没有接受与时代传统看法相一致的大学规划。

马歇尔夫妇的合作关系不仅非同寻常，更是错综复杂。复杂的劳动分工导致玛丽掌管着所有的财政大权并管理支票簿的使用，而马歇尔去设计厨房；他主导着经济学辩论，而她在纽纳姆学院及剑桥的女士餐饮俱乐部开拓着自己的世界；他投身于建设性的写作事业，在蒂罗尔的凉亭里喂喂小鸟，而她则忙于自己擅长的素描和水彩画，并做好所有的行程安排。家庭内部性别分工的反常与奇特之处的一个标志是，他生病之后为了放松心情，“我们所有的（袜子）都是他织的，他还给我母亲织了一双黑色丝袜”。[2] 他还觉得自己有一种冲动，要给女士们提供家务方面的建议，包括除尘和如何清除污渍。还有记录表明马歇尔是个极其手巧的人，能在后花园的车间里用车床轧木头，能发明一些省力的小玩意，但通常没什么效果（《泰晤士报》的讣告中提到的不能切割的电镀刀具，还有不防水的胶鞋），以及其他一些非常有效的东西（方舟的旋转装置；能通过地板上开的洞把茶送到楼上书房的滑轮装置，还有不需要离开舒适、柔软的靠椅，就可以弹奏“黑鸟”的小工具）。[3]

他们的婚姻中有温情，也有冲突，两个人彼此依靠。在马歇尔生命的最后几十年中，他愈发依赖玛丽，她也愈发保护他的休息、健康、言论与最后的声誉。他一定经常以“自私、猜忌的知识分子”的形象出现在她面前，但他们非同寻常

[1] 见图 34；根据菲洛梅娜·吉尔博（Philomena Guillebaud）提供给作者的信息。

[2] 玛丽·佩利·马歇尔，《手稿笔记》（NCA）。

[3] 详情见下文第 17 章第 651–652 页，第 20 章第 737–738 页。

262 的关系也有着出人意料的柔情的一面。这一面在塞利格曼向西德尼·韦伯透露的"有趣的轶事"中得到了全面的展示，韦伯在与妻子的通信中把它记录了下来：

> 我昨晚和塞利格曼博士共进晚餐……他去了奥地利，在那见到了马歇尔（在某个疗养地）。他讲了一件有趣的轶事。马歇尔给他写了几个便条，做了一些安排等等。打开其中一张，上面写着致"我亲爱的宝贝"，落款是"深爱你的阿尔弗雷德"。马歇尔误把给妻子的信寄给了他！（亲爱的，我期望我们20年后也能依然这样彼此称呼，我希望并相信，这种情况将在没有彼此同化与妥协的关系下发生。）但我很高兴在马歇尔身上看到了一种美丽而真挚的感情。[1]

[1] *《西德尼·韦伯和比阿特丽斯·韦伯书信集》，诺曼·麦肯齐（编），第1卷，1873–1892年，剑桥大学出版社，1978年，第310页。还有其他间接证据表明，当他们暂时分开时，他们会互通书信，例如，当他在伦敦为劳工委员会工作时。这样的书信没有留存下来，毫无疑问，跟玛丽·佩利之前给凯恩斯展示的阿尔弗雷德所写的（爱情？）诗一样，都不见了踪迹（见上文，第2章，第25页和注释37）。

第 9 章　学术初体验：剑桥、布里斯托和牛津（1868–1884 年） 267

马歇尔作为教师和管理者的最初的学术经历可以放在一起讨论。这涵盖了他在圣约翰学院担任道德科学讲师的时候，其间他越来越专注于当时先进的政治经济学的教学（1868–1877 年），还有他在布里斯托大学学院担任校长与政治经济学教授的时期（1877–1881 年，1882–1883 年他只担任教授一职），以及他在牛津大学贝利奥尔学院教授政治经济学的 4 个学期（1883–1884 年）。因此，这一章详细介绍了马歇尔在经济学学徒期，以及重返剑桥担任政治经济学教授之前的主要大学活动。1877 年的婚礼以及之前讨论过的一些旅行也是这一时期发生的事。接下来，在合适的部分会提及一些他在这一时期的公开演讲。[1]

圣约翰学院的道德科学讲师

马歇尔的第一次教学经验是 1865 年初在克利夫顿学院担任临时数学教师；之后的几年中，他以私人教师的身份为荣誉学位的考生辅导数学。1868 年，圣约翰学院的院长贝特森向马歇尔提供了一个道德科学讲师的职位，这是一个

[1] * 因此从时间顺序看，本章与前三章有部分重合。马歇尔在这一时期发表的一些公开演讲和著作会在其他合适的章节进行讨论。例如，他在《蜂房》（*Bee-Hive*）上发表的文章，他对亨利·乔治《进步与贫穷》一书发表的公开演说（在下文第 16 章第 574–575、582–585 页有详细讨论），以及他的文章《伦敦穷人何所居》，详见下文第 13 章第 450–451 页。

特别慷慨的提议，因为当时学院已经聘请了 J.B. 皮尔森担任这一职务。正如马歇尔晚年回忆的那样，正是“学院的善意”使得学术教学成为“我一生的事业”。[1]

那时，除了教授之外，大学讲师或者其他长聘教师并不是由大学任命的。除了为学生授课的教授和为荣誉学位考生辅导的私人教师之外，教学都是由学院指派的讲师来完成的。在 19 世纪 60 年代末，道德科学还是一个相对较新的学科。第一次考试在 1851 年举办，第一批考生需要先获得文学学士学位才可以参加考试。直到 1861 年，在道德科学荣誉考试中取得成功的学生可以获得文学学士学位这一政策才开始实行。在最初的几年里，参加荣誉考试的学生很少，但在 1866 年之后的 10 年左右，也就是阿尔弗雷德·马歇尔最初参与教学的 10 年里，参加荣誉考试的学生的数量和质量都有了显著的提升。这在很大程度上是因为它所关注的主题对那些成长于 19 世纪 60 年代的年轻人来说很令
268 人兴奋。从 19 世纪 70 年代开始，女性走入大学也促使学生数量得到了普遍增长。最初有较多学生参加这门考试，是因为如果他们不精通数学或古典文化研究的话，研究这个领域对他们来说特别合适。[2] 即便如此，参加荣誉考试的学生人数也很少超过 20 人，因此，学院任命的教授课程大纲的教学人员也相对较少。1868 年，马歇尔加入了这支小队伍，其中还包括三一学院的亨利·西季威克、圣约翰学院的 J.B. 皮尔森、凯斯学院的约翰·维恩（John Venn）和圣凯瑟琳学院的 T.W. 莱文（T.W. Levin）。在剑桥大学参与道德科学讲授的两位教师是亨利·福西特——他自 1863 年起担任剑桥大学的政治经济学教授，和 J.F.D. 莫里斯——他于 1866 年接替约翰·格罗特成为奈特布里奇道德哲学教授。[3]

1871–1872 学年结束时，院长贝特森发布了一份调查问卷，以了解“学院

---

[1] 传记片段，1920 年 10 月 3 日，马歇尔图书馆，棕色大箱。这也许不仅仅是贝特森的好意。任命“不可知论者”马歇尔教授道德科学，可能是为了平衡皮尔森的影响力，因为正如马歇尔回忆的那样，皮尔森给道德科学带来了强烈的神学意味（可参见上文第 5 章，第 112 页）。

[2] * 这是相对于成功参加道德科学荣誉考试的学生而言的，而不是相对于参加荣誉考试的女学生而言。到 1880 年为止，纽纳姆学院和格顿学院（两所女子学院——译者注）的学生中有 36 名参加了古典文学荣誉考试，27 名参加了数学荣誉考试，26 人参加自然科学荣誉考试，22 人参加道德科学荣誉考试，还有 18 人参加历史学荣誉考试，参加法律与神学荣誉考试的女学生各有一名（资料由丽塔·麦克威廉斯 – 塔尔伯格提供）。在上述期间，参加道德科学荣誉考试的女学生仅占所有参加荣誉考试的女学生的 16.8%，但占参加道德科学荣誉考试的所有学生人数的 30.6%。

[3] 参见 D.A. 温斯坦利，《维多利亚晚期的剑桥大学》，第 4 章；参见 A.S. 和 E.M.S.《亨利·西季威克回忆录》，第 3 章；《剑桥大学注册年鉴：对校历的补充》，剑桥大学，第 703–710 页；凯恩斯，《阿尔弗雷德·马歇尔》，第 172 页注释 2。莱文和皮尔森最初和马歇尔一样教授政治经济学。

讲师在学院所作的指导情况”。问卷的范围相当广泛。它要求详细说明所教授的课程、每门课程的讲课次数、每门课程的正式注册人数和实际出勤率、特定科目多讲或少讲的必要性，以及这是否适合普通学生或荣誉学位的考生，还有讲师对大学教学的改进建议。[1] 1872 年 10 月 16 日，马歇尔作了“非常详尽和详细”的回答，因为他担心院长和学院高层“对学院讲授道德科学的安排细节并不是很了解”。[2]

他对所教授课程的答复如下。在所涉及的 1871–1872、1872–1873 两个学年间，他在 1871 年 10 月开始的米迦勒学期讲授道德哲学（边沁），在 1872 年的复活节学期讲授初级（穆勒）和高级政治经济学；在 1872 年的米迦勒学期，他每周讲三次边沁的道德和政治哲学，而在 1873 年的复活节学期，与前一年一样，他计划讲授初级和高级政治经济学。[3]

马歇尔简明扼要地报告了这些教学隐含的工作量。他的回答是如此清晰和准确，拿来大段引用也不为过：

> 每门课每周都有三节课。除了第一周之外，每个星期都会发一份试卷。我鼓励学生们在我的房间里写下答案。他们的答案会在下一节课开始时返还给他们，我会用红色墨水附上批改，有时还会写上一大段说明。这堂课我将不遗余力地给出我自己对于这些问题的解答，并作出充分的解释。只有在某些情况下，我才会特意参考学生们的回答，那就是这些观点或他们所犯的错误可能会对其他学生产生启发。如果课上给出的答案和我对他们回答的批注，还不足以让他们弄清楚这个问题的话，我会鼓励他们在课后继续向我提问。通过这种方法，就可以避免不必要的赘述；而书面评论可以避免那些口头论述时 269
> 容易发生的误解以及记忆的混乱，在所有学科中口述都有可能产生错误，而在道德科学中尤其无法避免。除了前面提到的 5 门课程的试卷之外，我还为有疑问的学生专门提供 4 份试卷。它们也会像其他的试卷一样经过批改和解答。我会花 6 个小时到 8 个小时不等的时间用红笔批改每一份试卷。……道德科学学位考试和学院论文奖的考试还包

[1] 剑桥大学圣约翰学院院长发布的教学调查问卷，剑桥大学，1872 年 6 月 10 日（圣约翰学院图书馆）。

[2] 对剑桥大学圣约翰学院教学调查问卷的回复，第 14 章，第 65 页（圣约翰学院图书馆）。

[3] 同上，第 65–66 页。

舍大量额外的工作。（两个考试都是有必要的：后者让我结识了一些人，他们很有可能在道德科学学位考试中取得优异成绩。）更多的时间——平均下来学期内每周大概有3个多小时——用来与学生进行私人但正式的交流，关于他们课程学习中的一些普遍问题与特殊困难。对于一名数学专业或古典文学专业的学生来说，这些相关工作一般是由他的学院导师或私人导师来完成的。除了我在上两段中提到的那些工作，我作为一个讲师直接花费在公开课程上的时间一个学期至少有70个小时。（当然我还没有算那些直接或间接花费在课程准备上的时间，或是准备试卷的时间，以及批改其他学院的学生的试卷的时间。）[1]

这个回答里有几个特点值得注意。首先，加上至少30个小时私人“但正式”的指导的话，马歇尔每学期投入正式教学中的时间是远远超过100个小时的。另外，他在学院考试与论文奖上也花费了大量时间。他强调这个耗时耗力的工作有助于他发现道德科学学位的潜在获得者，这个解释也十分有趣。出于相似的原因，他后来在剑桥大学任教时也维持了这种做法。这种通过谈话来进行个人指导的方式，也是他后来在牛津大学教学体系中较为推崇的，但在19世纪70年代早期，这种方法在他圣约翰学院的同事眼中是很奇怪的。求学于19世纪70年代、1924年时任圣约翰学院院长的R.F.斯科特，在致梅纳德·凯恩斯的信中写道：“在我大学本科时期，马歇尔对于我们来说是有些神秘的。我曾经看到他坐在新庭院大门的台阶上聊天，旁边是坎宁安。这对习惯于正式的艾萨克·托德亨特（Isaac Todhunter）式教育的我们来说，这种指导方式是很奇怪的。”[2]他的许多指导都是免费的。与私人教师比起来，他几乎不怎么挣钱。当他在1885年成为剑桥大学政治经济学教授之后，他依然保持着这种教学习惯。

马歇尔在回复中相当具体地提到了学生的数量。1872年10月，他的道德和政治哲学课有20名学生，四旬节和复活节学期的政治经济学课程分别吸引了9个或7个学生。然而，马歇尔不情愿地承认，有一些学生可能同时修读了这两门课，到了复活节学期的后半学期，出勤率变得不太规律。马歇尔说他学

[1] 对剑桥大学圣约翰学院教学调查问卷的回复，第67–68页。

[2] R.F.斯科特致J.M.凯恩斯的信，1924年10月23日（KMF）。下文第292–294页将详细讨论马歇尔的教学思想，尤其是第10章，第316–317页。

生中大部分人都是圣约翰学院的学生。例如，修读他的哲学课的学生中有超过 70% 来自自己的学院。这个高比例同样反映在 1873 年道德科学学位考试的名单上：60% 的学生来自圣约翰学院。[1] 马歇尔认为只有私下交谈并劝说才是保证规律的出勤率的唯一有效办法，其他的纪律措施都是无效的。为了鼓励其他学院的学生来听他的以及其他讲师的道德科学课程，马歇尔建议对学生进行个人指导以便了解他们的意愿与需求。更具体地说，就是要求道德科学课的老师应该熟悉他学生的**所有**状况，即“他学习背景的细节，他学习的最大困难， 270
他的爱好、他的期望和他的目标”。这些学生的个人信息对于投其所好地设计课程来说是非常关键的。有趣的是，我们注意到，当他任剑桥大学教授时，他还为此特意印制了一些卡片，在学生填写相关信息之后，他会把这些卡片统一收集起来。[2]

1873 年，马歇尔还提出了其他改进学院教学的建议，以使讲课教师更加专业化。其中包括允许更多年轻研究员参与学院教学，以及颁布新政策以任命从事新领域研究的学院讲师，而不是一味地迎合扩充数学和古典文学的研究分支。这不仅提高了教师的专业化水平，还产生了宝贵的意外收获，那就是讲课质量也得到了提升。这不仅提高了教师在工作中的自豪感，还使学生的学习也达到了更高的水准。在给学院的回复中，马歇尔提到早先请福克斯韦尔代他讲授逻辑学的课程的时候，就已经向他说明过了这个方法。除了给予福克斯韦尔这种宝贵的经验之外，也在一定程度上解放了马歇尔，使他能够更加有效地讲解边沁和政治经济学的课程。[3]

在马歇尔担任道德科学讲师期间，他一直维持着对政治经济学的教学工作。在与杰文斯的通信中，[4] 福克斯韦尔直截了当地表示，他几乎记不得这些

---

[1] 对剑桥大学圣约翰学院教学调查问卷的回复，第 69–70 页，《注册年鉴》，第 709 页。

[2] 对剑桥大学圣约翰学院教学调查问卷的回复，第 70、73–74 页，以及参见下文第 15 章，第 555 页。

[3] * 同上，第 72、74 页，还可参见上文第 6 章，第 175 页与注释 ¶。福克斯韦尔，1870 年以第一名的成绩获得道德科学学位，所以早年就成为马歇尔的徒弟，1877 年，当马歇尔去布里斯托的时候，他曾替代马歇尔给学生上课。他与马歇尔长久以来的友谊，以及友谊结束的方式将在下文第 18 章中呈现。

[4] 福克斯韦尔致杰文斯的信，1879 年 11 月 12 日，载于《威廉·斯坦利·杰文斯论文与通信集》，第 5 卷，第 78 页；在给圣约翰学院院长的信中，福克斯韦尔解释道，道德科学教学大纲中高级政治经济学课程被描述为“对（经济）问题的纯粹理论方面的图解，以及对这些问题的数学处理的一般原则”，教学大纲的这部分只有马歇尔真正有能力讲解。福克斯韦尔致圣约翰学院院长泰勒的信，1881 年 10 月 6 日，圣约翰学院档案，D104：109。

课程的内容。除了1869年他参加的第一次课，马歇尔已经提出，工资与租金遵循类似的决定规律。福克斯韦尔对马歇尔讲课的大体回忆是，杰文斯并不比马歇尔享有知识优先权，主要是因为那时的工作中已经包含了数学和“曲线”。约翰·内维尔·凯恩斯在1874年和1875年修读了马歇尔的政治经济学课程，但他没有在日记中对这些内容进行评价。[1] 在1873年取得道德科学一等荣誉学位的坎宁安批评性地评论了学校在哲学和逻辑学教学方面的不足，但他继续说道：“从另一方面来说，我们有最好的政治经济学老师。马歇尔教授在这方面很有名望。”[2] 从1874年开始，马歇尔似乎不再承担道德和政治哲学的教学工作，就像他早期放弃逻辑学那样。这也使得他能更专注于初级和高级政治经济学的教学工作。或许这也是他之前向院长明确建议教学工作需要更加专业化的结果。[3]

马歇尔在这一时期的大学演讲并不局限于他在学院的教学工作。1870年开始，剑桥大学以一种非正式的方式向女性敞开了大门，允许一些研究员为女性授课，马歇尔正是这支小队伍中的一员。他第一次给女性授课是在1871[4] 年的四旬节学期，据他的妻子的回忆，他给她讲的道德科学课至少涵盖了他在圣约翰学院教学的那些主题。玛丽·佩利把他的道德和政治哲学课的内容主要描述
271 为“边沁和穆勒的功利主义”。在讲课过程中，他尤其急于区分功利主义的流行（即“浅薄”）含义与重要含义。另外，他强调了边沁对于经济学的重要性：

> “功利”这个词的流行用法是，基于功利的考虑与基于伦理的考虑是相反的，或者说无论如何也是截然不同的。我已经尽力向你们解释过“功利主义哲学”这个短语的用法如此彻底的浅薄与愚蠢，根本不

---

[1] JNKD，1874年4月21日，1875年2月2日。然而，在1875年3月13日，他评论道：“马歇尔确实对我写的一些论文评价很高，甚至在课上也是如此。”马歇尔说这种做法是他教学方法的一部分（见上文第268–269页）。

[2] 参见C.H. 达德利·沃德和C.B. 斯宾塞，《非传统公务员》，伦敦：迈克尔·约瑟夫出版社，1938年，第61页。坎宁安说剑桥大学的哲学教育“已经落后于时代一百年了。我不相信这个大学里有任何人理解康德，而提到黑格尔，有的只是叹息或嘲笑。我们都把时间浪费在汉密尔顿的哲学《演讲》（和穆勒的《逻辑学》）这些垃圾上了”。在接下来的几年里，没有一个学科有任何进步。J.N. 凯恩斯在1874年6月13日的日记中写道，他也认为“维恩关于汉密尔顿的讲座毫无用处”。1873年的剑桥哲学学会记录了坎宁安对于马歇尔垄断研究的帮助，见上文，第6章，第162–163页。

[3] 这至少是凯恩斯的《日记》给人的印象，在1874年和1875年期间，西季威克和其他人都给他上过课。

[4] B.A. 克拉夫，《安妮·杰米娜·克拉夫传》，伦敦：爱德华·阿诺德出版社，1897年，第61页，还可参见上文第8章，第228页。

> 值一提。我认为，伦理福祉不仅是任何合理的功利主义体系敦促我们促进的福祉的一部分，而且是这种福祉最重要的因素。他还说边沁是非经济学家中对于经济学影响最深远的，他的贡献在于强调测量。“当你找到了一种测量方法，你就有了争论的基础，这也是进步的手段之一。”[1]

在玛丽·肯尼迪的讣告中，[2] 玛丽·佩利提到的一个小插曲证实了马歇尔在政治经济学的课堂上讲授“曲线”已是普遍做法，杰文斯曾在 1874 年评论过这一教学内容。[3] 这就是“黑板事件，玛丽·肯尼迪和我认为，对于这些复杂的经济曲线来说，黑板似乎太老、太滑了。于是我们凑钱买了一个又大又漂亮的。然而，画上的曲线很难擦去，只得被屈辱地闲置在旧黑板边上”。她参加的马歇尔经济学课程也显示出他所处历史阶段的许多迹象，可以刻画他 19 世纪 70 年代早期的思想特点。玛丽·佩利指出 1873 到 1874 年左右，政治经济学

> 已是他给我们教授的主要课程。那时候，相关的书很少。没有蓝皮书或者经济学杂志，而且也只有少量教科书。穆勒是最主要的内容来源，亚当·斯密、李嘉图和马尔萨斯是重要的背景人物。赫恩的《政治经济学》被认为是很好的入门书。后来，我们开始读杰文斯的《原理》、凯尔恩斯的《主要原理》，以及沃克的《工资问题》。除了理论内容，课上还讲授经济学说史、黑格尔哲学史，以及他在《经济学原理》关于历史的附录中所提到的 1350 年以来的经济史。他会用半小时讲解理论，半小时讲解历史。他对经济史非常感兴趣。[4]

---

[1] 玛丽·佩利·马歇尔，《我的回忆》，第 19 页。

[2] 玛丽·佩利·马歇尔，《玛丽·肯尼迪的讣告》（1940），引自丽塔·麦克威廉斯 – 塔尔伯格，《玛丽·佩利·马歇尔：1850–1944》，第 26 页，注释 47 页。

[3] 杰文斯致马歇尔的信，1875 年 1 月 7 日，《威廉·斯坦利·杰文斯论文与通信集》，第 4 卷，第 95–96 页。

[4] * 玛丽·佩利·马歇尔，《我的回忆》，第 20 页。她在此处的回忆有几个错误。她不可能在马歇尔的课上读沃克的《工资问题》，因为这本书直到 1876 年才出版，不过，这本书出版后就立刻成为荣誉考试的指定书目。她把杰文斯死后出版的（以及未完成的）《原理》与他生前出版的《理论》弄混淆了，后者是高级班的推荐书目。《经济学人》、《双周评论》、《学会》和《现代评论》，是马歇尔在教学中普遍使用的期刊。此外，如果福克斯韦尔所言非虚，穆勒和斯密都是马歇尔讲课的主要人物，马尔萨斯和李嘉图是背景人物。杰文斯从福克斯韦尔那得知，那时的马歇尔“极为推崇亚当·斯密与穆勒，他的视野当然是在他们的作品中形成的”（《威廉·斯坦利·杰文斯论文与通信集》，第 5 卷，第 78 页）。

马歇尔在女子班的课程还涵盖了许多其他主题。这些内容是他道德和政治哲学课程的零散部分，还是他讲授的另一个更"受欢迎的"课程的一个方面，这点并不十分确定，玛丽·佩利继续回忆着他的课：

> 赫伯特·斯宾塞的《社会静力学》和《第一原理》……康德、巴特勒的布道、托马斯·肯皮斯（Thomas à Kempis），以及《弗洛斯河上的磨坊》（*The Mill on the Floss*）……他热情洋溢地谈到这些。（那
> 272 些年乔治·艾略特名声大噪，小说《米德尔马契》以每期5先令发售。）在课上，他论及许多现实问题，例如，舞蹈、跳舞、婚姻、赌博和走私。他会说，"生活意味着有意识地选择一个目标并且为之奋斗，人们应该把他们的工作的稳定表现看作是他们所需要的乐趣，如果兴奋之情使得我们对更微妙的音调失去察觉，那它就错了。娱乐的作用正相反，因为它使我们更有精力去欣赏微妙的和声"。……他担忧赌博的未来，并且认为这是比酗酒更严重的罪恶。他厌恶走私行为。"这是一种性质很严重的犯罪，比普通的偷窃严重得多，就像在教堂里喝得烂醉比在街上喝得烂醉性质更严重一样，因为这是一种对宗教情感的冒犯。"[1]

在提及这些警句的同一段里，玛丽·佩利说，在1873年5月的这一学期，马歇尔在克莱（Clay）先生的马车房给女学生讲了六次十分受欢迎的讲座。官方主题是"一些与劳动者福利直接相关的经济问题"，它们吸引了一大批学生。玛丽·佩利本人非常详细地做了笔记并留存下来，马歇尔（随后）还做了细微的修正。马歇尔自己的粗略笔记也同样保存了下来。这些内容涵盖了政治经济学的许多部分，从它的局限到它的用途（例如反驳消费不足的谬论）；从工会到合作组织，从贫穷到饮酒，从住房到赈济，从教育到奢侈品。玛丽·佩利回忆道，"他谈了很多关于正确和错误支出的问题，尤其是对于时间的支配"，这些内容就像前面几段所提到的课程内容一样，可以用玛丽的总结予以概括："他是一个伟大的布道者"。[2]

这些面向女性的讲座特别有趣，因为它们揭示了马歇尔在思想发展的早期

[1] 玛丽·佩利·马歇尔，《我的回忆》，第19页。关于婚姻的内容在此省略，这些内容可参见上一章。
[2] 同上，第19–20页。

阶段所关注的社会问题的性质和范围。另外，当将这些讲座的基调和内容与他6 个月后在剑桥改革俱乐部的演讲“论工人阶级的未来”相比较时，能发现他早就熟练地掌握了根据不同的听众调整演讲内容的技巧，因为这两次演说在各自的主题中得出了相近的结论。[1] 从一开始就可以看出，两者都反映了工人通过教育、竞争和合作获得解放这一主题中所蕴含的穆勒的自由社会主义原理；它们也同样反映了穆勒的行为学视角，认为伦理学与政治经济学的联姻对于品格建设这一紧迫任务至关重要；它们都揭示了开明政府需以工厂立法、补贴教育和文化活动（例如音乐）的形式进行干预。此外，两者都描述了一种将工人阶级转变为绅士的终极目标，并认为可以通过使非熟练工人稀缺以提高其报酬，以及通过传播更高的文化和道德价值来提高工人的生活标准和道德品质来实现。这是改善工人阶级状况的主流自由主义思想，该思想的基础是由穆勒和福西特建立的，因而这一与同时代改革观念相一致的得到广泛认可的愿景在剑
桥十分流行。[2] 然而，马歇尔对奥克塔维亚·希尔做法的赞扬也表示他强调自 273
助行为是工人阶级进步的催化剂，从而提供了人性进步的可能性。[3]

尽管这两次演讲在主旨上有相似之处，但是除了时间长短不同之外，它们还有一些显著的区别。六次演讲能比单独一次的演讲更谨慎与细致地阐述要点，演讲者有更大的空间来进行丰富的图示说明，除此之外，马歇尔对女性演讲的语气也有所不同。剑桥改革俱乐部的听众均为男性，重印在《鹰》上的文章也是供男学生阅读的，其中马歇尔使用一个接一个的论据来支撑论点，而他在对妇女的演讲中带有一种强烈的劝诫和说教意味。这种差异表明，马歇尔在其教学生涯的早期阶段就将适合这两类受众的教学性质一分为二。[4] 例如，他的笔记区分了他所认为的一个特殊的“女性问题”，并特别强调了受过教育的

[1] 马歇尔档案，“女性讲座”，1873 年复活节学期；他在 1873 年 11 月的“论工人阶级的未来”的演讲在上面的第 6 章中被讨论过，见第 174–175 页。

[2] * 不论是马歇尔自己的笔记还是玛丽·佩利上课时所记录的那些笔记，都证明这些演讲确实含有马克思《资本论》的影子。马歇尔自己的笔记中记录了一段荷马的言论，这在《资本论》第 398 页中也有引用，关于工厂技术是工业进步的标志。玛丽·佩利的笔记中包含了西尼尔（Senior）对于最后一小时的工资和利润的分析，这些语调也可在马克思的文本中见到：“一个名叫西尼尔的人，也许非常希望他职业生涯的第一部分都被抹去，精心详尽地写了一篇论文，来证明工厂的最后一小时维持了工厂的运转和提供了所有的利润，一旦这最后一小时消失了，所有的利润都会消失。”马克思，《资本论》，第 1 卷，第 9 章，第 3 节，详细讨论了西尼尔的最后一小时理论。

[3] 见上文第 6 章，第 141–142 页。

[4] 参见欧金尼奥·比亚基尼（Eugenio Biagini），《马歇尔 1873 年的女性讲座》，载《政治经济史杂志》，IX（2–3），1991 年，第 335–341 页，尤其是第 338–339 页。

女性对他所概述的事业的特殊义务。这使得他成为主张女性承担家庭责任以外的社会责任的激进派。尤其是在第五次讲座中，马歇尔劝告听众中的女士们继续奥克塔维亚·希尔开创的事业。马歇尔完全赞同她根据她在城市贫民窟的实际经验所制定的有效改善穷人命运的法则，尤其是其中第 4 条“穷人……需要发展所有的能力，以致向快乐的高贵源泉敞开心扉”。这些欢乐，正如马歇尔随后解释的，包含“干净、独立、感觉羞耻的能力和从工作中获得乐趣的能力，也就是说，照顾好自己的财产与小孩”。这些真理的传播为有献身精神的现代女性同盟创造了特殊的责任。为了在组织良好的慈善工作中发挥作用，他们需要具备以下条件：“受过高等教育；一种随时准备着却又克制着的同情的能力；有闲暇；还有将不作为视为一种罪恶的不安分，这些都是女性在社会中的独特品质。”[1]

为了避免这些讲座中只含有说教和提升道德水平的意味，一些有关劳动者福利的经济问题的讨论也被提出来了。第一次讲座提供了对抽象政治经济学的广泛论证，作为正确思考社会问题的指南，前提是要充分理解其局限性。第三次讲座不仅探讨了关于消费支出的适当方式的道德争论，还讨论了工资是如何被决定的，以及解释了为何最低工资会如此低。同样的，教育在经济上的好处，以及鼓励教育传播的各种途径，在有关酒精的害处及其与长时间艰苦体力劳动的联系的布道中得到了讨论。这些讲座的重点在于应用而非理论解释，听众对这些知识的正确反应也不断受到强调。难怪玛丽·佩利的这些回忆以恰当地形容她的丈夫具有传教士的品质为结语。

274 马歇尔在剑桥大学的第一段时期内所做的这类讲座的更广泛的教育目的，使得我们能够评价他可能参与的另一个课外的讲座活动，即大学推广运动。人们普遍猜测他积极参与了这类活动，毕竟这个活动和剑桥大学以及斯图尔特教授密不可分。斯图尔特曾经出于这个原因交给玛丽·佩利一个任务，就是撰写政治经济学的入门书，这本书后来就演变成她和马歇尔合著的《产业经济学》。[2] 不过，仍然没有马歇尔积极参加大学推广活动的直接证据。他在《蜂

[1] 马歇尔，“女性讲座”，第五次讲座，5 月 23 日。作为对 19 世纪 60 年代特殊经历的回应的奥克塔维亚·希尔的法则，可见加雷斯·斯特德曼 – 琼斯，《被遗弃的伦敦》，第 193–196、256–261 页。

[2] 参见例如约翰·惠特克，《阿尔弗雷德·马歇尔：1877–1885 年》，载《政治经济学史》，4（1），1972 年春，第 4 页注释 9，第 39 页注释 3。有意思的是，斯图尔特的《回忆录》中并没有提到马歇尔夫妇，尽管在这本书出版的时候，马歇尔已经获得了很大的声誉，不再是他们初次见面时那个圣约翰学院的年轻小教员了。在马歇尔申请布里斯托校长职位的推荐信里也没有提到这类经历，不过福克斯韦尔曾提及这本书的作者是推广运动的演讲者之一。

房》上发表的两篇文章的后一篇表明他对此非常熟悉，但约翰·霍姆斯（John Holmes）对第一篇文章的回复暗示他仅仅在哈利法克斯（Halifax）与马歇尔有一面之缘，这是当时剑桥大学推广教学的一个小镇，他并没有提供马歇尔直接参与的证据。[1] 然而在 1873 年也可能是 1876 年，马歇尔对在约克郡和切尔滕纳姆（Cheltenham）的推广活动进行了考察。除了马歇尔在布里斯托的一些工作被描述为大学推广活动之外，几乎没有更多证据显示马歇尔直接参与了这个活动。[2]

刚成为圣约翰学院的研究员时，马歇尔卷入了大学教育改革和学院改革这两起公共事件。1868 年到 1872 年，他写了 6 封信来论述学位初考制度需要改进，初考是指普通学生和优等学生在他们入学的第 4 个学期都必须参加的考试。1871 年，他谈到了学院研究员必须是独身主义这一规定。这些信的第一个话题表明了马歇尔对古典必修课程的抵制，尤其是希腊语。他在表述建议时花费了很多心思，他提出了一个方案，其中拉丁语本身可以被视为古典必修课的组成部分。马歇尔声称，这样做的好处是，让所有人都具备一定程度的拉丁语能力，"使他们能够轻松愉快地阅读维吉尔（Virgil）和卢克莱修（Lucretius）的作品"，从而使所有学生都能真正接触古典文化，这也正是现行制度所鼓励的。他认为，现在对"非古典人"的限制的实际结果是，他们从未在阅读任何古典作家时感到轻松自在，更不用说获得快乐了。[3] 他还评论说，对于那些打算参加小众的荣誉考试，比如参加道德科学荣誉学位考试的人来说，在这个阶段更深入地研究数学和更普遍的科学方法是有好处的。[4]

关于独身主义的这封信也引出了一个之后对马歇尔影响深远的问题，即结婚和留校任教之间只能选其一。马歇尔把这一讨论变成了一种请求，要求职业讲师由学院或大学支付薪水，并由所在学科的同行选出。他提议应对学生收费以补贴常规薪资，这样年轻教师之间的竞争还会提升教学质量。马歇尔提议 55 岁退休，在特殊时期可延长雇佣期限，并由学院和大学提供退休金。在现有体

[1] 罗伊登·哈里森（Royden Harrison），《阿尔弗雷德·马歇尔的两篇早期文章》，载《经济学杂志》，73（291），1963 年 9 月，第 423 页注释 5，第 430 页。文章内容将在下文第 16 章中进行讨论，见第 574–575 页。

[2] CUL，当地考试小组的会议记录（信息由丽塔·麦克威廉斯 – 塔尔伯格提供）。约翰·惠特克，《阿尔弗雷德·马歇尔：1877–1885 年》，第 25 页；在布里斯托的活动将在第 275–293 页讨论。

[3]《剑桥大学公报》（*Cambridge University Gazette*），1868 年 12 月 2 日，1869 年 4 月 14 日。

[4]《剑桥大学公报》，1868 年 12 月 9 日。

制下，这些资金可以通过减少讲师的数量来获得。这些建议在多大程度上来源于马歇尔将斯密关于大学改革的观点应用于当时的情况是很难确定的。[1]

马歇尔作为学院讲师所参与的活动，特别是他对大学改革事业的广泛参
275 与，在很大程度上要归功于亨利·西季威克的指导，正如马歇尔后来所称，在大学和社会改革问题上，西季威克是所有年轻大学教师的领袖。西季威克正是在1866年或1867年使马歇尔认识到有必要研究政治经济学的那个人，也是马歇尔在道德科学上的主要引路人，同时也是马歇尔和其他人有意识地“借鉴他们对大学改革的看法”的那个人。那时候马歇尔对西季威克的尊敬，在他对1867年格罗特俱乐部会议的描述中得到了最生动的说明。一个很好的例子就是马歇尔不加掩饰地表示对西季威克谈话技巧和知识水平的钦佩，因为西季威克可以让又老又疲惫的莫里斯滔滔不绝地叙述往事。在人生的这个阶段，初出茅庐的马歇尔是西季威克一切事务的自发拥趸，不过，政治经济学的教学是唯一的例外。[2]

管理一个新机构：马歇尔任大学学院校长（1877年7月—1881年9月）

马歇尔于1877年结婚，这也意味着他不得不辞去圣约翰学院的研究员一职及相关的教学职务，移居至布里斯托，担任一所新的大学学院的校长及政治经济学教授的职务。到1881年7月，马歇尔辞去了这两项职务，他得以从学校工作中获得一段时间的休息，一方面是为了他的健康考虑，另一方面也是继续他的写作。于是，他先去巴勒莫过冬，然后又去了欧洲其他地方。在1882–1883年学期伊始，他重新回到布里斯托担任了一年多的政治经济学教授，由贝利奥尔学院的乔伊特为他提供资金帮助。在布里斯托的工作可以很方便地划分为两部分。一部分是他为期4年、结束于1881年的校长的行政职务；另一部分是他作为政治经济学教授，为期5年、结束于1883年（其中有所中断）

[1]《剑桥大学报》(*Cambridge University Reporter*，前身是《剑桥大学公报》)，1871年2月22日；亚当·斯密，《国富论》，第5篇第1章第3节，《关于青年教育机构的费用》，牛津：克拉伦登出版社，1976年，特别是第760–764页；还可参较*IT*，第98页。

[2] 参见上文第5章，第112页，以及下文第18章，第663–664页。

的校内外的各种教学工作。[1]

这所马歇尔担任第一届校长的布里斯托大学学院的成立有两个背景。第一个背景是自 19 世纪 60 年代末起，英国对更广泛的大学教育机会的需求日益增长。更具体地说，这个项目是布里斯托医学院（成立于 1833 年）为了更好的住宿条件而进行的投资。布里斯托一些杰出市民积极推动了这一进程。这些人中包括刘易斯（Lewis）和艾伯特·弗里（Albert Fry），他们均为著名的贵格巧克力制造商的家族成员；而 W.L. 卡彭特（W.L. Carpenter）则是一名精锐的工程师，一家香皂工厂的合伙人，也是知名生理学家和心理学家的儿子，还是伦敦大学的司法常务官。其他一些人还包括克利夫顿学院的院长约翰·珀西瓦尔，马歇尔曾于 1865 年短暂地在他手下当过兼职数学老师。他们与一些主要来自牛津大学贝利奥尔学院和新学院（New College）的老师们——其中就包括本杰明·乔伊特——于 1874 年组织了一次公开会议，在会议上他们呼吁建立布里斯托大学学院。该倡议的目标是筹集到总额为 25000 英镑的资金，并且此后 5 年每年筹集 3000 英镑维持学校运转。但在两年半后，这个目标仍然没有实现，这也预示了学院未来的财政危机。尽管如此，委员会仍然决定继续推进这一项目。1876 年 10 月，学院的课程开始了，此时有 7 名讲师（大部分是兼职）和两位教授。摇摇欲坠的财政基础意味着很多早期的任命都是暂时的。直到这个新学院正式运转半年之后，寻找新学院的校长，亦即新机构的主要行 276
政长官才被提上日程。[2]

校长职责之广泛反映出这个机构的规模之小以及经济状况之差。此外，校长也是教育委员会（由校长和教授组成）的**职权**（ex officio）主席，负责联络教育委员会和学校理事会（以及它的执行委员会），还和教授一起对学生的纪律和进步负责，包括独立的任免权、必要的例行审查和向理事会提交学院活动的年度报告。如果校长也担任教授一职的话，理事会提供每年 700 英镑的薪资，其中 500 英镑作为校长一职的报酬，另外 200 英镑是教授的薪酬。

[1] 这一部分和关于牛津的部分，我大量引用了约翰·惠特克在这方面的详细论述，可见《阿尔弗雷德·马歇尔：1877–1885 年》。此外，我还要特别感谢布里斯托大学图书馆特别馆藏部门的迈克尔·理查森（Michael Richardson）先生，他让我查阅了布里斯托大学所收藏的关于马歇尔职业生涯的这一阶段的大量资料。

[2] 巴兹尔·卡托尔（Basil Cottle）和 J.W. 谢伯恩（J.W. Sherborne），《大学生活》（*The Life of A University*），布里斯托：J. W. 阿罗史密斯有限公司为布里斯托大学出版，1959 年，第 1 章，第 1–10 页。

在经历了40人初选的激烈竞争后，马歇尔与其他4人一起进入了下一轮的理事会面试，最终在1877年7月26日，也就是他的35岁生日这天，收到了这个职位的任命通知。[1] 评选委员会全部由学术人士组成。其中一位是来自剑桥大学的机械工程教授詹姆斯·斯图尔特，他一定已经从母校得知了马歇尔；其他三位来自牛津大学的教授可能没有听说过这个来自圣约翰学院的研究员。他们分别是乔伊特、亨利·史密斯（牛津大学的几何学教授）和H.B.乔治（新学院的历史学教师）。马歇尔的熟人之一珀西瓦尔是理事会成员之一，这可能对他的最终任命有所帮助。乔伊特在评选期间邀请马歇尔在贝利奥尔学院待了一个周末，这表明马歇尔早就被认为是最受欢迎的候选人之一了。[2]

马歇尔为这一职位准备的推荐信让人印象深刻。推荐者包括英国最重要的三位经济学家——W.S.杰文斯、克里夫·莱斯利、亨利·福西特；他以前的校长J.A.赫西（他在牛津大学有着优秀的人脉关系）、圣约翰学院的同事贝特森、德亨特（他是1865年马歇尔参加数学荣誉考试的考官）、邦尼和福克斯韦尔（也是他以前的学生和道德科学专业的同事）、纽纳姆学院的院长（安妮·克拉夫）、另一个他以前的学生（牧师V.H.斯坦顿），以及三一学院的道德科学讲师（亨利·西季威克）。大家都高度赞扬了马歇尔的教学能力与学术能力，还有他“纯粹、认真、具有奉献精神”和“正直、富有责任心”的“卓越”品质。总之，极尽溢美之词。[3]

一收到任命通知，马歇尔即日便投入了行政工作，委员会在年底对此表示了敬意。[4] 委员会和理事会的会议记录显示，交给马歇尔的任务甚至远大于招聘时所描述的工作内容。他需要对校历提出建议并予以修正，决定评奖评优的顺序，监督一个不断发展的机构中临时住宿的可用房间，安排新教师的任命，以及为工人和其他人制定学院的通识课程。有一些重要的教学岗位会接到临时辞职的通知，这就需要为晚上的讲座制作海报，还要与一个新建立的建筑委员
277 会保持联络，并将详细的活动细节报告给理事会，当然，还要定期报告学生人

[1] 布里斯托大学理事会，《委员会会议记录》，第30–31、35–37页，《理事会会议记录》，第35页（BUL，特色馆藏）。

[2] J.K.惠特克，《阿尔弗雷德·马歇尔：1877–1885年》，第4–5页，注释9、11；玛丽·佩利·马歇尔，《我的回忆》，第36页，还可参见下文，第18章，第688页。

[3]（BUL，特色馆藏。）这里的引文分别来自贝特森和赫西的推荐信；这些摘录，以及西季威克和杰文斯的推荐语，在前文第3章第55页，第4章第79页，第6章第144、161页引用过。

[4]《理事会会议记录》，1877年12月7日，第67页（BUL，特色馆藏）。

数、平均到课率、使用的课本和每次上课所涉及的部分。他还必须拟出教学大纲，为某些奖学金的颁发和某些课程的内容制定新的规章制度，并参加（在某些情况下主持）教育委员会、执行委员会和理事会的会议。在马歇尔到任的第一年，他在没有任何人帮忙的情况下独立完成了上述这些事务和他自己的教学工作。直到1878年5月15日，理事会才给马歇尔安排了一个校长秘书，在此之前马歇尔不得不亲自去处理学校管理的方方面面的工作，此时日校与夜校的学生已经共有300多人，还不包括医学校的学生。难怪他在给福克斯韦尔的信中写道，这么多的学校事务让他几乎没有时间去做别的事情，秘书的任命很可能意味着"明年校长的工作会轻松一些"。白天的课程（1878年起由玛丽·佩利·马歇尔代管）还不到他工作量的十分之一，他在每天的讲堂外几乎抽不出五分钟时间来思考政治经济学问题。[1]

在马歇尔1878年的年度报告强调了对学院早期发展至关重要的两个因素。首先，它提到了在教育方面取得的成就，包括学生人数的增长，以及在学生和教职员工的努力下学院声誉日益提高，学院活动和水平不断上升。随之而来的是对更好的住宿条件的需求，因为宿舍不足是学院未来发展最主要的制约因素。然而，由于资金短缺，房间短缺的问题很难在这一阶段得到解决。1878年的年度会议感谢了布里斯托市长以低廉的价格为学院提供了目前的临时住宿，并指出布里斯托这样一个富裕的城市应该很容易筹集到资金，建造更多合适的建筑。[2]

尽管有了新秘书的帮助，并由玛丽·佩利接管了1878到1879学年白天的教学任务，马歇尔在学校的工作仍然是很繁重的。1878年9月，在新学年开始之前，马歇尔只"**真正**休息了6天"，但累积的学校工作和就职演说的准备工作意味着，用于写作和其他活动的闲暇时间几乎是不可得的。[3]一个月后，玛丽·佩利向福克斯韦尔[4]表示，由于其他工作的压力，马歇尔不得不仓促完

[1]《委员会会议记录》和《理事会会议记录》，分别在第45–90页及第66页；阿尔弗雷德·马歇尔致福克斯韦尔的信，1878年5月27日（弗里曼收藏，49/155）；关于玛丽在布里斯托大学的教学岗位可见第8章（上文第235–236页）。

[2]地方总督年度会议报告，1878年11月21日，载于《理事会会议记录》，第112–114页（BUL，特色馆藏）。

[3]马歇尔致福克斯韦尔的信，1878年9月22日（弗里曼收藏，48/155）。

[4]玛丽·佩利·马歇尔致福克斯韦尔的信，1878年10月10日（弗里曼收藏，47/155）；马歇尔的就职演讲将在下文第289–292页讨论。

成他的就职演说，因此他“一点也不为此感到自豪”，并“坚决拒绝（将发言稿的副本）寄给西季威克先生”。

到 1879 年 2 月中旬，疾病使得马歇尔的工作更加艰巨。马歇尔的医生已经“严禁他出门”并且“一周之内什么事都不要操心”。“在我被允许出门之后，我必须完成本该在去年 11 月就进行的吉尔克里斯特讲座。”信中传达了一个好消息，学校理事会任命了一位建筑师，“我相信会很快建成，但是也并不
278 确定”。[1] 到了 4 月，马歇尔被诊断为肾结石，医生让他彻底静养。尽管如此，马歇尔在给福克斯韦尔的信中提到他的伦敦医生“说到夏季末我很可能就会和以前一样健康”。[2] 事实并不是这样。6 个月后，一位科学家在马歇尔家和学校之间安装了布里斯托的第一部电话，为行动不便的校长提供了沟通便利，使他能够不受限制地在家工作。[3]

根据伦敦医生的意见，马歇尔乐观地认为自己将很快从疾病中康复，但这种乐观为时尚早。到 1879 年 10 月，玛丽·佩利说，尽管马歇尔看起来比前一段时间健康了，但“他还是只能勉强完成工作”，这大概是因为“学校发展得很快，报名人数激增”。两个月后，进展更加缓慢，部分原因是他们的计划最终搁浅了。[4] 这些计划与那年早些时候马歇尔在圣约翰学院进行的试探活动有

[1] * 阿尔弗雷德·马歇尔致福克斯韦尔的信，1879 年 2 月 14 日（弗里曼收藏，20/9）。吉尔克里斯特讲座（The Gilchrist Lecture）是一系列由吉尔克里斯特信托基金赞助的关于水的公开讲座，总共有七场讲座，马歇尔所作的“水作为国家财富的一个要素”的演讲是最后一场（在《纪念集》第 134–141 页有转载）。它的内容在下面第 292–293 页讨论。事实上，马歇尔在 3 月共做了 5 次演讲：3 月 11 日在布里奇沃特，3 月 12 日在布里斯托，3 月 13 日在特罗布里奇，3 月 26 日在弗罗姆，3 月 28 日在新港。参见 J.K. 惠特克，《阿尔弗雷德·马歇尔：1877–1885 年》，第 24–25 页，1878 年 11 月 16 日《委员会会议记录》，第 97 页。以前的吉尔克里斯特系列讲座有与热相关的主题。

[2] 阿尔弗雷德·马歇尔致福克斯韦尔的信，未注明日期，大概是 1879 年 3 月或 4 月（弗里曼收藏，4/9）。

[3] * 玛丽·佩利·马歇尔致福克斯韦尔的信，1879 年 12 月 14 日（弗里曼收藏，19/4）：“我们打算在我们的房子和学校之间安装一条电话线，这样他就可以进行远程管理了。”这句话出自玛丽·佩利·马歇尔对 1877 年至 1883 年在布里斯托的岁月的描述，转引自 M.F. 皮斯的记录，1943 年（BUL，特色馆藏 MS DM 219）。马歇尔夫妇在布里斯托所使用的新技术在这些笔记中得到了进一步的说明，他们“引入了煤气炉——当时是一项新发明”，这个新玩意让来访的乔伊特大吃一惊。他问他们从哪里弄来这么好的煤，他房间的火烧了一整夜。在担任校长期间，马歇尔还使用了一支电笔（购买于 1877 年至 1878 年间），售价 8 英镑 8 先令，写起来更快、更整齐，还能用复写纸制作出更多的副本。马歇尔在学院的《会议记录》，以及他为布里斯托学生准备的统计资料的副本中（保存在马歇尔档案馆的红箱中）都能看到他使用这种不常见的书写工具。其中一个可参考图 56。

[4] 玛丽·佩利·马歇尔致福克斯韦尔的信，1879 年 10 月，1879 年 11 月 14 日（弗里曼收藏，16/9，19/9）。

关，目的是以某种身份寻求回到剑桥大学的机会。结果证明这些计划没有什么效果，并且当布里斯托准备任命办事员来减轻他的管理负担时，这些计划也就显得不那么必要了。10 月份，马歇尔在给福克斯韦尔的信中表示，他对他们的未来有些犹豫不决，但据玛丽所说，这份犹豫在两个月后烟消云散了：

> 我已经推迟了访问院长（圣约翰学院的贝特森先生）的计划，因为我在还不清楚自己的想法时不希望打扰他。现在有一个建议，即将我的一部分比较适合秘书做的工作分配给他们，同时削减我的收入。我每年可以放弃 100 或 200 英镑的薪水，如果这种事能处理好，我将留下来。但我认为这不可能做到，同时，时间还在飞逝。事实上我不这么认为，时间过得太快了。西季威克写信说那里实际上没有研究道德科学的人。所以，我想回来做一名道德科学讲师也不太现实。但我在剑桥的最后一年，有一个大班级（22 人），其中一半都是历史学专业最好的学生。你认为圣约翰学院会愿意让我做一名历史学讲师吗？我可以照管学生并讲授经济史、经济学，或许还能讲授包括边沁在内的政治哲学。[1]

重返剑桥没有希望，加上 11 月 19 日理事会决定进一步减轻他的行政压力，于是，马歇尔在以健康不佳为由递交辞呈之后，又在布里斯托待了近两
年。[2] 马歇尔最终于 1881 年 9 月离开学校，实际上他在几个月前就已经辞去 279
校长一职了，他解释了他改变主意的原因："他被告知，有许多工作都只进行了一半，要是这时候离开，很多本来能够完成的事情都将破产。"[3] 正如惠特克所说的那样，理事会可能担心，校长在这种关键时刻辞职会大大打击公众的信心，尤其考虑到 1879–1880 年期间，学校的财政状况也在恶化。[4]

---

[1] 阿尔弗雷德·马歇尔致福克斯韦尔的信，1879 年 10 月 18 日（弗里曼收藏，12/9）。

[2] ¶《理事会会议记录》，1879 年 11 月 19 日。"宣读并讨论了校长因健康状况而递交的辞职信"，结论是，"理事会非常希望马歇尔先生能继续为学校服务，并要求他继续工作一年。他们愿意允许他做出减轻他的部分职责的安排，安排的细节将由主席核准"。理事会还同意，"鉴于可能重新安排校长的职责，应授权当地执行委员会考虑并在必要时重新安排秘书和办事员的职责和薪金"。《理事会会议记录》，第 128、131 页。

[3]《西部日报》，1881 年 9 月 30 日。有趣的是，如果剑桥大学有更好的工作机会，那么，他将在职责与个人利益间如何取舍呢？

[4] J.K. 惠特克，《阿尔弗雷德·马歇尔：1877–1885 年》，第 9 页。乔伊特尽了最大的努力让马歇尔夫妇留下来。这将在第 18 章第 689 页讨论。

在 1879 年 10 月写给福克斯韦尔的信中，马歇尔夫妇正在考虑离开布里斯托的几种方式。福克斯韦尔提出，为了使马歇尔夫妇重返剑桥，他愿意分享自己薪酬的一半，马歇尔谢绝了福克斯韦尔的慷慨提议，并表示如果他辞职了，他们可以靠自己的积蓄生活相当长的一段时间。

> 我们确实应该将 1877-1881 这 5 年放在一起考虑，前两年半我们赚得多，后两年半收入将减少。在休息一段时间后，我应该去寻找一些工作机会，可能是去剑桥大学，也可能是去苏格兰，或者其他任何地方。在这一两年里，我们可能会住在一个偏僻的农舍里，也可能部分时间住在剑桥的居所中，这样我就可以使用大学图书馆的资源，而玛丽就可以去纽纳姆学院。玛丽确实强烈要求我无条件辞职，以便这些事能够实现。如果我只考虑自己的偏好，在学校想让我留下来并减轻了我的部分工作负担的这个阶段离开，我觉得对学校来说很不公平。至于让我成为一个研究员，我从来没抱希望。[1]

总之，11 月的理事会会议通过了减轻马歇尔校长责任的决定，马歇尔也很乐意继续任职一段时间，帮助学校度过当前的困难时期，这样就不会危及耗费他巨大精力才逐渐成长起来的脆弱果实。

财政问题是这一困难时期面临的主要问题。1879 年至 1880 年间，学校财务状况的恶化是显而易见的，事实证明，那一年的捐款在绝对和相对意义上都出现了暂时性的短缺。不凑巧的是，学院建设活动也对其财务造成了影响，部分是由于资本的减少意味着年息也相应减少。不过与捐款方面的情况相比，这只是一个小问题。在马歇尔担任校长的第一年，捐款的数额达到了 3000 英镑，正好和年度预算持平。它涵盖了学校 70% 的经常性支出，并且达到了学校收入的 2/3。接下来的一年，即 1878 年至 1879 年，捐款数额下降到 2500 英镑左右，只能涵盖一半的收入和支出，到下一学年末尾也就是 1880 年 9 月，尽管这项来源的收入已经恢复到 2730 英镑，但却只能涵盖当年花销的 1/4（当年有一半的花销也就是超过 5500 英镑是用于建筑方面的），只占到经常性收入的不到 1/3，建筑方面的支出一半来自资本账户。这一时期唯一稳定增长的
280 收入来源是学费：从 1877–1878 学年的 1150 英镑上涨到 1878–1879 学年的

[1] 马歇尔致福克斯韦尔的信，1879 年 10 月 25 日（弗里曼收藏，9/9）。

1817 英镑，1879–1880 学年增长到了 1960 英镑。财政状况很快就改善了。学校的总体扩张，包括最引人注目的建筑计划，都让学校在这一学年结束也就是 1881 年 9 月 30 日之前筹集了大量捐款。这些钱款到马歇尔离开布里斯托的那年年底（1881 年）已经超过了 20000 英镑，这项基金已经足够支付当年建筑支出的 6200 英镑的开支，并花费近 4000 英镑购买了东印度公司的年金。[1] 马歇尔在实际财务方面的职责似乎很小。但是，在给福克斯韦尔的信中说，[2] 他需要参与向布里斯托市民开展的日常“乞讨”活动，学校的运转和壮大都离不开这些资金，后来他在和休因斯回忆这段往事时说道，他在布里斯托大学时“所负责的宣传工作是相当繁重的”。他提到“个人非常不情愿……厌恶之情……令人无法想象。我在布里斯托不得不做的这件事差点要了我的命”。[3] 公共活动、社交和筹款真的不是他的长项。[4]

在他辞职未果之后的两年时间里，马歇尔继续埋头于他的行政工作，看着他所管理的这所学校在学生、教工数量，以及住宿条件（从 1880 年开始）上逐渐发展壮大。例如，在他任校长期间，教师人数从一开始的 2 名教授和 7 位讲师，扩展到 8 名教授（包括他自己）和 7 位讲师（包括他的妻子）。在新任命的教授中，威廉·拉姆齐（William Ramsay）接任了基础化学教授的位置，这也是马歇尔最终能够脱离布里斯托大学学院的校长职位的原因。正如马歇尔在拉姆齐去世时写给他妻子的信中所说：“新的化学教授开始了他的工作——到（1880 年）11 月中旬我知道我终于要自由了。一个真正强壮的人来到了这里，虽然他还年轻，但我知道学校的未来是值得托付给他的。”[5]

学生的数量也在增长。1877–1878 学年，白天和晚上的学生数目分别是 132 人和 172 人，共 304 人；到 1880–1881 学年则增长为 155 人和 360 人，总计 515 人。在早些时候的 1878–1879 年，学生的总数甚至达到了 720 人，其中有 316 人参加白天的课程，404 人参加晚上的课程。但考虑到那年只是零

[1] 布里斯托大学学院，《1876–1901 年的收入与支出》（BUL，特色馆藏）。

[2] 阿尔弗雷德·马歇尔致福克斯韦尔的信，1880 年 4 月 20 日，弗里曼收藏，9/252。写这封信的时间是马歇尔担任校长期间学校财政状况最糟糕的一年。

[3] 阿尔弗雷德·马歇尔致 W.A.S. 休因斯的信，1899 年 10 月 12 日，载 A.W. 科茨，《阿尔弗雷德·马歇尔和伦敦经济学院的早期发展：一些未发表的信件》，《经济学刊》（*Economica*），N.S. 34（3），1967 年 11 月，第 412 页。

[4] 下文第 15 章将有进一步的说明。一个例子是他在 1879 年 10 月 30 日给《泰晤士报》的信，信中纠正了一些关于学校的错误报道。

[5] M.W. 特拉弗斯，《威廉·拉姆齐爵士的一生》，第 45 页。拉姆齐对马歇尔的第一印象已在前文第 8 章第 232–233 页讨论过。

星登记入学人数（通常只有一个学期），这个峰值被认为是严重夸大了。一个更好的指标是统计每学期缴纳学费的学生数目：这个数字一直稳定增长，从1082（1876–1877年的三个学期），到1119（1877–1878年），到1772（1878–1879年），再到1824（1879–1880年），马歇尔在任校长的最后一年的年度报告中展现了这些数据。[1] 从学术上来讲，学校的教学质量也在进步。这种进步是逐渐反映出来的，但是持续性地体现在获奖学生数量的增加上，并且这些获奖学生的名字会按学科记录在校历中。[2]

在1880年12月提交给威尔士和蒙茅斯郡高等教育委员会的证据中，马歇尔详细描述了该学校所吸引的学生的性质和类型。[3] 除此之外，还有一些工程类公司的“工读生”（Q. 18168–18169）；事实上，许多参加白天课程的女性“主要来自城中家境优渥的女儿们”，但这却不符合男性学生的情况，因为“布里斯托有钱人家的儿子们仍会被送去牛津大学和剑桥大学”（Q. 18165）。马歇尔还告诉委
281 员会，修读白天课程的学生中，“年纪在18至22岁之间”的占3/4，但许多修读晚上课程的学生都已经是“成年人”了，且大多从事商业（Q.18186）。学校中也有少数的寄宿学生，但在缺乏住宿条件和更可靠的资料的情况下，这个数目很难被精确地查明。在论及来自布里斯托以外地区的学生时，马歇尔也指出，他“随时准备帮助有住宿需求的学生”，前提是学生主动向他提出要求（Q. 18194–18197）。简而言之，到1880年，对于学院来说，学生的数目已经相当多了，以至于学院不得不安排专门的人员做登记服务。同年晚些时候，马歇尔作为校长的工作职责因这一新的安排而得到了更有效的缩减。因此，马歇尔提议给该职位的工作人员提供工资，同时缩减自己的薪水，但该建议被理事会拒绝了。[4]

在马歇尔担任大学校长期间，还有另外两件事值得一提。第一件是马歇尔准备于1881年6月20日提交给理事会执行委员会的一份详细报告，涉及学院的额外建筑需求及其位置。这份报告的草稿已经在一次教工会议上被讨论过，

[1]《学院年度报告》，1878年11月，1881年11月，见《理事会会议记录》，第134、160页（BUL，特色馆藏）。

[2]《布里斯托大学学院：校历与教学大纲》，布里斯托：J.W. 阿罗史密斯，各年份。

[3]《威尔士和蒙茅斯郡高等教育证据纪要》，参见威尔士中级和高级教育委员会，《议会文件》（*Parliamentary Papers*），第33卷，1881年，c–3047，3047–1，马歇尔提供的证词在1880年12月20日，第767–779页。

[4]《理事会会议记录》，1880年9月9日，11月17日，第152、156页；《委员会会议记录》，1880年8月23日，9月20日，第152、153页。参较J.K. 惠特克，《阿尔弗雷德·马歇尔：1877–1885年》，第9页及注释29。

因此，马歇尔说“目前的这份报告代表了所有教工包括我本人的意见”。报告随后提到了现有建筑计划的一些普遍缺陷。首先，现有计划低估了所需教室的数量，高估了教室的高度；所以，报告得出的适当结论是依据学院的 12 个部门来妥善划分教室。报告还认为有必要在建筑计划中加入一个大学图书馆；在建造完成之前，报告还提出了一个临时解决方案，为学生提供必要的图书设施。报告亦强调，现有计划应更充分地照顾自然历史和化学学科的实践和实验室教学工作。报告的最后一个请求是希望引进拉姆齐，在说到实验室设计的修改时提到了他的贡献。报告中同样提请注意今后对物理和工程类设施的需求。马歇尔建议委员会将医学院的解剖室设在主楼之外：这样在未来的一段时间内，可以提供一个令人满意的额外空间。[1] 这份报告之所以有趣，至少有三方面原因。首先，它反映了马歇尔对学生需要足够的图书馆设施的重视，这也是他后来作为剑桥大学教授非常关心的问题。其次，明确评价了拉姆齐在学校事务规划中的建言质量；最后，报告被教工大会采纳（以及修改）的事实表明，马歇尔有能力在处理教工的关系时从先前的错误里吸取教训。这些错误与之前的大学考试程序相关，这个插曲也让马歇尔对拉姆齐的意志力、主动性和性格产生了敬意。现在可以对这个涉及学术自由的有趣的小插曲进行说明了。

前面已经简单提到过，校长还需对考试负责。马歇尔显然将其解释为一种责任，即检查每个学生的试卷，以保持评分标准的一致性，这在决定奖学金的归属
时尤其有效。显然，其他教师都（勉强地）接受了这个做法，直到 1880 年 2 月 282
拉姆齐被任命为化学教授。1880 年 10 月，拉姆齐在给他母亲的信中写道，“我对老师必须将考卷交给马歇尔这个事提出了反对意见”。他继续写道：

> 这是前所未有的事，是一种间谍行为，令我感觉很不专业。据说它是一种对批阅的检查，但它失败极了。马歇尔怎么能够成为所有科目的判官呢？他不是一个无所不知的人。他显然对我的反对感到非常生气，他也叫我拉姆齐教授。我回答道：我亲爱的马歇尔，至少就个人而言我不想这么做，理事会的许多成员以及几乎所有老师都同意。[2]

两星期后，拉姆齐又报告了进展：“星期六会讨论考卷的问题，然后再敲

---

[1]《执行委员会会议记录》，第 171–177 页。该报告的日期为 1881 年 6 月 11 日。

[2] 威廉·拉姆齐致母亲的信，10 月 13 日，参见莫里斯·特拉弗斯整理的《威廉·拉姆齐爵士的通信与文章》，第 3 卷，《拉姆齐文集》（UCL）。

定。我想马歇尔和我的关系还不错。我煞费苦心地将这事拿到台面上解决。”[1]拉姆齐给理事会的信不仅很正式，而且很有策略：“我发现布里斯托大学学院有一种惯例，要求教员向校长提交批阅后的试卷，对此我谨表示抗议。当然，我已经交了我的试卷，但对于这一惯例恕我无法认同。”[2]11 月 17 日，理事会就校长的报告展开了辩论。这表明马歇尔把他担任主席的教育委员会卷入了这场争论。理事会决定确保“适当的标准”，并把实现这一困难目标的任务留给了所有学术人员，并尽可能地向他们提供必要的试卷副本。[3]然后，在进入理事会讨论之前，一个教工会议就将此事解决了，拉姆齐随后写道，“所有人都同意我提出的新方法，甚至是马歇尔本人”。[4]这一小插曲显示出马歇尔在掌握学术管理权威时的专制倾向，以及向无法避免的事情妥协的能力，这些特征在他担任剑桥大学教授时也很明显。拉姆齐在这件事上所发挥的领导作用，很可能使马歇尔在 1880 年 11 月意识到他能够通过拉姆齐逃离布里斯托大学。

在马歇尔与福克斯韦尔的通信中可看出，在 1880 年间，逃离的想法从未消失过。还记得吗，在 1879 年 11 月就他的辞职信进行辩论时，理事会第一次只要求他继续担任一年的校长。1880 年 4 月，马歇尔对福克斯韦尔说：“注意，如果你听到任何招聘政治经济学教授的消息，请立刻告诉我。”这就要提到两年前，马歇尔在写给“亲爱的福克斯韦尔”的信中说道，他“认为福西特要多干一年再退休，我时刻准备着在他退休时递补上”。[5]1880 年 11 月 21 日，当他担任校长的整整一年的期限结束时，他表现出了对于申请伦敦大学学院讲座教授职位（福克斯韦尔获得了这一职位，并且坎宁安也是申请者之一）的兴趣，但是到 11 月 29 日，他意识到他已经错过申请时间了。12 月初，马歇尔安慰自己，他应该不会喜欢带着妻子去伦敦，即使“她发誓她自己会喜欢
283 的。她在这里做得很好。我不知道谁能取代她”。[6]然而，到 1881 年年中，马

[1] 威廉·拉姆齐致母亲的信，1880 年 11 月 1 日，参见莫里斯·特拉弗斯整理的《威廉·拉姆齐爵士的通信与文章》，第 3 卷，《拉姆齐文集》（UCL）。

[2] 威廉·拉姆齐写给布里斯托大学学院理事会的信，见《理事会会议记录》，第 154–155 页。

[3]《理事会会议记录》，1880 年 11 月 17 日，第 157 页。

[4] 威廉·拉姆齐致母亲的信，1880 年 11 月 9 日，见莫里斯·特拉弗斯整理的《威廉·拉姆齐爵士的通信与文章》，第 3 卷。这封信写于理事会的妥协方案亦即教工会议之后。

[5] 马歇尔致福克斯韦尔的信，1880 年 4 月 20 日，1878 年 3 月 28 日（弗里曼收藏，9/252，40/155）。

[6] 阿尔弗雷德·马歇尔致福克斯韦尔的信，1880 年 11 月 21 日、11 月 29 日和 12 月 5 日（弗里曼收藏，6/252）。在他向威尔士高等教育委员会提交的证词中（Q.18249），解释了为什么他认为他的妻子玛丽对学院的工作来说是不可或缺的。

歇尔夫妇重新燃起了依靠积蓄和著作生活几年的计划，就像马歇尔在早些时候向福克斯韦尔提起过的那样，尤其是在拉姆齐越来越有潜力成为他的接班人之后。

1881 年 7 月 4 日，拉姆齐在给他父亲的信中写道：

> 马歇尔受命询问我是否接受这里的校长职位，当然还保留我目前的教授职位。他说，他的健康状况一直不好，对职位的焦虑使他疲惫不堪。他想继续自己的写作，却觉得有一股阻力让他无法向前。他和夫人打算隐退，过属于自己的生活，写写书，做做研究。他说以他的经济能力，这是可以做到的。……我的回答是："我首先是个化学家。如果它严重干扰了我从事科学工作的初衷，我就不会接受它。"他答复说，那不会有影响的。担任该职位没有影响到他的学术研究，而且我也会有帮手。[1]

特拉弗斯并没有真正相信马歇尔所说的行政工作不会影响科研工作的谎言。他对马歇尔的辞职理由——马歇尔在提交给理事会的实际辞职信中说明了他的理由——的评论体现出他从各个方面来看都是很敏锐的。特拉弗斯将马歇尔不能使行政工作和学术工作相结合归咎为他是一个无组织的孤独的工人；但是，正如记录所示，拉姆齐在他在布里斯托的日子里做了很多学术性工作，他非常善于组织，能够与人合作。"尽管马歇尔有作为经济学家的夫人的支持，但本质上他还是一个孤独的工人"，他只是将她的智慧用在很少的研究工作和秘书助理工作上了。[2]

尽管如此，马歇尔认为他辞职的前景是令人宽慰的，一旦木已成舟，他将迎来"这么长时间以来，第一次过无忧无虑、快乐的日子"的机会。此时他们仍计划在国内隐居两年，这意味着他将逃离在公共关系和社交宴请方面的苦差事，而这些工作都是他在应对学校财政困难阶段不得不做的事，逃离这些工作将有利于马歇尔的身体恢复健康。尽管这项工作"不会摧毁一个强壮的男人，但对我来说，它不但让我很沮丧，甚至会延续到接下来的一天或后面的一两天

[1] M.W. 特拉弗斯，《威廉 · 拉姆齐爵士的一生》，第 55–56 页。

[2] M.W. 特拉弗斯，《威廉 · 拉姆齐爵士的通信与文章》导论，第 5 卷（第一部分和第二部分），大学学院图书馆，伦敦。这在上文第 8 章 235–237 页有所讨论。

时间”。和特拉弗斯的观点相比，马歇尔也期望辞职后的这段时间可以让他有更多的机会和妻子进行学术层面的合作。[1]

7月18日，布里斯托大学学院理事会遗憾地接受了马歇尔的辞呈，并在决议中“对马歇尔及其夫人在学院工作期间表现的杰出能力、精力和奉献精神表示了高度赞赏，同时对他们未来的生活前景尤其是马歇尔教授健康的恢复给予了热切的祝愿”。[2]尽管马歇尔的辞职申请在7月18日被正式接受了，但直到9月27日拉姆齐才被理事会正式任命为马歇尔的接班人，并且事实上直到1881年10月马歇尔才完全辞去校长的全部职务。[3]这一延迟是由于威廉·拉
284 姆齐在夏天举办婚礼，在之后的蜜月期内，他不想被学院执行委员会的会议打扰。当拉姆齐夫妇在9月28日结束了他的蜜月之旅后，他们不仅接管了马歇尔夫妇关于宴请招待的对外工作，还租用了马歇尔夫妇在过去4年的时间里用于这项工作的房子。[4]

9月29日这一天，一些之前是政治经济学专业的学生在布里斯托办了一场聚会，他们对马歇尔夫妇表示了感激：“在一个精通该学科并且热衷献身于该学科的人的指导下，学习这一门涉及面极广、最为重要以及趣味十足的政治经济学是有很大好处的。我们永远也不会忘记和您共度的学习这门有趣学科的美好时光。”[5]除了将发言稿的复印件作为他们给前校长和老师在布里斯托大学工作的纪念品外，他们还谨慎地交给马歇尔夫人113英镑18先令，这是他们内部募集的，以表达对他们辞职后未来几年无薪生活的切实关心。[6]10月初，拉

---

[1] 阿尔弗雷德·马歇尔致福克斯韦尔的信，1881年7月29日（弗雷曼收藏，3/152），在上文第8章第256–257页也引用过。

[2] *《理事会会议记录》，1881年7月18日，第179、181页。马歇尔在辞职信中写道：“我在大学内部的工作没有什么困难；但是所有的对外的工作对我来说都是非常繁重的……其结果是，一方面我几乎完全忽视了我最渴望追求的研究事业，另一方面，我却无法像一个精力更加旺盛的强者那样，将学院的利益尽可能地对外延伸。”（同上，第180页。）

[3]《理事会会议记录》，1881年9月27日，第182、183页。

[4] 参见J.K. 惠特克，《阿尔弗雷德·马歇尔：1877–1885年》，第10–11页。他补充说（第10页注释34），“拉姆齐的妻子以前没有去过布里斯托，她是第一次见到马歇尔夫妇，她现在‘非常’喜欢玛丽·佩利，因而‘对于他们今年冬天就要离开这件事感到非常遗憾’”。

[5]《致布里斯托大学学院的校长马歇尔教授》，载《西部日报》，1881年9月20日，星期五；有75名学生签名的原件保存在马歇尔图书馆。

[6] H.S. 福克斯韦尔致圣约翰学院院长（泰勒）的信，1881年10月15日，圣约翰学院档案，D104：110，福克斯韦尔在信中还指出，“精神上的忧虑是他生病和辞职的主要原因，一部分与财政有关，一部分与布里斯托一两个非大学教职员工令人讨厌的性格有关”。平均下来，每个学生捐助了30先令，这是一笔非常可观的捐款。

马歇尔夫妇到达巴勒莫。直到 3 年后，也就是 1884 年 12 月，马歇尔被选为剑桥大学政治经济学教授，行政与学术职责才再次落到他的肩上。

长远来看，布里斯托大学学院以别的切实的方法纪念了它的第一任校长。1911 年，布里斯托授予马歇尔荣誉博士学位。据《布里斯托时报与镜报》（*Bristol Times*），在学院庆祝金禧之际，在私人房间（最初是副校长的房间）的壁炉里，摆放着阿尔弗雷德·马歇尔和威廉·拉姆齐爵士的橡木雕刻头像，以表彰前两任校长所做的贡献。韦尔斯大楼（Wills Building）是在马歇尔离开之后的 1925 年建成的，里面有一个形似马歇尔的滴水嘴兽，用以纪念这位布里斯托的首任校长以及政治经济学教授。很少有经济学家和学术管理者能以这样——虽不是独一无二，但也绝非平常——的方式将自己的事业载入史册。[1]

布里斯托的政治经济学教授：1877–1881 年、1882–1883 年

1881 年 9 月，阿尔弗雷德·马歇尔离开布里斯托时，他的学生们向他发表的告别演说把注意力集中于他在学校的其他活动上。作为最初的政治经济学教授，他负责讲授这门课，一年后，玛丽加入了这项工作。在第一年，马歇尔只在白天教学，后来就只在晚上授课。玛丽·佩利后来回忆道，在他晚上的课堂上，来的学生大部分：

> 都是商人、工团主义者以及少数妇女；与剑桥大学相比，这里的夜校没那么学术化；马歇尔通过讲述不同主题的趣闻轶事，将严肃推理和实际问题结合在一起。随后，杰布女士告诉我，她去上课的主要原因，是它能提供“非常不错的饭后谈话”。并且，其中还夹杂着各种笑话。课上有一个叫赫伯特·格伦迪的人，一开始不会发笑，但一分钟后，就会听到一阵雷鸣般的大笑。[2]

[1]《布里斯托时报与镜报》，1926 年 3 月 20 日，布里斯托大学图书馆特色馆藏。1991 年 6 月 11 日，迈克尔·理查森（Michael Richardson）先生写信给作者说道，“韦尔斯纪念大楼的屋顶角有一个马歇尔状的滴水嘴兽”，这是布里斯托大学历史学家唐·卡尔顿（Don Carleton）口头传达的。对于最后一句来说，伯德雷恩先生（Bodleian）是个例外。文中提到的壁炉肖像参见卷首插画。

[2] 玛丽·佩利·马歇尔，《我的回忆》，第 23–24 页。

285 虽然没有关于马歇尔在夜校里所讲的笑话内容的记录，但是他的课程大纲和教材清单都被保存在布里斯托大学学院的校历和教学大纲里。此外，在马歇尔图书馆里也留存了一些 1879–1880 年关于“政府的经济影响”的课程的粗略记录。[1] 提纲和笔记可以很好地反映出马歇尔课程材料的广度和深度。与后来的学生对他的教学所留下的印象相反，他在布里斯托的教学看起来更有组织性和系统性。9 次课程的笔记表明，1880 年，他对布里斯托的学生们就这一学科进行了广泛的概述，有时在理论上要求很高。它们还表明，马歇尔作为道德科学讲师在剑桥大学讲授边沁的政治和道德哲学时的材料在布里斯托也得到了利用。

在提出既宽泛又精简，既一般又与财产有关的，关于政府职能的普遍问题之后，马歇尔在一个历史框架中讨论了国家的职能。它起初涉及统治酋长、绝对君主和君主立宪制三个阶段。酋长虽然在不做人们喜欢的事情时会被替换，但他们没有委托管理的意识，在具体情形下，习俗而不是制度决定了他们的职能。绝对君主是上帝的受托人，而不是人民的受托人，但他对政府职能的行使取决于个人对战争和个人奢侈的偏好。君主立宪制的逐渐演变发展了正义和平等的原则，首先是统治阶级，然后是更广泛的人民。在边沁的时代，国家职能涉及济贫法、公共礼拜的支出以及对艺术和科学的培养。法国大革命“普及”了“国家为人民而存在”以及“所有人生而平等”的观念。[2]

第 2 讲讨论了私有财产与政府的关系，它指出私有财产是一个相对较新的制度。课上，马歇尔说斯密关于劳动生产的自然人权的概念受到了边沁的质疑，而且无论如何都只能适用于土地上生长的东西。举例来说，谷物市场离不开交通运输，因此要对使用道路征税。在他对于生存、富足、平等和安全的各方面目标下，边沁关于财产的观点得到了发展。

第 3 讲讨论了税收安全与税收平等的含义。财产安全是至关重要的，在战争时期，涉及财产安全的投票要超过三分之二的票数才算通过，这在平常是很难达到的。然后，马歇尔转向如何调和财产安全的首要目标与税收平等。税收的股份原则建议按公民在国家财富中所占份额的比例缴税；然而，他有时也建

[1] 这些课堂讲稿摘要参见 *EEW*，II，第 379–385 页；布里斯托大学校历上的课程大纲可参见 J. K. 惠特克，《阿尔弗雷德·马歇尔：1877–1885 年》，附录 B，第 42–47 页。下文将使用这些转印内容以及马歇尔图书馆保存的原始笔记。

[2] *EEW*，Ⅱ，第 379 页。

议，征税应当“在不引起巨大恐慌的情况下尽可能地缩小贫富差距”。最后这个主张又引出了新的问题。首先，降低对穷人的税收只会扩大人口，因而不会带来幸福；其次，“促使人人财富平等的税收分配”只会使人均收入保持在很低的水平，马歇尔估计这个水平是 35 英镑。在这堂课里，马歇尔得出以下结论：“无须对工人免除所有税收，而是（1）把国家的钱花在培育他们身上，并且（2）密切关注国家的钱花在富人的奢侈品上的程度，其中最奢侈的就是战争”。[1]

第 4 讲用来详细讨论斯密的税收四原则，作为剩下 5 讲对税收原则进行更一般分析的序章。第 5 讲讨论了差别关税与自由贸易的兼容性，以及对税收的影响。第 6 讲更全面地探讨了各种形式的直接税。它表示更倾向于对支出征税而不是对收入征税，因为支出税会促进节俭；它反对对财产亦即节俭征税；并通过设置一个“必要收入”的免征额，对所得征收累进税。尽管这些主张得到了更优雅的论证，但它们仍表明马歇尔在这些问题上继承了穆勒的思想。最后 3 讲进一步分析了财产税、关税，并提出了最优税收的一些规则。在最后一个主题下，马歇尔提出“在其他条件相同的情况下，对遵循收益递减规律的商品征税是好的，因为税收提高了价格，减少了消费，因此减少了在最不利环境下生产的产品的生产成本，价格的提高幅度小于税收。此外，它还可以稍微减少消费者的租金（剩余）”。[2] 这些讲座以一种有组织的方式简洁地呈现了许多关于税收的问题，马歇尔后来在少数著作中也提到了相关主题，[3] 但至少在这里，他展现了就一个特定的主题进行精心布局，开展系统性的讲座，并紧紧围绕一个主题毫不偏移的能力。 286

在布里斯托，马歇尔也是一位善于鼓励别人的老师，这个品质贯穿了他的教学生涯，并被他在布里斯托的第一批学生之一的马里昂・皮斯提及。当她在马歇尔的前任 P. 哈利特（P. Hallett）[4] 的夜校课程中第一次接触政治经

[1] *EEW*，Ⅱ，第 382 页。下文第 16 章第 589–590 页和注释 * 给出了平均政策下估计的另一个平均收入。

[2] *EEW*，Ⅱ，第 384–385 页。

[3] 参见惠特克对这些讲稿的介绍，*EEW*，II，第 377–378 页。关于马歇尔对税收的详细讨论，参见彼得・格罗尼维根的文章《马歇尔论税收》，收录于丽塔・麦克威廉斯 – 塔尔伯格编辑的《阿尔弗雷德・马歇尔回顾》第六章。马歇尔后来对税收政策的观点，参见下文第 11 章，第 371–376 页，以及第 16 章，第 597、608 页，第 17 章，第 645–646 页。

[4] P. 哈利特，或者更准确地说，托马斯・乔治・帕尔默・哈雷特（Thomas George Palmer Hallett）曾在伦敦学习医学，并于 1874 年发表了一篇颇具影响力的关于税收的论文《所得税问题》，F. 沙巴布（F. Shebab），《累进税制》（*Progressive Taxation*），牛津：克拉伦登出版社，1953 年，第 165–172 页，对此有所介绍。他认识杰文斯，杰文斯曾在 1875 年写信给他的妻子（《威廉・斯坦利・杰文斯论文与通信集》，第 4 卷，第 128 页）。

济学之后，她觉得自己“对这个专业了如指掌”，哈利特使用的教材是福西特的《初级政治经济学》（*Political Economy for Beginners*），她说：

> 因此，在1877年10月一个阴暗的下午，我怀着一种屈尊俯就的心情走进那间有巨大弓形窗的大报告厅，去听马歇尔先生的就职演说。他没有讲稿，窗外的光线打在他的脸上，而其他都隐藏在阴影中。在我看来，那是我所听过最棒的演讲。他告诉我们，他相信经济学在推动社会进步方面有很大的前景，他充满热情，极具感染力。我想，在场的所有听众一定都像我一样屏息凝神地听着。[1]

还有其他人回忆道，马歇尔的政治经济学基础课程使用穆勒的书作为教材。“他讲解了政治经济学的方法及其与其他科学的关系，讲述了国民财富的物质、精神和道德因素，讨论了竞争的原因和结果。他远远超越了穆勒的命题……他讨论一个人的日常工作和他的性格之间的关系；公共和私人慈善事业的正确宗旨——因为那时是慈善组织协会的时代。”[2]他在布里斯托讲座上的最后一句话表明，他在剑桥的讲座是布里斯托的另一种延续：他试图利用演讲平台作为讲坛，来展示他的观点，即论述政治经济学在行为学中所扮演的角色，以及对日常生活中实际决策的指导作用。此外，这些入门讲座初步系统地探讨了劳动分工、人口增长和资本积累相关的生产理论；决定租金、价格、工资和利润
287 的价值理论；工会与合作；奢侈品的使用与滥用；以及市场波动和商业危机中的货币、银行、贸易、政府和税收，消费税和关税的征收、税率和税金。[3]

在布里斯托的夜校课程上，马歇尔在1878–1879学年的课上讲了货币、银行和国际贸易相关主题，在1880–1881学年重复了这些内容，稍有一些变化；1879–1880年间的讲座上，他发表了关于经济进步的演讲，并对他现存的关于政府影响的讲义的一些材料进行了详细讨论。马歇尔写入《校历》里的其他课程的教学大纲是如此简洁，因而可引用如下：

---

[1] M.F. 皮斯，《关于布里斯托大学的一些回忆》，1942年2月（BUL，特色馆藏，第6–7页）。与她回忆的相反，这并不是马歇尔的就职演说，而是新学期的第一次演讲。

[2] 乔治·H. 伦纳德（George H.Leonard），《阿尔弗雷德·马歇尔教授》，载1924年10月7日《布里斯托时报与镜报》。

[3] 入门课程的教学大纲，1877–1878学年，参见 J.K. 惠特克，《阿尔弗雷德·马歇尔：1877–1885年》，第42–43页。

《货币银行学》——货币的性质和功能；中世纪的货币观；货币价值的决定原因；银行的早期历史；英格兰银行；英国货币市场的逐渐发展；股份制银行；票据经纪人；票据交换所；证券交易所；英国货币市场与其他国家货币市场的关系；信贷对价格的影响：其性质和程度；商业波动：1800-1880 年的历史危机；银行改革；延迟付款的标准价值；复本位制。

《国际贸易》——国内贸易与国际贸易的利益：国际贸易特殊理论的应用；进出口的贸易平衡；英国进口大于出口的原因；汇率；英国外贸的特点；竞争者与客户的来源与需求；一个国家向另一个国家倾销的原因；英国的贸易前景；英国国际贸易对国民性格，尤其是资本和劳动力之间的关系的影响；国际贸易对新老国家影响的差异；美国的贸易保护主义。

讲座参考书目——穆勒的《政治经济学原理》第 3 版；杰文斯的《货币论》；白芝浩的《伦巴第街》；葛逊的《外汇》；沃克的《货币和产业的关系》；吉尔巴特的《银行业原理》；威尔逊的《现代国家的起源》；福西特的《自由贸易与贸易保护》；课程的参考教材是马歇尔的《产业经济学》。[1]

《经济进步》——它的性质和结果；它对过去、现在和未来的价格、工资和利息的影响；现代形式的投机和交易组合；垄断；证券交易所的钟声；原则是“每个人都为自己的利益所引导，以对他所生活的社会最有利的方式使用他的资本和劳动”；这一原则具有局限性，特别是对贸易组合的局限性。[2]

[1] * J. K. 惠特克，《阿尔弗雷德 · 马歇尔：1877–1885 年》，第 45–46 页。货币银行学的大纲与 1878–1879 年的大纲只有些许的不同，主要集中在内容阐述的方式上。参见同上，第 43–44 页。讲座开始前是一个更一般的一小时课程，使用他们在 1879 年 10 月出版的新教材《产业经济学》来概述这门科学的原理。请注意大纲中所使用的单引号的位置，尤其是考虑到前一章所说的，作为校长，马歇尔在阅读校样时负责检查和修正。（对于《产业经济学》一书，马歇尔使用了 Marshall’s 而非 Marshalls’——译者注）

[2] ¶ J. K. 惠特克，《阿尔弗雷德 · 马歇尔：1877–1885 年》，第 44 页。关于政府的课程部分的总结被省略了。在这个课程大纲的基础上，惠特克（同上，第 34 页）提出，在布里斯托任职期间，马歇尔发展经济增长理论，这一理论相当粗糙地为《产业经济学》提供了统一的框架，并成为《经济学原理》同样隐含的但更为精确的理论框架。还可以参见他的《1881 年的马歇尔体系：分配与增长》（‘The Marshallian System in 1881：Distribution and Growth’），《经济学杂志》，84（333），1974 年 3 月，第 1–17 页。这个问题将在下面第 12 章第 403–404 页进行进一步的讨论。

关于马歇尔的教学方法，有几个方面需要被提及。以上所展示的课程的教学大纲都强调了他的一种教学方法：将理论经济学与应用经济学进行有效结合
288 以适应夜校里那些年龄较大的学生。鉴于有些学生从事工程和类似行业，他在讲座中偶尔还会涉及数学论点[1]。正如他在向威尔士高等教育委员会提交的证据中所解释的那样，[2]当他注意到夜校经历的有趣特点时，他本人是非常自豪的。这些课没有正式的入学门槛，学生发现自己无法应付课堂上的内容，就会退出这门课程（Q. 18245）。尽管如此，夜校的工作在很大程度上要比白天课程的工作更加繁重（Q. 18246）。在这种情况下，马歇尔还为布里斯托大学学院提供的广泛课程进行了辩护，认为如果要吸引足够数量的学生，这是必要的（Q. 18347）。这一论述也许也解释了为什么他自己的课程涵盖了如此广泛的材料，其中所涉及的一些主题，他后来再也没有进行过“权威论证”。[3]

马歇尔还帮助他的学生获得研究资料，这是非常重要的，因为学院里没有令人满意的图书馆设施，这一点已经提到过了。除了他的藏书可供学生免费借阅（这是他在剑桥一直坚持的做法）外，他还向夜校学生提供统计数据摘要。这些数据包括：按时间排序的小麦价格和银价；扬格（Young）对英国国民收入的评估；格雷戈里·金（Gregory King）所评估的数据，由查默斯重新编纂；通过人口普查得出的人口数据；戴夫南特（Davenant）、贝勒斯（Bellers）、阿瑟·扬格（Arthur Young）、韦克菲尔德（Wakefield）、麦克库洛赫等人的英国租金数据；巴克斯特 1867 年关于国民收入的评估；税收数据，以及平均工资、平均价格和平均消费的数据。[4]

尽管马歇尔的辞职意味着他将不再教授课程，[5]但是他为 1881–1882 学年准备的讲座提纲还是十分有趣。它反映了马歇尔渴望了解更广泛的分配理论，并将其实际应用于改善工人阶级的未来生活，这是他最关心的问题。讲座提纲

[1] 在布里斯托所做的关于政府的演讲中，可以找到一些使用数学论证的例子，这些演讲的主题与税收有关。参见 *EEI*，II，第 382–383 页。

[2]《议会文件》，第 33 卷（1881 年），第 767–779 页。

[3] 其中有一些关于教育的观点在 1919 年出版的著作中得到了呈现，参见 *IT*，尤其是第 95–99、351–354 页。

[4] 马歇尔档案，箱 8（6）：为布里斯托学生提供的统计数据。

[5] 那一年在布里斯托讲授政治经济学的是莫蒂默·惠勒（Mortimer Wheeler）和威廉·西季威克（亨利·西季威克的哥哥），他当时在牛津大学默顿学院。1867 年至 1868 年，威廉·西季威克在牛津大学奥里尔学院讲授逻辑学和政治经济学。继任者们承诺“要尽最大努力，执行已经公布的教学大纲”，这是一项相当艰巨的任务。

所强调的主题在接下来的几十年中仍然是马歇尔教学与写作的重要方面，因此将其再现如下：

> 1881-1882 学年：《工资理论及其应用》
>
> 周二第 7-9 节。课程主题：
>
> 《工资理论》：作为生产要素的土地、劳动力和资本；人口和资本的增长；劳动分工；价值法则；国家总收入在土地、劳动力和资本间的分配；无技能劳动力，熟练劳动力和商业管理；利率；正常工资和工资的市场波动。
>
> 《理论的应用》以及一些密切相关的实际问题。行会的历史；工会的过去、现在与未来；仲裁和调节；合作组织；社会主义的历史；财产和土地所有权；私人和公众济贫的正确方法；国民教育；国民娱乐；《工厂法案》；赋税对工人阶级的影响；商业繁荣的波动和货币购买力的变动对工资的影响；作为劳动力的雇主和铁路及其他商业事业管理者的政府；自由放任或不干预原则的局限性。
>
> 教材——马歇尔的《产业经济学》、穆勒的《政治经济学原理》（尤其是第 4 篇第 7 章和第 5 篇），也可以参考沃克的《工资论》、桑顿的《论劳动》、豪厄尔（Howell）的《论工会》、布伦塔诺的《论行会》、霍利约克的《论合作》、克朗普顿（Crompton）的《论仲裁》。[1]

马歇尔的离开只持续了一年。贝利奥尔学院，准确地说，是乔伊特为布里 289
斯托大学学院提供了资金支持，使得马歇尔能在 9 月份回来重新担任政治经济教授。威廉·拉姆齐在 1882 年写给母亲的信中说道，“马歇尔将在 10 月回来”，这是学院理事会在 5 月的例行会议上通过的决议。[2] 在 1882–1883 学年，马歇尔作为政治经济学教授所做的讲座包括白天的高级政治经济学课程（与玛丽·佩利共同授课，每人每周上一节课），还有更加频繁的夜校讲座。关于夜校的内容，就像《校历》中的大纲提到的那样，马歇尔用英国过去 100 年的经

[1] J. K. 惠特克，《阿尔弗雷德·马歇尔：1877–1885 年》，第 46 页。

[2] 威廉·拉姆齐 1882 年 5 月 12 日致母亲的信，1882 年 5 月 27 日致父亲的信，参见《威廉·拉姆齐爵士的通信与文章》，莫里斯·特拉弗斯整理，第 5 卷（i），第 27、29 页；布里斯托大学学院理事会会议记录，1881 年 5 月 24 日，第 207 页和 210 页显示马歇尔再次被任命，薪水是固定收入 200 英镑再加上学生学费的四分之一，记录也显示玛丽·佩利再次被任命为白天课程的讲师。

济史阐释了价值理论，这一做法预示了他在《经济学原理》最后一篇中关于进步对价值理论的影响的讨论，也让人想起他最喜欢的穆勒的《政治经济学原理》第4篇，它们的主题是相同的。[1] 这两份提纲值得我再次全文引用：

> 1882-1883学年——和马歇尔夫人共同讲授的高级课程
>
> 一些初级政治经济学的问题将会得到更加深入的探讨，尤其是历史和科学的实际应用。周一的课程将由马歇尔教授来上，周三由马歇尔夫人授课，她主要讲解亚当·斯密的《国富论》。教材包括亚当·斯密的《国富论》、穆勒的《政治经济学原理》。还有一些书目也值得参考：李嘉图的《政治经济学原理》、白芝浩的《伦巴第街》、葛逊的《外汇》、福西特的《自由贸易与贸易保护》、莱昂内·利瓦伊（Leone Levi）的《英国商业史》。[2]
>
> 1882-1883学年——以近百年英国经济史阐释价值理论
>
> 周二晚7点到9点。在本课程中，我们将解释英国从蒸汽机的发明到现在，在价格、工资和利润方面所发生的主要变化；以及这些变化对人类总体幸福的影响。常规“课”上的教学将根据初学者的需要进行调整。根据需要，一些比较难的理论问题将在不定期举行的额外课上与高级班的学生讨论。第一节课将对所有人开放，题目是“100年前英国的经济状况”。时间是10月10日星期二的晚上7点到8点。教材包括穆勒的《政治经济学原理》和马歇尔的《产业经济学》。还可参考莱昂内·利瓦伊的《英国商业史》。[3]

马歇尔在布里斯托的教学同样包括开设一系列公开课。就像最后一次讲座的提纲中提到的，按照惯例，教授的第一堂课，就是一次公开课，对所有人开放。皮斯夫人1877年10月参加的她称之为马歇尔的就职演说，就是这个形式。然而，正如前文提到过的玛丽·佩利在写给福克斯韦尔的信中所说的那样，马歇尔的就职典礼直到一年后才举办。[4] 他的两次“就职典礼”都被当地

[1] *P* Ⅰ，第7卷13章，*P* Ⅷ，第6卷12、13章，以及马歇尔1900年7月2日致J.B.克拉克的信，收录于《纪念集》第413页，还可参较上文第6章第146页。

[2] J. K. 惠特克，《阿尔弗雷德·马歇尔：1877–1885年》，第43页。

[3] 同上，第46–47页。

[4] 上文第277页。

的报纸用大篇幅报道，这说明马歇尔亲自给报纸提供了演讲材料。[1] 第一次演讲是关于“经济学研究的目标和方法”，第二次讲座是关于“现代产业生活的一些方面”。前者清晰地陈述了“一名经济学家的信条”，后者是他呼吁一种新的、更合适的教育形式的尝试之一，因此需要对它们进行进一步说明。

“经济学研究的目标和方法”的开篇部分让人不禁想起他于 1873 年在剑
桥大学为女性授课的六次讲座中关于方法论的第一讲。它从与财富的获取和 290
所有权相关的人类行为和幸福方面定义了经济学的范围。随后阐述了经济学的优缺点。首先，与自然科学相比，经济学无法进行实验，其次，经济学的规律容易被滥用，它的发现比大多数其他科学的发现更容易受到误用。[2] 但是，只要它的局限性被正确理解，更重要的是要认清它无法成为“生活指南”，它就能成为最有用的科学之一。关于这次演讲的新闻报道引用如下：

> 政治经济学没有给予我们帮助吗？不，当它未被滥用时，是能为我们提供帮助的。但是，当有人声称政治经济学本身就是生活指南时，它就被滥用了。我们越对它做深入的了解，我们就越会发现人们自身的物质利益与普遍幸福的方向并不一致。在这种时候，我们必须回到责任本身。政治经济学能做的是向人们展示他们对他人施加的严重罪行；但当这一切完成后，我们能说的只是——己所不欲，勿施于人。政治经济学将帮助我们正确地运用责任这一动力，但承担责任的意志必须来自其他方面。同时，政治经济学毫无疑问地显示出，在许多情况下，自私的行为同样也是愚蠢和自我毁灭的。总的来说，它确实表明，在几乎所有情况下，当一个人采取伤害他人的行为时，他对自己的伤害比他认为的要大。[3]

接下来的讲座简要地谈到了对行为科学进行经济学研究的价值，或者说研

[1] 这些转载自当地媒体的演讲参见 J.K. 惠特克的《阿尔弗雷德 · 马歇尔：1877–1885 年》，附录 D。

[2] * J. K. 惠特克，《阿尔弗雷德 · 马歇尔：1877–1885 年》，第 50 页。马歇尔举的滥用的例子很有趣。一个是关于人们（错误地）认为没有足够的资源来扩展教育，另一个是关于从自然经济和谐论中得出的错误推论，认为伤害别人而不伤害自己是不可能的。工会的行为证明了这是错误的，参见 *EOI*（第 3 篇第 8 章第 1 节，第 206–207 页）和随后的 *P* Ⅰ，第 430–434 页，以及 *P* Ⅷ，第 382–386 页。

[3] J. K. 惠特克，《阿尔弗雷德 · 马歇尔：1877–1885 年》，第 50 页。

究人类性格形成过程的价值；"总而言之，在一周6天最好的时间里……性格在工作中形成"。讲座这样总结道：

> 政治经济学的方法和每一门成功的科学方法一样。你必须（1）收集事实；（2）按一些规律整理事实；（3）将这些规律与现实对照；（4）修正你的规律，尽可能使它更准确，尽可能让它更广泛。要永远渴求事实。但是，事实必须是真实的、鲜活的；观察你的规律对它们造成什么样的影响；它们如何帮助证明、阐释，或纠正你的规律。至于研究的动机，学习经济学不是为了生产经济学教条，而是为了获得能力——这种能力是，当你对任何包含经济因素（大多数都有）的实际问题都了如指掌时，它将使你比以往更清楚地进行推理。通过研究它，你可以找到塑造民族特征并决定其历史的巨大力量。研究它，你能弄清楚你给那些处于困境的人的援助是否在乐于助人的表象之下留下了隐藏的祸患。研究它，你能够看到，一个人为了追求自己的利益，在多大程度上伤害了别人，而他对别人的伤害，从长远来看，是否也给自己也带来了厄运。[1]

马歇尔后来在政治经济学班级的入门讲座上对这个主题进行了更加详细的说明，在演讲的第二天，媒体同样做了报道。在介绍了课程所涉及的不同主题之后（和《校历》中列举的一样），马歇尔重申了他的信念，即"从经济规律出发进行推理是非常危险的工作"，并解释了为什么会这样：

> 291 首先，关于规律的表述可能有一些不完善之处；第二，人们可能在规律推演时犯错。但是，在得出实际结论时，还有另一个错误来源，其重要性是前两个相加的10倍，那就是难以找出适用于任何特定情况的经济规律。有一种经济规律常被这样描述：工资和物价总会趋于某一水平。这就是说，同样困难的工作的工资趋于相等，因此，如果人们可以毫不费力地从一个工作换到另一个工作，那么这两个工作的工资必然相等，除非其中一个工作确实比另一个更令人讨厌或更

[1] J.K. 惠特克，《阿尔弗雷德·马歇尔：1877–1885年》，第51页。

加危险。[1]

然而，尽管有这种容易被误用的情况，许多经济规律仍是由大思想家们经过长时间的思考总结出来的，并经过了严格的检验。因此，它们看起来“像欧几里得定律一样确定”。尽管如此，它们仍然需要有意识地适应当代和当地的条件，应考虑到风俗习惯和“我们自身责任”的需要，还要不断地通过对现在作为历史的更深刻的理解而得到启发。

> 我们现在生活的时代是世界历史上最伟大的时代。可以肯定地说，思考一下我们周围正在发生的事情是非常值得的。以工会为例，它们的历史是一部宏大的史诗，充满了大善与大恶。无论它们是实现最伟大的未来还是失败，……这比载入史册的一半国家的兴衰更为重要。[2]

马歇尔在最后一段所涉及的传统历史研究的局限，正是他 1878 年就职演讲“现代产业生活的一些方面”中以更宏大的视野重述的命题。[3] 讲座一开始就警告说，传统的古典和历史研究方法存在偏见，这种偏见往往会夸大过去时代的伟大。马歇尔建议，对过去的一个更恰当的反应是，把它作为“猜测后代会如何评价我们自己的一种手段”，从而把历史作为一种工具，以正确的视角看待当代问题。讲座分为两部分，首先，概述“现代产业的困难”；其次，展示如何最好地利用包括社会科学在内的现代科学力量来解决这些问题。讲座的第二部分是希望学院为布里斯托未来的领导者提供现代教育，这是一项重要工作。首要的就是强调现代商人的重要性，向大家展示了他们通过设立基金以解决当地教育任务的美好图景。因而，就职演说直接起源于他对他所承担的基金会主要工作的认识。

在马歇尔文件所保存的手稿版本中捕捉到了这次讲座隐含的目的，在此可以完整地引用它，因为它也预示了马歇尔在后来的作品中发展的一个更加浪漫

[1] J. K. 惠特克，《阿尔弗雷德 · 马歇尔：1877–1885 年》，第 52 页。

[2] 同上，第 53 页。

[3] 这次演讲有两个版本。1878 年 10 月 8 日《西部日报》和《布里斯托时报与镜报》的报道，由约翰 · 惠特克编辑，收录于《阿尔弗雷德 · 马歇尔：1877–1885 年》，第 53–61 页；还有一个手稿版本被认为是玛丽 · 佩利的笔迹，来自马歇尔档案，箱 6（1），散件，上面修正了一些似乎是印刷错误的地方。

的观点，即对一个才智超群且道德高尚的商人的期望：

> 让我们尝试着给予布里斯托商人真正的文学教育，以期陶冶心灵，拓宽人生情趣。但最重要的是，让我们努力教育他，他的事业将永远需要他在大学里获得的知识和心智能力。让我们用科学原理的知识武装他，使他懂得与他以后的生活有关的知识，使他能够抛弃简单的经验法则；这样，他就会明白他所做这一切的原因；那么，如果他尝试一项新的实验，他也许能够以相当的准确度预测实验结果，因此
> 292 他的实验也许并非偶然，所有的实验都接近目标。因此，他就不会把自己的时间和精力浪费在几乎是在黑暗中进行的新的努力上，这种努力只会使别人泄气。在科学的光辉的指引下，他将大胆而有力地继续前进，尝试前人没有做过的事情，克服新的困难，开辟新的道路。这样他就不会只帮助他的祖国英国和他的家乡布里斯托在产业进步中占据领先地位，而且，由于他从事的研究将在他的事业中发挥作用，他的事业每天都会给他带来科学问题，他会为解决这些问题而感到自豪；因此，他的事业会帮助他，甚至迫使他过一种理智的生活。虽然他是一个商人，不，更确切地说正因为他是一个商人，他将在使这个时代成为具有知性的时代方面发挥重要的作用。[1]

除了马歇尔在这里，以及他后来在威尔士教育委员会的证词中所提及的商业教育的前瞻性观点之外，[2] 这次演讲还展示了企业家日益增长的远见和果决行动力，这是不断提升竞争力所需要的。如果英国无法应对这样的挑战，“那么美国将（应对得了）”，对商人进行教育能够帮助英国完成这项伟大的任务。[3] 因此，这次演讲提出了以后在剑桥大学的成熟的马歇尔要解决的主要问题。他在《经济学原理》中关于竞争和商业组织的必要性的论述，从理论上发展了这些问题；他尝试着让它们在教育改革中发挥实质性的作用，并将它们引入他促成的新的荣誉考试。[4]

---

[1] 来自惠特克《阿尔弗雷德·马歇尔：1877–1885 年》中引用的手稿版本，第 23 页。

[2]《会议文件》，第 33 卷（1881），第 769–779 页，尤其是 Q. 18219–18220。

[3] 参见 J. K. 惠特克，《阿尔弗雷德·马歇尔：1877–1885 年》，尤其是第 55–61 页。

[4] 参见下文第 15 章，第 556–557 页，还可参见 *IT*，第 95–99、353–354 页和附录 K。

马歇尔还在布里斯托市举办了多场演讲，与通常大学学院有关的演讲不同，这些演讲的对象是更广泛的公众。其中有的与大学推广运动有关，有的是受到这一活动的启发。由吉尔克里斯特信托基金赞助的关于火与水的讲座就属于这一类。这些讲座的听众遍布各地，每个演讲者要在不同的地方重复 5 次同样的内容。此外，这些演讲面向的是工人阶级，想要参加考试的话也是可以的，如果表现良好则可免费参加布里斯托大学学院的夜校，这更加刺激了讲座的开展。主题通常是非常普遍的东西，首先是热，然后是水，这让它们看起来像是小型的、独立的课程。马歇尔向威尔士高等教育委员会详细解释了这些讲座的更广泛的目的。[1] 这一类演讲的例子还包括他关于“美国的经济条件”的讲座，以及关于亨利·乔治的著作《进步与贫困》的 3 次讲座。这些讲座也都由大学支持，部分原因是为了提高参加晚间讲座的工人阶级的数量。[2] 在此，可以适当地讨论一下 1879 年马歇尔在吉尔克里斯特系列讲座中发表的关于“水作为国家财富的一个要素”的演讲，以完善马歇尔在布里斯托的演讲经历。

这次演讲的经济内容似乎不多，但提出了许多关键问题。惠特克[3] 的简明摘要运用了马歇尔自己的话：“在评估国家财富上，我们很有可能会犯错误。首先，是因为大自然给人类的许多最好的礼物根本没有包括在存货清单中；其次，这些东西是如此丰富，以至于市场价值很低，因此重要性被大大低估。”因此，演讲的一部分内容是对国民收入核算问题的评论，在那时，这一论题深深地吸引了马歇尔，从他发给布里斯托学生的统计数据中就可看出这一点。从理论上讲，这是对李嘉图区别价值与财富的现代应用，在这个意义上，城市用水的改善是一项重要的国家投资。讲座的大部分内容围绕着水的各种经济用途 293
展开，他在演讲中展现了他在发现奇怪事实方面的博学多识。最后一部分探讨了水在决定国民生活和国民性格方面的更广泛的社会和历史后果；展现出一种黑格尔式的历史感，这显然是受到阅读他的《历史哲学》的启发。[4] 在他的布里斯托时期，这种演讲很具有代表性。他会提供简单的经济命题的应用，用事

---

[1]《议会文件》，第 33 卷（1881），第 768–769 页，Q.18182–18185。

[2] 参见 J. K. 惠特克，《阿尔弗雷德·马歇尔：1877–1885 年》，第 24–25 页；威廉·拉姆齐 1882 年 2 月 16 日致母亲的信，《威廉·拉姆齐爵士的通信与文章》，莫里斯·特拉弗斯整理，第 5 卷（i），第 43 页（大学学院图书馆，伦敦）。关于美国的讲座已在前文第 7 章第 262 页讨论过；关于《进步与贫困》的讲座将在下文第 16 章第 582–585 页讨论。

[3] J. K. 惠特克，《阿尔弗雷德·马歇尔：1877–1885 年》，第 25 页。

[4] 参见我的文章《马歇尔与黑格尔》，《应用经济学》，43（1），1990 年，尤其是第 74–76 页。

实进行描述，并将它们置于一个广阔的历史视角中。马歇尔的历史研究时期到那时已经结束了，他对历史问题进行了积极、普遍的研究。这项研究对他的工作的价值仍在继续体现。在他的演讲和写作之中都可见其光彩。

在布里斯托的一些讲座中，马歇尔谈到了公民和商人对社会的责任，这进一步确定了他的演讲风格：马歇尔倾向于把讲坛当作布道坛。在启程前往西西里岛的前几天，詹姆斯·威尔逊在写给玛丽·佩利的一封信中，简洁地提到了马歇尔在布里斯托工作的特点。威尔逊接替珀西瓦尔西成为克利夫顿学院的院长，因而他也参与了马歇尔夫妇在布里斯托的社交生活。在之前谈到马歇尔的数学荣誉考试时提到过这个人，他是帕金森的学生，也是数学荣誉考试的第一名，不过，在1865年马歇尔被选为圣约翰学院的研究员之前他已经离开了学院。[1]威尔逊将马歇尔称为实践中的传教士：

> 不久前，我宣扬了一种教义，宗教的义务就是强调作为人的责任，我们所说的宗教不过是达到这个目的的附属品。近年来，没有人像布里斯托大学学院最近的校长那样虔诚。我不知道他是否能在那里寻求到帮助，但这不重要。重要的是他早就成了我的导师。我极其诚挚地希望他能拥有健壮的体魄去继续他的工作。在他的生命之中，他已经投入极大的热情。……我希望无论是他的学生还是你的学生（我在两个班级都待过），都不要忘记他们所学到的知识，从而使微弱的光芒也能在折射中发出耀眼的余晖。[2]

牛津大学贝利奥尔学院的导师：1883–1884年

当布里斯托大学学院理事会在1882年5月慷慨地再次任命马歇尔为政治经济学教授时，他们相信这个任命或多或少可能是永久性的，但在12个月内，这种想法破灭了。汤因比的逝世造成了牛津大学贝利奥尔学院职位的空缺，这是马歇尔夫妇逃离布里斯托的机会。18个月后，福西特的去世则给了马歇尔重返剑桥大学的机会，重返那个婚姻迫使他离开的神圣之门，他始终渴望的精神家园。布里斯托大学学院的新校长威廉·拉姆齐，把马歇尔这些年的连续行动看

[1] 参见上文第4章第87页，第8章第232页。

[2] 詹姆斯·莫里斯·威尔逊致玛丽·佩利·马歇尔的信，1881年9月29日（马歇尔档案，1：109）。

作是他赤裸裸的野心的标志。1883年4月29日，他写信给父母说道：

> 最新消息，马歇尔就要离开我们去牛津大学了。牛津大学给了他讲师一职，钱虽然不多，但是……他告诉我，现任的政治经济学教授普莱斯已经快80岁了。同时，他也收到了剑桥大学的邀请，我忘了具体是什么职位，但就像他解释的那样，在剑桥他必须和其他十几个人分享 294
> 荣誉，而在牛津，他的地位仅次于一个人，而他已经八十多岁了。[1]

在5月理事会批准了马歇尔的辞呈后，拉姆齐写信给他的父亲说他没有感到多么遗憾，尽管马歇尔“是个好同事”。[2]当马歇尔被选为剑桥大学教授的消息在布里斯托传开后，拉姆齐写信给他的父亲：“马歇尔……已被任命为剑桥大学政治经济学教授，接替福西特的职位……我以为他在等那个牛津人，但是，看哪！剑桥大学首先出现了空缺。波那米·普莱斯，这个牛津人已经超过85岁了！！”[3]不管出于什么样的最终动机，马歇尔夫妇在1883年年中离开布里斯托前往牛津。

汤因比的去世使得牛津大学贝利奥尔学院产生了职位空缺，这或许是马歇尔去往牛津的更具说服力的原因，而不是因为他想在这所古老的大学里担任教授。一封写给福克斯韦尔的信确认，他已接受了两周前牛津大学给他发出的工作机会，[4]这封信声称是他的责任感让他接受了这个职位。剑桥大学有充足的经济学教师，而牛津大学只有“一大群没有（经济学）牧羊人照看的羊”。尽管马歇尔怀疑自己是否有能力在一个不把经济学视为严肃学科的地方吸引这么多学生，但他们还是觉得“我们应该去”。[5]考虑到威尔逊对马歇尔在布里斯托教学工作的描述，马歇尔作为一个好的牧羊人的形象有了更进一步的意

---

[1] 1883年4月29日，威廉·拉姆齐写给父亲的信，《威廉·拉姆齐爵士的通信与文章》，莫里斯·特拉弗斯整理，第5卷（i），第47页。

[2] 同上，第48页。

[3] 同上。1884年12月16日，拉姆齐致父亲的信，波那米·普莱斯当时78岁，于3年后的1881年去世，那时马歇尔劝说J.N.凯恩斯去申请这一职位。参见下文，第18章，第682–623页。

[4] 牛津大学贝利奥尔学院，《贝利奥尔学院登记簿》，1875–1903年，他于1883年4月14日入职；与他通常的情况相比，马歇尔这次的履职速度很快。

[5] 马歇尔致福克斯韦尔的信，1883年4月30日（马歇尔档案，1：39）；马歇尔致J.N.凯恩斯的信，1884年4月30日（马歇尔档案，1：74）。凯恩斯在他的日记（1883年5月1日）中说，他看到这封信时感到“非常出乎意料”。

义，我们可以推测，贝利奥尔学院的院长和研究员们对这些情况是有所了解的。一位有社会抱负的、布道的经济学家，不仅是填补汤因比留下的空缺的好人选，同时还可以弥补贝利奥尔最近遭受的另一个损失，那就是道德哲学教授 T.H. 格林在差不多一年前（1882 年 3 月 26 日）去世。汤因比、格林、马歇尔，这三位被认为是 19 世纪 70 年代新自由主义思想的主要代表人物。作为理想主义的分支，新自由主义批判了享乐主义，并认为进步是一个无限的、有益的过程。[1]

马歇尔在社会改革中采用的这种新的自由主义思想源自他的经济学学徒生涯，几乎可以肯定，他独立发展了这种观点，而没有受这一观点的牛津追随者们——汤因比和格林——的影响。[2] 与他们一样，马歇尔认为社会改革家的责任就是教化竞争资本主义，这是他在布里斯托的课堂上提到的内容，当时他论述了有道德和有知识的商人的必要性。相对于曼彻斯特学派的旧自由主义而言，新自由主义者承认竞争性和个人主义的社会所固有的问题。他们试图通过社会行动来改善这些弊病。在这种改善社会的愿景中，国家行动只是最后的手段。社会行动将通过志愿协会来实现，以及工会、合作社、慈善组织社团、社会讨论小组和呼吁社会责任的道德运动。在他一生的大部分时间里，他以各种方式支持这些公共机制。[3] 最重要的目标是通过提高中下层阶级的生活标准，来消除不平等和困苦，正如马歇尔在 1873 年所说的那样，把工人变成“绅
295 士”。[4] 贝利奥尔学院的院长兼马歇尔夫妇 6 年密友的乔伊特非常清楚，马歇尔的社会观和道德观与最近逝世的贝利奥尔学院的同事极其相似。[5] 从这个意义上说，在牛津大学的这段时间补充和深化了马歇尔的经济教育倾向，同时也为牛津大学和贝利奥尔学院弥补了失去两位真挚的大师的缺憾。

因此，考虑到马歇尔自己对社会改革、社会进步以及实现这一目标的手段的看法，牛津大学的道德氛围对他而言是令人振奋的。然而，必须强调的

---

[1] G. 斯特德曼 – 琼斯，《被遗弃的伦敦》，第 6–8 页。关于汤因比，可参见阿隆·卡迪什（Alon Kadish），《使徒阿诺德》（*Apostle Arnold*），达勒姆：杜克大学出版社，1988 年，第 4、6、7 章；关于 T.H. 格林，可参见梅尔文·里克特（Melvin Richter），《良心的政治》（*The Politics of Conscience*），伦敦：韦登菲尔德 & 尼克尔森出版社，1964 年，特别是第 5 章。

[2] 参见上文第 6 章，第 141–142 页。

[3] 参见下文第 11 章，第 357–358 页，第 13 章，第 447–449、455–458 页，特别是第 16 章，第 608–609 页，其中详细讨论了新自由主义与他的“社会主义倾向”之间的关系。

[4] 参见上文第 174 页。

[5] 关于乔伊特对马歇尔经济学可能产生的影响，见下文，第 18 章，第 693–694 页。

是，在这方面，他没有从汤因比和格林那里学到太多，除了汤因比和格林在伦敦东区贫民窟为穷人提供服务这个伟大的实践案例。马歇尔更喜欢他的妻子在大学社区中心和慈善组织协会从事积极的社区工作，他会让一小部分经过挑选的穷人在夏天住进贝利奥尔庄园，在女佣萨拉的照看下生活，这是最能直接帮助到穷人的方式。他对汤因比非常仰慕，但不是从经济学家的角度；他尊敬格林，但这种敬意称不上全心全意的钦佩。此处不得不提，《经济学原理》直到第 3 版才引用了格林的《伦理学导论》（*Prolegomena to Ethics*），在此书以后的各版本中，马歇尔含蓄地将格林在经济学和伦理学上的立场描述为相当"强硬的"。[1] 关于汤因比，马歇尔将他视为现代的圣弗朗西斯，"一个新秩序的开创者，对当代罪恶进行崭新的、更直接打击的领导者"，但除了将汤因比称为"最高贵的新一代"经济学家之一外，《经济学原理》只提到汤因比是众多英国经济学家中的一员，这些经济学家强调用人来取代经济学中的机械元素。[2]

前面我们已经讨论过马歇尔在牛津大学的生活。[3] 这里关心的是马歇尔必须要做的教学工作。一开始，他只为印度公务员授课，但是正如他对福克斯韦尔所说，后来他被推选为贝利奥尔学院的无酬研究员后，吸引到了更加广泛的学生。[4] 他的讲座大纲涵盖的内容与布里斯托的差不多，这一点在 1884–1885 学年印刷版的讲义大纲中有清晰的记载，他计划开设这些单独的课程，可能与他前一年开设的课程类似。这份大纲如下：

Ⅰ一般课程：

　　米迦勒学期——生产、租金与价值。

　　四旬节学期——分配、货币与对外贸易。

　　复活节学期——经济进步与政府作用。

Ⅱ经济理论：仅有米迦勒学期上。

Ⅲ高级课程：仅在四旬节学期上。[5]

---

［1］*P* Ⅲ，第 78 页及注释，*P* Ⅳ，第 78 页及注释；从 *P* Ⅴ开始被删除了。参见 *P* Ⅷ，第 17 页，和 *P* Ⅸ，第 136–137 页。

［2］《经济学的现状》，见《纪念集》，第 152 页；*P* Ⅷ，第 765 页，汤因比的名字是从第三版开始加入的；另见卡迪什，《使徒阿诺德》，第 234–235 页。

［3］参见上文第 8 章第 238–241 页。

［4］马歇尔致福克斯韦尔的信，1884 年 4 月 29 日（弗里曼收藏，49/123）。

［5］保存在马歇尔的剪贴簿里，马歇尔图书馆。

关于高级课程的更多信息，可以在马歇尔写给 J.N. 凯恩斯的信中找到，在马歇尔收到剑桥大学的任命之后，凯恩斯接替了他在牛津大学的职位。根据马歇尔的回忆，高级课程有以下主题：

> i 价值、工资、租金理论的难点，尤其参考穆勒的第 4 篇。
>
> 296 ii 进一步讨论危机和生产过剩理论。
>
> iii 税收理论的难点，特别提到亚当·斯密在第 5 篇中提出的问题……我曾提议花一半的时间来讨论这个问题，因为税收问题涉及前面所有的困难，因此特别适合作为复习课程；而我在“经济理论”课中几乎没有提到过这些问题。[1]

马歇尔的赴任，以及他随后的课程，在牛津广受好评。《牛津杂志》（*Oxford Magazine*）在 1883 年 10 月 17 日报道说，马歇尔的课程大纲表明“他将成为一名积极的教师”。上了一个月的课之后，在 11 月底，它继续说道，牛津“获得了一位成就卓越且博学多才的讲师与经济学家阿尔弗雷德·马歇尔”。报道继续说道：

> 他的演讲不用笔记，声音和举止都令人印象深刻，尽管与许多讲座的时间冲突，但听众都很多。马歇尔先生在讲课中穿插一些别的观点，使讲课生动起来。因而，在上周讨论社会主义时，他谈到了不同阶层和职业的人维持生活所需的收入数额。经过对自身情况的仔细考虑，马歇尔先生认为单身研究员的最低工资要达到 300 英镑，其中包括 4 个月的旅行费用 60 英镑，但不包括有时必要的骑马锻炼。[2]

L.L. 普莱斯是马歇尔在牛津大学教过的最优秀的三个学生之一，后来他在写给约翰·内维尔·凯恩斯的信[3]中将马歇尔的讲座描述为：

---

[1] 马歇尔致 J.N. 凯恩斯的信，1885 年 2 月 16 日（马歇尔图书馆，1：64）。

[2]《牛津杂志》，1883 年 11 月 28 日，见马歇尔剪贴簿，马歇尔图书馆，对此的讨论还可参见阿隆·卡迪什，《马歇尔论必需品与旅行》（‘Marshall on Necessaries and Travel’），《经济思想史简报》（*History of Economic Thought Newsletter*），第 26 期，1981 年春，第 15–19 页。

[3] 马歇尔致 J.N. 凯恩斯的信，1902 年 1 月 20 日（马歇尔图书馆，1：25）。另外两个学生是冈纳（Gonner）和哈里森，但普莱斯是马歇尔最喜欢的。他时常出现在贝利奥尔庄园，在上文第八章第 244–245 页也有提及。显然，马歇尔在牛津时曾对珀西瓦尔称赞过普莱斯的品质。L.L. 普莱斯，《英国经济学家的回忆和笔记》，第 8 页及注释。

> 有些散漫，大致以笔记为基础，但没有以正式的书面形式展现，而且常常显然是现场的、即兴发挥的，有些离题。但他的演讲（或观察）生动活泼，极具启发性。听众每次都能受到冲击并继续思考。演讲内容可能确实令人困惑，或者有点难度，但它是需要啃的硬骨头。[1]

普莱斯还记录了马歇尔教学实践的其他方面。显然，他每节课都要检查一下学生名册，“也许是出于他经常表现出来的平易近人的同情心，他瞥到了纽卡斯尔公爵的名字，他是听众中为数不多的名人之一”。普莱斯还十分喜欢参加马歇尔“家庭式”的非正式讨论，这是马歇尔夫人也会参加的“额外的快乐奖励”。[2] 虽然马歇尔在刚上任的一年后就被推选为贝利奥尔学院的研究员，可以得到除薪水外的一切职位特权，但他明显意识到了，要想在教学场合之外的地方和学生进行非正式的交谈是很困难的。[3] 牛津大学对他并不吝啬。起初，他的薪酬是每学期 60 英镑，再加上根据学生人数而定的学费收入，这笔钱有 26 英镑 13 先令 4 便士。[4] 关于教学，马歇尔还对牛津大学的个人导师制有着深刻的印象，在他回到剑桥大学后，他试着将这一制度引进剑桥大学。[5]

福西特的去世给予了马歇尔重返剑桥大学的机会，这是自 1878 年来马歇尔一直等待的机会。所以，在牛津大学，这位“卓越”的经济学大师只讲授了四个学期的“精彩”课程，《牛津杂志》在 1885 年 1 月对他的新任命表示了祝贺，同时也遗憾地表示，他是一个很难取代的人。[6]

---

[1] L.L. 普莱斯，《英国经济学家的回忆和笔记》，第 8 页。

[2] 同上，第 8–9 页，

[3] 马歇尔致福克斯韦尔的信，1884 年 4 月 29 日（弗里曼收藏，48/123）。

[4] 阿隆 · 卡迪什，《马歇尔论必需品与旅行》，第 16 页；他在牛津大学的总体经济状况已在上文第 8 章第 238 页讨论过。

[5] 马歇尔致 J.N. 凯恩斯的信，1897 年 9 月 30 日（马歇尔档案，1：112）。

[6]《牛津杂志》，1885 年 1 月 21 日，见马歇尔剪贴簿，马歇尔档案。

302 第 10 章 剑桥大学教授：1885–1908 年

1885 年 1 月，马歇尔回到剑桥大学担任政治经济学教授。那时他已经 43 岁，阔别这所古老的大学整整 8 年半。从 1885 年 1 月起，他和妻子一直定居在剑桥；1886 年年中开始，他们在郊区自己建造的一所房子里居住，这就是贝利奥尔庄园。余下将近 40 年的时间几乎占据了他一半的生命，其间，他担任政治经济学教授的时间有 23 年。本章致力于呈现马歇尔作为剑桥大学教授在教学和管理上的日常学术职责，不包括他为推动建立单独的经济学和政治学荣誉考试而参与的教学大纲改革的活动，也不包含他参与女性高等教育改革的类似活动。[1] 所以，这段故事自然要以马歇尔当选剑桥大学教授这一背景为开始。

剑桥大学的政治经济学教授

剑桥大学首次授予政治经济学教授头衔的时间为 1828 年 5 月 21 日。获得者是三一学院的研究员乔治·普莱姆（George Pryme），他从 1816 年开始就在剑桥讲授政治经济学。普莱姆长期的教学工作使他战胜包括位高权重的三一学院院长威廉·惠威尔在内的强大竞争对手。1828 年，还没有建立政治经济学教授的终身制度，所以普莱姆获得的只是一个头衔。在接下来的 35 年，他努力尝试促使政治经济学教授终身制度建立。在两件事情的帮助下，他最终成功了。第一件是 1833 年，“因为他的剑桥大学政治经济学教授的身

[1] * 这些内容将分别出现在第 15 章和第 14 章，而其他与他的教授职位同时期的活动，如参与皇家委员会，完成和修订《经济学原理》，积极参与学术团体和学术讨论将分别在第 11–13 章处理。本章接续第 9 章的内容，继续讲述他作为教师和管理者的故事。

份”，[1] 他被选为伦敦政治经济学俱乐部的荣誉会员，这个认可颇具分量，因为该俱乐部是当时英国唯一的经济学家组织。第二件事是剑桥大学在 1848 年引入道德科学荣誉考试，政治经济学是考试科目之一，这也就提高了这个学科终身职位的潜在价值。直到 1863 年 10 月，剑桥大学理事会终于投票通过了政治经济学教授的终身制。“终身教职获得者可以获得 300 英镑的年薪以及学生所支付的学费的一部分”，他的职责是“解释和讲授政治经济学原理并投身这门科学的发展”。[2] 普莱姆明智地提出辞职，这一行动成功地让理事会通过了政治经济学教授终身制的决议。因为这样，大家就可以按原则进行投票，而不用顾忌当前的在任者。这时，惠威尔也承认了普莱姆对大学的真正贡献。政治经 303
济学对剑桥的重要性已变得不言而喻，所以这个终身教席不能空着。[3]

1863 年 11 月，四位候选人开始角逐政治经济学终身教席：J.B. 梅厄，圣约翰学院的研究员和道德科学讲师；伦纳德·考特尼（Leonard Courtney），以前在伦敦大学学院任政治经济学教授，现在同样是圣约翰学院的讲师；H.D. 麦克劳德，一个银行家和经济学作家；亨利·福西特，三一学院讲师，最近刚刚出版了他的《政治经济学手册》（*Manual of Political Economy*），并受到一致好评。最后的胜利者是福西特。他的成功得益于圣约翰学院分散的投票，以及他最近出版的政治经济学方面的书。他也得到了该领域知名人士的大力支持与推荐，包括罗伯特·劳（Robert Lowe）、索罗德·罗杰斯、R.H. 米尔斯、G.W. 诺曼、W. 纽马奇（W. Newmarch）、W.T. 桑顿、J.S. 穆勒和赫尔曼·梅里韦尔（Herman Merivale）。这些人称赞了福西特的新书，也肯定了他在政治经济学俱乐部（他于 1861 年入选）的辩论技巧。社会科学协会的成员身份以及他与穆勒的亲密友谊进一步增加了他担任这一职位的资格。[4]

在他 1884 年去世之前，福西特每年都会在规定的 18 周时间内，以政治经济学教授的身份做一系列的讲座。他的好朋友兼传记作者斯蒂芬描述说，福西特的讲座“清晰且有力地”讲解了政治经济学的主要原理。[5] 福西特认为这些

---

［1］詹姆斯·P. 亨德森（James P. Henderson），《政治经济学观念：乔治·普莱姆，剑桥大学第一位政治经济学教授》，《经济思想史与方法论研究》，2，1984 年，第 10–20 页，本段对此作了大量引用。这句话摘自第 6 页。

［2］同上，第 9 页。

［3］同上，第 9–10 页。

［4］莱斯利·斯蒂芬，《亨利·福西特》，伦敦：史密斯、埃尔德出版公司，1885 年，第 117–122 页。

［5］同上，第 123–125 页。

讲座的知识量相对较少，而且比较简单，能够让大多数人接受。听众“大多是按规定必须来听的普通生（poll men）”。到1876年，普通生必须参加一定数量的专业讲座才有资格获得学位。福西特的讲座正如他的书一样，清晰地用经济学原理几乎不加限制地应用于当前的争议和辩论。他的一部分讲座形成了书籍或文章，例如，1865年的书《英国工人的经济地位》，1883年的文章《国家社会主义与土地国有化》，以及也许是最重要的于1878年出版的《自由贸易与贸易保护》一书。简而言之，他是一个应用经济学家，认为公认的理论足以解释当前的经济问题。他并没有“积极参与推动经济学的前沿理论，但也没有激起任何专业经济学家的正式反对”。[1]他作为教授和国会议员的身份使他不仅能够在演讲厅里，而且能在更广泛的社区里，就这一学科发表权威言论。因此，按照当时的规定，福西特还是充分履行了他最起码的教授职责。

1877年，大学改革改变了过去普通生必须出席一些专业讲座的规定。更重要的是，这些改革改变了教授在大学架构中的角色和职权。1877年的改革章程在1882年成为法律条文，其中就有涉及政治经济学教席的内容。政治经济学教席属于道德科学特别学业委员会的一个部分，其他两个部分分别是奈特布里奇道德哲学教授，西季威克在1883年击败伯克斯成功当选；另外一个是精神哲学和逻辑学教授，这个职位直到1897年詹姆斯·沃德当选之前都是空
304 缺的。教授每年的薪水涨到了700英镑，如果他担任领导职务或者是学院研究员的话，则减少200英镑。与此同时，教授的规定职责也大大增加了。1882年后，职责包括了“研究和拓展学科前沿知识”以及“每年都要开设讲座”。教授们每年都要向各自所属的特别学业委员会做汇报，也就是说，政治经济学教授要向道德科学委员会报告“上一年做了多少次讲座……以及讲座的频率，还有他在大学的三个学期内，每学期各讲了多少个星期”。[2]当马歇尔在1884年12月份被选为福西特的接班人时，这一套规定赋予他新的职责，也引发了他和前朋友、现同事亨利·西季威克教授之间的一次早期争吵。

---

[1] 菲利斯·迪恩，《亨利·福西特：普通人的政治经济学家》，第108页。

[2] 1877年法案下的《剑桥大学和学院章程》（*Cambridge University and College Statutes*），剑桥：剑桥大学出版社，1883年，第46、49–52、57–60页，引文来自规定B，第11章，第5节和第6节，第58页。关于这些新规定的背景和新规定赋予教授的更高的地位，见A.S.和E.M.S.，《亨利·西季威克回忆录》，第264、371–379页；D.A.温斯坦利，《维多利亚晚期的剑桥大学》，第5章和第7章。

当选政治经济学教授：1884 年 12 月 13 日

福西特在 1884 年 11 月 7 日去世，这就意味着继任者的选拔要按照 1882 年开始生效的新程序开展。它规定由 9 个人组成选举委员会，也就是废除了像福西特当年那样由在校的文学硕士来选举的方式。新的委员会由副校长（**依职权**）和由理事会任命的其他 8 个人组成。8 人中有 2 人由理事会推荐，再由一般学业委员会和该教席所属的特别学业委员会（也就是道德科学委员会）各推荐 3 人。[1]

1884–1885 年，政治经济学教授的选举委员会成员如下：主席是副校长 N.N. 费勒斯（N.N. Ferrers），他也是凯斯学院的院长。理事会推荐的两人是教授兼议员詹姆斯·斯图尔特，他是三一学院的研究员，同时也是曾任命马歇尔为布里斯托大学学院校长的选举委员会的成员之一；另外一个是 H.J. 罗比（H.J.Roby），一个制造商，曾是圣约翰学院的研究员。一般学业委员会推荐的人是三一学院的 V.H. 斯坦顿牧师、奈特布里奇教授亨利·西季威克，以及银行家兼政治经济学作家 R.H. 帕尔格雷夫，斯坦顿和西季威克都曾在马歇尔申请布里斯托大学的工作的时候帮他写了推荐信。最后，特别学业委员会推荐的代表都来自圣约翰学院：伦纳德·考特尼议员，他在 1863 年竞选剑桥大学教授时失利；福克斯韦尔，马歇尔的好朋友，也曾在马歇尔竞选布里斯托大学的职位时为他写了推荐信；还有马歇尔本人。除了副校长和帕尔格雷夫外，委员会成员都来自三一学院和圣约翰学院，后者在其学院刊物上颇为自豪地记录了这件事。[2] 这些人中包括了申请这一由于福西特突然去世而空缺的职位的马歇尔和帕尔格雷夫。

选举委员会的最后一个成员名单在牛津的伍德斯托克路 46 号，也就是马歇尔当时居住的地方，引起了一阵骚动。此时马歇尔已经收到了麦克劳德为竞选这一职位准备的“强有力”的推荐信，为了补救他既是选举人又是候选人的局面，他决定写信给各位选举人，表明他自己将成为候选人，之所以写信给选举人们是因为他觉得这不是副校长应当承担的任务。马歇尔当时可能还没有看到上个月《剑桥大学报》上公布的选举委员会成员名单。无论如何，他假装忽

[1] 1882 年《剑桥大学和学院章程》，第 9 章。

[2]《剑桥大学报》，第 550 期，1884 年 10 月，第 36 页；《鹰》，第 13 期，1885 年，第 107 页。

305 略福克斯韦尔是选举委员会的成员。然而，马歇尔同时要求福克斯韦尔寄一封信给帕尔格雷夫，告诉他自己将成为候选者，大概是由于他也是选举委员会的成员之一。马歇尔还告诉福克斯韦尔，圣约翰学院院长已经承诺，说如果自己竞选成功，将会再次获得评选研究员的机会，这使得他“感觉像是燕子回到了熟悉的屋檐下”。[1] 不久以后，马歇尔劝福克斯韦尔也参加竞选。此前他还对曾经的道德科学学生威廉·坎宁安和 J.S. 尼科尔森也表达过同样的建议，因为马歇尔不能“接受因为我你们不去竞选”。[2] 不过，福克斯韦尔和尼科尔森都没有听从马歇尔的建议，可能是因为他们不久前分别被伦敦大学和爱丁堡大学授予教席。

接下来的几天里，马歇尔似乎对自己是否应该去竞选这一“梦寐以求的职位”产生了一些怀疑。他经历了数个“不眠之夜”，仔细地权衡利弊。他认为弊端是离开贝利奥尔将会产生一些道德话题，因为 6 个月前他刚刚取得研究员职位，还有帕尔格雷夫在他看来似乎是强劲的对手。不过，在询问了两个好朋友（乔伊特和或许是牛津的一个朋友？）之后，11 月 20 日，他下定决心参与竞选。12 月刚开始，他就写信给福克斯韦尔说，“现在很肯定的是，我要成为候选人了”。[3]

除了马歇尔、坎宁安、帕尔格雷夫以及麦克劳德以外，还有其他两位候选人。一个是 T.W. 莱文，他从 19 世纪 60 年代开始在圣凯瑟琳学院教授道德科学，包括政治经济学。另一个是圣约翰学院的毕业生 H.E. 胡普尔（H.E.Hoopell）牧师，他曾是 1855 年数学一等荣誉学位的第 40 名，接着又在 1856 年获得道德科学荣誉学位，竞选时他是温特伯顿海事学院的校长。他们两人的竞争力都不大。麦克劳德也是如此，他已经 64 岁，是候选者中最年长的，并且在 1863 年竞选时排名最末。他的作品被他的年龄和异端经济学观点掩盖了。

马歇尔的另外两个竞争对手比较强大。58 岁的帕尔格雷夫是继麦克劳德之后最年长的候选人，作为一个作家和银行家，他在公共事务上拥有令人生畏的声望。他虽然没有正式的大学学历，但是关于本地税收的获奖文章、两本有关银行方面的书，以及他代表英国银行家协会向下议院特别委员会提供关于

[1] 阿尔弗雷德·马歇尔致福克斯韦尔的信，1884 年 11 月 15 日（弗里曼收藏，14/73）。

[2] 阿尔弗雷德·马歇尔致福克斯韦尔的信，1884 年 11 月 20 日（弗里曼收藏，7/73）。

[3] 阿尔弗雷德·马歇尔致福克斯韦尔的信，1884 年 12 月（弗里曼收藏，5/73）。

银行业问题的咨询，都足以弥补这种劣势。玛丽・佩利回忆说，帕尔格雷夫是唯一强有力的对手，[1] 大概是因为她还记得当时她的丈夫对竞选的迟疑。最年轻的候选人是威廉・坎宁安，他只有 36 岁，而马歇尔那时候是 43 岁。他也被认为是“一个受欢迎的候选人”。他从爱丁堡大学获得理学博士，并在 1872 年与梅特兰一起取得道德科学荣誉考试的第二名，竞选时他已经完成了两部经济学书：1882 年出版的《英国工商业的成长》(*Growth of English Industry and Commerce*)，以及序言部分标注的日期是 1884 年 11 月，但直到 1885 年才出版的《经济学与政治学》(*Economics and Politics*)。然而，他也意识到，当马歇尔宣布参选时，“他已经没有机会了”，因为“马歇尔盛名在外；坎宁安曾是他的学生并且知道他是一个很棒的老师”。[2]

毫无疑问，马歇尔的资历使他在竞选中处于绝对优势，尽管到 1884 年末的时候，他出版的著作仍然很少。但是，在这个期望教授授课的大学革新时代，他在圣约翰学院担任 10 年道德科学讲师的经历，在布里斯托大学担任政 306
治经济学教授和校长的经历，以及后来受聘于牛津大学的经历，都使得马歇尔远胜于其他候选人。在他被任命的两年里，选举委员会的成员福克斯韦尔一直宣称马歇尔是英国健在的最伟大的经济学家。他的《产业经济学》对于重建这门科学非常有用，他作为教师的影响力更加广泛，“在英国，有一半的经济学教师……都是他的学生”。[3] 强有力的推荐信无疑也证实了这些资历，“马歇尔的当选已成定局，没有其他的选择余地”。[4]

然而，有些许证据表明，这也许并非一个定局。12 月 13 日下午，福克斯韦尔作为选举委员会成员之一出席了在凯斯学院召开的会议，以评选新的教授，他和好朋友约翰・内维尔・凯恩斯依靠当时优秀的邮政系统保持着紧密的联系。当天下午，凯恩斯收到了来自福克斯韦尔的一张明信片，指出“目前还没有结果，结果一出我就立刻告诉你”。直到夜幕降临，凯恩斯才收到结果，“马歇尔当选了”，候选者的排名或许能够揭示选举人的喜好：帕尔格雷夫、麦

[1] 默里・米尔盖特(Murray Milgate),《罗伯特・亨利・英格利斯・帕尔格雷夫》(Robert Henry Inglis Palgrave),《新帕尔格雷夫经济学大辞典》，第 3 卷，第 789–791，玛丽・佩利・马歇尔，《我的回忆》，第 42 页。

[2] 奥德丽・坎宁安,《我的师友：威廉・坎宁安》，第 63–64 页。

[3] H.S. 福克斯韦尔,《英国经济运动》('The Economic Movement in England'),《经济学季刊》，2 (1)，1887 年 10 月，第 92 页。

[4] 奥德丽・坎宁安,《我的师友：威廉・坎宁安》，第 64 页。

克劳德、坎宁安、莱文以及胡普尔。12 月 14 日，凯恩斯记录了福克斯韦尔对他说的话："委员会成员们已同意不泄露任何有关政治经济学教授选举的情况。" 福克斯韦尔还透露，在会议上，每位选举人 "都对各位候选人的优点做了一些评价"，而且，和约翰·内维尔·凯恩斯一样，他对 "坎宁安评价并不特别高"。[1] 福克斯韦尔也给在牛津大学的马歇尔发了电报。马歇尔表示感谢，并说不想 "知道选举的细节……（因为）最好不去猜测谁投了反对票"。[2] 西季威克则更加谨慎，在他出版的日记中只简单记录道，12 月 13 日，"我们选举阿尔弗雷德·马歇尔为政治经济学教授"。[3]

许多报纸报道了马歇尔的成功。在接下来的周一，《泰晤士报》报道说，12 月 13 日，也就是周六下午，在凯斯学院，"选举人们推选阿尔弗雷德·马歇尔先生为政治经济学教授，他是圣约翰学院的文学硕士，在牛津大学贝利奥尔学院做讲师"。布里斯托的报纸第二天也报道了这件事。其他杂志后来也陆续报道了这一任命。在 1885 年元旦这一天，《教育时报》报道说马歇尔的当选是 "当之无愧的"，并且说，"马歇尔夫人（旧姓佩利）是纽纳姆学院的毕业生，同福西特夫人一样也是一名经济学家。马歇尔教授的知名著作《产业经济学》就是和他夫人一起完成的"。学期开始的时候，大学的期刊记录了这件事。《剑桥大学评论》记录了副校长在新学期开始的演讲，其中提到欢迎 "我们的一位老朋友回家"，接下来的那个月，《鹰》也对此表示了欢迎，"我们曾经的研究员和讲师马歇尔先生已经接任已故福西特教授成功当选为政治经济学教授"。在牛津大学，学校的报纸祝贺了 "他的升迁"，并对这给他们自己造成的损失表示遗憾。[4]

马歇尔打算在 1885 年 1 月尽快上任，但在赴任之前有两件事情需要做。
307 他必须找一个人临时代替他完成在牛津大学这一学年剩余的课程，然后和道德科学委员会主席西季威克一同安排在剑桥大学的教学工作。12 月中旬，马歇尔去了一趟剑桥大学，完成了这两件事。然而，在安排他四旬节学期的课程时，他和西季威克发生了激烈的争吵。从两个当事人的描述和其他一些迹象来

---

[1] JNKD，1885 年 12 月 13 日和 14 日。

[2] 阿尔弗雷德·马歇尔致福克斯韦尔的信，1884 年 12 月 13 日（弗里曼收藏，11/73）。

[3] A.S. 和 E.M.S.，《亨利·西季威克回忆录》，第 394 页。

[4]《泰晤士报》，1884 年 12 月 15 日；《布里斯托西部日报》，1884 年 12 月 16 日；《教育时报》（*Educational Times*），1885 年 1 月 1 日；《剑桥评论》，1884 年 1 月 21 日；《鹰》，第 13 卷，1885 年 2 月，第 196 页；《牛津杂志》，1885 年 1 月 21 日。

看，争执与马歇尔必要的教学工作，以及与西季威克作为道德科学委员会主席对马歇尔的学术行为的一些约束有关。在争吵发生的几天后，西季威克在他的日记里这样写道：

> 12 月 17 日，他来这里拜访了我们，当他听到我对他的授课要求时，突然爆发了。我给他留下了一个“手握一点小权力”（道德科学委员会主席），就企图控制、束缚和妨碍一个更了解这门学科的人的傲慢的暴君印象。我试图避开朋友们与他单独解释；但是解释似乎并不完美，随后，我们进行了通信，在星期二（23 日）这一天，我收到他写的一封很长、让我印象极为深刻的信，他分析了我的学术生涯，并指出我失败的一个根源在于我对过度管制的狂热。这么做的结果是，我的精力被分散到管理的细节上，以及分散到为少数可怜的本科生提供道德科学学位考试所需的特殊教学上。马歇尔把我的讲座和（T.H.）格林的做了比较，他说在我的课上少数人奋笔记录他们认为对考试有用的内容，而在格林的课上，一百人——其中一半是文学士——根本不考虑考试，他们洗耳恭听，真诚地渴望得到关于宇宙和人类生活的真理。我省略了信中半是礼貌，半是深情的部分——因为马歇尔是我的老朋友——他想用这些话来缓和这些残酷事实带来的压力，但这就是主要内容。[1]

第二天，马歇尔向福克斯韦尔报告了他的说法。不幸的是，马歇尔的叙述是相当神秘的，因为它被记录在“随附的纸”上，但这些纸没有被保存下来。不过，马歇尔认为“这是一场意想不到的灾难；它使我很不安”。随后，他让福克斯韦尔发誓保守秘密，并且表示但愿“不久之后一切都会好起来”，他说这场争论的焦点是“他想按照他的模式来规范我的课堂，这是我无法妥协的”，并强调说他不想看到“任何个人因素”被卷入“官方争议”。[2]

这个问题似乎源于道德科学委员会对新的政治经济学教授的职责提出的要求，这是由大学的一般学业委员会所提出的。它要求政治经济学教授每年至少

[1] A.S. 和 E.M.S.，《亨利 · 西季威克回忆录》，第 394 页。

[2] 阿尔弗雷德 · 马歇尔致福克斯韦尔的信，1885 年 12 月 19 日（弗里曼收藏，6/73）；马歇尔希望福克斯韦尔归还的文件可能是西季威克随后于 12 月 23 日收到的那封信的草稿。

开设 48 堂讲座，如果有特殊原因并经委员会同意后，可适当减少次数。至少有一个学期，这种教学必须“是本科生常规教学的一部分”，还要“辅以一些必要的考试”和“一定的个人监督”。从可得到的证据来看，马歇尔认为这是西季威克对他教学的过分管制，也是对他作为政治经济学教授的权威的侵犯。这种干涉是毫无道理的，因为在这个领域的教学上，马歇尔是专家而且有着极为丰富的经验。此外，马歇尔认为政治经济学本该吸引到更多的学生，但西季威克在剑桥开设的课程并没有吸引多少听众。之所以提到格林的讲座，大概是因为马歇尔对他必须将规定比例的教学应用于本科生，而不是吸引尽可能多的
308 对政治经济学感兴趣的学生的要求感到不满。同时，他也可能因为不能把教学范围局限于有一定基础的高级学生而感到恼火。直到 1885 年 3 月 4 日的特别委员会会议才正式解决了这个问题，此会议选在副校长办公室举行，并由福克斯韦尔主持，大概是为了确保主持者和地点的客观中立，以顺利解决两位教授之间的冲突。[1]

12 月 23 日另一封致福克斯韦尔的信证实，道德科学委员会的决议是争论的核心。它暗示了马歇尔对自己“被迫”出试卷极为不满，因为章程上没有规定他必须去做，除非其他的教授带头出试卷，否则他不会采取任何正式行动。不论如何，他告诉福克斯韦尔：他和西季威克“已经重归于好。尽管他喜欢‘管制’，但还是一个很好的人”。[2] 凯恩斯在 1885 年 1 月的日记中说道，这场争吵也可能与马歇尔的计划有关，他本计划通过吸引更多不同学科背景的学生，将视野扩展到道德科学目前的学科领域之外。[3] 接下来的 2 月，马歇尔在就职典礼上公开宣布他计划提升政治经济学的地位，西季威克把它看成是一种“宣战”。[4]

12 月剑桥之行的第二项任务完成得更加容易。约翰·内维尔·凯恩斯在 12 月 18 日的日记中说，马歇尔夫妇拜访了他的妻子佛罗伦斯，她这样记录了这次会面：“首先必须告诉你，你对他如此热情，我一点都不惊讶。他是一个非常讨人喜欢的人。我的丈夫，你不必觉得嫉妒，我之所以如此赞美他，主要是因为他说了很多关于你的好话，并且看起来似乎对与你有关的一切都很感兴

[1] 剑桥大学档案馆，道德科学委员会，Min V 10，1884 年 12 月 3 日、1885 年 3 月 4 日的会议记录。后一个会议显示，马歇尔取得了象征性胜利，因为演讲的最低次数降低到了每年 45 次。

[2] 阿尔弗雷德·马歇尔致福克斯韦尔的信，1884 年 12 月 23 日（弗里曼收藏，9/73）

[3] JNKD，1885 年 1 月 15 日。

[4] A.S. 和 E.M.S.，《亨利·西季威克回忆录》，第 402 页。就职演讲将在下文第 309–313 页进行讨论。

趣。”[1]

马歇尔这样奉承凯恩斯，其目的是哄骗凯恩斯长期顶替自己在牛津大学空出来的职位，或者在短期内先接替他完成该学年剩下的两个学期。如前文提到的，[2]凯恩斯同意暂时帮马歇尔代课；但不愿意把它当成一个终身职业。这一段揭示了马歇尔的两个性格特征，这些特征一直存在于他随后参与的大学活动中：他的狡猾，以及他在固执地向自己的目标前进时从不接受别人否定的答案的习惯，这点让许多人感到愤怒。马歇尔的狡猾体现在他要求凯恩斯不要在牛津大学里透露这个申请是他建议的；马歇尔的倔强执着体现在他 12 月 20 日、22 日、23 日、29 日（在听说凯恩斯不想申请的时候，给他发了两封电报）和 30 日一直给凯恩斯发电报、写信，直到凯恩斯接受了他的提议，愿意暂时接替他的工作。即便是玛丽·佩利也为她的丈夫加入战局，直到 1885 年 1 月 12 日凯恩斯发电报给马歇尔说决定接受（这才终止了马歇尔的不断请求）之前，他们还进行了几次通信交流。[3]2 月初，凯恩斯对这一临时工作的安排最终敲定，他所讲授的关于经济学方法的讲座成为他 5 年后出版的相关图书的基础。[4]这时，马歇尔夫妇已经真正安顿到了切斯特顿路 17 号租来的房子里，马歇尔的心思都集中于那个月晚些时候将要发表的就职演说上。

经济学的现状：马歇尔的就职演说 309

马歇尔在《剑桥大学报》上发布了作为教授的第一个通知，预告他将在 2 月 24 日发表就职演说。经 2 月 19 日理事会会议通过，他于 24 日下午在理事会大厅按期举行了他的就职演说。与他在布里斯托的就职演说一样，马歇尔选择的主题是阐述经济学在实践和教学方面的应用，以及它在剑桥大学教学大纲中的特殊地位。因而，演说回顾了经济学在自己的学科内、在国家政策的要求下，以及在大学里的现状，最后一点将此次演讲推向了预想中的高潮，西季威

[1] JNKD，1884 年 12 月 18 日。

[2] 参见上文，第 9 章，第 295–296 页。

[3] JNKD，12 月 20、22、23、26、29、30 日，然后就临时职位进行讨论的 1884 年 12 月 31 日，随后是 1 月 5、8、11 和 12 日（一张明信片和一封信）的通信和电报，凯恩斯最后告诉马歇尔他“已经做出决定”，才终止了这些电报。

[4] JNKD，1885 年 2 月 16 日；如上一章（第 295–296 页）所述，凯恩斯沿用了马歇尔在牛津大学的高级政治经济学的教学大纲。

克听到之后也大感震撼。马歇尔演讲的内容对于解释他随后作为教授开展的活动非常重要，因此值得仔细讨论一下。[1]

马歇尔首先按惯例向他的前辈们致敬。[2]他提到过去 12 年里过世的许多杰出的经济学家，有福西特、穆勒、凯尔恩斯、白芝浩、克里夫·莱斯利、杰文斯、纽马奇和汤因比。然后，他明确了下午演讲的主题。即“就有关经济学家的领域做一个简短的报告……以及剑桥大学最好怎么做”（第 152–153 页）。马歇尔首先纠正了一种对当前这一代经济学家所发生的变化的错误看法。他认为这些变化和方法论争议无关。归纳和演绎都是必要的。相反，这些变化源自“人本身在很大程度上是环境的产物，并随环境而变化”（第 153 页）。这一发现使社会科学在生物学的帮助下，证明了“知识和热情增长”可以使“人性发生深刻而迅速的变化”。古典经济学家忽略了人性和制度发生变化的这种可能性，而社会主义者通常看到了它们，就像在约翰·斯图尔特·穆勒的作品中所呈现的那样。认识到人性是可变的，自然就会对经济学（当它被用作教条时）进行批判。“李嘉图、古诺、赫尔曼、杰文斯以及其他学者”对斯密的正常（自然）价值理论的发展，使人们能够更好地理解“那些具有可容忍的一致性的原因”（第 154–158 页）。这样的理论发展使得经济学被描述为一种科学的推理，“关于人类可用金钱衡量的行为动机”，取代了它以前作为一种财富科学的地位。然而，关于可衡量的动机的推理永远无法与教条等同起来，也不是一个现成的“具体真理的实体”。政治经济学是发现具体真理的引擎，就像力学理论那样（第 158–159 页）。因此，要避免在讨论中设定经济人是一种自私的利益最大化者，许多人性行为的其他动机也应当被考虑进来，就像克里夫·莱
310 斯利等学者所做的那样，尤其因为它们几乎总是可以在不同程度上用金钱来衡量。虽然在此基础上发展经济理论和分析的任务非常繁重，但迄今为止所做的还是太少。“很少有领域能为科学事业提供如此重要和丰富的成果”（第 162–163 页）。

马歇尔声称，他对最近经济学发生的变化的阐释还需要对两种反对意见进

[1] * 这篇就职演说于 1885 年 5 月由麦克米伦出版社出版，并受到广泛评论。它被重印在《纪念集》第 152–174 页上，本节括号内的引用页码就出自这个文本。

[2] ¶《纪念集》，第 152–153 页。正如菲利斯·迪恩在《亨利·福西特：普通人的政治经济学家》第 106–107 页所指出的，“很难说马歇尔对他的前任的真实看法”，福西特认为经济原理十分简单且易于应用的这些观念无疑使马歇尔非常震惊。马歇尔在剑桥大学使用了福西特的《手册》，这不一定是他自己的意愿。

行驳斥。一种来自孔德的追随者们和孔德主义者，以及那些认为反对将经济学从社会科学中分离出来的历史学家们。另一种认为政治经济学的真正任务是直接从历史中发展其论点，而不需要诉诸经济理论。这两种意见都遭到了这位新的政治经济学教授的坚决反对。对于第一种意见，马歇尔否定的理由是，不存在真正的、统一的社会科学，这使得经济学的独立发展至关重要。针对第二种意见，马歇尔诉诸自己的观察："事实本身是沉默的"，需要一种理论来解释它们。回顾一下马歇尔的信仰——人性与人类事务的不断变化，这意味着他认为在经济学和社会科学中，一致性往往不作为永久的"普遍性"而存在，因此它不能从事实中产生（第 163–167 页）。鉴于当下辩论自由贸易与贸易保护、合适的工资水平等问题的重要性，研究与这些问题相关的经济现象，需要在理论知识的帮助下仔细研究这些事实。理论从事实中获得。历史不是孤立的。即使是中世纪的经济史也可以被这种经济学研究方法丰富（第 167–171 页）。

这引出了马歇尔演讲的第二个话题，剑桥大学与经济科学所需要的工作的关系。这一工作的难度使得剑桥大学——一个遍地是"非凡天才"的地方——成了实践这类研究的理想大学。不幸的是，马歇尔说目前政治经济学在道德科学教学大纲中的地位使得这一切都不切实际。他承认道德科学和其荣誉考试在全球范围内提供了重要的服务，但他认为现有道德科学荣誉考试的安排仍然无法培养足够多的解决世界问题所需的经济工作者。学校里还有其他力量在阻碍经济学研究的发展。其中包括反对大学生研究对财富的"自私"追求的传统，不管这项研究是不是为了培养他们为商业社会服务。马歇尔痛斥这种观点的短浅。我们需要更多财富来结束"肮脏、悲惨和痛苦"，并通过提供更好的住房空间、更多的闲暇、更少的艰苦体力劳动来提高工人阶级的道德和精神标准。同样，这些受到培训的大学生毕业后进入企业，便可以改善商业的基调，让工厂生活也可以变得"更加快乐和美好"。这些任务不能交给"无知的演说家"或者只有善良意图的傻瓜。它需要专业人员而不是剑桥大学科学界里"业余又急切地"想要运用自己头脑的人。简而言之，经济学需要跟剑桥大学里的其他学科一样获得"严肃的对待"（第 171–173 页）。演讲最后以马歇尔对剑桥大 311
学学者的著名呼吁而结束，它也描绘了马歇尔即将在新职位上开拓事业的雄心壮志：

> 尽管我才疏学浅、力量微薄，但我仍怀有这样的宏愿，要尽我所能为剑桥大学这所英才的伟大摇篮培养更多的人才，使他们走入这个

> 世界的时候，头脑冷静、内心火热，能够不遗余力地与周围的社会苦难作斗争；为能够让所有人过上一种美好、高尚的生活所必需的物质手段而努力，不达此目的，决不罢休。[1]

很显然，马歇尔的就职演说在为剑桥大学经济学的发展构造蓝图，这是属于他自己的“知识领域”，由于大学许多成员仍然存在着对其研究的偏见，这项任务变得更加必要。为了实现这一点，整篇演讲展现了政治经济学最近的理论进步及其在当前紧迫问题上的应用。除了劳动条件、自由贸易与贸易保护的争论之外，还在其他各种形式上被看作是社会主义的复兴。从亨利·乔治的土地政策论到海因德曼（Hyndman）的社会民主联盟，这些都是马歇尔在牛津大学以及其他地方就已经参与过的论战。[2]我们很难确定，他在1885年所宣布的计划里是否包括建立“一个独立的学院和单独的经济学及政治学相关分支的荣誉考试”。[3]但可以肯定的是，马歇尔已经表达了对改革道德科学教学大纲的兴趣，以确保经济学研究获得更高的地位，他还试图强调经济学在道德科学与历史学荣誉考试中的地位，以使经济学在剑桥大学里拥有更多的听众。后来，他在学校管理与争论上的很多冒险行为都是奔着这个目的去的。

如前文所说，西季威克就是这么理解马歇尔的就职演说的。他们在去年12月份的激烈争执更坚定了他的这种想法。马歇尔的话是在对教学大纲开战，对于像西季威克这样精通大学及道德科学考试的人来说，这样的意图再明显不过，尽管争论的方式不失“礼貌”。[4]西季威克对马歇尔意图的分析是正确的。马歇尔作为政治经济学教授的回归导致了道德科学委员会内部多年的内讧，这使他与从前的朋友和同事逐渐疏远，因为他试图将自己对于经济学地位的观点强加给这所大学。[5]

威廉·坎宁安，竞选政治经济学教授时的挫败者，出于各种原因对马歇尔

---

[1] * 阿尔弗雷德·马歇尔，《经济学的现状》，第174页。凯恩斯在他所写的纪念马歇尔的文章（第224页注释2）中记载，乔伊特对英才的伟大摇篮这个词提出了“强烈的反对”。多年后，马歇尔以同样的话结束了他的最后一次演讲（见下文第17章，第620–621页）。

[2] 参见下文，第16章，第581–586、590、591页。

[3] J.M. 凯恩斯，《阿尔弗雷德·马歇尔》，第221–222页。

[4] A.S. 和 E.M.S.，《亨利·西季威克回忆录》，第402页。

[5] 将在下文第15章，第534–549页中讨论。

的演说十分反感。正如马洛尼（Maloney）[1] 所说，坎宁安把马歇尔对经济史和历史经济学的攻击视为“对个人和公众的侮辱”。让坎宁安备感沮丧的是，他无法就马歇尔对他的“研究路线”的批判作任何回击，他不想公开批评这个就职演说而损害他目前在马歇尔心目中的地位。7 年后，坎宁安觉得不必受这些细节的束缚了。他在《经济学杂志》和其他地方针对马歇尔滥用经济史这件事予以回击，用文字回应了他认为就职演说中一些非常冒犯的话。[2] 约翰 · 内 312
维尔 · 凯恩斯似乎很喜欢马歇尔的演说。“我和妈妈一起去听了马歇尔的演说，毫无疑问，这是一场成功的演说。不过我听说这引起了坎宁安、西季威克和沃德的不快（出于不同的原因）。”[3] 虽然并不确定，但作为道德科学委员会的初始成员之一和杰出成员，沃德无疑察觉到了马歇尔演讲中暗含的与道德科学委员会的冲突。

马歇尔的演讲被印刷成一本小册子并受到广泛的评论。《学会》（3 月 28 日）评论说：“马歇尔教授在就职演说标题里用‘经济学’替换了‘政治经济学’，这并非没有重要意义。”《苏格兰人》（4 月 4 日）准确地把演讲描述为“一种历史性回顾、一种声明、一种预言、一种辩护以及一种呼吁”。《里兹信使报》（*Leeds Mercury*，5 月 27 日）提请大家注意一个事实，即他的论点应该让工人阶级领袖明白，“政治经济学的教学并非自私地针对劳动者的权利和利益”。甚至还有国外杂志对这次演说进行了评论。R. 达拉 · 沃尔塔在《经济学家》（*Economista*，1885 年 8 月 25 日）上把马歇尔的就职演说视为“一个重要的贡献”。

然而，最引人注意的评论来自《泰晤士报》（1885 年 5 月 30 日）。它没有提到马歇尔在剑桥进行教育改革的意图，而是把焦点放在了他呼吁提高经济学的价值以及对老一辈经济学家们的看法上。关于前者，它遗憾地指出，与 19 世纪 30 年代中期相比，马歇尔仍需要在 19 世纪 80 年代中期捍卫经济学，这里或许是想到了政治经济学在 1834 年新济贫法中的实际胜利。然而，《泰晤士报》批评了马歇尔过分强调前辈们研究方法的优点，而不是强调这些方法的许多至今仍是正确的结果。特别地，它认真检视了马歇尔宣称的“过去的经济学

[1] 约翰 · 马洛尼（John Maloney），《马歇尔、正统与经济学的职业化》（*Marshall, Orthodoxy and the Professionalisation of Economics*），剑桥：剑桥大学出版社，1985 年，第 99–100 页。

[2] 参见下文第 13 章，第 469–471 页。

[3] JNKD，1885 年 2 月 24 日。

家们”并不“相信工人阶级的生活条件能得到大幅度的改善，而现在条件已经成熟”。马歇尔在最后一段进一步充分地说明了这一点。他指出了当前经济学家对提高工资对工人未来可能性的重要性的不同观点。高工资，如果明智地使用，是工人提高效率的一个来源，因此这种效果可能是永久性的。所以，与老一辈经济学家所拥护的马尔萨斯学说相比，马歇尔看到了永久性提高工资水平的可能性，逐渐摧毁了旧学说所特有的贫困的恶性循环。[1]

因此，马歇尔的就职演说不仅仅是他对经济学教育改革的宣告，更是他写作的一个重要组成部分。它提出了他在经济学方面的总体立场。这次演说展现了他眼中的经济学的进程；以及经济学对商业、社会改革者和政治，包括工人阶级、劳动者领袖的实际价值；它的适当方法；它的首要目标是逐步提高工人阶级的生活水平直至使他们过上绅士般的生活，这是他从学术生涯伊始就一直呼吁的。许多这些更宏大的主题将在后面的章节进行讨论。此外，与布里斯托
313 就职演说中的内容相比，马歇尔对这次演说的内容更加满意，这一点在他后来的《经济学原理》一书中得到了体现。[2]

执教于剑桥大学：1885–1908 年

马歇尔作为教授的行政工作和教学任务，由于近期的大学改革变得更加繁重，现在可以来讨论一下。相比于他以前在剑桥、布里斯托以及牛津的授课，我们对于他作为剑桥大学教授的讲课内容与风格能够有更多的了解。因为许多他的学生对此有所评论，除此之外，还有在 19 世纪 90 年代和 20 世纪第一个 10 年中学生留存下来的课堂笔记。[3] 然而，相比之前在剑桥和布里斯托教学

[1] 保存在马歇尔的剪贴簿里，马歇尔图书馆。《布拉德福德观察家报》(*Bradford Observer*，1885 年 4 月 3 日）和柏林《北德报》(*Nord-Deutsche*，H. von Scheel，1885 年 3 月 18 日）也发表了评论。马歇尔对《泰晤士报》的评论是写在给编辑的一封信中，这封信于 1885 年 6 月 2 日（星期二）发表。《泰晤士报》的匿名评论人是伦纳德·考特尼，他是教授职位的候选者之一。参见 G.P. 古奇（G.P. Gooch），《伦纳德·考特尼的一生》，伦敦：麦克米伦出版社，1920 年，第 229–231 页。

[2] *P* Ⅷ，第 782–783 页，*P* Ⅸ，第 772 页，以及参较 *P* Ⅰ，第 74–77 页。

[3] 本节有时大量引用、有时部分转载了我文章的许多内容，《在世纪之交讲授经济学的剑桥教授：政治经济学讲师阿尔弗雷德·马歇尔》，《苏格兰政治经济学杂志》，37（1），1990 年 2 月，第 40–60 页；保存下来的学生课堂笔记是鲍利在 1891 年米迦勒学期和 1892 年四旬节学期所做的笔记（大英经济和政治图书馆，坎南文件，909）以及沃尔特·莱顿在 1904 年米迦勒学期所做的笔记（剑桥大学三一学院图书馆，莱顿文件，箱 15）。

的时候，马歇尔在剑桥执教时本人留存下来的笔记却很少。一部分原因是，他的《经济学原理》在 1890 年出版，这意味着他能够更自由地讨论他认为优秀的学生将受益最大的部分。书的问世也让他没必要"照着教科书念"，这是他一贯反对的教学方式。[1]玛丽·佩利还给出了马歇尔那段时间讲稿缺失的另一个原因：

> 除了讲授经济史以外，他很少使用笔记。有时他就在课前做些笔记，然后在去课堂的路上在头脑中整理一下。他说他有很多善于独立思考的学生，其原因是他从不在意以有序和系统的形式呈现主题，或为他们提供信息。他所在意的是让学生们和他一同思考。每个星期，对于那些还没讲过的部分，他都要出一些思考题，然后让学生在课上写上回答。他煞费苦心地批阅这些回答，并用红笔作大量批改。[2]

费伊对马歇尔 1903 年讲课的回忆更多的是关于轶事，但同样暗示了其内容的杂乱。

> 在我二年级的时候，我上过一两次他的课——第一次课结束之后，我买了一本大部头的财政蓝皮书。第二次上课的时候，马歇尔带着他的雨伞、财政蓝皮书和一些《泰晤士报》的复印件走进了教室，后两样东西放在桌子旁的袋子里。"有规定说我不准谈论政治"，他开始说道，"但是约瑟夫·张伯伦先生最近的演讲……真的是……"，然后接下来的一个小时里，他一直在为自由贸易辩解。……当我上他最后一次课的时候我是文学士。他假装对像我这样有学问的人感到紧张！！课程的主题是"贸易与产业"。我记得最清楚的是在课上谈起彩色装饰玻璃，之后我们还在通信中讨论了现代玻璃相比于在慕拉诺展出的旧玻璃的缺点……（在另外一节课上）……他一直在讲解奥地

[1] 马歇尔于 1914 的某一天写给威廉·拉姆齐爵士——他以前在布里斯托的同事以及校长一职的继任者——的信，参见《纪念集》第 488–489 页，马歇尔在信上说，他"绝不会为在教室里照本宣科的人做推荐人"。

[2] 引用凯恩斯的《阿尔弗雷德·马歇尔》，第 215 页。凯恩斯在注释中补充道："马歇尔在我交上去的论文上用红笔做了大量评论，几乎和我的回答一样多。"（同上，第 215 页注释 1）其中一些保存在凯恩斯文件中，并在下面第 15 章第 554 页进行了讨论。这是马歇尔的一个老习惯，可参见前文第 9 章，第 268–269 页。

利犹太人对卡特尔的建设性服务。[1]

沃尔特·莱顿分别在1906年和1907年第一和第二部分的经济学荣誉考试中获得了一等荣誉，并且本科三年他都上过马歇尔的课，“沉浸”在马歇尔的经济学世界中。他在其未出版的回忆录里写道：

> 314 可能有人会认为我不应该再去上他的课了，因为这门课是为学位考试的第二部分准备的，但是我想我可以毫不夸张地说，他的课从来没有重复过。本科生都知道，他会从早上的《泰晤士报》中取材，然后跟学生讨论任何有关当天打动他的新闻。可以更准确地说，他在与我们谈论他最近写的关于产业和商业的书时，给了我们很大的启发。[2]

这说明自从费伊上马歇尔的课以来，他的教学风格几乎没有什么变化。

对马歇尔的课程最详细和最系统的回忆来自两个人，一个是E.A.贝尼恩斯（E.A.Benians，圣约翰学院的研究员，后来成为院长），他在1900–1901年上了马歇尔的课；另一个是悉尼·查普曼（Sydney Chapman），19世纪80年代马歇尔最优秀的学生之一。两者都值得详细引用，因为很难（即便并非不可能）忠实地还原这些描写的意味：

> 马歇尔的名声吸引了一大群人，这显然不是他所希望的。我记得他开场的第一句话是：“如果你来这里只是为了通过荣誉考试，那么你肯定会失败。因为我比你懂得更多，我可以让你不及格。所以抱有这种想法的人最好去其他地方。”这句话赢得了所有人的心。但第一堂课是一个筛选的过程，我们很快就确定了这学期的任务，此时人数已经减少到了原来的一半。马歇尔的教学风格和其他人不太一样，较少的人数能使他发挥得最好。他不是传授信息，而是引导你自己去思考。这是根本无法做笔记的。大约70节课之中，我只能记录下6节。

[1] C.R.费伊，《回忆》，收录于《纪念集》，第74–76页。对张伯伦的讨论将在第11章更充分地展开，可见第379、380、383页，以及第16章，第605页和注释¶，第606页和注释*。

[2] 引自大卫·哈巴克（David Hubback），《不平凡的报业大亨：沃尔特·莱顿的一生》（*No Ordinary Press Baron: A Life of Walter Layton*），伦敦：韦登菲尔德 & 尼克尔森出版社，1985年，第48页。

我怀疑马歇尔思想的原创性是否能够通过学生的记录得到证实，就像亚当·斯密的学生所做的那样。要跟上马歇尔的思路是一件很难的事。它有一种捉摸不透、令人费解的东西，虽然总是令人振奋、能启发人心智，但除了一句生动的话或一个出人意料的说明外，几乎没有留下什么记忆。他的态度很随和，就像平常交谈一样，并且他在课堂上看起来非常快乐。我犹记得，他走进神学院的教室，脑袋前倾，好像在思考着什么，有点慌乱地走上讲台，靠在桌子上，双手紧握在胸前，蓝眼睛闪闪发光，他时而轻松地说话，时而咯咯地笑着讲某个故事，时而提问学生，时而令人印象深刻地停下来，全神贯注，眼睛望着房间的远处，时而用庄严的先知口吻谈论未来的某个问题——印度的粮食问题、英国维持强大地位之前景、消除世界范围内的贫穷。

他有一种独特的说明能力。他的脑子里储存着许多事实，但只有在合适的时候才会调用它们。他深入遥远的过去，也会引用当下的统计数据，它们来自报纸、正在上演的戏剧，或是自己的观察。他从来不脱离现实生活。……幽默在他的课堂上起了重要作用。他有很多很好的故事，并且他是最懂这些故事的乐趣的人。他有时候会带讲稿来上课，但我怀疑他是否会按部就班地来；甚至有时候他已经事先告知了这节课的主题，但当他突然有了新的想法时，还是会跟着新的思路走。他偶尔会让同学们来回答或作评价，但在马歇尔目不转睛以及充满期待的凝视下，很少有同学敢自告奋勇。……显然，他是一个独一无二的老师。他似乎抓住了听众的思想，用多次剧烈的摇晃和气喘吁吁的追逐，强迫它进行不寻常的思考练习。他喜欢把你搞迷糊，然后突然间又让你顿悟。“从眼前一片黑暗到瞬间光明”，我记得这是形容他课堂的一句话。但是，光明是值得的，如果没有先前的困惑，它也就显得不那么有意义了。……正如马歇尔此前预言的一样，我们从他的课上学到的东西并不是那些为了通过考试而准备的经济学知识（这是不够的），而是一种觉醒的兴趣、更强的洞察力、对某些启发性时刻的记忆，以及对经济学的重要性的理解。[1]

---

[1] E.A. 贝尼恩斯，《回忆》，收录于《纪念集》，第 78–80 页。贝尼恩斯后来告诉 C.W. 吉尔博（《关于阿尔弗雷德·马歇尔的一些个人回忆》，第 92 页），“他从来没有认识过在上课时这么频繁地笑，但却明显缺乏幽默感的人”。

315 查普曼把马歇尔作为一个讲师的表现（同样也被描述成没有计划、不成体系）与作为一个教师所具有的品质进行了比较：

马歇尔是不是一个优秀的讲师？是，但又不是。我记得有一次在晚宴上，有一个不那么正式的演讲，我旁边坐着一个老练的演说家，他告诉我说“演讲是一门技术活”。但不论在表达方式、内容安排还是在论证说明上，马歇尔都没有技巧。我从来没有见过他把哪一次演讲当成一件艺术品去建造。所以我料想肯定有人会说，当面对数量庞大或者未经教导过的听众时，他不是传统意义上好的演说家。然而即使是这样，他仍然给人留下了他所希望的印象。在坐满了认真的学生的小班课里，这一疑问的回答必然是肯定的。他的方法是鼓励学生大胆思考，所思考的主题通常是他本人一直在研究的问题。结果就是，学生能够从他的课上得到最好的东西，它不仅包括对于一些具体主题的阐释，更是关于经济学理论是如何被建立起来的。三年中，我修过马歇尔所有的课程。需要补充的是，在我决定投身经济学研究后，我拥有了一个特权，每周至少与他有一次长时间的交流，有时是关于我的论文，有时是关于他让我进行的课外阅读。他还慷慨地将藏书室对我开放。正是从这些交流中我收获最多，并进一步看到了他思想的深度。

不管马歇尔是不是一个成熟的演说家，无可争辩的是，他是一位伟大的老师，这才是最重要的。很难去定义什么是一个伟大的老师。最好的定义方法就是看结果。一个伟大的老师必定是富有启发性的，然后他一定有能力将他的想法根植于学生的头脑中，就像从他们自己身体里生长出来的一样。要有办法让他的思想植入学生的思维，好像是学生们自己的思想一样。如何做到这一点不重要。不同的人有不同的办法，但是所有伟大的老师一定有他们自己的个人特点。马歇尔确实做到了。特别是他那种令人惊讶的讲授方法，会击破普遍信仰的外壳。我也说不出他是如何赋予别人灵感的——个人关系中最深层的东西是最难以探究的——但是从他培养出来的经济学家的数量上看，他显然是成功的。他会让你感觉到你的想法是那么重要。他是如此的真诚。[1]

[1] 悉尼·约翰·查普曼爵士未出版的自传，第 19–20 页，大英经济学与政治学图书馆，M1073 Coll. Misc. 644。

查普曼对马歇尔教学的评价与同时代的 D. H. 麦格雷戈（D. H. MacGregor）[1]和弗雷德・皮蒂克 – 劳伦斯的看法非常相似。下面引用了后者的叙述，证实了马歇尔在课堂上激发学生灵感的能力，以及他时常偏离到政治领域的习惯。

> 到第五年时，我打算拓展一个新的学习方向，因而走入了马歇尔的经济学课堂。我在剑桥的这些年，他给我留下的印象是最深刻的，他的课堂不仅有启发性而且振奋人心。他坚称经济学的“法则”是对事实的叙述，跟“自然法则”一样，不需要像遵从议会法案一样服从它，他真切地希望经济学知识应当被用来改善人类的生活，尤其是弱势群体的生活。他持有强烈的政治观点，并不时会表达出来。这是一副迷人的景象：那个小个子男人背靠着墙壁，面对学生，眼睛炯炯有神，侃侃而谈，他意识到自己可能正在跳出大学教授所适合的角色。我尤其记得他在詹姆森突袭事件（Jameson Raid）发生不久后的一个锐评，他说约瑟夫・张伯伦对于国家而言是一种负资产，会造成好几亿英镑的损失！[2]

将这些学生们对于马歇尔教学风格的回忆，与他本人在写给冈纳的信中对 316
于他的教学和讲课方法（与经济学教科书不同）所作的解释作一番比较，是相当有趣的。下面大篇幅的引用说明了马歇尔在其非系统性的教学中蕴含着特殊目的：

> 当然，我的教学方法与众不同，但我想对此作一番解释。当然，这本身并没有多大意义。但这似乎是你在这封信里想要了解的。
>
> 我意识到有些学生仅仅是全盘接受老师的思想；他们需要老师系

[1] D.H. 麦格雷戈，《马歇尔和他的书》，*AMCA*，II，第 115–116 页。

[2] * F.W. 皮蒂克 – 劳伦斯（F.W. Pethick-Lawrence），《命运是仁慈的》（*Fate has been Kind*），伦敦：哈钦森出版社，1943 年，第 34 页。尽管如第 9 章所述，约翰・内维尔・凯恩斯在日记中没有留下他对马歇尔课程的印象，但他在 1885 年 5 月 11 日写道：“佛罗伦斯（他的妻子）要去听马歇尔的课。它们很受欢迎，也很有趣。他班上有五十多人。” 4 月 25 日，他记录了她对第一次课的印象，她说“非常有趣”，课上主要涉及“气候对性格的影响”。另外，在 1890 年 12 月 5 日，他记录了他的学生之一普莱耶（Player）对马歇尔的评价，“他认为马歇尔极其风趣，但没什么启发性”。普莱耶在 1893 年的荣誉考试中获得了三等学位。

统性地按照教科书上的顺序把知识讲清楚；抑或是，他们甚至无法自行或没有时间阅读课本，此时需要老师为他们讲解最基础的教科书上的内容。但我总是警告这样的学生不要来上我的课。

就算是我的一些较为基础的课程，也没有所谓的系统性可言，我的目标在于更加充分地探讨一些重点思想和代表性问题，而不是对这个学科面面俱到。如果我发现课上的学生仅仅在听而没有自己去思考，那么我会努力引导他们进入真正的困境，然后再帮助他们找到出路。我很少讲方法；但是在高级课程中，针对每一个重要方法，我都会举一个难一点的例子，然后提前一周给出一个与这个例子有关的问题，让他们去思考，这样，在我解答之前学生就会对其困难度有一个了解。

我的目标是帮助他们获得一个精细且有效的机器来作科学研究，而不是要他们参加冗长的课程。而这正是学生们通常不情愿做的事情。一些人说书本可以取代口头讲授，尤其是对于能力强的学生而言；我并不这么认为。书本应当被印刷出来，并供他们静静阅读。但是，学习划船的最好方法是跟在一个受过训练的人后面；学习者的身体会本能地模仿前者的摆动。我认为，受过训练的教师也应当在学生面前展现自己的思路，并带领学生们一起思考。毕业生能够很快地跟上我的节奏。但他们常常希望得到更多的个人指导。所以每周我会“在家中”留出 6 个小时，对所有学生开放；毕业生比其他学生来得更为频繁。对话的主动权在于学生；但如果他对某件事感兴趣，我就会详细地追问下去，有时会花上一个多小时来讨论一般人并不感兴趣、只是他恰好为之烦恼的问题；并且，我会花很多时间给予他们阅读方面的详细建议。

当然，我这么做的最大的愿望就是他们中的一些人能继续做一些原创性的研究。[1]

这段马歇尔写给冈纳的信展现了他演讲风格的基本特点，包括认为在学生能够适应这种非系统性课程之前，需要有一本好的教科书。这或许也解释了为何在 1890 年《经济学原理》出版之前，马歇尔的教学大纲看起来更有系统性。

[1] 马歇尔致冈纳的信，1894 年 5 月 9 日，见《纪念集》，第 380–381 页。

这一点也得到了凯恩斯的证实：

> 我觉得随着时间的推移，他的演讲可能会越来越随意。可以确定的是，在 1906 年我上他课的时候，想记下连贯的笔记是不可能的。……他的课不是……照着书本来的。……但是按照书本来讲课的方式和口头指导的方式差别巨大，他所青睐的方式对优秀的学生极具启发性，并且要求班级人数不能太多。[1]

吉尔博[2]在有关马歇尔的一件轶事中指出，凯恩斯所说的很难在课堂 317
里记下连贯的笔记，是马歇尔故意为之的。“我记得马歇尔告诉我说，如果他看到哪一个人在他的课上记录了很详细的笔记，他会视其为傻瓜；但如果有理由相信这个人还颇具能力的话，他会把这一行为视作对他个人的侮辱。”

在马歇尔写给福克斯韦尔的信中，一份随信附上的 1901–1902 年的教学计划进一步表明这就是马歇尔的授课技巧。原文可在此大量引用一下：

> 我打算从《经济学原理》第 1 卷结束的地方开始讲解经济学的主要原理；然后继续加快节奏，我不会对基础知识进行解释。所以这门课程不适合一年级和二年级的学生，除非他们对这些内容已经比较熟悉。但是，对于志在公务职位的人，以及三四年级的学生来讲，由于他们已经在其他学科上做过艰苦的研究，并且希望用一年的时间获取不仅仅是经济学基础知识的东西，他们会发现这门课程适合他们的需要，前提是他们需要在夏天做一些基础性的阅读。至少需要读一些有关一般价值原理的书。例如，杰文斯的《货币论》、白芝浩的《伦巴第街》和巴斯特布尔（Bastable）的《国际贸易》。（如果他们喜欢的话，也可以参考我的《经济学原理》中的价值分析，可以略去那些小字和其他被标记为推迟说明的部分，如第 9、475 页。）剩下的就是荣誉考试书目中带星号的书了。一般来说，与其追求书的数量，不如精

[1] J.M. 凯恩斯，《阿尔弗雷德 · 马歇尔》，第 216 页。凯恩斯还修了马歇尔在 1905 年米迦勒学期的课，见上文第 5 章，第 98 页。

[2] C.W. 吉尔博，《关于阿尔弗雷德 · 马歇尔的一些个人回忆》，第 92 页。

读少部分书，反复推敲难以理解的部分。[1]

1891 年米迦勒学期，鲍利在马歇尔的政治经济学原理课上所做的笔记清晰地展现了他在《经济学原理》的帮助之下所采取的教学方式。前 6 节课显然与《原理》前两篇的基础材料有关。他强调历史性材料，但同时也告诫说别把它们看得太重。笔记也表明，对于一些较难的概念，马歇尔作了图解说明以及更为细化的解释。在这些基础课中，他只用了一节课来处理第 2 篇里的定义细节。接下来的两节课讨论消费和需求，他强调，杰文斯的错误是他没有将需求和活动看作是同等重要、相互依存的，从而错误地把消费视为经济的最后一个环节。余下的课程用来讲解第 4 篇里的经济生产问题和第 5 篇里的价值理论，关于分配的部分则放在最后面。他在关于生产的两节课中强调了进化和达尔文方面，他说生物学对经济学的贡献很大，不过同时也讲授了劳动和投资的传统理论。在讲到价值理论时，他先是解释了代表性企业和“森林里的树”的例子，然后通过鱼市在不同时期的波动的例子解释了供给和需求的原理。

尽管这些课程看起来就是按照初版《经济学原理》中的内容顺序安排的，但实际上它们倾向于避免纯理论的介绍；据福克斯韦尔的回忆，他在 1869 年上马歇尔的课时，“曲线”已经消失了，这些曲线就是“逗笑”1874 年和 1875 年学位考试考官杰文斯的那些。相反，它们更加强调该学科的哲学、道德和应
318 用部分。同时开展的高级经济学课程则用一种更复杂的方式处理相关问题，通常以统计数据为导向。例如，他在 1891 年 11 月 11 日的基础课上谈到了财富的使用方式，并强调了一些道德方面的原则，类似于“财富的集体使用相比于个人使用来说，更加高尚、使人愉悦”，“也许使用财富的最好方法是购买一些画作，公开展览并赠与国家”，或者还可以选择把财富投资于开放的娱乐场所，以提供一个更加健康的环境，而在 11 月 13 日的高级经济学课上，马歇详细尔讨论了吉芬关于英国财富增长的统计数据，并展示了一张基于资本所得税数据的当前财富统计表。[2]

这些由鲍利在 1891 年提供的有关马歇尔课程的详细概述，不仅符合马歇尔本人对课程的描述，而且可以被纳入马歇尔在自己担任剑桥教授的头 5 年里记录的教学计划。这些内容的大致安排如下：

[1] 阿尔弗雷德·马歇尔致福克斯韦尔的信，1901 年 5 月 8 日，马歇尔档案，3：41。

[2] 坎南文件，909，大英经济学和政治学图书馆，引文摘自第 18–19 页。

学年	学期	摘要
1884–1885	复活节	财富分配
1885–1886	米迦勒	国际贸易与货币
	复活节	投机、税收等（穆勒的书的第4、5篇）
1886–1887	米迦勒	生产与价值
	四旬节	分配
1887–1888	米迦勒	国际贸易、货币与银行
	复活节	税收、自由贸易与贸易保护
1888–1889	米迦勒	生产与分配
	四旬节	贸易与金融
1889–1890	米迦勒	价值、货币、国际贸易
	四旬节	经济波动、税收、政府的经济职能[1]

《学报》刊登了这些课程的概要，马歇尔本人也记录下它们，不过自从来到剑桥之后，他日常工作的备忘录越来越精简，这些备忘录也许是被要求向特别学业委员会进行年度汇报而起草的。《学报》（1885年4月21日，第601页）记录了马歇尔第一节课的内容，包括“财富分配，尤其是导致目前英国不同阶层收入差距的原因，探究了现存的不平等在何种程度上是不可避免的”。马歇尔本人是这样记录这些课程的：

> **普通课程：**一周2节。（1）相当完整地介绍历史材料（4节课）。报酬递减法则、租金理论的要素——用乔治·亨利的经济观点来大致介绍分配问题，尽量不谈他的社会主义，因此与政府的关系以及土地国有化的问题就留待下一个复活节学期再讲，或者另开一门关于土地的课程。这个班所涉及的理论难点很少，主要包括：1. 收入的定义；2. 穆勒的四个命题分析；3. 利息的本质；4. 如果海洋变成陆地，土地增加而租金下降，那么净财富会受到什么影响？5. 高工资是否会促进机器的应用？6. 流动辅助资本变为固定辅助资本是否会损害劳动者的

[1] 马歇尔档案，棕色大箱，第33项。

利益？7. 资本和租金的关系；8. 一些有关分益佃农的问题。除了最后一个问题外，其他的问题很少用到曲线。

319 1885 年米迦勒学期关于国际贸易与货币的课程也分为单独的普通课程和理论课程，官方记录与私人记述都证实了这一点。《学报》(1885 年 10 月 13 日，第 39 页）把课程描述为“有关货币、外贸、竞争以及危机的课程，特别涉及近期黄金购买力波动的原因与结果，还涉及复本位制以及英国商业现状”。每个星期，他会免费再开一节课用来解答与这些问题相关的一些难点。他本人较为详细地记录了这些内容：“相当全面地介绍了货币、外贸和汇率、进出口、贸易保护与自由贸易的相关理论。快速浏览了银行学的理论要点、银行法、白芝浩的观点以及复本位制，但几乎没有谈及银行和经济危机的历史，也没有谈到证券交易所、建筑或现代商业的历史。”[1]

鲍利在 1891 年上的普通课程依然沿袭了马歇尔刚进剑桥时教的关于分配的普通课程的一些特征。但是，其内容更具体地来源于马歇尔随后出版的《经济学原理》。和 1885 年的课程一样，它们相当全面地介绍了历史，而没有涉及曲线。鲍利在 1892 年四旬节学期和复活节学期上的外贸和货币课程，以及莱顿在 1904 年上的课，都延续了马歇尔在 1885–1886 年间所讲授的货币和金融课程的形式，不过由于时间相隔比较久，论证细节上还是发生了很多变化。例如，在鲍利参加的 1892 年的货币和贸易课上，马歇尔详细讲述了印度货币及其财政问题；当莱顿在 1904 年上课的时候，用来解释经济波动的案例变成了阿根廷和澳大利亚。1904 年的课也更加关注商业波动中的股价变动的影响。最后这一点支持了莱顿随后对马歇尔课程的猜想。即马歇尔为关于商业和产业的新书进行了大量的研究，这些年他搜集了诸多关于股票交易、股票价格，甚至会计实践的材料，这些可以在存于马歇尔图书馆的他本人的关于这些主题的

[1] * 马歇尔档案，棕色大箱，第 33 项。对 1886–1887 年（米迦勒学期）这门课程的描述如下：“决定对外贸易的进程的原因；与之相关的一些方面：一国对另一国的抛售。英国的贸易逆差。货币理论。银贬值对与东方贸易往来的影响，国际货币，复本位制。信用组织。英国的银行系统和证券交易所。”1887 年复活节学期关于税收、自由贸易和贸易保护的课的内容涵盖“税收原则中的伦理和经济因素。帝国和地方不同税率的优缺点。对群体中不同阶层的税收压力。不同国家采取贸易保护政策的不同影响；英国商业地位的特点；报复性关税，商业条约。建立帝国关税联盟的计划。财政改革的未来”。在给学生们的阅读书单中，马歇尔列出了穆勒和西季威克的《政治经济学原理》、巴斯特布尔的《国际贸易理论》，杰文斯的《货币论》，白芝浩的《伦巴第街》，沃克的《货币论》《贸易与产业》，以及法勒（Farrer）的《自由贸易和贸易公平》。

笔记中找到。[1]

莱顿的课堂笔记，加上马歇尔经常布置短论文来考察学生的习惯，也支持 320
了查普曼的论点，即马歇尔的课堂需要辅以大量的课外阅读。马歇尔还会列出主题清单，邀请对这些主题感兴趣的人在特定的时间到家里讨论经济学问题。1885 年 1 月，他首次向将要上他的课的学生们宣传了这项服务，每学期的每个星期他会慷慨地安排 6 小时为学生提供建议和进行非正式的指导。费伊在 1925 年回忆说，和他的课程一样，马歇尔所进行的私人指导也越来越慷慨。例如，从 1885–1886 学年开始，每个学期他的家庭指导时间延长为每天 3 小时（周一至周四的下午 4 点到 7 点之间）本来这项服务针对本校学生，后来变成对所有想要探讨经济学问题的学生开放。与通常的做法不同，马歇尔的私人指导是免费的。[2]

一个参与过这项服务的人在《剑桥评论》上对马歇尔的家庭教学进行了一番幽默的叙述：

> 感谢你的友善，你愿意在贝利奥尔庄园的书房里为我们答疑解惑，书房堆满了书，留给教授和学生的空间不多。你在门口迎接我们，不知道我们的名字，也不知道以前是否见过面，和我们握手的时候有点犹豫并且不知道该怎么打开话匣子；从你的谈话中我们受益匪浅。你展现了你伟大的手稿（马歇尔的红皮书），里面全是密集的数据，你给我们讲解曲线，曲线展示了棉花、铁、卢布、麻疹的变化，还有一些组合看起来比这些更奇怪。什么东西是那本书里没有的呢？它能告诉我们天气和划船比赛的变化吗？你可能会基于一个理论，在一个湿润的四旬节学期，通过给凸轮提供足够的水来赢得比赛，或者它能告诉我们教授与本科生的相对优势吗？我觉得它可以。如果你告诉我这些东西都在那本书里，我也不会感到奇怪。一本

[1] 坎南文件，909，特别是第 33–34 页；莱顿文件（Layton Papers），箱 15，特别是第 69–95 页。这两门课上所讲的危机理论基本相同，与《产业经济学》第 3 篇第 1 章里的内容基本一致，包括奥弗斯通（Overstone）对该章中引用的这些危机的总结。马歇尔未发表的关于投机的笔记被重印并被详细讨论了，参见马可·达迪（Marco Dardi）和毛罗·加勒加蒂（Mauro Gallegati）的《阿尔弗雷德·马歇尔论投机》，《政治经济学史》，24（3），1992 年秋，第 571–594 页。

[2] 从 1894–1895 学年到他退休那一年，他招了一名助教，先是麦克塔格特，后来是克拉彭，来帮他整理初级政治经济学班级的学生论文，费用是 1 英镑 1 先令。

令人惊叹的书。[1]

马歇尔显然非常认真地对待他的教学职责，毫无疑问，正是这种品质，加上他对这门学科的熟练掌握，使他赢得了学生对他的尊敬。对于那些与他的经济思想合拍、熟悉他的《经济学原理》的人来说，即使他的课可能缺乏组织性，它们仍是一次鼓舞人心的经历。不过，只有当马歇尔的课与庇古的课——莱顿同样做了笔记，上面充满了图表和方程式——相比较时，才显得前者看起来十分混乱。与凯恩斯不同，莱顿要在马歇尔的课堂上做出条理清晰的笔记并不困难。马歇尔早年在他的经济学学位课程中吸引到的这两位荣誉学生对他的课程的不同评价，无疑反映了他们截然不同的个性，以及他们在经济学学习中所探寻的内容。

马歇尔的剑桥学生对于他教学的各种描述也突出了他在课堂上的一些个人特点。“小个子男人”的印象起初有些让人失望。然后是他的眼睛，毫无疑问这是他最显著的惹人注意的特点，上课时总是亮晶晶的。此外，他还有一种独特的幽默感，说话时有一些调皮，再加上那种他在写作里常常缺乏的自然而然
321 的流畅感。有关他在课堂上的魅力的描述与玛丽·佩利经常表达的关于他“精彩非凡的谈话”的观点一致。但却与他枯燥的文字大相径庭。玛丽·佩利在一次和凯恩斯的交谈中解释了这一点。他不断地、小心翼翼地修订的习惯让他的写作失去了所有的生命力。她只记得一个例外，就是他在度假期间“为合作组织1884年会议写的文章”，这篇文章“非常火爆，我觉得这是他写过最好的文章之一”。[2] 简而言之，马歇尔在课堂上所展现的魅力，只在这些幸运留存下来的对他的教学和谈话的叙述中得到了展示。

即使是那些不喜欢他的人也认为他是一个“伟大而鼓舞人心的老师”，他所上的“精彩的课”与那本单调的书相去甚远。林达·格里尔（Lynda Grier）是他在剑桥教学生涯最后几年所教授的学生，她比较了马歇尔的讲课方式和写作方式，并记录如下：

[1]《致老师》，《剑桥评论》，1889年10月24日（未署名信件，此系列信件中的一部分）。下文第323–324页是一些女学生对他的“家庭指导”的叙述。

[2] 1924年9月，玛丽·佩利·马歇尔致约翰·梅纳德·凯恩斯的信（KMF）；《给约翰·梅纳德·凯恩斯的笔记》（KMF）。《工资理论与现实》一文发表在1885年的合作社年鉴上，参见下文第12章第405页的讨论。

在写作中，他不是一个创造警句的作家，但作为一个老师，他常常如此。“据说一个伟人所说的，在其世代会被当成废话，下一代会觉得他的话有道理，到了第三代，他的话就成了常识。”“投机者的箴言是‘别人想如何对待你，你就如何对待别人，而且要先发制人’。”“在经济学里，难以理解的句子叫作难句，而无法理解的句子则是简单的句子。”[1]

马歇尔班级的规模及其组成（1885–1908 年）

马歇尔的教学职责需要从他班级的规模和组成方面去考虑，这样可以得到很多有用的信息。除了突出了 19 世纪 80 年代和 90 年代经济学教师所面临的班级规模与一个世纪后的情况截然不同之外，这些信息还可以在一定程度上检验马歇尔对他在剑桥担任经济学教授时所吸引的学生的质量的抱怨。这些抱怨主要是在与同事和以前学生的通信中提出的，涉及三个方面：首先，学习经济学的学生的素质普遍较差；其次，与 19 世纪 60 年代相比，进入道德科学领域的年轻、聪明的人越来越少；最后，学习政治经济学的女性人数过多。

在对这些抱怨进行更加详细的讨论以前，需要对马歇尔所能吸引到的学生的背景进行一些介绍。正如他在就职演讲里强调的，经济学专业的学生来自历史和道德科学领域。当他在 1868–1877 年担任圣约翰学院道德科学讲师时，情况已是如此。除了这些正常生源的本科生以外，从 1885 年开始，马歇尔还吸引到了研究生以及准备加入印度公务员的学生，但是与牛津大学相比，剑桥大学的印度文官相当少。他的许多行政举措的直接目的是吸引各种各样背景的人来学习经济学。他在 1885 年之后的教学大纲改革在很大程度上是为了增加经济学在历史和道德科学荣誉考试中的分量，但是尽管他在这方面取得了成 322
功，他从未对这些教学大纲所能容纳的经济学专业化真正感到满意。马歇尔很早就坚持认为，剑桥有效的经济学研究只能在一个单独的经济学和政治学荣誉考试体系内实现，他最终在 1903 年实现了这个他在 1885 年就职演说中就已经

[1] 正如丽塔·麦克威廉斯－塔尔伯格所引用的那样，《1908 年 5 月 21 日马歇尔的最后一次演讲》，《政治经济学史》，25（4），第 607 页。格里尔对马歇尔最后一次演讲的描述，以及她在自传笔记草稿中对马歇尔的速写，都保存在牛津大学玛格丽特夫人学堂的她的文件中，并会在下面第 17 章第 620–621 页进行更详细的讨论。

预设的目标。1885年以后，他对所招收的学生的认识，让他意识到在剑桥提高经济学教学地位的紧迫性。

下面的信件提供了他对学生质量的一个观点。1902年，马歇尔在给J.N.凯恩斯的信中说："在我16年的教授生涯中，我所在的学科（如道德科学荣誉学位）并没有培养出一个献身于经济学的高级研究人员。"[1] 同年，他给福克斯韦尔写了一封更长的信：

> 直到1880年，几乎每一年的道德科学学生名单中，总有那么几个天赋异禀的人，高中毕业直接来到剑桥。接下来是一段转折时期；自1890年以来，这些人几乎从道德科学学位考试中消失了。这个考试实际上已经成为其他大学的研究生考试，参加的还有一些老人，其中许多人的年龄都超过平均线。道德科学专业曾经富有朝气和激情的年轻头脑现在基本不存在了。麦克塔格特（MacTaggart）是一个明显的例外，韦奇伍德（Wedgewood）也是，但其他的例外就不多了……许多最好的历史学学生——特别是在三一学院——根本不从事经济学……但我只考虑了我个人知道的例子，我认为在1890-1901年取得学位的那些人，在一般能力和科学研究能力上，要比那些年进入道德科学专业的学生高出许多……[2]

在这点上，马歇尔的记忆出错了。他在19世纪70年代教过的优秀的道德科学专业的学生，几乎都是他向福克斯韦尔抱怨的那种类型，包括福克斯韦尔本人也是。他们不是直接来学校，而是先在另一所大学获得学位。更一般地说，通常是来自伦敦的大学（福克斯韦尔、凯恩斯、沃德），但有时也来自苏格兰的某一所大学（坎宁安、尼科尔森，后者也去过伦敦的大学）。只有亨利·坎宁安和F.W.梅特兰去的第一所大学就是剑桥，坎宁安甚至是在军队服役一段时间后才去的剑桥。19世纪80年代，情况就更糟糕了。然而，马歇尔的学生中更优秀的那些往往来自数学专业，而非道德科学。

惠特克列举说，马歇尔在19世纪80年代的杰出学生有弗拉克斯（Flux）、约翰逊和贝瑞，但这些人仅仅是辅修经济学；鲍利、查普曼、桑格（Sanger）、

---

[1] 马歇尔致约翰·内维尔·凯恩斯的信，1902年1月30日，马歇尔档案，1：125。

[2] 马歇尔致福克斯韦尔的信，1902年2月14日，马歇尔档案，3：44。

庇古以及麦格雷戈都是 1890 年后比较优秀的学生。但这还是不能够跟他在牛津大学的时候相比，在那里，他仅用一年的时间便发掘了冈纳、普莱斯和哈里森。[1] 在玛丽·佩利·马歇尔准备的一份“育人硕果”名单中，19 世纪 70 年代的优异学生增加了莫尔·爱德（Moore Ede）的名字；19 世纪 80 年代新增了斯坦利·利斯和鲍桑葵夫人（海伦·丹迪）；19 世纪 90 年代，她还加入了诸如莉莲·诺尔斯（Lilian Knowles）、伯特兰·罗素（Bertrand Russell）和克拉彭（Clapham）等名人。[2]

马歇尔经常抱怨的另一个问题是，他的班级里有太多的女学生。1906 年，他写信给福克斯韦尔，敦促他允许纽纳姆和格顿学院的学生参加他的讲座，如果她们要参加这一学科的考试的话。但马歇尔补充说：“我承认，我觉得参加 323
我们的学位考试的人太多了。”早些时候，在争论是否授予女性学位的大背景下，他写信给福克斯韦尔（1897 年 4 月 17 日）：“来这所房子（马丁利路 6 号）的人中，有 3/4 是纽纳姆或格顿的学生，在校生和毕业生都有。”[3]

这些对学生的悲观看法似乎取决于当时的情绪。1901 年，马歇尔在写给亚瑟·鲍利的信中写道，“这里（剑桥大学）致力于从事它（严肃的经济学研究）的人不到 20 个。像安静而坚定的 A.L. 鲍利一样有能力从事它的人不到 6 位”。[4] 然而，在 1904 年写给查普曼的一封信中，马歇尔炫耀了“亚当·斯密奖”获得者的高水平，包括鲍利、查普曼、皮蒂克－劳伦斯和庇古，他还总结说“我以我的‘剑桥门徒’为骄傲”。[5] 这些信的写作时间有助于我们解释马歇尔为何对同一件事拥有不同的看法。1901 年他给鲍利写信的时候，争取经济学荣誉考试的最后战斗才刚刚开始；但到 1904 年，这场战斗已然胜利。马歇尔对实际情况的看法在很大程度上取决于旁观者的情绪，这一点可以从他出于各种原因所保存的有关学生信息的统计数据中看出。

为了安排他作为教授必须开展的年度讲座以及留居剑桥的日期，马歇尔保留了 1886–1887 学年至 1888–1889 学年间三个学年里班级学生的详细注册信息。他根据性别、专业、是否为研究生、是否为了准备特殊考试以及其他因素

[1] 参见约翰·惠特克，*EEW*，导论，第 29、31–33 页。

[2] 玛丽·佩利·马歇尔，《MSS 笔记》（NCA）。

[3] 马歇尔致福克斯韦尔的信，1906 年 2 月 8 日，马歇尔档案，3：48；1897 年 4 月 17 日，马歇尔档案，3：33。

[4] 马歇尔致亚瑟·鲍利的信，1901 年 3 月 3 日，见《纪念集》，第 423 页。

[5] 马歇尔致查普曼的信，1904 年 10 月 29 日，见《纪念集》，第 455–456 页。

对学生进行了分类。表 10.1 列出了所有这些信息，但以下几点需要特别注意。从 1886 年到 1889 年的三年间，马歇尔的学生中只有 16% 的人来自道德科学专业，25% 来自历史学专业，不到 5% 的人是通过专门考试之后来的。在有信息可查的两年里，研究生约占 15%，略低于来自道德科学的学生比例。他的学生中有 1/3 是女性，其中近 2/3 来自纽纳姆学院。玛丽·佩利自 1885 年起开展的关于政治经济学的演讲，以及西季威克与纽纳姆学院的紧密联系，都可以用来解释纽纳姆学院的学生如此高的参与度。因此，马歇尔对他班上女性人数过多的抱怨似乎至少在统计上是合理的。[1]

一些女学生也同样抱怨了马歇尔对她们的态度。例如，P.M. 斯特顿（P.M. Sturton）小姐——1900 年班级里的学生——记录说：

> 当今的政治经济学泰斗马歇尔教授叫我们 3 位女学生去他家里交论文，他的话虽然很亲切，但却很刻薄。他说我的写作避重就轻；他点评其他人说，“我阅读你的论文时花费的时间最多，看完发现并不值得”。他还说，他曾认为招收女学生是明智之举，但现在他对此感到怀疑，他在想，也许德国式的女性教育不会更好地为我们的国家服
> 324 务。他的课极具启发性……不过我不可能成为经济学家。[2]

斯特顿小姐在 1903 年道德科学荣誉考试的第一部分中获得了二等的成绩，并在 1904 年的第二部分中也获得了二等的成绩，不过没有关于她政治经济学分数的任何记录。她的经历与林达·格里尔的相似，后者和伊娃·斯皮尔曼（Eva Spielman）一起在 1908 年的经济学荣誉考试中取得了一等成绩，这一年没有其他男性获得这样卓越的成绩。她曾在马歇尔的家中与他会面，这一记录值得在此引用：

---

[1] * 从 1881 年到 1896 年的 15 年里，只有 689 名女学生考取了荣誉称号，不到同期取得荣誉学位的男学生的 10%，这一事实可以展现出剑桥大学女学生的总体比例。然而，在 19 世纪 80 年代末，纽纳姆学生中选修政治经济学的人数只占很小的比例。1888 年米迦勒学期，这一比例不到 5%；1889 年，大约为 8%；1891 年，不到 4%；而在 1897 年和 1898 年，这一比例分别为 5% 和 2%。这些数据引自纽纳姆档案的学生登记簿。参见上文第 9 章，第 268 页和注释 *。

[2] 重印于 A. 菲利普斯（编），《一本纽纳姆选集》（*A Newnham Anthology*），剑桥：剑桥大学出版社，1979 年，第 47 页。

> 他确实屈尊阅读了我们的论文。不出所料，我们受到了最严厉的打击，尽管我知道，大学里许多最聪明的人都以对比马歇尔对他们的尖刻评价为乐。有一次他邀请我们（格里尔、伊娃·斯皮尔曼和弗朗西斯·伊利诺·伦德尔）去他家里喝茶。我想马歇尔夫人应该会提醒我们将发生什么。我们都以为她也在家，但她不在，马歇尔带我们去他的书房，里面摆设的各种书以及书的知识让我们惊叹不已。他用好茶招待我们，然后伊娃·哈巴克（旧姓斯皮尔曼）大胆地对房间里的一些有趣物件做了或多或少有些轻率的评论。他说，只有我们严肃讨论问题时，他会告诉我们想知道的。在满足了伊娃的好奇心之后，他说“你来引导谈话吧”。一阵糟糕的沉默随之而来。他有点生气地重复了一遍。我们更加沉默了。他有些怒气地重复了第三遍，后来我绝望地意识到自己是在场的学生中最年长的，于是提了一个一直困扰我的问题，然后他饶有兴趣地做了解答，十分有启发性。不过，我猜他肯定告诉了他的妻子我们的表现是多么糟糕，他此后再也没有邀请过我们。[1]

从 1888–1889 学年开始，参加马歇尔高级课程的学生的信息得到了单独的记录。1888 年米迦勒学期有 6 名学生，四旬节学期吸引了 7 名学生，其中包括一名女学生。高级班里有弗拉克斯和查普曼，那名女学生是来自纽纳姆的海伦·丹迪（Helen Dendy）。值得一提的是，她在道德科学荣誉考试中取得了一等序列的第一名。[2]

马歇尔文件中还保存了一份 1884–1885 学年到 1888–1889 学年间马歇尔课程的到课人数，但细节较少。这些信息完整地呈现在表 10.2。表 10.3 总结了马歇尔保存的学生的注册卡中的信息，用以了解他们的学科背景和经济学阅读情况。这些数据始于经济学荣誉考试诞生之前的 19 世纪 90 年代的 3 个学年，到经济学荣誉考试诞生后，马歇尔作为教授的完整的 4 个学年。1890–1891 年、1892–1893 年和 1898–1899 年的数据补充了表 10.1 的信息，并证实

---

[1] 引用自丽塔·麦克威廉斯 – 塔尔伯格，《1908 年 5 月 21 日马歇尔的最后一次演讲》，第 607–608 页。

[2] 海伦·丹迪原名海伦·鲍桑葵（Helen Bosanquet），她写了许多关于社会经济学方面的书，毕业后在慈善组织协会中发挥了积极的作用。参见 A.M. 麦克布莱尔（A.M.McBriar），《爱德华七世时代的混合双打》（*An Edwardian Mixed Doubles*），牛津：克拉伦登出版社，1987 年，第 10–14 页，对她有一个简短的生平介绍。还可见下文，第 14 章，第 521–523 页。

325

表 10.1：1886–1887 学年至 1888–1889 学年马歇尔经济学课程的学生

学期	课程	专业和其他学科划分					学院				学生总数	占比（%）		
		道德科学	历史学	特殊考试	其他[a]	总计	格顿	纽纳姆	其他	总计		道德科学	历史学	女性
1886–1887 米迦勒学期	生产	8	25	2	8	43	5	19	7	31	74	18.6	58.1	41.9
1886–1887 四旬节学期	分配	7	2*		16	25	1	10	4	15	40	28.0	0.8	37.5
1887–1888 米迦勒学期	国际贸易、货币、银行业	11	2	3	12	28	—	4	—	4[b]	32	34.3	18.8	12.5
1887–1888 复活节学期	税收、自由贸易与贸易保护	6	5	3	5	19	3	12	1	16	35	31.5	25.3	45.7
1888–1889 米迦勒学期	生产与分配	4	14	1	15	34	1	5	4	10	44	11.8	41.2	22.7
1888–1889 四旬节学期	贸易与货币	5	8	n.a.	8	21	1	5	2	8	29	23.8	38.0	27.6
总计		41	56	9	64	170	11	55	18	84	254	16.1	24.0	33.1

注释：

a.1887–1888 年的其他杂项包括：通过印度公务员考试来的，米迦勒学期有 4 人，复活节学期 1 人；研究生，米迦勒学期 4 人，复活节学期 2 人。在 1888–1889 年，杂项中包括：米迦勒学期有研究生 9 人，四旬节学期有研究生 4 人，还有一名法学毕业生，以及一位神学专业毕业生。

b.1887 年米迦勒学期都来自纽纳姆学院。1888 年复活节学期，3 人来自格顿学院，12 人来自纽纳姆学院，还有一人来自其他地方。在 1889 年米迦勒学期，1 人来自格顿学院，5 人来自纽纳姆学院，4 人来自其他地方（历史学 15 人，道德科学 1 人）。在 1889 年的高级经济理论课上，2 名研究生中包括弗拉克斯；来自道德科学专业 1 人（男性）；历史学 2 人；其他 1 人（就是查普曼）。在 1889 年的四旬节学期，5 人来自纽纳姆，1 人来自格顿，2 人来自其他地方。高级经济理论课有 8 位男性，1 名女性（海伦·丹迪－鲍桑葵）。

* 原文为 25，疑误——译者注。

来源：

阿尔弗雷德·马歇尔，《来到剑桥后的一般工作》，马歇尔文件，棕色大箱，第 33 项。经《苏格兰政治经济学杂志》编辑同意转载。

了马歇尔所说的，在 19 世纪 90 年代专修经济学的学生非常少。不过样本太小，无法表明历史学的学生普遍优于道德科学专业的学生，也无法证实从事经济学的女性太多。事实上，在 19 世纪 90 年代的这三个学年里，他的班级中女性的比例下降到了 1/6，这一比例仅是 19 世纪 80 年代末的一半。来自单独的经济学专业的学生数据，只是部分地证实了马歇尔所认为的学科改革在吸引学生从事经济研究方面的重要性。[1]

这些学生数据可以在一定程度上检验马歇尔对于所吸引来的学生的质量 326
的抱怨是否准确。这些证据明显可以证实马歇尔所说的，只有少数非常有能力的人在学习政治经济学，而其中大多数要么是来自其他专业，要么是研究生。比如说，来自数学专业的贝瑞、鲍利和弗拉克斯，来自历史学的克拉彭和庇古。不过，在这一时期，他的高级经济理论课上确实涌现出了不少极为优秀的学生，其中麦克塔格特（1888）、桑格（1894）、查普曼（1898）和麦格雷戈（1901）尤为出色。[2]

表 10.2：1884–1885 学年到 1888–1889 学年之间马歇尔课堂的到课人数

学年	学期	总计	男性		女性
			道德科学	其他学科	
1884–1885	复活节*	53	13	27	13
1885–1886	米迦勒	53	12	33	8
	复活节	34	4	20	10
1886–1887	米迦勒	74	8	35	31
	四旬节	40	7	18	15
1887–1888	米迦勒	33	11	18	4
	四旬节	36	6	14	16
1888–1889	米迦勒	43	4	29	10
总计		336	65	194	107
每节课平均人数		45.8	8.1	24.3	13.7

注释： * 这就是佛罗伦斯·凯恩斯参加的课程（第 315 页注释 *），她相当准确地预测了马歇尔班级的人数在"50 人以上"。

来源： 经《苏格兰政治经济学杂志》编辑同意转载。

[1] 将在下文第 15 章，第 553–556 页中进行详细讨论。

[2] 其他人还有霍尔曼和劳埃德。霍尔曼在 1889 年参加了马歇尔的高级政治经济学课程，并在 1890 年获得了一等荣誉；劳埃德在 1896 年荣誉考试的第一部分获得一等荣誉，后来被任命为多伦多的经济学教授。马歇尔的更著名的学生将在下文第 20 章，第 753–758 页进行更详细的讨论。

327

表 10.3：登记簿上的学生名录

	男性					女性			学生总数	占比（%）			
	道德科学	历史学	其他专业	特殊情况	总计	道德科学	纽纳姆	总计		道德科学	历史学	女性	
1890–1891	3	3	2[a]	—	8	—	—	—	8	37.5	37.5	—	
1892–1893	2	6[b]	1[c]	—	9	2	1	2	11	36.4	54.5	18.2	
1898–1899	23	8	6[d]	1[e]	38	5	6	9	47[f]	57.6	17.7	23.7	
	道德科学[h]	历史学	经济学	其他专业	总计	道德科学	经济学	总计	学生总数	道德科学	历史学	经济学	女性
1904–1905	—	5	7	5	17	3	2	7	24	12.5	25.6	37.5	29.2
1905–1906	—	5	6[g]	4	15	—	1	1	16	—	31.3	31.3	6.5
1906–1907	—	3	2	8	13	1	3	5	18	55.1	16.7	27.8	27.8
1907–1908	—	—	11	5	16	—	5[i]	5	21	—	—	76.2	23.8

注释：

a. A.L. 鲍利和 C.P. 桑格都是来自数学专业。

b. 包括 J.H. 克拉彭，马歇尔对他的评价是“尤其突出”。

c. 包括 R.L. 韦奇伍德（三一学院），但他并不是为了参加学位考试而来。

d. 5 人来自数学专业，1 人来自古典文学专业。

e. 印度文官。

f. 47 人中有 6 人在其他学位考试的第一部分测验中取得了一等的成绩。

g. 包括 J.M. 凯恩斯

h. 如下文第 15 章第 547–548 页所说，自引入经济学和政治学荣誉考试之后，经济学课程不再是道德科学专业学生的必修课。

i. 包括林达·格里尔和伊娃·斯皮尔曼，她们在 1908 年 6 月的学位考试中获得一等的成绩。

来源：马歇尔文件，棕色大箱，项目：关于学生的笔记。经《苏格兰政治经济学杂志》编辑同意转载。

另一方面，马歇尔关于1880年前后道德科学学生质量的评价是没有办法从已发表的材料上得到支持的，除非加上更多的限制条件。首先，他的概括是基于1868年至1877年他作为道德科学讲师的经历的一种选择性回忆。那一时期他培养了许多获得道德科学一等学位的优秀学生，当时的学生数量也相当庞大。因此，不能把1880年视作学生质量的分水岭。事实上，道德科学专业持续吸引大量优秀学生的时期是在1866年到1874年。就男学生而言，道德科学专业史上再也没出现过这样的盛世。相比之下，马歇尔初任教授的3年时间内，他的学生中获得一等学位的人相当少，而在1902年之后的几年里也出现了这种情况。从1902年他给福克斯韦尔和凯恩斯的信，以及两年后写给冈纳的信中可以看出，悲观的情绪表明他备受打击。即使是道德科学的"黄金时代"，也不像他后来抱怨的那样，是建立在"刚从高中毕业的年轻人"的基础上的，而是包括了许多从其他大学毕业的人。他对学生质量的抱怨是受到了这段错误的记忆的影响，因为回忆中道德科学专业这一振奋人心的时期，只是恰好与他的第一次教学经历重合了。

马歇尔所称的"学习经济学课程并参加道德科学学位考试的女生太多了，328
她们的成绩不如男生"这一观点也是需要商榷的。19世纪80年代末，在他的经济学课上，女性人数大约占了1/3（表10.1），在他随后的20年教学中，这一比例下降到了1/4多一点（表10.2）。不过这一比例还是大大高于当时女性在大学教学中的平均占比。道德科学学位考试吸引了许多女生，特别是在19世纪90年代，甚至有两年（1894年和1897年）参加考试的女生数量几乎达到总人数的一半。与其说这些数据表明了越来越多的女性对道德科学感兴趣，不如说道德科学那时候在男生中并不受欢迎。事实上，与19世纪70年代相比，这一时期参加道德科学学位考试的女生数量也急剧减少。如表10.2所示，统计数据还有别的潜在偏差。佛罗伦斯·凯恩斯在1885年复活节学期上的是马歇尔白天的课程，如果这些数据包括了像佛罗伦斯·凯恩斯这样对经济学感兴趣的大众，那么女学生的比例很有可能被高估了，因为能够参加白天讲座的中产阶级在很大程度上局限于女性。

就学生质量而言，这些女学生并没有给学校抹黑。1881年至1906年，获得一等成绩的男生的比例（18.3%）稍低于同一时期获得一等成绩的女生的比例（19.6%），但这些数据同道德科学学位考试的"黄金时代"——1866年和1874年——相比（30.6%）是极其令人沮丧的。这些证据表明，在那个时期，马歇尔由于这些说不上是事实的理由对女学生产生了极大的偏见。[1]

329 最后，马歇尔关于经济学学生的统计数据，可以为我们提供一些有关《经济学原理》的市场评价，这显然局限于剑桥大学这个"本土市场"。在1890年出版之后，马歇尔一直把《经济学原理》设为必读书目之一；与这本书在英国的销售总量相比，这一要求所提供的市场销量非常小。在新的经济学学位考试诞生的最初几年，参加马歇尔课程之前就声称至少阅读过一部分《经济学原理》的学生占比非常高（72.7%）。与之相比，1898年这一比例为42.6%，1892年这一比例只比1/3高出一点点（36.3%）。[2]因此，这一观点也得到了支持：马歇尔在《经济学原理》出版之后的教学过程中，愈发预设他的学生们对教材中的一些细节已经有所了解。

作为学术管理人员的教授

除了作为剑桥大学政治经济学教授的直接职责之外，马歇尔还承担了一些行政职务，但这并没有给人留下很深刻的印象。与亨利·西季威克[3]——他在整个教学生涯中都积极参与大学重组与改革，此外，他还对大学及其活动进行了实质性捐助——不同，马歇尔在很大程度上避免积极参与一般的大学管理。当他参与其中时，其目的总是为了扩大经济学研究在剑桥大学的地位，或是提高其在整个社群中的普遍地位。尽管他后来给人留下了这样的印象，但在形势需要[4]的时候，他也可以成为一个热心的辩论者，当遇到与经济学发展利害攸

[1] * 参较D.H. 麦克格雷，《马歇尔与他的书》，第114–115页。借此机会，我在这里提请大家注意"一等"（first class）这个词的歧义，这是奥斯汀·罗宾逊爵士在信中提醒我的。奥斯汀爵士写道："我想马歇尔说的不是那些在学位考试中取得一等学位的人，虽然这个差异在他那个时代没有现在那么大，我大概能确定马歇尔的意思是这样。剑桥的一个学年里，所有科目最多只有十或十二个人是一等的，从某种意义上说，他们是指那些有能力改变他们的整个主题和他们的整个研究方法的人。在马歇尔的时代，我怀疑这样的人是否有四五个及以上。他所说的"一等"就是这种意思。前三位的优胜者中第一名和第二名是古典文学专业，大概有一人是道德科学专业，当他回到剑桥时，他对于这些人不打算从事社会科学研究这件事感到非常遗憾。我非常怀疑，在马歇尔的意义上，他们现在是否已经进入了社会科学。在马歇尔看来，梅纳德·凯恩斯显然是位列一等的。"

[2] 关于《经济学原理》的销售细节，见下文第12章，第435–436页；关于学生阅读的数据来自彼得·格罗尼维根，《阿尔弗雷德·马歇尔与剑桥经济学荣誉学位的设立》，第654、660、664页。

[3] 关于西季威克对剑桥大学的贡献，可参见J.N. 凯恩斯，《讣告：亨利·西季威克》，《经济学杂志》，10（4），1900年12月，第585–591页，尤其是第589–591页。

[4] 庇古在《纪念阿尔弗雷德·马歇尔》一文中给出了这一问题上的传统观点（参见《纪念集》，特别是第88页）。下面第13章将讨论马歇尔加入的争端。

关的问题时，他同样愿意全身心地投入学术政治。

在马歇尔任教授的前两年，他引入了一些旨在使政治经济学学生受益的小改革，有时特别是为了提高道德科学和历史学领域以外的学生对政治经济学的接受度。比如，《学报》在 1885 年 11 月宣告“政治经济学与国际法是相关联的”，因此将会被允许申请此前对历史领域内的国际法学生开放的惠威尔奖学金。虽然这听起来只是个小小的变化，但它的意义在于，当时的剑桥除了数学、古典文学和小部分自然科学专业之外，其他专业的学生几乎没有机会获得学院奖学金。因此，在惠威尔奖学金的考试中纳入一些关于政治经济学的研究，使它们的处境略有改善，也稍微提高了学生研究经济学的积极性。[1]

马歇尔在 1886 年 3 月提出设立一个政治经济学奖项，其目的同样可以解释为：鼓励学生对政治经济学进行系统性研究。马歇尔奖（The Marshall Prize）最初是提供 15 英镑给学生用于买书。从 1887 年开始的 5 年内，它每年被用来奖励在道德科学考试所必修的政治经济学课程或高级政治经济学课程上表现最优异的学生。虽然该奖项是授予道德科学领域内考试成绩优异的学 330
生，但它对所有希望进入该领域的（男）学生开放，前提是他们也进行了相关的考试。马歇尔在给副校长的信中说明了自己的打算，并且附上设置这个奖项的原因。它旨在强调有必要扩大参加政治经济学考试的学生范围，不应该只局限在道德科学和历史学专业，并展示了这门学科与数学、自然科学、法律甚至古典文学的学生的相关性。在提出这些论点时，马歇尔同样对学校高管强调，正因为这种广泛的联系，他认为经济学在科学中占有“一个独特的地位”。[2]

当该奖项获得批准的 5 年时间即将结束时，马歇尔再次写信给副校长。他提议这个奖项结束后，设立一个三年一度的论文奖，奖金为 60 英镑。新奖项的评选时间设置在同样是三年评选一次的科布登奖中间。该奖项将依据校内和校外考官的报告来评选。通过这样的方式，马歇尔希望“开辟一条新的路径，来实现我一直以来的目标——吸引这样的人来学习经济学，他们有受过高度

[1]《剑桥大学报》，第 610 期，第 158 页；D.A. 温斯坦利，《维多利亚晚期的剑桥大学》，第 189–190 页；直到 1890 年，道德科学考试才被涵盖在一些奖学金和奖项中。《剑桥大学报》，第 854 期，1890 年 11 月 5 日，第 148–149 页。

[2]《剑桥大学报》，1886 年 5 月 4 日，第 579 页；1886 年 5 月 25 日，第 647 页；1886 年 6 月 8 日，第 719 页。第一届马歇尔奖于 1877 年颁发给了来自历史学专业的 S.M. 利斯。1888 年，麦克塔格特获得了该奖项；1889 年，数理经济学家 A.W. 弗拉克斯获得该奖；1891 年获奖的是詹姆斯・韦尔顿。1890 年没有人获奖。(《剑桥大学报》，1887 年 6 月 18 日，第 849 页，以及 1889 年 6 月 18 日，第 950 页）。

训练的头脑，他们能通过敏锐地观察周围发生的事情，逐渐获得对当代经济状况的全面认识；但是，出于各种原因，他们目前无法全身心地投入经济研究”。著名的亚当·斯密奖（The Adam Smith Prize）就是马歇尔 1913 年对学校捐助的成果，这个奖项延续至今。毫无疑问，他认为这是一项值得的投资，正如马歇尔写给查普曼的信中所言，该奖项在早期吸引了许多他的优秀学生，比如鲍利、皮蒂克·劳伦斯、庇古以及查普曼本人。[1]

还有很多例子说明马歇尔试图让政治经济学更具吸引力。例如，他更改了考试时间表，目的是让道德科学专业的学生在各科考试之间有更多的时间，当然其中就包括了政治经济学考试。在考试周里这些学生本应该在下午 1 点到 4 点进行的考试被改到下午 1 点半到 4 点半，而上午 9 点到 12 点的考试时间维持不变。[2]这样，如果学生们需要的话，他们就可以在考试间隙睡上一觉，就像马歇尔当年参加数学学位考试时所做的那样，这位第二名优胜者很可能是从他自己那段忙碌的时光中回忆起了这种做法的价值。

只要有机会，马歇尔都会争取让更多学校里的人来学习政治经济学。他取得了一些很小但却颇为有用的成就。1889 年[3]学校批准了关于政治经济学特殊考试的新规定，但表 10.3 表明这一规定并没有为马歇尔吸引来许多额外的学生。1890 年，马歇尔成功地让政治经济学成为印度公务员培养大纲中的选修课（前提是以前没有参加过这方面考试），它同样被包括在公开竞争印度公务员名额的考试范围内。[4]马歇尔为了提高经济学在学位考试中的地位还有更加辉煌的战绩，此时经济学研究已被许多人接受，这点将在后面的章节加以讨论。[5]

331 对政治经济学学生能否充分利用图书馆设施的担忧，在他对布里斯托大学建筑计划的调整中已经很明显地表现出来，这样的担忧同样也被带到了剑桥。一开始，为了让政治经济学专业的学生能够阅读乔治·普莱姆——剑桥大学第一位政治经济学教授——留给继任者及学生的藏书，马歇尔还引发了一些

[1] 马歇尔致副校长的信，1891 年 1 月 24 日，见 1891 年 2 月 17 日的《剑桥大学报》；《剑桥大学报》，1913 年 11 月 18 日，第 247–248 页，还可见上文，第 323 页。

[2]《剑桥大学报》，第 643 期，1886 年 6 月 15 日，第 779 页，经理事会正式批准，见《剑桥大学报》，第 662 期，1886 年 12 月 14 日，第 274 页；道德科学委员会的会议记录上也记载了考试时间的变化（Min. V. 10，1890 年 5 月 14 日）。

[3]《剑桥大学报》，第 809 期，第 219 页。

[4]《剑桥大学报》，第 850 期，1890 年 10 月 14 日，第 92、96–97 页。马歇尔在 1899 年为印度货币局提供证词时，还强调了对印度公务员进行良好经济教育的重要性。参见下文，第 11 章，第 353 页。

[5] 参见下文第 15 章。

小冲突。这些藏书自 1868 年普莱姆死后被一直存放在副校长房间外的盒子里，很显然它们没有被人使用过。在事件发生的 16 年后，马歇尔在与奥斯卡·勃朗宁（Oscar Browning）的通信中回忆道，为了让他的学生使用那些书，他采取了一些策略，这封信的语境是历史学院正面临类似情况，即如何处理詹姆斯·斯蒂芬爵士的藏书（先是金斯利，后是西利，显然将之据为己有）。

> 所以我去找了道德科学委员会，说我正在计划建造一所带有一间小餐厅的房子。如果你同意，我将把餐厅扩大，在两面墙上安装书架，除了房子里客人很多的时候，任何人都可以预约来阅读书籍。我还会花 50 英镑或更多来装订这些书。
>
> 道德科学委员会以他们一贯的管理者“姿态”说还不够。一周中必须有一天人们可以进出，这是一个权利问题。这样我的餐厅就无法使用了，所以我打算另外开辟一个小房间。后来，道德科学委员跟我说，我的最初的方案是可行的。但这时我的房子里已经没有房间来安置这些藏书了。好笑的是，在这之后，我才发现道德科学委员会在这件事上根本没有决定权。[1]

在相隔 16 年之后，我们很难完全相信马歇尔对这件事的回忆，尽管他将房子扩建成图书馆的提议后来得到了玛丽·佩利·马歇尔的证实。[2]1885 年 4 月 30 日的会议上，马歇尔第一次向委员会提出这个建议，但在向勃朗宁回忆时并未提到他是以什么形式提出的。看来这是另一个由于时间太过久远而记忆错误的例子。委员会只是决定请学校图书馆管理这些书，“附加条件是政治经济学教授有权随时从学校图书馆转移出这些藏书”。[3] 这个问题直到 1886 年 3 月 13 日的道德科学委员会上才重新被提及，马歇尔说图书馆不愿意在此条件

[1] 马歇尔致奥斯卡·勃朗宁的信，1902 年 11 月 7 日（国王学院图书馆，勃朗宁收藏）。

[2] 玛丽·佩利·马歇尔，《MSS 笔记》（NCA）。

[3] * 道德科学委员会会议记录，剑桥大学档案馆，Min. V 10，1885 年 4 月 30 日，第 2 项。1886 年，马歇尔与勃朗宁在通信中讨论了这些藏书，他建议在哲学学会图书馆的走廊上暂时安置这些书，与历史学书籍放在一起。他预估这些书大概要占 100 英尺的墙壁空间，并指出其中许多是未装订的纸质小册子，参见马歇尔致勃朗宁的信，1886 年 10 月 15 日、1886 年 10 月 27 日、1886 年 11 月 4 日和 1886 年 11 月 17 日。1886 年 11 月 17 日，他还写信给福克斯韦尔，谈到了普莱姆小册子的数量之多，认为它们应当被装订成册，并附上单独的书签（弗里曼收藏，50/98）。马歇尔宅邸的建造细节见上文第 8 章，第 241–244 页。

下保存普莱姆的藏书，随后在 1886 年 5 月 11 日的会上，董事会同意将这些书安置在教室旁边上锁的箱子里，尽管这一方法不能保证书籍的安全。那个月晚些时候，《学报》报道了委员会打算把那些“上锁的箱子”放在课程最多的
332 文学院 5 号教室里，直到它们可以更长期地安置在大学图书馆或一个专门的道德科学图书馆中。在学校理事会的一些成员质疑这些“上锁的箱子”是否构成“对书籍的妥善保管”之后，马歇尔和道德科学委员会赢得了胜利，这么多年来它们得以一直为经济学学生所用。最终，这些书有了更好的去处，先是在马歇尔去世后成立的马歇尔图书馆，后来被允许永久收藏于剑桥大学图书馆，现在还可以在那里找到它们。[1]

马歇尔和图书管理员就这一问题的一些信函被保留在学校档案馆里。1891 年 1 月，马歇尔再次提起普莱姆留下的那些书，对于“一屋子经济学书籍”，他作为经济学教授应该有“暂时”借出书籍的权利，大学成员可以从图书馆中多借 10 本书。图书馆没有回应他的建议，1894 年 10 月份的时候，马歇尔重申了他的提议，还进一步补充道，他愿意提供 25 英镑用于重新装订一些书或者对一些书进行必要的修整。3 个星期以后，马歇尔又写了一封信，提请图书管理员注意一篇有关“研讨会及其图书馆”的文章，[2] 他认为这很重要，因为可以将前沿（高级）研究引入剑桥，他本人作为调查委员会的成员积极参与了相关问题的调研。

马歇尔还就其他问题与图书管理员进行了通信。1905 年的一张来自奥地利的明信片显示，他反对图书管理员购买一本法语书的第 2 版，因为他从未听过那本书，相反，他建议图书馆检查一下勒鲁瓦 – 博利厄（Leroy-Beaulieu）最新版的《金融条约》（*Traité des finances*）是否已经购入。[3] 一年后，他向图书馆管理员提议使用一个更适合经济学读物的图书分类方式，即按照匈牙利出版的《大学经济书目》[4]（*Bibliographia Economica Universitatis*）中的方案来实

[1]《剑桥大学报》，1886 年 5 月 25 日，第 641 页，参较第 652 期，第 49 页。马歇尔对剑桥大学各个图书馆的贡献将在下文第 20 章第 750–751 页进行更全面的讨论。

[2] 马歇尔致大学图书管理员的信，1891 年 1 月 5 日，1894 年 10 月 7 日和 29 日，剑桥大学图书馆，Add 6463/1666，2719，2748。

[3] 马歇尔致图书管理员屋大维·约翰逊（Octavius Johnson）的信，1905 年 8 月 17 日（剑桥大学图书馆，Add 8398/61）。马歇尔不建议图书馆买的书是斯图尔姆（Stourm）的《一般税收制度》（*Systèmes généraux d'impôts*）的第二版。

[4] 马歇尔致图书管理员的信，1906 年 10 月 6 日［剑桥大学图书馆，Add 4251（B）941］。

施。[1]他的建议与所做的努力似乎很少对图书馆政策产生积极的影响，也没有任何证据表明，他试图通过让自己成为大学图书馆联盟中的一员，来增加自己在这些事务上的影响力。

在此可以回想一下，马歇尔对于学生使用他自己的藏书是极为慷慨的。正如查普曼提到的，他对学生这方面福利的关注是极为热切的。费伊的回忆更深刻地验证了这一点。马歇尔帮他的论文评奖选择了一个合适的论文题目，为此，他采取了一种非常迂回的方法，先阅读一系列题目，让学生挑出不喜欢的，然后再让他自己提出一个，马歇尔“开始在书架前徘徊，取出英语和德语的书……总共大约有 30 本。……我走了……双臂抱满了书，整个人摇摇晃晃，第二天我带着一个袋子来装书。直到 3 年后我才把这些书还回去”。[2]

在他担任剑桥大学教授的 24 年里，马歇尔只在很少的几个学校委员会任职，除非议题是他特别感兴趣的课程改革等问题，他一般避免加入论局。[3]1894 年 11 月，马歇尔被任命为一个调查委员会的成员，负责调查学校高级研究的情况。具体来说，这个委员会的职责是：“（1）为那些希望在大学 333
内参加高级研究课程的人提供进一步的帮助和鼓励的最佳途径；（2）哪一类的学生被允许来上这些课程；（3）在什么条件下，应该给予这些学生什么样的学术认可，是学位还是其他东西。”[4]

这自然而然就会引发一个先前已有的疑问：是否允许那些外校的毕业生来参加荣誉考试。高级研究委员会在第一份报告中指出，如果这些人毕业于其他大学，年龄不小于 21 岁，有参加高级课程的资格，则可被本校招收；这些人要么参加现有的学位考试，要么在大学内从事从前学科的相关研究，并提交一篇论文，最终通过对论文的评议来决定这是一篇杰出的原创性研究还是一篇原

[1] 甚至包括建议雇佣一个好的橱柜制造商来建造书架。参见马歇尔致图书管理员的信，1890 年 2 月 20 日（剑桥大学图书馆，Add 6463/1430）。

[2] C.R. 费伊，《回忆》，载《纪念集》，第 74–75 页。还可以参见 J.M. 凯恩斯，《阿尔弗雷德 · 马歇尔》，第 223 页，以及阿加莎 · H. 鲍利，《回忆阿瑟 · 鲍利爵士教授》，第 35 页。

[3] 例外情况包括：作为剑桥大学、郡、镇委员会的代表参加大英帝国研究院（The Imperial Institute）的事务（《剑桥大学报》，1887 年 5 月 10 日，第 685 期，第 651 页）；有时作为治丧委员会的成员，负责已故同事的丧后事宜。例如，他是霍特纪念基金委员会的成员（《剑桥大学报》，1894 年 4 月 29 日，第 757 页）。

[4]《高级研究和研究联盟的报告》（《剑桥大学报》，1895 年 3 月 5 日，第 594 页）。在此之前，还有《大学理事会关于研究生学业的报告》（《剑桥大学报》，1894 年 2 月 5 日，第 425 页）。马歇尔之所以被选入这个联盟，大概是因为，他对之前那个报告所引发的关于高级研究的辩论发表了一些有建设性的意见。（《剑桥大学报》，1894 年 11 月 6 日，第 175 页）。

创性研究的综述。特别研究委员会的学位委员会将负责监督新程序的实施，并决定高级学生所研究的主题。随后的报告指出了高级课程和高级研究学位的一些管理细节，包括招生、最低居住期限、学费以及授予的学位类型。[1]

此外，马歇尔有时也会在《学报》的定期辩论中表达自己的意见，通过这种方式参与学校的事务，这是他作为大学选举名册上的常驻文学硕士而拥有的权利。与对积极投身大学事务的西季威克不同，马歇尔很少参加这样的辩论。除了关于女性学位问题的辩论外，[2] 马歇尔还加入了有关考试成绩和研究生研究报告这类事务的辩论，这更普遍地证实了他倾向于参与和经济学研究相关的学校事务。[3]

作为道德科学学位考试中的一门学科的教授，马歇尔当然是道德科学特别委员会的委员，因此需要定期参加委员会会议。会议记录的出席名单显示，马歇尔参加了 1885 年到 1904 年间举办的会议总数的 2/3，加起来超过 60 次。他同时也是历史与考古特别委员会的成员，因为政治经济学也作为一门学科被包含在里面，后来，经济学和政治学荣誉考试设立，他便在这个特别委员会中担任委员，直到 1908 年退休，1906 年起他还任该委员会的主席。这些特别委员会的例会一般都是讨论考官任命、考试所需的书单、下一学年和学期的课程安排，有时候还会涉及教学大纲的变化。除了前面提到的一次外，马歇尔从未担任过正式的主席或秘书，不过有时也有例外，比如在 1897 年 1 月 22 日，在西季威克或沃德缺席的情况下，他作为最高级的委员担任了主席一职。从 1897 年起，如果有与道德科学专业的研究生教育有关的事务，将会在委员会会议结束后直接召开学位委员会的会议。

即便是没有争议的议题，马歇尔也常常在这些会议上发脾气。在不同的时
334 期，凯恩斯用“狭隘”“自我”“令人烦透了”“极其不相关”来形容马歇尔在会议上的表现，还有一次，他说马歇尔的缺席使得本来需要两次长会才能议讨论完的议题在一个小时内就完成了。最后，凯恩斯说，当自己听到西季威克打算辞去道德科学委员会主席职位时，“我真怕马歇尔接任他的职位”。[4]

谈论马歇尔在道德科学委员会的职责，就不得不注意到，他自被任命为教

[1]《高级研究和研究联盟的报告》(《剑桥大学报》，1895 年 3 月 5 日，第 594–598 页)，《第二次报告》(《剑桥大学报》，1895 年 5 月 7 日，第 770 页)，《第三次报告》(《剑桥大学报》，1895 年 5 月 14 日，第 790–793 页)。

[2] 参见下文第 14 章，第 503–507 页。

[3]《剑桥大学报》，1900 年 11 月 13 日，第 210–212 页。

[4] JNKD，1886 年 5 月 11 日、1888 年 5 月 23 日、1894 年 10 月 23 日、1895 年 11 月 2 日、1897 年 5 月 3 日，还可参较 1897 年 5 月 22 日、1897 年 12 月 11 日。

授以来从未担任过荣誉考试的考官。事实上，有记录显示他只在 1876 年的道德科学考试中当过考官，当时 J.S. 尼科尔森获得了一等学位的第二名，尽管在 19 世纪 70 年代，他偶尔会为大学推广运动和地方考试运动批改政治经济学论文。[1] 为什么会这样并不容易解释。[2] 从 1885 年开始，剑桥大学道德科学的经济学考官有 J.S. 尼科尔森（1885 年、1890 年、1891 年）、西季威克（1885 年、1890 年、1891 年、1895 年）、J.N. 凯恩斯（1886 年、1887 年、1891 年、1892 年、1896 年、1897 年、1901 年、1902 年）、[3] 埃奇沃思（1893 年、1894 年）、麦克塔格特（1895 年、1896 年、1901 年、1902 年）、L.L. 普莱斯（1898 年）、福克斯韦尔（1899 年、1990 年、1901 年）和桑格（1902 年、1903 年、1904 年、1905 年），可能还有 W.E. 约翰逊（1887 年、1888 年、1891 年、1892 年、1896 年、1897 年、1901 年、1902 年、1905 年、1906 年）。1885 年后西季威克还担任了 4 年的考官，这说明没有教授不能作为该学科考官的传统，除此之外还可以注意到，所有这些有能力胜任考官的人，都曾经是马歇尔的学生。[4]1905 年以后，经济学考试的主考官名单更是如此。从 1905 年开始，马歇尔仍担任教授的 4 次学位考试中，约翰·内维尔·凯恩斯担任了两次考官

[1] 那一年的试卷副本保存在马歇尔图书馆中的约翰·内维尔·凯恩斯的考试档案中，可见本章的附录。关于 19 世纪 70 年代的考试，见上文第 9 章，第 269 页。1880 年，马歇尔在向威尔士高等教育委员会提交的证据中声称，剑桥有一项惯例，即教师不应该作为他们“之前教过的”学生的考官。（威尔士中等和高等教育委员会，1881 年，Q.18227，见第 772 页。）

[2] * 在一份解释历史学考试的具体规定的报告中，马歇尔说他“对考试不太关心。他觉得考试占据了太多的大学生活，还认为理事会花了太多时间讨论它们，但对教学的目的和方法讨论得太少”（《剑桥大学报》，1900 年 11 月 13 日）。

[3] ¶ 凯恩斯在日记中对考试的一些评论值得引用，尤其是在马歇尔抱怨学生素质差的背景下。1891 年 5 月 31 日，他写道：“回顾政治经济学的第一阶段考试。除了布洛姆菲尔德（Blomefield）小姐，其他人都不怎么样。韦尔顿（Welton）正在为马歇尔奖撰写第一部分论文；但其质量不如布洛姆菲尔德小姐的好。”随后，他与同是考官的 J.S. 尼科尔森在高分段取得了一致意见，但对比较差的答卷的意见不一，凯恩斯给的分更低一些，原因是“（a）我按问题批阅，他按答卷批阅；（b）我批阅得更加严格，对不相关的内容不给分。我认为我的评分原则最接近实际结果”（JNKD，1891 年 6 月 3 日）。

[4] * W. E. 约翰逊（W.E.Johnson，1858–1931）是逻辑学家、哲学家，偶尔也是理论经济学家，但他并不完全是马歇尔的学生，只能算是“辅修”经济学，他于 1883 年获得道德科学一等荣誉学位，当时马歇尔还在牛津大学。约翰逊为剑桥经济学俱乐部贡献了几篇论文，并在 1913 年的《经济学杂志》上发表了一篇关于效用曲线的纯理论文章，也在帕尔格雷夫的《政治经济学词典》（*Dictionary of Political Economy*）中拥有自己的条目。他的理论贡献被重印在 W. J. 鲍莫尔（W.J.Baumol）和 S. M. 戈德菲尔德（S.M.Goldfield）编辑的《数理经济学先驱：一个文集》（*Precursors in Mathematical Economics*：*An Anthology*）中，伦敦：伦敦经济学院，政治经济学稀缺著作重印系列，1968 年第 19 期。他和 J.N. 凯恩斯一样频繁地担任道德科学考试的考官，而且有时也会帮忙批阅政治经济学试卷以及逻辑学和哲学卷子。

（1905年、1907年），庇古（1905年、1906年）、克拉彭（1905年、1906年）、查普曼（1906年、1907年）、麦格雷戈（1907年、1908年）和阿什利（1907年、1908年）也是两次，而弗拉克和H.O.梅雷迪思（H.O.Meredith）都是从马歇尔退休那年（1908年）开始担任考官。不同于他的学生们，马歇尔也从
335 未想要担任伦敦大学或牛津大学的外聘考官，大概是因为他不需要额外的收入，或者可能是因为，他觉得考官的压力和责任过于重大。

不过，暂且不论马歇尔为何不在学位考试中寻求一个积极的角色，但他总是喜欢评论别人的考卷和最终成绩。凯恩斯的日记里记录了许多他的评论。对于凯恩斯在1886年担任考官的道德科学考试，他本人在5月19日的日记中回忆说，马歇尔对政治经济学的卷子比较满意，6月13日，他记录了马歇尔对考试结果的评论："我很高兴梅森小姐没取得一等成绩。我之前不敢说这话，怕影响你和沃德作为考官的公正判断。但我觉得她有些自负，头脑也比较混乱。我很喜欢厄普（Earp）小姐，对她的结果我感到遗憾。政治经济学虽然是她的强项，但我对于她拿一等成绩从来不抱希望。"实际上，被提到的这两名学生最后都取得了二等成绩。凯恩斯同样是1891年学位考试的考官，他在6月11日记录了马歇尔的评论："你对韦尔顿、邓肯和罗伯逊的评价和我对他们的评价是一致的。但我认为其他人也很出色。布洛姆菲尔德小姐对于她所闻所见都极其留心，这点很让我吃惊，而且她很擅长回答学过的知识点，但是她的原创力比较薄弱。"[1]这些评论很有意思，因为它们强化了马歇尔对道德科学领域的学生类型的普遍看法。最后，也很重要的是，凯恩斯还记录了马歇尔对他在1891年和1892年准备的政治经济学试卷质量的一些点评。马歇尔称之为"非常棒"，并且补充说："我俩都认为今年政治经济学的第二部分考试比较简单，第一部分则相对较难。但第二部分对于考生来说已经够呛了。"[2]

[1] * 在1891年的学位考试结果中，布洛姆菲尔德小姐在第一部分取得一等二的成绩，韦尔顿在第二部分取得了一等的成绩，不过正如凯恩斯所记录的那样（上文第334页注释*），他也曾尝试过用第一部分的政治经济学论文评选马歇尔奖，但凯恩斯说，他的论文不如布洛姆菲尔德小姐的好。罗伯逊（不是D.H.罗伯逊）取得了二等二的成绩，邓肯在第一部分考试中取得了三等一的成绩。当马歇尔提到其他"出色"的人时，很难确定他指的是谁，因为桑格（他在1894年参加了第二部分考试）和韦奇伍德（他在1895年第一部分考试中获得了一等的成绩）是马歇尔在其他地方提到的第一批出色的学生。可能历史上还有包括克拉彭这样的学生，马歇尔在1894年与奥斯卡·勃朗宁的通信中对他们的能力进行了点评。（马歇尔致勃朗宁的信，1894年2月10日和11日，国王学院档案，勃朗宁通信集。）

[2] 也许是指韦尔顿，他是四名参加1891年第二部分考试的学生之一，除此之外，他还参加了第一部分的政治经济学考试以评选马歇尔奖。

这些评论表明，马歇尔并不排斥对他的学生进行评价。他也非常愿意参与科布登奖和后来的亚当·斯密奖的评审，尽管在评审第一个奖时，他可能会花费过多的时间来决定合适的主题，坎南在 1906 年担任该奖的联合评审时发现了这一点。在他们之间关于这个话题的冗长通信中，马歇尔承认“8 次科布登奖的经历沉重地压着我”，[1] 这表明他个人在执行这类评估任务时是非常艰难的。1924 年克拉彭告诉凯恩斯，虽然仅仅依据学生在课堂上的表现，但马歇尔对学生的判断还是非常准确的。他明确地告诉一位学院导师，“你们院有两个非常有趣的学生来上了我的课。当我谈到一些难题时，一个自言自语道，‘这对我来说太难了，我放弃’。另外一个尝试理解它的意思，但是最后失败了。马歇尔音调上扬，脸上露出了笑容。这是对这两人的智力和脾气的准确估 336
计。”[2] 然而，没有什么后果地评价一个人，同在一次决定未来职业生涯的重要考试中评价一个人，自然是不可相提并论。马歇尔不愿承担考官的责任，这进一步表明了他在重要事务面前常常难以下决断。[3]

我们也可以提一下马歇尔在担任政治经济学教授期间对学校的捐助。这些年里，《学报》多次报道了他对学校的特别捐助，这些捐助不仅仅与经济学教学有关。1895 年 11 月，马歇尔为工程实验室捐献 5 英镑；1899 年，他应副校长的呼吁捐献了 25 英镑，并指定 10 英镑用于建造法学院，15 英镑用于建造医学院；1903 年，他承诺通过每年捐款 1 英镑 1 先令来支持新的任命委员会基金。[4] 这些都是他与增强经济学研究无关的额外捐献。正如前文提到的，他为设立马歇尔奖所做的贡献，就是亚当·斯密奖的前身。此外，在他担任教授的最后 10 年里，他有时每年捐出 50 英镑或 100 英镑，以支付他希望讲授经济学的一两个人的工资，因为在他担任教授期间，学校直接给予经济学讲师的补贴非常有限。[5]

他也捐一些实物给学校。1901 年，《学报》感谢了他给文学院教室捐献的

[1] 马歇尔致坎南的信，1905 年 3 月 30 日，1906 年 2 月 15 日，1906 年 4 月 2 日，1906 年 4 月 6 日，1906 年 4 月 15 日，1906 年 4 月 24 日，1906 年 5 月 10 日。这句话摘自 4 月 2 日的信（大英经济学与政治学图书馆，坎南文件，1021）。

[2] J.M. 凯恩斯，《阿尔弗雷德·马歇尔》，第 224 页。

[3] 他的私人生活中有许多这样的例子。例如上文第 9 章，第 278、279 页；还可见第 10 章，第 305 页。

[4]《剑桥大学报》，1895 年 11 月 19 日，第 225–226 页；1899 年 5 月 30 日，第 928 页；1903 年 2 月 24 日，第 496–497 页。

[5] 参见下文，第 15 章，第 656 页，他对纽纳姆的捐款可见第 14 章，第 496 页。他去世后的捐款将在下文第 20 章，第 746–747、750–751 页中讨论。

时钟，几年前马歇尔就提议给这些屋子备齐这些工具。[1] 更重要的是，1906 年（那时候马歇尔已经不是委员会的一员了），道德科学委员会记录了马歇尔为其图书馆捐赠了一些书。[2] 这一慷慨的捐赠中的大部分书留在了哲学图书馆，这一行为也预告了马歇尔之后在退休与逝世时对学校图书馆的慷慨赠予。[3]

这些就是关于马歇尔担任教授期间作为一名教师与管理者的全部事务。从后人的评价来看，他是一位了不起的老师，因为他总能鼓舞人心。因而，或许应该更关注当时的人对他的评价。一封寄给政治经济学教师马歇尔的匿名信被刊登在《剑桥评论》上，总结陈述了一个学生对有效率的教学的看法。

337 我可以想象到，你向初学者讲解复杂的正常价值理论，或向高级班的学生讲解银行、货币和政府的经济职能时的样子。你用时快时慢的语速讲解每个难点，并以愈发平静的口吻让我们知道你在强调它们。你颇具幽默感，也有让幽默渗入一团沉闷的气氛的能力。有时候，你偏离了经济学的狭窄道路，给我们讲股票交易所，讲“波姆斯”（Brums）和“伯莎”（Berthas）、讲犹太人和希腊人的小贩，讲华尔街和美国的经营者，你的博闻强识让人惊叹。你的眼睛心不在焉地望着天花板（有人说你在云端之中），声音如此轻而安静，所有人都屏气凝神，你开始讲故事了。然后你的眼睛移到我们身上，它们炯炯有神，我们一起大笑起来。请允许我回忆一下，有一次你跟我们提示说下节课你将会用数学方法讲解需求曲线，你说对那些愿意来听的人，“只需要基础的数学知识即可”，而对于非要给自己增加负担并且觉得自己一定会来的人，你眼神上挑，狡黠地说，“我认为，对于没有完整的微积

[1]《剑桥大学报》，1901 年 6 月 5 日，第 1043 页；道德科学委员会会议记录，剑桥大学档案，Min. V. 10，1898 年 11 月 25 日，第 9 项。

[2] * 根据马歇尔提供的清单，这些书包括：伯克利（Berkeley）的作品，5 卷，弗雷泽编；洛克的作品，10 卷（注意前三卷的书；关于知性的文章是穿插在里面的，因为我希望至少每隔一年就讲解一次！！在酝酿中）；斯图尔特的《论人的活动能力和道德能力》2 卷本（用皮革绑着，但背后断了）；刘易斯的《生命与心智》第三版，2 卷本；还有他的 2 卷本《哲学史》；《心智》第一卷还有一部分没有装订；布罗尔（Broole）的《思想法则》；维恩的《经验逻辑》；边沁的作品，不过第一卷丢失了。（我想还有 10 到 11 本其他的，双栏本，鲍林编）；莱斯利·斯蒂芬的《伦理学》；赫伯特·斯宾塞的许多作品；斯宾诺莎文集（威利斯编）；惠威尔的《道德原理》；格伦（Gollen）的《伦理学导论》（*Prologomena to Ethics*）；除了斯图尔特的书之外，其他的书况都非常好。

[3] 道德科学委员会会议记录，剑桥大学档案，Min. V. 10，1906 年 10 月 25 日，这些写于马丁利路 6 号便笺上的书目清单，粘贴到了会议记录的相关部分，可见下文第 20 章，第 750–751 页。

> 分知识的人来说，来了也没有多大用处”。一个悲伤而又聪明的班级，我也在其中，走出那个房间时，我在想，基础原来是一个相对的词。[1]

马歇尔作为行政管理者的表现远没有那么出色。只有在他的特殊目标和利益受到威胁的地方，他才会挺身而出。即使在这些场合，他也是依靠他的坚持不懈取胜，而不是处世技巧和为人之道。[2] 他既不是委员会委员，也没有积极参与大学的管理，他作为一个教授的职业生涯基本上都围绕着他的学生展开，他的大部分个人生活也是如此。这种个人因素也呈现在他的管理工作中，包括他取得的主要胜利——设立经济学和政治学荣誉考试。然而，即使从个人方面来看，马歇尔的参与也并不完全。他不愿参与这个重要的考试过程，而把它留给了那些性格上更适合做这类决策的人。在学校里，除了图书馆事务和研究生学术委员会以外，他几乎不涉及其他领域。马歇尔图书馆成为他留在剑桥的永久纪念，这也是对他坚持不懈地将自己的资源用于具体行政服务的特别恰当的认可。[3]

第 10 章附录 341

道德科学奖学金考试

冈维尔和凯斯学院、圣约翰学院、三一学院

星期四，1876 年 4 月 18 日，1 点到 4 点

政治经济学

1. 在英国，决定资本增长率的条件是什么？目前世界不同地区存在的这些条件差异的主要原因是什么？如果一篇关于经济理论的英国论文想要在印度这样的国家得到应用，你觉得要进行哪些修改？

---

[1]《致老师》,《剑桥评论》, 1889 年 10 月 24 日（未署名，此系列信件中的一部分）。

[2] 例如，见下文第 15 章，第 540–547 页。

[3] 创建马歇尔图书馆的相关方面，以及其他纪念马歇尔的相关事宜，将在下文第 20 章，第 750–753 页进行讨论。

2. 阐明李嘉图的地租理论，准确地说明它所需的假设。研究一下英国佃农和地主之间的交易条件在多大程度上由这些假设所代表。

3. 请介绍一下“自然工资率”一词的历史和意义。关于过去 5 个世纪通过比较农业劳动力和玉米价格而得到的这种比率所存在的性质是什么？

4. 在英国，扩大劳动分工的原因是什么？它们如何影响不同行业的工人之间的竞争？

请说明在什么条件下，在一个行业中引入计件工资将对该行业的工人整体经济有利。

5. 详细说明一下英国铁的平均价格所依赖的原因；还有控制这个价格波动的原因。

如果英国所有的铁矿都被一家公司收购，你的上述原因会受到什么影响？

342 6. 考察一下法国补贴糖出口将对英国经济福利产生什么影响，在分别假设这一补贴是暂时的和永久性的情况下。

请问是否可能存在这样的情况，即政府对出口给予补贴可能在经济上有利。

7. 不可兑换纸币的价值是如何确定的？是什么决定了在英国流通的金币和银行票据之间的比值？为什么这一比值在过去二十年中有所增加？

8. 考察对初级产品所征的税率。简要考察李嘉图对此的看法。为什么说通常要避免对制造业的原材料征税？

9. 乡村共同体的历史给现代社会主义所提出的问题提供了怎样的启示？

第 11 章　咨政建言：1886–1908 年 343

在担任剑桥大学教授期间，马歇尔曾多次被邀请就其专业领域内的问题为政府提供建议。这种经历他早些年已经有了。担任布里斯托大学学院校长的时候，他就曾为威尔士和蒙茅斯郡高等教育委员会的咨询提供建议。[1]不过，在他担任剑桥大学教授的几十年里，他大大增加了对这类活动的参与，这些活动主要分为三种不同的形式。第一种是他为早期的委员会准备了备忘录，这些备忘录后来被反复盘问。19 世纪 80 年代和 90 年代的两次货币调查和皇家委员会关于老年贫民的调查都属于这一类。在其他场合，他提供书面备忘录，回答委员们自己或政府成员直接向他提出的问题。例如 1886 年他向皇家委员会就贸易衰退问题撰写的有关价格和货币的备忘录以及 1897 年所写的关于税收的备忘录。还有他著名的关于国际贸易财政政策的文章就是回应了政府的直接要求。第三种类型是 1891 年至 1894 年，马歇尔担任皇家劳工委员会的成员时所做的工作。此外，他偶尔通过向他昔日的学生（当时的委员）提供建议，从而间接地向皇家委员会提供材料。他写给克宁汉的信中给出的有关战时食物供给的建议就是他以这种方式向政府提供建议的例子。[2]

毫无疑问，为政府咨询提供建议是马歇尔职业生涯的一个重要部分。他的

---

[1] 参见上文，第 9 章，第 280–281 页；以及下文，第 14 章，第 497–498 页。

[2] 玛丽·佩利·马歇尔，《给约翰·梅纳德·凯恩斯的笔记》（KMF），其要点转载于凯恩斯的纪念马歇尔的文章，第 217 页；马歇尔致坎宁安的信，1903 年 6 月 14 日（见《纪念集》，第 447–448 页），还可参见 J.K. 惠特克，《英国政治经济学中的国防经济学：1908–1914》（‘The Economics of Defence in British Political Economy 1908–1914’），克劳福德·D. 古德温（编），《经济学与国家安全：相互影响的历史》（*Economy and National Security*：*A History of their Interaction*），北卡罗来纳州达勒姆：杜克大学出版社，尤见第 51–52 页。

证词经常包括尚未发表的许多观点，这对理解他的货币理论和税收理论非常重要。[1] 另外，他为咨询工作特别是为劳工委员会花费了很多的时间，这也就解释了为何他的学术写作进展如此缓慢。作为证人和皇家委员会成员的表现也反映了他性格的各个方面以及他此前未被系统研究过的人生历程。[2] 所以本章研究他这方面的贡献变得特别有意义。

马歇尔对政府调查的贡献多种多样，这使得本章的内容较为复杂。这些调查所讨论的政策问题需要放在其背景下来考虑，其中某些问题需要相当多的背景介绍。为了使马歇尔关于货币方面的证词能够被严肃地审查，本章在处理主题时没有按照严格的时间线。他在老年贫民委员会的角色将被置于他所参与的慈善组织协会这一更广泛的背景下进行讨论。所以本章篇幅较长，鉴于这些工作在马歇尔的生活以及作为教授履责方面的重要性，这也是不可避免的。

344 贸易萧条、金银的价值与印度货币

马歇尔在这些问题上所提供的证词需要被置于极为特殊的背景——19 世纪最后 25 年的英国经济历史——下来考虑。首先要提到的是这一时期白银的急剧贬值。德国从 1873 年开始废止白银流通，1874 年拉丁货币联盟也限制了白银的使用，加上美国银矿的高供给，以及印度吸纳白银的传统能力有所下降，还有印度对英国与日俱增的负债，这些都导致了白银的持续贬值。由于印度是大英帝国版图中主要的银本位制国家，白银的贬值严重影响了印度与英国之间的经济与贸易往来。[3] 其次，在这一时期金价开始飙升，在像英国这样的金本位制国家中，价格水平在逐渐下降，这可以从当时的指标数据和后来所估

[1] 参见下文，第 12 章，第 429–430、437 页；第 19 章，第 718 页。

[2] J.M. 凯恩斯，《阿尔弗雷德·马歇尔》，第 207–208 页用了不到两页的篇幅来描述他生活的这一方面，主要关于这类工作，特别是与劳工委员会有关的工作占用了他的写作时间。参较约翰·惠特克，《〈经济学原理〉第 2 卷出了什么事？马歇尔晚年著作的荆棘之路》（'What Happened to the second volume of the *Principles*? The thorny path to Marshall's Last Books'），载《阿尔弗雷德·马歇尔百年纪念文集》，尤见第 197–198 页。我在《阿尔弗雷德·马歇尔和劳工委员会》一文中对这个问题做了更详细的论述，《欧洲经济思想史杂志》，1（2），1994 年，第 272–295 页。

[3] 参见沃尔特·白芝浩，《关于白银贬值和相关话题的一些文章》（*Some Articles on the Depreciation of Silver and Topics Associated with it*），载《经济学人》，伦敦：亨利·金出版社，1877 年；罗伯特·吉芬，《关于白银贬值的注释》，《金融文集》（*Essays in Finance*），伦敦：乔治·贝尔出版社，1882 年，第 197–207 页，文中列出的原因见第 197 页。

计的当期数据中看出来。[1][2] 此外，这一时期也与一些经济史学家所说的“大萧条”相吻合，此时英国在工业生产和产出方面的增长率显著下降，在三大工业国中落后于德国和美国，成为表现最差的国家。尽管经济史学家们对此存在分歧，但 19 世纪 70 年代早期之后，英国生产率和产出增长相比于前 30 年有了大幅下降是基本公认的事实，而且这一趋势在 20 世纪早期进一步加剧。[3] 这一衰退的趋势还伴随着经常性的商业危机和贸易萧条，这是英国自 1825 年就开始经历的，1882–1883 年的危机之后是旷日持久的经济衰退，这也为马歇尔向其提交经济证据的第一个皇家委员会的存在提供了理由。[4]

这些广泛的背景，加上马歇尔货币理论中对货币价值问题的压倒性关注，使得马歇尔提供的货币证词呈现出一定程度的同质性，尽管这些证词分散在超过 10 年的时间中。货币价值的变化，或者说价格水平的波动证实了这一时期
所面临的长期通货紧缩的趋势，也构成了马歇尔三次咨询报告的基础。他所认 345
为的这种价格变动所造成的各种不利影响也同样出现在他关于这些主题的证词中。然而，考虑到后两个委员会的调查范围，马歇尔更加强调了这些影响对印度和印度商业的作用，而不是只考虑它们与价格水平波动和贸易萧条之间的因

[1] * 金本位制和银本位制国家是指使用如黄金、白银这类贵金属作为国家货币标准的国家。从 19 世纪早期开始，英国就是一个金本位制国家。这意味着金币与纸币可以自由兑换并流通。具有储备货币功能的黄金，还规定了纸币的发行数量，因此它可以维持货币的价值和价格水平的稳定。金本位制国家之间的债务最终以黄金流动来解决。像印度这样的银本位制国家则以银币代替金币作为标准货币。1870 年以后，金本位制国家的数量大大增加，导致黄金的升值和白银的贬值，同时黄金稀缺也导致了世界范围内的货币短缺。为解决这一弊端，复本位制提出金银的双重标准，并规定金银的传统价格比为 15.5：1。像美国这样有大量银矿的国家赞成复本位制，希望对恢复白银市场有利。马歇尔提出的改良复本位制（或混合本位制）是指仍然采取金银作为标准货币，但将传统价格比提高。复本位制对英国货币的传统观念发起挑战，这是一个极具争议的话题，其引发的贸易萧条和价格波动等讨论度颇高的问题，更加剧了这一点。关于这些话题的有用讨论，例如关于复本位制可以在《新帕尔格雷夫大辞典》第 1 卷，第 243–245 页找到，关于黄金标准可参见第 2 卷，第 539–545 页。

[2] 这一点可以从索尔贝克的批发价格指数和 G.H. 伍德在 1909 年编制的零售价格指数中得到证明，转引自 B.R. 米切尔（B.R.Mitchell），《英国历史统计摘要》（*Abstract of British Historical Statistics*），剑桥：剑桥大学出版社，1962 年，第 343–344、474–475 页。

[3] 弗朗索瓦 · 克鲁泽（Fransois Crouzet），《维多利亚时代的经济》（*The Victorian Economy*），伦敦：梅休因出版社，1982 年，第 12 章，特别是第 372–376、387–390 页及参考文献；S.B. 索尔，《大萧条的神话：1876–1896》（*The Myth of the Great Depression 1876-1896*），伦敦：麦克米伦出版社，1985 年。

[4] 范斯坦（Feinstein）对国民净收入的估计显示，从 1882 年到 1885 年，国民净收入先下降，而后从 1886 年开始复苏，当然当时还没有这样的数据。B.R. 米切尔，《英国历史统计摘要》，第 367 页。

果联系，而后者正是马歇尔对第一个委员会所作的贡献。考虑到这种联系，马歇尔自然非常重视作为政策目标的价格水平的稳定。他在1887年发表的一篇文章中谈到了对于一般价格波动所带来的不利影响的一些补救办法。[1]除了其他措施外，他的建议包括设立一个价值标准表，以通过现在称为指数化的方法确保长期商业合同的价值稳定。这在一定程度上是为了将价格和工资的稳定性联系起来。他还提出了他所谓的“改良复本位制”（modified bimetallism），后来被埃奇沃思称为“混合本位制”（symmetallism），以便在货币金属供应不稳定的情况下维持货币价格稳定。因此，马歇尔给出的证词处理了当前货币理论和政策中的大多数问题，当时他仍在继续开拓自己对这些问题的看法。

马歇尔给贸易与工业萧条皇家委员会准备的备忘录回答了委员会在1886年4月分发给“专家”的问题。这些问题集中在价格稳定、价格稳定与货币和其他因素的关系以及它对贸易和工业的影响。此外，该委员令还就贵金属相对价格比率的变化以及这种变化对使用单一金属货币的国家——特别是印度——的贸易的影响征求意见。[2]马歇尔在收到这些问题后的一个月左右将回答递交给了委员会，这些答复十分简明扼要。这是由于马歇尔经过深思熟虑之后，将委员会提出的九个问题分成了四部分进行回答。他的回答依次处理了以下议题：近年来价格水平的下降，或者他更喜欢称之为黄金购买力的上升或一般黄金价格的下跌；黄金和白银相对价格的变化；价格波动对贸易和工业的影响；最后是贵金属相对价格比率的变化对贸易的影响，尤其是对印度贸易的影响。他的回答从已发表作品中摘录了许多内容，这无疑有助于提高他的成文速度。[3]

在提请注意图克在《价格史》中对价格紧缩的分析后，马歇尔警告说，在

[1] 1887年2月，马歇尔在政治经济俱乐部提出了这个计划；它首次发表在1887年3月的《当代评论》上，并被重印在《纪念集》的第188–211页。马歇尔向金银委员会提交了这份文件，作为书面证据的一部分，在委员会对他进行口头审查的过程中，他的建议受到了严厉的质疑，下文将详细提到。

[2] *OP*，第3页；JNKD，1886年5月19日：“皇家委员会将公布他们收到的关于货币问题的回复。我已经把我的回答发给马歇尔了，他觉得不错。他也给我寄来了他自己的答复，非常有趣的回答。”

[3] * 这些摘录包括 *EOI*，第3篇，第1章，第5节，第6节，第155–157页，以及他在1885年1月工业报酬会议上的演讲，“补救原因在多大程度上影响（A）就业的连续性和（B）工资率”，其中补救措施包括设立价值标准表（*OP*，第9–11页）。这些摘自以前发表的作品的内容约占备忘录的40%。

使用下降的生产成本作为解释变量时应当小心谨慎。从一般商品相对于黄金数量的稀缺性的角度来看待价格变化问题时，这一解释变量的影响往往被考虑在内。但现有的数据不足以区分商品相对供给变化引起的黄金价格变化和黄金供给变化引起的黄金价格变化这两种情况。在解释黄金和白银的相对价格变化时，马歇尔提出一种“囤积法则”，即根据过去趋势形成的价格预期而囤积 346
贵金属的趋势。因此，囤积需求与“以使用为目的的商品需求法则”是相反的（*OP*，第 6 页）。然而，价格并不是唯一的因素。对贵金属而言，囤积也受到体系中突发事件的刺激，比如 1882 年法国金融恐慌所引发的贸易崩溃。以这种方式增加的白银供给提升了对黄金的需求，因而黄金相对于白银的价格也随之上涨。在印度，囤积金银的偏好从白银转向了黄金。然而，在备忘录的第 4 节中，马歇尔认为，这种偏好的改变对印度贸易及其价格水平的影响比通常认为的要小，因为其他未指明的原因抵消了银本位制国家与金本位制国家贸易中金价上涨所带来的不利影响（*OP*，第 15–16 页）。

备忘录的第三部分论述了委员会的主要关切。这一部分刚开始就摘录了《产业经济学》中关于价格下跌对工业产量的影响的内容。马歇尔认为，如果所有价格都按比例下降，这种影响就会失效，而这种情况在实践中不太可能实现。经验表明，成品价格的变化最为迅速，原材料价格的变化较为适中，而工资的变化则最少。因此，当价格下跌时，制造商发现很难收回成本。马歇尔用这种不对称的价格行为来解释他对通货紧缩的偏好。此时工人会更加明智地使用他们的收入，因为他们觉得实际收入和名义收入都在下降。他们的想法是错误的，因为当物价下跌时，实际工资往往会上涨。价格不稳定更普遍地改变了收入分配。抵押贷款和债券持有人能从价格下跌中获益，活跃的商业收入则受到不利影响。补救的办法是维持价格的稳定。它能消除物价不平衡波动对实际收入分配造成的扭曲。因为不平衡的价格波动损害了商业和活动水平，所以稳定的价格也就稳定了经济活动水平。[1]

阿尔弗雷德·马歇尔提出了指数化这一补救方法。[2] 它能为合同提供一个

［1］马歇尔关于大萧条对工薪阶层的影响的证据被称为“自鸣得意的”，展现了“剑桥的偏见”。H.M. 林德（H.M.Lynd），《19 世纪 80 年代的英国》（*England in the Eighteen-eighties*），伦敦：弗兰克·卡斯出版社，1968 年，第 121 页。对于马歇尔贸易周期理论的批判性评价，参见 *EOI*，J.N. 沃尔夫（J.N.Wolfe），《马歇尔与贸易周期》，*AMCA*，IV，第 82–94 页，特别是第 83–84 页。

［2］参见上文注释 9。在提交给 1886 年委员会的证据中，马歇尔重申了他在 1885 年工资大会上的讲话中提出的这一建议的早期版本（见上文第 345 页，注释 *）。

稳定的购买力单位。此外，当价格下跌主要由黄金供应的变化引起时（根据马歇尔的说法，依靠现有的证据无法确定这一点），进一步的补救方法就是他所称的混合本位制。这种方法提出以金和银的特定组合（例如1：20的比例）作为货币的基础，也就是说，政府将出售这种金银组合以换取固定数量的货币。他的计划改编自李嘉图的类似建议，[1]在马歇尔看来要优于普通的复本位制。当银价下跌，格雷欣法则[2]促使黄金遭到囤积而白银充斥市场，复本位制的解决方案将迅速退化为一种低级形态的货币单本位制。这一简短的备忘录为他向金银委员会提供的篇幅长得多的证词提供了很多灵感和内容。

347 委员会《报告》的公布引得马歇尔给《泰晤士报》写了一封有趣的信（1887年1月17日）。信中分三点阐明了他关于价格变化对商业活动影响的证词中所提到的分配方面的考虑。一是涉及委员会关于缩短工作时间的可行性的评论。与他在证词中对工人阶级的同情一致，马歇尔认为，较短的工作时间通常会提高效率，机器的长时间工作与短时长的人员轮班相结合才应当是社会的目标，在这样的社会中，“生产是为人服务的，而非人为生产服务”，这是一个“对人类进步充满希望”的社会。他的其他观点纠正了委员会在价格下跌时期使用名义所得税数据来衡量经济进步，以及强调利润是资本积累的主要来源的做法。

1886年9月，政府根据贸易和工业萧条委员会在《报告》中的建议，任命了一个金银委员会。其职权范围涵盖了类似的货币问题，并重视金银价值变化对印度和英国的影响。应委员会的邀请，马歇尔编写了一份针对一般性问题的初步备忘录（*OP*，第19–31页）。他在三天内（1887年12月19日、1888年1月16日和23日）作证，回答了近500个问题（*OP*，第32–169页）。他随后准备了一份关于一些特殊话题的备忘录，以支持他的口头证据。[3]

---

[1] 这个问题在1887年金银委员会之前讨论得更为激烈，下文将对此进行讨论，也许是因为它在其他地方受到了批评。参见J.博纳，《李嘉图的铸锭计划：百年纪念献礼》，《经济学杂志》，33（3），1923年9月，第281–304页。

[2] * 简单地说，格雷欣法则（Gresham's Law）是指当实际上有两种货币在流通时，劣币会驱逐良币。复本位制是同时将金银两种货币作为流通货币，当白银相对于黄金发生贬值时，市场中流通的黄金会减少，19世纪70年代和80年代就出现了类似的状况。还可见上文第344页注释 *。

[3] * 维克塞尔仔细研究了马歇尔的证据，这是他热切期待《经济学原理》第二卷的原因。维克塞尔，《利息与价格》，R.F.卡恩译，麦克米伦：皇家经济学会，1936年，第76–77页及注释。马歇尔在他个人收藏的德文原版《利息与价格》（*Geldzins und Guterpreise*，耶拿：古斯塔夫·费舍尔，1898年，第69页）的页边空白处写道，“我不认为我们真的有什么不同”，而维克塞尔认为马歇尔“过于强调直接影响……由银行储备金规模对利率施加的直接影响（同上，英文版第76页）。关于马歇尔和维克塞尔之间的进一步联系，见下文第13章第473–476页，第19章第721–722页。

马歇尔的初步备忘录重申了他关于货币的许多一般原则。他一开始就将稳定物价作为国家目标。如果做不到这一点，他更偏好价格下跌而不是上涨，因为“缓慢而渐进的下跌”对“企业的打击”不是很大，而且价格下跌对工人消费工资的方式和他们的生活水平有非常有利的影响（*OP*，第 19–20 页）。价格骤然波动的负面影响则是一个更严重的问题。它们的社会后果无一例外的是“物质上和道德上的创伤”。最后，马歇尔驳斥了农场主的主张，即白银贬值为印度进口谷物提供了丰厚的回报，他在第一天的口头作证时在这一点上受到了多番质疑。[1]

然后，马歇尔简短论述了货币理论和政策的更广泛的话题。首先，他重申了对货币数量理论的坚持，即在其他条件保持不变的情况下，价格变动与货币金属数量的变化在长期是成比例的。然而，在实践中，情况并非如此。因为其他情况（例如作为法定货币得到有限使用的代币数量、成交额和决定流通速度的支付方式）总是随着时间发生变化。同样，贵金属数量的增加对信贷的影响也不是直截了当的；除了与黄金相关的因素外，其他因素也能够引发信贷扩 348
张。[2] 在委员会要求对复本位制的可行性进行具体评论的背景下，马歇尔再次强调了他倾向于他所提出的混合本位制的理由，并更详细地讨论了他是如何从李嘉图那里获得灵感的（*OP*，第 18–19 页）。混合本位制这一计划通过赋予货币更大的弹性，使英格兰银行的最后贷款人机制更加灵活，而根据《英格兰银行条例》，票据发行与银行的黄金储备存量之间的严格联系使得货币扩张受到了严格限制。它还将避免传统复本位制经由格雷欣法则倒向单一本位制这一弊端。不过，它当然不会消除价格波动。因此，马歇尔还敦促政府采纳他 1887 年提出的通过“价值标准表”来使合同指数化的建议，从而消除“企业的许多顾虑以及就业的不稳定”（*OP*，第 29–31 页）。

马歇尔第一天向委员会做的口头证词在很大程度上回顾了这些内容，澄清

---

[1] *OP*，第 65–85 页。马歇尔认为没有回报是基于这样一个事实，即金银价格的变化既不影响比较优势，也不影响相对价格。然而，他接受了这样一个命题，即当最终商品价格的变化远大于成本的变化时，收入的再分配必然会发生，当价格下降时，这种再分配有利于工人阶级。特别参见他对 Q.9754、9759 和 9762 的回答。

[2] * 马歇尔已经在他最早的关于货币的论文中分析了其中的一些问题，可参见上文第 6 章，下文第 349–350 页讨论了他对数量理论的运作原理的有限的陈述。有关马歇尔对货币理论贡献的详细分析，请参见大卫·莱德勒（David Laidler），《阿尔弗雷德·马歇尔与货币经济学的发展》，载《阿尔弗雷德·马歇尔百年纪念文集》，第 44–78 页。同样有用的参考文献还有埃普里姆·艾沙（Eprime Eshag），《从马歇尔到凯恩斯》，牛津：布莱克威尔出版社，1964 年，以及帕斯卡·布里代尔（Pascal Bridel），《剑桥货币思想》，伦敦：麦克米伦出版社，1987 年，第 3 章。

了他在定义方面的立场；货币的数量理论；以及他提出的混合本位制与传统的复本位制之间的区别。然后，他分析了贵金属大量流入对储蓄和投资各个方面的影响，主要是对贴现率的潜在影响；他还讨论了一般价格上涨与贸易之间的关系。漫长的会议最后以一场冗长的讨论结束，关于所谓的白银贬值与随之而来的对印度进口商品的好处。

作为这次交流的结果，马歇尔为委员会准备了一份备忘录，日期为 1888 年 1 月 13 日。它阐明了他对外汇下跌与同印度等非金本位制国家贸易之间关系的看法。虽然这与他在 12 月提供的证词一致，但其更系统、更简洁的安排，便于他在 1 月 17 日提供证词时接受更多的询问。这份备忘录反映了马歇尔用传统理论来解释这些问题的思想，毫无意外地，他发现在安静的书房里思考这些复杂的问题，要比口头回应容易得多，因为后者常常会分散他的注意力。[1]

他在 1888 年 1 月 2 天的作证中既回顾了先前的观点，也引入了新的话题。他提出的混合本位制受到了仔细的询问（*OP*，第 101–115 页），马歇尔认为贸易关乎比较生产成本的这一观点也得到了探讨，就其永久性的影响而言，这一主张几乎无需任何限定。贵金属贸易通过货币市场所施加的特殊影响也同样得到了讨论，这使得考虑贴现率变化对价格的影响成为可能，他还解释了货
349 币和实际因素对贴现率的影响（*OP*，第 126–131 页，特别是 Q.9981）。马歇尔同样重申了他的观点，即长期的通货膨胀比通货紧缩的危害更大（Q.9819）。在讨论不稳定就业带来的困难时，马歇尔指出，很难获得可靠的失业数据。他接着批评了人们普遍持有的观点，即现代工业助推了这种不稳定就业。这是一种错觉，因为在现代工业发展之前，稳定的就业就几乎不存在。他用早期在巴勒莫的观察来说明这一点，中世纪巴勒莫的劳动力市场使得失业难以识别。[2]在这部分证词中，马歇尔还批评了工业统计数据的缺乏（Q.9817）和匆忙解释现有就业数据的危险（Q.9830）。他对这个话题的自信来源于“多年来的个人观察，以及对几乎所有关于这个主题的重要文章的研究”（Q.9829）。

马歇尔出席会议的最后一天讨论了先前证词的一些后续问题。这些问题包括货币的性质及其与受囤积、贴现率和类似的短期因素影响的价格之间的关

[1] 马歇尔后来在他自己手稿的一个注释里提到了在口头作证时可能存在的这种干扰，参见 *OP*，第 48 页注释 1。

[2] 参见上文第 7 章，第 206–207 页。马歇尔的观点在保罗·西洛斯·拉比尼（Paolo Sylos Labini）的一篇论文《西西里岛的就业波动》（‘Precarious Employment in Sicily’）中得到了重申，《国际劳工评论》（*International Labour Review*），1964 年 3 月，第 268–285 页，尤其是第 271 页注释 2。

系；白银和黄金哪个才是更好的储备金属，以及李嘉图对这个问题的看法。白银贬值对银本位制国家非实物对外贸易的影响以及对商品贸易的影响，似乎是马歇尔的证词中最令委员会担心的问题。托马斯·法勒（Thomas Farrer）爵士向马歇尔提的最后一个问题说明了这一点，他请马歇尔解释其他证人关于白银贬值对印度向英国进口小麦的影响中与他相矛盾的证词（*OP*，第 169 页）。马歇尔最后的备忘录首先从一般理论的角度处理了这个问题，然后考察了委员会收到的证词在多大程度上违反了这种一般理论。

凯恩斯版的马歇尔《官方文件》没有转载马歇尔对 J.S. 尼科尔森为金银委员会准备的材料的评论。在其中，马歇尔反对尼科尔森对自己观点的歪曲，特别是他忽略了“（除）白银的市场价格之外影响印度货币价值的”多重因素中的关键点；他将白银排除在受金银价格变化影响的出口商品之外；以及他没有“注意到许多统计数据”显示“某些商品的价格，尤其是小麦的价格，确实随白银的金价而波动”。然后它重申了马歇尔关于数量理论的复杂观点，并承认“除了货币数量之外，价格的一般水平还受到许多因素的影响”。马歇尔接着说，

> 我们必须考虑（i）货币数量；（ii）人口；（iii）人均商品生产量，以及全部人口的财富总量；（iv）任何给定数量的财富所带来的商业数量；（v）这些支付中以货币支付的比例；（vi）货币的平均流通速度（货币可以被囤积在仓库、银行金库、军队金库等地方）；（vii）商业和政治信心、企业和信贷的状况；最后一项还可以细分。（生产成本会影响可作为货币的金属数量；对生产成本变化的预期是决定囤积量的原因之一。）
>
> 既然价格总水平是由所有这七个因素共同决定的，那么很可能其中 350
> 一个或多个因素倾向于使总价格向一个方向移动，而所有因素的最终结果是使价格向另一个方向移动。因此，我并不认为这一理论会导致我们期望货币数量的增加总是或通常会导致价格上涨，而只是认为当其他因素没有变化时，货币数量的增加会导致原有的价格变高。[1]

[1]《马歇尔教授对尼科尔森教授论文的注释》，1888 年 6 月 30 日，第 142–143 页。一份副本保存在马歇尔图书馆。在他的备忘录《抵达剑桥后的一般工作》（马歇尔档案，棕色大箱，第 33 项）中，马歇尔解释说，他写关于尼科尔森的评论仅供委员们私下传阅。因此，它没有被列入金银委员会的印刷版报告。马歇尔也就此事致信约翰·内维尔·凯恩斯，1888 年 6 月 23 日，马歇尔档案，1：69。想要了解尼科尔森的货币理论，可参见他的《货币论和货币问题文集》（*A Treatise on Money and Essays on Monetary Problems*），伦敦：A&C 布莱克出版社，1895 年。

一年后，白银贬值对印度贸易的影响又使马歇尔卷入了争论，他在1889年1月《泰晤士报》的信件专栏中进一步发表了对复本位制的看法。他简洁地重申了对复本位制，以及货币价值理论中货币数量理论与生产成本理论之间关系的立场。在后一个问题上，马歇尔辩称，他和穆勒一样，对两种理论都持支持态度，因为"任何一种理论，在得到适当解释的情况下，都包含了另一种"，这是马歇尔在关于货币的第一篇文章中就持有的立场。关于复本位制，马歇尔请《泰晤士报》的读者参阅金银委员会的《最终报告》所附的他的备忘录。他再次表明了自己的偏好，即采用改编自李嘉图的铸锭计划（ingot plan）的改良的复本位制（混合本位制），它的金银比不同于传统复本位制的15.5：1，而是20：1，甚至是22：1。与他在证词中极力论证的观点相呼应的是，他否认坚持任何形式的复本位制意味着支持"白银的黄金价格下跌给印度小麦种植者带来了成比例的好处这一学说"。[1]

在这一证词中，马歇尔关于货币政策的观点引起了其他方面的不满。他支持政府参与制定价值标准表，以促进长期价格的指数化，以之作为弥补价格不稳定对商业活动所产生的有害影响的措施，这一观点此前曾在《经济学人》的一篇重要文章中受到抨击。文章将马歇尔在《当代评论》中提出的版本描述为"不可能"或"使用非常有限"和"不切实际"。它还追溯了1875年，时任《经济学人》编辑的白芝浩对杰文斯类似提议的同样猛烈的攻击。[2]马歇尔立即写信给编辑为他的提议辩护。他指出，一个实际的，但因此也并不完美的价值标准表可以相对容易地设计出来，他认为，这将提供"比以贵金属为基础的价值标准好10倍的价值标准"，从而更有效地保护签订延期付款合同的个人免受价格波动的影响。马歇尔随后批评《经济学人》未能把握他的主要论点，他将其总结如下：

（1）延期付款标准的波动所带来的弊端起源于现代，但现在它

[1] 马歇尔于1889年1月25日给《泰晤士报》的信。《泰晤士报》的社论（1月27日）引用了这封信。金银委员会的专员卓别林后来还就此信与马歇尔书信往来过（1月28、30日），他曾在这一点上反复地询问马歇尔的意见（*OP*，第82–85页，还可参较第75页）。

[2]《一般价格波动的补救办法》，第204–211页；*OP*，第9–16、31页；《经济学人》，1887年3月5日，第303–304页。作为《经济学人》的编辑，白芝浩在1875年抨击了杰文斯提出的这种标准表。参见沃尔特·白芝浩，《一个新的价值标准》，《经济学杂志》，2（7），1892年9月，第472–477页（转载自《经济学人》），以及W.S.杰文斯，《货币与交换机制》（*Money and the Mechanism of Exchange*），伦敦：基根·保罗出版社，1875年［1902年］，第25章。

> 们的重要性已不言而喻；（2）如果采用黄金和白银而不是单独的黄金作为我们的货币基础，这些弊端只会略微减轻；（3）相比于稳定的复本位制，即使是你们自已每年发表的那些粗糙但有效的表格单位也会为延期支付提供更好的价值标准；（4）固定比例的铸币制度并不是所谓的稳定的复本位制度。我提出了另一种以黄金和白银为货币基础的方案，虽然一开始比较粗糙，但我相信它是稳定的，并有许多其他优点。……可以立即引入一种权威的表格单位，供喜欢它的人在延期付款时使用。一开始是在简单的基础上……[1]

马歇尔的信没能说服《经济学人》。它继续质疑马歇尔宣称的标准是否能 351
够建立起来。[2] 马歇尔并没有被这种批评吓倒。他在金银委员会面前重申了他对这一建议的支持。[3]

在 1899 年向印度货币委员会提交的证词中，马歇尔只是简单地提到了他所偏好的复本位制方案（*OP*，第 286 页），并没有提到任何标准表。马歇尔的遗漏可以用吉芬对这种"花哨的货币标准"的猛烈抨击来解释。尽管这篇文章没有提到马歇尔的名字，但它重申了白芝浩在 1875 年用来抨击杰文斯的标准表的论点，并以《经济学人》5 年前批评马歇尔的理由——"不可能"和"不切实际"——批评了当时的支持者。[4] 吉芬在他所攻击的"花哨"标准中遗漏了马歇尔在 1887 年的提议，这在马歇尔随后写给福克斯韦尔的一封信中得到了解释，信中提到了他在 1887 年曾与吉芬就获得可靠价格数据以构建这种标准的困难进行讨论，之后马歇尔接受了吉芬对这个问题的看法。[5] 20 年后，马歇尔向欧文·费雪回忆道："当吉芬猛烈抨击'花哨的货币标准'

[1] 阿尔弗雷德·马歇尔致《经济学人》的信，1887 年 3 月 8 日，载《经济学人》，1887 年 3 月 12 日。

[2]《经济学人》，1887 年 3 月 12 日，第 335 页。

[3] 参见上文，第 348 页。

[4] R. 吉芬，《花哨的货币标准》（'Fancy Monetary Standards'），载《经济学杂志》，2（7），1892 年，第 463–474 页；参较 D. 莱德勒，《阿尔弗雷德·马歇尔与货币经济学的发展》，第 66 页，注释 23。

[5] 阿尔弗雷德·马歇尔致福克斯韦尔的信，1890 年 2 月 17 日（弗里曼收藏，6/124）。两年后，马歇尔写信给吉芬（1894 年 4 月 24 日，弗里曼收藏，8/127），说他与福克斯韦尔就吉芬是如何看待指数的构建、价格稳定作为政策目标的重要性以及印度汇率下跌对解释英国贸易下降的重要性产生了分歧。吉芬不知是否进行了书面回答，如果有的话也没有被保存下来。马歇尔在 1894 年 5 月 1 日给福克斯韦尔的一封信（弗里曼收藏，7/127）中说，吉芬总体上支持马歇尔对吉芬观点的理解，而不是福克斯韦尔的理解。1886 年 6 月，马歇尔与吉芬就他的混合本位制方案进行了通信（马歇尔档案，1/284，285），吉芬在那时对此很感兴趣。

时……我取笑他精力充沛；我记得他说他的论点并不反对我的计划。”[1]

在探讨马歇尔1899年向印度货币委员会提交的证词之前，我们可以先顺便讨论一下他与更传统的复本位制论者的一些交锋，包括与他的朋友福克斯韦尔之间的冲突。上段提到的他给福克斯韦尔的信是在他们与《泰晤士报》关于复本位制进行通信这一背景下写的，福克斯韦尔在信中批评吉芬具有“不够真诚地扼杀讨论的欲望”。[2]马歇尔认为这“既荒唐又不友善”，因为他非常钦佩吉芬，“尽管他的缺点也很明显”。此前不久，马歇尔“曾告诉福克斯韦尔，他希望政府能够降低15.5这个比价，但福克斯韦尔回答说，他从未听过任何人认真提出其他比例的复本位制”。毫无意外，马歇尔反对这种判断，并表示他一直公开地“区分15.5和22这两个不同比价的复本位制”，他认为福克斯韦尔“已经证明了前一个比例会在金融城造成恐慌；但没有证明后者也会”。[3]

1894年，主要的复本位制论者希望组织经济学家们签署一份宣言，福克斯韦尔试图让马歇尔署名，可惜没有获得成功。福克斯韦尔与复本位制联盟的

---

[1] 马歇尔致欧文·费雪的信，1912年10月15日，载《阿尔弗雷德·马歇尔纪念集》，第478页。在之前给费雪的两封信中，马歇尔简要解释了他的1887年方案，说它与洛（Lowe）、斯克罗普（Scrope）、杰文斯和瓦尔拉斯提出的类似方案几乎没有什么不同，并指出现在（1911年），他“更希望每个国家都有一个官方的一般购买力‘单位’”（马歇尔致费雪的信，1911年9月16日，《纪念集》，第476页，参较他于1912年10月14日写给费雪的信，同上，第477页）。值得注意的是，马歇尔在1912年的回忆中提到了吉芬对他的计划的看法，这与他早前在1911年9月的信有隐含的矛盾。因为马歇尔将他的方案与杰文斯的方案联系了起来。这同样与他1890年写给福克斯韦尔的关于这件事的早期回忆相冲突。也可参见下文第19章，第720、721页。

[2] 这些信件的日期是1889年1月16日（吉芬）和1889年1月7日（福克斯韦尔的回复）。吉芬认为，在洛克、亚当·斯密、利物浦勋爵和李嘉图等人的国家，人们竟然认真对待固定比例的复本位制，这是一件可耻的事。福克斯韦尔攻击的正是这句话，他暗示吉芬的话似乎是在试图扼杀讨论的可能性。

[3] * JNKD，1890年1月25日。在曼彻斯特举行的复本位制会议（1888年4月4日至5日）上，福克斯韦尔声称马歇尔和葛逊在固定比价的复本位制方面“占主导地位”。参见《程序报告》（*Report of Proceedings*），曼彻斯特：复本位制联盟，1888年，第66页。值得注意的是，马歇尔在6月28日与福克斯韦尔就吉芬在即将成立的英国经济协会（后来的皇家经济学会）中应该扮演的角色发生了争吵，马歇尔对吉芬的角色持支持态度，而福克斯韦尔表示了反对。（马歇尔致福克斯韦尔的信，1890年6月28日，弗里曼收藏，14/124），可见下文，第13章，第464–467页。

重要成员比顿（Beeton）[1] 的通信，谈到了让马歇尔签字的重要性，其中描述了马歇尔在这些问题上的怪癖，值得在此引用。1894 年 4 月 4 日，福克斯韦尔通知比顿，马歇尔想与凯恩斯讨论一下这个问题，“凯恩斯是一个头脑冷静的人，不过，他是站在马歇尔这一边的”。他继续说：

> 马歇尔是一个很难与之共事的人。他固执己见，也许过于倾向于 352
> 自己的观点。此外，由于对英国复本位制论者一无所知，他对他们充满了怀疑。事实上，他认为他们是不折不扣的软货币派——当然，这极为不公平。我给他看了霍兹沃思（Houldsworth）对这份宣言的评论。这产生了我预期的效果。马歇尔当场就爱上了霍兹沃思。他非常喜欢这个评论。只要能让他在晚餐时见到霍兹沃思，他就有希望加入我们的联盟。说到争论这件事，你不妨去同吉芬争论。但马歇尔对这些事都非常善良和慷慨。他是个古怪的人——但他是一个高尚的、值得尊敬的人，我不该为这件事与他争吵。[2]

3 周后，福克斯韦尔报告说，宣言中一个“不幸的短语”提到了“一些细节问题”，而非“一些重要的原则问题”，这不仅使马歇尔“大发脾气”，而且导致他拒绝在宣言上签字。福克斯韦尔总结说，宣言的事情不宜操之过急，因为“如果你疏远马歇尔，你就给了这个运动一个打击，这是顶重要的事。……星期一（4 月 17 日）我与马歇尔共进午餐，愉快的进餐结束后的半个小时里，他说‘我们的观点确实没有多大分歧’，但他很快补充道，‘但存在的分歧是致

---

[1] 亨利 · 比顿（Henry Beeton，1851–1934）是股票证券界和电力供应行业的杰出人物，也是《泰晤士报》的常驻记者，除此之外，他的兴趣爱好非常广泛，从养猪到雷丁大学。比顿在 19 世纪 90 年代初成为英国经济协会的终身会员，并且是汉普斯特德经济讨论小组的杰出成员，详见下文第 13 章，第 468 页。在 19 世纪 80 年代和 90 年代初，比顿积极参与了复本位制的辩论，并写了两本关于这个主题的书，现在基本上被遗忘了。在早些时候给福克斯韦尔的一封信中，关于可能出版的亨利 · 乔治演讲集，马歇尔说“与比顿交谈后，我觉得他并不十分理智。在我看来，他似乎接受了乔治的一切想法”，1883 年 7 月 22 日，马歇尔写给福克斯韦尔的信（马歇尔档案，福克斯韦尔 1/42）。

[2] 福克斯韦尔致比顿的信，1894 年 4 月 4 日；马歇尔档案，通信杂项，1：13。W.H. 霍兹沃思当时是国会议员，马歇尔可能在 1885 年的工资大会上见过他，见 H.M. 林德，《19 世纪 80 年代的英国》，第 116 页。这份宣言的副本保存在马歇尔图书馆。

命的'"。[1]

1个月后，福克斯韦尔写道，他现在确信了马歇尔不会签字，并建议比顿不要试图邀请马歇尔代表他们发言。福克斯韦尔可以解释"大体上"的原因，但下面这封信中的评论已足够解释了："如果你强迫他违背自己的意愿说话，会发生什么呢？他会修改自己以前的表述，以至于每个实干家都会认为他对复本位制论者抱有敌意……马歇尔是一个非常固执的人。如果你似乎不需要他，他可能会加入；但是你对他施加的压力越大，他就越拧巴。"[2]

马歇尔最后关于这场复本位制争议的评论出现在他1901年写给鲍利的一封信中，当时争议已经平息。它简洁地解释了他在这个问题上的矛盾立场。在提醒鲍利他自己仍然是一个复本位制论者，但他"反对联盟从美国银本位制论者那里拿来的多余东西"之后，马歇尔继续说，他们对因果关系的简单化认识让他无法接受。"在没有证据的情况下，他们断言A是B的原因，而在我看来，B更是A的原因，而且他们向公众大量灌输这些相互关联的曲线以证明自己的观点。"[3]

复本位制所引起的狂热是很难再现的。毫无疑问，这在马歇尔和福克斯韦尔之间造成了早期的裂痕；这也是乔伊特和他朋友最喜欢谈论的话题之一。玛丽·佩利后来在马歇尔学会（Marshall Society）回忆道，[4]"（在19世纪80年代）复本位制的争论非常激烈，其激烈程度是今天的人难以想象的。这是仅次于地方自治的最危险的话题，在晚宴上也不得不禁止讨论"。

353 在向金银委员会提供证词的11年后，马歇尔在1899年1月和2月中的2天时间里向印度货币委员会（第二个）提供了证词。此时，马歇尔在经济学界的地位已经大大提高，委员们对他的态度也要恭敬得多。1899年的证词与提交给金银委员会的证词在很大程度上涉及了相同的领域，只是更强调了有关印

[1] 福克斯韦尔致比顿的信，1894年4月24日，马歇尔档案，Misc.1：14。

[2] * 福克斯韦尔致比顿的信，1894年5月21日，马歇尔档案，Misc. 1：15。在福克斯韦尔的讣告中［《经济学杂志》，46（4），1936年12月，第599页］，J.M. 凯恩斯提到福克斯韦尔"在复本位制争议中发挥了主导作用，作为杰出的支持改革的学者之一，作为美国政府官员F.A. 沃克将军和达纳·霍顿将军的朋友和助手"。参较奥德丽·福克斯韦尔（Audrey Foxwell），《赫伯特·萨默顿·福克斯韦尔传》（*Herbert Somerton Foxwell: A Portrait*），第13–14页，其中提到他在此背景下与威廉爵士、霍兹沃思夫人和比顿的联系。

[3] 马歇尔致鲍利的信，1901年3月3日，见《纪念集》，第423页。

[4] 玛丽·佩利·马歇尔，《MSS笔记》（NCA）。

度的方面。马歇尔再次提出了他在以下主题上的观点：货币的数量理论（*OP*，第 267–269 页），货币、银行货币和实际资本之间的关系，其中“信用票据”和“银行货币”被视为对资本“间接”的“操控”（*OP*，第 270、305–306、307 页），以及影响利率和贴现率的原因（*OP*，第 270–274、307–311、322–324）。马歇尔的证词赞许地引用了费雪对名义利率和实际利率的区分（*OP*，第 271–272 页），尽管马歇尔本人早就意识到这一现象的重要性。[1] 其他口头证词则致力于解释印度的价格及其影响，印度汇率的重要性及其原因和影响，包括那些刺激对外贸易的因素，这是金银委员会非常关注的问题。当一天结束时，委员们邀请马歇尔再说一说与此次调查有关的其他有用信息，他主动说他觉得需要对印度公务员进行更好的经济学教育，特别是让他们有接受高级政治经济学课程的机会（*OP*，第 325–326 页）。[2]

在马歇尔妻子不可缺少的帮助下，直到他生命的最后几年，他包含储蓄—投资分析和贸易周期理论的关于“货币”证词的丰富内容，才出现在 20 世纪 20 年代出版的《货币、信用与商业》这本“大杂烩”之中。在那时，他的许多更杰出的学生已经远远超越了他在最广泛意义上对货币理论的贡献，当然是站在他的以及同时代比他更年轻的维克塞尔和费雪的肩膀之上。[3]

慈善、老年穷人、院外救济与济贫法改革

1893 年 6 月 5 日，当马歇尔仍在履行他作为劳工委员会成员的职责时，他向皇家委员会递交了一份关于老年穷人问题的初步的备忘录，随后，委员会对他所提交的备忘录进行了提问。老年穷人委员会是自由党政府于 1892 年 11 月设立的，目的是“考虑到那些因年老丧失工作能力而陷入贫困的

---

［1］*P* Ⅰ，第 627–628 页。来自费雪的《增值与利息》（*Appreciation and Interest*），伦敦：麦克米伦出版社，1896 年，第 627–628 页。但正如莱德勒（《阿尔弗雷德·马歇尔与货币经济学的发展》，第 61 页）所指出的那样，费雪发展了名义利率与实际利率的区别，以揭示“高价格与高利率、低价格与低利率之间矛盾的经验联系”，而马歇尔直到读了费雪的书之后才这样做。对于马歇尔后来与费雪关于表格标准的通信，见第 442 页注释［1］；还可参较莱德勒，同上，第 71–72 页。

［2］马歇尔为增加印度公务员在剑桥接受经济学教育的机会所做的努力可见第 10 章（上文第 330 页）；1899 年，马歇尔在大学舞台外公开表达了这样的愿望，放在他即将推动建立一个单独的经济学和政治学荣誉学位的背景下看十分有趣（将在第 15 章讨论），还可参见下文（第 539–540 页）所引用的他于 1899 年 3 月写给达尔文的信。

［3］参见下文第 19 章，尤见第 717–718 页，并参见上文第 348 页和注释 * 中的文献。

人，是否需要对救济制度进行一些修改，或者是否可以在这种情况下提供其他援助”。[1] 设立该委员会的主要灵感来源于可作为广义国家保险计划一部分的养老金计划的提案，此事开展于俾斯麦的德国全面社会保障立法以及新西兰对该问题进行广泛辩论的大背景之下。该委员会包括这类计划的两位著名支持者，约瑟夫·张伯伦和查尔斯·布斯。其他成员有 C.T. 里奇（C.T.
354 Ritchie，马歇尔口头作证环节的主持人）、约瑟夫·阿奇（Joseph Arch）、布拉西勋爵以及詹姆斯·斯图亚特，其中一些人与马歇尔有私交。

该委员会还包括慈善组织协会（Charity Organisation Society）的主要成员：其精力充沛的秘书 C.S. 洛克（C.S.Loch）以及理事会成员之一、下院议员阿尔伯特·佩尔（Albert Pell）先生。慈善组织协会强烈反对养老金提案。它称养老金是破坏家庭凝聚力的工具，因为它消除了子女赡养年迈父母的需要。其次，养老金作为一种“院外救济”（济贫法有关术语，与济贫院提供的“院内救济”相对应，是指对弱势群体进行任何经济上的援助）形式，如果提供得过于慷慨，据说会增加需要救济的人口，因为“我们的救济是一所培养彻底依附的预科学校”。[2] 正如马歇尔告诉委员会的那样（*OP*，第 217 页，Q.10237），他“有很多在慈善组织协会的间接工作经验……作为其中的一员已经很多年了，在牛津和剑桥，我妻子一直是其委员会的活跃成员”。[3]

除了与慈善组织协会的联系外，马歇尔还声称长期参与济贫法改革和一般贫困问题。在介绍他的证据时，他表示：“在过去的 25 年里，我一直致力于解决贫困问题，而且……我的工作几乎不会投入与此无关的任何调查。但我不认为赤贫问题与贫困问题有任何区别，也不像其他人一样认为前者有特别的意义”（*OP*，第 205 页，Q.10188）。通过工人阶级的稳步提升和改善来减轻贫困

[1] *OP*，第 197–204 页转载了马歇尔的初步提交的材料，第 205–262 页记录了他接受口头询问所提供的证词。

[2] A.M. 麦克布莱尔，《爱德华七世时代的混合双打》，第 65–73 页，特别是第 70–71 页；C.L. 莫沃特（C.L.Mowat），《慈善组织协会》，第 140–144 页，海伦·鲍桑葵，《伦敦的社会工作：1869–1912》（*Social work in London 1869-1912*），伦敦，1914 年，重新出版于 1973 年，布莱顿：哈维斯特出版社，第 287–295 页，以及她的《人民的力量》（*The Strength of the People*），伦敦：麦克米伦出版社，第二版，1903 年，第 175、197–202 页。

[3] * 马歇尔接着说了一个有趣的事，他和他的妻子会在“下一顿饭”中讨论委员会提出的问题，同时他还声称，他曾勤奋地研究过英国慈善组织协会的伦敦委员会和其他委员会在《慈善组织报道》及其后继刊物《慈善组织评论》上发表的个案报告。关于这些个案的例子，可参见海伦·鲍桑葵，《伦敦的社会工作：1869–1912》，第 61–62 页、108–115 页。马歇尔夫妇与慈善组织协会的关系将在下文第 357–358 页进行更详细的考察。

无疑是马歇尔最初决定研究政治经济学并后来专注于此的一个重要因素。他在 1891 年出版的《经济学原理》第 2 版中，开篇就表示将大众从“贫困的痛苦”中解放出来是“经济学研究的主要目标和最高兴趣”。[1] 1892 年，马歇尔贡献了 2 篇关于济贫法改革的文章，涉及“国家资助养老金”，第二篇文章是对伯纳德·鲍桑葵（Bernard Bosanquet）对第一篇文章的批评的回应，后者是慈善组织协会著名的拥趸。[2] 这种交流表明马歇尔在一些重要问题上与慈善组织协会的原则不一致，他在老年穷人问题上的立场被恰当地描述为查尔斯·布斯的立场与慈善组织协会的提议之间的“折中解”[3]。在讨论他向老年穷人委员会提供的证词之前，这些早期观点以及他与慈善组织协会的关系的性质需要得到进一步的解释。

《产业经济学》中呈现了马歇尔关于院外救济的政治经济学方面的早期观点。在那里，他正确地判断道，济贫院的“院内救济”非常“不受欢迎”，而“院外救济”容易产生“巨大的邪恶”，因为总的来说，人们发现无论在哪里，只要免费提供院外救济，就会有很大一部分人口变得懒惰、浪费、卑贱，简而言之，沦为“赤贫”。如果给身强力壮的人提供院外救济，除非是非常临时 355
的紧急情况，否则往往会降低他们的工资。因此，院外救济需要的是改革，而不是废除。申请院外救济的人应该承担举证的责任，证明他们自己理应得到救济，而给予救济的这一决定还要通过节俭测试之类的考验。马歇尔的结论是，只要能区分值得资助的穷人和不值得资助的穷人，院外救济就应该维持

[1] *P* I，第 2–4 页；这几页在后来的版本中基本保持不变。马歇尔在书中对赤贫者（paupers）和穷人的区分在 19 世纪 90 年代是真实存在的：赤贫者是接受济贫法救济的人；穷人是根据收入的贫困线来定义的，基于查尔斯·布斯的统计工作。W.A. 亨特，《院外救济：真的那么糟糕吗？》（‘Outdoor Relief: Is it so very Bad’），《当代评论》，45，1894 年，其中第 309 页根据布斯的数据提供了一个表格，该表格显示，在布斯的研究中涵盖的伦敦的五个地区，穷人的数量是赤贫者的数量的十倍以上。

[2] 阿尔弗雷德·马歇尔，《与国家资助养老金有关的济贫法》（‘The Poor Law in relation to State-aided Pensions’），《经济学杂志》，2（2），1892 年 6 月，第 186–191 页；伯纳德·鲍桑葵，《济贫法的局限性》（‘The Limitations of the Poor Law’），《经济学杂志》，2（3），1892 年 9 月，第 368–371 页；阿尔弗雷德·马歇尔，《济贫法改革》（‘Poor Law Reform’），《经济学杂志》，同上，第 371–379 页。鲍桑葵是牛津大学的哲学家，也是格林的同事，他于 1881 年辞去了贝利奥尔的研究员一职，专注于社会工作，事实上成了慈善组织协会的“理论家”和主要的“委员会成员”。1895 年，他娶了海伦·丹迪，后者是 19 世纪 80 年代马歇尔在剑桥的学生。参见 A.M. 麦克布莱尔，《爱德华七世时代的混合双打》，第 1–10 页。

[3] 麦克布莱尔，《爱德华七世时代的混合双打》，第 567 页，他还在《经济学杂志》上对这场辩论进行了总结，《爱德华七世时代的混合双打》，第 67–73 页。

下去。[1]

马歇尔在1886年给《泰晤士报》的一封信中重申了他对院外救济的支持，信上否认了人们经常声称的政治经济学反对院外救济。相反，提供院外救济对于防止“正直的工人……由于突然的变故”而妻离子散至关重要，并且能让他们不至于落入院内救济。马歇尔补充说，这种观点“似乎是所有工人的观点，无论是最好的工人还是最差的工人，无一例外”，这是他在参加社会主义者的讲座时观察到的，在那里，一提到削减院外救济，总是会激起所有人的愤怒。[2]

这封信写于贸易萧条时期的临时救济工作的大背景下，马歇尔认为只要支付的工资足够低，能够鼓励接受者总是在其他地方寻找报酬更正常的工作，他就支持这项政策。1892年，马歇尔在《经济学杂志》上发表的文章将“院外救济”的案例应用于状态更持久的老年穷人身上。这无疑是受到1891年12月15日他所参加的皇家统计学会会议的启发，会上查尔斯·布斯通过展示其关于穷人的统计细目和分类的论文，提出了他的养老金计划。

这样的建议在当时相当普遍。除了先前提到的布斯和张伯伦外，还有曾是马歇尔学生的摩尔·埃德（Moore Ede）牧师、卡农·巴尼特（Canon Barnett）

[1] *EOI*，第32–35页。在最后一段，马歇尔赞扬了奥克塔维亚·希尔和志同道合的志愿社会工作者的工作，他们为发现有价值的案例制定了决策规则，马歇尔还引用了她设计的规则（同上，第35页），他在1873年剑桥对女性的演讲中也赞同并引用了这些规则（见上文第9章）。他收藏了她的书《伦敦穷人的家》（*Homes for the London Poor*），这本书保存在马歇尔图书馆。关于这一区别的进一步讨论，见G. 斯特德曼·琼斯，《被遗弃的伦敦》，尤其是第298–304页。

[2] * 1886年2月11日，马歇尔写给《泰晤士报》的信。马歇尔的信随后被牧师卢埃林–戴维斯（Llewellyn-Davis）在信件专栏中点名批评（1886年2月16日）。这促使马歇尔在一封私人信件中向卢埃林–戴维斯进一步解释了自己的观点（见《纪念集》，第373页）。马歇尔给《泰晤士报》的信被《泰晤士报》的两篇社论（1886年2月15日和3月6日）赞许地引用了，因为它在“特殊和短暂的困境”中如此巧妙地捍卫了济贫法管理政策的基本特点。马歇尔对济贫院不受欢迎这一判断的合理性，在乔治·兰斯伯里（George Lansbury）1893年当选为济贫法监督员后第一次拜访济贫院的回忆中得到了体现。“都没有必要写下这句话，‘一旦进入这里就没有希望可言’。官员、接待室、严峻的形势、粉刷过的墙壁、和你说话的人腰间挂着的钥匙、一大本名册、历史册等等，搜身，然后被剥光衣服，在公共浴盆里洗澡，最后，最大的侮辱是要穿上别人穿过的衣服，看起来很丑，不合身，很粗糙——所有的一切都是为了造成精神和道德上的羞辱”。引自保罗·汤普森（Paul Thompson），《社会主义者、自由党与工党：争夺伦敦1885–1914》（*Socialists, Liberals and Labour. The Struggle for London 1885-1914*），伦敦：劳特利奇 & 基根·保罗出版社，1967年，第122页。这与乔治·奥威尔四十年后对济贫院的描述几乎没有什么不同。参见1933年出版的《巴黎伦敦落魄记》（*Down and Out in Paris and London*），伦敦：企鹅出版社，1975年，尤其是第127–133页。

以及其他人都持类似观点。[1]在随后的讨论中，马歇尔在总体上支持布斯的提议。这是“有史以来最好的建议”，但在税收方面可能会受到批评。马歇尔批判的依据是他的“超额负担”理论，“因为每一种税给人民带来的成本都大于它给国家带来的收益，一个人在缴税时付出了成本，而后这笔税款的净收益将返还给他自己”。因此，马歇尔更倾向于将布斯的新公共养老金计划与改良后的“旧济贫法”的原则结合起来。[2]为了听布斯的讲座，马歇尔 356
夫妇住在布斯在伦敦的住所（作为布斯夫妇剑桥之行的回访）。玛丽·布斯夫人在她的日记中简短地记录道，在讲座后，马歇尔和她的丈夫只“谈论码头”，这无疑与马歇尔当时在劳工委员会工作的经历相关。不过，玛丽·佩利随后告诉剑桥的霍勒斯·达尔文（Horace Darwin）爵士的妻子，马歇尔对布斯的建议很满意，根据她（达尔文夫人）的说法，马歇尔反对的唯一理由是担心这个建议可能会妨碍对济贫法进行更激进的改革。因此，马歇尔对布斯计划的反应与慈善组织协会的秘书洛克的强烈反对以及伦纳德·考特尼的不冷不热形成了鲜明的对比，考特尼也在布斯提出计划的那场会议上发过言。然而，在 1891 年 12 月 22 日有关布斯提议的休会讨论中，绝大多数人对布斯计划持反对态度。在该计划最初受到相对同情的接受后，反对者集结

---

[1] 例如，张伯伦，《老年养老金》（‘Old-Age Pensions’），《当代评论》，XⅧ，第 108 期，1892 年 2 月，第 721–739 页；塞缪尔·A. 巴尼特，《济贫法改革》，《当代评论》，LⅧ，1893 年，第 322–334 页，其中重申了他的建议，他的妻子后来回忆这个建议是在 1883 年首次提出的（《卡农·巴尼特：生活、工作与朋友》，伦敦：约翰·默里出版社，1918 年，第 2 卷，第 282–283 页）；爱德华·库珀（Edward Cooper），《一个国家养老基金》，《双周评论》，L，1891 年，第 516–524 页；以及约翰·格雷厄姆·布鲁克斯的对“英国老年养老金”的调查，《经济学季刊》，6（4），1892 年 7 月，第 417–435 页。布斯的计划将在下面提到，马歇尔对这一计划表示了支持。另见 *OP*，第 244–245 页，其中提到马歇尔以前的学生之一——摩尔·埃德牧师的计划。1895 年，当摩尔·埃德在剑桥大学担任赫尔森讲师时，他把自己关于“教会和城镇问题”的讲座的文集献给了“阿尔弗雷德·马歇尔，正是他的启发性教学引发了作者对社会问题的兴趣”。

[2] 查尔斯·布斯，《贫困人口的统计分类与国家养老金》（‘Enumeration and Classification of Paupers, and State Pensions for the Aged’），《皇家统计学会杂志》，LIV，1891 年 12 月，第 600–643 页，老年养老金提议对 65 岁的老人每周发放 5 先令，文章的最后一部分测算这笔资金由占所得税的 1.7%。马歇尔的评论发表在 1892 年 3 月的《皇家统计学会杂志》，第 60–63 页。

力量表示了抗议。[1]

因此，马歇尔在《经济学杂志》上的提案可以被视为拯救布斯计划的一次尝试，它给出的建议是与慈善组织协会达成妥协。它提议对“65 岁以上的老年人”中潜在的院外救济接受者的资格进行一些审查，考察他们“目前的资源和需求”以及他们为未来所做的一些准备。这就消除了布斯方案的通用性，从而消除了马歇尔在去年 12 月提出的有关税负过重的反对意见。此外，马歇尔还建议，在国家投入这样一项重大计划之前，需要进行更广泛的调查。除此之外，还必须解决马歇尔在文章结尾提出的 16 个原则问题。这些问题提到了让工人阶级更多地参与济贫法的管理；将慈善组织协会有限的资源从审批个别高龄穷人的救济个案中解放出来，从而使他们能够集中精力处理更困难的案例；消除布斯在国家公共慈善计划中对 65 岁之前（而非之后）公民的污名计划中固有的二分法；认真考虑通过加强自愿行动和提供风险保障来进一步改善公共救济体系。[2]

鲍桑葵对马歇尔的回应并没有重复他妻子后来提出的反对养老金的那些论点。[3] 由于篇幅，他把注意力集中在马歇尔论文的一个主要缺陷上，尽管这篇论文“精神可嘉”。由于马歇尔的经验不足，他误解了 1834 年济贫法改革者和现在的济贫法管理者在给予身体健全者（包括 65 岁以上的健全者）院外救济方面的政策的相似程度。马歇尔专业知识的缺乏还体现在他所提出的慈善组织协会成员和济贫法监督员在济贫法事务的分工上，不能像养老金提案所暗示的那样，自动给予任何院外救济。如果要避免赤贫化（同时让弱势群体接受公共救济），所有案例都需要单独调查。在此背景下，鲍桑葵指出，伦敦慈善组织协会的一项研究提出了反对院外救济的原因，**“首先是出于人性，其次是出于**

[1] 贝琳达·诺曼－巴特勒，《维多利亚时代的抱负》，第 119 页，其中引用了达尔文夫人的信（1892 年 1 月 11 日）和玛丽·布斯的日记（1891 年 12 月 16 日）。洛克充满敌意的评论发表在 1892 年 3 月的《皇家统计学会杂志》上，LV，第 57–58 页，而后来在同上的第 63–79 页也有严厉的批判。反对布斯提议的理由，要么是它不切实际，要么是它的“社会主义”倾向，要么是会造成浪费。1892 年，马歇尔与布斯就这个问题进行了通信，不过似乎只有布斯的书信幸存了下来（布斯文件，伦敦大学图书馆，MS797，I/1324–1325）。

[2] 阿尔弗雷德·马歇尔，《与国家资助养老金有关的济贫法》，《经济学杂志》，2（6），1892 年 6 月，第 186–191 页。

[3] 如上文第 354 页所述。

节俭，最后是会降低工资”。[1]

马歇尔“对鲍桑葵的回复”，尽管有着礼貌的开场白——“在这么大的主题上写这么短的一篇论文可能是轻率的”，却与 80 年前马歇尔的“英雄”李嘉图对另一个鲍桑葵的回复一样尖锐。在注意到“许多人”支持他提出的 65 岁以上老人和 65 岁以下老人在院外救济方面的划分后，马歇尔猛烈抨击了鲍桑葵用缺乏经验来解释他声称的“误解”。马歇尔指出，距离他第一次写这个主题（在《产业经济学》中）已有 13 年了，再加上他和妻子（比他更为频繁地）长期参与在牛津和剑桥的慈善组织协会委员会的经验，“请原谅我冒昧地认为，鲍桑葵先生将会发现，我已经熟悉了他所依据的经验教训，而且我已经考虑了他所能提出的几乎所有细节上的困难”。马歇尔随后安慰鲍桑葵，说他不是唯一一个无知的人。牧师卢埃林 – 戴维斯只在二手文章中了解过马歇尔早期在《经济学杂志》上发表的论文，就敢在《曼彻斯特卫报》（1892 年 4 月 6 日）上宣称马歇尔是一个“不计后果”的人，而在那篇文章中，马歇尔已经不遗余力地警告了放宽济贫法管理的危险。他还强调，只提倡“谨慎、试探性、缓慢地扩展院外救济”，并认为“在正常情况下，身体健全的人不会得到这种救济”。他也不认为像鲍桑葵暗示的那样，这一计划会降低工资，尽管“不计后果的大手大脚的院外救济”无疑会产生这样的后果。[2]

357

紧接着，马歇尔把矛头转向了慈善组织协会的一些先入之见。鲍桑葵并没有试图否认慈善组织协会系统性地培养了一种信念，即公共救济意味着对接受者的侮辱，因此可以推定他对这种耻辱的重要性的评估远远高于马歇尔的评估。这一信念源于慈善组织协会本质上所具有的中产阶级性质，它系统地忽视了从工人阶级的角度看，对于在应得的情况下接受院外救济的“**正义性**”。马

[1] 伯纳德 · 鲍桑葵，《济贫法的局限性》，第 369–371 页；他在最后一句引言中做了强调。海伦 · 鲍桑葵（《伦敦的社会工作：1869–1912》，第 291 页）后来指出，马歇尔将慈善组织协会与济贫法管理机构合并的建议“最初是由霍克斯利（Hawksley）医生提出”。1868 年 12 月 17 日，医生托马斯 · 霍克斯利（1821–1892）读了一篇题为《伦敦慈善机构及其管理中的一些错误——兼论完善私人和官方慈善救济制度的建议》的文章。基于此，霍克斯利提议在每个教区或地区建立一个集中的慈善管理机构，这种机构应与济贫法管理机构合作。参见 C.L. 莫沃特，《慈善组织协会》，第 16 页。马歇尔在 *EOI* 中对院外救济进行讨论时意识到了这些问题，与鲍桑葵相反，他并不认为这些问题是讨论的禁忌。

[2] 阿尔弗雷德 · 马歇尔，《济贫法改革》，第 371–373 页。卢埃林 – 戴维斯在《曼彻斯特卫报》上的发表的片段被剪下收录在马歇尔夫妇的剪贴簿中，保存在马歇尔图书馆，此前卢埃林—戴维斯在 1886 年《泰晤士报》的信件专栏中与马歇尔在院外救济上的分歧也被保存了下来，如上所述，第 355 页和注释 *。

歇尔继续指出，“把工人阶级证人排除在议会对救济问题的调查问询之外，这一幕残酷的滑稽剧是导致调查失败的部分原因。……站在富裕阶层立场上提出的论点也许足以说服这样的人，他们乐于相信院外救济可以被废除而不侵犯正义，并且无法被保留而不造成伤害”。[1]

马歇尔解释说，公共和私人慈善组织之间的合作对他的计划来说至关重要，这一点最初是通过奥克塔维亚·希尔的著作引起他的注意的。慈善管理中的这种分工类似于交通运输中的火车和马车：一个是在狭窄的领域内拥有大量的资源，一个是在控制非常小的资源时具有高度的灵活性。虽然马歇尔承认他的计划“不是最好的，……慈善组织协会和济贫法监督员之间真诚合作的经验虽然较少，却倾向于表明这一计划是可行的”。他反复强调，国家“对我们的旧制度进行如此昂贵的新的修补”之前，有必要成立一个皇家委员会来调研评估，这个皇家委员会的成员和证人应该包括慈善的提供者和接受对象。[2]马歇尔的请求在1892年11月得到了回应，政府成立了一个皇家委员会以从各个角度调查这个问题，毫无疑问，“公众迅速增加的对养老金问题的兴趣”[3]帮助实现了他的请求。[4]

马歇尔在给鲍桑葵的回复中强调了他与慈善组织协会的长期关系，以及他更早之前就对其中一位主要成员的行事准则充满了钦佩，她就是奥克塔维

[1] 阿尔弗雷德·马歇尔，《济贫法改革》，第374页。他呼吁将工人阶级的意见纳入济贫法改革，他重申了他的政治观点，认为这是权宜之计，此前他在1886年2月给《泰晤士报》的信中也提及过。

[2] 阿尔弗雷德·马歇尔，《济贫法改革》，第377–379页。马歇尔声称，慈善组织协会与济贫法管理机构之间合作的想法源于奥克塔维亚·希尔，这或许可以解释其与上文注释45（即本书第451页注释1——编者注）中提到的霍克斯利建议的相似之处。

[3] 这句话出自马歇尔的朋友兼圣约翰学院的前同事J.弗莱彻·莫尔顿（J. Fletcher Moulton）的文章《老年养老金》，《双周评论》，新系列第304期，1892年4月1日，第465页；这是当时讨论这个主题的众多文章之一。马歇尔的立场在接下来的几个月里受到了许多人的批评，例如，T.麦凯（T.Mackay）的《不受欢迎的济贫法》，《国民评论》（*National Review*），XIX，1892年，第763–768页。值得注意的是，在大西洋的另一边，马歇尔的观点与查尔斯·布斯的观点并列，统称为“社会主义观点”，例如，J.G.布鲁克斯（J.G. Brooks），《英国的养老金问题》，《经济学季刊》，6（4），1892年7月，第430页，还如J. G.布鲁克斯，《慈善的未来与失业》，《美国政治与社会科学学院年鉴》，1894年7月，第12页。工人阶级领袖和国会议员托马斯·伯特写信给马歇尔（1892年5月10日）表示，马歇尔的贡献“是我所读过的关于这个主题的最深思熟虑的，也是最好的东西之一。我完全同意”（见《纪念集》，第378页）。

[4]《泰晤士报》，1892年11月18日，贝琳达·诺曼–巴特勒，《维多利亚时代的抱负》，第121–122页，委员会的实际任命日期为1893年1月，她注意到委员会内部分歧重重。因此，正如玛丽·布斯一开始所预测的那样，委员会从一开始就注定要失败。参较莱昂内尔·霍兰德，《养老金报告》，《国民评论》，1898年，第31期，第868–885页。

亚·希尔。然而，尽管他在向老年穷人委员会提供的证据中（*OP*，第 217 页，Q.10237）声称自己“多年来……是成员之一”，从他提到的牛津和剑桥的内容，自 1883 年 10 月他们搬到牛津以来，这种联系最多也就 10 年。这与已知的事实相符。慈善组织协会的年度报告显示，从 1887 年开始，阿尔弗雷德·马歇尔教授才成为该组织的积极捐款者，每年捐赠 3 英镑 3 先令，这一情况一直维持到 1912 年慈善组织协会解散。尽管布里斯托从 19 世纪 70 年代中期开始就有一个独立的慈善组织协会的委员会，但没有证据表明马歇尔一家加入了这个委员会。玛丽·佩利后来的回忆中，只提到她积极参加牛津委员会的会议。[1] 她没有留下任何关于剑桥委员会的个人回忆，但马歇尔的证据不容置疑地表示她积极参加了剑桥委员会和牛津委员会。此外，马歇尔图书馆还收藏了近 2000 份相关时期的慈善组织协会的案例研究。[2] 不过，玛丽·佩利在回忆时，确实提到慈善组织协会的成员曾受邀在剑桥的女性社会讨论协会上发表演讲，其中包括奥克塔维亚·希尔、艾玛·孔斯，还有“美丽的玛丽·克利福德，她是第一批女性（济贫法）监督员之一”。[3] 358

也有证据表明马歇尔偶尔积极主动，尽管也不情愿地参与剑桥慈善组织协会的活动。1901 年，他主持了该协会在剑桥举办的一次会议，作为慈善组织协会年度系列会议的一个部分，会议期间，他提到了慈善组织协会的一些负面工作，当然还包括更多的建设性工作。1902 年 10 月，马歇尔在慈善组织协会社会教育委员会的一次会议上发表了题为“大学经济学教育与公共福利的关

[1] 玛丽·佩利·马歇尔，《我的回忆》，第 35 页。费尔普斯是该委员会的主席，也是一名政治经济学教师。他有时会到剑桥看望马歇尔夫妇，后来又成为 1905 年济贫法委员会的成员。关于布里斯托慈善组织协会委员会的地位，可见海伦·鲍桑葵，《伦敦的社会工作：1869–1912》，第 393 页。但参较 *OP*（第 237 页，Q. 10327），其中马歇尔似乎暗指布里斯托的慈善组织协会没有取得公众的信任。

[2] 这些材料涵盖了剑桥慈善组织协会及其前身剑桥行乞协会从 19 世纪 80 年代早期到 90 年代的活动。然而，由于佛罗伦斯·凯恩斯夫人在剑桥慈善组织协会非常活跃，这些材料可能是她或她的丈夫约翰·内维尔·凯恩斯或儿子约翰·梅纳德·凯恩斯存放在马歇尔图书馆的，而不是玛丽·佩利·马歇尔。

[3] 玛丽·佩利·马歇尔，《我的回忆》，第 43 页。吉莉安·达利（Gillian Darley），《奥克塔维亚·希尔》，伦敦：康斯塔伯出版社，1990 年，第 264 页，其中提到她在 1898 年 3 月 5 日访问了纽纳姆学院。马歇尔夫妇参与社会讨论协会的情况在第 13 章第 446–447 页中有讨论。1901 年，奥克塔维亚·希尔在参加剑桥举行的慈善组织协会年会时，曾去马歇尔夫妇的贝利奥尔庄园做客，详见下文讨论（马歇尔致 T.C. 霍斯福尔的信，1901 年 3 月 12 日，曼彻斯特城市图书馆，霍斯福尔文件）。

系”的演讲。[1] 马歇尔对慈善组织协会活动的被动参与和对其相当大的兴趣同时得到了证实，就如同他偶尔发表的批评性赞赏一样。[2]

马歇尔对慈善组织协会的态度在他给查尔斯·布斯的一封信中得到了简要的说明，他希望布斯能在1901年剑桥举行的慈善组织协会的年会上发表演讲：“慈善组织协会的年会将于5月中旬在剑桥举行：真是糟透了！他们又要讲那些亘古不变的小事，再把它们说得天花乱坠：不是坏事，但也不是什么好事。我真不想知道这些安排，但是玛丽是委员会成员，要参加下周三举行的挑选主题的会议。所以我也被搅了进去。”[3]

了解了这些背景之后，便可以考察马歇尔对老年穷人委员会提交的报告了。他给老年穷人委员会提交的初步备忘录是对1892年发表在《经济学杂志》上的文章的修改与扩充。毫无意外，鉴于鲍桑葵先前的攻击，它首先探讨了现行政策与1834年济贫法政策的延续性关系。然后，马歇尔简要地考察了现代工业条件对穷人和老弱病残的影响，根据19世纪早期经验对院外救济的后果进行概括的难度，以及1834年的报告中的发现在多大程度上仍然适用于今天。马歇尔将它所确立的普遍有效的原则定义如下：“‘舒适源于性格’：金钱赠与本身没有什么用处；私人慈善比政府例行公事的救济更具辨别救助对象的能
359 力；确定性和不偏不倚是胜过许多困难的一大优势；最重要的是，无论是健康还是患病的被救济者，在同样的情况下，都不应该比自力更生的工人生活得更好。”（*OP*，第201页）

马歇尔还解释，院外救济不一定会降低工资，税收融资的方法和给予救济的方式是至关重要的。如果采取恰当的预防措施，“查尔斯·布斯的计划不会降低工资，尽管它会对资本征收重税”。他在备忘录中总结了贫困救济中的伦理

[1] 一份未注明日期的剪报报道了马歇尔1901年在剑桥慈善组织协会的会议上的演讲。1900–1901年的慈善组织协会年报称赞“剑桥的会议在各方面都很出色”（伦敦：慈善组织协会，1902年，第15页）；玛乔丽·J.史密斯，《英国社会工作的专业教育》（*Professional Education for Social Work in Britain*），伦敦：艾伦 & 昂温出版社，1965年，讨论了第二次会议上马歇尔所做的开场演讲（第36–39页）。她还在1903年1月的《慈善组织评论》（*Charity Organisation Review*）上全文转载了这篇演讲（同上，第93–102页）。

[2] 瑞芭·N.索弗（Reba N. Soffer，《英格兰伦理与社会》，伯克利：加州大学出版社，1978年，第276页，注释19）声称马歇尔“作为济贫法的监督员与剑桥的穷人一起工作”，这与他向委员会提供的证据相矛盾。1885年至1900年的会议记录（剑桥郡议会记录办公室，G/C/AM 32–5）中所记录的剑桥的济贫法监督员名单不支持索弗的说法。

[3] 马歇尔致查尔斯·布斯的信，1901年2月25日（布斯文件，伦敦大学图书馆，MS 797，I/5769）。布斯没有出席这次会议。

考虑，以及在贫困救济中区分“值得和不值得救济”的“棘手问题”。备忘录的最后一部分还包括了他对慈善组织协会工作的经过深思熟虑的评价：“怎么高估慈善组织协会对国家的贡献都不过分。但它们也有一些弱点。它们的资金有限，它们的行动甚至它们的存在都是偶然的，它们基于少数人的控制。也许它们还低估了忧虑带来的道德和经济上的罪恶。”（*OP*，第 203 页）

马歇尔当天在委员会面前回答了超过 250 个问题，其中一半以上来自委员会的主席。其中许多问题集中在他呼吁工人阶级更多地参与济贫法管理和委员会的工作上。在质询中，马歇尔承认，他自己在委员会之外交流过的工人阶级领袖实际上不超过两个人（第 233 页，Q.10305，第 243 页，Q.10348）。[1]“他们还要求马歇尔澄清他所设想的济贫法监督员和慈善组织协会在济贫法管理方面的合作的性质和细节，主席对此提出了诸多疑问（第 210–224 页）。在问询过程中，马歇尔偶尔表现出对细节的想法相当模糊（第 211–214 页）。还有一些问题是关于院外救济对工资的影响的（第 224–228 页），这正是马歇尔的坚定信念，即全体工人阶级都相信院外救济是极为必要的（Q.10193）。洛克（慈善组织协会秘书）的 25 个问题主要是为了揭示马歇尔缺乏对实际济贫法管理工作的详细了解和经验，特别是对济贫院（第 255–256 页，以及参较第 229–230 页）。现代读者，尤其是那些熟悉奥威尔《巴黎伦敦落魄记》的读者，会对马歇尔关于需要对流浪汉进行严厉惩戒处理的建议（*OP*，Q.10352，第 143 页）和他对吉卜赛人需要同样严厉对待的暗示（Q.10355，第 244 页）感到不寒而栗。与他提交给货币委员会的证词相比，这些证词表明马歇尔在细节上不那么自信，但在院外救济对工资的影响等问题上总是能够坚持自己的观点，后者是属于他作为经济学家的专长。

老年穷人委员会没有取得什么积极的成果。[2] 事实上，后来又成立了皇家济贫法委员会、老年养老金部门委员会以及下议院特别委员会，此后直到 1908 年才最终引入养老金制度。马歇尔没有向这些委员会提供过证词，尽管皇家济贫法委员会成员威廉·斯玛特（William Smart）教授曾特别要求马歇尔向该委员会提供证词。不过，济贫法委员会仍以两种截然不同的方式感受到了

---

[1] * 其中之一是工会主义者、激进的下院议员托马斯·伯特（Thomas Burt），他是马歇尔的工人阶级领袖朋友之一。1892 年 5 月，马歇尔给他寄了关于工人阶级对院外救济态度的一组问题，伯特的回答与马歇尔后来向老年穷人委员会报告的一样（马歇尔档案，1/9–10）。

[2] 然而，参较霍兰德，《养老金报告》，第 893 页，其中强调了 1893 年委员会对于老年抚恤金所做的贡献。

360 马歇尔的影响。1908 年接替马歇尔担任政治经济学教授席位的庇古对一些济贫法问题进行了马歇尔式的分析。马歇尔在 1907 年发表的论文《经济骑士精神的社会可能性》中强调了收入再分配的可取性，以及国家在这方面的能力的增强，这也引起了几位济贫法委员会委员的注意。查尔斯·布斯称赞马歇尔的论文“非常正确”，它的主要内容被庇古在之前提到的给委员会的备忘录中转化成了“关于济贫法的精准建议”。[1]

皇家劳工委员会（1891–1894 年）：工会、最低工资与就业波动

1891 年 2 月 28 日，索尔兹伯里（Salisbury）保守党政府对所谓的“新工会主义”[2] 的发展趋势感到惶恐，并宣布打算成立一个劳工委员会，调查 19 世纪 80 年代末劳资关系中的一些重要问题。该委员会在 1894 年 6 月提交议会的多数报告中把这些问题总结如下：

> （1）现代劳资纠纷的主要原因是什么？这些纠纷是由什么样的行业条件引起的；双方各自的组织对他们的影响又是什么？
>
> （2）通过什么样的制度可以防止劳资纠纷的发生，或者当它们发生后，怎样以最和平的方式解决，而不至于产生罢工或停工这类的实际冲突？
>
> （3）是否可以通过切实可行的立法完全或部分地消除这些争议的原因，并且适当顾及国家的普遍利益？[3]

上述内容详细阐发了委员会成立初期的职权范围。成立初期，委员会被要求调查“影响雇主和雇员之间的关系、雇主和雇员的联合以及劳动条件的问题，这些都是最近在英国贸易争端中被提出的问题”。这个版本的委员会目

[1] A.M. 麦克布莱尔，《爱德华七世时代的混合双打》，第 255 页。这一整段都是基于他对马歇尔间接参与济贫法委员会工作的叙述（参见同上，第 254–258 页）。

[2]《经济学人》，1891 年 2 月 28 日社论，第 266 页；关于“新”工会主义及其与委员会设立的关系，参见 H.M. 林德，《19 世纪 80 年代的英国》，第 244、275–292 页。

[3] 皇家劳工委员会，《第五次和最终报告》，Cmnd 7421，伦敦：皇家文书出版署，1894 年，第 8 页。

标更明确地将其任务与 1889 年和 1890 年激增的工业动乱联系起来。《泰晤士报》报道，罢工从 1888 年的 37 起上升到 1889 年的 111 起，而贸易局劳工处随后几年的更完整记录估计，从 1890 年到 1899 年，“每年因纠纷而停工的事件不少于 700 起”。[1] 1888 年，“火柴厂女工”举行罢工抵制布莱恩特和梅的火柴工厂，罢工取得了出人意料的成功，1889 年，煤气业工人也取得了胜利，1797 年以来，码头工人第一次举行了重大罢工，甚至导致伦敦码头关闭，这些都生动地向英国公众展示了劳资纠纷的急剧增加。这些事件反映了工人阶级中日益加剧的政治动荡，尤其是在伦敦地区。最突出的例子是 1886 年海德公园的“骚乱”，抢劫和推翻马车，以及 1887 年 11 月 13 日星期日的“血腥星期日”，1500 名警察和 200 名骑警与数千名工人和中产阶级激进分子发生冲突。对社会革命的恐惧在中产阶级中蔓延开来，并加速了社会福利领域中自由放任 361
和自助哲学信念的消亡。[2]

尽管有这种广泛的社会动荡的背景，委员会“并不打算……对贫富差距的根本原因进行审查，或讨论与劳工纠纷没有直接联系的邪恶和不幸的补救办法”。这反映了它的一部分缺点，因为那些最终提出的小改革并不能满足工人阶级的愿望。西德尼・韦伯代表工人阶级激进派撰写的少数派报告就反映了这样的问题。委员会本身将自己的任务看作是调查事实，并最终在其存在期间以过长的篇幅进行报告，这是它没有成功的另一个原因。[3] 政府赋予该委员会的政治重要性可以从它的预算达到 5 万英镑这一事实中衡量出来。此外，它拥有 27 名委员，其中 7 名是工会人员，旨在使委员会的人员构成保持必要的平衡。[4]

马歇尔为何以及如何被任命为委员会成员很容易被说明。他在经济学界的

---

[1] 引自林德，《19 世纪 80 年代的英国》，第 266 页注释 *。

[2] 关于这一背景的讨论，见林德，同上，第 277–278、282–283 页；保罗・汤普森，《社会主义者，自由主义者和工党》，伦敦：劳特利奇 & 基根・保罗出版社，1967 年，第 3 章，特别是第 45 页；G. 斯特德曼・琼斯，《被遗弃的伦敦》，第 16 章和第 17 章。社会民主联盟的领导人海因德曼，在 1891 年 3 月 21 日给《泰晤士报》的一封信中，对劳工委员会的成立表示了欢迎，并把它看作是自由放任时代结束的标志。

[3]《经济学人》，1891 年 2 月 28 日，第 266 页；C.L. 莫沃特，《慈善组织协会：1869–1913》，第 122 页。

[4] 皇家劳工委员会，《第五次和最终报告》，第 8 页；林德，《19 世纪 80 年代的英国》，第 291、240 页；亚瑟・巴尔福致阿尔弗雷德・马歇尔的信，1891 年 3 月 23 日，马歇尔档案，1/2；《观察者报》，1891 年 4 月 18 日，第 5312 页；以及《泰晤士报》，1891 年 4 月 11 日，第 8、11 页。另见 W.E. 格莱斯顿致 H.H. 福勒的信，1891 年 3 月 21 日（《亨利・哈利・福勒的一生》，他的妻子伊迪丝・亨丽埃塔・福勒著，伦敦：哈奇森出版公司，1912 年，第 255–255 页）。关于它和少数派报告上的建议，参见下文第 369、370 页以及注释 *。

显赫地位是他被任命的一个主要因素，尤其是考虑到他在早期皇家委员会的工作经验以及他关于劳工问题的著作。最后一点显示出他对将工人阶级进步作为国家政策的主要目标表示出了适当同情。马歇尔加入委员会的正式邀请是由索尔兹伯里勋爵的侄子亚瑟·巴尔福（Arthur Balfour）发出的，他作为保守党首相，在委员会的任命上有着主要的发言权。作为剑桥大学道德科学专业的毕业生和西季威克的姐夫，巴尔福对马歇尔的声誉和著作非常熟悉，他们之间的关系在 1890 年 11 月乔伊特举办的一次牛津晚宴上得到了进一步的加强。[1]

为什么马歇尔愿意接受这个任务同样很容易理解。庇古在 1924 年说，正是由于马歇尔“孜孜不倦地收集现实生活的细节”，以及“热切地渴望在皇家劳工委员会任职，他与许多工人代表和劳工雇主都有密切的个人接触”。[2] 马歇尔本人在写给乔伊特、陶西格等人的信中强调了这段经历的教育价值，而他后来将其描述为“我一生中最有价值的教育”。[3] 更为现实的是，玛丽·佩利回忆说，马歇尔认为委员会的工作“非常有趣……不过它会妨碍刚刚启动的《经济学原理》第 2 卷的写作”。[4]

委员会在 1891 年 5 月开始了它的工作，对程序进行了讨论，并在当月底给出了报告。这些程序包括：“（1）口头证据的采集；（2）收集按问题单回答的书面证据；（3）现有材料的使用；（4）任命助理专员收集通过其他方式无法获得的信息。”[5] 委员会分成了三个小组，分别对特定行业进行调查：A 组委员会负责采矿、钢铁、工程、五金、造船和相关行业；B 组委员会（马歇尔是其中的成员）负责运输业和农业，“运输业”包括航运、运河、码头、铁路和有轨电车；C 组委员会负责纺织、服装、化工、建筑和其他行业。更一般的证据是由整个委员会负责收集的，时间主要集中于 1892 年 12 月。委员会还决定召
362 集工会代表先陈述他们的不满，然后由雇主协会代表发表他们的意见。[6]

[1] 巴尔福致马歇尔的信，1891 年 3 月 27 日（马歇尔档案，1/2），乔伊特致马歇尔的信，1890 年 11 月和 12 月（马歇尔档案，1/55–56）。

[2] A.C. 庇古，《纪念马歇尔》，载《纪念集》，第 85 页。

[3] 阿尔弗雷德·马歇尔致本杰明·乔伊特的信，1891 年 10 月 20 日；阿尔弗雷德·马歇尔致弗兰克·陶西格的信，1895 年 10 月 4 日；阿尔弗雷德·马歇尔致坎南的信，1906 年 4 月 21 日。阿尔弗雷德·马歇尔，《产业与贸易》的序言，第 vii 页，以及《剑桥大学政治经济学教授阿尔弗雷德·马歇尔》，*AMCA*，I，第 148–151 页。

[4] 玛丽·佩利·马歇尔致本杰明·乔伊特的信，1891 年 10 月 29 日。

[5]《泰晤士报》，1891 年 5 月 29 日；皇家劳工委员会，《第五次和最终报告》，第 3 页。

[6] 皇家劳工委员会，《第五次和最终报告》，第 3–4 页；还可参见 *OP*，第 209 页，Q.10202。

委员会总共在 151 次会议上对 583 名证人进行了质询，并定期公布这些证据。由于所提供的证据数量过于庞大，需要对其进行总结、索引，再出版，并对其主要内容进行分析。委员会获得了大量的信息。它们来自欧洲和北美国家，即荷兰、比利时、德国、法国、美国和瑞士，以及“自治领”，即印度、加拿大、南非、新西兰和澳大利亚。[1] 马歇尔在 1891 年 10 月写信给乔伊特，[2] 来自澳大利亚的信息将特别有用，因为“在我看来，澳大利亚人对劳工问题的态度比除英国人以外的任何其他国家的态度都更有趣：比美国人的态度有趣得多”。马歇尔还写信给乔伊特，委员会被建议“彻底调查妇女的劳动状况”，这个建议被采纳了，因为委员会任命了四名女性助理专员，“在 1892 年和 1893 年准备了 19 份报告”。[3]

不出所料，做事认真的马歇尔勤奋地出席了委员会的听证会。除一人之外，他是唯一参加了全体委员会全部 17 次会议的委员。然而，在他担任小组委员会成员的 B 组委员会的 46 次会议中，他缺席了 8 次。此外，马歇尔出席了 4 次 A 组委员会会议和 3 次 C 组委员会会议，总共出席了 151 次会议中的 62 次。他的出席记录几乎是完美的中位数：12 名委员出席的次数比他多，13 名委员出席的次数比他少。[4][5]

---

[1] 皇家劳工委员会，《第五次和最终报告》，第 4 页。

[2] 马歇尔致乔伊特的信，1891 年 10 月 20 日，乔伊特文件，牛津贝利奥尔学院。

[3] 皇家劳工委员会，《第五次和最终报告》，第 4 页。大卫·鲁宾斯坦（David Rubinstein），《妇女参政论者之前》（*Before the Suffragettes*），布莱顿：Harvester Press，1986 年，第 7、8 章。

[4] 皇家劳工委员会，《第五次和最终报告》，附录 CLXI，第 363–364 页，其中也报告了每位成员平均出席了 61 次会议。

[5] * 他所参与的工作在这一年中分布的不是很均匀。这些工作很少干扰马歇尔夫妇的暑假出国旅行，因为会议往往集中在一年的前六个月和最后两个月。马歇尔的出席记录如下：1891 年 6 月 B 组委员会的三次开幕会议；1891 年 11 月，八次 B 组委员会的会议，为期两周，每周四天。1892 年 1 月，马歇尔在 1 月 24 日开始的一周内缺席了四次 B 组委员会的会议，可能是因为忙着为《产业经济学要义》校稿，以及得了感冒（JNKD，1892 年 1 月 13 日）。1892 年 2 月和 3 月，他参加了四次 B 组会议和两次 C 组会议；1892 年 5 月，A 组委员会召开了两次会议，B 组委员会召开了七次会议。马歇尔夫妇在暑假去了瑞士，直到 9 月才回来，所以马歇尔缺席了 8 月第一周的四次 B 组会议。（马歇尔致纽科姆的信，1892 年 8 月 2 日和 29 日，引自上文第 7 章，第 188–189 页。）马歇尔出席了全体委员会的所有会议。这些会议从 1892 年 10 月底（25–28 日）开始，持续到 11 月（14–18 日，29–30 日）和 12 月初（1–2 日）。B 组委员会的最后一次会议于 1892 年 11 月初（2–3 日）举行，而全体委员会的最后四次会议则在 1893 年 1 月的最后一个星期（24–27 日）和 2 月 2 日举行。总而言之，小组委员会的工作时间从 1891 年 6 月延续到 1892 年 11 月初；他们在 1892 年初夏提供了大部分证据；全体委员会在 1892 年 10 月到 1893 年 2 月初进行了口头询问，然后对《最终报告》进行了审议。直到 1894 年 5 月 24 日，大多数委员才签署了这份报告。（以上数据汇编自证据纪要。）

无论是在小组会议还是全体委员会的17次会议上，马歇尔都是一个积极的提问者。他的问题涵盖了委员会在实践中所关心的方方面面。正如比阿特丽斯·韦伯[1]在对《最终报告》(*Final Report*)的尖刻评论中提到的，这些问题五花八门，“从计件工作的优点到加班的缺点，从工厂的卫生状况到不稳定的就业，从八小时工作制到雇主的责任，从水手到矿工，从女工到农业劳工”，她可以轻易地列举出更多让这份清单变得更长，比如合作企业和利润分享，
363 市政社会主义和逃票，航运监管和住房卫生，工人培训和伦敦营运马匹的喂养费用，机器和生产力，工人的工资和生活水平，仲裁和调解，礼拜日和美国劳工统计，生产性和非生产性劳动，花园城市以及对作为一项正常商业成本的利息的合法性的辩护。马歇尔提问数量之多，导致很难做一个总结。因此，选择一些有趣的和有特色的部分来论述是比较合适的。[2]

不知是出于害羞、谦虚，还是为了向经验丰富的委员们学习，马歇尔直到B组委员会开会的第四天才开始询问证人。马歇尔的第一个证人是亨利·奎尔奇(Henry Quelch)，他是南区劳工保护联盟和蒸汽船工人协会的成员。对他的提问旨在了解工会的性质、平均工资，以及码头雇佣临时工相比于按周雇佣劳工的相对优势(Q.2438–2474)。他还询问了下一位证人约瑟夫·法尔维(Joseph Falvey)，他是另一个码头工人协会的工会成员，这次的提问是关于机器对就业和该行业工资的影响(Q.2650–2664)。

马歇尔的第一个主要证人是本·蒂利特(Ben Tillett)，他针对蒂利特的双重身份——“最了解码头工人一般情况的人之一……以及一个彻底的社会改革者”——进行了提问(Q.3641)。[3] 他从季节因素对码头工人的影响开始，然

---

[1] 比阿特丽斯·韦伯，《劳工委员会的失败》，《19世纪》(*Nineteenth Century*)，第36卷，1894年，第3页。委员会的秘书杰弗里·德雷奇(Geoffrey Drage)在随后的一期回应了她的批评，见《西德尼·韦伯夫人对劳工委员会的攻击》，《19世纪》，1894年9月，第952–967页。

[2] 委员会所听取的大量证据的摘要载于T.G.斯派尔斯(T.G.Spyers，委员会的撰稿人)，《劳工问题：皇家劳工委员会的报告和证据的一个概要》(*The Labour Question. An epitome of the Report and the Evidence of the Royal Commission on Labour*)，伦敦：斯旺·索南夏因出版公司，1894年，以及约翰·雷对委员会工作的简要总结，发表在《经济学杂志》的注释与备忘录部分(1891年第1卷，第520–524页；1892年第2卷，第179–183、387–392、552–558、731–735；1893年第3卷，第164–169、339–342页)。我正在编辑马歇尔提交给劳工委员会的文章选段，作为*OP*一书的补充。

[3] * 前文提到在贝利奥尔庄园的一次宴会上，蒂利特的餐桌礼仪曾让佛罗伦斯·凯恩斯大吃一惊(见上文第8章245–246页)，马歇尔对蒂利特的质询大约发生在这件事的两年后。蒂利特后来的《回忆与反思》(*Memories and Reflections*，伦敦：约翰·朗出版公司，1931年，第160页)只提到马歇尔是“那个时期政治经济学的权威”，他“和他的妻子”在新工会主义的罢工运动中“最急于评估我们伟大斗争的经济意义”。

后转移到码头工人在季节性失业时不愿意接受救济这个观察。在这里，马歇尔提到了关于这个问题的专家所观察到的爱尔兰码头工人的一个特征，即他们更喜欢做高收入的零活儿，而不是固定时间、低工资的稳定工作。蒂利特否认了这些观察的准确性，他说他自己身边“有不少爱尔兰人”，他自己也认识“很多工作稳定的爱尔兰人……他们准时、清醒”（Q.3650）。马歇尔还询问了蒂利特对仲裁在解决劳资纠纷中的作用的看法，特别是他认为“在工业条件没有发生有机变化的情况下”的可行建议，或者“在一些社会主义者向我们主张的光荣的革命之后”，国家所能采取的行动范围（Q.3659–3660）。这是马歇尔第一次在委员会面前对“证人”采取相当敌对的态度，当他的同事汤姆·曼恩（Tom Mann）、西德尼·韦伯和亨利·海因德曼（Henry Hyndman）作证时，他又这样做了。最后，马歇尔向社会改革家蒂利特询问了码头工人的不同类型，即那些能够“像好公民一样”生活的人和那些被迫以更“粗暴和野蛮的方式”来“享受生活”的人之间的区别（Q.3664），这个问题和劳动时间过长的社会后果有关，马歇尔一直对此很感兴趣。蒂利特的回答并不让人感到宽慰。“根据我的粗略估计，25% 的码头工人有过上体面生活的机会，25% 的人不得不做这种繁重的工作，从长远来看，这意味着身体上的残疾，还有 50% 的人 364
无法过上体面的生活。”[1]

马歇尔在 B 组委员会的会议上对许多其他证人的质询虽然主题不同，但在风格上是相似的。比总结马歇尔的实际表现更有意思的是同时期的人对他的表现的评价。首先也是最重要的是，比阿特丽斯·韦伯在审查委员会的《最终报告》时提到马歇尔是一个证据收集者。对于一些委员对工人证人所采取的问询方法，她有一个一般性的评论：

> 工人们轮流说出他们所认为的自己行业的实际情况。现在，他们发现自己陷入了一场与杰拉尔德·巴尔福（Gerald Balfour）先生、弗雷德里克·波洛克（Frederick Pollock）爵士和马歇尔教授等有教养的辩论家关于抽象经济学、政治哲学甚至历史学的讨论。毫无意外，

[1] 参较阿尔弗雷德·马歇尔在他发表的第一篇论文中关于这个问题的讨论，见上文第 6 章第 174–175 页。马歇尔在 *P* Ⅷ的第 716 页转引了蒂利特的估计。在随后的一个问题（Q. 3669）中，马歇尔澄清了他这句话的意思：“我觉得一般公众并不知道码头上有很多人在工作，他们必然会成为坏公民和坏父亲，因为被工作弄得筋疲力尽，他们很难戒掉酗酒和其他粗鄙的享乐。”

在这些学术辩论中，工人们经常受到吹毛求疵的待遇，因为他们正确的次数和他们错误的次数一样多。委员们最大的胜利是用巧妙的问题把他们引导向某种逻辑上的不一致。这种猫捉老鼠的游戏也许对委员们来说很有趣；当这些辩论家们的小突袭成功时，他们得意扬扬地互相"咕噜咕噜"地叫着，这对偶然来访的人来说当然也是很有趣的。但是，这在工人阶级的证人中引起了最深的怨恨，而且，正如主席可能知道的那样，破坏了委员会在他们知识范围内进行彻底调查的机会。后来，一些工人告诉我，他们从一开始就感受到了敌意，所以害怕说出可能被用来对他们不利的供词。结果就是，他们尽可能少地提供信息，而且，正如他们中的一个对我说的那样，他们觉得"好不容易才能抵抗住攻击"。[1]

比阿特丽斯·韦伯的评价并不是非常客观，无论是对更具学术色彩的委员对待证人的方式来说，还是对于主席在防止这种局面时所起的作用来说。汤姆·曼恩后来的回忆足以让人对比阿特丽斯·韦伯对主席的诋毁产生严重怀疑："公爵是一位出色的主席。他从未试图恫吓证人，或拿他们笨拙的表达做文章。当然，有时候，委员或证人也会表现得暴躁。在这种情况下，主席就会打断他们，提一个总是能让激情争吵的一方冷静下来的问题；但他的行动非常得体，不会造成任何尴尬局面。另外三位主席分别是德比勋爵、大卫·戴尔（David Dale）爵士和芒代拉先生，他们分别是各个小组委员会的主席。大卫·戴尔爵士对证人特别温文尔雅、恭敬。芒代拉则独断专行，喜欢争辩……

[1] * 比阿特丽斯·韦伯，《劳工委员会的失败》，第 17–18 页。参较她 1892 年 12 月 24 日的日记，当时该委员会已经进行了 18 个月的工作，而且西德尼·韦伯刚出席不久，她写道，"皇家劳工委员会是一个巨大的骗局。由一小撮辩论能手组成，再加上一群精心挑选的各式劳工，其余的是地主和资本家，纯粹而简单。辩论家们——巴尔福、弗雷德里克·波洛克、马歇尔和考特尼——已经有了自己的套路。他们用经济难题迷惑工人，顾左右而言他回避不方便的证据，再发表精美的经济学、历史学和哲学论文来迷惑记者，跟他们提问的套路一样"（《比阿特丽斯·韦伯日记》，第 2 卷，1892–1905 年，诺曼和吉恩·麦肯齐编，第 25–26 页）。她对委员会的敌意可能与以下事实有关，正如她写给马歇尔的信中所说的，"我的社会主义者身份使我失去了委员资格"，这是委员会为调查妇女劳动问题而设立的四个女助理委员职位［1892 年 1 月 20 日，帕斯菲尔德文件，Ⅱ i（ii）116，伦敦经济学院］。

不适合当主席。”[1] 工人们被召集到小组委员会，陈述“他们行业的实际情况”。小组委员会的成员构成和出席记录并不能佐证比阿特丽斯·韦伯所提到的 4 位 365 “辩论家”。巴尔福在 A 组委员会，马歇尔在 B 组委员会，波洛克（还有第四位辩论家伦纳德·考特尼爵士，作为他的嫂子，比阿特丽斯·韦伯的身份比较微妙，这有可能是她没有在公开场合提及考特尼的原因）在 C 组委员会。[2]

比阿特丽斯·韦伯将马歇尔对待工人阶级证人的方式描绘成试图让他们陷入自相矛盾的境地，这与马歇尔自己在提交给皇家老年穷人委员会的证词中所报告的做法相矛盾。[3] 马歇尔的描述与证词记录的更加接近，证词记录显示，只有一次，他试图从一个不情不愿的工人阶级证人那里获取信息，试图引导他承认一个“经济难题”。这一系列问题共有 14 个，这里所说的证人是托马斯·萨瑟斯特（Thomas Sutherst），一个从事“有轨电车和公交车”工作的工人，询问的主题是市政当局在“国有化”当地公共交通后，应该支付多少必要工资。在询问期间，马歇尔试图让萨瑟斯特承认他提出的工资太高了，这将导致许多人涌入这一行业，马歇尔估计人数大概为 300 万。他的尝试没有成功，因为萨瑟斯特巧妙地避开了他的问题，并没有给出马歇尔想要得到的回答。[4]

比阿特丽斯·韦伯在她对委员会的评论中提到的“马歇尔教授的统计调查”，[5] 在整体评价马歇尔的做法上同样具有误导性。特别是考虑到马歇尔在 1892 年底在全体委员会会议上质询专家证人的做法，她的评价就显得更加不恰当。这些专家包括注册总署的统计主管奥格尔（Ogle）博士（10 月 27 日），

[1]《汤姆·曼恩的回忆录》，伦敦：劳工出版公司，1923 年，第 100–101 页，参见 W.E.H. 莱基，《第十五世德比伯爵爱德华·亨利的演讲》的引言，伦敦：朗曼、格林出版公司，1894 年，第 100–101 页。37 章。另一位证人海因德曼的回忆不同；见他的《进一步回忆》，伦敦：麦克米伦出版社，1912 年，第 15–22 页。

[2] * 参见上面引用的比阿特丽斯·韦伯日记中日期为 1892 年 12 月 24 日的信件，第 364 页，注释 *。其中提到考特尼、巴尔福、波洛克和马歇尔都是委员会的辩论专家，这表明她出席委员会会议的主要原因是参加当月她丈夫的听证会。四位“辩论家”都在场，他们对韦伯的提问方式与她所总结的他们对所有工人阶级证人的提问方式一致。正如曼恩后来所指出的那样（《回忆录》，第 101 页），“当马歇尔对西德尼·韦伯提问时，证人明显非常恼怒，并经常用简短和挖苦的话回答。”参较德雷奇（Drage），《韦伯夫人的攻击》，第 461 页，关于考特尼取证的方式，参见《苏格拉底式提问》，见 J.S. 尼科尔森，《货币与货币问题》，第 404 页。

[3] *OP*，第 209 页，Q.10202。

[4] 皇家劳工委员会证据记录，B 组，1892 年 3 月 10 日，Cmnd 6795 Ⅷ，第 329–330 页（Q.15942–15955）。

[5] 比阿特丽斯·韦伯，《劳工委员会的失败》，第 21 页。

美国劳动统计学家古尔德（Gould）博士（12月2日）和罗伯特·吉芬爵士（1893年1月24日和2月2日）。显然，马歇尔很有资格就工业和劳工统计数据的适当或不适当提出问题，这是他长期关注的问题，事实上，他在提供给金银委员会的证词中就提到了这一点。[1] 她对马歇尔试图从证人那里获取他感兴趣的问题的定量估计的指控更加切题，他对本·蒂利特的提问就是一个例子，这一点也为汤姆·曼恩所证实。

曼恩对马歇尔委员的回忆更符合他的性格。他认为马歇尔是一个“非常勤奋的委员，他密切关注所有的证据。很明显，他的问题都是事先仔细斟酌过的。这位教授有一种学院派的、有点迂腐的风格”。[2] 在作出这样的评价时，
366 曼恩无疑想起了1892年11月，当他本人在全体委员会会议上接受询问时，马歇尔坚持不懈地追问他人口“过剩”的概念。马歇尔请他阐述失业的性质和原因，解释缩短工时对产出、工资、需求状况，以及对工人利用增加的闲暇时间的方式的影响；并回答失业者的构成情况，以及对作为失业补救措施的移民，和其他失业补救措施，如工业和市场的“社会主义”重组发表意见。曼恩的作证持续了整整三天，其间他回答了1500个问题，其中马歇尔提出了大约180个问题。在很多情况下，马歇尔提出的问题和答案一样具有启发性，而且往往相当长。[3]

在曼恩之后出席的证人是西德尼·韦伯。对他的询问显示了马歇尔最迂腐的一面，也证实了曼恩的敏锐观察，即从韦伯的回答可以看出他对马歇尔抱有相当大的敌意。摘录这段对话有助于进一步解释比阿特丽斯·韦伯后来对“辩论家”马歇尔的敌意，事实上，马歇尔对韦伯的提问中穿插着考特尼、波洛克与巴尔福的提问。马歇尔的第一轮问题集中在纠正他所认为的韦伯对老一

---

[1] 参见上文第349页，另见他给自由党下院议员A.H.D. 阿克兰（A.H.D.Acland）的信，1886年2月26日，载《纪念集》，第372页。

[2] ¶《汤姆·曼恩回忆录》（*Tom Mann's Memoirs*），第101页。有意思的是，马歇尔在1891年10月20日写道，当委员会几周后即将恢复工作时，“我的好朋友汤姆·曼恩先生假期在码头创造了很多新的历史，我们将要在会议上一一揭开”。马歇尔致乔伊特的信，1891年10月20日，乔伊特文件，贝利奥尔学院，曼恩与马歇尔的通信保存在马歇尔档案（1：84–86）。这显示了马歇尔如何利用委员会来得到有关工人及其组织的事实的一些趣事。

[3] * 皇家劳工委员会，《第四次报告》（*Fourth Report*），Cmnd 7063，1893年6月，第162–165、218–229页。例如，参见Q.3265–3285，关于工资增长与需求水平之间的关系，其中马歇尔认为，曼恩指出的不是需求的增加，而是需求的再分配，即某些工人的较高工资与较低的利润恰好抵消（Q.3276）。

代经济学家观点的错误看法，特别提到了亚当·斯密和纳索·西尼尔（Nassau Senior）。摘录以下对话以供品评。

4074. 你认为亚当·斯密提倡自然自由体系？——是的，简单来说是这样。

4075. 这是你所说的亚当·斯密的流行观点？——是的，只是简单地说一下。当然，我很清楚亚当·斯密绝不像他之后的许多人那样崇尚个人主义。

4076. 我想，你知道，他对个人自由的一般原则提出了大约50条最一流的例外。——我知道这一点，我也知道那些例外被一些追随他的人模糊掉了。——我的意思是被非常诚实地、不自觉地掩盖了。

4077. 你知道大多数现代经济学的趋势在一定程度上被亚当·斯密预见到了吗？——我认为在某种程度上是这样的。

……

4100. 因此，你难道不应该把纳索·西尼尔关于《工厂法案》的声明看作是一个不具有代表性的经济学家的意见吗？很遗憾地告诉你，纳索·西尼尔先生不是经济学家。

4101. 还有其他公认的经济学家反对《工厂法案》吗？——我手头有一篇哈丽特·马蒂诺的文章，内容极其恶毒。

4102. 你认为哈丽特·马蒂诺小姐是公认的权威吗？——许多英国人从哈丽特·马蒂诺那里吸收经济学知识，现在也是如此。

4103. 你知不知道，哈丽特·马蒂诺小姐说过，她在写故事的时候，不会阅读她要论述的章节以外的内容，以免自己糊涂？——这是马蒂诺小姐生活中的一件小事，我很高兴我记得它。

4104. 因此，当我问你有哪位权威的经济学家谴责《工厂法案》 367
时，引用马蒂诺小姐作为例子是否合理？——我宁愿让你自己判断。

4105. 抛开纳索·西尼尔先生和哈丽特·马蒂诺小姐不谈，你还能举出其他抨击《工厂法案》的经济学家吗？——我强烈认为麦克库洛赫先生反对《工厂法案》。如果我知道委员会要调查1840年的经济状况，我就会准备得更充分；但由于我的无知，我认为这超出了讨论的范围。

4106. 我提到这些仅仅是因为你给出的那么多证据都是为了表明

经济学家已经落后于时代。——也许我可以说，在我看来，经济学家的观点似乎发生了变化，但如果马歇尔教授希望暗示没有任何变化，我很乐意收回这一说法。

4107. 我并不是说没有任何变化。——那我就不明白你为什么反驳我的话。[1]

在对历史上集体财产的性质和范围提出了相当多的质疑之后，马歇尔与韦伯一起探讨了一些关于集体主义影响的一般性问题。最后，韦伯明确表示，他对马歇尔（以及巴尔福、考特尼和波洛克）的质询程序感到不满；不过在第二天的听证会上，他对此表示了歉意。

4163. 你不认为普遍性地采用集体主义可能会阻碍工业进步所依赖的那些机械设备的发展吗？——不，我不这样认为。

4164. 为什么？——我以为如果我说会阻碍的话，我可能会被问为什么；但是，如果我说不会阻碍，那肯定要由其他证人来说明为什么他们认为会阻碍机械设备的发展。

4165. 你认为储蓄的动机可能会减弱吗？——想象中当然是可能的，但现实中不可能发生。

4166. 你不认为这是可能的吗？——不；恰恰相反，我认为储蓄的动机反而会增加。

4167. 市政当局不得不向私人企业借钱来收购企业，你认为这不是个人主义动机作为资本积累的杠杆的重要性的体现吗？——在我看来，你所说的是集体主义增加储蓄的一个有趣的例子。

4168. 我不太明白为什么它说明了这一点？——如果你不是有意说明这一点，那我收回我的话。

4169. 我想知道你明天能不能来？——我很乐意明天不顾诸多不便前来，以便向委员会提供任何信息，但我必须冒昧地请求原谅我不想讨论这些事情。我很乐意在适当的时候与任何委员就此事进行辩论，但我不能冒昧地占用委员会的时间进行问答辩论。我准备在我的

[1] 皇家劳工委员会，《第四次报告》，第 273–274 页，Q.4074–4077、4100–4107。十年后，马歇尔在 1902 年 5 月 27 日给本杰明·基德的一封信中回忆起了这些问题（CUL，Add 8069/M256）。

能力范围内提供任何信息，但不是辩论或争论。[1]

第二天，马歇尔继续就集体主义及其对进步的影响向韦伯提出问题，还有就作为失业补救措施的八小时工作制，码头和电车等工业的国有化问题，以及就现代马尔萨斯主义的人口过剩概念提问。马歇尔向韦伯提出了 200 多个问题，这是他向证人提问最多的一次，超过了他在那个星期早些时候对汤姆·曼恩的提问，以及在委员会最后一次会议上对吉芬的提问。

1891 年 11 月初，马歇尔在查令十字街的旅馆给本杰明·乔伊特写了一封长信，信中讲述了他最初取证的经历：

> 我现在在威斯敏斯特大厅参加会议，听到了许多有趣的事情，看 368
> 到的更多。我们仍然在为委员会工作，涉及伦敦码头等等；我们听到的新鲜事并不多，但我们每天都能见到一些非常有趣的人。例如，昨天米尔沃尔码头的经理伯特（Birt）上校来了，他是个能干但冲动的人……在他之后，有几个相当乏味的证人，还有两个是大嗓门和自命不凡的人。其中一个没有受过教育，喜欢用长词。有人告诉我，在与他打交道的下等阶级中，他是一位颇具影响力的演讲者；但他的大词对他而言很不合适，6 句话中没有一句合乎语法，两句话中也没有一句令人听得懂。但是他却得意扬扬地说个不停，最后不得不叫他安静下来，他说要花一个晚上的时间来考虑让多少雇主“达成一致意见”。遇到这种人时，德比勋爵的优点便可得到发挥：他总是冷静而清醒，善于让人们在适度的范围内表达自己，也不会落下话柄让他们有理由去向他们的支持者诉苦说自己被堵住了嘴……[2]

---

[1] 皇家劳工委员会，《第四次报告》，第 277 页，Q.4163–4169。他的道歉在第 280 页：“我应该向委员会道歉，昨天我严重缺乏礼貌。对此我一直失眠，我确信我对委员会，特别是对委员会的一些成员缺乏礼貌，我非常诚恳地表示歉意。”

[2] * 马歇尔致本杰明·乔伊特的信，1891 年 11 月 4 日，乔伊特文件，贝利奥尔学院。多年后，在凯恩斯第一次参加政府质询后，马歇尔对他说：“你的经历与我在劳工委员会的经历类似，商业管理中主导的思想可以简化为例行公事，这是一个巨大的邪恶。工人领袖的思想往往更具弹性，更加坚韧。”（马歇尔致约翰·梅纳德·凯恩斯的信，1914 年 10 月 12 日，见《纪念集》，第 481 页。）他本人对工人阶级证人的赞许立场也得到了委员会同僚的认同，参见 IT，第 637 页注释 1。

在收集了这些证据之后，委员会草拟了《最终报告》及其建议。在斟酌可能的建议之前，委员会将收集的大量证据按照《最终报告》的主题进行了分类，并逐步进行了审查。这些内容包括：劳动条件；雇主和雇员的协会和组织；雇主与雇员之间的关系；调解、仲裁；通过立法限制工作时间；就业波动；劳工部门和劳工数据；妇女就业情况。这一文件最初是由德文郡勋爵作为主席起草的，不时提交给全体委员会进行讨论，然后修订，“使它们尽可能公正地陈述它们打算处理的事实、意见和论点”。[1] 马歇尔对《最终报告》的修订可能就发生在这个阶段。最低工资、工会和就业波动是马歇尔特别关心的问题。[2]

关于第一个问题，《最终报告》写得非常简短。“我们认为，任何一方都没有认真地坚持认为，工作报酬或利润率，或一般劳动领域的最高和最低工资率应由法律规定。”[3] 1892 年，马歇尔准备了一篇关于工会的论文，作为劳工委员会报告里的引言的一部分，但最终没有以这种形式发表。然而，它的主旨体现在《最终报告》关于雇主和雇员组织的部分的第 2 节中。[4] 马歇尔坚信，要
369 全面看待这些组织的影响，必须充分考虑“整个社会的利益”，这超出了委员会的职权范围，这一信念在《报告》中得到了适当的体现。他也坚信工会所具有的双重角色，一是具有“友好仁慈的目的”；二是与“纠纷和冲突”有关的

[1] 皇家劳工委员会，《第五次和最终报告》，第 7 页。实际达到的客观程度受到了少数派报告中的“社会主义者”的承认，几乎可以肯定后者就是西德尼·韦伯起草的。参见同上，第 127 页，以及下面的讨论，第 370 页和注释 *。

[2] 玛丽·佩利·马歇尔，“阿尔弗雷德·马歇尔的传记笔记”（KMF），玛丽·佩利于 1926 年 3 月 22 日给梅纳德·凯恩斯的信中说：“至于劳工委员会的报告，我相信整个第 6 部分‘就业波动’实际上是他写的，特别是第 3 节，第 227–241 页，还有第 2 部分论工会的影响中的第 7 节。我记得阿尔弗雷德说过，他本想重印第 6 部分，但他认为自己没有权利这样做。”（凯恩斯文件，RES/2/44）

[3] ¶《第五次和最终报告》，第 104 页。马歇尔在《经济学原理》中主要基于现实理由赞同委员会的观点。其中包括“装病”的危险，以及有必要为那些不领最低工资的人铺设国家福利安全网。他还发现，在实施最低工资政策时，在家庭和家属的待遇方面也存在问题。最低工资立法的唯一经验来自澳大利亚（*P* Ⅷ，第 714–715 页以及注释 1），这也是马歇尔认为澳大利亚在劳工问题上的经验如此重要的原因之一，正如他早先写信给乔伊特所说的那样（见上文，第 362 页）。

[4] 参见雷·彼得里迪斯（Ray Petridis），《阿尔弗雷德·马歇尔对工会的态度与经济分析：一个竞争体系中的异常案例》（‘Alfred Marshall’s Attitudes to and Economic Analysis of Trade Unions：A Case of Anomalies in a Competitive System’），*AMCA*，Ⅲ，第 487 页。另见皇家劳工委员会，《第五次和最终报告》，第 27、34 页，并参较上文注释 86 中引用的玛丽·佩利给梅纳德·凯恩斯的笔记。

“行业目的”。[1] 此外，委员会的工作可能让他日渐怀疑工会的价值，特别是因为它们具有“创造工作的权力”，他在几次会议上获得了很多证据，并就此与工会代表产生过争论。[2]

马歇尔的修订在《最终报告》中关于就业波动的第六节，特别是专门解释其原因的那部分最为明显。它的第 213 段就是一个显著的例子，这一段总结了商业信贷状况对贸易波动的影响。随后的段落（第 214 段和第 215 段）同样如此，它们讨论了季节性就业波动和时尚的突然变化对服装业工作机会的影响。与信贷周期相关的暂时性就业波动与劳动力供需更长期的不平衡之间的区别，尽管只是“程度问题”（第 218 段），无疑也是出自他手。考虑到他是 B 组委员会的成员，以及他对本 · 蒂利特的质询，马歇尔也很有可能实质性地协助起草了关于码头劳工的特殊案例的第二小节。探讨解决办法的第三节也是如此。他为投机活动减轻贸易波动做了一些辩护，以回应之前针对投机造成贸易波动的批评（第 230–231 段），对教育普及在消除非熟练工人失业方面的评论（第 236 段），对伦敦码头的“创造工作计划”的正确批评（第 237–238 段），对最低工资（如果可行的话）效果的强调，以及关于失业的部分（第 239 段）都证明了他在起草本节中所发挥的重要作用。更一般地说，阿尔弗雷德 · 马歇尔是为数不多毫无保留地签署多数报告的委员之一，这一事实可以被解释为，他对最终调查结果的认可是基于他在修订过程中倾注了大量心力。考虑到起草案的修订是通过书面文字而不是口头讨论进行的，这一假设就显得更加可信了，因为书面形式更加便于马歇尔发挥他的才能。

马歇尔对《最终报告》的参与也许有助于解释为何报告内容言无粉饰，以及它相对缺乏确定性的结论和建议。其中的建议涉及自愿调解和仲裁、设立劳工处、改进工厂检查以及与海员和农业劳工有关的一些具体问题。[3] 很少有评论家像比阿特丽斯 · 韦伯那样将委员会的《最终报告》描述为“一场关于劳

[1] 参见彼得里迪斯，《阿尔弗雷德 · 马歇尔对工会的态度与经济分析：一个竞争体系中的异常案例》，第 490–492 页。这在当代文学中已是老生常谈的话题。可参见，例如，马歇尔自己就倾向于使用的一本书，乔治 · 豪厄尔（George Howell）的《资本与劳动的冲突》（*The Conflicts of Capital and Labour*），伦敦：查图 & 温图斯出版公司，1878 年，第 152–155 页。

[2] 例如，皇家劳工委员会，《第三次报告》，Cmnd 6894，1893 年 2 月，第 111–112 页（Q.21874–21881），《第四次报告》，Cmnd 7063，第 219–220 页。下文将讨论马歇尔对工会看法的变化，见第 16 章，第 599–601 页。

[3] 皇家劳工委员会，《最终报告》，第 97–113 页。

工问题的研讨会”和“流行的观念、意见与论点的摘要”。[1] 然而，《爱丁堡评
370 论》[2] 指出，通过将作为中间人的专家、雇主代表和三个老工会成员聚集在一起，多数人签署文件的这一成功，是在“牺牲了最终文件中观点的力量、确定性和一致性”的情况下获得的。《国民评论》（*National Review*）虽然比《最终报告》发表要早，但却准确地预测到“不领情的公众对《报告》的反应”将会像兰德（Landor）诗中第一眼看到大海的女孩：

> 这就是浩瀚的海洋吗，这就是一切？[3]

虽然马歇尔以前的学生 L.L. 普莱斯也对比阿特丽斯·韦伯对多数派报告质量的判断持批评的态度，但他的赞扬也仅限于指出，“它给出的建议明显不足，过于谨慎和琐碎”，这是因为它的签署人没有“为社会结构的有机变化做好准备”，并且他们觉得“通过试验方法的稳步推进，有时无疑是得到了国家的帮助和支持，改进是可以完成的，并且已经取得成效了”。[4]

马歇尔参与劳工委员会的动机如此明显，该报告作为一份历史文件到底具有何种长期的教育价值呢？在这里，评价家们的意见同样也存在着明显的分歧。《爱丁堡评论》[5] 为皇家调查委员会的巨额花费进行了辩解，理由是它将为未来的历史学家提供他们所热衷的“描绘维多利亚时代末期英国工业和社会的 65 卷生动的画卷。……显然，‘时代精神’要求对所有这些资本和劳动问题进行大规模的调查”。比阿特丽斯·韦伯不同意这个观点，因为她对委员会收集和使用证据的粗心大意和令人不满的本质感到不悦，他们对八小时工作制运动的处理是最显著的例子。很少有皇家委员会“在调查上花费如此之多，规模如此之大，或者出版了这么多的印刷品，我们满心期待劳工委员会可能会给出……对当时问题进行了精心筛选，与著名的 1834 年济贫法报告一样有用，而且可能同样令人信服的报告。事实上，如果不是关于农业和妇女工

---

[1] 比阿特丽斯·韦伯，《劳工委员会的失败》，第 4 页。

[2]《爱丁堡评论》，第 180 卷，1894 年 10 月，第 336 页。

[3] 观察员，《劳工委员会》，载《国民评论》，1894 年，第 203 页。

[4] L.L. 普莱斯：《劳工委员会的报告》，载《经济学杂志》，4（2），1894 年 6 月，第 445–446、455–456 页。

[5]《爱丁堡评论》，第 180 卷，1894 年 10 月，第 335 页。关于委员会出版物的全面概览，见斯派尔斯的《劳工问题》，附录，第 234–240 页。

作的书，他们将会在经济史上与 1833 年的制造业、商业和航运特别委员会或 1886 年的皇家贸易萧条委员会这类耻辱性的失败相提并论”。[1]

托马斯·伯特（Thomas Burt）议员是多数派委员之一，也是“资深工会 371
会员”，他后来评论说，皇家劳工委员会“以其持续时长、调查范围和冗长而昂贵的报告而闻名”，但“在其他方面都不值一提”。[2] 虽然马歇尔从来没有明确回应过他的同僚、记者和朋友的评论，但他对委员会调查结果的反应暗中支持了伯特的观点。例如，他在《产业经济学要义》关于工会的章节，只在最后脚注中引用了从劳工委员会《报告》中获得的信息，作为一般性参考，强调了《最终报告》的“独特权威”，该报告“来自雇主和卓越、经验丰富的工会领袖的合作”。[3] 在《经济学原理》中，几乎看不到委员会的影响，但从《产业与贸

[1] * 比阿特丽斯·韦伯，《劳工委员会的失败》，第 2、21 页。少数派报告由威廉·亚伯拉罕（William Abraham）、迈克尔·奥斯汀（Michael Austin）、詹姆斯·马纳斯利（James Manasley）和汤姆·曼恩签署，在多数派的《最终报告》之前发表，被誉为“二十页密密麻麻……全面而深远的实践改革”。建议包括济贫法改革，对“血汗工厂”的监管，通过引入八小时工作制对工作时间进行法律监管，改善工厂立法，改善海员和农业劳工的条件，规范雇主对事故的责任，对失业者的援助，以及为所有公民提供公共卫生住房。这类在没有委员会参与的情况下编制的工会计划，更凸显了委员会大多数成员的弱点，即“缺乏任何权威的诊断或明确的建议”（同上，第 8 页）。比阿特丽斯·韦伯没有提及，这是由西德尼·韦伯起草的。《爱丁堡评论》（1894 年 10 月，第 337 页）正确地推测，少数派报告即使不是西德尼·韦伯所写，也在很大程度上受到了他的直接影响。参见 A.M. 麦克布莱尔，《爱德华七世时代的混合双打》，第 195 页注释 177，还可参较德雷奇，《韦伯夫人的攻击》，尤其是第 463–467 页就委员会的方法提出了截然不同的意见。

[2] * 托马斯·伯特，《自传》（*An Autobiography*），伦敦：费希尔出版公司（T. Fisher Unwin Limited），1924 年，第 304 页。参较伯纳德·霍兰德（Bernard Holland），《第八代德文郡公爵斯宾塞·康普顿的一生》（*The Life of Spencer Compton, Eighth Duke of Devonshire*），伦敦：朗曼、格林出版公司，1911 年，第 2 卷，第 220–221 页，还可参较 W. H. C. 阿米蒂奇（W.H.C.Armytage），《A.J. 蒙德拉：1825–1852 年》（*AJ.Mundella 1825-1852*），伦敦：欧内斯特·本恩出版社（Ernest Benn），1951 年，第 293–296 页，尤其是第 371 页注释 49。在本章随后讨论的自由贸易问题的背景下，邀请马歇尔参加劳工委员会工作的巴尔福写道：“无论是在经济学还是其他任何领域，委员会声称对‘基本情况’的考察的价值是我所怀疑的。这种调查要拖上好几个月，有时甚至几年，很难找到真正有能力的人愿意花时间去做。调查结束时，可能会产生一系列与所有真正重要的问题大相径庭的报告。例如，劳工委员会所处理的问题总体上已经算非常简单了。有多少人读过报告——更不用说读过证据了？经过长时间的努力，人们达成了多大程度的共识？”参见 B.M. Add MSS 49856（巴尔福论文），引自 A.W. 科茨，《政治经济学与 1903 年关税改革运动》（‘Political Economy and the Tariff Reform Campaign of 1903’），载《法与经济学杂志》（*Journal of Law and Economics*），1968 年 4 月 11 日，第 204 页。

[3] 阿尔弗雷德·马歇尔，*EEI*，第 403 页注释 1。如下文第 15 章附录 B 第 563 页所示，劳工委员会的《最终报告》于 1897 年被列入经济学专业的推荐读物。

易》中提到合伙和合作的章节，可以看出一些委员会影响的迹象。[1]因此，马歇尔在 1919 年[2]提到的这段经历对他的教育价值，更多是指他对人性的一般认识，而不是指劳工委员会所公布的昂贵的、在某些方面甚至是多余的证据。例如，委员会影响了他对女工、工会，甚至股票投资的看法。[3]对此做一个回顾性的成本 / 收益分析，将得出这样的结论：马歇尔从委员会工作中获得的少数好处，远不及他耽误写作所花费的成本，正如他在给陶西格[4]的信中所写的那样，他唯一能扭亏为盈的办法就是写一本专门讨论劳工问题的书。

国家与地方的税收分类与影响

1897 年秋，马歇尔应皇家地方税收委员会（Royal Commission on Local Taxation）邀请作为财政和经济方面的专家回答一些关于税收的分类和影响的问题。与之前讨论过的委员会——在提交书面材料之后通常会有口头质询——
372 不同，皇家地方税收委员会寻求专家指导的方法用埃奇沃思的话来说，[5]就是“以书面工作代替口头询问”，这在征求专家意见方面是一个明显的改进。这也为马歇尔经济学的学生带来了明显的好处，因为正如马歇尔在他回应的开头所指出的那样，委员会提问的性质使他认为“最好稍微完整地回答一些问题，而对于其余问题则仅仅表明我的看法”。[6]最终成果以书面形式清晰地展现了马歇尔在税收和地区财政等方面的立场，他本人对此评价很高，以至于从第 5 版

[1] *IT*，第 291、293、855 页及注释；我在《经济学原理》的脚注中没有发现任何直接提及委员会的地方，但其中有一些评论使人联想起委员会对某些问题的调查结果，特别是在《最终报告》发表前后修订的版本中。例如，*P* Ⅳ，第 772 页提到“白发老人”的工资，还有“现代工业的影响因素”，包括“变化无常的时尚”和“不稳定的信贷”（同上，第 776 页），以及缩短“电车工人”工作时间的后果（*P* Ⅸ，第 709–710 页）。在马歇尔提交给委员会的材料中包含了其中的一些观点。

[2] *IT*，第 vii 页，以及前文引用过的他写给乔伊特（1891 年 11 月 4 日）和梅纳德·凯恩斯（1914 年 10 月 12 日）的信。在讨论科布登奖的主题时，马歇尔在一封给坎南的信（1906 年 4 月 2 日）中说他“在劳工委员会的经历让他了解了很多……危险行业的保险”。简而言之，他投入委员会的时间偶尔会得到回报（伦敦经济学院，手稿室，坎南文件，1021/122–6）。

[3] 将在下文第 14 章，第 513–515 页；第 16 章，第 591、599 页；第 20 章，第 746 页以及注释 * 中讨论。

[4] 阿尔弗雷德·马歇尔致弗兰克·陶西格的信，1895 年 10 月 4 日（陶西格文件，哈佛大学）。

[5] F.Y. 埃奇沃思，《城市税率》（‘Urban Rates’），载《政治经济学论文》，纽约：伯特·富兰克林出版公司，1967 年，第 2 卷，第 151 页。

[6] *OP*，第 334 页。

开始，大部分内容都被整合在《经济学原理》的附录中。[1]

任命委员会时赋予委员会的职权范围部分地解释了马歇尔备忘录的主旨。该委员会的任务是“调查地方政府现存的税收制度，并报告各种不动产和个人财产在缴纳这种税收上是否公平；如果不公平，需要对法律进行哪些修改”（*OP*，第 331 页）。委员会向专家提出的具体问题在某种程度上超出了这些职权范围，而集中在地方财政的基本问题上。例如，他们就一般税收的含义和分类寻求专家意见，询问“邮局的净收入是否应被视为一种税收”。他们还想知道检测个人税收或整个税收体制是否公平的“测试方法”，并要求专家对包括遗产税和贸易利润税在内的主要财产税的“真正影响”发表意见。然后，他们才进入其职权范围内的问题，涉及地方政府职能及其收入分配的原则，以及中央政府负担部分或全部开支的可取性（*OP*，第 329–330 页）。

马歇尔的第一组答案（*OP*，第 334–336 页）讨论了税收的性质和分类的一般原则。他的出发点是“税收是由人而不是物支付的”，物只是一种管道，人们作为“它们的所有者、使用者、销售者、购买者等”来“支付税收”。一些被征税的项目是一类活动的代表。例如，以前的窗户税旨在以行政上简化的方式向房主征税；[2] 同样，住房税可以被看作是更一般的家庭支出和有关“舒适和社会地位”的生活条件的代表。因此，按税基对税收进行分类可能会产生误导，因为它忽略了这一代表性因素，从而提供了有关避税活动的虚假信息。这可能会导致严重的后果，引发纳税人作出不利于公共利益的行为。比如特定的住房税作为更普遍的家庭支出的代表，可能导致住房空间压缩至最低限度，并鼓励那些与理想的舒适标准无关的可有可无的项目上的不必要支出。最后，马歇尔认为，邮局净收入中的垄断因素意味着它应被视为一种税收，但它属于一个单独的类别。

马歇尔接下来谈到了公平问题（*OP*，第 336–339 页），并评论了当时在文 373
献中使用的两个当代衡量标准。第一个原则是“股份原则”，即股东应按持股比例纳税，本质上是现在所谓的受益者或使用者付费原则的同义词。马歇尔

[1] 马歇尔，*P* V 附录 G；*P* Ⅷ，第 794–804 页。关于马歇尔关于税收的观点的全面讨论，包括这份备忘录的内容，见彼得·格罗尼维根，《马歇尔论税收》，收录于《阿尔弗雷德·马歇尔回顾》，第 91–112 页。

[2] * 考虑到马歇尔对“花园城市运动”的支持，以及认为获得新鲜空气和享受阳光的权利是所有人生活水平的重要组成部分，他无法抑制对窗户税的谴责，因为它导致人们减少“他们的窗户，损害了幸福和健康”，这是第 13 章（下文第 450–452 页）所讨论的主题。

将这一原则的使用局限于“报酬性税收”的情况，在这种情况下，“受益的财产所有者可以根据‘股份原则’进行适当的评估”。为一般政府目的而征收的繁苛税项需要不同的对待，必须综合考虑这些税收的公平后果。这样一种综合的方法是必要的，因为特定的繁苛税项往往对人口中的特定阶层造成沉重的负担，而税收的公平性需要兼顾所有繁苛税项的总体影响。在这种情况下，马歇尔支持累进原则，也就是说，相对于中产阶级，较贫穷阶级的平均税率较低，而中产阶级相对于富人则缴纳较低的比例税。相对税收贡献应该以净收入（即扣除资本折旧和重置后的收入）来衡量，因此从公平的角度来看，所得税是理想的繁苛税项。但是，正如马歇尔一开始就警告的那样，平等并没有明确而简单的基础。所得税的缺陷在于它对储蓄的影响，而一般的支出税可以避免这种影响，但后者总是有技术上的困难，而且“往往对较贫穷的阶级施加不成比例的压力”。考虑到这些因素，马歇尔得出的结论是，“完全的税收公平是不可能实现的”。相反，他建议，在税制改革中，应该更加重视税收对“人们的精力和创造力”的激励作用；通过税收对消费和生产决策的扭曲作用，减少与税收相关的过度负担；以及，在寻找必要的税收工具的同时，尽可能避免税务管理中施加在纳税人身上的不确定性、“无理干涉”和“腐败机会”。这种税制改革方法，再加上要求从体制中消除明显不公平的税收的不可避免的政治压力，将会在税收公平方面带来更好的结果，而不是寻求一种理想中的公平税制的虚假的完美。[1]

马歇尔随后讨论了税收的影响问题（*OP*，第340—345页）。他说，这些问题是“经济科学主要关心”的问题，因为它们确实“在整个社会中扩散经济

[1] * 这里可以指出，马歇尔在其职业生涯的早期阶段就对巴克斯特（Baxter）、莱昂内·利瓦伊和杰文斯所写的关于税收制度总体上对社会影响的实证研究表现出极大的兴趣。这些研究表明，虽然对糖、茶、咖啡、玉米，以及烟草、盐、啤酒和烈酒等可征税商品征收的大部分消费税是累退的，但整体税收制度是累进的，在比较上层阶级和工人阶级所面临的平均负担时可以得到体现。1842年、1862年和1882年的汇总表保存在马歇尔文件中（马歇尔档案，箱5（4），税收杂记）。杰文斯使用巴克斯特对19世纪60年代的评估数据，也进行了类似的研究，作为他在税收政策方面应用工作的一部分。参见他的《火柴税》和《税收的压力》，转自H.希格斯（H.Higgs）编的《W.S.杰文斯的经济学原理和其他论文》（*The Principles of Economics and Other Papers by W. S. Jevons*），伦敦：麦克米伦出版社，1905年，第245–264页。

变化，这些变化会影响生产或消费的某些特定分支”。[1] 在根据对消费和生产的影响区分了税负的前向和后向转嫁[2] 之后，马歇尔指出对真正的垄断者征收 374
的一次性税和净利润税是少数无法进行转嫁的税收的例子（不过，对垄断者的“总收入”征税是可以转嫁的）。然后，马歇尔逐步对委员会更感兴趣的话题，即财产税的影响展开讨论。他的论述是从一般原则开始的。马歇尔警告说，土地所有者不是垄断者。然后，他用一个印刷税的例子来对比地方税与国家（帝国）税的影响，并表示前者可以通过活动的迁移来避税。作为一项税基，来自土地的收入会产生不同的影响，这取决于它是否可以被归类为“纯租金”或某种形式的利润，这与特定税收的短期或长期影响有关。马歇尔还告诉委员会，租金因素至少在短期内会影响到技术工人的收入，包括专业人员和专用器具所有者的收入，因此，包括利润或租金在内的财产收入的分类取决于复杂的时间因素。

在讨论了一般原则之后，马歇尔继续将这一理论应用于现有财产税的案例研究中（*OP*，第 345–357 页）。他讨论了建筑国家税、房屋居住税、杂税（一般税）以及报酬性地方税。这个话题的复杂性让马歇尔认为，“任何关于税率影响的普遍性陈述都必然是错误的”（*OP*，第 346 页），他随后通过对不同假设下税收的潜在影响的仔细分析，证明了这一点。马歇尔还认识到了财产税负担的资本化可能性，他指出，长期存在的农业用地税对现有的农民、土地所有者或劳动者没有造成真正的负担，因此，应该只在新建筑和其他新投资上减轻旧的税负，以便“刺激农业活动，为农民和劳动者提供新的就业机会，保持土地的利润，并减少我们对外国进口食品的依赖”（*OP*，第 352 页）。

马歇尔提出的少数几个一般性结论之一，是对财产转让征税的普遍谴责，因为它违反了最重要的替代原则，尤其是当其应用于生产领域时（*OP*，第 355–356 页）。另一方面，尽管事实上利润不是一个经济实体，而是资本利息，能力和工作收益，以及风险保障的混合体，但利润税有着广泛而分散的影响，这些部分往往服从不同的经济规律。对利润征税在任何情况下都倾向于抑制资本的增长，并通过海外投资增加资本的迁移（*OP*，第 356–357 页）。马歇尔对

[1] ¶ 根据马歇尔的说法，税收影响是对一般经济原理最好的阐释。这一点在他的《经济学原理》中得到了清楚的说明，也可能是他将地方税收备忘录的这么多内容纳入其第五版的原因，也就是说，备忘录一写好，就被纳入了《经济学原理》。关于这一点的更详细的研究，请参见我的《马歇尔论税收》，第 104–107 页。

[2] * 税负向前转嫁改变了被征税商品的价格，税负向后转嫁改变了生产者收入（以及 / 或者是就业）。

遗产税也提出了类似的反对意见，尽管鉴于20世纪财富的增长，这种税开始征收时所产生的不利影响没有预期的那么大。[1]

马歇尔在这份备忘录中处理的最后一个问题（*OP*，第357–360页）与职能分配有关，包括对地方政府的税收分配。在此背景下，马歇尔还论证了国
375 家—地方两级政府之间成本分担的情况。在这里，地方政府改革的范围和经验表明，需要进行“广泛的实验”和“谨慎的变革”，让后代在问题出现时有必要的自由度来处理这些问题。马歇尔从市政社会主义的政治因素出发解释了政府权力分配发生重大变化的预兆。这甚至可能需要在传统的中央和地方管辖之外，对政府管辖范围进行广泛的细分，并涉及像瑞士联邦那样的中间层次的试验。电力供应方面的技术变革和交通运输方面的改进同样有助于改变政府的职能分配。这是由于它们对道路需求和电力分配机制的地方开支的潜在影响。尽管不确定的未来会带来许多麻烦，马歇尔还是大胆地提出了一些一般性规则：国家税收不应分配给地方；成本分摊更适合应对地方资源需求（开支）的扩大，特别是其提供了一种中央控制机制，可以对地方当局执行新任务的效率进行控制。在遵守这一原则的前提下，只要地方政府是“一流的”，他们就应该尽可能自由地尝试从啤酒和烈酒许可证到车辆税等来获得其他收入来源。其次，地方举措中包含的国家利益应该始终得到认可。这适用于教育、供水，甚至是新鲜空气。例如，如果没有充足的新鲜空气，没有“有益身心健康的娱乐”的空间，相较于其他国家而言，“人民的活力”就无法保持。与此同时，在城区扩大街道、提供运动场和开放空间，防止城市群合并等城镇改善措施，就意味着中央政府要提供财政援助，以保证这些国家利益得到增进（*OP*，第360页）。

在马歇尔看来，这些原则主要应用于未来，对于当前的地方财政改革他几乎没有什么建议（*OP*，第360–364页）。他建议对济贫税进行小额补助，对与普通农业用地相比具有特殊价值的土地征收更高的济贫税，并为相关的城市改善而征收新鲜空气税，这是他非常看重的。然而，他认为，就目前而言，地方政府的大部分收入应继续来自地方税，并辅以本段已经提到的那类小额税收。为了减轻日益增长的税负，马歇尔建议减少如房屋居住税之类的国家税收。另一种办法是从租客支付的租金中扣除税率，就像从附表A所得税中扣除税率

[1] *OP*，第357页。在接下来的十年里，马歇尔在这个问题上改变了主意，见下文第16章，第597–598页。

一样。根据马歇尔的说法，这种业主和承租人责任的划分得到了最高权威的支持。地方责任的增加也引发了税收与必要支出相匹配的分配问题。建立层级适当的政府——帝国的、省的和地方的——是解决这个问题的答案，尽管除了他对这个问题所进行的初步评价之外，他没有对这样做的理由进行更多的阐述。[1]

很难评估这份备忘录对政策的直接影响，尽管马歇尔的许多地方财政原则多年来得到了理论和实践的支持。当然，他的贡献的重要性在当时的文章中得到了广泛认可。埃奇沃思关于“城市费率”的文章多次高度评价马歇尔的 376
备忘录，特别是在讨论对租金征税的部分。然而，对于马歇尔基于穆勒的权威提出的在房东和租客之间划分税负的问题上，他持有不同意见，尽管他是以一种非常礼貌的方式提出的。[2] 马歇尔的前学生桑格在他对委员会《报告》的评论中指出，由于有了马歇尔的备忘录，中央向地方政府提供的援助金现在得到了最权威的支撑，这一权威就是马歇尔教授。考虑到这些拨款对当代英国地方政府的重要性，桑格的评论意味着马歇尔的这一建议大获成功。从地方政府的收入来看，从 1899 年到 1939 年，这样的拨款几乎翻了一番。[3] 比克代克（Bickerdike）在对土地价值征税的深刻分析中指责了马歇尔的备忘录没有明确分析收益性税率，或者用马歇尔的术语来说“报酬性税率”的影响。马歇尔只是简单地邀请他的读者将他对繁苛税项的分析反过来看，但这并不能令人满意。根据马歇尔自己的说法，这远非易事，因为正如他所充分证明的那样，分析这种税率的影响是非常复杂的。[4]

国际贸易中的财政政策

马歇尔公开参与 1903 年的关税改革的论战，并于 1908 年修改并出版了他著名的《国际贸易的财政政策备忘录》（*Memorandum on Fiscal Policy in*

[1] 一个未注明日期的片段，题为《中央和地方当局之间的职能分工》，可能是地方税收备忘录的草案，在马歇尔文件［6（9）］箱中幸存下来，其中提出了许多类似的问题。阿尔弗雷德·马歇尔在后来的一篇关于税收的文章中也提到了这样的问题，将在下文第 17 章第 646 页讨论。

[2] 埃奇沃思，《城市税率》，第 192–193、171–174 页；参见比克代克，《土地价值税》，载《经济学杂志》，12（4），1902 年 12 月，第 478 页。

[3] C.P. 桑格，《地方税收委员会报告》，载《经济学杂志》，11（3），1901 年 9 月，第 327 页。

[4] C.F. 比克代克，《土地价值税》，第 475 页。

International Trade)，这是他人生中的辉煌时刻。[1] 这一政策宣言获得异乎寻常的广泛好评的一种解释是，它“无疑是学院派经济学家撰写的最好的政策文件之一”。[2] 因此，这是马歇尔作为政府顾问在这项特殊事业上达到的最高峰，而它在 1908 年的最终出版也恰逢他学术生涯的退休。

马歇尔撰写这个备忘录的背景如下。[3] 1897 年，在殖民地首相会议上，当时的殖民大臣约瑟夫·张伯伦提出建立帝国关税同盟的概念，作为巩固帝国关系的一种方式。这在一定程度上是对当时在中欧和东欧爆发的泛日耳曼和泛斯拉夫运动的回应。支持自由贸易的英国传统，殖民地对保护其“幼稚产业”的依赖，以及考虑整体经济发展，都意味着这种在贸易上要求“帝国特惠”的呼吁在白人领地几乎没有得到立即的支持。1902 年，面对南非战争带来的巨额开支，英国财政大臣试图通过一项小的财政措施来平衡预算，使得这个问题重新回到了公众辩论的最前沿。他想要推行的是谷物登记税，这种税征收成本低，短期后果可预测，而且远不像增加印花税或提高所得税税率等其他税收手段那样不受欢迎。此外，这种税曾被皮尔（Peel）用作替代谷物税的一项措施，因而只有较为狂热的科布登派和曼彻斯特学派的教条主义追随者才谴责这种税违反了自由贸易的“神圣”原则。然而，当加拿大总理将其视为达成帝国贸易优惠的一种手段时，新税就与帝国贸易优惠问题联系在了一起，他在自己的议会中表示，他将寻求英国政府免除加拿大的谷物税。张伯伦对加拿大的倡
377 议做出了积极的回应，并在一次广为报道的演讲中哀叹，“由于坚持经济教条

[1] 参见 A.W. 科茨，《政治经济学与 1903 年关税改革运动》，第 181–229 页；唐纳德·温奇，《经济学与政策：一个历史调查》，伦敦：柯林斯出版社，1972 年，第 64–70 页；J.C. 伍德，《阿尔弗雷德·马歇尔和 1903 年关税改革运动》，*AMCA*，IV，第 312–326 页；菲利斯·迪恩（Phyllis Deane），《阿尔弗雷德·马歇尔论自由贸易》，收录于《阿尔弗雷德·马歇尔回顾》，第 113–132 页；伦纳德·戈麦斯，《新古典国际经济学》，伦敦：麦克米伦出版社，1990 年，第 4 章。

[2] T.W. 哈奇森（T.W. Hutchison），《杰文斯革命与经济政策》（'The Jevonian Revolution and Economic Policy'），收录于《论经济知识的革命与进步》（*On Revolutions and Progress in Economic Knowledge*），剑桥：剑桥大学出版社，1978 年，第 114 页。

[3] 这一段在很大程度上来自菲利斯·迪恩的描述，《阿尔弗雷德·马歇尔论自由贸易》，第 118–119 页；还可参见哈勒维（Halévy），《英国人民的历史：帝国后记（1895–1905 年）》（*History of the English People*：*Epilogue*（*1895- 1905*）*Imperialism*），伦敦：企鹅出版社，1939 年，第 1 卷，第 1 章，以及彼得·凯恩（Peter Cain），《爱德华时代英国的政治经济学：关税改革之争》，收录于艾伦·奥黛（Alan O'Day）编辑，《爱德华时代的冲突与稳定：1900–1914 年》（*The Edwardian Age Conflict and Stability 1900-1914*），伦敦：麦克米伦出版社，1979 年，第 2 章。

和陈旧信念，我们失去了殖民地提供的成为更紧密联盟的机会”。[1] 隐藏的危机随时可能爆发。

虽然在 1902 年的殖民地会议上，帝国特惠政策比建立更紧密的殖民地联盟的建议获得了更多的支持，但这件事在公众舞台上继续发酵。1902 年 11 月，作为财政大臣的里奇向内阁表示，如果以牺牲英国的自由贸易为代价的话，他将反对引入这种优惠制度。然而，由于部门的分裂，首相巴尔福致信国王表示，内阁决定在 1903 年的预算中保留谷物税，并呈交给大英帝国。巴尔福的内阁报告随后遭到他的一些部长的质疑。其中究竟解决了什么问题，至今仍难以确定。无论如何，财政大臣里奇在 1903 年的预算中废除了这项税目，从而放弃了这一实施帝国优惠政策的简单方法。内阁在这个问题上的分歧现在成了一个臭名昭著的话题。张伯伦尤其愤怒，他在 1903 年 5 月向伯明翰选民发表的演讲引发了一场大规模的全国性辩论。

在学院派经济学家中，张伯伦至少有一位坚定的支持者。这就是 W.A.S. 休因斯，他在 1895 年至 1903 年任伦敦经济学院院长。在关税改革辩论期间，他辞去了伦敦经济学院的职务，成为关税改革委员会的秘书，该委员会是为关税改革联盟收集信息和进行宣传的机构。几年前，德国历史学家、社会政策协会的主席施穆勒曾邀请休因斯撰写一篇关于财政变化和贸易保护主义的文章，后者在文中批评了自由贸易。更重要的是，《泰晤士报》请他就这一主题撰写文章，以激发公众辩论。正是这些文章，以及内阁内部的骚动，最终把马歇尔卷入了这场争斗。[2]

休因斯的匿名文章发表于 1903 年 6 月 15 日，署名为“一位经济学家”，这是一篇为张伯伦辩护的文章。休因斯的第一个理由是帝国联盟并不是一个新问题，即便在帝国关税同盟的背景下也是如此；近 1/4 个世纪以来，这个问题一直困扰着罗斯伯里（Rosebery）勋爵等老一辈政治家。第二，以前的经济学

---

[1] 引自迪恩，第 119 页。费伊听马歇尔演讲时，记录下了马歇尔当时对张伯伦演讲的反应。在早些时候与布尔战争有关的一个场合，佩西克—劳伦斯出人意料地回忆起马歇尔对张伯伦的评价，认为他是价值数亿英镑的国家“负资产”。参见上文第 10 章，第 313、315 页，以及下文第 17 章，第 606 页注释 *。

[2] 菲利斯 · 迪恩，《阿尔弗雷德 · 马歇尔论自由贸易》，第 120 页；杰拉德 · M. 库特（Gerard M. Koot），《英国历史经济学：1870–1926 年》（*English Historical Economics 1870-1926*），纽约：剑桥大学出版社，1987 年，第 174–178 页；关于巴尔福给国王的信，可参见布兰奇 · E.C. 达格代尔（Blanche E.C. Dugdale），《亚瑟 · 詹姆斯 · 巴尔福》（*Arthur James Balfour*），纽约：G.P. 帕特南出版社，1939 年，第 252 页。

家和穆勒都赞成殖民政策，尤其是认同英国国内政治迫切需要为过剩人口寻找移民出路。

休因斯发表第一篇文章的那个星期一对马歇尔来说是个重要的日子。这天是经济学和政治学特别委员会召开第一次会议的日子，正式宣告他在建立单独的经济学和政治学荣誉考试方面的胜利。[1] 如果马歇尔在当天读到休因斯的文章，那这一天也许就不那么完美了。他知道这篇文章的作者是谁，因为休因斯在开始写作之前已经私下告知了马歇尔，这使得马歇尔对文章的内容更加恼
378 火。[2] 马歇尔在早期的通信中曾与休因斯就他在伦敦经济学院推行的经济学教育观念发生过冲突。在这段书信往来中，马歇尔对休因斯贬低剑桥大学经济学教学的做法，以及他对一般经济学，尤其是经济学理论的看法感到不满。[3] 马歇尔对休因斯关于什么是好的经济学的看法的嫌恶可以追溯到更早以前。他个人收藏的休因斯的《英国贸易与财政》(*English Trade and Finance*)，一本关于 17 世纪经济史的学生扩展读物，被他写上了大量的批判性注释，这说明了他当时对牛津历史经济学的不满。[4] 这些个人因素进一步解释了为什么不喜论战的马歇尔会被卷入有关自由贸易的辩论。

继 6 月中旬的第一篇文章之后，休因斯关于财政问题的文章继续时不时地

---

[1]《泰晤士报》，1903 年 6 月 15 日；剑桥大学档案馆，Min. V. 114，1903 年 6 月 15 日。

[2] * 阿尔弗雷德·马歇尔致布伦塔诺的信，1903 年 7 月 17 日，参见 H.S. 麦克雷迪，《阿尔弗雷德·马歇尔论 1903 年关税改革：未发表信件若干》(‘Alfred Marshall on Tariff Reform 1903：Some Unpublished Letters’)，载《政治经济学杂志》，63 (3)，1955 年 6 月，第 160–161 页，其中，在回答布伦塔诺关于谁是《泰晤士报》上的“经济学家”的问题时，他说，尽管他自己“现在就能发现”是谁，但该作者在他开始撰写这一系列文章之前已经私下告诉了他，所以马歇尔不便于透露他的名字。休因斯可能是在政治经济学俱乐部 2 月的会议时私下告知马歇尔的，因为他们偶尔会在这些会议上碰面，而且两人都出席了这次会议。参见马歇尔致休因斯的信，1901 年 2 月 19 日，引自科茨，《阿尔弗雷德·马歇尔和伦敦经济学院的早期发展》，*AMCA*，IV，第 138 页；政治经济学俱乐部，《会议纪要》，第 6 卷，伦敦：麦克米伦出版社，1921 年，第 137 页。

[3] A.W. 科茨，《阿尔弗雷德·马歇尔和伦敦经济学院的早期发展》，第 131–141 页，见下文第 15 章，第 542–543 页的讨论。

[4] 保存在马歇尔图书馆。参较阿隆·卡迪什，《19 世纪末的牛津经济学家》(*The Oxford Economists in the late Nineteenth Century*)，牛津：克拉伦登出版社，1982 年，第 7 章。这种厌恶似乎是相互的。休因斯在自传中对马歇尔的评价远称不上赞赏(《一位帝国主义者的辩白》(*The Apologia of an Imperialist*，伦敦：康斯塔伯出版社，1929 年，第 1 卷，第 26–27 页)，尽管开场白是他和马歇尔“是非常好的朋友，但并不总是意见一致”。库特(《英国历史经济学：1870–1926 年》，第 175 页)记录了休因斯对西德尼·韦伯的尖锐评论，即这些德国人并不认为马歇尔的书“本质上是重要的”。

出现在《泰晤士报》上。第二篇文章（6 月 22 日）对废除谷物法是否明智提出质疑，讨论谷物法是否仍然符合英国的最佳利益。第三篇（6 月 25 日）抨击了工资随生活成本而变化的主张，认为这是一种没有历史事实支持的经济理论教条。第四篇（6 月 29 日，星期一）对废除谷物法的影响进行了进一步的批判性考察，休因斯从中得出结论，自由进口不能保证谷物的低价，英国在过去几年中对美国进口谷物的过度依赖变得更加危险。第五篇文章（7 月 4 日）认为自由贸易是英国经济进步的结果而不是原因，并且，随着英国工业增长的明显放缓，是时候重新审视关税问题了，特别是可以发现贸易的增长更多地归功于双边贸易谈判，而不是不受限制的自由贸易。

两天前，也就是 1903 年 7 月 2 日，财政大臣里奇的私人秘书西奥多·卢埃林·戴维斯（Theodore Llewellyn Davies）给马歇尔写了一封"私人的"非正式邀请，请他就这场争议发表自己的看法。虽然信中特别提到了帝国特惠关税和可能的报复性关税，但里奇也希望马歇尔对英国眼下自由贸易与贸易保护主义的好处进行一般性评论；如果可能的话，还请马歇尔对进口关税的影响进行总结发言，特别是有或没有帝国特惠对进口谷物、肉类和乳制品的影响。[1]当马歇尔收到这封信时，他正在奥地利度假，他解释了为什么这么迟才回复（7 月 14 日）并为此致歉。他承诺会尽快寄出一份简短的备忘录。与此同时，他向戴维斯推荐了他 1890 年关于竞争的主席演讲，其中部分涉及了托拉斯和贸易保护主义的问题。在关于进口关税的问题上，他提到了自己 1901 年与《泰晤士报》就煤炭出口关税的通信，其内容重印在《经济学杂志》上。[2]

从那时马歇尔与德国经济学家布伦塔诺的通信中，可以明显看出他个人对 379
休因斯文章的不满。他在之前的信件中总是对布伦塔诺说，建立新的荣誉学位耗费了他的大量精力，现在又有了这些"关税问题"，他抱怨说，无法像最开始那样享受山里的松弛，他不得不提前进入工作状态，结果就是，他"梦里都

[1] * T. 卢埃林－戴维斯致阿尔弗雷德·马歇尔的信，1903 年 7 月 2 日（马歇尔档案，1/252）。戴维斯在信中巧妙地吹捧了马歇尔，信的一开始就表明，他知道马歇尔最近很忙，许多工作都被推迟了，结尾还说了从洛斯－迪肯森（Lowes-Dickensen）——协助建立新的荣誉学位的马歇尔的同事——那里听到了他们最近取得的胜利。

[2] 阿尔弗雷德·马歇尔致 T. 卢埃林－戴维斯的信，1903 年 7 月 14 日（马歇尔档案，1/253）。另见马歇尔《竞争的某些方面》，载《纪念集》，尤其是第 258–272 页，还有马歇尔致《泰晤士报》编辑的信，1901 年 4 月 22 日和 5 月 9 日，重印于 1901 年 6 月《经济学杂志》，XI（2），第 165–168 页。1903 年 7 月 5 日这一周，马歇尔夫妇离开剑桥前往奥地利度假，7 月 9 日（星期四）经过慕尼黑，于周末到达最终目的地斯特恩。

是经济学"！马歇尔告诉布伦塔诺，他已经私下向这位匿名作者提出了抗议，如前所述，这位作者在写作前还知会了马歇尔，并且，尽管他拒绝了《泰晤士报》让他谈一谈自由贸易问题的邀约，但他"目前正在就国家所面临的一些主要问题形成自己的观点"。这将回应《泰晤士报》上这位"经济学家"的一些观点。[1]

马歇尔还告诉布伦塔诺，他以前的学生查普曼正在为《每日邮报》写一篇回应，[2]而巴斯特布尔也正在准备一些文章。马歇尔指出了人们在回应休因斯的文章时所面临的两个困境。首先，休因斯没有提出自己的方案。事实上，在这些文章中，他并没有完全表明自己的立场，这让人们有可能把他看作是一个"庄严而杰出的自由贸易者"，或者其他什么人。其次，这些文章的内容显示，休因斯更像是一位政客而不是经济学家，因此，经济学家对他的任何回应都需要"将政治与经济学混在一起"。最后，马歇尔向布伦塔诺评论了他在辩论中看到的政治局势。他认为张伯伦可能会彻底改变他目前的立场，更公开地站在保护主义和反对托拉斯这一边；《每日邮报》对张伯伦的反对意义重大，因为该报的影响力巨大，尤其是在伯明翰，而且考虑到可能产生有利于保护主义的间接后果，比如报复性措施和倾销；这场斗争可能会持续很长时间，如果不是几代人的话，也可能会持续数年。[3]

与此同时，马歇尔继续关注休因斯在《泰晤士报》上发表的文章，也许是由"忠实的"莎拉寄往马歇尔夫妇的度假地。第六篇文章（7月11日）武断地指出，无论是自由贸易还是保护主义，从经济发展的数据中获得支持都是非常困难的，而第七篇文章（7月16日）则讨论了保护主义对德国小麦价格的

[1] 马歇尔致布伦塔诺的信，1903年7月17日。早些时候，1903年5月18日，他们曾就《经济学原理》的德译本的翻译问题，以及后续各卷的版权问题进行过通信（见下文第12章，第433–434页），马歇尔曾一度考虑将其分成两卷出版。噩梦很快就消失了。8月初，马歇尔在给福克斯韦尔的信中写道："山林的宁静已驱走了我邪恶的灵魂，我再也不会在夜里梦见经济学了。"马歇尔致福克斯韦尔的信，1903年8月5日（弗里曼收藏，12/224），上文第7章第217–218页引用了一部分。

[2] 曼彻斯特欧文学院政治经济学教授查普曼的四篇文章，于1903年6月30日至7月11日在《每日邮报》上发表。

[3] 马歇尔致布伦塔诺的信，1903年7月17日。马歇尔难以确定休因斯的实际立场以及不确定他是否坚定支持张伯伦是发生在第六篇文章的时候，在写这封信的时候，马歇尔可能已经看到了《泰晤士报》最近的一篇文章，相比休因斯的第一篇文章，那篇文章相当明确地支持了张伯伦和其他人关于帝国特惠制的观点。参较伦纳德·戈麦斯（Leonard Gomes），第74页和注释21。根据休因斯的说法，马歇尔还拒绝了其中一家杂志社请他回复文章的邀请（《一位帝国主义者的辩白》[*The Apologia of an Imperialist*)，第67页]。

影响。马歇尔向布伦塔诺描述这第七篇文章是“骇人听闻的”，并希望布伦塔诺能对德国的部分做出回应。他自己可以很容易地发表一些关于保护主义对英国谷物价格影响的文章，事实上，他曾威胁休因斯，他可能会提前发表他为《经济学原理》第二卷准备的一些材料。

马歇尔在这封信中还向他的德国朋友吐露，他对一位内阁主要成员做出了承诺，将以备忘录的形式写一份答复。其中一部分涉及关税的影响，另一部分涉及根据过去 20 年的变化，对英国财政体系进行必要的调整。前几天他已经寄出了第一部分，目前仍在撰写第二部分。这封信的结尾表明，马歇尔仍与休因斯保持书信往来，但“《泰晤士报》上的署名为‘一位经济学家’的文章内容与他私下写给我的信的内容越来越不一致”。[1]

在马歇尔再次写信给布伦塔诺以感谢他寄来的一些材料之前，休因斯没有 380
再发表文章。马歇尔在信中提醒布伦塔诺，他在《双周评论》上的文章，[2] 反对对享有出口优惠的货物征收特别关税，这种性质的建议会正中英国贸易保护主义者的下怀，从而成为对自由贸易事业“最坏”的结果。因为英国保护主义者认为，德国对进口商品征税相当于对德国竞争性出口商品的奖励，因此，补偿性关税可以被广泛应用于保护英国工业。他还告诉布伦塔诺，休因斯曾在通信中警告过他，这是张伯伦竞选中最危险的地方，因为它很容易被张伯伦这样

[1] 马歇尔致布伦塔诺的信，1903 年 7 月 24 日。遗憾的是，他所提到的休因斯写给马歇尔的关于《泰晤士报》文章的信件似乎没有保存下来。不过，今年有一些马歇尔与休因斯的通信问世。参见 A.W. 科茨，《政治经济学与 1903 年关税改革运动》，第 226 页和注释 132，其中引用了马歇尔 1903 年 7 月 14 日写给休因斯的信。

[2] * 这篇文章标题是“英国商业政策的建议逆转”（The Proposed Reversal of English Commercial Policy），载《双周评论》，1903 年 8 月，第 212–221 页。马歇尔在随后的一封信（1903 年 8 月 15 日）中对此进行了评论，批评如下：

我刚刚在《双周评论》上阅读了你的文章。上个月我没有时间仔细阅读任何东西。我希望它会带来好处，尽管我相信，如果德国屠宰品的销售在英国会“使成千上万的工人失业”，那么在德国就会使更多的人失业。我的意思是，它会使得德国工业比英国工业更不稳定。除了这个例外，我由衷地同意并欣赏这篇文章。……我冒昧提出一个小建议。英国对白银进出口的统计相当可靠，但对黄金的统计就不那么可靠了。因为英国游客，尤其是那些经常光顾半英式酒店的人，口袋里往往揣着大量的金币；而这些都逃过了海关官员的注意。所有这些不足秤的都被送回了英国；多数情况下是由金银交易商运回的，他们当然会向海关官员报告。毫无疑问，还有一些被来英国旅游的德国人带回；但也不是很多。因此，我们的黄金净进口虽然相当可观，但实际上比统计数字所显示的要少得多。

的人利用来达到竞选目的，此时他已经在煽动人心了。[1]

当马歇尔再次就这个问题写信给布伦塔诺时，又有 3 篇休因斯的文章发表了。第八篇文章（7 月 27 日）认为，工业条件的变化将迫使英国自由贸易者实行“帝国政策”，并指出，这种贸易政策的调整对英国境况不佳的钢铁工业至关重要，尤其是考虑到它对国防的重要性。休因斯不认同用高工资来解释英国竞争力下降这一传统观点，尽管他承认运输成本上涨和英国技术教育落后等观点。对最后一个问题的有效补救是需要大量的公共投资。第九篇文章（8 月 3 日）指出，所有文明国家在其历史的大部分时间里都在寻求贸易保护，而且，尽管自由贸易对英国近代的发展有好处，但不断变化的环境将迫使它在帝国背景下重新考虑贸易保护问题。正如前一篇文章所描述的，钢铁产业的状况使得帝国关税优惠制度成为英国目前可选择的最好的贸易政策。第十篇（8 月
381 8 日）则考察了自由贸易对英国农业的影响。它强调了英国的农业效率，并将其所处的劣势与农村教育的糟糕状况、农村商业组织的特点和交通条件（尤其是铁路）联系起来。这意味着对进口食品实行帝国特惠制是对此类农业问题的解决方案，因为远距离的自然保护可以奠定一种令人满意的农业基础，这也是休因斯出于社会和政治原因热切期望的结果。

在最后一篇文章发表的时候，布伦塔诺被告知，马歇尔已经完成了给里奇部长的备忘录。在接下来的一周内，马歇尔收到了来自伦敦对第一部分的校样，要求他进行一些小的修改。[2] 8 月 25 日，戴维斯承认在 8 月 22 日收到了备忘录第二部分（从奥地利寄来的路上花了十多天），并向马歇尔解释了这份备忘录的命运。他对后者的评论值得在此引用：

---

[1] ¶ 马歇尔致布伦塔诺的信，1903 年 7 月 24 日。在这封信中，马歇尔还否认了《泰晤士报》上署名为“一位经济学家”的人是博纳，这是布伦塔诺对这个人身份的第二次错误猜测，第一次是阿什利（马歇尔致布伦塔诺的信，1903 年 7 月 17 日）。知道他第三次会猜中，马歇尔就不会允许他继续猜测了，而他必须对此保密。1903 年 8 月 12 日，为了维持他的诺言，他向布伦塔诺报告，“英国有传言称休因斯是《泰晤士报》上的‘经济学家’，我把这个谣言告诉你，由你自己判断”，这是他对布伦塔诺的明确邀请，因为这是他自己第一次在这种情况下提到一个名字。8 月 2 日，马歇尔写信给福克斯韦尔（弗里曼收藏，13/224）说，他还“没有从我的财政问题书信中琢磨出来”。

[2] * 阿尔弗雷德·马歇尔致布伦塔诺的信，1903 年 8 月 12 日。他还拒绝了与布伦塔诺夫妇 9 月份一起从奥地利返程的邀请，并承认他在备忘录中提出，对在英国以低于成本的价格倾销的商品征收特别关税的可能性，尽管他个人认为这是不切实际的（*OP*，第 414–415）。T. 卢埃林 – 戴维斯在 1903 年 8 月 13 日给马歇尔的信中，对备忘录的第 29 段提出了质疑，戴维斯声称，马歇尔认为这种价格效应可以忽略不计，尽管马歇尔所说的是其可能低于税收的全部数额。参见 *OP*，第 394–395 页，第 29 段，符合戴维斯信中提出的观点（马歇尔档案，1/254）。

> 现在，关于备忘录的总体情况。——当我第一次给您写信时，我没有想到您会回复得如此完整，我也没有明确的计划如何对待你的答复。但信一寄来，我就立即把它印了出来。现在很清楚的是，政府并不打算系统地征求经济学家的意见——事实上，我不知道是否征求过其他经济学家的意见（除《泰晤士报》的宠儿外！），在任何情况下（即使我们得到您的许可），无疑是由您而不是政府来正式发布备忘录。因此，我希望您会满意——从您的来信中我认为会的——这样的情况：财政大臣向您征求意见；您给他一份备忘录，这份备忘录过去和现在都是您的财产；他为了自己的方便和私人使用而印刷了这份备忘录；同时，他为了您的便利，顺便向您提供了一些印刷品；但是发表的事宜完全掌握在您自己的手中，只是他希望如果你决定发表的话，不要提及他对这件事的干预。不必说，我希望您能尽快发表。[1]

因此，在关税争议最激烈的时期，马歇尔的劳动成果一直被埋藏了。休因斯在 1907 年 12 月说，巴尔福"对马歇尔的备忘录一无所知，只知道里奇离开财政部时，这份备忘录是在他办公室的垃圾中找到的，他从未正眼瞧它"，[2] 这听起来像是真的。为了在 1908 年出版，马歇尔对 1903 年的原始文件进行了多大程度的修改，这可以通过比较 1903 年版本和《官方文件》中所转载的 1908 年下议院第 321 号文件来体现。[3] 在继续这个话题并探讨备忘录的内容之前，有必要提到 1903 年 8 月中旬以来英国发生的事件，其中包括 14 位经济学家所签署的支持自由贸易的宣言，马歇尔不情不愿地被说服签了字。

正如休因斯[4]1925 年还在讽刺的那样，英国自由贸易经济学家在 1903 年 8 月 15 日于《泰晤士报》上发表他们的宣言之前什么都没做，也就是说，在他的第 1 篇文章发表的两个多月后，他在《泰晤士报》上总共发表的 16 篇文

[1] T. 卢埃林 – 戴维斯致马歇尔的信，1903 年 8 月 25 日（马歇尔档案，1/255）。

[2] 参见休因斯，《一位帝国主义者的辩白》，第 1 卷，第 225 页，但参较里奇致马歇尔的信，1903 年 9 月 14 日（马歇尔档案，1/257），其中里奇报告说他寄了一份副本给巴尔福（见本书第 488 页注释［5］）。

[3] 参见 J. C. 伍德，《阿尔弗雷德·马歇尔和 1903 年的关税改革运动》，第 315–317 页，特别是第 323–324 页注释 2，其中伍德表示他是在公共档案室的财政部文件中找到了 1903 年备忘录的原件，题为"财政问题"（T1/9990FB/14949），并认为其章节编号不一致，两个部分的方向也截然不同。对有关文件的比较支持了伍德的观点。我目前正在编辑 1903 年版本，作为马歇尔官方文件的补充卷，将由剑桥大学出版社和皇家经济学会出版。

[4] W.A.S. 休因斯，《一位帝国主义者的辩白》，第 67 页。

382 章已经见刊了10篇，所以这种回应并不有效。此后的几个星期里，围绕这个问题的政治辩论并没有平息，事实上是在为秋季内阁的最后决定预热。1903年7月初，前财政大臣希克斯-比奇（Hicks-Beach）成立了一个“自由食品联盟”，其在下议院的开幕会吸引了54名统一党下院议员的支持。给媒体的信件、社论和宣传册满天飞。巴尔福一直在发行他自己的“蓝皮书”——《自由贸易孤岛的经济札记》（*Economic Notes on Insular Free Trade*），承诺推行适度的财政改革，并同时“对无条件的自由放任是否总是最好的选择提出了礼貌的质疑”。[1]巴尔福的小册子暗示了传统自由贸易的终结，正如他在6月10日对选民的演讲中警告的那样：“自从皮尔让英国成为一个自由贸易国家以来，时代已经发生了巨大的变化”，[2]这最终激起了一些英国自由贸易经济学家的愤慨，他们在暑假准备了一份宣言作为回应。

这份宣言由埃奇沃思组织撰写，于8月15日刊登在《泰晤士报》的书信专栏上。联名信的14位签名者包括6位政治经济学教授（巴斯特布尔、埃奇沃思、冈纳、马歇尔、尼科尔森和斯玛特），1位现任政治家的前教授（考特尼）和7位经济学教师，其中许多人在接下来的10年内成了教授（鲍利、坎南、菲尔普斯、庇古、桑格、斯科特和阿米蒂奇-史密斯）。虽然马歇尔的许多学生都在宣言的签名者之列，但也有一些人不在其中。其中的两位，即查普曼和克拉彭，后来表示他们希望被加入支持自由贸易的名单。

宣言认为帝国优惠“最有可能导致贸易保护主义”，会“在帝国的不同成员之间引发令人恼火的争论”，而远非像所宣称的那样增强帝国的凝聚力。随后，它坚决否认进口增长与失业之间的任何已证实的联系，并认为对进口食品征税会降低英国消费者的实际工资和生活水平，因而结论是这种税收永远不可能既扩大殖民地的小麦种植面积，又鼓励英国的农业，同时不损害英国消费者。最后一点是对休因斯的第7篇和第10篇文章的精准抨击，马歇尔曾用“骇人听闻的”来形容第7篇文章。

---

[1] * J.M. 凯恩斯，《亚瑟·巴尔福》，见《传记随笔》（*Essays in Biography*），第43–45页，参较伦纳德·戈麦斯，第79页。马歇尔对巴尔福小册子的反应保留在他藏书的笔记中，主要包括对其事实内容的质疑，例如他评论说，“不确定”巴尔福的主张是不是目前实行贸易保护的国家不太可能减少贸易保护。马歇尔在1903年9月21日写给里奇的一封信中指出了巴尔福做法的危险性（马歇尔档案，1/258），他在信中谈到了巴尔福适度的关税改革正在导致他的政府陷入“滑坡”。

[2] 参见H. 扬格（H.Young），《亚瑟·巴尔福》，伦敦：G. 贝尔出版社，1963年，第10章，巴尔福6月的演讲出现在第213页；还可参见布兰奇·E. 达格代尔，《亚瑟·詹姆斯·巴尔福》，第16章。

这份“经济学教授和关税问题”宣言的影响力因为普莱斯写给组织者埃奇沃思的一封信而大大减弱。这就详细解释了为什么普莱斯不在签署者之列。最引人注目的是，普莱斯指责说，在提案的细节尚不清楚之前，这 14 个人就在谴责一项提案。尽管这对政治家来说是一件合理的事，学院派经济学家在判断这类问题上受过训练，他们过早地进行批评，反而降低了自己的权威。[1] 普莱斯公开反对这份宣言的理由与 J.N. 凯恩斯在日记中吐露的内容相吻合：

> 14 位经济学教师（包括马歇尔和尼科尔森）在《泰晤士报》和 383
> 其他报纸上联名签署了一份宣言，反对张伯伦的关税提案（该提案仍未成形）。《泰晤士报》对此非常生气。……就我个人而言，我认为发表这份宣言是不明智的行动，很可能会损害专业经济学家的权威。[2]

马歇尔本人对布伦塔诺详细描述了他和其他人在起草这份宣言中所发挥的作用。他在 8 月 18 日对他的朋友说：

> 它主要是由埃奇沃思、巴斯特布尔和尼科尔森协商后起草的。我拒绝起草它，因为当我被要求这么做的时候，我们要反对的东西还不明确。后来，当张伯伦和他的联盟犯下了最明显的经济谬误时，我改变了主意，并建议有人应该在英国起草宣言。初稿大约在三星期前就寄出了，但运输途中耽误了时间。我拿到初稿时，有几处我不喜欢，还有三四处我并不同意。所以我以为自己会被排除在签名者之外，但埃奇沃思很好，他征得了其他人的同意，修改了我强烈要求的内容。最后，非常有文采的坎南对文字进行了修改。现在，总体而言，这是一件值得我们骄傲的事。[3]

《泰晤士报》对此事进行了猛烈抨击，福克斯韦尔和帕尔格雷夫等同事也

[1]《泰晤士报》，1903 年 8 月 15 日；另见《经济学杂志》，13（3），1903 年 9 月，第 442–445 页，其中列出了福克斯韦尔、休因斯、普莱斯、英格利斯·帕尔格雷夫、维恩和尤尔等公开反对这份宣言的人。

[2] JNKD，1903 年 8 月 20 日。

[3] 马歇尔致布伦塔诺的信，1903 年 8 月 18 日。迈克尔·怀特（Michael White），《马歇尔的修辞和吉芬商品》，载《经济记录》（*Economic Record*），1990 年 3 月，第 9 页似乎表明，当休因斯发表他关于食品关税争议的“可怕的”第七篇文章时，马歇尔才改变了不愿签字的态度。

在信中表示了批评，休因斯还做了“更上乘”的回应，[1]一周后，马歇尔承认“宣言中的一两个短语可能不是最好的”。特别是他在之前的信件中提到的一些“起草中的瑕疵”，让签名者容易受到指控，说他们以教授权威“干涉重大政治问题”。他继续说：

> 总而言之，我的第一感觉是，一份宣言比个人的一封信更容易受到责难。宣言必须短小精悍，但又要涵盖面广。由于没有人觉得它的措辞是完全出自自己的想法，所以没有人有强烈的意愿或有完全的资格为它辩护。从某种意义上说，埃奇沃思有责任这么做。但很少有人能像他那样能干，即使在他们占理的时候，也有可能会把事情搞得更糟。所以我们只能低调行事，恭敬地面对那些攻击者。[2]

8月份这封信还提到了马歇尔自己为捍卫自由贸易所写的备忘录，不过他告诉布伦塔诺这份备忘录目前前途未定。如果发表的话，他会立即寄来一份复本；如果它只是“在内阁中私下传阅”，马歇尔打算“对它进行实质性的修改与扩充，使之变成一本小书”。[3]一个月后，马歇尔又提到他自己的备忘录。在奥地利度假的最后几个星期里，他一直在修改他的备忘录（8月下旬他才回到剑桥[4]），旨在把它从“一团乱麻”和比例失调的状态“变得井然有序”，他没有留下一份“草稿”就寄出了，结果它“在运输途中丢了”。他继续哀叹道：“我暑
384 假的成果几乎都白费了。不过，我也许会根据原稿再重写一遍，稍微扩展一下，在圣诞节前后出版。我心里也没谱。如果完成的话，我当然会寄给你一份”。[5]

---

[1] 马歇尔致布伦塔诺的信，1903年8月26日。福克斯韦尔在8月20日的回信中，暗示了伦敦同事们对这一主题的不同看法，帕尔格雷夫在8月18日的信中也提出了类似的观点。

[2] * 马歇尔致布伦塔诺的信，1903年8月26日。几年后，马歇尔写信给贺拉斯·普伦基特爵士（Sir Horace Plunkett）说：“在我的一生中，我在别人起草的文件上署了两三次的名；每一次我都深感后悔。”（马歇尔致贺拉斯·普伦基特爵士的信，1910年5月17日，见《纪念集》，第469页。）

[3] 马歇尔致布伦塔诺的信，1903年8月26日。

[4] 1903年9月21日，他在贝利奥尔庄园发信通知坎南，他正在“完成从欧洲大陆回来后积压的工作”（坎南文件，1021：52–53）。

[5] 马歇尔致布伦塔诺的信，1903年9月29日；正如里奇在1903年9月29日写给马歇尔的信中所说（马歇尔档案，1/257），马歇尔对第二部分的修改在邮寄途中丢失了。里奇借此机会热情地感谢了马歇尔的宝贵贡献，和他把马歇尔的论文寄给巴尔福时所说的话一致。参较上文第381页和本书第485页注释[2]，休因斯声称巴尔福告诉他，他从未见过马歇尔的备忘录，考虑到当时发生的内阁危机，很可能占据了巴尔福的全部注意力。

这个计划没有后续进展，马歇尔的一位朋友告诉他，当前的政治形势十分严峻，危机“来自政府内部”。马歇尔预测，大选结果将势均力敌，最终或许是爱尔兰人占据小优，而倾销问题最终将导致“自由贸易的毁灭”。这是在内阁分裂之后发生的，不仅导致了张伯伦的辞职，还导致了 5 位自由贸易部长的辞职，包括里奇和德文郡公爵，并且引发了一场政治动荡。尽管对形势感到难过，尤其是张伯伦“用最自私的无知来进行最巧妙的呼吁”，但马歇尔承认，他自己不够强硬，也不够粗鲁或世俗，无法以一种可能成功的方式参与这场战斗。[1] 马歇尔在这种场合的顾虑可能更多地与具体情况有关，而不是与他个人性格特质有关，因为他声称自己不具备的这些特质却在其他场合下得到了很好的展现。[2]

新的经济学荣誉学位的教学工作以及为其寻找足够师资等问题，都导致备忘录没有及时发表，而马歇尔虽然高度支持自由贸易和免除所有食品税，但他尽量避免对这个问题进行过多的公共参与。他在 1903 年 11 月 19 日写给自由食品联盟的秘书的信中公开表明了他私下曾对布伦塔诺袒露的情绪：

> 我深感遗憾的是，我无法参与自由食品联盟正在进行的伟大工作，因为我一直遵循这样的原则，即学院派经济学家应该避免加入任何联盟，不应该加入任何政党，除非他们的确像福西特教授那样在很大程度上投身于政治事业。有些人认为，过去半个世纪西方世界经济状况的变化是巨大的，并不完全对我国有利，因此，以开放的态度彻底检查我们的关税政策是正确的，我非常赞同他们的观点。大约 30 年前，我开始相信，如果一个贸易保护制度能够既现实又明智地运作，可能对处于工业发展某一阶段的国家总体上有利，这让我开始研究，自由贸易政策是否完全适合英国。从那以后，我一直在进行这个调查，并逐渐得出结论：过去两代人的变化使得即使是适度的贸易保护政策也会大大增加对英国造成的危害，而且对现在的英国来说，自由贸易比最初采用自由贸易时更为重要。[3]

---

[1] 马歇尔致布伦塔诺的信，1903 年 9 月 29 日。关于这个月的内阁动乱，参见本书第 486 页注释 [2] 中所引用的材料。马歇尔的消息来源可能是考特尼。

[2] 例如，他 1883 年关于亨利·乔治的演讲，见下文第 16 章，特别是第 584–586 页；以及 1910 年与皮尔森的辩论，见下文第 13 章，第 479–482 页。

[3]《泰晤士报》，1903 年 11 月 23 日。

1904年，马歇尔进一步宣布他对自由贸易的坚定支持。一篇发表的评论特别关注了德国各个方面的竞争力，但他警告说，如果英国跟随德国的脚步走上保护主义和工业卡特尔之路，那么“英国人的实际工资必须下降到德国的水平，而不是像现在这样，为效率并不高的劳动力支付比德国人高出一半的工资”。马歇尔承认，与他在“60年代末和70年代初”第一次观察德国工业时相比，情况已经发生了变化，那时候“英国明显处于领导地位”。这些变化都不足以成为对财政政策进行改革以取消自由贸易政策的理由。同样，关税也不是解决帝国问题的办法，在对“小英格兰人”概念的恶搞中，他呼吁“我们真正的理想不在于小盎格鲁撒克逊王国，而在于伟大的盎格鲁撒克逊王国”。[1]

385 S. 阿米蒂奇–史密斯（S.Armitage-Smith）是在那份经济学家宣言上署名的14人中的最后一人，现在是财政部的一名公务员，他在1908年6月20日预告了马歇尔备忘录的最终出版，此时距离马歇尔受邀撰写它已经近5年了。出版备忘录的要求还是来自一位财政大臣。这一次是劳埃德·乔治（Lloyd George）。他在财政部的文件中看到了这份备忘录，对马歇尔关于保护性关税对德国工人阶级的影响的论点印象深刻，并在6月初向下议院发表演讲时引用了这一观点。基于此，劳埃德·乔治急于将备忘录的全文印刷出来并提交给议会，他想知道马歇尔是否反对他的计划，或者在此期间，他有没有打算以另一种形式出版这份文件。[2]

乔治提出这个要求时，马歇尔又一次在奥地利的蒂罗尔度假，地点还是1903年夏天时任部长的里奇邀请他撰写备忘录的那个斯特恩。1908年5月底，马歇尔从剑桥的教授席位上退休，这意味着马歇尔夫妇的夏天比往常来得早，因而他们在6月就来到了他们最喜欢的度假地。所以马歇尔既没有看到备忘录，也没有机会参加劳埃德·乔治在下议院使用它所进行的辩论。然而，马歇尔回应道，他觉得有责任“必须答应财政大臣的要求，虽然我这样做是背离了我预先的打算，而且的确有些前后不一致”。马歇尔在这里又回到了他在公开支持联合主义自由食品联盟的信中所持的观念。职业经济学家必须避免任何形式的争端，除非像他的前辈亨利·福西特那样，身兼教授的职责与议员的

[1] 阿尔弗雷德·马歇尔对舒斯特《对外贸易与货币市场》的评价，载《银行家协会杂志》（*Journal of the Institute of Bankers*），第25卷，1904年2月，第94–98页。

[2] S. 阿米蒂奇–史密斯致阿尔弗雷德·马歇尔的信，1908年6月20日（马歇尔档案，1/258）。让劳埃德·乔治印象特别深刻的段落在备忘录的第37–38页。

职责，因此不可避免地要“积极投身政治冲突”。在同意出版之前，马歇尔指出，备忘录的第一部分是在“非常匆忙”的情况下写成的，其中的一些内容很快就会在他目前正在撰写的有关贸易的书中出版。[1] 马歇尔显然也发电报表示了同意，因为阿米蒂奇 – 史密斯在 1908 年 7 月 4 日的回复中承认收到了一份电报，同时也对马歇尔提出的出版条件表示接受。这包括增加一个进一步澄清保护性关税对价格的影响的注释，以及一个包含马歇尔最后一封信中言论要点的新序言。[2] 马歇尔继与阿米蒂奇 – 史密斯通信之后，又将他在 1903 年关于备忘录的信件寄给了劳埃德 · 乔治的私人秘书威廉 · 亨利 · 克拉克，并表明有必要保护西奥多 · 卢埃林 – 戴维斯，以免把他对休因斯的评论——《泰晤士报》的“宠儿”——泄露出去，更广泛地说，是为了保护 1903 年各方的隐私。[3] 那时，备忘录已印刷完毕，准备呈交下议院。[4]

出版的版本既包括 1903 年的原始序言，也包括 1908 年的附加序言，其内容与前面引用的有关信函相符。[5] 备忘录的第一部分论述了进口税的直接影响，第二部分以从英国废除谷物法到进入自由贸易时代这 60 年来发生的事件为背景来讨论英国的财政政策。

备忘录的第一部分处理了 3 个问题。首先，它讨论了进出口关税的一般性影响，马歇尔得出的结论是，除特殊情况之外，关税主要影响实施关税的国家。如果进口关税相对于国际贸易而言是普遍的，那么关税对货币购买力的影响可能是相当大的，而且贸易商品的供求弹性会影响将部分税负转移到未征税国家的可能性。马歇尔随后举了两个实际案例。第一个是德国关税对德国物价和工资水平的影响；第二个是关于谷物法废除前后英国的小麦价格，这两个问题休因斯在 1903 年的《泰晤士报》文章中都提到过。马歇尔认为德国的关税 386

[1] 阿尔弗雷德 · 马歇尔致劳埃德 · 乔治的信，1908 年 6 月 27 日（马歇尔档案，1/259），随信附上了一份关于进口关税及其影响，还有货币购买力的专业注释；1/260 保存了对阿米蒂奇 – 史密斯邀请的回复，两份都是玛丽 · 佩利 · 马歇尔的笔迹。

[2] 阿米蒂奇 – 史密斯致阿尔弗雷德 · 马歇尔的信，1908 年 7 月 4 日（马歇尔档案，1/261）。

[3] 马歇尔致克拉克的信，1908 年 11 月 22 日（马歇尔档案，1/262）。

[4] *OP*，第 365 页显示 1908 年 11 月 11 日是正式出版日期。下文对备忘录的所有引用都是来自这次重印。从请求出版到实际出版，间隔了将近 5 个月，这给了马歇尔充足的时间进行修改。

[5] *OP*，第 367 页，1903 年序言的文本与 1903 年 6 月 2 日卢埃林 – 戴维斯的信以及马歇尔对内容安排的注释相一致；*OP*，第 367–368 页表示，1908 年的序言与阿米蒂奇 – 史密斯 1908 年 7 月 4 日的信一致。第二个序言中的内容包含了马歇尔对劳埃德 · 乔治的邀请的最开始的回应，并指出他希望对副标题 A、K、L 的内容进行修改，A 部分的修改与他 6 月 27 日随信附上的注释的内容相关［见本页注释［1］］。

总体上不利于德国的实际工资增长（*OP*，第 379 页）；他认为废除谷物法后的谷物价格走势总体上支持自由贸易降低了谷物价格的观点，前提是对黄金相对供应量的变化（在这一时期发生了实质性变化）进行了修正，以及同时对欧洲大部分地区的歉收情况进行了修正。因此，克里米亚战争期间的高粮价是由与俄罗斯的贸易中断、俄罗斯的歉收和黄金价格下跌造成的，就像 1867 年美国和欧洲的歉收以及 1866 年的惨淡收成，不能被视为废除谷物法所导致的一种失败（*OP*，第 381 页）。[1]

备忘录的第二部分处理了自由贸易的历史相对性这一更普遍的问题，这是包括休因斯和巴尔福在内的辩论主角们所关注的焦点。备忘录一开始就承认，贸易理论的伟大真理，就像几何学和力学的真理一样普遍，但它们被错误地应用于过渡环境之中，这一点体现在现代保护主义政策的创始人李斯特和凯里所提出的两个基本主张之中。其中的一个主张即“欠发达国家的先驱产业需要国家干预”应当为英国自由贸易的支持者所接受。不过，这将使他们能够更好地否认保护主义者的另一个主张，即“自由贸易与英国已经达到的工业阶段相适应”（*OP*，第 386–388 页）。马歇尔接着阐述了 60 年前制定财政政策的基础。它的基石是两个命题。一是自由进口本来可以在国内生产的货物，只是对劳动进行了重新分配，而没有使其失业（*OP*，第 389 页）。二是不适当的进口关税应当被取消。这样的关税有三种：对原材料进口的关税，对穷人的食品和其他主要消费品的关税，以及使国内的负担远远超过给外国人所施加的负担的差别关税（*OP*，第 388–389 页）。英国的自由贸易的开端是幸运的，因为它废除的大多数关税都是不适当的；而英国的经济增长表明，得益于自由贸易所带来的相对成本优势，资源的净流入比进口替代更能促进国内就业增长。马歇尔还补充说，1875 年的美国之行让他相信，该国的贸易保护与其说是保护其幼稚产业的发展，倒不如说是对已经强大的制造业进行政治庇护（*OP*，第 390–394 页）。

然后，马歇尔通过观察当代讨论中经常提到的一些因素来总结他的文章。这些因素常被用来表明已经发生的变化使得英国应当采取更具保护主义立场的财政政策。虽然马歇尔没有否认第一个论点的力量，即政府日渐成熟和负责使

[1] 马歇尔说在这种情况下，面包就是吉芬商品，这使他与埃奇沃思发生了冲突。参见马歇尔致埃奇沃思的信，1909 年 4 月 21 日、22 日和 27 日，参见《阿尔弗雷德·马歇尔纪念集》，第 438–442 页。有关详细的讨论，见 M.V. 怀特（M.V.White），《面向必需品的发明：马歇尔的修辞与吉芬商品》（‘Invention in the Face of Necessity：Marshallian Rhetoric and the Giffen Goods’），载《经济记录》，66（192），1990 年 3 月，第 1–11 页，尤其是第 7–10 页，以及下文第 17 章，第 634 页。

其能够在制定财政政策时更好地抵制特殊要求，但考虑到工会在政治上接管的 387
可能性，以及对政府行动的其他迫切需要，把稀缺的政府资源投入所谓的“财政论战”是不明智的（*OP*，第 385–387 页）。接着，他否认美国和德国的工业发展使英国有理由重新引入保护主义。美国的增长在很大程度上归功它的规模和财富，这是英国永远无法复制的；德国的发展在很大程度上源自于它内部的自由贸易，而英国只能通过建立“盎格鲁 – 撒克逊商业联盟”来效仿，但这实际上不可能成功（*OP*，第 397–399 页）。

马歇尔随后提出，关税对所有贸易国的不利影响是压倒性的（*OP*，第 398–402 页），英国早期的工业成功导致了当前“自满”的代价，这是长期顺差带来的价格效应，但她在工资品方面的自由贸易传统，使英国相对于其更具保护主义色彩的竞争对手，保持了较低的劳动力成本结构（*OP*，第 402–408 页）。仅就这最后一个原因而言，自由贸易对于保持英国的工业领导地位至关重要，而且，考虑到对穷人消费征税的不义时，食品的自由贸易便势在必行。“19 世纪后 2/3 时间的财政政策的最大闪光点在于，它发现工人阶级的税收占其收入的比例要远高于富人，因而它的政策目的在于降低工人阶级的税收负担。”（*OP*，第 410 页）[1] 为了防止英国贸易受到国外贸易保护的过度影响，马歇尔建议，如果英国的贸易伙伴不给予英国最惠国待遇，英国将采取严厉的贸易报复措施。然而，马歇尔认为，在大众讨论中，托拉斯和卡特尔倾销的可能性被严重高估了。这是很难改变的，因为潜在的治疗措施往往比疾病本身更糟糕。最后，也是在最初引起整个争议的问题上，马歇尔强调，英国殖民地所能提供的贸易优惠很小，没有什么普遍优势。此外，从公正的角度来看，如果要提供贸易援助，就应该援助贫穷的印度，而不是富裕的自治州，特别是印度的商业政策一直对英国最为慷慨（*OP*，第 415–420 页）。备忘录的末尾强调了殖民地贸易的公平性。

备忘录出版不久，就遭到了《泰晤士报》上的一篇社论的批判。社论的主旨是，马歇尔对“自由贸易的传统经济学真理”的忠诚辩护令人不安，与德国的保护主义经验格格不入，并且马歇尔只能从道德角度批评美国的保护主义做法。在英国形势变化的背景下，他对自由贸易带来的就业后果的保证并不能令人满意。即使所有被进口取代的劳动力最终都实现了重新就业，但在过渡期间，一定存在着大量失业。社论总结道，马歇尔的“几何学真理把他引向一个

[1] 参较上文第 373 页，马歇尔在帝国与地方税收的备忘录中对财政公平的看法。

方向，但偶尔出现的另一个方向的真理会让他停下来，并迫使他走向另一个方向”。自 19 世纪中叶英国接受自由贸易以来，情况发生了变化。关税确实很重要。[1] 其他更受欢迎的报刊上登载了相关漫画，声援了《泰晤士报》的观点。

11 月 19 日，星期四，《泰晤士报》报道了博纳·劳（Bonar Law）在卡迪夫的一次演讲，他把马歇尔的备忘录描述为“坦率的党派之论”，并提到它是 5 年前写就的。马歇尔在 11 月 23 日（星期一）的《泰晤士报》信件专栏中为
388 自己进行了辩护。马歇尔表示，他在备忘录中的偏见是训练有素的经济学家的偏见，然后指责博纳·劳应对备忘录的这次再版负责，因为他曾在去年 6 月劳埃德·乔治的预算辩论中敦促它的出版。马歇尔得出的结论是，与其以这种方式重新进入公众争论，他更愿意在他正在写的《国家产业与国际贸易》(*National Industries and International Trade*) 一书中处理贸易问题。[2]

1910 年，为了获得比前一次政府出版时更广泛的读者，科布登俱乐部提议重新出版马歇尔的备忘录。马歇尔的出版商麦克米伦对此表达了一些兴趣，[3] 但由于马歇尔越来越不愿意卷入进一步的公共争议，他没有同意最初的提议。不过，他同意别人引用他的作品，并愿意以摘要形式发表他的论点，正如科布登俱乐部和它的组织者，国会议员约翰·M. 罗伯逊（John M. Robertson）曾经建议的那样。1910 年，罗伯逊发表了马歇尔备忘录的摘要；1911 年，科布登俱乐部出版了 J.M. 罗伯逊的一本书，书名颇具挑衅意味，名为《关税改革的失败：张伯伦提案大揭露》(*The Collapse of Tariff Reform*: *The Chamberlain Case Exposed*)。[4] 后一部作品猛烈抨击了休因斯从 1903 年起所支持的观点，其中没有提到马歇尔的备忘录或马歇尔的名字，不过还是引用了他的部分论点来反对休因斯。

随着这一事件的发生，马歇尔长期以来关注的财政政策争议就此结束。直到他去世，马歇尔一直怀有自由贸易的坚定信念，但在第一次世界大战后的经

[1]《泰晤士报》，1908 年 11 月 17 日。

[2]《泰晤士报》，1908 年 11 月 19 日；马歇尔致《泰晤士报》的信，1908 年 11 月 21 日，发表于 1908 年 11 月 23 日。漫画参见图 42 和 43。

[3] J.A.M. 麦克唐纳致马歇尔的信，1910 年 4 月 22 日，马歇尔致 J.A.M. 麦克唐纳的信，1910 年 4 月 23 日（马歇尔档案，1/265–266）。麦克米伦出版社于 1926 年将其纳入马歇尔的官方文件中。

[4] J.M. 罗伯逊，《国际贸易财政政策：马歇尔教授备忘录摘要》(*The Fiscal Policy of International Trade, being a Summary of the Memorandum by Professor Marshall*)，伦敦：卡塞尔出版社，1910 年；文中提到的作品是 1911 年为科布登俱乐部出版的，伦敦：卡塞尔出版社。

济重建时期，争取自由贸易的战斗失败了。正如马歇尔自己所担心的那样，财政关税随即被引入。[1] 20 世纪 30 年代的大萧条期间，马歇尔也没能目睹这一幕：他最喜欢的学生之一梅纳德·凯恩斯转而支持关税制度，理由是它创造了就业。后来英国国际贸易的财政政策的实践证明马歇尔是错误的。然而，自由贸易与保护主义的问题在 20 世纪末仍然存在争议，像马歇尔晚年这场争议开始时一样。

在结束对马歇尔作为皇家专员和政府顾问的丰富多彩的经历的长篇大论时，不妨以他自己对漫长生命的最后几十年里的这类活动的两个判断为结语。在他倒数第二本专著《产业与贸易》中，讨论运输业的竞争和垄断时，马歇尔写了一段关于从调查委员会那里获得知识的内容。这反映了他自己在这些问题上所获的经验和哲学，特别是从 19 世纪 90 年代初开始，他强调了专家知识在这种事实调查机构中的重要性。[2]

另一份是为财政政策备忘录所写的序言草稿，日期为 1903 年 9 月 23 日，当时官方已确定不会出版这份备忘录，但私人出版仍在考虑之中。这些在他生前未发表的观点，进一步证明了马歇尔的优柔寡断和纠结的性格。他在劳工委员会担任皇家专员的岁月，以及他应邀积极地与政府及其顾问分享他的知识，这些都表明，对他来说，政治经济学的艺术和科学同样重要；那些锻 389
造用来获得真理的车辆引擎的人，偶尔乘坐车辆也是情有可原的。

> 避免参与激烈的政治讨论是我的原则，即使它包含了许多冗长的经济学论证。因为，无论一个职业经济学家如何清楚地在自己的头脑中区分出问题中与他的研究直接相关的方面和他不完全了解的方面，这种区别很容易为任何一方的党派人士所忽视。如果他允许自己卷入激烈的争论，他自己可能就会失去这种辨别能力。他至少会稍微偏离这条笔直的道路，学徒乐于在这条路上发现和传播一个新的真理，新的论点可能与他的结论相符，也可能反对他自己的结论。他渴望影响公众。公众不会欣赏微妙的区别或复杂的推理。对问题的经济基础进行充分的讨论会使他们反感，达不到效果。他必须让讨论变得轻松；他必须忽略许多困难。当他与经验丰富的辩论家在一起时，他可能

[1] 参见下文，第 17 章，第 646 页。

[2] *IT*，第 443 页。

会向他们的目的靠拢，也倾向于采纳他们的方法。如果他屈服于这种诱惑，他甚至可能开始调整自己的观点，从而过分强调那些支持他结论的事实和论据。这样一来，他的主张就会变得有效；但这就要牺牲学徒应有的不偏不倚的真诚。但凡事皆有例外，和过去两代人出现的所有其他同等重要的问题相比，现在摆在公众面前的主要政治问题的不同之处在于，双方领导人在很大程度上正式接受了某些明确的经济学声明。……

还有一点要说明。经济学家毕竟也是人，和其他人一样，也有自己的情感和热情。我热爱盎格鲁-撒克逊人的理想。它们主要是在这个国家和在美国发展起来的。如果让我选择其中之一，坦率地说，我会选择前者。但我相信，英国人可以从作为其地位来源的一部分而不是全部的论证中吸取更多教训。[1]

在这个对马歇尔作为政府顾问参与官方事务的漫长叙述中，马歇尔的人性得到了惊人的展现，特别是在他为劳工委员会工作和撰写《国际贸易的财政政策备忘录》的背景下。他提供证词的方式也显示了马歇尔的许多个人特点：固执己见，迂腐，对细节不是很有把握，当需要采取行动时犹豫不决，只有当他在贝利奥尔庄园的书房里舒适而安全地就理论和一般原则发表意见时，他才是最有能力的。他对政府的贡献里包含了许多在他有生之年不会公布的原则。他的货币理论和税收理论尤其如此。花在这类活动上的时间最终是否值得，这是一个很难判断的问题。虽然可以很轻易地认为，劳工委员会的工作耽误了他自己的学术写作，并且是《经济学原理》第2卷没有问世的主要原因，但他在写作上的推诿是如此之多，所以如果他没有参与这类工作，第2卷是否能最终完成也是很难说的。尽管如此，皇家委员会还是以各种有趣的方式将教授变成证人，变成专家，甚至变成偶尔为自己谋利的事实收集者。这些资料还能让我们有趣地洞察马歇尔与商人、劳动者、政府官员和福利组织人士之间的关系。

[1]《国际贸易的财政政策》序言，日期为1903年9月23日（马歇尔档案，棕色大箱；马歇尔档案，1/252–268）。

第 12 章 《经济学原理》的长途跋涉：1881–1922 年 399

1890 年 7 月中旬，麦克米伦公司出版了马歇尔《经济学原理》第 1 卷。[1] 这本书无疑是阿尔弗雷德·马歇尔经济学生涯中的一个高峰，凝聚了他毕生心血。毫不夸张地说，这是他作为一位经济思想家的不朽丰碑，从他自己对经典一词的定义来看，这本书无疑有资格成为一部经典，不断地启发着后来的经济学工作者。[2] 评论界几乎一致称赞它是那个时代的重要著作，有些大胆的评论家说，即便不能比肩亚当·斯密的《国富论》，它也是穆勒伟大的《政治经济学原理》（一问世就获得了同样的赞誉）的当之无愧的后继之作。[3]

报纸评论认为这本书不仅仅是属于下一代经济学家的宝贵财富。《经济学原理》将政治经济学重新塑造为“研究社会完善性的科学”；它展现了“对工业史异常彻底的研究”；其内容包含了与穆勒著名的关于工人阶级未来的章节

---

[1] * 大卫·麦克米伦，《马歇尔的〈经济学原理〉：文献注释》（*AMCA*，II），简单地提到了出版日期为 7 月；1890 年 7 月 19 日的《蓓尔美尔公报》（*Pall Mall Gazette*）似乎是马歇尔保存的第一份报纸评论；在 1890 年 7 月 24 日星期四的评论中，《泰晤士报》提到这本书“本周由麦克米伦出版社”出版。麦克米伦写给梅纳德·凯恩斯的一封信（1924 年 8 月 15 日）中提到的出版日期是 1890 年 7 月 18 日，这与证据相符。

[2] 马歇尔致博纳的信，1898 年 11 月 27 日，见《纪念集》，第 374 页。

[3]《泰晤士报》，1890 年 7 月 24 日；《每日纪事报》（*Daily Chronicle*），1890 年 7 月 24 日；《苏格兰人》（*The Scotsman*），1890 年 7 月 28 日；《西部晨报》（*Western Morning News*），1890 年 9 月 25 日；《都柏林晚报》（*Dublin Evening Mail*），1890 年 8 月 27 日；《曼彻斯特卫报》，1890 年 8 月 29 日；《每周评论》，1890 年 10 月 1 日；《星期六评论》（*The Saturday Review*），1891 年 1 月 24 日，第 114–115 页；与斯密的比较，见《美国政治与社会科学学院年鉴》第 1 卷，1890 年 7 月—1891 年 6 月，第 332 页。

相媲美的“富有艺术气息的创作工艺”；它的出版确保了“政治经济学不再是一门有着沉闷的主题、方法与结论的沉闷科学”。[1]《演讲者》(*The Speaker*)认为马歇尔同等地“接受异端经济学家和正统经济学家的指导”，因而也被认为是极其公正客观的，尽管《曼彻斯特观察家》(*Manchester Examiner*)将《经济学原理》与赫伯特·斯宾塞的著作，特别是他的社会学著作进行了比较，但其他人更准确地将马歇尔的观点，例如那些关于国家的观点，放置于斯宾塞和社会主义者之间。[2]然而，这些评论也不全是赞扬。一篇充满敌意的评论特别批评了马歇尔的写作风格，称其“过于冗长、啰嗦、重复”。评论者继续说，“比散漫的风格更严重的问题”是这本书“开始讨论一些话题却没有收尾”的做法，该书作者试图以“搁置难题”为这种做法辩护。一些中肯的评论家探察到了书脊上标注的“第 1 卷”的意味——这本书将分期出版；正如《布里斯托西部日报》所评论的那样，这是极具挑战性的，因为这一卷的出版“已经被期待了很多年”，而且正如西德尼·韦伯告诉《星报》(*Star*)读者的那样，第 1 卷就已经酝酿了 10 年。[3]

韦伯对《经济学原理》孕育期的评论无疑是准确的。马歇尔从 1881 年至 1882 年间开始写作。那个冬天，马歇尔夫妇在巴勒莫度假，随后在意大利和阿尔卑斯山度过了春夏。因此，西西里岛可以说是《经济学原理》的诞生地。
400 然而，构想在前一年就已经出现，而且究其本质，《经济学原理》体现了近 1/4 个世纪的艰苦研究和阅读。1880 年 4 月，《产业经济学》出版的 6 个月后，马歇尔写信给福克斯韦尔说，尽管众人都很期待，但他不想匆忙出版它，[4]尤其是因为，正如他在 1887 年告诉麦克米伦的那样，他正在写的书“将是我一生的中心工作；它与我已经写过的或将要写的任何东西都不同”。[5]因此，漫长的写作过程与更长时间的前期准备让他的《经济学原理》更接近《国富论》

---

[1]《蓓尔美尔公报》，1890 年 7 月 19 日；《每日纪事报》，1890 年 7 月 24 日；《格拉斯哥先驱报》(*Glasgow Herald*)，1890 年 8 月 18 日；《日晷》(*The Dial*)，1890 年 10 月，第 12 卷，第 174 页。

[2]《演讲者》，1890 年 11 月 1 日；《基督世界》(*The Christian World*)，1890 年 7 月 28 日。

[3] 一篇真正充满敌意的评论出现在 1890 年 10 月 23 日的《国家》(*The Nation*)杂志上，第 329–330 页；但是 1891 年 1 月的《爱丁堡评论》第 173 卷，第 239 页也对不尽如人意的风格提出了类似的批评。1890 年 7 月 24 日的《泰晤士报》和提到马歇尔的著作将分期出版；《爱丁堡评论》，第 238 页；1890 年 8 月 1 日的《布里斯托西部日报》提到了这样做的风险。韦伯在《星报》上的评论发表于 1890 年 7 月 30 日。

[4] 马歇尔致福克斯韦尔的信，1880 年 4 月 20 日（弗里曼收藏，9/252）。

[5] 马歇尔致麦克米伦的信，约 1887 年 4 月（马歇尔档案，1/192）。

的建构过程，而不是穆勒的《政治经济学原理》。然而，与斯密的巨著不同，马歇尔在 1887 年对《经济学原理》的设想从未完成，计划中的第 2 卷也从未实现。此外，直到第 6 版，这部著作经历了频繁的、相当激烈的修改，直到作者生命的最后几年，这种小幅度的修改仍在继续。因而将它称作长途跋涉（long haul）并不为过。历经 10 年令人痛苦的缓慢写作，终于迎来了第 1 版的诞生。后来马歇尔夸张地描述了他缓慢的写作习惯，休因斯转述如下："他认为自己平均每小时只写了 17 个单词，而且当他要进入下一章的讨论时，新章节的内容往往迫使他推翻前一章的想法。"[1]

十年磨一剑的第 1 版问世之后，马歇尔在随后的 20 年里进行了 5 次修订（第 1 版问世后的 12 个月内就推出了第 2 版），接下去的 10 年中，他仅对文本进行了微小的修订。这一过程所涉及的 40 年时间占据了马歇尔生命中一半的岁月。这种投入对于一个基础卷，或者按马歇尔从第 6 版开始在扉页上所说的"介绍性的一卷"来说，真是一个异乎寻常的记录。

除了长时间的准备和频繁的修订之外，这本书还打破了其他记录。马歇尔与麦克米伦公司签订的出版合同，对图书净价协议（net book agreement）的建立起到了重要作用，因此，自由贸易的坚定支持者马歇尔无意间卷入了英国图书贸易的零售价格维持制度，这是一种此后持续了几十年的限制贸易行为。[2]《经济学原理》自首版以来，一直由其最初的出版商麦克米伦公司印刷出版。1921 年之后，由于需要频繁重印最后一版，到 1949 年，原始印版都已经磨损殆尽，这也是一项壮举。为了后续印刷，在那一年，这本书包括平装本在内都被重新设置了新的页码，并首次印刷。[3]《经济学原理》的撰写、出版、反响和修订，标志着马歇尔在历经漫长的经济学学徒期之后，开始走向成熟。[4]

---

[1] W. A. S. 休文斯，《一位帝国主义者的辩白》，第 1 卷，第 27 页。约翰 · 惠特克在评论一章草稿时指出，马歇尔在描述他第 1 卷的写作进展时太夸张了；这个速度更符合他对第 2 卷的尝试。参见下文，第 19 章，第 704–706 页。

[2] 大卫 · 麦克米伦，《马歇尔的经济学原理：参考文献注释》，第 128 页；弗雷德里克 · 麦克米伦爵士，《1899 年图书净价协议》（*The Net Book Agreement 1899*），格拉斯哥：为作者印刷，1924 年；E.T. 格雷瑟（E.T.Grether），《阿尔弗雷德 · 马歇尔在英国物价稳定中的作用》（'Alfred Marshall's Role in Price Maintenance in Great Britain'），*AMCA*，II，第 58–61 页。

[3] C.W. 吉尔博，编者按，*P* Ⅸ，第 26 页注释 b。

[4] 见第 6 章中的讨论，该章最后介绍了马歇尔 1879 年出版的著作。

通往《经济学原理》之路

1879 年 6 月，当《产业经济学》即将在数月内出版时，马歇尔通知杰文斯，[1] 他很快就会开始写一本关于“曲线的书”，“西季威克先生寄给你的”关于国内价值的章节将成为这本书的基础。马歇尔在信中说，这一问题如果不使用这样的分析手段是很难处理的，但他表示，这本书的其余部分将只在注解部
401 分使用“曲线”，并专注于理论的应用，以及“为经济学中定量抽象推理的发展做出贡献，在这方面我认为你是主要作者”。私人出版的关于国内价值的文章，提供了最初出现在《经济学原理》第 5 篇的核心内容，以及构成了第 3 篇的一些章节，因此成了新工作的起点，其余内容都是后来发展出来的。这正是马歇尔后来向 L.C. 科尔森回忆的《经济学原理》的写作过程。“我的《经济学原理》是围绕这个核心——第 5 篇的纯粹分析性工作以及第 3 篇的一部分——前后扩展形成的目前的内容。”[2] 大约一年后，1910 年，马歇尔对他的《经济学原理》的构建过程做了类似的描述，但语气有些悲观。马歇尔说他婚后生活的第一个 10 年，即 1877 年到 1887 年是“贫瘠的 10 年”，在这段时间里，“他迷失了研究的基础，没有取得新的进步”，因此《经济学原理》“主要是基于 1878 年以前收集的材料”。他又一次表示有关国内价值的章节是写作的起点，并且补充了“一些必要的限制和条件”以使它们更接近于“实际情况的具体研究”，随后这本书以第 5 篇为核心“逐渐向后和向前扩展”。[3]

在马歇尔担任布里斯托大学学院校长的最后一年，鉴于学院的财政状况，他的行政职责变得尤为繁重与紧迫，计划中的写作没有取得多大进展。1880 年 1 月，他写信给福克斯韦尔说，《产业经济学》的姊妹篇——关于贸易与金融的著作被推迟了，因为他决定先写一本关于“纯经济理论”的书，很大程度上是因为西季威克“强烈支持我先写有关曲线的书”。[4] 当月晚些时候，他向福克斯韦尔报告了他对一篇关于享乐主义数学的文章的兴趣，并询问他，这篇发表在《心灵》（*Mind*）上的文章是在哪一期，还有“是不是一个叫 F.Y. 埃奇

[1] 马歇尔致杰文斯的信，1879 年 6 月 30 日，见《纪念集》，第 371 页。

[2] 马歇尔致 L.C. 科尔森（L.C.Colson）的信，大约在 1908 年，引自《数学家阿尔弗雷德·马歇尔眼中的自己》，《计量经济学》，第 1 卷，1933 年 4 月，第 221–222 页。

[3]《剑桥大学政治经济学教授阿尔弗雷德·马歇尔》，*AMCA*，I，第 150 页。

[4] 马歇尔致福克斯韦尔的信，1880 年 1 月 14 日（弗里曼收藏，4/152）。

沃思的人写的。杰文斯曾给他看过我有关经济曲线的文章，他刚刚写了一封关于这些文章的礼貌的信给我，似乎暗示我应该知道他是谁。但我并不知道。你认识他吗？”[1]

不过马歇尔应该是认识他的，因为不久之前，埃奇沃思给马歇尔夫妇寄了一本他的《伦理学的新旧方法》(*New and Old Methods of Ethics*)，马歇尔还在 1880 年 2 月初对此表示了诚挚的感谢。也许是有了福克斯韦尔的帮助，他终于想起这件事，马歇尔写道：“我听说了你在《心灵》上发表的那篇文章，我本打算阅读的，但我忘了你的名字。你寄给我的那本书，我现在基本上读完了，其中的许多内容我非常喜欢。对于数学在与人类行为有关的科学中所具有的前景，我们之间似乎非常有共识。至于对功利主义教条的解释，我认为你已经取得了很大的进展。但我仍然渴望找到一种阐述方式，更加突出问题的动态特征，从而具体地展示出幸福是一个过程而不是一个静态条件这一核心观念。”[2] 其中大部分内容与《经济学原理》第 3 篇的内容有关，埃奇沃思以通信的方式进入马歇尔的熟人圈子，也可以解释为什么马歇尔后来又评论了他的第二本书，也是最后一本书《数学心理学》(*Mathematical Psychics*)。从马歇尔写给福克斯韦尔关于出版计划的信中可以看出，他那时似乎与西季威克保持着密切的联系。这说明马歇尔很可能同西季威克说了他与埃奇沃思之间的通信，尤其考虑到通信内容还涉及功利主义和伦理学。前面提起过西季威克与《学 402
会》之间的联系，这很可能促成了马歇尔在上面发表的第一篇书评——评杰文斯的《政治经济学理论》。1880 年，马歇尔与西季威克在书信中讨论了埃奇沃思的作品，这也许使得西季威克敦促马歇尔为埃奇沃思的最后一本著作写一个书评，里面高深的数学内容特别适合马歇尔这样精通数学的哲学家来评价。1881 年初，马歇尔对埃奇沃思的《数学心理学》的书评显示了他在这个阶段对功利主义福利经济学的持续兴趣，从早期的通信来看，他对此逐渐持批判态度。因此，与其说这篇书评是他们友谊的开端，倒不如说巩固了他们的关系。[3]

---

[1] 马歇尔致福克斯韦尔的信，1880 年 1 月 24 日（弗里曼收藏，5/552)。埃奇沃思的文章《享乐演算》('The Hedonic Calculus') 发表在《心灵》第 4 卷，1879 年 7 月，第 394–408 页。

[2] 马歇尔致埃奇沃思的信，1880 年 2 月 8 日（英国经济学和政治学图书馆，Coll. Misc. 470/M469)。

[3] F.Y. 埃奇沃思，《回忆》，载《纪念集》，第 66–67 页；约翰 · 科瑞蒂 (John Creedy)，《马歇尔与埃奇沃思》，《苏格兰政治经济学杂志》(*Scottish Journal of Political Economy*)，37(1)，1990 年 2 月，第 19–20 页。

马歇尔在1880年与埃奇沃思的通信暗示了他在理论方面的其他兴趣。2月他在以“感谢你”为主题的信中讨论了“动态”这个词的含义，这是马歇尔当时感兴趣的另一个话题，正如他关于经济增长的手稿笔记所示。[1]马歇尔还对几何与其他更正式的数学分析方法之间的相对优势进行了评价。

> 当处理一个新问题时，我通常使用数学分析，因为它更方便；在我即将开始写的书中，我将（在脚注中）保留一点数学分析，用于那些我无法用曲线简化的问题。但是当我能用几何解决问题时，我从不用数学分析，一部分原因是曲线不需要特殊的训练，还有一部分原因是它们显然与统计学更相关。[2]

马歇尔向埃奇沃思承认，在这个早期阶段，即使几何对他来说也有困难。这与他在分配和增长方面的分析工作有关，而这些工作在他的生前并未得到发表。在埃奇沃思提出劳动力市场的供给和需求曲线所带来的多重均衡问题时，马歇尔对这些问题做了一个澄清，并表示对用这种方法处理劳动力市场问题持怀疑态度：

> 你指的是一种行业的劳动力还是所有行业的劳动力？你指的是任何时候的供给，还是指人口增长的情况？在这方面，我对供给和需求的处理的经验是令人失望的。这个问题是如此复杂，时间因素是最大的困难，所以在尝试了几个月之后，仍然没有得到任何令我满意的曲线。[3]

在1880年上半年，将纯理论和应用分析相结合的问题继续困扰着马歇尔。他在4月写信给福克斯韦尔说，尽管福克斯韦尔、坎宁安和西季威克都对他说
403 纯理论更重要，但他还是觉得需要强调应用的方面。他补充说，为了防止别人

[1] * 马歇尔致埃奇沃思的信，1880年3月28日（英国经济学和政治学图书馆，Coll. Misc. 470/M469）；约翰·惠特克，*EEW*，II，第305–306页。马歇尔随后将这份手稿的日期说成是“1880年左右”。在与我的通信中，约翰·惠特克指出，他估计马歇尔是在1881年前后写成的，马歇尔“由于疾病和工作压力，不太可能在1879年或1880年写出来”，而他对动态功利主义，也许更恰当地说，演化功利主义的兴趣，可以追溯到19世纪70年代，在这个阶段马歇尔不一定对动态经济学有特别的兴趣。参见下文第18章第664页中引用的西季威克的一封信。

[2] 马歇尔致埃奇沃思的信，1880年3月28日。

[3] 同上。

捷足先登而不顾应用上的困难匆匆发表，显然是不对的。在那个阶段，马歇尔尽可能抽出所有的时间用于写作，“但因我自身能力有限以及学校的事务非常繁忙，写作进展缓慢”。[1] 1880 年夏天，在克洛夫利（Clovelly）度假的马歇尔投身于价值问题的研究，这一主题既涵盖了动态分配问题，也包括效用、消费者行为和需求等数学方面的复杂问题。“价值”也是第 5 篇的核心问题，而《经济学原理》正是基于第 5 篇逐渐扩展而成的。然而，在 1881 年 10 月初马歇尔辞去校长职位并逃离布里斯托之后的 12 个月，以及之后在萨尔科姆度过的一个夏天，他仍在研究价值这一主题，这意味着直到马歇尔夫妇在 1882–1883 学年伊始回到布里斯托的时候，这本书才开始初具雏形。[2]

关于 1880 年和 1881 年夏天所从事的价值研究，还有什么可说的吗？在 1880–1881 学年开始，马歇尔与福克斯韦尔的通信表明，他的写作几乎没有什么进展，“在过去的 12 个月里，我在学期内什么都没做，放假之后也几乎什么都没做”，甚至连暑假都被各种学校事务占满了。[3] 1881 年初，马歇尔审阅了埃奇沃思的《数学心理学》。这意味着他重新思考了享乐计算，以及工资谈判中所体现的双边垄断的不确定性。马歇尔将埃奇沃思的经济演算的总体目标描述为调查“双方可以事先确定的契约的条款和范围的一些条件，以及已知的契约所涉及的事务对他们的效用”。因此，马歇尔的重点在于埃奇沃思的契约曲线概念，以及他在雇主与雇员、租户与房东之间的契约上对这种分析工具的应用，在这些契约中，解决方案的数据往往是未知的。虽然这是一个有趣的方法，但它有让数学脱离“经济现实”的危险。然而，“如果埃奇沃思先生能够防止他的理论变得过于抽象，或许他能做出更多伟大的事情”。因此，埃奇沃思的书为马歇尔提出了一个更广泛的问题，“在道德科学中应用数学推理是否恰当”，这是他与埃奇沃思早期通信的主题，也是他在寻找经济学原理最佳方式时一直在思考的问题。[4]

---

[1] 马歇尔致福克斯韦尔的信，1880 年 4 月 20 日（弗里曼收藏，9/252）。

[2] 参见上文第 7 章，第 189–190、204–205 页。

[3] 马歇尔致福克斯韦尔的信，1880 年 12 月 10 日（弗里曼收藏，8/252）。

[4] * 马歇尔，《评埃奇沃思〈数学心理学〉》，《学会》，1881 年 4 月 1 日，载 *EEW*，II，第 265–268 页。1881 年 3 月，马歇尔在与埃奇沃思的通信中讨论了这些问题，并指出，在《产业经济学》中，他提到了工会在工资决定中的讨价还价问题，但正如他在那本书中所写的那样，他将数学推理隐藏了起来。这些通信也表明，他们的友谊已经发展到足以让埃奇沃思请求马歇尔为他写一封推荐信，以支持他在伦敦申请教席。

马歇尔在他后来的著作中对“价值”一词作了广义的定义，他在19世纪80年代早期研究的增长与分配动力学理论也属于这一范畴。正如惠特克所指出的那样，[1]这些材料的灵感有几种解释，但马歇尔最终拒绝在《经济学原理》中明确使用它——它甚至没有真正出现在数学附录之中——正好符合马歇
404 尔的矛盾心理，即是写一本纯理论的书，还是一本更实用、更实际的书。他在1879年和1880年与福克斯韦尔和埃奇沃思的通信揭示了这种困境，在他对埃奇沃思书的评论中更加明显。关于经济增长的笔记同样面临这类批评，也面临着马歇尔在评论埃奇沃思将曲线应用于劳动经济学时所发出的警告。

这个理论本身就是一个有趣的尝试，它试图建立一个关于经济增长的新古典总量理论。这使得《产业经济学》的生产及其分配理论得以方便地用边际生产率来解释工资和利息。1879年，马歇尔在布里斯托发表了关于经济进步的演讲，援引了穆勒《政治经济学原理》的第4篇，并在后来将其发展为《产业经济学》中关于分配理论的章节。因此，到19世纪70年代末或1880年，马歇尔的经济学工作已经达到了他后来告诉J.B.克拉克的那个阶段：“将穆勒的学说尽可能地转化为微分方程……去掉那些不能转变的。我舍弃了他关于工资学说的第2篇……留下了第4篇。”[2]生产函数中的产出是一种与土地、劳动和资本有关的生产性组合；当用传统的李嘉图方法把地租从总产品中剔除，剩下的“利润和工资基金”根据边际生产率进行分配时，关于分配的结论就随之而来了，这也许是吸收了冯·屠能的思想。动态供应问题要考虑到要素变化的数量和质量（资本积累、马尔萨斯人口增长、劳动效率的增长和生产技术的变化），这就确保了它不会局限在马歇尔警告埃奇沃思的那种静态分析之中。[3]

关于增长和分配的手稿中更多地阐述了概念与函数关系，而不是试图找到现实中经济增长的具体路径。正如惠特克所说，[4]这些模型太过复杂，没有什么限制条件，无法轻易地进行这样的分析。甚至关于某一时刻变量变化率的讨

[1] *EEW*，Ⅱ，第306页。

[2] 马歇尔致J.B.克拉克的信，1900年7月2日，载《纪念集》，第412–413页。

[3] *EEW*，Ⅱ，第309–315页，转载了文本以及惠特克对变量及其主要关系的论述，可见同上，第306–309页。关于该理论与马歇尔早期思想的关系的更详细讨论，见他的《1881年的马歇尔体系：分配与增长》，《经济学杂志》，84（333），1974年3月，第1–17页。

[4] 这句话和下一句话在很大程度上借鉴了惠特克在手稿中对该理论的描述（*EEW*，Ⅱ，第309页），但本段其余部分由此得出的更广泛的方法论推论并不一定符合惠特克的观点。

论也没有被马歇尔推进到应有的程度。然而，这些材料是对系统化的一次重大的开创性尝试，其分析框架为《经济学原理》第 4 篇略显杂乱的生产理论提供了基础，其关于分配的结论也在他的最后几本书的价值理论中得到了发展。在这种情况下，马歇尔放弃了对正式建模的尝试，他越来越倾向于仅仅描述过程，从而确保更接近经济现实。因此，1880 年和 1881 年期间为《经济学原理》所做的准备工作，使他更坚定地将现实主义作为他正在撰写的作品的目标。这同样有助于阐述消费者行为、交换、生产和分配理论中的一些重要概念。虽然在这一阶段，马歇尔并没有完成任何章节，但他已经明白了哪些分析方法并不可取。

1881–1882 学年间，《经济学原理》更多的建设性工作是马歇尔夫妇在于欧洲度过的 12 个月内完成的，一开始他们于冬季在巴勒莫逗留了 5 个月。还记得吗，就是那时，马歇尔发现了弹性的概念，使之成为需求理论的一个要素，并完成了《经济学原理》第 3 篇的初稿。一份记录他 1882 年活动的笔记保存在马歇尔图书馆，其中记述了除了休息和偶尔的观光之外，他这一年都埋 405
头于《经济学原理》的写作。[1]

1883 年的信件显示，马歇尔的写作进度又缓慢了下来。1883 年 3 月，马

---

[1] *“1882 年 3 月下旬，我在卡普里岛修改了此书的总体安排。我决定把定义放在书的最后，用一章阐释欲望的弹性，其中包括了原先关于需求的章节中的大部分内容，在论述价值的章节之前，安排了一章单独讨论市场议价，一章讨论联合生产和联合需求。为了新的目的，旧的各章被重新组织了起来。

4 月 20 日左右，到达威尼斯。开始重读古诺，并重新思考前几章的内容安排。又试着写了一篇导言或序言，不管后面会不会用到。5 月 29 日至 6 月 2 日在怀德布鲁赫（Waidbruch），6 月 4 日在阿亨湖继续进行写作。直到 6 月 11 日，我大致有了以下内容的构思：1. 经济测算；2. 连续性（定义的连续性仍然很粗糙）；3. 欲望的弹性（统计部分仍然很粗略）；4. 问题的陈述；5. 供给均衡的纯理论。

在阿亨湖和瓦尔肯塞（Walchensee）一直待到 8 月，在此期间，继续修改章节的框架，决定在第 5 章之后讨论联合需求和供给，但写的不多；第 7 章关于市场议价；第 8 章关于正常生产费用；第 9、10 章讨论正常收入。直到 8 月 23 日抵达伯恩茅斯的第一天，暂停了这些工作。

然后开始考虑垄断联合和对外贸易的章节。对原先的计划稍作修改，并对其中要讨论的问题做了一个粗略的阐释；这大约占用了两周的时间；然后花了三个星期的时间，根据供求均衡理论的详细笔记，形成了第一稿，一直写到 9 月 25 日；然后暂停了写作，开始研究英国经济史，直到 10 月 17 日”（《我的 1882 年：从西西里归来》，*EEW*，第 1 卷，第 85–86 页）。

把垄断企业的对外贸易列入其中是非常有趣的，因为这表明，到 1882 年底，这项议题还未被归入第 2 卷。倒数第 2 段提到的章节与第 5 篇后面的章节非常相似，但 1882 年的结构安排与 8 年后出版的最终版本仍然有很大的不同。

歇尔写信给福克斯韦尔表示，“我期待未来5个月能集中精力写书。我不打算抽出时间来出版我关于《进步与贫困》的演讲”，虽然这是福克斯韦尔和西季威克一直敦促他做的事。[1] 到8月8日，他告诉福克斯韦尔，他正在忙着写一篇关于李嘉图价值理论的长注释，这表明1883年夏天他主要致力于澄清许多棘手的问题，这些问题涉及阐述生产成本与价值的关系。[2] 从这些叙述来看，他在1883年7月底表示，希望在一到两年内给瓦尔拉斯寄去一份已发表论文的副本，这一想法落空了，因为那一阶段研究工作所产出的实际成果十分有限。[3]

在那些年里，马歇尔可能仍然打算在一卷本的《经济学原理》中讨论所有的经济学问题。因而，他才会在1882年底将垄断行业的对外贸易纳入议题。1884年期间，其他写作分散了他写《经济学原理》的注意力，不过最终还是对书的内容有所贡献。1884年2月，马歇尔发表了论文《伦敦穷人何所居》。[4] 对他的《经济学原理》的进展更有帮助的是一篇发表在《合作年鉴》（*Cooperative Annual*）上的文章，这篇与工资理论与事实有关的文章写于格恩西岛[5] 温暖的罗奎因湾（Rocquaine Bay），在一定程度上成为马歇尔在《经济学原理》中发展更为充分的分配理论的基础，他早在1880年或1881年就用数学方法推导出了这个理论。另外，这也构成了1885年1月他在工业报酬会议上演讲的一部分。[6] 对于马歇尔来说，这些繁杂的写作任务占用了他在1884年期间撰写他的严肃作品的时间，尤其是他在牛津大学还担任沉重的教学工
406 作，在这一年的最后两个月，福西特去世，他被选为剑桥大学主席。

[1] 马歇尔致福克斯韦尔的信，1883年3月30日（马歇尔档案：福克斯韦尔1/35）；参见马歇尔致福克斯韦尔的信，1883年7月22日（马歇尔档案，福克斯韦尔1/42）。马歇尔关于亨利·乔治的讲座将在下文第16章的第581–585页讨论。

[2] 马歇尔致福克斯韦尔的信，1883年8月8日（马歇尔档案：福克斯韦尔1/43）；这条注释最初是第6篇第6章关于“生产成本”的详细注释，后来成为《经济学原理》的附录I，参见*P* Ⅰ，第529–536页。在马歇尔最初的计划中，它仍然是价值理论的一部分。

[3] 马歇尔致瓦尔拉斯的信，1883年7月23日，见《里昂·瓦尔拉斯的信件及相关文集》（*Correspondence of Leon Walras and Related Papers*），阿姆斯特丹：北荷兰出版社，1965年，第1卷，第578封信，第781页。

[4] 发表于1884年2月的《当代评论》，第224–230页，转载于《纪念集》，第142–151页。其内容将在第13章的第450–451页进行讨论。

[5] 玛丽·佩利·马歇尔，《阿尔弗雷德·马歇尔的传记笔记》（KMF）；参见凯恩斯，《阿尔弗雷德·马歇尔》，第202页注释4，并见*P* Ⅷ，第823页注释1，这一参考文献首次出现在*P* Ⅳ，第619页注释1，不过关于工资基金的注释文本基本上可以追溯到*P* Ⅰ，1890年，第567页。

[6] 阿尔弗雷德·马歇尔，“补救原因分别对（A）就业的连续性和（B）工资率的影响”，工业报酬会议，1885年1月。马歇尔参加这一会议的情况将在下文第16章中进行讨论。

1885 年是“《经济学原理》大有进展的一年”。尽管他要准备他的就职演讲，还要为皇家统计学会成立五十周年的纪念撰写一篇关于“统计图形方法”的论文，那年夏天马歇尔夫妇还在湖区度假时染上了“一点疟疾”，还要准备贝利奥尔庄园的建设计划，这个计划占据了春末夏初的好几个月，直到 1886 年 8 月他们搬进了新居才安顿下来，此事一直让他无法专注于写作。1885 年的前三个月，“我对书进行了整体的考虑，逐渐扩大了它的范围……抽象推理是书的主干，我逐渐摆脱了这种旧的、狭隘的观念，我还没有鼓起勇气，直接把自己投入一个两卷本的书去，这本书将是我一生工作的主要成果（并逐渐得到改进）”。[1]1885 年底，他需要准备在汤因比大厅做一场题为“人口对生计的压力”的演讲。再加上米迦勒学期繁重的教学任务（他做了 29 次关于货币和对外贸易的讲座），这使得他几乎没有时间进一步撰写这本书。1886 年复活节学期，他同样忙于教学，并为皇家贸易萧条委员会撰写了他的备忘录。虽然 1885–1886 学年和 1886 年的夏天被回忆为“非常平淡无奇的”，但却标志着这本书的范围有了重大发展。

> 我的主要工作是改写这本书的大纲。这是（1886 年夏天）我在克罗默附近的谢林汉姆逗留期间最紧要的工作。然后，我把书的内容整理成类似于最终版本的形式，至少就第一卷而言是这样，从那以后，我第一次开始尝试把具体章节整理成我期望它们出版的形式。[2]

多少要等到第二年的夏天，马歇尔才再一次在格恩西岛恢复了写作。他告诉福克斯韦尔，他已经拒绝了英国协会会议提出的写一篇关于“生产过剩”的文章的邀请，因为这会导致《经济学原理》写作的推迟。[3] 1887 年 2 月，他向前一年 6 月加入的政治经济学俱乐部提交了一篇关于标准表的文章，对其进行修改之后于 1887 年 3 月在《当代评论》上发表。随后，他又着手在《经济学季刊》上回应对《产业经济学》中分配理论的批评，并相当不情愿地为普莱斯关于产业和平的书作序，这不是一件他“愿意再来一次”

[1] 阿尔弗雷德・马歇尔，《抵达剑桥后的一般工作》，1885–1889 年，马歇尔档案，棕色大箱，第 33 项；J.M. 凯恩斯在《阿尔弗雷德・马歇尔》中广泛引用了这个材料，第 202–203 页。

[2]《抵达剑桥后的一般工作》，马歇尔档案，棕色大箱，第 33 项。

[3] 马歇尔致福克斯韦尔的信，1886 年 4 月 27 日（弗里曼收藏，49/98），1886 年 7 月 17 日（弗里曼收藏，51/98）。

407 的事。[1]然而，在收获满满、启发人心的格恩西岛，“我为我的书做了大量的工作，并与麦克米伦一起安排了它的出版，我在本学年结束时（1886–1887 学年）就开始向印刷商发送校样；除了第 6 篇还有一半的内容在打字之外，其他部分的内容已经准备完成，随时可以按出版的形式整理好——我的意思是，内容都已经存在了，实际的安排也已经打算好了。”[2]

408 在格恩西岛，马歇尔写信告诉福克斯韦尔，他不愿意参加在曼彻斯特举行的英国协会会议，尽管很有可能在那里见到门格尔和庞巴维克。在宜人的天气中，妻子愉快地画画，而他快乐地写作，他不愿意破坏这种宁静：

> 我已经打出了大约 40 页，我将继续直到打出 100 页左右。然后我会稍作停顿。我还有将近 100 页的第 1 卷的内容还没有形成初稿，虽然我已经很清楚我要写些什么内容。除非绝对必要，否则我不想冒险在第 500 页上出现与第 50 页上的内容相违背的话。[3]

从 1887 年夏天开始到假期结束时（1887 年 10 月 1 日），马歇尔根据草稿

---

[1] *《抵达剑桥后的一般工作》，马歇尔档案，棕色大箱，第 33 项；《纪念集》中转载了马歇尔为普莱斯的书所写的序言，第 212–226 页。考虑到马歇尔在两年前为白芝浩的《政治经济学的基本原理》的再版撰写简短序言时的糟糕经历，他再为别人的著作写序这件事的确令人惊讶。这段插曲在写给凯恩斯的信中得到了解释，当时凯恩斯显然在他的《政治经济学的范围与方法》的草稿中提到了这个序言。

事实是，我一直为自己在这方面所起的作用感到相当羞愧。我在晚餐时遇到了白芝浩太太，并问她是否想过把那两篇主要文章分开低价出版，这与其说是有意为之，不如说是出于礼貌的询问。不久之后，她回信说她打算这样做；并让我写一篇序言，暗示是因为我对她说过的话启发了她，所以她指望我来做这件事。所以我很不情愿地答应了。但实际上，我（在智识上）并不十分赞同白芝浩。他是最杰出的人；但非常草率，读他的书时，我时而十分赞同并且钦佩他，时而又与他持不同意见。我对此不会细讲，一方面是因为白芝浩夫人不喜欢，另一方面是因为我没有时间。这样的结果就是一个简短而空洞的序言；坦率地说，我为你特别注意到它的好意而感到有点惭愧（马歇尔致凯恩斯的信，1889 年 8 月 27 日，马歇尔档案，3/72）。

[2] *《抵达剑桥后的一般工作》。1887 年 4 月，马歇尔向麦克米伦提交了他的著作，内容“与穆勒的《政治经济学原理》大致相同，……可能……篇幅差不多，或者短一点。我建议发表成两卷本八开纸；我希望今年秋天出版第 1 卷，第 2 卷大约在两年后出版”。

他附上了一份拟议的目录（表 12.1）和一份第 1 卷将近一半的草稿。这封信还就版权和这一卷中数学的处理提出了相当具体的建议，这些主题更适合在本章稍后进行讨论（马歇尔致麦克米伦的信，1887 年 4 月 12 日，马歇尔档案，1/192；两天后，麦克米伦接受了这个提议，马歇尔档案，1/193）。

[3] 马歇尔致福克斯韦尔的信，1887 年 7 月 31 日（弗里曼收藏，22/168）。

表 12.1：《经济学原理》大纲草案，第 1 卷第 6 篇，第 2 卷（1887 年）

第 1 卷	第 6 篇	价值分配与交换
	第 1 章	导论
	第 2 章	核心问题
	第 3 章	核心问题（续）
	第 4 章	就业领域的资本和劳动
	第 5 章	租金与价值的关系
	第 6 章	租金（续），农业地租，土地使用权
	第 7 章	租金（续），进步对租金的影响
	第 8 章	工资
	第 9 章	工资（续）
	第 10 章	利息
	第 11 章	管理收益，包括合作收入
	第 12 章	批发和零售价格
	第 13 章	长期变化，人口压力
	第 14 章	结语，包括工会、贸易组合的影响等
第 2 卷	可能包含的大纲	
	第 7 篇	对外贸易
	第 8 篇	货币与银行业
	第 9 篇	贸易波动
	第 10 篇	税收
	第 11 篇	集体主义
	第 12 篇	未来的目标，数学附录

资料来源：马歇尔图书馆，《历史笔记》，引用于惠特克，*EEW*，第 1 卷，第 89–90 页。

大纲中（表 12.1）的内容对第 1 卷的最后一篇（也就是第 6 篇）进行了大量的写作。这意味着，在材料的顺序和最终内容上，还有很多地方需要修改，马歇尔还在当年 5 月正式向麦克米伦出版社提交了第 2 卷的计划大纲。

1887 年 10 月初，约翰·内维尔·凯恩斯应邀去修正和评论打印出来的校样。10 月 8 日下午，他拜访了马歇尔，马歇尔请他读校对稿，并表示“他希望在复活节前出版第 1 卷”。10 月 13 日，凯恩斯记录了他自己对所读内容的印象，以及马歇尔对他的评论的反应，他们所讨论的应该是第 1 篇的内容：

> 我在看马歇尔书的校样。我认为它将不负众人的期待。作者显然在这方面拥有渊博的知识。他对我的建议非常感谢，例如他说“非常感谢你在第 4 页上的注释。其中一些非常重要：特别是关于巴斯夏的日期。我以为他写于 1835 年，但我记错了。至于你的建设性建议，我很惭愧占用了你那么多的时间，感谢你伟大而仁慈的善意帮助”。[1]

到 11 月中旬，凯恩斯开始收到关于概念定义的第 2 篇的校样。在 1888 年初的几个月里，校样陆续送达，凯恩斯在 1 月和 2 月间审阅了第 3 篇，到 3 月初，他开始审阅第 4 篇的第 1 章。[2] 马歇尔这几个月忙于金银委员会的工作，从 1888 年 2 月开始，他也开始审阅凯恩斯的《政治经济学的范围与方法》的校样。在约克郡度过的暑假结束时，马歇尔又完成了大量的工作。第 5 篇已经送到印刷厂去了，“第 4 篇很快就将结稿”。[3] 8 月底，他写信给凯恩斯说，由于印刷商和他自己的失误，印刷计划“耽误了很长时间”，他目前可以寄给他第 4 篇前 4 章关于“工业组织”的校样，他让印刷商在印出第 5 章关于商业管理的校样之后直接寄给凯恩斯。马歇尔接着说，“我在第 4 篇的最后一章总结了供给条件。然后是又短又糟的第 5 篇，是关于‘供求均衡的
409 一般理论’的。然后是与《产业经济学》的第 2 篇内容相近的第 6 篇。校样到‘工业组织’这章的开头有 300 页，从这里到结尾还有 300 多页，真是一项大工程”。[4]

在 1887–1888 学年的末尾，马歇尔透露了一个重大的写作变化，“增加有关生产成本的一篇内容，把我原本打算放在论正常价值的后半部分的内容（略作精简地）纳入其中”。副标题为“分配与交换”的那一篇，“现在成了第 7 篇。这个决定不是一蹴而就的，在这一年（即 1888 年）里我的写作并没有取得多大进展”。[5] 1888 年 12 月 20 日，马歇尔告诉约翰·内维尔·凯恩斯他要

[1] JNKD，1887 年 10 月 8 日和 13 日。“巴斯夏的日期”出现在 *P* Ⅰ，第 63 页注释 2（第 1 篇第 4 章）。

[2] JNKD，1888 年 1 月 13 日、4 月 14 日、6 月 19 日，马歇尔致凯恩斯的信，1888 年 1 月、2 月、3 月和夏季（马歇尔档案，1/ 55，1/60–61，1/77–79，因为很多信件没有日期，所以编号不是按时间顺序排列的）。

[3]《抵达剑桥后的一般工作》，马歇尔档案，棕色大箱，第 33 项。

[4] * 马歇尔致 J. N. 凯恩斯的信，1888 年 8 月 23 日（马歇尔档案，1/7）。第 1 版的前半部分实际上是 299 页，第 4 篇第 7 章关于“工业组织”的内容从第 300 页开始，从这里到结尾还有 436 页。

[5]《抵达剑桥后的一般工作》，马歇尔档案，棕色大箱，第 33 项。

增加一个篇幅的决定，后来在 1889 年 1 月中旬请他对该部分进行审阅。[1]

在接下来的一个月里，更多的校样以及关于本书何时出版的预测持续轰炸着凯恩斯。1888 年 8 月底，原定于 1889 年 1 月出版第 1 卷的计划被取消，改在 1889 年 3 月出版；1888 年 11 月，马歇尔预测本书最早将于复活节出版。而 12 月对内容的重新洗牌以及 1 月的修订，使得出版计划进一步被推迟。凯恩斯对于其中的一些变化可能有一定的启发作用，他在 1888 年 11 月初的日记中抱怨道："我现在正在处理一份来自马歇尔的分量相当重的校对稿（曲线放在注释里）。内容安排似乎很糟糕，我对这本书的这一部分并不完全满意，尽管它的某些部分确实非常好。论证的形式和写作都需要西季威克进一步的建议。"[2]

至于 1889 年的大部分时间里有关《经济学原理》的工作，马歇尔自己是这样说的："1889 年的头 4 个月，我在对付第 6 篇，我完成了它前 4 章的初稿以及第 5 篇的收尾工作。与此同时，我对数学附录投入了很多精力，书的很多内容已经付梓。……我在波尔多港度过了漫长的 8 周假期，忙于第 6 篇的第 5、6 章以及第 7 篇的第 1 至 5 章的写作，我刚把第 5 章的手稿交付给出版商，前 34 页已经处理到了第二阶段（第一阶段是手稿）。"[3]

出版日期一再推迟也有其他方面的原因。马歇尔的整个复活节学期几乎都被准备 6 月在伊普斯维奇（Ipswich）合作大会上的主席演讲占据了。那一年早些时候，道德科学委员会频繁召开会议，讨论荣誉学位的新章程，会议往往相当激烈，他们直到 2 月底才达成一致。为即将成立的《经济学杂志》挑选编辑也很费时间，而且马歇尔有自己偏好的人选。1889 年 5 月底，马歇尔向凯恩斯表示，"我的书进展得很慢，现在根本没有动笔。我一直在想合作大会的事，估计一直持续到本学期结束为止。关于生产成本的第 6 篇已经部分印好了，不过缺失了后半部分，单看这些也没有什么用。我希望我的第 1 卷能在圣诞节前或之后不久出版"。[4]

为了使书能在 1890 年尽早出版，马歇尔不愿意在 1889 年 10 月安排太多

---

[1] 马歇尔致凯恩斯的信，1888 年 12 月 20 日，1889 年 1 月 15 日（马歇尔档案，1/86，1/88）。

[2] JNKD，1888 年 11 月 3 日。

[3]《抵达剑桥后的一般工作》，马歇尔档案，棕色大箱，第 33 项。

[4] 马歇尔致 J.N. 凯恩斯的信，1889 年 5 月 27 日（马歇尔档案，1：90）；JNKD，1888 年 12 月 1 日，1889 年 1 月 30 日，1889 年 2 月 6 日和 27 日；《抵达剑桥后的一般工作》（马歇尔档案，棕色大箱，第 33 项）。合作社第二十一届年会主席致辞，简称"合作"，重印于《纪念集》第 227–255 页，并将在下文第 13 章第 455–456 页进行讨论。

演讲，就像上半年道德科学委员会商讨出了新章程之后，他就没有再参加会
410 议，从而节省了很多时间。6月底，凯恩斯重新开始为马歇尔[1]修改校样，一个月后，马歇尔又给他寄了更多校样：

> 我把论生产成本的第6篇的剩余部分寄给你。我正在写第7篇，但进展极其缓慢。你会发现已经有人在第一章上写了一些建议，但你可以随意在上面标注。我会再寄一份给出版商。普莱斯的铅笔注释我还没看。在我看来，他的一些口头修改意见基本上是没必要的；但他眼光犀利，经常发现一些错误，比如他发现我们都没注意的“它的”和“他们的”的用法错误。[2]

决定新增关于生产成本的第6篇，是《经济学原理》最终被推迟出版的主要原因，这就意味着不仅要重新安排和重写之前的第5篇，还有关于“价值、分配和交换”的新的第7篇。将1890年出版的第7篇与1887年10月的第6篇大纲（表12.1）相比较，可以看到具体发生了何种程度的变化。1887年第6篇的第5章“租金与价值的关系”被挪到了新的第7篇，从而大大改变了分配部分的讨论顺序。在1887年的大纲中，地租在资本和劳动力之前得到讨论，然后是关于增长和分配的手稿。因而对地租的讨论是分配理论的第一阶段，由边际生产率决定的工资是分配理论的第二阶段。新的第7篇在对分配问题进行一般性考察后，先论述劳动，然后论述管理的利息和收益，接着才论述租金。马歇尔抛弃了《产业经济学》中工资和利息基金的两阶段分配理论，而是更普遍地将供求关系应用于分配。1890年第7篇的范围也比1887年计划的第6篇

---

[1] 马歇尔致J.N.凯恩斯的信，1889年5月27日（马歇尔档案，1/90）；JNKD，1889年6月29日；道德科学委员会会议记录（剑桥大学档案，Min. V. 140）显示马歇尔缺席了1889年2月27日、3月13日、5月8日和6月6日的委员会会议。

[2] * 马歇尔致J.N.凯恩斯的信，1889年7月23日（马歇尔档案，1：91）。18个月前，马歇尔对凯恩斯说，“不要在意印刷错误或标点符号”，因为这些都是由他的妻子和普莱斯负责的（马歇尔致J.N.凯恩斯的信，1888年1月，马歇尔档案，1：61）。普莱斯对他自己的作用的描述如下：“有幸与J.N.凯恩斯一起被要求阅读《经济学原理》第1版的校样，我建议在标点符号上做一些特别的改变；马歇尔立即告诉我不要这样做，因为他有自己的方法。我当然照办了。但就我自己对这本书所做的一点工作而言，我想说的是，我反复校对了文本，为了使最终形式达到一种无论是大的、小的，还是合理的质疑都不存在的程度，我付出了极大的努力。”普莱斯，《英国经济学家的回忆和笔记》，第10页。

要小得多，因为他把关于批发和零售价格、工会和贸易组合的影响的内容都推迟到了第 2 卷。不过，相比于 1887 年的计划，1890 年的版本中增加了关于劳动力和资本收益的章节。[1]

新的第 7 篇仍是困难重重。这也解释了《经济学原理》为何在 1890 年 7 月出版，而非 6 个月前预期的在圣诞节前后。它导致书的内容越来越多。1888 年 8 月计划的 300 页增加到 436 页，增加了近 50%。1889 年 12 月 2 日，马歇尔向他所信赖的凯恩斯哀叹道，“我的书变厚了：噢！它（B.B.）**真的**变厚了！真烦！！”[2] 由于流感的爆发，冬季的工作也中断了，所以只适合一些删减性质的“轻松工作”。[3]

1890 年 4 月，马歇尔给凯恩斯寄了一份目录，“不是让你改正，而是给你 411
看一下它的全貌”。到那时，还剩下“一章论土地的供求关系，还有一两个正在收尾的章节”，这些章节“不得不删掉很多我想要写进去的内容”。[4] 马歇尔在早些时候收到过麦克米伦寄给他的一份装订样本，而出版商在 7 月初的一封信中，对马歇尔 3 个月前向凯恩斯提到的增加页数进行了估价。这本书变厚了很多，麦克米伦建议把它的价格从 12 先令 6 便士提高到 14 先令，尽管这种分量的书的正常价格是 18 先令左右。[5] 正如惠特克所说，这项艰巨的任务到那时终于完成，《经济学原理》第 1 卷于 1890 年 7 月的下半月出版。[6]

第 1 版

“真是一本漂亮的书”，收到《经济学原理》剩余部分的凯恩斯在 1890 年

---

[1] 马歇尔致 J.N. 凯恩斯的信（未注明日期，马歇尔档案），如前所述，关于李嘉图的笔记可追溯到 1883 年 8 月。

[2] ¶ 马歇尔致 J.N. 凯恩斯的信，1890 年 12 月 2 日（马歇尔档案，1/93）。B.B. 指的是 big book，这是马歇尔夫妇对《经济学原理》的爱称。玛丽·佩利·马歇尔向凯恩斯解释了这一点，1889 年 8 月 10 日，凯恩斯文件，马歇尔图书馆。

[3] 马歇尔致 J.N. 凯恩斯的信，1890 年 4 月 2 日，马歇尔档案，1：97。

[4] 马歇尔致 J.N. 凯恩斯的信，未注明日期（也许是在 1890 年 4 月下旬？）马歇尔档案，1：96。其中提到了拟议中的英国经济协会的未来职能，这表明这封信的日期可能在 4 月底或 5 月初。参见 A.W. 科茨，《皇家经济学会的起源和早期发展》（‘The Origins and Early Development of the Royal Economic Society’），《经济学杂志》，78（310），1968 年 6 月，第 357–358 页。上文第 409 页注释 * 提到了对该书规模增长的估计。

[5] 麦克米伦致马歇尔的信，1890 年 3 月 27 日（马歇尔档案，1：195），1890 年 7 月 7 日（马歇尔档案，1：196）。马歇尔没有接受这个更高价格的建议；这本书于 1890 年 7 月以 12 先令 6 便士的净价发布了。

[6] *EEW*，I，第 92 页。《经济学原理》出版的确切日期见上文第 399 页和注释 *。

7月24日的日记中这样写道。这话一点都不假。书以著名的麦克米伦蓝布装订，书脊上印着简洁的金字——经济学原理，马歇尔，第1卷，麦克米伦公司，书的扉页介绍作者是剑桥大学的政治经济学教授，剑桥大学圣约翰学院研究员和牛津大学贝利奥尔学院研究员。上面还印有一句格言，“自然没有飞跃”，这句话来自康德或达尔文的《物种起源》。这句话简明地表达了贯穿全书的连续性原则，这也是作者暂时赋予它的“独特性格”。[1]

这本书的简短序言宣称它是“面对这个时代的新问题，以新的工作为旧学说提供一个新版本”。这种使传统原则适应新情况的进化目标，是利用事实和推理以及“良心和常识”来发展“经济学规律，即以陈述语气表达的一种倾向性叙述”，这是马歇尔《经济学原理》中对“连续性原则”的第一次以及主要的论述。[2] 序言详细说明了该原则在研究中应用的其他方式。连续性被用来强调“正常行为和非正常行为之间缺乏明确界限；正常的、当前的或市场的价值，甚至像租金这样的收入和资本利息之间也缺乏明显的区别”，这本书强调这只是基于时间上的区分。在这一背景下，本书所体现的生物学精神在一个主要议题的类比中得到了进一步的说明。“尽管鸟类和四足动物在形态上存在巨大差异，但它们的基本框架中都贯穿着一个基本思想，因此，供需均衡的一般理论是贯穿分配与交换这一核心问题之各个部分的一个基本思想。”

马歇尔在前言中警告说，连续性原则也需要应用于术语的使用，从而避免在大自然没有划分界限的地方人为地划出清晰的界限。例如，现实没有在资本与非资本之间、必需品与非必需品之间、生产性劳动与非生产性劳动之间划分明确界限。正如科茨所言，[3] 其中的一些方面成为剑桥“说教风格”的一部分，
412 旨在让初学者比未经训练的读者获得更多的信息。发展的连续性是这一原则的进一步应用：无论是赫伯特·斯宾塞的生物学说，还是在黑格尔的历史哲学，都被认为对马歇尔的著作产生了重大的实质性影响。最后同样重要的还有连续

---

[1]《伊曼努尔·康德的〈纯粹理性批判〉》(*Immanuel Kant's Critique of Pure Reason*)，N.K. 史密斯译，伦敦：麦克米伦出版社，1929年，第248–249页；查尔斯·达尔文，《物种起源》(*The Origin of Species*)，伦敦：约翰·默里出版社，1884年第6版，第156、166、414页，其中达尔文将“旧教条”与进化论产生的新知识联系起来，因此这句座右铭在一定程度上是为了突出马歇尔自己文本中所蕴含的进化精神。还可见*P* Ⅰ，序言，第vi页。

[2] *P* Ⅰ，序言，第v–vi页。

[3] A.W. 科茨，《英国经济思想的社会学方面》(‘*Sociological Aspects of British Economic Thought*’)，《政治经济学杂志》，75 (3)，1967年6月，第710–711页。

性的数学概念。特别是，它在边际方法上的应用得到了强调，边际方法关注增量，如稳定的交换均衡所示，作为连续函数的事物的“边际需求增量”与“其生产成本的相应增量相平衡”。[1]

这些关于连续性原则的不同观点阐明了这本书的主旨。它的核心是供需均衡理论，因为“大多数经济问题的本质都与这种均衡相关”。然而，均衡理论远比想象的复杂，它取决于其所应用的市场的性质、运作的时间、竞争的性质以及与之相关的稳定程度。第 1 版的第 5 篇强调了这些方面，强调了将均衡理论应用于诸如最大化满足或公共利益等问题上的困难，更不用说应用在决定集体行动是否可能劣于个人行动这一重要的当代问题上的困难。在对此进行讨论之前，第 3 篇和第 4 篇分别探讨了需求和供给的问题。在第 6 篇阐明了与价值有关的成本的特殊困难之后，最后的第 7 篇讨论了分配和交换理论的应用。第 6 篇既是对第 5 篇的补充，也是第 7 篇的前言。这本书的前两篇介绍了经济学的范围和方法，以及作为现代商业基本特征的自由工业和企业的增长，并提供了一个学科发展的梗概，展现了《经济学原理》与之前乃至当代思想之间的关系，还包括了一些概念定义。它们强调了经济学的演化方面，包括其发展的连续性和定义的灵活性，其中一切问题都与程度有关。

序言进一步强调了本书结构的两个方面。倒数第二段解释了数学在论证中所扮演的角色。与马歇尔在 19 世纪 80 年代初向埃奇沃思所表明的一致，相比于代数分析，马歇尔更偏爱几何分析，他还解释了图表作为“补充说明”被放置在脚注里是因为“正文中的论点从不依赖于它们”。[2] 它还澄清了为什么书中保留了“少数以数学语言分析的例子”，因为它们非常适合于论证的具体目的，且都被转入附录。如果在正文中使用“大量数学符号……除作者之外，恐怕任何人读起来都非常费力”，它们的“主要用途”仅限于“快速、简短、准确地”记下作者的想法，以确保“其结论有充分的前提（即他的方程数量与其未知数的数量相等）”。[3] 这与马歇尔 1887 年写给麦克米伦的关
于《经济学原理》版权事宜的信中所提到的计划相符，也为 16 年后他给鲍 413

[1] *P* Ⅰ，第 vi–xi 页。

[2] * 马歇尔在这个问题的观点并不完全一致。例如，在关于供给和需求变化的章节中，讨论到最大化满足原则下的税收 / 补贴时，他至少在一个脚注中指出，这些图表仅用于适用于论证的具体命题。他警告说，“没有它们的帮助，问题的某些部分无法得到令人满意的处理”。参见 *P* Ⅰ，第 445 页注释 1；*P* Ⅷ，第 466 页注释 1。

[3] *P* Ⅰ，第 xi 页。

利的信中关于在经济学中使用数学的观点做了铺垫：

> 但我知道，在我研究这门学科的最近几年，我越来越感觉到，一个处理经济假设的好的数学定理，不太可能成为好的经济学：我日益发觉要遵循以下规则——（1）使用数学作为一种速记语言，而非探索的引擎；（2）用这个方法直到把想法记下为止；（3）将之翻译成文字语言；（4）举例说明其在现实生活中的重要性；（5）将数学烧掉；（6）如果你做不到第4点，就把第3点烧掉。最后这一点是我经常做的。……我认为在文字和数学的使用不相上下时，你应该尽你所能阻止人们使用数学。[1]

对于是什么决定了马歇尔在经济学教科书中使用数学的立场，可以有不同的解释。熊彼特推测，马歇尔有一种特殊的野心，想让此书能被商人阅读。这也反映了马歇尔对乔伊特建议的认可，即政治经济学的"人性"和"现实"之性质使得"符号语言被降级为注释和附录"至关重要。马歇尔本人在评论杰文斯时也赞同了这一观点。对这一决定来说最关键的是，马歇尔越来越意识到，在经济学中追求数学推理的逻辑极限是有危险的。当他对经济学家古诺的信任因古诺关于收益递增的错误结论而动摇时，他就察觉到了这种危险的征兆，而这些错误结论只能通过对所依赖的前提的有效性进行仔细的经验调查来纠正。如果要保持经济学与现实生活之间的联系，经济学家对事实的"贪婪"是抵抗追逐数学推理的热情的一种重要力量。[2]

按照惯例，马歇尔在序言的最后一段感谢了对此书有所帮助的人。玛丽·佩利所起到的重要但有限的作用已经在前文提到过，他所感谢的另外两位校对者凯恩斯和普莱斯前文也有提及。他感谢剑桥大学学生亚瑟·贝瑞

[1] 1887年4月，马歇尔致麦克米伦的信（马歇尔档案，1/192）；1906年2月27日，马歇尔致亚瑟·鲍利的信，见《纪念集》，第427页。

[2] 参见J.A. 熊彼特，《阿尔弗雷德·马歇尔》，载《十大经济学家》（*Ten Great Economists*），E.B. 熊彼特（编），伦敦：艾伦 & 昂温出版社，1952年，第97页；B. 乔伊特致阿尔弗雷德·马歇尔的信，1884年12月25日（马歇尔档案，1：44）；马歇尔致A.W. 弗拉克斯的信，1898年3月，载《纪念集》，第405–406页，还可见上文第6章第158–160页所讨论的他对杰文斯的评论。关于更近期的讨论，可参阅R. 科斯的《马歇尔论方法》，以及汉斯·博拉姆斯（Hans Brems）的《马歇尔论数学》，两者都在*AMCA*，I，第409–420页。

（Arthur Berry）和阿尔弗雷德·弗拉克斯（Alfred Flux）对数学附录的协助。致谢的最后，他感谢了他的父亲、W.H.B. 霍尔（W.H.B. Hall）先生以及印刷工 C.J. 克莱（C.J. Clay）在“特殊节点”上对他的帮助，不过第一种感谢的性质很难确定。[1]

序言中概述的《经济学原理》的主旨既没有公正地反映出其丰富的内容，也没有揭示它不同的目标。它的全部风味只能通过观察马歇尔在其写作过程中所考虑的广泛目标来捕捉，这一过程也突出了其内容的内在局限性，因为出版的这一本毕竟只是计划中的第 1 卷。作为一本讨论经济学原理的书，它从经济 414
学的目的、范围和最适合的研究方法展现了这门学科的基础。在实际操作中，马歇尔在这些问题上倾向于广泛的、非教条主义的讨论，对关于最优方法的方法论之争以及确定主题的精确性质缺乏耐心。“我对经济学的**方法和范围**持极端立场。在我的新书中，我简单地说，经济学必须使用科学已知的每一种**方法**。对于研究范围，我说，‘经济学是研究人在日常生活中的行为，它研究人如何获得收入以及如何使用收入’。”[2] 在他新书的其他地方，他看到了研究经济学的双重目的。首先是为了知识本身而寻求知识，其次，它为实际问题提供启示（第 94 页）。[3] 在这项研究中，“理论必须与事实携手并进”，因为“事实本身不会说话”（第 94 页）。正如马歇尔告诉凯恩斯的那样，经济研究中的知识应当与“人在日常生活中的行为”有关，更具体地说，应当寻求以下问题的答案：

> 经济自由是如何影响财富的生产、分配和交换的？它倾向于带来怎样的工业和贸易组织，什么样的劳动分工形式，什么样的货币市场、批发和零售交易的安排，以及如何影响雇主和被雇佣者之间的关系？它倾向于如何调整价值，即调整无论是在现场生产还是从远处运

[1] * P Ⅰ，序言，第 xii 页。虽然感谢父亲可能是出于孝顺的礼貌，但在后来的三个版本中，这种情况并未再出现，那时候他父亲还在世。还可参见上文第 2 章，第 26、39 页和注释 83。克莱是剑桥大学出版社的印刷工，负责为《经济学原理》排版印刷，他在这项工作上一定很辛苦。威廉·亨利·布洛克·霍尔（William Henry Bullock Hall，1837–1904）是牛津大学贝利奥尔学院的学生，也是乔伊特的朋友。他于 1872 年获得律师资格，但从未从事法律工作。他是剑桥郡的治安法官，住在离剑桥不远的纽马克特。他是土地问题方面的权威，在较为实际的农业细节上担任马歇尔的顾问。如下文第 16 章第 574 页所示，马歇尔第一次见到他可能是在 19 世纪 70 年代早期。

[2] 马歇尔致 J.N. 凯恩斯的信，马歇尔档案，3：66。

[3] * P Ⅰ，本节中括号内的页码均来自这一版本。

> 输而来的物品的价格、各种租金、资本利息和各种工作形式的收入，包括经营和管理企业的收入？它又如何影响对外贸易的进程？在什么样条件的限制下，价格是衡量其实际效用的标准？从表面上看，社会各个阶层的财富增加所可能带来的幸福增量是多少？各阶级的产业效率在多大程度上受到其收入不足的损害？任何阶层在多大程度上可能通过提高效率和提高赚钱的能力来维持收入的增加（一旦发生的话）？事实上，经济自由在任何地方、任何社会阶层或任何特定的工业部门（或在任何特定时间能达到）的影响有多大？还有什么强有力的影响因素，所有这些影响的作用又是如何结合在一起的？特别是，经济自由在多大程度上倾向于联合或垄断，以及它们的影响是什么？从长远来看，这些行动会对社会各阶层造成什么样的影响；在形成最终结果的过程中，会发生什么样的中间效应；以及考虑到它们传播的时间，这两类终极效应和中间效应的相对重要性是什么？不同税收制度的影响如何？它会给社会带来怎样的负担，又会给国家带来怎样的收入？（第 95-96 页）

细心的读者可以从《经济学原理》所包含的经济学基础知识中找到所有这些问题的答案。作者在书的最后一段总结道，这些基本原理“掌握着”所有实际问题的“钥匙”，并“涵盖了”本书主题中“最困难的部分”（第 736 页）。信贷、对外贸易和产业的现代发展这些主题留待第 2 卷讨论，在经济学专业的学生能够正确处理所有更实际的问题之前，需要对其进行研究。在 1890 年和 1920 年，[1] 马歇尔将这些问题称作“尤其紧迫”的事，揭示了经济学与实践伦理学之间不可分割的联系，这与《经济学原理》作者研究经济学的动机也密不可分。这类实际问题包括限制“经济自由”和财产权的利弊、集体行动的范围
415 以及政府职能，不仅通过限制所有权，而且通过规范包括“开放空间，艺术作品，教学和娱乐手段”等资源的使用，并且回到他在经济学学徒期就从事多年的经济改革的主题：

> 假设人们理所当然地希望财富分配更加平等，那么，这在多大程度上证明了改变财产制度或限制自由企业的合理性，即使这可能会减

[1] 阿尔弗雷德·马歇尔，*P* Ⅷ，1920 年，第 41–42 页重复了同样的问题。

> 少财富总量？换句话说，增加较贫穷阶级的收入和减少他们的工作量，即使涉及国家物质财富的减少，应该达到什么程度？在不造成不公的情况下，在不削弱领导进步的力量的情况下，能做到什么程度呢？税收的负担应该如何在社会的不同阶层之间分配？
>
> 我们应该满足于现有的劳动分工形式吗？有必要让大量的人专门从事没有任何提升可能的工作吗？能否逐步地教授广大工人群众从事高级工作的新能力；特别是使他们能够共同管理自己所从事的企业的能力？（第 96-97 页）

因此，在 1890 年 7 月出版的这本马歇尔毕生之作中，教师和改革者的双重身份混合在一起。《经济学原理》的第 1 卷从来没有打算成为现在所谓的“微观经济学”的简单文本，向初学者灌输价格理论等要素，尽管这是现在大部分人都记得的贡献。对其作者来说，它试图将价值理论或供需理论的所有方面融合在一起。马歇尔的价值理论涵盖了增长和进步的主要议题，以及静态竞争均衡下的价格决定机制。只有前者，在均衡分析所获得的理解的辅助下，才有助于达到经济学的真正目标：提高所有人的生活水平，包括现在陷入“残渣”的最低阶层，并建立高尚的品格，以确保国家的真正进步。

《经济学原理》的反响

尽管由于《经济学原理》尚无第 2 卷而内容受限，但其广泛的经济学目标仍然使读者感到满意。《经济学原理》的评论者们充分意识到，这本书不仅包含经济原理，还涉及社会意义。因而这本书获得了广泛的认可。马歇尔夫妇的剪贴簿上有三十多份英国报纸和期刊的剪报，从《泰晤士报》《经济学人》《曼彻斯特卫报》《观察家报》到《正义》（*Justice*）、《教会时报》（*Church Times*）和《合作新闻》（*Cooperative News*）。剪贴簿中还包括近 12 篇来自海外媒体的评论。此外，学术性较强的期刊和传统的季刊都发表了长篇评论。其中一些是老朋友写的，还有一些来自新人之手。

老朋友埃奇沃思在《学会》上发表了评论。他在其中一篇评论的开头写道，《经济学原理》违背了自己的格言“自然没有飞跃”，因为马歇尔的著作“让这门科学的地位突飞猛进”。可能由于想到了之前的一些批评，他建议他的朋友，“在一些段落中更明确地使用图表和符号可能会对一类读者有帮助”，并 416

表示希望"作者遮遮掩掩的关于数学分析的痛苦的小字体"应该在下一版中得到修正，不过这个想法从未被采纳。更重要的是，埃奇沃思向他的读者回顾了一个事实，即马歇尔的书证明了他在1872年对杰文斯的评论中首先使用的一个命题的真实性："正如太阳系中每个物体的运动受到其他物体运动的影响一样，政治经济学问题的因素也是如此。"[1] 他以前的学生J.S.尼科尔森称赞马歇尔的书是继J.S.穆勒的《政治经济学原理》之后最重要的著作，他评价本书的作者道，"在现代，很少有一个人以如此少的著作获得这样高的声誉；因为在本书出版之前，他只出版了一本关于'产业经济学'的初级著作，以及一些偶然的随笔"。尼科尔森也提出了一些批评。尽管古诺的重要贡献得到了公正的认可，但书中的许多历史主题，尤其是第1篇中关于经济自由的增长和随之而来的经济学的发展的讨论，"既不充分，也不新颖"。[2] 然而，尼科尔森在与朋友约翰·内维尔·凯恩斯的私人通信中透露了他的真实批评，后者将其记录在自己的日记中：

> 重读我的这篇评论时，我觉得我在某些事情上太轻易地放过他了。他的历史研究很模糊、过时，特别不靠谱；他的例子主要是旧的先验类型，或者充其量是引人好奇的而不是重要的；它们重复得如此之多，他根本没有安排好；但是，如果他要把我对这本书的理解的全部内容都讲完，那他也得写上6卷。同时，他的纯理论非常好，值得最高的赞扬，尤其是他的确是第一个把这些思想带到英国的人。然而，这本书目前的形式永远不能作为教科书，我只会把它推荐给优等学生。[3]

西德尼·韦伯向他的未婚妻比阿特丽斯·波特吐露了他对这本书的看法："当我昨天（1890年7月16日）离开你时，……我收到一封来自马辛厄姆（Massingham）的信，告诉我必须为《星报》撰写一篇评论马歇尔的文章。我直接去了俱乐部，把马歇尔的600页书通读了一遍——然后我踉踉跄跄地站起

[1] F.Y.埃奇沃思，《经济学原理》，载《学会》，第956期，1890年8月20日，第165–166页。埃奇沃思还在1890年8月14日的《自然》杂志上评论了这本书。

[2]《苏格兰人》，1890年7月28日。

[3] JNKD，1890年7月24日。

身来。这是一本伟大的书，没有什么新意——它指明了前进的方向，但没有遵循它。尽管如此，这仍是一本伟大的书——它将取代穆勒的著作，但它不会开创经济学的新纪元。经济学仍有待重塑。”[1] 他的未婚妻慢慢读完了这本书，然后对尼科尔森私下里提出的几点批评表示附和。“过去的 5 天我一直在读马歇尔的书——我还打算再花 5 天时间。这是一项伟大的工作（但不是一本伟大的书）。他汇集了当前所有经济学专家的观点——对它们进行了筛选和分析——并将它们整合成一个一致的理论体系——但其中有多少是原创的呢？……在我看来，他的历史分析非常薄弱，他对商业事实的阐释和概括没什么稀奇的——更像是一个‘局外人’的看法。他的强大之处在于他的理论陈述和他的同情心。”[2]

对《经济学原理》的匿名评价整体以肯定为主，尽管它们表扬和批评的对象各不相同。《年鉴》(*Annual Register*)[3] 认为“马歇尔教授的书……不是……一部伟大的原创作品，但是……对当今令人困惑的经济问题，做出了充满同情、知识、洞察力和智慧的坚实贡献。……整部作品的思路清晰，技术超群，既广博又富有同情心”。《爱丁堡评论》[4] 对此不以为然。它认为尽管马歇尔教授很有权威，而且这本新书只会为他增光添彩，但它的两个缺点也是非常明显 417
的。“这本 700 多页紧密印刷的气势磅礴的书只是第 1 卷……以这种方式出版政治经济学书是比较冒险的。一部经济学专著的最初部分，恰恰是普通读者最难读和最不感兴趣的部分……即使是专业的读者，……也会发现《经济学原理》中有许多段落既难懂又枯燥。……我们冒昧地认为……马歇尔教授在力求精准的同时，有时也故意含糊不清。”然而，大部分评论都集中在这本书为工人阶级所描绘的美好前景上，因为“它强调了高工资的必要性”，强调了机器在减轻艰苦劳动和提高工资方面的“双重优势”，强调了教育的价值，指出了城市生活的弊端，并相信人的性格可以得到改善，这本书似乎更倾向于提高“公共福利”而不是“公共财富”。[5]《威斯敏斯特评论》[6] 指出，马歇尔要求通

[1]《比阿特丽斯 · 韦伯日记》，诺曼和吉恩 · 麦肯齐（编），伦敦：维拉戈出版社和伦敦政治经济学院，1982 年，第 1 卷，第 337 页，日期为 1890 年 7 月 27 日的信。韦伯说错了这本书的页数，实际上是 700 多页。

[2] 比阿特丽斯 · 波特致西德尼 · 韦伯的信，1890 年 8 月 9 日，载《西德尼 · 韦伯和比阿特丽斯 · 韦伯的书信》，第 1 卷，第 163 页。

[3]《年鉴》，1891 年第 2 部分（新系列），第 97 页。

[4]《爱丁堡评论》，第 173 卷，1891 年 1 月，第 11 篇，第 238–239 页。

[5] 同上，第 250–259 页。

[6]《威斯敏斯特评论》，第 134 卷，1890 年 7–12 月，第 677–678 页。

过考虑“道德力量”来扩大经济学的研究范围，他尊重以往的经济学家，并且“这本书的安排……令人钦佩”，因而建议读者“买一本在闲暇时读一读”。在总结其内容后，《伦敦季刊评论》（*London Quarterly Review*）得出结论，《经济学原理》是：

> 是对政治经济学研究最有价值的贡献。它极其温和和明智，令人高兴的是，它没有那种经常潜入经济辩论的好斗性。它将证明，经济科学本身毕竟比近年来普通读者所认为的更为一致。它与当今贸易状况相关的明亮风格和丰富的插图，应该会使它广受好评。[1]

新兴学术期刊对《经济学原理》的评论总体上更加全面，对其内容的新颖性有更充分的认识。吉丁斯（Giddings）在《美国政治与社会科学学院年鉴》（*Annals of the American Academy of Political and Social Science*）[2]上称其出版为“头等重要的科学事件”，与穆勒和亚当·斯密在各自时代的表现不相上下。吉丁斯注意到了马歇尔在序言中赋予“连续性”的各种含义，他对黑格尔和斯宾塞的熟知，以及他对“可塑的”经济科学的与“有机的、灵活的和不断发展的”人类社会相匹配的看法。马歇尔对数学尤其是图表的谨慎而不显眼的运用，他诸如“消费者租金”之类的理论贡献，以及他对当代经济学作家，特别是美国经济学家的慷慨，也同样得到了认可。

J.B. 克拉克在《政治学季刊》上发表了一篇褒贬参半的评论文章，这可能是第 1 版所收到的最具洞察力的评论。这篇文章开启了一段温暖的友谊，从他们的通信中可见一斑。在陈述了《经济学原理》“已在美国，尤其是英国出现的对它的优点和重要性的赞扬”之后，克拉克注意到，随着争论的深入，这本书面临越来越多的困难。这激发了读者的疑问，有时也引发了读者的异议，说明马歇尔的书在“激发更深入的研究”上所具有的高品质。当克拉克讨论到“分配这一最高主题”时，他对马歇尔理论的质疑越来越频繁，语气也越来越
418 暴躁。他注意到了马歇尔对人力资本理论的贡献，这使得“每一个花时间学做事的工人都能成为资本家”，从而导致劳动和资本之间的分配线索“贯穿人类

[1]《伦敦季刊评论》，新系列，XV，1890 年 10 月至 1891 年 1 月，第 194–197 页，文中引用来自第 196–197 页。

[2] 第 1 卷，1890 年 7 月至 1891 年 1 月，第 332–337 页。

的性格”。克拉克随后评论了李嘉图的风格和马歇尔对李嘉图租金理论的许多背离，特别是他将这个概念扩展到涵盖了个人能力的收入，通过消费、劳动和等待行为获得的福利，以及机器的短期收益上。克拉克认为，这种对租金的概括应该进一步发展，以形成“一般分配规律”的基础，在这种规律中，利息和工资分别被视为“纯粹的投资资本基金”和“相应的劳动基金”的租金。马歇尔似乎忽视了这一显而易见的事实，因此，克拉克认为，他混淆了适用于特定形式的资本和劳动的替代法则，以及适用于可用于任何用途的一般资本和劳动基金的分配法则。[1]

其他一些学术性评论更具体地论述了马歇尔在古典政治经济学的旧形式中提出的经济学新思想。在《政治经济评论》(*Revue d'économie politique*)上，舒勒[2]将焦点放在新的抽象边际方法对于旧的生产、分配和消费理论的应用上，总的来看，这是“对经济现象的更深刻的理解”。蒙塔古(Montague)[3]在《经济评论》(*Economic Review*)上说道，马歇尔《经济学原理》第 1 卷中讨论的主题与穆勒第 1 卷中讨论的主题是一致的，但马歇尔的安排完全不同，“价值是他著作的中心问题”，广义上来看既包括分配价值也包括交换价值。像穆勒一样，马歇尔的目标是通过引入新成果使旧理论现代化，从而“使经济学和谐发展，并与时代问题建立最有用的联系”。因此，马歇尔的书调和了政治经济学中的新旧观点，就像它成功地调和了归纳法和演绎法一样。虽然这一成就值得称赞，但蒙塔古预测马歇尔的书并不会流行，因为它的风格不够有力。“没什么大胆的信念，理论的总体效果也因缺乏细节而减弱”。瓦格纳[4]在《经济学季刊》上同样关注了马歇尔在对新旧经济学范围与方法的调和，特别赞扬了他对李嘉图的辩护，如果不是对李嘉图观点的“复原”的话。[5]在总结了书

[1] * J.B. 克拉克,《马歇尔的经济学原理》,《政治学季刊》, 6(1), 1891 年 3 月，第 126–151 页。马歇尔在 1891 年 5 月 6 日和 6 月 6 日写给克拉克的信中详细地回应了这篇评论。他说他不喜欢在期刊上“进行自我辩护”，不过偶尔他也会这样做，如下文所示(第 425–426、470–471 页)。他还写信给克拉克说，他倾向于在写作中避免“对其他人的个人批评，除非是有必要捍卫自己立场的时候”。然而，从十年后的通信中可以看出，这些信件未能解决导致马歇尔和克拉克意见产生分歧的分配问题。

[2] 理查德·舒勒(Richard Schüller),《政治经济评论》, 5, 1891 年，第 404–407 页。

[3] F.C. 蒙塔古,《经济评论》, 1891 年 1 月，第 115–120 页。

[4] A. 瓦格纳,《马歇尔的〈经济学原理〉》,《经济学季刊》, 5, 1890–1891 年，第 319–338 页。

[5] ¶ 这是威廉·阿什利在批评马歇尔的《经济学原理》中对李嘉图的处理时所使用的标题，发表在 1891 年 9 月《经济学杂志》, 第 1 卷，第 474–489 页。马歇尔着手给阿什利写了一封回信，其草稿保存在马歇尔档案中，但根据他在与 J.B. 克拉克的通信中阐明的原则(见上文注释 *)，他并没有发表这封信，而是在《经济学原理》后来的版本中于适当的地方添加了简短的注释。

的内容并批判地评论了作者在最后一章中表达的对工人阶级进步的乐观态度之后，瓦格纳以“希望第 2 卷能早日出版”结束了评论。

419 这些形形色色的评论，还有来自朋友和熟人的赞扬和批评的信件，都被贝利奥尔庄园的这户人家仔细研究、思考与珍藏。7 月 24 日，乔伊特写信给马歇尔，表示收到了他的《经济学原理》并对其出版表达了祝贺。

> 这对资本家和工人阶级都有很大的价值。在我看来，这正是调和新旧政治经济所需要的，……雇主和雇员都有理由把你当作朋友。李嘉图本人也不会反对用你的事实来补充和修改他的先验推理。我也认为这本书从教育的角度来看是出色的：它极为清晰、有趣，直指伟大的原理。它含蓄地回答了人们常问的问题：“政治经济学与伦理学的关系是什么？”你的风格令人钦佩——我也很高兴你没有在这个主题中过多地使用数学，从而减少了而不是增加了它的技术性。我翻开的每一页，对我来说似乎都能有收获——例如第 369-371 页——我经常想到如何在生活中增加或减少这种困难——大学和教育在一定程度上减少了这种困难，但商业会做的更多，特别是如果能在其中引入一些高尚的慈善意识的话。[1]

还有从国外寄来的表扬信。施穆勒在 8 月 6 日的信中称赞马歇尔在他的书中展示了对德国经济学的充分了解。在纽约，塞利格曼将这份礼物描述为一部“卓越的作品，因为它展示了欧洲大陆研究的最新进展，它承袭了旧古典学说中最好的东西，是那些极端历史学派信徒的解毒剂”。另一位美国朋友 F.A. 沃克写道：“我越来越喜欢这本书，也越来越佩服你的作品。它的精神和基调是可敬的。高尚与庄严的感情和这本书的力量与严肃一样让人印象深刻。你创作了一本伟大的、非常优秀的书，……它将日益根植于人们心中。”沃克评论说，马歇尔对物理学的研究对这项工作有很大帮助，因为只有那些“深刻研究过热

[1] * 本杰明·乔伊特致马歇尔的信，1890 年 7 月 29 日，马歇尔档案，1/53。*P* Ⅰ，第 369–371 页，其边注讨论了“工人的崛起并不像乍看上去那样受到资本匮乏的阻碍；因为信贷基金的数额在增加，对雇佣的需求也在增加。日益复杂的商业现实给他带来了很大的阻碍；但他可能会克服这些困难。崛起可能需要两代人而不是一代人的时间，但这并不是一种纯粹的邪恶”。其中的大部分内容可以在 *P* Ⅷ，第 307–311 页中找到，从第 2 版开始，马歇尔做了一些修改，这很可能是受到了乔伊特评论的启发。

力学的人”才能对经济力量拥有如此多的“洞察力”，才能在“估计它们对人类社会的影响”方面表现出这样的“才能”和“克制力”。[1]

根据与莱斯利·斯蒂芬的一些通信，以及希格斯与福克斯韦尔之间的通信可以概括个人对马歇尔书的反应，不幸的是，这些通信没有全部留存下来。马歇尔写信感谢了斯蒂芬“对我的书的溢美之词。你能说出这些话，我非常感激：只希望我配得上这样的夸奖”。然后他对斯蒂芬感到困惑的消费者租金的一些方面进行了评论。第二天，斯蒂芬在给马歇尔的回复中重复了他的赞扬，但又加上了对风格的一般性批评，他希望这对马歇尔准备第 2 卷时有用：

> 我认为，如果你对一般原则和由于实际情况的复杂性所做的必要 420
> 的修正之间做更广泛的区分，那将更有助于清楚地说明问题。我知道这很难，这是一个程度问题，或者更确切地说，是偏向这一边或那一边的尴尬抉择。我只是想说，在我看来，你似乎倾向于过早地提出限定条件。[2]

8 月，希格斯写信给福克斯韦尔说，关于马歇尔的《经济学原理》，他正在“刻意缓慢地阅读以延长阅读它的乐趣”，当他上个月第一次拿到这本书时，很快就沉浸其中。希格斯每次阅读的内容的确很少，到 8 月底，他还没有读完第 1 篇，并批评了马歇尔在第 1 篇第 2 章中对习俗的讨论，“马歇尔提到了亨利·梅因爵士，不过我所理解的跟他所说的完全相反”。[3]

很少有作者能预料到他的第一本主要著作会得到这么好的反响，毫无疑

---

[1] 古斯塔夫·施穆勒（Gustav Schmoller）致阿尔弗雷德·马歇尔的信，1890 年 8 月 6 日，马歇尔档案，1/100；E.A.R. 塞利格曼致马歇尔的信，1890 年 8 月 22 日，塞利格曼文件，哥伦比亚大学；F.A. 沃克致阿尔弗雷德·马歇尔的信，1890 年 10 月 16 日，见 J.P. 门罗，《弗朗西斯·亚玛撒·沃克传》，第 342–343 页。

[2] * 马歇尔致莱斯利·斯蒂芬的信，1900 年 3 月 1 日，英国政治学和经济学图书馆，Misc. 476/M1829；莱斯利·斯蒂芬与威廉·布斯（1891 年 11 月 11 日）和 C.B. 克拉克（1891 年 3 月 18 日）的通信提到了类似的问题。斯蒂芬在这封信中对消费者租金的批判以及马歇尔本人所做的辩护将在下文第 424 页和注释 * 中讨论；莱斯利·斯蒂芬致马歇尔的信，1891 年 3 月 2 日，马歇尔档案，1/104。正如 1891 年 2 月 4 日致博纳的信所示，马歇尔特别在意这类批评，并询问他如何在第 2 版中加以改进。

[3] 亨利·希格斯致福克斯韦尔的信，1890 年 7 月 22 日、1890 年 8 月 23 日，见克拉拉·科利特文件，华威大学现代收录，MSS 29/3/13/5/3。

问，这本书的作者总体上对这个结果感到满意。[1] 他在书中想表达的大部分内容都以这样或那样的形式被不同的评论家捕捉到了；许多评论家也正确地认识到了它的重要性，以及它所包含的许多贡献的原创性。一个共同的批评似乎让他有些不悦，即他的风格，甚至是内容的安排有时会受到一些批评。考虑到马歇尔在设计内容的安排时花费了大量的心思和时间，他在近10年的时间里一直思考并多次改变主意，这样的批评就显得更刺耳了。同样，对行文风格的批评一定也惹恼了他，因为他在这方面花了不少功夫，不断地根据那些读过他的校样的人的意见进行修改。莱斯利·斯蒂芬在与马歇尔的通信中直接指出了对这一方面的批评，这是不多见的。约翰·内维尔·凯恩斯私下在自己的日记中表达了对马歇尔的写作风格和内容安排的批评与轻视，[2] 其他以前的学生和同事尼科尔森、普莱斯和福克斯韦尔也是如此。普莱斯和尼科尔森的观点前文已经提过，福克斯韦尔在《经济学原理》首次出版10年后写给凯恩斯的一封信中评论了该书的一些缺点，他说他和伦敦的熟人在这本书首版时发现了这些缺点。

> 我和你唯一重要的区别是，你同意马歇尔的观点，认为杰文斯的边际效用原则与生产成本原则同等重要。当他的《经济学原理》出版时，许多人惊讶于他在这一问题上的立场。……一个原则是普遍的、基本的，另一个是特殊的、偶然的……马歇尔和李嘉图所说的例外情况在实践中尤其重要，而他用于说明严格相互决定的典型案例远没有达到他假设的效果。
>
> 421 规范和类型的整个系统，可能对自然科学来说是足够合适的，对那些我们还不足以归结为科学因果关系的研究，即在我看来，在经济学中似乎是不合适的，它不仅在伦理上而且在科学上都造成了无尽的危害。[3]

---

[1] JNKD，1891年4月13日引用了马歇尔关于瓦格纳评论文章的一封信，他在信中说对他自己和对凯恩斯来说评论都是“令人愉快的”，因为瓦格纳也对凯恩斯《政治经济学的范围与方法》一书作了评价。

[2] JNKD，1888年11月3日，马歇尔的书缺乏良好安排，这与西季威克的书形成了鲜明对比。凯恩斯对马歇尔缺乏风格的批评意见早在《产业经济学》的评价中就已提到。参见上文第6章，第168–169页。

[3] 福克斯韦尔致约翰·内维尔·凯恩斯的信，1901年1月24日，J.N.凯恩斯文件，马歇尔图书馆，1：44；马歇尔致福克斯韦尔的信，1878年10月10日，在福克斯韦尔批评马歇尔在《产业经济学》中所使用的“正常”一词的背景下，马歇尔回复说，“‘正常’当然不是一个令人满意的词；但在我思考了数百个小时之后，我仍不到一个比它更好的词”。

尽管他的朋友们在这些问题上保持沉默，但评论者和他一些不太亲密的熟人坦率地讨论了错误的风格和内容安排的问题，这足以促使他在第 1 版问世后的 6 个月内就开始对第 2 版进行修订。

竞争约束上的创举：《经济学原理》与图书净价协议

马歇尔的《经济学原理》不仅是经济学史上的里程碑，也是出版史（诚然影响力不如前者）上的一大创举。这本书是麦克米伦出版社第一次以所谓的净价制度出版的书，该制度旨在禁止当代英国书商向顾客提供大幅折扣。1890 年，当麦克米伦决定逐步引入这一制度时，考虑到书商被剥夺了给予大幅折扣的权力，他要选取能够承受得住这些最初不利反应的图书，正在印刷的马歇尔的《经济学原理》立即浮现在其脑海中。正如麦克米伦在向马歇尔介绍这一计划时所解释的那样，书商提供的大幅折扣导致了两个弊端。它人为地抬高了书价，以为“大幅”折扣留出空间；并引发过度的价格竞争，降低了书商的盈利能力。这一制度将使出版商能够名义上降低图书价格。作为净价协议的一个实验品，如果《经济学原理》以净价协议出版，它的售价将是 12 先令 6 便士，而不是原来商议的 16 先令，批发价将是 10 先令 5 便士，结算时还有更多的折扣。考虑到《经济学原理》的销售潜力，麦克米伦向马歇尔保证，这个实验不可能影响他的书的销售。由于此书的成本随着其规模逐步扩大而增加，有人建议马歇尔以零售价出售，但他并不愿意，因为这对收入微薄的学生来说太贵了。因此，麦克米伦建议的净价就显得特别有吸引力。马歇尔接受了，部分原因是他的书可以以较低的标价出售，还有部分原因是他错误地认为该协议不会阻止书商给客户正常的现金折扣。[1]

结果就是，在马歇尔提出愿意拿出 20 英镑用来支付印刷商额外修改的费用之后，《经济学原理》在 1890 年 7 月以 12 先令 6 便士的净价出版了。麦克米伦提醒马歇尔，这是一笔不小的数目。在出版后的一周，马歇尔透露了他对接受图书净价协议的担忧。他给麦克米伦写信说，他仍然不理解该制度的所有

[1] 麦克米伦致马歇尔的信，1890 年 4 月 15 日，转载于 C.W. 吉尔博，《马歇尔与麦克米伦就图书净价协议的通信》，*AMCA*，II，第 256–257 页；本节大量引用了这篇优秀的文章和弗雷德里克 · 麦克米伦的《1899 年图书净价协议和 1906–1908 年的图书战》（*The Net Book Agreement 1899 and the Book War 1906-08*），格拉斯哥大学出版社，为作者印刷。（参见第 14–15 页中所作的评论。）

特点，并请他澄清这一制度对书商提供现金折扣的限制，[1]但这件事被搁置了。图书行业的进一步发展又引起了马歇尔的注意。1896 年出版商协会的成立对折价销售图书造成了系统性打击。作为这场运动的一部分，出版商们似乎已经
422 给他们的主要作者们发了一封通函，征求他们对这个问题的看法。马歇尔回复了麦克米伦，要求恢复现金折扣，这“有益于经济和道德进步”，最初还是合作运动强迫不请愿的店主实现的。如果说要为净价协议提供一些规则，马歇尔认为应当包括现金折扣原则。不过，他表示同意净价协议的基本原则，即在普通的季度账目中，净价图书只能按广告价格而不是其他价格出售。就在第 4 版即将问世之前，马歇尔再次请求麦克米伦在图书净价协议下给予现金购买者更优惠的待遇，并补充说，如果该协议不公正地增加了书商的利润，那么他也反对该协议。[2]

作为回应，麦克米伦告诉马歇尔，他的这种让步将导致对净价协议的实质性放弃。马歇尔不情愿地接受了他的建议，毕竟他更加专业。尽管如此，马歇尔仍然认为，书商给予现金折扣应当作为一项原则，其应当降低在科学性作品上的利润，为年轻的、不知名的作者提供额外的收入。1898 年，马歇尔在其他通信中又回到了这个话题，1907 年至 1908 年，出版商与《泰晤士报》图书俱乐部就图书净价协议发生的论战又把这个问题带回了公共舞台。吉尔博明智地总结了出版商和经济学家兼作家之间关于图书贸易经济学的长时间通信，很好地体现了马歇尔在这个问题上的立场。在该协议实施的最初几年，麦克米伦反对支付的现金折扣是正确的；因为它可能带来更多的普遍折扣，而这正是该协议旨在防止的。然而，马歇尔更有先见之明的是，他建议采用歧视性利润来补贴某些类型的书，这种做法实际上是在他去世后发展起来的。此外，马歇尔反对净价计划的理由从来不是零售价格缺乏竞争力；而是在很大程度上由于他认可现金支付应享有折扣的合作原则，如果他知道这一原则在净价协议下不容易适用，他就不会接受麦克米伦以 12 先令 6 便士的净价出售《经济学原理》的提议了。[3]

[1] 马歇尔致麦克米伦的信，1890 年 7 月 28 日，见 C.W. 吉尔博，《马歇尔与麦克米伦就图书净价协议的通信》，第 261 页。

[2] 马歇尔致麦克米伦的信，1897 年 12 月 3 日，1898 年 9 月 10 日，同上，第 263–265 页。

[3] C.W. 吉尔博，《马歇尔与麦克米伦就图书净价协议的通信》，第 275–276 页。

从第 1 版到第 4 版（1898 年）：小修小补

对《经济学原理》的风格和内容安排的批评促使马歇尔在 1890 年结束之前就开始准备第 2 版的修订工作了。1 月中旬，约翰·内维尔·凯恩斯在他的日记[1]中写道，马歇尔正在“对他的书的第 2 版进行非常广泛的修改”，并表示他同意“马歇尔夫人的观点，即现阶段不进行修订是更明智的”。事实上，玛丽·佩利早些时候曾向本杰明·乔伊特倾诉过她对这方面的担忧，1890 年 12 月 30 日，本杰明试图安慰她，说她没必要这么担忧。“不要害怕修改的工作。修订其实并不费力：最初的调制工作才是最费力的，在一段时间后，作者对自己的主题有了更多的把握，重新意识到自己的缺点，因此有很大的改进是可能的。我希望每五年出版一次有大改动的新版本。”[2]考虑到这次修订是在 5 个月后而不是 5 年后进行的，乔伊特的评论可能没有预期的那么令人宽慰。然 423
而，他说修改比调制花的时间要少，这是对的。1891 年 6 月底，凯恩斯的日记记录了他收到第 2 版的情况。[3]

尽管正如吉尔博[4]所说，在第 2 版中，“代表性企业首次亮相”，而对文本的大部分修订都是“在细节和安排方面”。马歇尔重新安排后将书分为 6 篇，从而放弃了他在 1888–1889 年间花了如此多的时间新增的单独关于生产成本的一篇。在新版中，它的章节被合并到第 5 篇中，马歇尔提醒那些“主要是在社会和实践方面”对经济学感兴趣的人，可以忽略这些章节。马歇尔在序言中对这一变化作了如下解释。新的安排更清楚地说明了时间在经济学中的重要性，它“更清楚地显示了时间如何改变工人收入和他们制造的商品的价格之间的相互影响。因为就短期的波动而言，价格起主导作用，收入起次要作用；但就正常价值的缓慢调整而言，它们的位置就对换了；价格对收入的影响，要小于收入对价格的影响”。马歇尔补充说，这些考虑与关于分配和交换那一篇的开头和结尾章节的修改密切相关。它们的目的是强调生产要素供求的力量之间的相互依赖，例如，将需求和活动纳入生活标准就表明了这一点。[5]在前几篇中，内容

[1] JNKD，1891 年 1 月 15 日。

[2] 本杰明·乔伊特致玛丽·佩利·马歇尔的信，1890 年 12 月 30 日，马歇尔档案，1/56。

[3] JNKD，1891 年 6 月 27 日。

[4] C.W. 吉尔博，《马歇尔〈经济学原理〉的演变》，*AMCA*，II，第 167–168 页。

[5] *P* II，序言，第 v–vi 页。

的安排也发生了巨大变化。在第1篇中，第5至7章的内容被重新修订为第5至6章；第2篇中，第3、4章被合并为新的第3章，使这一篇的内容从6章减少到5章；第3篇新增了两章，共变成6章，主要是针对人们对他的需求部分的批评。第4篇改动不大；最主要的是最后几篇的改动，已在上面提到过，其中一些章节，例如已提到的关于分配一篇的章节，被重新安排和修改。这些改动使这本书的篇幅从原来的754页增加到770页。[1]

第2版序言的最后一段引起了人们对另一个变化的注意：埃奇沃思的名字出现在了马歇尔的致谢名单之中。他的帮助大多体现在关于物物交换的笔记（附在第5篇第2章后），还有与之相关的数学附录12方面。后者明确引用了埃奇沃思对契约曲线的创新，并提请人们注意埃奇沃思和贝瑞在《经济刊物》（*Giornale degli economisti*）上发表的关于这一主题的文章。[2]这些增补内容的背后是马歇尔和埃奇沃思在1891年初修订第2版时通信中的针锋相对。在信中，马歇尔指责埃奇沃思试图通过“说一些新的东西，但实际并不新鲜的东西”来获取人们的信任，他将一个错误归咎于马歇尔，而“他如果犯了这个错误，那么他的书的大部分信誉就会动摇”。后者对马歇尔的伤害更大，因为它不公正地把他描绘成一个“启发人心，但缺乏智力责任感”的人，从而
424 动摇了人们对“这一类型的书中必然难以理解的许多段落”的接纳程度。[3]马歇尔的信还透露了埃奇沃思对新的第2版的另外一个贡献，他对马歇尔估算的钢琴现值公式提出了批评。这也许可以解释为什么第3篇第2章中关于未来贴现的部分成了一个完整的章节（第3篇第5章），此外还有相关的数学注释也有了一些实质性的变动。[4]这段插曲证实了马歇尔晚年相当遗憾地对他外甥所说的话，争议和误解引发了他对书的许多修改，所有这些修改都是为了澄清那些有争议或被误解的论点的真正含义。[5]

类似的争议和误解也解释了1895年第3版的许多变化。第3版修订于

[1] *P* Ⅱ，序言，第vii页和注释（这在*P* Ⅸ中没有提到）。

[2] *P* Ⅰ，第395–397、755–756页。所提到的大部分变化都发生在数学注释12中。

[3] 这些信件中只有马歇尔这边的保存了下来，重印在*P* Ⅸ，第791–798页。彼得·纽曼（Peter Newman）在《伟大的物物交换之争》中对这场辩论做了极好的描述，见《阿尔弗雷德·马歇尔百年纪念文集》，第258–277页。

[4] 马歇尔最初对这一主题的简略论述，见*P* Ⅰ，第153–154、737页，后来有所扩充，可见*P* Ⅱ，第175–180页，尤其是第179–180页和第752页。马歇尔在1891年3月（？）和1891年4月4日写给埃奇沃思的信中提到了这一争议，载*P* Ⅸ，第792、795页。

[5] C.W. 吉尔博，《马歇尔〈经济学原理〉的演变》，第167页。

“马歇尔作为作家的能力也许正处于巅峰”的时候，因而通常被认为是《经济学原理》的最佳版本，就写作的新鲜感和热情而言，这一版继承了前两版的优良品质，而不同于接下去的 5 版。[1] 马歇尔的序言提请读者注意关于分配的第 6 篇的开头几章所发生的实质性变化，以及第 1 篇的第 5、6 章；还有第 3 篇的最后一章，以及第 2 篇中资本和收入的章节合并成了一章，从而导致关于定义的这一篇的内容减少为 4 章。[2] 它还将数学注释 14 从第 2 版的两段内容扩充到了 6 页多。从这一版所引发的后续争论来看，对第 3 篇第 6 章所做的改动是最有趣的。除了引用了吉芬商品的概念之外，还将用于说明消费者剩余的商品从煤换成了茶叶，同时在处理不同消费者对同一商品的总消费者剩余上也有重大改变。[3] 从对第 3 版修订的进一步论述中，还可以看出马歇尔是如何对待批评之声的。

用茶代替煤的目的是消除在估计消费者剩余时，货币收入的边际效用要求恒定的问题。1891 年 3 月，马歇尔与莱斯利·斯蒂芬的通信表明，这是困扰他读者的一个问题，至少在第 1 版中，他没有在正文中（但可见相关数学注释）说清楚，他的分析需要货币收入边际效用恒定才能达到严格的数学精度，如果要以一种商品举例说明的话，对普通家庭的预算来说，应当用重要性不如煤的商品。他还告诉斯蒂芬，这个问题已在第 2 版中插入适当的脚注加以说明。到准备第 3 版的时候，对这一概念的进一步批评似乎使马歇尔觉得，在这种情况下，茶是比煤更好的例子，因为茶的支出在典型家庭预算中所占的比例远远小于煤。[4]

在第 2 版和第 3 版发行间隔的几年里，文献中出现了对消费者剩余概念的 425
其他批评，有一部分就是基于这种假设。其中最突出的是尼科尔森的观点，为

[1] C.W. 吉尔博，《马歇尔〈经济学原理〉的演变》，第 168–170 页，尤见第 168 页。

[2] P Ⅲ，序言，载 P Ⅸ，第 41–43 页。

[3] P Ⅸ，第 258–265 页指出了这些变化。

[4] * 阿尔弗雷德·马歇尔致莱斯利·斯蒂芬的信，1891 年 3 月 1 日（英国经济学和政治学图书馆，Misc. 476，M1129）。马歇尔在这封信中提到的第 1 版的注释（第 470 页最后一段）非常清楚地表明：“在讨论消费者租金时，我们必须假设货币对单个购买者的边际效用始终是相同的。”在第 2 版（第 182 页注释 1）中，马歇尔以另一种方式在正文的注释中重复了这一点，“在我们目前的目的中，没有必要考虑货币的边际效用在他购买的过程中可能发生明显变化的可能性”。到第 3 版时，这一原则在数学注释 6 的最后一句话中得到了坚定的体现，其中提到了茶这一新例子（如见第 8 版，第 842 页）。在最初的校样阶段，马歇尔已经向 J.N. 凯恩斯解释了效用和消费者租金的意义和测量问题。马歇尔致凯恩斯的信，1889 年 11 月 26 日，12 月 2 日，马歇尔档案，1：72，1：93，参见 P Ⅸ，第 260–261 页。

此，埃奇沃思在《经济学杂志》上做出了回应。[1]马歇尔对第3篇第6章的修改主要是为了回应尼科尔森的批评，这可以从马歇尔对它的几处引用中看出。新的第4节提到了吉芬商品，就是专门针对尼科尔森的批评，这是马歇尔一般论点的一个罕见例外。他还提到了“熟悉的科学方法的正当性”忽视了小数量的二阶导，从而暗暗反驳了尼科尔森的批评，马歇尔的这种修辞方式被人“描述为戴着天鹅绒手套的铁拳”。[2]对这一部分的后续兴趣转向了这样一个事实，即无法追溯马歇尔在《经济学原理》的文本中提到的吉芬的论点；不过，很多经济学家都熟悉所谓的吉芬现象。1893年6月，马歇尔本人在讨论希格斯的一篇关于“工人预算”的论文时，曾质疑估计相关家庭的基本支出的准确性。他后来声称已经详细研究了这个问题。[3]这一插曲再次说明了马歇尔修订《经济学原理》的动机：回应批评，并对别人难以理解的地方进行解释与重写。

马歇尔还利用期刊来为他在书中所持的立场辩护。第一个例子是他在《美国科学院年鉴》上发表的关于“消费者剩余”的注释，这是为了回应西蒙·帕顿（Simon Patten）在一篇论文中对其分析所需假设的性质的误解。[4]第二个例子是他发表在《经济学杂志》上的文章澄清了阿盖尔公爵（Duke of Argyll）对他在租金问题上的立场的大量误解。[5]这可能导致马歇尔对第4版和第5版的这一专题进行了大量修订。第三个例子是针对美国人对马歇尔《经济学原理》第1卷中分配和交换的批评进行一般性辩护。这篇文章还试图为内容的安排进行辩护，特别是第1篇中对历史材料的安排。在1898年第4版出版之

[1] J.S. 尼科尔森，《经济学原理》（*Principles of Economics*），伦敦：A.&C 布莱克出版社，1902年，第63–65页；F.Y. 埃奇沃思，《J.S. 尼科尔森教授论消费者租金》（‘Professor J.S. Nicholson on Consumer's Rent’），《经济学杂志》，1894年3月4日，第151–158页；J.S. 尼科尔森，《货币效用的衡量》（‘The Measure of Utility by Money’），《经济学杂志》，1894年6月4日，第342–347页。对这一争论更全面的论述来自P.C. 杜乐（P.C. Dooley），《消费者剩余：马歇尔及其批评者》（‘Consumer's Surplus：Marshall and his Critics’），《加拿大经济学杂志》（*Canadian Journal of Economics*），16，1983年，第16–38页。

[2] M.V. 怀特，《面向必需品的发明：马歇尔的修辞与吉芬商品》，载《经济记录》，66（192），1990年3月，第7页以及更广泛第5–7页。

[3] 谈到亨利·希格斯先生的论文是《工人预算》，《统计学杂志》，L VI，1894年，第286–288页，尤其是第287页，马歇尔提到面包在工人预算中的重要性不同。他后来的论述来自与埃奇沃思的通信，可见下文第17章，第634–635页。

[4] A. 马歇尔，《消费者剩余》，《美国科学院年鉴》，Ⅲ，1893年，第618–621页；所回应的文章是西蒙·帕顿，《成本与效用》，《美国科学院年鉴》，Ⅲ，第409–428页。

[5] A. 马歇尔，《论租金》，《经济学杂志》，3，1893年3月，第74–90页；这在一定程度上回应了阿盖尔公爵的书，《看不见的社会基础》（*Unseen Foundations of Society*），这本书批评了马歇尔在《经济学原理》第1版中关于租金的许多观点。

前，马歇尔写信给麦克米伦说，《分配与交换》这篇文章旨在解释《经济学原
理》的总体计划和结构，马歇尔当时认为这是最合适的。[1] 马歇尔认为是第 2
卷的缺失导致了人们对出版已久的第 1 卷的误解和粗心的批评。该文章对这一
点进行了澄清，并更充分地解释了他在第 1 卷所使用的“初步方法”。他将生
物学与力学方法、有机增长与均衡分析、静止状态、动力学与静力学、结构与
理论进行对比来阐述这一点。第 1 篇中的历史章节虽然存在公认的缺陷，但它
们对于所谓成熟经济学应该具备的有机增长特征非常重要，而初学者的入门书
籍或作为基础的第 1 卷是无法深入阐释这些特征的。然后，马歇尔利用这些广 426
泛的方法论问题来澄清人们对他在两个具体问题上立场的误解。一是根据与正
常问题相对的买卖数量进行市场分析，比较生产率和消费率；另一个是用静态
方法分析长期问题的危险。

在第 3 版和第 4 版发行之后，马歇尔还额外印发了勘误表。他在第 3 版中采用了这一策略，以纠正《经济学原理》中引用的坎南关于利物浦人口的错误说法。这些额外的勘误表是由马歇尔自费印刷的，他提供给麦克米伦以便插入未售出的书，同时他也自行将勘误表寄给他所知道的已经拿到书的那些人。在第 4 版发行的第 5 年，马歇尔已让麦克米伦公司印刷了 5000 份 2 页小字的附录和勘误表，它们以上述方式被分发了出去。从 1902 年底开始，发行中的第 4 版都加入了这一内容。从引入勘误表的原因可看出马歇尔对犯错的病态恐惧；而他同样痴迷于避免卷入“不必要的争论”所带来的由于不尽如人意的表达方式所产生的误解。[2]

1898 年的第 4 版改动相对较少。它的序言解释说，所有修订都是“小范围的，我希望这已经接近最终版本，现版本的篇幅已经很大了”。许多改动都涉及将一章的内容转移到另一章；最大的变化发生在第 5 篇和第 6 篇之间。最重要的变化是他专门讨论准租金的一章（第 5 篇的第 11 章），这可能是马歇尔出版的 8 个版本中该理论的最好版本。实际上，第 4 版维持了将近 10 年，是他编写的各版本间隔时间最长的一次。[3]

---

[1] A. 马歇尔，《分配与交换》，《经济学杂志》，8，1898 年 3 月，第 37–59 页。另见马歇尔致麦克米伦的信，1898 年 3 月 5 日，见 C. W. 吉尔博，《马歇尔与麦克米伦就图书净价协议的通信》，第 264 页。

[2] 我在《马歇尔〈经济学原理〉第 3 版和第 4 版的勘误表和附录》中讨论了这些问题，见《马歇尔研究公报》，1992 年，第 2 期，第 3–13 页。

[3] *P* Ⅳ，序言，第 v–vi 页。C.W. 吉尔博，《马歇尔〈经济学原理〉的演变》，第 171、183 页，其中提到“在所有的版本中，第 4 版是准租理论表述得最清楚、最全面的版本”。

《产业经济学要义》与第2卷的准备工作

1891年6月《经济学原理》第2版发行后，马歇尔开始考虑为它写一个缩略本以“适应初级学生的需要”。[1] 这个被马歇尔称为《产业经济学要义》的新计划承袭了《经济学原理》第2版的内容，只有一处例外：在缩略本第6篇的末尾增加了关于工会的一章。尽管马歇尔在1891年7月通知麦克米伦，他希望尽快完成这本新书，但关于工会的章节直到1892年初才完成，校样被寄给了约翰·内维尔·凯恩斯以及该领域的两位专家约翰·伯内特和T.S.克里。[2] 正如马歇尔向凯恩斯解释的那样：

427 我想知道你是否能抽出时间阅读我为新的产业经济学一书写的关于工会一章的校样。它将增补在《经济学原理》第1卷的缩略本上（我只随信附上了2/3，其余的我争取在下一封信中附上）。我还没有时间仔细阅读它，但我对寄给你的副本已经做了一些修改。恐怕我得把这份稿子寄给出版社，所以请你用软芯铅笔在上面书写……恐怕我将永远为这一章感到羞愧，但现在印刷在即，再等下去也没有用，我还有太多事要做。[3]

1892年2月，这本书出版了。424页的篇幅超过了《经济学原理》的一半。他再一次与麦克米伦就各项条款讨价还价，包括零售价和版税，以及印刷商在最后阶段为马歇尔新增的内容额外开支的35美元。不过，到了3月，这些问题都得到了解决。马歇尔接受了麦克米伦提出的条件，在英国头3000本的版税

[1] *EEI*，序言，第1版，1892年2月。卡迪什，《历史学家、经济学家和经济史》，伦敦：劳特利奇出版社，1989年，其中第160页指出该内容是为道德科学荣誉考试的第一部分量身定做的，二者处于同一时期。

[2] * 马歇尔致麦克米伦的信，1891年6月12日，马歇尔档案，4：3；*EEI*第1版序言，1892年2月；马歇尔致凯恩斯的信，1892年1月31日，马歇尔档案，1：104。约翰·伯内特（John Burnett，1842–1914）在贸易委员会任职，他同情旧工会制度，是工程师联合协会的秘书长和劳工委员会的助理秘书。他出版了几部关于工会问题的著作。T.S.克里（T.S. Cree，1838–1919）在1891年出版了《对工会理论的批判》（*A Criticism of the Theory of Trade Unions*）。

[3] * 马歇尔致J.N.凯恩斯的信，1892年1月31日，马歇尔档案，1：104。猜测凯恩斯会如何看待马歇尔提出的用新的《产业经济学要义》取代旧的《产业经济学》的理由是一件有趣的事情。（关于马歇尔对后者的打压，可见上文第6章，第178–179页，第8章，第251–253页。）

为 50 英镑，随后 2000 本的版税为零售价的 4/6 的 1/6（总共 75 英镑），销往美国的版税按 1/10 收取。[1] 那个月晚些时候，马歇尔给他的出版商寄去了一份名单，上面列着他希望获得赠书的人，包括经济学家同事、朋友、亲戚、一些图书馆，以及一些学术期刊，以供它们评阅。[2]

---

[1] 麦克米伦致马歇尔的信，1892 年 2 月 24 日，1892 年 2 月 26 日和 1892 年 2 月 29 日，马歇尔致麦克米伦的信，1892 年 2 月 27 日，马歇尔档案，1：202–205。

[2] ¶ 马歇尔的赠书名单包含了许多剑桥和英国其他学校的同事。这些人包括福克斯韦尔、西季威克、约翰·内维尔·凯恩斯、威廉·坎宁安、索利（Sorley）和欧内斯特·福克斯韦尔（Ernest Foxwell，福克斯韦尔的弟弟），以及剑桥之外的经济学家维克斯蒂德、埃奇沃思、L.L. 普莱斯、菲尔普斯、坎南、门罗（Munro）、麦肯齐（McKenzie）、冈纳、巴斯特布尔、梅佛（Mavor）、斯玛特（Smart）、尼科尔森、格雷厄姆（Graham）、米尔斯（Mills）、赛姆斯（Symes），以及贝瑞、克宁汉和弗拉克斯。被赠予此书的美国经济学家有布朗大学校长安德鲁斯、沃克、萨姆纳（Sumner）、哈德利、塞利格曼、亚当斯（Adams）、克拉克、艾略特、陶西格、吉丁斯、伊利（Ely）、帕顿、詹克斯（Jenks）和阿什利（当时在美国）；而在欧洲大陆，接受赠书的人包括法国的纪德（Gide）、瓦尔拉斯和勒鲁瓦 – 博利厄；意大利的科萨（Cossa）和潘塔莱奥尼（Pantaleoni）；奥地利的庞巴维克、门格尔和萨克斯（Sax）；德国有瓦格纳、哈雷（Halle）、布伦塔诺、科恩（Cohn）和施穆勒。除学术界和经济学同僚之外，家人、同事和朋友也都收到了赠书，包括父亲威廉、弟弟查尔斯、妹妹梅布尔、路易莎姨妈以及岳父和姐夫罗伯特。还有布里斯托的朋友们，艾伯特和刘易斯·弗里、弗朗西斯·巴德（Francis Budd），以及威尔逊和珀西瓦尔；当然还有本杰明·乔伊特；达勒姆主教韦斯科特（Westcott）；查尔斯·布斯、伦纳德·考特尼、葛逊、卡农·斯科特·霍兰德（Canon Scott Holland）和安德鲁·克拉克爵士，马歇尔偶尔向后者咨询医疗问题。由于马歇尔被任命为劳工委员会的委员，因此委员会秘书杰弗里·德雷奇、其他委员、工会朋友托马斯·伯特和汤姆·曼恩，以及码头总工会都在赠书名单之列。马歇尔还向剑桥大学图书馆、圣约翰学院图书馆、格顿学院图书馆、纽纳姆学院图书馆，以及布里斯托大学图书馆和汤因比馆赠送了此书，曾受马歇尔之托校对工会一章的伯内特和克里也收到了赠书。"专业"期刊上的评论者也没有被遗忘，这些期刊包括《经济学人》、《统计学家》、《统计学杂志》、《经济学杂志》、《经济评论》、《英国银行家协会杂志》（*Journal of the Institute of Bankers in England*）、《经济学季刊》、《政治学季刊》、《美国科学院年鉴》（*Annals of the American Academy of Sciences*）、《总体国家科学期刊》（*Zeitschrift fur die Gesammte Staatswissenschaft*）、《立法年鉴》（*Jahrbuch fur Gezetsung*）、《管理和国民经济》（*Verwaltung und Volkwirtstschaft*）、《国民经济年鉴》（*Jahrbucher fur Nationaloekonomie*）、《法国经济学家》（*l'Economiste français*）、《经济学家评论》（*Revue des économistes*）、《经济学家》（*La Economista*）和《经济刊物》（*Giornale degli Economisti*）。保存下来的名单上有几个名字后来被划掉了。例如贝多（Beddoe，马歇尔夫妇在布里斯托的医生）、福西特夫人、英格拉姆，伯特和菲尔普斯，后两位出现在名单的其他地方。一长串合作运动领袖的名字也在赠书名单之中。参见马歇尔致麦克米伦的信，1892 年 3 月，"赠书名单"，马歇尔档案，文件 6（2）。这一馈赠是否附带了马歇尔的请求——早些时候他在向姐夫欧内斯特·吉尔博（Ernest Guillebaud）赠送《经济学原理》时要求，在收到这一卷时，将之前的《产业经济学》返还以便他进行销毁（C.W. 吉尔博，*P* Ⅸ导论，n.c.）——后人没有记录下来。然而，1900 年 5 月 29 日写给休因斯的一封信表明，他经常让朋友把《产业经济学》还回来以供他"销毁"，因为信中感谢了休因斯归还的"第 1 版《产业经济学》"（谢菲尔德大学图书馆，休因斯文件）。汤姆·曼恩写信感谢了马歇尔送给他这本书以及其他一些文章（汤姆·曼恩致马歇尔的信，1892 年 5 月 12 日，马歇尔档案，1：86）。

428 1892 年推出的新的缩略本与它两年前的原版一样广受好评。大多数评论家赞扬了马歇尔的决定，这使他的“标准工作”更容易被大众接受，并对他的凝练能力大加赞扬。只有《教育杂志》(*Journal of Education*) 对这一普遍观点表示异议，认为“这对初学者……太难了”。[1] 尽管人们普遍认为，增加关于工会的一章是明智之举，但库尔塞勒 – 赛奈尔 (Courcelle-Seneuil) 在《经济学家杂志》(*Journal des économistes*) 上质疑马歇尔“懒惰地”对待了这一重要主题。

《产业经济学要义》的许多评论家借此机会对马歇尔夫妇合著的《产业经济学》的逝去表示哀叹。《国民改革》(*National Reformer*) 解释说，1879 年出版的书无法“恰当地呈现”《经济学原理》作者的观点；博纳在《学会》上遗憾地表示，《产业经济学》是“过去十几年来该领域最好的简短教科书”，取代它的书并没有扩大其所涵盖的主题，而是进一步缩小了。因此，“作为三本第 1 卷其中之一”的《产业经济学要义》，与此前出版的《产业经济学》以及更冗长的《经济学原理》相比，“缺点”更加显著，它显然忽略了“国际贸易、银行学、货币、复本位制和税收”。希望计划中的第 2 卷能很快纠正这一缺点。普莱斯在《经济学杂志》的上分享了对旧的《产业经济学》消失的遗憾，特别是因为新的这本书只包含“核心理论的框架”和关于工会的一章，并没有为初学者的研究工作提供全面的指导，而这一遗漏只能通过迅速推出承诺的第 2 卷来弥补。[2]

那些较为敏锐的评论家热烈期盼的《经济学原理》第 2 卷，到 1892 年时进展并不大。尽管《产业经济学要义》的准备工作并没有完全阻止 1891 年末开始的《经济学原理》第 2 卷的工作，但马歇尔在 1891 年 10 月几乎没有向他的出版商报告任何进展；1887 年，他曾乐观地预测此书将在 1889 年完成。[3] 1891 年初，马歇尔被任命为劳工委员会成员，在 1891 年的最后几个月和 1892 年的大部分时间里，委员会的会议安排都很紧凑，这使得第 2 卷在这几年里没有取得实质性的进展。直到 1893 年 5 月，与劳工委员会有关的工作

[1]《剑桥评论》, 1892 年 10 月 27 日；《曼彻斯特卫报》, 1892 年 8 月 31 日；《教育杂志》, 1892 年 6 月。

[2] J. 博纳，《学会》，第 1043 期，1892 年 4 月 30 日，第 416–417 页；《国家观察》(*National Observer*), 1892 年 5 月 7 日；L.L. 普莱斯，《经济学杂志》, 1892 年 6 月 2 日，*AMCA*，IV，特别是第 13–14 页；F.Y. 埃奇沃思，《自然》, 1892 年 5 月 12 日；J. 库尔塞勒 – 赛奈尔，《经济学家杂志》, 1892 年。

[3] 马歇尔致麦克米伦的信，1891 年 10 月 3 日；M.P. 马歇尔致本杰明·乔伊特的信，1891 年 10 月 29 日（贝利奥尔学院图书馆）；1887 年提纲（表 12.1）和对完成第 2 卷的预测已在上文第 407 页和注释 * 中讨论过。

量大大减少到只需对其《最终报告》草案进行评论，马歇尔这时才向坎南表示，他“专注于”第 2 卷的货币和对外贸易问题，他当年晚些时候安排的剑桥讲座日程也有助于他对这一主题的思考。他交替讲授关于国际贸易和政府职能的讲座与关于货币、银行和现代商品和劳动力市场的讲座；因此涵盖了他在 1887 年临时为第 2 卷内容所拟的主题大纲。[1] 玛丽·佩利后来回忆说，或许是受到劳工委员会规模如此之巨的报告终于曲折地迈向最终结论的影响，马歇 429
尔在 1894 年工作的一开始就对对外贸易进行了规模庞大的历史性研究，规模大到他自己后来将其描述为“无用的累赘”（white elephant）。[2] 3 年后，他在写给阿克顿勋爵的信中评论了这件事：

> 我的书毫无进展。我感到它的工作量越来越大：这一卷的前期工作比我完成的上一卷还要多。我被国际贸易的历史深深吸引，我觉得它对现代特别有教育意义，于是花了惊人的时间，费力地写了好几章。然而，我最终发现它们与主线内容无关，我不得不采取权宜之计，尴尬地把它们放在附录中，在说明论点的时候加以引用。我伤心地做了这个决定，但同时我决定在完成我的主要工作之前尽可能少碰历史。我发现，我想仅用最近发生的事件说明我的论点，将会占用我大量的时间，而且它们所占的页数太多，人们不一定有耐心读完。[3]

这个艰苦工作的一部分内容最终在马歇尔 20 多年后出版的两本书中得以展现。[4] 从 1897 年开始，更多事情干扰了第 2 卷的写作。马歇尔不仅参与了

---

[1] 第 11 章讨论了马歇尔与劳工委员会的关系，尤其是第 361–362 和注释 *；马歇尔致坎南的信，1893 年 5 月 5 日，英国政治经济学图书馆，坎南文件，Coll. 1020：18–19；马歇尔致 J. N. 凯恩斯的信，1893 年 9 月 30 日（马歇尔档案，1：112），以及陶西格致马歇尔的信，1897 年 12 月 21 日，他建议说，“但是，保持第 1 卷的现状，在第 2 卷上取得进展，不是更好吗？”（哈佛，陶西格文件。）

[2] 玛丽·佩利·马歇尔，《关于阿尔弗雷德·马歇尔的传记笔记》（KMF）。在 1896 年 3 月 19 日致麦克米伦的一封信中，马歇尔首次表达了将《经济学原理》第 2 卷分成两部分或更多部分出版的想法，这也印证了尼科尔森预测的工作量（第 416 页），马歇尔的妻子也证实了这是 19 世纪 90 年代中期的情况。

[3] 马歇尔致阿克顿勋爵的信，1897 年 11 月 13 日［CUL，Add. 6443（E）205］。

[4] 阿尔弗雷德·马歇尔，*IT*，序言，第 vi–vii 页；如 *MCC*，第 1–11、98–106、118–119 页和附录 F。

女性学位问题的讨论，出版了第1卷的第4版，还参与了关于印度货币和地方税收的皇家委员会的工作，以及新世纪之初，他还为建立单独的经济学和政治学荣誉学位不懈努力。[1] 马歇尔在通信中也偶尔提及第2卷的工作进展。1899年10月，马歇尔写信给韦斯科特主教说，他的业余时间都在研究投机和股票交易波动，但这一点和第2卷的其他工作一样，“在我手中变得越来越困难”。1900年5月，他向塞利格曼报告了写作方面的问题，与对休因斯所说的类似。“我被一大堆与贸易、货币等有关的材料弄得不知所措，理不清头绪。我记不起我在一章里说过什么，总是把同样的事情重复两遍，浪费时间。”两年后，马歇尔从蒂罗尔写信给埃奇沃思说，托拉斯和工业稳定之间的关系将在第2卷中讨论。这年年底，他写信给麦克米伦表示，尽管他正在全力以赴地完成第2卷的写作任务，但由于缺乏空闲时间，进度非常缓慢。[2]

到1903年的夏天，他的大部分时间都在研究国际贸易中的财政问题，他放弃了第2卷的原计划，他后来回忆，取而代之的是一个新的目录。与1887年合理的大纲相比，它对内容进行了大量扩展，但相比于那些“无用的累赘”，能看出作者已经有所克制。“《经济学原理》之后的内容……大致安排如下：

1. 货币（第一阶段）；
2. 国际贸易（第一阶段）；
3. 信贷及其市场；
4. 产品市场；
5. 企业合并与垄断，运输问题；
6. 与就业有关的协会与联合；
7. 信贷波动（包括货币和国际贸易的第二阶段）；

430 8. 国民收入的分配［基于第1卷第6篇（第1版第7篇）的结论］；

9. 公共财政。”[3]

[1] 这些将在其他各章讨论，如上文第11章，第351、353、371–376页；第14章，第503–507页；第15章，第540–549页。

[2] 马歇尔致韦斯科特的信，1899年10月26日（载《纪念集》，第395页）；马歇尔致塞利格曼的信，1900年5月（塞利格曼文件，哥伦比亚大学）；马歇尔致埃奇沃思的信，1902年8月28日（载《纪念集》，第436页）；马歇尔致麦克米伦的信，1902年12月13日（马歇尔档案，4：17）。

[3] * 未注明日期的手稿片段，马歇尔图书馆；转载自*EEW*，I，第93页。这里提到了为第2卷准备的一千多页的草稿是在1903年完成的。1897年，马歇尔写信给福克斯韦尔说，他“为了草拟我的书的目录，已经消耗了将近一沓纸”（1897年4月26日，马歇尔档案，1/58）。

然而，正如惠特克在总结马歇尔对《经济学原理》第 2 卷的英勇尝试时所说的那样，“这份近千页的初稿材料几乎什么都没有留下”。[1] 其中的许多内容拆分进了最后出版的几本书中，这份到 1903 年底，马歇尔花费 10 年时间准备的材料，只有一些粗糙的、混杂的笔记被保留下来。有一些内容被收入《经济学原理》接下来的版本。一个例子是 1907 年的第 5 版，在关于垄断的一章（第 5 篇，第 14 章）中增加了新的第 9 节。到那个时候，单卷本《经济学原理》作为一本基础著作已经能够很好地独立存在了。《经济学原理》文本中提到第 2 卷的几处可以佐证这一点，即使这些内容通常也“从不引人注目，而且（总是）含糊不清”。到 1910 年，马歇尔在第 6 版的序言中意识到这是无法挽回的了。于是，在第 1 卷出版 20 年后，他明确放弃了之前提出的第 2 卷的计划，取而代之的是分别出版《国家产业与国际贸易》以及《货币、信贷与就业》。于是，前五版书脊上的“第 1 卷”字样被删除了，并且这本书被明确地重新定位为独立的基础卷。[2]

虽然其他卷本与第 2 卷的写作紧密相关，但它们的故事将在稍后再讨论。[3] 马歇尔在 1887 年宣布的独创而又设计精妙的第 2 卷，得到了第 1 版评论者们的广泛期待，这是他们声称马歇尔是穆勒的真正继承者的重要原因，但由于马歇尔的拖延和其他事务的耽搁终究未能实现。即使是在 1908 年从剑桥退休之前的几年里，马歇尔似乎也不太可能完成他在 1887 年所提出的计划，即出版一部与第 1 卷相类似的书，将理论原理与事实材料相结合，并在一系列尾注中列出数学框架。马歇尔写信给奥地利经济学家利本（Lieben）说，[4] 到 1906 年，他已经很少在讲课中使用图表了，他已经忘记了自己著作中的大部分理论，而且无法将他讲授了这么长时间的关于贸易、货币、市场、波动和公共财政的大量材料形式化、系统化地形成一个连贯而简洁的框架。因此，未成形的“第 2 卷”的真正悲剧在于，19 世纪 90 年代早期，当分析能力处于顶峰

---

[1] 约翰·惠特克，《〈经济学原理〉第 2 卷出了什么事？》，载《阿尔弗雷德·马歇尔百年纪念文集》，第 201–202 页（引文来自第 201 页）。这一部分广泛讨论了《经济学原理》第 2 卷的流产。

[2] 马歇尔，*P* Ⅵ，序言，重印于 *P* Ⅸ，第 55–56 页。他在解释时轻描淡写地说，第 1 版的《经济学原理》“意味着”第 2 卷的迅速出版。它引起了《经济学杂志》（1911 年 9 月 21 日，第 496 页）编辑的嘲讽，他将其比作他“编辑天文台”观察到的“一颗固定恒星的变化”。《国家产业与国际贸易》是这些卷中的第一本，1904 年起就被宣传为“正在印刷中”。参见图 44。

[3] 参见下文第 19 章，特别是第 702–704 页。

[4] 马歇尔致利本的信，1906 年 6 月 19 日，马歇尔档案，1：27。

时，马歇尔未能专注于写作。而从1898年到他退休的10年间，要按照他在19世纪80年代末写作《经济学原理》的方式完成第2卷已经太晚了。

431 《经济学原理》的最后一次修订：通往最终的第8版

1898年发行的第4版印制了5000本，这一版持续了10年，到1907年7月，除50本外，其余都销售一空。[1] 于是，马歇尔大约在1907年初开始准备第5版，这项工作于8月完成。主要的修订在于内容的重新安排，与前几版中总结性章节的许多长注释一样，许多介绍性材料从第1篇移到了附录中。基于1898年以后发表的材料，书中增加了一个新的附录。[2]

文本中的新材料也借鉴了以前发表的作品。例如，第1篇第14章第5节部分转载了马歇尔1902年发表的《呼吁建立经济学和相关政治学课程》（*Plea for the Creation of a Curriculum in Economics and Associated Branches of Political Science*），这篇文章是他推动在剑桥设立单独的经济学荣誉考试的背景下发表的。关于垄断的一章还从"第2卷"的草稿中吸纳了一些材料。最后但同样重要的是，这一版《经济学原理》的最后一章纳入了关于工会的材料，从而与1892年《产业经济学要义》采用了一致的策略，即用一个实际和实用的话题来为分配理论收尾。[3] 附录是用很小的字体印刷的，内容虽然扩充了，但没有增加太多页数。因此，这些新材料实际上为文本增添了许多新页，"它们往往对马

---

[1] 大卫·麦克米伦，《马歇尔的〈经济学原理〉：文献注释》，*AMCA*，II，第130页。

[2] * 第5版的前四个附录借鉴了以前版本中第1篇所包含的材料。附录A和B基本上来自第1篇前四章的历史材料，他在1898年还不愿意这样做，后来由于陶西格和其他人的建议（陶西格致马歇尔的信，1897年12月21日；马歇尔致J.N.凯恩斯的信，1897年10月17日），他最终屈服了。马歇尔对这一变化的解释是，他的许多读者批评说，在一本书的开头介绍这些历史材料，耽误了进入正题的时间。附录C和D来自前几版第1篇最后几章关于方法论的讨论。其余附录以早期版本的长注释为基础。附录E是由第4版关于资本定义的长注释演变而来的；附录F是前四版第5篇第2章末尾插入的关于物物交换的注释；附录H则借鉴了第4版第5篇第11章中关于稳定和不稳定均衡的长注释；附录I是从第1版开始就有的关于李嘉图的长注释；附录J讨论了工资基金和穆勒关于资本的两个基本命题，它们来自前四版关于分配的最后一篇中讨论工资的章节；附录K最初源于第3版的第6篇第2章第6节，第4版将它移到了第6篇第2章关于工资基金的注释中；最后的附录L来自从第1版起就存在的一个关于李嘉图对税收影响和农业进步影响的理论的长注释（*P* Ⅸ，第722页）。附录G是关于地方税负，大部分来自马歇尔十年前为地方税收皇家委员会编写的《税收备忘录》中的材料。

[3] *P* Ⅸ，第160–181、713–721、798–800页。

歇尔的思想体系具有相当重要的启发意义，但它们并没有增添真正的新思想”。[1]

后续版本的序言中记录了对新版本有所帮助的人们。阿什利、西季威克（在第 5 版中被标注为“已故的”）和陶西格从第 3 版开始就一直在感谢名单之列，坎南和庇古从第 4 版开始出现，费伊从第 6 版开始出现。[2] 在现存的通信中，坎南和费伊暗示了他们对永无止境的修订工作所做的贡献。当马歇尔错误地引用坎南关于利物浦人口增长的观点时，他也加入了纠错小队，正是这一错误导致了马歇尔后来的道歉并为第 3 版做了特别的勘误表。[3] 费伊后来回忆说，第 6 版发行后，坎南经常给他发送错误报告，当错误总数达到 20 次时，费伊 432
就把这些报告寄去了贝利奥尔庄园。接着他们收到了一张明信片，上面写着：“谢谢你的勘误表，我已经把它们交给玛丽了，这些错误由她来负责。”不过，费伊偶尔会收到犯错者的异议：

> 万分感激。我知道肯定有错误，所以我很高兴能知道它们在哪。我几乎采纳了你所有的建议，除了第 129 页。我认为“yet”是暗含其中的，应该在“he does so because”之前表达出来：在下一行“tea”和“and”之间应该只有一个逗号。[4]

这就是做这位伟人忠实的学生所要经受的考验。

第 5 版的新序言为把《经济学原理》当作一本独立的基础卷铺平了道路，也为第 6 版中对第 2 卷的放弃埋下了伏笔。它还纳入了马歇尔 1898 年发表在《经济学杂志》上关于“分配与交换”的文章中的一些方法论内容，例如，以下段落比较了生物学、力学、静力学和动力学：

---

[1] C.W. 吉尔博，《马歇尔〈经济学原理〉的演变》，第 174 页。

[2] ¶ 还有其他人仅提到过一次，威廉 · 贝特森（大概是与遗传相关的话题）和麦肯齐都是在第三版中出现的，威克特（Wickett，多伦多）和埃奇顿（Edgerton，伊萨卡）是第四版提到的。

[3] 参见 *P* Ⅲ，第 280 页及注释，第 426 页。坎南还回忆道，马歇尔曾请求他和陶西格校对他的第 4 版，参见坎南，《阿尔弗雷德 · 马歇尔 1842–1924》，载 *AMCA*，I，第 67–69 页；马歇尔致坎南的信，1895 年 11 月 6 日，1895 年 11 月 16 日（英国政治学和经济学图书馆，坎南文件，1020：46–53）。

[4] * 坎南文件，969，第 9 页；马歇尔致费伊，1908 年 10 月 6 日，马歇尔档案，1：51。所讨论的这句话是：“理由是，当一个人花 6 便士购买四分之一磅的茶而不是 14 英镑的盐，他这样做是因为他更喜欢茶；如果他不知道他可以很容易地弄到他更急需的任何盐，他就不会喜欢茶了。”另见 *P* Ⅸ，第 262–263 页。

经济学家的圣地在于经济生物学，而不是经济动力学。但生物学的概念要比动力学的概念复杂得多；因此，一本关于基础的书必须给力学类比一个相对较大的位置；对“均衡”这个术语的经常使用，暗示了某种静态类比。这一事实，再加上本书关注的现代生活的正常状态，表明了它的中心思想是“静态的”，而不是“动态的”。但这种说法无论如何都是不正确的；而且，如果用物理学中的术语来解释的话，这是完全没有根据的。……

一些关于社会科学方法的讨论似乎暗示静力学和动力学是物理学的不同分支。但实际并非如此。现代数学家都知道，动力学的概念包含了静力学。如果能动态地解决一个问题，他就很少关心静态的方法。要从动态方法中得到静态解，所需要做的就是使所研究事物的相对速度等于零，从而使它们处于相对静止状态。但静态方法也有自己的优势。它比动力学简单；它可以为更困难的动态解提供有用的准备和训练；而且，对于那些复杂到我们无法获得完整的动态解的问题，这可能是获得暂时性和部分解的第一步。因此，这本书始终是研究引起变化的种种力量；它的基调是动态的。……

在第二阶段结束时，动态问题之范围扩大了；而暂时的静态假设的范围缩小了；最后就接触国民收益在众多不同的生产要素之间的分配这一重大的中心问题。动态的“替代”原理一直在起作用，使任何一组生产要素的需求和供给间接地受到其他要素的需求和供给变化的影响，即使这些要素属于毫无关联的产业部门。经济学主要是研究不论为好为坏都不得不要求变化和进步的人类。片断的静态假设作为动态概念——或者更确切地说是生物学概念——的临时辅助是有帮助的；但是经济学的中心思想必须是关于活力和运动的概念，即使是在一部基础性著作中也是这样。[1]

433 在对第5版的评论中，庇古[2]广泛讨论了马歇尔在序言中说明的修订要

[1] 马歇尔，*P* V，序言，重印于 *P* IX，第47–50页。

[2] A.C. 庇古，《第5版评述》（‘Review of the Fifth Edition’），《经济学杂志》，1907年，*AMCA*，II，第54–57页。其中的语气和内容可能坚定了马歇尔让庇古接担任剑桥大学政治经济学教席的决心，下文第17章第622–627页将对此进行讨论。

点，刚刚所节选的片段也来自序言。他还强调，既然这本书已经成为一本基础性著作，对文本的解读就受到了限制。他认为那些既听过马歇尔的讲座，也读过他的书的人，在这一点上就不会有误解。随后他强调了马歇尔在处理时间这一难题上的原创性贡献，并指出新版本发生了重要的变化，附录被重新安排，正文中增添了关于工会、分配和垄断的新内容。

1910 年的第 6 版删除了书脊上的“第 1 卷”——表明此前它一直作为两卷本中的第 1 卷——字样。不过，这一版没有做什么重大的修订。还算重要的是，马歇尔在一个脚注（第 424 页注释 1）中试图界定他所说的“准租金”是什么意思；从那时起，这个脚注就一直让人困惑不解。第 7 版和第 8 版几乎与第 6 版一模一样，因而可以说，除了一些小改动之外，在作者生命的最后 10 年里，这部作品的文本趋于稳定并最终来到了第 8 版。这样的小改动并没有随着 1920 年的最终版本而结束。[1] 1922 年的重印版也有这样的小改动，包括引用了陶西格在 1921 年发表的一篇文章。[2] 如果马歇尔活得更久，重印版也一定会有更多改动。马歇尔图书馆保存着一份《经济学原理》的副本，其中仍有一些细微的修改建议，这些表明即使在八十多岁的时候，阿尔弗雷德·马歇尔仍在继续追求他终其一生想要达到的表达上的完美。[3]

《经济学原理》被翻译成多种欧洲语言。马歇尔与布伦塔诺的通信记录了 20 世纪初他们关于德语翻译问题的大量讨论。[4] 1903 年 4 月，马歇尔通知布伦塔诺，一位来自莱比锡（Leipzig）的年轻人雨果·以法莲（Hugo Ephraim）在前一年 7 月写信给他说，自己已经翻译了马歇尔书的 3/4。还说为了完成博士学位，以法莲的翻译进度被推迟了一年。尽管如此，他还是希望在 1904 年 4 月的“规定时间”之前完成翻译！按马歇尔自己对这类事情的预测，他对这个时间表示了怀疑，于是他希望布伦塔诺能参与这件事，并从布伦塔诺的一个学生克斯特纳（Kerstner）那里寻求翻译方面的帮助。以他典型的非商业作风，

---

[1] C.W. 吉尔博，《马歇尔〈经济学原理〉的演变》，第 174–175 页。

[2] 马歇尔，*P* Ⅷ，第 99 页，注释 2 指的是陶西格在 1921 年 5 月的《经济学季刊》上发表的一篇文章；参较 *P* Ⅸ，第 245 页，其中的一段被错认为是第 8 版时插入的。

[3] 除了前面提到的与陶西格文章有关的更改外，大多数都是小改动。比如，第 8 版第 804 页注释 1 中，它删除了原先在“地方税收委员会”之前的“最近的”一词，以一个适当的日期替换。

[4] 马歇尔致布伦塔诺的信，1903 年 4 月 9 日和 19 日，5 月 18 日，8 月 5 日、12 日和 18 日，1906 年 6 月 13 日。该书最终以 *Handbuch der Volkswirtschaftslehre* 为名出版，并由 L. 布伦塔诺作序，斯图加特：J.G. 科塔出版社（J.G.Cotta），1905 年。

马歇尔既没有讨论报酬问题，也没有在大约一个星期后的信中提及自己的版税。“只要这本书翻译得好，出版得好，我就心满意足了。”直到7月，马歇尔才提出了与翻译相关的版权问题，包括“第2卷（事实上，如果我能活着完成这项工作的话，它可能会再有两卷）”的“小困难”。8月，该项目的日常财务事宜在例行的讨价还价之后最终敲定。马歇尔最初提出的版税是每卖出1000册20英镑，这样的安排也适用于后续所有作品。一周后，异议就出现了，有人说他要价太高，拟议的出版商也同样提出了反对意见。他们说只有在第1版
434 印刷的1500册售出后，第2版才会按照这样的版税支付。1905年年中，这个译本问世了，马歇尔说布伦塔诺的引言非常“讨人喜欢”。这是马歇尔《经济学原理》的第一个译本。[1]

《经济学原理》的重要意义

正如本章开头所引用的，1887年，马歇尔写信给麦克米伦说，《经济学原理》将是他一生的“中心工作”。这句评论的真实性可以在他四十年如一日地打磨这本书中得到充分证明。当然，《经济学原理》对于这位经济学家的职业生涯的重要性还体现在其他一些方面。它是他为这门学科奉献毕生的伟大礼物与遗产。尽管他自己偶尔也会否定它具有持久的重要性，如他在给学生赠书时写道，“希望它会被更好的作品取代”，[2] 但这部作品已经成为经典，并继续被人们阅读。不仅有这样的长期价值，这部作品也实现了它的短期目标，正如梅纳德·凯恩斯所说：

> 普通读者没能察觉到马歇尔《经济学原理》的不寻常之处。它精致地平铺直叙，不刻意强调什么重点。它的修辞是最简单、最朴素的。它是一股稳定、清澈的水流，很少有段落会让聪明的读者停下脚步或感到困惑，哪怕他对经济学知之甚少。……这一风格使马歇尔达

[1] * 实际上，1905年的德文译本与法语、意大利语译本是同期出版的。先是同年出版的意大利语译本，随后是法语译本。它们均译自《经济学原理》第4版。西班牙语和葡萄牙语的译本分别在20世纪30年代和50年代出版，其中葡萄牙语译本在巴西出版。日文和中文译本也出现于20世纪50年代。这些译本中有许多被定期重印，体现出马歇尔文本经久不衰的生命力。

[2] C.P. 桑格，《阿尔弗雷德·马歇尔 1842–1924》，《国家文艺杂志》（*Nation & Athenaeum*），1924年7月19日，第502页，参较马歇尔致费伊的信，1915年2月15日，载《纪念集》，第489–490页。

> 到了他的一些目标。这本书为大众所接受。它提高了经济学在公众心目中的地位。它只引起了最小幅度的争议。一般的评论家都喜欢作者对待主题、前辈和读者的态度，以及他对伦理因素的适当强调，还有他给予这门沉闷的科学所迫切需要的人性化；即便他们并不清楚这本书的学术地位。此外，随着时间的推移，这本书的智慧已经渗透到英国的经济思想中，因没有杂音或纷扰，而在某种程度上容易被忽视。[1]

自从凯恩斯写下这些话以来，马歇尔这部伟大著作在经济学发展中的显赫地位被一次又一次地重申，被提及最频繁的时候莫过于它首次出版的主要纪念日以及作者诞辰、逝世的重要纪念日。[2] 在《经济学原理》出版 50 周年之际，熊彼特发表了富有洞见的评价，他说尽管“马歇尔经济学（已经）是过去式”，因为到 1940 年“他对经济过程的看法、他的方法、他的结论都已不存在。……但从另一种意义上说，他的教诲永远不会消亡”：

> 它的影响将永无止境，不仅因为这种教导的广度和力量已为后世所继承，而且还因为它有一种独特的品质能使启迪永不腐朽。马歇尔生长于一个充斥着演化、进步口号的环境之中，他是第一批认识到经济学是一门进化科学的经济学家之一（尽管他的批评者不仅忽视了他思想中的这一要素，而且在某些情况下，还以他的经济学忽视了进化要素为理由，对他加以指责），特别是他声称他所处理的人性是可塑
> 的，随着环境的变化而变化。但这不是我们现在关心的问题。重要的 435
> 是，他把“进化思想”带入了他的理论工作。这种影响是永无止境的。与穆勒不同的是，他从来不会说这样或那样的问题已经永远解决、不需要他自己或任何其他作家进一步解释之类的话。相反，他充分意识到他正在建造一个本质上是暂时性的结构。他总是指向自己以外的地方，指向那些自己不能进入的领地。新问题、新思想和新方法

[1] J.M. 凯恩斯，《阿尔弗雷德 · 马歇尔》，第 210–212 页。下文第 20 章将详细讨论马歇尔遗产的这一方面，尤其是第 760–762 页。

[2] 也就是说，1940 年和 1990 年与《经济学原理》的出版有关，1942 年是马歇尔诞辰 100 周年。20 世纪 40 年代的纪念活动的大部分文章都收录在 *AMCA* 中，特别是第 1 卷和第 2 卷；《马歇尔研究公报》的前两期（1991 年和 1992 年）载有对 1990 年马歇尔诞辰百年国际纪念活动的评论，并附有完整的参考细目。

> 对别人的工作而言是敌人，但他却将它们唤为朋友。在他建造的巨大而又坚固的营地里，有地方——事实上，他预先设置了栖身之所——供所有人居住。[1]

在马歇尔诞辰100周年之际，同样有一篇著名的文章重新评价了马歇尔经济学，并详细阐述了他的书在两次世界大战之间（1919年至1939年）对英语世界几代学生和教师的巨大影响，明确宣称了“它在科学界的成功是决定性的和深远的”：

> 在英国，它逐渐获得了一种地位，即便不像穆勒的《政治经济学原理》在1850年以后那样独占鳌头，至少也可以与之相媲美。就它所涉及的领域而言，不论是在作者所在的大学里，还是任何其他讲授经济学的地方，它都成为一本重要的教科书。整整一代学生——就学术界而言，实际上不止一代——都在它的熏陶下成长。作为定价过程中无处不在的供求均衡，成本和收益的边际增量的平衡，“边际生产率”、“弹性”、“替代”、长期和短期的区别，“准租金”、“主要”成本和“补充”成本，平面曲线这一优雅又实用的解释工具，都成为专业经济学家的惯用方法。无论如何，这类思想很可能已经渗透到英国的政治经济学中。它们无处不在。一个明显的历史事实是，它们的盛行要归功于马歇尔。在其发源地，阿尔弗雷德·马歇尔的《经济学原理》、亚当·斯密的《国富论》与李嘉图的《政治经济学及赋税原理》并称为经济思想史上的三大分水岭；一般而言，我们可以把英国政治经济学的历史分为三个不同的时代——古典时代、李嘉图时代以及马歇尔时代或李嘉图改革时代。
>
> 显而易见的是，这本书有力地影响了美国的理论经济学。这个“大熔炉”里自然是兼收并蓄的，近年来从它发展出来的思想流派至少有一个。无论是直接的影响，还是通过F.W.陶西格和T.N.卡弗教授（仅举两个代表）等颇具影响力的作家的作品的传播，《经济学原理》在塑造下一代的思想方面发挥了重要作用。从表面上看，它必须

[1] J.A.熊彼特，《阿尔弗雷德·马歇尔〈经济学原理〉原则：半个世纪的评价》（‘Alfred Marshall's Principles: A Semi-centennial Appraisal’），《美国经济评论》，1941年，*AMCA*，II，第100–101页。

> 被视为现代美国经济学的基石之一。从各种迹象来看，它都是现代美国经济学的基石之一。[1]

麦克米伦提供的《经济学原理》的销售数据能够有力地说明马歇尔的《经济学原理》是如何逐步征服英语世界的经济研究领域的，这正是肖夫（Shove）所关注的。[2] 准确说来，这些数据不仅表明人们对马歇尔的书越来越感兴趣，还表明人们对经济学研究的需求及其受欢迎程度越来越高，它在 20 世纪 20 年代和 30 年代的惊人销量便是佐证。在英国发行的第 1 版 2000 本于 12 个月内销售一空。1891 年推出的第 2 版 3000 本在头 12 个月内就售出了一半，1891–1892 年在美国售出了 1000 多本。之后的 10 年（第 4 版发行的 1898–1899 年是一个例外），销量下降到每年不到 500 本。从 1902–1903 年开始的 5 年里，平均每年的销量超过 500 本。1907 年到 1910 年，英国市场的销量超过了 1000 本，然后骤降到 700 到 800 本之间，直到 1918–1919 年，销量再一次超过了 1000 本。1919–1920 年的销量达到了 2000 本，并在 20 世纪 20 年代一直保持 436
着这一势头。除了 1937–1938 年的销量超过 2000 本之外，在 20 世纪 30 年代的其余时间里，年销量都远低于 2000 本。不过，《经济学原理》在那 10 年的总销量超过了前 20 年的总销量，而在马歇尔去世后的 18 年里的销量就已经与作者在世时 34 年的总销量相当。由于这本书一直在印刷，在马歇尔死后的销量远远超过了他生前的销量。难怪在它首版 60 多年后，吉尔博还能够提请人们注意“这一非常显著的事实（在所有学科的有组织的知识领域中可能是独一无二的），这本书仍然是一本标准的教科书，一本任何经济学专业的学生都不可能忽视的教科书”。[3]

更引人注目的是，斯蒂格勒（Stigler）和弗里德兰（Friedland）对 1886–1923 年和 1925–1969 年期间论文的引文情况进行了统计分析，结果显示，在第二个时期，“主要成果完成于 1900 年之前”的经济学家中只有马歇尔位于引

---

[1] G.F. 肖夫，《马歇尔〈经济学原理〉在经济理论发展中的地位》，《经济学杂志》，1942 年 12 月，*AMCA*，Ⅱ，第 147 页。

[2] 大卫 · 麦克米伦，《马歇尔的〈经济学原理〉：文献注释》，第 130–131 页提供了这本书从 1890–1891 年到 1941–1942 年在英国和美国市场的年度销售数据，本段中的大部分材料都是来源于这些数据。

[3] C.W. 吉尔博，《当代经济思想视域下的马歇尔〈经济学原理〉》，《经济学刊》，1952 年 5 月，*AMCA*，Ⅱ，第 186 页。

用次数最多的41位经济学家之列（实际上，他在第一个时期排名第6，在第二个时期排名第9），尽管一些重要前辈没有在引文索引中出现容易引起一些误解，但毕竟，“完全成功的作品可能会传播得极其广泛，以至于它们一开始就被人们理所应当地引用，而理所应当的事是最容易被逐渐遗忘的”。马歇尔的“短期、需求弹性、准租金、外部和内部经济”等概念就是这一现象的生动体现，在这种情况下，人们往往不会“严格”引证它们的起源。[1] 在1980年代，马歇尔的作品继续以每年约100次的速度被人引用，其中《经济学原理》占了半数以上。

在《经济学原理》出版100周年之际，相比于作为经济学专业知识的“鼻祖”以及经久不衰的教科书，它的思想产生了更为深远的影响。我们可以举出三个例子。首先是马歇尔在《经济学原理》第4篇中对产业组织的讨论启发了产业区和企业间合作的概念，这对理解意大利20世纪70年代及以后的产业发展尤其有用。[2] 其次，一些经济学家试图将马歇尔的格言——“经济学家的圣地”在于经济生物学而非经济动力学——变成具有实际意义而不只是停留在说教层面的主张。在他去世后很长一段时间里，经济学和生物学的发展都在帮助马歇尔的梦想变成现实，它们所依靠的是马歇尔仅凭直觉掌握而没有实际使用的方法。[3] 同样，他们希望以方法论为导向，在马歇尔经济学的基础上重建社

---

[1] G.J. 斯蒂格勒和克莱尔·弗里德兰（Claire Friedland），《经济学中的引用模式》，载G.J. 斯蒂格勒，《作为布道者的经济学家》（*The Economist as Preacher*），芝加哥：芝加哥大学出版社，1982年，第182–184页。也可参见帕特里克·多伊切（Patrick Deutscher），《R.G. 霍特里与宏观经济学的发展》（*R.G.Hawtrey and the Development of Macroeconomics*），伦敦：麦克米伦出版社，1990年，第189–192页。

[2] 例如，G. 贝卡蒂尼和法比奥·斯福齐（Fabio Sforzi）的《意大利的产业区和企业间合作经营》（*Industrial Districts and Inter-Firm Co-operation in Italy*），由F. 派克（F.Pyke）、G. 贝卡蒂尼和W. 森根伯格（W.Sengenberger）编辑，日内瓦：国际劳工研究所，1990年，第37–51、74–107页，以及关于马歇尔对产业区这一概念的影响，可参见马可·贝兰迪（Marco Bellandi），《阿尔弗雷德·马歇尔的产业区》，《产业》（*l'Industria*），3（3），1982年7月/9月，第355–375页。

[3] 例如，劳伦斯·莫斯（Laurence Moss），《马歇尔著作中的生物理论和技术创新》，《东方经济杂志》（*Eastern Economic Journal*），8（1），1982年，第3–13页；A.L. 莱文（A.L.Levine），《对马歇尔〈经济学原理〉和生物学观点的重新思考》，《曼彻斯特学院》（*Manchester School*），（3），1983年9月，第276–293页；J. 福斯特（J.Foster），《经济学和自组织方法：重新审视阿尔弗雷德·马歇尔》，《经济学杂志》，103（419），1993年7月，第975–991页，以及《生物学和经济学》，《演化和制度经济学手册》（*Handbook of Evolutionary and Institutional Economics*），G. 霍奇逊（G.Hodgson）、M. 图乐（M.Tool）和W. 塞缪尔斯（W.Samuels）编辑，奥尔德肖特：爱德华·埃尔加出版社（Edward Elgar），1992年；布林雷·托马斯（Brinlay Thomas），《阿尔弗雷德·马歇尔论经济生物学》，《政治经济学评论》，3（1），1991年，第1–14页；G. 霍奇逊，《阿尔弗雷德·马歇尔的麦加》，《经济学杂志》，103（417），1993年3月，第406–415页。正如下文第20章第738页所示，马歇尔本人在1924年认为，经济学要完全以生物学为基础，还需要1000年的时间。

会经济学。这意味着要为重建工作的起点选择一个作品，它必须“开放兼容各种各样有前景的选择”。马歇尔的《经济学原理》无疑是最合适的。[1]这些方面给了人们一个积极的视角来看待这本书的一些品质，这些品质常常被认为是其风格上的缺陷。梅纳德·凯恩斯简洁地阐述了后者，紧跟着本节开头所引用的内容，他继续说道，马歇尔的

> 方法，从另一方面看，也有严重的缺陷。缺乏强调和轻重之分，对粗糙的边缘、突出和隆起的部分精雕细琢，直到最新颖的部分看起来很平庸，这样读者很容易就忽略了它们。就像鸭子离开水面一样， 437
> 他可以毫不拖泥带水地脱离这种思想的浸润。困难被隐藏起来了；最棘手的问题被放到脚注中解决；意味深长的原创性思想，被伪装成陈词滥调的模样。作者把这些观点随便地挂在思想衣橱中，没有推销、没有标签。一个学生读完《经济学原理》，被其深深吸引，认为自己理解了这本书，然而，一个星期后，才发觉自己对其一无所知。即使是那些在《经济学原理》的教育下成长的人，碰到一个似乎是新的问题或新的解决办法时，回头去看它，才发现问题和更好的解决办法已经存在其中，只是完全没有引起注意，这种情况发生过多少次啊！读者需要进行大量的研究和独立思考，才能对马歇尔《经济学原理》这一知识整体中所隐藏的缝隙有一知半解的领悟。[2]

正如《马歇尔原理》的漫长历程所充分证明的那样，在不断修订的过程中，“对粗糙的边缘、突出和隆起的部分精雕细琢”，所付出的代价甚至比读者缺乏直接的清晰度还要大，尽管这对当代和后来的观察者来说都是一个显而易见的缺点。由于未能出版第 2 卷，这部作品未能完成，也是这些代价的重要部分。马歇尔的外甥克劳德·吉尔博几十年来一直忠心耿耿地为编写《经济学原理》的集注版而努力，斯蒂格勒在对这项几乎不可能完成的任务的评论中简明扼要地指出了这一点。尽管本章频繁使用这一版本，再次证明了它对马歇尔研

[1] 内瓦·R. 古德温（Neva R. Goodwin），《社会经济学：另一种理论 第 1 卷：在马歇尔〈经济学原理〉的基础上重建》（*Social Economics: An Alternative Theory. Volume 1: Building Anew on Marshall's Principles*），麦克米伦出版社，1991 年，尤其可见第 5 章，第 104 页。

[2] J.M. 凯恩斯，《阿尔弗雷德·马歇尔》，第 212 页。

究者的价值，但鉴于马歇尔在《经济学原理》的修订中引入了大量内容，勤奋的吉尔博未能捕捉到的变化还有很多。斯蒂格勒的总结同样适合作为本长章的结语：

> 现在回过头来看，真正的罪魁祸首是马歇尔。1890年以后，他的大部分职业生涯都花在给《经济学原理》缝缝补补上，而不是（比如）写他所承诺的关于国家经济职能的书，这完全是荒谬的资源浪费。但是，谁又有资格谈论一位天才的荒谬呢？[1]

[1] G.J. 斯蒂格勒，《吉尔博之后的马歇尔〈经济学原理〉》，《政治经济学杂志》，1962年6月，*AMCA*，II，第229页。

第 13 章 一个立场坚定的争论者和大声疾呼的倡导者 443

马歇尔不仅为《经济学原理》的写作倾注了大量时间与心血，也是学生们热爱的经济学教师，还是为政府或委员会提供证词，或代表它们收集证词的权威专家。必要时，马歇尔还是一个有原则的，有时甚至是不择手段的争论者，一个坚定的倡导者，是他衷心赞成的事业的真诚的参与者和支持者（虽然不那么积极）。在迄今为止对他在教学、写作和提供专家建议等学术活动的描述中，偶尔可以瞥见他人生中的这一方面。他参与的慈善组织协会、复本位制联盟、英国经济协会（后来的皇家经济学会）的成立、合作运动、皇家统计学会、英国科学促进会、政治经济学俱乐部、工业村振兴会和花园城市运动，都是很好的例子。

马歇尔偶尔也喜欢争论，这也是显而易见的。在他的一生中，他常常利用报刊的信件专栏来为自己辩护，反驳错误的报道，或者为他所强烈支持的事业或原则提出自己的观点。就连《经济学杂志》的版面也被马歇尔用于此类目的，例如该杂志重新刊登了他为自由贸易辩护的一些较受欢迎的材料，或者发表了对他主要著作中棘手问题的进一步解释和说明。马歇尔绝非他去世时他的学生们（后来成为他的同事和朋友）所评价的超然遗世的观察者和象牙塔中的隐士。凯恩斯对马歇尔的描绘几乎没有揭示出他一生中颇具争议的一面。他所写的回忆录——考虑到凯恩斯用于写作的时间及所处的位置——非常明智地重点讲述了马歇尔作为一位教师、研究者和专家的经历，以及他是如何成为今天这样的人的。只有凯恩斯强调了马歇尔是肩负“使命”的“传教士”，他还用几段文字介绍马歇尔参与了“值得单独提及的三个重要运动”，扰乱了人们对于马歇尔的学院派经济学家和中立客观的科学家的印象。[1] 作为马歇尔的学术继承人和文字执行者，庇古的官方回忆在这方面走得更远。他把马歇尔描绘成一个严肃的学者，致力于真理而非社会改革，蔑视声望和公众的赞誉。最重要的是，庇古把马歇尔说成一个厌恶并避免争议、只关心建设性工作的人。[2] 埃奇沃思将马歇尔对争议的强烈厌恶感与他对“负面批评”的极度敏感联系在一起，凯恩斯也提到了这一特征，[3] 乔伊特解释说这有助于马歇尔的健康和名声。[4] 然而，记录显示，无论马歇尔多么重视乔伊特的建议，当追逐的快感向
444 他袭来，而问题又足够重要时，争论是无法避免的，坎南那篇更加客观的讣告充分捕捉到了这一点。[5]

马歇尔在争论中的品位和技巧在本章中通过三个事例加以说明，这三个事例都发生在他漫长一生的后半段，那时年轻气盛已不再是他放纵自己的借口。[6] 此外，本章还探讨了马歇尔作为俱乐部和社团的参与者以及作为社会事业和组织的推动者的情况。这方面最重要的是他在组建英国经济协会中的作用，该协会是凯恩斯在他的回忆录中所说的三项“伟大运动”之一。[7] 不过，下文会详细梳理马歇尔在这一领域的所有活动。从马歇尔生活的“俱乐部属性”来看，我们可以了解到他性格上的诸多特点，不论这一参与是主动的还是被动的。他的社会生活中有一些特殊的方面，部分与他的健康有关，部分与他的社交能力有关，这些都反映在他参与这类活动的性质上。[8]

---

[1] J.M. 凯恩斯,《阿尔弗雷德·马歇尔》，尤见第 218–223、173、199–200 页。

[2] 庇古,《悼念阿尔弗雷德·马歇尔》，载《纪念集》，尤指第 88 页。这一点将在下文第 20 章第 743–744 页做更全面的讨论。

[3] F.Y. 埃奇沃思,《回忆》，载《纪念集》，第 69 页；参较凯恩斯,《阿尔弗雷德·马歇尔》，第 199 页。

[4] 乔伊特致玛丽·佩利·马歇尔的信，1892 年 10 月 16 日和 1893 年 2 月 1 日，马歇尔档案，1: 60–61。

[5] E. 坎南,《阿尔弗雷德·马歇尔 1842–1924》,《经济学刊》，1929 年 11 月，*AMCA*，I，第 67 页。

[6] * 第 11 章和第 16 章详细介绍了马歇尔对女权主义和社会主义运动颇具争议的干预，从而进一步证明避免争议并非他的一般行为准则。

[7] J.M. 凯恩斯,《阿尔弗雷德·马歇尔》，第 218–223 页；另外两个运动，即马歇尔对女性学位问题的参与以及他在剑桥建立经济学荣誉考试的活动，将在下文第 14 章和第 15 章中讨论。

[8] 将在后面的章节中进一步讨论，尤其是第 21 章。

大学俱乐部和其他剑桥社团

本书前几章[1]介绍了马歇尔参加的大学俱乐部和剑桥协会，不过只提到了玛格丽特夫人（圣约翰学院）划船俱乐部、剑桥改革俱乐部、格罗特俱乐部和伊拉努斯协会。其他高级社团从未邀请他加入，例如谈天说地俱乐部（Chit Chat Club），剑桥使徒社就更不用提了。1885 年，当马歇尔以政治经济学教授的身份回到剑桥时，他很可能希望活跃于这一领域。然而，马歇尔晚上不愿意出门，这就阻碍了他的社交活动。他不愿意在自己的家庭领域之外暴露自己，很难说这究竟是出于心理原因还是生理原因。他需要完全掌控社交场合，而这只有在他自己的房子和餐厅里才能实现，再加上 1879 年后困扰他的日益严重的消化问题，这或许可以解释为什么他拒绝去朋友们家中做客或共进晚餐的邀请。马歇尔提到这是他社交活动由来已久的特点，在他与妻子从奥地利返回英国的那个夏天，他不愿意在安伯格（Amberg）与布伦塔诺一家待上几天，那时他就是这么向布伦塔诺解释的。“我已经很多年没有和任何朋友住在一起了。我回绝了所有的晚餐要约，也是出于同样的理由。”[2]这些记录也无法帮助我们确定这种倾向在多大程度上妨碍了更广泛的社会活动。再次当选圣约翰学院的研究员后，马歇尔得以重新参与学院的活动，包括宴会和更定期的晚宴，从他与约翰·内维尔·凯恩斯的通信以及后者的日记中可以看出，他偶尔会利用这种机会。[3]此外，他也喜欢参加其他一些剑桥俱乐部和社团，可能是因为它们与他的研究领域有关，也可能出于其他原因。

关于前一种情况，有几个例子可以说明。剑桥经济学俱乐部于 1885
年开始活动，圣约翰学院的 J.R. 坦纳担任创始主席。马歇尔似乎没有以成 445
员的身份积极参与其中。保存在剑桥大学图书馆的俱乐部会议论文中没有
马歇尔的贡献，尽管在没有会议记录或成员记录的情况下，这并不能说明什

[1] 参见上文第 4 章和第 5 章，尤其是第 88、109–113 页。

[2] 马歇尔致布伦塔诺的信，1903 年 8 月 12 日。他早些时候曾写信给布伦塔诺（1900 年 9 月 17 日），说“太正式的谈话”意味着他从不去见任何人。回想一下凯恩斯的评论（上文第 8 章，第 233 页），马歇尔喜欢在贝利奥尔庄园的宴会上发号施令，并主导贝利奥尔庄园的社交活动。

[3] 例如，马歇尔致福克斯韦尔的信，1886 年 5 月 29 日，其中提到他很可能在周六晚上出现在圣约翰学院大厅（弗里曼收藏，48/98）；约翰·内维尔·凯恩斯在 1887 年 2 月 15 日的日记中写道：“我在圣约翰的宴会上与马歇尔共进晚餐。”马歇尔晚年作为学院高级研究员所参与的活动，在吉尔博的《关于阿尔弗雷德·马歇尔的一些个人回忆》中有所记述，第 92–93 页。

么。[1] 10年后，马歇尔告诉陶西格，“这里的经济学学生刚刚成立了一个新的经济学俱乐部。福克斯韦尔是副主席，而我是今年的主席”。[2] 马歇尔为新俱乐部致开幕词，题目是《老一代经济学家与新一代经济学家》，[3] 他在演讲中回顾了19世纪经济学的突出特点，并预测了未来一个世纪经济学的可能发展。

马歇尔对未来的预测涵盖很多方面。科学技术和认识的进步，包括对经济现象复杂性的更广泛认识，意味着“再也不会有特里默（Trimmer）夫人、马塞（Marcet）夫人或马蒂诺（Martineau）小姐通过将经济学原理装进问答讲义或简易故事书来赢得声誉了”。与此同时，现代物理学的实践经验总是领先于社会科学的实践经验，这表明，对复杂自然现象的知识往往伴随着“解释这些现象所需原则的减少”。[4] 尽管马歇尔强调物理学在科学中的主导作用，但他也保留了历史学在经济学未来发展中的关键作用，只要历史被视为黑格尔式的“历史整体”。马歇尔在解释中认为，社会科学是“人类理性历史”的同义词，在做出预测或陈述发展的倾向性时，社会科学家只是在简单地应用这句格言：“我们必须从现状中了解正在发生的事，必须从**存在**（das Sein）中感知**变化**（das Werden）”（第299–300页）。马歇尔还预言，19世纪经济学以定性分析为主的特点将越来越多地得到定量分析的补充。例如，必须使行动的收益和损失

---

[1] * 该俱乐部保存的文件涵盖了1885年到1887年的时间，其中包括威廉·坎宁安、亚瑟·贝瑞和J.E.麦克塔格特（J.E.McTaggart）的一些文件。它们是由J.R.坦纳提交给CUL的。JNKD，1885年3月8日提到了一个学生政治经济学俱乐部。除了这些文件，CUL和圣约翰学院图书馆似乎都没有该俱乐部的任何记录。我不清楚这个俱乐部在19世纪90年代是否作为剑桥经济学俱乐部继续存在。对于这个俱乐部来说，W.E.约翰逊（与C.P.桑格合写）的论文被保存了下来。参见W.J.鲍莫尔和斯蒂芬·M.戈德菲尔德，《数理经济学先驱：一个文集》，伦敦：伦敦政治经济学院，1968年，尤其是第40–41页，其中第313页指出亚瑟·贝瑞是1891年的主席。因此，贝瑞是这“两个俱乐部”（？）之间的纽带，尽管麦克塔格特在19世纪90年代也继续着他对经济学的兴趣，并可能在这两个年代都是成员之一。另见阿隆·卡迪什，《历史学家、经济学家和经济史》，第117–123页，以及他的《马歇尔和剑桥经济学荣誉学位》，载《政治经济学的市场》（*The Market for Political Economy*），阿隆·卡迪什和基思·特里布（Keith Tribe）编辑，伦敦：劳特利奇出版社，1993年，第137–138页。

[2] 马歇尔致陶西格的信，1896年10月14日（陶西格文件，哈佛大学）。

[3] 阿尔弗雷德·马歇尔，《老一代经济学家与新一代经济学家》，载《纪念集》，第295–311页。演讲最开始是在1896年10月29日于剑桥发表，也就是说，在马歇尔写给陶西格的信中提到他正在为新经济学俱乐部的成立大会做准备之后不久；它最初发表在《经济学季刊》上，当时陶西格是该杂志的编辑。

[4] ¶ 阿尔弗雷德·马歇尔，《老一代经济学家与新一代经济学家》，第296–297页（正文括号内是对该文的引用）。前文第11章提到过，马歇尔在劳工委员会面前询问西德尼·韦伯时，就曾暗示他对马蒂诺经济学的不满，参见上文第366–367页，以及下文第14章，第516–517页。

具有可比性，以便在合理的基础上做出实际决策。马歇尔以保证“生存工资”和集体谈判等当代劳动力市场问题为例，指出了“在预测未来几代人将面临的主要问题上”的困难。不过，他还是大胆地提出，企业规模的增长将是其中一个问题，但一般来说，“后来居上的更多、更强的经济学家”所面临的社会问题将以适应它们自己时代的形式展现。然而，与过去一样，这必然涉及“利用 446
当前人类努力的无用物来创造本身就是快乐，同时也是快乐源泉的人类生活这一伟大任务”。我们不能指望这项任务会有突然的改进，而只能“朝着人人都能有机会过上高尚生活的遥远目标”稳步前进（第 307–311 页）。

马歇尔为这个新成立的经济学俱乐部开了个好头，但它的命运却鲜为人知。不过，几乎可以肯定的是，它和它的前身一样是一个讨论小组，由事先选定的发言人发表比较正式的论文。剑桥各种社会讨论协会的命运也是如此，马歇尔夫妇都对这些协会的活动相当感兴趣。玛丽·佩利·马歇尔回忆说，“在他从牛津回来后的 80 年代”，就参加过这样一个协会。[1] 凯恩斯在他的回忆录中提到了马歇尔在 1885 年到 1900 年间对伯特、蒂利特和曼恩等工人阶级领袖的访问，“为了配合社会讨论协会的会议”，这一猜测让凯恩斯受到了罗德里克·克拉克（Roderick Clark）的指责，他声称该协会直到 1903 年或 1904 年初才成立。[2] 吉尔博关于马歇尔的回忆表明，该学会在第一次世界大战开始时就已经解散了。[3]

《鹰》提供了一份早期的会议记录，证实马歇尔以正式成员的身份参与了会议。由于其中提到了一些马歇尔最为关心的议题，因此值得全文引用：

> 在《鹰》上提到社会问题研讨会可能并非不合时宜，这些会议是由一个大学委员会指导，经学院理事会许可，在学校的一间报告厅举

[1] * 玛丽·佩利·马歇尔，《MSS 笔记》（NCA）；《我的回忆》，第 43 页；纽纳姆学院俱乐部信件，1886 年，第 14 页证实，与剑桥生活的许多其他部分一样，在社交讨论中也存在着性别区分。因此，她回忆起的奥克塔维亚·希尔的访问可能是 1898 年对纽纳姆学院的访问。参见吉莉安·达利，《奥克塔维亚·希尔》，伦敦：康斯塔伯出版社，1990 年，第 264 页。参加妇女社会讨论小组的人包括艾玛·孔斯、玛丽·克利福德、亨利·卡宁安（Henry Cunynghame）、加勒特·安德森夫人（Mrs Garrett Anderson）、克莱门特·埃德沃德（Clement Edwards）先生和汤姆·曼恩，他们挤满了他演讲的大厅。感谢丽塔·麦克威廉斯 – 塔尔伯格提供的这些信息。

[2] J.M. 凯恩斯，《阿尔弗雷德·马歇尔》，第 214 页，罗德里克·K. 克拉克致 J.M. 凯恩斯的信，1924 年 12 月 1 日（KMF）。

[3] C.W. 吉尔博，《关于阿尔弗雷德·马歇尔的一些个人回忆》，第 94 页，在下文第 447 页加以引用。

> 办的，已经持续一年多了。这个委员会既有初学者也有专家。它的目的是不时地向剑桥的听众介绍一些能够就社会广泛关注的主题提供实用信息的人。介绍完论文后会进行讨论，人们相信，这样的会议对那些利用会议来理清思路并就重要的社会问题提出新理想的人来说是非常有用的。在会议上发言的人中，C.W. 斯塔布斯（C.W.Stubbs）牧师、霍华德·埃文斯（Howard Evans）先生和 W.H.B. 霍尔先生讨论了农业劳动者的地位问题；欧内斯特·哈特（Ernest Hart）先生讨论了公共卫生改革；S.A. 巴内特（S.A.Barnett）牧师讨论了大学聚居运动，来自谢菲尔德的 W. 里佩尔（W.Ripper）先生讨论了技术教育问题。本学期已召开了两次会议，第一次会议上，R.G. 西拉（R.G.Sillar）先生宣读了一篇关于“高利贷”的文章，随后人们就他的观点展开了热烈讨论。在后一次会议上气氛更加融洽，H. 索利（H.Solly）牧师和 R. 麦克白（R.Macbeth）牧师为他们的“工业村”计划辩护，认为这是解决城镇过度拥挤和乡村人口减少问题的一个办法。值得注意的是，回到剑桥的马歇尔教授已经为这些会议带来了明显的好处，不久前他也提出了与索利先生几乎完全相同的建议。目前或曾经担任社会问题研讨委员会成员的学院老师，除马歇尔教授外，还有 H.S. 福克斯韦尔先生、卡尔德科特（Caldecott，现居巴巴多斯）先生、G.C.M. 史密斯先生和 J.R. 坦纳。还有不得不提到的海特兰（Heitland）先生，他一直是这项事业的忠实拥护者。[1]

447 马歇尔在重新焕发活力的社会讨论协会中所起的作用从一些资料中可见一斑。《每日新闻》（*Daily News*）报道他主持了一次关于失业问题的会议。[2] 更有趣的是协会秘书伊拉斯谟·达尔文（Erasmus Darwin）与马歇尔之间的通信。马歇尔在信中建议，应该给最近就失业问题发表演讲的克鲁克斯（Crooks）寄去他的费用，因为马歇尔是“克鲁克斯的狂热崇拜者”，尽管他不

[1]《鹰》，1885 年，第 13 卷，第 316–317 页。参考马歇尔的论文，《伦敦穷人何所居》，将在下文第 450–451 页进行讨论。比如 1887 年 3 月 9 日的《剑桥评论》，第 259–260 页同样定期报道了社会讨论协会的会议，揭示了马歇尔的参与程度。感谢约翰·惠特克向我提供了这一信息。

[2]《每日新闻》，1909 年 3 月 7 日；参较 1888 年 5 月阿尔弗雷德·马歇尔在剑桥伦理学会初会上的演讲报告，引用于下文（第 448 页）。另见阿隆·卡迪什，《历史学家、经济学家和经济史》，第 105–117 页。

同意克鲁克斯在会议上说的很多话。为了这一目的，并为支付今后发言者的费用，马歇尔附上了一张 1 英镑 10 先令的支票。马歇尔还随信转交了一些有关乔治·索迪（George Thody）的材料，这显然是国王学院著名导师奥斯卡·勃朗宁的建议。索迪随后对马歇尔表示了感谢，并表示愿意就土地使用权问题在协会发表演讲。马歇尔接受了这一请求，正如他在写给达尔文的信中所说，条件是索迪愿意"描述他所在地区佃农的困难、愿望和一般经历"。[1] 1905 年的信件往来表明，马歇尔的参与已经扩大到推荐演讲者并为他们提供资金支持上，这说明他相当积极地参与了社会讨论协会的活动。还有其他证据也能证明这一点。沃尔特·莱顿回忆说，他第一次见到《经济学人》的编辑 F.W. 赫斯特（F.W.Hirst）是在 1908 年 5 月，当时他"听到他……在**马歇尔的讨论协会**上就当时正在议会审议的许可证法案发表演讲"，[2] 这表明马歇尔在该协会的事务中一直占据重要地位。这也可以解释为什么马歇尔会对他的外甥克劳德·吉尔博提出的改变部分协会规则的建议大加挞伐，那时他已经由于退休不再积极参加该协会的活动了：

> 当时有一个大学社会讨论协会（随着第一次世界大战爆发而结束），协会中还有一个较小的机构，由里面一些更活跃的成员组成，被称为社会讨论圈。成为该圈成员的一个条件是承诺在其大学生涯的某个时候写一篇论文，在社会讨论圈的会议上宣读。我成了社会讨论圈的秘书，和其他许多处于类似职位上的人一样，我发现承诺和履行承诺之间可能存在很大差距。在一次令人沮丧的征集论文失败后，我在一次会议上建议，任何成员在秘书联系他并给予充分通知后，如果仍不履行提交论文的义务，则应被辞退出这个讨论圈子。这一提议遭到了与会成员的一致否决。随后，我对提议稍加修改，提出这一要求适用于今后新加入的圈子的人，但不适用于现有的成员；于是，这个

[1] 奥斯卡·勃朗宁致阿尔弗雷德·马歇尔的信，1905 年 3 月 13 日；乔治·亚当斯·索迪致阿尔弗雷德·马歇尔的信，1905 年 3 月 14 日；阿尔弗雷德·马歇尔致伊拉斯谟·达尔文的信，1905 年 3 月 15 日；乔治·亚当斯·索迪致阿尔弗雷德·马歇尔的信，1905 年 3 月 23 日；阿尔弗雷德·马歇尔致伊拉斯谟·达尔文的信，1905 年 3 月 24 日（莱顿文件，26–30，剑桥大学三一学院图书馆）。

[2] 参见沃尔特·莱顿，《多萝西》（*Dorothy*），伦敦：柯林斯出版社，1961 年，第 32 页；引语出自大卫·哈巴克，《不平凡的报业大亨：沃尔特·莱顿的一生》，伦敦：韦登菲尔德 & 尼克尔森出版社，1985 年，第 21 页（重点为我所加）。

> 提议获得一致通过。与维多利亚女王的奇怪的笑点一样，阿尔弗雷德·马歇尔没有被这件事逗乐。他对那些（用他自己的话说）“试图把他们自己都觉得沉重得无法承受的负担强加给后代的人”的道德和动机做了最坏的解释。当他大骂一通之后，我哥哥轻率地说：“但这就是人的天性，不是吗？”我相当担心地看向马歇尔，想看看他对此会作何反应。他沉默了一会儿，但显然是在积蓄力量等待爆发，最后喊出：“野蛮的天性！！”关于这个问题，没有什么可说的了。我哥哥被彻底击垮了；而我则决定，今后在马歇尔家的餐桌上，我必须更加谨慎地选择合适的话题。[1]

马歇尔夫妇回到剑桥后还参加了一个同样著名的社团，那就是成立于1888年的剑桥伦理学会。该学会是当时蓬勃发展的伦理运动的一部分，该运
448 动于1885年由马歇尔夫妇所熟悉的詹姆斯·博纳、莱斯利·斯蒂芬和伯纳德·鲍桑葵等人在伦敦发起。这个伦理运动的潜在成员们应当相信：

> 除了权威和传统之外，人类的道德和宗教生活能够得到合理的证明和解释。他们认为，目前非常需要传授有关这一问题的合理教义，特别是在旧的规矩和原则失去效力的地方。
>
> 因此，他们准备以一切适当的方式互相帮助，以满足这一需要。除其他外，他们还建议该协会应努力与大学教学推广协会、工人学院、俱乐部、合作社等教育机构以及青少年教育机构合作，组织系统的道德教育。此外，协会有责任尽一切努力唤醒整个社会，使其认识到用道德和宗教原则检验每一个社会、政治和教育问题的重要性。[2]

一位伦理运动的评论家指出，伦理运动内部存在着一种紧张关系，即有些人希望“它是一个结合慈善活动的哲学讨论小组，有些人希望它是一个半政治会议，有些人希望是一个宗教仪式”。无论具体成员在这些派别中的立场如何，该运动都是以一种新的、理性的道德来取代基督教信仰的没落。它强调“共同

[1] C.W. 吉尔博，《关于阿尔弗雷德·马歇尔的一些个人回忆》，第94页。

[2] 这个日期为1886年7月的“学会宗旨”寄给了伦理运动潜在的支持者和成员，转引自G.斯皮勒（G.Spiller），《英国的伦理运动纪实》（*The Ethical Movement in Great Britain. A Documentary History*），伦敦：作者自印，1934年，第2页。

体和责任”、“对整个人类和社会的道德救赎”、善和正义的宗教体验，并坚信道德努力对个人和社会的进步至关重要，“对道德生活的追求不仅是个人的至善，也是实现改革的唯一途径”。[1] 简而言之，伦理运动是为维多利亚时代的中产阶级知识分子量身定做的，这些人在 19 世纪 60 年代和 70 年代失去了宗教信仰，但他们仍然坚持宗教对道德、共同体和责任的强调是社会所必需的。作为维多利亚时代仍然相信宗教重要性的不可知论者之一，伦理运动很好地填补了阿尔弗雷德·马歇尔的精神空白。

因此，当有人提议在剑桥成立伦理学会时，马歇尔的支持就不足为奇了，他在会上向组织者致谢，并同意加入组织委员会。[2] 据报道，他在这次会议上的发言表明，他的立场与那些强调该学会教育和慈善作用的人最为接近。

> 马歇尔教授认为，邀请普通大众参加学会的日常会议可能很难，但重要的是要使大学和城市之间有更多的接触，他建议在未来的某个时候，社会问题讨论协会和伦理学会可以成立一个联合委员会，在剑桥一些贫穷地区组织讲座。[3]

剑桥伦理学会[4] 活动的详细记录表明，马歇尔在其整个存续过程中都是
委员会的成员，而且他和他的妻子在 1890 年和 1896 年里成为缴费会员，不 449
过，在这些年里，他似乎从未在该协会的赞助下发表演讲。协会的会议纪要[5] 显示，在初创会议之后，阿尔弗雷德·马歇尔从未出席过委员会会议或学会的任何公开会议，这一点十分明显，但他还是经常在缺席的情况下当选了委员会的成员。1889 年 10 月 18 日加入该委员会的玛丽·佩利出席了随后的大多

---

[1] 苏珊·巴德，《无信仰的各种类型：1850–1960 年英国社会的无神论者和不可知论者》，伦敦：劳特利奇出版社，1977 年，第 9 章，特别是第 188–189 页。

[2] * 剑桥伦理学会，《初创会议记录》(*Report of Preliminary Meeting*)，1888 年 5 月 18 日，第 22 页（CUL，Add 8776）。在这次会议上当选的委员会成员大多是与道德科学教学相关的人，他们是卡尔德科特、坎宁安、J.N. 凯恩斯、J.S. 利斯、马歇尔、麦克塔格特、斯坦顿、斯托特（Stout）和沃德，而亨利·西季威克组织了这次成立会议，并担任该协会的终身主席。它当然不是一个大学社团，尽管在剑桥这样的大学城，其成立和运作的动力来自大学内部。

[3] 剑桥伦理学会，《初创会议记录》，1888 年 5 月 18 日，第 21 页。

[4] G. 斯皮勒，《英国的伦理运动纪实》，第 3 章，第 47–56 页。里面详细的描述是基于《剑桥评论》上的报道，以及索利给他的学会的会议记录。

[5] 剑桥伦理协会，《会议记录》，CUL，Add 8776。

数委员会会议。会议纪要还记录了委员会的一项决定，即邀请马歇尔或维克斯蒂德在 1891 年 10 月的这个学期做一次演讲，但两人都没有在规定的时间内接受邀请。不过，会议纪要显示，维克斯蒂德后来接受了邀请，并于 1892 年 3 月 3 日就赌博问题发表了演讲。大概是由于撰写和修改《经济学原理》、担任劳工委员会的委员，以及日常的学术工作压力，马歇尔无法支持自己在其成立大会上曾不遗余力呼吁的该学会的公共教育目标。

马歇尔在 1885 年后所参加的剑桥俱乐部的经历是他参与整个社团活动的缩影。他乐于加入其中，是忠实的支持者，不经常参加活动，也不怎么贡献论文。他的这种社交模式早在他成为慈善组织协会[1]的会员时就表现出来了，甚至与他从 19 世纪 80 年代起加入学术团体的模式也是一致的。与他生活中的其他方面一样，这凸显了他缺乏通过积极参与和领导来承担责任的意愿。

改善穷人的住房条件、普及教育

19 世纪 80 年代，马歇尔还参与了改善穷人住房和扩大弱势群体受教育机会的社会活动，他认为这对提高穷人的生活水平（living standards）和生活标准（standard of life）非常重要。对于前一个活动目标，马歇尔最初在他的著作中表示了支持，并促使他在 19 世纪 80 年代与工业村促进协会建立了联系，后来又为埃比尼泽·霍华德（Ebenezer Howard）在 19 世纪 90 年代发起的花园城市运动提供了灵感和支持。后一个活动目标促使马歇尔在 19 世纪 80 年代勉强参与了汤因比信托基金的活动，并支持了大学聚居运动，以及在理智和道德上都更热情地参与了英国合作运动。在这些活动中，时而尖锐、时而强烈的辩论混杂在一起，有时甚至占据主导地位，而这些建议往往以最出人意料的方式渗透进《经济学原理》的脚注中。[2]

---

[1] 如前所述，第 11 章，第 354 页和注释 *，第 357–358 页。

[2] * 例如，在《经济学原理》的一个脚注中，就英语国家的家庭生产问题说道：

《经济学原理》第 4 章第 8 节中提到的工人阶级预算可以大大帮助人们在不同用途之间明智地分配资源，从而使每种用途的边际效用相同。但是，家庭经济的关键问题既与明智的支出有关，也与明智的行动有关。英国和美国的家庭主妇在满足需求方面的手段赶不上法国家庭主妇，并不是因为她们不知道如何购买，而是因为她们不能像法国家庭主妇那样，用廉价的肉、蔬菜等原料做出好的成品。人们常说，家庭经济属于消费科学，但这只说对了一半。在盎格鲁 – 撒克逊工人阶级中清醒的那部分人来看，家庭经济最大的缺点，与其说是消费的缺点，不如说是生产的缺点。（*P* Ⅷ，第 119 页注释 1，从 *P* Ⅱ，第 177 页注释 1 开始，这个注释一直没有变化。）

1884 年，马歇尔是《当代评论》[1] 上发表的有关“何处安置伦敦穷人”的 450
研讨会文集的 3 位供稿人之一。马歇尔的论文简明扼要地论述了工业和城市化的历史发展，指出以水力形式出现的能源技术首先分散了人口，然后以蒸汽动力形式出现的能源技术将人口集中在城市地区。交通和通信（铁路、航运、电报和可靠的邮政服务）的发展同样影响了城市集聚的性质和必要性。马歇尔认为，这些因素是考虑伦敦住房问题的基础。当“整个伦敦的面积不足以为其人口提供新鲜空气和健康娱乐所需的自由空间”时，为伦敦的穷人提供住房似乎是一项不可能完成的任务。然而，经济上可行、社会层面富有想象力的规划——将城市的非必要人口迁移到能令人满意地提供新鲜空气和开放空间的地区——提供了一个潜在的解决方案（第 142 页）。对于曾经的“贫民窟男孩”马歇尔来说，这是一个合适的设想，他曾和路易莎姑姑一起在德文郡度过了亲近大自然的暑假，他意识到了其中的价值，这减轻了他其余时间由学校和最初的家庭住址所带来的缺乏新鲜空气与开放空间对他健康所造成的不利影响。

通过对伦敦工业人口构成的分析，马歇尔认为伦敦的许多工业可以转移到其他地方，伦敦人口的移民传统可以加速这一进程。在实施部分，既要依赖于经济上的鼓励，还要有强制性的规则和大力鼓吹。[2] 最初还需要昂贵的投资来建造新的居住地，以便“在伦敦雾霾之外的某个地方建立殖民地”。不仅如此，一个委员会的组织才能也是非常重要的，它要让未来的居民充分了解这个新的乡村社区对他们的好处。这些好处包括租金低廉、菜园产品物美价廉，以及使工人们“免于伦敦城市伤害所带来的酗酒诱惑”。综合起来，这些优势有助于鼓励就业流入工业村这个新的“低工资”地区。就业会源源不断地招致更多的就业，直到新区里的工作机会实现自给自足。此外，廉价的铁路交通为人们的
正常通勤提供了便利，使旧的就业地与新的偏远居住区连接起来，在那里，人 451

[1] * 载《纪念集》，第 142–151 页（文中括号内引用的是这一版本）。研讨会上的共同撰稿人有统计学家 M.G. 马尔霍尔（M.G.Mulhall）和伊利亚·霍尔（Elijah Hoole），前者讨论了解决这个问题的“方法和手段”，后者是伦敦东区的慈善工作者，讨论了“廉租房的成本”。有关维多利亚晚期英国伦敦住房问题的精彩背景资料，请参阅加雷思·斯特德曼 – 琼斯，《被遗弃的伦敦》，第二部分，尤其是第 11 章，其中包括他对马歇尔在其中所扮演的角色的描述，但略显夸张。

[2] ¶ 马歇尔并不反对强制。在一篇典型的将阵痛与改革联系在一起的“经济理性主义”的评论中，他争辩道：“与最终的收益相比，过程中的痛苦微不足道；如果痛苦无法避免，就不应该逃避它。但是，更紧迫的责任和真正仁慈的工作，是通过帮助那些躺在车轮前进道路上的人，来减轻进步的残酷性。”（第 148 页）不用说，这是在他还没有完全解决与痛苦和快乐的人际比较有关的问题之前写的，读者后来才在《经济学原理》中了解到这些问题。

们更容易、更便宜地获取活动空间和新鲜空气。“如果这样的计划得以实施，进步的车轮就会滚滚向前，直到伦敦的每个人都有适当的住所，每一栋房子周围都有足够的活动空间；然而，车轮不会碾压任何一个勤劳的穷人。”（第 150 页）

马歇尔的论文广为流传，这让他接触了工业村促进会。这个协会成立于 1884 年，是一个慈善组织协会。亨利·索利（Henry Solly）牧师是该协会的灵魂人物，他积极投身于劳工运动和社会改革，和马歇尔一样，他坚信有必要通过向工人灌输“诚实、荣誉、勇敢、教育和礼貌”等基本美德，将他们培养成绅士。[1] 该协会在 1885 年出版的一本小册子中引用了马歇尔的一封信作为支持，信中赞同该协会提出的解决方案，即通过在城市实施严格的卫生法规，帮助伦敦低收入工人迁移到“房屋和花园租金便宜”的乡村地区，从而解决伦敦过度拥挤的问题。马歇尔以 5 英镑的捐款作为道义上的支持，一年后又追加了 2 英镑 2 先令的捐款，直到 1888 年每年都有捐款。1885 年初，马歇尔还评论了理想中的新农村社区的组织委员会所必需的品质。正如他在 1884 年的论文中所坚持的那样，这些委员会需要依靠公民个人的自愿劳动，因为市政的参与将不可避免地沾染上“营私舞弊”和“冒牌顶替”的色彩（第 150 页）。马歇尔谨慎地建议，这些委员会的工作只能逐步扩大，这再次表明，在马歇尔的改革计划中，仓促行事的余地不大。“我认为，我们是否已经为计划中的股份公司部分做好了充分的准备，这一点很值得怀疑。……我一开始就不会爬得太高，以免摔下来。”[2]

马歇尔慷慨地为协会的活动提供建议和资金，但他没有加入其管理委员会。他很高兴地把这一特权留给了福克斯韦尔，但福克斯韦尔在 1887 年 5 月和 7 月也表示缺乏继续履行这一职责的热情，因为该协会在实现其目标方面明显缺乏成功经验，这或许要归咎于缺乏一个能干的秘书，就像慈善组织协会的 C.S. 洛克那样的角色。[3] 在这种情况下，马歇尔早些时候曾表示愿意从旁协助，提供一些建议。1885 年 6 月，马歇尔向福克斯韦尔提及特恩布尔（Turnbull）

---

[1] 索利文件，英国政治学与经济学图书馆，Coll. Misc. 154，Item 2g，《兰开斯特图书馆》（*Lancaster Athenaeum*）报道了索利关于“什么是绅士”的演讲；馆藏的 4a 和 4b 部分中包含了索利关于土地和工业村运动的论文。关于索利发起此类运动的私心的讨论，参见 G. 斯特德曼 – 琼斯，《被遗弃的伦敦》，尤其是第 243、260 页。

[2] 索利文件，4B：D45，D57，D162。关于马歇尔对地方社会主义的恐惧的进一步讨论，见下文第 16 章，第 593–595 页。

[3] 福克斯韦尔致索利的信，1887 年 5 月 15 日，6 月 4 日（索利文件，D93）。关于洛克，参见上文第 11 章，尤其是第 354、359 页。

可能会成为工业村协会的秘书，前提是莫利给他一封推荐信。[1] 然而，1889 年 9 月，马歇尔和福克斯韦尔再也没有机会参与该协会的问题，因为一次公开会议终结了它的活动。[2]

马歇尔对住房问题的兴趣并没有随着工业村计划的终止而减弱。从第 1 版开始，《经济学原理》就提醒读者，提供良好的住房对确保现有工人和未来工人的健康和体力有持续的好处，而在伦敦等租金高昂的城市容纳非必要成员则会产生过高的社会和经济成本。[3] 当关于地方税负的附录 G 被添加到第 5 版时，与之相关的“政策建议”并没有忘记他以前对新鲜空气和开放空间的 452
需求的关注，这是家庭及其孩子健康环境的一部分。他建议征收“新鲜空气费”用来支付“城市空气、阳光和娱乐空间所需的巨额公共开支”，这是一个“适当的来源”，因为它至少在一定程度上让渡了自古以来国王作为国家元首是唯一土地所有者时所拥有的“土地财产的极端权利”。[4] 最后但并非最不重要的是，在关于经济进步的后果的章节中，马歇尔惋惜地指出，尽管在沙夫茨伯里勋爵和奥克塔维亚·希尔小姐向 1885 年住房委员会作证的那段时期之后情况有所改善，但“不可否认的是，现在（即 1907 年）我们城镇中最贫穷阶层的住房条件对身体和灵魂的打击都是毁灭性的；以我们目前的知识和资源，我们既没有理由也没有借口让这种情况继续下去”。[5]

这样的观点在当时的标准经济学著作中占据如此重要的位置，难怪马歇尔会成为埃比尼泽·霍华德的花园城市运动的英雄之一。霍华德给马歇尔寄去了一本他的著作《明日：通往真正改革的和平之路》（*Tomorrow*：*A Peaceful Path*

---

［1］马歇尔致福克斯韦尔的信，1885 年 6 月 8 日（弗里曼收藏，11/84）。

［2］索利文件，D 202；索利与克鲁泡特金（Kropotkin）的接触（同上，D 171）或许可以解释为什么克鲁泡特金所著的 1899 年和 1901 年版的《田野、工厂和工场》（*Fields*, *Factories and Workshops*）会出现在马歇尔图书馆。

［3］* *P* Ⅰ，第 253–255 页；*P* Ⅷ略加改动，其中第 199–200 页包含了以下关于这个问题的简洁概括：“公共和私人资金的最佳用途莫过于在大城市提供公园和游乐场，与铁路公司签订合同以增加其运营的工人列车数量，并帮助那些愿意的工人阶级离开大城市，并带走相关产业。”

［4］*P* Ⅷ，附录 G，第 803–804 页。这直接来源于马歇尔在 1897 年为地方税收皇家委员会准备的税收备忘录。参见上文第 11 章第 375 页，以及参较 *P* Ⅷ，第 200 页的评论（已在上文第 451 页注释 * 引用）。

［5］*P* Ⅷ，第 677 和注释 1；这句话首次出现在 *P*Ⅴ。类似的一段话在 *P* Ⅰ，第 720 页的注释 1 中就曾出现；参见马歇尔致 T.C. 霍斯福尔（T.C.Horsfall），1901 年 2 月 21 日（曼彻斯特中央图书馆，霍斯福尔文件）。关于马歇尔的不同评价，见 G. 斯特德曼 – 琼斯，《被遗弃的伦敦》，第 193–196、229–230、302–314 页。

to Real Reform），这本书虽然仍保存在马歇尔图书馆，但没有马歇尔本人的笔记。1902 年该书第 2 版以《明日花园城市》（*Garden Cities of Tomorrow*）为题更明确地表达了自己的目标，它再一次对马歇尔表达了赞赏，正如 1898 年的前一版所说的那样，马歇尔是霍华德先进的城市规划理念的重要支持者和灵感来源。[1] 马歇尔和霍华德之间的通信似乎没有保存下来。不过，霍华德回忆说，“在他为皇家委员会做速记工作时”见过马歇尔，并声称曾与马歇尔讨论过花园城市的理念。[2] 1902 年 2 月，马歇尔在剑桥公会大厅主持了一次会议，以支持花园城市运动的目标，埃比尼泽·霍华德是会议发言人之一，这说明马歇尔对花园城市运动一直很感兴趣。他的图书馆里有一本 1909 年出版的国际花园城市运动的德国发展史，他当时的讲课记录，以及他在 1923 年为 1884 年的论文——他在该论文中首次表明了自己对住房问题的兴趣——添加的注释，都进一步表明了他对这一问题的持久兴趣：

> 这篇论文于 1884 年印刷并广为流传：从那时起，很少看到绿色田野的孩子的数量大幅增加。诚然，学校的操场成倍增加；公共场所现在保持良好秩序；有轨电车和铁路使越来越多的工匠，甚至是非熟练工人，能够在夏天偶尔带着家人离开伦敦。此外，人们对通风和各种卫生设施的日益重视也确实大大减少了城市生活的种种弊端。但是，自然原因往往会增加这些弊病，因此需要更多的关注和投入更多精力来消除这些弊病。[3]

---

[1] 参见 F.J. 奥斯本（F.J.Osborn）为埃比尼泽·霍华德《明日花园城市》再版所写的导言，伦敦：费伯出版社，1974 年，第 9–10 页。马歇尔 1884 年的论文、他的《经济学原理》以及他在地方税收皇家委员会报告中提出的新鲜空气费的建议（同上，第 66、74–76、119、121–122、125、142 页）都得到了引用。根据奥斯本的说法，查尔斯·纪德（Charles Gide）是当时唯一另一位支持该运动的重要经济作家，他在自己的主要经济著作中也同样声援了该运动的原则。参见查尔斯·纪德，《政治经济学原理》，美版第 2 版，伦敦：希思出版社（Heath），1914 年，第 681–684 页。

[2] 霍华德文件，Folio 10，引自罗伯特·菲什曼（Robert Fishman），《二十世纪的城市乌托邦》（*Urban Utopias in the Twentieth Century*），纽约：基础图书出版社，1977 年，第 45–46 页和注释 13。霍华德声称他在没有看到马歇尔 1884 年的论文的情况下独立发展了他的观念。

[3] 即 H. 坎普夫迈耶（H. Kampffmeyer）的《花园城市运动》（*Die Gartenstadtbewegung*），莱比锡：特布纳出版社（Trubner），1909 年；鲍利在 1891 年 11 月 11 日的课堂笔记（坎南文件，909）；马歇尔 1923 年对他 1884 年论文的注释被转载在《纪念集》第 142 页注释 1，并以庇古的评论作为前言，庇古说这篇论文可能“推动了”花园城市运动。《剑桥评论》（1902 年 2 月 13 日，第 184 页）报道了 1902 年 2 月的会议，并评论说，由马歇尔主持的这一计划不仅仅是一个疯狂而遥远的梦想；《每日纪事报》和《独立报》（1902 年 2 月 14 日）也对这一会议进行了报道。

鉴于汤因比信托基金在穷人教育方面的作用，马歇尔与汤因比信托基金以及后来的汤因比馆的联系可以在这一背景下方便地加以讨论，哪怕只是因为它进一步揭示了马歇尔对有价值事业的参与方式。我们还记得，马歇尔之所以能够离开布里斯托前往牛津，是因为 1883 年 3 月汤因比的去世使得贝利奥 453
尔学院为印度公务员讲授经济学的职位出现了空缺，马歇尔去填补了这个空缺。据推测，1877 年后，马歇尔第一次见到汤因比是在他偶尔去贝利奥尔看望乔伊特的时候。马歇尔后来回忆说："我和他见面的次数不多，谈话总是主要围绕社会和经济问题。他总是思维敏捷，热衷于思考；但是他的才智，尽管新鲜而充满活力，却不是他的最主要的部分：他性格中最主要的控制力来源于情感。"[1] 对于一个认为经济和社会改革需要"一腔热血和冷静的头脑"的人来说，这样的赞美没什么力量，[2] 有趣的是，他在汤因比去世前后的信件中都没有对这位牛津人大加赞扬。1883 年 2 月 15 日，他在谈到自己即将举行的亨利 · 乔治讲座时对福克斯韦尔表示，他听到别人说，"尽管汤因比温文尔雅"，但汤因比在不久前在伦敦为激进派听众所作的关于《进步与贫困》的演讲中，说了"一些冒犯工人阶级的话"。[3] 汤因比去世后，他向福克斯韦尔讲述了自己是如何拒绝汤因比夫人提出的为作为经济学家的汤因比撰写一篇文章的请求，而将这项任务交给福克斯韦尔的。[4]

1885 年，当马歇尔回到剑桥时，他于 2 月 5 日在圣约翰学院主持了一场会议，旨在"在学院中宣传大学聚居运动的主张"。《鹰》对这一事件的报道如下：

[1] 阿尔弗雷德 · 马歇尔，为 L.L. 普莱斯的《产业和平》所作的序言，牛津，1887 年，第 vii–viii 页，还可参见上文第 9 章，第 294–295 页。

[2] 1885 年 2 月他在剑桥大学发表的就职演讲，载《纪念集》，第 174 页（引自上文，第 10 章，第 309 页）；在演讲一开始，他向汤因比致敬，说"他的逝世让学界失去了一颗冉冉升起的巨星"（同上，第 152 页）。在《经济学原理》中，马歇尔只引用过一次汤因比死后出版的《产业革命》（*P* Ⅰ，第 440 页的注释；*P* Ⅷ，第 392 页的注释），并从第 4 版开始，他将汤因比纳入他对经济学进步的描述，将其列为经济学家中"人道"和"崇高的社会责任观念"的典范（*P* Ⅷ，第 765 页）。

[3] 马歇尔致福克斯韦尔的信，1883 年 2 月 15 日（马歇尔档案，3：11）。这些演讲的创伤经历显然是汤因比英年早逝的原因之一。关于汤因比的演讲及其后果的完整描述见阿隆 · 卡迪什，《使徒阿诺德：阿诺德 · 汤因比的生与死 1852–1883 年》，第 8 章。

[4] 马歇尔致福克斯韦尔的信，1883 年 3 月 30 日（马歇尔档案，3：13）。汤因比夫人后来在 1883 年 4 月 5 日给马歇尔的一封信中撤回了这一请求，因为米尔纳（Milner）在 1883 年 3 月 24 日的《学会》上已经出色地完成了这项任务。

> 马歇尔教授一起身就受到热烈的欢呼，他表示很高兴能出席这一场合。他从一开始就对牛津的聚居运动有所了解，作为阿诺德·汤因比在贝利奥尔学院的直接继任者也加深了他对这一运动的兴趣。因此，他有独特的立场来评估汤因比的影响，并了解他的工作精神。阿诺德·汤因比对伦敦东区劳动人民的兴趣使他成为一名经济学家。他深入这些阶层去了解他们的需求和观点。因此，他相信，如果汤因比馆的居民抱着求知而不是教书的心态到这里居住，那么，这个大学定居点一定能很好地实现其目的，也一定能完成他最希望看到的工作。马歇尔认为这是他们的伟大目标。也许这听起来像是“自卖自夸”；但他在结束发言时必须表达自己的观点——当今没有什么比政治经济学规律更值得人们研究了；只有通过这种系统的研究，我们才能看清目前困扰现代社会的重大问题的解决之道。[1]

在听取了出席代表团对最近建立的汤因比馆的情况的介绍后，会议选出了一个委员会，包括福克斯韦尔和J.R.坦纳，但马歇尔不在其中。1885年秋，马歇尔确实对这所教育机构[2]做出了贡献，他发表了一次关于人口压力的公开演讲。马尔萨斯联盟的期刊《马尔萨斯人》(*Malthusian*)对讲座内容进行了简要报道，更为详细的内容以手稿形式保存在马歇尔文件中。[3]在演讲中，马歇尔纠正了一些流行的对人口可能对生存手段施加压力这一原则的误解，资本
454 和知识的增长是其抵消的力量（第390页）。马歇尔认为，人口增长带来的一个更重要的压力，尤其是对伦敦人而言，是对新鲜空气、开放空间和清洁水源的压力，这又回到了住房问题的主题上（第391页）。这种人口压力更重要的

[1]《鹰》，1885年，第13卷，第315页。“没有什么比得上皮革”(there was nothing like leather)这句俗语可能是维多利亚时代的信仰，马歇尔父亲如此推崇皮带或手杖的教育价值就体现了这一点。（此处应该是原作者的理解错误，这句俗语的真正意思类似于中国俗语“王婆卖瓜，自卖自夸”，形容自夸自赞。典故来源于：一个城市遭到敌人围攻，市议会召集居民商讨对策，石匠建议用石墙抵御敌人，木匠提议用木头筑墙，制革匠则说“没有什么比得上皮革”。——译者注）

[2] 对它的详细记述，参见阿萨·布里格斯(Asa Briggs)和安妮·麦卡尼(Anne Maccartney)，《汤因比馆：第一个一百年》(*Toynbee Hall. The First Hundred Years*)，伦敦：劳特里奇和基根·保罗出版社，1984年，特别是第1章和第2章；关于它的建立、功能、目前状况以及与大学聚居运动的联系，参见W.弗朗西斯·艾特金(W.Francis Aitkin)，《汤因比馆的卡农·巴尼特》(*Canon Barnett of Toynbee Hall*)，伦敦：帕特里奇出版社，1902年，特别是125–130页。

[3] * 转载于*EEW*，II，第386–393页（文中括号是对该文的进一步引用）。

代价落在了儿童身上，因为它剥夺了他们“喧闹、健康玩耍……在那里可以用硬球玩板球，在那里快乐的孩子们不需要时刻盯着警察”的机会（第 392 页）。在这种情况下，马歇尔反复强调，从伦敦和类似地区移民才是解决之道：建造廉价房屋甚至不是一个临时的解决办法，因为它最终只会使雇主从利润中、地主从地租中受益。马歇尔的结论重申了这些观点，并指出，通过减少儿童数量来控制人口增长，不仅会降低世界人口的平均素质，还会对英国人口的平均素质产生不利影响。此外，虽然这种政策也有可能提高平均福利水平，但它将降低总体福祉。

> 如果英国有 2500 万平均收入为 60 英镑的人，以及 2500 万平均收入为 30 英镑的人，那么这 5000 万人平均收入为 45 英镑，但如果总共只有 2500 万平均收入为 50 英镑甚至 60 英镑的人，那么总效用就降低了，除非第二个 2500 万的存在是绝对的罪恶。[1]

马歇尔对汤因比馆和大学聚居运动的支持体现在他担任圣约翰会议的主席，并愿意代表该运动在伦敦发表演讲；他还是大学聚居运动剑桥委员会的成员，汤因比馆是该运动的早期代表。1887 年 11 月，《鹰》的一篇报道显示，他仍是该委员会的成员，并出席了他所在学院举行的一次会议，以帮助扩大聚居计划。[2] 此外，1887 年 2 月，在纽纳姆学院举行的一次会议上，卡农·巴尼特谈到了定居点和汤因比馆，他回顾了“马歇尔教授和夫人”代表聚居运动在组织工作中发挥的“重要作用”，其中他对 1886 年的一次为期一周的访问记忆犹新，他和妻子与马歇尔夫妇一直待在一起。[3] 不过，按惯例，马歇尔依然没有全身心投入这一事业。尽管在 1887 年初，他勉强接受了为普莱斯的《产业和平》（*Industrial Peace*）撰写序言的任务。当西季威克希望辞去汤因比信托基金的职务来减轻自己的行政负担，并让马歇尔接替他的职务时，马歇尔

[1] 马歇尔，《人口讲座》，第 393 页。这些关于生育控制对后代影响的评论表明，马歇尔早期对优生学运动很感兴趣，下文将在第 482–485 页进行更详细的讨论。

[2]《鹰》，1887 年，第 14 卷，第 297 页；W. 弗朗西斯·艾特金，《汤因比馆的卡农·巴尼特》，第 128 页。委员会的成员包括伊拉努斯协会前会员韦斯科特、西利和福斯特，以及剑桥大学的同事和熟人奥斯卡·勃朗宁、威廉·坎宁安、福克斯韦尔、J.R. 坦纳、斯坦顿、西德利·泰勒和普罗特罗（Prothero）。

[3]《卡农·巴尼特的生活、工作与友谊》，由他的妻子撰写，伦敦：约翰·默里出版社，1918 年，第 2 卷，第 31–33 页。

不愿意接受，而是再次提议说福克斯韦尔是“最合适的人选”。[1] 更一般的是，与他“参与”慈善组织协会的情况类似，马歇尔在经济上支持该组织，让他的妻子参加委员会会议，并会根据妻子的报告剖析会上的结论。[2]

马歇尔在这一时期参与的其他社会改革和工人阶级活动与合作运动有关。从他的藏书便可看出，他热衷于阅读合作运动的出版物，19 世纪 80 年代末，他还被选为合作运动年度大会的主席。马歇尔在这方面秉承了剑桥大学的传统。他在格罗特俱乐部的导师 F.D. 莫里斯就非常重视合作。福西特是马歇尔在剑桥大学的前任，他也是一位积极的合作主义者，甚至在他的《政治经济学
455 手册》中专门有一章论述合作问题。穆勒在论述工人阶级未来的著名章节中也对合作运动大加赞赏，年轻的马歇尔对此极为推崇。[3] 它彰显了马歇尔认为合作运动极具吸引力的特点：这意味着资本与劳动之间的联合，而不是对抗，以及工人阶级作为合作社成员能够获得的巨大利益。最后一点包括了鼓励节俭，一种利润分享形式的分红政策，以及更广泛的“工人之间最健康的社会交流”，即他们可以通过相当频繁的成员会议参与其中。福西特还仔细区分了合作零售、批发贸易企业与合作生产。后者所遇到的困难远远大于组织合作商店。最后，马歇尔完全赞同福西特总结那一章的方式：这场运动的成功“可被视为经济进步的最高理想”。[4]

马歇尔发表的第一篇关于工人阶级未来的论文简短提到并赞扬了贸易企业中平等协会所体现出的合作理念，这也是穆勒和哈丽特·泰勒（Harriet Taylor）大力宣扬的。[5]1879 年的《产业经济学》在最后一章专门论述了这一主题。这一章简要介绍了合作社的广泛起源和历史，与马歇尔访美期间考察过的美国宗教“社区”的联系，以及合作社原则在生产、信贷和交换方面的应用，合作商店的优势（从坚持只用现金购买的原则开始），以及最后一个主

---

[1] 马歇尔致福克斯韦尔的信，1887 年 1 月 31 日（弗里曼收藏，35/69），马歇尔致福克斯韦尔的信，1887 年 9 月（弗里曼收藏，26/69，27/69）。

[2] 玛丽·佩利·马歇尔，纽曼·罗尔信，1925 年。资料由丽塔·麦克威廉斯 – 塔尔伯格提供。

[3] 参见 G. 贝卡蒂尼，《亨利·福西特和劳工问题》，载 L. 戈德曼编辑的《盲目的维多利亚时代：亨利·福西特和英国自由主义》，第 120–141 页，特别是第 121 页；亨利·福西特，《政治经济学手册》，第 3 版，伦敦：麦克米伦出版社，1869 年，第 2 篇，第 10 章，第 241–257 页。J.S. 穆勒，《政治经济学原理》，第 4 篇，第 8 章，第 6 节；马歇尔，《工人阶级的未来》，载《纪念集》，第 113–114 页。

[4] 亨利·福西特，《政治经济学手册》，第 246–248、257 页，参较马歇尔的《工人阶级的未来》，载《纪念集》，第 113–114 页。

[5] 阿尔弗雷德·马歇尔，《工人阶级的未来》，载《纪念集》，第 113–114 页。

题——组织合作社工场的困难。该书最后以这样一句话结束："合作工场计划需要许多坚实的合作信念；但如果这是许多人的愿望，这对世界来说将是一个进步，如果他们实现了这一目标，这将是巨大的进步。"[1] 在上一章的结尾，[2] 马歇尔夫妇称赞"合作生产"的概念是"经济知识的扩展和产业道德的提高"的催化剂。

鉴于一本专门面向工人的政治经济学主要教科书对合作运动如此热情支持，合作运动邀请马歇尔主持 1889 年在伊普斯维奇（Ipswich）举行的第 21 届年会，唯一令人惊讶的是，这一邀请竟然姗姗来迟。马歇尔在接受邀请后发表了开幕致辞，从经济学家的角度对合作运动进行了系统的概述。[3] 马歇尔说，合作运动结合了"崇高的抱负"和"艰苦的活动"，完美地反映了"时代精神"，随后他又指出，合作运动与其他运动的不同之处在于，它"既是一种强大、冷静和明智的事业，又是一种强烈和炽热的道义信仰"（第 227–228 页）。它的四个"信仰的基本教义"与其他运动相同。首先，"有价值的努力的最终目标"是生产"优秀的人"而不是"丰富的物品"。其次，它认为工作并不完全是为了个人和家庭的利益，而是为了"与他人一起实现某种广阔而崇高的目标"。再次，这一崇高目标就蕴含在合作运动之中，因而消除普罗大众因资本不足而收入和机会不足的弊端。最后，工人阶级的力量在于他们的人数，因而他们在合作活动所带来的教育和道德发展中拥有巨大的累积 456
增长的潜力。作为一名经济学家，合作社贸易的增长被低估了，因为在按货币周转量估计增长时忽略了价格水平的下降（第 228、220–221 页）。尽管马歇尔认为英国人特别善于合作，但仍有一些重大问题需要面对。避免过度集权的诱惑是其中之一，这有悖于英国的自由和地方自治传统（第 236–237、240、249–250 页）。还有合作生产中出现的更严重的关于竞争问题的困难（第 236–238 页），同时还包括通过利润分享和其他方式"增加"工人在自己企业中的利益，从而更接近"劳动雇用资本"的理想的困难。与他 4 年前的观点相似的是，早些时候，马歇尔教授要求剑桥人学习经济学，而在场的 360 名合作运动代表则被劝诫说，他们的心灵和头脑还有很大的发掘潜力（第 255

[1] *EOI*，第 3 篇，第 10 章，特别是第 225–226、228 页。

[2] 同上，第 217 页。

[3] 阿尔弗雷德·马歇尔，《合作》，在第 21 届合作运动年会上的主席演讲，1889 年 6 月圣灵降临节周末，载《纪念集》，第 227–255 页（本节中后续括号中的引用都是来自这一文本）。

页）。关于演讲的新闻报道显示，演讲的许多部分都得到了听众的欢呼，正如《苏格兰人》在其报道中所说，听众们一定意识到了马歇尔教授“在试图讨论他们的商业利益之前，事先对其中最微小的细节进行了思考，这是对他们的一种恭维”。[1]

一些在场的听众对马歇尔留下了在此类聚会上作为公众演讲者的印象。霍利约克在《合作新闻》上说，马歇尔在演讲一开始就承认他是一位资深合作社成员：

> 马歇尔教授虽然思想活跃，睿智成熟，但身材修长，外表年轻。他说话时声音洪亮，似乎能让人眼前一亮。……星期一下午，按照大会的主席惯例，会议由马歇尔教授主持。新任主席不容易掌握我们的大会程序，但马歇尔教授是一位无与伦比的主席。他头脑清醒、资源丰富、决策迅速，就像一位大会专家一样主持会议，加快了会议进程，在没有冒犯任何敏感之人的情况下使会议顺利进行，并使大家有条不紊地发言，而不是在辩论中七嘴八舌地插话。……让我们感到惊讶的是主席不知疲倦的嗓音，丝毫听不出他早上已经讲了两个小时。[2]

霍利约克曾担任过主席，想必深知对这一职位的要求，因此他的这番赞美更能说明问题。比阿特丽斯·波特（Beatrice Potter）对马歇尔在伊普斯维奇的表现则不太满意，她先是记录了周日晚上在咖啡厅的情况，然后又记录了马歇尔的演讲本身的情况。

> 457 今天是星期天晚上，我们都聚集在长长的咖啡厅里——大家围着

[1] *《苏格兰人》，1889 年 6 月 11 日；在《泰晤士报》1889 年 6 月 11 日的报道中，当马歇尔阐述了合作社信仰的四项基本原则，并对该运动的利润分享的基本理念表示赞同时，观众发出了欢呼声。《经济学人》则没有那么热情，对马歇尔演讲中的“感情用事”进行了批评（1889 年 6 月 15 日）。

[2] ¶ 1889 年 6 月 18 日的《合作新闻》中，霍利约克还加入了一段在马歇尔的指导下参观剑桥大学的经历，可在此引用：“马歇尔教授带领我所在的团队穿过了大学的建筑和学院。他在我们面前倒着走，描述着我们所看到的一切。街上有出租车、骑车、自行车、骑手以及行人，但教授激昂的声音仍在继续，全然不顾身边的一切。……我所参加的小组最后在马歇尔教授家受到了款待，马歇尔夫人让我们宾至如归。”

> 一张长桌坐成一圈，有的在吃冷牛肉和茶，有的在聊天。在这些人中，我看到了今年大会的主角：工人合作者推选的致开幕词的杰出人士，剑桥大学的马歇尔教授。他完全是个教授的样子。个子不高，留着浓密的小胡子和长发，动作紧张，面色苍白，眼睛炯炯有神。尽管他一脸的知性，却似乎缺乏日常生活的经验。……然而，今晚，他对信息的渴望超过了他对一个不眠之夜的紧张恐惧，他既感兴趣又不耐烦地听着曼彻斯特批发公司董事长米歇尔用夸张而牵强的措辞讲述的那一点点事实。[1]

她对马歇尔“在伊普斯维奇合作社大会上精心准备的演讲”提出了批评意见，认为马歇尔“拒绝看到工人阶级合作成功与失败的区别不在于贸易和制造之间的（功能上的）区别”，而是取决于政府是由消费者还是由生产者组成。此外，马歇尔认为，关于贸易的合作成功并不意味着生产上的成功，这与她所了解的事实相悖。[2] 她的批评可能是受马歇尔与她的未婚夫西德尼·韦伯早先就这一问题发生争吵的启发；她意识到，如果马歇尔是对的，费边社会主义的愿景就会在很大程度上失去吸引力；而出于种种原因，她之前的社会交往并没有刻意亲近“这位教授”。[3]

一年后，《经济学原理》用了几页篇幅来讨论合作问题。这些内容重申了马歇尔前一年在伊普斯维奇表达的观点，即合作生产比合作贸易更加困难，并重申了他对合作运动所具有的教育价值的信念，包括培养工人“走上更高的商业管理岗位”。[4] 随后的版本对这些观点有所收敛，继续向合作的理想致敬，

[1] 比阿特丽斯·韦伯，《我的学徒生涯》，伦敦：鹈鹕图书，1938 年，第 415 页。

[2] 同上，第 432 页注释 1。

[3] * 参见西德尼·韦伯致马歇尔的信，1889 年 2 月 28 日，韦伯在信中提到马歇尔对社会主义的可行性的怀疑（西德尼和比阿特丽斯·韦伯的通信，第 1 卷，第 124 页），主要基于他在合作生产中看到的困难；还可参见她的《合作社与工会主义的关系》，首次发表于 1892 年，重印于《现代产业问题》，西德尼·韦伯和比阿特丽斯·韦伯（著），伦敦：朗曼·格林公司，1902 年，第 192–208 页。一年后，一封西德尼·韦伯写给比阿特丽斯·波特的信，日期是 1890 年 8 月 15 日，也就是说，这封信写于他们最终订婚之前，信中主要讨论了马歇尔的租金理论，信的顶端有一句哀伤的话，“马歇尔完全取代了（罗伯特·勃朗宁所写的）《指环和书》（*Ring and the Book*）吗？”（同上，第 173–174 页）。关于马歇尔和比阿特丽斯·韦伯关系的更详细讨论，见下文第 14 章，第 517–520 页。

[4] *P* I，第 366–368、641 页。最后一页的注释让读者参考马歇尔在伊普斯维奇的演讲。

但越来越多地强调人性中阻碍其有效实现的困难。但“少数宗教爱好者”组成的小团体除外，他们几乎没有“物质上的需求”。因此，马歇尔得出结论，竞争尽管有其种种不完善之处，但仍然是有效组织经济社会的最佳基础。[1] 1889年的圣灵节周末让马歇尔与该组织有了更亲密的接触，《经济学原理》的一些评论家嘲讽他是“椅子上的社会主义者”——认为“集体主义和合作将在很大程度上取代个人主义和合作”[2]，他对合作的热情是否因为这些事情而冷却，我们不得而知。然而，一年后，他在下一个主席演讲，即英国协会F分会发表的演讲
458 中，坚定地捍卫了竞争的优点。[3]

马歇尔对合作的积极态度在很大程度上反映了许多自由派支持者的普遍看法，即合作是形式更为激进的社会主义的有效解毒剂。在《产业经济学》一书中，马歇尔夫妇注意到马克思批评合作“对于社会疾病来说是一种过于温和的治疗方法”，因而他们试图将合作与这种社会主义区分开来。[4] 无论如何，马歇尔对这一事业的热情程度无疑受到了对危险迫在眉睫的认识的影响。在这种情况下，我们可以注意到，在劳工委员会任职期间，马歇尔很少提出关于合作社的问题，尽管在《最终报告》中有一段带有他个人印记的内容提到了合作社生产的困难，并说在伦敦这样做尤其会面临许多特殊问题。[5] 关于马歇尔参与合作运动的这一方面，最好留待评价他对社会主义的暧昧立场时再谈。[6] 然而，这里需要指出的是，当社会主义在第一次世界大战期间以布尔什维克革命的形式出现之后，马歇尔对合作事业在战后重建中的价值的态度明显变得更加友好。[7]

---

[1] *P* Ⅷ，第307页（可追溯到1891年第2版，第361页，删除了提到伊普斯维奇演讲的部分）和第9页（可追溯到第5版）。

[2]《观察家报》，1890年8月24日。

[3]《笨拙》，1890年9月13日，第123页（图41即这一漫画的转载）。马歇尔关于竞争的演说（载《纪念集》，第256–291页；《笨拙》引用的话在演说的第291页），其内容将在下文第459页讨论。

[4] *EOI*，第219页注释1。

[5] 我所知道的少数例外之一发生在1892年3月15日，当时马歇尔与证人F.A. 摩尔讨论了工会在工人组织的企业中签订合同的情况。《证据记录》，B组，Cmnd 6305，1892年，第2卷，第320页，Q.18902–18903；《最终报告》，1894年6月，第20页，第41段。然而，正如马歇尔本人后来记录的那样，合作社及其组织在委员会的调查结果中发挥了重要作用（*IT*，第855页注释2）。

[6] 参见下文，第16章，特别是第601–603页。

[7] 例如，*IT*，第289–295页，附录P。1895年《经济学杂志》（5）第309页报道，马歇尔是签名呼吁关注劳工协会工作的人之一，该协会参与传播合作精神。

参加学术团体：罕见的共同领导

马歇尔利用课外时间参与社会改革的热情程度，与他在与其专业相关的学术团体中履行成员职责的精力相匹配。按时间顺序看，他先后加入了英国科学促进会、统计学会和政治经济学俱乐部。马歇尔对创立英国经济协会的贡献，以及后来在该协会和皇家经济学会的活动中所起的作用，将在下一节作为凯恩斯所说的“三大运动”之一单独讨论。

与科学界的大多数同行一样，马歇尔理所当然地加入了英国科学促进会，该协会的 F 分会在 1855 年至 1856 年负责经济学和统计学。除了一些特殊场合，他对协会年度会议的参与度不高，即使作为剑桥大学政治经济学教授的他本应积极参与其中。例如，1886 年 7 月，在给福克斯韦尔的信中，他说想在英国协会会议上提交一篇关于生产过剩的论文，但因为会耽误《经济学原理》的写作而作罢。[1] 1887 年 8 月，在格恩西岛度假的乐趣和源源不断的写作灵感促使他不愿前往“尘土飞扬的曼彻斯特”参加英国科学促进会的会议，尽管他很想与门格尔和庞巴维克会面以及参观曼彻斯特的工厂。马歇尔对此踌躇不定，包括是否要在曼彻斯特预订房间，后来福克斯韦尔向凯恩斯报告说，“马歇尔突然决定不去曼彻斯特了”，因此也放弃了现场听取瓦尔拉斯报告论文的机会。[2] 直到他自己被选为 F 分会主席后，他才参加了 1890 年 8 月的协会会 459
议，并就竞争问题发表了演讲。[3]

马歇尔强调在这一问题上与其他问题一样，教条正在被分析取代。然后他用各种例子进行了说明。第一个例子涉及贸易保护主义，其中包含了一般情况下自由贸易的局限性。第二个例子是关于托拉斯和其他联合所引起的国内竞争问题的。他以标准石油托拉斯为例，讲述了托拉斯在美国取得的成功，然后详细介绍了它由过度定价政策而导致的失败，以及因未能将中央责任与个人能力进行平衡而产生的不利影响。竞争与联合之间的潜在冲突尽管是一个复杂的问

[1] 马歇尔致福克斯韦尔的信，1886 年 7 月 17 日（弗里曼收藏，51/89）。

[2] 马歇尔致福克斯韦尔的信，1887 年 7 月 31 日，8 月 22 日（弗里曼收藏，22/168，23/168）；福克斯韦尔致 J.N. 凯恩斯的信，1887 年 8 月 26 日，马歇尔档案，1：26。瓦尔拉斯的论文是关于“英印货币问题的解决方案”。

[3] 阿尔弗雷德 · 马歇尔，《竞争的某些方面》，载《纪念集》，第 256–291 页。1904 年 12 月，他在写给维克塞尔的信中说道，“我从不参加英国科学促进会的会议，但 1904 年它来到了剑桥；当然，我是东道主之一”。参见 T. 戈德隆德（T.Gardlund），《克努特 · 维克塞尔传》（*Life of Knut Wicksell*），第 343 页。

题，但已经导致了反对垄断的立法行动，其中美国的谢尔曼法就是一个开创性的例子。在此之前，英语国家的经济学家就越来越倾向于寻求国家对非竞争性产业的控制，包括对所谓的自然垄断（或马歇尔喜欢称之为不可分割的产业）的控制，而不是德国人的国家社会主义和国家管理之路。随后，马歇尔区分了市场竞争和生产竞争；并将大型联合企业的规模经济与众多独立企业的创造力优势进行了对比。他的结论部分涉及了更普遍的问题。商人追逐利润动机是成功的标志，但并非单纯为了赚钱；经济进步需要自由的个人责任，并通过国家行动控制由此产生的财富不平等；社会主义者低估了企业管理的重要性和难度，他们的替代蓝图需要对他们试图替代的生产组织形式进行合理的解释。最后，马歇尔指出，作为控制企业的一个因素，公共意见的力量日益强大，可通过鼓励国家行动或间接地通过其存在来限制企业的领导权，用以补充竞争所提供的控制力量。然而，为了确保公共意见负责任地行使控制权，马歇尔认为应该对其进行教育，但他没有说如何做到这一点。最后，他为自己“不完善和碎片化的研究”道歉，并为自己开脱说，“经济问题每年都变得更加复杂，从许多不同的角度和不同的关系来研究这些问题的必要性变得更加迫切”。因此，“一方面为了摆脱不负责任的竞争和财富滥用所造成的残酷和浪费，另一方面经济知识的扩展是势在必行的”。[1]

人们对这次演讲的反应各不相同。《笨拙》的评价前面已经提过了。[2]《泰晤士报》也强调了演讲的这一方面，并总结如下：这位社会主义家“使用了类似老一辈经济学家在赞美竞争时使用的笼统措辞来谴责竞争……因此是软弱无力的”。[3]凯恩斯在日记中指出，马歇尔演讲非常及时，[4]其他人则对马歇尔的言论不太感冒。社会民主联盟的领袖海因德曼在《正义》上写道：

> 460 马歇尔教授的演讲和他的书一样冗长啰嗦，这篇演讲……被恰当地谴责为言之无物、满是肤浅的废话。竞争是好的，合作是好的，自由贸易是好的，贸易保护也是好的；资本和劳动力之间存在着本不该

[1] A. 马歇尔，《竞争的某些方面》，第 291 页。

[2] 参见上文，第 457–458 页。

[3]《泰晤士报》，1890 年 8 月 25 日。

[4] JNKD，1890 年 9 月 4 日。

> 存在的麻烦……但马歇尔教授对问题的解决办法却只字未提，他甚至没有正确地陈述这些问题。[1]

比阿特丽斯·波特的评论同样是负面的："相比于他出色的作品，马歇尔的演讲很糟糕，令人失望"。这与她对整个经济部分的描述相符，"死气沉沉：除了 8 小时的辩论"，整个演讲都充斥着"思维迟钝的经济学家"和"沉浸在 40 年前经济学中的困惑观众"。[2]今天的读者读到马歇尔的演讲，会对这些评价深有同感：它篇幅过长、内容笼统又分散，而且从来没有明确的重点。即使以马歇尔的标准来看，它的文风也很糟糕，或许是由于它写得过于匆忙。他从苏格兰给布伦塔诺写信，说他在那里度过了一个夏天，他"(在那里)隐居起来，躲避所有人，休息并写下我作为英国协会 F 分会主席的致辞。关于这个演讲，唉，我还没有开始写呢"。[3]这篇长文的篇幅以及马歇尔直到 7 月 10 日之后才抵达苏格兰乡间的事实都表明，[4]他花在修改和润色上的时间相对较少。然而，这些思想被保留了下来，并且在近三十年后的《产业与贸易》中给出了更详尽的阐述。[5]

可以肯定的是，马歇尔出色地完成了随后几天会议中主席的职责。《每日邮报》报道说，尽管观众人数众多，但"马歇尔教授是一位极好的主席，他明智而有条理地领导着这个部门"。《里兹信使报》的现场报道说马歇尔在座无虚席的会议中担任主席是多么幸福的事。《泰晤士报》同样注意到了观众人数之多。它还报告了马歇尔对关于衡量货币价值变化的一个分会场所做的贡献，他建议官方应该定期编制相关指数。马歇尔和其他委员会成员一起就该报告发言时，谨慎地建议先成立一个委员会，详细研究这些建议，征求商界和学术界专家的意见，然后再给出任何具体的决定。[6]《泰晤士报》还报道了马歇尔主席偶尔表现出的独裁。维多利亚·C. 伍德霍尔－马丁（Victoria C.

---

[1]《正义》，1890 年 9 月 13 日。

[2]《比阿特丽斯·韦伯日记》，第 1 卷，第 340 页。

[3] 马歇尔致布伦塔诺的信（1890 年 7 月），见 H.S. 麦克雷迪，《阿尔弗雷德·马歇尔：未发表信件若干》，载《文化》，1954 年 9 月，第 304 页。

[4] 一封 1890 年 7 月 10 日从格拉斯哥写给埃奇沃思的信表明，马歇尔夫妇即将动身前往苏格兰乡村，那里是马歇尔喜欢休息、放松和写作的地方。该月之前的信件仍来自剑桥的贝利奥尔庄园。

[5] 参见下文，第 19 章，第 707–712 页，尤其是第 712 页。

[6]《每日新闻》，1890 年 9 月 11 日；《里兹信使报》，1890 年 9 月 11 日；《泰晤士报》，1890 年 9 月 10、11 日。

Woodhull-Martin）夫人的一篇名为“经济学家的理想目标”的论文由她的女儿宣读，随后主席立即宣布休会，没有按照通常的程序“邀请与会者进行讨论”。[1]

与前几届一样，1890 年英国科学促进会 F 分会会议也吸引了不少外国游客，其中一些人后来聚集在剑桥，在贝利奥尔庄园受到皇家般的款待。其中有美国铁路经济学家哈德利，马歇尔在教学中曾使用过他关于这一主题的著作；前一年，潘塔莱奥尼在他的著作《纯经济手册》（*Manuale di Economia pura*）中发表了马歇尔的国际贸易图表；还有慕尼黑大学政治经济学教授卢霍·布伦塔诺，后来成为马歇尔非常信任的通信者。1890 年 9 月 15 日，凯恩斯记录了他所参加的贝利奥尔庄园的晚宴，哈德利、潘塔莱奥尼、加利福尼亚经济学家摩西和威廉·坎宁安都是晚宴的座上宾。[2]

461 马歇尔与英国科学促进会的下一次接触是在 1904 年，当时该协会在剑桥召开会议。这次会议之所以令人难忘，是因为它在马歇尔贝利奥尔庄园的家中引发了激烈的社交活动，马歇尔和他以前的学生普莱斯就国际贸易中的财政问题公开产生了冲突。前文说过，普莱斯曾在去年夏天的《泰晤士报》上批评过那份经济学家宣言，因此他在马歇尔的地盘发表一篇关于“经济理论与财政政策”的论文是一次勇敢的举动。[3] 凯恩斯低调地把那次关于财政问题的会议描述为“L.L. 普莱斯和马歇尔之间的激烈讨论”；普莱斯在四十年后对此事的回忆更为生动，他说，“马歇尔因为我支持关税改革而责骂我，就像一个暴怒的老师鞭打一个顽皮的学生”。普莱斯认为，这表明马歇尔“对他在《泰晤士报》上嘲笑自由贸易派教授反对张伯伦的那份神圣宣言耿耿于怀”。[4]《剑桥新闻》（*Cambridge News*）报道了这位本地著名经济学家实施报复时的高调语气：

---

[1]《泰晤士报》，1890 年 9 月 10 日。

[2] JNKD，1890 年 9 月 15 日，伯纳德·摩西（Bernard Moses，1846–1931）当时在加州教书，他深受海德堡和密歇根的影响，也是罗雪尔经济学的崇拜者，因此很可能对马歇尔颇为欣赏。[约瑟夫·道夫曼，《美国文明中的经济思维》（*The Economic Mind in American Civilisation*），纽约：维京出版社，1959 年，第 3 卷，第 96–98 页。]

[3] 普莱斯的论文发表在 1904 年 9 月的《经济学杂志》上，这是编辑所支持的“开放包容”政策的体现，如下文所示（第 466–467 页），这也是马歇尔所鼓励的。《自由贸易宣言》在上文第 11 章的第 381–383 页讨论过。

[4] JNKD，1904 年 8 月 19 日；L.L. 普莱斯，《英国经济学家的回忆和笔记》，第 14 页。

马歇尔教授在谈到张伯伦先生的政策时说，作为一个公民，他相信这项政策比他所听到过的任何建议都更能瓦解帝国，但他说，作为一个经济学家，他在这个问题上的发言权不比他在预测下一次日食上的发言权大。[1]

另一位在场者则有不同看法。克拉拉·科利特记录道："马歇尔教授，……一如既往地缺乏平衡能力，他郑重驳斥了普莱斯先生的批评。整个上午，我们都觉得自己身处火药库里，随时都有可能爆炸。但是，除了马歇尔的演讲之外，什么也没有发生，尽管许多人对没有机会发言感到不满。"[2]

马歇尔的两位前剑桥学生的到来，冲淡了这位前牛津学生"背叛"自由贸易原则所带来的愤怒。弗拉克斯和鲍利都在 1904 年 F 分会的会议上发表了论文。[3]此前，马歇尔曾对弗拉克斯打算参加该协会的会议表示高兴，并告诉他，皮尔森博士和夫人将为此住在贝利奥尔庄园。[4]约翰·梅纳德·凯恩斯后来回忆说，他在马歇尔家见到了皮尔森；马歇尔本人在向埃奇沃思回忆 1904 年英国科学促进会会议期间的一次晚宴时说，晚餐后，"虽然有几个人我特别想和他们谈谈，但我还是花了全部时间——因为这是我唯一的机会——从梅佛那里详细了解加拿大西北部的小麦资源，他是世界上最了解这个问题的人"。[5]在那个忙碌的星期里（埃奇沃思走后），贝利奥尔庄园举行的家庭聚会被一张照片记录了下来，当然是由"忠实的莎拉"所拍。[6]在这次活动中，马歇尔显然认真履行了东道主的职责，将他们当年正常的夏季旅行限制在 7 月和 8 月上旬

[1]《剑桥新闻》，1904 年 8 月 20 日。

[2] 克拉拉·科利特，《1876–1914 年日记》，华威大学现代记录，MSS 29/8/1/69。

[3] 弗拉克斯的论文《改进与盈利》发表在 1905 年 6 月的《经济学杂志》（15）第 276–282 页；鲍利的《国家进步的检验》，载《经济学杂志》（14），1904 年 9 月，第 457–465 页。

[4] 马歇尔致弗拉克斯的信，1904 年 3 月 19 日，载《纪念集》，第 407–408 页。

[5] J.M. 凯恩斯，《阿尔弗雷德·马歇尔》，第 214 页；阿尔弗雷德·马歇尔致 F.Y. 埃奇沃思的信，1909 年 4 月 22 日，载《纪念集》，第 439 页。马歇尔与梅佛关于加拿大小麦的讨论与国际贸易中的财政问题密切相关，这个问题在 1904 年英国科学促进会的会议上占据了他的大部分时间，当时他正在为他计划出版的《国家产业贸易》一书撰写相关内容。参见下文，第 17 章，第 634–635 页，以及上文第 11 章，第 387 页。

[6] 马歇尔致查普曼的信，1904 年 10 月 29 日，载《纪念集》，第 456 页。马歇尔提到的那张照片似乎已不复存在。前文（第 247 页）提到 1904 年在剑桥举行英国科学促进会的会议时，马歇尔家的女仆萨拉为 12 个人做了整整一周的饭，她乐在其中，不知疲倦。

在诺福克的 6 周时间内，他并不经常愿意为 F 分会的会议做出这样的牺牲。[1] 根据克拉拉·科利特的日记，马歇尔缺席了三一堂的官方招待会和格顿学院的花园聚会，不过他的妻子和其他著名经济学家都出席了这两个场合。[2]

462 1880 年，马歇尔向福克斯韦尔宣布，他打算以终身会员的身份加入统计学会；该学会的记录显示，马歇尔于当年 1 月当选为会员，这表明他已经付诸行动。遗憾的是，统计学会没有关于会员出席会议情况的系统记录，[3] 只有当马歇尔参与了论文的讨论时，学会期刊才会记录下来。在前面的章节中提到过一些这样的场合。其中包括查尔斯·布斯在 1892 年宣扬养老金的论文，以及亨利·希格斯在 1893 年对工人预算的分析。1895 年，马歇尔参加了对鲍利关于英国平均工资增长的论文的讨论。这些是他出席会议的仅有的记录。[4]

马歇尔只参加过一次该学会的活动，发表过一篇论文。那是在 1885 年学会成立五十周年的庆典上，作为剑桥大学政治经济学的新任教授，马歇尔确实不能忽视这一事件。这篇论文论述了“统计图形法”，[5] 认为它是一种“通过理性分析和经验检验”（第 177 页）系统性发现因果关系的经验法则的方法。这篇论文再次表明了马歇尔对以尽可能方便的方式提供必要的经济事实的关注，他在 19 世纪 70 年代编写“红皮书”时就体现了这一原则。该论文还表达了他的信念，即量化是更精确的推理的必要辅助（第 176–180 页），后来，他在 1896 年新成立的经济学俱乐部第一次会议上向剑桥大学经济学学生发表演讲时，再次强调了这一观点。不过，马歇尔也充分认识到了图形方法在实现这些理想目标时的缺陷。例如，图表中比例尺的选择以及估算人口等变量平均增长的各种方法（第 182–187 页）。后一个例子隐晦地提到了他本人对经济学的贡献之一，即从经验估计的需求曲线中测量弹性。这促使他在结论中表示，他相

[1] 马歇尔致弗拉克斯的信，1904 年 3 月 19 日，载《纪念集》，第 407 页；参较马歇尔于 1904 年 8 月 26 日致维克塞尔的信，里面将英国科学促进会的“一周”会议形容成“最愉快，尽管人非常疲惫”。马歇尔致维克塞尔的信，1904 年 12 月 19 日，载戈德隆德的《克努特·维克塞尔传》，第 341、343 页。

[2] 克拉拉·科利特，《1876–1914 年日记》，华威大学现代记录，MSS 29/8/1/68–9。本章开头第 444 页，马歇尔对布伦塔诺说的话或许可以解释他的缺席。

[3] 马歇尔致福克斯韦尔的信，1880 年 1 月 14 日（弗里曼收藏，4/252）；皇家统计学会助理秘书致作者的信，1992 年 3 月 3 日。

[4] 参见上文第 355–356、425 页。

[5] 阿尔弗雷德·马歇尔，《统计的图形方法》，载《皇家统计学会杂志》，五十周年特刊，1885 年，收录于《纪念集》，第 175–187 页。本段括号内的引用来自这一文本。

信“关于需求弹性的归纳以及在此基础上的推论将在经济学中发挥重要作用”（第 137 页），这一预言在 20 世纪得到了充分实现，尽管其结果并不总是得到他的认可。[1]

马歇尔与伦敦政治经济学俱乐部的联系间接源于他当选剑桥大学政治经济学教授，根据该俱乐部的第 5 条规定，他有权成为俱乐部的荣誉会员。但这并不是自动获得的，需要正式申请。1886 年 4 月 27 日，马歇尔饶有兴致地阅读了俱乐部的历史，他请求福克斯韦尔，“帮助我成为俱乐部会员，要么您亲自推荐我，要么告诉我该怎么做。我想，在其他条件相同的情况下，提议者中至少应该有一位是资深会员。我觉得考特尼不错，其他人也不错。我觉得他应该乐意做推荐”。[2] 在当年 6 月的会议上，马歇尔正式当选。

这个杰出的俱乐部成立于 1821 年 4 月伦敦罗素广场的一次会议上，与会者包括图克、托伦斯、马莱特（Mallet）、穆勒和穆西特（Mushet），几个月后，它的成员中就出现了马尔萨斯和李嘉图这样的最著名的经济学家。它是一个餐饮讨论俱乐部。它的第一次会议在共济会酒馆举行；马歇尔加入时，会议在林肯酒店的律师会馆举行。俱乐部规定每年举行 7 次会议，在马歇尔参与活动 463
期间，会议在 12 月、2 月至 7 月的第一个星期五举行。每年的会费是 5 英镑 5 先令。会员来自商界和政界，并通过一项特殊的、有益的裁决，即从日益增多的政治经济学教授中吸纳会员。俱乐部的议题由会员提出。[3]

马歇尔提交给俱乐部的第一份论文前文已经讨论过了。这是他对“一般价格波动的补救措施”的讨论，后来发表在《当代评论》上，并在 1886 年和 1887 年向皇家委员会作证时使用。它提出了马歇尔在 1887 年 2 月 4 日的会议上给出的问题：“什么样的货币制度最能避免目前因金银价值变化而造成的弊端？”这也是他在政治经济学俱乐部会议上唯一留存下来的论文。[4] 在接下来的 10 年里，马歇尔又提出了两个问题。在 1889 年 12 月的会议上，他发起了

[1] 参见他与摩尔的通信，将在下文第 17 章第 637–638 页进行讨论；还可参见庇古的评价，第 20 章，第 744 页。

[2] 马歇尔致福克斯韦尔的信，1886 年 4 月 27 日（弗里曼收藏，49/98）。1882 年 4 月，福克斯韦尔当选为伦敦大学学院政治经济学教授。参见《政治经济学俱乐部》（*Political Economy Club*），伦敦：麦克米伦出版社，1921 年，第 6 卷，第 368、107、112 页。

[3] 参见《政治经济俱乐部》，伦敦，1899 年，第 68 页。俱乐部成立之后，在 12 月至 6 月（包含）的第一个星期一举办活动。

[4] 参见上文第 11 章，第 345 页和注释 9。

关于“工会影响工资率和劳动时间的权力是如何受到近年来社会和经济变化的影响的”的讨论，对这一问题的讨论很可能对他后来被任命为劳工委员会成员造成了影响，因为巴尔福也出席了这次会议。[1] 在1895年的会议上，马歇尔提出了一个更具普遍性的分配问题，“我们应该用什么来代替所谓的工资基金理论？”在这个问题上，他大胆地对维克斯蒂德前一年发表的普遍分配理论做出了初步的回应，马歇尔在他当时正在编写的《经济学原理》第3版中最倾向于接受这种理论。[2] 对马歇尔来说，这是他对俱乐部做出的最值得尊敬的贡献，在此期间，他的演讲频率仅次于吉芬，与他以前在圣约翰学院的朋友弗莱彻·莫尔顿不相上下。

俱乐部会议的欢乐性和实用性——它让马歇尔能够接触商人、城里人以及更多的经济事务从业者——是他在作为会员的23年间保持良好出勤记录的原因。俱乐部的会议记录显示，他在1887年出席了三次会议；1888年4月主持了一次会议；1889年和1891年各出席了两次会议，1892年只出席了一次，1895年和1897年也是各出席了两次会议；1896年、1898年、1901年、1902年、1903年和1906年各有一次，他在总数约为161次的会议中共出席了19次。从剑桥大学卸任后，他才辞去会员职位，之后俱乐部于1908年12月继续举办了会议。[3]

在这里还可以简单提一下马歇尔与另外一个学术团体的联系。1891年8月10日开始的那一周，弗朗西斯·高尔顿（Francis Galton）邀请马歇尔担任由威尔士亲王殿下赞助的伦敦国际统计大会人口学部的副主席，马歇尔拒绝了这一邀请。尽管高尔顿试图让他的提议看起来诱人，暗示副主席的职责是非常灵活的，但马歇尔和他的妻子打算在那个夏天去欧洲旅行，这是自1881年至1882年他们在西西里岛、意大利本土和阿尔卑斯山短暂逗

[1] 如前所述，第11章，第361页，巴尔福在1891年邀请马歇尔加入劳工委员会，他们在相遇于政治经济学俱乐部之前就已经很熟悉了。

[2] 参见《政治经济学俱乐部会议记录、会员出席和提问》，伦敦，1899年，第19、30、48页。维克斯蒂德的广义边际生产率理论发表于1894年，题为《论分配规律的协调性》。正如斯蒂格勒所指出的（《吉尔博之后的马歇尔〈经济学原理〉》，载*AMCA*，I，第224页），第3版是马歇尔最接近于接纳这一理论的版本，在看到弗拉克斯1894年6月发表在《经济学杂志》（第308–313页）上对这一理论富有洞见的深刻评论后，他可能变得更具批判性了。陶西格在他所写的马歇尔讣告中提到了一则俱乐部的轶事，参见下文，第20章，第741页。

[3]《政治经济学俱乐部会议记录、会员出席和提问》，伦敦，1899年；《政治经济学俱乐部》，伦敦，1921年。

留以来的第一次欧洲之旅。无论如何，马歇尔倾向于将他的夏天视为神圣不可侵犯的休息、娱乐和写作机会，即使是最高的荣誉也很难诱使他放弃这种机会。[1]

一个经济学会的幕后创始人 464

正如科茨所言，[2]“1890 年英国经济学会的创立起源于人们在 19 世纪 80 年代对上述三个机构的日渐不满，在此之前，这三个机构一直是经济讨论的主要公共舞台。政治经济学俱乐部因其排他性引起不满；统计学会被要求拓宽其经济主旨，但事实证明它并不热衷于以这种方式改变其传统角色；英国科学促进会 F 分会被认为过于折衷，它与社会科学协会一样，可以讨论从卫生到劳资关系的各种问题，但其辩论则经常因——用 1885 年协会主席亨利·西季威克的话说——某些傲慢的、“熟悉的无聊人士的存在”而受到阻碍。此外，有许多人表示需要一份更专业的经济学期刊，类似于分别于 1876 年和 1886 年的创办的《心灵》和《英国历史评论》，它可以刊载文章、评论、专家报告、笔记和备忘录，并可作为新经济学会的一部分适当推出。虽然从 1885 年起，有一笔有限的资金可以用于创办期刊，但事实证明，很难寻找到合适的编辑。作为这一职位的早期热门人选，凯恩斯在 1887 年及之后多次婉拒了这一职位，尽管福克斯韦尔发出了强烈邀请，马歇尔也对他

[1] 弗朗西斯·高尔顿致马歇尔的信，1891 年 8 月 3 日（马歇尔档案，1：23）；此次临时通知源于一起突发事件，即威廉·奥格尔博士由于 1891 年人口普查的巨大工作压力而辞职。

[2] 参见 A.W. 科茨，《皇家经济学会的起源和早期发展》，载《经济学杂志》，78（310），1968 年 6 月，第 349–371 页，尤指第 349–356 页；而本节的标题则借鉴了科茨早先的评论，即马歇尔“在后方领导着英国经济学”（《英国经济思想的社会学方面》，第 711 页）。本节大量引用了该文的内容以及阿隆·卡迪什和理查德·弗里曼的《创建和早期》（‘Foundation and Early Years’），载《经济学一百年：皇家经济学会和〈经济学杂志〉的百年征程》（*A Century of Economics*：*100 years of the Royal Economic Society and the Economic Journal*），约翰·黑伊和唐纳德·温奇编辑，牛津：布莱克威尔出版社，1990 年，第 23–43 页。

施压。[1]

然而，到了1890年4月，事情开始有了进展，部分原因是牛津大学创办了一家与之竞争的《经济评论》。随后，一份关于成立新协会和创办新刊物的明确提案在英国科学促进会F分会委员会成员中传阅。该提案建议在1890年秋季召开由葛逊或考特尼主持的成立大会，这样可以避开科学促进会将在夏季召开的年会。在此之前，马歇尔在这一进程中的作用在很大程度上从属于福克斯韦尔、帕尔格雷夫和冈纳在谈判中采取的主动行动，但由于1890年《经济学原理》即将出版，以及此时他担任F分会主席使他能够在最后的推动工作中发挥更主要的作用。与福克斯韦尔和冈纳的要求相比，马歇尔坚持对新期刊的成员组成和编辑政策采取更折衷的方法，主要是为了让银行董事和其他城市商界领袖能够参与其中，他很喜欢在政治经济学俱乐部中与他们见面。[2]

作为F分会的主席，马歇尔在成立学会的过程中采取了三个步骤。1890
465 年4月10日，他向F分会的委员会分发了一份调查表。委员会就新学会的职能和目标以及成立新学会的必要性征求他们的意见。委员会希望达成一致意见，即应向皇家统计学会理事会的成员、政治经济学俱乐部的成员、大学和学院的过去和现在的政治经济学教师，以及他们自己（F分会委员会）和不包括在这些类别中的任何其他合适人选征求关于成员资格的建议。[3]经过委员会的进一步讨论，在至少起草了4份草案之后，以马歇尔的名义发出了一份一般性邀请，邀请人们参加11月20日在伦敦大学学院举行的成立大会。这次会议的目的是讨论学会和期刊的提案。因此，它包含了关于期刊性质的具体建议，重印稀有作品和翻译外国书籍的可能性，还有为学会及其活动提供资金的建议，

[1] * JNKD，1887年1月22日，记录了福克斯韦尔请他担任编辑；1887年2月15日，记录了马歇尔在圣约翰学院的宴会上对他提出了同样的要求；1887年3月13日，他记录了吉芬和马歇尔在贝利奥尔庄园吃早餐时敦促他接受编辑的事。马歇尔还在通信中向凯恩斯施压，例如，马歇尔1887年8月5日给凯恩斯写的信，凯恩斯在1889年2月6日的日记中写道，尽管早些时候马歇尔承诺“不再为《经济学杂志》编辑的事烦他”。然而，在埃奇沃思或普莱斯得到这份工作之前（薪水已经变成1887年初给凯恩斯许诺的两倍，即100英镑），马歇尔想给凯恩斯最后一次机会。显然是福克斯韦尔首先建议凯恩斯担任编辑的，马歇尔热切表示同意，并提出要对凯恩斯施加压力。马歇尔致福克斯韦尔的信，1887年7月6日、7月17日和7月26日（弗里曼收藏，42/98，51/98，70/168）。创办经济期刊的机会来自一位富有的工程师R. 米勒（R.Miller）为普及经济教育而提供的捐款，这笔钱是他给1885年工业报酬会议捐款时剩下的。马歇尔认为这笔钱应该用来创办一本专业的经济学杂志。

[2] 卡迪什和弗里曼，《创建和早期》，第23–30页。

[3] 转载于《学会五十年：1890–1940》，载《经济学杂志》，1940年12月，第401–402页。

甚至更具体地说，会员资格应该是广泛的还是排他性的，以及它应该带来哪些好处，会议应不应该频繁举办，以及类似的细节。这次会议的最后给出了议程：

> 第一，是否应该成立一个经济学会或协会，立即发行一份期刊；假设前个问题的答案是肯定的，那么第二，目前是否应举行会议，除商务会议外；如果要举行会议，每隔多久举办一次；第三，成员的条件是什么；以及可能出现的任何其他问题。另外，还要任命一个委员会来执行会议的决定。[1]

在发出这封通函之前，马歇尔一直在积极宣传他的首选方案：一个成员广泛、更开放的学会。在给博纳的一封信中可以看出他在这一问题上常常使用的论据，博纳无法出席 11 月的会议，而他与福克斯韦尔以及当时的埃奇沃思都属于创建一个排他性学会的阵营：

> 我很遗憾你不能出席会议；首先是因为我觉得你可能会改变主意，同意这应该是一个更加开放的学会。与我交谈过的人中，除了福克斯韦尔、埃奇沃思和您本人之外，没有人认为一个封闭的学会是好的，普遍看法是，一个封闭的学会会被庸才淹没，他们无法被拒之门外，除非学会小到不过是一个私人俱乐部；但庸才们不屑于进入一个向所有人开放的学会，并且即使他们进来了，也不会造成什么伤害。[2]

出席 1890 年 11 月 20 日成立大会的人数很多。《经济学杂志》创刊号上发表的会议报告提到约有 200 人出席了会议，其中有 63 人声名显赫，可以一一提及他们的名字。马歇尔介绍了当晚的主要动议，解释了成立学会的理由和耽搁的过程，同时对其更可取的目标进行了论证：

> 值得注意的是，英国在这些方面落后于其他国家；但这并非由于

[1] 转载于《学会五十年：1890–1940》，载《经济学杂志》，1940 年 12 月，第 403–404 页，引文来自第 404 页。

[2] 马歇尔致博纳的信，1890 年 7 月 25 日，转载于《学会五十年：1890–1940》，载《经济学杂志》，1940 年 12 月，第 404 页。

缺乏对问题的深思熟虑，而是由于不幸的意外。尽管英国在1870年拥有比其他任何国家都强大的经济学家队伍，但在短短几年之内，他们中的大部分人都去世了。凯尔恩斯、杰文斯、白芝浩、克里夫·莱斯利、汤因比和福西特，他们的能力和独创性使他们处于第一流的位置，他们本是领导这样一场运动的最佳人选，但却在壮年早逝。因此，尽管1870年的英国非常强大，但后来她在拥有杰出经济学家方面却非常薄弱；因此，他并不认为他们应该为很久以前没有发起这场
466 运动而受到责备。然而，令人欣慰的是，1890年，在牛津、剑桥和其他地方有一大批非常能干的年轻人，他们到了可以撰写适合发表的论文的年纪。因此，虽然其他人，如帕尔格雷夫先生和福克斯韦尔教授，长期以来对形势持乐观的看法，但现在连他自己都觉得，行动的时机已经到来，他不再怀疑是否有可能将期刊维持在一个较高的水准。……几乎每一位经济学家都答应给他提供帮助。除此之外，他还收到了许多非经济学家的建议，其中一些人表示希望拟议中的学会能"发挥有益的影响"。但这件事并非他们所愿。他们的愿望并不是"发挥有益的影响"即建立一个所有参与者都必须遵守的正统标准；经济学是一门科学，而"正统科学"这个术语是自相矛盾的。科学可能是真的，也可能是假的，但不可能是正统的；而找出真理的最好方法就是欢迎所有言之有物的人提出批评。通过这种方式，他确实希望这样能对经济讨论的性质产生有益的影响。在过去，时间被浪费在一些根本不应该出现的争论上——这些争论是基于对某些作家的言论的歪曲，批评家用最愚蠢的方式来解释这些言论，然后写长篇文章来证明这些言论在被如此误解时是荒谬的。所有科学在其早期都曾受到这类争论的困扰，尽管经济学比其他学科受到的影响更为严重。他希望他们能发挥的一个影响是，他们将从一个绝对普遍的基础出发，把每一个真正从事研究的经济学家流派都囊括进来。他相信，控制这份刊物的人会坚持要求所有批评者都应该尽可能地理解别人的著作，这样，所有学派就可以友好地合作，以最公正、最慷慨的方式相互解释，以这一原则行事，想必会取得良好的效果。[1]

[1] 马歇尔致博纳的信，1890年7月25日，转载于《学会五十年：1890–1940》，载《经济学杂志》，1940年12月，第405–406页。

会议逐一审议并一致通过了各项决议，只有在选举新学会主席的问题上，一位与会者提出了一个原则性问题。萧伯纳（George Bernard Shaw）成为新学会的创始成员之一，他并不想对葛逊主持会议的方式进行任何非议，但他质疑选择一个“有国家政党背景”的人担任主席是否明智。对此，葛逊和马歇尔都起身发言，但葛逊让马歇尔先说。马歇尔撇清了自己与葛逊的政党的关系，他说他确信“当他说不可能找到比现任财政大臣更公平公正的人来领导他们时，他表达了大家普遍性的意见”。作为主席，葛逊对萧伯纳的意见表示了理解，并建议推迟主席的选举。马歇尔随后提出，这件事应该在会议结束后由理事会来决定，大家对此一致同意。[1] 马歇尔不出所料地当选为理事会成员，埃奇沃思成为新期刊的编辑和新学会的秘书，正如《经济学杂志》创刊号自豪地宣称的那样，“英国经济学会向所有学校和政党开放；没有人 467
因为自己的观点而被排斥在外。《经济学杂志》……也将本着同样包容的精神办刊。”[2]

马歇尔一如既往地没有积极参与新学会的理事会事务；事实上，他只参加了 4 次会议。他后来越来越强烈地表示要减少会议的次数；他很乐意把学会的事务交给希格斯、埃奇沃思和其他几个热心人士，如福克斯韦尔和博纳。[3] 当埃奇沃思在编辑《经济学杂志》的过程中过于积极地寻求马歇尔的建议时，他也采取了类似的缄默态度。正如埃奇沃思自己回忆的那样：“刚做这种工作时，我是一个新人，我给马歇尔写信，就出现的每一个小问题征求他的意见，直到他抗议说，如果要以这种速度通信下去，他不得不使用事先印有我地址的信

---

[1] *《英国经济学会》，载《经济学杂志》，1891 年 3 月，第 1 卷，第 1 期，第 1–14 页，特别是第 8–14 页。萧伯纳在英国经济学会方面的另一个成名作是他提出了这样一个谬论：英国经济学会是由福克斯韦尔的密友 H.R. 比顿在汉普斯特德（Hampstead）组织的所谓经济学圈子发展而来的，包括萧伯纳在内的一些费边主义者以及一些著名经济学家（威克斯泰德、福克斯韦尔、埃奇沃思，偶尔还有马歇尔）都参加了这个经济学圈子。科茨在《皇家经济学会的早期发展》中指出了萧伯纳这段回忆的可疑之处，参见第 354–355 页和注释 4；萧伯纳的官方传记作者霍尔罗伊德不加批判地重复了萧伯纳的故事（《乔治 · 伯纳德 · 萧》，伦敦：查托 & 温思达出版社，1988 年，第 1 卷，第 178 页）。

[2] *《英国经济学会》，载《经济学杂志》，1891 年 3 月，第 1、13 页。值得注意的是，尽管在《经济学杂志》关于此次会议的报道中列出了出席会议的 62 人，其中有 10 位女性，但却没有一位女性入选理事会。名单中包括玛丽 · 佩利 · 马歇尔、奥克塔维亚 · 希尔和克拉拉 · 科利特。

[3] 参见卡迪什和弗里曼，第 32 页；科茨，《早期发展》，第 365 页；奥斯汀 · 罗宾逊，《皇家经济学会理事会的五十五年》，载《经济学一百年》，第 163 页。

封。”[1] 埃奇沃思和马歇尔之间的通信几乎没有留存下来，所以这些建议的性质和频率都难以考证。

由于该学会的早期历史被详尽地记录下来，阿尔弗雷德·马歇尔表现得并不活跃，因此关于他与该学会的关系只需要再提及两个方面。第一件涉及马歇尔对葛逊1893年主席演讲的感谢“附言”，他在致辞中借机将经济学与抽象的“经济人”概念和“功利主义伦理理论”拉开了距离。他解释说，在经济学理论中，“效用”一词的专业用法指的是“人的高级本性和低级本性”的“满足”，而不是快乐。

> 那时的经济学既不是功利主义的，也不是直觉主义的；她把这些问题留给她的主人伦理学来决定。早期，伦理学自己完成了所有的工作。但随着她地位的提升，她把许多繁重的工作委托给了不同的仆人；其中经济学是最忙碌的仆人之一。现在，伦理学主要致力于解决更高层次的问题，即责任的终极基础及其各方面之间的相互关系。伦理学提高了自己的标准；并为她的仆人设定了越来越高的理想，使他们必须为之奋斗。[2]

为了说明这些“更高的理想”，马歇尔将当代的济贫工作与1834年的新济贫法案进行了比较。在“好仆人经济学”的鼓励下，自由贸易从那时起就极大地改善了工人获得优质廉价面包的机会，从而改变了贫困的形态。现在，伦理学正在展示工人阶级的合作如何有助于消除贫困，而且，1834年新法案失败的主要原因不是“松散的院外救济”，而是“其他堕落的原因和其他阻碍心灵高级发展的因素”，这些因素正在寻求补救的方法。遗憾的是，马歇尔并没有在他简短的讲话中阐明这些老问题的当代表现形式。[3]

1896年，马歇尔被任命为英国经济学会副主席。1906年，当葛逊辞去皇家经济学会主席的职务时，有人提议马歇尔担任新的主席。马歇尔婉言谢绝了

[1] 埃奇沃思，《回忆》，载《纪念集》，第69页。一个例子是马歇尔致埃奇沃思的信，1891年2月16日（马歇尔档案，1：307），其中提到了杂志的封面细节、书目信息和过去文章的摘要，马歇尔对埃奇沃思说“这是一项大工程”。

[2]《葛逊在英国经济学会的主席演讲》，载《经济学杂志》（3），1893年9月，第389页。

[3] 同上，第389–390页。这次会议恰逢皇家老年贫困委员会召开会议，马歇尔曾向该委员会提供证据，见第11章，第353–360页，尤其是第353–354页。

这一殊荣，部分原因是他无法抽出时间组织那一年 10 月的学会年会，这是他 468
仅有的能够投身写作的时间。无论如何，他的妻子已经在蒂罗尔预定了住处，他喜欢在夏天躲在那里，避免被打扰。[1] 马歇尔一直担任副主席，直到 1924 年去世；他没有真正参与“他的创造物”的管理和发展，很少参加理事会会议，除非是为了“实现他自己的某些特定目标（如年轻的梅纳德·凯恩斯首次在 1912 年担任《经济学杂志》的编辑时）”。[2] 协助创建该学会及其期刊，他就已经满足了。

在结束对马歇尔参加学术团体的讨论之前，我们不妨简单提一下他参加的另外两个经济学俱乐部。第一个是“经济学圈子”或汉普斯特德经济讨论协会，另一个是其分支“青年经济俱乐部”。经济学圈子本身是由贝德福德教堂辩论会发展而来的，该协会最初的成员包括亨利·比顿、菲利普·维克斯蒂德、西德尼·韦伯、萧伯纳和格雷厄姆·沃拉斯。1884 年 10 月，经济学圈子的会议转移到了比顿在汉普斯特德的住宅，埃奇沃思和福克斯韦尔也随之加入。因此，马歇尔以及威廉·坎宁安和乔治·阿米蒂奇－史密斯偶尔参加每周例会也就不足为奇了。这些会议也是其成员讨论成立英国经济学会是否可取的好机会，事实上，这些会议可能已经形成了一个核心小组以推动其他经济学家，如马歇尔、葛逊和吉芬等更著名的经济学家采取行动。人们对于马歇尔出席经济学圈子的情况所知甚少，不过他确实出席过几次会议，为自己的经济学辩护，反对维克斯蒂德的恶意批评。[3]

位于伦敦的青年经济俱乐部是由克拉拉·科利特于 1890 年成立的，也许是拥有强大费边派成员的更高级学术圈子的副产品。它于 10 月开始活动，福克斯韦尔发表了就职演说，特别邀请埃奇沃思和维克斯蒂德成为其成员，马歇尔在其成立过程中担任顾问，并偶尔被邀请参加会议。在这种背景下，克里特

[1] 卡迪什和弗里曼，第 32 页；罗宾逊，第 163 页；马歇尔致皇家经济学会秘书 T.H. 埃利奥特（T.H.Elliott）的信，1906 年 5 月 25 日（马歇尔档案，1/25）。

[2] 罗宾逊，第 165 页。马歇尔写给希格斯的几封关于社会事务的信被保存在皇家经济学会档案中。

[3] * R.S. 豪伊（R.S.Howey），《边际效用学派的崛起：1870–1889 年》（*The Rise of the Marginal Utility School 1870- 1889*），劳伦斯：堪萨斯大学出版社，1960 年，第 13 章，特别是第 118–120、121、129–130 页。马歇尔似乎是被比顿邀请加入这个圈子的（马歇尔致福克斯韦尔的信，1887 年 12 月 12 日，弗里曼收藏，30/69），他以前在各种场合见过比顿（参见上文，第 11 章，第 351–352 页和注释 26）。值得怀疑的是，马歇尔是否给出了坚定的支持，也没有证据表明他定期参加了委员会的会议。

记录了[1]马歇尔参与这些活动的“三件趣闻轶事”：

> （1890 年 7 月 15 日）……马歇尔教授提供了一些建议。最近我和他在汤因比馆共进晚餐……（1890 年 7 月 18 日）；……我忽略了马歇尔的建议，即我们不应该太具有排他性。他认为，应该尽可能吸引所有的人，只有那些对经济学有热情和兴趣的人才会留下来。在我看来，我们最好不要吸纳那些浪费时间、破坏俱乐部基调的成员……（1896 年 11 月 29 日）……马歇尔写道，“很高兴能在俱乐部发言；但我希望下次你们再邀请我时，我可以少听见自己的声音，多听听别人的声音”，等等。正如适用于人口普查问题的考量因素在某种程度上适用于家庭统计一样，也许他希望收到第 9 次邀请？……（1890 年 11 月 16 日）。6 月 27 日，我在丹尼森俱乐部召开会议，成立了青年经济俱乐部。假期后的第一次会议在 10 月的第二个星期二举行，福克斯韦尔教授发表了就职演说。第二次是在 11 月的第二个星期二。埃奇沃思先生批评了马歇尔，马歇尔做了回应，或者更确切地说，对他的工作进行了自我批评。

469 于争论中突围：在坎宁安的攻击下捍卫马歇尔对历史的解释

马歇尔曾在 1890 年竭力主张《经济学杂志》的开放精神，两年后却让他陷入了痛苦的论战。他的对手是他以前的学生、后来的同事，以及 1884 年剑桥大学教席的竞争者威廉·坎宁安。[2]在马歇尔发表就职演说之后，坎宁安克制住了公开批评马歇尔历史奢谈的冲动，但在《经济学原理》出版前后的几年里，他不再保有这种克制。马歇尔会在同事的教学不符合他的标准和期望时进行干预，他要求每年至少有一个学期教授经济理论而不是经济史，坎宁安作

[1] 克拉拉·科利特，《亨利·希格斯（1864–1940）讣告》，载《经济学杂志》50（4），1940 年 12 月，第 559–561 页。引文中的前两个“我”指的是希格斯。俱乐部的其他成员包括博纳、阿维斯、罗宾逊和卢埃林－史密斯。

[2] 本节在很大程度上参考了约翰·马洛尼，《马歇尔、正统与经济学的职业化》，第 5 章；杰拉德·M. 库特，《英国历史经济学：1870–1926 年》（*English Historical Economics 1870-1926*），尤其是第 7 章，第 142–155 页；阿隆·卡迪什，《历史学家、经济学家和经济史》，特别是第 2 部分。

为大学讲师也不例外。1888 年，坎宁安被任命为三一学院的讲师，他辞去了大学职务从而逃脱了马歇尔的控制。然而，坎宁安不仅仅希望摆脱马歇尔的权威，他还想要挑战马歇尔的权威，最好是处于一个同样重要的职位上，比如他当年申请但并未成功的牛津大学德拉蒙德教席。[1] 由于没有机会在牛津大学发表就职演讲来抨击马歇尔在剑桥的演讲，坎宁安使用了其他手段。1889 年，坎宁安向英国科学促进会 F 分会提交了一篇论文，批评马歇尔在就职演说中对历史学派的立场，暗示演说中对孔德的批评只是对穆勒早期批评的重复，更具破坏性的是，他认为马歇尔的“心智活动”，即用“中世纪或土地所有制的经济形式”以说明“李嘉图的地租定律”，与神学阶段的亚历山大学派的作品不相上下。雪上加霜的是，他把马歇尔对他批评的回应也写了进去，开头还说他没有意识到马歇尔对批评非常敏感。[2] 1891 年，坎宁安作为马歇尔的继任者在英国科学促进会 F 分会发表的主席致辞中继续挑起事端，此前一篇题为《我们的前辈是如何理解租金的》的文章也是如此，因此，这两篇文章在 1892 年《经济学杂志》上发表之前，他们之间已经发生了三次冲突。[3]

坎宁安在《经济学杂志》上发表的第一篇文章含蓄地批评了马歇尔在经济学和物理学之间的有条件的类比，指出这两门科学在主题上的差异足以否定它们在方法上的相似性所赋予的类比可能性。然后，它试图通过表明“旧的学说已被新活动的逻辑驳倒”，而不仅仅是被纠正，来摧毁马歇尔对学说史的尝试；它还试图表明，任何严格意义上的经济论证都无法充分解释“古今中 470

[1] * JNKD，1888 年 3 月 15 日；坎宁安“渴望在他的就职演说中，有机会从历史的角度发表宣言，从而与马歇尔和西季威克对垒”。与凯恩斯一样，坎宁安的申请也没有成功。这一次，牛津大学的教席由索罗德 · 罗杰斯担任。参见上文，第 466–467 页，以及下文，第 18 章，第 682–683 页。

[2] ¶ 威廉 · 坎宁安，《经济科学中的孔德主义批评》，载于 R.L. 史密斯主编的《经济方法论文集》(*Essays on Economic Method*)，伦敦：达克沃斯出版社，1962 年，第 98–111 页，特别是第 99–100、109–110 页。在第 109 页注释 2，坎宁安表示，他对于得知马歇尔因他的批评而“感到委屈”感到很遗憾，因此他“将马歇尔可能发出的任何否定性声明都囊括在内”，事实上，他确实这样做了。马歇尔是从凯恩斯那里得知这篇论文的，马歇尔致凯恩斯的信，1889 年 10 月 11 日（马歇尔档案，1：92）。

[3] 威廉 · 坎宁安，《我们的前辈是如何理解租金的》，载《利平科特杂志》(*Lippincott's Magazine*)，1890 年 2 月；《经济学中的民族主义和世界主义》，载《皇家统计学会杂志》，1891 年 12 月，这是 1891 年他在 F 分会发表的主席演讲全文。最终得到马歇尔回复的文章有：坎宁安在《经济学杂志》上发表的《经济学说的相对性》(1892 年 3 月，第 2 卷，第 1–16 页)，也是他作为伦敦国王学院政治经济学图克教授的就职演讲；以及直接攻击马歇尔《经济学原理》第 1 篇（当时在第 1 篇）中的历史章节的文章《经济史的歪曲》(1892 年 9 月，第 2 卷，第 491–506 页)。具有讽刺意味的是，马歇尔曾在 1891 年 4 月 13 日的一份推荐信中支持坎宁安竞选图克教席。

外的交换现象”。这些观点不太适合用来摧毁其中隐含的马歇尔的目标。[1]

坎宁安的第二篇文章明里暗里抨击了马歇尔在《经济学原理》中的经济史。开头一段描绘了假定“自由竞争和供求规律”的“普通经济学家”，幡然醒悟表示“应该考虑”的实际的工商业世界，并“自称”对历史极感兴趣。在第二段中，坎宁安抨击了将渐进和持续的经济进步视为经济史特征的观点，并嘲笑那些缺乏权衡历史证据的必要技能却试图“轻松自信地勾勒世界历史”的人。[2]第三段明确谴责了马歇尔《经济学原理》的这种做法，紧接着又展示了坎宁安赋予其标题的含义：歪曲经济史，首先是忽视对事实的认真研究，其次是对事实的曲解（第 493 页）。坎宁安的例子再次涉及马歇尔使用李嘉图的地租理论进行历史解释（第 493–494 页），然后逐步但系统地说明了马歇尔在《经济学原理》中缺乏对历史事实的认真调查（第 495–498 页）。

马歇尔之所以能够立即回应坎宁安对《经济学原理》中历史章节的批评，大概是因为他与编辑是好朋友。马歇尔的回应[3]是基于坎宁安对撰写这些历史章节的目的以及它们是如何写成的曲解，这是他对其著作批评者的标准辩护路径。为了应对批评中的误解，马歇尔进一步对自己的观点加以解释。例如，在为受到批评的地租理论进行辩护时，他说“事实上，李嘉图关于租金的学说对他来说并不像对我那样具有普遍意义。因为我认为它们包含了一个生动的原则，经过适当的修改，它适用于几乎每一种生产差异优势所产生的收入……而他认为这些原则只适用于所有谷物都在一个市场上流通的农业地租”（第 512 页）。马歇尔在回答了坎宁安反复提及的这一主要批评之后，马歇尔接着谈到了一些次要的问题（第 514–517 页）。从这次讨论中，马歇尔得出结论：“坎宁安先生发现了一个无可辩驳的病句……还有一个错误的引用；……他和我在罗马商业以及其他事情上意见相左。但是，一般来说，他的批评基于这样的假设，即我事实上持有某些观点，但我认为我没有表达过这些观点；而在一些情

[1] * 威廉·坎宁安，《经济学说的相对性》，第 3–4、5–14 页；第一个很可能是针对《经济学原理》第 1 版第 85、88–90 页，第二个是针对马歇尔在概述学说史中出现的诸如“所有时代”之类的短语（同上，第 51 页）。要指控马歇尔对历史相对性缺乏认识是比较困难的，因为他明确地承认思想是如何随着习惯和制度的改变而变化的，并赞扬了歌德、黑格尔和孔德对这一问题的重视（同上，第 63–65 页）。

[2] 坎宁安，《经济史的歪曲》，第 491–492 页；本段的引用均来自这一文本。

[3] 阿尔弗雷德·马歇尔，《答复（坎宁安博士）》，载《经济学杂志》(2)，1892 年 9 月，第 567–579 页。本段的引用均来自这一文本。

况下，我肯定我还表达过相反的观点。”（第 517 页）

此时的一个注释表明，马歇尔希望他的回应能够涵盖坎宁安的所有的批评
文章，而不仅仅是此前发表在《经济学杂志》上的那篇文章。因此，对他来
说，这件事就到此为止了。马歇尔回应的最后一段还提到了其他批评者，以免 471
他们认为自己没有被认真对待。马歇尔强调，当时已经问世的第 2 版所做的改
动已经表明上述错误的结论。然而，马歇尔文章主要回应的批评大同小异，它
们大多基于对《经济学原理》的误读和曲解，而这些误读和曲解一般来说可以
通过改变措辞来消解（第 518–519 页）。

据说坎宁安的批评对马歇尔的打击很大。乔伊特非常担心，他请玛丽·佩利确保马歇尔不要继续争吵下去，几个月后他写道，他很高兴与坎宁安“那个讨厌的、不成功的家伙”的争论已经平息了。[1] 然而，这场争论的影响很容易被夸大，尤其是在事件发生很久之后。在与马歇尔夫妇共进晚餐后，凯恩斯在 1892 年 10 月的日记中写道，“马歇尔看起来似乎特别好”，他又补充说，他以为马歇尔“一直在为坎宁安的争论而烦恼”。[2] 普莱斯在回忆坎宁安“对《经济学原理》中经济史部分咄咄逼人的攻击——即使总的来说被马歇尔成功地击退”时，暗示马歇尔并没有“沉着冷静地接受这种敌意，或以平静的情绪面对攻击”，后来他把这些攻击与坎宁安对经济学荣誉考试的敌意联系起来。[3]

当马歇尔与坎宁安进行交流时，他早期对历史经济学的迷恋已经大大减弱，他对经济学说史的兴趣也大不如前。事实上，与坎宁安的辩论可能增强了他对经济史及其用途的批判立场，尤其是在向本科生教授经济史方面。然而，这不会改变他长期以来的观点，即历史作为事实的提供者对经济学是有用的。用卡迪什的话来说，[4] 马歇尔更像是一个经验主义者，而不是历史学家，在通信中，除了作为经济学学生的潜在来源外，他对历史和历史研究的关注相对较少。因此，1889 年 5 月，他写信给凯恩斯说，“不过，我还是想照顾那些偏历史的人，他们很难对付（Kittle-Kattle），但也很重要。所以我建议在十月和四

---

[1] 本杰明·乔伊特致玛丽·佩利·马歇尔的信，1892 年 10 月 16 日，1893 年 2 月 1 日（马歇尔档案，1：60–61）。引文中的“不成功”无疑是指坎宁安对牛津大学教席的尝试。参见上文第 469 页和注释 *。

[2] JNKD，1892 年 10 月 16 日。早些时候，马歇尔曾写信给凯恩斯，谈及坎宁安在《学会》和《蓓尔美尔公报》上发表的关于租金的信件，他认为信中提出的观点过于琐碎，因此不愿公开发表评论。马歇尔致凯恩斯的信，1892 年 10 月 10 日（马歇尔档案，1：106）。

[3] L. L. 普莱斯，《英国经济学家的回忆和笔记》，第 13–14 页。

[4] 阿隆·卡迪什，《历史学家、经济学家和经济史》，第 131 页。

旬节学期调整我的课程以满足他们的需要。……关于高级经济理论的课，以及其中更高级的统计学部分，不适合历史派的人来听——他们很聪明，多少也比较认真，但理论深度不够”。[1]

马歇尔并不总是对历史和历史学家持批评态度。例如，他称赞德国经济史的质量优于英国的经济史，因为德国从事经济史研究的学生人数要多得多，“而我们英国大学的经济学学生中，只有极少数人被教授以科学的方式使用归纳法”。[2]几年后，他向阿克顿勋爵感叹道，“对英国过去一个半世纪的经济发展缺乏任何合格的描述，这对于理解我们这个时代的经济问题来说是一种耻辱”，在马歇尔看来，只有伦敦和剑桥才能弥补这一缺陷。[3]

马歇尔对阿克顿的抱怨揭示了他对近代经济史的特别关注。1902 年，他在给福克斯韦尔的一封信中评价了对更早期历史的研究：“没有人比我更不喜欢对中世纪历史进行细枝末节的研究。”[4]这并非他的空谈。关于自由产业和
472 企业发展的历史章节以及保存在马歇尔图书馆的更详细的经济史笔记都表明，在 19 世纪 70 年代早期，他曾研究过这些细枝末节，特别是关于土地所有制、行会和城市的兴起。[5]到 19 世纪 90 年代，这些研究本身几乎已经成为古代历史，他更加坚定地认为基于现代欧洲的历史研究才是对经济学学生最有帮助的。1906 年初，马歇尔就经济学荣誉考试对福克斯韦尔的授课计划提出的建议，就充分说明了这一点。这件事的背景是福克斯韦尔的讲座和经济学教师麦格雷戈的讲座之间存在重复，这是对新学位考试现有的“微薄”教学资源的“浪费”，而减少货币和银行等主题的历史介绍则可以克服这一问题。马歇尔在抱怨“人们花在历史上的时间太长了……当有三篇关于经济学的论文而只有两篇关于历史的论文”之后建议，鉴于福克斯韦尔在上一次院务会议上“对历史讲座……表现出浓厚的兴趣”，解决他提出的问题的一个办法是“由您来上 19 世纪的英国经济史，并用两个学期的时间来完成。我认为，这样的时间与人们

[1] 马歇尔致凯恩斯的信，1889 年 5 月 27 日，马歇尔档案，1：90。

[2] 马歇尔致凯恩斯的信，1894 年 6 月 10 日，马歇尔档案，1：107；参较马歇尔致休因斯的信，1894 年 2 月 8 日，附言（谢菲尔德大学图书馆，休因斯文件）。

[3] 马歇尔致阿克顿的信，1897 年 11 月 13 日［CUL，Add 6443（E）205］。

[4] 马歇尔致福克斯韦尔的信，1902 年 2 月 14 日，马歇尔档案，3：44。

[5] *PI*，第 1 篇，第 2 章，特别是第 23–28 页；马歇尔档案，箱 5，第 8 项：中世纪，2 部分。不用说，马歇尔对这一时期的研究并不包括对第一手材料的研究。

应该花在这一主题上的时间一样多，甚至已经超过了”。[1]

尽管福克斯韦尔拒绝接受这一方案，[2]但马歇尔在其提议中所表达的关于经济史重要性的意思很明确：经济学专业的学生所需要的只是近期的经济史。在给阿克顿的一封信中，马歇尔表达了这样的情感：如果阿克顿能将克拉彭的兴趣“转向 18 世纪和 19 世纪的经济史，经济学家们会对他感激不尽。克拉彭比我教过的任何一位历史学家都更有分析能力，由于他未来的工作还不确定，我认为一点力量就能把他引向这边或那边”。[3]“描述性和简单的历史”提供了事实分析的开端，在这一开端之后需要“对事实进行初步定性、复杂定性和定量研究”，最后才是那些定量分析可以有效应用的事实。[4]18 世纪，尤其是 19 世纪的经济史与当代经济问题的密切关系，使它对作为事实使用者的经济学家非常有用。对马歇尔来说，重要的不是作为历史的历史，而是一些历史研究中提供的事实内容。

马歇尔对经济史在教学大纲中的作用持批判性观点，而他对学说史在经济学教学大纲中的作用也持同样限制性的观点。1902 年，马歇尔在为拟议中的经济学荣誉学位准备课程细节时写信给凯恩斯说，他现阶段不想争论“经济理论史论文”的立场。然而，他建议说，“在德国，甚至专业学生也几乎放弃了对经济理论史的研究，我认为这走向了相反的极端。但是，我了解你的想法，我确信，如果你在过去二十年里经历了我所经历的一切，你就不会希望它变成必修 473
课”。[5]马歇尔在信中提到了他于 1878 年就 19 世纪 70 年代初在剑桥教授经济理论史的经验给福克斯韦尔的建议。马歇尔回忆说，他花了一年中的大部分时间研究这个主题，做了大量的笔记，还就此讲了两次课，“最后得出的结论是，任何类似精细处理的东西对我来说都是无益的，对课堂来说也没什么用，从那

[1] 马歇尔致福克斯韦尔的信，1906 年 2 月 8 日，马歇尔档案，1：72。

[2] 马歇尔致福克斯韦尔的信，1906 年 2 月 12 日，马歇尔档案，1：73。

[3] * 马歇尔致阿克顿的信，1897 年 11 月 13 日［CUL，Add 6443（E）205］。阿克顿一定批评了马歇尔对克拉彭的赞美，因为一周后马歇尔在给阿克顿的信中对克拉彭的钦佩大打折扣。“他目前还未能承担这样沉重的任务。因为就他的年龄来说，他还年轻，还不成熟。但我很遗憾，他不像我从别人那里了解到的那样是一位优秀的历史学家。然而，有总比没有好；由于剑桥似乎没有其他人专门研究近代经济史，我将尽我所能把他请来。”（马歇尔致阿克顿的信，1897 年 11 月 19 日，CUL，Add 6443：206）

[4] 马歇尔致福克斯韦尔的信，1897 年 1 月 25 日，马歇尔档案，1：49。

[5] 马歇尔致 J.N. 凯恩斯的信，1902 年 2 月 6 日，马歇尔档案，1：126。

以后我就很少使用这些笔记了”。[1]1906年，他告诉福克斯韦尔，他长期借书给学生的经验显示理论史并不受学生欢迎。“我借出去的书中，一百本里没有一本是与理论史有关的，……虽然我**总是**向三年级学生推荐这样的书。”[2]他在《经济学原理》中保留了对经济学发展的概述，尽管其在后来的版本中被摆到不显眼的位置，但这与马歇尔的决定性观点并不冲突。这些材料具有非常独特的教育目的，尤其是可以证明经济学与不断变化的社会习惯和制度之间的相关性，进而强调经济学与有机增长之间的联系。[3]

最后一句话将讨论带回到开始的地方，即与坎宁安就马歇尔在《经济学原理》和其他地方使用历史的争论。很明显，这种用法是马歇尔对经济学研究的看法中所特有的，这也解释了为什么这些材料被保留在《经济学原理》中，虽然如前所述，被不情愿地移到了附录中。与坎宁安的争论几乎没有留下什么伤痕，尽管马歇尔可能还有些残存的痛苦记忆。后续版本中的历史章节也并未因这些争论而发生什么改动。[4]

与庞巴维克的资本理论之争：课堂练习、高山邂逅、智力债务与同时代的经济学家

马歇尔与庞巴维克的争论和他与坎宁安的完全不同。它不是双方直接交锋，而是体现在与其他人的通信中，有时还包括《经济学原理》的脚注，以及马歇尔在自己书房中对庞巴维克作品所做的注释。更公开的情况是，它构成了马歇尔为他的一门课所设置的练习题的主题，并且在大约1909年的一次有趣的阿尔卑斯山会议上，当双方正面对峙时，这一争论更是显而易见了。[5]马歇

[1] 马歇尔致福克斯韦尔的信，1878年7月3日（弗里曼收藏，36/155）。这些笔记保存在马歇尔档案箱5，第6（i和ii）项。参较HME，尤见第1–7页。

[2] 马歇尔致福克斯韦尔的信，1906年2月12日（马歇尔档案，1：73）。

[3] 参见阿尔弗雷德·马歇尔，《分配与交换》，载《经济学杂志》，8，1898年3月，第44页；P.格罗尼维根，《作为经济思想史学家的马歇尔》，载《政治经济史杂志》，Ⅸ（2–3），1991年，第59–87页。另见上文，第6章，第164–165页。

[4] 参见*P* Ⅸ，第722–750页，其中很少有改动可以直接归因于马歇尔和坎宁安之间的争论。马歇尔致福克斯韦尔的信，1899年3月27日（哈佛大学贝克图书馆），其中他对坎宁安作为教师和经济史学家的看法相当温和。

[5] 克劳斯·亨宁斯（Klaus Hennings）在写给马歇尔图书馆的馆长的信中（1971年8月2日），根据当时拍摄的一张照片中的细节，将这次相遇的时间定为1909年（这张照片可见图18）。

尔的大部分不满来自庞巴维克在利息理论的批判史中对前辈的处理，尽管更普遍地说，它延伸到了他的利息和资本理论，甚至他的价值理论。因此，在这一点上，它隐含马歇尔自己在这些领域的智力债务问题，并使其成为探索马歇尔与欧洲经济学家的一些其他关系的方便场域。

卡塞尔（Cassel）在 1903 年的《利息的性质和必要性》（*Nature and Necessity of Interest*）中承认，马歇尔对庞巴维克处理杜尔阁的部分做了“非常有启发性的评论”，这促使维克塞尔对这些评论的性质进行了调查。[1] 在回复中，马歇尔说他最近很少阅读利息方面的书籍，无论是卡塞尔、庞巴维克还是维克塞尔的书，但他很可能会同意卡塞尔在这件事上的立场，他是这么解 474
释的：

> 我想我很可能与卡塞尔教授的观点一致。一个来到剑桥的学生，认为各国经济学奠基人在常识方面都不如大多数十岁孩子，更不如他自己，于是把庞巴维克教授当作权威。我回答说，“我认为庞巴维克教授没有领会其中的真正含义。我把个人争辩看作是浪费时间；但是，如果你要从这些伟大的作家中选出一个作为考察案例，我想讲一讲利息学说”。碰巧班上的其他几个同学也在场，这个想法得到了认可，他们选择了杜尔阁。因此，我做了一件我以前没有做过的事——把杜尔阁的话和庞巴维克教授对这些话的描述进行了比较；我为讲座做了完整的笔记。我轮流朗读杜尔阁的段落和庞巴维克教授对此的描述。然后，我把杜尔阁和庞巴维克教授的书给了全班同学，让他们互相传阅，并补充说：“两周后，我将在课堂上提出这个问题——我是否公正地评价了庞巴维克教授对杜尔阁的论述。”答案是肯定的！我忘了细节；但我认为我不仅发现庞巴维克教授从杜尔阁的某些段落中读到了并不真正存在的观点；而且，在其他讨论这些问题的章节中，杜尔阁也明确地表达了与人们强加给他的观点完全相反的观点。我把

[1] G. 卡塞尔，《利益的性质和必要性》，伦敦：麦克米伦出版社，1903 年，再版于 1957 年，纽约：奥古斯都 · 凯利出版社，第 22–24 页，特别是第 22 页和注释 2。卡塞尔曾在 1901 年短暂拜访过马歇尔夫妇，当时他们可能一起讨论过这个问题。马歇尔向麦克米伦推荐了卡塞尔的《利益的性质和必要性》。马歇尔致卡塞尔的信，1901 年 6 月 18 日；大约在同一时间，玛丽 · 佩利 · 马歇尔致卡塞尔的一封未注明日期的信（卡塞尔通信，斯德哥尔摩皇家图书馆）；马歇尔致麦克米伦的信，1903 年 1 月 9 日。

> 这次演讲的笔记借给了几个人，可能还借给了卡塞尔教授；虽然我不记得我是否这样做了。读过这些笔记的人都不会质疑其中的结论。[1]

维克塞尔没有被马歇尔的回复说服。再次检查相关文本后，他问马歇尔是否可以让他看看关于该主题的笔记。[2]马歇尔拒绝了，因为他担心如果这样做，他将逐渐卷入“浪费时间”的其他事情，他对这些事不感兴趣。他说，只有维克塞尔答应不把他卷入这场纷争，才会考虑把笔记寄给他。马歇尔补充道：

> 坦率地说，我决定不回答，甚至不阅读庞巴维克教授对我的批评。因此我不会对他进行任何间接的攻击。如果我有时间进行私人争辩的话，我会以正面的防御行动来回应他的正面攻击。事实上，我宁愿保持低调，对他可能对我施加的任何打击都不作回应。但是当我躲起来的时候，我并不想向他开枪。我也许会被迫打破沉默，但希望不会发生。[3]

维克塞尔一定是接受了马歇尔的条件，因为在接下来的12月，马歇尔写道，他打算把这些笔记寄给维克塞尔，仅限于他使用。与此同时，马歇尔解释说他并非

> 完全不知道庞巴维克教授是怎么说我的。我的学生偶尔会把他的文章拿给我看，我们会嘲笑他在误解了我的大师之后，又误解了卑微的我。这并没有使我生气，因为他对我一直很有礼貌，比对我的前辈们客气多了。我唯一的愤怒源自这一点：当他还在上学的时候，我从那些他痛骂的人那里学到了一切他吹嘘为他的伟大发现的东西；尤其是在美国，一些从未研究过前人伟大作品的人将他奉为圭臬，而他尽情在逝去之人的墓地上跳战舞。如果他指责我对相同的经济商品（或牺牲）在相同的时间内向后贴现和向前计算利息，我又何必为此操心呢？一个在乡村学校里犯了如此愚蠢的算术错误的男孩将会受到惩

[1] 马歇尔致维克塞尔的信，1904年7月26日，参见T.戈德隆德，《克努特·维克塞尔传》，第339–340页。

[2] 维克塞尔致马歇尔的信，1904年8月10日，同上，第340–341页。

[3] 马歇尔致维克塞尔的信，1904年8月26日，同上，第341页。

> 罚，而他知道我是一个训练有素的数学家。如果他真的很想知道我的
> 意思，他就会翻阅我的数学注释。他会在我的注释 13 中找到对他的
> 秘密的完整解答；这仅仅是因为他忽略积分极限的“起点”。他混淆了
> 讨论中的两个起点，一个是有关事件发生之前的起点，另一个是事件发 475
> 生之后的起点。英国正在走下坡路，因为我们这些英国经济学家没有时
> 间和力量来处理我们这个时代的真正问题。我浪费时间与这些微不足道
> 的人物争论，这怎么可能是对的呢？我的一个学生，现在是一名讲师，
> 打算给他回信。但我说，“不行，你现在有更重要的事情做”。但也许
> 他以后会这么做。[1]

维克塞尔迅速归还了笔记，并在 1905 年 1 月初总结了他对马歇尔与庞巴维克之间争吵的看法。庞巴维克对马歇尔的等待理论的理解是错误的，而马歇尔在《经济学原理》对他关于延长生产周期以提高生产率的解读也是错误的。此外，他不同意马歇尔对杜尔阁的辩护，并认为庞巴维克在这个问题上“基本上是正确的”。[2] 马歇尔关于杜尔阁的笔记仍然存在，但无法对这一辩论作出裁决；[3] 然而，他对庞巴维克文本的注释，以及在《经济学原理》的各个版本中对庞巴维克的引用，使人们能够对他们的关联进行一些有趣的观察，这些观察揭示了马歇尔对这位奥地利经济学家的作品的特殊态度。

马歇尔对斯玛特译本中庞巴维克对利息理论批判史的注释主要出现在关于杜尔阁、李嘉图、杰文斯和萨伊的章节中。在杜尔阁这一章中，有两句话特别值得注意。第一句提到杜尔阁失败的原因之一是他没有“深入利息的根源，即使我们也不能给出准确的原因和地方”；另一个是，庞巴维克认为杜尔阁“犯了一个错误”，但由于论证的复杂性，他不想把这个观点强加给读者。这两个注释都表明马歇尔对庞巴维克的观点持怀疑态度。因此，当马歇尔在《经济学

---

[1] 马歇尔致维克塞尔的信，1904 年 12 月 19 日，同上，第 342–343 页。

[2] 维克塞尔致马歇尔的信，1905 年 1 月 6 日，同上，第 343–345 页。

[3] * 保存在马歇尔档案，箱 6，第 1 项和第 2 项。其中一部分转载于 *EEW*，II，第 252–253 页。这些笔记可能是马歇尔在 19 世纪 70 年代早期做的，并没有详细总结杜尔阁对资本和利息的立场，因此不可能是他在课堂上用来批评庞巴维克的笔记，也不可能是他借给维克塞尔的笔记。关于杜尔阁的资本与利息理论，以及马歇尔和卡塞尔的解释，参见我的《杜尔阁资本与利息理论新解》（‘A Re-interpretation of Turgot’s Theory of Capital and Interest’），《经济学杂志》，81，1971 年 6 月，第 327–340 页。

原理》的前两版中说庞巴维克很好地证明了杜尔阁在利息和资本问题上前后不一时，就更让人惊诧了。马歇尔对庞巴维克历史论述的其他注释，可以解释为什么在这些版本的其他地方，他提请读者注意这样一个事实，即庞巴维克夸大“他自己与他的前辈之间的立场差异”反而损害了他“详尽而有力”的历史陈述。[1]

马歇尔在庞巴维克的《资本实证论》(*Positive Theory of Capital*)一书上的注释主要涉及资本定义的各个方面，这些问题当时也引发了他的思考，并在19世纪90年代早期导致了关于资本的历史定义这一注释的变化，这一注释从第5版开始构成了《经济学原理》的附录E。尽管马歇尔在注释中对一些细节提出了批评，例如关于庞巴维克对杰文斯的资本定义的处理，以及他对英国
476 的房屋、帆船和剧院等固定资本的论述，但庞巴维克将资本概括为“中间产品的总和”或生存基金得到了马歇尔的认可，因为这与他自己的定义“非常接近”。[2] 事实上，马歇尔在这本书中的注释表明，他仔细研读过这本书，并且总体肯定其内容。

在与维克塞尔的通信中，马歇尔曾表示，相比于庞巴维克对他所认为的“大师”的处理，庞巴维克对他本人的价值和利息理论的处理并不那么让人恼火。这意味着马歇尔将杰文斯看作是这些“大师”之一。但是，这种说法与马歇尔在庞巴维克的书上的注释所展现的并不一致，最密集、言辞最激烈的注释出现在庞巴维克评论马歇尔自己理论的时候。此外，马歇尔在1904年对维克塞尔说，他最近没有读太多庞巴维克的关于利息的书，但这与他在1903年的译本——庞巴维克所著的《1884–1899年关于利息的最新文献》(*Recent Literature on Interest 1884-1899*)——上所标注的大量注释相冲突，特别是涉及他自己的“等待”理论的禁欲理论的部分。[3] 在这里，马歇尔的评论中充满了敌意，指责庞巴维克误解了他的论点，或者写的是“纯粹的废话”，或多次

[1] ¶ 保存在马歇尔图书馆。这些内容在斯玛特版(1890年)的第65、67页。另见 *P* I，第550页及注释，第614–615页及注释；*P* II，第549页及注释。虽然第9版注意到从第3版开始，这些章节发生了实质性的改动，但它没有提到正文提请注意的庞巴维克评价杜尔阁的脚注被删除了。

[2] E.冯·庞巴维克，《资本实证论》，威廉·斯玛特译，伦敦：麦克米伦出版社，1891年，第32、38、65–66、70页。这本书保存在马歇尔图书馆。

[3] E.冯·庞巴维克，《1884–1899年关于利息的最新文献》，威廉·A.斯科特和西格蒙德·费尔伯根(Siegmund Feilbogen)译，纽约：麦克米伦出版社，1903年，第26–27、44–45页。这本书保存在马歇尔图书馆。正如迈克尔·怀特向我指出的那样，书上的批注很可能是在他与维克塞尔通信之后所做的。

表明庞巴维克未查阅其《经济学原理》的最新版本（即 1895 年和 1898 年的版本）。最有趣的一大段批评如下，它同后来与维克塞尔之间的通信内容类似：

> 他似乎不明白，当一个人从 1860 年到 1880 年每年支付 100 英镑的保险费，以便从 1880 年到 1895 年（他的生命可能结束的时候）获得 300 英镑的年金时，这个等式可以以 1860 年为基础计算，在这种情况下，保险费和年金都将贴现；或者以 1880 年为基础来计算，保险费将被累积，而年金将贴现。他应该知道，一个一流的数学家在阅读他的文本时不可能犯一个 12 岁小孩如果犯下都会受罚的错误。[1]

与他写给维克塞尔的内容相反，这些对他作品的评论可能激发了马歇尔后来对庞巴维克的敌意，这在《经济学原理》随后的版本中更为明显。[2] 早些时候，马歇尔显然对庞巴维克并无特别的怨恨。这一点不仅可以从他早期对庞巴维克处理杜尔阁的评论中看出。1892 年，马歇尔给庞巴维克寄了一本他的《产业经济学》；马歇尔在 1890 年或 1891 年寄去一本《经济学原理》也并非不可能。1887 年，马歇尔曾向福克斯韦尔表示遗憾，因为他错过了英国科学促进会在曼彻斯特的会议，就意味着失去了与庞巴维克和门格尔会面的机会。前面几章提到玛丽·佩利曾回忆起 1909 年在蒂罗尔与奥地利人会面的情境，她说他们不愿谈论利息问题。费伊后来去了他们会面的地点朝圣，并回忆起玛 477
丽·马歇尔对他说过的话。

> “费伊先生，你知道，对阿尔弗雷德来说，不被打扰是很重要的，当我听说庞巴维克教授一行人住在另一侧的一家旅馆时，我非常不安。不幸的是，有一天他们在桥上相遇了。”

---

[1] E. 冯·庞巴维克，《1884–1899 年关于利息的最新文献》，威廉·A. 斯科特和西格蒙德·费尔伯根译，纽约：麦克米伦出版社，1903 年，存于马歇尔图书馆的该书的第 37–39 页。参较 1891 年 2 月 16 日，马歇尔致埃奇沃思的信，在谈到“不考虑愉快的事”时，他提到了自己与“庞巴维克这头年轻的狮子”在风格上的差异（马歇尔档案，1：307）。

[2] * 例如参见 *P* Ⅷ，第 583–584 页和注释 1，可追溯到 *P* Ⅴ；第 790 页注释 1 的大部分内容可追溯到 *P* Ⅳ和 *P* Ⅵ。后来的版本也减少了提到庞巴维克的次数。参见 1908 年 3 月 24 日马歇尔致 J.B. 克拉克的信，其中提到庞巴维克在争论中的“粗暴的攻击方法”，马歇尔认为他自己的资本理论是在 1870 年至 1874 年之间发展起来的，有关“我理论立场的细节……而那时，庞巴维克和维塞尔还在高中或上大学”（见《纪念集》，第 416–417 页）。

> 我猜想，马歇尔和庞巴维克在简短的问候之后就开始讨论利息问题，庞巴维克对利息的看法很荒谬，谈论变得有些激烈，最后马歇尔夫人抓住阿尔弗雷德的袖子，庞巴维克夫人也拉住他丈夫的袖子，把他俩从对方眼前拉走了。
>
> 马歇尔（因为他很看重骑士精神）觉得自己失礼了，于是安排了一次和解宴。阁楼里的麻袋和杂物被清理一空，墙壁被粉刷一新，桌子上摆满了食物和鲜花。庞巴维克一行人全都来了。大家对利息只字未提。全都喝得酩酊大醉。和谐是当天至高无上的主题——房东把我带到阁楼上，指给我看宴会所在的地方，他告诉我鸟儿是怎样飞到马歇尔的凉亭里来唱歌的，“他是一个勇敢的人”。[1]

冯·维塞尔本人向哈耶克描述了他与马歇尔之间类似的尴尬遭遇。冯·维塞尔回忆：“他和马歇尔有好几个夏天都去南蒂罗尔格罗登山谷（Groeden Valley）的一个地方度假，他们彼此都知道对方，但没有正式认识，也不想见面，因为两人都不急于谈论经济学。有一年，庞巴维克来拜访维塞尔。前者曾见过马歇尔，于是立即介绍两人认识。这促成了一次友好的会面，但此后维塞尔和马歇尔都没有再去同一个地方。”[2]

因此，这段插曲在马歇尔的生命中留下了一些耐人寻味和悬而未决的方面，在此期间，他在自己的课堂上对庞巴维克的观点进行了低调、偶尔也是很有趣的争论。例如，马歇尔在他的书中所做的注解显示，他在给维克塞尔写信谈到这个话题时记忆已比较模糊。这些批注还显示，马歇尔只在庞巴维克作品的英译本中做了此类注释。尽管《经济学原理》的第 1 版引用了这些作品的德文版，但这些德文版在后来的版本中在马歇尔图书馆保存了下来。[3] 马歇尔和庞巴维克是否如维塞尔所言，在玛丽·马歇尔所描述的蒂罗尔相遇之前就已相识？这里提供的一些证据带有马歇尔个人恩怨的味道，因为庞巴维克后来对他的作品提出了尖锐的批评。不过，关于马歇尔生命中这方面争议的完整故事可能永远不会为人所知。

---

[1] C.R. 费伊，《图书馆副馆长的回忆》，*AMCA*，I，第 89 页；见上文，第 7 章，第 217 页。

[2] F. A. 冯·哈耶克致 C. W. 吉尔博的信，1960 年 1 月 5 日，马歇尔档案。

[3] 马歇尔图书馆，《目录》，第 8 页，其中列出的《批判史》和《实证论》的德文版本分别为 1914 年和 1912 年版。

马歇尔与其他奥地利人的交往可在此快速略过。马歇尔与门格尔的有限接触体现在马歇尔图书馆保存的两封来信中。第一封信里，门格尔不确定是否参加 1890 年英国科学促进会在利兹举行的会议，尽管他很想去英国海滨度假并与马歇尔见面。第二封感谢马歇尔赠送给他《经济学原理》，并表示奥地利人对该书的评论可能很快就会发表。马歇尔与冯·维塞尔的书信往来中唯一保留下来的是一封类似的感谢信，但这一姗姗来迟的感谢，大概因为他收到的是《经济学原理》的第 3 版，[1] 不过据说马歇尔在维塞尔的影响下纠正了关于“边际”一词的说法，而他在第 1 版中错误地将该词归功于冯·屠能。[2]

马歇尔与竞争对手洛桑学派（Lausanne）的关系也相当特殊。与瓦尔拉斯 478
的书信显示了一种单方面的热忱，瓦尔拉斯会主动交流他的著作，而马歇尔对此反应相当迟缓，有时甚至很烦躁。[3] 1883 年 7 月，瓦尔拉斯给马歇尔寄来了他的一些早期学术论文，马歇尔对此表示了简短的感谢，并承诺在他和妻子结束暑假回家后会尽快寄去一本《产业经济学》作为回报，这一承诺于 10 月得以兑现。[4] 这又促使瓦尔拉斯给马歇尔寄了一本他的《纯粹经济学要义》（*Elements of Pure Economics*）第 1 版，马歇尔图书馆保存的这本书上有马歇尔的注释。[5] 马歇尔在感谢信中以一种颇具争议的语气对瓦尔拉斯的租金理论和观点优先权问题提出了批评。他纠正了瓦尔拉斯关于他“吸收了杰文斯的最终效用理论”的暗示，因为他“预见到了杰文斯著作中的所有核心观点，并且在许多方面都超越了杰文斯”。此外，马歇尔表示他在 1873 年向剑桥哲学学会宣

---

[1] 卡尔·门格尔致马歇尔的信，1890 年 8 月 6 日，1891 年 10 月 1 日，马歇尔档案，1：87–88，冯·维塞尔致马歇尔的信，1895 年 11 月 24 日，马歇尔档案，1：108。这些信件强化了先前的猜测，即马歇尔可能已将《经济学原理》寄给了庞巴维克。

[2] 参见上文，第 6 章，第 150 页和注释 43。

[3] 参见马歇尔致瓦尔拉斯的信，1883 年 3 月 20 日，《里昂·瓦尔拉斯的信件及相关文集》，威廉·贾菲编辑，第 549 封信。瓦尔拉斯主动寄给马歇尔一些他的著作，可能是受到福克斯韦尔来信的启发，他在信中称马歇尔为“我们最伟大的在世经济学家”（福克斯韦尔致瓦尔拉斯的信，1882 年 12 月 30 日，同上，第 544 封信）。正如惠特克猜测的那样，马歇尔可能是通过杰文斯第一次听说瓦尔拉斯的作品。参见 *EEW* 导论，I，第 103 –104 页；J.K. 惠特克和 K.O. 金恩（K.O.Kynn），《1883 年瓦尔拉斯与马歇尔之间有联系吗？》，载《国际商业与经济学杂志》（*Rivista Internazionale di Scienze Economiche e Commerciale*），23（4），1976 年，第 386–390 页。

[4] 瓦尔拉斯致阿尔弗雷德·马歇尔的信，1883 年 7 月 15 日，贾菲编辑，第 573 封信；马歇尔致瓦尔拉斯的信，1883 年 7 月 23 日（同上，第 578 封信）；马歇尔致瓦尔拉斯的信，明信片的邮戳为 1883 年 10 月 26 日（同上，第 592 封信）。

[5] 瓦尔拉斯致马歇尔的信，1883 年 10 月 28 日（同上，第 593 封信）。

读的一篇论文就提到了“您的非稳定均衡学说”，瓦尔拉斯在这封信中用铅笔在这句话下画了横线。[1]

进一步的通信也同样简短。1884 年 12 月，马歇尔寄来一张明信片，确认收到了瓦尔拉斯关于“金币”的论文；一封来自瓦尔拉斯的信感谢马歇尔寄来他的就职演讲，并向马歇尔推荐了劳哈特（Launhardt）的数理经济学著作；还有马歇尔寄来的一张明信片，上面的邮戳是 1885 年 12 月 8 日，明信片上简要勘误了马歇尔的图形统计方法，这一定是他以前寄给过瓦尔拉斯的；12 个月后，马歇尔的一封信表达了他对瓦尔拉斯打算整理和完成其经济学著作的良好祝愿，同时提醒瓦尔拉斯，虽然他从未声称自己比杰文斯拥有理论优先权，但在最终效用问题上他也没有从杰文斯那里吸收到什么。[2] 书信往来如初；1889 年 9 月，马歇尔为收到的新版《纯粹经济学要义》向瓦尔拉斯表示感谢，他表示很高兴看到瓦尔拉斯正在发展“纯数学路线”，这恰恰与他自己的观点相反，他认为在经济学研究中数学应处于次要位置，不过对于从事该领域研究的人来说，两种方法都有很大的进步空间。[3]

马歇尔对瓦尔拉斯作品的批注很简短，到《纯粹经济学要义》的第 12 讲就停止了。这些注释也很挑剔，并显露出他对这位同行的工作缺乏欣赏。马歇尔最后一个注释涉及用几何方法将一种商品的需求曲线转换成另一种商品的供给曲线，他认为这种方法毫无用处，因此马歇尔认为他可以忽略这一页，也许还可以忽略书的其余部分。众所周知，《经济学原理》中很少提及瓦尔拉斯；而瓦尔拉斯在其《纯粹经济学要义》中则明确提到了马歇尔的贡献。[4] 极具讽

[1] 马歇尔致瓦尔拉斯的信，1883 年 11 月 6 日（同上，第 595 封信，见第 794 页注释 5）；这已在前文第 6 章第 150 页讨论过了，参见惠特克，*EEW* 导论，I，第 103–107 页。

[2] 马歇尔致瓦尔拉斯的信，1884 年 12 月（同上，第 618 封信）；瓦尔拉斯致马歇尔的信，1885 年 4 月 2 日（第 644 封信）；马歇尔致瓦尔拉斯的信，1885 年 12 月 8 日（同上，第 689 封信）；马歇尔致瓦尔拉斯的信，1886 年 11 月 28 日（第 751 封信）。最后一封是对瓦尔拉斯 1886 年 11 月 25 日给马歇尔的信的答复，其中提到了与最终效用概念相关的优先权问题（同上，第 749 封信）。

[3] 马歇尔致瓦尔拉斯的信，1889 年 9 月 19 日（同上，第 922 封信）。

[4] 这些注释保存在马歇尔图书馆中的原版（但重新装订过）《纯粹经济要义》中，这很可能是瓦尔拉斯在 1883 年寄给他的。关于马歇尔对瓦尔拉斯的评论，见《经济学原理》第 1 版，第 149 页注释、第 425 页注释和第 536 页，其中第二个地方提到他们独立发现了不稳定均衡；第 8 版，第 101 页注释、第 138 页注释、第 787 页、第 788 页注释、第 821 页，该书删除了关于独立发现的注释，增加了瓦尔拉斯的生产要素三分法以及他对资本的看法。瓦尔拉斯的《纯粹经济学要义》中有三处引用了马歇尔的著作（克劳德·穆肖编辑的《纯粹经济学要义》，载《著作集》第 8 卷，巴黎：经济学出版社，1988 年，第 21、489、712 页）。

刺意味的是，瓦尔拉斯在书信往来中最后一次提及马歇尔是在 1906 年写给查尔斯·里斯特（Charles Rist）的一封信中，他在信中赞许地提到了里斯特的一篇文章，在这篇文章中，马歇尔和帕累托被表述为在杰文斯、门格尔和瓦尔拉斯三十年前开创的路线上继续研究。[1]

马歇尔对庞巴维克理论的争论表明，他对经济思想的优先权以及对其他经济学家工作的认可方面有着一种特殊的态度。后者在马歇尔与瓦尔拉斯的特殊关系中得到了显著的体现，从瓦尔拉斯的角度来看，这种关系甚至可能导致他在 479
《经济学杂志》上的观点受到审查，而他则需要埃奇沃思编辑为他提供帮助。[2] 在与 J.B. 克拉克的通信中，马歇尔表达了他对这些问题的疑虑，并在信中解释了他认为何时值得、何时不值得与其他经济学家进行争论。这些评论概括了他晚年对这一问题的所谓“冷酷无情”的处理方式，因而对前述的做法进行了总结：

> 早些年，我不知道自己应该怎样向他人致谢，曾因怀疑和焦虑而寝食难安。我担心自己是个糟糕的罪人；但我已逐渐变得冷漠了。我的原则是，如果有人在我发表之前说过某句话，我就会在脚注中提到他，即使我可能在讲课时说了很多年才知道他曾经说过这样的话；我只是提及，谈不上采纳这些观点；我很清楚，人们会认为我在暗示一种参考。弗朗西斯·沃克和弗莱明·詹金就是这样的例子。……我几乎从不阅读争论或批评。关于我的评论，我连四分之一都没读过。例如，我每年夏天带去阿尔卑斯山的书，几乎都是关于经济事实本身的；不过，如果一个人是为了获取知识而不是为了反驳他人，那么他的分析性文章我都会尽量阅读或大致浏览。因此，我无法正确地向他人致谢，于是我又回到了前面提到的方案，即对任何优先权的讨论保持沉默。我的一生都在致力于以现实的形式呈现我的注释 21。我想，如果我能够很好地完成这个计划，人们就会意识到它具有整体性和独特性。一个人如果因为疾病而失去了他生命中最美好的十年——从 37 岁到 47 岁，如果他还自寻烦恼地去在意别人对他的工作原创性的质疑，那将是加倍的悲惨。在美国的批评界，只有一件事让我感到恼

[1] 瓦尔拉斯致查尔斯·里斯特的信，1906 年 3 月 5 日（载《信件及相关文集》，贾菲编辑，第 1621 封信，第 3 卷，第 299 页和注释 2）。

[2] 参见 T.W. 哈奇森，《经济观念的偏狭与世界主义：1870–1914 年》（‘Insularity and Cosmopolitanism in Economic Ideas 1870–1914’），载《美国经济评论》，45（2），1955 年 5 月，尤其是第 10–14 页。

> 火，尽管这并无恶意。那就是暗示我试图“折衷”或“调和”不同的思想流派。这简直是无稽之谈。真理是唯一值得拥有的东西，而不是和平。我从未向任何学说妥协。[1]

马歇尔在这封信中表达的豁达态度与前面所叙述的那些具体做法有一些矛盾，这表示他对先驱者们仍有一种奇特的处理态度，这一点在有关杰文斯和弗莱明·詹金的事例中已提到过。[2]

酗酒与遗传、先天与后天：马歇尔与皮尔森的实用生物统计之争

1910年7月7日，《泰晤士报》的读者应该看到了马歇尔写的一封关于“酗酒与效率”的信。这封信评论了由埃尔德顿（Elderton）小姐和卡尔·皮尔森进行的一项关于父母酗酒对后代影响的研究，该研究由高尔顿实验室发表，5月21日的《泰晤士报》对此进行了概述。与传统观念相反，这项研究大胆地提出，数据表明，酗酒的父母对后代的有害影响微乎其微。这一结论与马歇尔对酒精的罪恶和父母影响的重要性的坚定信念背道而驰，这无疑解释了为什么马歇尔会与该研究的主要作者卡尔·皮尔森陷入争论。马歇尔迟迟不答复皮尔森的理由是，他希望有一个比他“更有能力”的人撰写文章，来探讨作者就这样一个“意义重大”的问题得出“普遍结论”所依据的统计基础是否充
480 分。马歇尔紧接着提出了一些质疑报告结论的理由。其中一个来自“我自己的领域”，因涉及工资和酗酒者，马歇尔认为得出的结论源于调查人员“对数据的选择”。由于工资统计数据仅来自爱丁堡最贫穷地区的居民，样本中个人的可比租金意味着酗酒工人必须赚取更高的工资来维持自己的习惯，考虑到酗酒工人的工作更不稳定，以一周的收入来统计尤为不妥。马歇尔还对研究方法提出了质疑，特别是调查没有充分考虑到时间因素。[3]

马歇尔的信至少引来了两封回信。约翰·梅纳德·凯恩斯表示，看到马歇尔批评皮尔森的这封“言辞有力的信”后非常高兴。他还告诉马歇尔，自己也

[1] 阿尔弗雷德·马歇尔致J.B.克拉克的信，1908年3月24日，载《纪念集》，第416–418页。
[2] 参见上文，第6章，第161–163页；下文第21章，第776–779页将进一步探讨这个话题。
[3] 马歇尔致《泰晤士报》编辑的信，1910年7月7日。

要在《统计学杂志》上发表一篇批评文章，因为他曾试图在《泰晤士报》的信件专栏上发表相关文章，但没有成功。凯恩斯详细研究了证据，包括爱丁堡的原始资料，充分证明了马歇尔从一般原则得出的结论是正确的。[1]皮尔森在《泰晤士报》上回信，批评马歇尔信中的陈述是“可能”而非“事实”，并暗示马歇尔对工资数据的推测是错误的。皮尔森认为，批评应该有其他数据的支持，这是马歇尔没有做到的。因此，尽管皮尔森的研究留下了一些悬而未决的问题，但他坚持认为马歇尔的攻击并没有削弱他的研究结论。[2]

皮尔森的反应激怒了马歇尔，他告诉凯恩斯他将再次写信给《泰晤士报》，尽管他不确定“他们是否会再一次刊登此类论战”。[3]在撰写第二封信时，马歇尔得到了凯恩斯的帮助。两天前，凯恩斯给他寄来了他自己关于这个问题的文章的校样，以及慈善组织协会的原始报告，皮尔森的爱丁堡数据正是来源于这份报告。“你将发现，皮尔森为了让他的样本看起来是随机的，不得不忽略了多少证据。”[4]马歇尔对这些证据的研究解释了为什么他给《泰晤士报》的第二封信直到 8 月 2 日才刊登。信中提到了凯恩斯在《统计学杂志》上的文章的重要性，强调凯恩斯参考了皮尔森研究所依赖的爱丁堡的原始数据。马歇尔补充说，现在他自己也看到了这些数据，他更加确信皮尔森在解释他们的工资时是错误的。马歇尔在开篇重申，此事“意义深远”，并表示希望凯恩斯对皮尔森工作的深刻批评将“引发那些对优生学感兴趣的人的慎重思考”。[5]

8 月 10 日的《泰晤士报》刊登了皮尔森的回信。信中重申了他对马歇尔的批评，即马歇尔再次表现出“他固有的倾向，即引用可能的数据，而不是调查实际情况”，他紧接着为自己所使用的爱丁堡工资数据进行了详细的辩护。这一辩护特别指责马歇尔没有收回其“最初的提议”，称其“毫无价值，因为它没有数据支撑”。细致的分析也驳斥了马歇尔的“简单断言”，即酗酒者只能从事低级工作。皮尔森含蓄地指责马歇尔和他的那些批评者一样，希望“孩子们被毁掉，以便凸显父母的邪恶”，而不是从这样的报道中获得一种温暖的喜悦，即“父亲的罪过”并不一定会“降临到孩子身上”。[6]

---

[1] 梅纳德·凯恩斯致马歇尔的信，1910 年 7 月 11 日（马歇尔档案，1：269）。

[2] 卡尔·皮尔森致《泰晤士报》编辑的信，1910 年 7 月 12 日。

[3] 马歇尔致 J.M. 凯恩斯的信，1910 年 7 月 14 日（凯恩斯文件，剑桥国王学院，C013/35）。

[4] 梅纳德·凯恩斯致马歇尔的信，1910 年 7 月 12 日（马歇尔档案，1：270）。

[5] 马歇尔致《泰晤士报》编辑的信，1910 年 8 月 2 日。

[6] 卡尔·皮尔森致《泰晤士报》编辑的信，1910 年 8 月 10 日。

481 马歇尔勃然大怒，他的回信在第二周就出现了。马歇尔立即对皮尔森声称已确凿证明“父母的堕落与子女的堕落没有因果关系”的说法提出质疑。鉴于皮尔森在这方面的失败，经济学家没有必要重新调整“他们对社会进步条件的一些看法”。马歇尔还说，皮尔逊在这个问题上极端不负责任，这才促使他打破了自己制定的“不进行争论的普遍原则”。接着，他再次质疑皮尔森解读爱丁堡报告中工资数据的能力。马歇尔认为，尽管该报告篇幅简短，但这些数据比马歇尔所见过的任何其他同类研究都更接近“勒普莱在社会调查中设定的理想状态”，对这些数据的赞美旨在强调皮尔森在使用这一绝佳资料时的无能。马歇尔强调，经济学家在使用这些数据时，不会犯皮尔森这样的“数学外行”的错误。马歇尔在这封“乏味的信”的结尾重申了他关于酗酒工人造成效率损失的最初论点，并解释了其依据是他早先在劳工委员会的工作经验，尽管其中一些经验现在已经过时，他说这封信将是他最后一次公开讨论这个问题。[1]

皮尔森承诺会继续与凯恩斯交涉，但采用的形式却与众不同：一本“回应剑桥经济学家”的 26 页小册子，其中马歇尔也是目标之一。马歇尔也保存了这本小册子，上面还有他的注释，他的批注显示出了他不想再加入战局的自我克制。[2]不过，这并不妨碍他把这本小册子寄给梅纳德·凯恩斯，并附言说，如果凯恩斯结束这场争论，他一点也不会反对，因为他在写给《泰晤士报》的最后一封信上已经宣布不会继续讨论了。凯恩斯立即回复了这一邀请。皮尔森的小册子揭露了他“撒谎、傲慢”的真面目，但其内容也为凯恩斯毫不含糊地反驳他敞开了大门。如果编辑尤尔（Yule）愿意的话（尤尔确实愿意），最好是在《统计学杂志》上发表反驳文章。[3]马歇尔对这一行动的鼓励也同样迅速。他引用了德亨特 1866 年在剑桥哲学学会的一篇论文作为权威，积极地为凯恩斯提供了一

[1] 马歇尔致《泰晤士报》编辑的信，1910 年 8 月 19 日。

[2] 卡尔·皮尔森，《对争议文章〈父母酗酒对后代体质和能力的影响〉的补充：答复剑桥经济学家》，伦敦：杜劳出版公司（Dulau&Company），1910 年。带有马歇尔批注的这本书保存在马歇尔图书馆。

[3] 马歇尔致梅纳德·凯恩斯（凯恩斯文件，C013/35）的信；梅纳德·凯恩斯致马歇尔的信，1910 年 9 月 13 日（马歇尔档案，1：271）。凯恩斯对皮尔森小册子的回应发表在《统计学杂志》，LXXIV，第 1 部分，1910 年 12 月，第 114–121 页；皮尔森对此的回应发表在下一期（1911 年 1 月），第 221–229 页。关于凯恩斯在这场辩论中的角色的简短讨论，见 R.F. 哈罗德（R.F.Harrod），《凯恩斯传》（*Life of Keynes*），第 154–155 页；罗伯特·斯基德尔斯基，《约翰·梅纳德·凯恩斯：希望的破灭 1883–1920 年》（*John Maynard Keynes*：*Hopes Betrayed 1883-1920*），第 223–227 页，其中有些时间顺序有误，还有 D.E. 莫格里奇（D.E.Moggridge），《经济学家梅纳德·凯恩斯传》（*Maynard Keynes. An Economist's Biography*），伦敦：劳特利奇出版社，1992 年，第 205–207 页。

些“弹药”，以说明皮尔森在他的研究中不恰当地使用了最小二乘法。玛丽·佩利·马歇尔禁止马歇尔再提供此类支持，一周后，她警告凯恩斯说，马歇尔在德文郡的假期不应“再被这种性质的事务打扰”。[1]不过，马歇尔和凯恩斯就这一问题的通信仍在继续。11 月，马歇尔写信给凯恩斯，谈及高尔顿在《泰晤士报》上的发言，指出他无法重新介入这场争论，因此他迫切希望凯恩斯替他回答；随后的信件讨论了这种社会调查使用的适当统计方法的相关问题。[2]

要对这场争论的是非曲直下一个结论并非易事。皮尔森在后来的研究中承认，他关于酗酒父母对后代影响的初步结论无疑是草率的。[3]马歇尔很容易受到攻击的一点是，他在引用或转述在这场争论中如此重要的爱丁堡报告时，偶尔会在用词上歪曲部分原意。在对皮尔森小册子的批注中，马歇尔承认他有时因知识不足而走得太远，但他断然否认皮尔森的指控，即他对皮尔森的攻击是受到关于酒精影响的先入之见的启发。[4]然而，根据现有证据，他和凯恩斯认 482
为皮尔森的样本和方法都不够充分的观点是正确的。尽管如此，马歇尔在这场争论中所扮演的始作俑者的角色（皮尔森在给《统计学杂志》的最后答复所做的总结性评论中提到了这一点）表明，[5]皮尔森指控马歇尔的先入之见在这场争论中发挥重要作用是有一定道理的。毕竟，马歇尔之所以卷入这场争论，是因为这个问题对他作为经济学家所阐述的社会进步观点具有重要意义，他在给《泰晤士报》的信中也多次提到这一点。更具体地说，它触及了马歇尔作为经济学家对遗传和教养问题的极大关注，这可以确保社会进步拥有尽可能好的人口基础。正如索弗所言，[6]当由高尔顿和皮尔森管理的优生学实验室的研究成

[1] 马歇尔致梅纳德·凯恩斯的信，1910 年 9 月 14 日；玛丽·佩利·马歇尔致 J.M. 凯恩斯的信，1910 年 9 月 21 日（凯恩斯文件，C013/35）。

[2] 马歇尔致梅纳德·凯恩斯的信，1910 年 11 月 2 日、11 月 10 日和 12 月 4 日，梅纳德·凯恩斯致马歇尔的信，12 月 31 日（凯恩斯文件，C013/35）。1911 年 2 月 2 日，庇古加入了这场战斗，他在《威斯敏斯特公报》（*Westminister Gazette*）上发表了一篇措辞谨慎的文章来支持他的剑桥同事。

[3] 艾米·巴林顿（Amy Barrington）和卡尔·皮尔森，《关于成人酗酒的初步研究》（*A Preliminary Study of Extreme Alcoholism in Adults*），伦敦：杜劳出版公司，1910 年，第 44–45 页。

[4] 皮尔森，《答复剑桥经济学家》，第 12、14、20–21 页，参见下文第 483 页以及注释 †。

[5] 皮尔森，《父母酗酒的影响》，载《皇家统计学会杂志》，1911 年 1 月，第 229 页。

[6] * 瑞芭·N. 索弗，《英格兰伦理与社会：1870–1914 年社会科学革命》，第 91 页指出，马歇尔并不属于那些认为“医学进步错误地延长了种族中孱弱之人的寿命”而“令人生厌的”改革派社会科学家。例如，参见《经济原理》，第 4 篇第 5 章第 6 节，这是一个在所有版本中都存在的论点，特别是参考 J.B. 海克拉夫特（J.B.Haycraft）的《达尔文主义和种族进步》（*Darwinism and Race Progress*），伦敦：斯旺·索南夏因出版公司，1895 年（*P* Ⅷ，第 200 页注释 1，首次出现是在 *P* Ⅳ，1898 年），还可参见下文，第 483 页以及注释 †。

果越来越多地显示“教养、环境与体质对智力几乎没有显著影响”时，像马歇尔这样的自由主义社会科学家感到非常恼火。这些结论与马歇尔特别强调的消除贫困对社会进步的重要性相矛盾，而马歇尔显然十分强调令人满意的生活标准对性格的形成和发展是非常重要的。因此，在众多这样的场合，为了回避令人不快的事实证据，马歇尔要么以有限的理由反驳，要么寻求支持其先入之见的权威。[1]

从《经济学原理》的各个阶段可以看出，马歇尔对这些问题的兴趣可以追溯到19世纪80年代，甚至更早。从第1版开始，第4篇就用了整整一章和至少另外两章的部分内容来论述与劳动力供应、劳动组织和劳动效率有关的遗传问题，其中高尔顿的研究成果和社会达尔文主义者的研究成果都得到了积极的引用，而且从最后三版开始，“优生学原则”被赞誉为实现缓慢渐进这一理想目标的重要手段。[2] 这些小改动主要是技术性的，可能是根据威廉·贝特森的建议在第3版中做出的，马歇尔在序言中也感谢了贝特森的帮助。其他改动涉及新的文献，因为马歇尔似乎广泛阅读了相关的文献；或者是参与了新的运动，比如刚刚提到的优生学运动。马歇尔在1910年的第6版中认可了这些原则，一年后，马歇尔因无法参加新成立的剑桥学会的一次会议向凯恩斯道歉。马歇尔对该学会的成立感到非常高兴，立即给凯恩斯寄去了终身会员的会费。[3]

马歇尔写给贝特森的两封信显示了他对遗传学和遗传生物学问题的感兴趣程度。第一封是写于马歇尔参加贝特森讲座的第二天，他“产生了极大的兴趣、深刻的钦佩和一定程度的了解”。他由此有了一个问题，“为什么长相相似
483 的双胞胎往往难以区分”，而在比较年龄不同的兄弟的同年龄的照片时却可以分辨出来。[4] 基于这个讲座，马歇尔还询问贝特森是否知道一项名为“朱克斯家族”（The Jukes）的研究，该研究的内容可能支持贝特森所提出的立场，也

[1] 类似的例子还发生在他对妇女问题的讨论中，参见下文第14章，第515–516页。

[2] 参见*P* Ⅳ，第4篇，第5章，第6–7节；第6章，第3节；第8章，尤其是最后一段。关于优生学的内容最初是第6版加入的，参见第8版的第248–249页。

[3] 马歇尔致J.M.凯恩斯的信，1911年5月18日（凯恩斯文件，L/M/41）。

[4] * 马歇尔致威廉·贝特森的信，1908年10月24日（马歇尔档案，1：272）。贝特森是剑桥大学著名生物学家，偶尔会举办关于“实用进化论”的公开演讲。1908年10月，他为自然科学荣誉学位做了一系列讲座，马歇尔可能参加了第一次，也就是一般的介绍性讲座。马歇尔对这个问题的知识有限，这封信的内容明显证实了这一点。关于双胞胎的问题可能源于他读到的海克拉夫特《达尔文主义和种族进步》的第179页，马歇尔在他的书中做了注释。“但是，为什么兄弟之间的差异如此之大呢？”1890年，吉尔博双胞胎的诞生或许也激发了他的这种好奇心。顺便说一句，马歇尔无意中在信上署名“阿尔弗雷德·贝特森”，这是一个“弗洛伊德式”的口误，他的妻子认为他不应该改正，因为这充分证明马歇尔是如何为贝特森这位“思想大师”所“支配”的。

可能与之相冲突，并且经常被那些支持对“无能者强制绝育”的人引用。[1] 贝特森随后对“卵子多样性”的解释在很大程度上解决了马歇尔的问题，但一个主要问题仍然存在。“（一些）多胞胎的相似性是否表明父母在受孕时的生活质量（身体和精神等方面）以及母亲在怀孕期间和哺乳期间的生活质量可能会影响后代的质量？”马歇尔没有被贝特森说服，因为：

> 父母的生活质量影响着内外生殖器官涉及的每一种液体、每一根纤维和每一个细胞。每个划船的人都知道，性格和体格同样重要：我那一年的圣约翰学院大一新生，从体格上看，无疑是第一名，结果事实证明他根本没用。过了一会儿，第六艘船的船长就不愿意多看他一眼了；而充满勇气的“杂草”很快就登上了第一艘船。……再者，如果好麦子年复一年地播种在贫瘠的土地上会发生退化，那么，许多代父母的社会生活影响着后代的神经发育，即后代的素质和性格，这又何尝不是事实呢？这就是我们“社会之人”所希望的。[2]

马歇尔与社会达尔文主义者本杰明·基德（Benjamin Kidd）的通信也体现了他对进化论和社会达尔文主义文献的有目的的阅读，马歇尔非常欣赏基德的著作《社会进化论》（*Social Evolution*）。马歇尔对收到的第 1 版表示感谢时，称赞该书作者“为 1894 年的思想界贡献了最多的东西”。在赞美之余，马 484
歇尔也提出了一些批评，“毫无保留地——就像我希望别人对我做的那样”。这

[1] ¶ 这就是理查德·路易斯·达格代尔（Richard Louis Dugdale）的《朱克斯家族：犯罪、贫困、疾病和遗传研究》（*The Jukes. A Study in Crime*, *Pauperism*, *Disease and Heredity*），该书第 1 版遗著的编辑称其为“关于遗传与犯罪关系的最重要研究”。马歇尔之所以喜欢这本书（顺便说一句，剑桥大学图书馆没有这本书），可能是因为书中的论点，即环境可以改变遗传，因为“如果青年时期的环境发生了变化，遗传的特征就会发生显著的改变。由此可见教育的重要性”。达格代尔的发现也支持了马歇尔关于人类性格改善的可能性，以及这种进步之中所体现的工作的价值和家庭生活的价值（第 5 版，伦敦：帕特南公司，1895 年，第 11、55、118、120 页）。

[2] † 马歇尔致威廉·贝特森，1908 年 10 月 26 日（马歇尔档案，1：1：273）。这种有目的性的遗传学文献阅读对马歇尔来说并不陌生，他在海克拉夫特的《达尔文主义和种族进步》一书中所做的许多注释就说明了这一点，例如第 39 和 41 页，他在前一个注释中指出，“这就是我想要的”，在第二个注释中他写道，“这对我的目的来说并不重要”。如果皮尔森会看到马歇尔书中就遗传和酗酒问题的注释，他一定会非常高兴，该注释在表示同意海克拉夫特的观点后，补充说“这似乎就是我想要的”，这证实了马歇尔在这一问题上的先入之见。作为玛格丽特夫人划船俱乐部的大学生会员，马歇尔论及此类运动员的理想特质时，确具几分权威。

始于一个与遗传有关的生物学问题：

> 至于魏斯曼（Weismann），我知道他的错误最多在很大程度上是我的问题。我无法理解他的观点。我读过他与赫伯特·斯宾塞的部分争论，但没有被说服。他向我阐明要点；但我并不买账。“假设有两个人出生时并无不同，其中一个过着邪恶、自我放纵的生活，血液里充满了有害物质，体质都腐烂了，而另一个过着健康、精力充沛但平和的生活；魏斯曼是否认为前者的孩子可能会像后者的孩子一样成为好公民？”我曾与贝特森先生就这个问题进行过一些讨论，但结果并不令人满意，当然他的确很了解魏斯曼。不过，总的来说，他似乎倾向于在这一点上为魏斯曼辩护……我们同意在9月就魏斯曼与社会学的关系进行一次深入的交谈。……就目前的情况而言，我倾向于认为，在自然选择的影响下通过生存竞争而繁荣起来的种族，尽管为年轻人和老年人提供身心健康的条件很差，但可以**想象**，在更好的物质和道德生活条件的影响下，尽管生存斗争已经停止，但人类仍会继续进步。[1]

这封信除了证实马歇尔长期以来对遗传问题的兴趣是其社会进步理论的一部分之外，还有其他一些有趣之处。1894年9月与贝特森的讨论加强了这样这种观点，即贝特森启发了马歇尔对《经济学原理》第3版中关于进化论的技术改动，这在前文已经提到过了。其中一处改动与德国生物进化论者奥古斯特·魏斯曼的著作直接相关，马歇尔觉得魏斯曼的著作很难理解，但贝特森一定在当年晚些时候改变了他的这一想法。《经济学原理》的前两版以“长颈鹿的长脖子”为例，阐释了斯宾塞关于器官生长和愉悦的身心活动的规律在人类身上的体现，以及“适者生存”对“低等动物”器官生长的影响。[2] 第3版及随后的版本删除了这个例子，大概是因为马歇尔已经相信贝特森所说的，魏斯曼对拉马克关于这一现象的解释所进行的达尔文式批判是正确的，因为它假设这种

---

[1] 马歇尔致本杰明·基德的信，1894年6月6日（剑桥大学图书馆，Add 8069/M251）。基德在这本书中经常引用魏斯曼的话，既是因为他对达尔文理论的贡献，也是因为斯宾塞对这些理论的批评。

[2] * *P* Ⅰ，第307–308页和注释1，以及数学注释11；*P* Ⅱ，第306–307页和注释1，以及数学注释11。数学注释中用一个关于鸟类因水生习性逐渐增加脚趾之间的蹼的例子取代了长颈鹿的例子，根据马歇尔的说法，“少数生物学家……认为部分原因是使用的遗传效应”。*P* Ⅵ，在注释中删除了这个拉马克主义论点（参见 *P* Ⅸ，第834页）。

身体变化可以通过遗传传递。然而，在马歇尔深信不疑的问题上，他采用了典型的马歇尔风格，他删除了拉马克关于长颈鹿的例子，但保留了斯宾塞对人类的表述，因为这对马歇尔的社会进步理论非常重要。[1] 正如上文引述的马歇尔与贝特森的通信所显示的，马歇尔也不支持贝特森对魏斯曼关于父母生活方式对后代影响的立场，在酗酒这样的特殊问题下，马歇尔在与皮尔逊的争辩中遭遇了障碍。结合之前提到的马歇尔在海克拉夫特的书上就这一问题所做的注释，[2] 这个插曲表明，马歇尔有时不愿意放弃适合他目的的理论，不管是否有相反的数据或论据。

八年后，马歇尔向基德进一步解释了他对达尔文主义的道德兴趣，同时指 485
出“道德家”马歇尔从其社会进步理论的视角发现达尔文的哪些方面是有用的：

> 在我看来，达尔文似乎做了你认为他没有做的事情，即强调为后代牺牲是进步的一个因素，甚至可以说是关键因素。因此，我在《经济学原理》第 4 篇第 8 章中对于我的伦理立场所做的简短暗示，对我来说仅仅是达尔文主义的体现（我在出版物中没有进一步发展这种暗示，不过我在讲座中或多或少地谈到了这个话题），并且在《经济学原理》第 787 页（第 4 版）还触及了“道德家”这一话题。[3]

关于达尔文主义在马歇尔进步理论中的道德作用，某些方面需要得到强调。一个是父母牺牲对种族进步的重要性，这一观点在很大程度上解释了他对女性在社会中的角色的态度，这将在下一章得到展现。正如赫恩在 1864 年已经指出的那样，[4] 通过推迟结婚来遏制人口增长，是父母为了后代的利益而

---

[1] *P* Ⅷ，第 247 页；*P* Ⅸ，第 326 页；参见奥古斯特 · 魏斯曼，《进化论》，伦敦：爱德华 · 阿诺德出版社，1904 年，第 1 卷，第 20–21 页是关于长颈鹿的例子，第 354–355 页是关于他在这方面对斯宾塞的理论的批评。

[2] 参见上文，第 483 页以及注释 †。

[3] 马歇尔致本杰明 · 基德的信，1902 年 5 月 17 日（剑桥大学图书馆，Add 8069/M256）；马歇尔在第 4 版中特别提到的关于养育和家庭生活在经济进步中的作用的内容，首次出现在第 2 版（第 748 页），并一直留存到第 8 版（第 720–721 页）。参见 *P* Ⅸ，第 720 页。

[4] W.E. 赫恩，《政治经济学》，伦敦：麦克米伦出版社，1864 年，第 391 页。马歇尔在早期学习经济学时就看过这本书，参见我的《阿尔弗雷德 · 马歇尔和澳大利亚经济学》，载《HETSA 公报》，1988 年冬，第 9 期，第 1–15 页；关于赫恩对“演化”经济学的贡献，参见彼得 · 格罗尼维根和布鲁斯 · 麦克法兰（Bruce McFarlane），《澳大利亚经济思想史》（*A History of Australian Economic Thought*），伦敦：劳特利奇出版社，1990 年，第 52–55 页。

做出这种牺牲的一个主要例子，而且只有在文明社会中这一点才能得到充分发展，这是人类进步的一个特征。马歇尔补充说，父母养育子女的责任，在于为他们的后代提供美好而快乐的家庭生活，以及让子女受到比他们所享有的更好的教育。[1] 在更广泛的层面上，马歇尔认为储蓄和投资也是这种牺牲的例子，这对后代的进步有着至关重要的影响。[2] 此外，“现代科学”，也就是进化生物学，已经向马歇尔证明了“人类的可塑性有多大”。[3] 这为他持有的经济学家的圣地在于经济生物学这一观点增加了一个不同的维度：只有通过适应现代生物学关于遗传和教养的特征，经济学家才能绘制出人类和经济进步的真正动态路径，这是马歇尔自己的经济研究所致力的崇高理想。他对现代生物学的有限理解也体现在他的讨论中，这就解释了为什么他很少把经济生物学应用到具体的经济问题上。[4]

马歇尔与皮尔森关于遗传问题的争论也很好地概括了他对主张和争端的态度。只有涉及他所认为的最高原则，比如父母的责任和社会进步，才能诱使他公开发表意见，参与公共争端。还有同样重要的事能促使他积极参与此类争辩，那就是维护他经济体系的关键特征。皮尔森事件也说明了马歇尔在这样的战斗中毫无顾忌，偶尔的谎言也是争论的重要组成部分。这与他向克拉克吹嘘真理比和平更重要的说法并不一致。[5] 尖锐的倡导与捍卫崇高原则携手并进，就像他参与各种“运动”（比如这个例子中的优生学运动）一样，这既有利于经济学本身的发展，也有利于使经济这一工具的发展促进人类的进步。占据道德制高点是马歇尔经常使用的辩论技巧。因此，立场坚定的争论者和大声疾呼的倡导者的形象进一步揭示了马歇尔性格中矛盾的特征，他坚持不懈地为他的
486 原则所涉及的事业而战斗，同时也使他偶尔疏忽了“真正的科学家”对“事实”应有的尊重。

---

[1] *P* Ⅷ，第 720–721 页，如注释 180 所示，这一部分内容可以追溯到第 2 版。

[2] 鲍利关于马歇尔讲座的笔记，1891 年 11 月 16 日（英国政治学和经济学图书馆，坎南文件，909，第 22 页）。

[3] 同上，第 21 页，见上文第 6 章，第 14、167–168 页。

[4] 关于马歇尔经济生物学的不同观点，见布林利·托马斯（Brinley Thomas），《阿尔弗雷德·马歇尔论经济生物学》，载《政治经济学评论》，3（1），1991 年，第 1–14 页；杰弗里·霍奇逊，《阿尔弗雷德·马歇尔的麦加》，载《经济学杂志》，103（417），1993 年 3 月，第 406–415 页。

[5] 参见上文第 481–482 页，以及下文第 21 章，第 786–787 页。

第 14 章　浅尝辄止的女权主义者 493

凯恩斯将马歇尔一生中对女性的矛盾态度归因于“强大的遗传”，即父辈遗传的直接产物。这种观点是基于凯恩斯对威廉·马歇尔的解读：他是一个“老顽固”，“他的主宰本能直接面向他的家人，首当其冲的是他的妻子；但这位老先生在理论上将这一主宰扩展到了整个女性群体，他写了一本小册子，叫作《男人的权利和女人的责任》（*Man's Rights and Women's Duties*）”。[1] 除了这种高尔顿式的观点带来的困难之外，凯恩斯的诊断还基于一些有关马歇尔父亲的可疑“事实”。无论如何，凯恩斯一语中的：“马歇尔对女性的一种与生俱来的控制欲，与他对自己妻子的深厚感情和钦佩之情，以及他所处的与女性教育和女性解放密切相关的环境相冲突。”[2] 它清楚地指出了马歇尔在漫长一生中对女性的矛盾情感。马歇尔在早期的剑桥运动中积极支持女性接受大学教育，纽纳姆学院就是在这一运动中发展起来的，他还被任命为第一所“向女性自由敞开大门”的大学学院的校长，这与他后来反对女性获得剑桥学位和反对女教师为男学生授课的做法截然不同，更不用说对性别分工的强烈看法了，这种看法是基于对女性智力和她们的生活责任的同样坚定的信念。这是不是一种“先天偏见”的产物，这种偏见是否随着岁月的流逝逐渐增强，直至在马歇尔成熟时爆发出来？[3] 马歇尔一生中很少有如此简单的事，这一事实提醒我们不要接受这个预设。

要揭示马歇尔对女权主义浅尝辄止的事件，首先需要重新审视马歇尔成长

[1] J.M. 凯恩斯，《阿尔弗雷德·马歇尔》，第 162 页。

[2] 同上，关于马歇尔的父亲可见上文第 22 页，而第 8 章第 223–224 页表明，凯恩斯所说的贝利奥尔庄园内的幸福婚姻是言过其实了。

[3] J.M. 凯恩斯，《阿尔弗雷德·马歇尔》，第 220 页。

时期对妇女态度的一些方面，特别是解决布里斯托事件——比如他向威尔士和蒙茅斯郡高等教育委员会提供的证词所体现的那样——是否标志着他观点上的转折。[1] 其次，马歇尔成熟时期在妇女问题上的观点需要公开。这些在19世纪80年代和90年代剑桥大学的辩论中都很明显；特别是《经济学原理》所揭示的关于性别分工的观点，以及他与当时一些杰出女性的关系和对她们的态度，其中一些人与他有私交。只有这样才能确定，在马歇尔生命的最后阶段，将他描述为一个（相对）有礼貌的厌女者和当时（保守的）科学信仰的受害者是否准确。

马歇尔与女性：成长期（1842–1877年）

正如前面的章节中已经提到的，他的母亲、路易莎姑姑和最喜欢的妹妹梅布尔·路易莎对马歇尔的成长过程产生了强烈的女性影响。然而，从很小的时
494 候起，这种影响就被一个相当专横的父亲抵消了，不过，在一些关键问题上，他也可以被说服而让步；一个仁慈、浪漫，但也相当果决的查尔斯叔叔，他生前和死后的慷慨赞助使马歇尔早年的重大事业得以顺利进行；学校纯粹男性化的环境（有家庭和假期作为调节），以及随后几乎像修道院一样的大学和学院生活，在那里，马歇尔能遇到的女性经常只有铺床工和镇上的居民。有关马歇尔早年生活的这些方面的细节很少，因此用心理学假设来解释他后来的行为可以说是十分危险的。但必须指出的是，他的成长期和隐居的大学生活都是以他生命中第四个令人敬畏的女人——他的妻子和后来的生活伴侣玛丽·佩利——的出现而结束的。他们的婚姻标志着马歇尔有意识地从“男性化”的剑桥过渡到布里斯托，在那里，马歇尔对女性的态度似乎也发生了转变。

---

[1] 这是由丽塔·麦克威廉斯–塔尔伯格在《阿尔弗雷德·马歇尔和剑桥的“女性问题”》中提出的，载《政治经济评论》，LXIII（1），1990年，第209–230页。这一整章都要归功于她在这方面的开创性工作，尤其是她对剑桥大学女性问题的详细研究：《剑桥的女性：一所混合型的男子大学》（*Woman at Cambridge: A Men's University though of a Mixed type*），伦敦：格兰兹出版社，1975年，特别是第4–8章。此外，还可参见米歇尔·A. 普约尔的《早期经济思想中的女权主义和反女权主义》（*Feminism and Anti-Feminism in Early Economic Thought*），奥尔德肖特：爱德华·埃尔加出版社，1992年，第8章，和我的《阿尔弗雷德·马歇尔——女性和经济发展：劳动、家庭和种族》（‘Alfred Marshall—Women and Economic Development: Labour, Family and Race’），载《维多利亚英国的政治经济学和女权主义》（*Political Economy and Feminism in Victorian England*），彼得·格罗尼维根编辑，奥尔德肖特：爱德华·埃尔加出版社，1994年，第4章。

不过，从现有证据中可以找到马歇尔幼年时期的一个相关特征。这就是他的女性亲属在他的青年时期似乎扮演了保护和支持的角色。马歇尔后来回忆，他的母亲经常保护他和他的兄弟姐妹免受父亲的愤怒和管教。与姑姑在德文郡度过的假期，则被他形容为将他从学校和作业的压抑气氛中“解救”出来。这是马歇尔珍藏的假期回忆，可能是这些假期让马歇尔领略了乡村的美好，他最初的家庭和学校生活几乎没有为他提供这样的机会，后来他流连在圣约翰学院的回廊和“荒野”中，在他心爱的剑桥的“后山”，以及定期去欧洲山区和英国乡村进行夏季朝圣。妹妹们也曾是他年轻时的玩伴，他们在学生时代一起练习板球，在研究员假期一起度假，而弟弟沃尔特姗姗来迟，身体又不好，哥哥早年在印度，因此他们无法扮演这个角色。[1]

马歇尔在婚前对女性的其他一些反应可以从他在美国时写给母亲的信件中看到。这些信中抱怨他在海上航行中没有遇到“能干”的女士，在马歇尔看来，这种气质的缺失并没有因为她们的高雅和亲切而得到弥补，这与他习惯的女性陪伴完全不同，可能在这方面已经把他惯坏了。马歇尔还对一位论派在婚姻仪式中拒绝立下“女人服从男人的承诺”的行为表示赞赏，但在他对爱默生的批判性描写中，他轻蔑地指出，“许多女人”把爱默生抬高为“她们的神甫”，而相对于其陈述问题时的力度和情感，其解决问题的能力相当有限。马歇尔对与纳恩小姐在诺里奇开车兜风的描述也很有趣：“一个思维活跃、干练的人，举止非常得体，年龄在 26–32 岁之间”，这是一次“非常愉快的一对一交谈”，一个“在乡村长大的积极进取、心思缜密的女人”的“迷人”魅力，以及他“想方设法”在第二天晚上继续这次经历，更能说明马歇尔对异性的品位的是他对英国女孩和美国女孩的详细对比：

> 我告诉他（即萨姆纳教授）的妻子和妻妹，我很高兴来到美国： 495
> 我打算看看美国女孩是不是完全放弃保养肤色，我原以为这是在欧洲游荡的美国女孩的主要任务。
>
> 她们非常和蔼可亲，但过了几个小时后，她们谈论起在旅途中遇到的英国姑娘。“英国女孩非常活泼（或可爱），但令人遗憾的是，她们不能照顾好自己。有一次，我在欧洲大陆上结识了两位英国姑娘。我们美国人经常组织人数众多的出游聚会，但从来没有人来照顾我们，我们

[1] 参见上文第 2 章，特别是第 39–41 页。

> 可以自己管好自己。但是，我无论怎么恳求都无法说服这两个英国女孩的母亲，让她们单独（没有母亲的照看）和我们一起去旅行。美国女孩比英国女孩更可信；她们不需要处处被人监视。”这让我有点恼火，于是我说：“英国母亲在有男人在场的时候不会跟着女儿到处走，以便监视她们，而是为了在紧急情况下为她们提供保护和防卫；而更有自制力的美国女孩已经学会了在任何情况下都能为自己提供保护和防卫。”她们彬彬有礼，似乎对此表示同意；但我仔细想了想，不禁觉得，普通的美国女孩可能的确比普通的英国女孩更值得信赖。不仅是因为她们更敏锐、更有准备，而且我认为她们能更好地控制自己。[1]

加拿大妇女可以“完全自由地管理自己的事务”，也得到了类似的好评，马歇尔认为这种情况是“正确和有益的”，尽管“普通英国人会认为这是一种危险的许可”。这一观点不适用于内华达州的妇女，她们“有男人的一切缺点；甚至比男人的缺点还多，却没有男性的任何优点”，她们缺乏“温和的美德”，这对下一代来说个坏兆头，马歇尔从旧金山的经验中得出结论，“遥远的西部的弱点在于他们的女性”。因此爱尔兰的矿工倾向于在“故乡”寻觅妻子。马歇尔还观察到，女性缺乏美德“使得内华达州的男人比其他地方的男人更‘瞧不起’、更无法容忍‘女权’运动”。马歇尔还对纺织业的女工进行了概括，对修女们脸上的幸福程度进行了专门的研究，并对一位瑞士乘客的 18 岁妻子做了简单描绘，“温柔、漂亮、纯粹、温和”，“坦率、健谈”，“船上的宠儿”，偶尔也会成为她善妒的 45 岁丈夫的玩笑对象。这些观察虽然偶尔会带有偏见和过度演绎的成分，但几乎没有马歇尔后来为人所知的那种厌女症的味道。[2]

他在 1875 年对有魅力的年轻女性的特征描述，为他后来在剑桥的求爱提供了线索。玛丽·佩利无疑也有这些特点，19 世纪 70 年代早期，他在学院办公室里招待的年轻女学生们也是如此，她们羞怯地（或不那么羞怯地）闯入他在学院和其他地方的社交生活，偶尔会一起在院长家里跳舞，这是由院长的妻子贝特森夫人组织的，她也是妇女教育先驱运动的积极参与者。显然，这些来自大学和家庭的女性陪伴让他无法与 1875 年 6 月前往美国的轮船上遇到的那

[1] 马歇尔致丽贝卡·马歇尔的信，1875 年 7 月 5 日（马歇尔档案，1：293）。

[2] 这一段和前一段大量引用了马歇尔关于美国之行的信件和其他文章，这些参考资料可见前文第 7 章，特别是第 193–200 页。

些毫无个性、温和普通的女士们相处。

这也许就是他积极参与 19 世纪 70 年代早期妇女教育的进步运动的一个原因。另一个原因是，他是圣约翰学院的研究员和道德科学委员会的成员，因此与该运动的领导人有着密切的联系。就前者而言，只要回顾一下他与贝特森夫 496
妇、邦尼和哈德逊的友谊以及对他们的赞赏就足够了，他们都是积极支持这一事业的资深学院研究员，甚至还有圣约翰的学生福克斯韦尔，当时他也参与了剑桥大学的妇女教育运动。在道德科学领域，倡导在剑桥为女性举办讲座的人包括弗雷德里克·莫里斯、福西特夫妇、维恩夫妇、梅厄、西季威克，他们都与马歇尔关系密切，尤其经常参加格罗特俱乐部的活动。马歇尔最初对女权主义事业的热情是第三种强大的动力，尤其他曾赞赏约翰·斯图亚特·穆勒和哈里特·泰勒（Harriet Taylor）在女权事业中的重要贡献。年轻的马歇尔吸收了关于妇女权利的自由主义原则，这一点从他在美国发表的评论中非常明显，他捍卫北美年轻女性的自由权利，他对取消妻子服从丈夫的这种义务感到欣喜若狂。无论这些动机中的哪一个占了上风，也无论它们在多大程度上可以说是出于职业晋升的私利，都无法否认年轻的阿尔弗雷德·马歇尔在 19 世纪 70 年代初剑桥大学妇女教育运动中所发挥的积极作用。[1]

很显然，马歇尔在 19 世纪 70 年代初为支持剑桥大学的妇女教育付出了大量时间和金钱。他是 19 世纪 70 年代早期第一批为女性授课的教师之一，为她们讲授政治经济学和政治哲学，用纽纳姆学院一位早期历史学家的话说，他“创造并引导了对经济学研究的热情投入”。[2] 最初，这些课程大多以推广讲座的方式面向普通大众，但很快就开始教授女学生关于学位考试的相关内容，马歇尔在成长期也参与了这个任务。他积极地为政治经济学招收更优秀的学生：他试图吸纳后来的古典学者简·哈里森，但失败了，不过玛丽·佩利和玛丽·肯尼迪的成功弥补了这一失败。[3] 他的妻子在 1884 年回忆说：“我认

[1] A.S. 和 E.M.S.,《亨利·西季威克回忆录》，第 204–207 页，尤其是第 205 页注释 1。马歇尔对穆勒和他的妻子哈丽特·泰勒的钦佩，在《工人阶级的未来》的引言中就有明显的体现，见《纪念集》，第 101 页。另见纽纳姆学院，《1921 年赞助人记录》(*Record of Benefactors 1921*)，为学院印刷：剑桥大学出版社，1921 年，第 1–3 页。

[2] 爱丽丝·加德纳（Alice Gardner),《纽纳姆学院简史》(*A Short History of Newnham College*)，剑桥：鲍斯 & 鲍斯出版社，1921 年，第 14、24 页；B.A. 克拉夫，《安妮·杰米娜·克拉夫传》，伦敦：爱德华·阿诺德出版社，1897 年，第 148 页。

[3] 米尔利（Mirrlees）的打字稿中提到了安娜贝尔·罗宾逊（Annabel Robinson）关于简·哈里森的笔记，NCA，第 25 页；玛丽·佩利·马歇尔，《我的回忆》，第 20–21 页。

为当时我们没有充分认识到老师们的巨大善意，他们对我们中的一两个人非常苛刻，像对待一大群男人那样对待我们。”[1]后来她回忆说，马歇尔是最早的“走私者”之一，他把学位考试试卷从行政楼的男学生考场带到位于贝特曼街的肯尼迪家里，供女学生们使用，这样两周一次的考试，在严格的监督和批改下，对女学生们的经济学教育颇有成效。[2]马歇尔一直坚持这种义务教育，直到1875年，玛丽·佩利被任命为纽纳姆学院政治经济学的常驻讲师后取代了他。此外，1874年，马歇尔还向纽纳姆建筑基金捐赠了50英镑，这是一笔不小的数目，也许部分原因是为了给他即将与之订婚的对象留下深刻印象，表明他对这项事业和她的工作地的热爱。[3]

在剑桥帮助女性接受教育并非马歇尔的全部工作，他也参加娱乐和社交活动。前面提到马歇尔和圣约翰学院的同事哈德逊会在学院房间组织周日社交晚会，还参加了院长活动室的舞会。早期的纽纳姆学生回忆说，在19世纪70年代初，亨利·福西特和阿尔弗雷德·马歇尔参加了克拉夫小姐的花园茶会，他
497（和西季威克、西利、凯利、杰布）还出席了“非常纯洁和乡土的活动”，大家一起享用茶点和音乐。尽管更资深的活动组织者一直试图阻止恋情的发生，但在年轻的老师和他们的女学生之间，浪漫还是出现了。第一个成果便是阿尔弗雷德·马歇尔从美国归来、玛丽·佩利担任讲师的一年内，他们订婚了。又过了一年，他们结为夫妻并离开剑桥去了布里斯托。[4]

布里斯托大转折：通往大马士革之路？

马歇尔夫妇在布里斯托的逗留与他们的婚姻直接相关，但结果却没有他们最初预期的那么好。当阿尔弗雷德·马歇尔申请布里斯托大学学院校长职位的

---

[1] 玛丽·佩利·马歇尔，《纽纳姆的成长》，纽纳姆学院俱乐部，《剑桥信件》（*Cambridge Letter*），1884年，为私人流通印刷，第4页。

[2] 玛丽·佩利·马歇尔，《我的回忆》，第16–17页。

[3]《剑桥大学报》，1874–1875年，第20页；纽纳姆学院，《1921年赞助人记录》，为学院印刷：剑桥大学出版社，1921年，第5页。如果金钱是动机和行为的衡量标准，那么值得注意的是，1887年马歇尔夫妇对克拉夫大厅建筑基金的捐款仅为25英镑（同上，第10页），而两人在1874–1875年对纽纳姆大厅的捐款总额为150英镑。不过，1887年，他们刚建好贝利奥尔庄园，财务状况还比较紧张。

[4] 参见上文第8章，第228–230页；米尔利的打字稿，NCA，第32、34页；桑德拉·J.皮科克，《简·艾伦·哈里森：面具与自我》，伦敦：耶鲁大学出版社，1988年，第46页。

时候，这似乎是解决他们谋生难题的最佳方案。这既是财务和学术上发展的机会，也是在一所新大学创造新事业的难得机遇。此外，布里斯托向女学生敞开大门的教育进步理念也颇具吸引力。正如上文已经指出的，至少对马歇尔本人来说，这种预想的满足感很快就烟消云散了。他工作的一些方面，特别是校长一职的行政工作，是他早期对布里斯托的状况感到失望的原因之一。其他原因还包括"1879 年患上的疾病"让他失去了"生命中最美好的十年"，[1] 以及令人不满的白天课程基本充斥着女学生，这也让他新婚一年的妻子在 1878 年成了一位职业女性；他母亲的去世；他在一个小册子上进行漫长而艰苦的写作，而他越来越觉得这是一种浪费，并且阻碍了他在这个主题上开展更有建设性的研究工作；最后但也很重要的是，他"对旧章程有强烈的不满，这些制度逼迫他在结婚时辞去研究员的职务"，这种被剑桥驱逐的感觉与日俱增。[2] 马歇尔的妻子晚年回忆起他们在布里斯托的那段时光时十分愉快，与之形成鲜明对比的是，马歇尔把那段时光视为自己必须承受的十字架，这是他的婚姻强加给他的。在 1891 年写给凯恩斯的一封信中，马歇尔甚至把他接受布里斯托的职位描述为他做过的最"悲惨的事情"，因为"这是一份无法把自己的研究结合进去的工作"。[3]

这些因素本身并不影响马歇尔后来反对他早期关于妇女教育和妇女社会角色的进步观点。马歇尔在 1873 年为女性举办的广受欢迎的讲座中，暗示女性在家庭之外也有重要的工作要做，从而含蓄地驳斥了被称为"灶台天使"的女性典范。"我们不应当要求我们的亲属为了我们而耽误她自己的工作"；相比于在家庭中"互相照顾，这个世界上有更多的事情要做"，这一理由使得女性研究社会福利变得非常重要，而经济学教育与之密切相关。[4] 1880 年 12 月，马歇尔以布里斯托大学学院校长的身份向威尔士和蒙茅斯郡高等教育委员会作证时，这一观点发生了巨大变化。在女孩接受高等教育的问题上，马歇尔指出，

[1] 马歇尔致 J.B. 克拉克的信，1908 年 3 月 24 日，载《纪念集》，第 417 页，还可参见上文第 8 章，第 233–234 页。

[2] 马歇尔致福克斯韦尔的信，1884 年 4 月 29 日（弗里曼收藏，48/123）。

[3] 马歇尔致 J.N. 凯恩斯的信，1891 年 8 月 30 日（马歇尔档案，1：102）；玛丽・佩利・马歇尔，《我的回忆》，第 22–27 页，以及见上文，第 8 章，第 237 页。

[4] 阿尔弗雷德・马歇尔，为女性授课，1873 年 5 月，第 4 讲的笔记；玛丽・佩利第 5 讲的笔记；丽塔・麦克威廉斯 – 塔尔伯格，《阿尔弗雷德・马歇尔与经济学的男祭司》（'The Male Priesthood of Economics'），载《政治经济史杂志》，IX，（2–3），1991 年，第 246–247 页。

“能够离开家（接受高等教育）的女孩人数确实很少”，因为“一般来说，最优
498 秀的女性的部分时间往往被家庭占用；一般而言，她们需要履行对父母、姐妹和兄弟的责任，这占用了她们的部分时间，虽然一个女人可以比男人更容易地在六年里拿出一半的时间，但她不可能像男人那样在三年内奉献出全部时间”。[1]后续表明，马歇尔在这里说的是17至23岁的大学女性，而这些女孩中的佼佼者，作为“家庭中的一抹亮色”是不可或缺的，因为她们不仅使“家庭充满活力”，而且能够“教育弟弟妹妹”，这是他在布里斯托大学学院担任校长时的经验之谈。[2]

马歇尔在这里提到的布里斯托大学女性教育的特点是，它为年轻女性提供了不住宿的教育机会，使她们能够轻松地用六年里的一半时间完成学业，而剑桥和牛津等古老大学则要求三年的全日制就读。丽塔·麦克威廉斯－塔尔伯格认为这是一个进退两难的局面（Catch–22）：“智力超群的女孩不可能被她们的家庭‘放到’剑桥大学三年，除非她们在道德和社会方面都不如别人。而智力平平的人无论如何也不应该出现在剑桥。女人不是性格软弱就是头脑软弱。”[3]这表明了马歇尔在妇女教育问题上观点的变化，但没有解释他这样做的原因。基于布里斯托经历提出的一些假设可能会对后者有所启发，从而说明为什么到了19世纪70年代末，马歇尔向传统的“灶台天使”模式转变。

原因之一与他母亲的去世有关。1878年6月，马歇尔母亲在“慢性肠梗阻”所引发的“约20小时的昏迷”后，突然去世。莎拉·汤普森是死亡登记人，但她不能作为联系人在登记簿上签名。此外，她不知道丽贝卡·马歇尔丈夫的名字，因此在登记条目中留下了空白，这显然表明她不是这家人的密友，很可能只是一个仆人。这些事实表明，马歇尔的母亲在没有直系亲属在场的情况下去世，她的丈夫和女儿可能与其他亲戚一起度假去了。[4]鉴于母亲去世时在场的人的识字能力，马歇尔不太可能在布里斯托收到母亲健康状况突然恶化

[1] 阿尔弗雷德·马歇尔，给威尔士和蒙茅斯郡高等教育委员会的证据，Cmnd 3047–1，议会文件，第33卷，1881年，第767–779页，对第18276题的回答在第775页，对第18304题的回答在第776页。

[2] 同上，对第18305–18306题的回答在第776页。

[3] 丽塔·麦克威廉斯－塔尔伯格，《阿尔弗雷德·马歇尔和剑桥的“女性问题”》，第219页。她在这些引文的括号中补充道，“人们不禁想知道，玛丽·佩利·马歇尔被视为家中无趣而不重要的一员是什么感受”。

[4] 姐姐安格尼丝那时可能在印度，她后来也在那里去世，这是上文第2章第39页的推测。

以致丧命的消息。关于马歇尔母亲死亡的情况，人们所知甚少。然而，他与福克斯韦尔的一些通信以及他从美国寄来的信件[1]表明，马歇尔非常关心母亲的健康，这一点从 1874 年至 1875 年冬天她长期患病期间，马歇尔亲身照料便可看出，次年夏天马歇尔在美国时，她可能还在养病。母亲临终时没有女儿和丈夫的陪伴，自己也无法与她取得联系，这种经历很容易引起马歇尔对女性家庭责任的重新思考，进而导致他接受了传统的维多利亚模式。他对母亲的无限眷恋，再加上如果他的姐妹们在那里，他就能在母亲去世前及时联系上她、见到她，这使得母亲的去世成为他重新进行思考的一个合理解释。不过支持这一假设的证据归根到底也是偶然性的。

马歇尔对妇女教育的看法之所以改变，另一个解释是，他可能将他的以男 499
性为主的夜校学生和他妻子的以女性为主的日校学生进行了比较。他在 1880 年为高等教育调查提供的证词中就有这方面的暗示，除此之外，还将他们与 19 世纪 70 年代他在剑桥大学高级经济学课上的优等生相比较，这就更不公平了。关于这些学生的资料很少，更加证实了这一点。前一章指出，从 1878 年开始，马歇尔在布里斯托教授夜校的课程，学生包括商人、工会成员和少数妇女。他的妻子负责白天的课，班上除一个男生外全是女学生，她在教学的第一年就把女学生从夜校中吸引过来，使学生人数翻了一番，结果夜校的女学生人数急剧下降。除了他妻子为那些女学生组建的辩论社所引起的争议（这可能使马歇尔对在严肃的经济学教学中开展此类活动的价值产生了怀疑）之外，布里斯托的经历可能使他认识到，教学中的性别分工即使不是自然的，也是适当的：女教师为女学生服务，男教师则为男学生服务。他在布里斯托的经历让他回忆起，尽管他极力反对，但布里斯托的男性还是拒绝参加这种以女性为主的课程。[2]他对妻子智力判断的贬损暗示，与他后来在 1876 年对妻子“仅有非常初级的知识”的评判是一致的，当时她被要求撰写后来的《产业经济学》，马歇尔在很大程度上接管了这项工作，其中，只有相当简单的前几章主要归功于她。马歇尔对妻子智力局限的看法，与他对她在布里斯托的“出色的教学工作”的赞赏并不矛盾。同样，这也与他认为女性无法在经济学领域从事真正有

[1] 马歇尔致福克斯韦尔的信，1875 年 1 月 31 日、2 月 4 日（弗里曼收藏，12/229，13/229）；上文第 2 章第 36、38 页有关于他母亲去世时的状况的讨论。他的妻子在巴勒莫患疟疾热病时就证明了他具有“护士”的能力。

[2] 参见上文第 9 章，第 235 页，参较第 10 章，第 332–334 页，也见《剑桥大学报》，1896 年 3 月 3 日，第 551 页。

建设性的工作的观点相吻合，他的妻子曾说过，琼·罗宾逊（Joan Robinson）的《不完全竞争经济学》（*Economics of Imperfect Competition*）的出版证明阿尔弗雷德在这一问题上是完全错误的。[1] 因此，布里斯托的教学经历可能在更广泛的意义上促成了马歇尔对女性教育和女性角色看法的转变。

也许最根本的原因是，他在妇女问题上态度的转变是他经济学思考方向转变的结果。1879 年的《产业经济学》与《经济学原理》中成熟的经济学体系之间的区别之一，就在于后者明确将进化力量和遗传的重要性纳入了更广泛意义上经济进步的解释变量。虽然在早期的著作中已经可以看到优生学影响的痕迹，但后来的《经济学原理》在处理产业组织和劳动分工的内容时明显有了更多具体的进化思想。[2] 这种差异当然可以解释为，与权威的著作相比，初学者往往需要更简单的文本。一个更合理的解释是，此时马歇尔希望以尽可能现实的形式发展一种经济进步理论，为此他可能从斯宾塞和达尔文的著作中寻求灵感。斯宾塞在他的《第一原理》[3] 中对进化论的讨论经常与经济进步、劳动分工、产业组织和社会组织等话题联系在一起。在这种背景下，更有趣的是，这
500 一任务可能还促使马歇尔阅读或重读达尔文的《人类的起源》，这本书首次出版于 1871 年，当时对经济学的专注研究占据了他的大部分时间。遗憾的是，关于马歇尔何时首次阅读这本进化论经典文献，目前尚无任何资料。如果他是在准备对经济进步进行现实描述的过程中读到这本书的，那么这本书可能同样影响了他对两性自然分工的看法。

达尔文的书中包含了许多与本章话题相关的言论，特别是在论述男女精神力量差异以及通过训练消除这种不平等的可能性的部分。

> 男女在智力上的主要区别在于，无论从事什么工作，男人都能比女人取得更高的成就——无论是需要深刻的思考、理性或想象力，还是仅仅依靠感官和双手的工作。如果把诗歌、绘画、雕塑、音乐（包

---

[1] 参见 G.C. 哈考特，《琼·罗宾逊》，载哈考特的《社会科学帝国主义者：论文选集》（*The Social Science Imperialists. Selected Essays*），普鲁·柯尔主编，伦敦：劳特利奇 & 基根·保罗出版社，1982 年，第 349 页。琼·罗宾逊赠送给玛丽·佩利·马歇尔的《不完全竞争》的副本保存在马歇尔图书馆，以纪念她在女性经济学教育方面的开创性努力。另见丽塔·麦克威廉斯–塔尔伯格，《马歇尔的最后一课》，第 609 页和注释 7。

[2] *EOI*，第 1 篇，第 5 章，第 5 节；上文第 13 章，第 482–485 页。

[3] 赫伯特·斯宾塞，《第一原理》，第 3 部分，第 111、114、122、134–135、154、161、175 节。

> 括作曲和演奏）、历史、科学和哲学等领域最杰出的男人和女人列成两份名单（每个领域选出六个人），那么这两份名单是无法相提并论的。高尔顿先生在他关于“遗传天才”的著作中很好地阐述了平均值偏差规律，我们也可以从这一规律推断，如果男人在许多领域都明显优于女性，那么男性的平均智力一定高于女性。
>
> ……
>
> 必须牢记的是，男女双方在晚年获得的性格倾向会在同龄时影响同性，而早期获得的性格则有传给男女两性的趋势，这些规律虽然普遍，但并不总是成立。如果这些规律总是成立的话，我们可以得出这样的结论（但我在这里超出了应讨论的范围）：男孩和女孩早期教育的遗传效应会平等地传递给男女两性；因此，两性目前在智力方面的不平等不是由此类早期训练造成的；也不可能是由他们不同的早期训练造成的。为了使女性达到与男性相同的标准，她应该在快成年时接受精力和毅力方面的训练，并将她的理智和想象力发挥到极致；然后，她可能会把这些品质主要传授给她成年的女儿们。然而，并不是所有女性都能这样长大，除非在许多代中，那些在上述强健美德方面出类拔萃的女性结了婚，并且比其他女性生育更多的后代。正如前面所说的体力问题，虽然男人现在不再为妻子而战，但是在成年后，为了维持自己和家庭的生计，他们通常要进行一番艰苦斗争；这将保持甚至增强他们的精神力量，从而导致目前的两性之间的不平等。[1]

虽然达尔文承认他的理论需要“科学的精确性”，但他坚信性选择是解释“人种”外貌差异的一个关键变量，并愿意支持高尔顿的优生学原则，以

[1] 查尔斯·达尔文，《人类的起源》，伦敦：约翰·默里出版社，第 2 版，1906 年，第 858、860–861 页；参见第 923–925 页和赫伯特·斯宾塞的《第一原理》，伦敦：威廉 & 诺格特出版社，1919 年，第 6 版，第 137 页注释 *，内容如下：

> 我认识一位女士，她认为紧紧折叠起来的衣服比折叠得松松的衣服更重；在这种信念的驱使下，她把行李箱做得很大，以减少运费！我认识的另一个人，把伴随着活力的轻盈感归因于体重的实际减轻；她相信，只要轻轻地迈步，就能减少对地面的压力；当被问及此事时，她断言，如果把自己放在秤上，她能通过意志力使自己变轻！

确保种族种群的改善。[1] 因此，性别分工似乎被进化科学的最高权威证明是合理的。如果实际的社会实践遵循这些发现，那么种族和国家的进步将得到最大程度的推动。在考察马歇尔在经济领域对这些观点的具体发展之前，我们先来看看马歇尔对妇女教育问题的应用。马歇尔在 1880 年向高等教育委员会含蓄地阐述了女性在精神上不如男性以及她们对家庭负有特定的责任的思想，当他将进化论的思想应用于经济进步的高级主题或剑桥大学关于女性学位的辩论时，这些观点构成了他的方案的基本前提假设。当女性违反这些生
501 物学规律，比如她们要求普选权，或者在传统大学中争取全部权利时，马歇尔可以指出这些科学的发现，至少在他的解释下，来支持他原则上反对这种越轨行为。然而，正如前一章所总结的那样，他在这些问题上的科学观点往往是具有高度选择性的，忽视了相反的证据，而且经常只是用来证实他深信不疑的先入为主。[2]

因此，人们可以从他在布里斯托的经历中确定一些因素，用来解释他对女性社会角色的看法向更传统观点的转变是一条通往大马士革的真正道路。与他母亲去世有关的个人境遇；在布里斯托大学期间，经济学女学生的特殊处境及马歇尔本人角色的变化；再加上他在构建他认为更符合现实的经济和社会进步理论时所吸收的进化论思想（这些理论后来成为《经济学原理》第 4 篇），这些都很可能导致他的这一转向。由于现存资料缺乏基本细节，这些解释只能是一种推测。

女性在男子大学中的地位：关于女性学位、女性教师的争论

早在 1880 年 11 月，在格顿学院发出类似请愿时，马歇尔就反对给通过必要考试的女学生授予文学士学位，因为隐含的住宿要求会迫使她们“忽视对家

[1] 查尔斯·达尔文，《人类的起源》，第 944–946 页。详细的讨论见伊夫莱恩·理查兹（Eveleen Richards），《达尔文和女性的起源》，载《进化思想的广阔天地》（*The Wider Domain of Evolutionary Thought*），大卫·奥德罗伊德（David Oldroyd）和伊恩·朗厄姆（Ian Langham）编辑，雷德尔：多德雷赫特，1983 年，第 57–111 页。

[2] 见上文，第 13 章，第 481–482 页。

庭的紧迫责任”。[1] 当学位问题在 1887 年再次被提出时，马歇尔已回到剑桥担任政治经济学教授，他代表他的妻子和他本人表示，现阶段采取这一步骤为时过早，而且就个人而言，如果剑桥成为一所男女混合的大学，它将不再完全适应男性的需求，从而导致退化。在反对授予女性学位的斗争中，担心女性积极干涉大学事务是一个有力的理由。授予她们学士学位，进而授予硕士学位，这将使她们在大学里拥有投票权，从而赋予她们在大学决策方面的实权，以及其他特权，比如从大学图书馆中借书。马歇尔是最早提出在剑桥这所男性大学中有“女人当权”危险的人之一。[2]

对此，有人提出了一个妥协方案，旨在让女性获得学位的同时，并不立即享有其他特权，如大学会员资格。这个折中方案是由大学联合会（委员会）成员西季威克提出的，他被委任起草一份有关该问题的决议。由于担心这种更为温和的方法可能会取得成功，反对授予女性学位的大学成员们发起了两份请愿书。马歇尔签署了这两份文件，其中第二份直截了当地表达了希望“大学不采取任何措施接纳女性成为大学会员以及获得学位”。[3] 马歇尔公开反对这一改革的立场，再加上他早年与纽纳姆学院的紧密联系，以及他与纽纳姆学院讲师结婚的这一事实，都使得西季威克非常愤怒。这一怒火很难平息，以至于三 502
年多后，马歇尔在就道德科学荣誉考试条例与西季威克产生争执时，写信给 J.N. 凯恩斯说，“西季威克一直对他在女性问题上的做法感到愤怒”，这让他在董事会的处境更加艰难。[4]

马歇尔反对剑桥大学扩大女性影响的下一个行动关乎女性担任大学代课讲师的机会。1893 年 2 月，大学推广讲座联合会决定邀请符合条件的女性（在荣誉考试中取得一等成绩的女性）申请这类职位。第一个接受这一邀请的人是艾伦·麦克阿瑟，一位经验丰富的格顿学院讲师，在 1885 年历史荣誉考试中取得一等成绩，后来与马歇尔的老对手威廉·坎宁安合作撰写了一本经济史教材。作为扩展讲座联合会的主席，马歇尔反对这一任命，理由是“向大部分男

[1] 马歇尔致莎拉·艾米丽·戴维斯（Sarah Emily Davies）的信，1880 年 11 月 11 日（格顿学院档案）；有关这一部分的背景，请参阅丽塔·麦克威廉斯－塔尔伯格，《剑桥的女性》，第 70–84 页。

[2] 丽塔·麦克威廉斯－塔尔伯格，《剑桥的女性》，第 88–90 页。

[3] 同上，第 96–97 页。

[4] 马歇尔致 J.N. 凯恩斯的信，1891 年 8 月 30 日（马歇尔档案，1：102）。

性听众公开演讲的工作不适合女性，会损害她的品格”。[1] 马歇尔这次没有成功，但在 1894 年，他仍然非常积极地试图扭转大学任命女性为混合班讲师的立场。在给福克斯韦尔[2] 的一封标记为“私人”的信中，马歇尔表示，因为他“(在家庭内)处境尴尬”，不能“轻易说出我的真正所想”，马歇尔向福克斯韦尔寻求支持，让大学理事会对“女性教师为男女混合班授课”做出裁决。一个星期后，马歇尔就他为副校长起草的一份关于这个问题的备忘录的措辞征求他的朋友的意见。[3] 在接下来的两个星期里，马歇尔一直在积极寻求各方支持，他沮丧地报告说：“我很惊讶地发现，我的私人好友中有很大一部分都与女性解放运动的极端派结盟”，再加上妻子与纽纳姆学院的紧密联系，他不得不在后方进行斗争。尽管如此，他还是愿意为这场斗争“付出相当多但也不是很多的时间”。[4] 当天晚些时候，他报告说达勒姆主教（韦斯科特）、公共演说家和大学图书管理员都支持这项事业，并补充说签名者中还有一位学院院长，也许来自三一学院或克莱尔学院，会给这项事业带来更多力量。[5] 这一役又一次失败了，几天后，马歇尔偃旗息鼓。一年后，马歇尔以前在格顿的一名学生在道德科学荣誉考试中取得一等成绩，此前她在数学荣誉考试中已经取得了一等成绩，还曾是劳工委员会的一名职员，她申请了代课讲师的职位，并邀请马歇尔做她的推荐人。马歇尔不仅拒绝了她，“还亲自写信给董事会的每一位成员，敦促大家不要任命她”，因为她“太年轻，太女性化，不适合充满阳刚之气
503 的观众”。他还担心，除了演讲内容之外，她还会对听众产生其他影响，而这

[1] * 丽塔·麦克威廉斯–塔尔伯格，《剑桥的女性》(*Woman at Cambridge*)，第 105–106 页；她指出，作为布里斯托大学学院的校长，马歇尔允许他的妻子为男女混合的班级讲课，但正如前面所示，这两个案例并不完全相似，因为玛丽·佩利·马歇尔在布里斯托的日间班主要面向女性，在头两年只有一名男性参加。1893 年和 1894 年，牛津大学和剑桥大学对女性监护人（chaperonage）的要求发生了变化，三一学院等一些学院在“男女混合”班级中要求有女性监护人，而另一些则没有，这可能促使马歇尔投身这场狂热的运动。大卫·鲁宾斯坦，《妇女参政论者之前》，第 190–191 页。1895 年，威廉·坎宁安和艾伦·麦克阿瑟在剑桥大学出版社出版了《英国工业史纲要》(*An Outline of English Industrial History*)。

[2] 马歇尔致福克斯韦尔的信，1894 年 10 月 21 日（弗里曼收藏，11/127）。

[3] 马歇尔致福克斯韦尔的信，1894 年 10 月 29 日（弗里曼收藏，2/127）。

[4] 马歇尔致福克斯韦尔的信，1894 年 11 月 9 日（弗里曼收藏，3/127）。

[5] 马歇尔致福克斯韦尔的信，1894 年 11 月 13 日（弗里曼收藏，10/127）。

种影响并不完全令人满意。[1]

马歇尔坚决反对在大学里增加妇女权利的一些不那么张扬的事例也记录在案。1891 年，他在道德科学委员会上附议了塞尔温学院院长提出的一项动议，即基于一般女性不应"分享大学薪酬"的原则，女学生不应有资格获得阿莫尔德·格斯滕贝格（Arnold Gerstenberg）奖学金。该动议以 2 票对 4 票被否决，西季威克、约翰逊、凯恩斯和沃德投了反对票。[2] 马歇尔在关于向所有大学成员开放奖学金条例的辩论中进一步探讨了这一问题。他当时辩称，条例所强调的高等教育对女性的重要性并不一定意味着要使剑桥大学男女生人数最终接近平等。他倾向于认为解决问题的办法可以是，例如，"建立一所专门为女性开设的大学"。[3] 同样，当剑桥大学积极讨论研究生培养方案时，马歇尔希望在条例中使用"男人"（men）这个词，"如果仅指男性的话"，而不是牛津大学所使用的模棱两可的"人"（person）。[4] 这是源于早先在讨论这个问题时，有人暗示研究生培养方案可以用来推动剑桥向"男女混合"的大学发展，正如某些奖学金条例（如格斯滕贝格奖学金）所做的那样。[5]

马歇尔在反对剑桥大学授予女性学位的斗争中最激烈的一次是 1895 年底重新发起的一场运动。这始于一份吸引了两千多人签名的请愿书，要求大学理事会任命一个新的联合会来调查最适合剑桥大学女性获得学位的方法。学位问题变得越来越重要，因为如果学位没有得到适当的认证，女性在找工作时就会处于不利地位。支持这项工作的委员会成立后，1234 名纽纳姆学院和格顿学院的往届学生、164 名女校长以及由艾米莉·戴维斯（Emily Davies）和玛丽昂·肯尼迪（Marion Kennedy）从校外相关团体收集的 268 位其他签名者递交了请愿书。到 1896 年 2 月，反对派也开始组织起来。马歇尔积极参与其中，

---

[1] * 丽塔·麦克威廉斯－塔尔伯格，《剑桥的女性》，第 106–107 页。这个人就是 E.E. 里德小姐，她在 1891 年数学荣誉考试中获得一等成绩后，在 1892 年道德科学荣誉考试中又获得了一等成绩。在皇家劳工委员会的《秘书关于办公室工作的报告》附录 II，第 27 页（第 20 卷，Cmnd 7421–11895）中提到了她在委员会中的作用。简·艾伦·哈里森在《学生时代的回忆》中描述了女讲师在这个时候所面临的困难，伦敦：贺加斯出版社，1925 年，第 43–44 页。在关于经济学荣誉学位的辩论中，威廉·哈考特不支持这样的举动，但他还是希望这样的变化和潮流不会导致"一个政治经济学女教授"的诞生（威廉·哈考特爵士致马歇尔的信，1902 年 3 月 8 日，牛津大学，伯德雷恩图书馆）。

[2] 1891 年 11 月 20 日道德科学委员会会议纪要，CUL，Min.V 10。

[3]《剑桥大学报》，1892 年 3 月 8 日，第 600 页。

[4]《剑桥大学报》，1894 年 11 月 6 日，第 175 页。

[5] 马歇尔致福克斯韦尔，1894 年 10 月 21 日（弗里曼收藏，11/127）。

为大学理事会的成员制作了一份八页的小册子（传单）。这本小册子承认女性因没有学位头衔而处于不利地位的控诉是有道理的。而作为补救措施，马歇尔建议用走读学士（E.B.A.）或准学士（A.B.A.）这两个头衔来代替正式的学士学位。根据马歇尔的说法，这些替代方案强调了女性在获得学位的同时没有获得住校生的全部好处，而这一点至关重要。剑桥大学的居住条件并不很辛苦，但却能让男性专注于学业，而不必考虑家庭的琐事。

504 但是同样的规则用到女性身上，效果却大相径庭。女孩离开学校后可以为父母和弟弟妹妹做很多事情，这是一个男孩即使待在家里也做不到的。男孩几乎肯定要外出工作谋生，而女孩十有八九要作为妻子或姐妹负责家庭事务；把几乎所有的精力都集中在单纯的脑力劳动上三四年，对她来说远不像对年轻男子那样有益。但是根据我们目前的条件，不管她的家庭多么迫切地需要她，她也必须一直遵守这些条件，否则她的工作就会失去人们的认可。如果她决定走自己的路，让她的家人自己照顾自己，她就会得到荣誉学位；但她真实的生活却会因此贫乏无趣，没有因家人而变得丰富。那些天性最饱满、无论有什么机会都会为世界做出最好贡献的人，恰恰是那些最有可能因为对学位的渴望与对家人的眷恋之间的矛盾而不愿来剑桥的人。[1]

为了捍卫自己的观点，马歇尔引用了他在布里斯托和剑桥担任教育家的经历，包括他在 19 世纪 70 年代参与剑桥早期女性教育运动的经历。这让他对是否有必要修改规章制度产生了怀疑，尤其是再次回到剑桥之后。这些怀疑“不仅从女性自身出发”，他在脑海中认定斯特普尼主教为女性建立帝国大学的计划是最佳方案，更具体地说，这是出于大学利益的考虑，对马歇尔而言这是至高无上的。

这就引出了一个棘手的问题，但对于这个问题，我无法再保持沉默。人们常说，女性应该通过与男性学习相同的课程，以便在考试中准确比较两性的成绩：我认为这是不可取的，我确信它是无法实现的。

[1] 阿尔弗雷德·马歇尔，《致（关于女性学位）理事会成员》，剑桥大学，贝利奥尔庄园，1896 年 2 月 3 日，第 5 页。

> 因为考试检验的是在规定的领域内的接受能力和勤奋程度；而这些都是女性的强项。在过去的 25 年里，我看过的女性论文和男性论文几乎一样多，如果提交考试，这些论文都会得到很高的分数；但是，这些年来女性所做的建设性工作却无法与男性相比。正是这些美德使女性在家庭中出类拔萃，也让她们能够以男性所不具备的勤奋来应对考试。在处理描述性事例上，她们往往有许多新颖之处；但是，在更高级、更困难的研究中，尽管从考试的角度看她们的工作非常出色，但与最优秀的男性相比，她们的工作缺乏自发性。[1]

马歇尔后来在理事会的辩论中坚定地捍卫了这些信念。这在一定程度上得益于他从哥伦比亚大学的朋友塞利格曼和哈佛大学的朋友陶西格那里征集到的信件，这些信件指出，这些美国一流大学更倾向于给予女学生更多的特权，而不是完全实行男女同校。这些信息还为纠正西季威克夫人的观点——她说哥伦比亚大学的女性直接从该校获得学士学位——提供了证据；这些学生来自巴纳德学院（Barnard College），一个专门为女性教育而设的学院。[2] 一年后，在
投票前的最后一场辩论中，[3] 马歇尔发表演讲称，与 19 世纪 70 年代他在剑桥 505
积极支持女性教育运动时相比，妇女教育问题的形式已经发生了变化。马歇尔认为，自 19 世纪 70 年代他积极支持剑桥的女权运动以来，女性教育问题的形式已经发生了变化。他发现，自 1885 年以后，纽纳姆和格顿女学生的总体素质不如他在"19 世纪 70 年代人数较少"的情况下那样高，尽管"有些女性还是一如既往的优秀"。此外，1896 年有 7 所教学型大学完全对女学生开放，这在 1871 年一所都没有。这七所对女性开放的大学与牛津大学和剑桥大学不同，它们没有牛津和剑桥那种从过去继承下来的寄宿制、近乎修道院式的组织形

[1] 阿尔弗雷德 · 马歇尔，《致（关于女性学位）理事会成员》，剑桥大学，贝利奥尔庄园，1896 年 2 月 3 日，第 6 页。

[2] *《剑桥大学报》，1896 年 3 月 3 日，第 351–352 页；1895 年 12 月 30 日，马歇尔在给塞利格曼的信中敦促他给《泰晤士报》写信；1896 年 3 月 13 日，马歇尔请塞利格曼确认哥伦比亚大学的文学士不向女性开放；1896 年 3 月 19 日，他想进一步了解这个问题，1896 年 4 月 2 日的最后一封信要求塞利格曼授权马歇尔发表关于女性在哥伦比亚大学各学位课程中的地位的评论；1896 年 2 月 4 日，马歇尔写信给陶西格，请求确认陶西格在前一年夏天告诉他的关于哈佛大学女性地位的事情。

[3]《剑桥大学报》，1897 年 3 月 26 日，第 791–796 页。它的开场白似乎是为了回应前一年西季威克的演讲（《剑桥大学报》，1896 年 3 月 3 日，第 552 页），其中西季威克讽刺马歇尔在这个问题上"向后倒车"。

式。这种独特的社会生活结构在这两所大学所提供的教育体验中至关重要，而招收大量女学生将严重破坏这种结构。这又让马歇尔想到了他在布里斯托的经历中最常说的主题。许多女性“无法逃避家庭责任”，因此，大多数布里斯托女学生都反对剑桥大学“强迫女性在三年内匆匆完成大学课程”的计划。马歇尔在这次演讲中进一步提出了两个问题来回应西季威克夫妇。他对西季威克夫人关于学位对女性求职重要性的数据提出质疑；他驳斥了亨利·西季威克关于建立一所女子大学计划的诽谤，并指出他与西季威克就这一问题的争吵在1885年他回到剑桥的时候就开始了。

马歇尔极具号召力的小册子和演讲使得反对女性获得学位的呼声迅速高涨。反对势力成立了自己的委员会，组织了请愿活动，并给媒体写信。战斗从1896年初开始，持续了一年多。马歇尔本人也积极参与了这一活动，这一点可以从留存下来的信件中看出。1896年3月，马歇尔在写给威廉·贝特·哈迪爵士（Sir William Bate Hardy）的信中[1]提到他收到了一些“倾向于支持我们”的剑桥外人士的来信，他说如果这些信能用于他们的战斗，他愿意将这些信寄给哈迪。信中还透露了他与麦格达伦学院（Magdalene College）院长和圣约翰学院前院长和道德科学讲师卡尔德科特（Caldecott）在为反对派争取支持方面的联系，以及前文提到的他与美国经济学家之间的通信。他对这一事业的支持绝非消极被动，尽管他对自己的积极参与在贝利奥尔庄园家庭内部引起的问题始终保持着敏感。

马歇尔关于这个问题的小册子中提出了一些较弱的主张，这些是早期争论的焦点。西季威克夫人对马歇尔关于90%的中产阶级妇女终生以妻子或姐妹的身份操持家务的统计数据提出了质疑，并指出这些女性中实际上只有不到50%的人已经结婚，而以前的女大学生中实际上有50%已经工作。马歇尔只是在一封私人信件中试图撤回他的统计数据，并不情愿地承认“（他的）估计中包含很大程度的猜测”。[2] 西季威克夫人还极力为女学生接受全寄宿制学校教育的价值辩护，并再次强调她们有必要获得适当的承认，以便寻找到赖以为

[1] 马歇尔致哈迪的信，1896年3月2日［CUL, Add 4251（B）940］；1896年，威廉·贝特·哈迪爵士（1864–1934）获得剑桥大学文学硕士学位。

[2] 丽塔·麦克威廉斯－塔尔伯格，《剑桥的女性》，第115–118页；《阿尔弗雷德·马歇尔与经济学的男祭司》，第252–253页，其中引用了马歇尔1896年2月16日给西季威克夫人的信（NCA）。

生的工作。[1]

马歇尔的下一次公开发表意见是在 1896 年 10 月。当时，为调查女性学位 506
问题而成立的大学委员会向剑桥大学的所有讲师发放了一份调查问卷，内容是关于他们对女性教学的实践。在委员会随后公布的道德科学教师的匿名答复中，不难发现马歇尔的回答。他的回答的独特之处在于，他是唯一一个对女性智力的先天劣势发表评论的人，如前所述，他很可能从达尔文那里汲取了理论，还从他在上一本小册子中提到的课堂经验中汲取了理论。他的部分回答值得引用：

> 在讲课方面，我认为我的首要职责是为大学成员服务，因此，我努力使自己的讲课如同只有男性在场一样。当我单独给女性讲课时，我采用了一种不同的方式，我认为这种方式更适合她们。她们在课堂上的存在使男性在回答或提问时无法畅所欲言；因此，这使得讲课变得更加机械，效果类似于照本宣科。
>
> 至于我提供的非正式的“家庭指导”，我不允许女性参加我常规的“家庭指导”活动，……而是偶尔为她们安排特别的指导机会。我之所以采取这种做法，一方面是因为很难让男性和女性在彼此面前自由地敞开心扉，另一方面是因为我发现女性提出的问题一般都与课程、书本或者其他实际问题有关，比如救济穷人。而那些听过的课和读过的书比较少，考试分数也可能较低的男生，则更容易提出显示思维主动性的问题，并有希望在将来做出独创性的贡献。[2]

马歇尔在联合会报告的最后辩论和关键投票之前都表现得更加突出。前者的要点已经说明了，后者则在与福克斯韦尔的通信中再次显露出来。1897 年 4 月，马歇尔对福克斯韦尔说，“士兵们醒醒吧！”并鼓励他参加战斗，原因仍是家庭的制约让马歇尔在现阶段无法全身心投入论战。第二天，马歇尔再次呼吁福克斯韦尔协助收集关键的非本地投票，信的最后，他劝告福克斯韦尔应该

[1] 丽塔·麦克威廉斯–塔尔伯格，《剑桥的女性》，第 117–118 页；参较克拉拉·科利特，《受过教育的职业女性的经济地位》和《女性的婚姻前景》，这两篇都来自克拉拉·E. 科利特，《受过教育的职业女性》（*Educated Working Women*），伦敦：P.S. 金父子出版公司，1902 年，第 1、2 篇文章（首次发表于 1890 年和 1892 年）。

[2] 引自丽塔·麦克威廉斯–塔尔伯格，《剑桥的女性》，第 124–125 页。保存在大学档案中的原始回复证实了它来自马歇尔。约翰·惠特克提供了这一信息。

"打开天窗说亮话"，要旗帜鲜明地表达立场，让所有人都能看到。[1] 马歇尔不必担心最后的投票结果。在 1897 年 5 月 21 日投票中，1713 票反对在这一问题上做出任何改变，而赞成改革的只有 662 票，反对票几乎是赞成票的三倍。支持维持现状的压倒性票数有效地阻止了对这个问题的继续争论，一直到第一次世界大战结束很久之后。[2]

马歇尔在为他所认为的正确原则而进行的这场斗争中付出了不小的个人代价。正如他在 1894 年早些时候向福克斯韦尔坦白的那样，他几乎所有的朋友都站在为女性争取学位的人一边，而在道德科学的教师和学生中，这种支持是最强烈的。马歇尔在这个问题上的极端立场似乎导致这些朋友中的许多人疏远了他，他在一些基本原则上的立场，比大多数"反对派"从学术角度公开表达的立场都要走得更远。在家庭内部，他也付出了代价，前一章已经试图说明这一点，还有 1897 年 5 月后庆祝道德科学荣誉考试结果的晚宴上，只有马歇尔
507 夫人出席。[3] 此外，从 1897 年 5 月的关键投票到马歇尔再次出现在道德科学委员会的会议上，已经间隔了 6 个多月，对于这段时间一直缺席会议的原因他也没有任何解释。[4]

女性与经济进步：孩子、厨房，但教堂除外[5]

马歇尔的《经济学原理》于 1890 年出版时，一位敏锐的评论家指出，书

[1] 马歇尔致福克斯韦尔的信，1897 年 4 月 17 日和 4 月 18 日（马歇尔档案，1：33、1：34）；第 8 章第 248 页大量引用了第一封信中的内容。

[2] 丽塔·麦克威廉斯 – 塔尔伯格，《剑桥的女性》，第 127–141 页，尤其是第 138–139 页。

[3] * JNKD，1896 年 6 月 8 日、1897 年 6 月 10 日和 1898 年 6 月 10 日的记录显示，马歇尔出席了第一次晚宴，但没有出席另外两次晚宴，最后一次只有马歇尔夫人出席，这是很不寻常的事情。不过，这种缺席可以有多种理由解释。参见上文第 13 章第 444 页，其中讨论了他倾向于拒绝参加在自己家以外的宴会。1897 年 5 月 15 日，凯恩斯对过早地再次提出女性学位问题所引起的不愉快表示担忧，西季威克夫人显然也有同感。凯恩斯还指出，他和他的妻子都是女性事业的温和支持者，但他们对大学生中明显存在的极端态度感到震惊，本页注释［2］详细报道了这一点。

[4] 会议记录显示，马歇尔在 1897 年 5 月 3 日、10 日和 28 日，1897 年 10 月 16 日和 12 月 11 日缺席了委员会会议，直到 1898 年 1 月 18 日才首次出席（CUL，Min. V. 10）。在给《泰晤士报》（1897 年 5 月 19 日）的一封信中，马歇尔将这个"疲惫的一年"的损耗与收益进行了对比。

[5] "Kinder，Kuche But Not Kirche" 这一口号来自 19 世纪 90 年代的德国皇帝。（大卫·鲁宾斯坦，《妇女参政论者之前》，第 222 页。）本节主要引用了我的《阿尔弗雷德·马歇尔——女性和经济发展：劳动、家庭和种族》。

中不仅包含丰富的内容，还准确指出了女性必须留在家中的理由。[1] 它首先出现在涉及"一些基本概念"的第 2 篇的"必需品"一章中，特别是在提到"普通农业工人或城镇非熟练工人效率"的地方。除了"排水良好、有几个房间的住所，暖和的衣服，换洗的内衣，纯净的水，充足的谷物食品，适量的肉和牛奶，少量的茶，一些教育活动和娱乐活动"之外，马歇尔最后说"他的妻子要在从事的工作中有足够的自由，使她能够适当地履行母亲和家庭的职责"。如果没有这些东西，劳动者的效率就会受到影响，就像一匹"没有吃饲料"的马或一台"煤炭供应不足"的蒸汽机一样。[2] 作为劳动力质量的一个方面，这个问题在第 4 篇第 5 章中得到了进一步探讨。马歇尔赞许地引用了罗雪尔的研究结果，即普鲁士犹太人口的增长速度快于基督徒，尽管其出生率较低，因为"犹太母亲很少离家工作"，随后他评论了家庭思维中固有的财政错觉，"好像母亲外出工作所赚的钱增加了家庭收入"。马歇尔的解释如下：

> 只要稍加考虑就会发现，母亲用她的收入所能购买的东西，对于家庭的健康和幸福来说，远不如她留在家里所能为家庭提供的单纯的物质服务来得重要，更不用说她在教育子女、保持家庭和睦以及使她的丈夫晚上在家里能够得到欢愉和安抚等方面的道德影响了。这一事实已逐渐为较高阶层的手工业者及其妻子所理解；现在，在英国和美国的工厂里，带着年幼子女工作的母亲已经不多了。[3]

这里清楚地表达了马歇尔对"灶台天使"模式的拥护，这种模式在剑桥大学关于女性学位的辩论中引导着他的思想。

在马歇尔的讣告中，埃奇沃思简明扼要地指出，就像马歇尔反对授予女性学位一样，这种对女性角色的看法在很大程度上源于"马歇尔的理想状态"中的家庭生活：

> 践行纯朴家庭美德的妻子和母亲是核心人物……（这表明）马歇 508

---

[1]《雷诺兹杂志》(*Reynolds Magazine*)，1890 年 7 月 30 日（来自马歇尔的剪报，马歇尔档案，剑桥大学）。

[2] *P* Ⅰ，第 123 页；*P* Ⅷ，第 69–70 页。

[3] *P* Ⅰ，第 252–253 页；第 2 版做了更简略的说明，直到第 8 版也没有改动，第 199 页。马歇尔指的是罗雪尔《政治经济学》的第 141 节。

> 尔反对男女同等待遇。……在我与他进行的最亲密的会谈中，他表示反对当前以相同模式塑造男女生活的观点。在这一点上，他对穆勒将性别视为一种“意外”的观点表示强烈反对。马歇尔认为，为了维护家庭，应该承担丧失一定的个人自由的风险。他把家庭看作一座大教堂，比其组成部分更为神圣。如果用我自己的话来理解这个比喻，那就是，我认为他说：现有的结构并不是完全平等的，但试图使它平等反倒可能让它倾覆。[1]

马歇尔早期的经济学文章对职业女性的状况和相关问题（如女性工资）的兴趣相对较小，但《产业经济学》是个例外。[2]不过，女性在马歇尔成熟的经济体系中占有重要地位：她们在家庭中的关键作用，特别是与养育孩子有关的作用，经常被强调。

但是，《经济学原理》中很少提到女工。以下列举了其中对女性工作本身的一些评论。在劳动分工的背景下，据说管理织布机的女性的工作远不像以前的手工织布工那样单调，而且需要更多的判断力。[3]作为一个重要的工业区位因素，据说为女性和儿童提供就业机会的纺织厂和其他工厂经常设在铁矿区，因为如果没有这些纺织工厂，那么只有“强壮的男人”才能在这些地区找到工作，因此家庭平均收入就会很低。[4]在专门讨论经济进步的影响的一章中，就所需的技能而言，女性的工作与儿童的工作相当，排名低于“具有普通能力的男子”。[5]最后但并非最不重要的一点是，马歇尔将社会进步与“下一代的利益联系在一起，……帮助男性，尤其是帮助女性摆脱过度的工作；这至少和把大量的物质财富传给下一代是同样重要的”。[6]

---

[1] F.Y. 埃奇沃思，《回忆》，载《纪念集》，第 72–73 页。1898 年，马歇尔向本杰明·基德表达了他对“新女性浪潮”的担忧，因为如果“走得太远”，“稳定的一夫一妻制可能会受到威胁”，但他补充说，他不认为会走得那么远。马歇尔致基德的信，1898 年 2 月 14 日，CUL，Add 8069/M 254。一些有用的背景材料，请参阅大卫·鲁宾斯坦，《妇女参政论者之前》，特别是第 137、220–221 页。

[2] *EOI*，第 3 篇，第 3 章，第 7 节，第 175–177 页。在接下来的十年里，马歇尔的文章《关于工资的理论和事实》（载 1885 年《合作批发年鉴》，第 379–388 页）以及 1887 年的文章《论公平的工资率》完全没有提到女性工资的问题。

[3] *P* Ⅰ，第 316 页；*P* Ⅷ，第 263 页。

[4] *P* Ⅷ，第 333 页；这段话可追溯到 *P* VI，第 273 页。

[5] *P* Ⅰ，第 725 页；*P* Ⅷ，第 682 页。

[6] *P* Ⅷ，第 794 页；这段话可追溯到 *P* VI，第 794 页。

《经济学原理》中女性工资的相对提高仅在一个有限的范围内与进步有关。“出于类似的原因（她们操作机器的能力的提高以及教育普及所提高的技能），女性的工资相对于男性增长得很快。就发展她们的能力而言，这是一个巨大的收获；但这也是一种伤害，因为它诱使她们忽视了建立一个真正家庭的责任，忽视了她们在培养孩子的性格和能力的人力资本上的责任。”[1] 除了上述原因外，马歇尔认为女性工资的相对提高并不一定是一件好事，因为这将对家庭工资产生潜在影响。在第 5 版的一个脚注中，[2] 马歇尔结合男女工人的最低工资立法，讨论了家庭工资与个人（男性）工资之间的联系：

> 人们似乎忽视了最后这一点，这主要是由于错误地分析了“寄生性”工作的性质及其对工资的影响。就地域迁移而言，家庭基本上是一个独立的单位，因此，在重型铁器或其他工业占主导地位的地区，男人的工资相对较高，妇女和儿童的工资较低，而在其他一些地区，
> 父亲的收入不到家庭货币收入的一半，男人的工资也相对较低。这种 509
> 自然调节对社会有益，因此，那种无视或反对这种男女工资自然调整的严格国家规定，应当予以反对。

马歇尔一生都对最低工资的概念持怀疑态度。在这一阶段，只有澳大利亚实行最低工资制，这是原因之一。另一个原因是，他担心最低工资立法不会生效，因此它的巨大福利将无法得到充分保障。无需赘言，这些好处有助于消除被他称为“残余”阶层的那部分人的许多困难。[3]

马歇尔在刚刚引用的脚注中提到了家庭工资中的区位因素，这又回到了他在《产业经济学》中首次提出的主题。这一论点的表达简洁明了，远胜于《经济学原理》中关于这一主题的任何论述，因此值得在此完整引用：

> 在英国，许多妇女的工资很低，不是因为她们所做的工作价值低，而是因为她们和她们的雇主都习惯于想当然地认为妇女的工资一

[1] *P* Ⅰ，第 727–728 页；*P* Ⅷ，第 685 页。

[2] *P* Ⅷ，第 715 页注释 1；这段话可追溯到 *P* Ⅴ，第 715 页注释 1。

[3] *P* Ⅷ，第 714–715 页；这段话可追溯到 *P* Ⅴ，第 714–715 页，关于劳工委员会对这个问题的意见，请参阅上文第 11 章，第 368 页和注释 ¶。

> 定更低。有时，即使男女在同一家工厂做同样的工作，女工的时间工资和任务工资都比男工低。如果说这种不平等是由习俗造成的，那么随着智力的进步和竞争习惯的养成，这种不平等也会消失。但这种不平等更多的是可能永久存在的原因造成的。雇主们说，如果一个男人和一个女人都是同样优秀的工人，那么从长远来看，女人的作用要小一些。因为尽管她通常比男人更渴望得到雇主或监工的认可，但她不会像男人那样把全部心思都放在工作上；她的工作比男人的工作更容易被打断，而且她不太可能终生从事这一项工作；出于这些原因，与男人相比，她更多地挂念自己的家，而不是挂念她工作的地方，总的来说，她缺乏毅力，在遇到困难时也缺乏判断力和机敏。因此，尽管在某些工作领域，妇女能够准确地听从指挥，非常有用，但雇主往往更愿意雇用男人，因为他可以从男人中挑选工头和监工，以及为那些需要谨慎判断力的部门挑选工人。同样，许多通常被认为是轻松的工作，偶尔也需要很大的体力，也许在特殊紧急情况下还需要加班加点；对于这些工作，妇女则处于不利地位。所以适合妇女的职业很少，这就使得这些职业竞争过于激烈，报酬也很低。这影响了风俗习惯和普遍的看法，并导致妇女在从事艰苦工作时报酬过低。[1]

如前所述，如果女性的高工资影响到她们在家庭中发挥的关键作用，马歇尔是不赞成的。首先，这种作用有利于提高国家的“一般能力”水平。“一般能力”是确保劳动力具有生产力和创造力的关键因素，“在很大程度上取决于童年和青年时期的环境”，而在童年和青年时期，“母亲的影响是第一位的，也是最重要的”，其次是父亲、家仆和学校的影响。马歇尔就此指出，高尔顿所说的“所有伟大的人都有伟大的母亲”是夸大其词，因为这句话只能说明：

> 母亲的影响并没有超越所有其他影响；而不是说母亲的影响没有超过其他任何一种影响。他说母亲的影响最容易在神学家和科学家身
> 510 上找到，因为一个认真的母亲会引导她的孩子对伟大的事物有深刻的感受；一个体贴的母亲不会压抑而是鼓励孩子的好奇心，这种好奇心

[1] *EOI*，第 176–177 页。

是科学思维习惯的源点。[1]

此外，负责任的母亲对劳动力供应也有长期影响。如果母亲们因此而忽视了对子女的责任，那么高工资对死亡率的有利影响就会减弱，而为繁衍一支稳步发展的劳动力队伍，就必须要求父母好好照顾自己的子女。[2] 马歇尔强调女性在养育子女方面的重要作用，认为这是对人力资本的投资，这一点在以下的评论中得到了显著的体现：

> 如果我们比较文明世界的两个国家，或者比较英国的两个地区，或者比较英国的两种行业，我们就会发现，工人阶级的堕落程度几乎与妇女所做的粗活数量一致。在所有资本中，最脆弱的是投资于人的资本；而在这一资本中，最宝贵的部分是母亲的关怀和影响，只要她保持着温柔无私的本性，还没有因非女性化工作的紧张和压力而变得冷酷。
>
> 这不得不提到前文所说的一个原则的另一方面，即在估计有效劳动的生产成本时，我们通常要以家庭为单位。无论如何，我们不能把有效男性劳动的生产成本当作一个孤立的问题来看待；这必须被看作是一个更广泛的问题的一部分，即有效男劳动力的生产成本，再加上使家庭幸福、让孩子身心健康、诚实、干净、温柔而勇敢的女性的生产成本。[3]

如前所述，[4]“在马歇尔看来，家庭中的抚养下一代的角色并不局限于母亲。他对女性家庭责任的理解非常广泛，既包括母亲，也包括女儿。因此，在

[1] * P Ⅰ，第 163 页和注释 1，P Ⅷ，第 207 页和注释 1。这里参考的是弗朗西斯 · 高尔顿，《遗传天才》，伦敦：麦克米伦出版社，1892 年（基本上重印了 1869 年第 1 版的文本），第 319 页。马歇尔对高尔顿观点的转述并不完全正确，因为高尔顿对伟人母亲的评论实际上是这样说的：“人们普遍认为，伟人都有杰出的母亲。毫无疑问，他们很大程度上要归功于于母亲的影响，但人们倾向于夸大母亲在其中所占的比例。对此我的解释是，伟人通常都具有高尚的道德品质，充满深情和虔诚，因为只有头脑而没有感情是不足以出人头地的。这些人自然会表现出极度的孝顺，并以夸张的赞美来宣扬他们母亲的优秀品质。”参较高尔顿，《遗传天才》，第 189、266–272 页，其中提到了父母，特别是母亲对科学家和神学家的影响。

[2] P Ⅷ，第 529 页；这段话可追溯到 P Ⅲ，第 594 页。

[3] P Ⅰ，第 592–593 页；P Ⅷ，第 564 页。参较 P Ⅷ，第 718–720 页，尤其是第 720 页评价了女性在改善人性方面的一般作用；P Ⅰ，第 730–731 页中有略有不同的简短版本。

[4] 见上文第 497–498 页。

马歇尔关于发达社会的构想中，女性的重要意义在于未来劳动力的养育者和塑造者而不是劳动者本身。高工资和生产方法的改进在很大程度上起到了催化剂的作用，将妇女（无论老幼）从繁重的工厂和家务劳动中解放出来，使她们能够更好地专注于家庭责任。当然，这种观点在19世纪末并不新奇。例如，西德尼·韦伯向劳工委员会提交的证据也呼应了这一观点，他指出，与其禁止雇佣已婚妇女，“还不如快速发展到这样一种社会，在这种社会中，家庭中的母亲能够摆脱目前为生计而工作的困境”。[1]

马歇尔对经济进步背景下的进化论、遗传学和优生学的浓厚兴趣已被提及
511 过。[2]这些无疑影响了他对家庭角色重要性的看法，这在《经济学原理》的某些部分中是如此明显。以下段落将父母的养育、适当的两性教育以及工业、社会和种族进步联系在一起：

> 毫无疑问，父母在其一生中获得的身体特征很少会遗传给他们的后代。但是，断言身体上和精神上都过健康生活的那些人的孩子，倘使其父母是在不健康的影响下长大的，而这些影响使父母的精神和身体衰弱，则生下来的孩子就不会有较为坚实的体质，似乎没有确实的事例。而以下这点是可靠的：在前一情况下，孩子会比在后一情况下有较好的营养、较好的教育；会养成更为健全的能力；会比在后一种情况下更多地尊重他人和自我尊重，这是人类进步的主要动力。
>
> 因此，我们有必要认真研究一下，是否可以对目前的工业组织进行有益的改革，以增加低级工利用潜在的精神能力、从使用中获得乐趣以及通过使用来加强精神能力的机会；有一种观点应被斥为不当：如果这样的变化是有益的，那么这种变化早已为生存竞争所实现了。人类的特权，因对未来的预测和对下一步的准备，而扩大了对自然发展的有限但有效的控制。
>
> 因此，思想和工作可以加速社会的进步；通过应用优生学原则，从高级而不是低级的血统中充实人种，对男女两性的能力进行适当教

[1] 劳工委员会，证据纪要，引自 T.G. 斯派尔斯，《劳工问题：皇家劳工委员会的报告和证据的一个概要》，第113页。

[2] 即上文第13章，第479–485页。

> 育，但无论如何加速，进步都必然是渐进和相对缓慢的。[1]

关于马歇尔对女性的理想教育的看法，现存的手稿片段不多。其中一段涉及技术教育，其他几段涉及高等教育。第一份强调培养女性很重要，以便尽快提高她们的技能水平，但只是寥寥几句：

> 女性能做什么。
>
> 当然，在某些情况下，她们可以像男人一样工作，这无疑是对的。
>
> 洗衣女工当然应该具备技术知识。
>
> 最重要的是她们要接受训练。如果她们能教导自己的孩子全力以赴地去做任何事，那么我们很快就会成为一个技术大国。[2]

第二份的篇幅更长，标题为"妇女的高等教育"。它巧妙地补充了马歇尔在剑桥大学就这一问题进行辩论时公开表达的观点。

> 这并不意味着向她们开放新的思想领域。她们的研究，至少在名义上是雄心勃勃的。它意味着教育及其应用，首先是持续密切关注一个又一个难点的能力，其次是对大量难点进行连续思考的能力，以便能够认识到整个知识领域、思想或积极情感体系中不同位置之间的相互关系。
>
> 这些能力并不构成独创性，但却是独创性绝对不可缺少的条件；只要这种独创性对世界有所贡献。像卢梭那样片面的独创性，其善的影响很大，但往往也有恶的影响，这种独创性可以通过对一种主导思想、情感、欲望或艺术热情（卢梭的一生就是这样一种长期持续的沉思）而获得，而不是系统地、持续地思考那些难点。
>
> 我们完全有理由相信，女性之所以在包括文学和艺术领域在内的 512
> 极少数领域位居前列，是因为她们除了特殊情况外，没有接受过这样

[1] *P* Ⅷ，第247–248页。正如前一章所论证的那样，这些材料只是在细节上做了改动，基本主旨没有变化。参较 *P* Ⅰ，第307–309页，以及 *P* Ⅳ，第316–318页。

[2] 阿尔弗雷德·马歇尔，1884年的（？）片段，"女性与技术教育"，马歇尔图书馆，箱8（1）。

的训练。五千年前，男人和女人的智力水平是否有区别，五千年后是否还会有这种区别，这可能是一个悬而未决的问题。但可以肯定的是，这种区别现在已经存在；女性的感知能力更快，感受能力更强；但平均而言，她们持续集中注意力的能力较弱。[1]

在女性教育的大背景下，片段中提到的作为女性高等教育的一个主要目标——“对世界有所贡献”需要缩小到以国家为单位的目标。马歇尔越来越重视英国劳动力的技能的提高，将其作为提高劳动力整体素质的一部分，这对他来说具有狭隘的技术层面上的意义。他日益担心英国难以在国际贸易中保持竞争力，来对抗美国和德国日益强大的工业实力。在更广泛的层面上，这种恐惧源于他对种族未来的悲观看法，他与当时的许多其他社会科学家都持这种看法，这也是他支持优生学运动的原因。优生学运动源于自然和进化力量的削弱，这些力量通过各种因素来保持人口的“活力”，包括医学上成功地消灭了一些传染病，以及社会上较富裕的阶层越来越倾向于限制家庭人口数量，这通常是出于自利的经济目的。这些论述再次强调了马歇尔所认为的家庭的责任和义务，特别是强调了母亲在确保未来人口素质方面的重要性。此外，要实现这一目标，就必须通过财富、政府治理水平以及知识的增长来确保生活标准的稳步提高，《经济学原理》有力地表达了这一观点。

因此，我们有越来越多的理由担心，虽然医学和卫生的进步正在拯救身心虚弱者的孩子免于死亡；但许多最有思想、最有活力、最有进取心和自制力的人却倾向于推迟结婚，或以其他方式减少他们子女的数量。这样做的动机有时是自私的，也许艰苦而轻浮的人最好不要留下多少与自己相似的后代。但更多的时候，他们都想为孩子争取一个好的社会地位。这种愿望包含了许多与人类最高的理想目标不符的因素，在某些情况下，其中一些因素显然是卑鄙的；但它毕竟是进步的主要因素之一，受其影响的人中有许多人的子女很可能成为最优秀、最强壮的人。

---

[1] 阿尔弗雷德·马歇尔，“女性的高等教育”，马歇尔图书馆，箱 8（2）。关于玛丽·佩利·马歇尔后来的回忆，见《我的回忆》，第 20 页，在马歇尔的构想中，文学界的杰出女性应该是乔治·艾略特。

必须记住，大家庭的成员会互相教育，他们通常比小家庭的成员更和蔼可亲、更聪明，往往在各方面都更有活力。毫无疑问，这在一定程度上是因为他们的父母具有非凡的活力，而出于同样的原因，他们也可能拥有一个充满活力的大家庭。种族的进步在很大程度上要归功于少数几个特别庞大而活力十足的家族的后代，这比乍看起来要重要得多。

但另一方面，毫无疑问，父母在许多方面对小家庭的照顾往往比大家庭做的更好。在其他条件相同的情况下，孩子出生数量的增加会导致婴儿死亡率的上升；而这是有百害而无一利的。孩子出生后，由于缺乏照顾和足够的经济来源而过早夭折，这对母亲来说是一种无可奈何的压力，对家庭的其他成员来说也是一种伤害。从表面上看，人们最好不要让孩子来到这个世界上，除非他们能让孩子至少接受和自己一样好的身心教育；如果有足够的自制力将家庭控制在必要的范围内而不违反道德法则，那么最好是适当的早婚。普遍采用这些行动准则，再加上为城镇居民提供充足的新鲜空气和健康的娱乐活动，就很 513
难不提高种族的力量和活力。我们现在就有理由相信，如果人类的力量和活力得到改善，那么在未来很长一段时间内，人口数量的增加不会导致人们平均实际收入的减少。

因此，知识的进步，特别是医学的进步，政府在与健康有关的一切事务上日益活跃与明智，以及物质财富的增加都趋向于降低死亡率，增进人的健康和体力，延长寿命。另一方面，城市的快速发展，以及高收入人群比低收入人群更倾向于晚婚晚育、孕育较少的子女，会导致生命力下降、死亡率上升。如果只有前一种原因在起作用，又能加以调节以避免人口过剩的危险，那么人类很可能很快就会在体力和智力上超越世界上已知的最高水准；而如果后一种原因不加控制地起作用，人类很快就会退化。

事实上，这两类情况几乎维持着平衡，前者略占优势。虽然英国的人口增长速度几乎和以往一样快，但那些身心不健康的人在总人口中所占的比例肯定没有增加；其余的人衣食无忧，除了在拥挤不堪的工业区，一般都很健壮。多年来，男性和女性的平均寿命一直在稳步延长。[1]

---

[1] *P* Ⅷ，第201–203页；如上所述，这种段落在细节上变化很大，但在主旨上却没有变化。参较 *P* Ⅰ，第256–259页；1898年，第4版，第280–283页，以及上文注释72。

因此，马歇尔将女性在家庭中的养育角色看作是其生活的主要目标，这是基于他对经济进步的看法和对英国在工业竞赛中落后的担忧所产生的崇高动机。然而，他却很少提及如果女性因此而离开劳动力市场，会对家庭收入产生什么影响。这件事的另一面是，马歇尔夫妇在19世纪80年代的工厂之旅中，经常集中于观察他们所看到的女性的工作性质，这为他提供了证据，证明这些工作拥有的丑恶和不利于健康的性质，尤其是对有孩子的年轻母亲而言。玛丽·佩利在1883年访问伍斯特郡陶器厂、1885年访问坎布里亚、湖区和谢菲尔德以及1888年访问莱斯特的调研记录中就有这方面的例子。[1] 马歇尔在劳工委员会的活动也证实了这些调研结果。

马歇尔是劳工委员会中B组委员会的成员，主要负责调查运输行业的劳动条件，这使他能够详细地了解在驳船上工作的女性对子女成长的影响。他提出的问题一部分是关于这项工作因其内容与劳动时间而展现的“非女性特质”，一部分是关于从事运输业的已婚夫妇的子女受教育的机会。其目的是要了解是否能找到合适的方法来确保驳船上的儿童接受适当的教育，或者是否有可能结束妇女在船上的劳动。在这两方面，马歇尔得到的答案都是否定的。[2] 此外，马歇尔还就男性工人对妇女就业的态度寻求更多的一般性资料，例如在室内装潢业，以及在某些禁止雇佣已婚妇女的行业。[3]

更一般地说，马歇尔是从委员会关于妇女就业和妇女劳动条件的报告中了解到该主题的许多内容的。[4] 在工资问题上，这些报告证实了男性周薪与妇女、女孩的周薪之间的巨大差别。这种差别在丝绸业和制陶业中几乎达到三倍，在
514 零售业、纺织业和鞋业中不到两倍。《经济学原理》宣称妇女工资随着时间的推移逐步提高，这同样得到了委员会统计调查结果的支持，特别是在按实际价值进行解释时。然而，这些数据也表明，在1890年以前的30年里，男性工资的增长远远超过妇女工资的最大涨幅，这与马歇尔在《经济学原理》中报告的

[1] 参见上文第7章，第209–211、212–213页。

[2] 皇家劳工委员会，《B组的证据纪要》(*Minutes of Evidence taken before Group B*)，Cmnd 6795，1892年6月，Q.15272–15305，第300–301页；Q.15362–15373，第305页；Cmnd 6894—Ⅷ，1893年2月，Q.17210，第22页。

[3] 皇家劳工委员会，《B组的证据纪要》，Cmnd 6894—Ⅷ，1893年2月，Q.23888–23892，第195页；Q.21418–21422，第220–221页。

[4] 本段和下一段的大部分内容都基于皇家劳工委员会的《委员、检查员和其他人员的报告》(*Reports from Commissioners, Inspectors and Others*)第35卷，1894年，以及《女性就业》(*Employment of Women*)，特别是第478–482、507–510页。

这种差别的一般趋势的变化情况相反。[1]

马歇尔对在工厂工作的已婚妇女的敌意因委员会收集的关于这一主题的信息而大大加强。收集到的大量证据表明，在工厂工作的已婚妇女对子女的健康产生了有害的影响；既来自职业母亲“无暇顾及”家庭，也源于母亲们上班时，保姆对孩子的“不当对待”。医务人员证实了这一点。过度使用安眠药来安抚孩子的情绪，烧伤或烫伤造成的事故，以及暴露在恶劣天气之下，都是保姆们由缺乏经验、过于年轻和意外疏忽而造成的最严重的后果。在家里从事“体力劳动”的相关行业也有其危害。这些危害包括，孩子们熟睡后，工作时间的不规律且时间较晚；当家庭成为工作场所后，可能会导致不卫生的家庭环境；以及从事这种工作的妇女经常因长时间工作而健康不佳。此外，委员会发现化工、白铅、制钉和制链业中繁重而危险的工作，对母亲及其后代都有双重的害处；它所描绘的许多工作场所的卫生条件以及某些行业的就业性质所带来的危害，都表明妇女的许多就业机会非常不利于抚养她们的子女。向委员会报告的关于这个问题的简要证据证实了马歇尔所诊断的劳动妇女的主要成本——危害她们的后代。当然，针对这些弊端的适当补救措施可以诉诸更好的工厂立法及其实施，同样容易的解决方法还有阻止已婚妇女就业，马歇尔选择了后一种道路。

委员会关于已婚妇女就业问题的最后报告相当谨慎。既然马歇尔毫无保留地在上面签署了自己的名字，他肯定也同意它在这个问题上的主要观点。委员会列出了四项反对雇佣已婚妇女的理由。第一点是抗议已婚妇女与未婚妇女之间的不公平竞争，因为已婚妇女的丈夫的工资使她们能够以低于未婚女性的工资工作。与马歇尔关于已婚妇女的家庭责任的观点更为相关的是，该委员会报告，大量证据表明，在这种情况下，“家庭变得不舒适，孩子和丈夫被忽视了”。这不仅来自工人提供的口头证据，而且“在某些情况下”

[1] 见上文，第 508–509 页。关于这个问题，马歇尔能得到的有用的二手资料很少。乔治·希·伍德（George Hy. Wood），《19 世纪妇女工资的发展历程》，载 B.L. 哈钦斯（B.L. Hutchins）和 A. 哈里森的《工厂立法史》（*A History of Factory Legislation*）的附录 A，伦敦：P.S. 金父子出版公司，1903 年，第 283–284 页，其中支持了马歇尔的论点，即一般来说，自 19 世纪 60 年代以来，妇女工资的增长速度相对快于整体工资的增长速度。多萝西娅·M. 巴顿（Dorothea M. Barton）随后的研究，《女性工资的历程》，载《皇家统计学会杂志》，LXXXII，第 4 部分，1919 年 7 月，第 508–544 页，没有提供女性工资增长与男性工资增长的对比数据。另见大卫·鲁宾斯坦，《妇女参政论者之前》，第 7 章，尤其是第 99–100 页。

也得到了“女性助理委员”的证实。它还谴责了在诸如制钉和制链等行业中临近分娩的女性所承担的繁重劳动，以及已婚妇女在白铅工厂和制陶工厂中工作的危险，因为有毒的物质和粉尘会伤害她们和她们的孩子。最后，工厂雇佣母亲被谴责为对她们的孩子有普遍的危害。有医学证据表明，为了降低特
515 定工厂区的婴儿死亡率，女性分娩后的三个月不宜工作。委员会认为立法并不能解决大多数问题，原因有二。一是因为家庭中有年幼的孩子，经济上的压力往往促使她们工作；二是据说已婚妇女更喜欢在工厂工作以逃避只有家庭责任的单调生活。除了改进工厂监管体系之外，委员会几乎没有在妇女劳动问题方面提出其他建议，以改善这些令人不安的状况。[1]

马歇尔从工厂考察和大学实践中获得的个人经验告诉他，至少在可预见的未来，从事物的“不言自明”的性质来看，有必要进行性别分工。[2]女性在家庭中的“自然”角色是儿童养育者、母亲、抚慰者和健康环境的守护者，这使得她们无法在工厂和车间从事“非女性的”活动。她们的心智能力意味着她们在专业和艺术的高级职业方面有着不同于男性的地位。因此，对于马歇尔所设想的那种世界和社会来说，她们更适合家庭主妇，以及与此相关的护理、教学、有组织的慈善或社会工作等职业。正如令马歇尔满意的科学证据所显示的那样，它也将为国家和民族的未来带来最大的利益。

然而，马歇尔在评估这些科学发现时并不总是具备应有的诚实。此时，一颗“感性的心”压倒了他平时“冷静的头脑”。例如，在遗传问题上，他坚信好父母会培养出更好的孩子，尽管在这一点上缺乏确凿的证据，有时还有很多相反的证据。他与贝特森和基德的通信以及与皮尔森的激烈争论表明了他在这一问题上非常敏感，这种敏感也反映在前面引用的《经济学原理》的一些段落中。[3]

同样，马歇尔也不热衷于宣扬19世纪90年代开始日益增多的关于妇女

---

[1] 皇家劳工委员会，《第五次和最终报告》，Cmnd 7421，1894年6月，第93–94、107–109页。

[2] * 埃奇沃思的《回忆》（载《纪念集》，第72–73页）表明，马歇尔对女性学位的观点和对社会主义的观点之间存在相似之处，都强调渐进变革的好处。正如前面引用的马歇尔在说到高等教育的片段中所提到的五千年一样，可预见的未来是非常漫长的。也许这就是为什么另一个片段（日期为1923年2月23日）致力于探讨“进步与理想”，并提出“公共福利立法”，其中包括来自医学和商业领域的男性和女性，他们都可以成为这一管理机构的理想成员。由于这些笔记构成了他对“乌托邦”的思考，而且通常是晚年的看法，这也完美地应证了埃奇沃思的类比。

[3] 参见上文第13章，第482–485页，以及本章，第511、512–513页。

工作的研究成果所带来的好处。在剑桥大学关于女性学位的辩论中，他与西季威克夫人的争吵说明了他对事实的无知；以及对女性工资的相对进展缺乏详细调查；而他图书馆中保存的许多这方面的书，似乎都没有得到充分利用。一本关于女性工作的美国早期的《百科全书》，也许是在他访问美国期间获得的，上面只是略有注释；而他拥有的克拉拉·科利特的《有知识的职业女性》（*Educated Women Workers*）、格特鲁德·塔克韦尔（Gertrude Tuckwell）等人的《工业妇女》（*Women in Industry*），以及伊迪丝·莫利（Edith Molley）的《七种职业中的女性》（*Women Workers in Seven Professions*）上没有任何注释。卡尔·迈耶（Carl Meyer）和克莱门汀·布莱克（Clementine Black）所著的《我们衣服的制造者》（*Makers of our Clothes*）是一个例外，在这本书的批注中，马歇尔有时会说他已经在《经济学原理》中提到了这一点，有时会说需要把这 516
一点纳入进去。[1] 总的来说，在女性工作问题上，马歇尔未能抵制这样一种诱惑，它是所有“负责任的研究社会问题的人”都容易走上的一条“通往理想的捷径”，而不接受他所看见的世界。[2] 在诸如此类的社会问题上，先入为主的观念压倒了那些他不喜欢的事实。

一些敌视女性的例子：对哈丽特·马蒂诺、比阿特丽斯·波特－韦伯和海伦·丹迪－鲍桑葵

马歇尔在这个问题上缺乏严谨的科学客观性，这一点在他对待（在世或已去世的）女性的方式中也显而易见。早期的例子体现在他与剑桥经济学女学生的交往过程中，尤其是在她们表现不错的情况下，他与妻子相处的某些方面就是如此。[3] 他在女性问题上的总体立场可以通过讨论他对三位特殊女性的态度得到进一步说明，这三名女性已在前面的有些场合提到过，在与她们的交往中，他对该问题的偏见（出于先天或其他原因）进一步暴露出来。

---

[1] 马歇尔图书馆，《目录》，第 18、64 页，但并没有列出文中提到的所有物品，作者亲自在图书馆清点过。例如，迈耶和布莱克的《我们衣服的制造者》，伦敦：达克沃斯出版社，1909 年，在第 195 页讨论低工资和创新的背景下，马歇尔说他已经在他《经济学原理》的第 3 版中提到了这一点，而在第 192 页谈到高工资和进步时，马歇尔作了注释，“放进我的书里！”

[2] 这里引用了马歇尔对优秀社会科学家的评论，引用自庇古，《缅怀马歇尔》（‘In Memoriam’），载《纪念集》，第 83–84 页。

[3] 参见上文第 8 章，第 257–258 页，第 10 章，第 332–334 页。

在 1897 年为剑桥大学本科生开设的新经济学俱乐部的开幕演讲上，以及在劳工委员会期间对西德尼·韦伯进行的激烈而尖锐的询问中，马歇尔都表现出对哈丽特·马蒂诺所写的政治经济学“故事书”的强烈厌恶。这些质疑主要集中在她对工厂立法的看法上。有趣的是，马歇尔还拥有一本她的《工厂之争——对干预立法的警告》(*The Factory Controversy. A Warning against Meddling Legislation*)，但他没在上面做任何批注。[1] 然而，《经济学原理》显示，马歇尔也读过她的自传，她在自传中详细描述了她撰写政治经济学故事的方式。他在第 1 版中对她的叙述的理解就其本身而言是准确的。马歇尔把她作为“依附者和寄生虫”的一个例子，说这些人虽然声称要简化经济学（这是他的优劣等级体系中的一大恶习），但“实际上是在没有任何现实条件的情况下阐述它们”。他继续说：

> 例如，马蒂诺小姐写了一些旨在强化经济学说的故事，她在描述自己为写作而阅读的过程时说，“为了不让我的神经被我所做的事情压垮，我决心不把目光投向我所从事的领域之外”(《自传》，第 194 页)。然而，她并非故意不诚实，因为她后来承认，“我怀疑经济学说可能全是错的”。[2]

马歇尔的叙述没有提到她的故事必须按月连载，这是她第一次以写作为职业的尝试，对她谋生至关重要，这些因素无疑让她日益有“被压垮”的感觉。马歇尔也没有提到，她在准备过程中也搜集了“关于我当时认为是一门科学的所有准著作”。在第 8 版中，马歇尔逐渐偏离相对真实的叙述，他引用了自己
517 与韦伯关于工厂立法的争论，并为他使用的“寄生虫”一词辩护，他说这是常见的德国用法，与此相比，上述那些遗漏的罪过就显得微不足道了。

> 但是马蒂诺小姐并不是一个真正意义上的经济学家：她承认，在写一个故事来说明经济学原理之前，她从未读过超过一章的经济学书籍，因为她担心自己的思想压力太大；在她去世之前，她对经济学原

[1] 见马歇尔图书馆，《目录》，第 25 页。

[2] *P* Ⅰ，第 63 页注释 1。第 2 版至第 4 版在这些内容中没有直接提及马蒂诺小姐，也许是因为他在这一问题上受到的批评。

理（她所理解的）是否有效表示了怀疑。[1]

马歇尔删除这些参考来源的做法表明他意识到他在描述哈丽特·马蒂诺时，对事实的把握相当粗糙。她的自传没有对马歇尔在最终版本上的修改给予任何支持。[2]

比阿特丽斯·韦伯，婚前姓波特，已在前文好几个场合露面了：关于马歇尔对婚姻的看法，特别是关于马歇尔夫妇的婚姻，作为劳工委员会一些会议的旁观者，作为马歇尔在合作大会和英国科学促进会的会议上发表主题演讲的听众，以及作为他的读者。比阿特丽斯·波特第一次见到马歇尔夫妇的时间并不确定，但他们很可能是通过克莱顿夫妇或布斯夫妇等共同好友认识的。[3]他们当时交往的两个方面与目前所讨论的话题尤其相关：一是1889年关于女性角色和婚姻的讨论，二是他们之间就她所写的合作主义的书，以及几年后她与西德尼·韦伯的订婚等事宜的书信往来。

前一个方面在比阿特丽斯·波特的日记中有内容丰富、相当有趣的记录，值得大篇幅地引用。他们的这次谈话的内容在1891年得到了进一步的探讨，其中还有马歇尔对她所写的关于合作主义的书的反应。它们还惊人地展现了马歇尔如何在与熟人的交谈中运用他对性别分工的独特观点：

> 与马歇尔教授的有趣谈话，首先是在克莱顿家的晚餐上，然后是在他自己家的午餐上。谈话一开始是关于男人和女人的玩笑话；他认为女人是从属的存在，如果她不再从属于男人，男人就没有结婚的对象了。这种婚姻是对男性自由的牺牲，只有当它意味着女性对男性的身体和灵魂的奉献时，男性才会容忍这种婚姻。因此，女人不能以男

[1] *P* Ⅷ，第763页注释1，这一段可追溯到*P*Ⅴ，参见*P* Ⅸ，第758–759页。

[2] 哈丽特·马蒂诺，《自传和玛丽亚·韦斯顿·查普曼的回忆》（*Autobiography with Memorials by Maria Weston Chapman*），伦敦：史密斯、埃尔德出版公司，1877年，第1卷，第135–138、193–200页；参阅第2卷，第244–245页，以及第3卷，第461–462页，其中有她对这些故事的优点的重新考量以及她晚年对政治经济学的看法。参较维拉·惠特利（Vera Wheatley），《哈丽特·马蒂诺的生平和工作》（*The Life and Work of Harriet Martineau*），伦敦：Seckert & Warburg，1957年，第88–89页和第5章。

[3] 参见比阿特丽斯·韦伯，《我的学徒生涯》，第397页；贝琳达·诺曼–巴特勒，《维多利亚时代的抱负》，第88、105、112页。正如比阿特丽斯·韦伯在1889年3月的日记中所描述的那样，他们在克莱顿家共进晚餐，第二天在贝利奥尔庄园吃午饭，这似乎不是他们第一次见面。

人不喜欢的方式发展自己的能力：女人的力量、勇气、独立是没有吸引力的；男人所追求的竞争确实令人不快。因此，女性的男性力量和男性能力必定受到男性的坚决践踏和抵制。差异是婚姻关系的本质；女性的软弱对比男性的力量；男性的自我中心对比女性的自我奉献。

“如果你和我们竞争，我们就不会同你结婚。”他笑着总结道。

我坚持相反的观点；有一种理想的性格，其中力量、勇气、同情心、自我奉献、坚持不懈的努力与一种清晰而有远见的智慧相结合；这种理想的性格对男性和女性来说是共通的；这些品质可能会在男人和女人的生活中以不同的方式表现出来；你所需要的不是不同的品质和缺点，而是同样的美德在不同的方向上发挥作用，以不同的方式为社会服务。

在他家吃午饭时，我们的讨论更加实际。他说他听说我正要着手写一本关于合作历史的书。

“你认为我能胜任吗？”我这样问道。

518 “波特小姐，我现在要坦率地告诉你。我认为你当然有能力胜任这件事；但这不是你最擅长的。有一件事是你而且只有你能做的，那就是探查女性劳动的未知领域。与大多数女性不同，你有训练有素的才智，以及从事原创工作的勇气和能力；而且你能从女性的视角洞察妇女的生活。在英国，没有一个男人有希望成功地从事女性劳动的研究。有许多人可以写出一部关于合作史的书，他们会给这项纯粹经济问题的研究带来比你所拥有的更强大的力量和知识。例如，你对不同行业中相对利润的看法，以及棉花合作社成功而羊毛合作社失败的原因，可能会引起我的兴趣；但是，我会带着怀疑去阅读你的文字，质疑你是否真的调查了这些事。而另一方面，如果你描述了使妇女在一种行业中联合起来，而在另一种行业中破坏这种联合的因素，我就会认为你所说的是这个问题上最权威的意见。我会在心里想，如果波特小姐都没有成功地筛选这些事实，别人也不会这么做，所以我不妨把她的结论当作最终结论。坦率地说，总结起来就是，如果你把自己的性别作为一种产业因素来研究，那么两百年后，你的名字将家喻户晓；如果你写一部关于合作史的书，它将在一两年内被取代和忽视。在前一种情况下，你将使用别人所没有的独特品质，而在另一种情况下，你将使用大多数人所共有的才能，而且其中许多人都比你厉害。

你写的这本关于合作化运动的书，我可能会让我的妻子晚上读给我听来消磨时间，但我不会把它放在心上的。”他提高音量补充道。

当然，我反驳了这一点，并试图让他意识到，我想把产业管理的研究纳入经济学的教育的一部分。这位眼睛明亮的小教授耸了耸肩，开始讽刺女人研究科学原理这回事；不是恶意的嘲讽，而是打趣的调侃。他依旧坚持他的观点，说了许多赞美的话试图弥补之前的贬低。[1]

马歇尔在给比阿特丽斯·波特的信中继续了这次谈话，并附上了一份他 5 月份在合作大会上的演讲稿。这封信重申了他未能说服波特研究产业女性的遗憾，“这是一条男性之脚无法踏上的道路，因而，你的活力和缜密的研究方法将是稀缺品”。但是，他不得不怀着“愉快的期望”等待着她对合作运动的研究。[2]与此同时，马歇尔的《经济学原理》问世了，其中对她在服装业劳动分工背景下关于东区劳动力的文章表示了赞许，显然之前在自己家中谈话时，他已告知了波特。她接着指出，马歇尔尤为注重的“原理”是“无论如何，……与一个女人对女性生活的特殊洞察力无关的”。[3]

他们的下一次通信涉及比阿特丽斯·波特关于合作运动的书，马歇尔一直 519
在读这本书，他似乎急于对这本书发表评论。他觉得这本书“一点也不枯燥”，事实上，后半部分“甚至很吸引人”。然而，如果她一直读到最后，他的批评还是会“惹怒”她。马歇尔指责她缺乏原创性，不加批判地复制别人的观点，还指责她把复杂的问题简单化而忽略了其他可能的情况。然而，马歇尔赞扬了她在书中所做的贡献，因为这些贡献是基于她个人的观察和感受的。这些都是

[1] 比阿特丽斯·韦伯，《我的学徒生涯》，第 397–398 页。

[2] 马歇尔致比阿特丽斯·波特的信，1889 年 1 月 27 日，英国政治学和经济学图书馆，帕斯菲尔德文件，Ⅱ（ii）204。

[3] * *P* Ⅰ，第 314 页注释 1；比阿特丽斯·韦伯，《我的学徒生涯》，第 400 页。马歇尔认为女性具备一些特殊的洞察力和才能，尤其适合于对她们有能力理解的经济问题进行“小调查”，这些观点保存在马歇尔图书馆（MS 笔记，1894 年 5 月 28 日，马歇尔档案，箱 5，第 6 项）：

a. 有充裕的闲暇时间；

b. 对物质的兴趣；

c. 对个人事务的兴趣；

d. 富有同情心；

e. 接触微小的个体，但由于他们数量众多，因此对整体来说也很重要；

f. 从事某些与妇女和儿童有关的细节调查的能力，这是一个男人不擅长的。

"你所做的所有辉煌事业中最成熟的。当你站在自己的立场上时，我向你学习并崇拜你；当你重复米切尔和西德尼·韦伯以及典型的工会主义者的学说时，我欣赏你的文字，但我会对你进行批判，也不会从中有所收获"。[1] 比阿特丽斯·波特对这一批评做了回应，既捍卫了她对工会主义的看法——她说这远非教条主义，也反驳了对她缺乏新意的质疑，因为这一特点在"一本面向工人的实用著作中是不必要的，它不是为你们这样的人而写的"。她也颇有技巧地回击了马歇尔开头的殷勤："你的来信让我大吃一惊！我没指望你会读这本书，当然也不指望你会写一封坦率的批评信。我非常重视你的批评，并真诚地渴望从中学习到什么，我很抱歉你浪费了整整 4 页纸来说好话，尽管这些话听起来很甜蜜，但却没有教会我什么。"[2] 然而，这种批评可能会刺痛她，1889 年 8 月，玛丽·布斯不得不安慰她，虽然马歇尔也批评了她关于"血汗制度"的手稿（这是她为布斯的伦敦贫困调查做的一部分贡献），但"别因亲爱的、善良的马歇尔教授感到沮丧；他是最优秀、最善良的男人，但他总是在所有与女性能力有关的话题上过于苛刻。他赞美了你，除此之外，他还把你当作一个男人那样和你对话"。[3]

也许因为心有芥蒂，比阿特丽斯·波特忘了给马歇尔寄送一本附有作者亲笔签名的这本关于合作运动的书。无论如何，马歇尔图书馆保存的带有他许多批判性注释的副本不像他收藏中的其他书那样附着作者的赠语。马歇尔的注释可能比刚刚引用的他给作者的信更能表达他对这本书的真实感受。然而，许多年后，比阿特丽斯·韦伯不无幸灾乐祸地指出，在这本书出版十多年后，马歇尔仍然没有忘记它。她听说，马歇尔曾告诉费伊（她写了一篇关于合作的专题论文），他对费伊事业"唯一的担心"是它"会受到比阿特丽斯·波特写的一本关于这个主题的不良图书的过度影响"。[4]

6 个月后，在要求马歇尔给门罗教授写一封推荐信时，比阿特丽斯·波特也向马歇尔夫妇宣布了她与西德尼·韦伯订婚的消息。"我觉得你不会很赞成

[1] 马歇尔致比阿特丽斯·波特的信，1891 年 7 月 11 日，马歇尔档案，1：305。

[2] 比阿特丽斯·波特致马歇尔的信，1891 年 7 月，英国政治学和经济学图书馆，帕斯菲尔德文件，I（ii）114。

[3] 玛丽·布斯致比阿特丽斯·波特的信，1889 年 8 月 11 日，引自贝琳达·诺曼–巴特勒，《维多利亚时代的抱负》，第 105 页。

[4] 马歇尔保存的那本书上有十几处注释。关于费伊的评论，见比阿特丽斯·韦伯，《我的学徒生涯》，第 300 页注释 1。

两个如此邪恶的阴谋家结成集智慧于一体的伙伴关系。不过，我已经缓和了他
的观点，我们都非常钦佩你和你的研究。”她希望她即将到来的婚姻不会让她
失去与马歇尔夫妇的友谊；婚讯已经破坏了她和她的遗稿执行人赫伯特·斯
宾塞之间的关系，斯宾塞既是她一辈子的家人，也是她一位特别的朋友。[1] 马
歇尔的回答出人意料的友好。“我猜到了。我想我不会一直对此感到高兴。不
过现在我有一种感觉，这是正确的决定。”在谈到他们之间的差异在于对官僚 520
制与“变化的自由”的理解而非有关社会主义的问题之后，他这样结束了这封
信：“祝贺你。我不太了解韦伯先生，但我有很多喜欢他和钦佩他的理由，但
有一个理由就已足够，那就是你喜欢他。我确信你们会做出伟大的工作，这
个世界也会因为你们的存在而变得更加富裕、更加高尚。但我确实希望你不
要染上官僚气。”[2] 马歇尔还在这封信中暗示，他的妻子将单独向她表示祝贺。
玛丽·佩利的信不幸丢失了；这封信一定涉及关于她对已婚和未婚女性之间
劳动分工的看法，因为比阿特丽斯·波特在她的回复中简要评论了这一问题。
比阿特丽斯·波特的信也解释了为什么马歇尔可能已经猜到了他们订婚的事。
显然在 1891 年春天，马歇尔夫妇在威斯敏斯特的一家茶馆就遇到了她和西德
尼·韦伯，这次会面让比阿特丽斯·波特“陷入焦虑”，她担心马歇尔夫妇认
出西德尼·韦伯来自不同的阵营，这一定是一次亲密的私人会谈。[3]

随后的通信已不复存在。马歇尔继续在《经济学原理》中的不同地方引用韦伯夫妇的作品；他们也几乎肯定关注着马歇尔的作品。[4] 很难估计劳工委员会的经历在多大程度上恶化了他们之间的关系，但它可能很容易地改变了韦伯夫妇早期对马歇尔的敏锐评价。尽管在 1889 年 3 月，比阿特丽斯·韦伯和马歇尔在克莱顿夫妇家中以及贝利奥尔庄园里就婚姻和研究工作产生了思想交锋，但在她离开时依然是喜爱马歇尔的；不久之后，西德尼·韦伯遗憾地说，“可怜的老马歇尔，这么好的一个人，竟会在各种小事上脾气这么坏”。[5] 当回

---

[1] 比阿特丽斯·波特致马歇尔的信，1892 年 1 月 20 日，帕斯菲尔德文件，IIi（ii）116。

[2] 马歇尔致比阿特丽斯·波特的信，1892 年 1 月 22 日，帕斯菲尔德文件，IIi（ii）205。

[3] 比阿特丽斯·波特致玛丽·佩利·马歇尔，马歇尔档案的信，1：03。这次茶馆邂逅可能发生在马歇尔夫妇前往伦敦参加劳工委员会关于程序的预备会议期间。

[4] 例如，马歇尔寄给他们一份他的《经济学原理》第 3 版的特别勘误表（见上文第 12 章，第 426 页及本书第 534 页注释［1］中引用的参考文献）。

[5] 比阿特丽斯·韦伯，《我的学徒生涯》，第 400 页；西德尼致比阿特丽斯·韦伯的信，1891 年 10 月 17 日，见《西德尼·韦伯和比阿特丽斯·韦伯的书信》，第 1 卷，第 221 页。

想起1889年5月他们在伊普斯维奇合作大会上的另一段对话时，波特也深有同感：

> “还有一个问题波特小姐必须向我们解释，一个她更应负有责任的问题”——登特语气严肃，但灰色的眼睛里闪着和善的光芒——“为什么她要对反对选举权的提议施加影响。我相信原因是这样的：她满意于自己的地位，因为她有钱有势；她没有看到其他女性需要通过投票来获得帮助自己的权力。”
>
> 我觉得这是一个令人不快的指责，尤其是登特和我还是老朋友，他说话很严肃。但在我还没来得及提出任何严肃的意见或论点时，小教授就以不耐烦的语气插了进来。
>
> “波特小姐看到支持女性选举权的人士所看不到的东西；如果女性试图与男性平权，独立于男性的引导和控制之外，那么强势的女性将被忽视，而软弱的女性则干脆饿死。如果一同竞争的话，男人不太可能与女人结婚。差异是婚姻的唯一基础，如果这种基础遭到破坏，我们就认为找一个我们必须支持和顾及的伴侣来束缚自己的生活是不值得的。”
>
> 我想，这个问题有两面性。男女双方都可以选择独身。然而，我笑着回答说：“马歇尔先生，我很同情你。你想帮我说话，而身为女性的我有自己的想法。我可以吸烟，也可以不要选举权。为何不让我自己面对呢？如果你们说我自相矛盾，我甚至可以放弃吸烟，来捍卫我免受选举权的侵扰。”[1]

这段对话在很大程度上概括了这位“小”教授和他的费边主义女性朋友之间的奇特关系，她同样是他的经济学的潜心追随者。

521 马歇尔的第三位女性对手是海伦·鲍桑葵，婚前姓丹迪。先前提到她在道德科学荣誉考试中取得了一等成绩，她的学习课程也包括马歇尔为他的优秀学生开设的高级政治经济学。[2] 前文还提到了她写的关于慈善组织协会的文章

[1] 比阿特丽斯·韦伯，《我的学徒生涯》，第210–211页。这是指她早先反对妇女选举权，为此她受到了马歇尔前任教授的遗孀米莉森特·福西特（Millicent Fawcett）的指责。参见同上，第400–402页。

[2] 见上文，第10章，第324页。

以及参加的相关活动，这可能是她与伯纳德·鲍桑葵结婚的原因，后者曾在1892 年的《经济学杂志》上与马歇尔就老年人的养老金问题争吵过。[1] 1902 年，她寄给马歇尔一本她的《人民的力量》(*Strength of the People*)，其中她明确批评了她曾经的老师。她质疑马歇尔关于“所谓的下层阶级……注定……要为他人提供精致和体面生活的必需品，而他们自己却无法享有这种生活”的说法是否有必要。[2] 海伦·鲍桑葵就此提出了几点看法。首先，真正意义上的下层阶级的工人无法为他人提供“精致或体面生活的必需品”。她自己的研究表明，收入最低的工人几乎无一例外地生产供本阶级消费的商品和服务。因此，“他们被排除在精致生活之外，并不是因为他们为别人提供了这种生活，而是因为他们既不能为此做出贡献，也不能参与其中”。因此，马歇尔的论点所暗示的从富人到穷人的普遍再分配并不是解决问题的答案；只有当下层工人阶级开始为自己的同类生产更高层次的商品和服务时，他们才会逐渐享受到体面、精致的生活。这强调了“体面的人不会从穷人的贫穷中受益，而是反过来”，这与马歇尔在这个问题上的观点大相径庭。[3]

信件接踵而至，海伦·鲍桑葵觉得有必要在书的第 2 版序言中发表这些信件，[4] 因为这有助于更充分地阐释她所说的复杂经济问题。马歇尔在收到赠书后的感谢信中表示，他目前读到的内容让他确信，“当我有时间阅读更多时，会发现这本书很有启发性”。然而，他想对她的批评提出“抗议”，如果这些批评不是“来自一位经济学家”，他可能会选择忽视它们。虽然他承认除富人以外的人“消费无度”，而更明智的消费模式会带来更高的生活标准，但事实告诉他，“富人的高消费”是过度的，这导致“其他的人生活贫乏”。他还对她“站不住脚的反驳”感到困惑，即下层工人只为穷人工作，这根本不是他在引用段落中提出的议题。他的理解是：“在所有产品的价格中，当前体力劳动所占的份额是否与一个健康、自由的社会状态相适应？”他继续说道，

---

[1] 见上文，第 11 章，第 354 页和本书第 446 页注释 [2]。

[2] 海伦·鲍桑葵，《人民的力量》，伦敦：麦克米伦出版社，1902 年，第 70 页。她批评的马歇尔的言论来自 *P* Ⅰ，第 1 篇，第 1 章，第 2 节，第 3 页，这一段在后来的所有版本中都保持不变，因此海伦·鲍桑葵反对的“为了”一词并没有被删除。

[3] 海伦·鲍桑葵，《人民的力量》，第 2 版，1903 年，第 70–71 页。

[4] 同上，序言，第 vi–xii 页。序言中包含了马歇尔的两封信，但没有海伦·鲍桑葵的回复，它们全部转载于《纪念集》第 443–445 页；其中还增加了马歇尔在《人民的力量》第 2 版问世后所写的第三封信的部分内容（同上，第 445–446 页）。

> 我们是否可以通过思考，让我们的大企业家和金融家以低于他们目前巨额收益的价格完成他们的工作？再说一次，我承认，昂贵的专业服务通常是由富人而不是穷人购买的。但可以肯定的是，这些服务既不是仅有的，甚至不是最主要的。制造业的发展，尤其是美国制造业的发展所具有的特点是，高工资、高薪水和高利润是通过制造产品以及制造机器——这些机器用来制造满足工人阶级和下层中产阶级需求的产品——来获得的。

522 信的最后几段表达了他对这位昔日学生观点的总体认同，称赞她的“洞察力和同情心”可能会对“真正的进步”做出巨大贡献。

> 我始终认为，贫穷和痛苦，疾病和死亡，除了会导致生命和性格的软弱之外，它们邪恶的程度都远低于表面看起来的那样；真正的慈善事业旨在增强能力，而不是直接和立即减轻贫困。

鉴于他在引言（遭到批评的内容也来自这一章）中强调自由，马歇尔同样提出，在“民主经济”中，民主政府的重要性日益增加，这意味着“研究穆勒的《论自由》（*Liberty*）要比研究他的《社会主义论文集》（*Essays on Socialism*）更重要”。[1]

海伦·鲍桑葵几天后的回信既显示了马歇尔作为经济学家的权威，也显示了她就“一个经济学观点”克服“胆怯”而批评马歇尔的勇气。事实上，她的论点并不像马歇尔所认为的那样“粗鲁”，这使得她有必要更清楚地解释一下。她的“治贫良方”是提高最贫穷工人“作为生产者、消费者和所有生活关系中”的效率，由此产生的经济繁荣不会给社会其他人带来任何成本。然而，如果富人的财富导致了穷人的贫困，那么只有再分配才能解决这个问题，这是一个她无法接受的零和博弈，因为它意味着国民收入的相对固定。这一切并不意味着她赞同富人的消费模式，也不意味着她对贫困的罪恶采取轻浮的态度。如果她认为这些弊端可以通过“充公和再分配”来弥补，她会毫不犹豫地提倡这

[1] 马歇尔致海伦·鲍桑葵的信，1902年9月28日，见《人民的力量》，第2版，序言，第viii–ix页；《纪念集》，第443–444页。下文第16章将更全面地探讨马歇尔对穆勒的评价的意义，见第571、593–594页。

种做法；但她担心，这种政策的唯一后果是“文化和教养”的丧失，以及“庸俗和愚蠢的奢侈”却丝毫不减。她批评马歇尔的一点是，他在她所引用的那段话中使用的“为了”一词。这在她看来，这意味着马歇尔认为富人的文化和教养是穷人贫困的原因。她在最后一段简洁地加以阐述：

> 还有一点：相对于大量的工薪阶层来说，富人的个人支出中不同于他们用于生产性投资的那部分财富会不会（我真的很怀疑）更重要？也就是说，这笔钱如果分给工薪阶层，是否会使他们的收入有明显的增加？我倒是觉得，现在所有重要的经济问题都取决于人民大众，而富人——除非他们参加生产——是“无关紧要的”，除了（有时）会成为一个坏的榜样外，他们的数量小到微不足道。[1]

对此，马歇尔表示接受海伦·鲍桑葵的前提，但不接受她的结论。他说他
们之间存在的差距仍然“太大”。第一，马歇尔总是认为可以在不打击个人努
力的情况下，让富人承担较重的税负。第二，他认为富人的开支挥霍无度，在
英国至少超过1亿英镑被浪费，这个数字有可能更高。[2]第三，虽然城市和国 523
家的行动有限，有时也会误入歧途，但它们还是可以在提高标准方面取得一些
成就。接着又回到了他最喜欢的话题，国家能够在提供新鲜空气和开放空间上
有所作为，他补充说，希望实现这些目标所需的开支与南非战争的费用相当。
他还希望有“几千个奥克塔维亚·希尔小姐——如果有人知道去哪里找到她们
的话”，因为她们可以像“许多明智的立法”一样解决许多社会弊病。在实现
最后的目标上，“生活和品格均高尚”的手工业者无疑是最大的希望。[3]一年
后，马歇尔重申了他的观点，即可以给贫困地区带去新鲜空气、阳光和活动空
间，而不必通过过度征税来触动富人确保“真正福祉”的必要开支。然而，匆
忙这样做是危险的，因为“这可能会损耗自由和活力的源泉”。[4]随着马歇尔

[1] 海伦·鲍桑葵致马歇尔的信，1902年9月30日，见《人民的力量》，第ix–x页。

[2] * 阿尔弗雷德·马歇尔致海伦·鲍桑葵的信，1902年10月2日，载《人民的力量》，第x–xi页。从《经济学原理》第5版——这是他们通信之后的最新版本——开始，马歇尔表示浪费的1亿英镑来自工人阶级，而至少4亿英镑归咎于其他人口，但没有透露他的依据。这表明通信中只有一小部分对《经济学原理》的改动产生影响。参见 *P* Ⅷ，第720页和 *P* Ⅸ，第719页，并见本书上页注释[1]。

[3] 马歇尔致海伦·鲍桑葵的信，1902年10月2日，见《人民的力量》，第x–xii页。

[4] 马歇尔致海伦·鲍桑葵的信，1903年10月28日，载《纪念集》，第445–446页。

对税收的研究，这些观点也出现在《经济学原理》后续版本的最后一章中。这表明他越来越倾向于通过预算进行再分配的间接方法，而不是许多社会主义者提出的直接立法行动和国家干预。[1]

书信往来还揭示了马歇尔在社会交往和课堂教学中对女性的一些态度。海伦·鲍桑葵对马歇尔的权威毕恭毕敬，尽管她在剑桥完成经济学学业已有十多年，这在一定程度上反映了他的女学生对他的敬畏和胆怯（如果不是恐惧的话）。[2] 其次，与海伦·鲍桑葵的通信还显示出，一位训练有素的、他在第一封信中称其为“经济学家”的读者对他的文本的误解，也没能使他在《经济学原理》的后续版本中纠正这种误解。这是因为这些批评来自一个女人吗？马歇尔在说明这些通信对《经济学原理》的修订的影响时——他对富人浪费开支的估算没有可信的依据，他从不承认自己有任何错误，甚至是文风上的错误。所有的错误都是他的女性读者的误解造成的。斯蒂格勒评论道，这些书信包含一种傲慢的态度，“传记作者一定希望马歇尔的形象能更好一些”。[3]

一个彬彬有礼的厌女者，一个依赖他人的丈夫，还是一个当代科学信仰的受害者？

似乎有很多证据表明，随着马歇尔年龄的增长，他越来越倾向于厌恶女性，尽管这种日益增长的情绪经常夹杂着礼貌甚至奉承，例如他与比阿特丽斯·波特的关系就证明了这一点。部分原因是他对社会秩序的变化深切忧虑，
524 由于当时人们对现代女性的崇拜，女性正在放弃自己的传统角色，她们希望有工作的权利、经济独立、在公共场合吸烟、投票，甚至取得学位的权利。[4] 这一日益壮大的运动尤其与他对家庭的理想愿景相冲突，这一愿景或许最初是由他对自己青年时代和成长经历的日益浪漫化的回忆灌输给他的，后来，母亲去世时的状况、在布里斯托时形成的对女性接受高等教育的态度，以及自己婚后的家庭状况中可能存在的缺陷，都让马歇尔意识到了这种理想愿景的价值。在

[1] 马歇尔对社会主义的态度和对税收分配政策看法的变化将在下文第 16 章第 597–598 页和第 17 章第 645–646 页进行讨论。

[2] 见上文第 10 章，第 324–324 页；以及下文，第 15 章，第 555 页。

[3] 他在一封寄给作者的信中这样说，随信还附上了这些复印材料。

[4] 大卫·鲁宾斯坦，《妇女参政论者之前》，第 137 页对 19 世纪 90 年代的“新”女性给出了一个简单的定义。

家里，他越来越依赖于自己的妻子，而在那个时代，他的妻子异常独立和自足。在家庭财务方面，这种依赖从婚姻生活一开始就存在了，而在最重要的假期旅行规划方面，这种依赖要来得晚一些，而在他在剑桥的最后几十年里，他在获得家庭安全、舒适以及免受令人厌倦的客人的骚扰等方面，更加依赖于他的妻子。这是不是他压抑的怨恨的原因，所以他越来越多地选择将这种怨恨发泄到与他接触的其他女性身上？在他对女性的态度上，这些个人因素不容忽视。

不过这些个人因素并不能解释一切。他对女性的态度有经济学方面的原因。他想要保留的最根本的性别分工，民族利益、对熟练和更有效的劳动力供应的预期要求，以及提高生活和性格标准的需要这些看似无私的动机是其深层原因。马歇尔认为，所有这些对于确保真正的社会进步至关重要，而他的大部分工作正是为了实现这一目标。他对斯宾塞和达尔文所阐述的当代进化科学的理解鼓励了他的这些信念。从 19 世纪 80 年代开始，他日益体会到这一主题的重要性，这一点从他在《经济学原理》中赋予进化论的特殊地位就可见一斑。这些信念更多的是来自 19 世纪 80 年代后期及其后进化论的更流行的分支，特别是它在高尔顿优生学和社会达尔文主义中的表现。这使他被描绘成“一位（公正地）观察（并反思）同时代人的行为和态度的科学家”，[1] 并根据最新的科学经验修改他的研究成果。马歇尔希望女性为了孩子而离开工作场所，回归家庭，这得到了他在工厂“漫游”的经历的支持，也与他在劳工委员会获得的证据一致。这样一个客观的社会科学家的形象，和凯恩斯在马歇尔死后所描绘的一个天生厌女者的形象一样，都可能会受到质疑。马歇尔发表的关于女性的经济和社会角色的科学研究，由于不愿接受遗传生物学和劳工委员会女性助理专员收集的令人不愉快的证据，有时会存在缺陷。这些作品的不足之处还在于，马歇尔未能将论证的逻辑贯穿于所有结论之中。

因此，在对他熟识的女士的礼貌、奉承甚至慷慨中，夹杂着一些对女性的厌恶，或者是公开的蔑视甚至傲慢，尤其对他的女学生们而言。厌女症与科学信仰结合在一起，尽管这位自称是生物学和遗传学奥秘的新手偶尔会误用它。换句话说，马歇尔更容易听取“细心的、经验论的社会科学家勒普莱”等人辛 525
勤收集的事实。勒普莱的“不平等法则支配着两性之间所有有趣的问题”，马

[1] 约翰·惠特克，《阿尔弗雷德·马歇尔的经济和社会思想的一些被忽视的方面》，*AMCA*，I，第 480 页。

歇尔对此一定很受用，尤其是它们在教育方面的应用得出了一个令人欣慰的结论："对女孩来说，最真切的教育就是在家里的炉火边。"勒普莱在他所倡导的最理想的社会结构中提升了家庭的作用，这也最符合马歇尔的想法。[1] 马歇尔热衷于优生学家对现在被称为是"人的错误测量"的粗糙应用，社会科学的"真理"对此起到了补充作用。[2] 马歇尔收集了众多名人肖像，试图从中找到什么结论，但据他的妻子所说，什么也没有得到，[3] 他认为当代颅骨测量学的发现可以应用于女性接受高等教育的研究，例如，勒邦（Le Bon）在 1879 年的研究显示：

> 让她们接受同样的教育，从而为她们提出同样的目标，这是一种危险的妄想。……有一天，当妇女误解了大自然赋予她的本质任务，离开家庭而加入我们的战斗时，一场社会革命即将开始，到那时，维系家庭神圣纽带的一切都将消失。[4]

因此，当马歇尔对女性的态度被描述为天生的怪癖时，就被过分简化了。这也反映出，在一位杰出的社会科学家的工作中，科学和偏见可以轻易地结合在一起，以达到最高的动机。就马歇尔而言，他在这个问题上的观点总是带有一些教条主义者和传教士的味道，这与他科学中立的立场并不协调。本章前面所举的例子清楚地说明了这一点。马歇尔在《经济学原理》和其他地方从技术和社会进步的角度简要讨论了女性和年轻人相对工资的上涨，他极其浪漫化地把这种上涨归因于人类的利他主义。[5] 更重要的是，劳工委员会的《最终报告》

---

[1] M.F. 勒普莱，《法国的社会改革》（*La Reforme Sociale en France*），第 7 版，1887 年，第 2 卷，第 397–400 页，参较第 26 页（我的翻译）。上文第 6 章第 168 页提到了马歇尔对勒普莱作为社会科学家的工作的钦佩。

[2] 参见斯蒂芬·杰伊·古尔德，《人的错误测量》，纽约：W.W. 诺顿出版公司，1981 年，尤见第 155–156、158–159 页，其中提到了将生物决定论应用于遗传和优生学政策的危险。感谢弗洛拉·吉尔（Flora Gill）向我推荐的参考资料。

[3] 玛丽·佩利·马歇尔，《我的回忆》，第 15–16 页。

[4] G. 勒邦，《关于脑容量变化规律及其与智力关系的解剖学和数学研究》（'Récherches anatomiques et mathématiques sur les lois des variation du volume du cerveau et sur leurs relations avec l'intelligence'），载《人类学杂志》（*Revue d'Anthropologie*），第 2 卷，1870 年，第 62 页（引自古尔德，《人的错误测量》，第 105 页，在讨论一些美国改革者提议让女性与男性一样接受高等教育的背景下）。

[5] 参见阿尔弗雷德·马歇尔，《经济骑士精神的社会基础》，载《纪念集》，第 327 页，参较 R.C.O. 马修斯，《马歇尔与劳动力市场》，载《阿尔弗雷德·马歇尔百年纪念文集》，第 29 页。

显示，很多妇女将家务劳动看作是一种没有办法避免的单调乏味的苦差事，但马歇尔从未将妇女是否有权选择工作或不工作的问题写入他后续版本的《经济学原理》，更不用说对此进行辩论了。在他关于农业工人或非熟练工人提高效率之必需品的根深蒂固的立场中，女性的这一选择没有一席之地。此外，他对女性的经济和社会角色的许多看法都是由他描述的女性的自然心智能力所决定的。这些能力与大多数男性的能力大相径庭，阻碍了绝大多数女性从事建设性的理论工作，尤其是在经济学研究方面。随着女性在他钟爱的剑桥大学，甚至在他更为珍视的经济学与政治学荣誉考试中取得巨大的学术成就，马歇尔的这一观点开始不攻自破，他从未根据新的证据更新他对女性心智能力的看法。总之，马歇尔对性别劳动分工的支持及其所依据的论点，存在着许多不科学的偏见，其中甚至有一些“自私”的成分。难怪他对所谓“现代女性”的概念怀
有敌意，因为它对家庭赖以存在的一夫一妻制产生了威胁；在 J.N. 凯恩斯的 526
日记中，[1] 马歇尔“拒绝与克拉夫小姐见面，因为她支持妇女选举权”，尽管她是纽纳姆学院的秘书，也是他妻子的同事兼好友。这位受人尊敬的《经济学原理》的作者和为经济学学位而战的斗士，在自以为是地阻挠女性进入大学和融入社会的过程中，失去了许多尊严和严谨客观的科学性。鉴于他早期是支持女权运动的，只能说他的确是一位浅尝辄止的女权主义者。

[1] JNKD，1890 年 4 月 8 日。凯恩斯是从亨利·西季威克那里听到这个故事的，而亨利·西季威克又是从马歇尔夫人的密友兼知己弗朗西丝·达尔文夫人那里听说的，由此可见，这很可能是贝利奥尔庄园中不和的根源。

531 第 15 章　一个新学位的缔造者

1903 年，阿尔弗雷德·马歇尔实现了他从 1885 年重返剑桥时就一直怀有的“夙愿”，建立一个独立的经济学和政治学荣誉考试，让学生可以专攻他作为教授精心培育的学科。他在就职演说中阐述了这一雄心壮志，强调有必要让经济学学生更充分地摆脱道德科学学位考试规定的束缚，而道德科学学位考试正是最初孕育剑桥大学经济学正统教育的地方。在他上任后的几年里，马歇尔越来越意识到，只有设立现在所谓的独立院系，才能让那些“拥有经济学迫切需要的训练有素的科学头脑（但）没有兴趣或时间学习整个道德科学的人……发挥他们积蓄的一些力量，（并）在他们的一般训练中增加关于经济学的知识。（这将有助于）探索能够在多大程度上纠正当今的经济弊端”。[1]

新学位考试的设立不仅是马歇尔在剑桥的漫长而卓越的学术生涯的高潮，也是剑桥经济学派的起点，在两次世界大战之间的几十年里，该学派几乎在其所有分支中占据了非同寻常的主导地位。马歇尔在这方面的遗产将在后文加以探讨。[2] 因此，本章可以让我们进一步了解马歇尔为其学科发展而奋斗的学术政治家形象。他为这项任务投入了大量时间，首先是创建它，然后是在它诞生后的五年中不断对其进行完善，就所付出的心血而言，几乎可以与他对《经济学原理》的长期投入相提并论。因此，这件事作为马歇尔担任剑桥大学政治经济学教授所参与的三件大事之一，有理由成为传记中的一个有趣章节，他的妻子后来也回忆道，这即使不是他最重要的成就，也是一项伟大的

[1] 阿尔弗雷德·马歇尔，《经济学现状》，载《纪念集》，第 172、174 页；关于讲座内容和部分听众反应的详细讨论，见上文第 10 章，第 310–312 页。

[2] 参见下文，第 20 章，第 753–762 页。

成就。[1]

关于荣誉考试，已经有相当多的背景介绍了。在对马歇尔的学徒生涯的讨论中，以及他在 1868 至 1877 年间担任圣约翰学院道德科学讲师的教学中，已经隐含了剑桥大学早期经济学教学中相对不那么正式的状况。在马歇尔当选政治经济学教授之前，对教授这一职务的简要介绍也包含了这一学科的发展情况，以及该学科在道德科学和历史学学位考试大纲中的地位。[2] 为了研究马歇尔在这些领域的扩大经济学影响力的活动，本章将首先介绍 1885 年剑桥大学经济学教学的情况，接着论述马歇尔改革道德科学和历史学荣誉考试规则的一系列举措。然后，本章继续将考察 1901–1903 年一个新的、全面的经济学学位的成熟阶段，紧接着是其建立 5 年后的发展状况，直到 1908 年 5 月马歇尔 532
退休。关于该主题的大量文献为这项任务提供了极大的便利。[3]

马歇尔教授眼中的经济学现状：1885 年剑桥大学的政治经济学

1885 年初，马歇尔以政治经济学教授的身份回到剑桥，当时政治经济学是道德科学和历史学荣誉学位课程中的正式课程。从考试要求来看，政治经济学占道德科学文学士课程大纲的比例不到三分之一。学生必须在总共十张试卷中考三张政治经济学试卷，其他必考试卷包括两张逻辑学试卷、三张精神哲学试卷以及伦理学和道德哲学试卷各一张。从 1886 年开始，历史学考试中允许

[1] J.M. 凯恩斯，《阿尔弗雷德 · 马歇尔》，第 218–219 页；其中两个运动，他在 1890 年英国经济学会的成立中所扮演的角色，以及他在女性学位问题上的争论，在上文第 13 章和第 14 章中讨论过，特别是第 464–468、501–507 页；玛丽 · 佩利 · 马歇尔，《MSS 笔记》（NCA）。

[2] 参见上文，第 6 章，尤其是第 160–161 页；第 9 章，第 270–273 页，以及第 10 章，第 313–321 页。

[3] 即约翰 · 马洛尼，《马歇尔、正统与经济学的职业化》，特别是第 2 章；斯蒂芬 · 科利尼（Stefan Collini）、唐纳德 · 温奇和约翰 · 伯罗（John Burrow），《那门高贵的政治科学》（*That Noble Science of Politics*），剑桥：剑桥大学出版社，1983 年，第 10、11 章；阿隆 · 卡迪什，《历史学家、经济学家和经济史》，特别是第 4–6 章；阿隆 · 卡迪什，《大学改革与〈经济学原理〉》，载《经济政治史杂志》，1991 年，XI，2–3，第 289–309 页；阿隆 · 卡迪什和基思 · 特里布主编，《政治经济学的市场》，特别是第 5 章；还有我的《阿尔弗雷德 · 马歇尔与剑桥经济学荣誉学位的建立》，载《政治经济学史》，20（4），1988 年，第 627–667 页。本章的多处内容转载了最后这一资料来源的大部分内容，特此感谢其出版商杜克大学出版社的许可。

有一门考试科目的试卷是关于“政府在金融和工业问题上的行动”。[1]虽然从1816年普莱姆开始非正式教学以来的这些年来看，政治经济学的教学范围有所扩大，但其未来的发展还面临着重重障碍，像马歇尔这样的资深观察家在回到剑桥后很快就发现了这些问题。

尽管在19世纪70年代初，马歇尔在担任圣约翰学院道德科学讲师的时候，道德科学领域出现了许多杰出的一等荣誉学位获得者，[2]但这些优秀学生大多并不是刚入学的本科生，而是在来剑桥之前已经在伦敦或苏格兰等其他地方上过大学的人。福克斯韦尔、坎宁安、J.N. 凯恩斯和J.S. 尼科尔森就是这类学生的代表，他们是近年来道德科学领域涌现的四位杰出的“一等学生”。不过，这些例子并不代表道德科学专业的学生水平有多高。1870年，西季威克曾写道，总体而言，道德科学的“一等成绩的标准很低，因为最有能力和最勤奋的人并没有全身心地投入这项研究”，而在1878年，西季威克在给福克斯韦尔的信中说，他“当然不会鼓励任何有前途的年轻人在剑桥该系找出路”。[3]那一年，没有人获得一等成绩，1881年、1884年和1885年也是这样的情况，这些年中每年都有6个人参加考试。1879年，在8名参加考试的学生有3人获得一等成绩（包括圣约翰学院的卡尔德科特）；1880年，4名考生中有1人获得一等成绩；1882年，3名考生中有1人获得一等成绩（索利），但1883年，在11名考生中产生了6名一等成绩获得者（其中包括约翰逊和斯托特）。[4]在马歇尔当选为教授的那一年的12月，在那个风雨交加的下午，他痛斥西季威克没有效仿牛津大学的T.H. 格林，没有推销他的讲座以吸引年轻聪明的学生选修这门课，这也就不足为奇了。[5]尽管一些优秀的女学生，尤其是来自纽纳姆学院的学生，略微弥补了人数不足的问题，但马歇尔认为这种补充并不令人满意。[6]此外，1883年开始实施的道德科学荣誉考试被分成若干部分，参加第二部分的学生被允许只专攻道德科学中的两门学科，这样他们可以避开政治经

---

[1]《剑桥大学报》，1885年11月17日，第610期，第162页。这是历史学荣誉考试第一部分的七篇试卷之一。它也涵盖了经济史，但政治学是一份单独的考卷。

[2] 参见上文第9章，第268–270页，第10章，第322页。

[3]《剑桥大学报》，1870年10月26日，西季威克致福克斯韦尔的信，1878年9月2日（弗里曼收藏），引自科利尼、温奇和伯罗，第266页。

[4]《剑桥注册年鉴》，第711–714页。

[5] A.S. 和 E.M.S.，《亨利·西季威克回忆录》，第394–396页。西季威克和马歇尔之间的这种交流在前文第10章第306–308页已经讨论过了。

[6] 见上文第14章，尤其是第504页给出的理由。

济学中更高级的研究。

1885 年，所有历史学的学生都必须学习一些经济理论，最初主要以福西 533
特的《政治经济学手册》为基础。如前所述，历史学学生的经济学试卷与经济史是结合在一起的。在马歇尔看来，除了历史学教学大纲的这些缺陷之外，历史学学生还存在一些普遍问题。记得马歇尔曾把这类学生称为“难以对付”，因为他们虽然“聪明而认真”，但却“并不深刻”。尽管如此，历史学比道德科学培养出了更多的经济学学生。[1] 此外，马歇尔在历史学委员会的职权委员身份也颇受重视，尤其是受到资深会员的支持，当然坎宁安除外。这些人包括金斯利的继任者、历史学钦定讲座教授西利，以及从 1884 年被任命为迪克西教会史教席、马歇尔夫妇在牛津结识的曼德尔·克莱顿（Mandell Creighton）。事实上，马歇尔非常清楚西利的立场。在 1869 年的就职演说上，西利曾呼吁历史学教授与政治经济学教授之间开展合作，因为他们的主题构成了他向学生们介绍的历史学研究中专业目标的“重要部分”。[2] 了解历史学和道德科学荣誉考试的这些特点，就很容易理解马歇尔在就职演讲中谈到的经济学在剑桥本科教育中的作用的态度了。

1885 年马歇尔回到剑桥后，经济学的教学任务由教授和各讲师分担。如前所述，[3] 马歇尔在 19 世纪 80 年代讲授政治经济学原理（“生产、租金、工资、利润和价值”），并在两个学期内讲授了关于货币、贸易和政府职能的概论课。当时讲授经济学的讲师包括以下几位：圣凯瑟琳学院讲师莱文，教了三个学期的货币理论；圣约翰学院讲师福克斯韦尔在米迦勒学期讲授斯密、马尔萨斯和李嘉图的理论，在四旬节学期讲授社会主义史和政治经济学要素这两门课程，第二门课在复活节学期继续开设。此外，J.N. 凯恩斯是唯一一位道德科学讲师，他将逻辑学的大量教学内容融入复活节学期的政治经济学论文课，而讲师威廉·坎宁安则为历史学学生讲授经济史课程。并非所有讲座都是为荣誉学位的考生设置的，有些是给普通学生开设的。在福西特的支持下，自 19 世纪

[1] 参见上文，第 13 章，第 471 页。

[2] J.R. 西利，《政治学的教学》（‘The Teaching of Politics’），收录于 J.R. 西利，《讲座与论文集》（*Lectures and Essays*），伦敦：麦克米伦出版社，1895 年，第 328–329、334–335 页。

[3] 参见上文，第 10 章，第 303–304、333–334 页。

60年代起，政治经济学成为文学士学位考试的一门选修课。[1]

534 还有一件事需要作为背景回顾一下。与久负盛名、历史悠久的数学与古典文学荣誉考试相比，那些可以选修政治经济学的荣誉考试并不具有很高的学术地位，也没有多少奖学金以及奖项。这在一定程度上解释了为什么那么多优秀的学生不愿进入这些领域，以及为什么在马歇尔担任教授的最初几年里，这些学科吸引来的学生如此之少。此外，牛津和剑桥这两所老牌大学对商科教学也存在相当大的敌意。这进一步降低了财富研究的吸引力，而财富研究是政治经济学的另一种描述方式。马歇尔在就职演讲中充分认识到了这些障碍，并在最后呼吁有聪明才智的人学习政治经济学，以造福社会。[2]

在现有荣誉考试中扩大政治经济学所占的比例：1889年和1897年

在最终建立经济学和政治学荣誉考试之前，马歇尔曾在道德科学荣誉学位（共有两次，分别为1888–1889年和1896–1897年）和历史学荣誉学位（1897年）中扩大经济学的教学范围。本章附录概述了教学大纲的详细内容；《剑桥大学报》的官方报道、道德科学委员会会议纪要、约翰·内维尔·凯恩斯的日记以及马歇尔的信件，都为围绕马歇尔在这一方面的争论提供了诸多素材。

[1] *《剑桥大学报》，1886年6月9日，第762页。这些课程的参考书目如下：白芝浩，《伦巴第街》；福西特，《自由贸易与贸易保护》；阿尔弗雷德·马歇尔和玛丽·佩利·马歇尔，《产业经济学》；穆勒，《政治经济学原理》，以及沃克的《工资问题》与《货币、贸易和工业》。历史学荣誉考试的政治经济学考生还被建议阅读杰文斯的《国家与劳动的关系》，以及罗雪尔的《政治经济学》，以及学习西季威克的《政治经济学原理》的第三部分。这些阅读材料反映了这门课对国家经济职能的强调。政治经济学的高年级学生主要来自那些尝试道德科学荣誉学位第二部分（自1883年开设）的学生，以及马歇尔回剑桥担任教授后开始开设的针对感兴趣的毕业生的特别课程，他们除了需要阅读为普通学生规定的书外，还需要进行大量的额外阅读。按照字母顺序，这些高级课程的学生需要熟悉白芝浩的《经济学研究》、布伦塔诺的《论行会》（*On Guilds*）、凯尔恩斯的《政治经济学主要原理》、古诺的《财富理论的数学原理研究》、坎宁安的《英国工商业的发展》、吉芬的《证券交易所》、葛逊的《外汇》、杰文斯的《政治经济学理论》和《货币与金融调查》、利瓦伊的《英国商业史》、勒鲁瓦–博利厄的《财富再分配》（*Essai sur la répartition des richesses*）、马尔萨斯的《政治经济学原理》、李嘉图的《政治经济学原理》、罗雪尔的《政治经济学原理》、斯密的《国民财富的性质和原因的研究》和沃克的《货币论》（《剑桥大学报》，1885年6月20日，第923–924页；1886年6月8日，第716页）。

[2] 谢尔顿·罗斯布莱特，《教师的革命》，1981年，第259–273、244–247页；以及上文，第10章，第310页。

根据凯恩斯的说法（1888 年 2 月 29 日的日记），在 1888 年最先提出道德科学学位考试改革的是西季威克，随后的一整个月他们都在对此进行争论。这一点从 1888 年 2 月马歇尔与凯恩斯的通信中就能很明显的看出。由于恶劣的天气，两人推迟了讨论西季威克建议的会面，马歇尔解释了反对该建议的理由，因为政治经济学并没有成为荣誉学位第二部分考试的必选科目。这会让他失去许多优秀的学生，正如他在 2 月 18 日写给凯恩斯的信中所说：

> 我仍然坚持昨天向您表达的观点，只要不对政治经济学所处的地位做出重大改变，我将衷心赞同任何渐进并得到其他道德科学教师认可的道德科学荣誉考试的改革计划；但我会毫不妥协地反对任何削弱政治经济学在后半部分考试中所占比重的建议。我越来越认为，对政治经济学的短期学习很难有什么很大的收获，反而往往还会带来不少坏处。一个人通常要到即将取得学位时，他在经济学方面的工作才会有实质性的价值。[1]

马歇尔补充了一份他自己草拟的方案，他建议凯恩斯如果愿意的话，可以 535
向西季威克和委员会的其他成员展示这份方案。他建议第一部分考试由心理学和形而上学、逻辑学、伦理学和政治经济学组成，学生可以选修其中三科（每科都包含两份试卷），或者还有一个更好的方案是，所有学生都必须学习这四门课程。他还建议以论文题的形式出一份考卷。至于第二部分考试，他建议学习五门科目：形而上学、心理学、逻辑学、伦理学和政治学（或社会学），最后一门是政治经济学和统计学，每个学生可选择其中两门参加考试。[2]

这种明显的意见分歧导致道德科学委员会在随后的几个月里召开了多次激烈争论的会议。马歇尔和西季威克的不同意见逐渐缩小为形而上学这一必修课

[1] 马歇尔致 J.N. 凯恩斯的信，1888 年 2 月 18 日（马歇尔档案，1：65）。

[2] * 同上，马歇尔补充说，“如果要研究亚当 · 斯密之前的政治经济学理论”，它应该成为伦理学和政治学（或社会学）的一部分，因为如果“仔细研究”政治经济学和统计学，这些学科就会有很强的历史因素。然而，如果福克斯韦尔坚持纳入早期历史，而西季威克拒绝将其与政治学联系起来，那么解决方案就是将其纳入“混合试卷”。这表明他在理论史上与福克斯韦尔的观点不同（见上文，第 13 章，第 471–473 页，以及下文，第 18 章，第 674–677 页）。然而，在其他地方，他对斯密以前的经济理论的重要性表达了不同的观点，例如，可见他 1892 年 8 月 19 日给普莱斯的一封信（载《纪念集》，第 378–379 页），以及吉尔博后来的记录中（《关于阿尔弗雷德 · 马歇尔的一些个人回忆》，第 96 页）。

应该放在考试的第一部分（马歇尔的建议）还是放在第二部分（西季威克的主张）。[1]这个问题一直拖到1888年10月才得到解决。直到西季威克做出了让步，允许专攻政治经济学的学生选修政治哲学用来替代形而上学，马歇尔才最终接受了委员会关于形而上学在学位考试结构中的总体立场（1888年11月10日）。[2]然而，到了12月初，马歇尔希望通过纳入更多统计学理论来改变逻辑学考试在政治经济学学科中的地位。直到1889年1月底，J.N. 凯恩斯才报告说“新方案取得了相当大的进展”，于2月6日达成一致。最终方案于2月27日敲定，道德科学委员会关于这份新决议的报告随后被提交给了大学理事会并由副校长通过。

在谈到道德科学荣誉学位中的经济学学习时，该报告提供了以下内容。在荣誉学位的第一部分考试，学生有三门必修课，包括政治经济学、心理学、逻辑学和方法论，每门必修科目包含两份试卷。对于第二部分考试来说，高级政治经济学变成了一门特别科目，可在政治哲学或者知识论（形而上学）中挑选一门课选修，从而规避了以前必修形而上学的要求。这就是西季威克妥协的实质内容，他们最终达成一致意见。第二部分的考试也对其他专业的学生开放，就像庇古和克拉彭后来在完成历史学荣誉考试之后所做的那样。对马歇尔来
536 说，取消高级政治经济学学生必修的形而上学是一次胜利，但最终为他赢得的经济学学生却寥寥无几。[3]

在理事会就这些修改进行辩论期间，[4]坎宁安对高级政治经济学学生可以免修形而上学课程表示了反对，他认为这两门学科是相互依存的，尤其是在经常涉及社会改革和个人问题的道德科学领域。此外，他指出，在最近通过的历史学荣誉考试新规中，学生们已经可以集中精力将政治哲学和政治经济学的研究结合起来，因此，道德科学的改革只是历史学教程改革的重复。马歇尔反对坎宁安的观点如下。第一，经济学的历史本身就表明政治经济学在本质上独立

[1]¶ 就这个问题的投票结果是三票支持马歇尔的主张，三票支持西季威克的主张，三票缺席（JNKD，1888年5月15日）。在随后的道德科学委员会的较为温和的会议上（1888年5月15日），此事没有得到解决。因此，会议被推迟到10月。激烈的讨论促使西季威克吐露了在近期辞去主席职务的想法，这在J.N. 凯恩斯看来，是“道德科学已跌入低谷”的明确信号（JNKD，1888年5月25日）。

[2] 道德科学委员会，会议记录，1888年11月10日（剑桥大学档案，Min. V. 10）。

[3]《剑桥大学报》，1889年2月26日，第481–483页。

[4]《剑桥大学报》，1889年3月19日，第593–596页。

于形而上学，其方法也独立于形而上学的方法。马歇尔认为，最重要的是建立一所像美国那样的政治科学学院，使政治哲学与政治经济学研究相结合。由于并不是所有认真学习政治经济学的学生都想学习历史，因此，坎宁所说的这一改变与历史学的改革相重复，这一点不能被视为对提议本身的批评。他最后说，他对道德科学学位的改革并不完全满意。这些建议只是“过渡阶段”。在理事会的辩论中，西季威克证实了凯恩斯的记录：提案中关于为高级政治经济学学生提供特殊条款的部分在特别委员会的会议上遭到了激烈的辩论，这应该被视为一种妥协，这并不一定会阻止政治经济学学生选修形而上学。西季威克同意了“马歇尔的看法，认为可能在几年内……建立一个政治学荣誉学位”。这促使马歇尔断言，“他已在考虑新的学位考试”，并认为目前的计划是“一个极好的折中方案”。此时，马歇尔和坎宁安之间关于政治经济学和经济史的范围和方法也爆发了公开的争论，因此学位改革的冲突也必须被放在这一更广泛的背景中来看待。[1]

1889 年的妥协只维持了不到十年。1897 年 5 月，道德科学特别委员会向大学理事会提交了一份报告，进一步提出将学位考试中的“哲学”和“政治经济学”分开，从而使两者都能够得到更充分的发展。在过去的三年里，道德科学委员会关于这个问题争论不休。新的规定实际上正式将政治学和经济学与哲学分离开来，这是西季威克在 1889 年就预见到的，也是马歇尔强烈支持的。新规定进一步扩大了道德科学专业的学生专攻经济学的机会。正如报告所指出的那样，“将伦理学纳入学位考试的第一部分”，这一提议使“委员会能够将两篇关于政治经济学的试卷（学位考试的第二部分）增加到三篇，该科目的教师（马歇尔和福克斯韦尔）认为这一增加是可取的，可以充分展现这一重要研究领域的不同部分和方面……**这一变化有助于那些倾向于专攻经济学的学生对经济学进行全过程的准备**”。[2] 该决议的目的是将政治学和政治经济学正式从考试第二部分的哲学、形而上学、心理学和逻辑学中分离出来，这在很大程度上实现了马歇尔的雄心壮志，即允许其他专业的学生进入道德科学学 537
位考试的第二部分，就好像参加经济学和政治学学位考试一样。新规定正式将学位考试的第二部分分成两个方向，一是哲学、逻辑学和心理学，二是政治哲学和政治经济学。在提案所附的科目的详细书籍和课程一览表中，这一

[1] 参见上文第 13 章，第 469–471 页。

[2]《剑桥大学报》，1897 年 5 月 18 日，引文中粗体为我所加。

部分被简单地划分为政治学和高级政治经济学。[1]

凯恩斯的日记和马歇尔的信件中有对道德科学委员会推进过程的评论，这些变化最初似乎相当不确定。可以推测，马歇尔与西季威克、凯恩斯、福克斯韦尔和其他委员会成员吵过架。19 世纪 90 年代中期，马歇尔在写给凯恩斯的信中透露了他对道德科学荣誉考试的各种不满。他所吸引的好学生的数量非常少，马歇尔还抱怨说，他只能依靠非专业教师，如维恩和麦克塔格特，他想让弗拉克斯来帮忙也被阻止。"桑格是唯一一个在第二部分考试中选择经济学的学生（无论男女），而且确实值得我们培养。但一个桑格，甚至一个鲍利，是对我 5 年工作的很好的报偿，我已经满足了。"[2] 然而，一年后，他告诉凯恩斯，他很羡慕布伦塔诺在慕尼黑吸引了 400 名学生，其中一半以上来自北德，他还颇为嫉妒地谈到了布伦塔诺从巴伐利亚政府那里争取到了 3 万马克，用于为参加他的研讨班的学生购买书籍。[3]

与此同时，福克斯韦尔向凯恩斯抱怨剑桥过分强调理论，而忽视了对实际问题的讨论，并抱怨他的讲座出勤率低。[4] 几年后，他一定在道德科学委员会关于学位改革的辩论期间，就此事与马歇尔通过信。无论如何，马歇尔写信给他说，他不喜欢把经济研究细分为理论、历史和政策，"因为我认为没有什么'理论'可言；脱离事实的分析是无益的"。[5] 在接下来的几个月里，这一对好友就决议的各种草案进行了讨论，在对历史研究的必要性上，马歇尔假设"你对历史（包括过去和现在）的研究是分析性的"，[6] 从而解决了他们的争论，而且马歇尔所提到的应用经济学就相当于福克斯韦尔所说的对"经济政策"的使用。[7]

与西季威克关于这个问题的通信没有被保存下来；凯恩斯的日记表明，

---

[1]《剑桥大学报》，1897 年 5 月 18 日，第 943、949 页（见本章附录，第 563–564 页）。

[2] 马歇尔致 J.N. 凯恩斯的信，1895 年 11 月 2 日（马歇尔档案，1：108），详见下文第 20 章，第 754–756 页，关于马歇尔的教学在当时吸引的经济学学生的细节讨论。

[3] 马歇尔致 J.N. 凯恩斯的信，1896 年 4 月 4 日（马歇尔档案，1：110）。马歇尔自信地补充说，他认为布伦塔诺"取得了巨大的成功，同时，私下里，也是一个伟大的炸脖龙"（刘易斯·卡罗尔著名诗歌 *Jabberwocky* 中虚构的生物）。

[4] H.S. 福克斯韦尔致 J.N. 凯恩斯的信，1894 年 12 月 14 日（马歇尔档案，1：35）。福克斯韦尔的抱怨很可能是针对普通学生的，他主要负责指导这些学生。

[5] 马歇尔致 H.S. 福克斯韦尔的信，1897 年 1 月 25 日（马歇尔档案，1：49）。

[6] 马歇尔致 H.S. 福克斯韦尔的信，1897 年 2 月 2 日（马歇尔档案，1：50）。

[7] 马歇尔致 H.S. 福克斯韦尔的信，1897 年 4 月 26 日（马歇尔档案，1：58）。

1896 年至 1897 年关于决议的辩论并没有重复 19 世纪 80 年代末的经历，那时候两位教授之间的争吵在开会过程中产生了如此多的怨恨。[1] 马歇尔缺席了最后两次会议，原因尚不清楚，但却加快了事情的发展。一旦棘手的原则问题得到了令马歇尔满意的解决，规定的最后起草工作很快就圆满结束了。凯恩斯在他的日记中记录了这两次会议，因为马歇尔的缺席，“在一个多小时内，我们完成了通常要两次长会议完成的工作”（1897 年 5 月 3 日），而他指出最后一次会议“高效地结束了这两三年散漫的讨论”（1897 年 5 月 10 日）。

道德科学委员会第二轮课程改革辩论的最后阶段恰逢历史学的课程改革。538
马歇尔再次积极支持这一提案，即将历史学荣誉考试中的政治经济学试卷数量从一篇增加至两篇，从而吸引更多的历史学学生进入经济学领域。这一提议得到了历史学家的支持（例如，坦纳将两篇政治经济学卷子的改革称为“一个巨大的进步”[2]），这一提议也几乎没有引起历史学委员会其他成员的反对，包括马歇尔的老对手坎宁安。相反，马歇尔在有关经济学的动议上得到了坎宁安的积极支持，马歇尔在福克斯韦尔的信中写道，这些动议“要么是由他提出的，要么是由我支持的，或者反过来”。[3] 因此，毫不奇怪，经济学在历史学教学改革中收获颇丰。在考试的第二部分，学位申请者可选修政治经济学，选择它的人必须完成两份试卷；此外，参加第二部分考试的其他专业的学生，可以用第一部分的经济史试卷来补充经济学的研究。因此，我们不能再争辩说，在历史学荣誉考试中“政治经济学受到草率和不充分的对待”，我们也无法再说，政治经济学“受到了不专业的考官的不利影响”。[4]

在《剑桥大学报》发表的一篇辩论时期的演讲摘要中，[5] 马歇尔不仅对“为这个他所关心的学科作出的让步”表示感谢，而且还提出了他所认为的与荣誉考试改革有关的基本原则。他认为，正在审议的报告“朝着旧学位考试制度改进的方向迈进了一步……以适应现代研究的要求……允许每个学生发展自

[1] JNKD，1894 年 10 月 24 日，1897 年 3 月 8 日，1897 年 4 月 30 日，提到了董事会会议，但没有提到西季威克和马歇尔之间的争吵。实际上，1896 年 5 月的会议上，西季威克和沃德提出将哲学从经济学荣誉考试的第二部分剥离，从而使其与“政治经济学分离”（剑桥大学档案，Min V. 10，1896 年 5 月 22 日）。

[2]《剑桥大学报》，1897 年 2 月 9 日，第 506 页。

[3] 马歇尔致 H.S. 福克斯韦尔的信，1895 年 1 月 18 日（1896 年，可能是笔误），弗里曼收藏，14/190。

[4]《剑桥大学报》，1897 年 5 月 18 日。

[5]《剑桥大学报》，1897 年 2 月 9 日，第 510 页。

己的个性，只要他所做的工作是缜密的。……大学教育的真正职责是培养一个人的能力，以便在以后的生活中继续得到最大限度的发展；在这方面（虽然不是在所有方面），德国的体系要比我们的好。因为它让学生可以更自由地选择，而且花一年时间专攻一门像政治经济学这样的特别科目，比花一年时间学习好几门科目，每个只能占到三四个月的时间，效果会更好”。在接下来的五年里，马歇尔在敦促经济学从道德科学中完全独立出来时也使用了类似的论点。

上述经济学的扩展给马歇尔在剑桥的个人友谊带来了沉重的负担。与西季威克的分歧在马歇尔当选教授后就开始了，而在 19 世纪 80 年代末关于学位制度改革的辩论中愈演愈烈。受马歇尔之邀参加圣约翰学院的宴会后，凯恩斯记录道，在宴会的大部分时间里，马歇尔都以“习惯性的夸张”攻击西季威克和他的方案，事后，马歇尔立即写信给他试图全面解释自己的立场，大概是担心前一天晚上说得太过分了。“除非情不自禁，否则我无意攻击西季威克管理道德科学委员会事务的方法。而且，我对他的所有愤慨都局限于一个相当狭隘的范围。即他作为一名大学政治家，在某种程度上也是作为一名经济学著作者，与我发生了争执。对于西季威克的其他方面，我的评价和你的一样高。”[1]

539 对马歇尔关于西季威克优缺点的均衡分析法，凯恩斯照例没有作出回应。然而，这样的事发生得多了就意味着这位马歇尔原本的忠实追随者，其耐心日益受到这位政治经济学教授在委员会的滑稽行为的考验。早在学位考试改革的准备阶段，作为道德科学委员会的秘书，凯恩斯就持续地记录了该委员会资深成员之间日益增多的各种冲突。凯恩斯大体上是同情西季威克的，主要是因为马歇尔“太狭隘和自私了”。[2]

马歇尔越来越强调经济学的专业化，因为他认为“对政治经济学的短暂研究很少有什么好处，有时还必定有害”，[3] 这也使他与著名大学改革家和社会改革家西德利·泰勒发生了冲突，他们俩是通过合作运动和工业村协会产生了联系。这一点在《剑桥评论》的一次交流中可见一斑。西德利·泰勒在文章中含蓄地讽刺了马歇尔支持大学专业化的主张，他引用了曼塞尔十年前写的《哲学论文集》（*Phronisterion*）的长节选，其中批评了德国把专业体系作为一种大学改革的做法。泰勒没有提及马歇尔的名字。然而，他明确反对某些新上任的

[1] JNKD，1888 年 5 月 7 日和 8 日，马歇尔对西季威克经济学的反对见下文，第 18 章，第 665–666 页。

[2] JNKD，1886 年 5 月 11 日。

[3] 马歇尔致 J.N. 凯恩斯的信，1889 年 2 月 18 日（马歇尔档案，1：65）。

教师贬低形而上学和其他批判性研究，这显然是在指马歇尔。马歇尔对此的回答是他根据曼塞尔的《粒子动力学》(*The Dynamics of a Particle*) 改编的讽刺作品。在这篇文章中，马歇尔试图转移西德利·泰勒的论点，称其要么过时，要么离题，因为在现阶段，道德科学荣誉学位的规则并没有进行重大改革的打算。[1] 马歇尔参与的这种性质的争论，可能使他得到了他想要的学位规则的大部分改变。但这不利于提高他在整个大学群体中的声望，特别是他因为想要达到自己的目的，不得不与广受欢迎和备受尊敬的资深教授西季威克发生争吵时。

马歇尔对 19 世纪末经济学地位的不满，在给乔治·达尔文的一封信中被简洁地表达出来，这封信旨在披露政治经济学的资源需求，为即将到来的新世纪做好准备。这封信如此清楚地表明了马歇尔的野心，可以全文引用：

> 经济学方法的广度、复杂性和彻底性都在快速发展，其他科学也是如此。但是，更进一步说，经济学的主题每年都会大量的增加，以至于没有一个人能够在这门科学的所有分支中都跟上它们的步伐。统计科学无论在理论方面还是在管理方面都在迅速发展；通过国际经验的比较，一个知识体系正在迅速成长起来，这是第一流的智力训练，而且可能对实实在在的进步有所帮助。
>
> 现代世界各国的立法机构和外交官员都忙于处理各种经济问题，这一事实说明了经济问题的紧迫性和普遍性。其中涌现出许多新问题，必须由我们自己的时代来解决。工人阶级的智慧日益增长，人道主义精神在各阶级间的传播，正引起人们以新的热情讨论人民的生活和工作条件；然而，我们到目前为止所学到的东西，与值得我们学习的雇主和雇员之间的关系、就业波动，济贫，以及国家在监管和在某些情况下承担公共事务方面的职责相比，几乎是微不足道的。所有这些问题中的经济因素都需要耐心而彻底的研究，以便可以明智而大胆地处理它们。现在来谈谈现代社会的另一个特征——发明的进步和资 540
> 本的增长正在给大型企业带来新的动力；并且正在让诸如运输业这样的行业脱离个人能力的范畴。国内外的铁路、电力和其他企业已经几乎全部被掌握在股份公司、市政当局或中央政府手中。在过去，一个

[1] A. 马歇尔，《曼塞尔》，载《剑桥评论》，1887 年 12 月 7 日，引自阿隆·卡迪什，《历史学家、经济学家和经济史》，第 155–156 页，他明确地将这场争论与道德科学委员会关于形而上学的辩论联系起来。

企业之所以兴旺，可能是因为优良的经营传统世代传承了下来。但大型公共和半公共事业的官员很少有这样的传统；它对新工作可能有的帮助也不会像旧工作那样好。学术研究的实用性确实有其局限；但是，经济原理这一良好基础，对所有大型企业，特别是公共企业的实际管理工作，以及立法机构和郡议会的成员来说，都是有益的准备。它对宗教长官和当代文学作家的工作也有帮助；因为这些人经常被要求为公众关心的问题负责，这些问题都比乍看起来更困难、更微妙。

认识到这些事实，经济研究已经被欧洲大陆和美国的一流大学放在头等重要的位置，并成为许多优秀学生攻读学位的选择。但在英国老牌大学里，这些研究仍然处于次要地位；而且，无论是本科生还是研究生，这些学科的学生几乎得不到奖励。因此，在剑桥大学，每学年学习经济学的本科生不足四五十人，加上大约二十名女学生（我在这里没有计算学习经济史的学生）；而且这里的教学规定也很陈旧。这里只有一个经济学教授席位；虽然目前三一学院有一个经济史讲师，而圣约翰学院有一个经济学讲师，但这两个职位都不是永久性的。大学里一些主要从事其他方面研究的研究员偶尔也讲授经济学或经济史方面的课程；但是，一个年轻人想通过讲授经济学在剑桥大学谋得生存是不容易的。这是我们目前最迫切的需要。为了在目前的发展阶段充分地处理这一问题，我们需要确保现有研究员拥有永久性的职位，并增加一两名专攻经济学研究和教学的年轻老师。也就是说，还需要增加一个经济学教授职位，以及至少一个年薪 200 英镑的讲师职位。即便如此，剑桥还是不如哈佛和耶鲁，甚至不如一些更年轻的美国大学。举个明显的例子——哥伦比亚大学政治学系由 19 位教授和讲师组成。其中，7 位隶属于经济学与社会学系："政治经济学"专业有两名教授和一名讲师，"政治经济学和公共财政学"有一名教授，"社会学"有教授和讲师各一位，剩下的一名讲师来自人类学。法律、行政和政治哲学有 5 位研究员，其余的 7 人来自历史学。按照德国和美国的惯例，经济学与社会学的课程还包括铁路问题研究和应用经济学的其他分支。

另外一个更进一步但不那么迫切的需求，是按照德国经济学研讨会的方式，建立一个大约有 3000 本书的经济学图书馆，让高级经济学的学生可以在充分的指导下学习，美国已经很好地采纳了这种形式。[1]

迈向新学位：1901–1903 年

直到 1900 年 8 月西季威克去世后，马歇尔才采取了创建一个单独的经济学荣誉学位的最后步骤。不到一个月，马歇尔就写信给凯恩斯谈及因西季威克去世而导致的道德科学委员会主席的空缺，他还说那些对经济学和政治学感兴趣的人，“估计很快就会向大学提出建立一个单独的荣誉考试，以便这两个学科得到充分发展”。[2] 通过道德科学委员会发起这样的行动似乎不太合适，因此，由更为温和的历史学委员会拉开了建立一个独立的经济学和政治学荣誉学位的序幕。1901 年 5 月 8 日，马歇尔向福克斯韦尔报告说，历史学委员会任 541
命他成立一个工作组来报告“如何最好地在大学扩展现代经济学和政治学的研究”。其成员包括彼得学院院长 A.W. 沃德，政治学讲师洛斯·狄金森（Lowes Dickinson），还有马歇尔本人。这封写给福克斯韦尔公司的信阐述了马歇尔对这个问题的首选解决方案：

> 我觉得最好是建立一个独立的学位考试，就像印度语学位考试和闪米特语学位考试一样；这个新学位可以和历史学隶属于同一个大委员会之下，就像印度语和闪米特语都隶属于东亚文化委员会一样。我建议这个大委员会的大部分工作由两个委员会完成，一个是历史学委员会，另一个是经济学和政治学委员会。大委员会将有一个新的头衔，它与旗下的两个委员会的关系，就像自然科学委员会与旗下的物理学和生物学两大委员会的关系一样。可能会有一些政治经济学试卷同时出现在历史学学位考试，以及经济学和政治学学位考试中。但这不算什么大事。我不敢肯定会有什么样的结果。沃德（彼得学院）现在不在剑桥，目前我们还没有什么进展。为了说明这些问题，我将狄金森对政治学考试的建议，与你、西季威克、凯恩斯和我前段时间讨论过

[1] 马歇尔致乔治·霍华德·达尔文的信，1899 年 3 月 24 日（印于剑桥大学协会，《大学需求声明》，第一部分，剑桥：剑桥大学，1900 年，第 26–28 页）。与福克斯韦尔的通信（1899 年 3 月 25 日、3 月 27 日和 4 月 2 日）表明，印制的信与 3 月 24 日的原始版本相比有了很大的改动。感谢约翰·惠特克向我提供的信息。

[2] 马歇尔致 J. N. 凯恩斯的信，1900 年 9 月 22 日（马歇尔档案，1：119）。

> 的旧方案的修订（也许更像是“推倒重写”）进行了整合。在前天的会议上，我敦促说，如果我们的研究不理会商人的需求，那么他们的钱就会流向新的大学；而我们会一直维持“缺钱”的现状。我发现有些人以为我要建立一个“商学院”。[1]

马歇尔随信附上了一份新学位的大纲草案，并请福克斯韦尔拿给J.N.凯恩斯看。[2]这封信也透露了他试图建立新学位的原因。主要目的是满足经济学和政治学专业学生的需求，以及满足那些打算在议会或地方政府、国内和印度公务系统、公共和私营企业的“高级工作”中寻求就业机会的人的特殊需求，或培养“公民绅士的职责”，最后（但对马歇尔而言非常重要）是为“穷人”的慈善事业奋斗。马歇尔随后在1902年和1903年期间出版的一些小册子和演讲中，进一步阐述了创建经济学及其相关政治学分支的课程的必要性。第一篇文章就重复了他在就职演讲中的主要论点，即在道德科学荣誉学位中讲授经济学的困难，以及获得足够的训练有素的经济学家变得越来越重要，最重要的是，为剑桥大学中对经济学感兴趣的人提供这样一种机会，使他们能够获得与“物理学家、生物学家或工程师”相同的“为期三年”的科学训练。[3]随后的演讲集中在经济教育的必要性上，这种必要性源于日益复杂的商业现实，并且劳动关系处理中需要培养经济研究所提供的“同情心和智慧”，以及在住房、慈善和失业等社会问题上也需要更广泛的教育。[4]

然而，在剑桥推广更专业的经济学训练还有其他原因。最重要的是培养经济学家所需的健全的分析能力，即“推理”能力。马歇尔[5]将推理称为优秀经济学家三大必备技能之一，另外两项是‘感知和观察’的能力，以及拥有科学
542 “想象力”。马歇尔观察到，对复杂问题进行清晰推理的能力，在很大程度上与从大学教育中获得的成熟的研究方法有关，大学是培养良好的科学和分析思维

[1] 马歇尔致福克斯韦尔的信，1901年5月8日（马歇尔档案，3：41）。

[2] 参见本章附录，第564–565页。

[3] A. 马歇尔，《呼吁建立经济学和相关政治学课程》，剑桥大学，1902年，第11页。马歇尔在《经济学原理》第5版，第1篇，第4章，第5–6节中转载了其中的大部分内容。它的全文转载于*P* Ⅸ，第161–178页。

[4] A. 马歇尔，《大学经济教学与公共福利的关系》，这篇文章收录于社会教育委员会会议论文集，伦敦，1902年，第3–4、6、7–9页。

[5] 同上，第6页。

习惯的最富有成效的时期。简而言之，对经济学来说，学习马歇尔所认为的这门科学真理的分析引擎，是掌握这门学科的先决条件。[1]另一个似乎同样重要的原因是，马歇尔[2]给出了这样的担忧——如果剑桥大学不采取措施，按照建议的方向改善自己的教育条件，它将在经济学这一严肃而重要的事业中处于落后地位。由于英国其他高校的发展，如剑桥不再采取行动，这种落后是很可能发生的。1895 年，伦敦成立了自己的经济政治学院。伯明翰建立了商学院，曼彻斯特欧文斯学院的教学委员会刚刚批准建立一所经济和政治学院，牛津大学也有类似的谋划。因为如果不这么做，英国很可能在经济教育方面将被美国和欧洲大陆甩在后面，[3]不过马歇尔个人对伦敦、伯明翰和曼彻斯特的行动是否能以适当的方法解决这一问题表示怀疑。他对这些问题的看法从他的一些私人信件中就可看出来。

1901 年，马歇尔在信中遗憾地谈道，与德国和美国相比，英国缺乏学术研究，“在这里几乎找不到能填满德国和美国经济课堂的学生”。[4]他没有给出任何理由，也没有对伯明翰、曼彻斯特，尤其是伦敦经济学院所采用的解决方案提出批评。然而，1898 年，休因斯作为伦敦经济学院的首任院长，为教育部准备了一份官方报告，其中对剑桥大学的评论刺痛了马歇尔。这使他在同阿什利的私下谈话和同休因斯的通信中都更加直率了。尤其让他恼火的是伦敦经济学院的方案中对经济理论的强调，而且，休因斯在报告中对剑桥大学经济学

[1] 有关这一论点的详细发展，参见约翰 · 马洛尼,《马歇尔、正统与经济学的职业化》，第 41–55 页。

[2] 马歇尔,《大学经济教学与公共福利的关系》，第 91 页。

[3] * A. 马歇尔,《呼吁建立经济学和相关政治学课程》，第 11 页，还可参较上面引用的给乔治 · 达尔文的信，第 539–540 页。1894 年英国协会委员会的一份报告中说，“在本国和其他国家采用的经济学教育方法”，由威廉 · 坎宁安、冈纳、埃奇沃思、J.N. 凯恩斯和亨利 · 希格斯编写，毫无疑问，这是刚才概述的高等经济学教育发展的催化剂。显然，它协助了韦伯夫妇建立伦敦经济学院的计划，尽管这个计划并非由他们发起。参见珍妮特 · 贝弗里奇,《克莱尔集市的史诗》，第 14–31 页。关于学院建立的详细信息，见悉尼 · 凯恩爵士（Sir Sydney Caine),《伦敦政治经济学院的建校史》(*The History of the Foundation of the London School of Economics and Political Science*)，伦敦：G.Bell & Sons，1963 年。根据下面提及的马歇尔与休因斯的通信（第 542–543 页)，有趣的是，1896–1897 年校历上显示，马歇尔是其图书馆基金的捐助人之一（见珍妮特 · 贝弗里奇，第 36–37 页)。

[4] 马歇尔致理查德 · 伊利的信，1901 年 10 月 28 日，引自 A.W. 科茨,《阿尔弗雷德 · 马歇尔和理查德 · 伊利：一些未发表的信件》，*AMCA*，IV，第 116 页。上文（第 537 页）指出，马歇尔对布伦塔诺在慕尼黑招募了 400 名经济学学生感到相当羡慕。

教学状况的评论也被马歇尔认为相当的“傲慢”。[1]随后他又写了一封信，信
543 中不仅暗示了他对休因斯言论的不满，也承认了当时在剑桥盛行的经济学教育体系中的一些缺陷：

> 事实是，自从读了你在《萨德勒教育蓝皮书》中关于“经济学在英国的地位”的评论后，我感到很难受。以前报纸上关于您公开演讲的报道曾让我有些不安；但当我读到这些时，我觉得我迟早要公开或私下提出抗议。
>
> 我想，伦敦经济学院确实有我不知道而你知道的优点，但同时，你也比我更了解她的缺点。我一点也不怪你只说她的优点，而把缺点留给别人去发现；有些缺点也许与优点是分不开的，而有些缺点则会随着学校的发展而逐渐消失。
>
> 但是，当你不得不强调伦敦经济学院的一面时，你似乎很难强调剑桥大学的另一面。我猜，你的确不知道这里正在发生什么，也不知道它是怎样发生的。拿最不重要的一点来说，即讲课的次数，我想如果你统计一下今年在这里举行的讲座数量，你会很惊讶的，这些课的主题和伦敦经济学院的差不多。你会发现我们的讲座数量并不比你们的少；当然，其中占大多数的是基础研究；因为我们学生的平均年龄较小。
>
> 但最重要的一点是，剑桥有自己独树一帜的思想，尽管有一两个员工的特质与剑桥有些不同。为此宣扬只是一个次要的工作，但如果我们要创办一个新的地方，像伦敦经济学院那样（或根据我自己的经验，1879 年我在布里斯托大学学院所负责的宣传工作就特别繁重），宣扬它是必不可少的，这也是一项伟大的次要工作。我把它看作我自己工作中更重要的一半；它在很大程度上受到一个中心思想的支配，这个思想源于剑桥。
>
> 你会说——那为什么不单独写一篇剑桥的赞歌呢？有时我想，当《萨德勒教育蓝皮书》出现时，我好像应该这么做。但是我个人十分

[1] ¶ 休因斯曾指出，相对于牛津，剑桥的“经济学研究组织得蛮有活力，也很成功……剑桥大学的教学更加系统和持续”。休因斯在他的自传《一位帝国主义者的辩白》的第 26–27 页中记录了阿什利所目睹的马歇尔对报告的愤怒反应。

> 反感这种工作，我对它的厌恶无法想象。……我没办法一方面承认剑桥具有与其优点相连的缺点（以及其他缺点），而对伦敦经济学院那些与其优点相连的缺点避而不提。[1]

关于这个问题的后续信件表明，马歇尔的动机源于“站在剑桥的立场……相当嫉妒”，他担心伦敦经济学院“会被多少与费边派结盟的人‘占领’（尽管他本人也是），比起其他学院派经济学家，他们会更赞成费边派的某些观点和目标”。[2] 这一事件肯定使他更热衷于推行他的计划，把经济学和政治学教育从历史学和道德科学中分离出来。马歇尔在 1900 年写给奥斯卡・勃朗宁的一封信证实了这一点。信中声称，马歇尔同意西季威克的观点，即一旦伦敦经济学院开始运作，剑桥的经济学和政治学教育就应该做出类似的安排。[3]

马歇尔对于开设经济学和相关政治学课程的请求最初是向大学理事会提出的，随后在媒体上引起了广泛关注。《泰晤士报》的一篇社论（1902 年 4 月 18 日）支持马歇尔的提议，即成立一个委员会来调查是否要给予剑桥大学的 544
经济学和政治学教育更充分的认可。它还报道说，为此目的，一份由剑桥大学诸多重要成员签名的请愿书已提交给理事会。理事会于 1902 年 5 月 22 日作出了积极回应，任命了一个调查委员会“探索加强剑桥的经济学和相关政治学研究的最佳途径”。调查委员会的成员包括副校长 F. H. 蔡斯（F.H.Chase），1901 年调查该事件的工作小组的三位成员（即 A.W. 沃德、马歇尔和洛斯・狄金森），惠威尔国际法教授 J. 韦斯特莱克（J.Westlake），以及几位道德科学教师（J.N. 凯恩斯、H.S. 福克斯韦尔、新上任的奈特布里奇道德哲学教授索利和哲学史讲师麦克塔格特），还有历史学院的教师坦纳、利斯（两人也是宪法史讲师）和威廉・坎宁安，以及文学硕士埃德蒙 H. 帕克，他是一名律师，也是当

[1] 马歇尔致休因斯的信，1899 年 10 月 12 日，载 A.W. 科茨，《阿尔弗雷德・马歇尔和伦敦经济学院的早期发展》，*AMCA*，IV，第 134–135 页。拥有非剑桥特质的剑桥大学教职工大概是指坎宁安和福克斯韦尔，他们两人也与伦敦经济学院关系密切。

[2] 马歇尔致休因斯的信，1899 年 10 月 17 日和 1901 年 2 月 19 日，见 A.W. 科茨，《阿尔弗雷德・马歇尔和伦敦经济学院的早期发展》，第 136、138–139 页。马歇尔与费边主义原则的一致程度将在下文第 16 章，特别是第 571–572、591 页得到更充分的讨论。

[3] * 马歇尔致奥斯卡・勃朗宁的信，1901 年 7 月 8 日，国王学院图书馆（勃朗宁书信）。当巴尔福被要求签署马歇尔的请愿书，支持成立一个大学委员会来调查新的学位时，他的妹妹、亨利・西季威克的遗孀埃莉诺・西季威克要求 J.N. 凯恩斯证实她已故的丈夫亨利・西季威克曾像马歇尔所说的那样一直赞成这一提议。见埃莉诺・西季威克致 J.N. 凯恩斯的信，1902 年 3 月 11 日（马歇尔档案，2：87）。

时剑桥的财务主管。

这个调查委员会的任命并没有得到普遍的认可。在这一背景下，《统计学家》（*The Statist*，1902 年 5 月 22 日）的一篇社论对大学的经济教育表示了反对，因为“我们目前的经济学教授制度极不完善”，教师“过于学术化，对现实生活太无知，与他们所研究的问题相去甚远”。在对马歇尔小册子的具体批评中，它指出了他的观点“经济学是一门观察科学”和他的建议“经济学的数学表达应该被纳入教学计划”之间的矛盾。后者是马歇尔向经济学学生灌输的正确的推理和分析方法的重要组成部分。[1]

因此，马歇尔必须为新学位的提议进行多方面的辩护。首先，他必须说服道德科学委员会中对经济学有着浓厚兴趣的同事——凯恩斯和福克斯韦尔。与福克斯韦尔的争论在他们俩的通信中清晰可见，并涉及经济史和其他历史科目在教学大纲中的相对重要性。他们还关注心理学研究在新学位[2]中的持续作用（如果有的话）以及政治学的相对重要性。与凯恩斯的矛盾似乎更大。凯恩斯的日记表明，他在第一次听说这个提议时（1902 年 1 月 31 日）就非常不满，他还高兴地指出，马歇尔在新任命的调查委员会的第一次会议上（1902 年 5 月 22 日）就给人留下了特别糟糕的印象。[3]

545 调查委员会本身的议事工作是艰巨的。例如，在着手工作的六个月后，也就是 11 月 12 日，委员会通过了一些原则性的决议。这些决议不少于 16 项，一般涉及原则问题而非细节问题。这些原则性问题包括第一部分不应有选修课，第二部分应该鼓励经济学有限的专业化，它还就各学科的理想的试卷数量提出具体建议。[4] 1903 年 3 月 4 日，调查委员会的《最终报告》以多数票获得通过。威廉·坎宁安和麦克塔格特拒绝在报告上签字，主要理由是大学已经

[1] A. 马歇尔，《呼吁建立经济学和相关政治学课程》，第 4–16 页。

[2] * 马歇尔致福克斯韦尔的信，1902 年 1 月、2 月（马歇尔档案，3：43–46）。他在 1902 年 1 月 19 日的信中表达了对心理学的看法：“心理学作为一门科学比经济学弱小，而经济学太年轻，也很弱小，无法承载它。”这种观点与马歇尔后来对这两门社会科学的相对优势所表达的观点形成鲜明对比，这些观点见上文第 5 章，第 127–128 页，以及下文第 19 章，第 729 页注释¶。

[3] * 这些通信（J.N. 凯恩斯致马歇尔的信，1902 年 1 月 29 日；马歇尔致 J.N. 凯恩斯的信，1902 年 1 月 30 日）指出，一部分分歧源于马歇尔过于强调经济学的事实或“归纳”方面，而凯恩斯认为这与大学学位不相称。经济学在道德科学学位考试的第一部分中的持续作用也是一个问题，并且，马歇尔认为道德科学学位考试没有合理地对待经济学研究。最后一个问题将在下文第 547–548 页进一步讨论。

[4] 经济学联合会的决议在 1902 年 11 月 12 日之前仅供联合会成员私下流通（马歇尔档案）。

充分满足了经济学教学的需要，只有在条件允许的情况下才应该逐渐增加教学人员。[1] 令人高兴的是，多数人最终还是签署了这一报告，凯恩斯大呼宽慰，因为这一艰苦的工作终于要结束了。他的日记几乎没有反映出他与马歇尔争论的本质。国际法是否必修是他们争论的一个问题，他们还为逻辑学的作用而争吵，但凯恩斯给人的印象是，他把经济学学位委员会看作是一种行政上的负担，而不是一场重要的思想交锋，这将进一步导致这两位昔日亲密同事之间的嫌隙。[2]

马歇尔争取新的学位考试的努力也为他赢得了新的支持者。洛斯·狄金森就是其中之一，他是自己所在的“政治学这一特殊学科”的忠实拥护者。狄金森在报告的最后辩论中发挥了很大作用，他向历史学家们有力地论证了新计划的优势。新的学位考试成立时，他成为经济学委员会的第一任秘书，取代了 J.N. 凯恩斯的位子，而后者最初更愿意与道德科学委员会的朋友们待在一起。[3]

历史学派内部反对新学位考试的主要原因与坎宁安在 1889 年反对修改道德科学学位考试制度时提出的原因相似。这是在经济学和政治学联合报告发表后，特别是在 5 月 5 日大学理事会进行的全面辩论中表现出来的。[4] 在考察他们的批评之前，可以先对委员会的调查报告进行简要总结。

报告的序言带有明显的马歇尔风格，与他在前一年发表的论点相似。拟议的教学大纲表明，他被迫接受了一些妥协。拟议的新学位考试的第一部分包括三份必选的关于经济学原理的试卷，两份关于通史和经济史的试卷，一份关于宪法的试卷和一篇议论文。第二部分包括不少于七份关于经济学和高级经济学的试卷，一份关于现代政治理论的试卷，两份关于国际法的试卷，两份关于法律原则的试卷，以及由特别教育委员会批准的一份应用性主题的选修试卷。[5] 经济学委员会将包括奈特布里奇道德哲学教授、钦定近代史讲席教授、唐宁英国法讲席

[1] 报告草案，1903 年 2 月 4 日（马歇尔档案）。

[2] 约翰·马洛尼，《马歇尔、正统与经济学的职业化》，第 63–65 页，参见上文第 544 页，注释 ¶。马歇尔与约翰·内维尔·凯恩斯的关系将在下文第 18 章中详述。

[3] E.M. 福斯特（E.M.Forster），《戈尔茨沃斯·洛斯·狄金森及其相关著作》（*Goldsworthy Lowes Dickinson and Related Writings*），1973 年版，伦敦：爱德华·阿诺德出版社，第 87–88 页。

[4]《剑桥大学报》，1903 年 3 月 10 日，第 528–538 页；1903 年 5 月 14 日，第 766–767 页，另见阿隆·卡迪什，《历史学家、经济学家和经济史》，第 199–215 页。

[5] 教学大纲全文转载于下文第 565–569 页。

教授、政治经济学教授、惠威尔国际法教授、地理学高级讲师，以及本年度和上一年任命的审查官，还有从大学理事会选出的五位成员，任期为五年。[1]

546 除了参加正式的辩论之外，历史学家们还利用小册子、文章，以及《剑桥评论》上的信件专栏对新学位考试进行了抨击。反对派中最活跃的是马歇尔的老对手威廉·坎宁安，他制作了多份小册子，在《剑桥评论》上发表了一个幽默的采访，还在理事会关于联合报告的辩论中为反对派据理力争。坎宁安质疑，在新的学位考试体系下，过早地、“过度”的经济学专业化是否有必要，它要求商业的实用性，要求图书馆的设施来支持严肃的经济学研究工作，他担心新的学位会迅速发展成一个专门研究经济学的地方。最后不得不提的是，他担心一个专门的经济学学位考试会对现有的历史学和道德科学学位中选修经济学的学生产生不利影响。[2] 麦克塔格特是马歇尔以前的学生和助教，和坎宁安一样，他也是调查委员会中持反对意见的成员，他认为新的学位考试是不必要的资源浪费。因为如果允许学生参加历史学荣誉考试的第一部分和改进过的道德科学荣誉学位的第二部分，同样可以很好地增加学生从事经济学研究的机会。他还想知道新学位考试的资金从何而来，并担心如果接受商业集团的大量金钱馈赠，将无法维持经济学教学的独立性。麦克塔格特的反对意见暗含了对马歇尔顽固立场的攻击，在他看来，这份报告的“原则是**经济学不愿意做任何妥协**”（麦克塔格特，第 768–769 页，重点为我所加）。另有一些人反对新的学位考试，是因为经济学缺乏真正的复杂性（梅奥，同上，第 771 页）；或是因为新学位考试的科目尚未定义清楚，没有坚实的基础（格沃特金，第 771–772 页）。不过，洛斯·狄金森（第 772–773 页）虽然承认如果可以改变现有的历史学荣誉考试，那么新的学位考试本身就是多余的，但他也说，历史学委员会对这种改变的反对，使得创立一门新的学位考试成为剑桥大学确保经济学和政治学教学的唯一实际手段。

虽然包括副校长在内的理事会其他主要成员都支持这一提议，但不用说，马歇尔还是对反对意见作了回应。这在很大程度上重复了他的论点，即社会对经济学家的广泛需求，以及经济学作为一门科学领域对大学研究的重要性，类似于物理学和数学那样。马歇尔回顾了他近二十年来在现有的道德科学荣誉学位课程中讲授经济学的尝试是如何失败的，至于原因，他在 1885 年的就职演

[1] 第一届委员会的成员名单见下文第 550 页。

[2] * 本段其余部分的括号内的名字和页码来自《剑桥大学报》第 763–774 页对辩论参与者的报道。

讲中就预言过。他还提到他的建议得到了专家意见的压倒性支持。除了马歇尔早些时候向理事会递交的著名商界领袖、政治家和教会人士对这个问题的看法外，[1] 他还指出，在一份支持他的建议的备忘录上，署名的人有：考特尼、莱斯利·斯蒂芬、罗比、J. B. 梅厄、克宁汉、尼科尔森、弗拉克斯、鲍利、查普曼、阿维斯、温纳德·胡珀（Wynnard Hooper）、莫尔顿、桑格、克拉彭、卢埃林–戴维斯以及几位杰出的剑桥道德学家，如利特尔顿（Lyttleton，已故南安普顿主教）和卡尔德科特（逻辑学和道德哲学教授）。马歇尔演讲的最后一 547
部分听起来几乎像是一种威胁。如果剑桥大学拒绝"按商人的要求行事"，那么他们的儿子就会进入新的大学，而当"崛起中的新兴商人变成新大学而不是老牌大学的忠实子弟"时，剑桥大学后悔晚矣。[2]

在理事会进行最终表决之前，争辩仍在继续，双方的主要发言人分发一系列小册子。反对派再次集中在历史学系，他们建议修改历史学荣誉考试的第二部分，作为经济学专业化的另一个机会。马歇尔在理事会投票的前一天发布了一份小册子，里面对此进行了驳斥。他再次呼吁理事会成员们给予学生三年的时间，让他们专攻经济学和相关的政治科学。前一天，庇古和马歇尔一起在一篇文章中强调了这一点，他反对用改革历史学荣誉学位来解决剑桥的经济学教育问题，因为它没有为严肃的经济学研究提供额外的时间，而这是防止这类研究肤浅化的必要保障。[3] 1903 年 6 月 6 日，理事会以高票通过了建立新学位考试的提议。在两项决议以绝对多数通过后，大多数决议都毫无异议地通过了。[4] 自 1885 年回到剑桥大学以来，马歇尔一直在为争取经济学研究在剑桥的独立地位而战，这场战役终于获胜了。

争夺经济学学位的最后冲刺再次让马歇尔在个人友谊上付出了沉重代价。由于对福克斯韦尔和凯恩斯常常提出过高的要求，马歇尔与他们之间的友好关系受到了严重影响。他与凯恩斯的分歧最为明显。凯恩斯继续担任道德科学委

---

[1] 阿尔弗雷德·马歇尔，"致理事会成员（关于拟议的经济学和政治学荣誉考试）"，1903 年 5 月 20 日；约翰·马洛尼在《马歇尔、正统与经济学的职业化》的第 2 章附录（第 55–56 页）中总结了其中一些商人的观点。

[2]《剑桥大学报》，1903 年 5 月 14 日；参见马歇尔致福克斯韦尔的信，1901 年 5 月 8 日（马歇尔档案，3：41），见上文第 541 页的引用。

[3]《剑桥评论》，1903 年 6 月 4 日，第 346–347 页。

[4]《剑桥大学报》，1903 年 6 月 9 日，第 933–934 页；第 1 号决议以 103 票对 76 票获得通过，第 5 号决议以 75 票对 10 票通过，正如凯恩斯在他的日记（1903 年 6 月 6 日）中所记录的，支持马歇尔的实际多数为 28 票。

员会秘书，而洛斯·狄金森成为经济学委员会的秘书。这件事也让马歇尔失去了与昔日学生麦克塔格特的友谊，正如马歇尔几年前曾对凯恩斯吹嘘的那样，有麦克塔格特，“经济学学位就成功了一半”，而且，麦克塔格特曾连续三年协助马歇尔批改政治经济学的试卷，帮助他完成教学职责。作为道德科学委员会的成员，麦克塔格特在 1903 年 10 月 19 日提议，将政治经济学从道德科学荣誉考试的第一部分中移除。此前，在理事会就新学位的提案进行表决之前，道德科学委员会在已将政治经济学从该学位第二部分考试的教学大纲里移除，这也是马歇尔为建立新学位所做的妥协之一。[1]

如果能创建一个新的经济学学位，马歇尔同意将政治经济学从道德科学学位考试的第二部分中删除，但他并没有计划从第一部分考试中删除政治经济学。如果像麦克塔格特在 1903 年 10 月提议的那样，从第一部分考试中删除政治经济学，那么，潜在的学生将大量流失，因为这意味着那些参加了第一部分考试的学生丧失了转到经济学学位的第二部分考试的机会。就在麦克塔格特通知道德科学委员会他打算提出这样一项动议的第二天，马歇尔写信给凯恩斯，询问如何应对这一举措。不久之后，通过计算潜在的选票，马歇尔对凯恩斯说
548 形势看起来并不乐观。[2] 当麦克塔格特提交决议给委员会讨论的两周后，委员会中经济学教师试图通过提出修正案来挫败该决议，但没有成功。由凯恩斯和福克斯韦尔提出的第一个方案，以 4 票对 3 票被否决；马歇尔和福克斯韦尔随后提出的修正案以 5 票对 2 票被否决；最终，麦克塔格特的决议以 4 票赞成、2 票反对、2 票弃权获得通过。凯恩斯可能投了弃权票，而福克斯韦尔和马歇尔投了反对票。[3] 鉴于这样的结果，马歇尔认为剑桥的道德科学应该被重新定义为“逻辑学、心理学、伦理学和哲学”。[4] 这也直接切断了马歇尔与道德科学委员会长期的联系，这种联系始于 1868 年（此时委员会成立已有二十年），其间，只有 1877 年至 1884 年马歇尔在布里斯托和牛津时才所有中断。

---

[1] 道德科学委员会，会议纪要，1903 年 2 月 19 日，10 月 9 日（剑桥大学档案，Min. V. 10）。

[2] 马歇尔致凯恩斯的信，1903 年 10 月 10 日和 17 日（马歇尔档案，1：132，1：133）。

[3] 剑桥大学档案，道德科学委员会会议纪要，Min. V. 110，1903 年 10 月 26 日的会议纪要；那天晚上，凯恩斯在他的日记中写道：“现在决定将政治经济学完全排除在道德科学之外。我在这次投票中属于少数派。”

[4] * 马歇尔致 J.N. 凯恩斯的信，1903 年 10 月 17 日（马歇尔档案，1：133），其中考虑到委员会的成员情况，他暗示将政治经济学从道德科学中剔除已成定局。当这件事提交到大学理事会时，马歇尔提到了投票的微弱优势，以及委员会中所有经济学教师都投了反对票这一事实。他特别强调了将政治经济学从第一部分考试中删除是一个错误（《剑桥大学报》，1904 年 2 月 13 日，第 540 页）。

再加上失去的宝贵友谊，马歇尔当时为这一事业做出了巨大的牺牲。除了参加上述两个为调查新学位而设立的特别委员会外，他还写了几本小册子，并多次在会议上发言。此外，他还以自己的名义写了数百封信，争取大学成员的支持以及理事会的投票，更一般地说，是争取外界有关方面的支持。其中包括30位商界、教会和政界领袖，他曾向理事会报告了他们对新学位提案的支持。在19世纪90年代，他曾多次中断《经济学原理》第2卷的写作，此时为争取新学位所做的努力可能也对这个项目造成了致命打击。他在1903年踏上了一段几乎同样漫长的旅程，即推出一部更独立自主的《经济学原理》“第2卷”，无论如何，这与争取学位的成功在时间上重合了。[1] 然而，马歇尔二十年来的雄心壮志得到了实现，这些代价也算是值得的，尽管预期中的新学位成果姗姗来迟，直到马歇尔生命的最后几年才真正显现出来。

最后一点再怎么强调也不为过。多年后，玛丽·佩利在给经济学学生准备的演讲笔记中，将新学位的设立描述为马歇尔的“伟大成就”，而删除了之前称之为“主要成就”的判断。经济学的重要性日益凸显，因此专业化、独立自主的经济学是非常有必要，这意味着不可能继续将它作为道德科学，甚至是历史学的一部分。在这种背景下，玛丽·佩利还回忆起马歇尔在一次演讲中说，“几乎所有具有经济意义的东西都是在最近150年诞生的，十分之九是在最近80年产生的，四分之三是近25年产生的”。[2] 毫无意外，她同样回忆起建立新学位的艰苦斗争，不过，她说在漫天的争论声中，剑桥依旧保持了它的幽默感。即使在理事会进行关键投票前的最后阶段，贝利奥尔庄园的住客们也没有失去这种幽默感。玛丽·佩利说，他们被发表在《剑桥评论》上的一篇文章逗乐了，这篇文章列出了反对新荣誉学位的意见。从长远看，马歇尔的主要成就 549
（因为也是最伟大的成就）就在于为独特的剑桥经济学派铺平了道路，这将为我们的讨论画上一个再合适不过的句号：

> 反对意见（对经济学荣誉考试）
>
> 1. 这是一个新的提议。
> 2. 因此，这是一个不好的提议。
> 3. 这是外界要求的。

---

[1] 参见上文，第12章，第429–430页；以及下文，第19章，第703–704页。

[2] 玛丽·佩利·马歇尔，《MSS笔记》（NCA），第11–14页。

4. 这不是外界要求的。

5. 如果是外界要求的话，那就更不能让它实现。

6. 联合委员会的成员都是和蔼可亲、心地善良的人。

7. 联合委员会的成员是……

8. 英国宪法非常古老。

9. 中产阶级正在被挤压殆尽。

10. 所有的政治经济学都包含在格莱斯顿先生的演讲中。如果不包含在其中，为什么没有?

11. M 博士的确说了很多东西。

12. 拟议的新学位考试过于狭窄。

13. 过于宽泛。

14. 过于实用。

15. 不够实用。

16. 大学没钱。

17. 任何可能吸引捐赠的事情都是非常危险的。

18. 卡内基先生从未学过经济学。

19. 皮尔庞特·摩根先生也没有。

20. 某某是个天才，他的意见一定一文不值。

21. 某某不是天才，因此他的意见一定……

22. 在条例中，单词后面应该有一个逗号。

23. “经济学”这个词的首字母应该小写。

24. 人们对自己的灵魂比对自己的胃更感兴趣。

25. 如果他们不感兴趣，他们就错了。

26. 你不能把一个学生同时安排在三个班。

27. 即使你能，他也不会因此好起来。

28. 每个人都会参加新学位考试。

29. 没人会拿到荣誉学位。

30. 无论如何，我们不能被任何联合会欺负。我们打算投票反对这个计划，以及它的任何计划。但是，没有人比我们更迫切地希望在大学里发展经济学研究。总之，我表示遗憾。[1]

---

[1]《剑桥评论》，1903 年 5 月 21 日，第 315 页。

管理并享受新学位考试：1903–1908 年

1903–1904 学年伊始，剑桥大学正式承认马歇尔在争取新学位的战斗中取得了胜利：

> 理事会在复活节学期通过了经济学和政治学联合会的建议，即设立一个“经济学和相关政治学”的学位考试（由两个部分组成），并成立一个特别委员会对这些学科进行管理。对新学位的设立表明剑桥大学有能力履行它作为一个教学机构和研究机构的责任，我们会根据现代生活条件的变化，来改革或补充我们的课程。[1] 550

1903 年 10 月 21 日，一个经济学特别委员会正式成立了，成员包括奈特布里奇道德哲学教授（索利）、钦定近代史讲席教授（J.R. 伯里）、唐宁英国法教授（梅特兰）、政治经济学教授（马歇尔）、惠威尔国际法教授（J. 韦斯特莱克）、地理学高级讲师（H.Y. 奥德姆），四位现任和四位前任审查官，以及五位理事会成员。然而，第一次委员会会议是在 1903 年 6 月 15 日举行的，就在理事会投票通过成立新学位的两周之内。彼得学院的院长 A.W. 沃德当选第一任主席，洛斯・狄金森为第一任秘书，这两位加上马歇尔，正是 1901 年由历史学委员会任命的首个调查此事的联合会成员。[2]

在 1903 年的会议上，委员会接受了吉德勒（Girdler）公司提供的为期三年、100 英镑的讲师资助，解决了高级学生只能参加学位考试第二部分的问题，出版相关书籍和设立讲座清单，并修改了亚当・斯密奖的评奖规定从而以经济学与政治学委员会取代道德科学委员会。新委员会采纳了一项马歇尔式的原则，即《剑桥大学报》应公布新学位的教师在哪些特定情况下可以在家中给予学生特殊的指导。[3]

---

[1]《剑桥大学报》，1903 年 10 月 1 日，第 9 页。

[2]《剑桥大学报》，1903 年 10 月 27 日，第 89 页。学位考试的前四位主考人是 J.N. 凯恩斯，洛斯・狄金森，克拉彭和庇古，他们因此成为委员会的成员。理事会任命的成员包括其第一任主席 A.W. 沃德（剑桥大学档案，Min. V. 114，1903 年 6 月 15 日会议纪要）。

[3] 剑桥大学档案，经济学委员会会议纪要，1903 年 10 月 14 日、21 日，11 月 18 日和 12 月 9 日（Min. V. 114）。马歇尔作为教授在这方面的早期举措，见上文第 10 章，第 320 页。

第一位吉德勒讲师是庇古，他在前一年完成了历史学荣誉考试的第一部分之后，于 1900 年获得了道德科学荣誉学位第二部分考试的一等学位。1902 年，马歇尔将庇古在国王学院获奖的论文称为“相当卓越”的作品。在庇古被任命为经济学讲师的几个月后，马歇尔根据他在道德科学荣誉学位第二部分考试中的表现，为他的经济学资格进行了有力的辩护，并否认坎宁安的经济史课程对庇古的影响。[1] 早些时候，马歇尔曾聘请庇古担任道德科学委员会的经济学教师，自掏腰包付给他每年 100 英镑的薪水，这让福克斯韦尔非常反感。[2]1906 年，庇古被续聘为吉德勒讲师。当学校就正式批准吉德勒奖学金续期的报告进行辩论时，马歇尔利用这个机会抱怨他的新荣誉学位没有得到学校的财政支持。除了他自己作为教授的工资和福克斯韦尔作为圣约翰学院讲师的薪水外，大学或学院没有经济学教学提供任何支持，这些教学要么是自愿完成的，要么是基于其他荣誉学位已经完成的工作。[3]

在接下来的两年里，委员会的日常事务就是准备讲课名单，挑选考官，从教授那里收取教学报告，必要时修改决议以及增补新成员，例如，1906 年 2
551 月，H.D. 麦格雷戈增补为新成员。在经济学和通史课的材料安排上，偶尔也会有争论。马歇尔和洛斯·狄金森提议将国家划分为三个类别——联合王国、美国及其属地、欧洲大陆，而不是福克斯韦尔所建议的按时间顺序来处理材料。在马歇尔、福克斯韦尔和凯恩斯的反对下，道德科学委员会还是将政治经济学从第一部分考试中删除，这导致经济学书籍从道德科学图书馆转移到了一个新的经济学和政治学图书馆，最初这些书是和历史学书籍放在一起的。1906 年底，当经济学委员会的创始主席 A.W. 沃德拒绝连任时，马歇尔被选为主席，这是他在漫长的学术生涯中第一次担任特别教育委员会的主席。[4]

---

[1] 马歇尔致奥斯卡·勃朗宁的信，1903 年 10 月 28 日，国王学院，奥斯卡·勃朗宁文件；国王学院奖学金评选 42：A.C. 庇古，1902 年。

[2] * JNKD，1901 年 5 月 20 日；1901 年 5 月 22 日，马歇尔写信给凯恩斯说，“庇古无法复制他（福克斯韦尔），他（福克斯韦尔）从未做过我希望庇古最终会做的事情。庇古和我只关心人本身，我想我我可以说，福克斯韦尔似乎无法理解这种目标”（马歇尔档案，1：125）。见下文，第 18 章，第 676 页注释 *。

[3]《剑桥大学报》，1906 年 5 月 22 日；1907 年 5 月 29 日经济学委员会会议纪要（剑桥大学档案，Min. V. 114）。

[4] 经济学委员会会议纪要，剑桥大学档案，Min. V. 114：福克斯韦尔和马歇尔在历史方面的争吵可见上文，第 13 章，第 471–472 页，在 1897 年道德科学荣誉考试改革的背景下的争吵见前文第 537 页。

马歇尔担任经济学委员会主席的时间只持续了 18 个月。在他担任主席的 1906–1907 学年，委员会有以下变化。1907 年 1 月，委员会内部成立了一个经济小组委员会。更为重要的是，经济学委员会不断提请大学教育委员会注意其资源匮乏的问题。与道德科学的情况不同，经济学的讲师没有得到大学或学院资金的支持。经济学委员会还要求一间专门供自己使用的教室，并表示希望“最终”能拥有三间这样的教室。此外，委员会还要求一间“大型报告厅”，以便在安排对公众开放的一般性讲座时使用。上述最后一个要求可能是受到以下事件的启发：5 月，J.S. 尼科尔森关于“农业中的租金、利润和工资及其对农村人口的影响”的系列讲座不得不在化学实验室进行，讲座持续了四个晚上。[1] 委员会进一步暗示其资源贫乏，指出经济学图书无处可放，只能安置在历史学图书馆。[2] 马歇尔担任主席的 1907–1908 学年里，值得注意的记录较少。除了马歇尔在学年开始时再次当选主席，并于 1908 年 5 月辞去教授一职外，这些会议的出席记录反映出尽管缺乏校方的支持，经济学荣誉学位的讲师数量还是有小幅增长的。从 1907 年 5 月起，贝尼恩斯和费伊作为经济学荣誉课程的讲师也加入了会议。[3]

当然，委员会的大部分工作都集中在书目和课表上。前者可见本章附录，[4] 课程表则值得更详细的探究。1904–1905 学年的经济学与政治学课程共有 5 位经济学讲师，4 位经济史讲师，政治学讲师有 2 位，而经济地理学和通史讲师各有 1 位，总共有 13 位讲师。这些讲师大多是其他荣誉学位的学院讲师或大学讲师。马歇尔教授是经济学委员会中唯一一位经济学教授，而庇古时任吉德勒讲师。同年，马歇尔在米迦勒学期讲授“信用与投机”，在四旬节学期讲授“现代产业问题”和“经济统计的相关问题”；福克斯韦尔在米迦勒学期讲的是“产业经济学”，并做关于“19 世纪经济史概论”的讲座，而在四旬节学期，他讲的是“英国古典经济学家”和“货币与银行”；与凯恩斯一起 552

[1]《剑桥大学报》，1906 年 5 月 1 日，第 770 页；1907 年 11 月的讲座内容关于“穷人与国家”，由 1906 年成立并于 1909 年提交报告的济贫法委员会主席 C.S. 汉密尔顿主讲（剑桥大学档案，经济学委员会会议纪要，Min. V. 114）；关于马歇尔与济贫法委员会的关系，见上文第 11 章，第 359–360 页。

[2] 1907 年 5 月 8 日经济学委员会会议纪要，剑桥大学档案，Min. V. 114。

[3] 1907 年 5 月 17 日、1907 年 11 月 6 日、1908 年 5 月 20 日经济学委员会会议纪要，剑桥大学档案，Min. V. 114。关于马歇尔退休的情况将在下面第 17 章讨论；贝尼恩斯和费伊分别在 1905 年和 1907 年为新学位讲授经济史，他们都留下了关于马歇尔教学的回忆，可见上文第 10 章（第 313、314 页）。

[4] 参见下文，第 562–569 页。

教道德科学的逻辑学教师约翰逊，在复活节学期教授“纯经济理论的图形解析”；格林是凯斯学院的讲师，教了一整年的初级政治经济学；而庇古讲授一门高级经济学课程和一门外贸经济学的通论课。阿奇博尔德（Archbold），他是历史系的大学讲师，讲授了两个学期的英国经济史；梅雷迪思讲授欧洲经济史和通史；贝尼恩斯讲授英国殖民地和属地的经济史和通史；麦格雷戈讲授1800年以来的英美贸易和金融。关于政治问题的课程由索恩利（Thornley）和洛斯·狄金森讲授；奥尔德姆（Oldham）教经济地理，海德（Head）则讲授1815年以来的通史。[1]

1905–1906学年，这份清单几乎没有什么大的变化。麦格雷戈把他的讲座主题改为“1800年以来英国的经济发展”；坎宁安被列为三一学院的政治经济学和通史讲师（仅在该学年），分别讲授了三个学期和两个学期；索利（来自道德科学专业）在米迦勒学期里每周讲一次“伦理学与经济学”；而马歇尔则全年讲授高级经济学（每周三次课），并在周六上午开设一门名为“分析难题”的特殊课程。就正式的教学课时而言，这是马歇尔所经历过的最繁重的教学任务，这也可以解释他当年对大学和学院提供的经济学教学资源极端不足的抱怨。[2]

1906–1907学年，马歇尔放弃了“分析难题”这门特殊课程（由庇古接手），这稍微减轻了他的讲课负担。在米迦勒学期，他每周上三次“国家产业与贸易”课，在其他两个学期讲授应用经济学，课时相近。福克斯韦尔在前一年放弃了古典经济学的课程，转而在米迦勒学期开设了普通经济学课程，随后的两个学期由麦格雷戈继续讲授。此外，福克斯韦尔还保留了他长期开设的货币与银行课程和19世纪英国经济史导论课程。在米迦勒学期，麦格雷戈讲授“产业联合”，而贝尼恩斯则增加了一门关于美国经济史的课。[3]

作为政治经济学教授的最后一年，马歇尔把全部时间用于应用经济学的教学。在1907–1908学年，荣誉学位的课程与前一年基本相同。例外情况包括

---

[1]《剑桥大学报》，1904年6月11日，第965页。

[2] *《剑桥大学报》，1905年6月10日，第1014页。在之前提到的正式接受吉德勒公司资助的报告所引发的争论中，马歇尔激烈地抱怨新荣誉学位的教学资源不足，他还因讲师名单上出现了坎宁安而受到了杰克逊（新荣誉学位的强烈反对者）的嘲笑，马歇尔向杰克逊保证，该名单仅针对该学年，而且未经经济学委员会批准。《剑桥大学报》，1906年5月22日，第960–961页。

[3]《剑桥大学报》，1906年6月11日，第1062页。福克斯韦尔与马歇尔在通信中就授课方式的变化进行了讨论，其中涉及历史对经济学学生的重要性的内容已在第13章（前文第471–472页）中讨论过。

麦格雷戈在米迦勒学期的讲座，该年的讲座内容改成了“竞争与联合”，并延长至下一学期。在经济史课上也有两位新讲师，取代了海德往年主讲的更为一般性的经济史讲座。在四旬节学期，伍德（耶稣学院讲师）每周讲两次英国近代经济史和经济理论；而 C.R. 费伊（国王学院讲师）则在四旬节学期每周上 553
两次关于 19 世纪英国经济史的课。[1] 因此，当马歇尔把新的荣誉考试交给别人管理时，其教学资源几乎没有任何改善。[2]

同样值得注意的是，与 1903 年之前的情况相比，参加新学位考试的学生人数在这些年几乎没有增加。这与坎宁安的预测是一致的，即新荣誉学位对剑桥大学招收的经济学学生人数影响不大。[3] 马歇尔在给吉德勒公司秘书的一封信中报告了其捐助用于经济学教学的情况，[4] 信中还记录了头五年参加新学位考试的人数：

	第一部分	第二部分	总数
1905	10		10
1906	4	3	7
1907	8	5	13
1908	8	9	17
1909	11	13	24

除数字之外，还有一些细节可以提供。1905 届男女学生人数相当，第一部分考试没有记录一等荣誉成绩，一男一女取得了二等一成绩，男女各一名学生出现在二等二和三等荣誉名单上。在凯恩斯、狄金森、克拉彭和庇古作为主考官出席的第一届经济学荣誉考试的晚宴上，这样平平无奇的成绩毫无疑问受到了讨论，在场的还有坦纳夫妇、索利夫妇、麦格雷戈、麦克阿瑟小姐和埃塞尔·格莱泽布鲁克（Ethel Glazebrook）小姐。玛丽·佩利·马歇尔作为马歇尔

[1]《剑桥大学报》，1907 年 6 月 7 日，第 1014 页。

[2] * 最初，吉德勒公司是教学唯一的外部资金来源；它资助的吉德勒讲师职位先后由庇古、梅雷迪思、J.M. 凯恩斯和拉文顿（Lavington）担任。此外，马歇尔（以及退休后的庇古）用自己的钱资助了一个，有时是两个经济学讲师的职位。第一个大学经济学讲师职位于 1911 年设立，第二个直到 1923 年才设立。

[3] 玛丽·佩利·马歇尔在《MSS 笔记》（NCA）中很高兴地指出，到 1930 年，坎宁安的预测已被充分证明是错误的。

[4] 马歇尔致尊敬的吉德勒公司职员，1909 年 6 月 2 日（马歇尔档案，3：91）。

家的代表出席，她丈夫的缺席可能还是与他长期以来不接受晚宴邀请有关。[1]

正如数据所显示的那样，新荣誉考试诞生第二年的前景看起来更加惨淡。难怪马歇尔在那一年如此努力地招募数学荣誉考试第12位优胜者梅纳德·凯恩斯来参加经济学荣誉考试的第二部分。约翰·内维尔·凯恩斯记录了他儿子在经济学方面的惊人努力，他儿子那年6月研究了马歇尔的《经济学原理》，几个月后，又读了古诺的《财富理论的数学原理研究》，梅纳德自己在7月向利顿·斯特雷奇报告说，他正在阅读“大量的经济学著作”。在这些书中，他发现了一个以前从未“意识到的非常优秀的人——杰文斯……本世纪的思想家之一……他的‘货币与金融研究’是最令人激动的一卷”。[2]在米迦勒学期，凯恩斯参加了马歇尔的高级经济学讲座，他对这门学科的热情如此高涨，以至于他的父亲在11月记录道：“梅纳德为马歇尔做了大量的工作，马歇尔称他的
554 一些回答非常出色。恐怕马歇尔正在竭力劝说梅纳德专攻经济学研究。”[3]这一担忧后来也被证实了，马歇尔在12月初写信给J.N.凯恩斯说：“您的儿子在经济学方面做得很好。我告诉他，如果他决定从事职业经济学家的工作，我会非常高兴。当然，我也不能逼他。”[4]这无疑说明马歇尔正在这么做。

凯恩斯文件中对他短暂学习经济学荣誉考试第二部分有充分的记录。其中包括他在1905年米迦勒学期参加马歇尔讲座时的一些笔记，这与凯恩斯后来的评论一致，即不可能从马歇尔课上带回清晰连贯的笔记。这一点在他从关于经济学和数学的讲座摘录的一页笔记中表现得尤为明显，但在“贸易与产业”的笔记中就不那么明显了，其中提到马歇尔讨论了李斯特的理论，克尼斯对该理论的“修正”，然后是马歇尔自己对这些德国经济进步理论家的“修正”。这些笔记还表明，马歇尔在这一背景下讨论了产业领导地位的转移，对英国产业的相对衰落表示遗憾，部分原因是英国的商业教育设施落后于德国。凯恩斯的大量试卷被保存了下来。正如他后来回忆的那样，马歇尔用红笔做了大量的批改。这些主题包括“马尔萨斯与移民”、国民收入核算、住房成本、通过财

[1] JNKD，1905年6月15日；《剑桥大学注册年鉴》，第981页；参见前文第13章，第444页，马歇尔在给布伦塔诺的信中对此的评论。

[2] JNKD，1905年6月28日、9月3日；J.M.凯恩斯致利顿·斯特雷奇的信，1905年7月8日，引自哈罗德，《约翰·梅纳德·凯恩斯传》，第106页。

[3] JNKD，1905年11月26日。

[4] 马歇尔致约翰·内维尔·凯恩斯的信，1905年12月3日，引自哈罗德，《约翰·梅纳德·凯恩斯传》，第107页。

富或收入估算国家繁荣程度、国家就业的变化、机器和低工资、指数、现代商业方法、垄断定价和资本理论。凯恩斯对“纯经济学”问题的一些回答也保存了下来，这些回答摘自 1905 年的经济学荣誉考试的试卷，涉及均衡的稳定性、国际价值、长期与短期以及税收负担。从马歇尔的评论可以看出，他对这位天才学生的钦佩与日俱增，因此，当凯恩斯在年底放弃参加经济学荣誉考试时，他感到十分惋惜。[1]

另一方面，约翰·内维尔·凯恩斯在 1905 年底记录下梅纳德正从经济学转而准备公务员考试，这让他松了一口气。直到 1906 年 5 月，在荣誉考试开始不久前，马歇尔才勉强接受了这一情况。[2] 那个时候，马歇尔可能觉得自己得到了补偿，因为一位实力强劲的候选人沃尔特·莱顿，在 1906 年 6 月荣誉考试第一部分中取得了一等成绩。莱顿在第二年的第二部分考试中仍然取得一等成绩，从而成为马歇尔在他所参与的经济学荣誉课程教学期间唯一一名取得一等成绩的男学生。[3]

除了莱顿的成绩之外，马歇尔在最后两年的荣誉课程教学中，没有什么学生脱颖而出。作为考试委员会的主席，约翰·内维尔·凯恩斯在 1907 年 6 月记录说，在批阅荣誉考试第一部分的试卷时，“大部分都差到了极点”，而在四
天后真正的主考官会议之后，他形容“第一部分考试的大部分答卷都非常糟 555
糕”。凯恩斯没有对纽纳姆的两名学生发表任何评论，这两名学生在那一年的第一部分考试中获得了二等一的成绩，[4] 她们在第二年（1908 年）的荣誉考试

［1］凯恩斯文件，国王学院 UA-4-A-2（感谢提亚诺·拉菲利所提供的这些材料的复印件）；J.M. 凯恩斯，《阿尔弗雷德·马歇尔》，第 215-216 页和注释 1。

［2］* 参见 D.E. 莫格里奇，《经济学家梅纳德·凯恩斯传》，第 95-97 页。直到 1906 年 5 月，也就是考试前两周，马歇尔还试图哄凯恩斯参加第二部分的考试，他说，“你很可能会拿到一等成绩，即使没有，也不会影响你的地位，因为大家都知道，你学经济学的时间很少。我言尽于此了”（马歇尔致凯恩斯的信，1906 年 5 月 2 日，国王学院，凯恩斯文件，L/M/41）。后来，他诱惑凯恩斯参加科布登奖的角逐，但被凯恩斯拒绝了。直到 1909 年，凯恩斯在印度公务员系统工作了一段时间后，才加入经济学教师队伍。参见下文第 20 章，第 756-758 页，关于马歇尔与梅纳德·凯恩斯关系的其他内容，见第 6 章，第 162-163 页，第 13 章，第 468、480-482 页，第 17 章，第 621、643-645 页。

［3］《剑桥大学注册年鉴》，第 982-983 页；莱顿对马歇尔讲课的笔记保存在他在三一学院的文件中，并已被多次引用。他有一段时间也加入了经济学教师队伍，像凯恩斯一样，并继续偶尔与马歇尔通信。参见下文，第 17 章，第 649、651 页，第 20 章，第 755-756 页。

［4］* JNKD，1907 年 6 月 7 日和 11 日。这两名女学生是格里尔和斯皮尔曼（Spielmann），还有霍布森（C.K.Hobson），都在考试中取得了二等一的成绩。她们三人都继续学习经济学，并在第二年参加了荣誉考试的第二部分。

第二部分取得了一等成绩，这让马歇尔非常恼火。[1]

鉴于马歇尔要求学生填写的入学表格，最后几年的班级名单显示他所教的学生背景各异。1906–1907 学年开始时，他的经济学班上有 15 名学生，其中一名学生是剑桥大学二等数学荣誉学位获得者；一名学生在历史学荣誉考试第一部分中取得一等成绩；一人参加过道德科学荣誉考试的第一部分；四人在之前的考试或学院考试中取得过不错的成绩；还有两名伦敦大学毕业生和一些没有学历记录的外国学生。外国学生中有一位叫海伦·弗罗伊登伯格（Hélène Freudenberg），她诚实地对她博学的教授说："我在英国住了几个月，有人告诉我，听您的讲座将对我大有益处，但我对经济学没有任何专门的研究。"[2]

到 1907–1908 学年，马歇尔初级班上的人数已经上升到 21 人。其中包括一位数学荣誉考试第 16 位优胜者，有两人已取得自然科学荣誉学位，两人完成了古典荣誉考试的第一部分，还有两人来自历史学荣誉学位，六名学生是在完成经济学荣誉考试的第一部分后继续第二部分的学习，剩下的一些学生是通过正规入学考试进入大学，或者来自国外已取得国外大学学位的学生，如一名拥有布达佩斯法律学位的蒂萨伯爵。[3] 除了上述一些例外情况外，新荣誉考试直到马歇尔退休之后才开始获得成功，更广泛地说，是在第一次世界大战结束后，人数开始增长之时。[4]

在必要的时候，马歇尔仍然可以用乐观的态度来看待新荣誉考试发展过程中遇到的挫折。他在退休一年后给吉德勒公司的关于新荣誉学位的报告中就是这样做的。其中涉及人员配置和学生人数，他认为，如果这两方面的质量都能保持下去，"剑桥大学经济学院将成为世界上一流的经济学院"。[5] 马歇尔在信中特别高兴地报告说，国王学院吸引了克拉彭回到剑桥，以加强经济史教学，因为克拉彭是"为数不多能够以精湛的方式讲述近代经济史的在世者之一"。

---

[1] ¶ 费伊关于马歇尔对这一结果的反应的轶事记录在上文第 8 章，第 258 页；麦格雷戈是主考官之一，也是被要求将结果告知马歇尔的人。他回忆说，因为一等成绩获得者"只有两位女性"，所以当他告知马歇尔的时候，他"不敢在马歇尔过来时逗留太久"。D.H. 麦格雷戈，《马歇尔和他的书》，*AMCA*，II，第 115 页。格里尔对马歇尔教学的反应可见上文第 10 章，第 321、324 页。

[2] 马歇尔，《1906–1907 学年自己学生的笔记》，马歇尔图书馆，棕色大箱，第 1 项。

[3] 马歇尔，《1906–1907 学年自己学生的笔记》，马歇尔图书馆，棕色大箱，第 1 项。

[4] 1910 年，29 名学生参加了荣誉考试的两个部分；1924 年，也就是马歇尔去世的那一年，人数已经翻了一倍，达到 71 人；关于一战前的学生人数还可见下文，第 20 章（第 758–759 页）。

[5] 关于这一预测的长久准确性，见下文第 20 章，第 753–759 页。

1910 年，有 20 名学生参加了经济学荣誉学位第一部分的考试，同时共有 50 名学生参加了经济学研究员的讲座，其中 10 名是公务员考试的候选人。[1]

一年后，一封写给凯斯学院院长兼副校长 E.S. 罗伯茨（E.S.Roberts）的信记录了经济学荣誉考试的进展，称其为"辉煌"，比早期其他新的荣誉考试发展要快得多。马歇尔将此归功于"年轻研究员的卓越能力和无限活力"（尽管仍 556
面临资源不足、薪酬过低的问题），以及私营企业和市政企业的商人和经理对学校研究提出的要求，还归功于"越来越多希望成为慈善组织协会官员和市政当局住宅检查员的人"或从事"其他形式的社会工作的人，旨在使国家各阶层相互理解"。在这种情况下，马歇尔惋惜地说，庇古教授不得不自掏腰包，用他收入的三分之一来资助讲师，而这样低的报酬威胁到了大学留住经济学精英的能力。尽管如此，马歇尔认为"剑桥的学习和今后的责任之间的联系"会使"在这里播下的种子日后茁壮成长，而不是被放置在早年生活的记忆橱柜中逐渐风干"。[2] 正如他在 1885 年担任剑桥大学教授之初所预言的那样，他以自己的方式推动了经济学研究的发展，没有证据表明他对此后悔过。

马歇尔不仅在吉德勒公司那样的捐助者那里，也在副校长那样有能力提供帮助的人那里，为他的新荣誉学位辩护。1905 年，《泰晤士报》上的一些评论称，英国在商人教育方面做得相对较少，而剑桥大学做得更少，这刺激了马歇尔，他给编辑写了很多封信，解释剑桥在这方面做了什么和没有做什么。第一封信（1905 年 11 月 23 日）提醒《泰晤士报》注意，剑桥大学曾在 1902 年为新的荣誉学位而成立一个调查委员会。信中解释说，它的教学大纲旨在提供"学术界和商界学生共同参与"的实用性和一般性经济研究。马歇尔还声称，在其开办的第三年，"更多的商界子弟"比前两年更加积极地准备参加该荣誉考试，同时还有其他指标表明，经济学的教育也受到了商界的高度重视。例如，吉德勒公司资助了讲师职位，亨利·巴克利（Henry Buckley）爵士为打算在剑桥学习经济学的麦钦泰勒学校毕业生提供了奖学金，以及 L. 科恩先生捐赠的经济学基金。[3] 信的最后，马歇尔说，雇佣剑桥经济学毕业生的公司给他写了一份热情洋溢的好评报告，这些报告是他从新成立的聘任委员会秘书那

[1] 马歇尔致吉德勒公司秘书的信，1909 年 6 月 2 日（马歇尔档案，3：91）。

[2] 1910 年 8 月 22 日，马歇尔致 E.S. 罗伯特（凯斯学院院长和副校长）的信，马歇尔档案，3：92。

[3] 亨利·巴克利爵士（1845–1935）曾是麦钦泰勒学校的学生，毕业于剑桥大学（1868 年数学荣誉考试第 9 位优胜者），后来在法律界成就卓著，并于 1915 年获得了贵族头衔；纳撒尼尔·路易斯·科恩（Nathaniel Louis Cohen，1847–1913）是一位商人，也是伦敦郡议会的成员。

里收到的。

马歇尔的回答显然不能让《泰晤士报》满意，因为12月11日，《泰晤士报》质疑剑桥大学的教学大纲是否能够实现其自诩的商业教育目标。《泰晤士报》指出了教学大纲的不足之处，包括在课程中没有明确提到“资产负债表、储备金、折旧、商誉和机器设备财务”。马歇尔对这些遗漏作了如下解释。[1]首先，由于人手和资源短缺，无法在教师中新增一名会计教师。其次，专门的经济学教学仅提供给荣誉学生，而不是“普通学生”，这意味着学生可以通过自学来获取这些领域中的其他内容，但是，如果要扩大普通学生的商业教育机
557 会，就必须为“适应不同类别企业的会计形式”的详细训练留出空间。马歇尔在第二封信的结尾重申，对于荣誉学生来说，这样的学习是不合适的，因为他们目前的教学工作已经足以帮助“有能力的（英国）商人成为世界领袖”。

马歇尔关于会计研究不适合荣誉学生的言论在《泰晤士报》的信件专栏中得到了回复，马歇尔本人也在1905年12月29日做出了最终回应。这重复了马歇尔早先的说法，即鉴于经济学教育所获资源极为有限，会计研究已被尽可能地纳入教学大纲中了。他补充说，做出正确的判断是会计师工作中的关键环节，而大学提供的经济学训练有力地提高了学生们的判断能力；而且，就会计知识的许多方面而言，他们毕业后在公司获得的经验才是最好的老师。马歇尔仍不忘主要目的，最后他邀请来信者和他的商界朋友们一起捐款，以便经济学委员会聘请“一位专业会计和经济学家”，帮助剑桥大学在商业教育方面更加“完善”。然而，与马歇尔声称同剑桥经济学竞争的其他商学院不同，这样的会计专家不是由制定经济学和政治学研究计划的人聘用的。[2]

1919年，马歇尔在给沃尔特·莱顿的信中谈到商业教育时，称赞了剑桥在这方面赢得的特殊地位。“剑桥似乎是这个国家的主要希望。一些致命因素似乎阻止了牛津人将艰苦的思考、精湛的研究与积极的社会政策结合起来。……其他大学似乎没有与经济学荣誉学位相媲美的课程，但曼彻斯特大学很强，而且还在不断壮大。不久前，校长（我想他是该校的副校长）写信问我是否可以推荐一个接替查普曼的人。我说我不能，原因是经济学家很稀缺。”马歇尔继续说，“为了国家和世界”，莱顿去曼彻斯特比领导一个商业委员会更

[1] 马歇尔致《泰晤士报》的信，1905年12月14日。

[2] 关于此时英国大学商业教育的其他发展，见阿隆·卡迪什，《历史学家、经济学家和经济史》，第229–237页。

能发挥他的才能。[1] 对国民商业教育的兴趣，以及剑桥大学在其中所发挥的日益重要的作用，让马歇尔感到十分高兴，直到他生命的最后几年都是如此。

归根结底，新成立的剑桥经济系之所以声名鹊起，并不是因为它在商业教育中确立的标准。它在两次世界大战之间的主导地位，很大程度上来自其提供的经济学教育的质量。1903 年经济学荣誉学位诞生之初，《经济学季刊》就清楚地认识到了其潜在贡献的本质。它报道说："这是我们最古老的英语大学之一的新起点……这是一个巨大的进步，将受到经济学家的普遍热烈欢迎。"[2] 20 年后，在马歇尔八十寿辰之际，许多世界顶尖经济学家将剑桥经济系描述为"他的孩子"，并称赞马歇尔"激励着青年学者和理事会，对年长者也有启发"。[3] 最后，剑桥经济学在 20 世纪培养出的众多优秀学生中最伟大的一位（奇怪的是，他从未正式参加过任何经济学考试），在马歇尔的讣告中记录了他在创建经济学荣誉学位上所作的正式和非正式的贡献，并补充说，"对他的学生来说，他是，而且一直是一个真正的圣人和大师，他是他们的精神领袖，给了他们激励与安慰，这是他们从其他地方得不到的"。[4] 在这种情况下，马歇尔的智力遗产所带来的未来收益已经大大超过了他为实现这一夙愿所付出的巨大代价，如果他能活着看到这些，他甚至会感到惊讶。

第 15 章附录 562

附录 A：1889 年道德科学荣誉学位的政治经济学课程大纲

A. 政治经济学

I. 前言

经济学的基本假设、所采用的方法以及将其结论应用于实践所需的条件；它与社会科学其他分支的关系。

---

[1] 马歇尔致沃尔特·莱顿的信，1919 年 1 月 13 日（莱顿文件 2^{37}，雷恩图书馆，TCC）；事实证明，马歇尔对牛津大学的预言是短视的。到 20 世纪 20 年代末，牛津大学的经济学课程正茁壮发展，正如沃伦·杨（Waren Young）和弗雷德里克·S. 李（Frederic S. Lee）的《牛津经济学》和《牛津经济学家》所示，特别是第 1–4 章，尽管其中也有剑桥子弟（如麦格雷戈和林达·格里尔）的帮助。

[2] E.F. 盖伊（E.F.Gay），《剑桥大学的新经济学荣誉考试》，载《经济学季刊》，17，1903 年，第 496 页。

[3]《皇家经济学会成员在马歇尔八十寿辰之际的讲话》，载《纪念集》，第 497 页。

[4] 约翰·梅纳德·凯恩斯，《阿尔弗雷德·马歇尔》，第 223 页。

II. 财富的生产

影响或决定财富生产的原因：

（i）资本和劳动的效率。

（ii）获取自然因素和原材料的困难。

（iii）资本和人口的增长速度。

III. 财富的交换与分配

影响或决定财富交换与财富分配的原因：

（i）国内生产的商品的价值。

（ii）地租。

（iii）利润和工资。

（iv）货币价值。

（v）进口商品的价值。

垄断、供给过剩和危机。银行业和外汇市场。

IV. 政府对经济的干预

共产主义和社会主义；税收原则；各种税收的征收率；公共贷款及其结果。……

该主题的推荐书单如下：

马歇尔的《产业经济学》。

沃克的《工资问题》《土地及其租金》。

穆勒的《政治经济学原理》第 3 篇和第 5 篇。

杰文斯的《货币与交换机制》。

西季威克的《政治经济学原理》导论及第 3 篇。

福西特的《自由贸易与贸易保护》。

还应参考以下书：

白芝浩的《伦巴第街》。

巴斯特布尔的《国际贸易理论》。

法勒的《自由贸易和贸易公平》。

吉芬的《金融学随笔》系列 2。

尼科尔森的《货币与货币问题》第一部分。

雷的《当代社会主义》。

西季威克的《政治经济学原理》第 1 篇和第 2 篇。

1889 年 3 月 4 日。

来源：《剑桥大学报》，1889 年 3 月 5 日，第 506–507 页。

附录 B：1897 年政治经济学教学大纲 563

针对英国现状的描述性和分析性研究，包括：

Ⅰ. 消费。社会各阶层的生活方式；他们对商品和服务的需求性质及其变化。

Ⅱ. 生产的方法、组织和资源。

Ⅲ. 消费与生产的相互影响。人口问题。

Ⅳ. 总体市场。竞争、联合和垄断。

Ⅴ. 商品的相对价值；工资、利润和地租。

Ⅵ. 进出口关系。对外贸易。国际贸易竞争。国际交往的条件；以及贸易利益在相关国家之间的直接和最终分配。

Ⅶ. 货币。银行。证券交易所。英国货币市场。市场和运输的现代组织模式。信贷和商业波动。国家和国际关系中的货币、信贷和银行政策。

Ⅷ. 有关劳工事务的集体谈判；其方法，及其对直接相关者和公众的影响。工会。合作。

Ⅸ. 对公共财政、行政管理和控制的以下方面进行初步研究。税收原则；税收的征收和转移；公共贷款。帝国和地方政府在成立、管理和规范企业方面的职能；提供信息和指导；提供共同使用和共同享受的机器。对穷人的公共和私人救济。公众舆论和权威对一般经济事务的影响。社会主义。

需要自始至终清楚基本概念及其适当定义；这门科学的范围和方法；以及其与其他社会科学分支的关系。

关于这一主题的推荐书目如下：

白芝浩的《伦巴第街》。

巴斯特布尔的《国际贸易理论》。

邓巴的《银行理论与历史》(*The Theory and History of Banking*)。

杰文斯的《货币与交换机制》。

凯恩斯的《政治经济学的范围与方法》。

马歇尔的《经济学原理》第 1 卷。

普莱恩（Plehn）的《公共财政概论》(*Introduction to Public Finance*)。

西季威克的《政治经济学原理》导论及第 3 篇。

其他有益的书包括：

巴斯特布尔的《万国商业》(*Commerce of Nations*)。

布斯的《伦敦人民的生活与劳动》(*Life and Labour of the People in London*) 第 9 卷。

克莱尔（Clare）的《货币市场》(*Money Market*)。

吉芬的《金融学随笔》系列 2。

葛逊的《外汇》。

哈德利的《铁路运输》(*Railway Transportation*)。

冯·哈雷（von Halle）的《托拉斯》(*Trusts*)。

劳工委员会的《最终报告》，1894 年。

利瓦伊的《商业史》。

穆勒的《政治经济学原理》。

尼科尔森的《货币与货币问题》。

雷的《当代社会主义》。

西季威克的《政治经济学原理》第 1、2 篇。

564 亚当·斯密的《国富论》。

高级政治经济学

要求学生对第一部分课表中的科目有更广泛和更彻底的了解；试卷将主要由一定科学难度的问题组成。特别是要求学生对经济现象的相互作用，尤其是近代经济现象的相互影响，进行更仔细、更准确的研究；并努力克服各种困难，区分不同原因的影响，并尽可能地弄清每个原因影响的程度及其重要性。考试还将包括以下科目：经济史和经济科学史的一般知识，特别是在它们的后期阶段，统计学在经济学理论和实践问题中的应用。纯理论问题的图解表达，以及适用于这些问题的数学处理的一般原则。

第三张试卷将包含至少八道题，考生至多只能答其中四道，答对任意两题就可得满分。

来源:《剑桥大学报》, 1897 年 5 月 18 日，第 846–847、949 页。

附录 C：马歇尔计划中的经济学和政治学荣誉考试，来自 1901 年寄给福克斯韦尔的文件

其设计不仅为了满足经济学专业学生的需要，也为了那些正准备从事以下行业的人：

（a）在议会或地方代表机构工作；

（b）印度公务员系统；外交和领事服务；

（c）公共和私人大企业的高级工作，包括铁路、航运、外贸和那些不需要长期学习工程学和物理学的制造部门；

（d）乡绅的职责；

（e）为穷人服务。

第一部分

（第二学年年底考试；所有科目均为必考）

A. 近代史

（经济和政治，主要从 1780 年以来的情况；广泛论述。每张试卷包含，比如说九道题，其中三题是一般性问题，三题是经济方面的，另外三个是政治学问题。所有人至多回答六题。）

1. 和 2. 联合王国。（两张试卷。）

3. 法国和德国。（有时提到欧洲其他国家。）

4. 英国属地和美国。

B. 经济学

5. 和 6. 一般性研究。

C. 政治

7. 英国现有政体。（包括与殖民地和属地的关系。）

D. 论文

565 第二部分

（六到八张试卷，包括论文。对经济学专业的学生而言，A 组的所有内容均为必考，并至少从 C 组或 D 组中选考一份试卷。或许对其他学生也要制定相应的规定。）

A. 主要经济学课程

（与第一部分相比，对当代经济和社会状况进行更详细的描述性研究和更深入的分析性研究；研究内容还包括它们之间的相互关系和相互作用，以及它们在不久的过去产生的原因。在可能的情况下，将采用国际通用处理方法，并要求具备经济地理学和统计方法的基本知识。）

1. 生产和分配。（各国资源、影响价值和国民收入分配的原因、联合与垄断、工会。）

2. 货币、信贷、贸易。（国内货币和国际货币、银行、国际贸易、有组织的市场、信贷价格和就业的波动。）

3. 公共事业和财政、经济方面的公共职责。（帝国和地方政府的收入、法规和企业、社会各阶层的经济关系和义务、致力于消除贫困和促进进步的组织。）

B. 次要的经济学试卷

4. 经济学说史。（包括社会主义。）

5. 数理经济和统计方法。

C. 政治学

6. 现代国家的结构和功能。（涉及对现有制度的比较研究。）

7. 政治哲学。（例如，对国家性质的研究，以及对政治投机史的考察。）

8. 国际公法与现有外交关系。

9. 对某些现行政策的特别研究。（英国除外。）

D. 法律

10. 商法。

11. 国际私法。

E. 论文

资料来源：1901 年 5 月，马歇尔、沃德、洛斯·狄金森一起被任命组成一个委员会，负责调查改善大学经济学和政治学研究的可能性，之后，马歇尔寄了一份拟议中的经济学和政治学荣誉考试方案给福克斯韦尔。（马歇尔文件，剑桥大学，箱 3、11。）

附录 D：1905 年实施的经济学与政治学荣誉考试——荣誉考试的总体安排

以下为考试时间安排；标有星号的科目为必考科目。在第一部分中，除了必考科目外，学生必须参加不少于两门但不超过五门的考试。

第一部分 566

1. 论文主题。（1 份试卷。）*
2. 英国现行宪法。（1 份试卷。）*
3. 近代经济史与通史。（2 份试卷。）
4. 经济学一般原理。（3 份试卷。）*

第二部分

1. 论文主题。（1 份试卷。）*
2. 一般经济学。（3 份试卷。）*
3. 高级经济学，基于现实。（2 份试卷。）
4. 高级经济学，基于分析。（2 份试卷。）
5. 现代政治理论。（1 份试卷。）
6. 与现有政治条件有关的国际法。（1 份试卷。）
7. 与现有经济条件有关的国际法。（1 份试卷。）
8. 适用于经济问题的法律原则。（2 份试卷。）
9. 特殊科目。（每人一份试卷。）

学生一般在第二学年参加第一部分考试，但是已修读其他荣誉学位或者已参加过其他部分荣誉考试的学生，可以在第三或第四学年参加考试。学生通常在第三或第四年参加荣誉考试的第二部分。

各部分考试的试卷中有可能包含一些涉及法国作家和德国作家的题目。

考官应注意答题的风格和方法。

（节选）关于第一部分的细节

委员会为准备参加第一部分考试的学生提供的非常清晰的授课计划；每个考生都要参加七门课的考试。至于经济学，学生通常要花大约一半的时间来学习，所提供的课程差不多是按照先易后难的顺序安排的。因此，学生应该在一年级修一门完整的经济学课程，在二年级再修另一门。不过，如果该学生一开始就对经济学有相当的了解，他可以在第一年选修专门为第二年设计的课程，二年级或许便可以上更高级的课程。考虑到这些学生的需要，每年的课程安排都应尽可能地不同。一般来说，每个学生在一年级应该选修两门历史课，在二年级选修一门。

（节选）关于第二部分的细节

在考试的第二部分，我们试图在荣誉考试制度中引入一些弹性和自由选择，而在其他一些大学，这种弹性和选择自由则是通过考生自己选择的研究分支进行现场考试来实现的；当然，考生的选择必须满足一个条件，即这些研究必须足够广泛，但又具有一定的统一性。

一般经济学有三份必考试卷，主要是为了确保那些参加了其他荣誉考试（或其中一部分考试）的人对经济学主要原理有一个全面的了解；并且确保已经参加了经济学荣誉考试第一部分的人在以后的学习中也不会过于狭隘。此外，这些试卷将涉及公共财政、政府的经济职能以及经济学的一般伦理方面；因为这些内容都更适合学生生涯的后期而非早期。但是，第二部分考试中最有特色的经济学研究，必须进入较窄的通道；因为没有人能在所有领域中做真正的高级研究。这里岔出了两个方向。

567 第一个分支涉及现实生活和专业研究的不同需求。那些准备从事公共或私人事业的学生，一般必须在过去两年学习如何对问题进行分析性研究；在他们三年级的时候，他们需要把主要精力放在现实工作、商业生活，以及经济原理在其中的直接应用上。因此，专门为这类学生安排的两份试卷将以现实题为主。两份类似的试卷将具有更纯粹的学术性，并涉及：（a）一些更模糊的价值问题，如与税负的转移和最终征收有关的问题；（b）经济学说史；（c）经济学和统计学中的数学问题。但是任何学生都可以选考这四份试卷。

第二个分支涉及“经济学”这个宽泛标题下包含的不同主题。它们最终都是相互关联的。如果不对几乎每一个主题都有相当的了解，就很难对其中任何一个主题进行彻底的研究。然而，每个专业的学生根据自己的爱好，每个人根据自己的工作需要，都会希望把主要精力放在某些方向上；因此，我们安排了以下内容，虽然四份关于高级经济学的试卷都包含一些一般性问题，但每份试卷中的大部分问题将以大致相等的比例分配以下 A、B、C、D 四组问题：

A. 现代产业的结构和问题。现代的生产、运输和销售方法；其对价格、产业生活和社会生活的影响。产业联合。股份公司的最新发展。联合与垄断。铁路和航运组织和费率。

B. 工资和就业条件。不同阶层工人的工资和薪金，利润和地租近期变化的原因和结果。雇主和雇员之间的关系、工会、雇主协会、调解与仲裁、利润分享。

C. 货币、信贷和价格。国内和国际货币体系。银行和银行体系。证券交易所。外汇。国内和国际货币和投资市场。信贷波动。特定价格和货币购买力变化的原因和衡量。

D. 国际贸易及其政策。国家产业、贸易组合与贸易进程之间相互影响的关系。国际价格水平。信贷和货币的国际层面。外汇。关税，保护性关税和补贴。与对外贸易有关的津贴及运输设施。

在这四份试卷中，每个人只能作答不到一半的题目。因此，任何人只要对普通经济学有充分的了解，并对 A、B、C、D 组中的任何一组进行了深入研究，就会发现他在考场上的大部分时间都被考题占据，而这些考题与根据他的要求进行调整的口头考试中向他提出的考题并无太大区别。然而，大多数学生可能会选择其中两组，给予同样的关注。

很明显，对于那些希望成为劳动力雇主或土地所有者，或从事铁路服务或中央或地方政府管理工作的人来说，A 和 B 将比较有吸引力。C 和 D，以及 A 的后半部分，将满足那些从事大型金融交易的人，如银行家、证券交易所成员等的需要，而那些主要负责企业外部关系而非内部组织的商人和制造业公司职员，可能会把主要精力放在 D，以及 C 和 A 的某些部分。希望为穷人服务的人会首选 B。任何希望参与立法的人，就像希望从事学术研究的学生一样，将根据自己的思想和性格而非外部环境的力量，来选择自己的兴趣并专门研究。他的研究是广泛的，但他可以合理地在某种程度上专攻一个方向，甚至是四组方向中的任何两种。

568 第二部分还没有进行过考试，该部分的主要内容是对经济学的现实处理。但是，选自1905年第一部分考卷中的试题足以表明，许多主题都与生活事务密切相关；这些主题满足了他们多种多样的兴趣，从而提供了广泛而自由的经济学教育。

经济学

简要讨论计件工作制的优缺点；说明计件工作制在不同具体行业中相对重要性的变化。

举例说明利润一词在日常用语中的不同含义。说明你如何将该词用于经济目的，以及你所使用的利润在多大程度上分别与地租、利息和工资的性质有关。

说明投机者在产业组织中的作用。区分制造商和批发商工作中的投机因素，并指出现代商业方法可能带来的新型投机。

在构建一个理想的银行体系时，你会分别从英国、法国、德国和美国的体系中汲取哪些要素？

如果法律禁止垄断行业区别对待客户，那么该行业的产出可能会受到怎样的影响？你的回答对政府干预铁路公司收费的问题有什么启示？

列举国家间负债的主要项目，并指出进口如何在出口没有相应增加的情况下增加。

“事实是，货币或任何与之相关的东西的丰富性或稀缺性，就像肉桂、小麦的丰富性或稀缺性一样，对利率没有影响。”请批判性地审视这句话。

解释一国贴现率变化对外汇产生影响的过程。为什么巴黎对伦敦汇率的变化总是紧随着伦敦对巴黎汇率的变化，反之亦然？

讨论（a）遗产税、（b）所得税、（c）商品税作为一般税收制度组成部分的地位和作用。

论文题目

大城市发展的原因和影响。

“物质之物正驾驭人类。”

金融对国际政治的影响。

（节选）阅读课

在导师的指导下，每个学生的阅读内容是由他自己决定的，导师会指出他所学习的每个分支的许多书的目的和质量。不过，以下书目由委员会公布，一般来说适合所有第一部分的考生阅读；另外，还有更多书目，在时间允许的情况下，可供阅读或参考。

经济学。学生应该阅读哈德利、马歇尔和皮尔森的一般论著，以及 J.S. 穆勒、尼科尔森和西季威克的至少一部著作；鲍利的《统计要素》（*Elements of Statistics*），第一部分；凯恩斯的《政治经济学的范围与方法》；塞纽博（Seignobos）的《社会科学与历史方法》（*La méthode historique appliquée aux sciences sociales*）；白芝浩的《伦巴第街》；巴斯特布尔的《国际贸易》；葛逊的《外汇》；克莱尔的《货币市场》；邓巴的《银行理论与历史》；杰文斯的《货币》《金融调查》；J.B. 克拉克的《贸易控制》；埃默里（Emery）的《股票和产品交易所》（*Stock and Produce Exchanges*）；格林的《公司财务》；哈德利的《铁路运输》；詹克斯的《托拉斯》；布斯的《伦敦人民的生活与劳动》，第二系列（工业），第 5 卷；吉尔曼（Gilman）的《劳动回报》（*Dividend to Labour*）；杰文斯的《国家与劳动的关系》；勒瓦瑟的《法国人口与其他国家人口的比较》（*La population française comparée a celle des autres nations*），第 3 卷，第 1 部分；巴斯特布尔的《公共财政》；亚当 · 斯密的《国富论》。

资料来源：摘自阿尔弗雷德 · 马歇尔，1906 年，《经济学和相关政治学荣 569
誉考试概述》，剑桥大学，第 8–16 页。

570 # 第 16 章　阿尔弗雷德·马歇尔的政治学：一个有偏见的社会主义者……还是新自由主义者？

1919 年，马歇尔回顾了他“近半个世纪以来”对工业化进程的兴趣，同时也解释了他从事这类研究的动机。他之所以感兴趣，一部分是想验证这样一个命题，即“工资不平等并不像人们经常说的那样武断”，事实上，它更直接地受到“普遍的、自然的原因”的影响。而且，这些原因“并非完全不受人类的控制”，它们可以被修改为“更接近平等的条件，从而更好地利用人类努力的成果来造福人类”。马歇尔在他的自传片段中继续说道，

> 我发展了一种社会主义倾向；1879 年穆勒发表在《双周评论》上的遗作进一步强化了我的这种倾向。因此，十多年来，我一直坚信，与“社会主义”一词相关联的议题，即使不是在世界上最重要的研究课题，但至少对我来说它们都是最重要的。但是，总的来说，社会主义者的著作一方面吸引我，一方面又使我反感，因为它们似乎与现实相去甚远。所以我决定在我深思熟虑这个问题之前，对此少说几句。
>
> 现在，当我年事已高，我的思考和表达的时间已接近尾声时，我看到工人阶级的能力在各方面都有了惊人的发展。部分原因是，社会主义计划比穆勒写作时有了更广泛、更坚实的基础。但是，目前所提出的任何社会主义计划，似乎都没办法确保一种高度的进取心和强大

的个性力量；而且，即使一国总收入由所有人平均分享，也无法承诺商业工厂和其他物质生产工具会有足够快的增长，使体力劳动阶级的实际收入能够继续像最近那样快速增长。在过去的五十年里，西方世界的人性平均水平迅速提高。但我认为，那些在实现理想中完美的社会组织这一遥远目标上取得最切实进步的人，是那些把精力集中在解决前进道路上的某些特殊困难的人，而不是把精力花在试图跳过这些困难上的人。[1]

尽管很难将倒数第二句话与刚刚结束的世界大战联系起来，但这些话准确地反映了马歇尔一生中对社会主义兴趣的反复无常。在躁动的年轻时代，马歇尔对社会主义的兴趣维持了十余年；随后，他逐渐变得更具批判性，有时甚至对社会主义充满敌意，部分原因是他与社会主义理论的矛盾增多，还有一部分原因是他早期对社会主义的各种信仰不再符合他的社会和政治理想。[2]不过，马歇尔对社会主义的立场不仅随着年龄的增长而改变，在许多方面也反映了他所处的政治和社会环境对社会主义态度的变化。因此，将马歇尔评价为有偏见的社会主义者会立即引发一个问题，即如何理解他在漫长的一生中所信奉的“社会主义”类型，以及更广泛地说，如何理解他所支持的政治观点。

维多利亚时代的英国几乎可以在每一场激进运动或工人阶级运动中看到 571
“社会主义”的影子，就像 20 世纪 50 年代以来每家床头都可以看见安眠药（reds）一样。在马歇尔的一生中，英国那些热衷于激进社会改革的人可以从卡莱尔的作品以及莫里斯、金斯利、勒德洛和休斯对基督教社会主义的贡献中获得对“社会主义”的理解；从拉斯金的经济学，威廉·莫里斯的研讨会和浪漫主义，以及海因德曼的半马克思主义的“科学社会主义”，到费边主义者文章中基于对“事实”的研究而做出的谨慎且往往迂腐的判断，这些都对刚刚开始的、日益独立的政治性劳工运动产生了影响。英国维多利亚时代社会主义的外部因素更多地来自亨利·乔治的著作及其对土地政策的影响，而不是马克思和恩格斯的著作。然而，那些热衷于研究国际社会主义作品的人也能够从

[1] *IT*，前言，第 vii–viii 页。

[2] 参较丽塔·麦克威廉斯－塔尔伯格，《马歇尔的社会主义倾向》，载《政治经济史》，7（1），1975 年春，第 78 页有不同的观点。我从阅读她关于这一主题的优秀研究中受益匪浅。然而，我更倾向于同意约翰·E. 艾略特的观点，参见《阿尔弗雷德·马歇尔论社会主义》，载《社会经济评论》，48（4），1990 年冬，第 450–476 页。

圣西门、傅立叶、蒲鲁东和路易·勃朗的作品中汲取源远流长的法国社会主义传统，还有从拉萨尔和洛贝尔图斯（Rodbertus）等德国社会主义学家的作品，以及本世纪晚期贝拉米（Bellamy）、格朗伦德（Gronlund）、托尔斯泰和克鲁泡特金（Kropotkin）所描绘的更浪漫的社会主义乌托邦愿景中汲取经验。人们甚至有可能研究正在运作的社会主义社区，这些社区往往基于据称在早期基督教中实行的“原始共产主义”的宗教理想，或者去参观仍在迅速发展的欧文式合作社会主义的圣殿，其中零售、批发甚至制造业企业中的合作运动正蓬勃发展。社会主义意味着土地国有化和节制，建造市政有轨电车和公共图书馆，意味着阶级斗争和实行累进税。[1]

盖斯纳（Geisner）是19世纪末一部“劳工小说”中的虚构人物，他在向一位年轻的工会会员解释社会主义时，将社会主义的复杂全景简化为两种基本形式，其中第二种，即小写（small‘s’）的社会主义完美地描述了马歇尔的社会主义。

> 合作替代竞争是社会主义的主要产业理念。但有两种社会主义。一种是小写的社会主义，这种社会主义只是为了逃避真正的社会主义。这种小而狭隘的社会主义仅指国家对财富分配的调节。它的拥护者是一些政治家，他们试图改变对工人的掠夺，改善竞争制度的恐怖态势，他们的目的只是防止动乱，这些人意识到，如果情况一成不变，动乱是不可避免的。[2]

马歇尔的“小写的社会主义”也可以说是一种新自由主义，一种穆勒传统下的激进自由主义的政治改革，马歇尔有时也将它描述为社会主义。[3]

事实上，马歇尔在很大程度上把自己归类为穆勒式的社会主义者。他年轻时的人道主义和激进改良主义的情绪无可争议地受到了穆勒理想的影响，而这些理想当时也在格罗特俱乐部和道德科学委员会激励着他的剑桥同龄人。穆勒

[1] G. M. 扬格，《一个时代的画像》，伦敦：牛津大学出版社，1977年，第167–169页，还可参见关于这一主题的重要文献，例如威廉·格雷厄姆，《新旧社会主义》（*Socialism New and Old*），伦敦：基根、保罗出版社，1904年。

[2] 约翰·米勒（威廉·莱恩），《工人的天堂》（*The Workingman's Paradise*），悉尼：爱德华兹、邓洛普出版公司，1892年，第114页。

[3] 参见上文，第6章，第141–142页。

不仅为马歇尔的社会主义提供了基本灵感，而且早在马歇尔晚年之前，穆勒就对社会主义的危险发出了警告。上文已经提过，马歇尔曾在 1902 年对他以前的学生海伦 · 鲍桑葵说，在新世纪之初考虑社会改革时，穆勒的《论自由》比他的《论社会主义》更重要。[1] 这并不意味着穆勒是马歇尔社会主义思想的唯一导师。另一处比《产业与贸易》早了十年的自传片段回顾了马歇尔是如何 572
"被马克思、拉萨尔和其他社会主义者的新经济学观点所吸引……"，当他发现他们"低估了问题的难度，并过早地认为废除私有财产就能清除人性的缺点和不足"时，他虽然称赞"社会主义狂想曲"暗示了一种美好的愿景，但认为他们的社会主义理论是不切实际、在实践中无能为力的。[2]

因此，本章涉及的范围很广。首先考察了马歇尔早期在言论和行动上对社会主义的兴趣，以及各种社会主义思想对他和他的作品的影响，我们通过考察他关于社会主义的讲座内容来追踪他的认识。然后，本章论述了他与亨利 · 乔治之间的争论，紧接着讨论了马歇尔作为小写社会主义者的具体立场。本章还涉及他对国有企业的立场、明确的反帝国主义观点，对税收再分配、社会福利政策、利润分享与合作，以及他晚年所称的"经济骑士精神"的一般性辩护，最后本章对马歇尔的政治观点进行了总结。从马歇尔不断变化的政治观点中，我们可以对他的生平有更丰富的了解，其中一些方面随着他年龄的增长而发展，而另一些方面则在他漫长人生的最后几十年里枯萎、消亡。

青年马歇尔的社会主义萌芽：1869–1879 年

马歇尔早期对社会主义的热情在很大程度上与他的经济学学徒时期相吻合。从某种意义上说，甚至可以说比学习经济学的时候更早。这并不奇怪。正如他后来回忆的那样，他对经济学了解得越多，就越能体会到经济和社会进步的困难。学习经济学与学习社会主义政策的可行性是齐头并进的，无论关于这一主题的新观点或旧观点，以及有影响力的观点（如穆勒去世后在《双周

[1] 马歇尔致海伦 · 鲍桑葵的信，1902 年 9 月 28 日，载《纪念集》，第 444 页，还可参见上文，第 14 章，第 521–523 页。

[2] 阿尔弗雷德 · 马歇尔自述，1910 年前后，第 16 页。参较 *P* Ⅷ，第 8–9、763–764、766、769 页；第一点可追溯到 *P* Ⅲ，其余可追溯到 *P* Ⅰ。

评论》上发表的关于社会主义的残章）对社会主义政策产生了怎样的推动作用。正如下一节所示，后者更适合被视为马歇尔成熟时期对社会主义更具批判性观点的诱因。事实上，我们不难发现，马歇尔在1879年后对社会主义的思考只不过是在阐述穆勒的建议，即只有通过揭露社会主义“在政治经济学中的错误”——“对经济事实的无知，以及对决定社会经济现象的原因的无知”——才能反驳社会主义的夸大其词。[1]这一研究计划符合马歇尔在《经济学原理》中提出的经济学的广阔领域，其中大部分内容是以一种穆勒的方式研究“如何改善（私有财产）制度以使目前享受较少社会利益的大多数人能得到更大的好处”。[2]

让我们回到起点。我们还记得，根据马歇尔后来的叙述，他最初研究经济学主要是受到一个问题的启发，即“英国（和其他国家）工人阶级的生活条件
573 在多大程度上能够使他们过上富足的生活”，还有源自他对社会现状的批判态度，尤其是对机会不平等的不满。四十年后，当马歇尔谈到他对社会主义的态度以及此态度取决于社会主义这一术语的含义时，他回忆起了这种吻合：

> 我们有时会被告知，每一个致力于改善人民社会地位的人都是社会主义者——无论如何，如果他认为许多工作由国家来做比由个人来做更好的话。从这个意义上说，当代几乎所有经济学家都是社会主义者。从这个意义上讲，我在对经济学有所了解之前就是一个社会主义者；事实上，正是因为我想知道国家和其他机构在社会改革中可以做什么，我才在四十年前阅读了亚当·斯密、穆勒、马克思和拉萨尔的著作。从那时起，就该术语的此种意义上说，我逐渐成为一个坚定的社会主义者。[3]

在马歇尔发表的第一篇与穆勒同主题的关于工人阶级未来的文章中，就谈到了社会主义的这些特殊方面，其中包括请国家“对人进行投资”，就像以前

---

[1] J.S. 穆勒，《社会主义章节》（*Chapters on Socialism*），刘易斯·S. 费尔（Lewis S. Feuer）作导言，纽约：普罗米修斯出版社，1987年，第97–98页。

[2] 同上，第146页，实际上，这是穆勒在他死后发表的关于社会主义章节的结语。参较约翰·W. 梅森，《1870–1914年英国政治经济学和对社会主义的反应》（‘Political Economy and the Response to Socialism in Britain 1870–1914’），载《历史学杂志》，23（3），1980年，第568–569页。

[3] 参见上文，第6章，第142页。引文摘自马歇尔，《经济骑士精神的社会可能性》，载《纪念集》，第334页。

投资“电报”那样。[1] 从马歇尔保存的穆勒《政治经济学原理》一书中可以辨认出穆勒对他 1873 年文章观点所产生的积极或消极影响。在书上，马歇尔赞许地批注了穆勒关于工人自身“精神修养”必要性的内容，并认为这种智力的提高对人口增长有积极的影响，就像“女性社会独立”的积极影响一样。马歇尔还对与工人协会有关的问题、竞争对进步的益处以及对大规模企业对生产力的影响表现出浓厚的兴趣，这一点从他在段落上的标记可以看出。在进步问题上，马歇尔与穆勒的一个明显分歧是，他在穆勒质疑“迄今为止所有的机械发明是否减轻了人类每日的辛劳”的地方写了一个大大的“不！”。[2] 早期的注解表明，马歇尔对穆勒在其《政治经济学原理》第 2 篇第 1 章中对欧文社会主义的讨论很感兴趣。[3]

穆勒绝不是马歇尔最初接触社会主义的唯一灵感来源。前文就说过，在 19 世纪 60 年代下半叶，马歇尔与莫里斯等基督教社会主义的人混在一起，其次还有勒德洛。他在伊拉努斯协会的同伴之一 F.J. 霍特与其他人一起，积极参与了 1855 年在剑桥建立工人学院的活动。此外，剑桥大学培养出的诸多英国国教的神职人员，在组织农村工人成立农业工会方面也表现突出，马歇尔也曾短暂地积极参与这项工作。

在研究生阶段，马歇尔从这些导师那里吸收了一些激进的改革思想。他了解到工人和资本家之间合作的重要性，了解到为工人阶级提供令人满意的教育机会的必要性，以及大学通过推广运动在其中发挥的特殊作用，还有设立 574
机构来帮助工人阶级中最无助的农业工人进行自助和自我改善。[4] 从 1866 年

[1] 参见上文，第 6 章，第 174–175 页所引。这种观点并不新鲜，例如在杰文斯的《社会改革的方法》（*Methods of Social Reform*）中可以找到，伦敦：麦克米伦出版社，1883 年，第 31 页。

[2] 约翰·斯图亚特·穆勒，《政治经济学原理》，1865 年大众版（马歇尔收藏的这本书保存在 CUL，Marshall d.61），尤其可参照第 458、459、460–461、465、475 页，他发表反对意见的批注在第 453 页。

[3] * 穆勒，《政治经济学原理》，1865 年大众版，第 125、127、129、130 页。穆勒在本章中对欧文和法国社会主义的评论中，将其认为是切实可行的小型社会主义社区，与他认为不是切实可行的国家社会主义制度区分开来。其中还提到了这一计划下劳动力的激励问题，这个问题被认为会随着社会实验的扩大而加剧，正如马歇尔后来在他的《经济学原理》中更普遍地指出的那样（例如，*P* Ⅷ，第 9 页，这一段可追溯到 *P* Ⅴ）。

[4] 对此的详细讨论可见基特森·克拉克，《1832–1885 年英格兰的教士和状况》（*Churchmen and the Condition of England 1832-1885*），伦敦：梅休因出版社，1973 年，特别是第三部分；唐纳德·O. 瓦格纳，《1854 年以来的英国教会与社会改革》（*The Church of England and Social Reform since 1854*），纽约：哥伦比亚大学出版社，1930 年，特别是第 3 章和第 4 章；E. 诺曼，《维多利亚时代的基督教社会主义者》（*The Victorian Christian Socialists*），剑桥：剑桥大学出版社，1987 年，特别是第 1–4 章。关于马歇尔与莫里斯和霍特的关系，可见上文第 5、6 章，第 111–131、144 页。

到 1879 年，马歇尔本人后来将其中的大部分时间看作他的经济学学徒期，这段时间也是充满改革的年代。在这些年里，首先是政治改革（1867 年的第二次《改革法案》）；随后是工会和劳资关系改革，其里程碑是 1871 年的《工会法》。这一立法在 1876 年被修改与完善，后来还颁布了更为自由的《共谋及财产法》，1875 年又对《主仆法案》进行了重大修改，当时马歇尔在美国。这也预示着市政主义复兴时期的到来，包括在卫生和其他公共健康措施方面的城市复兴，以及首次立法建立普遍和免费的基础公共教育。[1]

下面将详细介绍马歇尔在这一时期对社会主义作品的研究；要完整地描述青年马歇尔的社会主义萌芽，还需要列举一些他更实际地参与激进劳工事业的事例。最突出的例子是他在 1872 年至 1874 年积极参与东英格兰农村劳工组织的事业，这主要是在约瑟夫·阿奇的全国农业工人联盟的激励下进行的。当地报纸报道称，马歇尔在公开会议上发言，支持农村工人成立工会的权利。在其中一次会议上，他甚至附议了一位支持工人事业的农民提出的动议："那些因拒绝放弃工会权利而受到惩罚的工人，应得到各阶层的支持，并请主席亨利·霍尔先生担任财务主管，转交所有收取的会费。"鉴于他的新身份，马歇尔还应邀就工会与供求规律的关系在会议上发言。他解释道，

> 工会的反对者从工资"铁律"中得出结论，认为农场工人的工资处于自然水平。因此，如果一个工人的劳动价值被低估了，就会有人站出来给他提供更高的报酬。如果人为地提高他的工资，他的工资必然会再次下降。马歇尔承认，这个论点很好，但在本案中，推理是建立在错误的假设之上的。农场主并不像假定的那样为争夺劳动力而竞争，因为没有一个与劳动者接触的农场主敢为了吸引邻居的工人而提高工资。这个论点也忽略了马歇尔所认为的工资增长会带来效率的提高。关于工会主义，马歇尔有些隐晦地说，它鱼龙混杂，因此只能被视为通向更好事务的垫脚石。然而，农场主们并没有简单地攻击工会主义的缺点，而是选择了禁止联合的原则。一些制造商虽然遭受了工会主义的一些影响，但他们也承认，没有其他方法可以让落后的人们

[1] 参见基特森·克拉克，第 227–229 页；1875 年 7 月 11 日，阿尔弗雷德·马歇尔在给丽贝卡·马歇尔的信中表达了他的焦虑："我想知道比美国报纸所报道的《主仆法案》更多的信息。"（马歇尔档案，1：194）

> 向前迈出第一步。工会可以使一个人了解教区边界以外的世界，并告诉他哪里需要他的劳动。工资会上涨，并且如果得到合理使用，还会提高劳动效率。[1]

马歇尔还利用他的经济学专长为社会主义事业助力，在《蜂房报》（一份被韦伯夫妇称为“19 世纪最好的工人报纸”）上撰写了两篇文章。[2]第一篇文章发表于 1874 年 4 月 18 日，纠正了利兹一位名叫约翰·霍姆斯的制衣工和合作社工人对“（政治经济学）规律能教给人们什么，不能教给人们什么”的错误看法。这表明，只有在某些特殊情况下，政治经济学才能明确地对道德问 575
题进行仲裁。更笼统地说，马歇尔将政治经济学描述为一种“高度组织化的机器”，通过它可以发现“影响任何特定问题的环境是什么”、相关事实和最合适的调查方式，以及推理的方式，从而准确地确定特定行动方案所产生的后果（第 425 页）。霍姆斯并不满意马歇尔将经济学本质表述为一门“实证科学”，他认为许多经济学的从业者不免会提出他们所认为的正确的行动方案，并经常利用政治经济学规律来支持霍姆斯所说的“阶级上的偏见”。马歇尔的第二篇文章《政治经济学的领域》发表于 1874 年 5 月 2 日，试图反驳这些意见。马歇尔承认，许多经济学家都做了霍姆斯所说的事，但像穆勒这样急于将政治经济学应用于广泛的社会问题的经济学家也充分意识到政治经济学的局限性。他认为，这一点在穆勒的格言中已得到证实，穆勒说“一个人不可能成为一名优秀的政治经济学家”，并且如他之前的文章所证明的，“关于道德原则问题的直接裁定权，政治经济学必须留给她的姐妹——伦理学”（第 427、430 页）。有趣的是，马歇尔在 19 世纪 70 年代初向激进工人阐述的关于范围和方法的观点，与他二十年后在《经济学原理》中向学生们阐述的观点几乎没有什么不同。

马歇尔对社会主义实践的研究并不局限于不列颠群岛。他尚未发表的关于对外贸易的手稿中讲道，“几年前（如 1869 年至 1872 年的某段时间），我参加了在法兰克福举行的号称是‘工人党’的会议。与会者有几百人，他们都非常

---

[1] 丽塔·麦克威廉斯 – 塔尔伯格，《马歇尔的社会主义倾向》，第 81 页；本段全部取材于她对马歇尔生活中这段插曲的叙述，另见第 80 页以及注释 15 和 16 中引用的参考文献。担任主席的霍尔很可能就是为《经济学原理》中的农业问题提出建议的霍尔。参见上文，第 12 章，第 413 页和注释 *。

[2] R. 哈里森，《阿尔弗雷德·马歇尔的两篇早期文章》，载《经济学杂志》，73（291），1963 年 9 月，第 422 页；本段括号内为《蜂房报》中转载的提及这些文章的内容。

聪明。会场秩序井然，没有人情绪激动，发言人也没有使用过激的言辞”。但他们坚持把资本称为“敌人”，[1]马歇尔显然不赞成这种看法。更重要的是，马歇尔在1875年访问美国期间研究了宗教社区中的社会主义实践。前面有章节提到了马歇尔对新黎巴嫩和震教派在奥奈达的定居点的访问。他说其中一位“共产主义者”的强烈的道德品质和绅士气质给他留下了深刻印象。[2]毫无疑问，马歇尔的这些经历对他产生了影响，并让他在《经济学原理》后续版本的开篇强调：“社会主义事业的历史表明，普通人很难在相当长的时间内保持纯粹的利他主义；只有少数宗教狂热者认为物质问题与更高信仰相比微不足道
576 时，才会有例外。”在为1907年的第五版撰写这篇文章时，他的笔触可能受到了震教（派教徒一位年轻的瑞典学生）的“天使般的品格”的影响，因为这个运动代表了“在生活中践行的早期基督教精神”；如果马歇尔对现状不满意的话，他会希望有新的角色出现。[3]

马歇尔年轻时对社会主义观点的最终表述出现在《产业经济学》的最后一部分。有趣的是，该书第2版序言（第vi页）提到“早期基督徒中盛行的……共产主义”是经济学的基础，当时“人们发现最大幸福就在于造福他人”，该书的最后几章又回到了这一话题，探讨了工会、劳资关系和合作等更平实的话题。这些章节中几乎没有什么特别“社会主义”的东西。它们只是简单叙述了这些劳工组织的利弊，尽管语气和风格透露出对这些组织的广泛同情。这种不偏袒任何一方的一个例子是将行会和工会进行比较，因为后者再现了前者的“个人自我牺牲和阶级自私”。在仔细讨论工会对工资的影响时也是如此。这从多个角度论述了通过罢工行动确保工资增长这一有争议的问题，并强调由于工资更多地取决于劳动者的工作效率，而不是工资基金，因此提高效率

---

[1] 阿尔弗雷德·马歇尔，《国际贸易理论》，*EEW*，II，第126页；参较*IT*，第446页注释1，其中将“把资本描绘成敌人”的法兰克福会议与“一两年后在旧金山召开的一次会议”进行了比较。

[2] * 参见上文第7章，第198页，其中大量引用了他的叙述。参较1899年10月31日的一封信中比阿特丽斯·韦伯侄女的回忆，引自丽塔·麦克威廉斯–塔尔伯格的《马歇尔的社会主义倾向》，第101，注释77：“星期天我去了马歇尔夫人那里，……有两个人访问了美国的震教徒聚居地。马歇尔先生是个古怪、干瘦的老家伙，他拿出了震教徒的圣经，那是一本启示录和法典，还有几张震教徒跳宗教舞蹈的照片。他在定居点住了几个星期，研究共产主义，他绘图绘色地向我描述了一些舞蹈。我当时坐在一张低矮的柳条椅上，他的表演让我很震惊。”（凯瑟琳·邓宁–霍尔特，《纽纳姆学院来信1889–1892年》，私人出版）事实上，马歇尔在这些定居点逗留的时间不超过两天。

[3] *P* Ⅷ，第9页；关于年轻的瑞典震教徒的材料来自上条注释中提到的段落。参较1887年4月11日，本杰明·乔伊特写给玛丽·佩利·马歇尔的信，“你和阿尔弗雷德（在贝利奥尔庄园的生活方式）与19世纪的早期基督徒很接近”（马歇尔档案，1：48）。

的高工资可以自我维持（第 3 篇第 6 章）。在讨论个别工会成员的利益、工会的长远利益和整体福利之间的差异时，马歇尔夫妇将在实践中解决此类冲突的指导原则与共产主义理想中固有的原则进行了对比：

> 共产主义者认为，任何人都不应该以牺牲他人的同等幸福为代价来获取利益；但世界还没有准备好在实践中应用如此崇高的道德原则。然而，世界已经准备好了，工人们也准备好了，努力践行这一原则，任何人都不应该损害其他人较大的利益来让自己获益。[1]

与马歇尔五年前在《蜂房报》上表达的观点一致，解决不同产业阶级利益和责任冲突的问题，需要通过经济学推理来确定其利弊后果，“在讲坛、社会科学协会、商会、行业理事会和工会大会上”讨论这些问题是最“有益的”。“所有这些活动都能让雇主与雇员面对面，以和平的方式讨论可能提出的任何要求的经济和道德理由，从中可以获益良多”（第 213 页）。

因此，马歇尔很早就赞成以调解和仲裁的方式处理劳资关系，而且正如后来所显示的那样，他总是随时准备就这些问题向他的主教朋友们提供建议，供他们在讲坛上和在接替社会科学协会作为社会辩论论坛的运动中使用。同样，他在该书最后一章中对合作的最初认可，也是基于合作所带来的扩展经济知识
和提升工业道德的机会，同时它与“英国最伟大的社会主义者罗伯特·欧文”、 577
早期基督教以及当代宗教团体实践的联系也得到了强调。

这种合作方式背后的原因很好地说明了马歇尔在 1879 年对社会主义的立场。欧文之所以受到赞扬，是因为“他对人性中潜在的善良和塑造高尚品格的可能性抱有无限的信念，他真诚地希望通过信任他人和诉诸理性来激发人们所具有的一切正确行动的力量，他对自己的利益毫不关心，他以无与伦比的商业天才和洞察力收获了巨大的利益，他慷慨地与员工共享这些收益，并将它们投入他伟大的社会目标中”（第 218–219 页）。同时，合作与“大多数现代社会主义计划有着明显的区别，它主张不破坏私有财产，坚持自助，憎恶国家帮助和对个人自由的一切不必要的干涉”。[2]

---

[1] *EOI*，第 211 页。马歇尔对这一说法作了限定，对富人而言，这种收益和损失的金钱评估应打折扣，因为他们的收入减少一定数额所带来的幸福损失是相对较小的（同上，第 211–212 页）。

[2] 马歇尔对合作运动的看法已在上文第 13 章，第 455–458 页进行了讨论，另见下文第 601–602 页。

因此在许多问题上，马歇尔的社会主义倾向，即便是在其青年时期的末期，也能与慈善组织协会的坚定的个人主义和平共存。这也与他当时在布里斯托期间与这类人打交道，从而逐渐感受到的利他主义的浪漫以及商人的活力四射相呼应，但是，这种立场不仅“浪漫”，还不切实际，因为它在很大程度上依赖于他作为大学校长与商界人士的选择性接触。作为贵格会的商人，弗里夫妇在该学院的创建和后来的管理中发挥了重要作用，他们的“骑士精神”和家长式的商业管理，马歇尔定是从他们身上学到很多。不过，很难说他们能代表这类商人。[1]

聆听社会主义狂想曲：与马克思、拉萨尔和其他社会主义乌托邦图景的短暂蜜月期

19 世纪 60 年代和 70 年代初，马歇尔通过参加工人会议实际参与了社会主义事业，并研究了主要的社会主义文献。他对穆勒的《政治经济学原理》的研究使他注意到罗伯特·欧文、蒲鲁东、傅立叶、圣西门和路易·勃朗的著作，从而将早期英法社会主义流派纳入了他的研究范围。为了能够阅读康德的原文，马歇尔前往德国学习德语，这使他得以亲身研究马克思和拉萨尔的科学社会主义。在马歇尔于 1886 年为剑桥大学学生举办的关于社会主义和政府职能的讲座中，这些 19 世纪社会主义的代表人物都赫然在列。

首先可以说一说马歇尔对 19 世纪中叶德国社会主义经典著作的了解。事隔四十年后，马歇尔回忆说，对社会改革中可行之事的兴趣促使他研究了马克思和拉萨尔。对拉萨尔的详细评论证实了这一回忆。马歇尔在 19 世纪 70 年代关于对外贸易的手稿中讨论了工业和社会进步，其中提到了拉萨尔联合计划在解决商业萧条问题方面的可行性。马歇尔承认，拉萨尔的方案并没有“对人类
578 的慷慨提出乌托邦式的要求”，而是包含了通过改进产业组织来提高工人效率的可能性的现实论证。然而，马歇尔认为，它未能令人满意地解决诸多困难，往往是简单地忽略了它们。尽管有这些失败，拉萨尔还是为经济学做出了“突出贡献”，指出了“在无序竞争的支配下，个别生产者的利益自由发挥所带来

[1] 关于这种“对商人的浪漫主义看法”，请参阅丽塔·麦克威廉斯－塔尔伯格，《马歇尔的社会主义倾向》，第 83–84 页，并参考约翰·惠特克对马歇尔在布里斯托时期的分析。弗里夫妇是马歇尔夫妇毕生的挚友。另见上文，第 291–292 页。

的”经济组织中的“缺陷”。虽然拉萨尔在他的著作中没有表现出对对外贸易的系统性偏见，但他倾向于低估外贸在抑制工业波动方面的困难，此外，他的著作还说明了那些寻求保护工业免受竞争影响的人，与那些鼓励“在所有事务上，尤其是日常工作安排上……向国家寻求指导和保护”的人之间的联系。[1]

马歇尔第一次阅读马克思的著作也是在这个时候。马歇尔在为穆勒的《政治经济学原理》做笔记时，就参考了《资本论》的第 1 卷，事实上，他将马克思的书作为一般的历史性资料。马歇尔后来在通信中回忆说，他仅在 19 世纪 60 年代末和 70 年代初使用了《资本论》中的数据，因为这些数据后来在其他地方难以获得。马歇尔对马克思的兴趣也没有持续到促使他阅读恩格斯编辑的《资本论》后两卷，这两卷分别于 1885 年和 1894 年出版。[2] 然而，与他对拉萨尔的态度相反，马歇尔在《经济学原理》中花了相当大的篇幅来反驳马克思的体系，尤其是马歇尔所谓的马克思在价值和工资问题上对李嘉图的误读。马歇尔在第 1 版中对马克思的评价同样反映了他在这一问题上的成熟看法：“卡尔·马克思对苦难的强烈同情始终值得我们尊敬；但他所认为的实际建议的科学基础，似乎只不过是一系列论点，大意是利息没有经济上的合理性，而结果总是已经隐藏在他的前提中，尽管被他乐于使用的神秘的黑格尔式短语所掩盖。”[3]

[1] * *EEW*，I，第 37–42 页，特别是第 37–39、41 页。1906 年，马歇尔写信给福克斯韦尔说，无法从英文资料中很好地研究德国社会主义，这既适用于拉萨尔，也适用于马克思（马歇尔致福克斯韦尔，1906 年 2 月 12 日，马歇尔档案，1：73）。马歇尔图书馆里有他个人收藏的拉萨尔的《既得权利体系》（*System der erwobenen Rechte*，1861 年 2 卷本）、他的小册子（涵盖 1863–1874 年）以及他与巴斯夏 – 舒尔茨·冯·德里奇关于劳动纲领的争论（1863、1864 年）。

[2] ¶ 阿尔弗雷德·马歇尔致一位身份不明者的信，1889 年 10 月 20 日（马歇尔档案，1：306）；1906 年 2 月 12 日，阿尔弗雷德·马歇尔对福克斯韦尔说：“坦率地说，如果没有研究过最近的著作，包括马克思的《资本论》的第 2、3 卷，以及其他遗著，任何人都无法很好地讲授德国社会主义。我还没有读过它们。”（马歇尔档案，1：73）。在 CUL 最新发现的马歇尔收藏的《资本论》支持了上述观点。参见巴里·沃罗尔（Barry Worrall）在 1993 年 7 月于伍伦贡（Wollongong）举行的第 7 届 HETSA 会议上发表的论文，《阿尔弗雷德·马歇尔对〈资本论〉第 1 卷的阅读》，其中详细记录了马歇尔的注释。参见上文，第 6 章，第 141、148、163 页，以及第 9 章，第 272 页和注释 *。

[3] † *P*，Ⅰ，第 620 页；后来的版本都保留了这段话，但有一些有趣的变化。第 2 版（*P*，Ⅱ，第 631 页）使用了“coquetting”一词，而马克思本人在德语第 2 版的后记（*P*，Ⅸ，第 713 页）中也使用了该词，这明确表明马歇尔也看过这个版本。马歇尔 1886 年关于社会主义的讲稿表明，他有能力批评马克思体系中以剥削理论和剩余价值理论为核心的部分（马歇尔档案，箱 5，1C）。有趣的是，马歇尔于 1883 年 2 月在布里斯托第一次发表的关于亨利·乔治的演讲中，将马克思描述为“伟大的德国社会主义作家”，但在出版的版本中却被删除了（G.J. 斯蒂格勒，《阿尔弗雷德·马歇尔关于〈进步与贫困〉的演讲》，载《法与经济学杂志》，12（1），1969 年 4 月，第 185 页和注释 2）。参较 *IT*，第 7 页和注释 2。

洛贝尔图斯是马歇尔在《经济学原理》中列入的德国革命社会主义三人组
579 中的第三位。参考资料表明，到19世纪90年代初，马歇尔只是通过安东·门格尔的《对全部劳动产品的权利》（*The Right to the Whole Produce of Labour*）中对洛贝尔图斯的评论，以及庞巴维克对洛贝尔图斯剥削理论的批判性评论，间接地了解了洛贝尔图斯的作品。[1] 马歇尔对洛贝尔图斯的论述有一个例外，他提请人们注意“历史法学意义上资本中的个人权利……和社会观念中的资本”的区别，并在随后提到马克思所说的“剩余价值”，而洛贝尔图斯将其简单地描述为“附加价值”。不是所有版本中都有对洛贝尔图斯如此详尽的论述。唯独第4版对此有所论述是因为洛贝尔图斯的《生产过剩与危机》（*Qverproduction an Crises*）（由J.B.克拉克撰写序言）在1898年出版，也就是马歇尔修订第4版的同年。这一译本也是马歇尔图书馆保存的唯一一部洛贝尔图斯的作品。[2] 马歇尔曾对福克斯韦尔强调对德国社会主义进行一手研究的重要性，有趣的是，与通常的做法相反，马歇尔并没有将洛贝尔图斯与拉萨尔和马克思相提并论。回顾贝卡蒂尼的假设，即马歇尔可能依赖于他妻子的德语专业知识，而他本人的德语水平也并不像他引用的那样流利。[3]

马歇尔对法国社会主义经典著作的一手研究甚至更具选择性。除了路易·勃朗的《劳工组织》（*Organisation du Travail*）——马歇尔拥有该书的法文第4版——之外，他对法国社会主义著作的了解主要来自二手文献。这一点在他1886年社会主义讲座课程的推荐读物中也有所暗示。除了刚才提到的勃朗的书和蒲鲁东的小册子《利息理论》（*intérêt et principal*）外，没有推荐圣西门的著作，而傅立叶是通过沙夫勒（Schäffle）的《社会主义精粹》（*Quintessence of Socialism*）来研究的。这一有限的阅读很符合他1886年讲座的内容。现存的笔记也只是阐述了勃朗的“国家作为组织者”的计划，批评其忽略了工作激励和竞争在价格决定中的重要作用。马歇尔在《经济学原理》中

---

[1] *P* Ⅷ，第586–588、816、817页和注释；安东·门格尔1886年的研究于1899年出版了英译本，由福克斯韦尔作序。庞巴维克的《利息理论批判史》（*Critical History of Interest Theories*）有一章专门论述了洛贝尔图斯的剥削理论，随后又用一章论述了马克思，其中庞巴维克提请人们注意这两位革命社会主义者观点的相似之处。

[2] *P* Ⅳ，第144页注释3，第671页注释1；1898年出版的洛贝尔图斯的译本，收录在斯旺·索南夏因出版社非常受欢迎的社会科学系列丛书，（在译者注释中）包含了马歇尔在这些注释中提到的德语概念。这是马歇尔图书馆目录（第71页）列出的唯一一本洛贝尔图斯的书。

[3] 参见上文，第8章，第257页和注释*；以及第13章，第477页提到庞巴维克的部分。

对法国社会主义者的提及，同样反映出他对他们的著作缺乏了解。在提到法国经济学在 19 世纪所做的有益工作之后，马歇尔补充道：“傅立叶、圣西门、蒲鲁东和路易·勃朗提出了许多最有价值的观点，同时也提出了最疯狂的社会主义计划。”[1] 这不禁让人想起了他的就职演说，演说从早期社会主义关于人性和“人类行为的隐秘源泉”的观点出发，阐述了其积极贡献。先是孔德，然后是 J.S. 穆勒，都深受他们“埋藏在他们狂想曲之中的……敏锐的观察和缜密的建议”的影响，马歇尔称这种影响“在很大程度上是有益的”。遗憾的是，马歇尔认为他们的“历史和科学研究”不够充分，言辞“夸张”，对他们所批评的观点的理解也有缺陷，这些都损害了他们的积极贡献。这就解释了为什么他们关于人性的宝贵意见受到如此广泛地忽视。[2]

马歇尔强调早期社会主义者对理解人性的重要贡献，让人感到奇怪的是，他似乎没有对罗伯特·欧文的作品进行详细研究。他 1886 年的课程被建议参考马克思的有关论述，而他的图书馆里却只有欧文的《自传》（大概是前面所引用的《产业经济学》中对欧文的称赞的来源），还有一些关于欧文主义的小 580
册子。[3] 然而，欧文思想的主旨与马歇尔正在构建的塑造人格的广阔社会平台十分相似，重点强调了教育、工作和家庭环境对人的人格，特别是劳动人民的人格的改善潜力。同样，欧文与合作运动的密切联系和贡献也应该促使马歇尔去更深入地了解欧文的作品。也许是马歇尔所熟知的英国主要评论家对欧文思想的负面反应，使他认为欧文著作中除了他的生平之外没什么值得研究的部分了。[4]

因此，马歇尔从当代社会主义文献中学到的东西基本上可以概括为两点。

---

[1] *P* Ⅰ，第 67 页；*P* Ⅷ，第 766 页；马歇尔 1886 年关于社会主义的演讲（马歇尔档案，箱 5，1C）和《目录》第 8 页。

[2]《经济学的现状》，载《纪念集》，第 155–156 页。

[3] * 1886 年的社会主义讲座（马歇尔档案，箱 5，1C）。在马歇尔读过的唯一一本马克思著作《资本论》第 1 卷中，马克思约有六次提到欧文的著作，但只直接引用了欧文的一部作品《对制造业制度影响的观察》（*Observations on the Effects of the Manufacturing System*）。这就很难看出马歇尔的学生能从欧文作品中获得什么重大益处。巴里·沃罗尔已经证明，马歇尔在他自己的《资本论》一书上标注了这些评论。关于马歇尔收藏的欧文著作，见《目录》，第 62 页。

[4] ¶ 例如，令人惊讶的是，马歇尔没有阅读欧文的《新社会观》（*A New View of Society*），以及从 1813 年开始连载，于 1816 年首次结集出版的《论性格的形成》（*Essays on the Formation of Character*）。这可能是因为，穆勒在《政治经济学原理》中对欧文的处理比较随意，完全比不上穆勒对法国社会主义者，例如萨金特的厚待，除了对合作进行一些讨论外，穆勒几乎完全忽视了英国的社会主义方案（《社会革新者及其计划》，伦敦：史密斯、埃尔德出版公司，1858 年，第 8 章，特别是第 460–468 页）。

从德国社会主义著作，特别是马克思的《资本论》中，他收集了许多关于工厂条件的历史事实，这些事实是马克思从蓝皮书和类似来源中转述的。此外，马歇尔还采纳了他们关于社会有机体各部分相互依存的观点，以及通过改善人们的生活和工作环境，来改善人性的可能性。基于这些原因，马歇尔可以告诉他的学生和剑桥大学的广大读者，社会主义作家不应该被视为荒谬的，事实上，我们可以从他们的作品中学到很多东西。然而，马歇尔不接受他们对国家在改善社会状况中的作用的强调，也从不接受他们认为必须通过革命才能实现重大变革的信念。除了马歇尔自己对这些问题的研究之外，穆勒在 1879 年发表的关于社会主义的章节，也大大加强了他对社会主义的认识。首先，他认为革命社会主义本质上不适合英国，接着强调社会主义者需要解决社会主义劳动、资本积累和管理的激励问题，以及他们不能只关注社会主义的再分配方面。对马歇尔而言，穆勒对社会主义优点的强调与对这些困难的分析是同样重要的。这些积极方面在于通过利润分享、工人和国家管理的小规模实验，以及最重要的“高标准的道德和智力教育”为这些困难提供了解决方案，从而为实现社会主义做好准备。总之，不论国外的社会主义经验如何影响，马歇尔的社会主义倾向仍然大体上是英国化和穆勒式的。[1]

581 与亨利·乔治商榷、社会民主联盟、费边社的社会主义和个体劳工

1879 年，穆勒关于社会主义的章节在他死后发表，部分原因可能在于这些章节曾对未来十年不断增长的社会主义幽灵发出警告。这尤其吓坏了在前十年一直对社会主义计划大加赞赏的自由主义圈子。19 世纪 80 年代的情况有所不同。在这几年里，英国激进社会改革政策的发起人急剧变化。旧的自由党激进派的影响力开始下降，其在改革过程中作为唯一代理人的角色被社会主义组织和日益独立的工人运动所削弱。19 世纪 80 年代的冲突迹象在 1880 年的议会会议上就有所凸显。其中包括自由派发起的两项立法，即《地面狩猎法》和《雇主责任法》，但正如 T.H. 格林所说，“以自由的名义反对……（因为它

[1] J.S. 穆勒，《论社会主义》，第 4 章，特别是第 115–116、131–132 页，还可参较前一章的结语，第 112–113 页，其中穆勒提出了一系列实验来检验社会主义的实际可行性。

们）干涉了契约自由”。[1] 随着时间的推进，社会主义组织在制定社会改革议程方面的重要性逐渐增强。这些组织包括海因德曼的社会民主联盟（Social Democratic Federation）、威廉·莫里斯领导的社会主义联盟（Socialist League）和费边社，这些都是独立于自由党之外的工党政治运动的先驱。多个因素促使自由党之外的人能够发起改革。其中之一是1884年的《改革法案》进一步扩大了选举权；另一个因素是市政管理的改革，使市政当局的控制权和所有权逐渐扩大。到80年代末，伯明翰等城市已将市政所有权扩展到公园、花园、博物馆、美术馆、图书馆、浴室、洗衣房、技术学校、牲畜市场、城市铁路和电车、音乐厅、码头、港口诊所、医院和工人住宅。这种后来被称为市政社会主义的做法，在很大程度上依赖公共借贷以支持这些公共工程，同时也依赖地方财税的增加。[2]

亨利·乔治是19世纪80年代社会和政治改革激进化的重要象征和催化剂。虽然乔治本人并不是社会主义者，但他的《进步与贫困》以其乐观的基调广受欢迎，其中强调了归还私有财产中不劳而获的增量，他还非常及时地提出，当时爱尔兰和英国的土地所有权是一个重要的政治问题，这些观点与日益增长的社会主义运动不谋而合。尽管乔治的书起初在英国不受重视，但到1884年，它已经售出了10万多册，这为他当年在英国进行广泛而受欢迎的巡回演讲提供了绝佳的背景。[3] 亨利·乔治现象把马歇尔带进了一种更反社会主义的阵营，他在给福克斯韦尔的信中说，他曾自问“他们（该书的购买者）之中是否有五分之一的人把《进步与贫困》读完了”，因此他对该书的影响力产生了怀疑。[4] 马歇尔还参加了布里斯托的公开演讲，并于一年后在牛津与亨利·乔治本人发生了广为人知的冲突。

---

[1] 引自海伦·林德，《19世纪80年代的英国》，第159–160页；参较G.斯特德曼－琼斯，《被遗弃的伦敦》，第16章。

[2] 海伦·林德，《19世纪80年代的英国》，特别是第5、6、10章。参较托马斯·麦凯，《市政社会主义》，载《民主的危险》（*The Dangers of Democracy*），伦敦：约翰·默里出版社，1913年，第267–293页，尤其是第281–283页，参较他的《民主财政》（*'Democratic Finance'*），同上，第184–185、217–218页。这些文章最初发表于19世纪90年代的《季刊评论》（*Quarterly Review*）上。

[3] 埃尔伍德·P.劳伦斯（Elwood P.Lawrence），《亨利·乔治在不列颠群岛》（*Henry George in the British Isles*），东兰辛：密歇根州立大学出版社，1957年，第3页，第2章和第3章，特别是约翰·萨维尔的《1885年工业薪酬会议的背景》，纽约：奥古斯都·凯利出版社，1968年，第14–21页。

[4] 马歇尔致福克斯韦尔，1883年7月22日（马歇尔档案，3：19）。马歇尔在信中还提到了许多被乔治迷惑的人，但他认为这些人本应该更了解乔治。

582 尽管福克斯韦尔和西季威克后来都表达了强烈的要求，但马歇尔对发表他关于亨利·乔治的讲座文本讳莫如深，[1]不过，他在1883年初应邀就这一主题发表演讲时似乎并不十分勉强，甚至同意在每次演讲后回答大体上属于中产阶级的听众提出的问题。这些讲座是由夜校推广委员会安排的，旨在为布里斯托大学夜校吸引工人听众，但未获成功。宣传讲座的传单以及现场的讨论引起了学校理事会成员的担忧。1883年2月19日，马歇尔的第一次讲座结束后，理事会召开会议，决定不宜继续在其主办的任何公开讲座上采用这种形式。尽管演讲主题具有争议，听众人数从第一次的141人增加到第三次的194人，而且听众中至少有两名属于工人阶级中的社会主义者，但听众反响一般。[2]这些讲座本身表明，马歇尔愿意在必要时参与争论。乔治的作品显然已经激怒了他，让他足以陷入一场公开争论，不仅是在布里斯托的讲台上，这可以被视为他教学职责的一部分，还有亨利·乔治于1884年3月发表演讲的那个牛津大学公开会议上。[3]

讲座的内容本身很容易概括。它们遵循的是马歇尔在首次发表演讲前几天向福克斯韦尔概述的策略：讨论进步和贫困的主题，而不谈那位作者。因此，第一讲将进步与贫困分离开来，说明至少在过去三十年里，生活水平（以实际工资衡量）一直在提高，即便是农业劳动力也是如此。然而，一些顽固的贫困和贫困现象依然存在。马歇尔用两句话总结了他的第一次演讲：财富的增加并不意味着欲望的增加；其次，需要调查的是，为什么财富如此迅速地增长，而

[1] * 马歇尔致福克斯韦尔的信，1883年3月30日、7月22日和8月8日，在最后一封信中，马歇尔写道："西季威克来信敦促我发表关于进步与贫困的演讲稿。对于一个比乔治更讨厌争论的人来说，被迫陷入争论是很艰难的，但我想我必须在明年初做点什么。"他不发表的理由是，这会影响他《经济学原理》的写作，而且汤因比去世后，鉴于马歇尔可能在牛津接替他的工作，他不想发表他的讲座，以免引起牛津的不满（马歇尔档案，3：13，3：19和3：20）。早些时候，他曾写信给福克斯韦尔说："我将在布里斯托的一个工人区就《进步与贫困》做三次演讲。我打算避免过多地谈论乔治，而只讨论他的主题。"（马歇尔档案，3：10）

[2] J.K. 惠特克，《马歇尔：1877–1885年》，第25–26页。

[3] ¶ 马歇尔致福克斯韦尔的信，1884年3月10日（弗里曼收藏，12/73）："乔治让我彻底失望了。他在某种程度上似乎是认真的，但在思想上却完全没有诚实可言——不追求真理，只追求胜利。他从来没有试图回答任何一个问题——至少与我交谈过的每个人都这么认为。他似乎把全部精力都用在了修辞的障眼法上，以避免回答问题。没有受过教育的听众听不懂这些花招；但在他所在的地方却行不通。我真希望我以前见过他。我本应该少谈他的。我认为他是一个一如既往能干的人，但是我不认为他有那种能给舆论留下永久印象的能力。"

“欲望消减”正在缓慢发生。[1]

马歇尔的第二讲专门讨论了分配理论，尤其旨在探讨低工资问题。继《产
业经济学》之后，马歇尔分两步讨论了这一问题。马歇尔同意乔治在租金决定
上的观点，因而就剩下资本和劳动的份额或“工资和利息基金”的问题。马歇
尔认为，在其他条件不变的情况下，这一基金的分配取决于劳动力和资本的相 583
对稀缺；而劳动和资本所占份额的绝对大小则取决于整个基金的增长情况。这就引出了他关于贫困的核心观点：“如果非熟练工人的数量急剧减少，那么从事非熟练工作的人将获得较高的工资。”（第 139 页）在这个问题上，他的立场与两年前对剑桥农村工人的看法截然不同。[2] 因此，需要进一步讨论进步对收入份额的影响。土地生产率规律是收益递减的，这一规律也适用于资本和劳动力，只是方式更为复杂。最后一个命题证明了乔治在事实和理论上的错误，他说工资和利息要么一起高，要么一起低，“而只要人口多而资本少，利息就高，工资就低”（第 195 页）。马歇尔断言，将西欧和东欧，或东欧和亚洲的工资和利率水平进行比较就会发现，乔治的观点与事实不符。马歇尔还认为，如果人口的效率得到提高，那么人口增长并不一定会降低工资。这可以通过增加投资来实现，他这里所说的投资不仅是指新机器。工业革命早期的一个直接教训是，“从长远来看，吃得饱、受过良好教育的人是对一个国家资本的最佳投资”（第 197 页）。然而，对过去的错误横加指责在现阶段是无济于事的，消除持续贫困的“耻辱”才是目前要做的事。因此，他在第二讲说，尽管“在我们这一代人中消除贫困为时已晚；……但我们的下一代，或者说我们后代的后代，理应摆脱贫困”。“我们正在快速学习”的有序竞争，对于实现“自由国家”的进程至关重要，在这个过程中，“国家广大人民的道德和精神力量”能够像过去三十年一样继续快速增长（第 197 页）。

马歇尔的最后一次演讲讨论了土地国有化能否解决贫困的问题。虽然马歇尔赞同出于社会原因限制土地私有财产权，但他不同意乔治的计划，即“把土地税提高到国家占有土地固有财产净值的程度”。除了财政方面的后果——例如，马歇尔怀疑“对烈酒征税是否会带来纯粹的好处”（第 208 页）——其潜

[1] 乔治·斯蒂格勒，《阿尔弗雷德·马歇尔关于进步与贫困的演讲》，第 190 页。随后段落中对该文献的引用均在括号中注明。约翰·萨维尔在《1885 年工业薪酬会议的背景》第 25–38 页对这一时期的工资增长进行了详细的研究。

[2] 参见上文第 574 页。

在的社会后果可能导致社会动荡和内战，风险是如此之大，所以应该尝试一种“不那么耸人听闻的方案”来解决贫困问题。相反，马歇尔自己的“济贫良方”是对竞争进行管理，“促使资本竞争，并促使上层阶级为济贫而竞争”（第209页）。晚婚以减缓人口增长、移民以及国家以“名义价格”提供高质量的技术教育，让“即使是最穷的孩子也能接受一流的教育”，这些都是使竞争达到这一目的的必要步骤。合作、行业协会甚至经济学家都可以协助工人阶级的教育，以实现“更高的社会责任感”。马歇尔的结语表明了他所看到的这一过程的终结——他所追求的“社会主义”乌托邦，在这个乌托邦中，家庭关系、朴素生活、自助和合作相结合，构成了一个更美好的世界：

584 男人是大自然的杰作，而女人则更完美。整体进步和消除贫穷首先取决于英国妇女的坚强、温柔、纯洁和真诚。在后代性格最具可塑性的时候，正是她们发挥了主要作用。如果一个国家的母亲是卑贱的，那么这个国家必将衰落；如果母亲是高尚的，这个国家必将崛起。如果英国的男男女女都怀着神圣的目的，让下一代在身体、思想和精神上都比这一代更强大，如果我们的孩子也这样对待他们的孩子，那么穷人就会消失，那些收入微薄、工作艰苦而与更高级生活的可能性相隔绝的劳动者，也会消失（第210页）。

对现场提问的回答与讨论显示了马歇尔驾驭听众的能力和他侃侃而谈的潇洒自如。例如，在谈到“由使徒发起的社会主义运动”可能取得成功时，马歇尔在笑声和掌声中回答道，“如果他们有早期基督徒的美德，他们就不会有贫困、痛苦、财产和麻烦。作为人，如果懒惰不会给他们带来很多麻烦，他们就一定会变得懒惰。如果他们能找到不是这样的人，他定会举双手赞成社会主义”（第191页）。在回答有关管理竞争的问题时，马歇尔认为，工厂立法以及对制造业中欺骗和掺假行为的监管是这种管理的重要例子。他还强调改进组织，如自愿分享利润，也可大大提高劳动效率（第199页）。关于社会中的非生产性成员，马歇尔只承认“那些靠财产收入过活而不用付出自己努力的人”属于这一类。然而，他警告说，没有资本家和资本，人们将变成“野蛮人”，生存本身就会受到威胁（第200页）。只有一个问题似乎难住了他。一位提问者提请马歇尔注意，许多农业劳动者每周挣不到14先令，而更多的人每周仅靠1英镑来养活一大家子人，马歇尔的政治经济学解决方案似乎只能够帮助

“富人和中产阶级，而不是穷人”。马歇尔基本认同这种弊端是存在的，但除了他在第三次演讲中提出的解决办法外，他找不到其他解决办法。另一则新闻报道称，马歇尔大体上同意提问者的观点，认为现状不尽如人意，但“在不推翻社会和伤害劳动者的情况下”，只有逐步改善才是可能的。马歇尔坦言，将政治经济学分为富人的政治经济学和穷人的政治经济学是“相当危险的事情”（第 212 页）。[1]

马歇尔关于亨利·乔治的演讲特别有趣，因为其中包含了他“社会主义倾向”的许多关键特征，这些特征在他晚年生活中一直保留着。这些特征包括：他憎恶以革命方式发生变化，强调自助的作用，包括合作和其他形式的工人阶级互助，他还强调私人资本和商业能力对进步的重要作用，辅以有序竞争的经济自由，最重要的是，通过降低劳动力（尤其是非熟练劳动力）的相对稀缺性，以及通过培训、教育、机械化和更高的生活标准来提高工人的效率，从而解决低工资的问题。《经济学原理》最后讨论进步的章节强调了这种消除贫困的观点，在该书后续版本中，只增加了一个要点：马歇尔对累进税和资本税的 585
后果发生了改观，因而更能接受财政再分配的优势。[2] 马歇尔表达这些观点的方式有许多独特之处。为什么选择在关于《进步与贫困》的讲座上来表达这些观点呢？亨利·乔治和他的书中有什么内容促使马歇尔对此进行争论？马歇尔将乔治描述为“诗人”，并拒绝称他为“科学思想家”（第 186 页），[3] 马歇尔不喜欢乔治过时的经济学，也厌恶他对一些马歇尔更为偏爱的古典经济学家的不公平的批评，最重要的是，乔治对当代经济学观点缺乏把握，这些都是马歇尔选择与他争论的重要原因。马歇尔在《进步与贫困》一书上所做批

[1] 这使人们注意到这样一个事实，即这里对马歇尔演讲的描述基于两份报纸的报道。与其说是对演讲内容的争议，倒不如说是对报道内容的争议，演讲稿很可能是马歇尔提供给报刊的。在布里斯托他就这样做过，见上文第 9 章，第 289 页。

[2] *P* Ⅰ，第 7 篇第 13 章；*P* Ⅷ，第 6 篇第 12、13 章。税收问题将在本章后文讨论，以及下文第 17 章，第 645–646 页。

[3] * 乔治·斯蒂格勒，《阿尔弗雷德·马歇尔关于〈进步与贫困〉的演讲》，第 199 页中指出，马歇尔在回答听众提问时进一步解释了这一特征。“他并不是因为乔治先生说错了话而称他为诗人。他之所以是诗人，是因为他富有诗意；他之所以不是科学家，是因为他说了错误的话。”在演讲的其他地方，他暗示乔治是一个应受谴责的画家，因为“他的画布上画满了病态的题材；……（一个画家）画出美丽和高贵的东西时，是最令人愉快的，也是最有益的”（第 186 页）。马歇尔的比喻将社会主义者描绘成具有温暖心灵的艺术家，与经济学家等科学工作者形成鲜明对比，后者需要并拥有冷静的头脑来了解事实。

注的特征，[1]以及他在《经济学原理》早期版本中对该书的批评，都加强了他的选择。[2]

然而，马歇尔对乔治的恼怒也暗示了他在与这类对手打交道时的挫败感。他在写给福克斯韦尔的信中写道，[3]对付乔治的谬论“就像把自己扔到一扇没有拴紧的门上”，他希望从听众的反应中得到启发，知道“应该攻击什么”，但这一希望落空了，因为他从布里斯托的演讲中没有获得任何暗示，不知道乔治的哪些错误最能抓住大众的想象力。

1884年，在牛津大学的一次会议上，马歇尔遇到乔治本人，在他顽强地追求自己的目标时，这种挫败感又袭来了。会议的一份报告显示，马歇尔率先开始发问，在宽容的会议主席允许的时间内，他一直孜孜不倦地追问，以求得到对他相当漫无边际的问题的简洁回答。马歇尔要求乔治说明他与沙夫茨伯里勋爵、奥克塔维亚·希尔、约翰·斯图亚特·穆勒和汤因比等著名慈善家的不
586 同之处，以及向观众展示“(他的)书中哪怕一条新的、真实的经济理论”，并承认他是一个完全没有受过经济学训练的人，他向工人阶级提供建议，从而不知不觉中阻止他们“脱离低贱的地位”，这是在滥用他影响公众舆论方面的巨大天赋，在“向(工人阶级)思想中灌输毒药”。在回应中，乔治显然回避了这些不同的挑战。他认为马歇尔问了太多的问题，而且马歇尔声称他已经驳斥了“乔治”的理论，这让他陷入了“被打败也拒不承认”的英国将军的处境。他“小脑袋”和“疲惫的头脑”只能承受一次一个问题的提问，马歇尔答应了他，并接着对《进步与贫困》一书中缺乏对作为工人阶级进步手段的节俭和勤奋的强调提出了质疑。乔治说他不打算回答有关《进步与贫困》内容的问题，

---

[1] ¶ 保存在马歇尔图书馆。例如，关于《进步与贫穷》第2篇第1章，马歇尔指出：“他说的都是老生常谈、自相矛盾的。他没有意识到个人财富和国家财富之间的区别。”其他批注指出了他对穆勒和马尔萨斯的误解。实际上，马歇尔的所有评论都与前三篇有关，对其余部分的评论或注释很少，其余部分主要展示了乔治论证的非经济部分。

[2] † *P* Ⅰ，第138、714页注释。正如斯蒂格勒所评论的那样，在亨利·乔治批评马歇尔的《经济学原理》经常语无伦次、令人费解之后，马歇尔从《经济学原理》中删除了他自己对乔治的详细批评，只留下了乔治的雄辩，以及“当住在郊区的人发现越来越多人在附近定居时，人们的生活会日渐丰富”这样的精彩描述，这是诗人而非科学工作者的标志，令人惊讶的是，约翰·斯图亚特·穆勒在类似主题上也有“异乎寻常的热情”(参见《阿尔弗雷德·马歇尔关于〈进步与贫困〉的演讲》，第183页；*P* Ⅰ，第379页注释1，所有八个版本都保留了这一内容，尽管其形式越来越倾向于贬低乔治的品质)。

[3] ‡ 马歇尔致福克斯韦尔的信，1883年7月22日(马歇尔档案，3：19)。信的开头写道：“总的来说，我认为确立真理比驳斥错误更重要，争论应留给消化能力强的人。”

从而也回避了这一具体的问题，他解释道，他对该书内容的记忆已经“生疏”了，因为“他已经很久没有阅过这本书了”。随后，马歇尔对乔治关于租金的观点提出了质疑，认为租金中存在所谓的垄断成分。在听众越来越吵闹的情况下，马歇尔不得不一遍又一遍地重复这个问题，因为乔治同样一次又一次地回避了这个问题，当马歇尔直截了当地指出他的策略时，乔治予以了否认，但观众接受了这个策略。[1] 马歇尔追问的热情令人惊讶。他对乔治在牛津大学的表现和他缺乏知识诚实的态度感到失望，这一点他曾对福克斯韦尔报告过。他的反应与 J.N. 凯恩斯在剑桥市政厅听过乔治的类似演讲后所记录的反应相似，听众基本上也是大学生。这次演讲被描述为“没有定论、不着边际，但口若悬河、语重心长，充满热情和激情，极具感染力”。[2]

马歇尔在布里斯托的演讲使他卷入了与土地国有化论者、进化论者阿尔弗雷德·华莱士（Alfred Wallace）的争论中。双方在布里斯托的报刊上互通信件。其中第一封信指控马歇尔对英国劳工生活条件改善的描述有误，理由是工资数据的对比没有反映出农舍所有权、自有农产品和小麦质量变化带来生活水平的实际提高。华莱士还声称，马歇尔对亚洲的比较是有缺陷的，因为那里的低工资反映了低物价，而高利率则与政治和其他敲诈勒索的高风险相匹配。[3] 利用阿瑟·杨和伊顿的数据（当时马歇尔刚刚研究过），[4] 他很容易证明华莱士在第一点上是错误的。马歇尔还驳斥了华莱士关于亚洲利率和工资的说法。他承认政府对前者负有一定的责任，但他认为，亚洲各国政府为铁路建设等目的向欧洲资本市场求助，这就证明了他的观点，即亚洲资本稀缺，利率高。[5] 华

---

[1] 乔治·斯蒂格勒，《阿尔弗雷德·马歇尔关于〈进步与贫困〉的演讲》，附录，第 221–224 页；几乎占据了乔治牛津演讲后关于讨论报道的三分之二的篇幅。参见埃尔伍德·P. 劳伦斯，《亨利·乔治在不列颠群岛》，第 69–71 页。

[2] 马歇尔致福克斯韦尔的信，1884 年 3 月 10 日，见上文第 582 页注释¶所引；1884 年 3 月 10 日，JNKD。

[3]《西部日报》，1883 年 3 月 17 日，转载于乔治·斯蒂格勒，《阿尔弗雷德·马歇尔关于〈进步与贫困〉的讲座》，第 212 页。

[4] 马歇尔为布里斯托学生准备的历史统计材料使用了许多阿瑟·杨的数据（见上文第 9 章，第 288 页）；1883 年 1 月 22 日，他就自己对伊顿的研究写信给福克斯韦尔（马歇尔档案，3：8）。1883 年 4 月，他给福克斯韦尔寄去了一份他用电笔为布里斯托学生准备的统计数据（马歇尔档案，3：16）。

[5] 马歇尔在《西部日报》上的文章，1883 年 3 月 19 日，转载于乔治·斯蒂格勒，《阿尔弗雷德·马歇尔关于〈进步与贫困〉的演讲》，第 213–215 页。关于马歇尔在演讲中对此的论断，见上文第 583 页。

莱士的答复承认马歇尔在衡量生活水平变化问题上可能具有权威性，但正如皇家劳工委员会报告所指出的，官方接受了农村生活水平下降的观点，他还引用了布罗德里克（Brodrick）的《英国土地和英国地主》（*English Lands and English Landlords*）一书中的观点，即阿瑟·杨和马尔萨斯都错误地仅用面包价格来衡量劳动价值的变化。基于他个人的观察，他也没有同意马歇尔关于亚洲工资的说法。

587 在交流的最后一封信中，马歇尔注意到华莱士在生活水平上的立场忽视了小麦购买力的变化。他还坚持认为亚洲的工资水平较低，这是根据货币工资所能购买到的“食物、衣服、住房和其他必需品、舒适品和奢侈品”来定义的。[1] 华莱士与马歇尔之争传达了人们对资本主义进步对生活水平影响的关注，在这种辩论中，资本一方总是试图证明自由企业具有改善所有人生活条件的潜力。[2] 同样有趣的是，这表明马歇尔在被指控公开发表的论点有误时，会急于在报刊上为自己辩护，尽管他通常认为这种表达是不准确的。马歇尔消化争议的能力很弱，但在这种情况下，他的对手一般都会迅速做出回应。当土地改革联盟邀请马歇尔在伦敦与亨利·乔治进行公开辩论时，马歇尔却拒绝了，因为“这会让我心烦意乱，而且会妨碍我在假期的写作”。[3] 然而，无法像在牛津或布里斯托那样得到主席和听众的支持，可能是另一个更重要的原因。

应该提及的是，马歇尔在土地税和不劳而获的财产税问题上的立场，归根结底与乔治在这些问题上的立场并无不同。考虑到传统上古典经济学家对这种税收的支持，以及约翰·斯图亚特·穆勒在他的著作甚至政治领导中对所谓土

---

[1] A.R. 华莱士在《西部日报》上的文章，1883 年 3 月 23 日；马歇尔在《西部日报》上的文章，1883 年 3 月 24 日，同上，第 116–117 页。

[2] 如上文第 583 页和注释 41 所示，马歇尔在关于亨利·乔治的讲座中使用了这一论点。关于这一问题在反社会主义斗争中重要性的另一个当代评断，见托马斯·麦凯在《民主的危险》一书中的文章《工人的工资和储蓄》，其中对当时的经济问题进行了研究，这篇文章最初发表在 1894–1909 年的《季度评论》，伦敦：约翰·默里出版社，1913 年，第 116–155 页，尤其是第 121–124 页；更现代的观点可见 T.S. 阿什顿，《1790–1830 年英国工人的生活水平》，载 F.A. 哈耶克等人，《资本主义与历史学家》，芝加哥：芝加哥大学出版社，1954 年，第 123–155 页。萨金特在《社会革新者及其计划》一书中也使用过这一标准，例如第 465 页，他使用了马尔萨斯的小麦测量标准，华莱士在与马歇尔的通信中批评了这一方法。

[3] 马歇尔致福克斯韦尔的信，1884 年 3 月 30 日，弗里曼收藏，49/123。

地问题的强调，马歇尔对这类税收的支持就并不奇怪了。[1] 马歇尔对社会上那些靠不劳而获的收入生活的非生产性成员的蔑视，在他对布里斯托讲座的回应中表露无遗；他在《经济学原理》中以一种更精细的、以政策为导向的方式反映了这些关于土地税的观点。

不过，像乔治一样，马歇尔也反对土地国有化。马歇尔文件中保存的未发表的“论国家与土地”[2] 的笔记就清楚地说明了这一点。强制对个人和国家而言都是有害的；国家管理土地的能力可能不如私人所有者；然而，实际上不可能将土地与其改良分离开，这就意味着要对未获得的增量征税。不过，马歇尔承认他反国有化的立场也有一些例外情况。比如在印度，“政府比人民明智得多”，[3] 反对土地国有化的声音不那么强烈；国家管理在涉及大量土地的公用事业运营中是适当的；同时，国家在管理历史古迹和更广泛意义上的艺术之美的事物方面也有一些优势。因此，征收土地税通常是适当的，特别是在有选择地征收土地税，并与公共购买权相结合的情况下。马歇尔之所以支持将土地税作为一种财政手段，部分原因就在于他支持花园城市运动，这样，财产税的收入可以合法地用于减少城市的过度拥挤，并提供资源以保证人们在新城中能获得新鲜的空气、开放空间和公共绿地。[4]

马歇尔后来还参与了一些类似的争论，不过规模较小。其中一次是他参加了 1885 年 1 月 28 日至 30 日在伦敦举行的为期三天的工业薪酬会议。这次会议的组织者是苏格兰工程师留下的一笔 1000 英镑遗产的受托人，目的是讨论社会问题。受托人，包括托马斯·布拉西爵士、汤姆·伯特（马歇尔的工会朋 588
友，也许就是在这次会议上认识的）、罗伯特·吉芬（代表统计学会）和福克斯韦尔，他们提议会议应专门讨论现有的收入分配是否令人满意，以及如有必要，如何加以改进。由查尔斯·迪尔克爵士担任会议主席，另外两位国会议员（包括将与马歇尔一起加入劳工委员会的约翰·芒代拉）担任副主席，还有一

[1] J.S. 穆勒，《论社会主义》，第 141–146 页；关于穆勒对土地问题的详细讨论，见萨缪尔·霍兰德，《约翰·斯图亚特·穆勒经济学》，牛津：布莱克威尔出版社，1985 年，第 833–846 页；佩德罗·施瓦茨（Pedro Schwartz），《J.S. 穆勒的新政治经济学》（*The New Political Economy of J.S. Mill*），伦敦：韦登菲尔德和尼科尔森出版社，1968 年，第 200–206、254 页。

[2] 马歇尔图书馆，箱 5，1D；*P* Ⅷ，附录 G，尤其是第 801–804 页；可以追溯到 *P* Ⅴ，以及上文第 11 章所讨论的马歇尔关于地方税收的备忘录（第 375 页）。

[3] 在下文第 606–608 页讨论马歇尔的“反帝国主义”观点时，这句话更显生动。

[4] 参见我的《马歇尔论税收》，第 102–103 页。

个由受托人、统计学会、工会、合作社和商会提名组成的委员会，选出了150名与会代表和19名将在会议上发言的人。与会者中不乏工会领导层的优秀代表，还有马歇尔后来在皇家劳工委员会任职期间遇到的许多人，要么是在证人席上，要么是作为委员同事。为期三天的会议议程显然带有明显的乔治主义色彩，除了主要的分配简报外，还讨论了国家对资本和土地的管理对社会财富和福利的影响。[1]

马歇尔在周四上午的发言中谈到了就业波动和工资的相关补偿，但他的论文以附录的方式补充了他早些时候在合作大会上关于工资理论和事实的发言，以及从白芝浩的《伦巴第街》中摘录的一些关于工业相互依存的材料、从他对伦敦住房的论述中摘录的材料，以及初步提出的关于价值标准表的建议。[2]也许是意识到自己作为刚上任的政治经济学教授的责任，马歇尔开始声称他本人"只在某种意义上"是一个社会主义者，并抨击他所认为的"社会乌托邦"，认为最终的善取决于一种义务取代权利的社会组织形式，并明确谴责政府在经济领域的活动（第173–174页）。除了他所看到的政府管理中存在的铺张浪费之外，

> 更大的罪恶在于，它扼杀了自力更生和发明创新的能力，使进步变得缓慢。但是，最大的弊端在于它往往会破坏政治道德，并通过政治道德的败坏影响社会道德。……美国有史以来最大的灾难是政治腐败，这种腐败是通过金钱影响政治而滋生的，（这尤其）伤害了工人阶级。……因此，我说，让我们避免要求政府干预商业，不管是为了持续就业还是其他目的，除非政府的行动能带来巨大的直接利益（第174–175页）。

一些社会主义者主张政府干预以解决就业波动和低工资的问题，为了进

[1] 工业报酬会议，《皮卡迪利大街王子厅的会议记录和文件》（*The Report of the Proceedings and Papers at the Prince's Hall, Piccadilly*），伦敦：卡塞尔公司，1885年，纽约再版（约翰·萨维尔作序）：奥古斯都·凯利出版社，1968年，原版序言，第v–xix页；约翰·萨维尔序言，尤其是第14–16、38页；埃尔伍德·P. 劳伦斯，《亨利·乔治在不列颠群岛》，第37–38页。

[2] 阿尔弗雷德·马歇尔，《补救措施对（a）就业连续性和（b）工资率有什么影响》，工业报酬会议，《报告》，第173–186页；所附的四项内容有13页，即第186–199页。后面几段的括号中均为对该文本的引用。

一步有效地驳斥这些论点，马歇尔接着列出了他自己对这一日益严重的问题的补救措施。这些补救措施包括：避免着装跟风；商业更加开放，包括公布纳税申报表；对破产实行更严格的惩罚；加强对年轻人欺诈和商业欺诈或不正当投机行为的道德谴责；政府公布价值标准表；提高国家储备金以缓解金融恐慌；由独立专家编制并发布官方贸易预测；改革土地法；最后很重要的一点是，在经济学方面开展更多的工作（第 176–179 页）。其中许多建议都是马歇尔参与皇家劳工委员会工作期间提出的，其他的则成为后来《经济学原理》中关于进步观点的重要组成部分。[1] 他的结语与他作为政治经济学教 589
授的最后一次公开演讲——论经济骑士精神——遥相呼应，并与两年前他在布里斯托最后一次就进步与贫困发表演讲所提到的崇高理想一致：

> 骑士时代还没有结束，它正在这一代人中悄然兴起。因为现在我们开始看到，过一种高尚生活的可能性是多么地依赖于物质环境和道德环境。无论我们多么不信任强制性的社会主义，我们都很快会感觉到，如果一个人不付出自己的时间和财力来减少社会中赤贫者的数量，增加那些能够获得合理收入并有机会过上高尚生活的人的数量，那么他就不能高枕无忧（第 183 页）。

马歇尔的发言招致了塞奇威克先生（Sedgwick，来自莱斯特的制鞋铆工和修整工工会）的间接批评。塞奇威克将机器对生活成本的间接好处，与机器对相关行业雇员的直接影响进行了对比：工资降低，就业减少，生活水平的下降远远超过了马歇尔提请人们注意的收益（第 209–210 页）。一位代表出租马车司机协会的罗兰（Rowland）先生直接对马歇尔发起了攻击。他把马歇尔描述成一个“书呆子”，而不是一个“在大学之舟上奋力划桨……因而能更好地应对生活之战”[2] 的人，他还错误地把马歇尔对赌博的批评说成是对体育运动和类似的工人娱乐活动的反对。罗兰认为，马歇尔应该（事实上他的确做了）抨击“证券交易所”的赌博行为（第 210–211 页）。马歇尔同意了批评者三分之二的观点。不过，他否认自己是一个“书呆子”，并在回复中说自己还是一个足球迷：

---

[1] 上文第 11 章讨论了马歇尔参与皇家劳工委员会的情况，第 369 页讨论了他对劳工委员会《最终报告》的贡献，特别是关于就业波动的部分。

[2] 这是对马歇尔的错误解读，如第 4 章第 88 页所示，他曾参加过学院的赛艇队。

> 成千上万的人观看一场足球比赛，尽管寒冷刺骨，他们仍然充满热情，这是世界上最伟大的事情之一。只要一份体育报纸告诉人们比赛是如何进行的，而不是鼓励读者下注，他就绝不会反对。只要翻一翻他的文章就会发现，在这一点上他被误解了，他所说的赌博并不主要指工人阶级；他说的是赌博精神，这种精神已经侵入了世界上最进步的国家，对未来而言，它是比酗酒更大的祸害；因为虽然现在看起来没有那么大的危害，但它很可能会增加，而酗酒则会减少。十五年前，当他为德国工人提供援助时，他就发现了这一点。[1] 他曾对德国人的闲暇生活抱有很高的期望，但他惊恐地发现，他们中的许多人把大部分时间都花在了小赌上。他还发现，美国的工人也受到诱惑，放弃了眼前的大好机会，而大量从事矿业投机，甚至连女仆也在做这种事。然而，在撰写这篇论文时，他并没有考虑到这些事情，而是认为非法的商业投机会对产业造成干扰；而这种不正当的投机行为是由赌博的习惯助长的，这种习惯甚至在小孩子中也得到鼓励，他们会在赛马上下注。他认为，不计后果的赌博在各个阶层都是一种极大的罪恶，而教育的发展虽然可以阻止酗酒，却不能阻止赌博。因此，赌博是一种范围更广、影响更深远的恶行，必须加以限制，除非工人阶级准备看到他们的工业比以往更加停滞不前（第 213-214 页）。

前一天，马歇尔在讲话中声称，统计数据显示工人的生活水平正在稳步提高，在收入完全均等的情况下，根据现有数据，人均收入将仅为 36 英镑 8 先
590 令，马歇尔因此受到了攻击（第 77 页）。这就引出了一个问题，如果这种均等化的影响广为人知，也就是说，如果收入完全平等以至于所有家庭每年都有 180 英镑，“革命就会立刻爆发”（第 122 页）。[2] 另一名工人批评马歇尔提出

[1] 大概是 1869–1870 年冬天在柏林的时候；马歇尔声称的“援助”的性质尚不清楚。

[2] * 参较约翰·萨维尔（John Saville），工业报酬会议导言，《报告》，第 41 页注释 83。马歇尔暗示，个人从收入完全均等化中获得的金额是微不足道的，这一点可以从他一年以前所描述的牛津或剑桥大学研究员所需的最低金额来解释。他把这一金额定在 300 英镑，这笔钱可以让他出国旅行 4 个月，总费用为 60 英镑（1883 年 11 月 28 日，《牛津杂志》，以及 1883 年 11 月 29 日，《蓓尔美尔公报》，第 4 页）。难怪《经济学原理》始终坚持，与非熟练的甚至熟练的体力劳动相比，“包括专业阶层在内的最高等级的行业”为提高效率所必需的消费应该高得多（*P* Ⅰ，第 123–124 页；*P* Ⅷ，第 70 页注释 2，各版本之间的数量估计没有变化）。消化能力弱的人要吃精致的食物，思想家需要付出更高的代价，这种解释也许是来自个人的经历。

的问题有误："问题不在于工人是否比他的祖先过得更好……而在于他是否达到了目前国家财富所能负担的那种生活水平。"（第 83 页）对此，马歇尔没有给出任何答案。

虽然马歇尔本人在 19 世纪 80 年代初仍经常参加社会主义讲座，[1] 但没有关于这些活动的详细记录。他与海因德曼的辩论也没有任何记载，与他和亨利·乔治之争类似，这可能发生在海因德曼在牛津大学罗素俱乐部（1884 年 1 月 30 日）发表关于社会主义演讲的时候，或者是他在下个月（1884 年 2 月 5 日）参加剑桥联盟关于该话题的辩论的时候。[2] 然而，马歇尔的公开立场在整个 19 世纪 80 年代仍在继续。例如，在称赞早期社会主义者对人性的洞察力被忽视之后，他在 1885 年的就职演说中又回到了在牛津与乔治的争论。即他谈到放任经济学中"未经训练的头脑"去解决物质、工业、道德生活与环境中的贫困等显而易见的社会弊端，将对社会造成危害。"为什么要让躁动的社会主义者和无知的演说家大声疾呼，说任何人都不应该因为物质匮乏而被排除在有价值的生活机会之外？"[3] 马歇尔在 1887 年发表的《为公平的工资率而呼吁》一文的最后，也对革命行动的危险发出了类似的警告。两年后，这些警告在他为合作而辩护时占据了核心位置，因为他认为在"开发世界物质资源"方面，合作是工人阶级自助的一种方案，"在实践智慧上"远胜于其他方案。[4]

作为缓解社会困境的一种手段，马歇尔对这一更为激进的社会主义的公开立场，反映出了同情改革的自由派中产阶级对工人阶级暴力幽灵日益增长的恐慌情绪。这种恐惧在 19 世纪 80 年代中期的伦敦骚乱中就曾被唤起。对深谋远虑的社会观察家来说，从长远来看，更重要的是工会主义逐渐从古老的熟练

---

[1] 1886 年 2 月 11 日，马歇尔在写给《泰晤士报》编辑的信中提到，"在社会主义讲座上"，他总是"被那些看着演说家夸夸其谈的真正工人的表情逗笑"。

[2] H.M. 海因德曼，《冒险生活的记录》（*The Record of an Adventurous Life*），纽约：麦克米伦公司，1911 年，第 324–327 页；筒井重周，《H.M. 海因德曼与英国社会主义》（*H.M. Hyndman and British Socialism*），亨利·佩林（Henry Pelling）主编，牛津：牛津大学出版社，1961 年，第 52–54 页；玛丽·佩利·马歇尔，《我的回忆》，第 35 页："在牛津，他（阿尔弗雷德·马歇尔）遇到了亨利·乔治本人……不久之后，又与海因德曼发生了一场争吵。"

[3] 阿尔弗雷德·马歇尔，《经济学现状》，载《纪念集》，第 173 页。

[4] ¶ 载《纪念集》，第 212–226 页。最后一行写道，"所有这些（确保公平工资的建议）都是向前迈出的一步。它们没有革命的快节奏，但革命有时倒退得比前进更快更远；而像这样的步骤则是稳步向前的"（第 226 页）。《合作》，载《纪念集》，第 227–228 页；其内容和隐含的情绪已在上文第 13 章，第 457–458 页讨论过。

技工组织（兼慈善协会）转变为一种新的更具侵略性的工会运动，包括码头、矿山和公用事业领域的大量非熟练工人。尤其是当这种新的工会主义，与自由主
591 义阵营之外的工人阶级政治组织的积极形式相结合，例如海因德曼的社会民主联盟和中产阶级知识分子的费边社等明确的社会主义组织，这些恐惧就变得尤为强烈。[1] 正如西德尼·韦伯在1889年关于社会主义基础的历史观中所宣称的，“政治民主”已转变为一种“完全的、尽管是无意识的社会主义”，而“旧的个人主义”和自由放任主义正在“不可抗拒地滑向集体主义的社会主义”。[2]

19世纪80年代和90年代，这种浪潮并非没有受到抵制。马歇尔青年时代的两位导师撰写了言辞激烈的小册子：1884年，赫伯特·斯宾塞的《人与国家》(*The Man versus the State*)问世，次年，亨利·萨姆纳·梅因爵士在《大众政府》(*Popular Government*)中对危险发出警告。这些文本成为坚定的自由和财产保护联盟及其激进的自由放任教条的灵感来源，并为慈善组织协会的反社会主义和个人主义哲学提供了思想基础，这些都体现在洛克、鲍桑葵夫妇的著作中，尤其是在托马斯·麦凯的经济学著作中。[3] 在19世纪80年代逐渐迈入90年代的时候，它们可能助长了马歇尔对社会主义的态度。[4]

马歇尔对这场运动的参与程度，可以从他在劳工委员会取证时的表现中看出。他对本·蒂利特、汤姆·曼恩，以及更引人注目的对西德尼·韦伯和亨利·海因德曼的提问都颇具敌意。但与比阿特丽斯·韦伯的说法相反，马歇尔很少对普通工人证人表现出这种敌意。关于前三位证人的相关情况我们已经介绍过了；[5] 在此，我们不妨提一下马歇尔对海因德曼的询问。马歇尔的质询首先试图让海因德曼同意，货币工资的上涨，以及食品自由贸易、制造业生产率的提高对生活成本产生了有利影响，工人的生活水平得到了提高。但这并没有让海因德曼放弃他的观点，他认为货币工资并没有“快速”增长，而且本世纪的生产率增长中劳动的获益相对较少。接下来，马歇尔试图让海因德曼同意资

---

[1] G. 斯特德曼–琼斯，《被遗弃的伦敦》，第16章。

[2] 西德尼·韦伯，《社会主义的基础：历史性考察》，载《费边社会主义论文集》(*Fabian Essays in Socialism*)，G.B. 肖编辑，伦敦：沃尔特·斯科特，1889年，第56、60页；另见保罗·汤普森，《社会主义者、自由主义者和工党》，尤其是第3、6、7章。

[3] 马歇尔的图书馆里有这两本书（马歇尔图书馆目录，第53、80页）；参见肯尼斯·D. 布朗（Kenneth D. Brown），《反劳工史论文》(*Essays in Anti-Labour History*)，伦敦：麦克米伦出版社，1974年，尤其是第9、12章，以及约翰·W. 梅森，《1870–1914年英国政治经济学和对社会主义的反应》。

[4] 回顾《笨拙》对马歇尔的赞扬，见上文第13章第457–458页。

[5] 参见上文第11章，第363–364、366–367页。

本家的关键作用，以及利息在确保工业增长和发展方面的必要性。海因德曼对此进行了反驳，他对节欲进行了讽刺，特别是在马歇尔提到“延迟享受”的报酬后，他指出工人将从合作制度中获得更大的产品份额。马歇尔随后改变了策略，他对自己关于城市过度拥挤对后代不利的观点加以澄清。他解释说，提出这个话题是为了说明几个问题。首先，他指出，即使在这一方面也有了一些改善，主要是通过卫生和其他公共卫生措施，但其次，城市过度拥挤在很大程度上是由于成年工人对城市生活的自私欲望，而不顾其后代，而这种情况是可以通过个人和财政的援助来补救的，不需要“彻底改变社会”。海因德曼巧妙地 592
作了回应，他说他接受这些观点，并承认如果目标是以合作取代竞争，那他和马歇尔在本质上是一致的。[1]

马歇尔还利用该委员会的职责追问了他特别感兴趣的社会改革问题的细节。这些问题包括市政社会主义应用于交通运输行业的就业以及其他后果；调解和仲裁实践的各个方面；利润分享计划的运作方式，委员会也就此编写了报告；以及批发和零售业合作企业的详细情况。此外，马歇尔对间歇性失业、低工资和过度体力劳动的补救措施也表现出相当大的兴趣。他在对委员会最后报告的贡献中谈到了其中一些问题，这些都是他在关于《进步与贫困》的演讲、工业报酬会议上的讲话，以及他主持的合作社大会上的发言中长期关注的问题。他在皇家劳工委员会工作期间的表现显示，他将改善社会的行动——在某些场合，他将其纳入自己所定义的“社会主义”中，与 19 世纪 80 年代和 90 年代初盛行的更为激进的社会主义倾向相区别。因此，结合 19 世纪 80 年代和 90 年代初的社会主义流行浪潮来看，马歇尔与社会主义的立场往往是较为对立的。

“当代”经济学家的社会主义

韦伯对英国新兴社会主义的历史考察，让人们注意到一位“称职的经济学

[1] *《皇家劳工委员会第四次报告》，Cmnd 7963，HMSO，伦敦，1893 年，Q.8606–8669。在皇家劳工委员会调查期间，海因德曼曾写信给《泰晤士报》，称委员会对“劳资关系的调查可能被视为又一次地承认自由放任时代已经结束”（1891 年 3 月 13 日）。他后来回忆说，他“愚蠢地自荐为证人”，只是“应秘书的要求，在我的证据中提供了一些关于单词、短语和句子的定义，从这个乏味、无用和昂贵的皇家委员会中我获得了一点乐趣”。（H.M. 海因德曼，《更多的回忆》，伦敦：麦克米伦出版社，1912 年，第 14–22 页）。同时也幽默地描述了主席对会议的态度，这与前面引用的曼恩后来的回忆不符（上文，第 364 页）。海因德曼的回忆将委员会的总体态度概括为“热衷于帮助**身处**贫困旋涡的人，而不是帮他们**摆脱**贫困”。（同上，第 18 页，重点为本书所加）

家所说的……现在所有年轻人都是社会主义者，许多年长的教授也一样”，托马斯·麦凯在他对正统经济学的批判中同样遗憾地承认了这一点。麦凯写于19世纪90年代的作品，大多是针对阿尔弗雷德·马歇尔的。[1]是什么让英国学院派经济学家变成了他们的德国讲坛社会主义（kathedersozialisten）的同行？马歇尔从19世纪90年代末开始表达的对当时社会主义问题的态度，可以方便地概括为小写的社会主义。这包括支持一些国有企业和市政社会主义；支持税收和社会福利政策，以解决社会不平等和贫困问题；支持利润分享与合作，认为这是比新工会主义更令人满意的工人阶级组织形式。马歇尔的自由主义和小写的社会主义同样体现在他对帝国主义的立场上，这种帝国主义在世纪
593 之交的英国有复苏的迹象。他对其中一些问题的看法被浓缩在最后一篇文章《经济骑士精神的社会可能性》之中，这是他在1905年向济贫法委员会提交的另一份文件。[2]

“让国家行动起来。”马歇尔关于国家在管理工商企业方面的相对优势的立场，在他早先关于社会主义的演讲中，以及更明白地说，在处理国家与土地关系的片段中，是显而易见的。这些观点依赖于一些命题，在他已发表和未发表的著作中都常常重复出现，他一生似乎都在不同程度上秉持着这些看法。拥有所有权对企业的激励以及积极参与企业活动就是原则之一。他一再指出，私人资本对经济发展至关重要。其次，为管理国有企业而建立的官僚机构是风险厌恶的，因此也与经济进步的基本特征相违背。这种官僚机构还容易滋生腐败，这一论点源自斯密，但这一后果在美国是显而易见的，尽管现代公开制度可以大大减少腐败倾向。对马歇尔来说，这些理由提供了一个普遍的推定，即支持资本主义私营企业、反对国有企业，不过，这条一般规则总是有例外的。

在他生命的最后几十年里，他越来越意识到，股份公司使企业的所有权和控制权得以分离，家族所有权对良好管理的激励作用已成为过去，大型私营企业越来越像大型政府企业。这种日益增长的相似性包括了管理上的困难，而这些困难正是此前马歇尔反对国有企业的主要论据。因此，马歇尔预测了政府企

[1] 西德尼·韦伯，《社会主义基础：历史性考察》，第59页；他引用的“称职的经济学家”是F.W. 阿弗林牧师（Rev. F.W. Aveling），不过在这种语境下也提到过西季威克；托马斯·麦凯，《正统经济学》，载《民主的危险》，第7章，特别是第233–234、239–240页，除对马歇尔的其他批评外，他还断言：“在目前的教授手中，经济学不是一门科学，而是一场辩论。”

[2] 载《纪念集》，第323–353页；见上文第11章，第359–360页。这个题目让人想起本章早些时候引述的马歇尔在工业报酬会议上讲话的结尾（第589页）。

业扩张的趋势，尽管“这种扩张带来了巨大的邪恶：除非它可以为效率和经济发展提供强有力的初步证据，否则应该予以反对”。[1]更重要的是，马歇尔反对政府对自然垄断的公共事业的所有权和控制权，并主张政府在地方和市政一级有更大的主动权，他比许多市政社会主义的热心支持者更早设定了边界。在《经济学原理》中最先成形的部分之一，即关于垄断的章节中，他为前者给出了充分的理由，不过如果能找到适当的公共利益统计方法，公共行政的弊端就可以消除。然而，即使在这里，正如马歇尔在他关于“经济骑士精神”的论文中强调的那样，“当市政当局吹嘘他们的电力照明和电力工程时，他们让我想起了一个人，他在印刷新版《哈姆雷特》时吹嘘‘我的《哈姆雷特》真了不起’。市政电力工程的躯壳归于政府官员，天才归于自由企业”。[2]

几年前写给海伦·鲍桑葵的一封信进一步揭示了马歇尔对市政当局作用的看法：

> 我承认，市政社会主义在经济上和道德上都有许多危险之处。我认为市政当局不应该像现在这样进行投机或“直接”雇佣劳动力。
>
> 我还认为，公共权力不能过多地掺和进一个人的家里，否则就有可能损害他的自力更生和健康独立。在我看来，市政免费住房很少是正确的，一般都是错的。但市政免费浴室在我看来几乎总是没问题的。
>
> 但是，一个人的房子之外不是他的事情，而是国家或市政当局的 594
> 事。房子周围的黯淡和浑浊的空气使他和他的妻子，尤其使他们的孩子缺乏娱乐空间、生活变得狭窄，他们的力量源泉被削弱，也难以形成独立的性格。[3]

马歇尔认为国家应采取的具体方式是：进行城市规划，以确保马歇尔如此喜爱的开放空间，为了这一公共空间，他在给海伦·鲍桑葵的信中继续说道，他愿意花上刚刚结束的南非（布尔）战争的全部费用。在随后对“经济骑士精神”的呼吁中，马歇尔表示，这也是他能全心全意支持的为数不多的政府行

[1] 参见标题为《产业的未来》的片段，保存于马歇尔图书馆的红箱 1（5）：《进步与理想》；参较《经济骑士精神的社会可能性》，第 333–342 页。关于这个主题在当代文献中得到了很多回应，例如，伦纳德·达尔文，《市政所有权》，伦敦：约翰·默里出版社，1908 年，尤其是第 3 章第 120–124 页。

[2] *P* Ⅷ，第 5 篇，第 14 章，第 489–493 页；这句话出自《经济骑士精神的社会可能性》，第 339 页。

[3] 马歇尔致海伦·鲍桑葵的信，1902 年 10 月 2 日，载《纪念集》，第 445 页。

动之一。其他举措还包括提供“自然与艺术之美”（只有国家才能为人民提供），以及提供灵活和具有社会效益的住宅法规，最后一项举措对预算的要求并不高，但要求政府“从国家不断增长的智慧中进行应有的分配”。[1]

因此，马歇尔认为政府的角色与其说是商品和服务的提供者，不如说是监管者；正如他在关于《进步与贫困》的讲座中所言，政府是“竞争的管理者”。确保商业诚信、产品质优价廉、公平交易，以及更广泛地说，传播有用知识，这些都是马歇尔愿意留给政府去做的，前提是这些任务不会产生他所认为的新世纪的一大隐患——政府官僚大军。《纪念集》中的一个片段简明扼要地概括了马歇尔对政府角色的看法：

> 政府的职能是尽量少管，但不是尽可能少地做事。当它试图管理时，它总是失败，就像军队作战失败那样。但是，一支军队要取得成功，就必须积极主动；而一个政府要想成功，就必须不断武装自己、传播知识、激励他人并与他人合作。[2]

为了限制中央集权的官僚主义，马歇尔希望尽可能发挥地方的主动性。他的关于税收的备忘录指出，这种地方主动性应该由国家税收提供的中央补助来促进，这一立场同样清晰地包含在《纪念集》关于政府的一段中：

> 政府，尤其是自由国家的政府，不是国家之外的实体，而是国家的一个重要组成部分；政府只有通过安排和发展其工作，使政府本身成为一种伟大的教育，才能履行它对国家的职责。这就需要尽可能地扩大地方责任。但是，在上级严格控制下的权力下放有可能变得机械化和形式化。实现有机的权力下放，绝不能仅限于执行中央政府制订的计划细节；它必须扩展到思考和实施适当的建设性计划，在这些计划中，国家计划的中心思想根据特定的地方条件和要求进行调整。[3]

---

[1] 马歇尔致海伦·鲍桑葵的信，1902年10月2日，载《纪念集》，第445页；另见《经济骑士精神的社会可能性》，第336页，以及下文第21章，第774–775页。

[2]《纪念集》，第363页；参较《经济骑士精神的社会可能性》，第337–339页。

[3]《纪念集》，第363页；*OP*，第357–360页；参较马歇尔致西奥多·卢埃林–戴维斯的信，1901年10月30日，载《纪念集》，第430–431页。

地方政府竞争的试行和潜在利益为马歇尔关于权力下放的思考提供了理论基础，他强烈反对地方政府仅作为中央政府的委托管理者。教育、城市规划和卫生措施为这种地方积极性和实验提供了最大的空间，但马歇尔不会反对地方企业的发展，以及伦纳德·达尔文在哈佛大学演讲中就这一主题给出的理由。595
其中提到了提供“公共浴室……以促进健康和清洁”；进行港口市政化，因为所涉及的集体福利很难通过税收支付；以及提供公有屠宰场，以确保“卫生和人道主义方面的考虑”，而私人肉类经营者是不太可能为此支付的。当道德和社会价值被置于严格的经济价值之上时，市政所有制是非常合适的。然而，只有当私营企业无法有效执行任务时，如在市政供水、电力和供气方面，大型企业才应得到鼓励。[1]

马歇尔还在剑桥大学任教授时，曾对一家老牌国有企业（即邮局）进行过较为详细的质询。在这个案例中，他认为限制竞争带来的损失是国家垄断的核心问题。马歇尔在工业报酬会议上发言时指出，“在像邮局这样有必要实行集中管理的地方，它比私营企业做得更好；但当失去这样的优势时，它很少或从未做过任何比私营企业做得更好、成本更低的事情”。[2] 马歇尔在发表这一评论时，可能想到了他所在的圣约翰学院所提供的邮件服务的争议，该学院的邮件服务于 1885 年因邮局的垄断而被迫关闭，所以他在下文所说的“前不久”有误，其实是很久以前了，这个回忆片段由庇古保存：

> 1891 年前不久，圣约翰学院设立了一套半天的邮政系统，其效率是皇家邮局的三倍。虽然邮票只限圣约翰学院的人购买，但它的收入的确不错。我记得，当它被撤销时，我开始调查消费者剩余的问题，并充分利用了它的经验。考虑到从这里寄一本书到塞尔温花园或基督教堂的费用与寄到加利福尼亚或日本的费用一样多，我还研究了本地廉价包裹递送对本地信件递送的依赖程度。在此基础上，我预测了自由制度下消费者剩余占总收入的百分比；而邮政统计数据则为我

[1] 伦纳德·达尔文，《市政所有权》，第 95–98 页；参较《经济骑士精神的社会可能性》，第 489–495 页，关于交通运输方面的政府所有权以及其他研究，可见 *IT*，第 492–497、502–503、505–506、608–609、671–672 页。

[2] 阿尔弗雷德·马歇尔，《补救措施对（a）就业连续性和（b）工资率有什么影响》，工业报酬会议，《报告》，第 172 页。

提供了一个总量基础。但我已忘记了细节，人生苦短呐。[1]

马歇尔之所以对1891年记忆犹新，可能是因为就在那一年，他给《泰晤士报》写了两封信，就邮局和私人企业的问题展开了公众争论。第一封信（1891年3月24日）重申了邮局作为国有企业所具有的大规模和集中化的优势，但这并不意味着垄断所有的邮政服务。收入方面的考虑不足以成为后者的充分理由，因为垄断税是最糟糕的税收形式之一。此外，来自私人企业的一些竞争为创造性提供了空间，这也是与公共事业不同的地方，在公共事业中，死气沉沉和不愿尝试是主流。马歇尔在1891年4月6日给邮局律师的回信[2]中阐述了政府垄断邮政的不良后果。在这封信中，马歇尔承认了邮局作为一个国有企业的必要性，也承认国家垄断邮政服务的大部分业务的必要性。如果一些地方邮政工作留给私人去做（比如剑桥大学的一些学院，不过他在信中没有提到这个例子），消费者就会获得可观的收益。马歇尔估算，这一数字将超过目前邮局的净收入（1895年至1896年为290万美元），由于无法获得本地的私人邮政服务，目前每人损失了“至少6先令”，用使用邮政服务的1500百万
596 人计算，这一损失将达到450万英镑。[3]马歇尔承认他的计算是非常“草率的”，而且他在以后也不会作出这样的计算，正如他告诉他的外甥吉尔博，[4]他觉得“他的消费者剩余概念缺乏重要的实际应用，因为它无法被有价值地量化”。

除了强调马歇尔反对国有企业是基于他认为这样的代价是竞争减少和主动性的丧失之外，《泰晤士报》上关于邮局的信件还使人们注意到，他对这一问题的思考存在着另一个穆勒式社会主义思考的特征。这就是马歇尔对社会主义

[1]《纪念集》，第359页；罗伯特·阿尔本，《阿尔弗雷德·马歇尔和英国邮政垄断造成的消费者损失》，载《政治经济学史》，21（4），1989年冬季，第679–688页，其中提到圣约翰学院邮政服务的关停是在1885年末（同上，第679页）。

[2] 参见罗伯特·阿尔本，第680页。

[3] * 阿尔本的论文《阿尔弗雷德·马歇尔和英国邮政垄断造成的消费者损失》，相当详细地讨论了关于需求弹性的假设，这些假设是在邮政服务单位成本不变的假设基础上进行“猜测”的，马歇尔不太可能对以大规模运营为特征的业务进行这种假设。马歇尔似乎也忽略了19世纪90年代盛行的标准一便士邮费所采用的单信邮费交叉补贴的后果。他可能从圣约翰学院寄给J.N.凯恩斯或西季威克的一封信中获益，但他准备为寄给牛津大学的乔伊特或爱丁堡大学的尼科尔森的信支付多少钱呢？

[4] C.W.吉尔博，《关于阿尔弗雷德·马歇尔的一些个人回忆》，第96页。

在分配和生产方面的区分。他第一封信的最后一段提到了他对“社会主义的主要危险”的看法。他认为，这些危险“不在于它倾向于更平等地分配收入，因为我看不出这有什么害处，而在于它可能消弭那些使世界逐渐摆脱野蛮状态的精神活动”，也就是说，这些与商业主动性和自由企业联系在一起的品质，会遭到国有生产中出现的官僚主义的扼杀和摧毁。正如穆勒在他的《政治经济学原理》中所论证的那样，支配生产的经济规律自成体系，相比之下，关于分配的人为安排却很容易被改变。[1] 可见，穆勒对马歇尔社会主义倾向的影响贯穿了后者的一生。

关于再分配税收的态度大转弯。尽管在 1891 年，马歇尔可以相当轻率地表示，他认为社会主义者所提倡的更平等的收入分配趋势没有害处，但在他的一生中，对实现这一目标的手段的看法却发生了很大的转变。通过移民等手段限制人口来管理竞争，使之有利于工人阶级，同时等待技术进步和教育发展，使非熟练劳动力更加稀缺，从而得到更高的回报，这是他在关于亨利·乔治的演讲中所提倡的策略。在工人薪酬会议上，他在一些抗议声中主张，由政府强制实现均等化最多只能取得非常有限的效果。然而，从长远来看，如果考虑它的动态后果，它会杀死下金蛋的鹅，即自由企业精神，这种精神会使可分配给工人阶级的国民收入增长。这又回到了社会主义条件下激励机制减少的问题，穆勒也曾有力地指出这个问题是实行社会主义的主要困难之一。[2]

在再分配政策的支出方面，马歇尔对“院外救济”的做法比过时的 1834 年《济贫法》所允许的更慷慨，特别提到了失业和更重要的老年问题，这一点之前已经讨论过。[3] 尽管在这个问题上，他比慈善组织协会的哲学家们更开明，但与查尔斯·布斯的全民养老金计划相比，马歇尔自己的计划就没有那么 597
慷慨和激进了。马歇尔认为，对这种“公共慈善”的正当性进行考察是必不可少的。这是慈善组织协会的工作人员可以做出有效贡献的领域。正如他在《经济骑士精神的社会可能性》中所说的，由税收资助的“苦难”救济应仅限于“那些非因自身过错而孱弱和生病的人”。对于那些“由于软弱或恶习而失去自尊的人”，既需要强制，也需要帮助，“以改变他们自己的生活，或者无论如

[1] 参见 J.S. 穆勒，《政治经济学原理》，序言倒数第二段（1865 年大众版，第 13–14 页）。

[2] J.S. 穆勒，《论社会主义》，第 117–131 页；马歇尔将穆勒在社会主义章节和他的《政治经济学原理》中的相关论述，与卡莱尔的论述相提并论，尽管后者享有人文主义者的美誉（见《经济骑士精神的社会可能性》，第 335 页注释 1，另可参较第 317–319 页）。

[3] 见上文第 11 章，尤其是第 354–355、356–357 页。

何，（要防止他们祸害）他们的下一代”。在马歇尔看来，性格弱点仍然是造成个人贫穷和苦恼的主要原因，尽管他也承认穷人所面对的不可抗力。这些原因包括突然的失业、疾病和衰老，而独立劳动者只能为此做好准备。他在19世纪90年代初就指出，普遍援助的成本太高，如果从一般税收中支付，将会造成巨大的福利损失。[1]

在财政再分配的背景下，应该指出的是，马歇尔最初并不支持累进税的概念，在这一立场上，他也追随了穆勒的观点。在19世纪80年代和90年代，马歇尔倾向于认为累进所得税是不公平的，尽管他和穆勒都认为所有必要的收入都应该免税，然后再按比例对剩余的收入征税。更重要的是，马歇尔认为所得税是低效的，因为它对工作、节俭和更普遍的进取精神有抑制作用，并在此背景下阐述了穆勒的观点，即所得税意味着对储蓄的双重征税。这种不利的抑制效果对资本税的影响更大。这些税收倾向于抑制资本的增长，加速资本外流，这是古典税收理论的传统立场，它厌恶对资本征收的一切税收，马歇尔直到晚年还在坚持这一立场。[2]

1909年劳埃德·乔治的《人民预算》（‘People’s Budget’）发表后，马歇尔改变了主意。当雷伊勋爵询问他对此事的看法时，马歇尔向他坦白说，十五年来他关于遗产税的教导都是错误的，因为他声称这种税会抑制资本的增长。[3]马歇尔改变观点的原因可能源于英国从1895年开始逐渐推行的遗产税，这一财政政策的创举被人预测的对资本和企业的灾难性打击，实际上并没有发生。马歇尔在第一次世界大战期间和之后对税收的后续研究表明，他对累进税在实现分配正义方面的信念更加坚定了，但也从未忽视这种税收政策可能带来的效率上的代价。[4]

更广泛地说，马歇尔在给雷伊的信中将财政分配政策与社会主义直接联系起来。他说他不知道什么是社会主义预算，并批评了《泰晤士报》在这一点上的混淆，因为它用“夺取财产”代替了“夺取金钱”，马歇尔随后给出了自己对社会主义分配的看法：

> 我自己对社会主义的理解是，这是一场运动，它把对一个人生活

[1]《经济骑士精神的社会可能性》，第345–346页。

[2] 关于更详细的讨论，请参阅我的《马歇尔论税收》，特别是第101–103页以及其中引用的参考资料。

[3] 马歇尔致雷伊勋爵的信，1909年9月12日，载《纪念集》，第363页。

[4] 下一章第644–646页将对此进行更全面的讨论。

> 和工作的责任，尽可能地从个人肩上卸下来交给国家。在我看来，德国对那些没有能力照顾好自己的人的管理是有益的“社会主义”，我们应该复制德国办法来管理我们的社会渣滓。
>
> 但对于其他阶级，我认为社会主义运动不仅是一种危险，而且是 598
> 人类福祉目前面临的最大危险。在我看来，社会主义运动有两个方面，即行政方面和财政方面。它的主要弊端似乎在于行政方面。
>
> 我不否认，在普通铁路等方面，半社会主义的或政府的方法几乎是不可避免的，尽管在美国偶尔会有一个强有力的暴君突破这些方法。但是，社会主义的刺痛似乎在于它希望扩大这些方法，而不是遏制它们的扩张。我认为，它们限制了人的主动性，消磨了抱负，从而虚弱了人们的个性；把他们的精力从创造转移到打螺丝钉上，从而降低了品格……
>
> 在财政方面，这可能是贪婪的、具有掠夺性的，对商业安全的重要性视而不见，并蔑视公众的诚信。但这些倾向只是表面现象：它们激起了强烈的反对和反弹；就我个人而言，我对它们的恐惧要小于那些潜伏的危险。在我看来，适度的政策甚至是有益的。因为贫穷会摧残人的性格；虽然赚取巨额财富通常会增强人的性格，但是那些没有赚取财富的人，无论是男人还是女人，花掉这些财富并非一件纯粹的好事。在我看来，以牺牲富人的利益来使穷人致富的谨慎行动，不会因为社会主义者说这是朝他们迈出的一步，就不再是有益的了。[1]

马歇尔在评判减轻贫困和不平等的财政措施时，认为对性格的影响仍然是最重要的。这就不可避免地强调自助和互助，而不是政府行动，无论后者看起来多么合理。因此，马歇尔与慈善组织协会的大部分理念在实质上是一致的（尽管并不完全一致）。他在 20 世纪初就这一主题发表的大多数声明都证实了这一点，无论是公开场合的演讲（如他关于经济骑士精神的演讲），还是在私下向主教和其他提问者所提供的建议。[2] 他对贫困的这部分观点自始至终都是

[1] 马歇尔致雷伊勋爵的信，1909 年 9 月 12 日，载《纪念集》，第 462–463 页。

[2]《经济骑士精神的社会可能性》，第 333–337 页；马歇尔致韦斯科特主教的信，1900 年 1 月 24 日，载《纪念集》，第 386–388 页；马歇尔致 S.D. 富勒的信，1897 年 11 月 21 日，载《纪念集》，第 403–404 页。

维多利亚式的，尽管通过布斯和费边社等人，他更充分地意识到，临时工、失业、疾病甚至老年等因素是造成大量“活该的”穷人的关键变量，尽管经济取得了那么多的进步，但事实证明，这些穷人仍总是存在。[1]

关于财富及其分配的一个小片段，对马歇尔在贫困和不平等问题中的人为因素进行了强调，尽管这一立场并未取得明显成功，但却是马歇尔毕生所思索的：

> 财富的存在只是为了造福人类。它不能用码或吨来充分衡量，甚至也不能说等同于多少盎司的黄金；它的真正衡量标准只在于它对人类福祉的贡献。现在，当砖头、沙子、石灰和木头被砌成一栋房子时，它们组成了一个比以前更大的财富量；即使它们的物质数量和以前相比没有变化。而且，如果房子被地震掀翻，确实没有物质意义上的破坏；但财富意义上的破坏却是实实在在的，因为人类的福祉受到了损害。同样，当财富分配非常不均时，一些人拥有的财富多到他们无法用来增进自己的福祉；而另一些人则缺乏健康、干净、有活力和有成效的家庭生活的物质条件。也就是说，此时的财富分配方式已不利于人类的福祉，如果富人少富一些，穷人少穷一些，财富的分配会比前一种情况更有利于人类福祉；即使砖块、房屋、衣服和其他物质的总数没有变化，真正的财富也将会大大增加，只要能够在不危及自由和社会秩序，不损害积极性、进取心和活力的源泉的前提下实现这种改变。我们没有充分的理由认为，人类的本性已经得到了足够的改善，摆脱了其原始的野蛮、自私和懒惰，可以朝着这个方向进行任何迅速而深远的运动，以至于仅仅通过单纯的物质财富再分配就能稳妥地实现实际财富的大幅增加。[2]

599 **劳工运动中的自助：工会、合作与利润分享。**马歇尔对于自助在减轻贫困方面的强调影响了他对各类工人运动的看法，从而进一步阐明了他对社会主义的穆勒式观点。像塞缪尔·斯迈尔斯（Samuel Smiles）一样（他的图书馆中有

[1] 参较约翰·萨维尔，工业薪酬会议导言，《报告》，第39–40页；关于韦伯夫妇和鲍桑葵夫妇之间的论争（分别代表费边社和慈善组织协会），见A.M. 麦克布莱尔，《爱德华七世时代的混合双打》。

[2]《纪念集》，第366页。

斯迈尔斯的作品），马歇尔把自助与性格的塑造与形成联系在一起，认为这是“真正的绅士”的标志，他在职业生涯的早期就致力于将工人阶级变成这样的人。这些真正的绅士的生活技艺包括勤劳和守时、节俭和礼貌，以及过健康和简单的生活，工人阶级可以通过自己的协会和自我修养来获得这些技艺。[1] 早期的工会运动，或 19 世纪 80 年代末被称为“旧工会主义”的运动，强调工人协会是“人类最崇高的品格的源泉”。豪厄尔[2] 等权威人士认为，工会具有在传统意义上的双重角色，既是自愿组织，又是“影响劳动条件”的组织。更正式地说，他把工会的主要目标描述为：

> （1）为他们的成员争取最好的劳动报酬，如提高工资、缩短工时、对就业条件实行某些限制，而这些只有工人联合才能实现；（2）在成员生病、发生事故、死亡、失业、因年老致残、在火灾中失去工具、移居国外等情况下，通过金钱援助为成员提供互相保障。

马歇尔在为皇家劳工委员会工作期间发现，他在《产业经济学》中将工会与旧行会相提并论时所称赞的工会品质正在消失，因为“新”工会主义者只关注这些目标中的第一个，而且常常是以马歇尔认为的反社会的方式。到 19 世纪 90 年代末，马歇尔越来越担心工会会失去其最初的“解放和启发人的能力”。他将此归咎于工会组织中越来越突出的“最卑鄙的人物”。这些人会破坏工会运动的无私努力，把它变成自私的阶级行动。[3] 马歇尔对“新”工会主义的立场的最清晰的阐述，是在 19 世纪 90 年代末，就工程师罢工（一场极其激烈和旷日持久的劳资纠纷）“私下”写给贝利奥尔学院院长的信中。马歇尔解释说，他对这场罢工的关注“达到了兴奋的程度”：

---

[1] 塞缪尔·斯迈尔斯，《自助与性格及行为解释》（*Self Help with Illustrations of Character and Conduct*），伦敦：约翰·默里出版社，1859 年；《节俭》（*Thrift*），伦敦：约翰·默里出版社，1875 年，最后两章分别叫作《品格——真正的绅士》和《生活的艺术》。关于马歇尔收藏的斯迈尔斯的书，见《目录》第 78 页。

[2] 乔治·豪厄尔，《资本与劳动的冲突》，伦敦：查图和温图斯出版社，1878 年，第 152–153、180 页。马歇尔在撰写《产业经济学》的工会章节时大量引用了这本书。

[3] 马歇尔致韦斯科特主教的信，1898 年 7 月 23 日，1901 年 1 月 23 日，载《纪念集》，第 384–385、396–397 页，他写道：“研究者对工会的正确态度应该是，把工会视为一种特殊的社团，在这种社团中，个人无私的善总是被阶级自私的恶所包围，而且容易被它侵犯。”

> 我非常喜欢8小时工作制，我完全是一个传统的工会主义者。为了工会主义，也为了整个劳工的利益，我希望雇主们能战胜现代工会主义的领袖们，让普通工人看到他们的新领导人所推行的政策既是徒劳无益的，又是自私自利的。曾使现代工会主义成为英国最伟大的光荣的那些久经考验的人，如今都被撇到了一边——有时是以非常残酷的形式。有一段时间，工程师们曾坚持温和和无私的路线。但最近，我认为他们利用自己的显赫声望损害了英国的利益。
>
> 在比利时、德国、波希米亚、匈牙利和日本，许多人正在学习操作机器，几年前，操作这些机器还需要很高的技术，但现在这些机器
> 600 已经得到了极大的改进，即使一个“农夫”也能出色地完成工作。这当然会催生出需要更高技能的新型机械工作：但英国现在还无法保留大量这样的工作。……
>
> 我们丝毫不担心A.S.E.（工程师联合会）会解散。没有人希望这样做，也不可能这样做。但是，除非A.S.E.真正地承认雇主有权让一个人或两个或更多的人去操作简单的机器，否则，我相信，英国工人阶级从伐木工和挑水工的地位上升到自然力量的主宰者的进程将受到持久的遏制。如果这些人赢了，而我是一个工程老板，我会不惜一切代价卖掉我的工程，移民到美国去。如果我是一个工人，我所希望的生活条件不会比我所了解的卡内基工厂现在的生活条件更好或更有希望（那里可能有一些我不知道的弊端，但我查询了一些关于它们的报道，并没有什么发现）。
>
> 当然，8小时工作制根本不是真正的问题。真正的问题在于英国是否可以自由地使用新的生产资源。[1]

马歇尔在随后的信中解释说，他之所以在这种情况下对工作做出严厉的批判，在很大程度上是因为他对英国的相对经济地位充满了忧虑，他认为，在过去的二十年里，相对于美国、中欧等地（如德国、波希米亚和匈牙利），甚至相对于亚洲国家（如日本），英国的经济地位一直在下滑。他认为造成这种衰落的一些原因是自然的、不可避免的，而另一些原因，如“在某些工会中，

[1] 马歇尔致贝利奥尔学院院长爱德华·凯尔德的信，1897年10月22日，载《纪念集》，第398–399页。马歇尔在一封写给陶西格的信中也有类似的内容，不过信件和日期都没有保存下来。

‘创造新的工作’的欲望占主导地位，而且其权力也在不断增强”，则被他视为“纯粹的邪恶……以及对国家福祉的威胁”。他详细阐述了这些长期的考虑导致他对英国工会主义的敌意日益增长，

> 我常说，工会对英国来说，比她的财富更荣耀。但我当时所想的是，工会中少数人想强迫其他人在一小时内尽可能少地工作，但没有被认同。最近，他们恐怕已经完全控制了工程师联合会。我希望不惜一切代价打倒这些人：能想象到的最沉重的代价就是彻底摧毁工会主义，但我认为这个代价不会太高。
>
> 如果瓦工工会在二十年前就被彻底摧毁，我相信瓦工现在也会过得一样富裕，甚至更有尊严，而且他们的房子也会比现在大 10% 到 20%。……
>
> 昨天（12 月 4 日）《泰晤士报》上辛克莱（Sinclair）先生的信在我看来触及了问题的根源。他说明了目前使英国相对落后的原因的一个方面——美国与欧洲大陆的区别。考虑到美国火车头的数量优势，3 个格拉斯哥人做了 1 个美国人的工作，这个比例是 3∶1。我认为（比方说）其中四分之一是我们的雇主造成的，一半归咎于新工会主义，剩下的四分之一根本什么原因也不是。我的意思是说，当一个人以一种悠闲的方式工作，而且工作时间相对较短时，他确实获得了一些收益，这些收益可以与他效率上的损失相抵消。
>
> 闲暇是好，只要善加利用。但费力不讨好的懒惰，如今已经深入许多英国政府工场和一些私人工场，在这样培养起的懒惰性格中，闲暇毫无用处。[1]

工会运动中那种塑造人格的无私精神（这正是他早年赞赏工会的原因）的丧失，再加上工会运动中的阶级自私性的抬头（这正是他极力反对的），导致他对这种作为社会进步动力的工人阶级组织越来越不抱有希望。这就是《经济学原理》后几版中关于工会作用的简短论述的要点，其中强调了工会的道德、

[1] 马歇尔致贝利奥尔学院院长爱德华·凯尔德，1897 年 12 月 5 日，载《纪念集》，第 400–401 页。

社会和经济作用。[1] 马歇尔后期对工会的失望之情，与其对经济的影响密切相
601 关。他担心英国会在新的 20 世纪与美国、德国，以及日本等亚洲国家的激烈竞争中落败，在给凯尔德的信中就谈到了这一点，不久之后，他在分析国际贸易的适当财政政策时也提到了这一点，[2] 这同样深深影响了他对工会活动的批评性立场。

无论如何，马歇尔对工会作为他所谓的社会进步手段的幻想日益破灭——基于工会在他一生中发生的实际演化和转变，可能加强了他的浪漫主义和理想主义倾向，即希望实现一种基于合作的未来乌托邦。[3] 马歇尔早期对合作运动的支持和参与已经在前面的各种语境中提到过，这也强化了他的社会主义思想中特有的穆勒式图景。在 19 世纪 80 年代和 90 年代，有关合作运动（尤其是其贸易方面）奇迹般地发展的数据不断涌现，这也助长了马歇尔的这种信念。[4] 比阿特丽斯·韦伯作为质询现场的目击者，敏锐地捕捉到了马歇尔这一方面的性格和信念。毕竟，她曾在马歇尔于 1889 年主持召开的合作社大会上目睹过他的行动，曾多次感受到他对自己研究的课题的反应，后来还至少在劳工委员会的会议上看到过他向合作社成员发问。[5] 1897 年 2 月 23 日，她在日

[1] *P* Ⅷ，第 702–710 页，其中大部分内容可以追溯到 *P* V，但在更早的版本中偶尔可以找到片段。关于马歇尔对工会观点的敏锐论述，其中广泛涉及这一主题，可见 R. 彼得里迪斯，《阿尔弗雷德·马歇尔对工会的态度与经济分析：一个竞争体系中的异常案例》，载《阿尔弗雷德·马歇尔评鉴》，第 3 卷，第 480–507 页；以及他的《〈经济学原理〉中的工会：马歇尔经济学中的伦理与实践》（'The Trade Unions in the Principles：the Ethical versus the Practical in Marshall's Economics'），载《应用经济学》，43（1），1990 年，第 161–186 页。

[2] *OP*，尤其是第 397–399 页。本章随后将结合马歇尔对帝国主义和战争的看法来讨论这方面的问题。另见 *IT*，特别是第 103、137 页和注释 1，第 620–621、639–642 页。

[3] 在马歇尔关于进步和理想的笔记中，这种倾向尤为明显，这些笔记大多写于他生命的最后几年。相关讨论见贝卡蒂尼，《阿尔弗雷德·马歇尔思想中的市场与共产主义》（'Market and Communism in the thought of Alfred Marshall'），载《政治经济史杂志》，9（2–3），1991 年，第 161–188 页，以及下文第 19 章，第 726–729 页。

[4] 例如，参见托马斯·麦凯的《工人的工资和储蓄》，第 139–142 页，他指出合作社的营业额在 1862 年至 1895 年增加了 24 倍，而在这几十年里，它的总利润达到了 7200 多万英镑。正如 A.M. 卡尔·桑德斯（A.M.Carr-Saunders）、P. 萨金特·弗洛伦斯（P. Sargent Florence）和 R. 皮尔斯（R.Peers）合著的《英国的消费者合作》（*Consumers' Co-operation in Great Britain*）所述，这一运动在 20 世纪最初的几十年里继续蓬勃发展，伦敦：艾伦和艾文出版社，1938 年。

[5] 参见上文第 11、13 章，第 364–365、456–457 页，以及第 14 章，第 517–519 页。关于马歇尔在合作方面收集的证据，例如 1892 年 3 月 15 日，他向 F.A. 摩尔的提问（皇家劳工委员会，《证据记录》，Cmnd 6795，1892 年，第 320 页）和他在 1892 年 10 月 27 日对布拉布鲁克先生的质询（《皇家劳工委员会第四次报告》，Cmnd 7063，1893 年，第 98–99 页）。

记中写道，

> 奔赴剑桥向纽纳姆和格顿的学生发表演讲——与马歇尔夫妇住在一起。马歇尔教授比以前更无足轻重了。……因为，人们和他交谈，当他为自己草率的概括而提出他那微不足道的限制条件时，人们真的会感到恼火，就像他为了反驳某种“流行”观念而作出与事实毫无关系的惊人断言一样恼火。……他过去常称自己为社会主义者。但是他所信奉的社会主义是对大工业的反抗，它包含了一个遥远的希望，那就是建立小型生产合作社，甚至是个体生产者的社会，从而摆脱大工业机器生产的官僚气息。……作为一名经济学家，马歇尔被迫接受了我们对旧合作主义理想的许多破坏性批评。作为一个理想的无政府主义者，他反对大机器的民主化，这并不是因为他反对民主（这是值得称赞的），而是因为他害怕和憎恨大机器，并充分认识到，如果有了民主的基础，大机器将得到极大加强。因此，他胆怯而又遗憾地在与民主的斗争中站到了纯粹反动派的一边。[1]

马歇尔在合作问题上的“理想的无政府主义”立场，在他后来的《产业与贸易》中讨论与合作有关的行会社会主义里清晰可见，但即使在那里，这些评论也带有实用的现实主义色彩。[2] 在对马歇尔关于合作的经济浪漫主义的描述中，所缺少的是合作机构之间以及与合作运动之外的企业之间的持续竞争的空间。近二十年后，比阿特丽斯·韦伯向爱德华·皮斯回顾了马歇尔合作思想中的这一穆勒式部分，从而在很大程度上弥补了她之前在描述马歇尔合作理想主义时的疏漏。在评论皮斯关于合作已取得成功的判断时，她说：“穆勒所提倡的那种特殊类型的合作是完全失败的。……我记得马歇尔告诉我，他的整个经
济思想都受到了穆勒对合作生产信念的影响，他仍然坚持这种信念，认为这是 602
我们应该努力实现的理想。”[3]

在他著名的《劳动阶级的未来》一章中，穆勒曾预言，合作生产是一种

---

[1]《比阿特丽斯·韦伯日记 1892–1905 年》，诺曼和珍妮·麦肯齐编辑，伦敦：维拉戈出版社，1983 年，第 109 页。

[2] *IT*，第 518–520、604–609、854–856 页。

[3]《西德尼·韦伯和比阿特丽斯·韦伯的书信》，诺曼·麦肯齐编辑，第 3 卷，第 62 页。

"如果人类继续进步……最终将占主导地位"的组织形式，这种形式高于利润分享中的工作伙伴关系，在利润分享中，资本家仍然是"首领；而劳动者在管理中没有发言权"。这些协会的自愿性以及它们"成功地与个体资本家"竞争的能力，是这种人类组织吸引穆勒的地方，因为它保留了个人自由和竞争，而在穆勒看来，竞争是"有用的、不可或缺的"，而"不是有害的"。在这样的条件下，"当然，假设两性平等地参与协会的权利和管理，（合作企业）将是最接近社会公正的方式，也是目前可预见的最有利于普遍利益的工业事务安排"。[1]

穆勒的合作愿景以更加平实的形式出现在马歇尔的《经济学原理》中。现实问题与理想主义的梦想交织在一起，毫不奇怪，男女平等在马歇尔的设想中被忽视了。**"许多人仍然满怀希望**，但在实践中却很少实现'理想的合作社形式'"，这是由于人性的弱点而失败的，因为雇员本身往往不是企业最好的主人和管理者。[2] 尽管到19世纪90年代中期，马歇尔仍然乐观地看到"真正的生产协会或合伙企业取得成功"的迹象，但现实主义在他的经济学著作中取得了胜利。马歇尔集中论述了这种成功更为直接的优点，即帮助工人开始自己的事业，从而攀登社会阶梯，或者建议在人性得到充分改善以解决理想合作的问题之前，将利润分享的部分合作形式作为更为现实的替代方案。他晚年仍在坚持最后一个方案，并给出了自己的建议。[3]

穆勒承认利润分享是迈向全面合作的步骤之一，福西特、布拉西，以及马歇尔的剑桥同事、偶尔的对手西德利·泰勒都主张利润分享是解决罢工害处的一种方法。从19世纪70年代开始，有越来越多的英国公司开始采纳利润分享的方法，虽然总数仍然不多。[4] 作为一个主题，利润分享在提交给工业报酬会

[1] J.S. 穆勒，《政治经济学原理》，第4篇第8章第5–7段，尤其是《全集》，第3卷，第775、783–784、794页；还可参较他的《论社会主义》各章，第105–106、126页。

[2] *P* Ⅷ，第305页，主要摘自第1版文本（重点为我所加）。

[3] *P* Ⅷ，第306页。马歇尔提到的"过去几年……更有希望的迹象"最开始出现在第3版。马歇尔晚年对进步、理想和乌托邦的反思在第19章（第725–730页）有所讨论，参见注释97中有关 *IT* 的页码，尤其是第854–856页。

[4] 见本页注释［1］中引用的穆勒的文献；亨利·福西特，《政治经济学手册》，第237–240页；托马斯·布拉西，《论工作与工资》，第253–260页；塞德利·泰勒，《利润分享》，伦敦：基根·保罗出版社，1884年，以及尼古拉斯·吉尔曼关于利润分享的权威著作（伦敦：麦克米伦出版社，1890年），收藏于马歇尔图书馆中（《目录》，第32页）。从19世纪70年代到1891年关于英国利润分享公司的表格显示，在19世纪70年代有5家这样的公司，在19世纪80年代有24家，在1890年和1891年至少有21家，参见亨利·G. 罗森（Henry G. Rawson），《利润分享先例》（*Profit-Sharing Precedents*），伦敦：史蒂文斯公司，1891年，第vii–ix页。

议[1]的论文中也占有相当重要的地位，因此，马歇尔没有忽视雇主和工人之间的这种合作形式也就不足为奇了。在 1889 年的合作社大会上，马歇尔称“雇员直接参与分享企业利润的运动是现代最重要、最有希望的事件之一，也是合作精神最好、最有价值的成果之一”。批发贸易协会向其成员和股东支付的红利与利润分享类似，为工人提供了“教育、机会和空间”，使他们不仅仅是企业的“工具”。[2]因此，马歇尔在《经济学原理》中相当详细地讨论了这个问题也就不足为奇了。他在文中将其描述为一种互惠互利的契约，在这种契约中，工人获得的不仅仅是工资，“公司会发现，劳资冲突的减少会带来物质和道德上的回报，员工更愿意去做一些可能对公司有很大好处的小事，企业能够 603
吸引能力和勤奋都超过平均水平的工人”。后来的一章指出，“事实上，几乎每家企业及其员工之间都存在某种损益共享，当这种共享没有在合同中明确体现的情况下，同一家企业工作的人之间的利益团结得到了真诚慷慨的认可，可以看作是真正兄弟感情的结果，这也许是分享的最高形式”。马歇尔补充说，协议的情况“并不常见”，或许是因为组织有效的利润分享协议存在困难。[3]他在另一处指出，[4]这些协议“如果管理得当，对所有相关方都有好处……但是要达成这些协议很难，要维持这些协议更难”。当他将利润分享视作“不过是向更高但更困难的真正意义上的合作迈出的一步”[5]时，马歇尔将这些形式的联合视为人类可完善性的先兆，因此这是一种遥远的理想，其中的乌托邦元素清楚地（尽管是含蓄地）表明了这一点。

自由贸易型的反帝国主义者。尽管马歇尔对帝国主义的看法与工人协会的议题相去甚远，但在评估他的政治观点的大背景下，还是适合讨论他在 19 世纪 90 年代和 20 世纪初对帝国主义的看法。与当时流行的政治和经济观点相反，马歇尔在这一时期表现出了反帝国主义者、反沙文主义者，以及科布登自由贸易意义上的世界主义者和国际主义者的一面。马歇尔对第一次世界大战的

---

[1] 塞德利·泰勒，《补救措施在多大程度上影响了工人阶级的福利？》，以及爱德华·D. 格林，《利润分享与合作生产》，工业报酬会议，《报告》，第 251–304、304–311 页。

[2] 阿尔弗雷德·马歇尔，《合作》，载《纪念集》，第 252–253 页。

[3] *P* Ⅷ，第 306–307、626–627 页（第 1 版到第 4 版做了一些小修订）。

[4] 阿尔弗雷德·马歇尔，《公平的工资率》，载《纪念集》，第 219 页。这些困难可能激发了马歇尔对作为农产品共享形式的分益农耕法的浓厚兴趣［有关讨论见克劳迪奥·切奇（Claudio Cecchi），《土地所有权和〈经济学原理〉中的经济进步》（‘Land Tenure and Economic Progress in the Principles’），载《政治经济史杂志》，10（1），1992 年，第 585–599 页］。

[5] *P* Ⅷ，第 627 页，这句话首次出现在 *P* Ⅱ，另可见 *IT*，第 856 页。

看法将在下文讨论；[1]他对1895年委内瑞拉危机、1899–1902年布尔战争和帝国联盟问题的看法将作为其政治观点的一部分加以讨论。还记得吗，最后一个话题经常使他打破在课堂上不讲政治的原则，[2]并使他在1903年为巴尔福政府准备财政政策论文时，扮演了一个明确的政治角色。[3]

马歇尔的第一次公开的“反沙文主义”行动发生在1895年委内瑞拉危机的背景下。英属圭亚那和委内瑞拉之间的边界争端引发了美国总统克利夫兰的干预，后者根据1823年的门罗主义提出仲裁。新当选的保守党首相索尔兹伯里拒绝了。作为回应，克利夫兰于12月17日任命一个国会委员会调查此事，如有必要，美国将通过武装干预来强制执行双方委员会的调查结果。英国内阁此时退却了，接受了上个月所拒绝的仲裁。此事在英国引发了强烈的反美情绪。英国投资者抛售美国债券，造成了财政困难，这也是争端引发敌意的一个明显迹象，尽管两国在情感和语言上是一致的。作为一个“有幸接触美国思想和生活中的光明面”的人，马歇尔认为他有责任在这个问题上说点什么。因此，他请《泰晤士报》的读者站在美国人的立场上，从美国人的角度来看待这个问题。虽然他承认克利夫兰总统提出的仲裁“并不总是能得到正确的结果”，而且克利夫兰给索尔兹伯里的电文也缺乏礼貌，但他坚持认为，英国的行为也是不友好的，“此事对我们的政策来说并不重要，但他们（美国人）认为这对他们的政策来说是有害的。……（因此）他们在道义上有权用武力抵抗
604 我们”。鉴于当时高涨的反美情绪，马歇尔的行动既勇敢又有原则，表明了他对当时日益流行的口号“我爱国，无论对错！”的不满。[4]

两年后，马歇尔写给凯尔德的一封信（本章已就工程师罢工问题引用过这封信）表明，他的“反沙文主义”可能存在一个未在《泰晤士报》的信中披露的经济原因。马歇尔以埃及与法国在尼罗河上游的危机为例，指出“在外交事务上越来越咄咄逼人”是在模仿别的国家，但“对我们自己的好处微乎其微”，这将导致“（我们的）陆军和海军的开支不断增加”。在英国经济增长领先于世界的情况下，这是可以承受的，而在英国生产相对衰退的情况下，这无疑会带

[1] 参见下文，第17章，第640–641、647–648页。

[2] 例如，上文第10章，第313、315页。

[3] 参见上文，第11章，第378、381–382、389页。

[4] 马歇尔致《泰晤士报》编辑的信，1895年12月23日；争议的背景可见艾利·哈列维（Elie Halévy）的《英国人民的历史：后记（1）帝国主义》（*History of the English People*：*Epilogue*（*1*）*Imperialism*），伦敦：鹈鹕出版社，1939年，第76–77页。

来灾难。[1]

正如几年后的布尔战争所证明的那样，英国在军事上毫无准备（尽管本世纪末在苏丹以廉价技术赢得了胜利），这意味着“如果我们挑起战争，我们就必须做好战争的准备——简单地说，就是在不久之后，在和平时期，为我们的陆军和海军花费 1 亿英镑”。收到该信的韦斯科特主教没有对这一费用提出异议；他只是抗议说，作为一个爱好和平的人，他认为布尔战争是不可避免的，而不是像马歇尔暗示的那样，是英国挑起的。[2] 马歇尔为确保英国军事准备而预估的 1 亿英镑，可以与 1900 年英国国防开支达到 6960 万英镑这一事实联系起来。当时，布尔战争已经进行了一年，而 19 世纪 90 年代和平时期的正常国防开支平均为每年 3500 万英镑。尽管《经济学原理》对战争支出只字未提，马歇尔似乎也没有公开谈论过这个问题，但之前引用的他写给海伦·鲍桑葵的信表明，他更愿意把花在南非战争上的钱（估计花费了 1.5 亿英镑以上）用于城市规划以及他所钟爱的花园城市项目。[3] 对这一阶段的马歇尔来说，战争意味着这些本该得到更好利用的资源遭到了浪费。

然而，马歇尔对布尔战争的反对远不止于此。约翰·内维尔·凯恩斯的日记中记载了 1899 年 12 月“在马歇尔家”的一次晚宴，其中记录了马歇尔的晚餐谈话，“他是我所知道的最令人恼火的谈话者。你说什么他都不同意，争论不休，教条得让人发疯。他是布尔人的支持者，一直在含沙射影地试图把我们引向关于这个问题的争论，但没有成功”。[4] 几个月后，荷兰经济学家、时任荷兰首相皮尔逊（N.G.Pierson）在来信中提到了这个话题，并得到了马歇尔的长篇回复。皮尔逊告诉了马歇尔荷兰人对“可怕的南非战争”的关注，然后询问马歇尔“对此事……感受，尽管我并不认为您非常同情张伯伦先生的政策”。皮尔逊对战争的目的提出了质疑，并询问为什么不能放过德兰士瓦共和国和奥兰治自由邦这两个布尔人的小共和国，他还在信的最后预言战争不会很快结

[1] 马歇尔致凯尔德的信，1897 年 12 月 5 日，载《纪念集》，第 401 页。关于埃及与法国的争端以及当时在尼罗河上游的外交争端，见哈列维的《英国人民的历史：后记（1）帝国主义》，第 66–69 页。

[2] 马歇尔致韦斯科特主教的信，1901 年 1 月 20 日，载《纪念集》，第 394 页；韦斯科特主教致马歇尔的信，1901 年 1 月 22 日，载《纪念集》，第 396 页。

[3] 马歇尔致海伦·鲍桑葵的信，1902 年 10 月 2 日（上文第 594 页引述过）；南非战争的费用估计来自 B.R. 米切尔，《英国历史统计摘要》，第 398 页。关于马歇尔对花园城市运动的支持，见上文第 13 章，第 452–453 页。

[4] JNKD，1899 年 12 月 11 日；出席晚宴的宾客包括庇古、牛津大学经济学家约翰·卡特和赖尔一家（the Ryles）。

束，因为“布尔人在被彻底消灭之前永远不会屈服”。[1]

605 马歇尔的回答既直率又详尽。马歇尔讲述了两名支持布尔人的学生在近期剑桥学生会的投票中取得的成功，其中一人“获最高票……这是学生所能获得的最高荣誉”，随后他描绘了一幅他所认为的更普遍的英国民意图景。

> 英国人虽然有缺点，但他们从不对可敬的对手表现出敌意。他们对反德雷福斯派（anti-Dreyfusites）大发雷霆，但对马尔尚（Marchand）少校却有着最热烈的钦佩和喜爱。至于克鲁格（Krüger）和克朗杰（Cronje），他们的感情是复杂的：对他们的精力、能力、才智和勇气表示钦佩的同时，也对是否能永远信任他们的真诚抱有一定的怀疑。但朱伯特（Joubert）的名誉从未受到质疑：在他去世时，很少有英国将军能受到他那样的礼遇。[2]

有了这些铺垫，马歇尔谈起了自己对“这场悲惨战争”的看法。他承认自己并不真正了解布尔人的情况，并坚信“欧洲大陆的报纸不了解英国的情况”。随后他表示，英国现在已经准备好不惜人力、物力将这场战争进行到底，直到赢来痛苦的结局。这种战争决心“不是沙文主义的杰作；他们使战争不可避免，但是大多数反沙文主义者和沙文主义者一样，都有将战争进行到底的决心”。接下来，马歇尔准备表明自己的立场，

> 我本人是一个不折不扣的反沙文主义者，一个几乎不惜一切代价追求和平的人。张伯伦是唯一一个我完全不信任的统一党公众人物。除了

[1] * N.G. 皮尔逊致阿尔弗雷德·马歇尔的信，1900 年 4 月 3 日，载《纪念集》，第 410 页；皮尔逊在 1897 年至 1901 年担任荷兰首相，同时兼任财政部长一职（1891 年至 1894 年）。作为首相，皮尔逊在布尔战争期间与布尔人的共和国保持谨慎和疏远的关系，这对他的政治声望造成了巨大打击。

[2] * 马歇尔致 N.G. 皮尔逊的信，1900 年 4 月 6 日（马歇尔档案，1：32），部分转载于《纪念集》，第 411–412 页。在 1898 年法国和英国就尼罗河上游问题发生外交摩擦的法绍达事件中，让·马尔尚将军（1863–1934）发挥了重要作用；德雷福斯是当时在法国总参谋部任职的唯一一位犹太人，1895 年，德雷福斯因被指控为德国间谍而被定罪，德雷福斯的支持者试图为其平反，而反德雷福斯派提出反对意见。这件事震惊了法国长达十年之久，揭露了当时法国严重的反犹主义。保罗·克鲁格（1825–1904）是布尔人的政治领袖和德兰士瓦的总统，皮特·克朗杰将军（1835–1911）于 1900 年 2 月在帕德贝格向英国将军罗伯茨勋爵投降；朱伯特将军（1834–1900）是布尔军队总司令，于 1900 年初去世。

> 拿破仑，我相信自诺斯勋爵以来，英国真正的荣光还从未遇到过如此危险的敌人。当他还是一个激进分子时，比起蔑视他的对手，他更喜欢辱骂他的同僚。现在，他又忙着贬低他的新同事，蔑视他的老朋友。他似乎渴求权力，但却乐于让他的敌人暂时暴跳如雷，然后再解释说他的意思不是这样的。在导致战争的谈判中，再也找不到比他更不像英国人的人了。我从不相信他所说的任何对外地人（Uitlanders）的不满，我也从不认为这些不满可以证明他和米尔纳所采取的路径是正确的。[1]

马歇尔随后解释说，最后这番话并不意味着他同意皮尔逊关于外地人问题 606
的观点。一旦布尔人对外地人（两个布尔共和国中的英国定居者）实施了侮辱行为，甚至南非的“黑人”都开始觉得这是英国懦弱的表现，那这些事件就必须得到纠正。此外，布尔人日益增强的军事实力和丰富的矿产资源意味着，为了保护纳塔尔和开普的领土，英国必须在这些殖民地维持一支 10 万人的常备军，而立即发动战争是可以避免这一昂贵的政策的。马歇尔总结道，

> 我不否认，这些布尔人的武器主要来自邪恶而愚蠢的突袭，以及同样邪恶而愚蠢的英国沙文主义者，尤其是张伯伦的纵容。但自我保护是各国的第一法则。……所以，尽管我是一个反沙文主义者，但我认为战争必须继续下去，直到纳塔尔和开普免受布尔人军备的威胁。除这个条件之外，如果对外地人的不满也能得到解决，许多英国人，也是大多数英国人，当然还有我，明天就会以布尔人希望的任何条件达成和平。[2]

[1] ¶ 马歇尔致皮尔逊的信，1900 年 4 月 6 日，约瑟夫·张伯伦（1836–1914）是当时索尔兹伯里（保守党）政府的殖民大臣；马歇尔非常讨厌他，1886 年，张伯伦因地方自治问题与自由党决裂，并于 1903 年因关税改革辞去内阁职务，这也造成了保守党的严重分裂。参较 D.H. 麦格雷戈，《马歇尔和他的书》，第 115 页，引用了马歇尔的一次演讲，以及注释 109 中的第 10 章。诺斯勋爵是导致 18 世纪美国独立战争，以及美国脱离英国的主要责任者。将张伯伦与诺斯相提并论，更不必说还提到了拿破仑，这是典型的马歇尔式夸大。

[2] * 马歇尔致皮尔逊的信，1900 年 4 月 6 日。马歇尔提到的突袭是 1895 年 12 月的贾米森突袭，以塞西尔·罗兹（Cecil Rhodes）的一家矿业公司组织的一支小型私人军队（警察部队）的领导人命名。这支军队在那天入侵德兰士瓦，目的是将其置于英国的保护之下。作为一个坚定的帝国主义者，张伯伦积极支持这次袭击。由于布尔人的军事力量和德国在欧洲理事会的强大外交支持，这次突袭没有成功。参见艾利·哈列维的《英国人民的历史：后记（1）帝国主义》，第 55–59 页和第 2 章，其中简要描述了布尔战争及其对英国社会的影响。参见 F.W. 皮蒂克 – 劳伦斯，《命运是仁慈的》，第 34 页，记录了马歇尔在贾米森突袭后不久的一次演讲，他声称“张伯伦是国家的负资产，估价数亿英镑！”

马歇尔关于自我保护是各国第一法则的言论也解释了他对帝国联盟及其相关关税改革的大部分立场。他撰写的《国际贸易的财政政策备忘录》已经对这一点进行了大量讨论，这也是他与休因斯（以及间接与张伯伦）在该问题上意见不一致的主要原因。[1] 马歇尔在1903年为政府准备的关于该主题的原始备忘录，以一大段关于优惠关税待遇的内容开始，帝国联盟在一定程度上也基于这些内容。他还广泛讨论了这一举措的其他优势。分担预期中日益增长的帝国防御成本是一个马歇尔会相当同情的理由。越来越多的人认识到，英国相对经济实力下降的影响之一是她作为世界强国的地位下降，除非她与新世界（加拿大、澳大利亚、新西兰和南非）形成更有组织的联盟，这是建立帝国联盟的另一个原因，尤其是英国在世纪之交在欧洲没有主要盟友的情形下。尽管人们普遍认为帝国联盟在政治上是不切实际的，但帝国联盟的想法还是时不时地出现，常常被当作危机时期的灵丹妙药，比如英国被欧洲孤立时（这种孤立感在19世纪90年代末尤其强烈），以及20世纪初经济衰退的情形下，试图分担日益增长的国防费用的时候。[2]

607 马歇尔的备忘录的发表版本在帝国优惠和帝国联盟上的观点与1903年的版本相同。[3] 自由贸易可以降低英国工资产品的价格，从而降低工业成本，这比帝国联盟更有利于维护英国在世界上的领导地位（第408–412页）。此外，殖民地的经济利益已经如此之大，英国从它们之中获得的好处要远大于从一个正式联盟中获得的利益。殖民地的工业化愿景（他们建议提高对外关税，而“不降低对英国商品的关税”来给予帝国优惠）被置于“帝国统一的崇高理想”前面（第418页）。因此，英国的收益将局限于她已经从殖民地进口的廉价食品中获得的收益，尽管廉价食品进口的潜力会因为限制英国获得非帝国供应而减少。在这种情况下，备忘录的最后对印度提出了特别请求，因为“印度很穷，……印度对英国的商业政策一直以来是慷慨的”（第420页）。

---

[1] 参见上文，第11章，特别是第386–387页。马歇尔还在1904年1月12日的一封信中批评了佩蒂克－劳伦斯的观点（见《纪念集》，第453–454页）。

[2] 财政问题备忘录，财政部文件14949，1903年8月29日（公共档案局，TI/9990/FB/14949），第1部分，特别是第5–8、20–21页。最后几页直接讨论了帝国各部分之间建立更紧密联系的问题，其中得出的结论是，支持建立真正帝国联盟的人将政治考虑置于经济考虑之上。关于英国主要经济学家对帝国联盟的普遍反应，可见J.C. 伍德，《英国经济学家与帝国》（*British Economists and the Empire*），伦敦：克鲁姆赫尔姆出版社，1983年。

[3] *OP*，第365–420页，本段后续内容的括号内页码均来自这一文本。关于马歇尔后来对帝国联盟的看法，见*IT*，第104–105、159–161页。

最后一点可以让我们简单谈谈马歇尔对英国在印度统治的立场。虽然他为了准备在牛津大学的教学工作，对印度问题进行了详细研究，并拥有大量印度学生，[1] 但除了 19 世纪 80 年代和 90 年代的货币调查中提供的证据外，他对印度问题的研究成果甚少。他和他的一些印度学生之间的通信被保存了下来，在一些通信中，他被要求提供关于技术的建议。[2] 更广泛地说，它将印度的经济发展问题与他早在 1870 年就提到过的习俗和种姓问题联系起来。[3] 他认为，印度人应该更多地专注于技术和工业进步，掌握创业技能，而不是“仅仅在政治和法庭上发表演讲”或泛泛而谈。1909 年 1 月 29 日，他在给马诺哈尔·拉尔（Manohar Làl）的一封信中简明扼要地表达了这一点。

> 但我认为，在受过教育的印度人愿意像西方受过教育的人那样处理事情之前，任何手段都无法使印度成为一个繁荣国家。在我看来，拿笔记账比在高档工程车间工作更有尊严的这种观念，似乎是印度经济困难的根源。[4]

根据这些证据，似乎可以得出这样的结论：马歇尔不是一个坚定的帝国主义者。他倾向于反对战争，除非万不得已。虽然马歇尔也有自己的爱国情怀，认为维护国家是政治生活的重要原则，但他会同意潘塔莱奥尼在给塞利格曼的信中关于沙文主义的言论。这封信批评沙文主义是对自由制度的冒犯，并认为帝国主义，包括意大利在阿比西尼亚迟到的且不成功的尝试，根本没有付出代价。[5] 尽管马歇尔总体上反对战争，但他并不是和平主义者。他关于南非

---

[1] * 马歇尔并不总是张开双臂欢迎有色人种学生。1894 年 10 月 16 日，他在给福克斯韦尔的信中写道：“到目前为止，我班上黑人面孔所占的比例前所未有的高，当然没有日本人，但也有几个非洲人和印度人。我似乎从未走进过他们的内心：如果我用‘纯粹的经验主义’方法，我会怀疑他们是否有其他问题。但我那颗微弱的心是由信念和先验推理支撑着的。”（弗里曼收藏，1/127）在此可以注意到，马歇尔以相当温和的方式赞同当代对包括犹太人在内的“弱势种族”的态度，其中一些可以在《经济学原理》中看到（例如，*P* Ⅷ，第 761、769 页）；更普遍的是在第 243–246、248–249 页；以及 *IT*，第 104 页及注释，第 357、582 页。

[2] 马歇尔致芬利·谢拉斯（Finlay Shirras）的信，1910 年 7 月 6 日，载《纪念集》，第 470–471 页。

[3] 阿尔弗雷德·马歇尔，*HME*，例如第 11–14 页。

[4] 马歇尔致马诺哈尔·拉尔的信，1909 年 1 月 28 日，载《纪念集》，第 457 页；参较他给 B. 慕克吉（Mukherjee）的信，1910 年 10 月 22 日，同上，第 471–473 页。

[5] 参见潘塔莱奥尼致塞利格曼的信，1900 年 8 月 1 日，塞利格曼通信 IV，载《政治学季刊》，56（4），1941 年 12 月，第 595 页。1896 年 3 月 13 日，马歇尔在给塞利格曼的一封信的附言中对“可怜的意大利”表示同情，因为她在争取阿比西尼亚殖民地的过程中被击败。

问题的信件清楚地揭示了这一点。他对高昂的战争费用深表遗憾，并认为战争
608 耗费的资源用于改善国内状况会更好。然而，他承认，当战争不可避免时，必须为国防寻找大量资源。马歇尔坚信自由贸易是英国最好的经济政策，即使在这个不可避免的相对衰退时期也是如此，这意味着殖民地和帝国对他来说并不重要。殖民地为英国提供了移民、投资和贸易方面的机会，但迟早会像美国在18世纪所做的那样，走上自己的道路。唯一的例外是印度。他相信英国在统一印度方面取得了很多成就，例如改善交通和通信，还有英国统治所产生的秩序和善政。[1]简而言之，马歇尔在这些问题上的立场本质上是科布登式的自由贸易者的立场，并根据条件变化而有所修改，他的立场与当代自由主义的国际主义者是一致的，与支持社会主义的国际主义者的观点几乎没有什么关系。

社会主义还是经济骑士？

马歇尔作为剑桥大学政治经济学教授发表的最后一篇论文含蓄地回答了这个问题。在许多方面，他用经济骑士精神替代了社会主义，同时试图在社会主义阵营中保留一席之地。毕竟，他可以坦然地把自己和“当代几乎所有的经济学家”归为一类，这类人相信，“促进人民生活的社会改善……由国家来做比个人努力更好”，在这个意义上，他们都可以被归类为社会主义者。然而，马歇尔认为国家的作用相当有限。他在关于经济骑士精神的演讲以及同时代的作品中提出，国家应通过预算发挥再分配的重要作用，马歇尔不仅完全赞同这一观点，而且在其有生之年所看到的该体系下收入税和资本税的大幅提高，也加强了这一观点。另一方面，马歇尔在生产方面几乎没有向国家让步。不过也有例外情况，比如考虑道德因素大于经济因素的时候（因此私人企业就不能令人满意地完成任务）或与规模经济相关的自然垄断领域。在马歇尔的社会主义构想中，这一穆勒式的二分法是他毕生所坚持的。[2]

---

[1] * 参较上文引述的关于印度的评论，第607页；参见*IT*，第23–25、162页；参较J.C.伍德，《英国经济学家与帝国》，第120–121页。不过，1905年5月18日，在给塞利格曼的一封信中，马歇尔在回答有关印度的问题时承认，他对该国的现状知之甚少，并向他推荐了一些曾在印度公务员系统中任职的学生（塞利格曼文件，哥伦比亚大学）。

[2] 马歇尔，《经济骑士精神的社会可能性》，第334页，另见上文第596页。哈考特在1895年提出遗产累进税时曾说过一句名言“我们现在都是社会主义者”，这表明他同样支持这种再分配意义上的社会主义（或上文定义的小写的社会主义，第571–572页）。

在最后一篇文章中，他特别阐述了个人主动性和企业生产的一般情况。正如庇古在三十年后就社会主义与资本主义进行辩论时指出的那样，马歇尔反对社会主义是因为他认为，“不断的发明和丰富的资源”对社会进步至关重要，私人企业是最佳选择，因为官僚体系厌恶必要的风险。马歇尔在晚年承认，股份公司会阻碍资本主义企业的这种创造性；庇古补充说，如果马歇尔能活着看到政府控制的研究像飞机制造业那样快速发展，他可能会改变对国家生产的看 609
法。[1] 此外，与穆勒的观点一致，马歇尔从未认为人性已经改善到足以解决社会主义制度的激励问题。他在皇家劳工委员会对证人（如韦伯和海因德曼）的质询表明，他认为，在鼓励积累和一般风险投资方面，情况就是如此，而他对利润分享和合作的支持，在很大程度上是因为这种工作将有利于培养无私奉献的行为。他在生命最后几年的著作（包括《经济学原理》的最终版本）中再次表明，除了像震教徒这样的宗教小团体的孤立案例外，人性中必要的改善并没有发生。马歇尔赞同财富和收入的不平等程度越低越好，不过，他认为商人应该受到非金钱激励的刺激，即用荣誉和声望来代替更常见、更有力的行为动机（金钱），也就是说，他们应该具备经济骑士精神。

这种对商人行为的浪漫期望，加上他对人类最终完美性的高度信心，给他的计划增添了一种矛盾的乌托邦气息，使其类似于傅立叶和圣西门等社会主义者的“狂想曲”，两人是马歇尔在年轻时钦佩过的人，因为他们给了他改善人类生活的希望。20 世纪 20 年代初的一个片段凸显了马歇尔进步思想中现实和幻想之间的冲突：“马尔萨斯的错误在于过多地强调自然的卑劣，而忽视了人类的可完善性。我们必须避免他的错误，但也不能陷入其对立面。”[2]

正是在这个意义上，马歇尔的社会主义倾向，被穆勒关于这一主题的章节所加强，并一直延续到他生命的最后一刻。他愿意有条件地接受社会主义组织作为一种更理想的社会形式，前提是能够证明这种组织不会对**经济**造成损害。然而，他所有的经济学研究都表明，社会进步在很大程度上依赖于竞争、个体主动性和私人资本的力量；事实上，这样的依赖是如此大，以至于很难在生产中进行大规模的社会主义实验。经验表明，对收入和资本征收累进税的不利后果被夸大了，就像“院外救济”的不利后果被夸大一样，马歇尔在他倡导的

---

[1] A.C. 庇古，《社会主义与资本主义》(*Socialism versus Capitalism*)，伦敦：麦克米伦出版社，1937 年，第 79–86 页，其中引用了马歇尔《经济骑士精神的社会可能性》的第 338–339 页。

[2]《关于经济进步的书：最后一章——产业和贸易的可能未来》[马歇尔档案，红箱 1（5）]。

“再分配社会主义”措施中采取了越来越进步的财政立场。这与旧的哲学激进派的立场（为了适应环境变化而变化）没有太大的不同，或者说，这与他在牛津挑战亨利·乔治时所赞扬的托利党慈善家，或者 19 世纪 90 年代的小写社会主义者的立场也无太大区别。一般来说，这不是政治工党所采取的立场，更不必说马歇尔本人在各种场合或在一般经济学研究中接触的那些更激进的社会主义者了。

马歇尔的政治观

马歇尔的政治立场能说得更清楚吗？作为一名成年男性，在半个多世纪的
610 时间里，他有资格在多次大选中投票。从 19 世纪 60 年代末开始，他的文学硕士身份和大学成员资格也让他有权投票选举剑桥大学的席位，后来，作为拥有房产的成年人，他可以在所居住的选区投票——主要是在剑桥，不过在 1880 年大选中是在布里斯托。[1] 似乎可以肯定的是，他的原则是绝不正式加入任何政党。然而，正如前一章所述，在 19 世纪 70 年代早期，他积极参加了自由改革俱乐部，在这个俱乐部里，学术经济学家兼政治家福西特是一位重要人物。考虑到他当时在剑桥乡村组织工会的政治活动，我们似乎可以有把握地猜测，作为大学研究员，如果马歇尔有机会在剑桥大学的投票箱里投票，他会支持激进的自由主义改革事业。[2]

变幻莫测的自由主义政治，被一些评论家描述为英国政治的名副其实的高潮时期，[3] 这在很大程度上与马歇尔作为选民的一生相吻合。在这些年里，自由党曾五次执政：1868 年至 1874 年；1880 年至 1885 年；1886 年的几个月里，该党因地方自治而分裂（党内一个持不同政见的派别形成了自由统一党）；1892 年至 1895 年；从 1906 年到 1915 年，阿斯奎思组织了一个由所有主要政党组成的国民政府，以加强英国的军事实力。这些年来各种各样的自由主义观点似乎让马歇尔的政治观点发生了一些转变，特别是在 19 世纪 80 年代和 90

[1] 马歇尔致福克斯韦尔的信，1880 年 4 月 20 日（弗里曼收藏，9/232），他在信中评论了托利党在布里斯托竞选失败后的酸楚，以及这对他代表布里斯托大学开展筹款活动的影响。

[2] 参见上文，第 6 章，第 113 页。

[3] 迈克尔·本特利（Michael Bentley），《自由政治的高潮——1868–1918 年英国自由主义的理论与实践》（*The Climax of Liberal Politics. British Liberalism in Theory and Practice 1868-1918*），伦敦：爱德华·阿诺德出版社，尤其是第 1 章。

年代。然而，在留存下来的信件中，几乎没有直接证据显示他立场的转变，甚至连他的总体政治立场也没有得到体现。布尔战争期间，他与荷兰经济学家和自由主义政治家皮尔逊的通信表明，马歇尔对索尔兹伯里和巴尔福政府中当时被称为保守统一党的政治家，即使算不上钦佩，也是普遍认可的。但其中有一个例外，那就是张伯伦，马歇尔厌恶这位政治家的民粹主义、毫无原则和不忠不义，以及最终背叛自由贸易原则的企图。[1] 在这种背景下可以注意到，马歇尔对皇家劳工委员会的参与通常与保守统一党统治时期有关。尤其是，他受邀加入皇家劳工委员会，以及 1903 年受内阁要求编写一份关于国际贸易财政政策的机密备忘录。当然，这两次邀请也可能只是巧合，因为巴尔福与剑桥大学乃至更广泛的道德科学领域都有着联系。一封早期写给福克斯韦尔的信，写信日期正是自由党在爱尔兰地方自治问题上发生分裂的时候，或许代表了马歇尔在政党政治观点上最明确的立场："我想我受了大自然的诅咒。我本人是一个复本位制论者，一个支持地方自治的人，但在许多问题上，我违背自己的信仰支持了单本位制以及自由统一党。"[2]

将这句话与本章阐述的马歇尔的政治偏好结合起来看，马歇尔的立场可以概括为对古典自由主义信条的持续坚持，因为这些信条在他的成长岁月中一直存在。他从未背离过它们。第一个信条就是自由（liberty），马歇尔更爱称其为"freedom"，正如他向韦斯科特主教解释的那样，对他来说，这就是生命（life）的同义词。[3] 早期至少有三个因素造成了马歇尔对自由的热爱：他在 19 世纪 70 年代研究了德·托克维尔的作品，并在他关于美国的演讲中引用了托克维尔的作品；黑格尔关于自由及由此带来的公民义务的看法仍然是他经济学 611
著作的坚定底色；还有经济学家穆勒，正如他向福克斯韦尔承认的那样，他尤其喜爱穆勒，因为"即使我与他不同，他似乎也能比其他经济学家更能启发我的思想"。[4] 第二个信条是国家主义，即热爱自己国家的权利。马歇尔对地方自治事业的支持，对布尔人的同情，以及后来在第一次世界大战期间对德国的同情，对意大利试图殖民阿比西尼亚却遭受重创的同情，还有最重要的，他那势不可挡的英国特质，都表明他深受古典自由主义这一方面的影响，尽管其中

[1] 参见上文第 605–606 页引述的给皮尔逊的信；马歇尔致卢霍·布伦塔诺的信，1903 年 9 月 29 日。

[2] 阿尔弗雷德·马歇尔致福克斯韦尔的信，1885 年 1 月 27 日（弗里曼收藏，23/104）。

[3] 马歇尔致韦斯科特主教的信，1901 年 1 月 20 日，载《纪念集》，第 394 页。

[4] 马歇尔致福克斯韦尔的信，1897 年 4 月 14 日（马歇尔档案，1：56）。

夹杂着白人至上的种族主义信仰。最后一个同样很重要的原则是自由贸易，这一原则压垮了帝国联盟的梦想，对马歇尔来说，这是英国即使在经济衰退中也绝不应该轻易放弃的原则。他的自由主义理念与他对竞争重要性的强调有关，尽管这是一种有限的竞争。[1]

有了这些信念，很容易理解为什么他永远不会成为一个大写的社会主义者，或者一个更传统意义上的社会主义者。这些自由主义信条只是作为人类可完善的潜力和人类性格改善的可能性的标志时，才被看作是可接受的社会主义理想。除此之外，社会主义原则往往与马歇尔的经济和政治原则相冲突，尤其是在生产而非再分配方面。马歇尔毕生的经济研究一部分基于穆勒的提议，即通过试验来测试社会主义的困难可以克服到什么地步，这也向他揭示了社会主义时代尚未到来。作为物质进步的创造者，资本主义的主动性还没有真正的替代品，而更普遍地说，人类的动机，由于其倾向于自私而不是骑士精神，仍然在很大程度上依赖于金钱激励。只有更高层次的成功商人可能会受到荣誉体系和个人声望的道德影响而继续努力。从某种意义上说，社会主义以国家援助取代品格塑造上的自助，从而破坏了种族的活力，[2]马歇尔对社会主义的终极批判建立在人类的弱点上，但由于这些人性因素和动机推动了他的经济论点，在他对社会进步的解释中，经济学永远无法与人性因素分开，因此他的社会主义倾向是他社会进步观念的重要组成部分。

因此，马歇尔的政治观仍然是自由主义的政治观，随着自由主义对社会主义恐惧的增强或减弱，在社会主义周围升腾跌宕。与后来梅纳德·凯恩斯[3]的情况一样，阶级和自身倾向都不允许马歇尔跨越自由主义政治与社会主义工党之间的鸿沟，无论他的观点多么革命或激进。

[1] * 1901 年 1 月 20 日，阿尔弗雷德·马歇尔致韦斯科特主教的信（载《纪念集》，第 394 页），马歇尔在信中批评莫里斯和金斯利等基督教社会主义者攻击“普遍竞争，却没有意识到他们正在以这种方式反对自由，因而反对生命本身”。

[2] ¶ 1894 年 6 月 6 日，马歇尔致本杰明·基德的信（CUL，Add 8069/M251）：“我真诚地同意你的观点，即社会主义的真正危险在于它倾向于破坏变化和选择的建设性力量，为了人类的永久利益，我们不能通过扼杀活力源泉的方式来减少痛苦。”

[3] J.M. 凯恩斯，《我是自由主义者吗？》（‘Am I Liberal?’），载凯恩斯的《劝说集》（*Essays in Persuasion*），伦敦：鲁伯特·哈特·戴维斯出版社（Rupert Hart Davis），1951 年，第 213–238 页。

第 17 章　退休的圣人 618

1908 年 5 月 20 日，马歇尔向经济学委员会辞去了政治经济学教授一职，此时他还不到 66 岁。马歇尔在 66 岁这年的学年末退休，这与当时大学所规定的教授退休年龄无关，这完全是他自愿的选择。他之所以这么做，是因为他希望能有更多的时间从事写作，而不因教授的职责分心。从 1906 年起，马歇尔还兼任经济学委员会的主席。他在二十年前承诺的《经济学原理》第 2 卷，迟迟没有进展，他希望能在年老体弱和疾病缠身之前尽快完成这件事。尽管健康问题是阻碍马歇尔工作的一个因素，但并非马歇尔决定退休的原因，只能说是一个顾虑。十三年前，马歇尔在给哈佛大学校长艾略特的信中说，他的消化问题拖慢了第 2 卷的创作进展，因为他常常需要必要的休息才能集中精力，

> 我的健康问题没有直接影响我的工作。我不怎么去看医生，我只要在饭后休息一小时，不说话也不看报纸，我就会非常健康。但这样一来，我工作的时间就大大减少了，我还得把精力花在那些不太重要的工作上。如果我的消化系统没问题，第 2 卷就能顺利完成了……[1]

不管是不是为了加快写作速度，退休这件事已经在他心里盘算一段时间了。1901 年 1 月 8 日，他在一封写给凯恩斯、标有“保密”字样的信中说：

---

[1] 马歇尔致哈佛大学艾略特校长的信，1895 年 9 月 3 日（马歇尔档案，3：315）；艾略特邀请马歇尔担任哈佛大学客座教授，但马歇尔拒绝了。

“如果退休后还有足够多的收入的话，我就会退休。但我做不到。如果退休了，除去我房子的租金和麦克米伦出版社的各种支票，我每年只有 150 英镑左右的收入。”[1]这意味着自 1883 年他们在牛津时以来，马歇尔夫妇的财务状况几乎没有改善，他们每年从投资收入中获得 150 英镑。这并非不可能，因为在此期间，英国国债的实际收益率一直在下降。这两项以及产生（估算的）房屋成本，已经由玛丽·佩利支付过了。[2]鉴于当时《经济学原理》销量不佳，麦克米伦公司支付的支票数额也不会很大。[3]因此，相比于马
619 歇尔在 1883 年估算的单身研究员所必需的 300 英镑年收入，他在退休后的年收入将远远低于这一水平。[4]马歇尔显然不是勤俭节约的人。不过，在前几年，马歇尔可能为妹妹梅布尔的髋部疾病支付了一笔不小的治疗费用，同时他还在支付一位政治经济学教师的工资。[5]到了 1908 年，这种财务问题显然已不再是马歇尔夫妇的主要压力。更重要的原因是，必须加快第 2 卷的写作速度了，因为与 1895 年相比，第 2 卷在 1908 年初几乎没有什么进展。

4 月 21 日，《剑桥大学报》宣布由于马歇尔教授的辞职，政治经济学教授一职将空缺出来；它在 5 月 1 日宣布，教授职位的选举日期定在 5 月 30 日的星期六。尽管这一时间公布得比较晚，但早在 1907 年 10 月 4 日，副校长就已经知道了马歇尔打算退休的事，这大概是遵循了提前一学年通知此类行动的惯例。他给出的理由让人更加相信，他是为了完成拖延已久的著作才迈出了这一步。值得注意的是，他还说，“早该为年轻人腾出位置了”，这句话被认为是证

[1] * 马歇尔致约翰·内维尔·凯恩斯的信，1901 年 1 月 8 日（马歇尔档案，1：22）。在这种情况下，马歇尔辞去教职的原因本与寻求更多的写作时间无关；这与福克斯韦尔当时的财务状况有关，当时福克斯韦尔不得不出售自己的图书馆，并寻找比剑桥讲师职位更赚钱的工作，或许是去伯明翰大学当教授。马歇尔不想在这个阶段失去福克斯韦尔，他知道，如果他辞职的话，唯一能留住福克斯韦尔的职位就是他自己的教授职位。下文第 18 章第 675–676 页将进一步讨论马歇尔对福克斯韦尔财务状况的担忧；并将在第 624–626 页讨论，当这一职位在 1908 年空缺时，马歇尔对福克斯韦尔的支持程度。

[2] 上文第 8 章，第 231、238–239、241–243 页。

[3] 上文第 12 章，第 435 页。

[4] 上文第 16 章，第 590 页和注释 *。不过，退休时圣约翰学院可能恢复了他的一些酬金，这些是担任教授时没有的收入。

[5] 上文第 2 章，第 40 页和注释 [2]，第 15 章，第 550–551 页。

实了他想让庇古接替他的职位。[1]

虽然根据约翰·内维尔·凯恩斯的记录，[2] 在正式公布选举日期之前，马歇尔一直在考虑继任者的问题，但与马歇尔退休直接相关的一些官方事宜值得在此记录。在副校长宣布马歇尔退休计划后的第一次会议上，经济学委员会通过了以下决议，传达了其成员对于该委员会的实际创始人，事实上和名义上无可争议的领袖的感激之情：

> 得知马歇尔教授辞去他为我校带来如此多荣誉和利益的教授一职，我们谨代表委员会深表遗憾，我们感谢他作为委员会主席所提供的服务，感谢他多年来对剑桥经济学系的慷慨支持，经济学系将永远铭记他的贡献。[3]

马歇尔在 5 月 30 日回复了这一珍贵的决议，这一天也是继任者当选的日子，而决议中提到的他曾慷慨给予的物质资助，也在几天后得到了更进一步的印证。马歇尔的感谢信保存在经济学委员会的会议记录中，值得在此全文引用，因为它反映了马歇尔在这一重要时刻的感情：

> 我刚刚收到您（A.W. 沃德）寄给我的这份最仁慈、最慷慨的决 620
> 议，我对经济学与政治学特别委员致以最深切、最衷心的感谢。如果不是其他人慷慨无私地与我合作，我对剑桥经济学发展所贡献的微薄之力是不可能有什么效果的。我获得的报酬一直很丰厚。其他人则因为真理和剑桥福利而工作，很少或根本没有物质回报，在我看来，这

[1] *《剑桥大学报》，1908 年 4 月 22 日，第 787 页；1908 年 5 月 5 日，第 835 页；马歇尔致副校长的信，1907 年 10 月 4 日（剑桥大学档案），引自 T.W. 琼斯，《任命庇古为马歇尔的继任者：硬币的另一面》，*AMCA*，IV，第 305 页和注释 125。《剑桥大学报》（1908 年 2 月 25 日，第 615–616 页）上一则更好地授予名誉教授头衔的建议，可能推迟了相关消息的发布。马歇尔直到 1918 年才获得这一头衔（《剑桥大学报》，1918 年 10 月 25 日）。在 1908 年，教授职位一旦空缺，选举往往会很快进行。早在 1907 年（1 月 31 日），马歇尔就向麦克米伦表达了退休的意愿。

[2] JNKD，1908 年 4 月 30 日。这证实了马歇尔对其继任者问题的担忧，以及他对庇古的青睐，下文第 625–626 页将对此进一步讨论。

[3] A.W. 沃德致马歇尔的信，1908 年 5 月 21 日，当时他是经济学委员会的执行主席（剑桥大学档案，Min.V.114，1908 年 5 月 20 日会议纪要），原件保存在马歇尔档案（1：107）。沃德曾是委员会的第一任主席，也曾担任历史学委员会的主席。历史学委员会曾首次公开提议设立单独的经济学和政治学学位，并在学校层面协助了这一计划，可见上文第 15 章所述。

一直是骑士精神的最高形式之一。

请允许我向您表示感谢。您在理事会极力推动我们的事业；您对委员会，特别是对我本人提供了宝贵的指导和建议，正因为有了这些建议，经济学荣誉学位得以顺利诞生，并茁壮成长，我期盼且坚信，它一定会拥有辉煌的未来。

在我有生之年，我都将怀着愉快和感激的心情，铭记委员会全体成员对我的厚爱，以及您本人对我的无限关爱。[1]

马歇尔决定退休之后的另一件官方事宜是，他准备作为政治经济学教授做最后一次演讲。讲座日期就放在经济学委员会为马歇尔的长期付出致以感谢的第二天。据 D.H. 麦格雷戈所说，参加这次讲座的人相当少："我们大概有二十多人，包括所谓的'马厩里的马驹'、他以前的一些高年级学生，还有一些本科生。"[2] 其中一位本科生林达·格里尔保留了这次讲座的笔记，不久之后，她就在那一年的经济学荣誉考试中名列前茅，讲座中，马歇尔试图"把一直在研究的东西归纳到一起"。虽然这可能只是与他当年教授的应用经济学有关，但她所保留的讲座内容表明，马歇尔充分意识到这一时刻的历史意义，并借此机会回顾了他毕生工作的精髓。按照陈述顺序，马歇尔讨论了测量问题；集聚问题；方法论问题，包括经济学中进步的概念；消费者剩余的应用问题，并以弹性快速变化的需求曲线为例进行了说明，最后，他预测这种分析技术将比他和他的听众更长寿。接着，他谈到了社会主义和韦伯夫妇为政府行动开出的药方，进而谈到了《工厂法案》；还提及马蒂诺小姐在经济学上的失败；竞争在本质上的重要性；垄断问题，特别是英国的铁路合并和德国对铁路的态度；缺乏民主的德国；国际比较的有限用处；最后谈到了过去一段时间发生的，集体主义者、社会主义者和无政府主义者令人困惑的各种运动。演讲的最后以一个附带意见为结束，称集体主义者是"世界上唯一真正的无政府主义者"，并声称能够反驳马歇尔的"主要命题——'维持世界秩序的唯一手段是通过竞争来确定标准'的办法是，人们一致同意'不考虑竞争力量'来确定工

[1] 马歇尔致沃德的信，1908 年 5 月 21 日（剑桥大学档案，Min.V.114，1908 年 5 月 20 日会议纪要）。

[2] D.H. 麦格雷戈，《阿尔弗雷德·马歇尔和他的书》，*AMCA*，II，第 115 页；那时，麦格雷戈即将结束他在剑桥大学的教学，不久之后，他将前往利兹大学担任教授。当时正在为马歇尔画肖像的威廉·罗森斯坦不太可能参加这次讲座（见下文，第 629 页）。

资”。林达·格里尔记录了马歇尔的结束语，从中尤其可以看出他在这一时刻的感受：

> 把工作、自我牺牲以及随之而来的喜悦摆在我们面前。如果我们不去寻求，它自然会到来。每个男人和女人都必须经历一些自我否定。男人和女人都各有各的作用。运动是危险的，当人们聚在一起变得满腔热血时，最好存有一些反思。
>
> 牛津在运动，而剑桥在培养人才。二十四年前，我发表了就职演说（引用了原文）。在我离开办公室时，我心满意足，因为有一种方
> 法正在凸显，即爱国胜于爱党，有时爱党胜于爱己，但爱真理甚于 621
> 爱国家。[1]

林达·格里尔记录道，约翰·内维尔·凯恩斯也许是以经济学委员会秘书的身份，也许是作为当时在场的年纪最大的马歇尔学生，发表了一个简短的讲话，阿尔弗雷德·马歇尔随后致谢。凯恩斯本人在日记中写道：“在马歇尔最后一次教授演讲上，我在最后说了几句话，可能说得很糟糕。”[2] 庇古无疑是马歇尔的马厩里最杰出的“马驹”之一，当他在马歇尔去世后撰写纪念演讲的最后几段时，他大概想到了马歇尔最后一次演讲及其结论，他引用了马歇尔的就职演说，并强调了他对真理的热爱胜过党派和其他一切。[3] 那个马厩里的其他“小马驹”并没有出席这位驯马师的最后一次讲座，经济学荣誉考试的其他教师，如洛斯·狄金森、W.E. 约翰逊、克拉彭、费伊、梅雷迪思、奥尔斯顿（Alston）、贝尼恩斯、伍德和格林等也没有提到这次讲座，他们本可以出席的。梅纳德·凯恩斯在印度办事处短暂任职后，很快又重新加入剑桥大学的

---

[1] 引自丽塔·麦克威廉斯－塔尔伯格，《马歇尔的最后演讲：1908 年 5 月 21 日》，第 614–615 页；其中还详细介绍了林达·格里尔的学生生活和随后的职业生涯。引文很可能来自马歇尔就职演说的最后一段，原因见本页注释［3］。

[2] JNKD，1908 年 5 月 21 日。文中暗示凯恩斯是马歇尔学生中年龄最大的，这意味着福克斯韦尔、坎宁安和詹姆斯·沃德没有出席讲座。

[3] 庇古的文章《纪念马歇尔》于 1924 年 10 月 21 日在剑桥发表，以纪念马歇尔于同年 7 月逝世，可见《纪念集》，第 89–90 页；马歇尔就职演说的最后一段（同上，第 174 页），很可能就是马歇尔在最后一次演讲中引用的话。关于马歇尔将庇古列入他的“剑桥马厩”，可见马歇尔致查普曼的信，1904 年 10 月 29 日，载《纪念集》，第 456 页，马厩里还有鲍利、佩西克－劳伦斯和查普曼本人。

教师队伍，但他也不在场。[1]

在继任者当选后的一周内，马歇尔告知经济学委员会的秘书，他要进行一些捐赠。经济学委员会一直保存着他所捐赠的书。他还为这些书购买了书架，作为这份礼物的一部分。如何监督这些书按时归还是一个难题，直到委员会正式任命了一名保管人，这个问题才得以解决。1909 年 1 月 27 日，委员会任命梅纳德·凯恩斯担任这一职位，[2] 他也因此与马歇尔有了一些书信往来。在凯恩斯被任命为马歇尔图书馆馆长的一个月后，他收到了马歇尔的来信："如果要为我放在 L.L.R.5 的这些书贴上专门的标签，肯定不值当。我从来没想过，也不支持这种做法。不过，现在看来，附上标签似乎是一种解决办法。"[3]

一年后，在他的继任者当选教席的一周年纪念日，马歇尔就梅纳德·凯恩斯为他捐赠的书编排目录一事向他表示感谢，称其"非常出色"，"必将大有裨益"。他在信中继续说："我有很多书，主要是历史类的，都是同类书中的好书，但我很少使用。如果您那里还有空间的话，不用等到我去世，我就可以把这些书给您。不劳您回复了。"[4]

到了 7 月，他已经启程前往欧洲度假，并安全抵达他心爱的南蒂罗尔的安佩索塔尔，住了下来。退休后的烦恼终于了结了，他也就更加享受这个假期。毫无疑问，曾经最棘手的问题就是继任者的选举。为了让他偏爱的候选人获得成功，继续发扬他的传统，马歇尔牺牲了他与昔日学生、长久以来共事的研究员福克斯韦尔之间最深厚的友谊。他很可能没有完全预料到，这是他为影响继任者人选而采取的行动的必然结果。

[1] 佩西克 – 劳伦斯、查普曼的回忆录，还有洛斯·狄金森和莱顿的传记都没有提到凯恩斯，随后贝尼恩斯、克拉彭和其他老师的回忆中也没有提到他。梅纳德·凯恩斯的缺席或许可以从他的文集（第 15 卷，第 13–15 页）中推测出来，马歇尔早在 1908 年 4 月 30 日就与他联系过，商讨由他本人或他可能的继任者出资开设经济学讲座的可能性；如果凯恩斯出席的话，他的父亲无疑会在日记中记录的。

[2] 剑桥大学档案（Min.V.114），1908 年 6 月 2 日，1909 年 1 月 27 日。

[3] 马歇尔致梅纳德·凯恩斯的信，1909 年 2 月 26 日（凯恩斯文件，L/M/41）。标签上写着"政治经济学教授（1885–1908 年）阿尔弗雷德·马歇尔赠送"。

[4] 马歇尔致梅纳德·凯恩斯的信，1909 年 5 月 30 日（凯恩斯文件，L/M/41）。马歇尔图书馆的建立将在下文第 20 章第 750–751 页讨论。

摆脱“友谊的束缚”：马歇尔在庇古当选经济学教授中起到的作用[1] 622

马歇尔正式退休后不久，就开展了政治经济学教席继任者的选举。选举小组的成员包括：剑桥大学副校长、圣约翰学院院长罗伯茨担任主席；八名被提名的小组成员有 A.J. 巴尔福（曾担任首相的杰出校友）、J.N. 凯恩斯、V.H. 斯坦顿、J.E. 索利、R.H. 英格利斯・帕尔格雷夫、J.S. 尼科尔森，伦纳德・考特尼和埃奇沃思。除最后一位外，其他选举人都是很久以前就选好的。在福西特于 1884 年去世时，斯坦顿、帕尔格雷夫和考特尼三人就曾担任选举人。埃奇沃思是唯一一位新的选举人，事实上，直到 1908 年 1 月 22 日，由马歇尔担任主席的经济学委员会才决定任命他。据说，选举教授的投票结果非常胶着，因此这一任命就显得至关重要。这也是马歇尔很早就开始为选择继任者而布局的一个迹象，因为该任命是在他正式向副校长宣布辞职之后，但在公布这一决定之前作出的。[2]

到 5 月 30 日举行选举时，共有四位候选人：阿什利、坎南、福克斯韦尔和庇古。这样一个声望显赫的职位，候选人却如此之少，很难不让人惊讶。看来，马歇尔也曾劝阻过一些人不要参加竞选。这次选举的十年后，他写信给自己曾经的学生、曾任剑桥大学讲师的沃尔特・莱顿说，

> 查普曼也想参加教授竞选。我没有在他与庇古之间如何选择表明态度，但我敦促他去竞选，他也决定这样做。但不久之后，他来信说，曼彻斯特大学决定把他的工资提高到 700 英镑，所以他会留在曼彻斯特大学，应该不会来参加剑桥职位的选举了。[3]

在这一事后回忆中，最关键的一点是马歇尔不愿承诺支持查普曼，而查普

[1] 关于这个问题的详细讨论，见 A.W. 科茨，《政治经济学和关税改革》，第 225–228 页；罗纳德・科斯，《任命庇古为马歇尔的接班人：评论》，A.W. 科茨，《任命庇古为马歇尔的接班人：评论》，均载于 *AMCA*，IV，第 222–244 页；还可参见 T.W. 琼斯，《任命庇古为马歇尔的接班人：硬币的另一面》，同上，第 302–311 页。

[2]《剑桥大学报》，1908 年 4 月 24 日，第 800 页；剑桥大学档案（Min.V.114），1908 年 1 月 22 日。

[3] JNKD，1908 年 5 月 30 日，列出了四位候选人；马歇尔致沃尔特・莱顿的信，1919 年 1 月 13 日，莱顿文件，三一学院，莱顿 2^{37}。在他的《英国经济学家的回忆和笔记》第 15 页中，普莱斯回忆说，阿什利曾告诉他，“在某种意义上，他是受到马歇尔的激励而成为候选人的，或者说，他没有被劝阻放弃这一职位”。

曼当时被其他人看作是马歇尔最看好的候选人。因此，经过深思熟虑，查普曼很可能只是把马歇尔的劝告当作一种纯粹官方的说辞，他以曼彻斯特大学为借口不参加竞选也是一种正常反应，不过他可能也以竞选为策略从现雇主那里获得了更高的报酬。

马歇尔也对选举人进行了游说。凯恩斯的日记记录了两次这样的场合。第一次发生在 4 月 30 日，也就是副校长正式宣布马歇尔退休，因而这一教席即将空缺的前一天。“有人就政治经济学教授职位的选举问题询问了马歇尔。马歇尔对庇古的评价很高，并非常希望他能够当选。显然，他并不希望福克斯韦尔当选。如果我不是选举人该多好。”5 月 27 日，也就是选举前三天，马歇尔
623 再次做了类似表态。5 月 29 日，他派埃奇沃思前往凯恩斯家，劝说在场的三位选举人——帕尔格雷夫、尼科尔森和凯恩斯——“探讨一下明天的选举”。凯恩斯记录道：“我们推测他（埃奇沃思）是马歇尔派来的。尼科尔森认为马歇尔对福克斯韦尔十分不公平，他感到很恼火。”[1]

马歇尔是否试图以这种方式说服其他选举人不得而知。选举期间，埃奇沃思住在贝利奥尔庄园，他在这件事上肯定会听从马歇尔的意见，他在其他事上也是如此，要说服他支持庇古也不需要花什么力气。[2] 考特尼当然是马歇尔的老朋友，也是圣约翰学院的同事，同样也是皇家劳工委员会的成员。从 1918 年考特尼去世后的一封信中可以推测，马歇尔实际上可能积极游说过他支持庇古。[3] 索利和斯坦顿是评选委员会的成员，但他们不是经济学家，福克斯韦尔猜测，甚至不需要游说，他们就会把票投给庇古。福克斯韦尔的猜测很可能是对的。索利曾是马歇尔的学生，而且在他接替西季威克的教席担任奈特布里奇道德哲学教授时，曾得到马歇尔的支持，在经济学委员会成立之初，他曾是该委员会的成员，很可能那时候就见过庇古和福克斯韦尔。斯坦顿与马歇尔同一年参加剑桥大学数学荣誉考试，并获得第 20 名，他也是三一学院的资深研究

[1] JNKD，1908 年 4 月 30 日、1908 年 5 月 27 日、1908 年 5 月 19 日。

[2] * 回想一下，在马歇尔的怂恿下，作为《经济学杂志》编辑的埃奇沃思曾拒绝刊发瓦尔拉斯的一篇文章，更普遍的是，他常常写信寻求马歇尔的建议，以至于连马歇尔都懒得回复他的信件（上文，第 13 章，第 478–479、467 页）。

[3] ¶ 马歇尔在给考特尼遗孀的信中写道，考特尼“在我迷失方向、需要他卓越的敏锐判断力帮我作出裁决时，对我特别友好、特别有帮助”（马歇尔致考特尼夫人的信，1918 年 5 月 13 日，英国政治学和经济学图书馆，考特尼藏书［R（S）R 1003 Ⅷ 15（5）］。这封信可能是感谢考特尼对马歇尔的多次支持，比如说，在马歇尔为建立经济学学位奔走的时期。

员，他与马歇尔很早就相识，而且关系很好，马歇尔在 1877 年申请布里斯托大学学院校长一职时请他写了一封推荐信。这样，选举人中只剩下副校长罗伯茨和巴尔福了。

福克斯韦尔对副校长在这次选举中的立场毫不怀疑，尤其是在担任圣约翰学院院长期间，他对马歇尔极为反感。选举结束后，福克斯韦尔写信给克拉拉·科利特说，

> 这次选举，从道义上看，人们都认为我会当选。麦格雷戈估计会是压倒性的 15 比 1。我不知道马歇尔，就像后来一位选举人告诉我的那样，我不知道马歇尔正在想尽一切办法阻止我当选，并搜集一切他认为可能对我不利的东西。……副校长为我竭尽全力。
>
> 考特尼、埃奇沃思、索利和斯坦顿投了反对票，尼科尔森、帕尔格雷夫和凯恩斯支持我。巴尔福没有出席，理由是这似乎与政治有关：一个政党领导人说出这种理由真是奇怪。如果他来了并投了我，不论马歇尔怎么反对，我还是会当选，因为副校长会给我 6 张决定票，如果他有这么多的话。[1]

巴尔福作为未到场的选举人所扮演的角色也值得关注。作为一个老剑桥人和道德科学专业的老朋友，巴尔福显然陷入了两难境地。雪上加霜的是，马歇尔曾在 1903 年就国际财政政策问题向他的政府提供建议，而现在这些问题又重新困扰着他。作为首相的阿斯奎思和作为财政大臣的劳埃德·乔治，在下议 624
院就财政法案和相关事宜进行的辩论中，引用了马歇尔的备忘录（这份备忘录是巴尔福的财政大臣在 1903 年向马歇尔征询的），这场辩论从 1908 年 5 月 26 日开始，一直持续到 6 月 1 日和 2 日，几乎与剑桥教授的选举同时进行。这可能是巴尔福放弃出席选举的原因，尤其是剑桥教授选举的主要人物在 1903 年关于财政问题的公开辩论中表现突出。无论如何，巴尔福写信给休因斯，说他已请求副校长原谅他不参加这次选举。副校长在回信中要求巴尔福就三

---

[1] 福克斯韦尔致克拉拉·科利特的信，1908 年 6 月 6 日，转载自 A.W. 科茨的《任命庇古》，第 239–240 页。这封信的部分内容转载于她的日记（华威大学图书馆，现代记录中心，MSS 29/8/1，第 122–123 页）；福克斯韦尔致费伊的信，1908 年 3 月 28 日和 5 月 12 日（马歇尔档案，1：14–15），福克斯韦尔的当选基本是确定的。

位候选人发表一些私人意见，巴尔福表示愿意，并写信询问休因斯的意见。休因斯的回复没有评论坎南，也许是因为坎南是他在牛津和伦敦经济学院的亲密伙伴。不过，休因斯对其他三位候选人的评价很高："庇古可能会成为一名伟大的经济学家。……阿什利是三人中最具实力、最称职的。……福克斯韦尔将是一张安全牌，选他大家都认可。"[1] 鉴于巴尔福以谨慎的政治家著称，休因斯的建议可能会被他过滤成对福克斯韦尔的支持，很可能是副校长把从巴尔福那里得到的消息转告了福克斯韦尔。[2]

星期六，庇古当选。毫无疑问，马歇尔如愿以偿，备感欣慰。当晚，他在贝利奥尔庄园举行了一场庆祝晚宴，似乎邀请了那些没有立即返程的选举人。凯恩斯的日记是这一事件的资料来源，日记中显示他和尼科尔森都在场，帕尔格雷夫直到第二天才离开剑桥，这说明帕尔格雷夫也是晚宴的宾客。埃奇沃思选举期间都在贝利奥尔庄园，因此他也应该在场。除了尼科尔森说"马歇尔整晚都没跟他说话"之外，凯恩斯对当晚的谈话内容只字未提。第二天，凯恩斯记录道，尼科尔森"非常反感马歇尔的伎俩，我也不觉得马歇尔能脱得了关系"。[3] 在写给克拉拉·科利特的信中，福克斯韦尔对尼科尔森的行为并不讳言，他说尼克尔森周日来了，"在我的花园里踱来踱去，辱骂了马歇尔两小时"。显而易见，尼科尔森投给了福克斯韦尔，而不是庇古。[4] 凯恩斯的评论表明，他很可能也是这样做的。作为福克斯韦尔的朋友，帕尔格雷夫也没有理由喜欢马歇尔，因为马歇尔对他的《政治经济学辞典》（*Dictionary of Political*

---

[1] A.W. 科茨，《政治经济学和关税改革》，第 227–228 页，其中转载了 5 月 28 日巴尔福与休因斯往来的相关信件；《英国议会议事录》（*Hansard*），下议院辩论，1908 年 5 月 26 日，6 月 1、2 日，另见上文，第 11 章，第 385 页，这些议会辩论与 1908 年出版的马歇尔 1903 年的备忘录有关。

[2] 如果福克斯韦尔对副校长的态度像他写给克拉拉·科利特的信中所说的那样友好，那么情况很可能就是这样，尤其是如果巴尔福用典型的政客眼光去看待休因斯的建议，那么他很可能会选择一个安全的候选人。

[3] JNKD，1908 年 5 月 30 日和 31 日。

[4] * 福克斯韦尔致克拉拉·科利特的信，1908 年 6 月 6 日，A.W. 科茨，《任命庇古》，第 240 页。福克斯韦尔继续报道了大学对庇古当选的反应："昨天，大学理事会的一名成员告诉奥利弗（他的妻子），大学里的人都'愤愤不平'。坎宁安的管家对我的仆人说，他从来没有见过坎宁安如此心烦意乱、义愤填膺。坎宁安在昨天的布道中提到了这件事。……一位理事会成员写信给我说，'这次选举将是剑桥经济学灾难的开端，就像埃奇沃思让牛津陷入灾难一样'。"福克斯韦尔所说的剑桥对庇古任命的普遍不满，得到了普莱斯的印证，见下文第 630 页。

Economy）计划反应冷淡。[1]

马歇尔对庇古的成功当选非常满意，那个星期六中午他就在副校长的门口提前获知了结果，在马歇尔去世后不久，这些戏剧性事件的意外见证者梅纳德·凯恩斯在他的马歇尔回忆录中说，剑桥大学毕业生罗德里克·克拉克告诉他："我最后一次见到马歇尔是在庇古当选的那个下午。我当时在剑桥过周末，周六下午去拜访了他，他来到大厅和我说，为不能见我而道歉，因为选举后他要和选举委员会的成员一起喝茶——我永远也忘不了，当他告诉我庇古当选时，他的脸上是多么的喜悦！"[2] 625

对于庇古当选这件事，唯一不确定的是马歇尔何时开始放弃福克斯韦尔，转而支持他年轻的学生。尽管福克斯韦尔在 1903 年财政争议中扮演的角色，常被描绘成马歇尔转而支持庇古的决定性因素，但从证据来看，包括从马歇尔与福克斯韦尔长期以来的亲密友谊来看，这种说法不那么令人信服。[3] 正如本章前面所指出的，1901 年，虽然福克斯韦尔不情愿，但庇古还是被任命为经济学讲师，此时，马歇尔仍然可以将福克斯韦尔当作继任者，他声称，为了让福克斯韦尔留在剑桥，他随时可以辞职。只有到了 1906 年，根据韦伯关于日期的模棱两可的说法，马歇尔才似乎坚定地将庇古看作他的继任者。没有理由怀疑韦伯在给阿什利的信中（在他与庇古的竞争失败后不久）所说的话，即韦伯"几年前偶然得知马歇尔有意让庇古接替他的职位"，因此他对"马歇尔似乎动用了一切力量来阻止你们（阿什利和福克斯韦尔）"这件事，并不感到惊讶。[4]

猜测韦伯说的"几年前"可能是 1905 年或 1906 年，这两年是新学位非常重要的形成时期。到那个阶段，马歇尔已经能够判断福克斯韦尔和庇古在推进经济学专业方面的相对优势，在这种比较中，年轻的庇古显得更强大，更有能力。记得在 1906 年初，马歇尔曾与福克斯韦尔就他的课是否适合荣誉学生

---

[1] * 因此，我完全不相信琼斯的推测（《任命庇古为马歇尔的继任者》，第 308 页），即 J.N. 凯恩斯可能投给了庇古，因为任命庇古更有利于他儿子在国王学院和剑桥大学的职业前景。对帕尔格雷夫投了谁更是推测性的，不过，福克斯韦尔对选举人投票情况的掌握，由于是其中一位选举人（这个人几乎可以肯定是尼科尔森）亲口告诉他的，所以看起来是确认无误的。当时任命委员会的投票不是匿名的，但投票情况肯定是要保密的。

[2] 罗德里克·克拉克致凯恩斯的信，1924 年 12 月 1 日（KMF）。

[3] A.W. 科茨，《政治经济学与关税改革》，第 228 页；参较奥黛丽·福克斯韦尔，《赫伯特·萨默顿·福克斯韦尔传》，剑桥：哈佛大学出版社，1939 年，第 9 页；马歇尔与福克斯韦尔的长期友谊将在下一章中进行更详细的探讨。

[4] 西德尼·韦伯致阿什利（未注明日期）的信，载 A.W. 科茨，《政治经济学与关税改革》，第 228 页注释 37。

发生过争吵，这是马歇尔第一次如此激烈地争论。鉴于当时是准备 1906–1907 年教学大纲的时候，我们还应该记得，当时马歇尔对庇古的教学非常有信心，还委托他在 1906–1907 年上比较难的高级经济学，从而减轻了马歇尔异常沉重的教学负担。[1] 对新荣誉学位的未来的考虑，似乎是马歇尔选择庇古的一个更贴切的解释，因为长久以来，马歇尔与福克斯韦尔在许多问题，包括自由贸易问题上，都存在学术分歧。

其他一些情况也佐证了这种解释。马歇尔在给副校长的辞职信中提到，希
626 望由一个年轻人接替他的职位。这就排除了福克斯韦尔当选的机会。其次，他在 1908 年 4 月写给梅纳德·凯恩斯的信中暗示，担任这一讲席的条件是，继任者必须愿意自掏腰包为一个经济学讲师席位支付 100 英镑的薪水，考虑到福克斯韦尔的家庭负担，以及大手大脚买书的奢侈行为，不可能轻易做到这一点。[2] 庇古作为一个单身汉，支付这笔钱并不困难，事实上，他在成为教授之前就已经在支付了。[3] 正如马歇尔在感谢经济学委员会的退休决议的信中所提醒的那样，由于新学位的教学在很大程度上依赖于这种自愿奉献，福克斯韦尔的当选可能会严重影响新学位的教学资源。[4] 第三种情况出现在 5 月 31 日，也就是大选之后，马歇尔在写给福克斯韦尔的信中提到选举人扮演“受托人”的角色。这只能是指代表经济学教学的受托人，根据这一理由，他们选择庇古是情有可原的，因为这对推进刚刚诞生的经济学教学的新安排是最有利的。马歇尔向福克斯韦尔解释他希望“庇古当选”的原因是，他认为庇古“很快就会向世人展现他的非凡才能”。[5]

马歇尔信的其余部分则是请求继续保持他们之间的友谊。他说，尽管他们之间存在诸多意见分歧，但俩人已经是老朋友了。他还感谢了福克斯韦尔的

---

[1] 详见上文第 13 章，第 472–473 页，第 15 章，第 552 页。

[2] 见下文，第 18 章，第 675–676 页。

[3] 见上文，第 15 章，第 556 页。

[4] * 马歇尔致梅纳德·凯恩斯的信，1908 年 4 月 3 日，载《约翰·梅纳德·凯恩斯文集》，第 15 卷，第 13 页。从马歇尔的角度来看，任命庇古在人员安排上也会更有效率，因为这样，庇古就可以腾出吉德勒讲师的职位给另一位教师，而福克斯韦尔在圣约翰学院的讲师职位则不太可能由经济学荣誉学位的讲师来填补。

[5] ¶ 马歇尔致福克斯韦尔的信，1908 年 5 月 31 日（马歇尔档案，3：546）。马歇尔用“希望他当选”取代了“为他当选而行动”，后一句被划掉了，这表明他对自己的行为感到良心不安。事实证明，马歇尔至少在一个方面错估了庇古对经济学荣誉考试管理上的看法：庇古讨厌行政管理工作（参见下文第 20 章，第 755 页）。另见第 441 页，注释 125。

支持，尽管福克斯韦尔也对有关问题持保留意见，但他还是常常毫不吝啬地支持马歇尔。然而，马歇尔信中的虚伪还是显而易见的，尤其是他虚伪地写道：

> 关于这件事，我的消息不多。昨天 12 点到 2 点之间的选举过程是绝对保密的。但我听说，每个人，即使是最热烈支持庇古的人，都为你任劳任怨的长期工作未能获得应有的回报而感到痛心。
>
> 不必立刻回复我，我知道你一定很痛苦。[1]

一天之后福克斯韦尔才给马歇尔回信，回信中福克斯韦尔表现的尊严与马歇尔的虚伪形成了鲜明对比。他说“自己长期的工作和服务”以及对剑桥的忠诚因一个年轻人而被忽视，他感到十分痛苦，尽管那个人可能的确很有能力。福克斯韦尔声称，自己并不怨恨庇古，[2] 虽然他更希望被阿什利或坎 627
南这样经验丰富的候选人击败。他对此的解释是，“他的失败”可能会妨碍他在伦敦的教学工作，同时也使他无法继续在剑桥任教，因为“一群专家如此公开地给我贴上了无能的标签”。最尖刻的话是对他的剑桥朋友说的：“现在的人们都太有礼貌了，只有在像这样的关键场合，才能看清楚自己在他们的真实想法中是多么糟糕。”这尤其适用于马歇尔，福克斯韦尔在最后一段中特地写道：“从你的来信和我了解到的许多其他情况来看，你对这个结果非常高兴，我知道你为这个结果付出了很多艰苦努力，我必须向你表示祝贺。”[3]

不久之后，福克斯韦尔通知经济学委员会，他不想留在剑桥了，直到四年

[1] ¶ 马歇尔致福克斯韦尔的信，1908 年 5 月 31 日（马歇尔档案，3：56）；马歇尔的虚伪不仅体现在他说自己对选举情况了解不多（埃奇沃思几乎肯定会把详细情况告诉他），还有他并没有因福克斯韦尔在剑桥的长期服务未能得到“应有回报”而感到“痛心”，因为他强烈反对希格斯的建议，即为福克斯韦尔在剑桥筹措资金建立一个个人教席。马歇尔致 J.N. 凯恩斯，1908 年 12 月 12 日（马歇尔档案，1：137），以及不明日期信件（马歇尔档案，140），可见下文第 678 页。

[2] * 福克斯韦尔写给庇古的信，日期为 1908 年 6 月 1 日（弗里曼收藏，11/252）。信中祝愿庇古一切顺利，并解释说，一位选举人告诉福克斯韦尔，他失败的原因是，选举人认为他“太老了”，不适合在一个相对恶劣的大学环境中承担为新的荣誉学位建立声誉的责任。

[3] 福克斯韦尔致马歇尔的信，1908 年 6 月 1 日，副本保存在福克斯韦尔的其他信件中（弗里曼收藏，11/252）。马歇尔的原件依然没有保存下来。

后他才转变了这个想法。[1]再一次的，马歇尔依据自己的最高原则作出了选择，他保全了新的荣誉学位，代价是失去了他最亲密的朋友。这一人生篇章也展现了他耐人寻味的一面，为了达到目的不择手段。这显然包括对他的老朋友和老同事撒谎。[2]

“一位虚荣的模特”：罗森斯坦的肖像画和其他荣誉

马歇尔在剑桥大学和其他地方为经济学作出了诸多贡献，退休之后，它们也为这位年迈的英国经济学界领袖赢得了许多荣誉。1907年初，埃奇沃思（大概是以《经济学杂志》编辑的身份）代表皇家经济学会秘书找到马歇尔，想知道如果给他画肖像画，他是否愿意。埃奇沃思表示，这个想法源于普莱斯和他本人，并得到了皇家经济学会理事会的批准和许多英国经济学教授的支持，这些教授几乎都是马歇尔的学生。埃奇沃思在信中附了一份承诺捐赠者名单，并补充说，有些人不在名单上，是因为“还没有被问及”。[3]马歇尔对埃奇沃思谄媚的请求作了回复，充斥着假谦虚和真骄傲：

> 628 你来信告诉我，你和普莱斯，还有其他一些人希望为我作画，这使我感到困惑。你为什么要这样做呢？我对此只有感激。我的脸不值得画，但如果你们需要的话，我也不会说不。因此，我接受你们最善意的建议，并对此表示衷心的感谢。[4]

他们制作了一本小册子以征集捐款者，提请他们将不超过10基尼的捐款寄给T.H.埃利奥特爵士（农业和渔业委员会的秘书、皇家经济学会的秘书），或H.S.福克斯韦尔教授（一百多名肖像画支持者组成的肖像画委员会的秘

---

[1] ¶ 剑桥大学档案（Min. V. 114），1908年6月1日；福克斯韦尔致J.N.凯恩斯的信，1912年2月6日（马歇尔档案，1：44）。后来，马歇尔写信给凯恩斯说，自己在《剑桥大学报》上读到，福克斯韦尔恢复了在经济学委员会的活动，马歇尔很高兴，但由于他认为自己不宜亲自祝贺福克斯韦尔，因此请约翰·内维尔·凯恩斯代为转达（马歇尔致约翰·内维尔·凯恩斯的信，1912年1月30日，马歇尔档案，1：139）。下文第18章，第677–678页引用了福克斯韦尔信件的部分内容。

[2] † 关于福克斯韦尔与马歇尔之间持续的冲突，见下文第631、650页，第19章第716、724页和第20章第743页，他参加马歇尔的葬礼，事实上可能仅出于对马歇尔遗孀的尊重。

[3] F.Y. 埃奇沃思致马歇尔的信，1907年2月9日（马歇尔档案，1：22）。

[4] 马歇尔致F.Y. 埃奇沃思的信，1907年2月11日（马歇尔档案，1：23）。

书），[1] 或 L.L. 普莱斯先生，或者是巴克莱银行在剑桥和牛津设立的“马歇尔肖像画基金”。到 1908 年初，已经筹集到足够的资金，足以聘请爱德华七世时代著名肖像画家威廉·罗森斯坦（William Rothenstein）。5 月份，也就是马歇尔退休的那个月发生了许多令人伤感的事件，贝利奥尔庄园里的肖像画也开始了创作。马歇尔最亲密的伙伴、妻子、忠实的女仆萨拉，还有其他人对这次作画的反应都被保存了下来。模特本人的反应在一定程度上也影响了最终成品，因而可以最先引用：

> 有些吃惊画像里我的左手那么呆板，我看过了许多放松的肖像画（主要是其他画册上揭下来的），几乎找不到一只喜欢的左手，要么是垂下来，要么是双手交叠，我都不喜欢。所以，我想恳请您，要么把我的手截掉，要么让它拿点东西。我自己的想法是，左手拿着帽子放在膝盖上，手杖放在左边，就像格茨在《分裂派画册》上那样。您明天能考虑一下吗？[2]

由于挂在圣约翰学院的最终画像上没有手，没有帽子，也没有手杖或膝盖，所以可以肯定的是，艺术家为他的模特做了妥协，从而解决了这个问题，尽管这并不是他在与马歇尔合作期间遇到的唯一困难。罗森斯坦在事隔几十年后回忆起这些困难时，他是这样说的，

> 大约在这个时候，我受邀为阿尔弗雷德·马歇尔教授画一幅肖像，他即将从剑桥大学政治经济学教授的职位上退休。我听说马歇尔对经济问题有着广阔的视野，但对其他问题的看法是偏激而狭隘的。

[1] *《为阿尔弗雷德·马歇尔画像的提议》（*Proposed Portrait for Alfred Marshall*）。委员会成员包括时任大学校长的德文郡公爵，其他一些勋爵，包括布拉西、米尔纳、考特尼和雷伊，赫里福德主教（克利夫顿学院的院长，当时马歇尔任数学教师），以及活跃于皇家经济学会的政治家（如巴尔福和霍尔丹）、各学院负责人、学术团体负责人，二十多名教授以及许多神职人员、学者和在职经济学家（包括韦伯夫妇）。

[2] ¶ 阿尔弗雷德·马歇尔致威廉·罗森斯坦的信，1908 年 5 月 2 日［哈佛大学霍顿图书馆，BMS ENG. 1198（981）］。格茨可能是巴伐利亚政治家费迪南·赫尔曼·威廉·格茨（Ferdinand Hermann Wilhelm Goetz，1826–1915），他在 1887 年当选为德国国会议员；《分裂派画册》可能来自慕尼黑举办的一次分裂派画展，马歇尔告诉布伦塔诺，他和妻子在前往南蒂罗尔避暑的途中，有时会去参观画展（见上文第 7 章，第 193 页和注释 *）。

> 在和马歇尔交谈时，我们必须小心谨慎。他对待别人的言论，字字较真，即使是最随意的闲聊，他也极尽迂腐之力加以反驳。我试着小心翼翼地说话，试着和颜悦色，也尝试不卑不亢，但都无济于事；他的谈话没
> 629 有一丝幽默。幸运的是，他也很重视这次画像，因为他很虚荣，而虚荣的人是最好的模特。因而我认为虚荣是人性弱点中最有益而无害的。[1]

马歇尔早些时候曾向罗森斯坦赠送了一本他的《经济学原理》第5版，试图赢得他的好感。罗森斯坦对马歇尔的礼物表示感谢，赞扬了书中高尚的格调，并思考着它所暗含的画像主人公的性格。尤其令他印象深刻的是，

> 在许多地方，您对人类动机都有着非凡的洞察力。我最高兴的是，您将自己的行为标准和高尚品格应用于他人，并且拒绝相信别人的标准要比你的低得多。当我意识到一个才华横溢、卓尔不群的人以怀疑和蔑视的眼光看待其他人时，我总是感到很难过，而你对男人和女人的看法本质上是慷慨的。在我看来，对科学和艺术的追求除非以充满希望的形式表达出来，否则对任何人来说都是无用的；人们都希望在前进的路上得到支持，如果我们不能鼓励一切美好的事物，那么人类还将处于较低的社会层次。在阅读您的作品时，我内心是激动的，能够了解您对这么多感兴趣的问题的想法和观点，对我来说是一件非常愉快的事情。[2]

阅读《经济学原理》并不是罗森斯坦为他的模特所做的唯一一项背景调查。5月21日，他还参加了马歇尔的最后一次讲座，借此机会目睹了讲台上的教授风采。一年后，他在给玛丽·佩利的信中回忆道，“我还清楚地记得他站在那里，发表最后一场精彩演讲的情形。受邀为这样一位在讲台上耕耘多年的教授画肖像，我是很自豪的”。[3]

玛丽·佩利曾请求罗森斯坦推荐一家适合制作肖像画的公司，这让他想起

[1]《男人与回忆——威廉·罗森斯坦回忆录（1900–1922年）》，伦敦：费伯出版社，1934年，第130页。

[2] 威廉·罗森斯坦致马歇尔的信，1908年4月21日（马歇尔档案，1：98）。

[3] 威廉·罗森斯坦致玛丽·佩利·马歇尔的信，1909年5月14日（马歇尔档案，1：94）。

了在贝利奥尔庄园工作期间，他所感受到的“亲切和厚爱”。这样的肖像画既需要展示给肖像画基金的捐助者，也需要用于大学的各个地方，包括马歇尔上课的教室，正如罗森斯坦所说，在这里，“您丈夫的许多灵感都传递给了世界”。这封信与罗森斯坦后来的回忆（前文引述的）相冲突。因为信中暗示了他对这位“虚荣的模特”的喜爱，这不仅体现在对马歇尔演讲和重要工作的溢美之词上，还体现在对玛丽的提醒中，即提醒她“博士承诺过会来访”，他还请玛丽转达了他“最热烈的问候”，还特别嘱咐别忘了萨拉。[1]

这幅肖像画的命运和筹资方式也很值得关注，尤其是它们揭示了庇古当选教授后所产生的影响。罗森斯坦的劳务费为 300 基尼（约合 315 英镑）。作为筹款人之一的普莱斯告诉约翰·内维尔·凯恩斯，肖像画基金能够覆盖这一费用，覆盖制作摄影复制品的费用也绰绰有余。肖像画委员会在小册子上列出了 120 个名字，而实际捐款者已经增加到近 200 个，尽管福克斯韦尔讥讽道，许多在第一份名单上签名的人只是在表现一种没有代价的敬意，这并不意味着他 630
们会在该项目的后续阶段提供更多的资金支持。[2]

福克斯韦尔本人就是这么想的。普莱斯写给凯恩斯的信中指出，福克斯韦尔不想与马歇尔的肖像画基金扯上任何关系，而是把管理肖像画基金的责任交给了他。普莱斯在后来的回忆中继续详细讲述了这个故事，从福克斯韦尔辞去肖像画基金秘书的职务开始讲起，他继续说道，

> 在回应独立调查时，我从一位权威人士那里证实了我的猜测，即剑桥人对庇古的任命显然还心存芥蒂，公开发布罗森斯坦的肖像画估计不会获得大家的一致同意。因此，当这幅画准备送到剑桥大学时，我给马歇尔夫人寄去了一份捐款人名单，我也就不再操心了。她很友好地回复说，马歇尔和她都不希望“公开发布这幅画”，于是这件事就这样结束了。[3]

虽然这件事对普莱斯来说已经结束了，但关于这幅画本身的争论还没有结

[1] 同上，其中一张照片放置在剑桥大学经济与政治学院马歇尔图书馆门口，这是该馆 1992 年图书管理员唐纳德·罗斯（Donald Ross）安排的展览。玛丽·佩利在信中采纳了罗森斯坦关于这个问题的详细建议，这可以从下面引用的《经济学杂志》的节选中看出，见第 631 页。

[2] L.L. 普莱斯致约翰·内维尔·凯恩斯的信，1908 年 6 月 23 日（马歇尔档案，2：72）。

[3] L.L. 普莱斯，《英国经济学家的回忆和笔记》，第 15–16 页。

束。1908 年底，玛丽·佩利·马歇尔给罗森斯坦写了一封信，确认贝利奥尔庄园收到了这幅画。信中还说，这幅画现在挂在他们的小餐厅里，并记录了他们一家三口对这幅画的反应。这些反应各不相同，萨拉勉强说了一句“还不错”，玛丽赶紧补充道，这是萨拉对一件物品的最高赞美，玛丽·佩利纠结于“它是作为一幅绝佳的肖像画，还是一件绝佳的艺术品”。她还说，“我看得越久，它似乎表达得越多”。她还告诉罗森斯坦，到目前为止，只有马歇尔的外甥、当时还是剑桥学生的哈罗德·吉尔博看过这幅画。不过，她打算请更多人来“家里”一起欣赏这幅画，特别是那些让这幅画成为可能的慷慨的捐款人。她总结道，“我觉得画框本身就很美，而且与主题相得益彰。这确实是一项崇高的成就，将成为我最珍贵的东西。它也将与它诞生的那些愉快的日子永远联系在一起”。[1]

被这幅杰作定格的画中人也以附言的方式表达了自己的看法，与他最初接受埃奇沃思提议时所说的类似。“我要说的是，鉴于你的创作对象是多么糟糕，你真的出人意料地完成了这个工作。我由衷地感激你，我从来没遇到过这么难的任务，而你却完成了它。”[2]

贝利奥尔庄园的小餐厅是肖像画的临时安放处。罗森斯坦在随作品寄送的附信中请求，将这幅画借给次年初的一次画展，玛丽·佩利同意了这一
631 请求，尽管她也不知道罗森斯坦所说的画展是什么。[3]《经济学杂志》向读者宣布了这件事，同时说明了诸多会员参与捐助的肖像画基金的处置情况。

> 我们在六月号上宣布过，威廉·罗森斯坦先生将为马歇尔教授作画，这幅画将在明年一月于摄政街新画廊开幕的国际雕塑家、画家和篆刻家展览会上展出。基金捐款人总共有 193 人。在支付了艺术家的

[1] * 玛丽·佩利·马歇尔致威廉·罗森斯坦的信，1908 年 11 月 10 日［哈佛大学霍顿图书馆，6MS ENG，1198（981）］。1908 年 12 月 14 日，约翰·内维尔·凯恩斯在他的日记中写道：“我被叫去看马歇尔的画像。画中人看起来疲惫又苍老，但在其他方面都很好。”克劳德·吉尔博（《关于阿尔弗雷德·马歇尔的一些个人回忆》，第 94 页）同意凯恩斯的判断，并补充说，“特别是眼睛看起来没有生命力，但马歇尔脸上最突出的特征就是他炯炯有神的眼睛”。他还补充说，马歇尔本人也不喜欢这幅画。

[2] 马歇尔致威廉·罗森斯坦的信（前一封信的附言）；C.W. 吉尔博在《关于阿尔弗雷德·马歇尔的一些个人回忆》中说，玛丽·佩利告诉他，“阿尔弗雷德本人不喜欢这幅肖像画……因为前额怪怪的”（第 93–94 页）。

[3] 玛丽·佩利致威廉·罗森斯坦的信，1908 年 11 月 10 日。

> 酬金和一些杂费后，基金余额用来拍摄并印刷这幅画，以供低价出售给……原画的捐款人。根据罗森斯坦先生的建议，复制工作交由埃默里·沃克先生负责，他在这方面非常专业。[1]

展览似乎取得了巨大成功，马歇尔的肖像至少获得了一个极好的评价。1909 年 1 月 9 日的《晨报》(*Morning Post*）报道称，“威廉·罗森斯坦先生为阿尔弗雷德·马歇尔教授创作的肖像极具震撼力，从技术上讲，……是画廊里最有趣的作品之一，当然也是最有力的作品之一”。这一观点随后得到了创作者的认可，他在后来的回忆录中简短地提到了马歇尔肖像画，在副标题为“绘画新目标”的一章中，将它和同时代的查尔斯·布斯肖像画作为重要的例子加以说明。[2]

马歇尔不喜欢这幅画像，这就意味着要为原画另寻安身之所。1909 年，当这幅画回到马歇尔夫妇身边时，关于政治经济学教席的争论已经平息，马歇尔所在的圣约翰学院最终接受了这幅画。时任院长 R.F. 斯科特写了一封信，表达了学院对这一“自我牺牲的慷慨之举”的感谢，并询问学院何时能将这幅新作收藏到其已经非常丰富的肖像画之列。[3] 似乎可以肯定的是，学院理事会中至少有一位长期任职的研究员——福克斯韦尔——没有张开双臂欢迎这份礼物。1922 年，福克斯韦尔给梅纳德·凯恩斯的一封私人信件，解释了他为什么没有在马歇尔 80 岁生日贺信上签名，这封信还为院长体面的感谢信（保存在马歇尔档案）增添了一丝别的意味：

> 我没有在信上签名，一部分原因是我觉得信的内容太夸张，太谄媚了；但主要是因为他在我竞选教授职位之前，对我耍了卑鄙的花招，所以阿什利告诉我这一切之后，我就跟马歇尔绝交了。早在（马歇尔 80 岁生日）之前，出于类似的原因（马歇尔在庇古当选教授中发挥的作用），圣约翰学院的院长（选举委员会中的副校长）就曾三

[1]《经济学杂志》，新闻与笔记专栏，1908 年 12 月，第 669 页。

[2]《晨报》，1909 年 1 月 9 日（保存于马歇尔档案中的马歇尔剪贴簿）；威廉·罗森斯坦，《男人与记忆》，第 130–133 页，载《剑桥评论》，1909 年 2 月 25 日：罗森斯坦完成的马歇尔肖像画“将成为我们学院拥有的最好的现代作品之一”。

[3] R.F. 斯科特（圣约翰学院院长）致玛丽·佩利·马歇尔的信，1909 年 12 月 11 日（马歇尔档案，1：102）；考虑到前面提到的这些因素，学院委员会此时认为接受这份礼物是可行的。

> 次拒绝为马歇尔的肖像画捐款，而且画像完成后，也拒绝代表学校接受这幅画。不知何故，这幅画还是出现在了学院，放置在公共教室里，不过并没有举行任何接受仪式。[1]

多年后，玛丽·佩利·马歇尔又制作了一个副本，挂在了马歇尔图书馆。坦率地说，这幅画笼罩在罗杰·弗里（Roger Fry）所画的出色的玛丽·佩利·马歇尔画像的阴影之下。[2]

任命庇古所引起的争议，给大学和学院对马歇尔肖像画的处理蒙上了阴影，但这并不妨碍剑桥大学和其他大学为表彰马歇尔的贡献而授予他各种荣
632 誉。1908 年 6 月 17 日，剑桥大学授予马歇尔和其他 13 人［包括阿斯奎思、拉迪亚德·吉卜林（Rudyard Kipling）、[3] 海军上将约翰·费舍尔爵士、诺森伯兰公爵、哈尔斯伯里伯爵和另外两位教授］名誉博士学位。在这些场合惯用的拉丁语授奖词中，大学发言人提及了马歇尔获得的数学荣誉学位，提到了他在布里斯托大学和贝利奥尔学院的职务，以及他的政治经济学教席和对这门学科的贡献。最后，发言人朗诵了洛厄尔（Lowell）颂歌中的两行，

> 最善良、最勇敢、最有远见之人，
> 睿智、耐心，害怕赞美，不畏责备。

这几句话兼具幽默和讽刺意味。[4]

在他获得剑桥大学的荣誉之前，其他大学和海外科学机构也曾授予他名誉学位和奖励。1893 年 4 月 13 日，爱丁堡大学授予他法学名誉博士学位，特别提到了“他伟大才能和学识的高峰……新作《经济学原理》预计将很快完成，

---

［1］福克斯韦尔致梅纳德·凯恩斯的信，未注明日期（凯恩斯文件）；感谢 R.M.O’ Donnell 为我提供的信息。凯恩斯代表皇家经济学会为马歇尔八十寿辰所写的贺词收录在《纪念集》第 497–499 页，福克斯韦尔是未签名的名人之一，除此之外，这份名单可以被看作是当代英国经济学家名人录。参见下文，第 649–650 页。

［2］唐纳德·罗斯，《一个不寻常的承诺：阿尔弗雷德·马歇尔、玛丽·马歇尔与马歇尔图书馆的建立（1903–1944 年）》，载《政治经济史杂志》，9（2–3），1991 年，第 327、329 页。

［3］* 吉尔博向罗纳德·科斯回忆说，当马歇尔发现吉卜林与他一同被授予名誉学位时，他差点就拒绝了这项荣誉，因为吉卜林是帝国主义者（1991 年 5 月 2 日致作者的信）。马歇尔一贯的反帝国主义立场已在上文第 16 章第 603–608 页讨论过。

［4］剑桥大学授予名誉学位时的演讲，1908 年 6 月 17 日（副本保存在马歇尔图书馆）。

将成为英语世界中关于这一主题的最出色和最完整的著作之一”。[1] 1904 年，牛津大学授予马歇尔科学名誉博士学位。1911 年，布里斯托大学将他和他的校长继任者威廉·拉姆齐爵士列为首批名誉学位获得者之一，但马歇尔没有出席 10 月的颁奖典礼。欧洲大陆的两所大学，克拉科夫大学和克里斯蒂安尼亚大学（现奥斯陆大学）授予他法学名誉博士学位。马歇尔在刚退休之时，为一本介绍科学家的参考书准备的简短自传中，只提到了其中一些名誉学位。[2]

除了大学之外，其他学术团体和学会也在这位剑桥圣人退休之前和退休之后向他表示了敬意。1892 年 4 月，曼彻斯特文学和哲学学会授予马歇尔荣誉会员称号；1896 年 8 月 26 日，意大利教育部承认他为罗马科学学院道德、历史和语言学类的外籍院士，这一荣誉还让马歇尔尝试用意大利语写作。[3]1902 年，英国科学院选举他为院士。1908 年 6 月 13 日，法国道德与政治学学院任命他为外籍通讯员。1920 年，比利时科学学院授予他著名的埃米尔·德·拉
弗莱奖，以表彰他在社会科学领域的著作、教学以及对皇家委员会的贡献，评 633
奖委员会的成员中有前首相 A.J. 巴尔福、经济学家查尔斯·纪德和社会调查员 B. 西博姆 – 罗恩特里（B.Seebohm-Rowntree）。这些荣誉证书和其他关于他功绩的纪念品，最初由他的妻子保存在马歇尔图书馆的一个（字面上的）棕色大箱里，直到最近才从里面搬出来。[4] 这就是终其一生奉献给经济学的阿尔弗雷德·马歇尔所获得的荣誉和纪念，也是他的知识界同行和同事们在他退休之前、之时与之后给予他的肯定。

---

[1] 爱丁堡大学授予法学名誉博士学位，1893 年 4 月 13 日（保存于马歇尔图书馆）。有趣的是，1908 年 3 月 19 日的《威斯敏斯特公报》刊登了一封信，信中希望“退休将带来……好人阿尔弗雷德的第 2 卷”（保存在马歇尔剪贴簿中），这也有趣地表明了，马歇尔的社会慈善事业在当时的伦敦圈子里是如何受到嘲讽的。

[2] 阿尔弗雷德·马歇尔谈论自己，*AMCA*，I，第 148 页。更完整的名单可见《贝利奥尔学院年鉴》中的条目，牛津大学出版社，1914 年，第 324 页。

[3] ¶ 马歇尔 1896 年 8 月 1 日的意大利文信件副本保存在马歇尔档案（1：365），这封信是在多洛米蒂山区的科蒂纳的奥斯皮塔勒写的，这也许是马歇尔鼓起勇气用另外一种语言写作的原因，十年前他向福克斯韦尔坦言，他对这门语言还很不熟练。马歇尔致福克斯韦尔的信，1878 年 7 月 3 日，弗里曼收藏，36/155：“顺便说一句，我相信意大利语世界中有好的政治经济学作品。我曾想过学意大利语。”正如前面提到的那封信和上面关于旅行的那一章（第 216–217 页）所表明的那样，他并没有学成意大利语，玛丽·佩利仍然是贝利奥尔庄园中的现代语言大师。

[4] 本段和前一段的大部分内容主要来自马歇尔图书馆。

退休后的快乐时光：学习、写作和继续教学

凯恩斯将马歇尔退休后的大部分活动描述为“用他余生的时间和精力，努力收集他在盛年的收获”。即使在退休后，长期以来的习惯也分散了他的许多注意力。凯恩斯提到，“他仍然继续，……直到（第一次世界大战）的时候，在下午会见学生——尽管更多的是以前的学生（当时年轻的教师），而不是新的来访者”。[1]凯恩斯就是一个突出的例子。他曾在印度办公室任职，后来又到财政部工作，在这期间（也是马歇尔退休之初）他与马歇尔的关系非常亲密，在马歇尔去世前不久，这种亲密关系又出现了。另一个例子是费伊，他在这些场合积累并留下了许多关于马歇尔传奇故事的记录，也是他后来这些故事的“主要资料来源”。第三个例子是沃尔特·莱顿，他与梅纳德·凯恩斯同一年加入了剑桥大学经济学教学队伍。

对马歇尔来说，退休的最初几年也是他持续学习的时期，主要是通过阅读各种书、蓝皮书和期刊，这些都归功于当时蓬勃发展的经济学专业，学生们经常把这些书作为礼物赠送给他。马歇尔在退休期间的一些学习活动已经提到过。例如，他与贝特森关于遗传问题的讨论，他加入剑桥优生学会，以及与皮尔森等高尔顿主义者之间的争论，前提是他们碰触到了马歇尔视为神圣之地的家庭生活和家庭教育。[2]

他退休后写作的主要部分，即他生命最后几年出版的两本书，将在以后的章节讨论。[3]退休后的写作始于修订和出版他的《国际贸易的财政政策备忘录》（简称《备忘录》），这是他最后一次公开向政府提出建议。[4]

在 1909 年预算案的背景下，马歇尔抽空致信《泰晤士报》，为他关于提高土地税的观点辩护，前提是这个税收用于城市改善：

> 的确，我的建议给城市土地所有者增加了一些小额税负。我认为，一个国家最重要的资本是投资在国民身体、精神和道德教育上的

[1] J.M. 凯恩斯，《阿尔弗雷德·马歇尔》，第 225–226 页和注释 4。

[2] 上文，第 13 章，第 479–482 页。

[3] 下文，第 19 章，将详细讨论这两卷。

[4] 上文，第 11 章，第 385–388 页。

> 资本。这种资本正在被肆意地浪费，比如说，上千万人无法享受到供年轻人玩耍、供老年人休息的绿地。我认为解决这一弊端比提供养老金更为紧迫。[1]

这封给《泰晤士报》的信的主题，在他与雷伊勋爵的书信中也得到了讨 634
论。[2] 作为引子，马歇尔说在 1903 年，一位财政大臣提出了两个问题，此后他花了很多时间“写下我对这些问题及其相关问题的答案”。这就是为什么他“很少关注预算争议的原因，……即使我发表的观点被错误引用或曲解，我也保持沉默”。要对一个复杂问题进行简短评论，这件事引出了一个马歇尔式的警告，即“经济学中唯一的信条是……关于一个大问题的简短定论本质上都是错误的”。除了已经提到的问题外，马歇尔的信还谈到了关税改革与就业之间的关系，以及公共投资在教育、卫生和“为儿童提供玩耍场所”上的重要性。[3] 尽管马歇尔本人把自己的长信描述为对雷伊的问题进行的“草率而贫乏”的回答（鉴于他的“日渐衰弱”的能力，这封信实际上是他花一个上午时间写成的），但令人惊讶的是，雷伊几乎没有作多少回应，他“把我的（即马歇尔的）简短回答理解成了我的定论”。马歇尔在回答第一个关于国外关税影响的问题时，指出这个“复杂”和“重要”的问题在“我正在撰写的《国家产业与国际贸易》中占有相当大的篇幅”。他回避了军备开支的非生产性问题，自布尔战争以来，国际紧张局势在他心目中变得越来越重要，他说自己无法就削减军备或军备节制作出正确判断。[4]

这一年早些时候，就国际贸易中的财政政策问题，马歇尔与埃奇沃思私下发生了争吵，这一方面与《备忘录》有关——马歇尔退休后首个夏天的大部分时间都在对《备忘录》进行修订，另一方面也和“很久之前”所写的第 2 卷的草稿有关。在讨论进口关税对需求的影响时，马歇尔的《备忘录》提到了由于对小麦征收进口关税，导致价格上涨，从而对面包需求产生的影响。在这一点

[1] 1909 年 11 月 16 日，马歇尔致《泰晤士报》的编辑的信。

[2] 上文，第 16 章，第 597–598 页。

[3] 马歇尔致雷伊勋爵的信，1909 年 11 月 12 日，载《纪念集》，第 461、464–465 页；值得注意的是，“经济学中唯一的信条”在 1914 年 11 月 7 日马歇尔写给刘易斯·弗里的信中反复出现，见下文第 20 章，第 741 页。

[4] 雷伊勋爵致马歇尔的信，1909 年 11 月 14 日；马歇尔致雷伊的信，1909 年 11 月 15 日，载《纪念集》，第 465–457 页；另见上文，第 16 章，第 597–598 页。

上，马歇尔回顾了他早些时候归功于吉芬的一个建议，即由于面包是最廉价的食品，价格上涨会导致面包购买量增加，而不是减少，贫困家庭会通过减少在较贵的食物替代品上的支出来实现必要的节约。[1] 埃奇沃思在一篇书评中忽略了这种“吉芬效应”，对此马歇尔并不想争辩。不过，他希望澄清自己的立场，因为他觉得自己的立场也被忽视了。马歇尔声称，他通过对社会各阶层的面包消费进行仔细实证研究，而不是“随机”观察，检验了“吉芬案例”的基础：

> 自从我看到吉芬关于这个问题的暗示后，我就开始比较在私人住宅和昂贵酒店的一流晚餐上消费的面包数量（以及蛋糕、小麦饼干和布丁）、在中产阶级住宅和二流酒店里消费的面包数量，以及在廉价旅馆（包括伦敦一家低档酒店）里的面包消费量；我还观察了村民所消费的面包数量。我确信，富人吃的面包还不到穷人的一半，中产阶级则处于中间位置。这并不能证明什么，但我认为，这为一种可能性提供了合理的依据。[2]

供应问题也不容忽视，因为它们关系到价格和关税。在美国和澳大利亚等
635 小麦生产国，小麦价格会因连续歉收而上涨，但是，节约使用小麦将会推迟这一上涨，而在更长的时间跨度内，由于在面包中掺入玉米或以前“当我还是孩子的时候……掺入土豆”，马歇尔承认，这一点会有利于埃奇沃思的观点。[3] 这件事显然惹恼了马歇尔。

第二天，埃奇沃思又收到一封篇幅更长的信。信中指出，十年前，马歇尔在为他的第 2 卷撰写第 10 篇关于市场的内容时，就曾详细调查这个问题。这也是第 2 卷迟迟未能完成的原因之一。这一篇“有一个总的介绍性章节，后面是详细的讨论。写了一段时间后，我发现任务太繁重了，根本无法完成。于是，我决定挑出两三个典型事例，仔细琢磨。出于许多原因，我选择了小麦作

[1] *OP*，第 382 页，第 25 节。吉芬商品的概念最早是在《经济学原理》第三版中提出的，1895 年，第 132 页；如上文第 12 章，第 424 页所述。

[2] 马歇尔致埃奇沃思的信，1909 年 4 月 21 日，载《纪念集》，第 438–439 页；埃奇沃思对 R.Rea（R. 雷亚）《存在的自由贸易》（*Free Trade in Being*）的书评，发表在 1909 年 3 月 19 日的《经济学杂志》上，第 102–106 页。

[3] 马歇尔致埃奇沃思的信，1909 年 4 月 21 日，载《纪念集》，第 439 页。

为主要例子。我的草稿大概有 40 页”。[1] 马歇尔在仔细研究小麦案例的过程中，阅读了数千页的技术资料，并就这个问题询问了他遇到的“每一位美国上流人士”。1904 年，在英国科学促进会的剑桥会议上，他甚至把一次家宴后的全部谈话时间用来向一位加拿大西北部小麦资源问题的专家请教，尽管“还有好几个人我都特别想和他们谈谈”。用这么高昂的机会成本寻找事实真相的同时，马歇尔也没有忽视分析方面的工作。与（埃奇沃思所赞同的）普遍观点相反，小麦生产的价格供给弹性并不一致，它取决于新兴国家组织小麦生产的性质。奇怪的是，马歇尔不是根据他对北美小麦生产的深入研究来说明这一论点的，而是根据自行车和水泥生产的类似实例，从中推断出小麦生产的情况。然后，他转而谴责埃奇沃思对需求弹性的处理，这愈发让他困惑了，最后，他为“潦草的字迹”辩解道，“我无法忍受你认为我没有经过深思熟虑，就把弹性说成在价格下跌时增大，而在价格上升时减小”。[2]

埃奇沃思的自我辩护的回信没有保存下来，但其内容可以从马歇尔回信的致歉中想象出来。由于年事已高，他拒绝在争论变得过于激烈之前继续下去。年老之人的愚蠢和迟钝被年长带来的丰富经验所抵消。马歇尔在信中提到了他在“变成老糊涂”之前所做笔记的质量，这表明他不愿意继续争论了，不过也不意味着他会在原则问题上做出让步。信中还解释了马歇尔在这一阶段如何意识到他在写作中遇到的困难，以及此时坚持写作的重要性和价值。

> 我努力写出我的想法，当然也包括与小麦供应有关的想法，我无意于引起争论。即使没有这些争议，我也无法看透这个大问题的巨大困难：我的工作进展得很慢。但是，我有想法，我确实想要说出来；对于一些微妙的问题，我的脑子现在已经不好使了，有很多笔记是在我变成一个老糊涂之前做的；不过，更多的是关于“一中有多”和“多中有一”的问题，即基本面与细节的关系，在这个问题上，年龄所带来的经验是对愚蠢的某种补偿……[3]

[1] 马歇尔致埃奇沃思的信，1909 年 4 月 22 日，载《纪念集》，第 439 页；第 2 卷第 10 篇的这个主题并不在最初的计划中，但符合马歇尔在 1903 年回忆的大纲。可见上文，第 12 章，表 12.1 和第 429–430 页。

[2] 马歇尔致埃奇沃思的信，1909 年 4 月 22 日，载《纪念集》，第 439–442 页。正文中提到的专家梅佛也在 *IT*，第 749 页注释 1 中出现。

[3] 马歇尔致埃奇沃思的信，1909 年 4 月 27 日，载《纪念集》，第 442 页。

636 两位经济学家（顺便说一句，埃奇沃思比马歇尔小三岁）在一周内进行了密集的书信往来，从中可以了解到马歇尔出了名的缓慢写作风格。即使在 19 世纪 90 年代，他在写作上也很难迅速取得进展，因为他很容易被“微妙的细节”分散注意力，无法按照计划来展开“市场”等重要主题。他还不到 70 岁的时候，就意识到自己“力不从心”，这几乎是一种可悲的自我意识，再加上他不肯放弃的顽强毅力，这在很大程度上解释了为什么《产业与贸易》直到十年后才得以出版。这些书信往来也表明，在退休后的最初几年里，马歇尔很容易被一些细枝末节的问题所吸引，反而怠慢了主要任务，而他还倾向于把这些枝节问题夸大成至关重要的、维护社会价值的问题。[1]马歇尔在结束争议的信中提到了埃奇沃思“温柔的批评”和“毫不留情的打击”，这件事可能为他关于埃奇沃思的一句名言提供了灵感——“弗朗西斯（Francis）是一个迷人的家伙，但你必须小心伊西德罗（Ysidro）”。[2]

这一时期的其他现存信件（可能只是实际数量的一小部分）表明，这种分心的情况并不少见。一封从蒂罗尔写给路易斯·杜穆尔（Louis Dumur）的关于现代西欧人口减少的长信，大概花费了马歇尔一个上午的时间。马歇尔在给法国人的信中贬低了自己的建议，暗示“我很可能搞错了”，但这封信还是给法国人带来了好处。对于后人来说，这封信还提供了有趣的信息，让我们不得不注意到马歇尔偏好的根深蒂固的本质——他所期望的两性之间的劳动分工和新鲜空气的重要性。[3]

一年后，他给贺拉斯·普伦基特爵士写了一封长长的回信，婉言拒绝了在“建立乡村生活研究所的请愿书”上签字，这说明，即使是“说不”，对马歇尔来说，也是代价高昂的，因为他在阅读请愿书时浪费了时间（他把请愿书读了两遍），回信也浪费了他的时间。通过这封信，后人得以进一步了解作为社会实证主义者的马歇尔：

> 我很了解剑桥附近农村居民的生活习惯，比如说，一个老人骑自

[1] * 刚刚引用的马歇尔给埃奇沃思的信的最后一段呼吁，要“持续不断地敲打”经济学中的“谬论”，只有“训练有素的思想家”才能完成这一任务，而且即使是最好的期刊也免不了发表“让李嘉图的尸骨在坟墓里气得嘎嘎作响”的胡言乱语，所以这件事就更有必要了（载《纪念集》，第 442 页）。

[2] 出自约翰·梅纳德·凯恩斯，《弗朗西斯·伊西德罗·埃奇沃思》（Francis Ysidro Edgeworth），载《传记随笔》，第 265 页。

[3] 马歇尔致路易斯·杜穆尔的信，1909 年 7 月 2 日，载《纪念集》，第 459–461 页。

> 行车的活动范围大约是 600 平方英里。我怀疑欧洲大陆上，除非斯堪的纳维亚半岛，是否还有如此繁荣、如此幸福的农村居民，他们的思想和情感比单纯的当地生活更伟大、更高尚。我认为这主要归功于不墨守成规的教堂的影响，在这些教堂……即使是每周工资 14 先令的工人，也能为自己的精神生活寻找到个人和神圣的认可，这在其他地方是很罕见的。毫无疑问，农民的教育水平普遍很低……但为我们的仆人着想，我们订了一份周报《剑桥独立报》……我经常看这份周报，就像动物学家看一只袋鼠一样：我对它所涉及的范围之广、内容之清晰，以及据我所知的科学性之彻底感到惊讶，这些农业工作者的功劳。[1]

来信寻求指导的印度学生同样占用了马歇尔的宝贵时间。前文就提到过， 637
马歇尔与马诺哈尔·拉尔曾就印度贸易政策的发展，以及改变印度受教育阶层对商业态度的必要性进行书信往来。[2] 后来的一封信提到，马歇尔下定决心“不发表任何关于印度的文章，直到我能把我对保护印度工业的意见纳入更广泛的议题中”。[3] 在用相当长的篇幅回答问题之前，马歇尔对慕克吉直白地说：“如果所有寄给我的问题我都要回答，我的书就永远不能出版。事实上，我已经做了一半的菜，我可能活不到把另一半的菜端上桌了。”[4] 尽管意识到这样的习惯会影响写作进度，马歇尔还是“简短地”向芬德利·谢拉斯提供了“一两件你可能感兴趣的事”，内容涉及印度物价上涨的原因，这是马歇尔在过去几十年里花费相当长的时间研究的问题。[5]

与马歇尔国际名人的身份相称的是，这些让人分心的书信往来遍及世界各

---

[1] 马歇尔致贺拉斯·普伦基特爵士的信，1910 年 5 月 17 日，载《纪念集》，第 459–461 页；引文来自第 460 页。

[2] 见上文，第 16 章，第 607 页。

[3] 马歇尔致马诺哈尔·拉尔的信，1909 年 1 月 28 日，1911 年 2 月 22 日，载《纪念集》，第 456–458 页。

[4] * 马歇尔致慕克吉的信，1910 年 10 月 22 日，载《纪念集》，第 471–473 页；随后的一封信（1911 年 4 月 12 日，载《纪念集》，第 473–474 页）拒绝用简单的“是”或“否”来回答印度的保护问题，因为这样的回答会有误导性，就像回答那个著名的问题“你是否停止殴打你的妻子”一样。

[5] ¶ 马歇尔致芬德利·谢拉斯的信，1910 年 7 月 6 日，载《纪念集》，第 470–471 页。1944 年，芬德利·谢拉斯告诉凯恩斯，玛丽·佩利送给他“两件珍宝”：“一件是有她和马歇尔亲笔批注的李嘉图的书；另一件是圣约翰学院的画像副本，她非常喜欢这幅画。”（芬德利·谢拉斯致凯恩斯的信，1944 年 11 月 23 日，KMF）

地。他写给欧文·费雪的贺信就是一个例子，内容涉及国际价值标准表。[1] 马歇尔在费雪的书中做的批注，以及从作者那里收到的《货币购买力》的赠书，都说明马歇尔发出这样的祝贺之声是很正常的。[2] 到了这一阶段，马歇尔与美国朋友从19世纪90年代起建立的长期书信往来，在1908年逐渐减少到偶尔与J.B.克拉克交换书籍和圣诞贺卡；除了个别情况之外，马歇尔与陶西格、塞利格曼之间的通信也是如此。

马歇尔与跨越大西洋的新笔友之间的往来是在极不情愿的情况下进行的。他和年轻得多的H.L.摩尔（1869–1958）的书信往来就是一个鲜明的例子。马歇尔迟迟没有就摩尔的《工资定律》（*Laws of Wages*）作出回应，这本书可能是前一年寄送给马歇尔的。马歇尔解释说，他没有时间回复，具体来说，是他的牙齿出了问题，需要在家接受护理治疗。马歇尔匆匆浏览了这本书，以便作出一些回应，他的回答表明，他对书中简化的单因果解释越来越不耐烦了。就连"'其他条件不变'这一限定语，虽然形式上是适当的，在我看来也是不可行的"。同样，这说明马歇尔越来越怀疑统计数据衡量所有关键解释因素的能力。因此，马歇尔强烈怀疑摩尔的工作能否很快取得突破，尽管他对其尝试表示赞赏。关于他自己的工作，马歇尔的说法是一样的，

638 > 我的工作能力不行了。有许多做了一半的事情，都无法发表。说话会让我异常疲惫。恕我无法鼓励你来剑桥与我进行严肃的交谈。
>
> 不过，如果你是来剑桥见别人的，我和妻子可以和你一起吃个午饭（1点半）或下午茶（4点半），随便闲聊一下，我们会很高兴认识你。
>
> 下周五不太行，其他时间暂时还可以。如果你来信告知时间的话，我会回信（必要时发电报）通知你我是否有空。[3]

---

[1] 马歇尔致欧文·费雪的信，1911年11月16日，1912年10月14日和15日（载《纪念集》，第474–478页）。最后一封信和前一封信只间隔了一天，在1909年写给埃奇沃思的信中这一现象也很明显，这说明马歇尔当时的记忆力已经严重衰退。费雪的信件之前在第11章第351页提到过。

[2] † 马歇尔对费雪《货币购买力》（1911年）的注释显示，他对货币理论有着强烈兴趣，尽管带有很强的批判性。马歇尔尤其不满费雪过于简单化和一般化的倾向；例如他在第64页的评论，"没错，但过分强调一个原因"，以及对第113、339、343页的类似评论。当时写给博纳的一封信（1912年6月18日，载《纪念集》，第375页）评论了旧的混合本位制方案，这是他在19世纪80年代下半叶首次提出的（见上文，第11章，第346、348–349页）。

[3] 马歇尔致H.L.摩尔的信，1912年6月5日（摩尔收藏，哥伦比亚大学巴特勒图书馆）。马歇尔图书馆收藏了这封信和摩尔的其他三部作品（《马歇尔图书馆目录》，第59页）。

后来，马歇尔在写给埃奇沃思的信中附上了对摩尔作品的批评。信中称摩尔是他的“噩梦”，而他的书则是“自 1875 年以来，在我最珍视和心爱的问题上舞个不停”。在美国自由贸易者和贸易保护主义者的争论中，对“各种统计表格”的令人厌烦的依赖刺激了这一问题的后续发酵。马歇尔在给埃奇沃思的信中还断言，这种性质的简单化分析会导致错误，“错误的幅度不是 0.5% 或 0.7%，而是 50% 或 70%”。[1] 摩尔拒绝了马歇尔的邀请，以免给他带来太多负担。不过，尽管摩尔并不认可这封信的正确性，但还是对信中坦率的批评意见倍加珍惜。据摩尔后来的记录，近十年后，马歇尔在一封信中感谢了他赠送的文集《经济周期的产生》(*Generating Economic Cycles*)，信中对摩尔的方法表示了极大的认同。他说，大约五十年前，当他在编纂“红皮书”时就已经用了类似的手法。[2]

马歇尔写给摩尔的信表明，在他 70 岁生日的时候，贝利奥尔庄园已经严格控制来访者的时间。费伊回忆起在 1918 年拜访马歇尔时，玛丽·佩利发出了熟悉的警告——“你不会待太久的，对吧？”当 1923 年他最后一次拜访马歇尔时，他被“分配了十分钟”。在第一次世界大战之前，费伊通常每年去马歇尔家喝一到两次茶，大概是为了回应马歇尔在 1910 年向他发出的邀请：“星期六是最合适的。我们可以在 7 点 45 分吃个便饭；如果你不反对的话，就这样准备了。”[3]

在马歇尔退休初期，梅纳德·凯恩斯也是贝利奥尔庄园的常客。马歇尔借给他一些书，供他自己，也供他的学生们使用。1910 年和 1911 年，他们在父母酗酒和遗传等皮尔森问题上的争论引发了许多私下交流，但玛丽·佩利同样警告他说，这种刺激对马歇尔的健康不利。[4] 1910 年，马歇尔还热烈祝贺他这位前途无量的学生接替梅雷迪思获得了吉德勒讲师职位，他用双关语打趣

---

[1] 马歇尔致埃奇沃思的信（未注明日期，应该是在 1911/1912 年的某个时间），以及 1912 年 6 月 5 日马歇尔致摩尔的信（摩尔收藏，哥伦比亚大学巴特勒图书馆）。

[2] 摩尔致马歇尔的信，1912 年 6 月 6 日（摩尔手写副本，附有事后笔记，藏于哥伦比亚大学巴特勒图书馆，摩尔收藏）；马歇尔致摩尔的信，1921 年 2 月 15 日（摩尔收藏，哥伦比亚大学巴特勒图书馆）。关于马歇尔的“红皮书”，见上文第 5 章，第 128–129 页。

[3] C.R. 费伊，《图书馆副馆长的回忆》，第 89 页；参较第 88 页：“我以前常在夏天和他们一起喝茶。马歇尔什么也没拿。玛丽母亲（我一直这么认为）为我倒了茶，还给我拿了两片黄油面包，她自己也喝了一杯”；C.R. 费伊，《回忆》，载《纪念集》，第 76–77 页；马歇尔致 C.R. 费伊的信，1910 年 1 月 27 日（马歇尔档案，1：32）。

[4] 见上文第 633 页，以及第 6 章，第 162–163 页和第 13 章，第 480–481 页。

道，“我很高兴你把自己的腰束（girdled）得这么好，现在可算成功了”。[1]凯恩斯也收到了马歇尔对缓慢的工作进展的抱怨：“唉，我的书进展得像佩内洛普之网一样慢，好像永远都做不完。”在同一封信中，他说本想就阿灵顿（什鲁斯伯里公学的校长）“逼迫学生背诵欧几里得的残酷”给《泰晤士报》写信，
639 不过他成功地抵制了这个诱惑。[2]

同样的，马歇尔也抽出时间祝贺沃尔特·莱顿与多萝西订婚，“玛丽很了解她”；马歇尔称赞他在《经济学人》的工作，同时说如果他能继续讲课就好了；还就附表D所得税数据及其使用和阐释的危险提供了技术性建议。[3]在这些建议中，马歇尔时不时反思一下自己的年纪。这一次对于年纪的感悟，来自莱顿在一封信中传达的善意恭维，马歇尔说：“当一个人变老了，除了他的亲朋好友外，最珍贵的东西就是年轻人对他的爱，当这种爱伴随着他对年轻人的信任，相信他们将实现自己想做但并未完成的事情时，尤为如此。”[4]

从马歇尔退休到第一次世界大战前，他偶尔也会对大学改革进行探讨，尤其是在1912年，当时剑桥大学再次将大学改革提上了议事日程。一份写给亨利·杰克逊——一位积极的大学改革者，也是西季威克的亲密伙伴——的信件草稿（本未注明日期）建议，设立一项奖学金计划，为学生提供经济援助，既考虑到父母收入等经济条件，也考虑学业成绩，同时用匿名的方式保护个人隐私。这封信含蓄地回顾了马歇尔自己相对匮乏的大学生活，以及由此带来的社会困境。[5]

那一年，一些关于大学事务的信件也寄给了马歇尔昔日的学生克拉彭，他当时正在大学改革委员会任职。第一封信涉及教授的角色，更一般地说，涉及教学人员和学术任命的程序。它给出了马歇尔对“教授”的定义，即“从事高

[1] 马歇尔致梅纳德·凯恩斯的信，1910年6月14日（凯恩斯文件，L/M/41）。

[2] * 马歇尔致梅纳德·凯恩斯的信，1911年7月2日（凯恩斯文件，L/M/41）；佩内洛普之网（Penelope's web）是一个不幸但贴切的比喻。在等待她的丈夫尤利西斯回来的过程中，她曾承诺一旦织物完成她就要在众多追求者中选择一个新的丈夫，所以这位神话中的女子会在晚上把她白天编织的东西拆开。文中提到的校长后来在《产业与贸易》的附录中被提及，见*IT*，第820页注释1。

[3] 马歇尔致沃尔特·莱顿的信，1909年9月28日、1910年12月2日、1911年9月4日（莱顿文件，三一学院，莱顿 2^{32}–^{34}）。

[4] 马歇尔致沃尔特·莱顿的信，1909年9月28日（莱顿 2^{32}）。

[5] 马歇尔致亨利·杰克逊的信（未注明日期，马歇尔档案，1：32），关于马歇尔的本科经历，可见上文第4章，第89–91页。

级研究与高级教学的人”。[1]6 个月后，马歇尔又谈到了牛津大学和剑桥大学中工人子弟的问题。在表示愿意参加改革会议之后（很多时候他不愿意卷进去），马歇尔发表了一些与写给杰克逊的信中不大一样的观点。鉴于工人阶级学生在牛津和剑桥这样的传统寄宿制大学中遇到的巨大困难——他们永远无法“在不支付过高费用的情况下与其他学生平等相处”，因此应当鼓励这些学生上非寄宿制大学，在那里他们可以更平等地竞争。牛津大学和剑桥大学应该将公共资金用于有关国家未来福祉的研究，从而弥补在履行国家义务方面的缺陷。而涉及过去的研究则应由“富人的私人资金”资助。但由于中等教育的科学性不足、校长因循守旧，这一解决方案变得很困难，而有用的大学教育仍然需要良好的科学背景。马歇尔没有将经济学列入适合中学学习的课程；这可能是由于他越来越笃信经济学是一门复杂的科学，这也是他当时常常对别人说的。最 640
后，马歇尔强调了这封信的私人性质，他不是以官方的身份写给克拉彭的，尽管这封信也并非完全的“私人”。[2]随着 1912 年接近尾声，这位曾经的教授才真正不再积极参与大学事务了。

坚守原则的战争时期：1914–1919 年

1914 年 8 月 4 日，英国和比利时对德国宣战，作为前一天德国入侵比利时的回应。一周后的 8 月 12 日，英国和法国对奥地利宣战。此后不久，第一次世界大战正式打响，打破了作为和平与文明力量的现代理性主义信念。正如马歇尔所担心的那样，两国的大规模军备重整导致了这场灾难，同时日益高涨的沙文主义助长了一种流行信念，即只有英国的海军力量才能阻止德国称霸欧洲和占领世界贸易领导权。1910 年 4 月，本杰明·基德在《双周评论》上这样写道，“海权是德国登顶国际贸易最高地位的最后一道障碍”；《泰晤士报》更加直截了当地说，“关键不在于自由贸易，而在于我们的海军实力……我们在海上的霸主地位……建立了大英帝国及其商业帝国”。[3]在冲突爆发之前，这些权威人士的煽动情绪已经在马歇尔家中引起了强烈反响；1914 年 8 月初

[1] 马歇尔致 J.H. 克拉彭的信，1912 年 5 月 17 日（马歇尔档案，1：13）。

[2] 马歇尔致 J.H. 克拉彭的信，1912 年 11 月 4 日（马歇尔档案，1：14）。

[3] 引自诺曼·安吉尔（Norman Angell），《大幻觉》（*The Great Illusion*），伦敦：威廉·海涅曼出版社，1911 年，第 14–15 页。

爆发的战争，则在贝利奥尔庄园造成了更大的动荡。战争的爆发不仅终止了他们几乎每年一次前往心爱的南蒂罗尔的夏日之旅——1915 年 8 月意大利宣布参战后，该地区成为主要的战区之一；还在他们几乎是日耳曼式的生活中引发了内心冲突，这源于他们对自己分裂的忠诚所进行的反思。

在战争开始的第一个月，马歇尔写给《泰晤士报》的两封信中，这种发人深思的冲突浮出了水面。第一封信发表于 8 月 22 日，信中指出，这场战争既是一场自卫战争，也是援助比利时和法国的战争，他呼吁避免“尖刻”、“耸人听闻的故事”和其他形式的煽动，来让“谴责德国人”看起来更有吸引力、更受欢迎。

> 那些了解并热爱德国的人，即使对德国更加普遍的军国主义感到反感，也应该坚持认为，尽管我们有充分的理由与他们作战，但我们没有理由蔑视他们。例如，在没有询问平民的敌对行动是否违反战争法的时候，冷血地射杀平民的故事就不应该被反复提及。德法战争期间的冬天，我在柏林，我的朋友们痛心疾首地抱怨说，英国人愿意相信那些无辜平民受到了他们的虐待。作为一个民族，我认为他们是特别真诚和正直的，非常有责任心，对家庭情感很珍视，对友谊忠诚且信任。因此，他们是强大的，值得敬畏，但不应该被诋毁。……因此，我们的利益和责任是尊重他们，并明确表示我们希望与之友好相处，但同时也要全力与他们战斗。[1]

那周晚些时候的第二封信表明，马歇尔对德国的强烈热爱并没有使他成为
641 和平主义者。就在冲突开始之前，他拒绝签署一份反对英国参战的请愿书，理由是“和平还是战争的问题必须既关乎我们的利益，也关乎国家责任。我们应该立即动员起来，并宣布，如果德国人入侵比利时，我们就宣战；我知道他们会这样做”。马歇尔在信中接着说，他的“教授职责”使他早在 1900 年就意识到了德国的危险，当时他“偶然看到了《泛德意志地图》(*Alldeutscher Atlas*)，这是一份明确的泛日耳曼联盟宣言”，其中有几个国家赫然被划到日耳曼国家之列，令当地居民咋舌。他还与“德国和奥地利的军事家”讨论过这个问题。然而，对德国暴行的“煽风点火”无助于“取得胜利，……反而可能会大大增

[1] 马歇尔致《泰晤士报》编辑的信，1914 年 8 月 22 日。

加双方的屠杀”，并会疏远那些“厌恶剥削战争，（但）因祖国受到侮辱而恼羞成怒”的德国工人。许多来信激励马歇尔写下这第二封信，他在信的结尾说道，真正的懦夫是那些“不顾一切大放厥词”来彰显自己勇气的人。[1]

马歇尔非常担心敌对行动会导致沙文主义的肆虐，他对战争的人道反应还不止如此。10 月，马歇尔写给国王学院的 J.T. 谢泼德（J.T.Sheppard）的一封信表明，马歇尔夫妇希望在力所能及的范围内为比利时难民做点什么，

> 我说话时间长了，“血压会升高”，因此我和我的妻子无法款待比利时人。但是我的妻子刚刚去了克拉彭家，打听到你为他们所做的工作，我想知道我们是否可以通过你来帮助他们。她建议说，“愿意支付比利时人的一半费用”。如果可以的话，我们很乐意这么做。您能告诉我该汇多少钱，汇往哪里吗？[2]

战时平民的困境也在其他方面影响着马歇尔。1914 年 10 月，一封写给《时报》的信谈到了平民对入侵军队的权利和责任问题。在信中，马歇尔支持《泰晤士报》对传播相关准确信息的呼吁，以帮助比利时政府解决安置难民所面临的困难。这封信再次揭示了马歇尔在冲突中对责任划分的不偏不倚的态度：

> 每个国家、每支军队都有恶棍。众所周知，犯罪分子会制造混乱和火灾，以掩盖掠夺行为；一类士兵可能会煽动农民的愤怒，以便实施对村庄的“惩罚”，进而掠夺。似乎很多麻烦都是士兵引起的，他们并不是无赖，而是由于酗酒失去了自控力。他们时而乱开枪，时而激起愤怒，……他们发动了一场他们本无意于发动的屠杀，也决心不为此负责。由于记忆混乱，他们轻而易举地编造一些故事，而军官们也接受了这些故事，比起惊恐万分的农民用另一种语言所作的可能前

---

[1] * 阿尔弗雷德・马歇尔致《泰晤士报》编辑的信，1914 年 8 月 26 日；马歇尔为德国的辩护引起了一些人的敌意，例如，1915 年，一位名为“约翰・布尔”的人在写给伯特兰・罗素的一封信中，将罗素与庇古、马歇尔和其他“剑桥亲德派”归为一类，伯特兰・罗素，《自传》，伦敦：昂温平装书，1978 年，第 272 页。

[2] 马歇尔致 J.T. 谢泼德的信（他自 1906 年起成为国王学院的研究员，后来成为院长），1914 年 10 月 12 日（国王学院图书馆，Sh4.5 letter 2）。

后矛盾的解释，这些故事更容易被接受。[1]

642 战争期间的其他书信则涉及更多专业性问题，这些问题属于经济学家马歇尔的研究范围。一封写给刘易斯·弗里[2]的信评论了由于政府政策或战争导致的物资短缺，引起国内消费转向，从而带来的失业风险。这方面例子包括，马歇尔支持将奢侈品消费重新定向，将其看作一项持续的国家政策和战争政策，应该逐步进行，以便使“从属于奢侈品的就业机会逐渐枯竭，不给任何人带来冲击，也不会对任何人造成重大伤害”。马歇尔将奢侈品消费定义为“使你（和你的家人）的身心处于最佳状态”所不必要的一切个人支出，他曾以德国蔡司工厂经理阿贝为例说明这一点。[3]还有一些更为直接的就业替代可能性。不必要的家政人员，除非一些不能转换“职业”的高龄人士外，都可以被派往西线；私人司机可以用来接送康复人员。同样，替代原则还可以用于缓解基本消费品（糖、粮食、牛奶）的短缺，因为需求和教育都是决定配给政策的理想标准。比如说，儿童和残疾人不应遭受牛奶短缺；粮食短缺可以通过改变受过教育的人的饮食习惯来解决，而对那些没有“弹性思维”的人来说，则不太容易做到这一点，同时还要消除啤酒和烈酒生产中不必要的粮食使用。

一般来说，只要海上航线保持畅通，马歇尔并不担心战时失业。战后劳动力市场的调整才是更加困难的，因为从事战争工作的劳动力的特定工作技能会限制替代，但不会消除替代。随着战前合同的完成，建筑业的失业率预计会上升。这个问题需要富有想象力的战后规划来解决，因为马歇尔预计战后住宅建筑的规模将会缩小，这是调整战后生活水平的一个重要部分——战争的巨额费用会降低战后的生活水平。一段附言涉及了一个在战后安置讨论中日益重要的话题：

> 在预测战后形势时，我没有考虑到德国的赔款。虽然我认为德国应该被迫为它在比利时和法国造成的破坏付出代价，但我也认为，应当在一定程度上同意德国的指控，即在她的敌人中，只有我们被肮脏的商业

[1] 马歇尔致《泰晤士报》编辑的信，1914年10月28日。

[2] 马歇尔致刘易斯·弗里的信，1914年11月7日，载《纪念集》，第484–486页。

[3] 关于马歇尔对阿贝和蔡司工厂更详细的评价，见*IT*，第353–354页，对通过适当的工作条件的调整来提高工作效率的手段进行了讨论。参较1916年8月12日，马歇尔写给庇古的信，载《纪念集》第434页：“我认为不必要的汽车租赁是非常不爱国的。”

> 利益所影响；部分出于这个原因，我希望我们所有的赔偿要求都集中在打击德国的军事野心、维护我们持久的安全这件事上。[1]

马歇尔的附言也为他信中的“不严谨”道歉，他本应该重写这封信的。然而，他含蓄地说，他“只能在很短的时间内不间断地工作”。所以，他常常回避写信和与人交谈，以保证在目前良好“但走下坡路”的健康还允许的情况下，完成他“许诺已久的书”。[2]

到 1919 年，马歇尔不再反对德国对英国的战争赔偿，他的立场转变为有条件地支持适度的战争赔偿。他在给博纳的信中解释说，这种适度的补偿最好是通过转让领土和德国的海外投资来实现，而不是通过货物。他的理由与其说是关乎经济考虑，倒不如说是关乎“道德”。马歇尔回忆说，当看到吉芬对普 643
法战争后法国对德国的赔偿的分析，当时他的印象是，吉芬夸大了法国赔偿给德国带来的不利经济后果。马歇尔看到，其中的主要代价就是德国沙文主义的日益高涨。这激发了德国商人的过度自信，后来，过度赔款导致的贸易萧条才消除了这种自信。[3] 马歇尔补充说，他很想发表自己对当前金融和社会问题的看法，以及“德国人性格中善与恶的奇怪组合”。鉴于刚刚结束的旷日持久的凡尔赛和平谈判所伴随的复仇精神，马歇尔提到的第二个事实是，“大多数写这个主题的人似乎从未站在德国的阵营看待问题，他们只承认其邪恶的一面”。不幸的是，这两个写作计划都难以成形：“我的体力衰减得很快；我有许多算是半成品的研究成果，恐怕会跟我的身体一同火化。所以，我不敢在我没有直接责任的问题上发表评论。”[4]

战争期间，马歇尔在私人和公开的信件中也谈到了类似的问题。1915 年，他在给陶西格的信中写道，尽管他热爱“德国人的一切”，但占领和控制德国殖民地是必要的，因为它们对德国的军事意义大于经济意义，他还为英国海军封锁中立国运往德国的船只进行了辩护。马歇尔对未来表达了严重的担忧，“前景

---

[1] 马歇尔致刘易斯·弗里的信，1914 年 11 月 7 日，载《纪念集》，第 487 页。

[2] 同上，第 484、487 页。

[3] 马歇尔致詹姆斯·博纳的信，1919 年 8 月 8 日，载《纪念集》，第 375–377 页；参较 *IT*，第 93、770 页；吉芬的《1870–1871 年普法战争的代价》被重印在他的《金融论文集》（*Essays on Finance*）中，伦敦：乔治·贝尔父子出版社，1879 年，第 1–81 页，其中第 41–55 页明确提到了德国从法国榨取的战争赔款。

[4] 马歇尔致詹姆斯·博纳的信，1919 年 8 月 8 日，载《纪念集》，第 377 页。

不容乐观。很多时候，我对爆发下一场战争的担心，甚至超过了对目前状况的考虑”。[1] 当年早些时候与梅纳德·凯恩斯的通信详细阐述了这些担忧。旨在饿死德国人的海上封锁会给未来的英国人带来巨大的代价：“我无法活着看到我们与德国的下一场战争；但我想你们会的。”此外，目前的海上封锁还确保了在下一场战争中，德国将开发大规模潜艇战，以打破英国的海上封锁。[2]

马歇尔在 1915 年初写给凯恩斯的信中说，由于缺乏对国防事务的详细了解，他不敢公开谈论与战争有关的事，“免得我说错话”。[3] 然而，到那年年底，马歇尔又被激怒了，他向《泰晤士报》的读者谈起了德国儿童和其他必要人群是否得到了充足的牛奶供应的问题。这封信的灵感来自《泰晤士报》当天刊登的一篇文章，转载自《科隆公报》(*Cologne Gazette*)。这篇文章试图指出封锁给德国无辜、手无寸铁的民众的福利带来的困难，来引起对英国的仇恨。马歇尔对这一论断提出了质疑，他引用了德国经济学家长期以来对国内牛奶供应充足的吹嘘，从优越的农业技术，以及德国乳制品进口的来源和性质（其中大部分不需要海运）对这一论断提出质疑。马歇尔认为，“用甘油制造爆炸物的厂商”将乳脂转用于军事用途才是造成牛奶短缺的更可信的原因，尤其是当美国成为德国“猪油和人造奶油”的最大供应国之后。马歇尔回忆起普法战争期间，德国在围攻巴黎后采取了非常不合理的粮食封锁政策，这让他对目前的德国人同情不起来。[4] 然而，由于马歇尔在第二天承认，他错把德国进口油脂数
644 量说成了数百万（应该是数千），可能降低了这封信的权威性，不过，这一变化反而更加有助于他的论点，因为这个数据显示，德国脂肪的自给程度很高。[5]

战争初期，财政和相关征兵问题也困扰着马歇尔。1915 年至 1916 年，他给梅纳德·凯恩斯写了一连串的信，强调增加税收的必要性，还说如果需要的话，他也愿意给《泰晤士报》写信来支持这一点。[6] 马歇尔还警告凯恩斯，过度依赖美国资本市场筹集战争贷款是危险的，还有英国过度的黄金出口给美国带来的通胀风险。[7] 他还提出了一种替代办法，即强制收购英国拥有的美国投

[1] 马歇尔致 F.W. 陶西格的信，1915 年 3 月 31 日，载《纪念集》，第 490–491 页。

[2] 马歇尔致梅纳德·凯恩斯的信，1915 年 2 月 21 日和 22 日，载《纪念集》，第 482–483 页。

[3] 马歇尔致梅纳德·凯恩斯的信，1915 年 2 月 21 日，载《纪念集》，第 482 页。

[4] 马歇尔致《泰晤士报》编辑的信，1915 年 12 月 29 日和 31 日。

[5] 马歇尔致《泰晤士报》编辑的信，1915 年 12 月 31 日。

[6] 马歇尔致梅纳德·凯恩斯的信，1915 年 10 月 14 日，凯恩斯文件，国王学院，L/M/41。

[7] 马歇尔致梅纳德·凯恩斯的信，1915 年 10 月 25 日，凯恩斯文件，L/M/41。

资作为战争贷款，并提出了一项国家强制储蓄计划。在马歇尔看来，12 小时轮班制和由年轻工人支配的“巨额资金”似乎是“国家的头等灾难”，除非将这种过度增长的收入用于增加国民储蓄和促进战争融资。马歇尔还说，这种想法源自“拉文顿，他告诉庇古，庇古再告诉我的”。[1]

一个月后，马歇尔提议对那些试图逃避服兵役的人采取强有力的财政惩罚措施。不过这个问题在“他的”剑桥经济学家圈子里很微妙，于是他温和地向凯恩斯提出了这个建议，因为凯恩斯本人就曾通过在财政部从事“战争工作”来逃避这些责任。[2]

> 有少数人——出于性格和其他原因——厌恶服兵役，他们几乎宁愿马上死去也不愿服役；他们虽然勇敢，但会在队伍中产生不利的影响。但他们中的许多人，也许是大多数人，都是爱国的、无私的。他们不算是偷懒的人和不务正业的人。
>
> 过去，富裕阶层为了自保，通常支付一个替代者的费用来逃避征兵。但这种方法于富人有利，对穷人却是一种侮辱。
>
> 这一项提议似乎没有什么人反对，即任何处于兵役年龄的未婚男子，国内并不需要他，并且也不愿意去前线的，如果他愿意将（比如说）总收入的三分之一（不包含一般税收）用于战争开销，则可以免于征兵。
>
> 在特殊情况下可以减免这一费用：例如，一个人周薪不足 1 英镑，却要赡养残疾亲属的人可以适当减免。
>
> 在我看来，这样的安排可以实现阿斯奎思的承诺，让几乎所有本该参军的人都进入军队。
>
> 如果你认为可取，我就写信给《泰晤士报》。[3]

---

[1] 马歇尔致梅纳德 · 凯恩斯的信，1915 年 11 月 15 日，凯恩斯文件，L/M/41。

[2] 莱昂 · 埃德尔（Leon Edel），《布卢姆斯伯里——狮子之家》（*Bloomsbury. A House of Lions*），哈蒙兹沃斯：企鹅出版社，1981 年，第 201–205 页；R.F. 哈罗德，《约翰 · 梅纳德 · 凯恩斯传》，第 6 章；罗伯特 · 斯基德尔斯基，《约翰 · 梅内德 · 凯恩斯：希望的破灭 1883–1920》，第 289–297 页，尤其是第 296–297 页。

[3] * 马歇尔致梅纳德 · 凯恩斯的信，1915 年 12 月 24 日，凯恩斯文件，L/M.41。马歇尔提到的阿斯奎思的承诺是指，他在 1915 年 12 月关于重新实行征兵制的辩论中做出的。据 1915 年 12 月 23 日《泰晤士报》报道，阿斯奎思承诺，“在任何时候，400 万人是军队的极限”。

由于马歇尔没有就此事给《泰晤士报》写信，[1]看来凯恩斯很可能反对这些想法，也许他意识到这会给他的布卢姆斯伯里的朋友们带来麻烦。马歇尔的
645 下一封信对此表示同意，但重申了他对大幅增加税收的支持，他认为这有助于“防止阿斯奎思在德比的引导下给出承诺”。[2]马歇尔确实在《经济学人》上撰文大力支持增加战争税，并在那年应道森（Dawson）先生的邀请，为《战后问题》（*After-War Problems*）一书撰写了一篇名为《战后国家税收》的文章，其中同样呼吁将增加税收作为战后重建的一个重要方面。

在给《经济学人》的信中，马歇尔建议增加对酒类的征税，并有选择地对肉类等普通消费品征税，例如对屠宰场征税。不过，主要还是依靠提高所得税和资本税。在战争期间征收资本税的负面影响非常有限，因为战争使资本迁移变得困难重重，而临时征税无论如何也不会引起这种大规模迁移。在现行制度下，所得税的增加则会引发重大的公平问题：

> 当然，进一步提高所得税会加剧相同收入的人的税收负担，但与所承担的责任不同，在战争的压力下，找不到彻底补救这些弊端的办法。但是，在保持夫妻共同收入统一纳税的同时，可以向家庭所有成员，不论老少，给予不同程度的免税额度。[3]

马歇尔更为重要的贡献是，他在更广泛的层面上解决了税收公平问题。要想从马歇尔那里获得这篇文章相当困难。道森想要将这篇文章纳入他所编辑的关于战后政策的书中，但被马歇尔拒绝了，尽管马歇尔承认这篇文章的确“很吸引人”。马歇尔的理由还是那一套，他无法快速完成这个任务，这势必又将推迟他《国家产业与国际贸易》一书的写作，这本书“大约在七年前”就在报纸上宣传过，但至今远未完成。也许是受到马歇尔所说的很感兴趣的鼓舞，道森又一次向他提出邀请。这时，剑桥大学理事会要求该校成员尽可能多地为国

[1] * 事实上，直到1917年11月，马歇尔才再次给《泰晤士报》写信，当时他反驳了柯南·道尔的策略，即在全国范围内发起一场针对德国人的仇恨运动。不过，1916年8月19日的一封署名为“阿尔弗雷德·马歇尔”的信可能是他写的。这封信转达了一位在美索不达米亚服役的军官的消息，他希望得到帮助，为当地的“普通士兵”提供“一些小的舒适品和奢侈品，这些东西可以减轻生活的乏味，让士兵们精神振奋”。

[2] 马歇尔致梅纳德·凯恩斯的信，1916年1月4日，凯恩斯文件，L/M/41。

[3] 马歇尔致《经济学人》编辑的信，1916年12月30日，第1228页。

家服务，这促使马歇尔最终决定接受这一要求。1916 年 6 月，马歇尔向道森报告了工作的进展，他说他花了很多时间，文章的篇幅也在进一步增加。道森在回复中建议马歇尔“自由创作”，不必担心篇幅限制。这种态度说明，道森充分认识到分配给马歇尔的议题的特殊性和复杂性。[1]

1917 年出版的这一章分为两部分。第一部分涉及战后适当的税收水平及其分配；第二部分涉及战争结束后，面对新的国际形势的英国进口税问题。马歇尔按照先后顺序列出了现有的、潜在的手段，从而解决了战后调整所必需增加的税负，如何以最无害的方式进行分配的问题。马歇尔倾向于增加所得税的税率。但他警告说，这一措施有两个困难。第一个困难涉及公平问题，他在给《经济学人》的信中曾提请注意这个问题；第二个困难是，所得税固有的储蓄双重征税，对战后急需的积累造成的不利后果。如果能对储蓄免征所得税， 646
并根据纳税收入所赡养的人数调整税负，就能实现“理想中的完美情况”。马歇尔还主张征收一些新税。渐进式房屋税是一种潜在的（尽管不完美）替代直接支出税的方法，他通过建议从所得税中豁免储蓄来支持这种直接支出税。此外，它还建议对旅馆、餐馆、家庭用人、汽车和广告征收补充税和温和的累进税，[2] 并警告对某些商品征税的危险性，因为它们往往容易出现“逆累进”，或导致收入减少。

该章的第二部分讨论了将对进口商品征税作为一种增加收入手段的危险。马歇尔首先提到了这种税收对国内成本结构，特别是出口商成本结构的不利影响。征收进口税也会使国外对英国出口产品的需求产生不利影响，而利用这种税收也很难实现英国贸易条件的有利改变。随后，马歇尔反对将进口关税作为保护英国产业的一种措施，他使用了人们耳熟能详的论点，即进口关税无法挽回英国已经失去的竞争优势，而且对于作为潜在国防需求的农业来说，进口税也是站不住脚的。正如他在 1903 年所做的那样，马歇尔拒绝对其他国家征收更高关税（即帝国特惠制）。伦理政治方面的考虑，与经济方面的考虑相结合，

---

[1] 马歇尔致 W.H. 道森的信，1916 年 2 月 20 日、6 月 5 日和 11 月 18 日（马歇尔档案，1：274–276）。

[2] * 阿尔弗雷德 · 马歇尔，《战后国家税收》，载《战后问题》，W.H. 道森编辑，伦敦：艾伦与昂温出版社，1917 年，特别是第 320–328 页（该章的一部分已在《纪念集》中重印，见第 347–352 页）。马歇尔对广告越来越苛刻的观点，可能影响了他对广告征税的建议，这在《产业与贸易》中也很明显，例如，第 306–307 页。1916 年，马歇尔写信给赫克歇尔（Heckscher），表示他对直接税的喜爱，并希望将直接税推广到更多的工人阶级中。1916 年 1 月 28 日，马歇尔致 E.F. 赫克歇尔的信（瑞典皇家理工学院图书馆，斯德哥尔摩）。

一同强化了这样一个结论，即“广泛的保护性关税制度将剥夺英国的经济实力”，而英国的经济实力是她战争费用的基础。保护性关税所带来的好处将以“对广大人民造成更大的伤害为代价”，因为这将限制经济增长，而经济增长是筹措战争抚恤金和减少“堆积如山的战争债务”（这些债务可能为子孙后代带来灾难）所必需的。[1] 因此，马歇尔坚定地坚持他的自由贸易立场，尽管他早先在该章中呼吁采取措施，以增强“大英帝国的凝聚力，以及最近并肩奋战、浴血奋斗的伟大联盟”。[2]

马歇尔在给《泰晤士报》的最后一封信中谈到了战后金融的最后一个问题。这封信批评了溢价债券中的彩票元素，认为这是为了极小的经济利益而背叛了国家尊严。信中重申了他对赌博的强烈厌恶，认为赌博充其量不过是“一种贫瘠的娱乐”，其引发的“对刺激的病态渴望”通常会导致“家破人亡”。马歇尔的证据来自“缜密思考的德国人和奥地利人”，这些人认为英国人的生活中没有赌博是其国力的主要来源，而他随后对“欧洲大陆赌博胜地”的考察“给他留下了深刻的印象，在那里，人们的脸上充满了病态的紧张”。[3]

647 C.R. 费伊记录了马歇尔对战争的最后一次的私下反应，

> 1918 年，当德国人击溃了我们的第五军时，我被派回家乡，去凯斯学院的参谋学院讲课。当时我在机枪学校，我们试图从陆军部获得更多的机枪。在上校的鼓动下，我起草了一份非正式的、非法的备忘录，准备呈交给我们学院的名誉院士斯莫茨（Smuts）将军。我给马歇尔寄了一份草稿。到家大约 10 分钟后，电话铃响了，我听到马歇尔在那头说：“你有铅笔吗？大概需要十分钟。”我说：“我能去找你吗？我听不太清楚。”他说：“好吧，好吧，你 10 点半来，但你不能待太久。”我到了以后，他对我说，“我不准备和你争论，你就记下来吧”；然后他口述了一份新的草稿，显然比我那个要好很多。“你这样写可能会毁了你的职业生涯，”他说，“你真正想说的在你的附录里。”顺便说一句，他对维克斯枪和刘易斯枪的区别非常了解，这也

[1] 阿尔弗雷德·马歇尔，《战后国家税收》，第 329–345 页；简短的引文摘自该文的结束页，第 344–345 页。

[2] 同上，第 328 页。

[3] 马歇尔致《泰晤士报》编辑的信，1919 年 11 月 17 日。

是我的战术性论点的基础。[1]

从一个重要的意义上说，马歇尔对战争的经济、道德甚至军事方面的兴趣，以及积极参与其中，都让他损失了大量的写作时间。而且，从他出版的最后两本书的内容来看，这一代价并没有得到应有的补偿。不幸的是，战争也给马歇尔夫妇带来了更多的个人损失。1917 年 12 月，马歇尔的哥哥查尔斯的小儿子，也就是他的侄子亚瑟，在前线受了伤，马歇尔的信写完后几周，亚瑟就因伤死去，这封信显示了丧亲之痛对这位年迈无子的叔叔的影响，

> 剧痛之下，你表现得多么坚韧和善良啊！关于你的最新消息永远是当天最大的新闻，只有《泰晤士报》上的战争新闻（如果有的话）才能与之相比。可怜的亲爱的小伙子！你受到这么重的伤，还是身体特别敏感的部位，我太难过了。但所有勇敢的士兵，被击中时，想着“这是为了我的国家”，对你来说可能是一种宽慰；在这场战争中，要说的还有很多。从某种意义上说，整个世界（除了德国）都是那些为和平未来而战的人，你们代表的是“国家”，代表全世界受苦受难。在未来的岁月里，世界将感激你们。即使世界末日来临，整个世界都笼罩在黑暗之中，你依然可以呼喊，“为祖国而死是一件甜蜜而荣耀的事”。[2]

说回到意义不那么重大的旅行上，马歇尔夫妇战后旅行的困难大大增加，他们无法再定期前往南蒂罗尔（只有一次相当痛苦的旅游），[3]不过，年龄和迅速衰弱的身体以及战后调整带来的国际秩序变化才是夏日旅行中断的主要原因。幸运的是，马歇尔没有活着看到这些战后事件的全部影响，到 20 世纪 20 年代末，这些势头迅速增强，早在 1915 年，马歇尔就在写给陶西格和凯恩斯的信中预测将与德国爆发第二次世界大战，这一悲观预言实现了。他对梅纳德・凯恩斯寄给他的《和约的经济后果》(*Economic Consequences of Peace*)

[1] C.R. 费伊，《回忆》，载《纪念集》，第 76–77 页；关于这一轶事的另一种叙述见 C.R. 费伊的《图书馆副馆长的回忆》，*AMCA*，I，第 89–90 页。

[2] 马歇尔致亚瑟・雷蒙德・马歇尔（Arthur Raymond Marshall）上尉的信，1918 年 1 月 18 日，载《纪念集》，第 495 页。1918 年 2 月 2 日，亚瑟・马歇尔在鲁昂医院去世。

[3] 见上文，第 7 章，第 216–217 页。

表达了迟到的感谢，信中同样弥漫着这种悲观情绪，他说书中关于反复仇的内容给他带来了“超乎寻常的快乐和好处”。[1] 这种情绪也来自他日益壮大的剑桥马厩的领头马驹（即凯恩斯），这与马歇尔本人战争期间的原则——坚持不懈地在《泰晤士报》上发文，旨在平息反日耳曼的情绪——非常吻合。在他
648 75 岁高龄的时候，他又为了在战争时期维护人道价值而与阿瑟·柯南·道尔爵士（Sir Arthur Conan Doyle）这样的名人展开争辩：

> 柯南·道尔爵士在今天登报的文章中说，如果英国及其盟国把激化对德国的仇恨作为其政策的主要目标，那么他们现在的立场就会更加强硬。我们总是做我们认为正确的事，觉得赢得了全世界的同情并使其站在我们这一边，因此我们是强大的；但是，如果我们把培养仇恨作为一种战争武器，我们就会失去许多同情。毫无疑问，无论如何都应当对德国的暴行进行清晰、可靠的谴责。但是，以培养仇恨为目的只会徒增这类和平主义者的地位，在我看来，他们的高尚情操似乎在促成一种虚假的和平，而这将给下一代带来史无前例的灾难。[2]

三年后的今天，玛丽·佩利·马歇尔记录了她丈夫在贝利奥尔庄园的私人谈话中对德国战争罪行的看法，那时他已不再发表公共评论。

> 早餐时，当谈到将德国皇帝绳之以法的想法是如何消失的时，阿尔弗雷德说，他怀疑德皇的所作所为是否像英国征服印度时所做的那样糟糕。最终来看，对印度来说可能是件好事，因为它阻止了印度因内战而四分五裂。但是阿尔弗雷德可以想象得到，德国皇帝会相信，为了世界的利益，欧洲应该全部置于德国的控制之下，组成兄弟般的联盟。当然，在一段时间内，由于俄罗斯尚未开化，军队必须保持在东部边境，欧洲大陆的兄弟们不得不组建一支强大的海军来征服英国

[1] 马歇尔致梅纳德·凯恩斯的信，1920 年 1 月 29 日（凯恩斯文件，L/M/41）。

[2] * 马歇尔致《泰晤士报》编辑的信，1917 年 12 月 28 日。这是对亚瑟·柯南·道尔爵士在 1917 年 12 月 26 日（马歇尔写信的那一天）发表的信的回应，该信在叙述了一些德国人对英国战俘的暴行的细节后，指出这些事件应该被公开，因为“仇恨在战争中有其用途”。随后，它还建议，将系统性地公布德国的战争罪行，作为一项官方策略，特别是在“爱尔兰新芬地区，以及英格兰和苏格兰的社会主义与和平主义的温床”。

的舰队，然后欧洲将组成一个幸福家庭，不再有战争，所以，德国皇帝恐怕还将自己看作是这个世界最大的恩人。[1]

试图与昔日学生保持联系：荣休教授与时间永无休止的斗争

马歇尔去世后不久，玛丽·佩利·马歇尔向沃尔特·斯科特[2]回忆说，除了家人外，马歇尔“真正关心的是……他以前的一些学生。他经常说，他本想多见见他的老同事和老朋友，但对于维持这些友谊他感到有心无力，他对自己的工作也是如此”。他亲近与挚爱的家人一个个离开了他：他最喜欢的路易莎姑姑于 1907 年去世，享年 89 岁，而他最喜欢的妹妹梅布尔也于 1912 年去世。他的两个年轻的侄子在战争中死去：亚瑟死于前面提到的战争创伤；西里尔是他妹妹梅布尔的小儿子，1915 年去世时才 22 岁。因此，在马歇尔的晚年，一些昔日的学生和同事给了他友情上的慰藉。

通信和偶尔的拜访是维持这些友谊的方式，往来的书信显示，马歇尔深切 649
地关注着他最喜欢的经济学学生的职业生涯，并赞赏他们在公共事务中获得的各种荣誉。1917 年，先是梅纳德·凯恩斯，然后是沃尔特·莱顿，分别因其战争期间的贡献而被授予荣誉勋章，马歇尔从贝利奥尔庄园发出了热烈的贺信。[3]他们在经济学和相关学科上的著作同样得到了他们以前老师的热情赞扬。1915 年，费伊因其在《十九世纪的生活与劳动：1800–1850》中的“精彩研究”而受到表扬，马歇尔还补充说，“我预计，一千年后的 1920–1970 年将是历史学家的时代”。[4]一年后，马歇尔称赞庇古，“你的书写得精彩绝伦”，但马歇尔同时也表达了担忧，因为庇古没有清楚地强调相互依存的复杂性及其带来的困难。[5]在战前，马歇尔曾称赞梅纳德·凯恩斯所写的印度货币的文章，

[1] 1920 年 12 月 26 日的片段，笔迹来自玛丽·佩利·马歇尔（马歇尔档案，棕色大箱，第 26 项）。

[2] 玛丽·佩利·马歇尔，《给沃尔特·斯科特的笔记》，棕色大箱，第 26 项。

[3] 马歇尔致梅纳德·凯恩斯的信，1917 年 6 月 9 日（凯恩斯文件，L/M/41）；马歇尔致沃尔特·莱顿的信，1917 年 9 月 23 日（莱顿文件，莱顿 2^{35}）。*IT*，第 644 页注释 1，自豪地提到了查普曼的类似荣誉。

[4] 马歇尔致 C.R. 费伊的信，1915 年 2 月 23 日，载《纪念集》，第 489–490 页。

[5] 马歇尔致 A.C. 庇古的信，1916 年 4 月 12 日，载《纪念集》，第 433–434 页；这本书就是庇古的《战争的经济与财政》。关于马歇尔对另一本庇古著作的注释，见 K. 巴拉德瓦杰，《马歇尔论庇古的财富与福利》，载《经济学刊》，1972 年 2 月，第 32–46 页。

在战后，马歇尔继续称赞他的《和约的经济后果》和《货币改革》。收到最后一本书的时候，马歇尔回信说，鉴于他即将离开这个世界，他“会问天堂的新来者，你是否成功找到了解决货币问题的方法”。[1]

除了称赞别人外，马歇尔也收获了赞美。1922 年 7 月 16 日，皇家经济学会发表了一份由其主要成员签署的致辞，以祝贺马歇尔的 80 岁生日。这表明新一代经济学家对其创始人的敬意，特别是那些与他创建的剑桥经济学有关的人，更一般地说，是那些受他在教育和其他方面的声望和实践所鼓舞的英国经济学家。这封简短的贺信，除了向马歇尔表明，他以前的学生和其他崇拜者对他的工作有着“深深的敬重”，并祝愿他“继续过着充满幸福和活力的生活，继续享有成就感”之外，还不遗余力地赞美了他：

> 您的一生中只有一个坚定的目标，一个崇高的科学理想；透过现象去剖析本质，避免表面和似是而非的东西，永远不满足于已有的成就，而是追寻更美好的事物。您给青年人以灵感，给老年人以忠告和启迪。剑桥经济学是您的孩子；在为劳工委员会、金银委员会和其他委员会工作时，您为国家提供了重要的服务，并促进了经济学的发展。我们（此信的所有签署者）向您这样一位在困难领域开辟道路与方法的大师致敬。因为您，英国的经济学家可以向外国同行们夸耀说，他们中有一位继承了亚当·斯密、李嘉图和穆勒伟大传统并与之齐名。[2]

签名者包括 34 位教授和前任教授，其中许多人要么是马歇尔的通信对象，要么是他以前的学生，此外，还有 53 名公共服务或商业领域的经济学教师和从业人员，霍尔丹勋爵为签名主席，阿瑟·巴尔福为副主席。这些人也都是他生命中不同重要时刻的亲密伙伴，或以前的学生，有的直接受到马歇尔的指导，有些间接受到马歇尔的影响。间接受到影响的学生以拉文顿、D.H. 罗伯逊和肖夫为代表，他们都来自剑桥经济学派，没有受过马歇尔的个人指导，而
650 是学习过他的著作；名单上受到马歇尔直接指导的昔日学生包括约翰·内维

[1] 马歇尔致梅纳德·凯恩斯的信，1914 年 3 月 9 日和 10 月 8 日，载《纪念集》，第 479–480 页；1920 年 1 月 29 日和 1923 年 12 月 19 日，凯恩斯文件，L/M/41。

[2] 转载于《纪念集》，第 497 页，其中还列出了完整的签名者名单，本章下文的论述均基于这份名单。

尔·凯恩斯和梅纳德·凯恩斯父子，以及女学生玛丽安·皮斯（在布里斯托的时候）和林达·格里尔。名单上的德国经济学家以布伦塔诺和熊彼特为代表，瑞典经济学的代表人物则是卡塞尔，代表美国经济学的有卡弗（Carver）、费雪、哈德利、塞利格曼和陶西格，法国经济学家纪德，道德科学领域的代表人物是索利。

在这份气势恢宏的名单中，有一些人的缺席令人吃惊，另有一些人的缺席则在意料之中。在著名的国外通信者中，J.B. 克拉克和维克塞尔没有签名，可能是由于他们不是皇家经济学会的成员。同样引人注意的是，意大利学派、荷兰学派、洛桑学派以及德国学派（除了提到的两个例外）和奥地利学派的学者都没有签名，这也许是 20 世纪 20 年代英国经济学日益受到孤立的一个迹象。有一些昔日的学生也没有签名，福克斯韦尔的缺席是很容易解释的；但莱顿当时肯定是皇家经济学会的成员，他没有签名的确有点奇怪。马歇尔幸福又感激地接受了这封热情洋溢的贺信。然而，他还是禁不住诱惑，就他重新赋予活力和重新定义的学科范围做了最后一次简短的布道：

> 在我 80 岁生日之际，您寄给我的贺信让我满怀感激和喜悦。您真是太客气了。但是我太贪婪了，一点也不会放弃。
>
> 一个人研究的时间越长，它的范围似乎就越大，几乎每一门科学都是如此；尽管事实上，它的范围可能几乎没有变化。但经济学的主题在迅速增长，这样，未来的一代将有更广阔的研究领域，以及比他们的前辈更严格的研究方法。中国人崇拜他们的祖先，而一个经济学的前辈则会怀着敬畏之情，看待年轻学生所从事的工作。
>
> 如果我对年轻学者走上经济研究之路有所帮助，这是远比任何事情都重要的。想到我在这方面贡献了微薄之力，我觉得自己可以安心离开了。[1]

从某种意义上说，这封贺信是对马歇尔创立的经济学的正式告别，而贝利奥尔庄园的主人，这位已耄耋之年的老人也接受了这一事实。在与他两位昔日学生的最后接触中，他也传达了类似的情绪。在他生命的最后几年里，从很多方面来看，马歇尔似乎与这两名学生是最亲密的，他们以书面形式记录了这一

---

[1] 马歇尔致梅纳德·凯恩斯的信，1922 年 7 月 27 日，载《纪念集》，第 499 页。

时刻。在他们的回忆中，与“大师”的告别间隔了12个月（这是因为两位记录者去了很远的地方）。费伊在为《纪念集》撰写的官方回忆录中记录了1923年对马歇尔的最后一次拜访，他宣扬了马歇尔“光辉的人性，以及他给予世人的爱与启发”，尤其是那些只能从他的著作中了解他的人：

> 去年，在我再次来到加拿大之前，我和妻子最后一次和他一起喝茶。他告诉我们，他五十年前用继承的一小部分遗产访问了美国。我就现代工业主义的单调乏味说了几句，他突然来了精神，开始描绘现代钢铁业的浪漫情怀。但是我违背了对马歇尔夫人的承诺，本来说好的10分钟，我多待了2分钟。于是我起身准备离开，但马歇尔更快起身，走进了花园。[1]

651 1924年5月，在马歇尔去世前两个月，凯恩斯给他未来的妻子莉迪娅·卢波科娃写了一封感人的信，生动地记录了他最后一次访问马歇尔的感受，其内容丰富了凯恩斯所写的著名的回忆录，这正是为了纪念这位使他和其他许多人走上经济学之路的人：

> 今天下午，我很难过。我得到消息说，让我成为经济学家的我的恩师（阿尔弗雷德·马歇尔，两年前过了80岁生日的那位，你应该见过他的照片）已到了弥留之际。所以我去见了他最后一面。他戴着睡帽躺在床上，看上去像一位老圣人，他确实是一位老圣人——很有中国味。他的声音很微弱，但他告诉我他最初学习经济学的原因，以及这种研究是一种为人类福祉而进行的宗教工作。他还能发出笑声，但他不记得现在正在发生什么，可能已经忘记了我的来访。我一边紧紧握住他的手，一边和他年迈的妻子说话，她一生都在扶持他的工作。她冷静而睿智。马歇尔现在很像个孩子，经常惹麻烦。他会照医生说的去做，但不听她或护士的话。他大声说，虽然自己现在很虚弱，但他“不要被女人指挥”。[2]

[1] C.R. 费伊，《回忆》，载《纪念集》，第77页。

[2] 梅纳德·凯恩斯致莉迪娅·卢波科娃的信，1924年5月16日，载《莉迪娅和梅纳德》，波莉希尔和理查德·凯恩斯编辑，伦敦：安德烈·多伊奇出版社，1989年，第195页。

玛丽·佩利·马歇尔描述了过去几年和几个月的其他细节。这些细节突出了直到马歇尔最后一次生病之前，他工作模式的一些特点，以及他在最后十年里消遣的方式。斯科特的小说是“他唯一愿意大声朗读的故事书……在他最后一次生病期间”，他喜欢在晚上下双陆棋，赢了就开心，输了会不高兴，她继续说道，

> 在他生命的最后十年里，电子自动钢琴是他最大的乐趣。我费了好大劲才说服他把它买下来，因为他绝不会让自己沉溺于这样的奢侈品。它逐渐成为他最大的安慰。他自创了一个方法，当他躺在沙发上时，用绳子和滑轮来控制一首曲子的启停，他喜欢一遍又一遍地听奏鸣曲，而且几乎都是贝多芬的曲子。在他生命的尽头，他常常坐在方舟里工作，方舟是一个巨大的旋转遮蔽物，被改装成书房。方舟又大又沉，从外面很难转动它，于是他安排了一个把手和齿轮从里面转动它，这样，哪怕是一个孩子也能轻易转动它。他对机械发明非常感兴趣，并宣称如果他登上一个荒岛，有工具和人力，他可以制造出大多数的机器。[1]

两年后，她在给沃尔特·莱顿的一封长信中回忆了马歇尔最后几年的快乐时光，信中对他说的修复方舟的计划也作了回应。这不仅让人回忆起了这种工具的必要性——适应了马歇尔在户外工作的需求，在此之前，马歇尔会在“毗邻书房的阳台工作……接着是一个小型的旋转遮蔽物，后来才是方舟”。同样类型的替代物是在蒂罗尔建造的更轻便的庇护所，每一年夏季，他们去那里度假时，马歇尔会待在里面。信中还详细介绍了它的来源和运作方式，

> 我们是在 1910 年从诺维奇的博尔顿（Boulton）和保罗那里得到 652
> 了它（方舟），它一直陪伴马歇尔直到他生命的最后几天，事实上，只要他还能走路，他就一直坐在里面。里面配有书架、一个旋转的书

[1] * 玛丽·佩利·马歇尔，《给沃尔特·斯科特的笔记》，马歇尔档案，棕色大箱，第 26 项；参较 C.R. 费伊的回忆，在 1918 年口述了他关于机枪的备忘录后，马歇尔在费伊离开前说，“你可以铺上垫子，打开黑鸟”（他的自动钢琴），费伊遵从了这个指令，“当我关门的时候，我回头看了看他，他就像一个正在休息的十字军战士，双臂交叉，闭着眼睛”（《图书馆副馆长的回忆》，第 90 页）。

柜，一把摇椅和存放手稿的盒子。冬天，他穿着一件毛皮大衣，戴着保暖的连指手套，穿着暖和的毛皮鞋子。从里面旋转它也是马歇尔自己发明的。

他的方舟和他的黑鸟（他总是喜欢给他的东西起名字），也就是一架出色的电子钢琴，是他生活中的两大乐趣。他常常躺在沙发上，用滑轮和绳子操作钢琴为他演奏，而无需起身。在过去的几年里，他沉浸于工作的时间不能超过一小时，然后他会躺下，黑鸟在为他唱歌，半小时后，他就神清气爽地站起来继续工作。他几乎总是演奏贝多芬的作品，他有大约200张贝多芬的作品。[1]

疾病缠身、日渐遁世

本章详细记录了马歇尔在退休后逐渐远离社会的情况，在通信中他将此归因于，访问和谈话带来的兴奋和其他刺激会对他虚弱的身体产生有害影响。凯恩斯认为，除了马歇尔在1879年初次确诊肾结石以外，到1882年后，他的身体状况实际上已经基本恢复，“但他此后一直有一些疑病症，总认为自己处于残疾的边缘。事实上，他拥有强健的体格，直到很老的时候，他仍能驾驭写作。但他神经的平衡很容易被异常劳累或兴奋打破……他持续专注于艰巨的脑力劳动的能力不如他的预期，于是他变得依赖于一种适应他的奇思妙想的生活方式”。[2]凯恩斯所说的“强健的体格”，似乎有些夸大其词。[3]这与马歇尔年轻时的身体状况不符，他常常头痛，要靠下棋来缓解，他没有娱乐活动，脸色苍白，身材瘦弱，因此在学校得了个“牛油蜡烛”的绰号。[4]据马歇尔回忆，在19世纪60年代，他大学刚毕业那会，过度劳累损害了他的健康，但这些症状并没有妨碍他在夏天开展艰苦的高山远足，这些远足往往会恢复他的健康和

[1] * 玛丽·佩利·马歇尔致沃尔特·莱顿的信，1926年11月4日（马歇尔档案，1：328）。事实上，这一装置由沃尔特·莱顿继承；“黑鸟”最后留在了纽纳姆学院（《纽纳姆学院信函》，1945年）。感谢丽塔·麦克威廉斯–塔尔伯格提供的信息。

[2] 约翰·梅纳德·凯恩斯，《阿尔弗雷德·马歇尔》，第178页。

[3] ¶ C.R. 费伊在评论凯恩斯的回忆录时说：“你写的马歇尔的文章非常精彩，除了‘强健的体格’这句外，其他都是事实，这是你淘气的一面！还有他对西季威克的差别对待。”见C.R. 费伊写给梅纳德·凯恩斯的信，1924年11月13日（KMF）。

[4] 约翰·梅纳德·凯恩斯，《阿尔弗雷德·马歇尔》，第163页，还可见上文第2、3章，第22、62页。

体力，以迎接 10 月份新学年的开始。[1]

凯恩斯说，“消化不良困扰了他的一生，并在晚年愈演愈烈”，这可能与 1879 年确诊的肾结石有关。在休养的初期，马歇尔在与福克斯韦尔的通信中谈到了自己的饭后习惯，即饭后至少需要休息一小时，还要做些手工活让自己放松下来，这些痛苦的症状也常常与他神经质的性格有关。[2]

然而，到了 19 世纪 90 年代，马歇尔声称他的消化问题迫使他在每餐后休 653
息大约一小时，可能正是这种需要限制了他的社交活动，让他无法接受私人晚餐的邀请，也无法去朋友家与他们共进晚餐。[3] 马歇尔的症状没办法精确地提供一个医学上的回顾性诊断。然而，在他被诊断出肾结石时，肾结石切除手术还未普及，由于缺乏更现代的治疗方法，马歇尔的能力受到严重的削弱。此外，心理因素也可能存在，不过下棋游戏缓解了他的头痛，而马歇尔的神经质性格可能是他消化问题的主要原因。马歇尔偶尔会咨询安德鲁·克拉克爵士（Sir Andrew Clark），他以治疗消化不良而闻名，是“脑力劳动者钟爱的医生”，马歇尔在《经济学原理》一书中提到，这些人最容易出现消化问题。消化系统疾病也有效地保护了他的家庭隐私，避免了不必要的探访，马歇尔也不用与他人同住。另外，他所抱怨的消化问题与 1924 年被列为其主要死因的胆囊疾病也属同类型的疾病。[4]

撇开消化不良不谈，从 19 世纪 80 年代末开始，马歇尔的身体已经足够健壮了，他会骑很久的车，也会徒步旅行，不仅是在剑桥附近（1910 年马歇尔对贺拉斯·普伦基特爵士回忆的那样），在 19 世纪 90 年代，马歇尔一家在英

---

[1] 马歇尔致詹姆斯·沃德的信，1900 年 11 月 23 日，载《纪念集》，第 418 页，玛丽·佩利·马歇尔，《MSS 笔记》（NCA）。

[2] 马歇尔致赫伯特·福克斯韦尔的信，1884 年 3 月 10 日（弗里曼收藏，12/73）。

[3] 马歇尔致艾略特的信，1895 年 9 月 3 日（引自上文，第 618 页）；马歇尔致布伦塔诺的信，1903 年 8 月 12 日，见上文第 13 章，第 444 页，以及上文提到的给摩尔的信，第 637–638 页。阿克沃思（Acworth）在 1902 年 4 月 20 日写给马歇尔的信中提到了“从咀嚼到消化的保健学家”的价值（马歇尔档案，1：113）。

[4] 我咨询了一些澳大利亚医学专家（Cobcroft、Grandvia、Leavesley），从中获益良多，我在此感谢他们的帮助。当代肾脏疾病的观点来源于理查德·沃尔克曼精选的《与医学、外科和产科有关的临床讲座》，伦敦：西德汉姆学会，1876 年，特别是第 195–211 页。我还参考了《英国医学杂志》，1880 年 10 月 30 日， 第 708–709 页；1881 年 2 月 12 日， 第 223–224 页；1880 年 10 月 10 日，第 549–550 页。丽塔·麦克威廉斯 – 塔尔伯格提醒我马歇尔与安德鲁·克拉克爵士之间的交往，在此表示感谢。

国度假时，也会在德文郡和康沃尔郡骑车与徒步。[1] 他们的老朋友本杰明·乔伊特说，比起在布里斯托的初相遇，这些骑行与徒步说明阿尔弗雷德·马歇尔的健康状况已经好转。有理由相信，中年时期的马歇尔已拥有健康的体魄。[2] 坎南后来评论说，19 世纪 90 年代早期的马歇尔在身材上与那个之前看起来“一只脚已经踏进坟墓”的马歇尔有多么不同，他说，当他还是一个孩童时，他看到马歇尔“沿着阿普斯利路蹒跚前进”。[3] 不过，到了 1901 年，当勒德洛听到马歇尔的健康状况已无法负担他“四处走动”时，他很惊讶。[4]

无法保持长时间的专注（尤其是在困难的脑力活动上）和记忆力缺陷的问题从小就困扰着马歇尔。[5] 前一种问题在 19 世纪 90 年代中期的通信中被越来越多地提及，例如本章开头引用的他写给艾略特的信。在他退休后，他更频繁地抱怨无法长时间专注于写作的问题，这也因此被看作是阻碍写作进展的一大原因。关于记忆力衰退的问题，前面已经给出过例子。比如，马歇尔本人在给维克塞尔的信中写道：“我很惭愧忘记了你很久以前说过的关于货币的话。不过，鉴于我连自己一周前写的东西都记不得，所以忘记别人的话或许也能够得到原谅了。”[6]

玛丽·佩利·马歇尔向凯恩斯回忆说，1919 年之后，马歇尔的身体状况开始严重恶化。“他常常感到反酸和恶心，我相信这是他最后一次生病了，他的记忆力开始衰退，尽管他自己并不知道。因此，我竭尽所能地加快《货币、信用与商业》一书的出版，尤其是当鲍文医生在 1921 年告诉我，他的学术生
654 涯已经结束，他无法再从事建设性的工作了。在过去的一年里，他开始意识到他的记忆力正在衰退，他经常说，‘我很高兴《货币、信用与商业》终于出版了’。自《货币、信用与商业》问世以来，他一直在努力准备把一些旧的手稿和早期的小册子整理出版。”[7]

---

[1] 马歇尔致贺拉斯·普伦基特爵士的信，1910 年 5 月 17 日，载《纪念集》，第 468 页；马歇尔致福克斯韦尔的信，1897 年 4 月 8 日（马歇尔档案，1：55）。马歇尔写信给费尔普斯（1897 年 4 月 11 日，奥里尔学院，费尔普斯文件）说：“我那场大病的唯一后遗症是那些发炎的身体部位容易发冷。”

[2] 乔伊特致玛丽·佩利·马歇尔的信，1891 年 9 月 30 日，1893 年 8 月 7 日（马歇尔档案，1：58，62）。

[3] E. 坎南，《阿尔弗雷德·马歇尔 1842–1924 年》，*AMCA*，I，第 66 页。

[4] J. 勒德洛致马歇尔的信，1901 年 6 月 6 日（马歇尔档案，1：82）。

[5] 约翰·梅纳德·凯恩斯，《阿尔弗雷德·马歇尔》，第 165–166 页；另见第 3 章和第 4 章，第 63–64、88 页。

[6] 马歇尔致维克塞尔的信，1916 年 4 月 8 日（隆德大学图书馆，维克塞尔收藏）。信曾因写错地址而被退回，第二次才寄到。

[7] 玛丽·佩利·马歇尔，《给梅纳德·凯恩斯的笔记》（KMF）。

死亡证明上描述了最后一次生病的情况。死因是胆囊炎（胆囊发炎，可能是结石阻塞胆囊管引起的）合并衰老和心力衰竭。[1] 这些疾病的影响无疑是逐渐积累的。马歇尔在 1914 年确诊高血压，与之相关的动脉硬化比阿尔茨海默病更能解释他记忆力的衰退。[2] 在 20 世纪 20 年代，衰老和记忆力丧失变得尤为严重。把握这一发病过程是很重要的，这有助于我们澄清马歇尔在他引以为豪的第三本书（也是最后一本）的出版中所起的作用。[3] 79 岁生日后不久，他自我诊断道，

> 反酸和恶心感有所减轻。
>
> 工作带来的头痛和疲惫感在加重，这让我很烦恼。
>
> 我必须在体力允许的范围内继续工作两年（或者说，在四年中花一半的时间工作）；在那之后，我可以说：永别了。
>
> 我不太在乎生命的长短。我只想把我的工作安排好，以便有机会把我认为重要的事情说出来。[4]

在后面一章讨论他最后几本书的时候，将详细叙述马歇尔在 1921 年后为实现这一愿望所做的努力。[5] 通过观察退休岁月对他的思想活动逐渐施加的限制，我们就更容易理解这项写作任务日益增加的困难。他多年的退休生活也让人怀疑他是否有能力维持长久的友谊。在生命的最后几年，他几乎没有朋友，只有他的妻子、几个甥侄，以及少数几个愿意来看望他的学生。在晚年隐居和身体抱恙的日子里，"他眼睛依然深邃而闪亮，几缕白发，头上戴着一顶黑帽子，他比以往任何时候都更像一位圣人或先知"。[6]

---

[1] 阿尔弗雷德·马歇尔的死亡证明是由查尔斯·H. 巴德医生出具的，而不是 1921 年曾为他治疗的鲍文医生。

[2] 马歇尔致 J.S. 谢泼德的信，1914 年 10 月 12 日（国王学院，Sh. 4.5 Letter 2）；马歇尔致麦克米伦的信，1917 年 8 月 25 日（见下文，第 19 章，第 705–706 页）。高血压、动脉硬化和记忆力减退是密切相关的。

[3] 玛丽·佩利·马歇尔，《给梅纳德·凯恩斯的笔记》（KMF），上一段曾引用过。

[4] 1921 年 9 月 13 日的片段（马歇尔图书馆，棕色大箱）。

[5] 见下文第 19 章，特别是第 704–706、716 页。

[6] J.M. 凯恩斯，《阿尔弗雷德·马歇尔》，第 231 页。

660 # 第 18 章　朋友

在马歇尔漫长的一生中，亲密的个人友谊并不多见。凯恩斯回忆说，马歇尔在中学的朋友不多，可能是因为他父亲担心朋友会对他产生不良影响。他随后的大学时光似乎同样缺乏持久的友谊，这或许是由于他家境窘迫，难以维持这种友谊，后来在谈及牛津大学和剑桥大学的工人阶级子弟时，他也是这样暗示的。[1] 圣约翰学院划船俱乐部的成员罗顿·莱维特是个例外。[2] 不过，在圣约翰学院做单身汉研究员的那几年，马歇尔的收入不错，足够负担他和剑桥的朋友出国旅行和社交聚会，也没有严重的家庭负担干涉他的自由，但他依然没有多少朋友。虽然材料有限，但的确有一些证据表明，他与自己学院的研究员邦尼和哈德森初步建立起牢固的社会关系，他们对妇女教育运动的积极参与可能进一步巩固了这种关系。早些时候，马歇尔在克利夫顿学院的短暂工作使他结识了珀西瓦尔、莫兹利、戴金斯，也许还有西季威克，这些关系在他生命的后期变得更加紧密。他在学院工作期间还与克利福德、莫尔顿和莫斯变成了好朋友，并与他以前的学生赫伯特·福克斯韦尔和约翰·内维尔·凯恩斯建立了更长久的友谊。玛丽·佩利·马歇尔准备的一份朋友名单提到了这些名字，并在布里斯托的名单上加上了威尔逊、艾伯特·弗里和刘易斯·弗里，在牛津的名单上加入了乔伊特和亨利·史密斯。[3] 随着后来职业生涯的发展，其中一些人还成了他一生的朋友。

[1] J.M. 凯恩斯，《阿尔弗雷德·马歇尔》，第 165–166 页，还可参较上文第 3、4 章，第 61–62、88、91 页和第 17 章，第 639 页。

[2] 玛丽·佩利·马歇尔，《MSS 笔记》（NCA）。

[3] 同上。

马歇尔与西季威克、福克斯韦尔、凯恩斯和乔伊特的友谊，将在本章作为他与朋友相处的案例进行更全面的研究。前三个显示了马歇尔维持终生友谊方面的困难。不过，马歇尔夫妇与贝利奥尔学院院长乔伊特的友谊是一个例外，因为它持续了一生。它在马歇尔夫妇搬到布里斯托的时候就开始了，随后经历了他们在贝利奥尔度过的四个学期，直到 1893 年乔伊特去世，这段友谊才结束。马歇尔在撰写的唯一一篇讣告中纪念了这段友情。

至于第一段中提到的其他一些友谊，从前几章的论述中也可以简单回顾一下它们的特点。在马歇尔为数不多的中学友谊中，导生德尔默的回忆是比较权威的资料来源，玛丽·佩利在去伯恩茅斯拜访父母期间曾与他意外相识。德尔默回忆说，马歇尔与麦钦泰勒学校的几位古怪的导生关系不错：后来的历史学家兼记者特雷尔和以普法战争画作闻名的艺术家霍尔。这些友谊只维持到放学之前，显然，在玛丽·佩利·马歇尔在伯恩茅斯与德尔默偶遇之后，马歇尔也不急于恢复与德尔默的联系。[1]

马歇尔作为圣约翰学院年轻研究员所建立的友谊，大部分来自他妻子的回 661
忆。还记得吗，她告诉凯恩斯，克利福德和莫尔顿是马歇尔当时“颇要好的两个朋友”，克利福德“是最要好的”。可以肯定的是，马歇尔有一段时间与这些比他年纪稍小的聪明的剑桥青年交往密切。莫尔顿和克利福德是格罗特俱乐部的常客，也是一个七人“圣约翰小团体”的成员，他们还会聚在一起阅读莎士比亚的作品。她和福克斯韦尔后来回忆说，马歇尔、莫尔顿和克利福德组成了这个圣约翰小团体的“核心圈子”。[2] 当莫尔顿和克利福德离开剑桥后，这个小团体解救了，这些友谊的影响似乎也到此为止了。此外，克利福德和莫尔顿的传记作者都没有提到马歇尔在他们友情中的这种地位，鉴于他们写作时马歇尔已经声名显赫了，这一点就很能说明问题。我们还记得，克利福德英年早逝，但有证据表明，马歇尔在数学方面的才能与克利福德不相上下，正如马歇尔在 1875 年访美时向爱默生所描述的那样，他为克利福德辩护说他是英国最有能力的年轻人之一。[3] 后来，莫尔顿作为政治经济学俱乐部的成员与马歇尔有了新的联系，但除了马歇尔在一次通信中偶然提到他的存在外，没有进一步

[1] 参见上文第 3 章，第 61–62 页。

[2] 玛丽·佩利·马歇尔，《MSS 笔记》(NCA)；福克斯韦尔致约翰·内维尔·凯恩斯的信，JNKD，1897 年 4 月 20 日。

[3] 参见上文第 7 章，第 196 页。关于马歇尔对克利福德数学研究的了解，在上文第 5 章第 125–126 页讨论 19 世纪 60 年代后期马歇尔早期哲学研究时提到过。

的迹象表明，从前亲密的朋友关系在他们生命的后期仍然存在。[1]

与戴金斯、珀西瓦尔和莫兹利的友谊始于克利夫顿学院，除此之外，还可以加上与詹姆斯·威尔逊的友谊。与威尔逊的友谊也来自克利夫顿学院，但是，是在马歇尔逗留布里斯托期间发展的，这一时期也加固了他与珀西瓦尔和戴金斯的友谊。同样，与这些朋友保持联系的证据很少。在布里斯托的社交与职业活动上，戴金斯夫妇、威尔逊夫妇、珀西瓦尔夫妇与马歇尔夫妇联系甚密，其中还包括艾伯特·弗里和刘易斯·弗里。1881 年，威尔逊写信给玛丽·佩利，当时马歇尔夫妇即将离开布里斯托去欧洲大陆长住，他们的离开给布里斯托的社交留下了一片空白；令玛丽·佩利惊讶的是，直到马歇尔 1924 年去世后，威尔逊才再次与她恢复联系。[2] 在马歇尔夫妇离开布里斯托后，戴金斯夫妇似乎也与他们失去了联系。虽然与戴金斯的友谊对马歇尔来说非常重要，但是，这种友情在 1865 年的克利夫顿学院发展到何种程度尚不清楚。[3] 与珀西瓦尔的联系则更为持久。与珀西瓦尔（克利夫顿学院的校长）初次相识是在布里斯托，当时珀西瓦尔是大学学院理事会的成员；后来马歇尔一家搬到牛津，并在那里待到 1884 年底。布里斯托的人际关系不仅仅和大学有关；珀西瓦尔夫妇在克利夫顿女子学校很活跃，玛丽·佩利也是该校理事会的一员。在后来的生活中，由于共同的兴趣，还有其他一些偶然的接触，他们也会一起讨论经济政策和劳资关系问题，就像马歇尔与其他主教朋友们一样。[4]

在这些早期友谊中，与莫兹利的交往是最有趣的。从 1865 年的克利夫顿学院开始，莫兹利似乎对年轻的马歇尔产生了相当大的哲学影响，这种影响一
662 直延续到马歇尔进入剑桥大学的前两年。莫兹利似乎是最有可能将马歇尔引

[1] 见上文第 5 章，第 99–100 页，另见阿尔弗雷德·马歇尔致威廉·拉姆齐爵士的信，1914 年 12 月 9 日，载《纪念集》，第 488 页，其中描述莫尔顿不是“老帮派”的成员。马歇尔肖像基金委员会的小册子显示，莫尔顿在 1908 年向该基金捐款，早些时候，莫尔顿还对马歇尔创建新荣誉学位表示了支持（见上文，第 15 章，第 546 页）。

[2] 詹姆斯·威尔逊致玛丽·佩利·马歇尔的信，1881 年 9 月 19 日和 1929 年 12 月 30 日（马歇尔档案，1：109–110）；1924 年，她给凯恩斯寄了几封威尔逊的信，“只是给我看的”，信中说他已经 88 岁，还对凯恩斯的马歇尔回忆录作出了评价。玛丽·佩利·马歇尔致梅纳德·凯恩斯的信，1924 年 11 月 20 日（KMF）。

[3] 参见上文第 5 章，第 104–105 页。

[4] 参见上文第 5 章，第 103–104 页，第 9 章，第 103–104、275、277 页；根据基金委员会发行的小册子，珀西瓦尔也在 1908 年为马歇尔肖像基金捐款。上文第 16 章，第 599、611 页和注释 * 谈到了马歇尔与韦斯科特主教关于此类问题的通信。韦斯科特曾在剑桥大学工作，也是伊拉努斯协会的成员之一（上文第 5 章，第 112–113 页）。

入格罗特俱乐部的人；也是他在1867年夏天邀请马歇尔攀登阿尔卑斯山，让马歇尔第一次体会到了登白云石山脉的乐趣。[1]马歇尔在1916年给他写过信，莫兹利的回信中提到了这一点，后者被保存了下来。马歇尔的信可能是为了感谢莫兹利的赠书《历史的神圣方面》（*The Divine Aspects of History*），那一年，剑桥大学出版社以两卷本推出了这本书。书的主题与莫兹利的回信的基调一致，莫兹利邀请马歇尔阅读书中关于中国和日本的简短章节。这封回信还显示，马歇尔谈起了与他们年龄相称的青春回忆，还有他们的共同好友西季威克的逝世，以及对“未知”的高谈阔论，这个话题在当时开始引起马歇尔的兴趣。莫兹利在这个问题上引用了马歇尔来信中的两句话，从中可以捕捉到一些韵味，

> 我得出的结论是，对未知世界来说，我们所扮演的角色就像一只小昆虫在这个微小世界的历史中所扮演的角色一样微不足道。……每一年，我对未知世界的敬畏之心都在加深，我意识到这个世界上所有知识都具有狭隘性和局限性，这让我很焦虑，我想为这个世界增添一些有价值的东西，这种愿望日益强烈，尽管它只是这个微观整体中微不足道的一小部分。[2]

这些言论促使莫兹利将上帝作为“未知”的主题引入他的信中，并谈到了祈祷的力量，这或许是马歇尔没有与这位老朋友继续通信的原因。莫兹利在信中还提到，马歇尔的政治经济学保留了穆勒政治经济学的两个方面，“科学的方面，……以及情感和宽广的一面，它旨在改善人类事务”，这是对马歇尔作品的礼貌回应。只是在信的结尾，莫兹利才提出了更私人的问题。信中莫兹利几乎是以反问的口吻询问马歇尔夫人是否认识他的嫂子、住在剑桥米林顿路（离纽纳姆学院不远的一条街）的纳特夫人，并承诺通过他的儿子肯尼斯打听马歇尔外甥的消息，肯尼斯似乎是一位牧师。[3]虽然他们的通信没有继续，但当凯恩斯纪念马歇尔的文章发表时，莫兹利

---

[1] 参见上文第5章，第105–106页。

[2] J.R. 莫兹利致马歇尔的信，1916年9月29日（马歇尔档案，1：89）。参较J.M. 凯恩斯，《阿尔弗雷德·马歇尔》，第229–230页，在马歇尔晚年的著作中也有关于这类主题的段落：例如，*IT*，第665页；*MCC*，第101页注释1。

[3] J.R. 莫兹利致马歇尔的信，1916年9月29日；马歇尔的外甥可能正在服兵役，可能是雷蒙德·阿瑟，或者是他妹妹梅布尔的一个儿子（但肯定不是克劳德·吉尔博，他由于身体原因被评定为不适合服役）。

非常感兴趣，还提出了一些小的修改建议，凯恩斯将其纳入了后续的版本中。[1] 也许这样的通信产生了转瞬即逝的遗憾，正如玛丽·佩利记录的那样，她的丈夫曾哀叹自己无法与年轻时的朋友们保持联系。[2]

我们将深入观察这些友谊。许多人似乎从玛丽·佩利·马歇尔那里得到了比从她丈夫那里得到的更多的鼓励，而这些人最初是她丈夫的朋友。这些友谊在她的回忆中占据一席之地，晚年时，这些昔日的熟人，尤其是来自布里斯托的朋友，往往会写信给她。[3] 与玛丽开朗外向的性格不同（这一点从她 1924 年后的生活中可以明显看出），阿尔弗雷德·马歇尔作为思想家和学者喜欢与世隔绝的生活，他倾向于回避亲密的友谊。他更喜欢从远处观察人类，只在工
663 作和职业兴趣的需要时才直接与人打交道。即使在他漫长的一生中，与西季威克、福克斯韦尔、凯恩斯和乔伊特之间更亲密的友谊，似乎也出人意料地归于此类。

亨利·西季威克：被背叛的“精神父母”

1900 年 11 月 26 日，西季威克去世几个月后，学校组织了一次正式会议商讨为该校的杰出之子举行合适的纪念活动，马歇尔在会议上说：

> 实际上，我是他在道德科学方面的学生，而且……是其中最年长的。他塑造了我。可以说，他是我的精神父母：我在困惑时向他寻求帮助，在烦恼时向他寻求安慰；我从未空手而归。我与他共度的每分钟都不寻常，都非常有收获。我所经历的困难和产生的疑虑，他已经以更渊博的知识和更强大的力量经历过了；也许在所有受惠于他的人当中，我是最感激他的。[4]

马歇尔接着说他非常钦佩西季威克关于义务和责任的强烈道德原则，尤其是西季威克为了慈善共享目的而对他的财务和其他资源所持的托管态度，当然

[1] 约翰·梅纳德·凯恩斯，《阿尔弗雷德·马歇尔》，第 170 页注释 1。

[2] 玛丽·佩利·马歇尔，《给沃尔特·斯科特的笔记》，引自上文第 17 章，第 648 页。

[3] 这可能是因为她更珍视他们在布里斯托的美好回忆，对于原因前文已多次讨论过，见第 8 章，第 234–237 页，第 14 章，第 497–499 页。

[4]《剑桥大学报》，1900 年 12 月 7 日，第 320 页。

还有他在政治经济学方面的杰出著作，其中第三篇关于政府职能的内容“众所周知，是任何语言的同类著作中最出色的”。最后，马歇尔回忆说，作为来自不同学院的年轻学生中的一员，他是如何崇拜西季威克的改革精神的，他称西季威克是“全校的领袖”，是大学里年轻的改革党的领导人。“对于每一个新问题，我都想知道西季威克将如何抉择以及他的理由。在他的带领下，人们会自信而愉快地投票；但站在他的对立面时，人们总会怀疑和焦虑。因为即使你不能理解他，你也知道他的观点一定有深刻的道理。”[1]

除去这类场合上惯用的华丽辞藻，马歇尔的颂词仍然显示出他与这位道德科学领域资深的同事和导师之间变幻莫测的关系。这些反复无常与马歇尔将西季威克视为政治经济学的竞争对手有关，当时马歇尔已经开始构建自己的政治经济学文本，而且作为大学改革者，他在 1885 年后越来越倾向于与西季威克持不同意见。前面章节已经讨论过马歇尔与西季威克的早期接触。[2] 据推测，马歇尔很可能是由莫兹利引荐进入格罗特俱乐部，然后在这个俱乐部上认识了西季威克，尽管马歇尔可能早在 1865 年就在克利夫顿见过他。也有人认为，是西季威克引起了马歇尔对道德科学的兴趣，并引导他转向政治经济学的研究，以加深他对人类进步过程中物质限制的理解，这最初激发了马歇尔对这些学科的兴趣。同样，西季威克促使马歇尔初涉大学的各项改革，如教学大纲、宗教考试和女性教育。从马歇尔意识到西季威克病重到他去世的这几个月，这 664
十年间（1867 年到 1877 年）的早期联系和影响常常萦绕在他的脑海。[3]

然而，从一开始，两人的关系就不时出现分歧。早在 1868 年，马歇尔在写给《剑桥公报》的信中，就对西季威克提议的初次考试大纲改革方案提出了异议，他在细节上与朋友产生了分歧，他主张取消希腊语的必修要求，从而让学生有更多机会专攻拉丁语。对于西季威克在这一阶段提出的改进数学和科学研究的请求，马歇尔完全支持。[4] 这些小分歧，也许可以用年轻人对独立的追

[1] 同上，第 321 页。马歇尔在演讲结束时，引用了马克・安东尼在莎士比亚的《凯撒大帝》（第五幕第五场）结尾对布鲁图斯的赞美，“这是一个真正的男人”。

[2] 参见上文第 5 章，第 110–113 页；第 6 章，第 144 页。

[3] 马歇尔致约翰・内维尔・凯恩斯的信，1900 年 9 月 4 日（马歇尔档案，1：118）。

[4] 马歇尔致《剑桥公报》的信，1868 年 12 月 2 日和 9 日，1869 年 4 月 4 日；《剑桥大学报》，1871 年 3 月 1 日，第 222–223 页。

求来解释，这段时期保存下来的唯一一封信中也说明了这一点。[1]更重要的分歧来自对进化论的不同看法，以及进化论对功利主义施加的限制。对马歇尔而言，功利主义需要历史社会学的补充，法哲学也需要动态的概念。这封信的上下文表明，马歇尔当时已经开始从进化和历史的视角，质疑作为一种抽象工具的经济人对社会和道德分析的用处，这在一定程度上受到了马克思和黑格尔的影响，他曾在 19 世纪 70 年代早期对历史感兴趣的时期读过他们的作品。到 1871 年，西季威克对这些影响的迷恋程度有所下降，他在教学中，更广泛地说，在确定政治的实践规则时，捍卫了更为传统的功利主义观点。[2]

由于缺乏保存完好的通信，马歇尔和西季威克在这一时期的大部分时间里的关系需要其他资料来重建。前面几章已经叙述了两人如何在道德科学特别委员会上定期会面，讨论工作和社交的其他方面。在 19 世纪 70 年代早期，他们积极投身剑桥的女性教育事业，这也意味着他们会定期见面，商讨考试周向女性考生“分发”考卷等事宜。两人更多的还是在一些社交场合碰面，例如纽纳姆学院的花园派对和其他聚会，更为常见的是之前在摄政街和默顿大厅的会面。更多的社交聚会来自他们共同参加的社团会议。这包括 19 世纪 60 年代末的格罗特俱乐部和 19 世纪 70 年代的伊拉努斯协会。西季威克结婚后，他们家偶尔也会举办晚宴。马歇尔至少参加过一次，约翰·内维尔·凯恩斯在 1877 年 3 月 23 日的日记中就有所记录。正如马歇尔在 1900 年回忆的那样，西季威克当时仍然是他的导师、指导者和援助者，西季威克指点年轻的同事们，还在 1872 年为马歇尔争取了一个机会，即在《学会》上发表他的第一篇书评。[3]

665 1877 年，西季威克在推荐信中对政治经济学家马歇尔的能力大加赞赏，在他的帮助下，马歇尔当选了布里斯托大学学院的校长一职，并兼任政治经济学教授，随之而来的地理位置的变化不得不影响他们之间的关系。然而，从同

[1] 亨利·西季威克致马歇尔的信，1871 年夏（即 7 月或 8 月）；西季威克文件，三一学院，Add MS c.100[96]。

[2] * 还记得吗，马歇尔在这个阶段正在讲授边沁和穆勒的功利主义，这是他道德科学教学的一部分，恐怕会受到共产主义，黑格尔主义，甚至是马克思的批评。这类教学发生在马歇尔早期痴迷历史的时期（19 世纪 70 年代早期），见上文，第 6 章，第 166–167 页，以及第 9 章，第 268–269 页。关于马克思对边沁的评论，这与西季威克的信的内容相符，可见《资本论》第 1 卷，莫斯科外文出版社，1959 年，第 176 页，尤其是第 609 页注释 1，其中马克思说：“如果我像我的朋友海因里希·海涅（Heinrich Heine）那样勇敢，我会称杰里米先生（边沁）为最愚蠢的资产阶级天才。”巴里·沃罗尔在《阿尔弗雷德·马歇尔对〈资本论〉第一卷的阅读》中指出，马歇尔在第 1 版的这个脚注上做了标记。

[3] 参见上文第 6 章，第 158 页，关于他对埃奇沃思《数学心理学》的评论，可参较第 12 章，第 403 页。

期与福克斯韦尔的通信来看，在离开剑桥的这段时间，西季威克与马歇尔夫妇之间的联系有增无减。这些通信都没有被保存下来，两人之间的信件现存也很少。从 1878 年中开始，西季威克开始阅读《产业经济学》的校样，为内容的安排提出了一些有价值的建议，在此过程中，两人在经济学方面的分歧开始浮出水面。[1] 几个月后，西季威克谈到抛弃工资基金理论后，杰文斯对分配不确定性问题提出了独特的解决方案，这让马歇尔觉得受到了轻视，这些小分歧演变成了愤怒。马歇尔怒气冲冲地向福克斯韦尔指出，他至少在五年前就独立发现了这个解决方案，而这一点被西季威克忽视了。马歇尔解释说，在撰写关于杰文斯的书评之前，他就“已经习惯了将工资看作是产品的贴现价值”。[2]

在接下来的几个月里，围绕西季威克经济学观点的争吵愈演愈烈。当时，马歇尔可能已经从福克斯韦尔或其他人[3]那里得知西季威克打算撰写一本《政治经济学原理》。这样，一旦福西特的职位空缺，西季威克将成为马歇尔在剑桥的一个劲敌。1878 年初，马歇尔一直在与福克斯韦尔探讨福西特的职位，并将它视作自己逃离布里斯托的一条潜在路径。马歇尔也充分意识到，伯克斯被任命为奈特布里奇教席后，西季威克除了有资格担任的另一个道德科学教席外，已经失去了有效的晋升机会。[4] 随后，马歇尔称由于自己在 1879 年 2 月

[1] * 玛丽・佩利・马歇尔致福克斯韦尔的信，1878 年 10 月 10 日（弗里曼收藏，47/155），马歇尔致福克斯韦尔的信，1878 年 11 月 4 日（弗里曼收藏，35/155）：“我把第 1 篇中关于租金的那一章的部分校样寄给你，这一章是我们根据西季威克的建议从第 1 篇中删去的……对于西季威克和你所说的垄断价值，我们将其与市场价值一起处理。……我认为西季威克的论文写得非常好，**我几乎每个字都同意。**”（重点为本书作者所加）西季威克曾写过一篇关于穆勒价值理论的论文，其中区分了稀缺价值和垄断价值，这篇文章已不复存在。西季威克曾成立一个剑桥讨论俱乐部，这篇文章是为私下讨论而写的，福克斯韦尔和其他人都参加了这个俱乐部，这可能是为他当时正在考虑的政治经济学著作做准备。

[2] ¶ 马歇尔致福克斯韦尔的信，1879 年 1 月 10 日（弗里曼收藏，44/155）。这句冒犯马歇尔的话出现在西季威克写的一篇关于工资基金的文章中，这篇文章的扩充版刊登在 1879 年 9 月的《双周评论》，26，第 401–413 页上，冒犯的段落出现在第 411 页。

[3] † A.S. 和 E.M.S.,《亨利・西季威克回忆录》，第 341 页。福克斯韦尔可能是这些信息的来源，参见马歇尔 1879 年 1 月 10 日致福克斯韦尔的信（弗里曼收藏，44/155）：“感谢您对西季威克俱乐部的介绍。听到那里的情况我总是很高兴。”该俱乐部就是上文注释 * 中提到的俱乐部。成员们可能正在讨论西季威克 1879 年发表在《双周评论》上的三篇经济学文章。

[4] ‡ 马歇尔致福克斯韦尔的信，1878 年 3 月 28 日（弗里曼收藏，40/155），见上文，第 9 章，第 282–283 页。西季威克在 1872 年因莫里斯去世而空缺的职位上与伯克斯竞争，但以失败告终，直到 1883 年，西季威克才接替了伯克斯的教席。马歇尔会记得西季威克竞选失败的失望之情，西季威克和许多人分享了他竞选失败的失望之情，肯定也包括马歇尔，马歇尔应该也会记得，西季威克把伯克斯的当选形容成一场“灾难”（见 A.S. 和 E.M.S.,《亨利・西季威克回忆录》，第 260–265 页）。

被诊断出患病，身体逐渐虚弱，因此他同意了西季威克的请求——发表自己关于国内和国际价值的材料，因此西季威克得以看到他关于国际贸易问题的大量
666 未发表的手稿。这件事让马歇尔颇为恼火，尤其是当马歇尔从后来与杰文斯和埃奇沃思的通信中意识到，他的材料已被广泛传播，而不是之前说好的“私人印刷”，仅供剑桥内部流通。[1] 1879 年，西季威克在《双周评论》上发表的三篇政治经济学文章受到了这位布里斯托流亡者的冷遇，马歇尔至少有一次在写给福克斯韦尔的信中发泄了自己对此事的不满：“当然，我在过去十年里花了一些时间来思考西季威克在方法论文章中提出的问题，其中大多数观点基本令人满意。（在这个问题上，我更同意他的观点，而不是其他多数作家的观点。但在我看来，他似乎还没有触及这个问题的本质。）”[2]

此时，西季威克另一个让人恼火的原因是他传递了一个坏消息，在马歇尔看来，他也应该为此承担一部分责任。1879 年 10 月，马歇尔写信给福克斯韦尔说，

> 西季威克告诉我，现在几乎不需要道德科学方面的人才。所以我想，我是不会考虑回来当一名道德科学讲师的。但我在剑桥的最后一年有一个大班（22 人），其中一半以上都是最优秀的历史学家。你觉得圣约翰学院会让我担任历史科学讲师吗？因为我曾经教过历史学学生，我还可以讲授经济史、经济学，也许还有包括功利主义在内的政治哲学。[3]

我们记得，这个建议最终不了了之，马歇尔夫妇从 1881 年 10 月起前往欧洲一年，从而逃离了布里斯托。这一年早些时候，马歇尔听说了西季威克在撰写《政治经济学原理》的事，这让福克斯韦尔和约翰·内维尔·凯恩斯有些尴尬。凯恩斯在 1881 年 2 月 9 日的日记中记录了马歇尔随后的信件：

> 福克斯韦尔说你在帮西季威克撰写他的经济学著作。西季威克和我在一些著作权问题上存在分歧；比如，我们在讨论他（而不是你）

[1] 参见上文第 6 章，第 175–176 页。

[2] 马歇尔致福克斯韦尔的信，1879 年 11 月 2 日（弗里曼收藏，6/79）。文章《经济学方法》发表在 1879 年 2 月的《双周评论》上，XXV，第 301–318 页；一篇题为《什么是货币》的文章发表在 4 月刊上，XXV，第 563–575 页。

[3] 马歇尔致福克斯韦尔的信，1879 年 11 月 18 日（弗里曼收藏，7/9）。

> 是否可以随意使用你对我的讲课所做的笔记时，意见就不一致。听说他请你帮他写书，我就请福克斯韦尔把我对这个问题的看法告诉你。我不知道他是否和你说过了。[1]

事实上，西季威克的《政治经济学原理》直到 1883 年 4 月才问世。马歇尔对这本书的最初反应鲜为人知，但他应该会对西季威克在序言中的慷慨恭维感到非常高兴。这不仅指的是西季威克在 1879 年私下印刷的关于价值的材料，还包括马歇尔未发表的关于国际贸易的手稿（也是关于价值的材料的来源），以及他和夫人合著的《产业经济学》。[2] 到这本书出版时，两人之间又恢复了友好的通信。无论如何，他们的关系已经恢复。正如凯恩斯在 5 月的日记中记 667
录的那样，西季威克很早就得知马歇尔夫妇迁居牛津的消息，前面还提到过，西季威克也在 1883 年敦促马歇尔尽快发表他在布里斯托所做的关于《进步与贫困》的演讲。搬到牛津后，马歇尔一家与西季威克有了更多的个人接触。西季威克会定期参加剑桥大学和牛津大学共同举办的晚宴，这类晚宴旨在促进这两所英国大学的良好关系。马歇尔在牛津期间也经常参加这个晚宴。西季威克最终在 1883 年 11 月当选奈特布里奇道德哲学教授，从而让剑桥政治经济学教席少了一个强有力的竞争对手，不过，由于去了牛津，马歇尔已经逃离了可恶的布里斯托，他重返剑桥的焦虑已经大为减轻。[3]

---

[1] * JNKD，1881 年 2 月 9 日，原件保存于马歇尔图书馆（马歇尔档案，1：75）。凯恩斯在转述这封信后补充道："我对这封信所暗示的一切深表遗憾。不过，就我个人而言，在我的记忆中，我从未给西季威克展示过任何我认为是马歇尔最具原创性的作品。"大约一个月后，西季威克为凯恩斯争取到大学理事会秘书一职，凯恩斯在日记中记录道（1881 年 3 月 30 日）："除佛罗伦萨（他的妻子）以外，我这一生最崇拜的就是西季威克。"

[2] ¶ 亨利・西季威克，《政治经济学原理》，伦敦：麦克米伦出版社，1883 年，序言，第 v 页和注释 1；参较马歇尔，《经济学原理》，第 1 版，1890 年，序言，第 xii 页及注释。在这里不得不提到，马歇尔在西季威克的第 2 版书中（1887 年）做了详细的注释，还经常指出它与第 1 版的区别。马歇尔在自己的《经济学原理》第 1 版中虽然没有忽视西季威克的书，但只在四个场合提到过它。一个批判性的注释标记在西季威克对穆勒和李嘉图的贸易收益的论述上（*MCC*，第 328 页注释）。如果马歇尔知道，在他们各自出版专著的第一年，他的《经济学原理》的销量比西季威克的两倍还多，他一定会很高兴。JNKD，1884 年 4 月 29 日，其中提到西季威克的书第一年的销量是 1000 册；麦克米伦在《马歇尔的〈经济学原理〉：文献注释》的第 130 页提到，1890–1891 年马歇尔《经济学原理》的销量是 2017 册。

[3] * 马歇尔致福克斯韦尔的信，1883 年 8 月 8 日（马歇尔档案，3：20）；JNKD，1883 年 5 月 1 日，马歇尔致福克斯韦尔的信，1883 年 11 月 7 日（马歇尔档案，3：23）。凯恩斯在 1883 年 11 月 3 日的日记中写道："西季威克终于当选奈特布里奇教授，实至名归。"

1884年，马歇尔作为福西特的继任者回到剑桥，这标志着这两位道德科学教授之间长达十五年的狂风暴雨般的关系开始了，尽管其中也有很多风平浪静的时候。西季威克可能在选举委员会中投了马歇尔一票，[1]但在马歇尔当选几天后访问剑桥，与担任道德科学委员会主席的西季威克讨论他下学期的教学职责时，两人在一些问题上发生了争吵。如前所述，[2]这场争吵涉及合适的教学风格和教授职责，在这一过程中，马歇尔以剑桥经济学家的权威自居，反对西季威克在这个问题上的任何自命不凡。然而，经过几次激烈的通信和热情的私下接触后，马歇尔在一周结束前向福克斯韦尔报告说："西季威克和我又和好了。除了什么都想'管'之外，他是个很好的人。"[3]不到两个月，他们又在课程改革的问题上吵了起来，马歇尔早在就职演说中就已经展现了锐意改革的念头。[4]

他们在课程改革、授予女性学位以及更普遍的女性接受大学教育的权利问题上的争论，已在前文论述过。[5]马歇尔和西季威克之间的矛盾在凯恩斯的日记中得到了充分的体现，日记对马歇尔重返剑桥的最初几年，发生在这两位朋友之间的摩擦进行了持续的报道。1885年3月4日的日记记录道："道德科学委员会。我相信目前西季威克和马歇尔之间的矛盾会逐渐消失。"1885年4月19日："拜访了马歇尔，并和他待了三小时。……他和西季威克之间的状况真
668 的让人非常痛苦。"1886年5月11日："道德科学委员会。西季威克和马歇尔之间的摩擦似乎愈演愈烈。我同情前者。后者太狭隘，太任性了。"[6]

凯恩斯的日记没有记录马歇尔和西季威克之间的进一步争吵，直到两年后，为了提高政治经济学研究的地位，道德科学教学大纲改革再次被提上议程。1888年5月8日，马歇尔向凯恩斯承认，他与西季威克的对立仅限于一个相对狭窄的领域：作为"倾向于改革的'大学政治家'西季威克，和在某种

[1] 马歇尔致福克斯韦尔的信，1884年12月13日，A.S.和E.M.S.，《亨利·西季威克回忆录》，第394页。

[2] 参见上文第10章，第306–308页。

[3] 马歇尔致福克斯韦尔的信，1884年12月29日，A.S.和E.M.S.，《亨利·西季威克回忆录》，第394–395页。

[4] 参见上文第10章，第310–311页。

[5] 参见上文第14、15章。

[6] * JNKD，见文中注明的日期。马歇尔在1886年5月29日写信给福克斯韦尔说（弗里曼收藏）："在上次委员会会议后，西季威克找到我说，'如果你和福克斯韦尔都认为应该把早期经济理论史和早期经济史的内容从高级政治经济学的课程中拿掉，放进早期政治哲学课中，我会同意的，尽管我并不急于改变'。"

程度上作为经济学家的西季威克。……至于西季威克的其他方面，我的评价和你对他的一样高”。[1] 鉴于他在 1900 年对西季威克之于自己的重要性的评价，这一表白带有典型的马歇尔式的虚伪。除去大学改革者和经济学作家的身份，马歇尔对西季威克的崇敬恐怕只剩下对西季威克往日帮助的记忆。尽管如此，1888 年 5 月的道德科学委员会还是热闹非凡。5 月 15 日的会议结束后一周，凯恩斯在日记中写道：“西季威克与马歇尔意见相左，毫不退让……这让委员会的其他成员非常痛苦。”10 天后，他宽慰地记录道，争议被暂时搁置了，大家同意 1888–1889 学年开始时再解决此事。[2] 后来，争吵又全面恢复，令凯恩斯吃惊的是，马歇尔接受了西季威克的折中方案，因此，包含这些变化的决议在第二年获得了通过。[3]

1886–1887 学年和 1887–1888 学年的大部分时间里，凯恩斯的日记都没有提到马歇尔与西季威克之间的争吵，这就意味着他们在道德科学委员会里和平相处了两年，不过，这两位朋友之间的争斗在另一条战线上爆发了。1887 年，马歇尔写信告诉西季威克，他本人不希望将剑桥变成一所男女混合的大学。信中还说，他和妻子都认为，现阶段重提剑桥大学的女性学位问题还为时过早，马歇尔补充说，对他而言，这也提出了与女性作为学位考试候选人完全不同的问题，因为前者还包括女性在大学中的权利问题。[4] 马歇尔 1887 年的观点与他在布里斯托时对此事的看法的转变一致，而与西季威克从 19 世纪 70 年代初与马歇尔在剑桥女性教育问题上的早期合作经验中得出的预期不同。在他们就妇女问题（即在 1892–1894 年，任命女代课讲师教授男女混合班，以及 1896–1897 年重新审议女性学位问题）产生更实质性的分歧之前，两人之间还存在其他分歧。例如，1890 年 4 月，凯恩斯有些怀疑地注意到沃德的一篇报道，

[1] * JNKD，1888 年 5 月 8 日。凯恩斯在此期间很少提及马歇尔与西季威克在经济学上的分歧。1885 年 2 月 6 日，凯恩斯在日记中提到，凯恩斯与马歇尔就西季威克的国际贸易理论进行了辩论：“他说他在这个理论中看不到任何东西，而我一直在努力阐明我的观点。”1891 年 3 月 18 日，马歇尔质疑西季威克的《政治经济学原理》第 3 篇是否适合普通生（马歇尔致约翰 · 内维尔 · 凯恩斯的信，1891 年 3 月 18 日，马歇尔档案，1：101）。然而，到 1902 年，马歇尔将西季威克的部分经济学描述为“完全偏离正轨”（马歇尔致埃奇沃思的信，1902 年 8 月 28 日，载《纪念集》，第 435 页）。

[2] JNKD，1888 年 5 月 15 日和 25 日，第二篇日记提到他担心如果西季威克辞职，马歇尔可能会成为道德科学委员会主席。

[3] 参见上文第 15 章，第 534–536 页。

[4] 马歇尔致亨利 · 西季威克的信，1887 年 6 月 7 日（NCA），见上文，第 14 章，第 501–502 页。在 1897 年理事会关于女性学位问题的辩论中，马歇尔表示，他与西季威克在女性大学教育问题上的分歧始于他 1885 年回到剑桥的时候。见上文第 14 章，第 504–505 页。

669 说马歇尔和西季威克在公开场合发生了争吵。争吵可能发生在学校关于初次学位考试的新规定的辩论上。[1]

需要指出的是，这类批评是相互的，并不只源自马歇尔。在马歇尔作为教授重返剑桥的最初几年，西季威克的确施加了"管制"。一封写给福克斯韦尔的信显示，西季威克在阅读政治经济学论文之后，质疑"这些人是否接受了真正的教育"，是否学习了"统计验证"和经济"一致性"，以及这些科目的阅读书目是什么样的。[2]几年后，马歇尔向福克斯韦尔抱怨说，西季威克向他施压，要他接替西季威克担任汤因比信托基金的职位，考虑到他当时还有其他工作要做，于是他把这个职位推荐给了福克斯韦尔。[3]尽管凯恩斯很钦佩西季威克，但他记录了1894年两人在道德科学委员会上的另一场痛苦的争吵，这一次，他站在马歇尔这一边。[4]

在这一时期，两位教授之间也曾有相处愉快的时刻。据凯恩斯的日记的记录，19世纪90年代上半叶，贝利奥尔庄园举办了许多晚宴，通常是为了会见来访的美国经济学家，如邓巴或陶西格，或者是为了一些更常规的目的，西季威克也经常出席。[5]两人之间的私交也足够好，以至于董事会的四位经济学成员（马歇尔、西季威克、凯恩斯和福克斯韦尔）常常在正式的委员会会议举办之前进行讨论，解决潜在的问题。[6]马歇尔也能在他们的关系因先前的争吵而变得脆弱不堪时，及时察觉西季威克的情绪。有一次，当西季威克因为女性问题对他大发雷霆时，马歇尔竭力避免"冲突加剧和持续下去"，他说，要重视与解决西季威克的偏好，不然他会付出相当大的个人代价。[7]他也很乐意让西季威克优先选择讲课时间，这也许更多地源自他对奈特布里奇教授的尊重，而不是对委员会现任主席的尊重。[8]

---

[1] JNKD，1890年4月8日。

[2] 亨利·西季威克致福克斯韦尔的信，1885年5月8日（弗里曼收藏，6/69）。

[3] 马歇尔致福克斯韦尔的信，1887年9月23日和25日（弗里曼收藏，26/69、27/69）。马歇尔当时正忙着撰写《经济学原理》，同时还有金银委员会的事务，以及其他准备发表的文本。见上文，第12章，第406–407页。

[4] JNKD，1894年2月6日。

[5] JNKD，1890年7月5日；1892年11月26日；1895年6月18日。

[6] 马歇尔致约翰·内维尔·凯恩斯的信，1891年3月18日（马歇尔档案，1：101）。

[7] 马歇尔致约翰·内维尔·凯恩斯的信，1891年8月30日（马歇尔档案，1：102）。

[8] 马歇尔致约翰·内维尔·凯恩斯的信，1892年10月10日，1897年9月30日（马歇尔档案，1：106；1：112）。

到 19 世纪 90 年代后半期，也就是西季威克生命的最后六年，他们之间的关系急剧恶化。如前所述，导致最终决裂的难以避免的主要问题是关于女性的学位问题。[1] 这些问题由于与 1897 年学位教学大纲改革有关的进一步争论而变得更加复杂，结果就是，两人都从彼此的生活中消失了。到西季威克病重的时候，马歇尔已经完全抛弃了这位从前的“精神父母”。马歇尔写给西季威克的最后一封信切实地总结了他们早期的友好关系和最近的结局，暗示了他在西季威克临终前与他和解的渴望：

> 几天前你来这里时，我以为你很疲惫，需要休息，但没想到你病了。玛丽昨天告诉我，你需要手术治疗。梅特兰刚刚给我寄来一封悲伤的信。最近，大学政策的横流拉大了我们之间的距离。但我现在想告诉你，我对你的钦佩和爱慕之情从未泯灭，我早年在剑桥生活时，将你看作是善良和真正英雄主义的梦想的化身。对我而言，你永远是独特而伟大的人，是大学的重要组成部分……[2]

几天后，当照例即将去蒂罗尔度过他们的暑假时，马歇尔夫妇收到了西季 670
威克“非常亲切与慷慨”的回信。[3] 当他们返回剑桥时，西季威克已经去世了（8 月 18 日）。1900 年 10 月 7 日，马歇尔寄了一张西季威克的小照片给他的遗孀，上面写着：“我把一张崇高的面庞送到了它该去的地方”。[4] 然而，西季威克的幽灵并没有轻易地从马歇尔的生活中消失，学校和更广泛的社会科学界也没有轻易原谅他在西季威克生命的最后十年里对他的态度。[5] 埃奇沃思非常机灵地把为《经济学杂志》撰写西季威克讣告的任务交给了约翰·内维尔·凯恩

[1] 参见上文第 14 章，尤其是第 501–505 页。

[2] 马歇尔致亨利·西季威克的信，1900 年 5 月 30 日（西季威克文件，三一学院，Add MS c.94.114）。

[3] 马歇尔致亨利·西季威克的信，1900 年 6 月 6 日（西季威克文件，三一学院，Add MS c.94.115）。

[4] 马歇尔致西季威克夫人的信，1900 年 10 月 7 日（西季威克文件，三一学院，c.103[81]）。

[5] * 例如，1901 年 5 月 28 日马歇尔致福克斯韦尔的信（弗里曼收藏，9/217），马歇尔在信中为自己对学术职位候选人进行排名（接替西季威克）的做法进行了道歉与辩护；1900 年 9 月 22 日，马歇尔在给约翰·内维尔·凯恩斯的信中，就选择西季威克的继任者作为道德科学委员会主席这件事表示，“我希望此刻不要发生什么不愉快的事”，1900 年 11 月 3 日他说，“我希望你能把奈特布里奇教授的讲座放在名单的最前面”（马歇尔档案，1：119–120）；参较 JNKD，1900 年 9 月 26 日凯恩斯的反应：“马歇尔妥协了，沃德即将当选。”马歇尔利用西季威克的名号支持经济学荣誉考试的独立已在前面第 15 章，第 543 页和注释 * 讨论过。

斯，后者优雅而得体地完成了这一任务。[1]马歇尔对创建剑桥经济学的渴望，以及对其他“原则”的顽固坚持，是破坏他们旧时友谊的主要因素。此外，马歇尔于1885年回到剑桥，与他以前的导师平起平坐，这可能激发了潜在的嫉妒和竞争，已经获得政治经济学教授这一权威头衔的马歇尔本可以更好地包容这些嫉妒和竞争。到那时，马歇尔已不再像剑桥大学毕业的头十年里那样需要西季威克了，这使得马歇尔将自己对经济学的抱负凌驾于对西季威克的感情之上。

赫伯特·萨默顿·福克斯韦尔：真诚却被辜负的同事兼朋友

福克斯韦尔比马歇尔小七岁，从1868年在伦敦获得文学学士学位后，他进入剑桥大学圣约翰学院攻读道德科学荣誉学位。这一年，马歇尔开始担任圣约翰学院道德科学讲师，这样，福克斯韦尔就在马歇尔的第一批学生之列。因此，对马歇尔早期授课的为数不多的回忆，大部分都来自福克斯韦尔的记录。[2]1870年12月，福克斯韦尔以第一名的成绩获得道德科学荣誉学位；1874年，他当选圣约翰学院的研究员，一年后又被任命为道德科学讲师。在他担任研究员的大部分时间里，包括马歇尔担任研究员的最初几年，直到1877年，福克斯韦尔和马歇尔在学院宿舍的房间相对而居。他们的第一次通信大约是在1873年。这一切始于马歇尔传达了邦尼提出的一些“慈父般的建议”。信中质疑福克斯韦尔在奖学金尚未确定的情况下，离开学院一学期去北
671 方代课这件事是否明智。[3]此后两人之间的书信往来源源不断，最后保存下来的书信也是最多的。这样的交流在1908年5月戛然而止，因为马歇尔支持了

[1] * JNKD，1900年9月17日；凯恩斯最初拒绝了这一任务，埃奇沃思又在次月向他发出邀请，他才同意（同上，1900年10月1日）。讣告刊登在《经济学杂志》，10（40），1900年12月，第585–591页。W.E. 约翰逊、詹姆斯·沃德和其他人都对这篇讣告赞不绝口（JNKD，1900年10月30日、11月21日和24日）。埃奇沃思将马歇尔为乔伊特写的讣告与凯恩斯写的讣告相提并论，并请凯恩斯看在西季威克的份上完成一篇更好的讣告（埃奇沃思致凯恩斯的信，1900年10月，马歇尔图书馆，凯恩斯1：12–13）。

[2] 参见上文第6章，第154页注释*，第160页；第9章，第270页。

[3] 马歇尔致福克斯韦尔的信，大约在1873年（弗里曼收藏，27/136）。

庇古而非福克斯韦尔接任他的政治经济学教授一职。[1]

在这段友谊萌芽的早期书信中，我们可以看到两位年轻学者之间轻松而又亲密的关系。1874 年和 1875 年的书信既涉及学术问题，也涉及私人事务。除了极少数例外，只有在写给福克斯韦尔的信中，马歇尔才会谈及自己的家庭。1874 年 8 月的一封信谈到了瑞士的假期，马歇尔希望可以访问日内瓦——“自从天主教从信仰堕落为教条以来，世界上最强烈的两类热忱的发源地”，还谈到了福克斯韦尔那一年担任代课讲师的经历。[2] 1875 年 1 月，马歇尔向他推荐了荣誉考试的阅读书目，特别提到了关于合作、共产主义和欧文的书（“沙夫勒的作品是最好的”），他还报告了母亲的康复情况，以及在康复过程中，马歇尔无微不至地照顾母亲，睡不了觉，感到非常疲惫。第二封信还显示，这对朋友有交换笑话的习惯。这一次，由于母亲生病，马歇尔想不出笑话，只能附上了一个他称之为“英国最伟大的幽默家”的笑话。这些附文摘自一本福音小册子，鉴于他父亲的宗教倾向，他父母家有着丰富的笑话来源。[3] 1875 年，又有两封信谈到了荣誉考试的书单。主题涉及股票经纪和股份制银行，马歇尔说他对这两个主题的了解仅限于从白芝浩的《伦巴第街》中学到的知识。第二封信中还包含了马歇尔书信中为数不多的关于宗教信仰的个人评论，这是他与福克斯韦尔关系亲密的一个标志，

> 在我看来，莱特富特在一些小问题上获得了胜利，但这件事并没有让我很兴奋。不久前，对于《超自然宗教》的出版，我感到很激动。我完全相信，基督既不相信也不会讲授基督教的任何教条，现在，我以一个旁观者的倦怠兴趣看待这场争论。[4]

在接下来的两年里，他们几乎没有通信。因为他们的宿舍离得很近，不需

[1] 参见上文第 17 章，第 622–627 页。

[2] 马歇尔致福克斯韦尔的信，1874 年 8 月 10 日（弗里曼收藏，9/89）。

[3] 马歇尔致福克斯韦尔的信，1875 年 1 月 27 日和 31 日，2 月 4 日（弗里曼收藏，11–13/229）。

[4] * 马歇尔致福克斯韦尔的信，1875 年 2 月 7 日（弗里曼收藏，14/229）；1875 年 4 月 9 日（弗里曼收藏，15/129）。这里的莱特富特是主教 J.B. 莱特富特，1861–1879 年在剑桥大学担任胡尔肖恩神学教授。这里指的是他的《超自然宗教随笔》（*Essays on Supernatural Religion*），这篇随笔出现在 1874 年末和 1875 年初的《当代评论》上，是对 1874 年 5 月孟买商人 W.R. 卡斯尔斯匿名发表的《超自然宗教：对神启真实性的探究》（*Supernatural Religion*：*An Inquiry into the Reality of Divine Revelation*）的回应。

要通过写信交流。不过，马歇尔夫妇在1877年8月17日结婚后，由于马歇尔要搬去布里斯托，通信又恢复了。正如结婚前几天，福克斯韦尔告诉约翰·内维尔·凯恩斯的那样，这意味着他将接替马歇尔负责荣誉课程中的政治经济学部分。[1]

672 马歇尔动身前往布里斯托，还给福克斯韦尔留下了一份特别的礼物："我把我的红木书桌送给你。我太喜欢它了，舍不得卖掉，我去布里斯托也用不上。我记得你曾经称赞过它，所以或许你会喜欢它的。"（这句话得到了新娘的赞同，她还附文"已阅并认可"。）[2]

在接下来的几年里，两人的通信讨论了《产业经济学》的进展，马歇尔为福克斯韦尔的教学职责提供了书籍和阅读上的建议，后来两人还权衡了一系列离开布里斯托的备选方案。[3]福克斯韦尔还提到了剑桥的许多八卦。此外，这些书信包含了许多更为私人的内容，这显示了他们之间的亲密友谊。例如，一封信的附注提到马歇尔夫妇想买一架钢琴。对于外壳颜色的讨论证实了，马歇尔更为偏爱深色，尤其是红木制品。[4]三个月后，玛丽·佩利·马歇尔在一封信的附言中，感谢了圣约翰学院给这对新人的临别礼物，福克斯韦尔显然在其中发挥了作用，这份礼物是沃尔顿的两幅画，它们不仅令人赏心悦目，还能勾起与朋友们在一起的美好回忆。[5]书信中也不乏悲伤的时刻。1878年，马歇尔将母亲去世的消息告知了福克斯韦尔，并在这一年和第二年年初对福克斯韦尔的家庭变故表示了哀悼。[6]从1879年开始，福克斯韦尔与马歇尔持续交流了后者生病的细节，偶尔还前往布里斯托看望他，这很少有人能够做到，而且在剑桥友人中，似乎是独一份的。[7]

马歇尔夫妇最终选择离开布里斯托，进一步展现了他们与福克斯韦尔之间的

[1] * 福克斯韦尔致约翰·内维尔·凯恩斯的信，1877年8月11日（马歇尔档案，凯恩斯文件，1:16）。这封信表明，福克斯韦尔是马歇尔所信任的为数不多的几个知晓他婚礼的确切日期和地点的人之一，约翰·内维尔·凯恩斯不知道这些信息，当时他与马歇尔还没有那么亲密。

[2] 马歇尔致福克斯韦尔的信，1877年9月11日（弗里曼收藏，19/71）；信的抬头写着：剑桥大学圣约翰学院。

[3] 参见上文，第8、9章，第236–237、254、282–284页。

[4] 马歇尔致福克斯韦尔的信，1878年1月28日（弗里曼收藏，41/155）。

[5] 玛丽·佩利·马歇尔致福克斯韦尔的信，1878年4月26日（弗里曼收藏，43/155）。这份礼物的赠送者名单是由马歇尔的朋友、圣约翰学院的研究员邦尼送来的。

[6] 马歇尔致福克斯韦尔的信，1878年9月11日，1879年2月14日（弗里曼收藏）。

[7] 1879年4月至5月，1879年10月19日，1879年11月20日，1879年12月6日和14日，马歇尔写给福克斯韦尔的信报告了自己诊断出疾病，并且在第一年中缓慢而逐渐康复的过程。

亲密友谊，以及这位朋友对他们感情的慷慨回报。福克斯韦尔与时任圣约翰学院院长泰勒之间的通信表明，为了让他的朋友离开布里斯托，福克斯韦尔愿意做出牺牲。其中，第一封信提出了一个方案，学院将福克斯韦尔薪水的一半付给马歇尔，允许他们一起讲授道德科学的课程。第二封信透露了福克斯韦尔对 1881 年马歇尔夫妇财政状况的担忧，因为马歇尔在布里斯托的昔日学生为这对夫妻筹集了 100 多英镑。这笔钱被谨慎而秘密地交给玛丽·佩利·马歇尔，用于资助当时仍计划在欧洲大陆无限期退休的马歇尔。[1] 另外，那封保存下来的详细描写他们在巴勒莫的生活的信，也是寄给福克斯韦尔的。[2]

1882 年秋，马歇尔夫妇回到英国，先是在布里斯托大学任教一年，随后又在牛津大学讲授了四个学期的课，他们与福克斯韦尔的通信又全面恢复了。他们再次交流学术话题以及各自环境中的八卦和新闻。1883 年通信的早期片段揭示了福克斯韦尔藏书癖的开端，那时他就已经开始这一爱好了。一件有趣的事显示了马歇尔在珍本问题上的天真——他代表妻子向福克斯韦尔索要坎蒂隆的《论贸易的一般性质》副本，这本书直到最近才被杰文斯“重新发现”。一定是福克斯韦尔对马歇尔的要求大惊失色，于是，马歇尔在下一封信中做了 673
回应并解释了这件事的背景：

> 请不要为坎蒂隆的事烦恼。如果我有这本书，我现在也不会读。这完全不属于我目前的工作范围。只是玛丽最近在学习经济理论史，杰文斯对坎蒂隆的评价让她很感兴趣。如果我们复活节去剑桥，无疑她会借这本书来读一读。千万不要邮寄。我写信的时候并不知道这本书如此珍贵，现在我知道了，虽然我本该早点意识到的。[3]

---

[1] 福克斯韦尔致圣约翰学院院长泰勒的信，1881 年 9 月和 10 月 15 日（圣约翰学院档案，D104：109–110），还可参见第 9 章，第 284 页和注释 70。

[2] 马歇尔致福克斯韦尔的信，1881 年 10 月 10 日（弗里曼收藏，16/150）；第 7 章第 204 页引用了该信的大部分内容。另一份留存下来的从巴勒莫寄出的信，似乎是给巴斯特布尔的一封简短便条，还寄了一份私人印刷的关于国内价值的文本，并解释了它的局限性和起源（贝尔法斯特，三一学院，巴斯特布尔文件：马歇尔致巴斯特布尔的信，1881 年 12 月 15 日）。

[3] * 马歇尔致福克斯韦尔的明信片，邮戳为 1883 年 2 月 9 日（马歇尔图书馆，福克斯韦尔 1：32）。杰文斯的文章《理查德·坎蒂隆与政治经济学的民族性》发表在 1881 年 1 月的《当代评论》(39）上，第 20–27 页；1889 年，马歇尔花 7 英镑购买了这本书，这是他 1885 年所估计的英国收入均等化下的人均收入的 20%（见上文第 16 章，第 598 页注释 *）。马歇尔的坎蒂隆副本保存在 CUL（马歇尔 d.37）。

涉及这类话题的早期信件提到了马歇尔感兴趣的珍本书籍：其中包括他从珍本图书经销商梅格斯那里订购的伊登（Eden）的《穷人的状况》（*State of the Poor*），他后来取消了这一订单，马尔萨斯的《政治经济学定义》和汉密尔顿的《公共债务论》。[1]

在这一阶段，通信中的大部分内容都围绕着马歇尔关于《进步与贫困》的讲座、汤因比的去世和在牛津大学接替他的职位的前景，以及他在那里的教学和相关活动。[2] 有趣的是，通信中有了更多的人情味。"你来的时候，我们忘了把西西里的盘子给你"，这句话暗示了福克斯韦尔曾在1月来访，还表明前一年冬天马歇尔夫妇在巴勒莫为朋友购买纪念品的时候没有忘记福克斯韦尔。[3] 更有趣的是，福克斯韦尔在编辑杰文斯的《货币与金融调查》一文时（这项任务花费的时间比杰文斯的遗孀最初预计的要长得多），马歇尔也提出了一些建议。马歇尔的建议特别提到了更新杰文斯的统计数据的问题，以及当杰文斯的某些结果与《经济学人》上可得的价格数据（尽管是其他商品的价格数据）不符时，重复他的结果的危险性。[4] 1920年3月，马歇尔正在为他的《货币、信用与商业》准备有关指数的章节，他在给福克斯韦尔的最后一封信中又回到了这个话题，

> 我提到了杰文斯《调查》的第1版——这真是一本精彩绝伦的书，但却不为人所知。在第130页上（第2版的第122页），我发现了用铅笔写的注释："脚注放在这里似乎不合适，好像放在前一页更好。"此外，第129页提到1833年至1843年价格的异常上涨也很难理解。我觉得1843年可能是印刷错误，应当是1840年。我之所以拿这个问题来麻烦你，是因为我想我和你都是杰文斯最狂热的崇拜者……虽然，凯尔恩斯一度比杰文斯更有名气。[5]

---

[1] 马歇尔致福克斯韦尔的信，1883年1月22日和2月1日（马歇尔图书馆，福克斯韦尔1：30–31）。

[2] 参见上文，尤其是第9章和第16章，第236–239、581–586页。

[3] 马歇尔致福克斯韦尔的信，1883年2月1日（马歇尔图书馆，福克斯韦尔1：31）。

[4] 马歇尔致福克斯韦尔的信，1883年2月1日（马歇尔图书馆，福克斯韦尔1：29）；杰文斯的《货币与金融调查》于1884年出版，其中有福克斯韦尔的长篇介绍和杰文斯遗孀的序言，序言表明，当她向福克斯韦尔提出这个任务时，她不知道这个任务有多重（序言，第xviii页）。

[5] ¶ 马歇尔致福克斯韦尔的信，1920年3月13日（弗里曼收藏，19/42）。*MCC*，第27页注释提到了杰文斯在指数上的开创性研究，第29页注释提到了货币与金融的调查，马歇尔在引文中提到的关于第130页注释的位置的事似乎是有道理的。

尽管马歇尔的信带有奉承、含蓄的和解和近乎卑躬屈膝的语气，但福克斯韦尔仅在这封信（这是 1908 年以来马歇尔写给他的第一封信）的上方做了回复，而没有费心写一封回信。如前所述，两年后福克斯韦尔仍然对马歇尔在 674
1908 年教授选举时对他的不公正对待耿耿于怀，所以在马歇尔八十大寿之际，他拒绝在皇家经济学会的贺卡上署名。[1]

正应了那句老话——距离产生美，这对好友关系的裂痕，直到马歇尔回到剑桥开始负责政治经济学的课程之时，才初现端倪。还记得吗，福西特去世后，马歇尔敦促福克斯韦尔和尼科尔森竞选这个空缺的职位，也许是考虑到这两人最近分别在伦敦和爱丁堡“获得教席”，所以这种敦促是安全的。选举委员会成员之一的福克斯韦尔，肯定是投了马歇尔一票，[2] 他从未公开承认或否认过这件事，但他就此事的重要性给在牛津的马歇尔发了电报。那时，两人之间的分歧还没有立刻显现，应该说，他们之间的争论没有导致友谊或社交关系的中断。他们之间坦诚以待，同时也允许善意的批评。[3]

其中一些争论发生在选择荣誉考试的经济学参考书上。1881 年，福克斯韦尔曾向凯恩斯抱怨《产业经济学》太难，因此不受普通学生的欢迎；1890 年，他表示更喜欢当时尚未出版的马歇尔的《经济学原理》，而不是杰文斯等人的初级入门书，这说明他在 1889 年出版的沃克的《政治经济学第一课》与马歇尔的书之间，仍然选择了“马歇尔教授”。[4] 在选择合适的荣誉考试参考书方面，他们还发生过许多争执，这是两人都非常重视的一项任务。不过，关于这个问题的真正的困难直到很久之后才显露出来。如果忽略马歇尔早先对福克斯韦尔倾向于忽视李嘉图和穆勒的重要性的批评的话，那么两人在学说上的

[1] 参见上文，第 17 章，第 631 页。

[2] 参见上文，第 10 章，第 306 页。

[3] *“如果真理女神真诚地向我发问，请我列举赫伯特·萨默顿·福克斯韦尔教学的优点和缺点，我会这样形容他教学的缺点：对那些失去现实意义的问题过于乐此不疲，从而忽视了真正的问题，尤其是在统计方面。”（马歇尔致福克斯韦尔的信，1895 年 11 月 27 日，弗里曼收藏，13/228）。关于此类分歧更严重的表现，见上文第 13 章第 472 页，第 15 章第 537 页。

[4] 福克斯韦尔致约翰·内维尔·凯恩斯的信，1881 年 6 月 20 日，1890 年 5 月 3 日（马歇尔图书馆，凯恩斯，1：22，32）。

第一次重大分歧就涉及复本位制。[1]福克斯韦尔曾试图让马歇尔签署一份请愿书以支持复本位，但没有成功，这一点已在前面的章节提到过，他们就这个话题的讨论还涉及吉芬[2]，而马歇尔在后来的几年里偶尔还会在与福克斯韦尔及
675 其他人的通信中对这些问题老调重弹。[3]根据福克斯韦尔的描述，他们在政治问题上也有分歧，但尚不清楚这些分歧的性质。[4]

但总的来说，福克斯韦尔继续充当马歇尔的忠实盟友。他们在组建皇家经济学会以及在19世纪90年代女子大学相关问题上的合作就是例证。[5]这些帮助大多源自福克斯韦尔对这位教授的忠诚和尊重，一小部分是源于教授的权威和对这门学科的责任。1890年，福克斯韦尔对荣誉学位的书单进行颇具批判性的分析后，向凯恩斯解释说："我按照要求提供了我的意见，但我当然不希望把这些意见强加给马歇尔教授，毕竟他是负责这个学科的人。"[6]

随着19世纪90年代过去，这种忠诚和责任感开始变得有些单薄。例如，在马歇尔希望确定一个商讨道德科学委员会事务的具体会议日期时，福克斯韦尔写信给凯恩斯说："我原以为我安排好了的日程和马歇尔的比例是5∶1，但如果他不能改变具体时间，那就只能我改了，不过我改不了日期。"[7]1897年，当道德科学委员会讨论课程改革时，凯恩斯在日记中写道："我们通常默认福克斯韦尔都会同意马歇尔的意见，但当他们两人共处一室

[1] ¶ 马歇尔致福克斯韦尔的信，未注明日期（可能是1893年或1894年的3月），弗里曼收藏，3/224；马歇尔致福克斯韦尔的信，1883年7月22日（马歇尔图书馆，福克斯韦尔1：42），以及更早的玛丽·佩利·马歇尔的信（1878年9月25日）："阿尔弗雷德很高兴你开始喜欢李嘉图，他的确值得人们尊敬。在我看来，他是科学的支柱。"（弗里曼收藏，39/155）还可参见福克斯韦尔写给约翰·内维尔·凯恩斯的信，1892年1月25日："我在许多观点上与马歇尔有深刻的分歧，尤其是在李嘉图、穆勒、经济学方法和消费方面。"（马歇尔图书馆，凯恩斯，2：101）

[2] † 参见上文，第11章，第351–352页；以及马歇尔于1895年1月27日写给福克斯韦尔的信（弗里曼收藏，23/104）；还有JNKD，1894年4月24日："说到马歇尔……他与福克斯韦尔在复本位制上发生了分歧，还请我进行仲裁。"

[3] 马歇尔致福克斯韦尔的信，1898年12月17日（马歇尔图书馆，1：63）；1901年5月10日（马歇尔图书馆，福克斯韦尔，1：65）。

[4] JNKD，1897年4月20日，下文第675页有所引用。

[5] 参见上文，第13章，第464–467页，第14章，第506–507页，第8章，第247–248页。

[6] 福克斯韦尔致约翰·内维尔·凯恩斯的信，1890年5月3日（马歇尔图书馆，凯恩斯，1：32）。

[7] 福克斯韦尔致约翰·内维尔·凯恩斯的信，1894年12月14日（马歇尔图书馆，凯恩斯，1：35）。马歇尔致福克斯韦尔的信，1895年11月2日，可见在这类场合，马歇尔对福克斯韦尔有多么依赖。

时，意见常常相左。”[1] 此时福克斯韦尔和马歇尔之间就这些问题往来的大量信件凸显了这种分歧的性质和程度。他们讨论了荣誉学位的第一部分考试的安排以及教学大纲的内容。其中一些信件显示，马歇尔误解了规章制度，对此他也大方地表示歉意；另一些信件则对马歇尔立场的细枝末节进行了大量的解释。[2] 这一点激怒了凯恩斯和福克斯韦尔，前者曾抱怨马歇尔在委员会会议上浪费时间，并对由于马歇尔的缺席[3] 而加快的会议进度欣喜不已，后者则在当时写给凯恩斯的信中明确表达了他对这位“领袖”的矛盾感情：

> 除了政治方面，我大体上同意马歇尔的核心思想和观点，但我几乎总是不同意他说的重点。我认为他的分寸感不好，我认为他被一种不可抗拒的矛盾倾向引入歧途，这种自相矛盾正是他年轻时混迹于克利福德、莫尔顿等聪明的知识分子群体中的典型特征……尽管如此，他仍然是一位优秀的研究员，是最能干、最正直、最亲切的人，我为有这样的领袖感到自豪。甚至是他的缺点，在我看来也是友善的。[4]

在世纪之交，马歇尔的友善以及福克斯韦尔对他的忠诚在多个场合再次凸显。马歇尔在福克斯韦尔图书馆的反复危机中给予的帮助和强有力的支持是前者的体现，这件事最终于 1901 年年中因皇家经济学会的介入而首次得到解决。后者体现在福克斯韦尔不顾细节上的差异，坚定地帮助马歇尔建立了他渴望已久的经济学荣誉学位。

福克斯韦尔在藏书方面的癖好早有提及。到 19 世纪 80 年代末，他的藏书量已经非常可观。凯恩斯在 1887 年 12 月的日记中惊叹，福克斯韦尔已为他的图书馆花了 2000 英镑。因此，福克斯韦尔完全实现了几十年后他对梅纳德·凯恩斯所说的他的座右铭：“我经常为没有买某本书而后悔，但从未为买了某本书而后悔。”这一爱好与他的收入并不相称，梅纳德·凯恩斯当时估算 676

[1] JNKD，1897 年 3 月 8 日。

[2] 马歇尔致福克斯韦尔的信，1897 年 2 月 23 日和 24 日，3 月 21 日，4 月 8 日、14 日、18 日和 26 日（马歇尔图书馆，福克斯韦尔，1：52–58）。

[3] 参见上文第 15 章，第 534–549 页。

[4] 转载于 JNKD，1897 年 4 月 17 日。参较福克斯韦尔就复本位制一事给比顿的信，其中有对马歇尔类似的评价，如前文第 11 章所述。

说，他每年的收入从未超过 1000 英镑。[1] 1897 年，福克斯韦尔从银行贷款了大量资金来填补赤字，他的财政状况被透支，图书馆面临着被处置的风险。为了保住福克斯韦尔的图书馆及他本人，马歇尔提出了一个他认为非常无礼但坦率的建议，即把图书馆放在福克斯韦尔夫人的名下，降低他的所有权，并通过为报纸撰稿来偿还银行的贷款，这个方法完全是马歇尔不得已想出的，[2] 因为迎合记者是马歇尔最讨厌的事。[3]

马歇尔的建议似乎没有被采纳，因为正如马歇尔在该年年初写给凯恩斯的信中所写的那样，福克斯韦尔的财务危机在 1901 年再次全面爆发。在这种情况下，马歇尔曾说过，如果经济上过得去的话，他愿意为福克斯韦尔做出牺牲，即提前从自己的教席上退休。[4] 他向凯恩斯提出的更靠谱的建议是，调研一下是否可能在学校里为福克斯韦尔找到一群个人读者。马歇尔虽然担心福克斯韦尔会因此离开剑桥去往伯明翰，但他还是给老朋友写了一封热情洋溢的推荐信以示支持，不过这就显得他说要为福克斯韦尔做出牺牲这件事不那么真挚。[5] 这件事以这样的结局告终：1901 年 5 月，尊敬的金匠公司代表伦敦大学提出收购福克斯韦尔的图书馆，将其作为一个重要的收藏品完整地保存下来，并承诺在必要时提供购买新书的资金。[6]

福克斯韦尔在 1902–1903 年支持马歇尔设立新的经济学荣誉学位的举动业已讨论过了，马歇尔在 20 世纪初退休前与福克斯韦尔的一些分歧也已经讨

[1] JNKD，1887 年 12 月 21 日；约翰·梅纳德·凯恩斯，《赫伯特·萨默顿·福克斯韦尔（1848–1936）》，载《经济学杂志》，46，1936 年 12 月，第 604–605 页。J.N. 凯恩斯早在 1891 年 8 月就曾对马歇尔说过他对福克斯韦尔图书馆的担忧（马歇尔致约翰·内维尔·凯恩斯的信，1891 年 8 月 30 日，马歇尔档案，1：102）。

[2] 马歇尔致福克斯韦尔的信，1897 年 9 月 7 日（马歇尔图书馆，福克斯韦尔，1：61）。

[3] 玛丽·佩利·马歇尔，《MSS 笔记》（NCA）。

[4] 参见上文第 17 章，第 618–619 页和注释 *。

[5] 马歇尔致约翰·内维尔·凯恩斯的信，1901 年 1 月 8 日，马歇尔档案，1：122；马歇尔推荐信的摘录，可见 J.M. 凯恩斯，《赫伯特·萨默顿·福克斯韦尔》，第 591 页。

[6] J.M. 凯恩斯，《赫伯特·萨默顿·福克斯韦尔》，第 605 页。

论过了。后者还包括：两人在任命庇古为经济学讲师一事上的分歧，[1]以及每当确定新学年的道德科学课程的时间表时，福克斯韦尔都“偏执地”认为马歇尔在针对他；福克斯韦尔在 1903 年写信给《泰晤士报》，批评了马歇尔和其他 677

[1] * 这引起了马歇尔在一次坦率的交流中，对福克斯韦尔全面开炮（马歇尔致福克斯韦尔的信，1901 年 5 月 14 日，弗里曼收藏）：

你又回到了敌视我为高级课程和高级研究争取时间的立场，我真的很痛心。我原以为前段时间我在书信和谈话中对你所作的冗长而乏味的解释，已经让你信服了。但我还是要再重复一遍。

当我在 1885 年回到剑桥时，我打算专门给那些听过你的（或别人的）课程，或在数学研究或其他方面学过如何从根本上解决问题的学生讲课。但我很快就遇到了两个困难：你的讲座没有涵盖“一般课程”的内容；而且由于没有论文，学生们无法了解自己的弱点，我常常不得不从头开始。因此，我才去找你，问你是否愿意让你的基础课程涵盖整个学科，并制定与之相关的论文题目。你提出了两个反对意见：一是你在伦敦很忙，还要照管自己的图书，没有时间看学生的论文；二是你说自己已不再年轻，不愿意为高级课程做准备。我承认后一个反对意见是有道理的，并建议你每隔一年开设一门系统的高级课程，我也会开设同样的课程，当你上高级课程时，我当然就会上初级课程，反之亦然。你说学院会反对的——我忘了你给出的确切理由了；我只记得，我觉得学院会欣然同意的。

因此，多年来，我尽我所能承担着经济学教学的全部苦差事。我相信，像我这么老还在为一个庞大的学科承担全部苦差事的人不多了。女学生的论文是最糟糕的，我花在它们上面的时间是最多的，虽然几乎所有女学生在来找我之前都听过玛丽的课。有时连续两天，从上午到下午我都在看论文，我感到身心不适，几乎站不起来。

我又去找了你两次，求你帮我分担一些工作；两次都被你拒绝，你第二次说的话伤了我的心，所以我决定以后再也不问你了。至于你的高级课程，你告诉我，你选择的课程主题都很适合你。你是在我回剑桥之前就先选好了，而且会坚持下去。你没有问我是否喜欢剩下的课程，但我也没有怨言。我只是避免详谈那些我知道会引起你的长篇大论的话题。这也没有给我带来严重的不便，但我不得不告诉我的女学生，她们不能听你的课，她们必须自己读一些东西，尤其是与银行史有关的。因此，我已经想尽所有办法让这台机器顺利运转……（在使用麦克塔格特和克拉彭来帮他评阅学生的论文后，马歇尔决定用庇古替代克拉彭，因为后者头脑中的历史元素过多。）

当时，我知道你的书要运去伦敦，你也会跟着去，而我将得不到任何帮助。然后，我试探性地询问了庇古，见他并不反对，于是我将此事提交到了道德科学委员会那里。大家都认为这个计划很好，立刻批准了它。（不知会议纪要上是否做了记录。）这件事做完之后，我和庇古签了一份合同，我付给他 100 英镑，让他在 1900–1901 学年讲课，条件是他在这一年中不得从事任何妨碍他备课的事。他照办了。

在下一个 10 月学期的晚些时候，我惊讶地听说你终于开始自己出题了。如果我提前知道你会这样做，如果我确信你会留在剑桥，我也许就会向委员会申请停开我的一般讲座，而不是提供一个替代人选。如果这样的话，也许，我会请庇古开设一门关于国际贸易和政府的课程，因为这两门课是你完全忽略的。

因此，当你说“庇古的任命是对我课程的直接攻击，对我来说，这是一个生计问题（a bread and butter question），我必须奋起反抗；这个问题必须从一开始就扼杀掉”时，我对你的想法感到非常痛苦。因为我一年前就告诉过你，我让庇古去做的，正是我一而再再而三恳求你去做的事。

马歇尔在 1901 年 5 月 22 日给 J.N. 凯恩斯的信中也提到了这件事，他还在 1901 年 5 月 25 日的信中试图与福克斯韦尔重修旧好。

11位经济学教师所签署的《自由贸易宣言》，以及在新的荣誉学位设立初期，马歇尔对福克斯韦尔授课风格和授课类型等相关问题的不满。[1] 马歇尔越来越担心福克斯韦尔的旧经济学是否适合他的新学位的学生，以及他退休后，若福克斯韦尔当选教授将对教学资源的经费产生怎样的影响，这些恐怕是马歇尔在1906年决定转而支持更年轻的庇古，而不是将近60岁的福克斯韦尔来领导他创建的新兴的剑桥经济学的决定性因素。[2]

这种拒绝对福克斯韦尔的打击是最大的，因为随着时间的流逝，他越来越意识到自己在支持马歇尔时需要做出的牺牲。福克斯韦尔写给凯恩斯的两封信，一封写于马歇尔的继任者当选之前，一封在继任者当选之后，都清楚地表达了这种与日俱增的意识：

> 非常感谢你的费心。我没指望和马歇尔一起能取得多大的成功。他的安排总是尽可能最好的，是多方考虑的结果！……然而，我一贯认为教授应该是学科的领袖并掌控局面。我不相信委员会式的管理会更好。所以，我没有任何反对意见。[3]

> 我退还了马歇尔的字条。它有一种令人不快的虚伪感……毋庸置疑，他现在一如既往地乐于在他鄙视和忽视的工作上寻求别人的帮助。我指的是为普通学生服务、阅读论文，以及与外界保持联系这些事。但我相信，他内心深处对那些如此施惠于他的人抱有一种真诚的蔑视；
> 678 无论如何，对于我力所能及的工作，我觉得他没有认可它们的价值。不过，他的想法于我而言也不重要。我从不认为他有好的判断力。[4]

这两封信在语气上的区别反映了福克斯韦尔因庇古当选教授而产生的怨恨。在竞选后的几个月里，这种怨恨似乎变成了相互怨恨，这一点在1908年12月

[1] 参见上文第15章，第550、551–552页，以及第11章，第382–384页。

[2] 参见上文第17章，第615–617页。

[3] 福克斯韦尔致约翰·内维尔·凯恩斯的信，1900年10月6日（马歇尔图书馆，凯恩斯，1：40）。

[4] 福克斯韦尔致约翰·内维尔·凯恩斯的信，1912年2月6日（马歇尔图书馆，凯恩斯，1：44）。正如第17章（第627页及注释¶）所述，福克斯韦尔在信中评论了马歇尔写给约翰·内维尔·凯恩斯的便条，表示他对福克斯韦尔重返剑桥教书非常高兴。他告诉凯恩斯，可以把它拿给福克斯韦尔看，或许他希望能与老朋友和解。

马歇尔与凯恩斯和希格斯的通信中就很明显了，信中谈到了由皇家经济学会组织捐款在剑桥为福克斯韦尔创建一个个人教席的可能性。现存的信件不仅表明马歇尔一开始就参与了庇古的竞选计划，而且六个月后，庇古而非福克斯韦尔的当选仍然是经济学圈子里的一个敏感话题。12 月 5 日，马歇尔对凯恩斯说道，

> 就在刚离开你之后，我想起“如果某人没有当选，那一定是团队运作的结果”这句话不是对我的妻子说的；而是有人对另一位非常负责任的女士说的，她对这个话题并不特别感兴趣，不久之后，她见到了我的妻子，轻蔑地把这件事转述给了她。我妻子证实了这件事。[1]

一周后，马歇尔再次写信给凯恩斯，批评福克斯韦尔在金融问题上的错误判断，以及他打算离职这件事。回看福克斯韦尔对马歇尔判断力的看法，真是“五十步笑百步”。然而，更严重的指控随之而来，第一项指控是马歇尔不惜歪曲事实，以退出希格斯提议的为福克斯韦尔的教席筹措资金这件事。

> 福克斯韦尔于 6 月[2]写信给我，谴责那些把友谊置之不理的选举人。我不寒而栗。我没有回信，但这显然是麻烦的前兆。即使福克斯韦尔仍然年富力强，我还是会犹豫是否应该将他放在与克拉彭同等重要的学术水平上（如果有第二个经济学教授席位的话）。现在我把这件事交给你来处理。为了“友谊地久天长”，我将尽可能扭曲我的学术良心。但要违背它的确很难。也许你一开始就知道我对希格斯的仁慈的提议的中立态度。我自己很清楚，我目前无法积极地支持这件事。[3]

早些时候，马歇尔对希格斯的提议一定很热情，因为希格斯在 12 月 14 日写信给凯恩斯说：“马歇尔曾对你说过一项提议，为福克斯韦尔的剑桥教席筹集资金。你能够告诉我，担保是否足够，或者剑桥大学是否需要现金支付？我的想法是，如果可能的话，获得每年 700 英镑的担保，为期 7 年。”[4] 马歇尔写

[1] 马歇尔致 J.N. 凯恩斯的信，1908 年 12 月 5 日（马歇尔档案，1：136）。

[2] 福克斯韦尔的信在前文第 17 章，第 626–627 页引用过，这说明马歇尔喜欢夸大其词。

[3] 马歇尔致 J.N. 凯恩斯的信，1908 年 12 月 12 日（马歇尔档案，1：137）。

[4] 1908 年 12 月 14 日，亨利 · 希格斯致 J.N. 凯恩斯（大概是以大学教务官的身份）的信，马歇尔档案，2：100。

给凯恩斯的一封未注明日期的信表明，马歇尔的“学术良心”是多么的不屈不挠。信中毫不含糊地告诉凯恩斯，在他看来，为福克斯韦尔设立第二个教席将开创一个“不良先例”。[1]

难怪这段昔日的深厚友谊再也没有重新续上。马歇尔对恢复友谊做了一些尝试，例如前面提到的，他在1920年就杰文斯的《货币与金融调查》试图征询福克斯韦尔的意见，但均以失败告终。[2]不过，1923年赠送给福克斯韦尔的《货币、信用与商业》得到了他的正式感谢。虽然此时马歇尔已行将就木，但这并不是马歇尔在西季威克临终前所获得的那种和解。到1908年，福克斯
679 韦尔显然已经受够了这位昔日朋友的原则，以及这些原则使他做出的牺牲。最后可以引用福克斯韦尔女儿的话来作一总结，她在回忆录中简明扼要地概述了1884年以来马歇尔与福克斯韦尔之间友情的演变：

> 1884年，阿尔弗雷德·马歇尔回到剑桥大学，接替亨利·福西特担任政治经济学教授，他的当选得到了H.S. 福克斯韦尔的热切支持。福克斯韦尔非常欣赏马歇尔的著作：它有数学基础，但数学只是思想的辅助工具，因为它的作者在数学荣誉学位考试中仅次于瑞利勋爵。但是，像马歇尔和福克斯韦尔这样两个敏锐的人，在同一所学校工作，很难指望他们在一个颇具争议的领域的所有方面都能达成一致。甚至连他们感兴趣的领域也会发生冲突；H.S. 福克斯韦尔的三大爱好——货币、社会主义和经济史——不得不让位给马歇尔主导的更为抽象的经济理论。同样，自由贸易和贸易保护主义之间的争论也导致了尖锐的分歧，H.S. 福克斯韦尔就此在公开讨论中反对马歇尔的言论。福克斯韦尔认为，马歇尔教授在经济学家宣言上的签字也许违背了他的判断，他从未原谅自己在《泰晤士报》上发表的对这份宣言的回应。或许部分是由于这个原因，当马歇尔在1908年退休时，H.S. 福克斯韦尔没有被选为他的继任者，尽管此时福克斯韦尔已不再年轻，但这件事终究是一个巨大的遗憾。[3]

---

[1] 马歇尔致J.N. 凯恩斯的信，未注明日期（马歇尔档案，1：140）。

[2] 参见上文第673页，以及第17章，第626–627页。

[3] 奥黛丽·福克斯韦尔，《赫伯特·萨默顿·福克斯韦尔传》，第9页。如下文第20章第743页所示，福克斯韦尔出席了马歇尔的葬礼。

约翰·内维尔·凯恩斯：从忠诚到逐渐幻灭的副将

约翰·内维尔·凯恩斯出生于 1852 年，比马歇尔小 10 岁。和福克斯韦尔一样，他在伦敦大学开始了他的本科生涯，然后在他们家的世交福西特的建议下，前往剑桥攻读数学荣誉学位。选择这个专业似乎是明智的，因为他可以从奖学金中获得必要的经济支持。尽管凯恩斯在伦敦的文学学士两部分考试中都取得了一等成绩，但他发现剑桥大学艰苦的数学学习并不适合他，他要付出的精力远大于在伦敦学习时付出的。因此，到 1873 年 1 月，他希望转读道德科学。不顾福西特的强烈反对，凯恩斯于 1873 年 10 月开始参加道德科学的课程。他的朋友詹姆斯·沃德在 1873 年 1 月获得了三一学院的道德科学奖学金，这件事也可能促成了这一转变的最终实现。还有一个因素是，他在 8 月读了穆勒的《政治经济学原理》，觉得这本书十分有趣。在第一个学期，他参加了西季威克关于伦理学和维恩关于归纳逻辑的课程。直到 1874 年 4 月，他才决定从事政治经济学研究，如前所述，马歇尔当时是高级学生的主要教师。凯恩斯在日记中生动地记录了他们的第一次见面："拜访了圣约翰学院的马歇尔——政治经济学讲师，他躺在浴缸里。"没有记录显示，马歇尔以这种形式会见了多少学生。不过，这次见面之后，凯恩斯在那个学期参加了马歇尔的讲座，并在 1875 年再次参加。到那时，马歇尔的这位新学生已经熟练掌握了相关知识，凯恩斯有些自豪地记录道："马歇尔对我写的论文评价很高，甚至在课上也提起过。"作为学位考试的演练，凯恩斯于 1875 年 6 月在伦敦完成了福西特给他出的政治经济学试卷。在接下来的 12 月，在完成了为期一周的 10 篇关于逻辑学、哲学和经济学的折磨人的考卷之后，他以第一名的成绩获得了道德科学荣誉学位。[1] 当荣誉学位名单公布后，凯恩斯记录道，沃德先是去了福克斯韦尔 680
的房间，然后去了马歇尔的房间，杰文斯、西季威克和维恩都在场：

> 马歇尔说："你的头脑非常清晰。"（沃德对他说）："杰文斯说你的逻辑学答卷写得非常好，简直赏心悦目。他显然不太相信马歇尔，被你的曲线逗乐了。福克斯韦尔表扬了你的精确，但说你有点畏难，

---

[1] 罗伯特·斯基德尔斯基，《约翰·梅纳德·凯恩斯：希望的破灭 1883–1920》，第 7–13 页；引文来自凯恩斯 1874 年 4 月 18 日和 1875 年 3 月 13 日的日记。

> 在哲学上缺乏独创性。福克斯韦尔绝对是主持人。”我坐在维恩和马歇尔之间，他们都很热情。大家都认为彭布罗克应该给你一个奖学金，马歇尔认为你应该在经济史方面大展身手，这个领域是道德学家和历史学家都需要彻底研究的，但却没有人做。他说，如果道德科学领域的专家与西利、哈蒙德和福西特一起支持你，就会发现有些工作值得你去做，无论是在金钱意义上，还是在其他方面。……[1]

这一篇日记有两点特别有趣。一是它包含了福克斯韦尔的预言，即凯恩斯有逃避困难的倾向。这种性格特征贯穿了凯恩斯的一生，由于缺乏野心，他的成就总是远低于他的才能所达到的水平。二是这段话表明，马歇尔热衷于根据经济学这一学科的发展以及他本人的需要来规划凯恩斯的未来，这在凯恩斯的一生中也多次被提及。

尽管凯恩斯的逻辑学成绩更好，但他最初似乎还是被马歇尔的经济学所征服。1876 年初，凯恩斯还在忙于指导学生学习政治经济学，但 8 月他当选为彭布罗克学院的研究员，这意味着到那年年底，这种工作在经济上已不再必要。1876 年 12 月，在马歇尔的房间里举办了道德科学考试的庆功会，凯恩斯也出席了，在那里他得知玛丽·佩利正在为大学推广运动撰写一本政治经济学的入门书。早些时候，凯恩斯还记录了她与“圣约翰”的马歇尔订婚的消息，他自己也得到了写这样一本入门书的机会。福克斯韦尔的判断几乎立即得到了证实，两个月后，这项任务开始变得苍白无力，他最终在 1887 年初抛弃了这一承诺。

1876 年，凯恩斯与马歇尔的友谊仍处于萌芽阶段，那一年，凯恩斯的日记中很少提到马歇尔。1877 年，两人的关系开始加深。2 月，马歇尔请凯恩斯阅读他前几年撰写的关于国际贸易的手稿；他还敦促凯恩斯以“机器对工资的影响”为题写一篇论文参加科布登奖的角逐，三十年后他对凯恩斯的儿子梅纳德进行了同样的敦促。[2]4 月，马歇尔寻求凯恩斯的支持，希望能在他结婚后，

---

[1] JNKD，1875 年 12 月 13 日。

[2] * JNKD，1877 年 2 月 8 日、3 月 8 日和 4 月 25 日；马歇尔致梅纳德·凯恩斯的信，1906 年 10 月 14 日，凯恩斯文件，L/M/41；尼科尔森在凯恩斯之后的第二年获得了道德科学荣誉考试的第一名，事实上，他还赢得了科布登论文奖，这是该奖首次在剑桥而不是其发源地牛津举办。斯基德尔斯基颇具洞察力地评论了马歇尔与凯恩斯父子的关系，他将梅纳德·凯恩斯描述为马歇尔的“指定接班人”，动机是“他必须填补其父亲给马歇尔带来的失望”[《约翰·梅纳德·凯恩斯：救世主般的经济学家 1920–1937》(*John Maynard Keynes*, *The Economist as Saviour 1920-1937*)，伦敦：麦克米伦，1992 年，第 422 页]。

帮他在争取剑桥的约曼－比德尔职位上拉拉票。不久后，马歇尔放弃了这一计划，7月，他转而申请布里斯托大学学院校长和政治经济学教授一职，这一申请要实际得多。

1877年的日记还展示了凯恩斯对他们不断发展的友谊的一次批判性观察： 681

> 1877年4月25日：马歇尔……强烈建议我不要把在科布登的论文中所写的克里夫·莱斯利的内容寄出去。要不要接受这一建议，我简直毫无头绪……1877年4月26日：……我参加了一个小型晚宴——阿尔弗雷德·韦斯特、迈尔斯（Myers）、马歇尔、福克斯韦尔、普罗特罗、尼科尔森和西摩·汤普森（Seymour Thompson）。晚餐后，我们前往奥本斯处休息。马歇尔正处于一种极为矛盾的情绪之中。他说，宁愿失去自己的右臂，也不愿涉足古典文学，他要是把浪费在古典文学上的时间花在音乐、绘画、雕塑、一些现代语言、生物学和通俗文化上该多好。[1]

在凯恩斯1877年的一些日记中也夹杂着一些怨恨。例如，福克斯韦尔曾批评凯恩斯在荣誉考试中的回答缺乏哲学技巧，詹姆斯·沃德向凯恩斯转述的时候，遭遇了凯恩斯的反击：福克斯韦尔的课简直是“彻底的失败”。7月，凯恩斯在日记中记录道，马歇尔称赞他是“近期教过的最好的政治经济学家”，前提是凯恩斯的风格“有待加强”，几周后，凯恩斯反驳说，在阅读了马歇尔的贸易手稿后，他觉得马歇尔“毫无风格可言”。[2]马歇尔夫妇于8月启程前往布里斯托，在此后三年多的时间里，他们从凯恩斯的日记中消失了，他们之间也没有书信往来。形成鲜明对比的是，马歇尔在这一时期与福克斯韦尔之间有源源不断的书信往来，他与西季威克之间也保持着联系。[3]

1881年2月，凯恩斯请求马歇尔支持他申请伦敦大学学院的政治经济学

---

[1] JNKD，1877年4月25日和26日。关于马歇尔长久以来对古典教育的憎恶，见上文第3章，第59–60页。

[2] * JNKD，1875年12月13日，1877年6月16日、7月10日和27日。马歇尔对学生时代的凯恩斯的赞美可能是偏颇的。尼科尔森是当时马歇尔在凯恩斯之后教过的唯一一位著名经济学家，而詹姆斯·沃德、亨利·克宁汉、威廉·坎宁安和弗雷德里克·梅特兰是前三年经济学领域为数不多的真正有资格的候选人。

[3] 参见上文第665、692页。

教席，他与马歇尔的联系因此短暂恢复，不过，这一申请并未继续。前文提到过，在接受这一请求时，马歇尔询问凯恩斯是否曾向西季威克提供他的课堂笔记，来帮助西季威克撰写政治经济学著作。[1]不过，马歇尔还是为凯恩斯写了一篇热情洋溢的推荐信。信中称赞凯恩斯“极具经济学天赋”，“对经济学主题有着广博的知识”，具有“清晰深刻的思想家”品质和彻底的“知识分子品格”，在研究中具有“强烈的独创性”，简而言之，是“一位前途无量的经济学家”。此外，马歇尔还提到凯恩斯“明白易懂、充满活力”的教学工作，以及他所具有的“个人品质”让他无论在哪里就职都能“做出巨大贡献”。[2]三年后，当凯恩斯将他的第一本著作《形式逻辑的研究与实践》（*Studies and Exercises in Formal Logic*）寄给马歇尔时，后者称赞它是“剑桥研究的完美典范，将有重大的学术贡献”。[3]与此同时，福克斯韦尔和马歇尔本人一直在向凯恩斯传递一个信息，那就是他们希望回到剑桥。1882年2月13日，
682 凯恩斯在日记中写道，“如果马歇尔夫人回来（纽纳姆），我将不再在纽纳姆讲课”。而在1883年4月，前面也提到过，凯恩斯记录了马歇尔夫妇从布里斯托来到剑桥，希望从圣约翰学院院长那里得到讲师的职位，但未能如愿。[4]

因此，直到马歇尔夫妇回到剑桥之后，凯恩斯才高兴地发现，他们之间的友谊更加深厚了。这与马歇尔对凯恩斯作为经济学家的高度赞扬有关。还记得吗，马歇尔还希望凯恩斯接替他在牛津大学的职位。[5]凯恩斯的妻子佛罗伦斯对马歇尔大加赞赏，她还去听了马歇尔的课，这都有助于这种良好关系的发展。在凯恩斯的日记中，他们在马歇尔家参加的一场又一场繁忙的晚宴就是友谊增进的证明，尽管凯恩斯对马歇尔和他更亲密的朋友西季威克之间的争吵耿

---

[1] 参见上文第666页。

[2] * 马歇尔致约翰·内维尔·凯恩斯的信，1881年2月8日；马歇尔致伦敦大学学院的信，1881年2月9日（马歇尔图书馆，凯恩斯文件）；并见上文第666页。1883年5月1日，凯恩斯记录了“一封马歇尔的意外来信”，马歇尔在信中祝贺他成为伦敦的主考官，并通知他自己即将搬去牛津，并对“你真诚地希望我们回到剑桥”表示感激，那是“他们一生中最愉快的事”。

[3] 马歇尔致约翰·内维尔·凯恩斯的信，1884年2月15日。

[4] JNKD，1882年2月13日，1883年4月21日。参较1884年8月31日的凯恩斯日记，他从汤因比的一个学生那里听说，马歇尔当选贝利奥尔学院的研究员。

[5] 参见上文第10章，第308页。

耿于怀，这有时也破坏了祥和的气氛。[1]

当马歇尔邀请凯恩斯阅读《经济学原理》的校样时，就像十年前邀请他阅读自己关于贸易的手稿一样，两人变得更加亲密了。这项工作从 1887 年 10 月初开始，在接下来的两年半里，凯恩斯参与了大量的工作，其中大部分内容都保存在通信中。早些时候已经表明，[2] 凯恩斯的任务是关键内容的校对，对理论要点、表达和解释的清晰度提出建议。这与分配给普莱斯和玛丽·佩利的更一般化的校对工作形成了鲜明对比，后者的任务是发现印刷错误和其他拼写错误，以及语法、句法和标点符号上的错误。马歇尔还向凯恩斯征询了对第 1 版的编写计划（7 篇还是 6 篇）的意见，以及与效用和消费者剩余的测量有关的具体问题。到 1888 年，这种单方面的校对变成了一种互惠活动，在贝利奥尔庄园和哈维路 5 号（凯恩斯的住所）之间，一方面是《经济学原理》的校样的传递，另一方面则是凯恩斯的新作《政治经济学的范围与方法》的校样，阿尔弗雷德和玛丽一同仔细审阅了这本书。

第二次书信的频繁往来始于马歇尔再次试图劝说凯恩斯到牛津任职。这次的契机是牛津大学德拉蒙德教授波那米·普莱斯的去世。得知这个消息后，马歇尔立即写信给凯恩斯，说他听到凯恩斯打算成为候选人时是多么高兴，尽管这种高兴也被“个人和爱校的原因”所冲淡，因为这意味着凯恩斯要离开剑桥。那天，凯恩斯在日记中讽刺地写道，自己都还没有下定决心，尤其是他还 683
没有发表过任何经济学方面的文章，这让竞选看起来不怎么靠谱。[3]

马歇尔的第一封信包含不切实际的鼓励，按他的行动惯例，他随后发出多封信件劝说凯恩斯，不过他在第二天的信中就警告说，“罗杰斯是第一热门人

[1] * 见上文第 10 章，第 307–308 页，第 15 章，第 534–537 页，以及本章第 667–668 页。JNKD，1885 年 3 月 17 日、1885 年 6 月 27 日、1886 年 6 月 6 日，1886 年 8 月 13 日、1887 年 2 月 15 日、1887 年 6 月 9 日和 1887 年 11 月 27 日，记录了凯恩斯参加的有马歇尔在场的晚宴，有时在马歇尔家里，有时在圣约翰学院；这比凯恩斯与西季威克一起参加晚宴的次数要多，但有一点不同，西季威克夫妇偶尔会去凯恩斯家做客。按照前文所述，马歇尔有消化不良的毛病，这也许可以解释为什么他们没有去凯恩斯家拜访。另一种观点可见约翰·马洛尼，《马歇尔、正统与经济学的职业化》，第 64 页。

[2] 参见上文第 12 章，第 408–411 页。

[3] * JNKD，1888 年 1 月 13 日。在评论手稿时，丽塔·麦克威廉斯 – 塔尔伯格质疑为什么马歇尔没有鼓励福克斯韦尔去申请这一职位。正如下文所说的，当时福克斯韦尔已在伦敦就职是原因之一，还有福克斯韦尔对剑桥的热爱让他不会离开母校。马歇尔对凯恩斯和福克斯韦尔的排名是按当选概率而非功绩排序的（JNKD，1888 年 2 月 2 日）。

选”。[1]西季威克给出了类似的建议和警告，而福克斯韦尔似乎更关心他的第二母校，劝凯恩斯为了剑桥的道德科学和他的儿子，都不要申请这个职位。福克斯韦尔说，如果凯恩斯去了那里，梅纳德的“成长环境可能会变得轻浮，最终或许成为一家低俗报纸的老板或一个流行政党的领袖；而不会像他的父亲一样，成为一个做事严谨、头脑清醒的剑桥人”。[2]凯恩斯的日记和与马歇尔的通信揭示了这个故事的走向：马歇尔不断改变对职位的候选人的偏好（从罗杰斯到菲尔普斯再到罗杰斯），并以此衡量凯恩斯当选的机会；马歇尔访问牛津和伦敦后发生的议论与八卦；以及两位参加 1884 年剑桥竞选的候选人——帕尔格雷夫和坎宁安，可能还有海峡对岸的拉弗莱（Laveleye）；1888 年 2 月，当凯恩斯最终决定申请时，他们讨论了马歇尔写的推荐书。[3]

为了帮助凯恩斯申请这一职位，马歇尔带着他的《政治经济学的范围与方法》一书的校样去牛津大学拜访了巴利奥尔学院的院长本杰明·乔伊特，同时他也敦促凯恩斯把这些校样寄给其他选举人。马歇尔认为这些校样总体上“非常出色”。不过，他建议有必要将“对有争议观点的引用”，尤其是那些与波那米·普莱斯有关的引用，归入脚注。[4]马歇尔的牛津之行没有他期望的那么成功；他本想争取的选举人都不在。凯恩斯于 2 月 21 日寄出了他的申请书，他说在整理那些推荐信时发现马歇尔的推荐信“太过抬举”自己。几天后，马歇尔寄来了一张便条，上面说他的推荐信“字数不多，但很有力”。凯恩斯说，一个月后，他在斯图加特听说热门人选罗杰斯当选了，这场由马歇尔引发的尝试结束了，这让他松了一口气。[5]

其他与马歇尔有关的事情还在继续。对于马歇尔与西季威克在道德科学委员会上就课程改革发生的分歧，凯恩斯的种种反应已无需多言。经历这些磨难的同时，贝利奥尔庄园还在对凯恩斯的校样发出日渐激烈的批评。1888 年 2 月，马歇尔在仔细阅读后承诺提供更多的建议，特别是凯恩斯对德国人的

[1] JNKD，1888 年 1 月 14 日。

[2] JNKD，1888 年 1 月 16 日。

[3] JNKD，1888 年 1 月 17、18、21、24、28、31 日。

[4] ¶ JNKD，1888 年 2 月 2 日。凯恩斯还给牛津大学递交了布朗（凯恩斯在地方考试和讲座联合会的上司）和尼科尔森的推荐信，还有福西特的旧推荐信（1888 年 2 月 18 日的日记）。西季威克拒绝作为凯恩斯的推荐人，因为他的兄弟威廉也是这一职位的竞选人，他曾在布里斯托接替马歇尔夫妇担任政治经济学讲师一年。

[5] JNKD，1888 年 3 月 15 日。

处理。两个月后，马歇尔对前两章的评论“让我非常沮丧。实际上，他是想让我花一年时间研究德国人的作品，然后全部重写。在一两点上，我认为他是对的，我会说确实应该更深入一些。他还认为我提出的一些观点已经过时
了。”这封令人沮丧的信之后，从贝利奥尔庄园又寄来两封附有详细评审意见 684
的长长的信。马歇尔夫妇还做了一个符号表，有些符号代表需要进一步澄清，有些代表需要改用脚注，或者需要省略或简化。[1]

在这几个月里，两人之间的不愉快也减少了。1888年3月，罗杰斯当选牛津大学教席的消息公布后，马歇尔和福克斯韦尔开始向凯恩斯施压，希望他接受他们正在考虑创办的新经济学杂志的编辑职位，年酬金为100英镑，这种劝说一直持续到1890年。但他们最终没有成功，凯恩斯对他们的恳求不为所动，尽管他们列举了这个职位的种种好处，试图引诱他。[2]凯恩斯作为道德科学委员会的秘书，也曾被要求修改马歇尔的课程表，以方便他的写作计划；他们还一起参加圣约翰的宴会和其他晚宴。然而，鉴于道德科学委员会在执行新决议方面所面临的考验，凯恩斯方面对两人之间的长谈越来越厌烦，因为马歇尔“太吹毛求疵了，抓着小事不放”。[3]不过凯恩斯非常尊敬经济学家马歇尔的能力与智慧，他对上司根深蒂固的服从心理，再加上互相评阅校样所带来的互惠互利，无疑巩固了双方在19世纪80年代后期的友谊。

1889年，马歇尔发现凯恩斯的书中存在更多问题，尤其是方法问题。8月和9月的长信批评了凯恩斯对克里夫·莱斯利和李嘉图等经济学家的评价立场，为以阿瑟·扬格、伊登、波特、图克、麦克库洛赫和麦克弗森（McPherson）等代表的英国统计研究的水平进行了辩护，并指出由于两人在方法论上的实质性差异，马歇尔很难对凯恩斯“更为有序”的论据做出评价。9月信件的大部分内容都涉及了马歇尔新发现的连续性观点，以及关于范围和方法的非刚性的观点，这些观点已在他的《经济学原理》一书的开篇有所体现。“我从来不讨论任何分界线，只是想说明，大自然并没有明确的界线，人

[1] JNKD，1888年2月18日和4月21日。马歇尔随后在1888年4月26日的长信中附上了他和玛丽对凯恩斯校样的大量批注（马歇尔档案，1：67）。

[2] JNKD，1888年3月17–20日，马歇尔致约翰·内维尔·凯恩斯的信，1888年3月17日，还可参见上文第13章，第464页和注释*。

[3] JNKD，1888年11月11日。

们画的任何界线都只是为了方便，即使它们是严格的，也不应该被当真。”[1]在1889年11月的一封信中，他强调了穆勒在方法论立场上的不同意见，并批评“经济人”作为一种抽象概念的有效性，随后马歇尔澄清了他的消费者剩余和效用测量的概念。[2]到那时，凯恩斯在《经济学原理》写作过程中的作用已经结束，在随后的多次修订中，这一作用越来越小，最后甚至荡然无存。[3]大约一年后，马歇尔夫妇在评阅凯恩斯校样方面的作用也结束了。[4]

685 当两人结束了对彼此巨著的批评后，快乐又成了关系的主调，与此同时，他们在19世纪90年代初一同参加晚宴的数量变多了，而且大多数还是在贝利奥尔庄园的小餐厅里。毫无疑问，由于马歇尔担任英国科学促进会F分会的主席，以及他协助成立英国经济学会的职责，他们聚餐的次数成倍增加。在这个阶段，新荣誉学位的问题还没有被提上议程，因此马歇尔还没有在冗长的会议上，就他着力推进的原则性变革发表枯燥乏味、喋喋不休的演讲。在这个阶段，笼罩在他们上方的唯一阴云是关于政治经济学考试的分歧，即印度公务员是否可以参加这类考试，以及凯恩斯带着歉意通知马歇尔，他曾用最近出版的书去申请科学博士的新学位。[5]

还有一件增进双方联系的事值得一提。通信显示，多年来，凯恩斯和马歇尔一直交换阅读各自订阅的《统计学家》和《经济学人》。1900年，凯恩斯通知马歇尔，他这边将不再寄出杂志了。不过，马歇尔表示仍然愿意“无论如何

[1] 马歇尔致约翰·内维尔·凯恩斯的信，两封信简单地标注着：1888年8月和1888年9月。上文第12章第411–412页讨论了马歇尔在《经济学原理》中提出的“连续性”原则。

[2] 马歇尔致约翰·内维尔·凯恩斯的信，1889年11月17日和26日，12月2日。

[3] * 例如，他对第2版的参与很少，只花了一两个月的时间校对，而在第4版之后，马歇尔就是否应当将第1篇的历史章节移到附录中一事征求了凯恩斯和其他人的意见，事实上，马歇尔在第5版的确这么做了。参见上文，第12章，第422–423页和第431页注释 *。

[4] * JNKD，1890年7月18日、9月22日（“我认为这一章写得很好。它的插图很多，很有启发性；整体风格是有力、清晰和有效的”），以及1890年10月2日（“我认为这一章对高级学生来说非常有趣；但它更具批判性而非建设性，也许不太适合初学者。它们非常有趣，也许其中有一些内容还需要进一步的研究”）。

[5] * JNKD，1891年4月14日和5月5日，约翰·内维尔·凯恩斯致马歇尔的信，1891年5月3日（马歇尔档案，1：69）。在学位问题上，马歇尔回复说：“现在我只能说，你做得对。”1891年的另一封信（马歇尔档案，1：99）署名如下：此致，祝贺你的科学学位；为你的能力哀悼；为校样道歉。这里提到的校样是第2版的内容，这封信的日期可能是5月底或6月初。

都将《经济学人》寄给你”，而凯恩斯似乎继续订阅《统计学家》。[1] 两位朋友之间还交换了许多学术和其他方面的建议。就马歇尔而言，这种交流往往集中在经济问题上，而就凯恩斯而言，这主要局限于行政事务。当然也有例外。例如，1888 年，凯恩斯和他的妻子拜访了马歇尔夫妇，商讨那一年夏天去意大利威尼斯的行程。1892 年，为帮助马歇尔的妹妹梅贝尔家的小孩子找到一个合适的家庭教师，凯恩斯推荐了他以前的家庭教师拉克斯顿（Laxton）小姐，马歇尔欣然接受了，说“你的家庭教师当然是最好的”。[2]

然而，在这些年里，特别是从 19 世纪 90 年代中期开始，日记中对马歇尔的负面评价也在增加。由于西季威克和马歇尔在道德科学委员会上的新问题，以及马歇尔在剑桥大学女性问题上日益频繁、欠缺理智和极为保守的指手画脚，凯恩斯越来越多地用“一个讨厌的人”“极其无关紧要”或类似的形容词描述马歇尔。由于凯恩斯逐渐沉浸于担任大学管理者的角色，而不是学者和研究者的职责，两人的状况逐渐恶化。低效的委员会会议进一步加剧了凯恩斯的痛苦，同时降低了重要主题的相对价值，他曾对马歇尔的科学成就深信不疑， 686
由此而来的容忍已经慢慢消减。[3] 两人共进晚餐的次数也大大减少。此外，凯恩斯在日记中对这类场合的提及越来越给人一种印象，即他和妻子在贝利奥尔庄园餐桌上的角色只是装点门面的同事，尤其是当马歇尔夫妇需要招待外国客人时。

正如马洛尼所指出的那样，凯恩斯将讨论新经济学荣誉学位的漫长的委员会会议，总结为“又耗时、又无聊”，是他“最不喜欢的行政事务”。[4] 这样看来，凯恩斯对学术参与度的下降，可以作为解释他对马歇尔日益不满的一个主要因素。除此之外，马歇尔在剑桥女性问题上的态度和立场，与凯恩斯家的观点完全相反，这都促使凯恩斯走向了另一条道路。此外，费伊后来向梅纳

[1] 马歇尔致约翰·内维尔·凯恩斯的信，1896 年 4 月 4 日（马歇尔档案，1：110），1900 年 9 月 22 日（马歇尔档案，1：119）。1908 年 9 月 27 日，马歇尔承认，他现在发现《统计学家》也没那么有用了，并对《泰晤士报》的质量下降感到遗憾（马歇尔档案，1：135）。

[2] JNKD，1888 年 4 月 21 日；马歇尔致凯恩斯的信，1892 年 8 月 4 日（马歇尔档案，1：105）。

[3] JNKD，例如，1894 年 10 月 24 日和 11 月 2 日。

[4] * 约翰·马洛尼，《马歇尔、正统与经济学的职业化》，第 63–64 页。然而，引用这些颇具洞察力的言论的那一章有些夸张，尤其是最后几段（第 64–65 页），在那里，马洛尼对凯恩斯日记内容的观察是不准确的。整个讨论忽略了两人从 1887 年到 1891 年在《经济学原理》《政治经济学的范围与方法》上的相互帮助与合作。

德·凯恩斯描述了“马歇尔对待西季威克的可耻行径”，[1] 而西季威克是道德科学委员会中与凯恩斯最为亲近的人，以及马歇尔对道德科学教学大纲的敌意和批评。最后两个因素尤其不能被低估。

后来，马歇尔试图引导凯恩斯的儿子转向经济学研究，对他的影响逐渐增加，这一度让凯恩斯非常担心。[2] 随着凯恩斯越来越多地卷入“宜人”的大学行政工作——他也非常享受随之而来的社会生活，未实现的学术抱负和愿望使他越来越怀念道德科学的美好旧时光，他在学生时代的尾巴与道德科学打了交道，并在1875年以道德科学荣誉考试第一名的成绩收获了短暂的声誉。1927年，凯恩斯在他的母校彭布罗克为他的肖像揭幕时，发表了一篇演讲，其中非常明显地体现了这种情绪：

> 我的大学生涯中受到很多长者的影响，从本科时代开始，他们给了我很多激励和鼓励。我怀着感激之情，将他们铭记于心，首先是塞尔（Searle）博士，他是我的导师，后来成为这所学院的院长。我还要感谢亨利·福西特，他是最早把我的思想引向剑桥的人之一；阿尔弗雷德·马歇尔，我最早的讲师之一；还有亨利·西季威克，我对道德科学的兴趣，以及我最终定居在剑桥，都要归功于他。西季威克博士的友谊，他对我善意的批评和鼓励，一直持续到他生命的尽头，将是我最珍贵的回忆之一。[3]

对福西特和讲师马歇尔的回忆，以及对西季威克的热情赞颂，说明了一切。从一开始，这段关系就始于马歇尔的教师角色，后来，马歇尔更像是一位资深的同事：受人尊敬和钦佩、尽职尽责，符合认真而沉闷的年轻的约翰·内维尔·凯恩斯对他的印象。随着年轻人的成长，这种感情在逐渐减少。当前导师对他展现了不那么吸引人的一面，而凯恩斯也对前导师的学术努力失去了兴
687 趣的时候，这种感情完全消失了。最终，这段关系仅剩下公共事务的纽带。而马歇尔从剑桥退休后，由于无权再要求凯恩斯履行他的行政责任和义务，这点

[1] C.R. 费伊致 J.M. 凯恩斯的信，1924年11月13日，另见上文第17章第652页和注释¶。

[2] 参见上文第15章，第553–554页。

[3] 佛罗伦斯·阿达·凯恩斯，《捕捉线索——家族传记研究》（*Gathering Up the Threads. A Study in Family Biography*），剑桥：黑佛出版社，1950年，第109–110页。

联系也不复存在了。1908 年后，阿尔弗雷德·马歇尔迅速淡出了约翰·内维尔·凯恩斯的日记和生活。

本杰明·乔伊特：某种意义上的经济学家，并对年轻人产生了巨大的影响

贝利奥尔学院院长本杰明·乔伊特无疑对阿尔弗雷德·马歇尔产生了巨大的影响，尽管当他们 1877 年夏天在牛津初次见面时，35 岁的马歇尔已不再年轻。不过，乔伊特比他大 25 岁。乔伊特的影响渗透到了马歇尔成熟时期经济学的各个方面，以及他晚年的许多价值观。在牛津和布里斯托，马歇尔与德高望重的贝利奥尔学院院长建立了良好的关系，这一关系逐渐发展成为亲密的友谊，这似乎是马歇尔经历过的最温暖和最持久的友谊。也许马歇尔像其他许多人一样，在德高望重的“贝利奥尔的大师”身上找到了父亲的替代者形象。马歇尔夫妇在布里斯托面临许多困难时，乔伊特向他们提供了慷慨的帮助，并最终帮他们开辟了一条逃离的道路，即前往牛津大学度过四个学期，直到他们得以在 1885 年回到他们心爱的剑桥大学。这种帮助无疑增进了他们的联系。这种友谊一直持续到乔伊特 1893 年去世，这要归功于他对这对夫妇的强烈喜爱。这种喜爱之情可以从他与玛丽·佩利·马歇尔逐渐建立的特别亲密的关系以及他对阿尔弗雷德·马歇尔的真诚钦佩和友爱之情中得到解释。我们不需要详细重述他们关系的许多较正式的方面。[1] 适合在这里探讨的是老人对暂时处于他羽翼之下的年轻而缺乏社会经验的夫妇的友好善举和影响。

毫无疑问，这种不同寻常的友谊的根源在于这两个人之间惊人的相似之处。费伯对乔伊特及其时代背景的精彩描绘[2] 有助于进行这样的比较。以下对乔伊特的描述可以很容易地移用于马歇尔：

> 他从未学会玩耍，从未学会示爱，从未学会打破自己和他人内心的矜持壁垒。他从不过放荡的生活，也从不越轨。他无所畏惧地思考

[1] 参见上文第 8、9 章，第 240–241、276–277 页；第 11、12 章，第 361–362、367–368、419 页，其中第 419 页也记录了乔伊特对马歇尔《经济学原理》出版的反应。

[2] 杰弗里·费伯，《乔伊特与其时代背景》，伦敦：费伯出版社，第 2 版，1958 年，引文中括号里的页码来自这一版。

> 宗教教条、形而上学体系、教育问题和国家事务，但在面对正统的道德观念时，他往往缺乏勇气……（第 36 页）“无父，无母，无族谱”，乔伊特年轻时，贝利奥尔学院的同龄人这样评价他。麦基洗德这个绰号跟了他很多年……半个世纪后，当年事已高、荣誉满满的贝利奥尔学院院长去世时，他的传记作者们面临着构建他的家族史的艰巨任务……（第 44 页）他对待家庭的态度是病态的。他履行了自己的职责，但他讨厌职责的存在。他很少谈及或写到自己的家庭或童年。乔伊特极少——如果有的话——提到他的学生时代，除非是为了贬低他所受的教育。这是不公平的，因为他的整个职业生涯都得益于……（他的学校的）教学帮助他获得的奖学金。（第 73 页）所有关于他学生时代的叙述讲的都是同一个故事。一个漂亮、温柔、细腻的男孩，有着圆润的脸和非常明亮的眼睛，总是独来独往、埋头读书。（第 74 页）他关于不断自我完善的观念可能是虚幻的……这至少是一种崇高的幻想。（第 402 页）

688 至于乔伊特或马歇尔本人在多大程度上把握住了他们性格中的相似之处，我们无从得知。乔伊特最初的传记作者所描述的他第一次见到马歇尔时对待这位陌生人的方式表明，他对新认识的人有着普遍的探究态度。当时的情况是，马歇尔在申请布里斯托大学学院校长兼政治经济学教授一职后，收到乔伊特的邀请去拜访贝利奥尔学院：

> 虽然他们几乎整个星期天都在一起散步、聊天，但却只字不提大学学院的话题。他们谈论建筑，谈论赫伯特·斯宾塞，谈论剑桥大学的神学，以及许多其他的事情。直到马歇尔要离开时，乔伊特才说，“我不知道这次选举的结果会如何，但无论如何，我很高兴认识了你”。这是他与马歇尔夫妇的亲密友谊的开始，这份友谊给他的晚年生活增添了许多幸福。[1]

[1] E. 阿伯特和 L. 坎贝尔，《本杰明·乔伊特的生平与书信》（*The Life and Letters of Benjamin Jowett*），伦敦：约翰·默里出版社，1897 年，第 2 版，第 61 页。

交谈在两人之间建立了另一条牢固的纽带。玛丽·佩利·马歇尔[1]回忆起乔伊特和她丈夫的关系时说，“乔伊特称他为‘我所认识的最无私的人’。乔伊特喜欢和阿尔弗雷德交谈，当他住在贝利奥尔庄园时，他常常拿出笔记本，把谈话内容记录下来。他说阿尔弗雷德的谈话非常有趣——甚至比西蒙兹的更有趣，而他说西蒙兹的谈话精彩流畅”。

这份友谊的温暖在他们后来的通信和玛丽·佩利的回忆中被很好地记录下来。后者回忆起她与“大师”的第一次会面（他们很快就学会了这样称呼他），还生动地描述了他后来在他们布里斯托的家中居住的情形，以及他们关系的其他方面：

> 我第一次见到大师是在珀西瓦尔夫妇在克利夫顿学院校舍里举办的一次晚宴上。他和珀西瓦尔太太坐在一张长桌的一头，我作为新娘和珀西瓦尔博士坐在另一头。我不知道那个红脸白头发的小个子男人是谁，但晚餐后，以言辞犀利著称的沃拉斯顿夫人告诉我，他是贝利奥尔的大师，并补充说，他对她来说代表着“有光无暖”。他和亨利·史密斯是学院理事会的成员，他们每年定期来参加三次会议，通常住在我们家，每次来都很愉快。他们非常般配，在一起时看起来很快乐，因为乔伊特除非有志趣相投的伙伴，否则相当害羞和沉默，但他和亨利·史密斯在一起却很自在，后者是我见过的最聪明、最幽默的健谈者。我常常和他们还有阿尔弗雷德一起坐到午夜以后。他们可能会从讨论学院事务开始，但很快就会涉及更广泛的话题，无论他们谈论什么，亨利·史密斯的几句幽默的话都会点燃他们的热情。第二天早上，他们坚持要乘早班火车离开，以便赶上他们的大学讲座。由于阿尔弗雷德身体不够强壮，起不了大早，我不得不在七点钟的早餐时倒茶，我很害羞，很沉默。但即使在那个时候，他们也如此友好和快乐，以至于我也变得高兴起来。我花了大约五年的时间才和乔伊特相处得很自在，因为他的害羞是个难题，但过了一段时间，我们相处得很好，只在我们想说话的时候才说话。有时我和他一起散步，他会时不时地说几句话，然后哼唱小曲来填补空白。他总是喜欢谈论建筑。后来，我们在伊利大教堂度过了一个下午，他在那里看起来非常

[1] 玛丽·佩利·马歇尔，《MSS 笔记》（NCA）。

> 开心。“我称之为崇高。”他在南耳堂的入口处惊呼道。他经常去那里，对那里的每一个细节都了如指掌。他让我们描述我们参观过的所有大教堂，其中沙特尔大教堂是他特别喜欢的。[1]

乔伊特去世几年后，玛丽·佩利向他的传记作者描述了他对大教堂的热
689 爱，并回忆起参观伊利大教堂的经历。在那次参观之后，她给他写了一封信，其中提到“观看大教堂似乎比观看其他任何东西都更有好处，留下的东西比观看风景或绘画都多”。[2] 她对建筑的回忆在很大程度上反映了马歇尔夫妇与乔伊特的关系，以及他们对经济学之外的事物的品味：

> 在他生命的最后几年里，他每年都去一次剑桥，他总是花很多时间在建筑物之间徘徊。他每次来剑桥都要去参观国王礼拜堂。他对其外观的喜爱几乎和对其内部的喜爱一样强烈。圆形教堂深邃的光影对比是他第二喜欢的。他常说，建筑中最重要的东西“首先是比例，然后是阴影”。他不断敦促我们去观看精美的建筑；有一次，我们告诉他，我们在离圣大卫教堂不到三十英里的地方度过了一个夏天，却没有去参观它，这使他大为震惊。总体而言，他认为科隆大教堂是大教堂之首。它的完美和规划的统一性对他来说具有某种和国王礼拜堂一样的魅力。但他也喜欢另一种相当不同的建筑。例如，具有华丽的玻璃和迷人的矛盾性的沙特尔大教堂是他的最爱之一。1891 年 7 月，他和我进行了一次计划已久的伊利之旅……他说，如果不是因为宗教改革，我们可能不会有多少诺曼式或早期英国式的大教堂保存下来；因为正是在早期风格的大教堂被迅速拆除以便给后来的风格让路的时候，宗教改革发生了。在回家的路上，我们自娱自乐地把英国的大教堂按照价值排序。他把威斯敏斯特教堂排在第一位。他的一个癖好是在他的一个房间里挂满他能找到的最精美的教堂画。[3]

---

[1] 玛丽·佩利·马歇尔，《我的回忆》，第 36–37 页。她对他们在牛津大学社会交往的叙述，也引自上文第 8 章第 240–241 页中的材料。

[2] 玛丽·佩利·马歇尔致本杰明·乔伊特的信，1891 年 10 月 12 日（乔伊特文件，牛津大学贝利奥尔学院）。

[3] E. 阿伯特和 L. 坎贝尔，《本杰明·乔伊特的生平与书信》，第 72–73 页。

乔伊特写给马歇尔夫妇的第一封信是正式的。它讨论了马歇尔出于健康原因打算从布里斯托大学学院辞职的问题，并警告马歇尔夫妇不要仓促地做出决定。这封信还拓宽了马歇尔夫妇的选择范围，乔伊特在信中请他们考虑继续在布里斯托执教而不承担更令人厌烦的校长职责的可能性。这封信以一种敏锐的个人口吻结束，表明了他们正在发展的友谊："听到你生病的消息，我感到很难过，不管这对学院有什么影响。这种病虽然不危险，却是令人沮丧的，并且一个人有时候会不由自主地想象自己比实际情况更糟。我希望您和马歇尔夫人能尽快来看我。"[1]

一个月后，乔伊特又写了一封信。在信中，他感谢了马歇尔的提议，即《产业经济学》出版后就寄一本给他，然后进一步阐述了他之前提出的建议。对于马歇尔夫妇的问题，他提出了一个进一步的解决方案，即任命一位由马歇尔自己选择并从自己的薪水中支付报酬的副校长，从而消除他的行政负担。此外，乔伊特给马歇尔夫妇隐居乡间以便全职写作的浪漫愿景泼了一些现实主义的冷水，特别是因为很难将一生都投入写作，这既是出于经济原因，也是出于灵感方面的原因。虽然乔伊特并没有声称知道他们的经济状况，但他强调了"靠微薄收入生活"的"焦虑"和"单调"，并表示指望在剑桥找到一个合适的职位来缓解压力是不现实的。[2] 当马歇尔夫妇最终于 1881 年 7 月辞职，并于 10 月动身前往西西里时，乔伊特表达了他的遗憾。更重要的是，他提供了一个安全阀。他表示，他会尝试做出安排，使他们可以回来当政治经济学教师，这个建议得到了学院委员会中与他讨论过这个问题的两个人的同意。[3] 当马歇尔对这个建议表示赞同，只是表示薪水过于丰厚时，乔伊特暗示了一种更进一步的未来可能性：通过提出担任德拉蒙德教席的前景（考虑到波那米·普莱 690
斯的高龄，这个前景是合理的），"把他们的想法吸引到牛津大学上"。[4] 马歇尔夫妇是如何来到牛津的，乔伊特在这个过程中以及在他们随后居住在牛津的愉快时期中所扮演的角色，这些都已经详细讲述过了；随着马歇尔夫妇返回剑

[1] 本杰明·乔伊特致阿尔弗雷德·马歇尔的信，1879 年 9 月（？）（马歇尔档案，1：37）。

[2] 本杰明·乔伊特致马歇尔的信，1879 年 10 月 6 日（马歇尔档案，1：38），还可参较上文第 9 章，第 282–284、288–289 页。

[3] 本杰明·乔伊特致马歇尔的信，1881 年 7 月 16 日和 8 月 9 日（马歇尔档案，1：39–40）。

[4] 本杰明·乔伊特致马歇尔的信，1881 年 8 月 21 日（马歇尔档案，1：41）；乔伊特在 1883 年重复了这些观点，此时，波那米·普莱斯正竞选连任（本杰明·乔伊特致马歇尔的信，1883 年 3 月 28 日，马歇尔档案，1：42）。

桥，作为他们友谊的标志的通信又恢复了。[1]

在马歇尔当选剑桥大学教席的那天，乔伊特对他们即将离开表达了既悲伤又喜悦的情感，并感谢收信人玛丽·佩利对他的“友爱和善意”。他还请她提醒马歇尔，在他的《经济学原理》中加入过多的数学符号是危险的。大约一个星期后，他又写信给马歇尔本人，重复了之前的感谢和提醒，还向马歇尔寻求关于他在牛津的继任者的建议：“内维尔·凯恩斯和坎宁安，谁是最明智的人，谁是最好的老师？”虽然马歇尔的回答没有被保存下来，但根据本章前面提出的考虑因素，答案并不难猜测。[2]

从那时起，他们的通信就稳定下来，变成了老朋友之间那种轻松的闲聊。乔伊特更喜欢给玛丽·佩利写信，大概是因为她回信更频繁也更有趣。1885年，乔伊特对阿尔弗雷德寄给他工业报酬会议的文件以及告诉他关于他们定居下来的消息表示感谢，并提到他目前正在阅读传记。第二年年初，他邀请马歇尔夫妇来牛津访问，在1月23日开始的周末与汉弗莱·沃德夫妇和哈罗公学的新校长韦尔登见面。1886年底的一封信进一步评论了符号在政治经济学中的运用、牛津大学的女性教育、三一学院的新院长、给他们的新年礼物（托尔斯泰的小说），以及他对来年春天访问的期待，他想听听马歇尔对复本位制的看法。[3]后来的信件提到了对剑桥的访问，和丁尼生一起度假，为一个朋友的女儿同时也是纽纳姆学院未来的学生请求帮助，在《经济学原理》问世时对其作者进行了长篇赞扬，并一再敦促马歇尔夫妇回访牛津。[4]

保存下来的乔伊特与马歇尔夫妇在1891年10月和11月的通信很丰富，足以说明他们的友谊。这些通信发生在乔伊特第一次心脏病发作后的恢复期，他本人对这次心脏病发作的严重性轻描淡写，称其为“轻微的心脏病发作——我认为并不危险，但需要休息和护理。这对我是一个很好的警告。你听过这个故事吗？一个人问他的医生，自己是不是病得很危险。‘不，先生，但你已经

[1] 参见上文第9章，第293–294页；波那米·普莱斯的反复无常已在上文第682–683页提到过。

[2] 本杰明·乔伊特致玛丽·佩利·马歇尔的信，1884年12月14日，乔伊特致马歇尔的信，1884年12月25日（马歇尔档案，1：43–44），以及上文，第12章，第419页，还可参考第412–413页。

[3] 本杰明·乔伊特致玛丽·佩利·马歇尔的信，1885年2月22日，1886年1月5日和12月30日（马歇尔档案，1：45–47）。

[4] 本杰明·乔伊特致玛丽·佩利·马歇尔的信，1888年4月11日、7月3日和12月19日，1889年1月6日和1890年5月22日；乔伊特致马歇尔的信，1890年7月24日（马歇尔档案，1：48–53）；上文第12章第419、422–423页引用了最后几封信。

老得很危险了'"。[1]那年夏天早些时候，他曾建议玛丽·佩利·马歇尔不要参与转桌子的超心理学实验，西季威克夫妇和其他一些他们认识的人都深度参与了这种实验。这种不科学的做法“拆散了家庭……干扰了剑桥大学的权力和更高的利益”。[2]在他心脏病发作大约一个月后，由于他“身体不适”，由他的秘书手写的一封信到达了贝利奥尔庄园，这是在马歇尔夫妇为了庆祝《经济学原理》的成功而去中欧广泛地旅行回来之后不久。“听到你和教授如此精力充沛，我很高兴。对于你，你在十六或十八年前爬上了罗萨山，因此我并不感到惊讶。但对于十年前几乎无法行走的教授来说，这种进步是了不起的。”在提醒他们不要做过头之后，他推荐了他读过的一些书：《乌有乡》(*Erewhon*)，以 691
及罗伯特·皮尔爵士和阿尔索普勋爵的传记。他热情地向玛丽·佩利推荐了其中的第一本书。[3]

在 10 月份，有六封长信从贝利奥尔庄园寄到了贝利奥尔学院。这些通信发生在他们于 10 月 10 日星期五去看望康复中的乔伊特之后。看望完乔伊特，马歇尔回到了剑桥的家，而玛丽·佩利则前往伦敦看望她的母亲。10 月 11 日，一封来自阿尔弗雷德·马歇尔的信开启了这一轮通信。信中故意“八卦”了一些事情，例如他如何把乔伊特的信息和所有的消息都告诉了贺拉斯·达尔文夫人，麦克塔格特如何获得了他的研究员职位，或许还获得了一位妻子，对于乔利夫获得基督圣体学院的研究员职位以及杰布成为剑桥地区的下院议员他们感到多么高兴。信的最后解释了乔伊特对他们重新布置家具的影响：

> 每当我们对家具做出任何改变时，我们总是会想，你会喜欢什么样的家具：这给我们提供了一个可以遵循的标准。就在我们得知你生病之前，我们已经决定在我书房中央的书柜上摆放一排希腊和罗马半身像的照片。加图和鲍西亚牵着手的照片放在中间，右边是四个希腊头像，左边是四个罗马头像。我当时的主要想法是，或许你会喜欢它们；每当我看到它们，我都会想，当我把它们展示给你看时，我会多

---

[1] 引自杰弗里·费伯，《乔伊特与其时代背景》，第 421 页。事实上，乔伊特患有非常致命的冠状动脉血栓，而且有一段时间病得特别厉害。

[2] 本杰明·乔伊特致玛丽·佩利·马歇尔的信，1891 年 7 月 23 日（马歇尔档案，1：57）。

[3] 本杰明·乔伊特致玛丽·佩利·马歇尔的信，1891 年 9 月 30 日（马歇尔档案，1：58）；关于 1891 年夏季，他们“环游”中欧的计划已在前文讨论过，见第 7 章，第 214–215 页，主要源自玛丽·佩利的回复。

么高兴啊。因为我知道我会展示给你看的。[1]

接着是来自玛丽·佩利的两封信。第一封信是她从伦敦回来的那天写的，信中讲述了她的上一封信没有提到的他们夏季旅行的各方面，包括她对德累斯顿的西斯廷圣母像的印象。信的最后说，在欣赏了德累斯顿和布拉格等所有这些美丽的城市之后，她最喜欢的还是牛津，而一周前她再次看到了它。在那次看望中，她意识到他的病情很严重，于是她想告诉他，"你允许我们成为你的朋友，这是我们生命中最美好的事情之一……我们时时刻刻惦记着你"。[2]一周后，她提到他们俩是多么焦急地等待着他从牛津传来的消息，然后就开始分享她的八卦。八卦提到了他们共同的熟人埃塞尔·鲍文，她和他"谈了很多关于你的事"；菲利帕·福西特在那年的数学荣誉考试中取得了第一名，然后在达尔文的指导下从事研究生工作；还有他们的新议员杰布，他在伊利的公民义务引发了之前提到的他们在那年夏天一起参观伊利大教堂的回忆。[3]第二天，阿尔弗雷德·马歇尔在信中回忆起他们一个多星期前对他的拜访。他说，乔伊特尽管处于痛苦中，但看起来是那么勇敢和愉快，"我不禁在心底冒出一个邪恶而无礼的小愿望，想要用一台柯达相机拍下你当时的样子。我的壁炉架上现在放着一张你的照片，玛丽在她的房间里放了一张你的带框的照片。这两张照片都很好看，但都没有你那周五时的样子好看。现在我要讲点八卦了"。[4]

那个月的最后三封信来自玛丽·佩利。这些信提到了在乔治·达尔文夫人家举行的餐饮俱乐部聚会，在聚会上她听到杰布夫人讲了一个故事，它和小说家利特尔顿夫人讲的故事很像，而乔伊特多年前曾帮助过利特尔顿夫人的兄弟；"一大群"乡村牧师为了参加投票而涌入剑桥大学，赢得了理事会关于"小考试（little go）"中希腊语仍是必考科目的胜利，这让阿尔弗雷德非常反感。西

[1] 马歇尔致本杰明·乔伊特的信，1891 年 10 月 11 日（乔伊特文件，牛津大学贝利奥尔学院）。

[2] 玛丽·佩利·马歇尔致本杰明·乔伊特的信，1891 年 10 月 12 日（乔伊特文件，牛津大学贝利奥尔学院）。更多相关内容可见第 7 章，第 214–215 页。

[3] 玛丽·佩利·马歇尔致本杰明·乔伊特的信，1891 年 10 月 19 日（乔伊特文件，牛津大学贝利奥尔学院）。

[4] 马歇尔致本杰明·乔伊特的信，1891 年 10 月 20 日（乔伊特文件，牛津大学贝利奥尔学院）。这些八卦是关于劳工委员会的，马歇尔于前一年春天被任命为该委员会的委员。一部分内容已在第 11 章第 367–368 页引用过。

利教授的健康状况有所改善；“这学期剑桥有十五位新娘，其中几位来自纽纳姆学院和格顿学院”；她希望他们自己的医生唐纳德·麦克阿利斯特能够给乔伊特看病，因为他给谁看病，谁就一定会好起来。她 10 月下旬的三封信中的最后一封谈到了劳工委员会和她的如下信念，即劳工委员会的工作将会严重阻碍阿尔弗雷德写作《经济学原理》第 2 卷；11 月初，阿尔弗雷德在一封从伦敦发出的信中也谈到了后一个话题，写信时他正忙于劳工委员会的事务。[1] 玛丽·佩利又写了两封信，表达了她对牛津传来的消息的喜悦，消息说乔伊特“明显好转了”，甚至在镇上兜风。到这里，从马歇尔夫妇与他们挚爱的“大师”和“守护神”的通信中保存下来的这些迷人的尽管不是随机抽取的信件样本就结束了。[2] 692

1893 年 9 月 23 日，乔伊特死于心脏病发作，这次发作和两年前有惊无险的那次发作相似。在中间的几年里，他在给马歇尔夫妇的最后几封信中抱怨他们不经常来看望他；表示不相信他听到的谣言，即玛丽·佩利在 1892 年春天访问了牛津却没来看望他；并在马歇尔与威廉·坎宁安在《经济学杂志》和其他地方发生争论时提供了帮助和建议。在他的最后一封信中，他讨论了马歇尔关于复本位制的研究的意义，并将它与他钟爱的李嘉图和奥弗斯通勋爵过时的货币思想进行了有利于马歇尔的比较；他认可了玛丽·佩利对 1893 年夏天他们在多洛米蒂山度假的描述，同时对自己“步行的日子”的结束感到遗憾，他的步行距离从每天 20 多英里减少到每天不到 1 英里。然而，他声称他仍然可以做“大量的工作”，并总结说，从各方面来看，学院在他的领导下仍然“非常繁荣”。这封写于他去世前一个月左右的最后的信也提到了他们给他带来的快乐。“每次收到你们的来信，我都感到精神振奋，你们是那么亲切，似乎永远不会忘记我。”[3]

---

[1] 玛丽·佩利·马歇尔致本杰明·乔伊特的信，1891 年 10 月 22 日、26 日、29 日，阿尔弗雷德·马歇尔，1891 年 11 月 4 日（乔伊特文件，牛津大学贝利奥尔学院）。马歇尔与乔伊特讨论的劳工委员会的新闻曾在上文第 11 章第 367–368 页被大量引用。

[2] * 玛丽·佩利·马歇尔致本杰明·乔伊特的信，1891 年 11 月 6 日和 15 日（乔伊特文件，牛津大学贝利奥尔学院）。他们讨论了澳大利亚的劳资关系、社会主义以及查尔斯·布斯对纽纳姆学院的访问和演讲。马歇尔夫妇在写给乔伊特的信中总是称他为“亲爱的大师”“我非常亲爱的大师”，而阿尔弗雷德·马歇尔在 1891 年 10 月 11 日的信中称本杰明·乔伊特为他的“守护神”，这是他很少给予别人的尊称。其他场合见上文第 5 章第 130 页，第 17 章第 642 页。

[3] 本杰明·乔伊特致玛丽·佩利·马歇尔的信，1892 年 6 月 10 日和 10 月 16 日；1893 年 1 月 2 日和 8 月 7 日（马歇尔档案，1：59–62）；与坎宁安的争论在前面讨论过，见第 13 章，第 469–471 页，其中引用了乔伊特在这些信件中的评论。

埃奇沃思邀请马歇尔为《经济学杂志》撰写乔伊特的讣告。关于乔伊特对马歇尔来说意味着什么，讣告的最后一段说了很多，其中流露出来的情感在他们为数不多的保存下来的通信中仅仅得到了很不完整的表达。

> 但归根结底，他对英国经济生活的这种影响，既来自他自己的直接工作，也来自他使人们知道正确的事情并去做它的能力。他的真诚具有感染力。他知道如何抓住人们身上最好的东西，并使他们成为好公民。他不在乎他们的出身是高贵还是低微，只要他能在他们身上看到一股可能的善的力量，而这股力量在他离世后仍会存于世间。今天，许多引领公共舆论的人，或为国家履行重大职责的人，都从与他的亲身接触中认识到，金钱虽然是个好仆人，却是个坏主人；还认识到，与忠诚地为自己的国家工作所带来的满足感相比，个人利益是微不足道的。他自己的学院勇敢地响应了他的号召。在牛津或剑桥，很少有哪个学院比贝利奥尔学院的物质资源更少，但他在他人良好工作的基础上，赋予了学院一笔精神财富，即无私奉献的精神和活力，从而使学院获得了独一无二的地位。[1]

尽管马歇尔在讣告的开头说，乔伊特从未声称自己是任何特殊意义上的经
693 济学家，但接下来的几段和我们刚刚引用的段落表明，两人之间有很多接触点，经济学也包括在内。“已故的贝利奥尔学院院长”，马歇尔写道，下意识地强调他们之间的年龄差距，他的经济学是“在穆勒的《政治经济学原理》流行之前直接从李嘉图那里学来的……他是最后一位这么做的经济学教师”。乔伊特的经济学教学在其他方面也很特别：

> 他的教学方法多种多样。有时，大师遇到某个有能力、有前途的年轻人，但他的心智没有受到正确的训练，或在其他研究中没有找到努力工作的正确动力，他就会给他一本政治经济学的书让他读，并时不时地让他来谈谈他所读的东西。有时他会单独带一个学生，有时会两三个学生一起带；他一直这样做，甚至在他生命的最后一年也是如此。在担任贝利奥尔学院导师期间，他曾开设过短期的政治经济学系

[1] 阿尔弗雷德·马歇尔，《本杰明·乔伊特》，载《纪念集》，第 293–294 页。

列讲座课程，不过在成为院长后就不再继续开这些课了；他还不止一次地宣扬正确使用财富。他的经济学教学非常适合于引导和激励；其中充满了精明的常识和对细节的精辟提示；同时，他让听众明白了花钱方面的责任，并引导他们在使用金钱方面树立崇高的理想。[1]

这些是贝利奥尔学院的大师对他以前的同事、贝利奥尔庄园的“大师”的一些影响，它们说明了为什么他被马歇尔尊称为“守护神”是当之无愧的。马歇尔对他在贝利奥尔学院任职期间所接触的牛津教学的方方面面印象深刻，他将它们带了回去，以便在日后的某个适当时刻将它们引入剑桥。[2] 马歇尔“对正确使用财富的宣扬”是否也是从他的这一位以及其他的“守护神”那里学到的呢？回想一下那幅工人的画像，那是他年轻时花很少的钱买下的，他把它放在学院房间的壁炉架上，就像他后来对乔伊特的肖像所做的那样，以提醒自己承担起在经济学构建中的永无止境的责任。[3] 柏拉图和李嘉图是这两个人共同的“大师”，因为他们富有“智慧和远见”，在观念中洞察现实，并且“不畏惧悖论”。他们在货币争论、对社会主义和社会改革的现代观点以及“思想上和情感上都是绅士的工人”等主题上也有共同的“爱好”。马歇尔对乔伊特在减轻“获得一流教育的经济困难”方面所做工作的描述中，有许多自传性的成分：

> 他在牛津和布里斯托大学学院为减少它们（获得一流教育的困难）所做的公开努力是众所周知的；他自己收入的很大一部分也通过秘密渠道流向了同样的目的。但和学术教学比起来，他更看重在商业中引入高尚的精神，以此来激发那些在人生起步时没有被幸运眷顾的人的最佳才能。柏拉图的社会主义思想占据了他的头脑；在准备撰写柏拉图《理想国》导论的最后一版时，他仔细研究了当代的社会主义思想；在他写的其他柏拉图对话的导论中，也有许多东西能够对经济学家有所启发。[4]

---

[1] 阿尔弗雷德·马歇尔，《本杰明·乔伊特》，载《纪念集》，第292页。

[2] * 马歇尔致约翰·内维尔·凯恩斯的信，1897年9月3日（马歇尔档案，1：112）：“我有一些想法，可以尝试性地建立牛津论文制度，让作者来大声朗读论文。我认为，这是我看到的将我的两种义务结合起来的唯一方式，一方面是对想要准备政治经济学论文的相对较多的人的义务，另一方面是对（上我的高级课程的）绝对极少数人的义务。”

[3] J.M. 凯恩斯，《阿尔弗雷德·马歇尔》，第200页。1914年，马歇尔称蔡司经理阿贝为他的“守护神”（马歇尔致刘易斯·弗里的信，1914年11月7日，载《纪念集》，第484–486页）。

[4] 阿尔弗雷德·马歇尔，《本杰明·乔伊特》，第293页。

694 我们已经在马歇尔准备撰写《经济学原理》的背景下提到了乔伊特对这本书中的政治经济学的一些较具体的影响。其中包括乔伊特对在这个学科中过度使用数学推理的担忧，他很高兴地看到马歇尔在撰写这本“巨著”时将他的建议牢记于心。乔伊特对《经济学原理》的其他赞扬也传达给了其作者，它们包括他对马歇尔不偏不倚地对待资本和劳动的钦佩，这一点至关重要，因为政治经济学同时是两者的朋友；马歇尔将理论与事实相结合，这一点“李嘉图本人也不会反对”；这部著作背后的伟大哲学原则，包括它对黑格尔主义的坚持；这部著作清楚地展示了经济学和伦理学之间复杂而重要的关系，并强调了教育和商业在提高生活水平方面的适当作用。[1]

牛津大学保存的乔伊特 1841 年的笔记本表明，乔伊特对马歇尔的《经济学原理》可能还有其他广泛的方法论方面的影响。它的内容强调了政治经济学作为一门科学的局限性和不确定性，部分原因是它在时间和空间上的相对性。它展示了对政治经济学的整体看法，强调了它与宗教和道德的区别和从属关系。它还强调，政治经济学对穷人具有潜在价值，因为它提供了通过干预来改善“下层阶级的世俗处境”的可能性，也正是出于这个原因，它需要强调“人类的仁慈情感，而它……似乎轻视了这种情感”。政治经济学在分析统计数据从而为判断建立标准方面的优势需要与一种关于其范围的“广泛而扩展的观点”相结合，其范围既应当涵盖较为常见的主题，也应当涵盖商业危机和战争。最后但并非最不重要的是，乔伊特认为政治经济学的以下功能特别有价值，即它能够“制衡那些扰乱事物现状的激进分子，并展示出在改良方面什么才是真正可能的”。[2] 玛丽·佩利曾经回忆起他们在布里斯托的日子里所进行的“直到午夜以后”的漫长讨论，在这些讨论中，他们是否提出了上述话题？或者，马歇尔在牛津的短暂任职提供了许多安静交谈的机会，他们是否在交谈中提出了上述话题？当马歇尔在 19 世纪 80 年代思考并慢慢构建自己的伟大著作时，上述观点中的某一些无疑加强了马歇尔早期的信念。[3]

因此，与乔伊特的交往最终带来了真正的友谊。它更为坚实的基础是建立在相似的原初环境之上的：尴尬的家庭背景和孤独的学生时代，与自己选择的

[1] 参见上文，第 12 章，第 414–415、419 页。

[2] 关于乔伊特 1841 年笔记本的讨论，大部分都借鉴了沃伦·萨缪尔未发表的论文《本杰明·乔伊特与政治经济学的联系》，其中大量引用了这本笔记本中的内容，在此深表感谢。

[3] 玛丽·佩利·马歇尔，《我的回忆》，第 36–37 页。

年轻人一起行善的基本动力，在幕后发挥影响力和领导作用而不是积极卷入权力中心的愿望，一种认真尽责、实践慈善并提升自己的品味和偏好的生活。这份友谊严肃的一面，包括对政治经济学、教育和人类进步的关注，被他们共同的审美乐趣活化了，这种乐趣是伊利和沙特尔的教堂建筑、古典雕塑、文艺复兴时期的绘画以及诗歌和文学带来的。更重要的是，马歇尔与乔伊特的友谊没有被几乎每天例行的职业性接触所占据，这种接触逐渐并最终破坏了他与西季威克、福克斯韦尔和凯恩斯在剑桥大学的友谊。它也是一种共同的友谊，由丈夫和妻子共同参与并维系。因此，它提供了一种互补的关系，使夫妻二人都能从乔伊特多方面的才能中汲取灵感。他们的贝利奥尔“大师”在他们的婚姻和
共同生活开始时就进入了他们的生活，在接下来的十五年里为他们提供了至关 695
重要的指导和陪伴。在他们共处的这段时光接近尾声时，玛丽·佩利恰如其分地将其描述为他们生命中“最美好的事情之一”。对马歇尔来说，乔伊特可能是他希望拥有的父亲，也是他尊敬的朋友、顾问、向导和“守护神”。

一个孤独的、以自我为中心的内向者在友谊上的失败?

刚刚揭示出来的马歇尔友谊的变化无常使我们很容易得出这样的结论。他与西季威克、福克斯韦尔和凯恩斯的友谊是失败的，这一点似乎被他与乔伊特的成功友谊这一例外所证实。然而，这样的判断太草率了，即使马歇尔无疑是一个以自我为中心的内向者。他有能力建立深厚的关系，但这些关系不可避免地无法持久。他与克利福德、莫尔顿和莫兹利的友谊就是例子，更不用说他与戴金斯、莱维特和莫斯的友谊了（关于这三段友谊的信息很少）。关于他的其他一些关系，我们了解得不够充分。马歇尔与韦伯夫妇，尤其是与比阿特丽斯·韦伯之间的模棱两可、几乎是爱恨交加的关系就是其中之一，我们已经在上文中多次提到了这一关系。[1] 更有趣的是马歇尔夫妇与查尔斯和玛丽·布斯之间更持久的友谊，这份友谊的一些片段也在前面的书页中出现过，它们发生于剑桥圈子之外的各种活动中。最后这个事实或许为这份友谊的存活提供了线索，它和有着详细记录的他与乔伊特的友谊相同，都与他在剑桥圈子里的各类友谊的命运相反。

与布斯夫妇的友谊始于马歇尔就查尔斯·布斯提议的贫困调查向他提出了

[1] 尤其可见上文第 14 章，第 517–520 页。

建议。1886 年 10 月，他们就此问题交换了信件，但从保存下来的信件中看不出谁在这次交换中采取了主动。随后，他们交换了书籍和文章，并就共同感兴趣的话题交换了意见，这些话题包括工业村，以及马歇尔关于如何为伦敦穷人提供住房的分析中被布斯称为“建设性”部分的各方面。[1] 这些信件中提到的事务引起了个人会面，随后是一种更为社交性的接触。1887 年 9 月，马歇尔打破了参观约克郡工厂的常规，拜访了布斯夫妇的格拉西迪厄庄园；当马歇尔夫妇出席统计学会会议，听取查尔斯·布斯公布他的养老金计划时，他们住在布斯夫妇在伦敦的家中；布斯夫妇对贝利奥尔庄园的一些回访也被记录了下来。[2] 更轻松的思想交流场合与通信以及对劳工委员会的建议混合在一起。在劳工委员会开会期间，马歇尔就委员会工作相关的方面向他的朋友提问，这是一种以非常友好的方式进行的询问，[3] 而当马歇尔于 1893 年 6 月向贫困老人皇家委员会提供证词时，他们的角色发生了逆转。我们记得，委员会询问了马歇尔发表在《经济学杂志》上的济贫建议，他和查尔斯·布斯早些时候曾就这些建议进行过通信。[4]

在新世纪里，马歇尔和布斯之间的联系仍在继续，但变得更加零散了。之前引用过马歇尔邀请布斯在慈善组织协会的年会上发表演讲的信件；玛丽·佩利·马歇尔在给乔伊特的信中提到了布斯早些时候在纽纳姆学院的演讲。[5] 随
696 着他们年龄的增长，他们越来越多地交换出版物并相互赞美。马歇尔对《伦敦贫困调查》的第十七卷《关于社会影响的注释与结论》表示欢迎，并感谢布斯送给他“你的那本天使般的书，它的外表和内容都圣洁而美丽”。马歇尔在信中赞扬了其持续的“建设性”，并敦促布斯出版一本更直接地指向“行动”的书，这是“为了所有人的利益，为了知识，为了进步，为了理想——虽然有些不敬，我还是要加上一句——为了布斯”。[6]

在马歇尔看来，布斯在 1903 年 5 月爆发的关税辩论中站在了错误的一边，

[1] 查尔斯·布斯致阿尔弗雷德·马歇尔的信，1886 年 10 月 18 日和 20 日（伦敦大学图书馆，布斯文件，MS797，I/1310–1312）。关于马歇尔对住房问题和工业村的参与，见上文第 13 章，第 449–452 页。

[2] 参见上文第 7 章，第 212 页，第 11 章，第 355–356 页。

[3] 皇家劳工委员会《第四次报告》，Cmnd 7063，伦敦：HMSO，1893，1892 年 11 月 30 日，Q.5592–5626；查尔斯·布斯致马歇尔的信，1894 年 5 月 25 日（布斯文件，MS797，I/1352）。

[4] 参见上文，第 11 章，第 359 页，查尔斯·布斯致阿尔弗雷德·马歇尔的信，1892 年 4 月 27 日和 5 月 3 日（布斯文件，MS797，I 1324/1325）。

[5] 参见上文，第 11 章，第 358 页，以及本章，第 692 页注释 *。

[6] 马歇尔致查尔斯·布斯的信，1903 年 3 月 31 日（布斯文件，MS797 I/5770）。

他支持张伯伦而不是纯粹的自由贸易。这一事实解释了他们之间在接下来的四年里长时间的沉默。这种沉默直到 1908 年才打破。在这一年，为了恢复他们之间的交流，布斯写信给马歇尔说，他非常高兴地读了阿尔弗雷德·马歇尔在《经济学杂志》上发表的关于经济骑士精神的文章，它比他在报纸上读到的关于那次演讲的“不完整的”报道要好得多。他在信中谈到了近来缺乏个人联系的情况——“我们已经很久没有见面和交谈了，我几乎不知道有多久了”——同时表达了恢复联系的强烈愿望：“我们必须见面。”[1] 这显然并未发生，尽管他们的书信交流恢复了。例如，布斯在 1913 年的一封信中表达了对马歇尔的著作的期待，并感谢他对自己那本关于产业动荡和工会政策的“粗糙的”小册子“太仁慈、太善良、太慷慨”的回应，因为它缺乏实用价值。[2] 三年后布斯去世了，马歇尔夫妇分别向他的遗孀表示哀悼：

> 我写这封信是为了表达我对你和你的亲人的同情，以及我对这个世界所遭受的损失的悲痛。布斯先生的名字是不朽的，它将不仅活在历史中，而且将活在通俗语言中，就像我们说起阿喀琉斯、苏格拉底或帕西瓦尔一样。他刚强而温柔，睿智而朴实，认真而平和，果决而宽容：他的观念是宽广的；他对细节的无与伦比的掌握是细致入微的。认识他是一种教育；这也是我生命中主要的荣誉和快乐之一。[3]

玛丽·佩利很有特色地讲述了“你和他还有我们在一起的时光，以及在这里（贝利奥尔庄园）、格拉西迪厄和坎伯兰广场发生的谈话和愉快的事情”。[4] 在一次对查尔斯·布斯的遗孀的独自拜访中，她又生动地讲起了这些往事，当时她也失去了自己的丈夫。

> 教授的妻子、我们很久以前的老朋友马歇尔夫人来了，她穿着黑色长袍、凉鞋和针织羊毛袜。很难说芭芭（Baba）是对过去的经济学和统计学感到厌倦，还是想强调生活的另一面；不管是哪种情况，

[1] 查尔斯·布斯给马歇尔的信，1907 年 4 月 21 日（布斯文件，MS797 I/1715），关于这封信的其他内容，可见上文第 11 章，第 359–360 页。

[2] 查尔斯·布斯致马歇尔的信，1913 年 11 月 10 日（布斯文件，MS797 I/2037）。

[3] 马歇尔致玛丽·布斯的信，1916 年 11 月 24 日（布斯文件，MS797 I/5771）。

[4] 玛丽·佩利·马歇尔致玛丽·布斯的信，1916 年 11 月 24 日（布斯文件，MS797 I/5772）。

> 她都用郡里的流言蜚语淹没了马歇尔夫人。当谈话终于转到比较熟悉的话题时，两个寡妇脸色红红的，用“查理总是说”和“阿尔弗雷德很不喜欢”这样开头的话来反驳对方。这次拜访并不成功。我为马歇尔夫人和她失落的表情感到难过。毫无疑问，回到她在剑桥的三轮车上让她松了口气。[1]

然而，在玛丽·布斯去世时，玛丽·佩利给前者的一个女儿写信说，年老“使我们在过去的几年里无法见面”，这多么不幸。[2] 在守寡期间以及之前，玛丽·佩利都表现出比丈夫更强的维系友谊的能力。

阿尔弗雷德·马歇尔对这种友谊的需要无论如何是有限的，尽管有时候他
697 也珍惜这种友谊。与乔伊特的友谊的结束是无法避免的。他与福克斯韦尔的另一段伟大友谊在破裂后已无法修复，尽管马歇尔无力地试图和解。最后，对他来说，亲戚、工作和一些最近的学生比以前在学校和学院里的朋友更重要，尽管在晚年时，朋友的缺席有时候看起来令人遗憾。当亲戚都去世了（除了他的外甥们），工作能力也在逐渐减弱时，只有最近的学生仍对他保持忠诚。就像乔伊特在晚年得到的建议那样，马歇尔在晚年试图尽可能多地和年轻人在一起，偶尔也和他们的妻子在一起。上一章已经展示了他与费伊、莱顿和梅纳德·凯恩斯的持续联系的程度。但是，当这种联系变得过于频繁，探望的时间也被更严格地限制时，这位年迈的隐士就在贝多芬的自动钢琴卷带和年轻时喜欢的浪漫故事中寻求陪伴，这些故事是他忠实的伴侣和妻子给他重读的。

马歇尔在友谊上的失败，在很大程度上反映了他的个性：需要被爱，又害怕被拒绝；依赖人际交往，又固守教条主义的原则；最后，他只能与一位有着相似背景的父亲般的人物维持友谊，一位年迈的单身汉，没有自己的家庭关系，但他们可以毫无保留地、全心全意地共享价值观和原则。乔伊特也不是一个竞争对手（即使在这个词最广的意义上），而且在他们友谊的最后几年远离马歇尔的权力范围，这一事实进一步解释了为什么这是马歇尔能够保持下来的唯一真正的友谊。

---

[1] 贝琳达·诺曼–巴特勒，《维多利亚时代的抱负》，第 208 页。

[2] 玛丽·佩利·马歇尔致“梅格”的信，1939 年 10 月 2 日（布斯文件，MS979 I/5773）。

第 19 章　一些最后的著作：1919–1924 年 702

马歇尔退休的原因是渴望继续写作。他在这方面的缓慢进展已经被频繁提及。《经济学原理》第 2 卷的工作进展得非常缓慢、没有重点，充满变化和延误。到 1911 年，马歇尔敏锐地把它比作佩内洛普之网，好像永远完成不了。在马歇尔退休之后，1910 年，《经济学原理》第 6 版从书脊上删除了“第 1 卷”的字样，这正式宣告了他对《经济学原理》第 2 卷的放弃。这也宣布了另外一种写作策略，即为《经济学原理》这一“基础性的”著作撰写若干姊妹篇。[1]

但是，直到 1916 年《经济学原理》第 7 版出版时，写作姊妹篇这一目标仍未实现。在那个战争之年，虽然很不情愿，马歇尔仍然答应写一篇关于战后税收政策的文章，并将其视作他为战争所作出的个人努力的一部分，这进一步分散了他的注意力。对他被通信所干扰的写作而言，这无疑是雪上加霜，在此之前，由于意志薄弱、体质虚弱和身体的每况愈下，他的写作已日渐困难。因此，他在序言中写道：

> 本卷第 1 版出版时，我曾许诺在合理的时间内出版第 2 卷，以完成整部著作，如今已过去了二十六年。但是我的计划的规模太大了；随着当代产业革命的每一次脉搏跳动，我的计划的范围也在扩大，尤其是在现实方面，而当代产业革命在运动的速度和广度上都远远超过

[1] 见上文，第 12 章，第 432–433 页；在 1911 年写给梅纳德·凯恩斯的一封信中，他将他的第 2 卷与佩内洛普之网进行了比较，见上文第 17 章，第 638–639 页。

> 了一个世纪以前的那些变化。因此，不久之后我就不得不放弃以两卷本的形式完成这部著作的希望。我后来的计划不止一次地改变，部分是由于事态的发展，部分是由于我的其他工作，以及我体力的下降：我现在正在写一部关于产业和贸易的独立著作，它将扩展到不止一卷。这部著作将涵盖我最初希望去写的相当大的一部分内容，但它将主要研究造成目前商业方法和组织的原因，这些商业方法和组织对生活质量的影响，以及它们所引起的日益扩大的问题。[1]

甚至这个计划也未能实现。当1919年《产业与贸易》问世时，它是作为单独一卷出版的，“计划接下来出版它的姊妹篇，它将专门研究可运用的资源、货币与信用、国际贸易和社会努力对那些条件的影响”。[2] 马歇尔承诺的这本书最终于1923年出版。然而，这本现在被称为“一系列书中的第三本”的书仅仅勉强实现了1919年的目标。它汇集了关于货币与信用、国际贸易以及贸易、产业和信贷波动的资料，这些资料内容混杂但相互关联，主要来自之前的著作。1922年8月，当《货币、信用与商业》的序言写完时，它的作者年事已高，并且在写作任务上只取得了一点点进展，但马歇尔心中还是充满希望，他表达了这样的愿望：“我对社会进步的可能性所形成的一些观念，也许还能发表出来。”[3] 第四本姊妹篇一直没有问世。它的雏形长期保存在小纸条上，用绳子串在一起，和许多其他手稿一起存放在马歇尔图书馆里。[4]

703 本章将考察这三本姊妹篇的准备工作和内容。与声名显赫的第1卷相比，它们的地位在许多方面是微不足道的。从整齐的麦克米伦蓝布装订、书脊上的金色刻字，甚至从尺寸上看，它们都是真正的姊妹篇。第三卷（《货币、信用与商业》）只有不到四百页，是正常篇幅的一半，只有通过在印刷时使用超厚纸张才使它达到了适当的规模。在内容上，这组书是高度分化的。凯恩斯微妙但精确地指出了这一点，他非常诚恳地称赞说，这是“一个早已退休、本可安度晚年的老人作出的意志和决心的巨大努力”。他继续说道：

---

[1] *P* Ⅶ，1916年，第v页；马歇尔的战争努力已经在上面的第17章讨论过了，特别是第640–646页。

[2] *IT*，序言，第v页。

[3] *MCC*，第v–vi页。

[4] 作为他的论文集《论进步与理想》的一部分，马歇尔图书馆，红箱，1（5），《论经济进步的书的大纲》。现代档案方法去除了绳子，改变了纸条的排列。

> 《产业与贸易》是与《经济学原理》完全不同的一类书。它的大部分内容是描述性的。整整三分之一是历史性的，总结了他在这个领域长期努力的成果。把各部分协调整合为单独的一本书是相当人为的。这种协调的困难困扰了他那么多年，但并没有被真正地克服。与其说这本书是一个结构上的统一体，不如说是一个机会，把一些部分相关的主题汇集在一起，关于这些主题，马歇尔有一些有价值的东西对世界说。这一点在它的 16 个附录中表现得尤为明显，这些附录是他促成许多个人专著和文章诞生的手段。其中有几篇是在这本书出版的许多年之前写的。它们非常适合单独出版，却被他囤积起来，这不得不说是他的一个错误……《货币、信用与商业》……出版于 1923 年……这本书主要是由早期的片段拼凑而成的，其中的一些片段是五十年前写的……它以一种《产业与贸易》所没有的方式显示出了老年的痕迹。但它包含了大量的材料和观点，并把一些段落收集到一起，否则这些段落就会无法获得……或难以获得……直到最后的一场病，尽管身体非常虚弱，他还是努力拼合出了另一本书。这本书本来要定名为《进步：它的经济条件》。但这项任务过于艰巨……[1]

然而，最后几卷的故事开始于 1903 年，当时马歇尔计划以更宏大的规模续写《经济学原理》，而不是出版正式的第 2 卷。他在写给麦克米伦的信中说，他现在打算写一卷《国家产业与国际贸易》，主要取材于现有的《经济学原理》第 2 卷的手稿。[2] 1904 年，马歇尔在写给提出要阅读校样的弗拉克斯的信中说，新书的前半部分涉及"工业领导地位的原因和性质，既以分析的方式也以历史的方式进行处理"，后半部分涉及国际贸易，并有一些附录和对更多的"当前问题：接近尾声"的应用。[3] 两个月后的 1904 年 5 月，他告诉弗拉克斯，他的写作遇到了越来越多的困难。马歇尔在前一年所卷入的关税争论对该书

[1] J.M. 凯恩斯，《阿尔弗雷德 · 马歇尔》，第 227–228、230–231 页。

[2] 见上文，第 12 章，第 429–430 页；本节的最后几段以及下一节的大部分内容都大量引用了约翰 · 惠特克的《〈经济学原理〉第 2 卷怎么了？通往马歇尔最后几本书的荆棘之路》，特别是第 203–221 页。早在 1904 年，一份广告就宣布，一本具有这一标题的书即将出版（见图 44）。

[3] 马歇尔致弗拉克斯的信，1904 年 3 月 19 日，载《纪念集》，第 407–408 页；在《产业与贸易》的序言中，马歇尔感谢弗拉克斯为该书的早期工作提供了很大的帮助，参见序言，第 ix 页。

的篇幅产生了影响，因为它减少了对关于这个主题的“简短书籍的需求”。因此，他自己的计划必须变得更庞大。他还报告说，在完成了关于德国产业问题的写作之后，他可以开始研究美国的产业问题，这使得这本书的第一部分大约有 200 页长。只有在第一部分写完之后，他才能开始写关于国际贸易的第二部分。[1]

此时，马歇尔写信给克宁汉说，他已经答应麦克米伦“尽我所能地使这本书的正文……（不是附录）的形式对实践之人有吸引力”，[2] 而他在写给麦克米
704 伦的信中说，他的计划是充分强调“当前财政问题背后的产业状况”。因此，他还必须处理托拉斯和卡特尔等“大型产业集团”的问题。[3] 因此，《经济学原理》的第二本姊妹篇的起源从一开始就与对国际贸易的财政争论密切相关，直到事态发展迫使马歇尔修改 1903 年的《备忘录》并于 1908 年出版，这一争论才最终得到解决。在 1904 年至马歇尔退休之间的这些年发生的是一个熟悉的故事，一本书的范围不断扩大，工作进度也越来越慢，部分原因是“现实”方面的材料的增多和复杂性，部分原因是其他工作的压力。1907 年 1 月，马歇尔给他的出版商写了第一封正式通知，说最初的两卷本《经济学原理》计划不再可行，将被放弃。

这一步骤在当年晚些时候出版的《经济学原理》第 5 版新加入的附录所引入的新材料的性质中显露出来，但如前所述，直到 1910 年第 6 版将“第 1 卷”从书脊和扉页上删除后才得到正式承认。因此，1908 年这一退休之年在两个重要方面为马歇尔未来的工作提供了一个更清朗的环境。在这一年，《国际贸易的财政政策备忘录》出版了，马歇尔在给麦克米伦的信中写道，“这使我更加自由地将《国家产业与国际贸易》中的有争议的成分保持在非常低的水平”。[4] 其次，随着马歇尔个人放弃了《经济学原理》第 2 卷的计划，此计划给当前的这本书所带来的所有的形式上的限制都消失了，这使他可以没有任何阻碍、自由地为《产业与贸易》编写材料。

[1] 马歇尔致弗拉克斯的信，1904 年 5 月 26 日，载《纪念集》，第 408–409 页。出版时，*IT* 第一篇的篇幅略少于预计的 200 页，确切地说，总共有 177 页。

[2] 马歇尔致亨利·克宁汉的信，1904 年 6 月 28 日，载《纪念集》，第 454 页。

[3] 马歇尔致麦克米伦的信，1904 年 11 月 16 日，马歇尔档案，4：25。

[4] 马歇尔致麦克米伦的信，1908 年 11 月 17 日，马歇尔档案，4：38。

从多卷本《国家产业与国际贸易》到《产业与贸易》：1909 年至 1919 年

尽管书中有效地删除了许多有争议的材料，但到 1910 年，马歇尔向他耐心的出版商报告说，由于思维敏捷性降低，他在书中的分析部分遇到了困难，而且作品的“现实部分”需要每十年重写一次，这意味着他对马上就能完成任务并不乐观。部分原因还在于这本书的规模越来越大，

> 我觉得这本书可能会有 1000 页左右。稍后我会给你一个更接近的估计，然后问你应该以一卷还是两卷的形式出现。我不喜欢预言，但我希望——尽管我那疲惫的老脑袋有些迟钝——今年年底之前重新开始印刷并在明年年底之前出版。我已经极大地考验了你们的耐心。[1]

尽管马歇尔对预言的厌恶被证明是有道理的，但所计划的工作的一个方面却是稳定不变的。附录将会处理“复杂的分析或艰难的推理”，以便使“这本书被实践之人阅读，而从严格的科学角度看又不会毁了它”。

那年夏天，一位来自美国的访问者证实了这些对进展的乐观预期，并补充说，这本书不会真正成为《经济学原理》的第 2 卷，但会“涉及国际价值、保护以及我不知道的其他主题”。[2] 就连麦克米伦也沾染上了不谨慎的乐观情绪，并在 1913 年 5 月写道，他们期待着在秋天“付印”两卷《国家产业与国际贸易》，而第三卷，也许就是之前所预示的《货币、信用与就业》，将在此后尽快出版。[3] 然而，这本书的进展却成了战争的牺牲品。1916 年是马歇尔因其他 705
项目而非常忙碌的一年，[4] 这一年的 4 月，他不得不再次向麦克米伦报告进展缓慢的情况，并第一次概述了在他生命的剩余岁月里将要实际发生的事情。然

[1] 马歇尔致麦克米伦的信，1910 年 3 月 5 日，马歇尔档案，4：45。

[2] J.B. 克拉克致 E.R.A. 塞利格曼的信，1910 年 10 月 26 日，见 J. 道夫曼，《塞利格曼通信集》，载《政治学季刊》，56（3），1941 年，第 411 页注释 47。

[3] 麦克米伦致马歇尔的信，1913 年 5 月 14 日（马歇尔档案，2：14）；*P* VI 的序言，1910 年，第 vi 页。

[4] 见上文，第 17 章，第 645–646 页。

而，直到同年11月才宣布将书名改为《产业与贸易》：

> 我的新书进展非常缓慢。现在，我几乎把第一卷的全部内容都写进了纸条里，但如果这本书完成的话，它将达到三卷，每卷大约是我的《经济学原理》的四分之三长。
>
> 我把“国家”一词去掉，改称为《产业与贸易》。第一卷包括：
>
> 第一篇 当前工业与贸易问题的起源（一个历史介绍）
>
> 第二篇 企业的组织与管理（非常现实）
>
> 第三篇 垄断性聚集的趋势
>
> 第二卷是国际问题和一些货币问题。大部分是用打字机打出来的。第三卷还只存在于碎片和旧材料中。它旨在涵盖其他两卷的社会和政府应用等。
>
> 大约三年前，我发现自己不能做很多工作。我发现患病的牙龈会导致血压升高。我得到了能干的人的帮助，并且我的健康状况还算不错，尽管我不能做太多工作。但我发现，我在知道自己生病之前所写的东西并不令人满意：我不能指望在不进行大量重写的情况下写出第二卷。
>
> 因此，我曾建议第一卷一准备好就出版。但是考虑到战争的缘故，我现在显然倾向于等待，同时出版第一卷和第二卷。
>
> 如果我不能完成第三卷（我现在已经74岁了），我建议这样安排，即它应当在很大程度上被转变为一本已出版的文章的合集，文章根据我（假如真的能写完该卷）为该卷提出的主要目标来选择。[1]

麦克米伦欣然同意了马歇尔将这两卷书同时出版的计划，并补充说，最好是推迟到战争结束后出版。然而，这个计划也不得不放弃，因为它过于乐观了。[2]马歇尔很快就报告说，第一卷的最后几章给他带来了麻烦，并在1916年底预测了以下前景，这一前景是他智力的削弱和材料的复杂性所导致的。第

[1] 马歇尔致麦克米伦的信，1916年4月5日，1916年11月3日（马歇尔档案，4：53–54），引用自第一封信。1914年，马歇尔曾向谢泼德抱怨自己的血压问题（见上文，第17章，第641页）。

[2] 麦克米伦致马歇尔的信，1916年4月16日，马歇尔档案，2：16。

一卷涉及“当前工业结构的起源和问题，特别是其垄断趋势”，准备于 1917 年复活节出版；不幸的是，第二卷由于需要大量重写，将不得不无限期地推迟。由于这一推迟，必须对第一卷中有关国际贸易政策历史的材料作一些重大修改，所有这些内容现在都要移到附录中。在报告这件事时，马歇尔继续说道：

> 当我走过去讲我的新作品时，我必须把自己裹在白色的床单里，并且拿着忏悔者的蜡烛。因为我知道我已经欠了印刷商一大笔账……我不会叙述我在工作的范围和安排上摇摆不定的历史。这些摇摆不定的部分原因是外部事件；部分原因是我对所提出的任务的巨大程度认识迟缓；但主要原因是在我知道这种疾病存在之前，“血压”所导致的精神惰性，以及工作的极度缓慢，而我被告知，只有极为缓慢地进行，我才有希望继续工作。只要我服从命令，我的身体就非常健康。[1] 706

这一宣布与确定地采用《产业与贸易》作为该书的适当的书名同时发生。1918 年 6 月，马歇尔通知麦克米伦说，这本书已经进展到足够的程度，预计将在初秋完成，并再次解释了推迟的原因，即想让它尽可能地具有话题性。这意味着要把白厅“以前所未有的速度”出台的所有政策变化都包括在内。在这个语境中，一个关键的方面是《惠特利报告》，这是众多以官方文件和蓝皮书的形式出现的“富有所带来的麻烦”之一，它给马歇尔造成了许多苦恼，其中包括最后一章不得不重写四次。[2]

在这一长串改变计划和不断对校样进行重大修改的故事中，一个有趣的插曲是，当麦克米伦拒绝将“‘第一卷’放在扉页上”时，马歇尔很恼火。然而，经过一番考虑，他接受了这个决定，毫不奇怪，麦克米伦对此立场坚定。不过，他又试了一次，想让他们承认，这只是两卷书中的第一卷：

> 我认为你删去“第一卷”这几个字是对的。即使我不能再做什么了，我的第二卷仍有足够的半成品可供印刷。我打算在本卷的序言中

[1] 马歇尔致麦克米伦的信，1917 年 8 月 25 日（马歇尔档案，4：57）；参见 *IT*，第 12 页。提供历史背景的早期附录是 B 到 G，第 681–784 页。

[2] 马歇尔致麦克米伦的信，1918 年 6 月 8 日和 11 日（马歇尔档案，4：59，60）。关于马歇尔对《惠特利报告》的引用，见 *IT*，第 643–645 页；与科学管理的关系，第 393–394 页。

称它为本卷的姊妹篇：也许会或多或少确切地指出，它的书名可能会是"产业与贸易，对就业组织、国际贸易以及其他影响各个阶级和国家状况的因素的研究"。我想不到任何其他比"产业与贸易"更适合同时用于这两本书的书脊的标题了。姊妹篇的书脊上可能会有**：或许目前这一卷可以只用一个星号。[1]

尽管麦克米伦同意使用星号，他们当时在陶西格的《经济学原理》上使用了星号，但在出版的第1版中没有出现这样的星号；在第一次世界大战后不太确定的出版环境中，麦克米伦不再准备承担这种性质的风险。[2] 1919年6月，马歇尔的外甥克劳德·吉尔博由于调往白厅担任战争职务而无法再从事校样工作，最后一批校样由玛丽·佩利从位于贝利奥尔庄园的马歇尔家中寄出。正如前面所指出的那样，弗拉克斯为这本酝酿已久的著作的早期版本提供了帮助，除此之外，序言还承认了克拉彭博士的帮助，他为马歇尔在书的第一部分和早期附录中所进行的历史冒险的质量提供了安全保证。1919年8月，第一次印刷的2000本书在书店里上架，卖得很好，以至于当年12月就需要印第2版。[3]

707 当时背景下的产业与贸易研究：内容与反响

马歇尔的《产业与贸易》是一本内容丰富的书。它比《经济学原理》的最终版略长，有将近900页，其中超过850页是包括附录在内的文本。它的三篇分别处理"产业与贸易的当前问题的起源"、"商业组织的主导性趋势"以及"垄断趋势及其与公共福利的关系"。大约四分之一的文本被用于十六个附录。这些附录的一半是历史性的，原因已经解释过；其他则是方法论的（附录A）。更一般地说，它们对所涉及的文本进行了澄清，在某些情况下，它们转载了其

[1] 马歇尔致麦克米伦的信，未注明日期（马歇尔档案，4：72）。

[2] * 麦克米伦致马歇尔的信，1918年10月24日（马歇尔档案，2：22）。在这种情况下，约翰·惠特克指出："马歇尔图书馆收藏的《产业与贸易》第1版的更正本在书脊上有一个星号，马歇尔并没有轻易放弃！"（《〈经济学原理〉第2卷怎么了？》，第213页注释74）

[3] ¶ *IT*，第ix页。自1904年以来，校样一直在稳步地生产出来，并且不局限于1919年发布的最终校样。麦克米伦1924年9月8日致J.M.凯恩斯的信（KMF）表明，1919年12月的第2版印刷了3000本；1920年的"第3版"又印了2000本，1921年同样印了2000本，1923年又印了3000本，在马歇尔去世前总共印了12000本。这几乎是《经济学原理》第1卷前三版印刷数量的两倍，这表明了该学科的发展和作者地位的提高。

他地方发表的材料，例如 1905 年给《泰晤士报》的关于商业教育的信，这封信构成了附录 K 的基础。这本书的副标题是“对工业技术和商业组织以及它们对各个阶级和国家状况的影响的研究”，它表明了作品主题的统一性。作者在这本书的引言一章中明确强调了这种统一性：

> 从整体上看，本书首先研究现代工业技术和商业组织的起源；其次研究特定国家在它们的发展中所起的作用；最后研究这种发展所带来的问题。第二篇考虑了这些问题，不过很少或没有提到垄断趋势，而第三篇讨论了这些趋势。在第二篇和第三篇中存在着一个倾向，即对一个国家的各个部分之间以及每个部分与整个国家之间利益的和谐与冲突的考虑不断增多。[1]

因此，第一篇本质上是历史性的，这有赖于马歇尔对阿什利和“已故的施穆勒教授”的工作日益增加的欣赏，马歇尔在序言中特别提到了这一点。[2] 与马歇尔对历史学派成员（无论来自英国还是德国，特别是由古斯塔夫·施穆勒领导了很长时间的新一代德国历史学派）的工作持敌对态度的观点相反，《产业与贸易》清楚地表明，当这类工作适合手头的任务时，马歇尔对它们很有好感。第一篇中对各个国家走上工业领导地位的不同道路的案例研究说明，历史学派的影响不仅对马歇尔理解德国的经济发展是重要的，而且对他理解法国、美国甚至英国的经济发展也是重要的。例如，附录 D 详细地考察了重商主义，这主要与马歇尔所认为的亚当·斯密的夸大而错误的观点相关，而他对重商主义的立场表明，他明显偏爱当时阿什利和施穆勒的最新学术成果中更为平衡的表述。他自己对重商主义小册子的相当详细的阅读补充了这一点，特别是那些他很容易获得的小册子，因为它们已经被麦克库洛赫为政治经济学俱乐部重印了。[3]

这本书还说明了格言“一中有多，多中有一”的价值，这一格言作为这种多样化的材料的组织原则，表明了历史发展的各个特定方面对当前产业和贸易问题的不同影响。正如马歇尔在先前与埃奇沃思的通信中所说的，他打算将这

[1] *IT*，第 8 页。

[2] *IT*，第 vi 页。

[3] *IT*，附录 D，特别是第 719–721 页。

种相互依存和相互作用的原则作为这部作品的主要长处，这一点在序言和引言
708 中都得到了强调。[1] 再加上“如此这般地解释过去以至于它可能成为对未来的指导”的问题，这种类型的复杂性使得这部作品对马歇尔来说很难构思，特别是在战争期间（在战争刚结束时甚至更是如此），有待解释的当前事实不断地变化。他英雄般地试图跟上事物的“现实部分”的发展，这至少是这本书迟迟未能完成的原因之一。

第一篇更具体地说明了各国国家发展的特定方面如何影响了其当代的产业和贸易模式。这一讨论涉及的内容包括：影响产业集中的地理因素；在科学研究和教育以及旨在促进这些活动的机构的协助下所进行的技术创新和进步；获得和发展运输和通信手段；以及广泛的民族特征，还有政府政策的性质，包括非常热门的战争政策。[2] 相关的民族特征包括法国人对时尚和工程的偏爱，德国人在实验室工作和学术训练占据重要地位的行业中的领导地位，以及美国的移民人口和广阔的开放空间所带来的进取和冒险的品质。政府政策在产业发展中的作用这个论题不仅能够引入保护和产业增长的棘手问题，而且能够引入鼓励区域自由贸易的政策，例如德国关税同盟的经典例子，以及在一个包括其广阔帝国各成员的英联邦中实行类似政策的潜在可能性。在这一背景下，马歇尔对政府政策的评估还涉及有关劳动关系、资本积累和信贷供给、教育和科学协调的更具体的政策，以及政府在产业各部门中的更具规制性的活动。

这本书的国际比较倾向意味着，可以将相当多的注意力放在阻止英国工业衰落的可能性上，这一衰落在马歇尔看来是很明显的，也是他从上世纪末以来就一直关心的。这也使他能够对工业领导地位的未来结果进行一些预测。他最后强调了做出这种预测的困难，而日益增加的变化速度加剧了这种困难。在重申了他早先对美国未来的信念之后，马歇尔发现“日本是一个工业领导地位的大胆的要求者，它在东方，但走的主要是西方路线”，并强调日本拥有类似于英国过去所利用的那些地理优势。更远一点来说，马歇尔预测中国和俄罗斯可

[1] 马歇尔致埃奇沃思的信，1909 年 4 月 27 日（载于《纪念集》，第 442 页）；在第 17 章讨论过，见第 634–661 页。

[2] * 在这方面，马歇尔不仅借鉴了过去的战争对产业发展的影响，而且更具体地借鉴了最近的世界大战所提供的经验。在这一背景下，战争的重要作用表现在以下方面：人们更加意识到需要制定国家科学政策；作为一股促进标准化和专业化的力量；对铁路组织以及更广泛的交通和通信发展的影响；作为影响工资和工作条件的因素；而战争经验也为马歇尔的论点提供了类比和其他例证。例如，参见 *IT* 第 2、79–85、87–88、99、129、224–228、491–492、593、741–742、700 页。

能会有“伟大的未来”，甚至看到了印度未来经济和工业繁荣的迹象。他的总体结论不容易被反驳：“没有确切的理由认为，工业领导地位会像在最近的时代中那样一直保持在同样的种族手中或同样的气候之中；甚至它的一般性质也不会保持不变。”[1]

第二篇处理了商业组织的当代问题，特别是“大规模生产的增长，以及几乎每一个产业和贸易部门的代表性单位的规模的不断扩大”。正如马歇尔在二十年前写给弗拉克斯的信中所说的，这是他的“主要爱好”之一，这促使他在许多个暑假里频繁视察工厂，并产生了他的“代表性企业”的概念，作为解决竞争与规模扩大所带来的报酬递增之间冲突的一种可能的办法。这也迫使他深入地分析补充成本和长期供给价格，包括它们与信贷和价格波动的关系，他认为深入探讨这些主题对他的第二卷至关重要，当时这第二卷仍坚定地列在议程上。[2] 因此，毫不奇怪，报酬递增的主题几乎涵盖了整个第二篇的内容，以及《产业与贸易》第三篇的部分内容，特别是与垄断政策相关的部分。因此，这些材料的大部分也可以被看作是对《经济学原理》第四篇中关于生产的理论讨论的补充，也是对第五篇和一些附录中所讨论的生产对竞争、供给价格和价格决定的影响的补充。[3] 709

《产业与贸易》特别注意去探讨报酬递增这一问题的现实方面，马歇尔一生中的大部分时间都在研究这一问题，[4] 他并没有试图回避这一问题，而是希望直面这一问题。它的第一章将产业结构和规模的问题与市场的范围联系起来，回顾了这一理论并强调了其固有的一些概念上的困难。接下来，随后的章节自由地处理更加专业化的主题。标准化以及与之相关的机械和机械化的发展引入了关于技术对企业规模的影响的更详细的讨论。然后引入了市场营销的主题。这突出了马歇尔的现实意识，即企业既是一个销售单位，也是一个生产单位，而工业制造商也作为投入使用的原材料和其他资源的购买者进入市场。这部分内容涵盖了市场营销问题的各个方面。其中包括“建设性的投机”，这是

[1] *IT*，第 1 篇，第 8 章，第 6 节，第 159–162 页，正文中的引文来自第 162 页。关于马歇尔早期对美国的工业实力和未来的认识，见上文第 7 章，特别是第 200–202 页。

[2] 马歇尔致弗拉克斯的信，1898 年 3 月 7 日，《纪念集》，第 406–407 页。

[3] 特别参见 *P* Ⅷ，第 4 篇，第 8 到 13 章；第 5 篇，第 4 章的第 5、6 节，第 5、12 章和附录 H，以及第 14 章。

[4] 参见我的《亚当·斯密和劳动分工》，《澳大利亚经济论文》，16（29），1977 年 12 月，特别是第 173–174 页。在这里，我将后来的一些做法与马歇尔的做法进行了不利于前者的对比。

“有组织的农产品市场”的主要特征，这一主题使马歇尔能够展示他关于小麦行业的知识，他早先在另一个场合告诉过埃奇沃思他的这种知识。[1]然后，既从成本方面也从消费方面讨论了一般市场营销的广泛问题，表明了它在产业发展中日益增长的必要性，并强调了区位决策在限制这种基本营销成本方面的重要性。接下来讨论了零售贸易的发展，显示出马歇尔对这部分生产对产业结构和产业成本的影响的关注，并强调了品牌化商品、商标和广告的竞争性实践。[2]市场营销对这一分析具有特别重要的意义，因为它具有报酬递增的巨大可能性。

第二篇的最后几章讨论了商业组织的那些与特定商品的生产和营销过程不太直接相关的方面。其中第一章讨论了股份公司的优点和缺点，缺点包括当控制权与所有权分离时官僚化的危险。下一章探讨了投资的金融方面，既从通过发行股票来融资的长期资本需求方面也从通过银行信贷来融资的短期资本需求方面进行了考察。接下来讨论了现代管理对组织才能的要求，并在这一背景下考察了商业教育的作用；然后评估了科学管理（按照这个词当时在美国的特殊
710 使用方式）的问题以及科学组织对改进商业实践所能做出的其他贡献。所讨论的问题是实际的，并由当时的文献提供信息。而德国材料的一个被明确承认的缺点是，其参考文献大多局限于战前十年的材料。这本书及其前身显然旨在提供一个有用的分析矩阵，以理解在一个开放、竞争的经济体中商业组织的各个方面，就像它们在战前时期揭示自己的方式一样。这样一个分析框架的永久价值，可以从20世纪70年代初一位领军人物所提出的产业组织经济学的定义中体现出来，因为这个定义概括地抓住了马歇尔这本书的要点：

> 产业组织描述了在经济体系内所进行的活动在企业之间划分的方式。正如我们所知，一些企业从事许多不同的活动，而对另一些企业来说，其从事的活动范围很窄。有些企业很大，另一些则很小。有些企业是垂直整合的，另一些则不是。这就是产业的组织，或者——过去被称为——产业的结构。人们期望从产业组织的研究中了解到的

[1] 在上文第17章第634–635页讨论过；也可参见*IT*，第258–264页，附录E的第1节和第2节，附录I。

[2] 马歇尔在本章中对广告的社会成本的讨论可能启发了他在1917年发表的对广告征税的建议（见上文第17章，第646页）。关于马歇尔早期对美国广告业的钦佩，见第7章，第194页。

> 是，产业现在是如何组织的，这与早期的产业组织有何不同；在形成这种产业组织的过程中起作用的力量是什么，这些力量是如何随着时间而变化的；通过各种法律行动来改变产业组织形式的建议会产生什么样的影响。[1]

这段引文的最后几行提到了马歇尔所提出的那种规范性问题，它们主要出现在第二篇的最后一章和第三篇对垄断的讨论中。其余部分总结了前两篇的内容，其中的信息被剑桥和其他地方的马歇尔追随者所吸收，他们发展了他的主题，即需要在其不断变化的模式中理解产业的结构和组织。从这个意义上说，马歇尔的《产业与贸易》并不仅仅是凯恩斯所说的那种描述性著作。对于对事物的“现实”方面感兴趣的经济学家来说，它是一个具有持续价值的研究项目。对于做出合理的政策决定来说，承认对这样一个研究项目的需要是至关重要的，这就是为什么马歇尔从一开始就非常刻意地把“对当前问题的应用”放在最后的原因。工业结构的事实和分析需要一个基本的历史维度，它们必然先于有关垄断条件下重组市场的问题，而这些问题构成了第三篇的主题。[2]

第三篇首先对垄断对价格的各种影响进行了一般性讨论，其中马歇尔特别强调了人为地将竞争与垄断区分开来的危险。他认为，“最激烈和最残酷的竞争形式”可以在非自由的市场中找到，在这样的市场中，一家大企业正在努力争取垄断地位。卡特尔和类似的管制机构是竞争性的和垄断性的政策和机构之间的巨大灰色地带的另一些例子。最后但并非最不重要的是，马歇尔同时看到了垄断对公众的好处和坏处，特别是在那些存在利用规模报酬递增的长期机会的行业中。[3]

这使他合乎逻辑地转入下一章，讨论作为一种为公众获取这种好处的方式 711
的垄断税的问题，然后对运输业中的竞争和垄断展开了一个长达四章的分析。这些章节充斥着更加技术化的分析，旨在说明政府监管或拥有这些行业的程度和需要，这在当时是一个棘手的问题，也直接引出了控制托拉斯和卡特尔的市

[1] R.H. 科斯，《产业组织：一个研究建议》，收录于维克多 · R. 富克斯（R. Fuchs）主编的《产业组织中的政策问题和研究机会》（*Policy Issues and Research Opportunities in Industrial Organisation*），纽约：国家经济研究局，1972 年，第 60 页。

[2] *IT*，第 viii 页，马歇尔在这里指出，“人类在这些问题上的希望和恐惧（为了部门利益而不是国家利益而调控产出或采取更普遍的行动）构成了第三篇的大部分内容，而第一篇和第二篇是其导言”。

[3] *IT*，第 395–396、399、405–406 页。

场力量所涉及的更普遍的原则问题。由于其数据的优越性，马歇尔在讨论维持竞争、反对垄断的政策时最初集中研究了美国的经验，从而强调了在开始一项立法计划以打击不受欢迎的垄断实践之前获得充分信息的重要性。他以钢铁、石油、烟草和铁路为例，介绍了美国在建立托拉斯和试图对其进行立法控制和监管方面的努力。然后，他将这些经验与德国战前组织和控制卡特尔的实践进行对比，从适当的德国产业中给出例证，并强调德国银行机构在这一过程中的重要性。

第三篇最后一章之前的那三章试图对英国在联合和行业协会方面的产业经验做同样的阐述。这些都与更发达的美国和德国的实践进行了比较，并既强调了监管需求也强调了发展对英国产业、公共利益和国家利益的重要性，前提是适当的保障措施到位。马歇尔对英国的政策建议更倾向于监管手段，而不是国家所有权，特别是当监管手段涉及能够代表社会各阶层的合作安排时。最后一章更具体地阐述了这样一些问题的阶级方面，这本书的副标题和英国最近的实际发展和创举将马歇尔的注意力吸引到了这些问题上。

不难看出为什么马歇尔觉得这一章很难写。它试图把产业政策的各种线索汇集在一起，其中一些他在这一篇的前几章中只是略微提及。讨论显示了社会进步理想在马歇尔当时的前瞻性思维中的重要性，他的这一倾向在关于“经济骑士精神的社会可能性”的最后一次权威性演讲中表现得非常明显。这一演讲是乐观的和理想主义的，它的很多内容同时被纳入了《经济学原理》第5版和以后各版中的加强了的“新的”最后一章。[1]

《产业与贸易》的最后一章依次讨论了许多马歇尔热衷的话题和他的偏见。它从教育和技术进步对体力劳动和生活水平的影响开始，这是马歇尔最早关注的社会问题之一。接着，它谴责工会鼓励不利于生产力增长的反社会的工作实践，而生产力增长是英国为了保持其竞争优势所迫切需要的。然后考察了资本和劳动之间的合作，在这一考察中，利润分享和合伙关系的老方案得到了赞扬，并提出了商业组织的控制权应由风险承担者持有的观点。马歇尔接下来把重点放在了国家这一“人类最宝贵的财产”的经济角色上，他指出，国家“是一个勇敢的借款人”而不是资本的积累者，这意味着它在产业中的经济活动会

[1] 在上文第16章，第608–609页详细讨论过，并参见 *P* Ⅸ，第703页：“本章［第6篇，第7章］目前的形式基本上可以追溯到第5版……在前四个版本中没有相应的章节”，尽管它包含了第1版的第7篇第13章和第2版的第6篇第12章中的材料。

减少，因为资本短缺肯定会在战后重建期间占主导地位。因此，马歇尔关于这一主题的早期结论继续得到重申：“对产业的集体控制不利于挑选最优秀的人从事最负责任的工作。”这一原则暗示了竞争政策是控制联合和垄断的“巨物” 712
的最佳方式；条件是竞争政策受到机会平等的调和，机会平等允许择优竞争并且鼓励旨在为更高的公共利益而丰富生活的协会。因此，《惠特利报告》中的全国行会，尤其是 G.D.H. 科尔所详细阐述的行会，遭到了马歇尔的反对，因为它们是潜在的产业控制者、协调者和组织者。相反，他更喜欢通过市场这只“看不见的手”来调节“当前的经济体系”，即使它的“纪律”有时可能过于“严厉”。然而，通过政府创造的控制和监管来取消它，将使社会“陷入混乱，而只有军事专制才能结束这种混乱”。[1]

关于战后重建的近期前景，就讲到这里了。对于更遥远的未来，马歇尔承认还有“寄予很大希望的空间”。这些希望来自教育、技术进步、对自由企业的鼓励和再分配的财政政策，这些因素支撑着他在序言中宣布的“社会主义倾向”。从历史的角度来看，很多社会进步已经发生了。更重要的是，它还在继续。马歇尔在书的最后一段把对工业和贸易、补充成本和市场营销、报酬递增和竞争、托拉斯和卡特尔的更为平凡和事实性的论述转变为一个更高的、未来的视角。这就是他的学生梅纳德·凯恩斯用“从长远来看，我们都死了”这句话给他泼冷水的那种愿景，后者更愤世嫉俗，但同样有远见。考虑到自己与该状态的接近性，马歇尔毫不犹豫地为光明的未来可能性吹响了最后的号角：

> 这个小星球变得可居住只有几千年，在其上，有机生命的确可以说在很短的时间内就在道德上和身体上都取得了相当大的进步，而这段时间只占宇宙几乎处于其目前形态的时期的很微小的一部分。在其他适合维持有机生命的时期更长的行星上，有机生命体可能已经朝着解决社会—经济问题走了很长的路，而我们还只能胆怯地触及其边缘。特别是，他们可能已经探讨了个人对国家和国家对个人的许多责任，关于这些责任，我们在过去几代人的时间里已经学到了很多，以至于我们看起来在测出我们无知的深度方面取得了相当大的进展。但是，似乎我们思考的时间越长，我们对预测就越缺乏信心，并且我们

[1] *IT*，第 636–660 页，引文来自第 647、648、652、659–660 页。

对宇宙的神圣统治就越敬畏。[1]

考虑到最后一章的情绪，再加上在讨论垄断（特别是运输业中的垄断）的章节中对政府所有权和控制的更普遍的攻击，这本书在政界的社会主义派中反响不佳也就不足为奇了。在《每日新闻》上，R.H. 托尼批评马歇尔对国家所有权和国有化的谴责，他认为马歇尔没有以实证的方式或其他方式真正地证明，以目前的方式组织起来的产业“以合理的效率履行了其职能”。[2]《新政治家》或许有点不公正地谴责该书忽视了工薪阶层，并补充说该书在合作这个主题上几乎没有提供什么。教会则更加支持这本书，甚至在关于教会与社会主义的关系的主教声明中也是如此。它赞扬了马歇尔针对错误的社会批评为经济学
713 所进行的辩护。这是一个至关重要的贡献，因为当“任何社会改革计划所能确保的成功程度最终取决于它对经济学原理的忠实程度”时，消除“对经济学的流行偏见”是势在必行的。[3] 50 年前，正是这种论调吸引马歇尔加入了经济学家的行列。

这本书所收到的其他大量的媒体评论都持更为赞赏的态度。《利物浦邮报》（1919 年 11 月 16 日）称，“马歇尔博士的论述具有一种广度和人道精神，这使那些坚持认为经济学是一门阴郁的科学的人感到困惑”；《每日邮报》（1919 年 9 月 3 日）宣称，从这本书中可以看出，马歇尔是“一个寻求真理的人，而不是一个兜售灵丹妙药的人”；《盎格鲁—西班牙贸易杂志》（1920 年 1 月 30 日）在评论中赞同这一点，称马歇尔“从来不为了表现自己而写作，而是一心一意地想要准确地呈现真相；……（这导致了）在表达明确观点时的极度审慎（并且显示出他的）一丝不苟的理智诚实”。在更高的层面上，《高速公路》（1919 年 12 月）大胆地提出了这样的观点：马歇尔的新书可以与更早的《经济学原理》相提并论。《威斯敏斯特公报》（1919 年 11 月 1 日）和《杜伦大学新闻》（1920 年 7 月）也认同这一判断，前者认为“多年的等待完全值得”，后者认为“经济学欠马歇尔博士的债已经很多了，目前的这卷书又使得这笔债多得几乎无法计算了”。不那么热情的牛津大学对这本书的评价是“配得上

[1] *IT*，第 665 页。

[2]《每日新闻》（1919 年 10 月 13 日）。

[3]《新政治家》（1919 年 9 月 13 日）；赫里福德主教，《教会与社会主义》，《爱丁堡评论》，231，1920 年 1 月，第 8 页。

他的崇高声誉”，并称赞它没有惯常的“曲线”（《牛津杂志》，1920 年 2 月 20 日）；《经济学人》（1919 年 12 月 13 日）更加认真地将作者“与现实的完全接触”（这要归功于蓝皮书以及其他的官方和行业出版物）同当代社会主义的缺乏现实感（马歇尔在序言的自传部分中提出了这一点）进行了对比。也许评论者在这里想到的是作者对《经济学人》本身的充分利用，因为作者是它的长期的、杰出的订阅者之一。只有《泰晤士报文学增刊》（1920 年 1 月 8 日）对这本书反应不佳，主要是因为书中所包含的亲德情绪，特别是在德国大学教育方面。这让作者感到半喜半忧而不是恼怒：“我害怕被谴责为高估了德国的缺陷，所以这让我感到些许安慰。”[1]

学术性的评论会在贝利奥尔庄园受到更仔细的检审，尤其是当它们来自马歇尔正在缓慢扩张的剑桥马厩里的“年轻小马”时。庇古为《经济学杂志》评论了这本书。它所涵盖的主题范围之广，“不亚于作者对主题的精通程度”，这使得单独的一篇评论不可能把握住“这个知识的富矿和力量的引擎”。因此，在《经济学杂志》为他留出的八页篇幅中，庇古所能做的只是“粗略盘点”这本书中的“许多国家的历史的比较、对许多行业的技术细节的讨论、详尽的现实分析……所有这些都被焊接成一个有序的整体”。[2] 在《印度经济杂志》上，H.S. 杰文斯称赞《产业与贸易》的出版是“一个杰出的事件”，尽管它不
是“原本预期的第二卷”。杰文斯特别称赞了作者的风格，“思想的谨慎和准 714
确性体现在每一句话中”，也体现在内容的布局和总体安排中，并挑选了对印度读者特别有吸引力的说明性例证。[3] 在这本书收到的许多欧洲评论中，查尔斯·纪德为《政治经济评论》撰写的公告是一个有趣的例子。他将马歇尔新书的出版描述为“最罕见的事件”，自 1890 年以来未曾有过，而且其中的部分内容自 1904 年以来就已经出版，这就使得这个事件更加新奇。在反思当代法国的经济学品味时（这种品味和牛津的一些圈子的品味相似），他指出，这本书没有用代数或图表来吓唬读者。相反，书中所展示的丰富内容激起了读者的兴

[1] * 这一段大量引用了马歇尔图书馆保存的马歇尔夫妇的报纸剪贴簿，其中也包括我们刚刚引用的马歇尔对《泰晤士报》的评论文章的手写评论。关于马歇尔在撰写《产业与贸易》时对《经济学人》的使用，参见例如第 347 页注释 2、第 440 页注释 1 以及特别是第 577 页注释 1，其中马歇尔强调《经济学人》的长篇档案对于研究某些问题是多么有用。对马歇尔关于产业事实的知识的唯一批评来自《约克郡观察家报》（1919 年 9 月 6 日），马歇尔在后来的版本中对此进行了更正。

[2] A.C. 庇古，《马歇尔的〈产业与贸易〉》，《经济学杂志》，1919 年 12 月 29 日，第 443–450 页。

[3] H.S. 杰文斯，《产业与贸易》，《印度经济杂志》，1920 年 7 月 3 日，第 125–130 页。

趣："各国的产业特征、产业集中、托拉斯、机械化、泰勒科学管理体系、垄断对价格的影响、铁路、合作和国有化。"此外，纪德对作者在所有这些问题上都保持了惊人的不偏不倚表示钦佩，并用精选的引文来支持自己的看法。[1]英国皇家统计学会认为这本书是"人类思想的酶或酵素，从停滞中催生出新的结论"，是"作者在半个世纪与人和事物的各种亲密交往中积累的丰富知识和经验的三重蒸馏精华"。[2]最后，剑桥大学新一代经济学家杰拉德·肖夫提请人们注意本书作者的"渊博学识"，以及"他对产业的知识和理解可能比任何其他在世的经济学家所能掌握的都更广泛、更深入"。尽管如此，这本书"从来没有细节过载"，避免了"因为稀奇而过分突出某条信息的诱惑"，并呈现了"一幅平衡的画面，描绘了战争前夕在商业组织中起作用的主要力量和趋势"。然而，作为战后经济写作品味变化的标志，肖夫对这本书的"道德调门"表示遗憾，认为它是最不令人满意的特征，无论它有多高尚。在他看来，在研究"非道德性科学"时必须避免这一点。[3]

肖夫所强调的这本书的倒数第二个特征表明了它的优点和缺点，正如最近人们所认为的那样。尽管至少有一位评论者对马歇尔熟悉商人和商业运作方式采取了嘲笑的语气，但作者在撰写这本研究一战前的产业组织的书时的博学，在内容的丰富性和相关的事实信息方面，很少有人能与之匹敌。[4]借用庇古的恰当说法，作为一台"力量的引擎"，它的品质持续了很长时间，正如之前引用的科斯在20世纪70年代的著作所证明的那样。另一位评论者在1990年认为："马歇尔的著作覆盖面极为广泛。将《产业与贸易》与19世纪70年代的经典著作，如谢勒的《产业市场结构与经济表现》进行比较可以看出，后者

[1] 查尔斯·纪德，《产业与贸易》，《政治经济评论》，第33期，1919年，第780–785页（引文是我的翻译）。

[2] H.W. 麦克罗斯蒂，《产业与贸易》，《皇家统计学会杂志》，第83期，1920年3月，第292–296页。

[3] G. 肖夫，《现代经济学》，《雅典娜神庙》（1919年10月31日），第1119–1120页；在随后的信件中（《雅典娜神庙》，1919年11月14日，第1198页），他的将道德排除在经济学之外的主张受到了批评。他对批评作出了回应（《雅典娜神庙》，1919年11月28日，第1269页）。

[4] 约翰·马洛尼（John Maloney），《马歇尔与商业》，收录于《阿尔弗雷德·马歇尔回顾》，丽塔·麦克威廉斯–塔尔伯格主编，第179–197页，特别是和《产业与贸易》有关的内容，第183–184、189、192、194–195页。正如之前的第7章，特别是第187–189、197–200、208–213页所表明的，马歇尔的工厂视察远比马洛尼讽刺性的叙述所暗示的要彻底得多；丹尼斯·奥布莱恩（Denis O'Brien）也提出了同样的观点，《马歇尔的产业分析》，《苏格兰政治经济学杂志》，37（1），1990年2月，特别是第63–67页。

所涵盖的几乎所有主题，马歇尔都至少涉及了。"[1] 后一代人的方法论时尚使人们很容易"以一种混合着不耐烦和觉得好笑的居高临下态度"忽视马歇尔的努力。[2] 例如，肖夫对"非道德性科学"的呼吁和罗宾斯后来的批评。罗宾斯认为，把现实中的事实和生产理论混在一起是浪费时间。在他看来，不如把这些时间花在先验的理论化上，因为正如肖夫所提到的，马歇尔的那些"事实性的"书很快就过时了。这造成了令人悲哀的后果，即产业经济学理论的贫乏化；经济学家们满足于操纵成本和收入曲线（这些曲线是马歇尔带着很大的犹豫率先使用的），而不需要踏入工厂或阅读行业杂志。20 世纪 70 年代以后，715
对这本应用经济学经典著作中所包含的马歇尔的概念宝库的重新发现，既在方法论上也在实践上产生了丰富的红利。[3] 此外，《产业与贸易》也体现出，其作者严肃地运用了施穆勒所建议的、新老制度主义者所推荐的"演绎和归纳"相结合的方法。他认为，这种方法是科学进步的必不可少且唯一真正富有成效的方法，尽管运用起来有着诸多困难。[4]

妻子玛丽见证了《产业与贸易》出版的全过程，她有权利对这第二本姊妹篇作最后的评论，

> 在施图本……他构思了一部专著，这部专著使人想起……亚当·斯密曾构想过的（庞大的）计划。因为斯密也留下了一部伟大作品的片段……随着时间的推移，他（也就是马歇尔）开始确信他的研

[1] 参见上文第 710 页和丹尼斯·奥布莱恩，《马歇尔的产业分析》，第 62 页。

[2] 同上，第 62 页。

[3] 例如，参见 A. 阿布沙尔（A. Abouchar），《从马歇尔的成本分析到现代正统：买椟还珠》，《应用经济学》（*Economie Appliquée*），43（1），1990 年，第 119–143 页；贾科莫·贝卡蒂尼，《作为一个社会—经济概念的马歇尔式产业区》，收录于《意大利的产业区和企业间合作经营》（*Industrial Districts and Inter-Firm Co-operation in Italy*），第 37–51 页；布赖恩·洛斯比（Brian Loasby），《经济学家的思想与方法》（*The Mind and Method of the Economist*），奥尔德肖特：爱德华·埃尔加出版社，1989 年，第 4–6 章。

[4] * 阿尔弗雷德·马歇尔，《经济骑士精神的社会可能性》，《纪念集》，第 323 页。在本节的开头，我们提请读者注意马歇尔在《产业与贸易》的序言中对施穆勒和阿什利的致谢，而他对这种历史研究的使用表明他具有一种技巧，至少有一位评论者在关于附录的评论中指出了这种技巧："顺便说一句，它们表明'理论家'并非一定不适合做'历史学家'的工作。"（《皇家统计学会杂志》，第 83 期，1920 年 3 月，第 296 页）经济史学家克拉彭也持有这一观点，马歇尔在前言中也感谢了他的帮助。1924 年，他写道，尽管"马歇尔不是历史学家，……他准确地看到了他正在锻造的工具的范围和可能性"（J.H. 克拉彭致梅纳德·凯恩斯的信，1924 年 8 月 1 日，KMF），还可参见他的《马歇尔与荷兰造船业》，*AMCA*，IV，第 28–30 页。

> 究规模太大了。人们可以从《产业与贸易》中窥见他积累了多少材料。关于货币史、银行史、铁路史，关于科学管理以及卡特尔和托拉斯的细节，他写了很多：但他逐渐把这些材料浓缩起来，或者说把一部分材料装进了废纸篓，使这些材料最终以更易于管理的形式呈现为《产业与贸易》这本书。不过，时间只浪费了一部分，因为他对人和事物的详细知识引起了商人们的注意。大学出版社的皮尔斯先生告诉我，他从未见过人们对一本严肃的大部头有如此大的需求。他说，他就像一本“廉价小说”那样广受欢迎。
>
> 这本书出版于1919年，是他的最后一部具有建设性的作品。[1]

构建第三本姊妹篇：1919–1922年

当《经济学原理》的第二本姊妹篇仍在准备之中时，马歇尔就在积极地构思第三本了。事实上，它或多或少被认为是第二本姊妹篇的直接产物，旨在“覆盖我最初想要探索的相当大的一部分领域”。在马歇尔生命的最后十年里，这本书变了许多称呼，它在1913年被称为《货币、信用与就业》，在1916年被称为“研究国际贸易和一些货币问题的书”，此时《产业与贸易》已经不再能够令人满意地处理国际贸易问题了，在1918年又被称为“对就业组织、国际贸易以及其他影响各个阶级和国家状况的因素的研究”。[2] 这些替代性的、前后相继的策略表明了最终成果的确切性质。就像梅纳德·凯恩斯所说的那样，这本书在很大程度上是一个由不同年代的早期片段拼起来的混合物，其中的很大一部分来自19世纪70年代和80年代，有一些来自最后几十年教学的课堂笔记，还有一些采用了马歇尔手中的当代出版物。在其四篇的最后两篇中，以及在更加技术化的附录中，拼凑的成分尤其明显。这些都显示了马歇尔力量的衰减，他自己也渐渐意识到了这一点，最初是因为思维敏捷性下降，后
716 来是因为记忆力下降。这些也说明，他的妻子为本书的准备工作提供了巨大的帮助。“最后一卷”的序言草稿醒目地证明了这一点：“她拒绝让自己的名字出现在扉页上；但那里才是她的名字应当出现的位置。”具有讽刺性的事实是，这是他的唯一一本在序言中没有承认她的帮助的书。这一点在论马歇尔夫妇的

[1] 玛丽·佩利·马歇尔，《手稿笔记》（NCA）。

[2] 上文第702–703页。

智力伙伴关系的性质时被注意到了，这种伙伴关系对马歇尔完成手头的任务至关重要，在这些年里尤其如此。[1]

1919 年 10 月，也许是受到了《产业与贸易》的出版和接受的激励，马歇尔向麦克米伦报告说："我已经在姊妹篇的半成品稿上取得了一点进展。"[2]玛丽·佩利后来回忆道，就是在这个时候，马歇尔的记忆力开始迅速衰退，与此同时，他最后一场疾病的早期症状也出现了。她还说，在 1921 年，他们的医生告诉她，马歇尔有效的"工作生涯已经结束，他无法再进行建设性的工作"。这段回忆毕竟是关于最近的经历的，它与有关《货币、信用与商业》的写作的少数已知事实非常吻合。这也暗示了她在这本书的写作中所起到的重要作用，她谦虚地向梅纳德·凯恩斯描述了这种作用："尽我所能地加快这本书的面世。"[3]

1919 年 9 月，玛丽·佩利写信给莱顿说，他们已经好几个月没有真正的假期了。他们刚刚完成《产业与贸易》的校样，经过短暂的休息以恢复体力后，马歇尔又开始写作了。"他现在正忙于研究货币和对外贸易，为此他积累了大量的材料，这些材料已处于相当高级的研究阶段。"[4]1920 年 3 月，马歇尔写给福克斯韦尔的最后一封信表明，福克斯韦尔参与了有关指数的工作，这本书的发行版本的第一篇的第二章和第三章涉及了指数的主题。[5]玛丽·佩利与凯恩斯的通信表明，马歇尔夫妇利用当年和随后两年在多赛特过暑假的时间将这本书的大部分内容整合在了一起。像往常一样，放松的时间和适合户外工作的好天气对写作最为有利："他现在正在写《货币、信用与商业》，其中的大部分内容都有大约 50 年的历史了。"[6]写这封信的时候，任务差不多结束了，他们都松了一口气。"《货币、信用与商业》写出来了，我是多么高兴啊！"马歇尔在他生命的最后 12 个月里经常这样说。[7]

---

[1] J.M. 凯恩斯，《阿尔弗雷德·马歇尔》，第 230–231 页，引用于上文第 703 页。参见《纪念集》第 368 页和上文第 8 章第 256 页的序言草稿片段。

[2] 马歇尔致麦克米伦的信，1919 年 10 月 20 日（马歇尔档案，4：73）。

[3] 玛丽·佩利·马歇尔，《给凯恩斯的笔记》（KMF）。

[4] 玛丽·佩利·马歇尔写给沃尔特·莱顿的信，1919 年 9 月 10 日，三一学院，莱顿文件，莱顿 2^{38}。

[5] 马歇尔写给赫伯特·福克斯韦尔的信，1920 年 3 月 13 日（弗里曼收藏，19/42），部分引用于上文第 18 章，第 673 页。

[6] 玛丽·佩利·马歇尔写给梅纳德·凯恩斯的信，1922 年 7 月 31 日（KMF），写于多塞特郡东鲁沃斯的海谷，马歇尔夫妇在这里一起度过了最后的三个暑假（参见上文第 7 章，第 218–219 页）。

[7] 玛丽·佩利·马歇尔，《给凯恩斯的笔记》（KMF）。

作者在与出版商沟通时，像往常一样过早地宣布了这本书的问世。《经济学原理》官方最终版的序言在 1920 年 10 月说，第三卷“(关于贸易、金融和工业的未来）已经有了很大的进展，这三卷（合在一起）旨在处理经济学的所有主要问题，只要它们处于作者的能力范围之内”。[1] 这一声明表明，即使在这一后期阶段，该卷的内容仍未最终确定，马歇尔图书馆保存的大约来自这一时期的备选扉页草稿证实了这一犹豫不决：

> 1. 产业与贸易第二卷。对现代商业和金融组织的研究。以及它们对各个阶级和国家的状况的影响；特别提到未来的经济可能性。
>
> 2. 商业与金融；经济的未来。《产业与贸易》的姊妹篇。
>
> 3. 货币、商业与金融：经济的未来。对国内和国际组织的研究。[2]

717 到那时，大约在 1920 年，马歇尔的健康状况实际上不再允许他以任何协调的方式呈现出这些标题所蕴含的材料。从出版的书的内容来看，他的创作能力似乎足够强大，从而使他以某种方式完成了这本书的前 190 页以及与之相关的附录。在这之后，玛丽·佩利·马歇尔越来越多地以剪刀加糨糊的方式接管了这本书的写作，她的这一工作无疑受到了马歇尔从他未发表的论文中所挑选的大量草稿材料的指导。关于这些草稿材料，他在 1921 年底写信给麦克米伦说：

> 我现在已经八十岁了，而且我有大量的手稿，正处于准备印刷的不同阶段。它们主要分为两大类：
>
> A. 通货、货币市场与国际贸易。
>
> B. 政府的职能与社会进步的可能性。
>
> A 实际上已经准备好付印了，它主要由尚未出版的内容组成。
>
> B 主要由再版的内容组成：当 A 处于印刷过程中时，我建议对 B 的印刷作出安排——在我离开之后，如果有必要的话。[3]

---

[1] *P* Ⅷ，前言，第 xii 页。

[2] 引自惠特克，《〈经济学原理〉第 2 卷怎么了？》，第 215 页。

[3] 马歇尔致麦克米伦的信，1921 年 12 月 28 日（马歇尔档案，4：85）。

毫无疑问，由于他妻子的帮助，“在长期拖延之后，A 项下的材料现在正以看起来惊人的速度准备出版”。[1] 这只能用玛丽·佩利在这个阶段的重大付出来解释。在 12 个月之内，也就是到 1922 年 12 月，马歇尔就报告说，整个“《货币、信用与商业》现在已经不归我管了”。这本书于 1923 年 2 月出版，印刷了 5000 册。[2] 几乎与此同时，《产业与贸易》于 1923 年 3 月再版，其序言引人注目地捕捉到了《货币、信用与商业》的变幻不定的历史：“同时，一项关于货币，商业信贷，国际贸易，以及产业、贸易和信贷的波动的研究已经出版，其书名为《货币、贸易与商业》。”[3]

一本姗姗来迟的书的内容与反响

尽管书名尚未确定，1923 年版《产业与贸易》的序言正确地指出了新书《货币、信用与商业》被分为四个部分。和马歇尔的其他著作一样，这本书也添加了一些附录，总共有 9 个。我们之前已经提到过，这本书的长度相对较短，包括索引在内只有 369 页；它的结构特点是经常重印以前出版的材料，在始于第三篇第九章的最后 8 章中，这些材料的相对重要性急剧上升。相比之下，这本书的前一部分没有那么直接和明显地基于旧材料。相对较新的，也就是 1914 年以后的作品，很少被参考。它们仅限于一份官方报告，梅纳德·凯恩斯关于凡尔赛和约的两本书，A.W. 科卡尔迪的《战争期间和战后的英国金融》（这本书复制了大量的官方资料）。此外，通过对关于结构性失业和波动的进一步阅读的注释，庇古的《福利经济学》和 H.S. 杰文斯的《汇兑和印度通货的未来》也被推荐了。[4]

引言的第一个注释指出，“本书和《产业与贸易》被设计成相互补充的”。毫不奇怪，大约 6 个贯穿其内容的参考文献使这种补充的性质更加明确，它们要么警告读者两卷之间的重复，要么提供必要的交叉引用。[5] 正如莱德勒简明 718

[1] 约翰·惠特克，《〈经济学原理〉第 2 卷怎么了？》，第 216 页。

[2] 马歇尔致麦克米伦的信，1922 年 12 月 1 日（马歇尔档案，4：86）。

[3] *IT*，1923 年 3 月再版序言，第 ix 页。内容如其所是地作了总结，但书名显然尚未完全确定。

[4] *MCC* 第 31 页的注释 2 参考了 1920 年的《劳工公报》；第 84 页和第 315 页参考了科卡尔迪的书；第 121 和第 140 页参考了凯恩斯的《和约的经济后果》和《条约的修订》；第 245 页参考了正文中提到的庇古和 H.S. 杰文斯的著作，而第 129 页的一个注释使用了《经济学人》定期发布的价格指数系列。

[5] *MCC*，第 1 页注释 1；对《产业与贸易》的交叉引用出现在第 72、73、89、99、107、132、208、245、246、311 页。

扼要地指出的那样，《货币、信用与商业》在很多方面算不上前一本书的姊妹篇，它最好被视为“一位老人对过去贡献的记录，而不是对新贡献的描述”。[1]此外，过去著作中的许多新颖和原创的内容（这些著作通常是马歇尔在经济学家生涯的前几十年里写的）已经直接或间接地“在其他人的作品中得到了表达”，特别是在他的剑桥学生的作品中。[2]莱德勒的评论集中在这部作品有关货币的内容上面。这些评论同样适用于有关国际贸易的材料，例外是，第 2 篇第 8 章的附录 J 中的图表已经首先在潘塔莱奥尼的《纯粹经济学原理》和西季威克于 1879 年私人组织印刷的《国际价值纯理论》中出现了。[3]

这本新书大量利用了马歇尔更正规的出版物，既有他对官方的贡献，也有他在期刊、会议论文集和他最早的书中所发表的材料。前者基本上来自他向皇家委员会提交的证词和他 1908 年的《国际贸易的财政政策备忘录》。需要给出一些细节，因为这些借用从未被系统地研究过。马歇尔在 1888 年末和 1889 年初向金银委员会以及 1899 年初向印度通货委员会提供的证词经常被提及，有时被广泛地引用。[4]这并不奇怪。马歇尔长期以来一直习惯于使用这些材料作为他的学生的参考资料，这可以说是“口述传统”的印刷版本。[5]考虑到后几卷书的进展与关税争论之间的密切联系，《货币、信用与商业》的国际贸易部分大量借鉴已出版的《国际贸易的财政政策备忘录》也就不足为奇了。第三篇中有两章从备忘录中复制了大量的内容。[6]马歇尔没有使用劳工委员会的材料

[1] 大卫·莱德勒，《阿尔弗雷德·马歇尔与货币经济学的发展》，《阿尔弗雷德·马歇尔百年纪念文集》，第 44 页。

[2] 约翰·梅纳德·凯恩斯，《阿尔弗雷德·马歇尔》，第 190 页；另见第 179–180 页和第 189–195 页。马歇尔货币理论口述传统的剑桥受益者尤其包括庇古、拉文顿和凯恩斯。这一点在以下著作中得到了详细的展示：埃普里姆·艾沙的《从马歇尔到凯恩斯》，牛津：布莱克威尔出版社，1964 年；Pascal Bridel 的《剑桥货币理论》。更简洁的陈述见莱德勒的《阿尔弗雷德·马歇尔与货币经济学的发展》，第 44 页。

[3] *MCC*，第 330 页注释 1，并参见上文第 6 章，第 175–176 页。

[4] 参见 *MCC* 第 45、67 和 229 页的注释，它们提到了在这些点上对这两组证词的特定部分的使用；第二篇第一章第三节、第三篇第十二章、第四篇第二章第三节、第 255 页的一个段落以及附录 G（第 315–320 页）逐字复制了该证词的大部分内容。

[5] 马歇尔图书馆目录第 103 和 166 页表明，它保存了提交给金银委员会的证词的三份副本和提交给印度通货委员会的证词的两份副本。

[6] 参见 *MCC*，第 195–197 页（第 372–375 页）；第 198–200 页（第 371–372 页）；第 213–217 页（第 388–393 页）；第 219–220 页（第 393–394 页）；第 220–221 页（第 395–396 页）；第 221–223 页（第 397–399 页）和第 223–224 页（第 396–397 页）。括号内的是马歇尔的 *OP* 中所印的备忘录的复制文本的页码。

这一事实也需要一些评论。第四篇中有关商业波动和相关的就业波动的部分原本可以很容易地大量借鉴劳工委员会的材料的第六部分，玛丽·佩利后来声称这第六部分主要是她丈夫撰写的。然而，他对复制这份材料感到不安，因为它是商定的报告的一部分，因此体现了共同的努力，这种不安阻止了直接的引用。[1]

按照首次出版日期的顺序，《货币、信用与商业》转载的马歇尔的非官方的出版作品如下。首先是《产业经济学》的摘录，复制了第四篇第一章中关于货币价值变化的部分内容，这一章讨论的是信贷波动。这一章的其他材料早些时候曾被马歇尔在他提交给贸易萧条皇家委员会的证词中转载。[2]《货币、信用与商业》的最后几页文字转载了马歇尔在工业报酬会议上的演讲的大部分内容；因此，这第三本姊妹篇的结论部分复制了为 1885 年 1 月举行的一次会议所写的材料。[3] 统计附录中的一段摘自马歇尔为《统计学杂志》1885 年的五十周年特刊所撰写的文章。这涉及一种分析复杂的统计相互关系的方法，他早些时候在《产业与贸易》中提到过这种方法，并在与 H.L. 摩尔的通信中讨论过这种方法。[4] 马歇尔也广泛地借鉴了他发表在 1887 年的《当代评论》上的设立价值标准表的提议，可能是因为它和费雪在他的《货币购买力》中提出的方案相似。在《经济学人》和吉芬先后提出批评后，这个主题沉寂了几 719
十年才得以复苏。[5] 甚至一些来自《经济学原理》因而非常容易获得的段落也被转载了。附录 A 第 4 段转载了《经济学原理》著名的关于物物交换的附

[1] 劳工委员会，《最终报告》，1894 年，第 VI 部分，第 73–87 页；玛丽·佩利·马歇尔在 1926 年 3 月 22 日写给梅纳德·凯恩斯的信中说："我记得阿尔弗雷德曾说过，他本想原样重印第 VI 部分，但他认为自己没有权利这样做。"（凯恩斯文件，RES/2/44）

[2] *EOI*，第 3 篇，第 1 章，第 3 节；*MCC*，第 249–251 页，并且参见 *OP*，第 7–9 页。

[3] *MCC*，　第 260–261 页（第 173–174、176、177–178 页），　第 262–263 页（第 180–188、182–183 页）；括号内的是马歇尔在工业报酬会议上的演讲的页码，载于会议报告。提请我们注意这一来源的脚注有两点是错误的：该会议并非如脚注所暗示的那样在 1899 年举行；材料并非如其断言的那样来自马歇尔演讲的附录（*MCC*，第 160 页的注释 1）。

[4] *MCC*，第 310–311 页；《统计学的图解方法》，载于《纪念集》，第 178–179 页；参见 *IT*，附录 G，第 784 页。这种方法和它的起源是在上文所引用的与摩尔的通信中提出来的，参见上文第 17 章，第 637–638 页。

[5] *MCC*，第 19–20 页，第 65 页的注释 1，并参见第 36–37 页。费雪的方案出现在他的《货币购买力》中，并使得他与马歇尔就两种方案的相似性进行了一些通信（上文第 11 章，第 351 和 353 页）；《经济学人》对马歇尔的标准表的批评以及吉芬间接提出的批评，已在上文第 11 章第 350–351 页提到。

录F；关于利息和利润的附录D大量引用了《经济学原理》第六篇的第七章和第八章。更恰当的说法是，书中还经常交叉引用《货币、信用与商业》所描述的“系列丛书的第一卷”。[1] 马歇尔从中转载材料的最后一部出版作品是他于1917年出版的关于战后财政政策的那一章。所讨论的材料出现在第三篇第十一章第二节，涉及对进口税的税收负担的一般性考虑，因而或许可以解释为什么庇古在他发表于《纪念集》的摘录中没有复制原章的这一部分。[2]

更有用的是，《货币、信用与商业》还利用了马歇尔早期未出版的作品。该书的第四篇第一章和相关的附录C，复制了他第一篇关于货币的论文的要点，这篇论文的日期大致是在1871年。正如凯恩斯所言，1923年版本的“阐述和说明的力度”要小得多，尽管他还回忆说，他在1906年听过马歇尔在课堂上阐述现金余额理论，这一阐述带有“非常精致的图表”，附录C中的图表可能就包括在内。[3] 附录J的内容非常充实且分析性很强，它广泛地利用了国际贸易图表的纯理论，这一理论已经“流传到世界各地，特别是通过潘塔莱奥尼、埃奇沃思、克宁汉和弗拉克斯的著作”。二十年前，马歇尔曾将这一理论描述为“为穆勒奏出的曲子定调”。在1904年，鉴于他对麦克米伦的承诺，即他将尽可能地使他的姊妹篇保持一种“对实践之人有吸引力的形式”，他一度认为出版它们是不太可能的。[4] 然而，当第三篇第八章在1921年或1922年的某个时候完成时，这十几页的内容涵盖了穆勒和李嘉图所发展的国际贸易的抽象理论，并且缺乏“与紧迫的实际问题的关联”，而马歇尔却无法抵抗在这一可省略的章节后面加上一个更长的技术性附录的诱惑。这有助于扩充这本书的内容，否则它就会因过于单薄而无法成为系列丛书的第三部。[5]

我们现在可以简要地讨论一下《货币、信用与商业》的内容。独立的引

---

[1] *MCC*，第269–272、285–294、234页；另一个这样的交叉引用的例子，见第245页。*P* Ⅷ最近一次重印是在1922年，只做了很小的修改。

[2] *MCC*，第211–213页；阿尔弗雷德·马歇尔，《战后国家税收》，第330–332页；庇古在《纪念集》中转载的摘录删除了这份材料来自其中的那一章的第二部分，只包含了第一部分的一个片段。

[3] J.M.凯恩斯，《阿尔弗雷德·马歇尔》，第190–191页；上文第6章，第146、151页；该材料被转载于*EEW*，I，第165–177页。

[4] 约翰·惠特克，《国际贸易纯理论》导言，载于*EEW*，II，第114–1页；马歇尔致亨利·克宁汉的信，1904年6月28日，载于《纪念集》，第451页。

[5] * 如前所述，接下来的一章标志着对先前发表的材料进行更大量复制的开始，这表明在这个阶段，玛丽·佩利在构建这本书中的作用变得更加重要。考虑到这份关于贸易的材料和之前的一些关于贸易的章节很可能是早期版本的良好草稿，因此有可能是玛丽·佩利无法抗拒在这个阶段增加30页分析性附录的诱惑，从而将该书的篇幅增加了近8%。

言更多地侧重于其内容的“商业”方面，而不是货币和信用问题；书中有三篇（但篇幅加起来不到全书的一半）专门讨论货币和信用问题。引言的大部分内容讨论了国籍和要素流动性的问题，以之作为一个独立的国际价值理论的依据，但其结论段落又把对外贸易与货币供应和货币金属的价值联系起来。

第一篇讨论了货币理论的要素，首先讨论了货币的性质和功能（第一章），接着讨论了货币的一般购买力的定义和测量，包括与指数有关的问题（第二章和第三章）以及论述一个国家的通货需求的一章（第四章）。第四章用文字阐 720
述了剑桥现金余额方程式，即被货币数量论奉为神圣的货币数量和价格水平之间的关系，并指出了其局限性和缺乏普遍性。通过将价格和商业的不稳定性联系起来，它不仅将其内容与第四篇关于商业和就业波动的内容联系起来，而且指出了价值标准表的重要性，通过该表可以保护长期合同免受价格水平不稳定变化的影响。尽管第四章的讨论在第六节中简要地提到了可兑换和不可兑换的纸币，但重点始终放在金属货币上。第一篇的最后几章详细讨论了这些问题，它们考察了货币的银本位和金本位的历史发展、传统的金银复本位制的问题以及马歇尔的混合本位制提议对这一问题的新看法。附录 A 至附录 C 对这几章的具历史性和分析性的内容进行了扩展。从马歇尔写给福克斯韦尔的最后一封信和内部证据来看，这些材料似乎是在 1920 年的某个时候准备好要出版的。[1]

第二篇考察了商业信贷，补充了《产业与贸易》（第一篇，第八章和第九章）中关于股份公司及其融资的材料，而融资问题在附录 D 中得到了总结。第一章主要从历史角度探讨了现代资本市场的发展、利息（贴现率）和利润率之间的关系（主要摘自《经济学原理》中对这一问题的讨论，也在附录 D 中作了摘要）以及利息和价格水平之间的关系。第二章的四页简要地描述了股份公司融资的各个方面，包括贷款融资和股份融资。第三章讨论了英国银行体系的发展，附录 E 对这一讨论进行了补充，其中特别论述了英格兰银行在 19 世纪的发展。一个关于证券交易的简短章节强调了其在国内和国际资本市场中迅速增长的作用，它为本书画上了句号。马歇尔图书馆保存的关于这些主题的笔记大多可以追溯到 19 世纪 90 年代末和 20 世纪头 10 年，这些笔记表明，马歇尔在这些主题上有许多重要的见解和研究，但它们的正式表述于 1920 或 1921

[1] 这封信之前曾引用过，见上文第 716 页；以及第 18 章，第 673 页。第一篇中引用的最新资料是 1920 年 3 月的《劳工公报》。

年的某个时候准备出版时，这些见解和研究却丢失了。[1]

第三篇的前几章从《产业与贸易》的原始草稿中复制了大量的过剩材料。开篇章节（第一章和第二章）讨论了运输发展对贸易的影响，其方式与前一卷的介绍性材料密切相关，也讨论了国际贸易的主要特征，包括其好处。第三章讨论了英国对外贸易的发展，附录F主要附属于这一章。它的最后一次修订直到1922年初才完成，这一点从它的最后一个脚注中可以看出，这个脚注提到1922年1月是《经济学人》系列的指数可以使用的最后日期。[2] 第四章讨论了出口和进口的平衡，主要利用了非常古老的材料，不过后来略有更新。[3] 第五章讨论了外汇问题，附录G对其进行了补充。该材料似乎最初是在20世纪初起草的，但通过简要提及凯恩斯1922年的《合约的修订》和科卡尔迪所
721 收集的最新的官方数据，该材料被赋予了更加现代的外表。[4] 接下来的三章，连同相关的附录H和J，讨论了国际贸易纯理论的各个方面，该理论在19世纪70年代初从穆勒和李嘉图的观点发展而来，并在19世纪90年代及其后的各个阶段通过编辑注释进行了修订。[5] 如前所述，第一篇关于进口关税、贸易保护和国际金融问题的最后几章，在很大程度上是根据1908年和1917年发表的关于国际贸易财政政策的材料，以及19世纪80年代末和90年代末对货币委员会的证词重建而来的。它们只显示了非常有限的更新尝试。

这就剩下了关于产业、贸易和信贷之波动的第四篇，其不到30页的简短内容与前两本书中的讨论有关。它的前两章考察了早期（第一章）和最近由于技术变革（第二章）造成的就业不规律，其中大部分利用了19世纪80年代的材料。第三章和第四章将信贷波动与商业波动联系起来，强调了国际因素对这

[1] 马歇尔图书馆，红箱2（1）和（2）；1922年7月，马歇尔在一捆关于证券交易的笔记上写道，这些笔记读起来多么有趣，而自从它们被制作出来之后，他对这个话题已经忘记了多少。对其内容的分析，见马可·达迪和毛罗·加勒加蒂，《阿尔弗雷德·马歇尔论投机》，载于《政治经济学史》，24（3），1992年，第571–594页，它在附录中转载了马歇尔的一些材料。

[2] *MCC*，第129页注释1，附录F，特别是其第2节（第310– 311页）。如前所述，它借鉴了马歇尔1885年关于统计学图解方法的论文。它的收录可以更精确地确定日期，因为它可能是该书最后修改的部分之一。马歇尔图书馆［红箱（5）：（方法）］保存了一个关于这个主题的片段，其地点和日期是海谷，1922年8月26日，这是在完成的手稿被送往麦克米伦之前不久。

[3] *MCC*，第138页注释1；它用1918年的数据补充了1907年的贸易差额数据。

[4] *MCC*，第140页注释1，第315页注释1。

[5] *MCC*，第328–329页。这给出了这个附录中最近的参考文献，即埃奇沃思1894年关于国际贸易纯理论的文章。附录J被明确指出是来自早期的贸易手稿（第330页注释1）。一些小的编辑工作发生在1921年（第337页注释1）和可能在此之前（第352页注释1）。

种波动现象的日益增加的影响，而这种影响只能通过增加国际货币“团结”来减轻。[1] 英格兰银行对贴现率的调控（如果足够迅速）被认为是应对波动的唯一真正的补救措施；之所以如此，部分原因是贴现率和包括证券价格在内的价格水平有着很强的关联。最后几节又回到了价格不稳定与商业波动之间的联系，这提供了一个机会，让人们再次关注用一般购买力的官方单位来稳定长期合同这一手段。在结论部分，马歇尔一如既往地用他喜欢的崇高的结尾来结束他的著作，在这本书中，他引用了他为工业报酬会议所准备的材料的结论段落。[2]

马歇尔文件中保存的一项材料为《货币、信用与商业》的创作提供了一个有趣的注脚。玛丽·佩利回忆说，在犹豫了很久之后，这项材料才被认为不适合收录进书中。它的内容与书中最后几章所提出的稳定化政策问题有关，特别是其国际方面。在提到“大国之间战争的过时的愚蠢”以及在购买力的特定定义的优点上达成一致的困难之后，马歇尔提出了以下关于购买力的适当统一标准的建议：

> 统一购买力的标准应该考虑到所需要的努力的数量，而不是所获得的享受的数量；因此，货币的供给应该这样进行调节，即一定数量的标准质量劳动的平均报酬应该被视为一般购买力的单位。[3]

这句话无疑与对费雪计划的批评有关，之前的一条写于 1916 年 3 月 30 日的笔记将费雪的计划描述为不可行的，因为“它无法国际化”。这条笔记是在维克塞尔来访之后写的，在这次访问中，他们讨论了在战后维持价格稳定的国际协议的可能性。维克塞尔回忆说，这次访问是“与马歇尔的一次长谈：请注意，是他一直在说话”。访问结束后，马歇尔写信给维克塞尔，重申了他对维克塞尔的国际价格稳定计划的可行性的怀疑：“当我到达乌托邦时，我想，我

---

[1] 马歇尔关于国际“团结”的评论很有趣，因为他之前承认，在这些问题上确保国际合作很困难（见下文，第 721–722 页）。

[2] 这份材料之前在上文第 16 章第 588–589 页被引用过；关于前几卷的崇高结尾，见上文第 414–415 页，第 712 页。

[3] 马歇尔图书馆，红箱 2（3），项目标题为“乌托邦”，并在 1920–1922 年的某个时候被拒绝纳入《货币、信用与商业》。约翰·惠特克在评论本章的草稿时指出，在他看来，这是马歇尔至少自 19 世纪 90 年代以来就持有的坚定观点。

会在公众面前提出一些类似的计划，但不是在这个世界上。”当他拒绝将上文提到的那项材料收录进《货币、信用与商业》时，他可能想起了自己说过的这句话，并将那项材料标记为“乌托邦”。[1]

722 即使删除了乌托邦式的虚文，这本书也不能说受到了好评。马歇尔剪贴簿记录了近36篇报纸和周刊上的评论，其中的大多数都令人尴尬的简短或不置可否。举几个例子就够了。《爱丁堡评论》上有一篇名为《金本位》的15页的文章，它评论了包括《货币、信用与商业》在内的七本书，但只引用了马歇尔的一句话：“一个理想的完美购买力单位不仅是无法获得的，而且是无法想象的。”[2]同样客气而缺乏信息的是，《社科年鉴》评论道，这部“出自马歇尔博士笔下的新书是一件大事……它是一系列经济学专著的第三部，这些专著长期以来在经济学的各个方面为自己赢得了标准著作的地位”。在提到其内容即货币、信用和国际贸易的话题性之后，它保证“希望跟随经济趋势的普通读者……将会为他（马歇尔）对每个公民都特别感兴趣的经济生活的一个方面的新鲜处理方式而感到高兴”。[3]《雅典娜神庙》更诚实地评论说，这是“他伟大的经济科学大厦的又一个故事”，但对其内容相当陈旧过时表示失望。其贸易理论只不过是披着现代外衣的李嘉图和穆勒的不切实际的定理，其余的理论在很大程度上建立在金本位的假设之上，而金本位已经不存在了。只有马歇尔对贸易保护和自由贸易的评价的某些方面让这本书与战后重建的问题有了一些关联，但最后几章“对治疗周期性萧条的严重疾病帮助不大”。该书还过于相信

---

[1] * 马歇尔图书馆红箱2（3）：项目标题为“费雪的购买力提议”（1916年3月30日）。对费雪提议的这一批评可能是受到了维克塞尔的启发，他在1913年的一篇论文中基于这些理由对费雪提议进行了批评（转载于《政治经济学讲义》，伦敦：劳特利奇和基根·保罗出版社，1934年，第2卷，第225–228页）。1916年3月的某个时候，维克塞尔拜访了马歇尔，讨论确保世界价格稳定的国际合作问题（参见T. 戈德隆德，《克努特·维克塞尔传》，第294页）。马歇尔对该计划的反应包含在给维克塞尔的一封信中（1916年4月8日，维克塞尔文件，隆德大学图书馆）：

> 我在以下程度上同意您的建议，即我认为在遥远的未来，关于贴现率的国际协议可能在世界商业中发挥重要作用。但我怀疑通过银行的行动在国内或国际上对利率产生持久影响的可能性。我不反对把政府标记印在白银上；但我不赞同把它们印在黄金上，正如我在出版的作品中指出的那样；我认为，即使（如果）达成了调节价格的国际协议，它或许也应该采取中央委员会的形式，以便在价格上涨过快时，安排对金矿的黄金征税；税收的收益应该如此分配，以使得税收不会对任何产金地区造成严重的压力。这样，我们就可以把一公斤黄金保持在目前（和平时期）的地位，作为国际货币的单位。另一方面，如果黄金短缺，我会用几公斤白银来补充它，如果必要的话。

[2]《爱丁堡评论》，237，1923年4月，第406页。

[3]《社科年鉴》，1923年，第36页。

"经济力量通过市场竞争自动发挥作用"，特别是当"一方面是无知、惰性和贫困，另一方面是垄断和联合"阻碍了竞争性力量自由发挥作用时，这使得该书开出的药方更加多余。[1]

作为《经济学杂志》的编辑，埃奇沃思亲自评论了这本由皇家经济学会副主席和联合创始人所撰写的最新著作，对这件事，埃奇沃思只信任他自己。不出所料，这篇评论是谨慎的、幽默的、具批判性的，并且礼貌地表达了敬意：

> 在这本书中，马歇尔博士汇集了他最早期著作的内容和他最近 723
> 思考的结果。并非所有经济学家都能同样地直面他们现在和过去的观点。年轻时对理论的自信可能与经验带来的谨慎形成过分尖锐的冲突。但在马歇尔博士那里，事实和理论总是保持着密切的协调，就像身体和灵魂结合在一起。与大多数抽象理论家相比，他就像那位影像世界中的圣人，[在转瞬即逝的影像中间保持着理智]。[2]

接下来的六页阐明了开篇的颂词。评论者指出了货币数量论的抽象的优美和运用于经济分析时的现实问题，马歇尔 1888 年在金银委员会面前发展出了这一理论的剑桥变体，并在此后二十年间的课堂上向他的剑桥学生们阐述了这一变体。然后，马歇尔对指数和衡量货币价值的问题的处理得到了详细的讨论；埃奇沃思指出，与马歇尔的早期著作相比，它们在计算和表示方法方面存在一些遗漏。对于执业统计学家，埃奇沃思推荐马歇尔的抽样方法，因为它可以更充分地反映价格随时间变化的性质和程度。接下来是贸易分析的各个方面，以及对处理贸易分析所采用的几何工具的赞美，这些工具同样适用于解释劳动力市场的问题。遗憾的是，这使得评论聚焦在"书中较难的部分"上。

> 然而，书中不乏对标题所涵盖的各种问题的清晰而出色的具体描述。作者在为了完整性而详述基本要点方面得到了很好的建议。因此，他提供了一条通往迄今几乎无法到达的珍贵矿藏的坦途。为了使这个比喻完整，这条路上还有两三个路标需要更正。我们指的是某些

[1]《雅典娜神庙》，1923 年 4 月 28 日。

[2] F.Y. 埃奇沃思，《货币、信用与商业》，《经济学杂志》，第 33 期，1923 年 6 月，第 198 页，括号中的内容是对柏拉图的影射和对埃奇沃思的希腊原文的意译。

> 笔误或打印错误，这些错误显然是无意的，但可能会让一个初来者感到困窘。作出这种小小的修改之后，这条大路就会像先知所赞美的那样，即便是愚昧的旅人也不会在其上走错路。
>
> 这本书通过轻松的路线将读者引入经济学最困难的部分，因而注定会成为科学教育的有力的辅助工具。对当前最紧迫的问题进行更详细的讨论，或者对有关的一般原则进行阐述，都不会使这本书有所改进。如果说它的大部分内容可能是在上世纪八十年代写的，那么它的大部分内容在本世纪八十年代仍会被阅读。[1]

另一位牛津大学的老熟人詹姆斯·博纳为英国皇家统计学会评论了这本书。“如果说1890年的著名的《经济学原理》是一本发现之书，那么这本书就是一本复兴和回忆之书。”博纳随后评论了马歇尔在书中运用的各种思想来源，并提醒读者，这本书是三部曲中的第二部，最后一部《论社会努力的影响》还没有问世。尽管关于货币的讨论有些过时，但“没有偏见的”读者“会对如此之多的观点站得住脚感到惊讶”。贸易部分是这本书的主要部分，也是最重要的部分，尤其是那些著名的图表，它们之前“像加了糖的十四行诗一样，在他的私人朋友之间传递”，现在才完整地呈现出来。考虑到他的读者群，博纳指
724 出，这本书包含了许多统计学家会感兴趣的研究指数和贸易统计相关的内容。最后一段详述了此书风格的“老式的清晰和力量”，还说此书除了一个“精美的脚注”（现在可以被描述为早期的“科幻小说”）之外缺乏意象，并且最后一章如果不是阴郁的，至少也是“缺乏愉快的乐观主义”的，而博纳未能将最后一章与其1885年的来源联系起来。[2]剑桥的评论家明显缺席，大概是因为这本书如此清楚地显示了他们的大师“年老的痕迹”，而《产业与贸易》却并非如此。[3]

大量的同事和朋友收到了作者赠送的书的副本，从他们的感谢信中可以看出，他们对这本书的欢迎，似乎和书评家们对这本书的欢迎一样有些尴尬。除

[1] * 同上，第204页。这是一个大胆而未实现的预测，因为在20世纪90年代，经济学界的压倒性趋势是不读十年以前的书，如果他们读书的话。

[2] 詹姆斯·博纳，《货币，信用与商业》，《皇家统计学会杂志》，第86期，1923年5月，第430–433页，所提到的“精美的脚注”是在《货币、信用与商业》的第101–102页，它随后引起了凯恩斯的注意（《阿尔弗雷德·马歇尔》，第230页注释1）。

[3] 约翰·梅纳德·凯恩斯，《阿尔弗雷德·马歇尔》，第230页。

了少数例外，这些感谢都是敷衍了事。在马歇尔图书馆保存的 22 封这种性质的信件中，大多数只不过是对礼物的义务性致谢。一些以前的朋友和长期的同事在信中加上了个人评论。埃奇沃思把这本书和书中的内容看作他们长期友谊的标志。H.S. 杰文斯高兴地评论说，著名的贸易图表终于以马歇尔自己的名义问世了。纪德对他们从未见过面表示遗憾。陶西格认为这本书进一步证明了马歇尔在解决问题方面的非凡创造力。一位名叫 H. 小岛（H. Oshima）的日本学生在这本书出版后不久就阅读了它，他对马歇尔的书在他的个人教育中所起的作用表示感谢。查普曼和庇古等以前的学生提到了对下一本书的热切期待，他们希望他有力量完成这本书。最令这位贝利奥尔庄园的男住民感到高兴的也许是福克斯韦尔发来的一封简短的信，感谢他赠送这本书。在马歇尔为这本书做准备期间，福克斯韦尔为出版社编辑了杰文斯的《货币与金融调查》，马歇尔在书中赞扬了福克斯韦尔为此付出的努力。这封信或许是对这一赞扬的迟来的承认。[1]

与《产业与贸易》不同，第三本姊妹篇的出版生命并不长。它在出版前就过时了，只由原出版商再版过一次，很少有大学会把它用作教科书。麦格雷戈是个例外，他于 1935 年在牛津大学的高级经济学研讨班上使用了它。[2] 正如评论者们礼貌地暗示的那样，这本书是一个充满旧材料的古玩店，暗示着它如果早点出版可能会是什么样子。对于接受剑桥货币理论的口述传统教育的当代学生来说，这本书甚至不是马歇尔在其鼎盛时期关于这些主题的教学内容的良好指南。凯恩斯的权威说法清楚地表明了这一点，他认为，与他 1906 年参加的关于货币的讲座相比，这本书缺乏活力和力量，而 1906 年的讲座肯定进一步激发了他对货币问题日益增长的兴趣。这本书的大部分内容所依据的原始资料同样表明了这一点。关于 19 世纪 70 年代的国际贸易和关税争议的证词和分析严谨的材料，早期关于货币的论文以及《产业经济学》中被频繁重印的对萧条的分析，这些都证明了活力和力量的丧失。从许多关于银行和信贷、证券交易、股票和投机的片段中也可以看出这一点，这些片段可以追溯到二十年前，那时“第二卷”的工作仍有可能完成。1897 年，54 岁的马歇尔还精力充沛，他向福克斯韦尔抱怨自己注意力不集中，这反映了这种丧失及其几乎不可避免的性质：

[1] 马歇尔档案，项目 1：150–172，上文第 18 章，第 673 页。

[2] 沃伦・扬（Warren Young）和弗雷德里克・S. 李（Frederic S. Lee），《牛津经济学和牛津经济学家》，第 72 页。

> 725 我知道我工作不够专注。戴西给我的建议和你一样。我想，假如我时间充裕，我可能会更加专注。但我想在死前解决我的难题。我知道我做不到，每天都有东西阻止我完成这件事，但这是我唯一真正关心的事……[1]

关于进步的最后一卷

以《经济学原理》一书为基础，最后一本姊妹篇是一本关于经济进步的书。它也被描述为一本从国家和国际组织的角度或从“政府职能和社会进步的可能性”的角度来论述“经济的未来”的书。20世纪20年代的一份早期大纲包括以下这些主题：

第1篇　经济进步的性质

　　第1章　经济进步的初级条件

　　第2章　经济进步的各种趋势

　　第3章　经济进步各趋势间的相互作用。用较小字体的图表说明

　　第4章　经济进步中的部门利益

第2篇　政府在经济进步方面的职能和资源

　　引言

　　通货

　　信贷的稳定性

　　税收

　　国际贸易竞争

　　商业政策

第3篇　经济的未来

　　经济进步对生活质量的影响

　　回顾与展望

　　理想的和可实现的。贫困。[2]

---

[1] 马歇尔致福克斯韦尔的信，1897年4月14日（马歇尔档案，福克斯韦尔：1：56）。

[2] 引自约翰·惠特克，《〈经济学原理〉第二卷怎么了？》，第217页。

从马歇尔于 1887 年和 1903 年两次概述的关于《经济学原理》第二卷之内容的计划中，可以立即看出这个大纲的逻辑。[1] 1919 年和 1923 年出版的两本姊妹篇涵盖了旧方案为《经济学原理》第二卷的前三篇指定的主题，即对外贸易、货币和银行以及贸易波动；而且，也许更现实的是，它们实际上涵盖了 1903 年方案的前七个主题。它们涵盖了 1887 年方案的三个主题，但在它们之间插入了关于“农产品市场，商业组合，垄断，运输问题，劳工协会和组合”的材料，这些材料在《产业与贸易》中非常突出。根据 1903 年的计划，这只为第四本也是最后一本姊妹篇留下了分配问题以补充《经济学原理》最后一篇对这一问题的处理，以及公共财政问题。根据 1887 年的计划，最后一本姊妹篇需要将计划中的六篇的剩下的一半包括在内，即那些关于税收、集体主义和未来目标的篇章。然而，当马歇尔终于开始撰写最后一本姊妹篇时，这种基于至少二十年前的计划所作出的推断对这样一个人来说意义不大：他无法清晰地将注意力集中在写作上，而且，他在这些大纲之间暂时地承认，他“在我的书的目录的无数草稿上消耗了近一令纸”。与此同时，马歇尔设想经济学由四大部分组成， 726

第 1 部分　消费
第 2 部分　生产
第 3 部分　价值（两者之间的关系）
第 4 部分　你（福克斯韦尔）称之为政策而我称之为应用经济学。[2]

像这样一个简单的大纲阐明了“基础卷”的含义，这是马歇尔从第五版开始赋予他的《经济学原理》的副标题。《经济学原理》从供给和需求的基础的角度，以一种初级的方式涵盖了这个学科四分之三的内容。然而，如果像马歇尔在写下面这封关于修改道德科学教学大纲的信时所想的那样广义地理解“价值”一词，“以便包括国际贸易，我想把货币和商业波动也包括在内。我不喜欢把市场与最后这些内容分开。我认为，市场总体上属于广义的价值范畴；但是，市场，特别是具有现实细节的市场，应该刚好出现在关于商业波动的内容

[1] 这些大纲转载于上文第 12 章，第 407、429–430 页。

[2] 马歇尔致福克斯韦尔的信，1897 年 4 月 26 日（马歇尔档案，1：58）。

之前，紧跟在对货币市场的一般性描述之后”。[1] 根据这些原则，后面几本姊妹篇的组织也是有缺陷的，因为《货币、信用与商业》中对货币市场的一般性描述，虽然出现在对资本市场和商业波动的一般性讨论之前，却位于《产业与贸易》中对具体市场的详细而现实的讨论之后。即使在大纲中，“多中有一，一中有多”的原则对其热心的实践者来说也很难正确地贯彻，因为他的研究范围是如此之大。

最后一卷的设计，无论采取何种具体形式，看起来都符合马歇尔向福克斯韦尔所概述的这个学科的第四个也是最后一个分支。这种设计的最后一个原因是马歇尔组织前几本书（包括第一本书即《产业经济学》）的内容的方式。我们可以从之前关于合作的讨论中回想起来，马歇尔在讨论的最后强调，如果许多人强烈地想要践行“合作的信念”，那么“世界会获得好处”，而“如果他们实现了这一信念，世界会获得巨大的好处”。[2] 随后的几卷书同样以一种崇高的调子结尾，尽管 1923 年的那卷不得不重复使用一篇 1885 年的演讲稿来做到这一点。最后一卷书研究的是马歇尔在《经济学原理》中所说的“进步的更高主题”，它将把他的经济学大厦的整个建筑带到一个合适的崇高的高度。因此，这个没有被其建筑师完成的最后故事的残余部分被适当地分类保存在他的文件包中，统称为“进步与理想”。[3] 就这样，它标志着这位剑桥的年轻数学家完成了一个完整的循环，他在 1867 年转向经济学，将它看作解开进步之秘密的钥匙，而进步意味着使普通人能够过上一种更高形式的生活。[4]

这些论文和片段大部分写于 20 世纪 20 年代，但有些早在 1903 年就写出来了。它们涉及可实现的理想、乌托邦、经济学与伦理学之间的关系、经济进步的要求以及马歇尔所认为的人类进步的真正含义。这些材料有些相当有条理，有些则是警句式的，或者只不过是观点的松散集合。有些是对近期文献的评论，其他部分则是在没有任何原始资料的情况下写的，这些部分写于那个在蒂罗尔度过的灾难性的最后的暑假，当时马歇尔夫妇装书和论文的行李被放错了地方。[5] 材料中残存的连贯性来自作者在其最后一本书的大纲草稿中提供的框架。与此同时，这些关于他一生工作的目的的不连贯的反思提供了一个对他

[1] 马歇尔致福克斯韦尔的信，1897 年 4 月 26 日（马歇尔档案，1：58）。

[2] *EOI*，第 228 页，并且参见上文第 13 章，第 455–456 页。

[3] 马歇尔档案，红箱 1（5）。

[4] 见上文第 6 章的导言，第 139–143 页。

[5] 见上文，第 7 章，第 216 –217 页。

过去的目标和抱负的万花筒般的概览，并且这一概览留下了当代事件的印记。例如，有些片段包含了他对社会主义之优点的持续一生的模棱两可，以及他对 727
提高生活标准的不懈奉献。它们显示了马歇尔对文化的、教育的、伦理的、心理的和经济的力量的持续不断的“深思”，这些力量促成了性格改善的演化过程，而对马歇尔来说，性格改善是人类进步的本质。它们带有最近发生的事件的标记，例如布尔什维克革命、战争的恐怖、行会社会主义和工人控制权的计划，以及电影和留声机的出现。它们重述了旧政策以及对好的住房和新鲜空气的梦想。

拟议的最终考察的广度体现在马歇尔写于 1922 年的题为《一条通往乌托邦的有序进步之路》的文章片段中。它强调“为所有关心文化生活的人提供文化生活”，为所有人（年轻人，男人和女人）提供教育，并由国家进行储蓄。[1] 这个关于进步的书的导论性片段将精神和道德能力的发展列为进步这一主题的广义部分，将增加人对道德和精神福利的物质条件的支配列为这一主题的狭义部分。“真正的人类进步主要是情感能力和思维能力的进步，但如果没有蓬勃的进取精神和活力，这种进步就无法持续下去。某一最低限度的物质条件是人的福利所必需的，超过这一最低限度的物质条件则是高级生活所必需的。”最低限度的必需品和高水平生活所需的舒适标准之间的差异意味着经济进步。马歇尔将这种进步的基本条件定义如下：

> 经济进步在很大程度上取决于承担商业风险的勇气和健全的判断力。最近的商业发展，特别是股份公司这种经营形式，正在降低一些风险……以远见和想象力，以勇气、决心和能力处理困难的实际问题的能力从来就不是任何一个阶层的人民所独有的。亚洲和欧洲的许多最有能力的统治者都来自下层人民，而在我们这个时代，美国工人阶级所提供的世界上最优秀的商业天才可能比其他任何国家的全部人口所提供的还要多。[2]

这一因素在经济进步中的重要性常常被“热心的社会改革家”忽视：“他

[1] * 马歇尔档案，红箱 1（5），1922 年 4 月 27 日的残片。最后一个方面显然是乌托邦式的，因为就在 1919 年，马歇尔还强调国家是借款者而不是积累者的现实（见上文，第 711 页）。

[2] 马歇尔图书馆，红箱 1（5），“一本关于经济进步的书的大纲”。

们认识到了资本的必要性……而且他们认为，工人们自己有能力进行日常管理，这在某种程度上是合理的。但他们似乎没有认识到，工业的进步取决于对冒险事业的正确选择。”这肯定了《经济学原理》中的生产理论所传达的信息。资本积累和商业组织对于充分利用土地和劳动力等自然生产要素至关重要，这些结合起来的要素的相互作用为每个人创造了改善的前景。1920 年的一个片段认为，这种相互作用有所发展，这是由于进步的产业在各国之间的分布，交通和通信的改善为先进国家和落后国家带来的好处，技术的国际化，以及如下这一命题，即虽然先进的机械设备未能激发工匠的心智能力，但主要制造业中常规化的主导地位并没有对工业领导地位所依赖的个性和创造力产生有害的影响。[1]

728 关于产业和贸易的可能未来的其他片段致力于讨论该卷最后一部分的主题，它们回到了马歇尔在他的经济骑士精神的演讲中所讨论的话题。这些都强调了对理想主义的需要，理想主义包含无私和为了他人而自我牺牲的成分，不仅是为了亲属，而且是为了从工会到国家、地区和子孙后代等群体；还强调了对舒适品和必需品的需要，但不是对巨额财富的需要。马歇尔认为，巨额财富通常只因其赋予的权力而受到重视，而重视权力这种在成功追求物质福利的过程中起作用的品质能够被驯化，来减少高额的收入和财富税对激励所造成的有害后果。经济动机虽然可以用金钱的尺度来衡量，但它不一定只以金钱和物质财富为基础。[2]

写于 1922 年初的一个片段也谈到了更高的理想和经济进步之间的相互依存关系。经济进步的最终目标是让所有人都能获得（除了最后一项）：

> （a）身体的、精神的和道德的健康。这意味着充足的食物和温暖，关心亲朋好友的福利以及情感［能力］的运用；
>
> （b）有机会（i）健康地运用能力（他应该能够带着平静的自豪感说——我很好地做完了一天的工作）；
>
> （c）发挥主动性的空间；

[1] 马歇尔图书馆，红箱 1（5），“一本关于经济进步的书的大纲”，“关于经济学对生活质量的影响的片段”，1920 年 7 月 23 日。

[2] 马歇尔图书馆，红箱 1（5），“产业与贸易的可能未来”；马歇尔的《经济骑士精神的社会可能性》的内容已在上文第 16 章第 608–609 页讨论过。

（d）一种适合他的能力的娱乐活动——从撞柱游戏（秘密进行）开始，到板球和足球，再到最简单但几乎最充实的快乐：在阳光或人造光下散步；

（e）运用罕见的高级能力的创造性工作。[1]

另一个片段进一步探讨了（d）和（e）中列出的目标，这表明马歇尔花了大量时间思考这些更广泛的进步问题，这些问题远远超出了后来定义的严格的经济范畴：

为艺术而艺术是人类努力的一个非常有价值的目标，而文学可能是最高的艺术形式。所有种类的艺术都需要无限制地扩展。但是，在一个相当不同的层面上，关于自然的知识正在成为世界上的主导力量。关于人性的知识就其本身而言就是一项非常重要的追求……

因此我们的理想是：为一切有智慧的人而工作，但工作的时长不要达到耗尽体力和精力的程度（当然，除非在非常紧急的压力下）。这不是一条适用于学生或艺术家的规则，当一种神圣的狂热出现在他身上时，他必须任由这种狂热引领他……滑稽的甚至粗俗的电影娱乐（甚至是它们的进步，这使得高水平的演讲和歌曲的自动复制品能以很低的价格获得）可能比纯粹的智力愉悦更有价值。但是，如果更粗俗的（对社会而言也是最昂贵的）吃喝的快乐让位于那些运用智力和思维能力的快乐，那么真正的进步仍会发生……[2]

这个处于其生命最后一年的人回到了柏拉图的《理想国》的智慧——“他说他要看看柏拉图的《理想国》，因为他想试着描写柏拉图如果活在现在将会希望看到的那种国家”——他还为他的最后一本书留下了一些关于令人向往的政府形式的片段。[3] 关于未来可能的对工业的民主控制，他重申了进步依赖于 729
承担风险的观点，因此“工业的快速民主化对大多数人是否有利是不确定的”。

[1] * 马歇尔图书馆，红箱 1（5），“最终目标”，1922 年 2 月 16 日。标题为“（e）必须只为少数人而设，同时要让所有人都能获得”；保存下来的手稿中的（b）项下面不包含（ii）。

[2] 马歇尔图书馆，红箱 1（5），“产业与贸易的可能未来”。

[3] 玛丽·佩利·马歇尔，《给凯恩斯的笔记》（KMF）；这是马歇尔在 1923 年 10 月 2 日做出的评论，她把这话记了下来。

它也不像《惠特利报告》等当前建议所假定的那样紧迫，因为“目前对工业的控制主要掌握在从基层升上来的人手中”。[1] 1923年，他还为公共福利起草了一部宪法。这包括一个由医务人员和商界人士组成的委员会，任期六年，每年有六分之一的人退休，有需要的人领工资，但其他人“被鼓励将工资支付给他或她选择的任何机构”。[2] 这一方案是真正的柏拉图式精英统治的遗产，其中没有为经济学家就物质可行性的重要性提出建议留出空间。[3]

这一时期的其他一些片段表明，马歇尔重新评估了经济学相对于其他社会和道德科学的重要性。1924年2月，他用铅笔写下“经济学的心理基础必须包括多种动机的作用，包括伦理动机”，他之前在一份伦理影响经济问题的要点清单中更充分地探讨了这种关系。这一对伦理学与经济学之关系的非常明确的论述可被完整地复制出来：

> 1. 低价销售
>
> 消费者联盟：消费者是否应当坚持要求厂商支付标准工资。如果是，如何制定标准工资。由工会制定？
>
> 2. 一个人可以把多少收入花在
>
> （i）他自己的满足上（效率所需的必需品除外）
>
> （ii）他的家庭的满足上。
>
> 3. 上述情况是否受到他的收入是继承的还是自己挣的这个问题的影响。
>
> 4. 社群是否应当进行干预以确保
>
> （i）工作的稳定性
>
> （ii）老年的舒适
>
> （iii）贫困儿童的舒适和必需品（例如培训和免费餐）
>
> （iv）新鲜空气
>
> （v）人人有好房子或物美价廉的房子。

---

[1] 马歇尔图书馆，红箱1（5），1921年11月27日的残片。这是*IT*中所持的观点，正如上文第711–712页所提到的。

[2] 马歇尔图书馆，红箱1（5），“公共福利委员会”，1923年2月23日。

[3] * 1923年圣诞节那天，玛丽·佩利记录道，马歇尔在整个晚餐过程中沉思了很长时间，然后他说，“如果我有时间再活一遍，我会投身于心理学。经济学和理想关系不大；如果我对理想说得太多，商人们就不会读我的书了”（《给凯恩斯的笔记》，KMF）。

> 5. 关于酒精和兴奋剂消费的哪些规则应当由公众舆论和法律强制执行（参见酒类问题的经济方面）。
>
> 6. 降低无远见和无价值的父母的孩子的死亡率，使这些孩子在罪恶中接受教育，这是正确的吗（考虑到为此目的征税会在一定程度上推迟婚姻并降低那些其孩子很可能成为好公民的阶层的出生率）?
>
> 7. 鉴于任务的专业化增加了整个社群过上充实生活的可用资源，而在某些情况下，非专业化的工作对个人更有教育作用，那么这两种
> 倾向在实践中的相对力量如何，以及应当如何据此管理意见和法律。 730
>
> 8. 赌博在多大程度上是错误的？抵制大量刊登博彩新闻的报纸是否正确？什么形式的商业冒险对社会是必要的；哪些商业冒险是可疑的，哪些应该被谴责为赌博？
>
> 9. 一般而言的竞争的道德性。
>
> 10. “买者自负”原则的道德性，从司法的和私人的标准来考虑；也与交易的不同情况有关，即（a）双方都是专家，或（b）一方不是专家。店主指出其商品之缺点的责任；股份公司董事、审计员等人的责任。
>
> 11. 掺假。我们应该只用亚麻纸吗？它和破布制成的纸之间的界限划在哪里？[1]

以这种方式构思，一本关于进步的书将需要另一生的时间，如果它是以马歇尔习惯于构建其主要著作的悠闲节奏来探索大量细节的话。唉，正如最后出版的那卷书已经充分证明的那样，在马歇尔生命的最后几年里，没有任何真正的建设性工作是可能的。关于进步和理想的笔记仍然是一些片段，它们对可能的研究议程来说具有相当大的内在吸引力，并且是对事情本可能是什么样子的切实提醒。

到 1922 年 12 月，马歇尔已经充分意识到这种情况，他写信给麦克米伦：“我无意写任何新东西，但我正在懒散地收集各种精选文章等，以便在我死后出版，如果不是在我死前的话。”[2]

[1] 马歇尔图书馆，红箱 1（5）。这份内容丰富的文件可能可以追溯到世纪之交，因为其主题的某些方面类似于 1898 年 7 月 23 日马歇尔致韦斯科特主教的信中的评论，这封信载于《纪念集》，第 383 页。

[2] 马歇尔致麦克米伦的信，1922 年 12 月 1 日，马歇尔档案，4：86。

这封信的有趣之处，不仅仅在于它告诉我们，在第三本姊妹篇实际出版之前，最后一本姊妹篇就已经被放弃了。它表明，在1922年和1923年，马歇尔系统地检查了他的文件，检查了哪些是有价值的，尽可能地确定了项目的日期，也许还销毁了那些令人尴尬的项目，或者出于其他原因他不希望后代看到的项目。那些观察过原初状态下的马歇尔文件的人都留下了一个强烈的印象，即最初由阿尔弗雷德·马歇尔本人，后来由他的遗稿管理人庇古以及玛丽·佩利·马歇尔对它们进行了清理。一般来说，被保存下来的东西有一种明显的外观，即它是有意被保存下来的。对玛丽·佩利当时从废纸篓[1]里抢救出来的碎片的引用支持了这样一种观点，即选择性地销毁不需要的材料是马歇尔在最后这些年里的活动的一部分。更有建设性的是，他为文集和序言草稿留下了可能的标题，其中保存下来的有以下这些："经济进步：其方法及其可能的未来。阿尔弗雷德·马歇尔文集"；"论经济进步及其他，阿尔弗雷德·马歇尔著"。与往常一样，这些标题附有新书的序言草稿：

> 目前这本文集的几乎所有内容都已经出现在公众面前好多年了。但其中的大多数只能在皇家调查委员会的官方报告中找到；或者在《经济学杂志》或其他期刊的过刊中找到。它们以一种比原始来源更容易获取的形式收集在这里，并小心地指出了目前的再版和原始版本之间存在的少数实质性差异。[2]

此外，马歇尔还亲自在各种文章的选印本上插入了一些小的文本修改，并添加了一点说明性的注释来帮助那些将要完成编辑任务的人。[3]马歇尔本人没能活着完成它。然而，他的遗稿管理人庇古准备了一卷他已发表的作品，结合了信件和其他未发表材料的摘录，并以他以前的学生和朋友的一系列回忆为序
731 言。因此，1925年出版的《阿尔弗雷德·马歇尔纪念集》不只在法律遗嘱的意义上满足了马歇尔的愿望。1926年，他最著名的学生梅纳德·凯恩斯代表马歇尔曾帮助创建的皇家经济学会，出版了很大一部分马歇尔为皇家委员会和其他政府目的而撰写的官方文件。[4]因此，最后几卷书在很大程度上的确是在

[1] 约翰·梅纳德·凯恩斯，《阿尔弗雷德·马歇尔》，例如第171页注释1。

[2] 引自约翰·惠特克，《〈经济学原理〉第二卷怎么了？》，第217–218页。

[3] 参见《纪念集》，例如第101页的注释，第142页的注释。

[4] 马歇尔的遗嘱和庇古的遗稿管理人身份将在下文第20章第745–748页进行更全面的讨论。

他去世后才完成的。[1]

“志向受挫、意图失败”[2]

最后几卷的传奇故事既发人深省，又令人悲伤。发人深省的是，一个像马歇尔这样具有强烈的义务感和责任感的人都不能充分地约束自己，使自己专注于一部早在 1887 年就有了清晰大纲的著作，尽管该著作的呈现形式一直在不断地变化。有许多因素可以解释这一最初的失败。马歇尔在 19 世纪 90 年代和退休后都很容易有意地让自己分心，这一点无需提醒。对第一卷的过早修订，为劳工委员会和其他委员会所做的宝贵工作，通信和谈话的诱惑，战争，所有这些都使他的抱负受挫。其次，最后几卷的范围从一开始就定得太宽了，这一点在将它们的内容与整齐对称的 1887 年第二卷大纲（表 12.1）进行比较时就能看出来，后者包括六篇，篇数和那个阶段第一卷的计划相同。内容的界定和排序是困难的，特别是，如果要符合应用经济学注重现实的性质，主题就必须得到相当深入的处理。第二卷的故事变成了一个沉重而无用的累赘，而马歇尔在退休期间撰写《国家产业与国际贸易》的情形几乎重现了这一历史，这说明了马歇尔在处理这些问题时遇到的困难。除了引起许多分心之事，战争本身也造成了困难。它改变了马歇尔一直在写的世界的现实。尽管在出版《产业与贸易》之前，马歇尔曾勇敢地尝试将战争和战后重建的因素考虑在内，但正如书评人所指出的那样，这项任务并没有完全完成。当《货币、信用与商业》问世时，一些评论甚至更加不客气地提到它在事实方面的过时，只有老朋友们怀着感激和惊讶的心情想起它的内容中还保留着多少价值和趣味。

最后一个因素带来了悲伤的感觉，这使得我们不得不考虑马歇尔生活的这一方面。从 1923 年第三本姊妹篇的许多收件人敷衍的致谢所伴随的沉默中，我们可以看到巨星是如何陨落的，正如保存在马歇尔图书馆中的这类信件的大量样本所显示的。写作关于货币的早期论文的马歇尔年轻且充满活力，他在证 732

[1] * 直到 1975 年，约翰 · 惠特克收集并编辑了马歇尔早期经济学著作的大部分内容，以两卷本的形式出版，并附上了有价值的导言，这些著作才得以为公众所了解。他目前（1994 年）正在编辑三卷本的马歇尔通信集。这两项事业都可以看作是对庇古 1924–1925 年所做努力的必要补充。笔者正在准备官方文件的增补版本，其中包括凯恩斯无意或有意遗漏的内容。

[2] 这句话摘自约翰 · 惠特克的《〈经济学原理〉第二卷怎么了？》的结语部分，第 218 页。本章的写作从这篇论文中获益良多。

人席上陈述其观点时或将它们写下来时具有一种清晰性，只有这种场合下的匆忙的鞭策才能给予它们[1]这种清晰性；而存在于《货币、信用与商业》中的却是以疲惫的简化对这些观点的简短对应物所进行的总结和模仿，将前后这两种情形相比较同样令人沮丧。审视那捆论“进步与理想”的论文会在更高的程度上再现这种情绪。这是多么不幸啊，由于害怕不被商人们阅读，不仅严格的数学被限制在小号字体的脚注或附录中（当这仍然能被做到时），而且理想有时也被相当小心地阐述，并且通过把它们藏在马歇尔图书馆长期保存的两个大的红箱的第一个之中，使公众更难以看见这些理想。如果这些材料被小心地插入剑桥学派创始人公开出版的著作中，马歇尔的遗产将会呈现出多么不同的面貌。这种对本可能发生之事的提及允许我们在这一场合下用“失败”一词来形容马歇尔的最后几卷书。[2]

然而，即便如此，实际的遗产也是巨大的。产业组织领域的专家们已经以令人信服的和具有权威性的方式论证了《产业与贸易》各方面的当代相关性。《货币、信用与商业》就不能这么说了，它仍然是经济学写作中的一朵奇葩，也标志着一段婚姻伙伴关系在重建其以前的某些智识内容方面的迟来的回归。尽管关于进步和理想的那堆材料被正当地当作“虚构”而遭到摒弃，但如果将它阐释为计划中的最后一部作品的重要草稿，[3]那么，在某些方面，这个由偶然观察和偶尔有系统的笔记所组成的杂集，作为经济学“珍宝”的“富矿”的重要性与其更完备的姊妹篇是一样的。[4]正如昔日学生 C.R. 费伊在“大师”去世后带着一些愉快回想的那样，[5]从一位伟大的技师那里听到他所锻造的工具是多么有局限和不完美，以及当它们落入那些不知道这些缺点的人手中时会变得多么危险，没有什么比这更令人欣慰的了。《经济学原理》的坚实基础本应当成为一个现实的经济学上层建筑的有力支撑，这样的上层建筑被马歇尔设想为解释与澄清有关经济进步的问题，想到这一点，马歇尔的思想遗产就丰富了起来。

---

[1] * 玛丽·佩利·马歇尔向凯恩斯回忆说，工业报酬会议的演讲稿写得多么精彩，“热情洋溢”。在她看来，这是“他写过的最好的东西之一”。(《给凯恩斯的笔记》，KMF）这是其中的一些精彩论述被引用来作为马歇尔最后一卷书的结尾的原因吗？

[2] 约翰·惠特克，《〈经济学原理〉第二卷怎么了？》，第 221 页。

[3] 同上，第 220 页。

[4] 约翰·梅纳德·凯恩斯用来描述这最后几卷的措辞（《阿尔弗雷德·马歇尔》，第 228 页）可能会让人想起庇古在他对《产业与贸易》的评论中所使用的措辞（上文第 713 页）。

[5] C.R. 费伊，《回忆》，载于《纪念集》，第 77 页。

第 20 章　最后的岁月和遗产

737

1924 年 7 月 13 日，阿尔弗雷德·马歇尔在家中去世，离他 82 岁生日还有两周。死亡证明上列出了三种死因：胆囊炎、衰老和心力衰竭。信息提供者是外甥克劳德·吉尔博，在他著名的舅舅去世后，他为马歇尔夫妇提供了许多服务，而提供信息是他的第一项服务。葬礼于四天后举行。它包括在圣约翰学院的礼拜堂中举行的一个简短的仪式，然后在亨廷顿路的圣吉尔斯公墓安葬。1924 年 10 月 18 日，阿尔弗雷德·马歇尔在 1908 年立下的遗嘱（除了随后通过遗嘱附录进行的修订）获得了遗嘱认证。它授予他的妻子作为唯一的遗嘱执行人。因此，她将在丈夫死后照顾他的物质事务，就像在他生命的大部分时间里所做的那样。死因为我们提供了一些线索，让我们了解马歇尔 80 岁生日之后的生活。从 20 世纪 20 年代初开始，他逐渐衰老。这与 1921 年以来迅速恶化的短期记忆丧失有关，尽管在退休后的几年里，记忆力差一直是一个日益严重的问题。1914 年诊断出的高血压，同样也在不断恶化，在过度刺激和兴奋后，会引起头晕和疲劳。伴随着恶心、反酸和不断加剧的消化问题的胆囊疾病，可能是自 19 世纪 70 年代末以来一直困扰着马歇尔的一种疾病的最后阶段。这最后的一场病持续了好几个月，除此之外，人们对它知之甚少。玛丽·佩利记录说，这场病始于 1924 年 5 月 10 日。在此期间，马歇尔大部分时间卧床不起，正如他在这场病开始时告诉梅纳德·凯恩斯的那样，这使他只能依靠妻子和护士。凯恩斯在对 1924 年 5 月 16 日最后一次访问的描述中提到，他戴着睡帽躺在床上，“声音微弱……还能发出笑声”，没有短期记忆可言，“现在很像个孩子，经常惹麻烦”。[1]

[1] J.M. 凯恩斯致莉迪娅·卢波科娃的信，1924 年 5 月 16 日，《莉迪娅和梅纳德》，第 195 页。上文在讨论马歇尔在退休期间和退休前健康状况恶化时引用了这封信的大部分内容，参见第 17 章，第 651 页。

玛丽·佩利·马歇尔记录了她丈夫的语录，这让人们得以窥见马歇尔的晚年生活。这些话是关于过去和未来的，关于已经发生的和可能发生的，经常带着一种也许并不令人奇怪的灵性语气。最后一点在马歇尔对音乐的偏好和对绘画所透露的品味的反思中，以及在他关于来世生活的言论中都是很明显的。一个按时间顺序排列的样本展示了整体情况：

> **1920 年 7 月 26 日**——这一天是阿尔弗雷德的 78 岁生日。他说他不太想要一个来生。他谈到了许多人对天堂的看法，那是一个人们将时间用于赞美上帝的地方。唱赞美诗将会是一个无尽的哈欠……如果你相信来生，你是不会失望的，因为如果没有来生，你也不会知道没有。除了工作，我对活着不感兴趣。
>
> 他说他很高兴做了他所能做的一切来帮助世界继续运转。我问他是否愿意每隔（比如说）100 年再回到这个世界上看看发生了什么事。他说出于纯粹的好奇心，他愿意。他说："如果再过 100 年，我遇到一个新来者，我会问的第一个问题是：煤炭耗尽的问题是如何解决的？"
>
> "我的上帝不是整个世界（the whole world）的上帝。他是这个宇宙（this Universe）的上帝。所以我再也无法接触那些认为世界和宇
> 738 宙几乎一样的人了。"
>
> "我自己的思想越来越多地转向在我们的世界变得适合居住之前可能已经达到高度道德状态的数百万个世界，以及在我们的世界变得寒冷并且不适合居住之后可能有类似发展的其他数百万个世界。"
>
> 他不相信来生的最大困难是，他不知道来生是在生命的什么阶段开始的。人们很难相信猿类会有来生，甚至很难相信早期阶段的树居人类会有来生。那么，像来生这样巨大的变化是在什么阶段开始的呢？
>
> **1920 年 9 月 24 日**——他环视了一下餐厅，注意到墙上挂着大量神学题材的画。造成这种情况的原因是：（a）在神学情感强烈的时期，艺术是对这个国家有才能的人开放的主要职业，许多在当时本可从事科学或其他职业的人都成了艺术家；（b）当时吸引大众的主要方式是艺术作品，这些作品可以被许多人看到。一旦印刷术普及，人们就可以通过书籍来吸引大众……

1921 年 12 月 26 日——早餐时，我们在考虑为自动钢琴买什么新的打孔纸卷（自动钢琴是他生命最后十年里最大的慰藉）。他说他越来越喜欢圣乐了。他已经放弃了神学，但越来越相信宗教，而基督教是宗教的最新发展。他最近说："对我来说，宗教似乎是一种态度。"

1922 年 12 月 3 日——他最喜欢的诗人是歌德、雪莱和莎士比亚。

1923 年 2 月 23 日——"人老了，就变成了死火山"（类似于格莱斯顿的最后一届政府），但在火山内部，"关闭了出口的火（是）更纯净的白热"。

1924 年 1 月 7 日——阿尔弗雷德说，1000 年后的经济学将与今天的经济学完全不同，它很可能以生物学为基础。[1]

在马歇尔晚年的文件中，这些有日期的碎片的数量逐渐减少，就像一根正在燃尽的蜡烛断断续续地闪烁，就像老人那座死火山里的纯净白热逐渐熄灭。在那时，来访和一般的社交活动也在迅速减少。独自散步，短暂的乡村假期，与"黑鸟"一起听贝多芬和圣乐，回忆过去的日子，大学时代的老熟人，以前喜欢的心理学，在"方舟"里重新发现柏拉图的《理想国》作为对未来的指导，这些也同样慢慢停止了。1924 年 7 月 13 日星期天，当马歇尔的生命终于结束的时候，医生、护士对一个难缠的病人和妻子对丈夫的最后护理的艰难考验结束了，这是一种解脱和悲伤的交织。这位经济学家、学院之子、传道者和大师不复存在了。

悼念一位著名的经济学家

媒体记录了这位"英国经济学元老"和"有幸为他们的国家和一整代人增光添彩的一小群人"之一的去世，并附上了与死者地位相称的长度适当的讣告。《泰晤士报》或许想起了其第一次世界大战期间的读者来信栏目，它指出，马歇尔极大地"拓宽了经济学的研究领域，超越了福西特和他的前辈们局限于

[1] 玛丽·佩利·马歇尔，《给凯恩斯的笔记》（KMF）；马歇尔档案，棕色大箱，第 26 项；红箱 1（5），"进步与理想"。

其中的狭窄领域……（部分地通过）将这门科学与我们所知甚少的条顿思想潮流联系起来”。它强调了马歇尔对经济学教学的投入，他“身边聚集了一群能干而热情的学生”，他“脆弱的健康状况”使他无法参与更多的大学事务和社会活动，但他和马歇尔夫人在家中“对学生们愉快而持续的热情好客”弥补了这一点。在赞扬了马歇尔最重要的经济学著作《经济学原理》、他与劳动和商业领袖的交往以及他对国家的服务后，它把马歇尔描绘成一个

> 739 数学家、统计学家、语言学家、古今历史的学者……见多识广，足以理解他同时代的所有经济学家的观点。就像他的圣约翰学院的校友考特尼勋爵一样，他也有一种有点反常的快乐，喜欢在一些他独自想到的微妙问题上与几乎所有人意见相左——必须承认，这些问题并不总是具有重大的相对或实际重要性。这种品质在他的私人生活中以有趣的方式暴露出来。他电镀了他的餐刀以节省抛光的劳动，但它们无法切割了。他设计了一种在脚背上有弹性织带的靴子，以节省系紧靴子的劳动，但发现雨水渗透到了他的脚上。他为自己在马丁利路的房子设计了平面图，以便为每个房间提供阳光，但在平面图中遗漏了楼梯！[1]

《曼彻斯特卫报》在一个马歇尔可能不会同意的判断中，[2] 认为他的伟大“贡献在于调和了成本和效用的相互冲突的主张”，并从古诺和冯·屠能的数学丰富了其均衡分析。它认为，马歇尔在一般价格决定方面的工作比在分配理论方面的工作更重要，他的证词丰富了1888年金银委员会的工作，就像1903年通过《国际贸易的财政政策备忘录》对关税改革的公开辩论所做的一样。然而，“他作为教育家的个人贡献具有至高无上的价值。剑桥大学是这个国家培养经济学教师的主要学校，而几十年来马歇尔一直是剑桥大学经济学的主导性人物”。

《经济学人》的讣告评价了马歇尔工作的长期和短期影响。在注意到他过去十六年与世隔绝的退休生活与三四十年前的“活着的人格”形成鲜明对比后，它评论道，“每个通过研究工作进入经济学领域的人都意识到，马歇尔的

[1]《泰晤士报》，1924年7月14日。

[2]《曼彻斯特卫报》，1924年7月14日；参见G.F.肖夫，《马歇尔的〈经济学原理〉在经济理论发展中的地位》，第133–134页。

去世使我们失去了一位知识巨人”。他的供求理论、经济剩余理论、货币和价格理论使他可以与“三四个使英国经济学成为一股享誉世界的力量的伟大人物”相提并论。他作为“教师和一个人”的品质增强了这股力量。他对学生的影响主要是由于他的“个人品质”，以及他为了使学生写出最好的作品而付出的无尽的努力。他是一位“使经济学人性化”的“伟大理论家”，

> 但马歇尔并非没有弱点，他在大学行政部门的同事比他的学生更容易发现这些弱点。他对悖论的热爱，他乐于为背离普遍观点找出意料之外的理由，以及对战斗的某种热爱，使他成为一个难以共事的同事，并导致他与那些坚持不同经济思想学派的人的关系出现一定程度的不和。如果更加机智，他在剑桥的影响力可能会比现在更大。马歇尔一生中的大部分时间都饱受缺乏强健体魄之苦，要不是他妻子的不懈照料，他是不可能取得巨大成就的。他的妻子也是他的第一批学生之一，是他最早作品之一的合著者，也是体现他教学内容的篇幅更大的著作的合作者和助手。[1]

另外两名他以前的学生写了更简短的讣告。[2] C.P. 桑格代表了 19 世纪 90 年代的那代人，他回忆起学生时代参观马歇尔书房的情景，“一个有阳台的房间，朝南，茶放在他和他的教授之间的凳子上”，并暗示“那些从未有幸成为他的学生的人无法意识到马歇尔的非凡品质”。“彻底的公正，而不是他的学识 740
和批判能力”创造了这种强烈的感情，再加上经济学，就足以弥补那些折磨着他的不那么令人愉快的小缺点。除了反对剑桥大学授予女性学位之外，他还有其他更加“迷人的弱点……当他要开玩笑的时候，他会露出令人愉快的微笑。他对生活中的一切细节都很感兴趣。他相当挑剔。他会向女士们解释她们应该怎样打扫房间，以及用什么东西去除污渍最好。但他总是充满了同情、鼓励和热忱”。[3] 外甥吉尔博是舅舅创建的剑桥学派的学生和成员，他回忆了马歇尔的贡献和弱点。“他喜欢说，他最关心的是发现事物的原因的原因。”《经济

---

[1]《经济学人》，1924 年 7 月 19 日，第 90–91 页。

[2] 尽管是匿名的，J.S. 尼科尔森可能参与撰写了《曼彻斯特卫报》上的讣告，J.N. 凯恩斯可能参与撰写了《泰晤士报》和《经济学人》上的讣告。

[3] C.P. 桑格，《阿尔弗雷德·马歇尔》，《国家文艺杂志》，1924 年 7 月 19 日，第 502 页。

学原理》之后的著作被不幸地推迟了，这些著作总是不能公平地对待他的“开创性工作”，但比这更大的损失是剑桥失去了他作为一名教师的品质。在那里，他“处于最佳状态，（因为）他强大的人格在他的谈话中充分表现出来”。不只是他的书，还有他的教学的影响使他独特的剑桥学派的观点传播到了大洋彼岸，进入了公共事务，并且影响了工人阶级的意见领袖。最重要的是，“他所建立的大量基本原理在经济思想上留下了永远不会被抹去的持久印记”。[1]

随后，学术期刊上刊登了讣告。梅纳德·凯恩斯为《经济学杂志》描绘他的“大师”时所表现出的天才已经被频繁地引用。凯恩斯的父亲是这方面的专家，他羡慕地评论了他儿子写作的速度和最终成果的准确性。作为凯恩斯的合作主编，埃奇沃思称赞道，凯恩斯的回忆录“是一个巨大的成功。它不仅是一篇颂词，而且是一幅肖像”，而且，它展现了“这个人身上一半天才、一半荒谬的个人元素”，正如报纸上的讣告所试图做的那样。[2]这种类型的其他讣告来自大西洋两岸的以前的朋友和学术界的同事。

毫无疑问，凯恩斯回忆录的质量在很大程度上得益于马歇尔的遗孀给他的巨大帮助，包括笔记和谈话，以及让他查阅马歇尔的文件。在其他的讣告作者中，只有 W.R. 斯科特也以这种方式得到了她的帮助，这可能是因为他正在为英国科学院撰写官方公告，因此正在创造历史记录的重要组成部分。后来的传记作者一定很感激这些笔记，因为它们保存了马歇尔生活中的某些方面，否则这些方面将会不可挽回地丢失。[3]

斯科特的讣告在许多方面补充了凯恩斯更著名的回忆录。它在更大程度上讲述了家庭和诸多形成性影响，后者包括学校、大学以及他的早期训练和后来工作的哲学背景，所有这些都标志着他后来作为作家和经济学教师的职业生

[1] C.W. 吉尔博，《阿尔弗雷德·马歇尔》，《剑桥评论》，1924 年 10 月 31 日，第 58 页。

[2] 约翰·梅纳德·凯恩斯，《阿尔弗雷德·马歇尔，1842–1924》，《经济学杂志》，34（135），1924 年 9 月，第 311–372 页；约翰·内维尔·凯恩斯致约翰·梅纳德·凯恩斯的信，1924 年 9 月 5 日；F.Y. 埃奇沃思致约翰·梅纳德·凯恩斯的信，1924 年 9 月 6 日（两人都认为现在不需要一篇马歇尔的“生平”了，因为马歇尔一生中所有重要的事情都在《回忆录》中提到了。这个评估在马歇尔去世时可能是正确的）；莫德林学院院长 A.O. 斯滕森致约翰·梅纳德·凯恩斯的信，1924 年 11 月 17 日（KMF）。并参见上文，第 1 章，第 15–16 页。

[3] 这些是她为凯恩斯和沃尔特·斯科特准备的笔记，它们在这本传记中被频繁使用。关于他们对这一帮助的慷慨致谢，参见 J.M. 凯恩斯，《阿尔弗雷德·马歇尔》，第 161 页注释 1；沃尔特·斯科特，《阿尔弗雷德·马歇尔，1842–1924》，载于英国学术院学报，伦敦：牛津大学出版社，1924 年，第 1 页注释 1。并参见上文，第 1 章，第 14–15 页。

涯。它充满了有趣的见解：

> 他不愿批评别人，事实上，由于这个和其他原因，一篇关于“阿尔弗雷德·马歇尔的沉默”的短文可能会引发不只是传记意义上的兴趣。他的性格很复杂，因为除了忠于真理之外，他还非常敏感。如果他被误解了，他会深深地感到难过，而这又反过来使他焦虑地想要知道，是否能修改他的措辞从而排除读者犯错误的可能性……直到他生命的最后一刻，他都对（英国学术院的）经济部门有着浓厚的兴趣。不久前他写道，“在我卧床不起的最后这个阶段，我崇拜那些将会照耀得更加明亮的太阳”，与此相关的是他的如下希望，即英国学术院可能会设计出一些方法来既鼓励有前途的人又嘉奖有成就的人……1919 年，他写道，“我的健 741
> 康状况很好，但我的工作能力下降了，因为我的记忆力正在消失。当我在一页纸上写到一半时，我记不起来我原本想要表达什么”。[1]

坎南同样意识到凯恩斯对马歇尔的“迷人描述”，他选择在自己的讣告中加入对马歇尔的个人回忆。“当我还是五年级或六年级的学生时，我一眼就认出他是布里斯托大学学院的校长。当时他大约三十七岁，但在我看来，他已经很老了，而且病得厉害……我现在能看见他沿着阿普斯利路缓缓前行……穿着一件大外套，戴着一顶软黑帽子……我第二次见到他时（在 1890 年），他看上去比十几年前我记忆中的他年轻了三四十岁。”1896 年 7 月，他们在万灵学院当着埃奇沃思的面就骑自行车的一些问题吵了起来。后来，他们就《经济学原理》中的错误吵了起来，而这些错误是坎南刻苦地找出来的。坎南用马歇尔“爱抱怨和消化不良”的自我评价，对马歇尔的“写一部完整阐述一般经济学的著作的决心”作出了中肯的判断，将其描述为一个不可能实现的目标。“在他最好的肖像中，悲剧的气氛是如此明显，以至于我从未能够将它挂在我自己的墙上。这幅肖像总是暗示着他在想，‘如果他们只让我一个人待着，我就可以继续写我的书了’……如果他把自己的一生全都用来推进、捍卫和发展新的学说，他对自己和对经济学都会做得更好。”[2]

[1] 沃尔特·斯科特，《阿尔弗雷德·马歇尔，1842–1924》，第 9、10–11、12 页。

[2] E. 坎南，《阿尔弗雷德·马歇尔 1842–1924》，载于 *AMCA*，I，第 66–70 页。这幅肖像大概是上文第 17 章第 629 和 631 页讨论的罗森斯坦画的肖像的照相复制品。

陶西格是马歇尔在哈佛大学的老朋友，也是美国重要的马歇尔主义者之一，他在《经济学季刊》上称马歇尔的去世造成了“一个长期等待填补的空缺”。在列举了马歇尔已出版的作品后（其中最后两卷被描述为“虎头蛇尾”），他将其评价为一个对“半生不熟的作品、粗制滥造的作品、任何被迅速抛弃的东西”有着强烈反感的人，而对有限的身体和精神力量的感知意味着“他必须将他所有的一切都献给一种有希望具有持久意义的完美作品”。马歇尔对现实世界复杂性的敏锐意识是他写作延迟的一个重要解释因素，政治经济学俱乐部的一则轶事说明了这一点：

> 马歇尔教授正在对我们讲话，这时我们虔敬的沉默被一个鲁莽的反对者打破了，他插了半打反对的话。“所有简短的陈述都是错误的。”教授说。“这句话也是吗？”考特尼问道，这件事在笑声中结束了。

陶西格接着提醒他的读者，偶尔使用简短的陈述是有好处的，并指出，即使在《经济学原理》中，长而复杂的结构也并不总是清晰和真理的典范。尽管有这种文体上的缺点，但他的成就是伟大的。他“开辟了新道路，确立了一个传统，创立了一个学派”。陶西格特别强调马歇尔是“科学之人”。马歇尔结合了“经济学的进步所需要的两件事：从前提出发的严格和严谨的推理，以及对演绎推理的局限性的理解、对现实世界的复杂性的认识、对事实的饥渴”。[1]

博纳的讣告提醒《皇家统计学会杂志》[2]的读者们注意凯恩斯最近所写的“高贵的传记”，然后强调了马歇尔这个人及其工作的某些品质。“他是通过宗教和哲学进入经济学的，他非常欣赏乔伊特，对此我们并不感到惊讶”，这位牛津人写道，他早些时候回忆了马歇尔作为汤因比的继任者在鼓动“贝利奥尔
742 学院的经济研究”方面所起的作用。讣告强调了马歇尔作品的统一性及其“出色的、平衡的判断”和“耐心的分析、敏锐的推理和博学多识”。

> 如果有人问，他的工作中有多少是经得起考验的，暂时的答案可

[1] F.W. 陶西格，《阿尔弗雷德·马歇尔》，《经济学季刊》，39（1），1924 年 11 月，第 1–14 页。

[2] 詹姆斯·博纳，《阿尔弗雷德·马歇尔》，《皇家统计学会杂志》，第 88 期，1925 年 1 月，第 152–156 页。

> 能是，我们离它太近了，因而无法作出判断。另一方面，马歇尔活得很长，足以使他的学说在一代人身上得到验证……我们几乎不认为马歇尔是一个学派的创始人；他影响了所有学派的说英语的经济学家……他的地位将由子孙后代确定。即使有些流失掉了，他的荣誉之袍仍将足以保持他的名声。自穆勒以来，没有哪位经济学家像他那样获得了如此高的敬意，或者在漫长的一生中如此不减弱地维持着这种敬意。[1]

以上就是媒体和经济学家在 1924 年失去他们长期的领袖时所说的。

悼念学院和大学之子马歇尔

圣约翰学院于 7 月 17 日（星期四）下午 2：00 在学院礼拜堂为其杰出校友举行葬礼。大学的成员和朋友们受邀一起参加仪式，向阿尔弗雷德·马歇尔表示敬意，并参加了随后在英国国教会的圣吉尔斯公墓的坟墓旁的哀悼。按照死者的明确意愿，没有送花。[2]

仪式本身是由圣约翰学院的教务长 J.M. 克里德牧师主持的，并由他的姻亲 J. 吉尔博牧师协助。仪式的开场曲由学院合唱团演唱，出自威廉·克罗夫特和亨利·珀塞尔之手，可能是 1921 年重新发现的他们为葬礼仪式所配的音乐。接下来吟诵《诗篇》第 39 篇，开头是：

> 我曾说，我要谨慎我的言行，免得我舌头犯罪。恶人在我面前的时候，我要用嚼环勒住我的口。我默然无声，连好话也不出口。我的愁苦就发动了。我的心在我里面发热。我默想的时候，火就烧起，我便用舌头说话。耶和华啊，求你叫我晓得我身之终，我的寿数几何，叫我知道我的生命不长。你使我的年日，窄如手掌。我一生的年数，在你面前，如同无有。各人最稳妥的时候，真是全然虚幻……[3]

---

[1] 同上，第 155–156 页。

[2] 圣约翰学院，剑桥，《已故阿尔弗雷德·马歇尔博士的葬礼》（KMF），参见图 53。

[3] 摘自《剑桥每日新闻》1924 年 7 月 18 日的报道，本段和接下来的几段均以此为依据。《诗篇》第 39 篇的引文来自钦定版《圣经》，《诗篇》第 39 篇，第 1–5 节。

然后，圣约翰学院的院长罗伯特·斯科特爵士诵读了经文。接下来唱赞美诗，

哦，上帝，我们过去岁月里的帮助，
我们未来年岁的盼望，
我们躲避狂风暴雨的庇护所，
也是我们永恒的家园！

这些话并不特别适合一个几年前自称对来生的可能性持不可知态度的人。接下来是致辞。仪式结束时，管风琴师西里尔·罗瑟姆博士应特别要求演奏了贝多芬的《葬礼进行曲》，这是对贝多芬钢琴奏鸣曲的狂热爱好者的恰当告别。

743 据《剑桥每日新闻》报道，主要的哀悼者是遗孀马歇尔夫人以及一些亲密的朋友和亲戚。剑桥大学副校长由圣约翰学院院长代表出席，布里斯托大学副校长由布罗德博士代表出席。牛津大学和贝利奥尔学院没有派代表来纪念这位前荣誉研究员和教师。研究出席（和未出席）葬礼的人员名单是很有趣的，其中的一些名字展现了适合于这类场合的宽恕精神。他们大多是来自剑桥及其各学院和其他地方的大学要人、以前的学生和同事。记录显示，在场的人中有他以前的同事和学生——D.H. 麦格雷戈、W.R. 索利、詹姆斯·沃德、J.H. 克拉彭、J.E. 麦克塔格特、艾伦·麦克阿瑟博士、亚瑟·贝里、H.S. 福克斯韦尔、J.M. 凯恩斯、W.T. 莱顿和 A.H. 劳埃德，其中福克斯韦尔和艾伦·麦克阿瑟尤其展现了这种宽恕的精神。而约翰·内维尔·凯恩斯的缺席则令人相当惊讶。

葬礼在亨廷顿路的圣吉尔斯墓地举行，这是一个离马丁利路 6 号的房子不远的地方，马歇尔在那里住了将近半生的时间。坟墓在这片圣地的一个遥远的角落里，一圈简单的花岗岩标明了其所在地，上面同样简单地刻着“阿尔弗雷德·马歇尔 1842–1924”。我们只能猜测，这种形式的葬礼和仪式是否反映了死者对来生不那么怀疑的态度（与为了后代而记录下来的态度相比）。也许这标志着宗教的复苏，他对宗教的信仰自 1921 年底以来一直在增强，而他对神圣音乐可能还有其他灵性事物的日益喜爱促进了这种信仰。[1]

[1] * 图 54。马歇尔的葬礼与近二十年后玛丽·佩利·马歇尔的葬礼形成了鲜明对比。她被火化了，她的骨灰被撒在他们家（贝利奥尔庄园）的花园里（约翰·梅纳德·凯恩斯，《玛丽·佩利·马歇尔》，第 250 页）。

新学期伊始，庇古发表了正式的纪念演讲，作为马歇尔使其“变得著名”的教席的继任者，他承担起了这篇《纪念》。演讲的布道式语气在开篇段落的结尾显露了出来，“声音沉默了，工作完成了。在崇敬和感激中，我们向他告别”。[1] 演讲的大部分内容集中在马歇尔对作为理论和实践的经济学的看法上。演讲探索了它与马歇尔早期研究中的哲学的联系，它的社会改良的持久目标，它与“现实细节”的密切接触，它的看似“老生常谈的论点”之下的严密分析，以及它作为制造中的“工具”和“探究的工具”的属性。接着，在赞扬了马歇尔对争议的厌恶和对建设性工作中智力合作的偏好、他对真理的热爱和对大众认可的不信任之后，庇古以一种严肃的崇高音调结束了这篇与维多利亚时代精神相称的颂词：

> 接下来是我的结束语。我们众人所尊敬的夫子已经去世了，尊荣满满，寿数已尽，他毕生的事业已经成就。而我正与之交谈的你们中的许多人，年龄还不到他的四分之一。如果可能的话，我希望在你们年轻的时候，作为他的精神的阐释者站在你们面前，并传递一些不辜负他的思想和他的生命的信息。我们暂时相聚在这个世界上。对于这个世界背后和之外的事情，我们可以猜测，如果能够的话，我们可以抱有希望，但我们一无所知。然而，有一件事对我们来说是肯定的： 744
> 这里的生命——短暂的生命——我们众多同胞的生命被悲伤笼罩着，被匮乏束缚着。如果我们愿意，我们可以袖手旁观，或者加以阻碍，或者提供帮助。如果我们愿意提供帮助，有许多方式可以做到这一点。一种方式是思考、研究和积累知识。这就是他所采用的方式。这是你们中的一些人的方式，但不是所有人的方式，而他生命的信息也不仅仅是给采用这种方式的人的。不论你选择哪种方式，都要全心全意地去选择。追随那颗指引你的星吧：不要回头，不管要付出多少辛劳，不管要承受多少痛苦。不要把你的生命贮藏起来：要花它；把它花在一个你自身之外的、你觉得有价值的目标上。这样，你的生命或

[1] * A.C. 庇古，《纪念：阿尔弗雷德·马歇尔》，《纪念集》，第 81 页。凯恩斯在 1924 年 10 月 24 日写给莉迪娅·卢波科娃的信中描述了当时的情景：“我现在从庇古纪念马歇尔的演讲中回来……演讲很受听众欢迎（其中包括马歇尔夫人和“两位老太太，她们是大约五十四年前第一批听他讲课的人”）；但我不太喜欢它。它太像布道了，它把老马歇尔所有最虚弱的方面展现了出来，然后说这是我们应该钦佩的。”（《莉迪娅和梅纳德》，第 241 页）

延续或消失，但无论如何它都将以更好的方式呈现。

啊，年轻的水手，你正在注视着
有着惊奇之眼的灰色魔术师，
这是梅林，他正在死去，
这是梅林，他追随着微光。

*****

跟着它；追随它：追随微光。[1]

庇古1924年的纪念演讲一开始就指出，“试图准确或全面地评估马歇尔为经济科学的进步所做的贡献”的时机还不成熟。[2] 大约三十年后，这位1899年校长金质奖章的获得者（凭借一篇《阿尔弗雷德大帝颂》）现在自己是剑桥大学的政治经济学荣誉退休教授，并且是那一年的马歇尔讲座的主讲者。[3] 作为“少数还活着的马歇尔教过的人之一”，庇古决定以充当两代人之间的“联络官”的方式履行自己的职责。讲座记录了对另一个伟大的阿尔弗雷德的新的赞美，庇古将第一次遇到他的经验形容为天启。这一赞美分六个部分呈现，分别纪念了数学方法、统计学、弹性、利率、效用和对社会主义的态度。这是庇古的《纪念》的续集，它提供了一个与马歇尔的遗产的联系，马歇尔的遗产是本章的主要关注点，而庇古作为遗稿管理人与之存在个人关联。

庇古的第一部分试图评估马歇尔对文献中数学推理大量增加的可能反应，到20世纪50年代初，这种增加已经很明显了。它提出了马歇尔为什么会对这种趋势感到遗憾的两个原因。其一是难以与聪明的外行交流，其二是放错重点和简化现实的危险。庇古认为，来自剑桥数学荣誉考试第二名的这后一个批评应当被认真对待。然而，“如果任何实用的数学进路能间接地帮助现实主义，

[1] 庇古，《纪念》，第90页。

[2] 同上，第81页。

[3] H.G. 约翰逊，《亚瑟·塞西尔·庇古，1877–1959》，载于伊丽莎白·S. 约翰逊和哈利·G. 约翰逊，《凯恩斯的阴影》，牛津：布莱克威尔出版社，1978年，第175页；A.C. 庇古，《阿尔弗雷德·马歇尔与当代思想》，伦敦：麦克米伦出版社，1953年，第3–4页。马歇尔讲座的设立将在本章第752–753页讨论。

他会是其热情的朋友”。[1] 在统计方面，庞古提醒他的听众，马歇尔曾警告说，
要想有用，“它们必须被很好地组织起来并且被明智地使用”，同时使用者也需
要不断意识到统计方法在处理不可量化的事物方面的局限性，这对于良好的论
证往往至关重要。[2] 庞古接着将注意力转移到马歇尔对理论的一些贡献上。将
马歇尔对弹性概念的贡献应用到经济分析中存在一些问题：这是由于它在应用
于需求和供给时的不对称性，以及在这两种情况下的时间依赖性。[3] 在利率问 745
题上，庞古利用马歇尔的工作来批评梅纳德·凯恩斯对其前辈们的攻击，既批
评其语气，又批评其对马歇尔的工作缺乏公正。这是因为凯恩斯忽略了马歇尔
的货币分析，而他在 1924 年的回忆录中曾那么地赞赏这一分析。[4] 特别有趣
的是庞古对马歇尔的福利经济学的观察，这些观察来自该领域的大师。它们在
很大程度上局限于效用测量的意义和存在的问题。马歇尔对这一点没有给予
应有的认真考虑，但他仍然对作出关于群体效用的陈述的必要条件提出了有趣
的看法。[5] 最后，庞古回顾了马歇尔关于社会主义的思想，这个问题庞古早在
20 世纪 30 年代末就触及过。马歇尔会对二战后英国推动更加平等的收入分配
的财政政策表示欢迎。除了对储蓄征收高额所得税外，马歇尔并不太害怕财政
政策所造成的负激励；这与他对“官僚主义方法的窒息性影响”对生产力和进
取精神的有害影响的担忧形成了鲜明对比。因此，马歇尔原则上反对国有化，除
非是在自然垄断的情况下，并且只在政府能够更有效地执行任务的情况下才对政
府的活动表示赞许：“提前规划城市的发展，简化法律，用国外实行的最好和最
卫生的方法教育英国农民；最重要的是，在竞争不是一个有效的监管者的所有行
业中，防止或至少限制反社会行为。”[6] 庞古忍不住又一次以对他和马歇尔的精
神来说如此亲切的维多利亚式严肃口吻作了总结。为了消除人们把马歇尔想象

[1] * A.C. 庞古，《阿尔弗雷德·马歇尔与当代思想》，第 5–12 页；参见《纪念》第 81 页：“在我读本科时，有一个传说——我不知道它的真实性基础是什么——当他遇到一篇难懂的数学论文时，马歇尔的方法是读第一章和最后一章，然后站在炉火前，自己把中间的部分推导出来。”历史学荣誉考试第一名（庞古）对数学荣誉考试名列前茅者（马歇尔）的这种敬畏的问题在上文第 4 章第 81 和 91 页进行了讨论。

[2] 庞古，《阿尔弗雷德·马歇尔与当代思想》，第 15 页。庞古在提出这些观点时，可能想起了马歇尔写给鲍利的关于统计方法问题的信的摘录，他在《纪念集》中转载了这些摘录，特别是第 419–427 页和第 429 页。

[3] 同上，第 18–23 页。

[4] 同上，第 26–36 页，并参见下文第 757 页维齐对此的评论。

[5] 同上，第 37–48 页。

[6] 同上，第 49–63 页；并参见第 16 章，特别是第 608–609 页，其中提到了庞古对这个问题的早期看法。

成一个“枯燥的智力机器”的可能性，他重述了马歇尔的守护神的故事，这个守护神是一个工人的肖像，“现藏于马歇尔图书馆”，旨在展示“慈善家和科学家的结合体”。这是一幅现代版的《耶稣荆冠像》：“这就是那个人。”[1]

慷慨的遗嘱处置

马歇尔的最后遗嘱是在他1908年退休时准备的。[2]遗嘱将他的全部财产无条件地留给了他的妻子，完全相信“她会按照以后的总体计划处置这些财产”。然而，这一处置服从于她对他们商定的后续安排作出的任何修改，即使这些安排没有以书面形式提出。遗嘱赋予玛丽·佩利·马歇尔在这些问题上的绝对自由裁量权，在他死后，她希望进行的任何单独分配都不会受到质疑。简而言之，马歇尔的遗嘱旨在规定：若夫妻二人同时去世，或如实际所发生的那样——妻子后于丈夫去世，则建立单一遗产继承方案。脚注中的划线处维持原状。

746 在那时，马歇尔的大部分财产由四类资产组成。其中包括贝利奥尔庄园的99年租约的剩余部分，在立遗嘱时，这份租约已生效了将近80年；对各种上市证券的投资；[3]马歇尔在家中收藏的大量图书、杂志和官方报告；[4]以及最

[1] 庇古，《阿尔弗雷德·马歇尔与当代思想》，第64–65页；这位“守护神”的故事已在上文讨论过，参见第5章，第130页。

[2] * 马歇尔图书馆的馆长唐纳德·罗斯好心地把马歇尔和他妻子的遗嘱副本交给了我。它的日期是1908年6月13日，在1919年7月添加了一个小的附录，而遗嘱认证是在1924年10月18日授予的。如前所述，根据马歇尔的遗嘱，玛丽·佩利被指定为唯一遗嘱执行人，但如果发生争议或者他的妻子先于他去世，大律师乔治·诺尔斯·佩利先生（马歇尔的内弟）和马歇尔夫妇的律师亚瑟·彼得斯先生（来自克利夫顿和约克的罗森莱恩律师事务所）将担任遗嘱执行人。在1908年为马歇尔画肖像的威廉·罗森斯坦和马歇尔夫妇的女仆萨拉·佩恩见证了这份遗嘱，后者也见证了1919年的附录。

[3] * 马歇尔作为投资者的才能并没有得到很好的证明。马歇尔1914年写给威廉·拉姆齐爵士的一封信详细说明了自己的一项股票投资，他当时称之为“我的有限的资金的一部分”。这些股票是邓德斯兰铁矿公司的，马歇尔之所以购买它们，是因为“大卫·戴尔爵士的个性给他留下了深刻印象”。戴尔是劳工委员会的成员之一，与该公司有关系。这封信透露了，当马歇尔发现该公司正在向“爱迪生咨询处理矿石的方法”时，他感到“厌恶”，而当董事们不得不请求克虏伯公司的化学家进行必要的实验以协助他们的操作时，他感到“害怕”（马歇尔致拉姆齐的信，1914年，载于《纪念集》，第488–489页）。1898年，马歇尔写信给福克斯韦尔说，他把自己“全部的一点积蓄都投进了股票，而不是债券”（马歇尔致福克斯韦尔的信，1898年12月17日，马歇尔档案，3：40）。

[4] ¶ 唐纳德·罗斯，《一个不寻常的承诺：阿尔弗雷德·马歇尔和玛丽·马歇尔与马歇尔图书馆的建立，1903–1944年》，《政治经济学史札记》，IX（32–3），1991年，第321页和注释24估计，1927年图书馆的馆藏约为4000件。以此为基础推算，1908年马歇尔的私人藏书可能超过2000册。

后，他已出版或尚未出版的著作的版权。就他的其他资产而言，家具和绘画等其他个人物品并不十分重要，应根据遗嘱外的书面指示进行处置。1924 年，遗产的遗嘱认证估价为 13001 英镑；这对马歇尔的版权价值做了一个相当保守的估计，在接下来的二十年里，由于《经济学原理》相对可观的销量，版权的价值大大增加，从而最终提高了他的主要遗产的价值。[1]

财产的处置情况如下。首先是一些免税的指定遗赠。一次性地捐给纽纳姆学院图书馆 100 英镑；他们的女仆，忠诚的萨拉·佩恩[2]将获得一笔 26 英镑邮寄终身年金，园丁埃利斯先生将获得一笔类似的 5 英镑年金，遗嘱中指定的执行人每人将获得 100 英镑。在财产的剩余部分中（不包括书籍、杂志和马歇尔的版权），四分之一留给了十几个近亲，四分之三连同版权一起给了剑桥大学，“以大学所决定的方式用于促进高级经济学研究”。

尽管这份遗嘱在推进经济研究的方式上给予了大学相当大的自由裁量权，但作为立遗嘱人，马歇尔还是忍不住提出了一些有特色的建议。考虑到立遗嘱时最迫切的需求，马歇尔建议将扩大经济学教学队伍作为任何此类处置的第一要务；但如果在遗嘱生效时对教学人员的需求已经得到充分满足，则建议设立奖学金，以促进经济学高年级学生的研究，作为处置这笔钱的一个合适的替代方案。对他来说，1908 年荣誉考试的灾难性结果仍历历在目，因此他规定，四分之三的奖学金将留给男生，四分之一的奖学金将专门留给纽纳姆学院的学生。在任何情况下都不允许这些奖学金“同时对男性和女性开放竞争”。[3]马歇尔的私人图书馆“只要经济学委员会认为有用”，将交给大学 747
供委员会使用，委员会也有权出售或以其他方式处置任何被认为不再有用的书。此外，马歇尔从回到剑桥担任教授开始，就已经把一些书交给他的学生们使用了，这些书他也作为礼物赠送给了大学。它们和他的私人图书馆的藏书一起构成了 1925 年正式成立的马歇尔图书馆的核心。[4]

假如玛丽·佩利先于她丈夫去世，马歇尔夫妇留给家人的那部分剩余遗产

[1]《泰晤士报》，1924 年 10 月 24 日，遗产总值为 13001 英镑，个人财产净值为 12811 英镑。

[2] ¶ 萨拉·佩恩先于阿尔弗雷德·马歇尔去世。1920 年，58 岁的她在为他们服务期间因一场短暂的疾病去世（参见上文，第 8 章，第 246–247 页）。

[3] * 我们可以回想一下，令马歇尔恼火的是，有两名女性在 1908 年的经济学荣誉考试中名列榜首，参见上文第 258 页，第 555 页注释 ¶。从 19 世纪 70 年代末开始，马歇尔致力于男女分开教育，这在前面讨论过了，参见第 14 章，第 503–504 页。

[4] 下文将对马歇尔图书馆进行更全面的讨论，参见第 750–751 页。

将按以下方式处理。在把它分成十六等份后，马歇尔夫妇在世的兄弟姐妹每人将会获得剩余遗产的八分之一。在1908年，这些人仍然包括马歇尔的哥哥查尔斯·威廉和妹妹梅布尔·路易莎，以及玛丽的姐姐安·伊莱扎和弟弟乔治。马歇尔夫妇的八个侄子（外甥）和侄女（外甥女）每人将会获得十六分之一。在1908年，这些人包括马歇尔的哥哥查尔斯的两个儿子，即威廉·亨利和亚瑟·马歇尔；梅布尔·路易莎的四个儿子——哈罗德、沃尔特、克劳德和埃里克·吉尔博，以及乔治·佩利的两个女儿，即伊迪丝·霍普和埃尔弗里达·维奥莱特。在阿尔弗雷德·马歇尔去世之前，有四位指定的家庭受益人去世了，分别是他的哥哥和妹妹，以及他们各自的一个孩子，两个都是最小的孩子，即亚瑟·马歇尔和埃里克·吉尔博。根据遗嘱的这一规定，他们的份额将平均分配给八位在世的家庭成员。

最后，从后人的角度来看，遗嘱的关键特征是马歇尔提议处理其遗稿的方式。遗嘱指定庇古为他的遗稿管理人，"要求他善意地编辑他认为有价值的材料，以简洁为目标，压制有争议的内容，并在他对是否应当发表某些内容存有任何疑虑时作出否定的决定"。在这些条件下，遗赠给庇古的手稿不仅包括马歇尔未发表的论文，"包括他去世时可能正在付印的任何新书"，还包括马歇尔保存在"写有作者名字的信封"里的"许多信件"。尽管马歇尔在立遗嘱时认为"现在手稿中真正有公共价值的很少"，但他还是允许庇古"从中选一小部分出版"。如果庇古无法完成这些任务，文件连同选择和出版的责任将被转移给阿尔弗雷德·威廉·弗拉克斯。1919年的遗嘱附录指示说，马歇尔的外甥克劳德·吉尔博与庇古有同等的权利，并且类似的安排也适用于"我已经往准备好出版的方向推进了一些的任何其他作品"。添加这个附录可能是对吉尔博为校对《产业与贸易》提供服务的认可，也是对庇古自身的活力的担忧，他的活力在第一次世界大战之后已经大为减弱了。[1]

正如庇古在《阿尔弗雷德·马歇尔纪念集》的序言中所解释的那样，这本书是他"履行马歇尔博士授予他的委托"的尝试，只是在两个方面背离了这些指示的文字。第一，这本书在第一部分加入了一系列由埃奇沃思、费伊和贝尼恩斯所作的回忆，序言是凯恩斯发表在《经济学杂志》上的讣告（做了一些小

[1] 上文第19章，第706页；关于战争对庇古的影响的讨论，参见哈利·约翰逊，《亚瑟·塞西尔·庇古》，第178页，并参见奥斯汀·罗宾逊爵士，《凯恩斯和他的剑桥同事》，载于《凯恩斯、剑桥和〈通论〉》，唐·帕廷金（Don Patinkin）和J. 克拉克·利思（J. Clark Leith）主编，伦敦：麦克米伦出版社，1977年，第30页。

的修改），结尾是庇古自己在 1924 年 10 月的纪念讲座。第二，他广泛地阐释 748
了发表有价值的信件摘录这一指示，尽管显然没有这些信件的数量所显示的那么广泛。即便如此，他对马歇尔遗愿的“无情”执行也付出了相当大的代价，即压制了马歇尔死后不能立即出版的材料，而不考虑这些材料对未来的历史学家和传记作家的潜在价值。[1] 庇古将这些材料中的一部分归还给了玛丽·佩利·马歇尔或吉尔博，这一点从马歇尔图书馆保存的复制于《纪念册》的文件项目上可以明显地看出。当庇古于 20 世纪 50 年代在去世前有系统地销毁自己的文件时，其他材料消失了。[2]

然而，庇古并不是 20 世纪 20 年代马歇尔个人文件遗失的唯一原因。“有证据表明，马歇尔晚年曾多次检查他的笔记，评论它们的价值和可能的用途——这些评论通常都标明了日期。”但是“这种（标明日期）并不是有系统地进行的，或者，似乎并不总是正确的”。[3] 考虑到马歇尔本人无情地压制有关他的家庭和早年生活的材料，并几乎毫无例外地销毁了所有的家庭通信这一事实，[4] 他在进行这些最后的分类整理时，似乎不可能不销毁他认为不需要或不重要的材料。因此，很难知道幸存下来的马歇尔文件有多大的代表性，尽管可以毫不犹豫地得出结论，如果只从完全消除与家庭有关的个人材料来看，保存下来的收藏总体上是具有高度选择性的。[5] 弗雷德里克·波洛克爵士 1925

[1] * 约翰·惠特克，《阿尔弗雷德·马歇尔的早期手稿》，《经济思想史通讯》，1968 年第 1 期，第 7–9 页，*AMCA*，IV，第 144 页；埃奇沃思和玛丽·佩利·马歇尔都曾敦促凯恩斯在他的《回忆录》中删除有关马歇尔父亲的内容，尤其是所有提及“拖鞋管教”的内容（见上文，第 2 章，第 22–23 页）。以下两封信表明，凯恩斯做出了让步。埃奇沃思 1924 年 8 月 30 日写给凯恩斯的信敦促他在校对阶段删除这部分内容，克劳德·吉尔博 1924 年 11 月 27 日写给凯恩斯的信对凯恩斯在这个问题上屈服于舅妈的压力表示失望（KMF）。

[2] ¶ 约翰·惠特克，《阿尔弗雷德·马歇尔的早期手稿》，第 144 页；1984 年，奥斯汀·罗宾逊爵士更直截了当地对作者说：“庇古把所有东西都烧掉了！”

[3] 丽塔·麦克威廉斯，《阿尔弗雷德·马歇尔的文件》，*AMCA*，IV，第 194 页；约翰·惠特克，《阿尔弗雷德·马歇尔的早期手稿》，第 144 页，注释 4。

[4] † 1875 年他从美国写给母亲的信是个宝贵的例外。另一个急于审查材料的例子是，玛丽·佩利准备的剪贴簿中的前 20 页被删除了，其中大部分内容涉及布里斯托时期。这个剪贴簿大概是从他们结婚的时候开始准备的。

[5] ‡ 如第 2 章所示，他的许多家庭背景信息甚至出生地都对玛丽·佩利隐瞒了或被浪漫化了。这可以从玛丽·佩利·马歇尔 1924 年 11 月 17 日写给堂妹安斯利的信（已故的乔治·斯蒂格勒收藏）和她 1925 年 1 月 14 日写给梅纳德·凯恩斯的信中看出，信中报告了一些关于马歇尔母亲的部分错误的信息，这些信息是她从侄子威廉·马歇尔那里获得的。玛丽·佩利还销毁了马歇尔的诗，她在 1924 年让凯恩斯看过这些诗。

年写给玛丽·佩利·马歇尔的一封信表明，材料可能还有进一步的遗失。这封信意味着，玛丽·佩利·马歇尔可能已经把写给马歇尔的信件原件归还给了那些当时还在世的通信人。在这封信中，波洛克感谢玛丽·佩利·马歇尔归还了他写给马歇尔的信，但退回了他在1891年写给马歇尔的一封信，他在其中评论了《经济学原理》，这大概是因为这封信可能对她有价值。如果玛丽·佩利·马歇尔更普遍地将信件归还给寄信人，这就解释了为什么马歇尔的那么多信件散落了。[1]

749 这些材料在被永久保存在马歇尔图书馆之前和之后都有可能遗失。其中一些是什么时候被存放在图书馆的，由谁存放的，从历史记录来看并不清楚。它也从未以任何方式编目，直到20世纪60年代末，丽塔·麦克威廉斯承担了这项任务，按照材料存放于图书馆中的形式为它编了目录。有证据表明，一些材料被长期借给特定的个人：一个例子是马歇尔在研究生时代早期的笔记本，1938年借给克劳德·吉尔博，“等他用完了再归还”[2]。有多少材料是以这种方式借出的，然后没有被归还？

为了说明其他材料是如何以及为什么从收藏中丢失的，被遗弃的国际贸易手稿第1部分第7章是一个有趣的例证：

> 其中一部分与该卷剩余部分的手稿一起保存了下来。但有几页被移除，切成两半，重新编号，并加入了关于另一个主题的注释。幸运的是，辨认出丢失的几页并不困难，但手稿虽然保存了下来，却仍然不完整。在其他情况下，手稿也不得不从零散的碎片中拼凑出来。在某些情况下，并不是所有的碎片都能找到；在另一些情况下，幸存的部分似乎过早地结束了。事实似乎是，马歇尔保留这些早期手稿部分是出于情感，但部分是因为他觉得它们也许还能派上用场。在这种情况下，他似乎对使它们同类相食并不感到内疚。[3]

直到1989年初，马歇尔文件才交由一位训练有素的档案管理员弗朗西

[1] 弗雷德里克·波洛克爵士致玛丽·佩利·马歇尔的信，1925年12月2日；弗雷德里克·波洛克爵士致阿尔弗雷德·马歇尔的信，1891年1月17日（马歇尔档案，1：91–92）。一封1925年12月1日写给F.W.陶西格（陶西格文件，哈佛大学）的信表明，波洛克的案例并不是孤立的。

[2] 马歇尔图书馆，棕色大箱，第5项。

[3] 约翰·惠特克，*EEW*附录，II，第395–396。

斯·威尔莫斯博士保管。她基于她所认为的合理基础对材料进行了排序，因为“令档案管理员沮丧的是，除了马歇尔自己提到的两个红箱里的那些物品外，几乎没有证据表明创作者是按照什么顺序保存文件的”。以下的一般原则指导了 1989 年以来马歇尔文件的重新排序：“区分哪些是真正的马歇尔论文，哪些不是；重新排序要按照作者加于文件上的任何明显顺序以及任何使文件更有意义的理性的、强加的顺序。”[1]

对收藏在马歇尔图书馆中的马歇尔文件的详细分类合理地说明了其覆盖范围，这一细分已被总结如下：

1. 书信（收藏中最大的一部分，大约有 350 件）。
2. 与教学有关的记录。
3. 演讲稿。
4. 硬皮笔记（大多是 1890 年以前的）。
5. 成捆或松散的笔记（大多是 1890 年以后的）。
6. 著作：草稿和带注释的校样；带注释的小册子。
7. 图形、图表和表格。
8. 与设立荣誉考试有关的文件。
9. 个人历史（包括与玛丽·佩利·马歇尔有关的物品）。
10. 照片。
11. 有关马歇尔的传记的补充材料。[2]

这份清单排除了两个非常重要的项目。首先是图书馆里收藏的大量马歇尔私人藏书，其中许多都带有他的注释或作者在赠阅本上的题词。到 1992 年，750
为了复制他的私人图书馆，将马歇尔自己的藏书（不管有没有注释）合并到一处这项工作已经取得了相当大的进展。其次，还有玛丽·佩利在欧洲和英国度假期间创作的水彩画，以及一份对马歇尔试图进行大量写作的地点的图形记录。令人欣慰的是，现在已经采取了一些措施来为后代保存马歇尔的遗产中这一最具个人特色的部分。[3]

---

[1] 唐纳德·罗斯，《一个不寻常的承诺》，第 331 页。

[2] 同上。

[3] 同上，第 332–333 页（图 23–25 复制了玛丽·佩利·马歇尔的三幅水彩画）。

遗产 I：马歇尔图书馆

马歇尔积极地为学生们提供足够多的经济学读物，并不断检查他们实际阅读的内容，这就可以理解为什么他的遗嘱为改善图书馆的设施做出了如此大的贡献。在这一背景下，唐纳德·罗斯[1]回忆说，学生们去马歇尔家拜访时总是会喝茶和读书，而费伊回忆说，读书是去贝利奥尔庄园拜访的一个更持久的特点。马歇尔将更令人满意的图书馆设施纳入布里斯托大学学院的建筑计划中，这首次体现了他对图书馆的关注。他回到剑桥担任教授后，这种关注仍在继续，这表现在以下事实中：他通过道德科学特别委员会做出安排，使他的学生们更容易接触普莱姆的藏书，并在教室外为学生们设立了他自己的藏书的借阅服务，作为一个道德科学图书馆的有效开端。对马歇尔来说，书籍是重要的，尽管他本人为了研究的目的而越来越专注于那些充满事实的书。

从这些不起眼的开端发展起来的图书馆在 1925 年被称为马歇尔经济学图书馆，以更恰当地表彰它的主要捐助者。因此，它失去了马歇尔和西季威克之间的旧联系（他们一起为道德科学学生的利益进行非正式的图书馆安排）的最后一丝痕迹。当新的经济学荣誉考试设立时，一个独立的经济学“图书馆”已经形成了。在早年，马歇尔将他的更哲学化的那部分书捐赠给了道德科学图书馆，而他向新参加荣誉考试的学生提供的经济学书籍则成为新的经济学和政治学图书馆的核心。1908 年，马歇尔将这些书捐赠给大学，供委员会使用。不久，以前的学生亚瑟·贝里和查尔斯·桑格也追随马歇尔捐赠了类似的礼物。1909 年，由于对相当非正式的借书安排下的书籍安全性的担忧日益增加，特别委员会任命了一个保管员来负责它们的妥善保管，第一个保管员便是梅纳德·凯恩斯。人们还记得，凯恩斯在被任命时建议，收藏的马歇尔的书应当用藏书票适当地做出标记，不幸的是，这个建议没有被实施。从 1909 年到 1911 年，图书馆由庇古教授“私人的慷慨资助”维持，从 1911 年开始有了由大学评议会投票拨款的支持经费，最初每年拨款 20 英镑。与此同时，鉴于大学图书馆收藏的经济学和相关书籍非常不令人满意，大学的图书馆联合会于 1910 年 5 月 25 日表示，它将欢迎一个由经济委员会的一名成员推荐书籍的常规制

[1] 同上，第 311 页。

度，这项任务同样分配给了梅纳德·凯恩斯。[1] 因此，到马歇尔去世时，经济学图书馆已经享有了一段时间的官方地位，尽管是大学的 34 所图书馆中最小的之一。

它的年度支出为 21 英镑，而该校 1923/24 年度平均每个图书馆的支出超 751
过 80 英镑，这反映出经济学教师和学生的规模仍然很小。与专门用于经济学教学的资金（4034 英镑 14 先令 10 便士）相比，图书馆的拨款也很少，这表明了优先事项的转移。尽管如此，到 1924 年，图书馆的藏书已经增加得足够多，以至于需要比 5 号文学教室（在马歇尔退休之前，这些藏书一直安置在这里）所能提供的更好的贮藏条件。

除了给纽纳姆图书馆的 100 英镑遗产外，马歇尔的遗嘱还规定向大学捐赠经济学特别委员会要求的书籍，供经济学学生使用。当遗嘱认证即将授予时，玛丽·佩利·马歇尔将遗赠事宜告知了副校长，并添加了一个被证明是她自己做出的金钱方面的重要修改：

> 我提议，我丈夫的那些我不需要的书，以及经济学委员会可能从他的图书馆中挑选出来的书，应该提供给大学供经济学学生使用，并提供 1000 英镑（可以自由支配资本或收入），由大学用于与这些书有关的费用，以及与为了促进经济研究而可能做出的任何安排有关的费用……[2]

这份礼物既使搬迁到新的场地成为必要，也为搬迁提供了便利。1925 年 4 月 28 日，图书馆在从纽纳姆学院租来的空间里以新名称成立；它从教职员工中任命了一位图书管理员，第一位是 D.H. 罗伯逊，还有一位助理图书管理员。玛丽·佩利·马歇尔在“新”图书馆中的角色不仅仅是她丈夫和她自己的资金遗赠的渠道。1925 年 2 月，凯恩斯报告说，他“今天下午和马歇尔夫人一起喝茶了。她现在开始害怕无聊了，（在 75 岁的年纪）想让我任命她为新马歇尔图书馆的图书管理员之一”。[3] 这样的正式任命并没有立即到来，但一份 1927

[1] 同上，并参见《马歇尔经济学图书馆》，《剑桥大学通讯》第 99 期，1969 年 3 月 28 日。本节其余部分主要依靠这两个信息来源。

[2] 玛丽·佩利·马歇尔致副校长的信，1924 年 10 月 14 日，载于《剑桥大学通讯》，1924 年 10 月 14 日，第 122 页。

[3] 约翰·梅纳德·凯恩斯致莉迪娅·卢波科娃的信，1925 年 2 月 24 日，《莉迪娅与梅纳德》，第 295 页。

年初出版的图书馆藏书的印刷目录承认了她在编制过程中的“繁重劳动”，以及她和她已故的丈夫多年来为图书馆提供的资金服务。她直到去世前不久一直参与图书馆的工作，这以及图书馆后来的发展至少在一定程度上是马歇尔遗产的间接结果，[1] 是一种“与马歇尔博士一生的愿望［和行动］相一致的善举。马歇尔图书馆是对他的工作和影响的恰当纪念，也是对他孜孜不倦地关心剑桥经济学研究进展的纪念”。[2] 除了他的名字、文件收藏和书之外，他的遗产继续通过书的版税对马歇尔图书馆与剑桥经济学和政治学的教员们做出资金贡献，不过现在版税对图书馆资金维持的贡献相对减少了。

一些其他的纪念：遗稿、马歇尔学会和马歇尔讲座

《阿尔弗雷德·马歇尔纪念集》以回忆录、讣告、已发表的论文、未发表的片段和通信节选的形式，由作为马歇尔的继任者和遗稿管理人的庇古于
752 1925 年出版。这本书构成了马歇尔知识遗产的又一重要部分，虽然在某些方面有所删减和缩略。1926 年，梅纳德·凯恩斯编辑的马歇尔的《官方文件》由麦克米伦出版社为皇家经济学会出版，以纪念马歇尔在担任经济学教授期间为各种皇家委员会和其他政府调查所做的工作，但没有真正承认他在劳工委员会工作中付出的代价和长期的努力。五十年后，在皇家经济学会的支持下，由约翰·惠特克编辑的马歇尔早期经济学著作集问世，这是这些著作的首次出版。1961 年，皇家经济学会也同样支持了《经济学原理》集注版的出版，马歇尔的外甥克劳德·吉尔博在这个集注版上断断续续花费了三十多年的功夫。由约翰·惠特克编辑的三卷本马歇尔通信集是皇家经济学会为保护其创建人之一的文学遗产所做的最新贡献。马歇尔早期的其他片段和演讲已经出版，它们反映了他的那些不直接与经济分析相关的贡献。它们包括哲学论文，一篇未完成的关于经济学的方法和历史的早期论文，以及他 1873 年为妇女做的讲座的笔记，这些笔记是玛丽·佩利·马歇尔记下的，并由马歇尔亲自校订。[3] 到目前为止还没有他的著作的全集，但更充分地了解马歇尔文学遗产的多样性和广度，可能

[1] 关于她对图书馆进一步服务的讨论，参见约翰·梅纳德·凯恩斯，《玛丽·佩利·马歇尔》，第 247–250 页；唐纳德·罗斯，《一个不寻常的承诺》，第 325–327、329 页；C.W. 吉尔博，《玛丽·佩利·马歇尔》，《鹰》，LIX，第 255 期，1960 年 4 月，第 27–28 页。

[2] 马歇尔经济学图书馆，《目录》，1927 年，导言。

[3] 详情见上，第 xi 页。

会让这项任务变得更加迫切，特别是因为所做的工作离完成还有一定距离。

经济学和政治学系的教师和学生为其卓有成效的创始人设立的另外两个纪念物也可以作为遗产的一部分来提及。首先，成立了马歇尔学会，作为本科生讨论经济和社会问题的工具，这会让马歇尔感到特别高兴。它一直定期召开会议，直到今天。其创始主席 P. 萨金特・弗洛伦斯以如下方式向玛丽・佩利・马歇尔通报了这一事件：

> 我很高兴能够告诉您，由本科生自发成立的、研究马歇尔博士非常感兴趣的社会问题的新学会已决定自称为“马歇尔学会”。作为该学会的首任主席，我对此感到特别高兴。执行委员会慷慨地允许我在公开学会名称之前，以个人名义将我们选定的名称写信告诉您。
>
> 该学会的目标是将大学、纽纳姆学院和格顿学院所有对社会问题感兴趣的成员聚集在一起，并进一步提高这些兴趣，不带政治和宗教偏见地研究这些问题。我相信我们不会辱没马歇尔博士的名字。[1]

此外，为了促进对类似问题的讨论，经济学和政治学系于 1932 年设立了马歇尔讲座，作为其活动日程表中的一项常规活动。这将早先的做法制度化了，即邀请一位杰出的经济学家（一般来自剑桥以外）在整个学期中做几次讲座（至少三次）。经济学和政治学系要求受邀者在经济、经济史或更广泛的社会兴趣领域内就自己选择的主题发表演讲。从一位著名的马歇尔讲座者在 1967–1968 学年的开场白中，我们可以感受到这些讲座的性质，它们现在仍以同样的方式进行：

> 在任何情况下，能被经济学和政治学系委员会邀请来做马歇尔讲 753
> 座都是莫大的荣幸。在我所处的环境下，这是一种非常特殊的荣幸，因为我已经在学术行政的荒野中徘徊了十五年。我愿意相信马歇尔教授会理解我的困境。他在布里斯托大学学院当了四年校长。在这段时间结束后（加上肾结石的刺激），他在意大利晒了一年的太阳，才从这次经历中恢复过来。
>
> 临近这些讲座的时候，我写信给一位之前做过这些讲座的朋友，

[1] P. 萨金特・弗洛伦斯致玛丽・佩利・马歇尔的信，1927 年 2 月 13 日，马歇尔档案，1：27。

请求他提供已出版的讲稿。他回答说，他没有已出版的讲稿，并且遗憾地说，这不是因为讲稿绝版了，而是因为它从未被写出来。他说这样也好。他带着关于一个非常狭窄的主题的详细的技术性笔记来到这里。他说，他发现自己面对的是一群他所谓的“异质的”听众。他建议我的发言要面向听众。因此，这些讲座是为“普通读者”准备的。它们讨论经济活动的不断变化的制度背景，而不是经济学本身。[1]

遗产Ⅱ：剑桥学派

“马歇尔教授个人的和间接的影响甚至比他的著作（《产业经济学》）更为广泛。英国一半的经济学教席由他的学生占据，他们在英国一般的经济学教学中所占的份额甚至比这还要大。”[2] 1887 年 9 月，福克斯韦尔写下了对“英国经济学运动”的这一评价，当时马歇尔在剑桥大学的教授生涯刚刚开始，而《经济学原理》尚未出版。不到四十年后，当马歇尔的经济学教师生涯因他的去世而结束时，梅纳德·凯恩斯作为字面意义上的下一代学生（他的父亲也被马歇尔教过）重申了福克斯韦尔的观点：“和他的著作相比，阿尔弗雷德·马歇尔更多地是通过他的学生成为今天英国所存在的那种经济学的父亲的……通过学生，以及学生的学生，他的统治几乎是彻底的……［而且在正式的和］非正式的意义上，马歇尔都是剑桥经济学派的创始人。”[3] 尽管从长远来看，他的这部分遗产并不那么持久，但马歇尔本人对它有着高度的自觉；就总体影响而

[1] 克拉克·克尔，《马歇尔、马克思与现代——1967–1968 年马歇尔讲座》，剑桥：剑桥大学出版社，1968 年，第 1 页。《剑桥大学通讯》，1932 年 11 月 29 日，第 427–428 页；该讲座自 1933–1934 年以来每年举行一次，第二次世界大战期间（1940–1945 年）除外。较著名的早期主讲者包括：亚瑟·索尔特爵士（1933–1934）、R.H. 托尼（1934–1935）、R.G. 霍特雷（1937–1938）、雅各布·维纳（1946–1947）、莱昂纳尔·罗宾斯（1947–1948）、纲纳·缪尔达尔（1950–1951）、简·丁伯根（1951–1952）、庇古（1952–1953）、塔尔科特·帕森斯（1953–1954）、J.R. 希克斯（1954–1955）、W. 费尔纳（1957–1958）、E. 伦德伯格（1958–1959）、H.J. 哈巴库克（1959–1960）、D.H. 罗伯逊（1960–1961）、E.H. 费尔普斯－布朗（1961–1962）、T.W. 斯旺（1962–1963）、R.M. 索洛（1963–1964）、R. 普莱比什（1964–1965）、E.A.G. 罗宾逊（1965–1966）、S. 库兹涅茨（1968–1969）、K. 阿罗（1969–1970）、P. 斯威齐（1970–1971）、罗伊·哈罗德（1971–1972）、M.H. 多布（1972–1973）。

[2] H.S. 福克斯韦尔，《英国的经济学运动》，《经济学季刊》，1（1），1887 年，第 92 页。

[3] 约翰·梅纳德·凯恩斯，《阿尔弗雷德·马歇尔》，第 223–224 页。

言，它也许是马歇尔对经济学的众多贡献中最重要的一个。[1]

马歇尔文件中保存的一段未注明日期的片段显示，马歇尔本人倾向于反思剑桥学派以及他的学生对英国及其帝国的部分地区的经济学教学所作的贡献：

> 甚至在剑桥设立经济学和相关的政治科学分支的独特课程之前，道德科学的影响以及数学课程的间接影响就已经在促进彻底性方面体现出来了；而且大部分优秀教师都是剑桥人。因此，在爱丁堡大学和伦敦大学学院，经济学教学由尼科尔森和福克斯韦尔指导，他们都是中年人。曼彻斯特大学的查普曼、利兹大学的克拉彭、谢菲尔德大学的劳埃德、卡迪夫大学的汉密尔顿、阿伯里斯特威斯大学的詹金·琼斯都是剑桥大学的年轻人，他们负责的经济学院可能会成为重要的经济学院。其他剑桥人是蒙特利尔大学的弗拉克斯和伦敦经济学院的鲍利，他们无疑都是在世的最有能力的经济学家，还有伦敦大学学院的桑格和麦格雷戈，以及圣诞节之后曼彻斯特大学的梅雷迪思……[2]

这份文件的有趣之处不仅在于它揭示了马歇尔对这些问题的关注，它首先 754
指出了他最早的学生中的"中年"教授，即福克斯韦尔和尼科尔森，从而揭示了马歇尔学派的范围和持续时间。然而，他们的思想独立性，以及他们对马歇尔的工作的一些关键方面所持的批判性的不可知，使他们没有资格成为马歇尔学派的门徒和使徒。尽管福克斯韦尔作为一个忠诚的剑桥人，出于友谊的责任和他在剑桥的非教授同事身份，对他的教授表现出了相当强的团队精神，而 J.S. 尼科尔森也在较小程度上持同样的态度，[3] 但他们很难被归入完全由马歇

[1] 关于剑桥学派的文献浩如烟海。对撰写本节最有帮助的资料是 G. 贝卡蒂尼，《阿尔弗雷德·马歇尔和老剑桥经济学派》，载于《经济思想：主题、问题与学派》，G. 贝卡蒂尼主编，都灵：都灵联合印刷出版公司，1990 年，第 275–310 页；大卫·科拉德，《马歇尔之后的剑桥》，载于《阿尔弗雷德·马歇尔百年纪念文集》，第 164–192 页；奥斯汀·罗宾逊，《后马歇尔时期的剑桥经济学》，载于《阿尔弗雷德·马歇尔回顾》，第 1–7 页。

[2] 马歇尔经济学图书馆，棕色大箱。关于该片段的写作年代，存在着相互矛盾的信息。关于梅雷迪思，该片段提到了"圣诞节之后"，这说明写作时间是 1910 年，因为他在 1911 年初离开剑桥去了贝尔法斯特（而非曼彻斯特）；另一方面，麦格雷戈在 1908 年中期取代了克拉彭在利兹的位置，赶上了 1908–1909 学年，而弗拉克斯则在 1908 年离开了蒙特利尔，因此写作时间有可能在 1908 年之前。

[3] 见上文，第 18 章，第 674–675 页，以及约翰·马洛尼，《马歇尔、正统与经济学的职业化》，第 80–81 页。

尔塑造的剑桥学派。与他们同代的约翰·内维尔·凯恩斯的情况至少在某些方面有所不同。马歇尔没能成功地让凯恩斯永久地留在牛津，因此与福克斯韦尔和尼科尔森不同，凯恩斯从未在剑桥以外的地方工作过，原因上文已经探讨过了。然而，撇开方法上的一些差异不谈，马歇尔确实在一段时间内把他变成了马歇尔政治经济学的一名重要的传教士，至少在凯恩斯在剑桥从事这一学科的教学而马歇尔在布里斯托和牛津任教期间是如此，但他是一名未产生永久性影响的传教士。[1]玛丽·佩利是马歇尔当时教过的另一位学院派经济学家。她在传播马歇尔思想方面所起的作用无需赘述。[2]

在不同程度上被马歇尔吸引到经济学中，并被他在笔记中称为教师们的教师的下一代剑桥人是在19世纪80年代和90年代从数学专业转来的。他们是亚瑟·贝瑞、阿尔弗雷德·弗拉克斯、亚瑟·鲍利和查尔斯·桑格。[3]其中三人在转到其他大学或其他领域之前，曾短暂地在剑桥从事过一些教学工作。两人编写了教科书：弗拉克斯编写了一本入门性的《经济学原理》，附有有趣的数学附录；鲍利编写了一本统计学标准教材以及一本从古诺到庇古的数理经济学的综合性概论。弗拉克斯和鲍利主要是统计学教师。贝瑞和桑格都教授数理经济学：前者从1891年到1900年在剑桥任教，后来他的职位被逻辑学家W.E.约翰逊接任了多年；后者兼职于伦敦大学学院和伦敦经济学院。两人还撰写了与马歇尔理论的重要方面相关的数理经济学文章，其中的一些是与W.E.约翰逊合著的。弗拉克斯的入门教材表明，他是那一代人以及剑桥学派第一波浪潮中最热心的马歇尔拥护者："近年来，剑桥的经济学学生无一不从与马歇尔教授的接触中获得启发，作者意识到自己对这位老师负有非常特殊的义务，他在经济学研究中主要受到了这位老师的指导。"这种致敬的诚意可以从以下事实中得到肯定：马歇尔的《经济学原理》或他的其他著作，总是出现在每章开头所建议的阅读材料中。[4]《一个行业中学徒的公平数量》是桑格发表在《经济学杂志》上为数不多的几篇文章之一，它对揭示20世纪初马歇

[1] 见上文，第18章，第682–683页，第12章，第408–411页。

[2] 见上文，第8章，特别是第230、235–236、250–257页。

[3] 这些人作为学生、同事、顾问、合作伙伴和朋友，在以往的场合经常遇到。简要的传记可以从《新帕尔格雷夫经济学大辞典》关于贝瑞、鲍利、弗拉克斯和桑格的词条中获得，而贝瑞、弗拉克斯和桑格的一些数学贡献被转载于威廉·鲍莫尔和斯蒂芬·M.戈德菲尔德主编的《数理经济学先驱》中。

[4] A.W.弗拉克斯，《经济学原理》，伦敦：梅休因出版社，1904年，第v页；第二版，1923年。

尔学派的运作同样有启发意义。这篇文章几乎同时以严格的和跨学科的方式讨论了这个马歇尔式的主题，并展现了一个抽象和具体、演绎和归纳以及经济分析—统计—制度相结合的显著例子，这种结合是该学派在实践中的标志。[1]

从隔了一代的学生（他们大多是从道德科学荣誉考试中转过来的）中产生 755
了下一批经济学教师。其中第一位是西德尼·查普曼，他追随其大师的脚步，在平衡理论敏感性和对事实的兴趣方面表现出强烈的喜好；他既编写了入门教材也进行了产业研究，马歇尔赞赏这些研究，并将其用在自己的工作中。虽然查普曼从未在剑桥大学任教，但他在进入公务员系统之前，曾在卡迪夫大学和曼彻斯特大学担任教席。[2]这群人中的第二位是庇古。他的著作同样把理论和事实结合在一起，但一般不放在同一本书中，他的《产业和平的原理和方法》以及后来的《产业波动》是例外。他在剑桥学派中的作用无需进一步强调，不过我们需要回想一下，马歇尔可能会对这个他如此推崇的学生有两个潜在的失望之处。这就是庇古完全缺乏行政能力，以及，对马歇尔和后人来说可能更重要的是，他的理论教条主义和过度简化的危险倾向。[3]D.H. 麦格雷戈是这代人中的第三位，他毕业于道德科学专业，写了一部关于产业组合的专著，在荣誉考试的早期担任经济学原理和应用经济学的教师。他作为克拉彭的继任者转到了利兹大学，然后去了曼彻斯特大学，1922 年又去了牛津大学。与这一代马歇尔学派的其他成员一样，麦格雷戈以真正的马歇尔风格将理论与事实融合在一起，以一种演化的和现实主义的方式为产业经济学做出了贡献，这种方式对马歇尔很有吸引力。[4]还有其他成就较小的人物，以及成了经济史学家的学生。他们包括：克拉彭，他在马歇尔退休的那一年从利兹大学回到剑桥大学；多伦多大学的劳埃德；卡迪夫大学的汉密尔顿；1911 年去了贝尔法斯特大学的梅雷迪思；以及在阿伯里斯特威斯大学先后教授政

[1] G. 贝卡蒂尼，《阿尔弗雷德·马歇尔和老剑桥经济学派》，第 297 页（由作者意译）。

[2] 同上。

[3] 见上文，第 17 章，第 649 页；大卫·科拉德，《马歇尔之后的剑桥》，第 182–183 页，以及我的《阿尔弗雷德·马歇尔与剑桥经济学荣誉考试的设立》，第 650 页。

[4] 见上文，第 15 章，第 552–553 页；F.S. 李，《D.H. 麦格雷戈和企业》，油印本，1985 年 9 月由他热心地提供给作者。

治科学和政治哲学的詹金－琼斯。[1]

除了当时马歇尔对梅纳德·凯恩斯的非正式教学，在马歇尔的教授下，经济学荣誉考试产生了两位在一段时间内成了大学教师的学生：沃尔特·莱顿和林达·格里尔。林达·格里尔在1908年的经济学荣誉考试中名列第一，她在利兹大学继续学术生涯，后来又去了牛津大学。1915年，她短暂地在剑桥大学教书，顶替当年因财政部工作压力而无法授课的梅纳德·凯恩斯。[2] 沃尔特·莱顿是马歇尔任教时经济学荣誉考试中最优秀的男毕业生，从1908年到第一次世界大战开始，他一直在剑桥任教。他是一位具有马歇尔风格的实践型经济学家，热衷于将事实和理论结合起来。作为一名本科生，他于1905年
756 为《经济学杂志》撰写了一篇关于阿根廷作为英国粮食供应来源的文章。在担任剑桥大学讲师期间，他出版了两本专著，即1912年的《价格研究导论》和1913年的《劳资关系》。随后，他转行担任公务员，曾短暂担任钢铁联合会主席，在国际联盟工作过一段时间，之后进入新闻界工作，最初担任《经济学人》的编辑，后来担任《新闻纪事报》的主席。莱顿在学术上的杰出成就在于他的《价格研究导论》，这本书的序言表达了他“对阿尔弗雷德·马歇尔博士的教导和启发的感激，这对所有熟悉英国近期经济思想的人来说都是显而易见的”。[3]

费伊是这一代人中另一位重要的马歇尔的学生，他是通过历史学荣誉考试学习经济学的。再加上他缺乏理论才能，因此并不令人惊讶的是，他后来在加拿大的教学和写作回到了1700年后的经济史，尽管他在担任剑桥荣誉考试教

[1] * 克拉彭已经在这几页里多次出现；1928年，他成为剑桥大学经济史教授，这是一个马歇尔会鼓掌欢迎的任命。1922年，他在《经济学杂志》上发表了著名的论文《空的经济学盒子》，批评剑桥的一些理论宣言缺乏对现实的关注，其视角是马歇尔也会赞同的。其他人则不那么引人注目。H.O. 梅雷迪思于1911年至1946年在贝尔法斯特大学担任经济学教授，撰写了一本关于经济史的著作；劳埃德于1909年至1915年在多伦多大学担任经济学教授，也出版了一本经济史专著，之后回到英国，在公职部门谋得一份事业；C.J. 汉密尔顿于1902年至1908年在卡迪夫大学担任经济学讲师，之后担任了一段时间的公职，1912年被任命为牛津大学邓金讲师（Dunkin Lecturer），后来在加尔各答（1913–1918年）和巴特那从事经济学学术研究。威廉·詹金－琼斯于1904年至1912年在阿伯里斯特威斯大学教授政治学，最后四年担任教授，然后转而教授哲学，1912–1932年担任哲学教授。

[2] 参见丽塔·麦克威廉斯－塔尔伯格，《马歇尔的最后一讲》；大卫·科拉德，《马歇尔之后的剑桥》，第170页。

[3] 大卫·科拉德，《马歇尔之后的剑桥》，第175–176页；W.A. 莱顿，《价格研究导论》，伦敦：麦克米伦出版社，1912年，第vi页。

师的短暂时期教授过普通经济学。如前所述，在马歇尔的直接影响下，他对重要的马歇尔式主题（例如合作以及《十九世纪的生活与劳动：1800 至 1850》）进行了历史性的和国际性的比较研究。[1] 贝尼恩斯和费伊一样，也属于这一类人：他是马歇尔的学生，他对马歇尔的教学的回忆被保存在庇古的《纪念集》中，他曾为经济学荣誉考试短暂授课，然后继续留在剑桥，并成了马歇尔当年所在的圣约翰学院的院长。[2]

一些学生撰写的专著是他们的成果中最受马歇尔重视的部分，特别是，如果它们像查普曼的作品那样，具有"既是对人类生活的现实主义的—印象主义的研究，又是经济学论文"的品质。事实上，在剑桥学派创立之初，马歇尔的学生们创作的正是这样的作品。除了前面提到的查普曼、庇古和费伊的作品外，它们还包括佩西克－劳伦斯的《工资的地区差异》（1899）和鲍利的《19 世纪英国的工资》，"正如马歇尔会说的那样，它们是真正的和适当的经济学的例子，可以与美国和德国的事实研究相媲美"，而且常常受到科布登征文比赛或马歇尔自己的亚当·斯密征文奖的启发。[3]

在马歇尔担任剑桥大学教授的最后十年里，他教过的最重要的经济学家是梅纳德·凯恩斯。凯恩斯从 1908 年到 1914 年为经济学荣誉考试授课，通过这种方式，他和庇古一起成了创建一个更年轻的剑桥学派的主要纽带，这些更年轻的学生不是被马歇尔本人，而是被他的主要学生引入了马歇尔的道路。众所周知，凯恩斯没有正式的经济学文凭。他的正式的经济学训练包括参加马歇尔和庇古的讲座，并接受了他们一个学期左右的指导，再加上大量的阅读，其中包括马歇尔的主要著作。[4] 凯恩斯自 1908 年开始在剑桥教授经济学以来与马歇尔的持续联系，他父亲在这个问题上的明确指导，以及最重要的是，马歇尔的经济学作为理解经济实际运行方式的工具对他的吸引力，这些都使得年轻的凯恩斯成了马歇尔的坚定追随者。这超越了对马歇尔学说的一般性接受。例

[1] 大卫·科拉德，《马歇尔之后的剑桥》，第 176–177 页，在此背景下对费伊作了简要的评价。他的结论是，费伊在很大程度上并不运用马歇尔式的方法，因为他更多的是一个讲故事的历史学家，而不是一个科学研究者，但这一结论对于费伊的前两项研究（关于合作以及关于生活与劳动的研究）来说并不完全正确。

[2] 上文引用了贝尼恩斯对马歇尔教学的评价，第 10 章，第 314 页。关于他在经济学荣誉考试中的教学，见第 15 章，第 552 页。随后，他回到了历史领域，先是作为学院讲师，然后是大学讲师（1926–1934 年）。他于 1933 年当选为圣约翰学院院长，并于 1939 至 1942 年担任剑桥大学副校长。

[3] G. 贝卡蒂尼，《阿尔弗雷德·马歇尔和老剑桥经济学派》，第 298–299 页。

[4] 上文讨论过，第 15 章，第 553–554 页。

如，它在凯恩斯身上培养了一种对待学生的马歇尔式态度：对他们非常忠诚，愿意通过讨论和辩论的方式进行教育，特别是通过这种方式培养和鼓励年轻
757 人。这在凯恩斯为那个非常马歇尔式的事业即《剑桥经济学手册》撰写的引言中有所体现：

> 经济学理论并没有形成一套可立即应用于政策的固定结论。它是一种方法而非学说，是一种得出正确结论的工具……它的表达方式远不如数学和科学技术所提供的那些表达方式精确……现在，职业经济学家的主要任务，要么是获取有关事实的广泛知识，并施展将经济学原理运用于其上的技巧，要么是以一种清晰、准确和富有启发性的方式阐述其方法的要素……甚至在原则问题上，教授们的意见也没有完全一致。一般来说，这些卷的作者们认为自己是剑桥经济学派的正统成员。无论如何，他们关于这一学科的大部分想法，甚至他们的偏见，都可以追溯到他们与两位经济学家的著作和讲座的接触，这两位经济学家在过去的五十年里对剑桥的思想产生了深刻的影响，他们是马歇尔博士和庇古教授。[1]

尽管在凯恩斯作为经济学家的成长过程中，庇古无疑是重要的，但马歇尔的影响始终占据主导地位。凯恩斯在《剑桥经济学手册》的引言中强调经济学相对不精确的优点，这与庇古在撰写理论时喜欢沉溺于形式上的数学化形成了鲜明的对比。正如维齐敏锐地指出的那样，庇古试图将他的体系中的那些“马歇尔所留下的不整齐的和有所暗指的”部分以一种使它们变得明确、精确、“清晰，并且常常是平庸的”方式呈现出来。[2] 剑桥学派创始人之间的这种风格差异在1905年莱顿参加的讲座中就已经很明显了；而庇古试图通过简化来整理马歇尔的理论，这在好几个有记载的场合惹恼了马歇尔本人。[3] 这凸显了马歇尔和马歇尔主义者之间的重要区别，特别是那些发展了庇古的整齐的定理的马歇尔主义者，这些定理的实际基础在马歇尔留给学生的关于原理和应用经

[1] 约翰·梅纳德·凯恩斯，引言，D.H. 罗伯逊，《货币》，《剑桥经济学手册》，剑桥：剑桥大学出版社，1922年，第v–vi页。从他写给H.D. 亨德森（1922年1月10日）和D.H. 罗伯逊（1922年1月14日）的信中可以看出，马歇尔本人对《手册》印象深刻。

[2] 约翰·维齐，《凯恩斯与剑桥传统》，《观察者》，1976年5月29日，第20页。

[3] 见上文，第17章，第805页及其脚注[5]。

济学的著作中只是部分地可见。在这一背景下，维齐对凯恩斯和剑桥学派的论述继续对马歇尔和庇古作出区分。

> 凯恩斯全盘接受了马歇尔，尽管他拒绝接受庇古提出的两套学说。其一是对价格体系的过分崇敬；他认为价格是不是最佳配置机制纯粹是一个实用问题。其二，更重要的是，他遵循了马歇尔关于利率和货币的暗示和不系统的观念，进而拒绝了如下观点，即只要工资水平足够灵活，资本主义就倾向于维持一个均衡就业率。[1]

虽然在某种程度上有所夸大，但维齐的论述抓住了马歇尔和庇古这两位影响凯恩斯的人物之间的重要差异。这些差异表明，马歇尔像一位说谚语的先知，但他的信息却落在了自己国家的贫瘠土壤上，这里指的是庇古所发展的剑桥经济学。庇古丢失了马歇尔关于方法、概念化、抽象的本质、风格和视野的部分信息，本章末尾将简要探讨马歇尔经济学遗产中的这些问题。凯恩斯的《通论》比庇古的著作包含了更多的马歇尔思想，因此马歇尔实际上受到的批评远少于庇古。凯恩斯本人在《通论》日文版的序言中含蓄地对两者进行了 758
区分：

> 阿尔弗雷德·马歇尔——所有当代英国经济学家都是在他的《经济学原理》的基础上成长起来的——特别煞费苦心地强调他的思想与李嘉图的思想的连续性。他的工作主要是把边际原理和替代原理嫁接到李嘉图的传统上；而他关于作为一个整体的产出和消费的理论，与他关于某种特定产出的生产和分配的理论不同，从未被单独阐述过。他本人是否觉得需要这样一种理论，对此我不敢肯定。但是，他的直接继承者和追随者们肯定已经放弃了这一理论，而且显然没有感觉到这一理论的缺失……[2]

凯恩斯的评论聚焦在从马歇尔的经济学中得出的结论的不确定性上，这在

---

[1] 约翰·维齐，《凯恩斯与剑桥传统》，第 20 页。

[2] 约翰·梅纳德·凯恩斯，《就业、利息和货币通论》，《约翰·梅纳德·凯恩斯文集》，第 7 卷，伦敦：麦克米伦出版社，1973 年，第 xxix 页（引文中的强调为作者所加）。

他的一些更直接的继承者的工作中是缺失的。当然，这并不是说，马歇尔有意识地、完全地抛弃了萨伊定律，拒绝让利率在平衡资本市场的运作方面发挥作用，或者把储蓄视为积累和增长的结果而非引擎。正如根岸（Negishi）在从正统经济学中区分出一个非瓦尔拉斯传统时所论证的那样，凯恩斯式的宏观经济学有着重要的马歇尔式的基础。其中有两个方面比较突出。其一，与洛桑学派的同代人相比，马歇尔对市场出清的优点的重视程度较低。其二，他对经济生活和经济活动的货币本质的认识比同时代的大多数人要深刻得多。[1]

尽管有必要将马歇尔与以庇古为代表的马歇尔主义者区分开来，但他的工作对他退休后的第一批经济学荣誉考试的学生的影响是巨大的。通过剑桥经济学家培养剑桥经济学家发生在第一次世界大战之前，当时凯恩斯和莱顿偶然地在经济学教学中占据了比庇古更重要的地位；[2]在这个过程中，1911 年培养出了拉文顿和肖夫；1912 年，休伯特·亨德森和丹尼斯·罗伯逊；1913 年，克劳德·吉尔博；1914 年，P. 萨金特·弗洛伦斯，他被誉为丰收之巅。马歇尔思想上的孙辈是由他的隔了一代的学生们培养出来的，在贬义和更一般的描述性意义上，他们都比马歇尔更马歇尔主义。贬义是恰当的，因为至少他们中的某些人，在某些时候，接受了一种近乎宗教教条的马歇尔主义信仰；描述性意义也成立，因为他们接手并发展了庞大的马歇尔式研究项目，这一项目是“大师”遗留下来的未完成的工作。

贬义的“马歇尔主义”可以用来形容剑桥学派的这些早期成员，这种“贬义”在拉文顿的讣告中得到了极端的体现：

> 拉文顿是剑桥最正统的经济学家。有些人认为，整个剑桥学派都被马歇尔的教导所支配，马歇尔的分析的确被广泛接受为经济思想的背景。但拉文顿走得比这更远。他好像几乎相信马歇尔的《经济学原理》的字面灵感。他自己关于资本市场的著作旨在填补马歇尔的广阔图景中的一个角落的细节，但他认为，经济分析的工作实际上已经被马歇尔一劳永逸地完成了，只剩下将这种分析应用于实际问题的工作

[1] 根岸，《宏观经济学的马歇尔式基础》，载于《非瓦尔拉斯传统的经济理论》，纽约：剑桥大学出版社，1985 年，第 169–181 页。

[2] 大卫·科拉德，《马歇尔之后的剑桥》，第 167–172 页；罗伯特·斯基德尔斯基，《约翰·梅纳德·凯恩斯：希望破灭 1883–1920》，第 209–214 页。

还有待完成。“一切都在马歇尔那里”是他最喜欢的格言之一。[1]

其他人也同样倾向于夸大对“大师”的忠诚。D.H. 罗伯逊晚年出版的《经济学原理讲义》就是一个鲜明的例子。这些讲义骄傲地、毫无顾忌地宣扬自己的马歇尔血统： 759

> 马歇尔的著作已经有六十多年的历史了，其中的部分内容自然也证明了这一点。但从来没有人能成功地取代它，每次看到它，我都会再次为它的新鲜和智慧感到惊讶。但这是一本具有欺骗性的书。以下是庇古在马歇尔逝世后不久发表的一篇演讲中对它的评价。第一次读《经济学原理》时，一个人很容易认为这一切都是显而易见的。第二次读的时候，他就会瞥见这一事实，即他根本不理解它。如果一个人读了其他关于同一主题的书，然后再回到这本书，那么在读到第三或第四遍时，他就会发现在那些老套的句子中，困难被面对和解决了，而在其他地方，这些困难根本没有被察觉到，或者被模糊地掩盖了。一个人会在流畅的句子背后发现一台由抛光的钢铁制成的引擎，而那些句子就像门面一样隐藏着它……当一个人发现自己事先并不知道马歇尔要说的一切时，他就向成为经济学家迈出了第一步！但是马歇尔的书，即使在它所涉及的范围内——在阅读它的时候，重要的是要记住，它旨在成为三或四卷书中的第一卷——也需要在某些主题上进行补充。[2]

吉尔博也是如此。1952 年，他认为马歇尔的《经济学原理》不能被最终荣誉学生忽视，因为它具有锻造理解实际问题的工具的品质，它与动态和变化的力量有很强的联系，并且如果有与现实脱节的风险时，它不愿意将理论推向

[1] H. 赖特，弗兰克·拉文顿的讣告，《经济学杂志》，1927 年，第 504 页，转载于大卫·科拉德，《马歇尔之后的剑桥》，第 180 页。

[2] D.H. 罗伯逊，《经济学原理讲义》，平装版，伦敦：丰塔纳出版社，1963 年，第 12 页；并参见他 1954 年 11 月 3 日写给 H.M. 罗伯逊的信，载于 H.M. 罗伯逊的《从分配理论来看阿尔弗雷德·马歇尔的目标和方法》，*AMCA*，I，第 364 页。J.R. 普雷斯利，《罗伯逊的经济学》，伦敦：麦克米伦出版社，1978 年，第 86 页和注释 63 指出，马歇尔至少两次写信给丹尼斯·罗伯逊，祝贺他出版了自己的两本书：1915 年的《产业波动研究》和 1922 年的《货币》。

其逻辑结论。更有趣的是，吉尔博表达了一种普通学生的观点，即关于马歇尔的经济学，“没有什么需要忘掉的”。[1] 在吉尔博一定程度上不加批判的忠诚中存在真理的要素，它来自马歇尔的书在经济学方法和范围方面的品质。

与凯恩斯和庇古一起，这群一战前的剑桥经济学学生在以下意义上也是马歇尔主义者，即他们积极地致力于马歇尔式的研究议程。马歇尔多年来教授经济学原理的课程大纲设定了这一研究议程，其重点是一些具体问题，包括以下领域中的应用和理论问题：货币经济学，国际贸易理论与政策，商业波动，劳动经济学，公共财政和经济进步，社会主义经济学和国家在经济生活中的作用，产业结构和组织，财富和福利。这些问题中，只有少数几个在马歇尔已出版的著作中得到了讨论；他的教学则指出了许多有待解决的问题。更重要的是，它表明了经济研究事业具有“佩内洛普之网”的特质。现代世界的快速变化使得他在自己的《产业与贸易》中对现实主义的追求陷入了困境，并使得经济学家的研究变成了一项持续进行的任务，如果它要与给理论和分析以必要的现实气息的事实保持接触的话。这种与现实世界的持续接触不仅对经济学的解释力至关重要，而且对将其内容应用于社会和其他问题也至关重要。[2] 马歇尔本人在给费伊的信中写道，经济学的这一方面，即其研究对象的持续变化，使它如此令人着迷：“一想到它我就变得疯狂。我相信它将把我的可怜的《经济学原理》以及许多可怜的同类著作变成废纸。我对它想得越多，就越难以猜测五十年后的世界将会是什么样子。”[3]

760 马歇尔的经济学著作不仅对剑桥的经济学家有影响，它们还影响了经济史、社会学甚至地理学。马歇尔在剑桥的教学启发了一批学院派经济史学家，他们已经被提到过。值得注意的是，就连庇古有时也会大胆地为他所谓的当代英国经济史做出贡献；而许多历史学家仍然高度重视马歇尔的部分见解。[4] 塔

[1] C.W. 吉尔博，《当代思想中的马歇尔经济学原理》，《经济学刊》，1952 年 5 月，载于 *AMCA*，Ⅱ，第 186–187 页。

[2] 彼得·格罗尼维根，《阿尔弗雷德·马歇尔与剑桥经济学荣誉考试的设立》，第 650 页。上文在讨论马歇尔的教学的背景下探讨了那项研究计划的种子，参见第 9、10 和 15 章，特别是第 285–289、317–320 页。

[3] 马歇尔致费伊的信，1915 年 2 月 23 日，载于《纪念集》，第 490 页。

[4] 见上文，第 755 页和注释 *，并参见例如庇古的《1918–1925 年英国经济史各方面》，伦敦：麦克米伦出版社，1946 年。较近期的评价参见 B. 格拉斯博纳，《阿尔弗雷德·马歇尔论经济史和政治发展》，*AMCA*，I，第 256–274 页，以及 R.C.O. 马修斯和 B. 萨普勒，《经济自由的考验：马歇尔论经济史》，《政治经济学史札记》，IX（2–3），1991 年，第 189–214 页。

尔科特·帕森斯在 20 世纪 30 年代早期对马歇尔著作中丰富的社会学元素进行了详细阐述，而在此之前和之后，这种社会学元素得到了韦伯夫妇等有才能的社会研究者的赞赏。[1] 最后但并非最不重要的是，剑桥地理学在其存在的早期与经济学荣誉考试大纲的联系无疑在其后来的发展中留下了印记。例子包括它“对人文地理学的真正关注和重视……对过程研究的开创性关注……以及对田野工作的高度重视”。它与剑桥经济学的联系同样可以从 19 世纪 80 年代最初的教学大纲包含的经济和商业地理学中看到，而这种联系在马歇尔对气候和地理在经济解释中的重要性的意识中得到了回应。[2]

最后，我们的考虑越来越多地集中在马歇尔工作中更持久的方面。这些方面内在于他研究经济学的风格中，并在他的经济学著作中继续存在，尽管其中的一些著作在关乎当代经济现实方面现在是“废纸”了。马歇尔著作中的这些经久不衰的特点赋予了它经典的品质，即不断地以各种方式影响着人们思考当今经济问题的方式。马歇尔著作中的这种方法论遗产具有多个维度，这些维度仍然充满活力。其中一些可以作为他在著作中留下的持久遗产的更具体特征来简要地讨论。

首先，经济学需要不断地与事实保持接触，即使仅仅是因为其内容本身会随着事实的变化而变化。这是经济学作为一门道德和社会科学从总体上区别于“自然科学”的特点，也是马歇尔将经济生物学视为优秀经济学家的圣地的原因。它使马歇尔经济学的形式充满活力，尽管其实质很难达到这一点。它赋予了马歇尔经济学的形式一种动态的品质，即使其实质几乎从未真正实现过这种品质。在基础的层面上，从马歇尔本人对时间问题的一贯强调以及这给经济学论证带来的困难中可以看出这一点。不断提醒人们注意这一重要特征，对经济学只有好处。

其次，马歇尔强调有用的抽象，这在他强调局部均衡的效用上是显而易见的。这也给他的经济学带来了很大的不精确性，并以一种不确定的方式扩大了它的范围，因为这使得它能够纳入与手头问题相关的特征，并允许术语的弹性，而这使许多人感到困惑。换句话说，按照马歇尔的说法，经济学的精确性

[1] 亦即，T. 帕森斯，《马歇尔的需求与活动》，以及《经济学与社会学》，*AMCA*，I，第 179–231 页。一个较近期的评价参见约翰·惠特克，《阿尔弗雷德·马歇尔的经济和社会思想的一些被忽视的方面》，同上，第 453–486 页。

[2] D.R. 斯托达特，《剑桥地理学一百年》，载于《牛津和剑桥的早期地理学》，第 24–32 页，特别是第 24、31 页。

只能通过过度简化来实现，这要么否定了一个命题在应用中可能具有的任何重要性，要么把它变成了平庸的琐事。数理经济学固有的抽象性特别容易造成这种后果，其实践者需要永远警惕这种类型的局限。这同样适用于无时间性的一般均衡分析中空洞的形式主义：其整齐的定理只不过是“多中有一,一中有多”的优雅提醒，对于把握真正经济问题的解决方案几乎没有实用价值。

761 再次，马歇尔关于经济学目标的观点从未受到规范 / 实证经济学的实证主义议程的限制。马歇尔（与杰文斯和麦克劳德一起）将他的学科名称从政治经济学改为经济学，这一事实在某些圈子[1]里被夸大了；在《经济学原理》的第一篇中，他的研究议程非常明确地涵盖了解释和规定这两个方面。在马歇尔看来，经济学家不仅要解释他们的世界，他们还有一种明确的责任，即帮助世界变得更好。在此背景下，马歇尔对消费者剩余寄予了很高的希望，尽管这些希望因为他日益认识到消费者剩余存在的实际问题和困难而破灭了，这说明了马歇尔思想中解释和变革工程之间的辩证关系。

最后一点需要加以说明，因为它过于经常地被误解。马歇尔之所以放弃“政治经济学”一词，而选择经济学作为他著作的标题，主要是因为他担心，强调“政治”一词有可能使该学科与党派政治的考虑不可取地联系在一起，而不是与国家目标联系在一起。[2]马歇尔从未打算将改变学科名称作为一种手段，来缩小该学科的范围，或人为地将其划分为“艺术”和“科学”。马歇尔为该学科设定的社会目标十分广泛，以至于不允许这么做；他完全赞同穆勒对孔德的指责，即“一个人如果除了是经济学家之外什么都不是，就不太可能成为好的经济学家”。[3]这并不是否认，在这个问题上，就像在许多其他问题上一样，马歇尔的目标是矛盾的；有时，特别是当符合他的论点时，他可以支持经济学家作为经济学家的立场。例如，他在 1874 年的《蜂房报》上就这个问题进行的争论，以及很久以后，他为证明自己参与 1903 年关税争议的合理性

[1] 参见彼得·格罗尼维根，《什么是政治经济学？》，《方法》，4（1），1992 年 6 月，第 16–18 页和那里引用的参考文献，还可见上文，第 12 章，第 413–415 页所示。

[2] *EOI*，第 2 页：马歇尔致埃德温·坎南的信，1902 年 9 月 22 日，英国政治和经济科学图书馆（坎南文件）。

[3] *P* Ⅷ，第 771 页；约翰·斯图亚特·穆勒，《奥古斯特·孔德与实证主义》，伦敦：特鲁伯纳公司，1882 年，第 83 页。值得注意的是，马歇尔的参考页码和对穆勒的引用都不准确，这表明他对这种意义上的学术是多么不关心。

做出的权威声明。[1] 马歇尔将经济学描述为伦理学的侍女，这并非没有道理，他还在《经济学原理》的前几章中提出了一个研究议程，其中既包括社会问题，也包括现在所谓的纯粹经济问题，因此解释了为什么他在某个时期把他的学科戏称为社会经济学。[2]

最后，马歇尔认为经济学是一个“工具箱”，是一种思维方法。它不是一套现成的命题体系，经济学家据此可以把世界变成教科书中的形象。这个工具箱可以对相关因素进行系统的分类，并选择合适的分析方法。《经济学原理》提供的基础将这些因素概括为供给和需求、生产和消费、活动和需要的力量。这种分类显示出相互依存的问题：消费影响生产，正如生产决定消费；供给决定需求，需求决定供给；活动产生需要，正如需要产生活动。不用说，马歇尔主义体系只是在最大胆的假设下，将供给和需求简化为价格的简单函数关系，因此很难使用，也很难以有意义的方式应用。价值理论并不是相对价格决定的简单速记；对马歇尔来说，它是用来描述他的两组经济原因和结果的复杂内容和动态的相互依存的速记。

这位逝世于 1924 年 7 月的剑桥经济学家仍然通过他的著作和他向更有能力的学生灌输的方法而活着。马歇尔留给剑桥学派的遗产仍然是剑桥学派最宝
贵的特质之一，只要它不像偶尔发生的那样沦为一种贫瘠的教条主义。这种关 762
于范围和方法的教条主义无论如何都与这位贝利奥尔庄园的长期居民格格不入，他在这些问题上对批评很敏感，对争议很警惕，他尽可能地坚持自己的方法和道德原则，而这对他的同时代人和只能从他的著作中了解他的后人来说显得令人恼火。尽管有这些失败，他的一些遗产仍然是无价的，并将“像活着的酵母一样，不断地”发酵经济学宇宙。[3]

---

[1] 见上文，第 16 章，第 574–575 页，第 11 章，第 389 页。

[2] 对于更详细的讨论，参见 A.W. 科茨，《马歇尔论伦理学》，载于《阿尔弗雷德 · 马歇尔回顾》，第 153–177 页，以及斯蒂芬 · 科利尼、唐纳德 · 温奇和约翰 · 伯罗，《那门高贵的政治科学》，剑桥：剑桥大学出版社，1983 年，第 10 章，特别是第 332–336 页。

[3] 略微改编自马歇尔致詹姆斯 · 博纳的信，1898 年 11 月 27 日，载于《纪念集》，第 374 页。

766

第 21 章　十全十美或一无是处：马歇尔的性格之谜

琼·罗宾逊经常被引用的一句话是："我对经济学了解得越多，就越钦佩马歇尔的头脑，而越不喜欢他的性格。"[1] 研究马歇尔生平的传记作者也遇到了类似的问题。前几章已经表明，除了马歇尔构建经济学的方式（这是琼·罗宾逊的抱怨的具体原因）之外，还有其他一些事情让人不喜欢马歇尔的性格。这样的例子很容易找到。他对女性的态度；当他认为有必要时，他会无情地把友谊和真理放在一边；他在争论中对"事实证据"的偶尔漫不经心的态度，以及在需要时捏造证据的能力；他对待前辈的态度从极端的过分慷慨到彻头彻尾的吝啬不一而足；他在为出版而写作时，用的是费力、模糊和净化过的散文，而他的私人信件则更为随意，他在其中总是直言不讳；他在与同事打交道时的专制倾向，尤其是当他处于权威地位时；他的虚荣心、假谦虚和自负的自我中心。人们很容易建构一幅毫无吸引力的画面，将马歇尔描绘成一个常常很不讨人喜欢的人。马歇尔在各种环境下的生活已经充分例示了为这种建构提供依据的行为。

幸运的是，对于传记作者来说，这个人的故事远不止这些。前面的段落所描绘的绝不是马歇尔复杂人格和性格的全貌。被忽视的重要特点包括：马歇尔经常表现出的慷慨，他的人道，他的鼓舞他人的品质（这使他成为一名优秀的教师），他的热情好客，他愿意为广泛的公益事业提供帮助，他在许多问题上不拘泥于教条因而思想开放，他对那些他关心和感到负有责任的人以及他所认

[1] 琼·罗宾逊，《论重读马克思》，剑桥：学生书店有限公司，1953 年，第 14 页。

为的更广泛的社会利益有着强烈的依恋和忠诚。过去对马歇尔的描绘强调的是教师、道德家、行善的科学家、疑病症患者、坚定不移的传教者、妥协者、综合者、浪漫主义者、理想主义者、厌女者、误入歧途的数学家、哲学家、制造混淆者、顾家的人、忠诚的丈夫、旅行家，以及最重要的，伟大的经济学家。难怪马歇尔的性格被形容为一个“非凡的谜”：[1] 部分可见，部分隐藏，偶尔露出自己的身影，经常是矛盾的，经常是不可能概括的，但又表现为一个由诸多相互冲突的品质所构成的相互依存的整体，这使他的复杂人格远不容易理解。他是一个十全十美的人吗，还是一无是处？

到目前为止，对这个问题的回答都是在马歇尔的活动的框架内隐含地给出的。实际上，出于必要，这些回答都把注意力集中在成熟的马歇尔身上。阅读哲学、心理学、历史学和经济学的年轻的学院研究员和研究生，不定期地出版专著和文集的经济学作家，经济学教师和大学行政人员，政府调查的参与者，以自己的方式参与所在社会的政治和制度的人，这些我们都遇到过。此外，对 767
于作为丈夫、旅行家、有社会良知的人、通信人、朋友、叔叔、侄子和儿子的马歇尔，我们有一瞥之见，在可能的情况下也有更长久的观看。这些关于马歇尔的生活的图景中有许多是不完整的。在某些情况下，它们实际上不存在。人们对作为儿子的马歇尔所知甚少，对作为兄弟的马歇尔所知更少；作为学童和本科生的马歇尔都是模糊的形象，只有从他们的背景和历史保存下来的他们存在的闪光中，才能获得生命的表象。因此，很难从他的青年时代建构出这个人的形象；事实上，在马歇尔的例子中，相反的说法似乎更贴切。

因此，有必要对马歇尔这个人作一个总体的回顾，部分是根据已经考察过的活动，部分是根据他的生活细节，这些细节太小，无法单独成章。这进一步消除了马歇尔经常隐藏自己的伪装。为了消除与一位伟大经济学家不相称的特征，强调与历史和他本人赋予他的角色相称的特征，马歇尔有时会戴上方便的面具。马歇尔本人通过选择他希望为后世留下的东西，为关于马歇尔的迷思做出了巨大贡献，在这一过程中，他的一些得意门生为他提供了有力的帮助和怂恿。我们需要尽可能地探究这些迷思。正如马歇尔自己一直强调的那样，他的活动塑造了他的本性和性格；他所处的环境和时代对他的塑造达到了非凡的程度，这使得从已知的一点点东西中发现隐藏的东西变得更加重要。

---

[1] 奥斯汀·罗宾逊爵士，《评玛丽·佩利·马歇尔的〈我的回忆〉》，第 123–124 页。

眼睛炯炯有神的小个子男人

由于无法亲眼见到马歇尔，他的形象只能从他的照片和流传下来的为数不多的对他的外貌的描述中构建出来。这些描述往往把注意力集中在他身材矮小的外表上，那双“闪闪发光的眼睛”是这个人最显著的特征。“一个身材瘦小的男人，留着浓密的胡子和长长的头发，有着紧张的动作，敏感而不健康的苍白肤色，一双异常敏锐而善于洞察的眼睛……［全然是］年轻人的纤弱体态”，这是比阿特丽斯·韦伯在1889年的一次合作社大会上对他的评价。[1] 霍利约克同样回忆起那次大会上马歇尔纤细的身材和年轻的外表，还提到了他在讲台上的威严仪态，但没有提到他那双富有表现力的眼睛。[2] 八年前，也就是马歇尔的肾结石首次被诊断出大约一年之后，威廉·拉姆齐将马歇尔描述为“一个瘦削的苦行僧，只有头脑，没有身体”，这一外貌描述显然与马歇尔当时仍在从中恢复的疾病有关。[3] 贝尼恩斯回忆起马歇尔走进教室时的神态：“他的头向前低着，好像在思考，有点慌乱地登上讲台，靠在桌子上，双手紧握在身前，蓝色的眼睛闪闪发光……他带着全神贯注的表情演讲着，眼睛望着房间远处的一个角落。”[4] 这是1900年至1901年的事，当时马歇尔57岁，但这幅画面与其他人在教室里记下的不那么详细的画面完全吻合。

一位来自布里斯托的熟人在马歇尔最后一次疾病发作之前的1924年4月见到了他，他对马歇尔在不同场合下的外貌进行了比较：“在我看来，他看起
768 来和我第一次认识他的时候并没有太大的变化。他的身体还是那样虚弱——但却充满勇气，他脸上的神情还是那样热切，他的声音还是那样令人难忘。”在此之前，他曾回忆道：“马歇尔教授看起来是，而且我想他一直是一个非常纤弱的人。早年在布里斯托的时候，我曾经看到他在阳光下的阿普斯利路上走来走去——我想那是在3月，因为我清楚地记得，番红花开在道路向阳的那一边。不知怎的，我把它们和他联系在了一起。我当时看着他，好像一阵狂风就

[1] 比阿特丽斯·韦伯，《我的学徒生涯》，第415页。

[2] 上文第13章第456页引用过。

[3] 威廉·拉姆齐致母亲的信，1880年3月16日，拉姆齐文件，伦敦大学学院。

[4] E.A. 贝尼恩斯，《回忆》，载于《纪念集》，第78页。

会把他吹走似的。”[1]

在许多方面，照片记录同样贫乏。[2][3]保存下来的几张马歇尔男孩和青年时期的照片特别有趣，这个时候马歇尔还没有长出在 19 世纪 80 年代末给比阿特丽斯·韦伯留下深刻印象的“浓密的胡须”。马歇尔 12 或 13 岁时的学校照片显示了他那熟悉的高眉毛，浓密的头发，还有相当程度的“婴儿肥”（尽管他在学校里的绰号是“牛油蜡烛”），这通常与青少年时期联系在一起。这张照片的一个有趣的特点是手的摆放位置很别扭，传达了被摄者的一种普遍的焦虑感。在这种情况下，他的手该怎么办，这一直困扰着马歇尔的余生。1908 年，在罗森斯坦为马歇尔绘制官方肖像的初步准备阶段，马歇尔向他吐露了这些担忧，这也是几乎所有保存下来的马歇尔全身照片中的尴尬之处。马歇尔的双手要么是人为地摆出动作姿势（模拟阅读、写作、紧握巴斯轮椅或雨伞），要么是笨拙地交叉放在一起，就像在 1877 年与玛丽·佩利·马歇尔一起在婚礼后拍摄的照片中那样。这表明马歇尔有一种“神经质的焦虑”，一种不安全感，这可以用他纪律严格的成长经历来解释，而他被迫混迹于剑桥这个相当势利的环境中又加剧了这种不安全感，这个环境中的人主要来自远高于他自己的社会阶层的圈子。

马歇尔 20 多岁时的两张照片也被保存了下来。其中一张是 1865 年马歇尔 23 岁时在克利夫顿学院拍摄的全身照，照片中的他破天荒地摆出了随意和放松的姿势。这张照片显示，和其他硕士们相比，他具有中等身高。马歇尔的穿着优雅而时尚，浅色长裤，深色马甲和夹克，飘逸的毕业礼服漫不经心地穿在身上，类似于戴金斯的装束。就连马歇尔的学位帽看起来也潇洒地歪戴着。这是英俊的数学荣誉考试第二名马歇尔，那时他的智力成就很稳固，在同龄人中间游刃有余，满怀信心地期待着那年晚些时候当选为学院研究员将给他带来的

[1] G.H. 伦纳德，《大学学院：早期岁月的迷人素描》，《布里斯托时报与镜报》，1925 年 6 月 6 日；G.H. 伦纳德，致《布里斯托时报与镜报》的信，1924 年 10 月 8 日。

[2] 本段及随后两段讨论的照片均收录在本卷书中；按照讨论顺序依次为图 11、12、13。

[3] * 1901 年，马歇尔写信给伊利说，他发现“拍照很讨厌”，而且没有他的大幅照片或版画。这封信是对伊利要求提供一张照片的回应，伊利在信中提到了他看见的一张马歇尔的大幅照片。马歇尔解释说，这是为了特殊目的而放大的一张小照片，是“非常糟糕的东西”（马歇尔致理查德·伊利的信，1901 年 11 月 23 日，伊利文件，威斯康星历史学会）。八年前，他回复了陶西格的一个类似的请求，“我的脸很难看；我的照片很丑，但如果你想要它，并且愿意以金甲换铜甲，也就是说，愿意把你的照片给我，我就做这笔好买卖”（马歇尔致 F.W. 陶西格的信，1893 年 11 月 22 日，陶西格文件，哈佛大学档案馆）。

独立，而当选几乎是板上钉钉的。1869 年，马歇尔为一个不知名的场合拍摄了一张更为正式的肖像，照片中的马歇尔是一位认真的道德科学新讲师。马歇尔的头发很短，整齐地向后梳着，轮廓清晰的面庞把人们的注意力吸引到高额
769 头和不太突出的下巴上。尽管他 27 岁了，但面容仍然很年轻。这是马歇尔胡子刮得干干净净的最后一张照片，它有助于解释为什么他后来蓄起了小胡子。这肯定会使这位新讲师给人留下的由印象年轻变得更成熟，从而增加他的权威。马歇尔究竟是什么时候留的小胡子，历史并没有记载。玛丽·佩利对 19 世纪 70 年代早期的回忆没有提到这一点。例如，她对他们第一次见面的描述，只是把注意力集中在他“轮廓精致、眼睛明亮的迷人脸庞”上。[1] 到他们结婚的时候，小胡子已经牢牢地长在那里了，与其主人浓密的长发相匹配。这也是马歇尔生病前最后的照片之一。

随后的照片展示了其他人所描述的情况。到 1885 年，他的胡子和头发都变白了，而且越来越稀疏，这表明马歇尔不愿意经常去理发店。这张照片以及 19 世纪 90 年代拍摄的一些照片，都显示出他身体虚弱，但面容依然年轻。一张在书房里拍摄的照片展现了马歇尔中年时的最佳状态，在这张照片中，他随意地靠在壁炉台上。经过十年漫长的肾结石康复期后，他的身体完全恢复了，这张照片显示出他相当强健的体魄，这与 19 世纪 90 年代马歇尔夫妇所沉迷的骑自行车和长途散步相匹配。[2] 摄于 20 世纪的照片显示了一个逐渐衰老的人，刚开始时还相当有活力，但随着他的年龄从七十几岁进入八十几岁，他越来越憔悴和疲惫。1917 年为国家肖像画廊拍摄的官方照片尤其显示了年老所带来的伤害，而他当时在与麦克米伦关于其最后几卷书的通信中抱怨的疾病则加剧了这种伤害。[3] 这些照片没有捕捉到他那明亮、闪光的蓝眼睛，这是他的脸庞的显著特征。然而，它们确实提供了一种暗示，表明他具有洞察力和无止境地追求观察的能力，而这是他这个人的显著特征。

马歇尔的其他特征只能从目击者的描述中显现。有些人认为，马歇尔的人格之所以对年轻人和不那么年轻的人都产生了无可否认的吸引力，一个主要的原因是他的谈话，而他的谈话经常伴随着手臂和手的大量富有表现力的动作，例如在解释美国原始共产主义社群的行为的某些方面时，或者在狭窄的贝利奥

[1] 玛丽·佩利·马歇尔，《我的回忆》，第 11 页。

[2] 见上文，第 17 章，第 653 页。

[3] 见上文，第 19 章，第 704–706 页，以及图 49。

尔庄园餐厅向用餐的客人和其他人指点迷津时。不论是否来自这种动作所提供的帮助，马歇尔的谈话能力得到了乔伊特的高度赞扬。乔伊特本人就是一个健谈的人，也是谈话艺术的鉴赏家，他在贝利奥尔学院担任院长期间安排了著名的晚宴。马歇尔在贝利奥尔庄园餐厅的晚餐谈话内容非常广泛，其中一个例子被他偶尔来的一位“工人”客人保存了下来。[1]

其他人对马歇尔的谈话方式没有那么印象深刻，而是感到敬畏。外甥克劳德·吉尔博和以前的学生查尔斯·费伊记录了年轻的学生客人在被马歇尔邀请共进午餐时感到的害怕和惶恐。年轻的吉尔博双胞胎兄弟永远无法确定，在这种场合下，马歇尔的“巨大智慧”何时会将他们击垮，因为他们提出了“不准确的陈述”或“有效性可疑”的观点；费伊也强调了这一经历。费伊对他第一次在贝利奥尔庄园用午餐的生动记忆强调，他对谈话所做的一点点贡献都被东道主马歇尔证明是高度含混的，而马歇尔令人窘迫地坐在火炉边一个远离餐桌
的小脚凳上，避免了流程中吃饭的部分。[2] 然而，作为健谈者，马歇尔并不是 770
只欺负年轻人。在他后来的回忆录中，罗森斯坦回忆说，与马歇尔谈话需要高度谨慎，“因为他对待别人的言论，字字较真，即使是最随意的闲聊，他也极尽迂腐之力加以反驳”。[3]

在这个场合，罗森斯坦还回忆道，马歇尔的谈话“没有一丝幽默”。马歇尔的学生和后来的同事贝尼恩斯在与吉尔博的私人谈话中证实了这一个人特征。对于像马歇尔这样“如此耐心地缺乏幽默感”的人，贝尼恩斯“从没见过谁在自己讲课时笑得如此频繁”，顺便说一句，在马歇尔去世后的官方回忆录中，他的表达要温和得多。通过选择例证和故事，“幽默在他的讲课中起着重要的作用”；这些例证和故事从来没有脱离生活，而马歇尔自己也是第一个在课堂上享受其乐趣的人，他在讲故事的时候会大声地笑起来。[4] 在布里斯托，玛丽·佩利·马歇尔回忆起他在夜校上课时喜欢讲笑话的习惯，他的笑话在隔了一会之后使格伦迪先生爆发出一阵大笑，格伦迪先生对事情有趣一面的领会似乎比较慢。[5] 林达·格里尔回忆起他在课堂上编造警句的聪明才智，我们之

[1] 玛丽·佩利·马歇尔，《我的回忆》，第 8 章，第 246 页，第 5 章，第 109–110 页。

[2] C.W. 吉尔博，《关于阿尔弗雷德·马歇尔的一些个人回忆》，第 93 页；C.R. 费伊，《回忆》，载于《纪念集》，第 74 页。

[3] 上文引用过，第 17 章，第 628–629 页。

[4] 见上文，第 10 章，第 314 页。

[5] 见上文，第 9 章，第 284–285 页。

前引用过的她的回忆给出了一些这样的例子。[1]

马歇尔的其他幽默事例很少被保存下来。他在对一家帽子店的美国店员的人物素描中使用的妙语就是其中之一。还有一些出现在通信中，比如在给梅纳德·凯恩斯的信中所使用的 girdler 双关语。[2] 马歇尔在给密友的信的结尾的致意中，有时会别出心裁地设计一些与将要结束的信的内容相适应的形式，从而流露出学生般的幽默。比如 1887 年写给福克斯韦尔的“你的愚蠢的”，1888 年写给内维尔·凯恩斯的“你的愧疚的和感激的烦人精”，1889 年写给内维尔·凯恩斯的“你的最坦诚的。带着对你各方面的极大钦佩，但除了这一点”，1890 年写给福克斯韦尔的“你的被踩在脚下仍不停扭动身子的”，以及 1902 年就拟议的经济学荣誉考试写给福克斯韦尔的信中的[3]

枯燥乏味
诚心诚意
你的非常　令人厌烦　的
然而又
充满希望

在谈话中，马歇尔似乎也相当喜欢发表“极端言论”，这可能是他在 19 世纪 60 年代后半期与克利福德和莫尔顿交往时学到的热爱悖论的结果。[4] 马歇尔也有能力在争论中偶尔引入一段虚构的故事来冒充事实，以帮助证明自己的观点。约翰·内维尔·凯恩斯和比阿特丽斯·韦伯在马歇尔还相对年轻的时候就记录了这些习惯的例子，而玛丽·佩利在他去世之后说，“我有时候问他
771 从哪里得到的这些奇怪的故事，他指了指自己的头”。难怪在《经济学原理》中，“想象力”与“感知力”和“理性”一起被称赞为经济学家需要具备的

[1] 见上文，第 10 章，第 321 页。

[2] 见上文，第 17 章，第 638 页。

[3] * 这种趋势似乎从 19 世纪 80 年代末就开始了，但保存下来的马歇尔早期信件的样本太少，因此这一点是不确定的。另一个例子是写给 J.N. 凯恩斯的信，祝贺他获得博士学位（上文第 18 章，第 685 页和注释 *）。人们注意到，19 世纪 70 年代福克斯韦尔的早期通信中有一种不同类型的幽默，这表明两人有互相开玩笑的习惯。从之前提到的（第 18 章，第 671 页）福音小册子中保存下来的样本对当代读者来说似乎并不特别幽默。

[4] C.W. 吉尔博，《关于阿尔弗雷德·马歇尔的一些个人回忆》，第 92 页。

三大品质。[1]

一旦马歇尔开始谈论某个他感兴趣的话题，他就能最有效地垄断谈话，这一特点随着年龄的增长而加强。约翰·内维尔·凯恩斯回忆起布尔战争期间的一次令人恼火的晚餐谈话，马歇尔滔滔不绝地发表自己对这个问题的坚定看法，尽其所能地激怒他的客人。贝尼恩斯提到了一件轶事，马歇尔在 45 分钟的离题演讲中，对圣约翰学院的高级研究员们发表了关于复本位制的长篇大论，而激发这一离题演讲的是他对白银的品质的称赞，他认为白银是学院送给其院长的合适的结婚礼物。维克塞尔还记得 1916 年他去贝利奥尔庄园找马歇尔讨论战后国际货币改革的访问是如何彻底失败的，因为他无法在马歇尔关于这个问题的独白中插进一句话。[2]

马歇尔的演讲有一种独特的语调，有时会让听众大吃一惊。在长时间演讲的高潮部分，“他的声音会提高到非常高的音调，几乎是尖叫声，然后通常是长时间的笑声”。[3] 同样，在讲课时，马歇尔经常“笑着说话，用假声结束令人窒息的丰富言语”。[4] 梅纳德·凯恩斯在报告他作为本科生在贝利奥尔庄园参加的晚宴时，回忆了马歇尔“在各种问题上的强大的谈话能力”、他不间断的“愉快和欢乐”、他“明亮的眼睛、微笑的谈话和毫不造作的荒谬”，也回忆了在这种场合明显存在的“笑声、高亢的声音和习惯性的笑话与短语”。[5]

在家中和在闲暇中的教授

对于在家中和在闲暇中的马歇尔，我们只有少量了解。伦纳德对 1924 年他最后一次拜访马歇尔时他们的房间的描述，为马歇尔生活的这一方面搭建了舞台。它描绘了贝利奥尔庄园的起居室和“它的装饰——我想一定是莫里斯设计的壁纸——它的书，以及一些使人生动地想起他在克利夫顿的老房子的旧照

---

[1] 前文引用过，第 682–683 页，第 16 章，第 601 页；玛丽·佩利·马歇尔，《MSS 笔记》(NCA)；*P* Ⅷ，第 43、46 页。

[2] 见上文，第 16 章，第 604 页，第 19 章，第 721 页，以及 C.W. 吉尔博，《关于阿尔弗雷德·马歇尔的一些个人回忆》，第 92–93 页。

[3] 同上，第 92 页。

[4] E.A. 贝尼恩斯，《回忆》，载于《纪念集》，第 80 页。

[5] J.M. 凯恩斯，《阿尔弗雷德·马歇尔》，第 214 页。

片”。[1]其他拜访马歇尔夫妇的人提到了自动钢琴演奏的音乐、墙上的艺术品、书籍，以及茶或更丰盛的饭菜，这些都是体验的一部分。

乔伊特注意到，马歇尔夫妇的生活方式即使不节俭，也很简单。这同样反映在他们在贝利奥尔庄园的家庭住宅中，这个住宅按当代标准来看有点小，但很舒适，只有一个仆人。[2]费伊回忆他第一次在马歇尔家用午餐时，提到了马歇尔在与客人一起用餐时节制的饮食习惯。马歇尔坐在炉边，而费伊（和“两个印度人，一个身材高大的女人……一个有着雪貂般的眼睛的本科生”以及女主人一起）享用“鸡肉和培根，花式布丁和生姜”。[3]他注意到，在其他场合，这种小餐会并不正式，在这些场合，马歇尔夫妇采用了这样一种好客的观念，即只要有人愿意与他们共进寒酸的晚餐，他们总是可以为客人多找一个盘子和座位的。第一次世界大战后不久，马歇尔家的茶点为客人提供“一圈黄油面包”，为马歇尔夫人提供一杯茶，而马歇尔本人什么都不吃。[4]毫无疑问，这段时间马歇尔的饮食节制是由日益严重的消化问题所导致的看起来尴尬的后果
772 引起的。对于那些不太需要与之交谈的次要客人，马歇尔有机会在用餐中和用餐后保持沉默，这些后果就被控制住了。

马歇尔可能从来都不是一个食量很大的人。19 世纪 80 年代，当马歇尔夫妇观察工人阶级的假日娱乐活动时，黑泽咖啡馆中一个 3 便士的土豆饼就能满足他们一晚上的营养需求。更一般地说，没有什么迹象表明马歇尔痴迷于这种形式的身体需要。除了将法国女性的烹饪技巧与英国家庭主妇缺乏想象力和不节俭的做法进行对比这一奇怪的评论外，《经济学原理》很少提到食物及其制备，尽管马歇尔不止一次地提醒人们注意，对于有助于提高效率的适当的生活水平来说，充足的食物是必需的。[5]马歇尔似乎一直吸烟，直到他的医生在对他的肾结石进行初步治疗时禁止他吸烟。然而，他肯定会偶尔参加社交活动，喝上一杯葡萄酒或波特酒，这是参加学院宴会和大学晚宴时不可避免的。虽然他强烈批评父母们和工人阶级成员的过度放纵，尤其是酗酒，但有证据表明，他从未严格地“节制”。玛丽·佩利在这件事上有更强烈的感受，在她去世时，她

[1] G.H. 伦纳德，给《布里斯托时报与镜报》的信，1924 年 10 月 8 日。

[2] 见上文，第 8 章，第 242–244 页。

[3] C.R. 费伊，《回忆》，载于《纪念集》，第 74 页。

[4] 见上文，第 17 章，第 638 页；C.R. 费伊，《图书馆副馆长的回忆》，第 88 页。

[5] *P* Ⅷ，第 119 页注释，第 195–197 页，第 689–690 页，关于食物需求的更一般的内容，见第 105–108 页。

的外甥克劳德·吉尔博报告说，许多可能是马歇尔存放的酒都变成了醋。[1] 简而言之，他在饭桌上的自我克制更多地是出于健康和习惯，而不是严格的原则。

马歇尔的阅读习惯同样是冷静和克制的，尽管有时显示出一种浪漫品味的倾向。后者从他的一些文学偏好和偶尔的言论中可以明显看出。他主要是为了书所能提供给他的事实而读书，而且他本人就富有生动的想象力，因此不需要"对小说感兴趣"。马歇尔小时候读过许多司各特的小说，这一口味可能受到了他父亲的苏格兰成长经历的影响，而且"他对这些小说的喜爱一直持续到生命的尽头，在他生命的最后几年里，他让别人一遍又一遍地给他读这些小说"。在一段时期，大仲马的小说为马歇尔提供了娱乐来源，"但在后来的岁月里，他相当厌恶它们"。玛丽·佩利回忆说，"他非常喜欢乔治·艾略特的小说"，尤其是《弗洛斯河上的磨坊》，他在早期讲课时经常提到这本书。他也喜欢夏洛蒂·勃朗特，但"从不喜欢简·奥斯汀"，大概是因为她笔下的人物过于轻浮。[2] 吉尔博报告说，他的舅舅同样喜欢哈代的小说，玛丽·佩利给他读哈代的小说，偶尔也会读一本狄更斯的小说。[3] 马歇尔对 1891 年圣诞节乔伊特送给他们的托尔斯泰小说的看法没有被记录下来，尽管托尔斯泰的某些诚挚，就像艾略特和狄更斯的诚挚那样，可能对他有吸引力。[4]

他对诗人的品味也被记录了下来。歌德、雪莱和莎士比亚是他的最爱，阅读莎士比亚的作品是他在为数学荣誉考试学习时的一种放松方式，也是他在 19 世纪 60 年代与圣约翰学院小圈子里的朋友们社交时的愉快经历。歌德是他学习德语时独自登山旅行的伴侣，他和雪莱一起满足了马歇尔更浪漫的倾向，这一倾向在马歇尔对司各特的小说以及更短暂地对大仲马的小说的喜爱中表现得很明显。马歇尔自己尝试写作的诗歌没有保存下来，他对这个主题的少数感想只保存在研究生时期写的对话片段中，以及他与爱默生的谈话记录中，他在这次谈话中为斯温伯恩（Swinburne）辩护。他对后者那前卫的、后来又明 773
显有伤风化的诗歌的喜爱可能是从玛丽·佩利和她在纽纳姆学院的朋友那里学来的。[5]

和文学比起来，音乐似乎给马歇尔带来了更大的乐趣。这样的品味似乎并

---

[1] 菲洛梅娜·吉尔博向丽塔·麦克威廉斯－塔尔伯格报告的情况。

[2] 玛丽·佩利·马歇尔，《MSS 笔记》（NCA）；玛丽·佩利·马歇尔，《我的回忆》，第 19 页。

[3] 吉尔博报告给科斯，后者于 1991 年 5 月 2 日写信告诉作者这一信息。

[4] 见上文，第 18 章，第 690 页。

[5] 前文讨论过，见第 5 章，第 129–130 页；第 7 章，第 196 页；第 8 章，第 227 页。

不是源于他在家庭中的成长经历，在他的家庭中，除了赞美诗之外，音乐似乎是不被鼓励的，尽管他的妹妹梅布尔显然有音乐天分。马歇尔的音乐品味很可能是1865年他在克利夫顿时在珀西瓦尔家的音乐晚会上第一次受到激发的。按照玛丽·佩利的说法，1868年他在德累斯顿学习德语时参加音乐会进一步滋养了这种品味。布里斯托和牛津的音乐娱乐活动也被提到了。[1]在《经济学原理》中，音乐的制作和消费也相对频繁地出现。一个例子是经验在刺激音乐愉悦和享受方面的累积性影响，以此来说明效用函数的时间依赖性。[2]马歇尔愿意将音乐作为休闲活动和放松方式的程度可以通过他购买的自动钢琴来衡量，在这一点上，他显然战胜了自己不愿追求物质上的自我满足的倾向。贝多芬的钢琴奏鸣曲和灵性音乐的演奏（巴赫？亨德尔？）成为马歇尔晚年的慰藉。音乐显然在马歇尔漫长的一生中扮演了相当重要的角色。[3]

马歇尔似乎对绘画也有相当大的兴趣，这可能是受到了戴金斯或西季威克的启发。[4]他在1875年的美国之行中注意到了凯里和爱默生的房子里的画，他对这些画的质量的评论是这种兴趣的早期迹象。在德累斯顿，马歇尔经常参观其著名的美术馆，并大胆地将拉斐尔的西斯廷圣母像与荷尔拜因的圣母像进行比较，在比较中，后者逐渐战胜了前者那更容易接受、更传统的吸引力。参观德累斯顿的美术馆并不是一个文化匮乏的研究生为了弥补失去的时间而突然兴起的短暂狂热。玛丽·佩利记录道，参观美术馆是他们在暑假期间游览城镇的常规活动。马歇尔本人在给布伦塔诺的信中说，他们在慕尼黑被迫等待前往蒂罗尔的火车时，经常会参观美术馆，在那里他们不仅欣赏现代艺术，也欣赏著名的老绘画陈列馆（Alte Pinakothek）收藏的大师们的作品。尽管玛丽·佩利的艺术倾向和才能无疑增强了马歇尔对绘画的兴趣，但对艺术的享受成了马歇尔生活中重要的一部分。[5]

马歇尔的著作偶尔使用艺术例证。“拉斐尔的画”被挑选出来作为那些不可复制的商品的代表，在这种情况下，对商品的需求，特别是那些愿意购买的人的财力，决定了商品的价格。[6]《经济学原理》在不同的语境中也提到了米开朗

[1] 见上文，第5章，第104页；第7章，第192页；第8章，第290页。

[2] *P* Ⅷ，第94页和注释1，第108页。

[3] 见上文，第17章，第651–652页。

[4] 见上文，第5章，第105页。

[5] W.G. 康斯塔伯，《剑桥的艺术与经济学》，《鹰》，第59期，1963年，第23–26页。

[6] *EOI*，第93页。

基罗和列奥纳多·达·芬奇。[1]更有趣的是，在说明富人的对社会负责且有价
值的支出时，马歇尔敦促他们投资于绘画和艺术作品，并在他们去世时或在将来
的某些其他场合将它们捐赠给国家，以教育广大公众。[2]晚年，他评论了在印刷 774
术发展起来之前，中世纪艺术在传播宗教信息方面的重要作用；而关于艺术的
重要性和局限性的两个片段则保存在他未发表的论文中。

其中第一个片段可能可以追溯到 19 世纪 60 年代，反思了造型艺术的静态本质。马歇尔认为，造型艺术“只能触及存在”而不是“生成”，或者说只能触及现存的现实而不是未来的可能性；更普遍地说，这是所有早期艺术表现的特征，莎士比亚的文学艺术也包括在内。然而，交流手段的发展增强了“世界的自我意识，艺术家们要表达的心理现象变得更加复杂”。马歇尔怀疑那些从事绘画的人能否发起革命，以适应对表达的日益增长的要求。尽管有这样的观察，他并没有完全否定艺术家发展更复杂的世界观的能力。“然而，伦勃朗的力量可能与拉斐尔的天才在许多方向上相结合，而拉斐尔只选择了其中一个方向。在组合这一方向上，可能会有很大的进步。我们画的是日益完整的场景，而不是一些独立的个体站在一起。”[3]这些陈述显示了在理解艺术发展方面的一般兴趣，而不是精通。

许多年后，马歇尔又写了一个关于艺术的有用性及其与社会发展的联系的片段。它将艺术和经济学以及在变革时代判断美的困难联系起来。它可能是一份供日后使用的评论草稿，评论的是卡莱尔、拉斯金和莫里斯对政治经济学的艺术批评。[4]

莫里斯说，没有艺术的生活不值得过。我说不。有一个人因艺术

---

[1] * *P* Ⅷ，第 193 页和注释 780。正如皮埃尔·布迪厄所言，这些例子都属于那些具有最基本艺术知识的人的经验范围。参见他的《区分：品味判断的社会批判》，伦敦：劳特利奇 & 基根·保罗出版社，1984 年，第 262–263 页；《对艺术的爱》，剑桥：政体出版社，1991 年，第 57 页。

[2] 阿尔弗雷德·马歇尔，《经济骑士精神的社会可能性》，载于《纪念集》，第 344 页。

[3] 论“艺术”的片段，19 世纪 60 年代末？，马歇尔档案，红箱 1。

[4] * *P* Ⅷ，第 22 页，第 47 页，第 780 页注释 1 分别源自 *P* Ⅱ，第 76 页以及 *P* Ⅴ，第 47 页和第 780 页。马歇尔从他在牛津任教的时候起就认识拉斯金了。J.M. 凯恩斯回忆道：“1884 年 12 月，乔伊特昨晚带着拉斯金‘出去参加了一场美妙的晚宴——和院长一起在一对相当友善的夫妇即马歇尔教授和夫人家。马歇尔夫人和我讨论了——相当深入地——女孩腰部的圆形和椭圆形截面的区别。’”[《讣告：亨利·希格斯》，《经济学杂志》，50（200），1940 年 12 月，第 550 页］不幸的是，马歇尔和拉斯金的谈话内容没有被记录下来。

而幸福，就有一千个人因感情和对高贵目标的自觉追求而幸福，并且他们的善并不与恶相混杂，而艺术是一种危险的补药，它像士的宁和砷一样美丽，但使用起来比它们更危险。这些事实被许多人忽视了，而正因为如此，它们对那些给经济学定下了基调的坚决或许是过度严厉的人产生了更大的影响，并使他们把事情看得有点过分夸张了。

紧随一个造型艺术的伟大时代之后的，很可能是一个艺术流行的时代。迄今为止，当艺术流行时，社会通常变得邪恶，而一个邪恶的时代总是一个漫长时期的开始，在这个时期中，兴奋取代了幸福，失控的激情所带来的交替出现的狂热和沮丧取代了宁静与和平。

所有这一切都导致一个结论：一个人没有权利把事情弄得丑陋，或者自己变得很丑陋。一条铁路也许并不丑陋；没有必要的工厂也是如此；健康的竞争精神是最好的：但是，当一个赚钱的寄生种族通过破坏美的集体财产来压低价格时，就有了干预的初步理由。这也适用于获得美丽风景的权利。竞争就像糟蹋美丽的风景。对此有很多胡说八道。一条铁路不一定就是丑陋的。每一个新的伤疤都是一个罪恶。但大自然中更美丽的事物最初是可怕的动荡的结果，而时间对这些动荡伸出了治愈之手。

在评价旧事物时，我们关注它们的稀少，而在评价新事物时，我们只关注它们的缺点……但我们在匆忙之中迷失了方向。对艺术和社会生活有害的，是竞争的匆忙，而不是其目标的明确和慎重。[1]

775 关于马歇尔对美术的欣赏程度并不容易得出结论。然而，少数对贝利奥尔庄园和马歇尔早期的一些住所的墙上的绘画和复制品的具体提及表明，接触艺术是马歇尔生活的一个常规特征。这并不是说，对装饰的良好品味一定是马歇尔个人性格中的强项。1891 年，马歇尔告诉乔伊特，他的家具布置都是照抄别人的，拉姆齐也对马歇尔在克利夫顿的住宅的阴暗家具布置进行了刻薄评论，这些都表明传记作者在这一点上很难做出简单的概括。

马歇尔 1906 年关于艺术和美与经济和竞争的关系的片段也使人们关注自

[1] 论“艺术”的片段，日期为 1906 年 9 月 25 日，马歇尔档案，红箱 1。提及士的宁和砷的含义是模糊的，尽管马歇尔指的可能是用作杀虫剂的士的宁和用于染料中的砷。

然和乡村在完整生活中的重要作用。这一点不需要进一步讨论，因为马歇尔夫妇自己就在实践中考虑到了这一点。与自然的交流，尤其是在当时还不时髦的南蒂罗尔相对未受破坏的孤寂的阿尔卑斯山山谷中，或者在德文郡、康沃尔郡和威尔士相对不拥挤的海边度假胜地，在马歇尔的生活中发挥了审美的和具有创造性的作用。夏季短途旅行和在其他合适时间的短途旅行充分证明了这一点，这些活动破天荒地既可以从马歇尔的童年经历中得到解释，也可以从马歇尔夫妇对与他们在维多利亚英国社会中的阶级地位相适合的夏季娱乐模式传统的坚持中得到解释。

就像绘画和其他艺术作品一样，马歇尔迫切希望所有人都能公平地获得大自然的馈赠。他对清洁空气、公园、花园、运动场的强烈关注和他对花园城市运动的支持表明了这一点。这样的政策目标是马歇尔的"社会主义倾向"的一部分，而且似乎至少在一定程度上受到了他上学时的经历的启发。那时，麦钦泰勒学校教室里的空气远非干净，也没有任何运动场。马歇尔再一次将这些问题的解决视为收入再分配的合适机会，尽管他在讲台上对亨利·乔治抱有敌意，但他还是建议通过适当的税收政策（至少对部分地租征税）来为这一目的拨款。[1]

运动、游戏和具有创造性的爱好在马歇尔的闲暇时间中也占有一席之地。长时间的、令人精神振奋的散步，以及后来同样艰苦的自行车旅行，都是马歇尔夫妇适应时代精神的娱乐活动的一部分。当他的健康允许时，马歇尔也沉迷于体育运动。他在学校里打板球，在读本科时划船，之后在布里斯托打网球，直到健康状况不佳，他才放弃了网球这项运动。在论述工业训练的语境中，马歇尔回忆起这一系列的短暂练习，并评论道，"一个好的板球运动员很快就能学会打好网球"。[2]一种从意大利游戏中改编而来的保龄球（也许是他们在西西里逗留期间学会的），成了他们退休后在贝利奥尔庄园的休闲活动的一部分，而在漫长的冬夜和晚上，它就被西洋双陆棋所取代，后者是一种常规的、长达一小时的集体游戏。

马歇尔在他的花园后面也有一个工作室，在那里他可以沉迷于他年轻时学会的木雕技能、木工和一般的杂工活动。从他为弟弟和母亲制作的九柱戏木柱和标记油墨架开始，马歇尔逐渐发展到制作一些能够远程操作自动钢琴或把茶

---

[1] 见上文，第 3 章，第 64 页；第 13 章，第 450–453 页；第 16 章，第 587 页；第 17 章，第 633–634 页。

[2] *P* Ⅰ，第 262 页；*P* Ⅷ，第 206 页。

送到他在贝利奥尔庄园一楼的书房的机械装置，以及用途更广泛的家用小工
776 具。他的讣告提到了他在家中使用节省劳动的设备的失败尝试：电镀的餐刀无法切割；改进系紧胶鞋的方法却让鞋进了水。马歇尔显然喜欢对家务劳动的各个方面提出建议。他“向女士们解释如何打扫她们的房间，以及去除污渍的最佳方法是什么”。[1]他想要跟上世事发展的愿望延伸到了技术发明上。在布里斯托时，他很早就开始使用燃气取暖，从而节省了大量的清洁时间和传统煤火带来的混乱；他在管理大学期间采用了一种电笔，它能够通过产生多份副本来更有效地复制书面材料；在布里斯托，他第一个使用家庭电话，使住宅和大学办公室之间能够快速联系。节省空间和劳动是他为贝利奥尔庄园所做的规划的主要特点。那里很快就安装了电灯。在他生命的最后十年里，他评论了汽车、电影和留声机以及它们对社会生活和社会进步的影响。他告诉乔伊特，他算是一名摄影师。他的道德观念变得守旧，但他的技术往往是与时俱进的，尽管并不总是完全准确的。[2]

一个荒唐、古怪、特立独行的人

凯恩斯将马歇尔描述为一个“荒唐”的人，尽管如此，他还是充满了慷慨和魅力；另一些人则认为他是一个古怪的、特立独行的人。[3]我们可以通过回顾他与前辈、学院、朋友和妻子关系的某些方面来了解他人格的这些特征。以这种方式重新审视马歇尔生活中的这些重要关系，也使我们能够对这些关系的本质进行回顾和总结。

前辈　在这个问题上，坎南提到马歇尔的一个“常犯的恶习……［他的］和蔼可亲但有害的过分谦虚”，特别是对斯密和李嘉图这两位大师。[4]二十年后，肖夫认为“马歇尔并不是那些在致谢时很吝啬的作家之一。如果说他有什么错误的话，那就是过于慷慨了”。[5]马歇尔本人在与J.B. 克拉克的通信中解释了他致谢的通常做法。马歇尔没有提到“对任何人的义务”，但他声称，他会在致谢中提到所有那些“我知道在我发表之前说过同样的话的人”，这是他

[1]《泰晤士报》，1924年7月14日；《雅典娜神庙》，1924年7月19日。

[2] 见上文，第8章，第243页；第9章，第278、288页；第18章，第691页；第19章，第727页。

[3] 引自H.M. 罗伯逊，《阿尔弗雷德·马歇尔》，载于*AMCA*，I，第443页。

[4] 坎南，《阿尔弗雷德·马歇尔 1842–1924》，*AMCA*，I，第70页。

[5] G.F. 肖夫，《马歇尔的〈经济学原理〉在经济学发展中的地位》，*AMCA*，II，第138页。

在进行了很多次自我反省之后才确立的一条规则，他还声称，这条规则总是会引起很多误解。[1]

早些时候，当这封写给克拉克的信的大部分内容被引用时，[2]人们提到，它与马歇尔在出版的作品中对待几位当代经济学家的方式之间存在重大冲突。对于杰文斯，以及在更轻的程度上对于瓦尔拉斯和奥地利学派，马歇尔对这些“竞争对手”的承认似乎更多地反映了他在维护自己的优先权方面的强烈骄傲，并且透露出对那些他认为试图从他那里窃取这种名望的人的刻薄。

马歇尔对待杰文斯的方式为他在信中定下的“致谢”规则设立了标准。然而，这似乎与后来别人认为他在这方面具备的品质相矛盾。马歇尔对杰文斯的评论在赞扬上“吝啬”，在批评上强烈，事后看来，这是因为马歇尔对杰文斯
对待“大师”，尤其是李嘉图的态度感到愤怒。马歇尔后来对边际效用、边际 777
效用的测量和与之相关的负效用概念的研究是以杰文斯的研究为基础的，而他没有承认杰文斯的贡献，这表现出了过度的吝啬。马歇尔故意掩盖这些债务，他声称自己是在讲座中独立得出这些结论的，并做了模糊的引用——有趣的是，这种引用是在杰文斯去世后一年才开始的——引用了古诺和冯·屠能在这些问题上提供的帮助。实际上，其中的一些致谢，特别是对冯·屠能的致谢，其重要性是很难被接受的。

在杰文斯的一生中，马歇尔与杰文斯的个人关系从未密切过。他们的性情差异太大，因而不可能有其他结果。这种差异可以用梅纳德·凯恩斯的评论来概括：杰文斯是用石头凿出来的，而马歇尔是用羊毛织出来的。[3]此外，马歇尔感觉到一种竞争的威胁，即使在杰文斯英年早逝后，他也难以忍受这种威胁。这种对威胁的恐惧最初体现在马歇尔以吹毛求疵的批评语气所写的评论中，体现在杰文斯的书所引起的马歇尔自己的出版策略的变化中，体现在马歇尔在一篇纪念性文章中对杰文斯所做的非常有选择性的赞扬中——在这篇文章中，马歇尔赞扬了作为应用经济学家的杰文斯，同时否认杰文斯做出了任何“惊人的”理论发现。[4]《经济学原理》第 1 版多次引用了杰文斯的《政治经济学理论》，但只承认了一个原创性贡献。“杰文斯似乎是第一个这样使用‘无差

[1] 马歇尔致 J.B. 克拉克的信，1908 年 3 月 24 日，《纪念集》，第 416 页。

[2] 见上文，第 13 章，第 479 页。

[3] J.M. 凯恩斯，《W.S. 杰文斯》，第 131 页，参见 J.M. 凯恩斯，《阿尔弗雷德·马歇尔》，第 185 页。

[4] 见上文，第 6 章，第 161–162 页。

异’一词的”，这是马歇尔对这位前辈的理论原创性做出的唯一让步，而《经济学原理》对杰文斯的首次提及则恶意地将他归类为“穆勒的追随者”。[1] 马歇尔在对待杰文斯时明显缺乏慷慨这一品质；只对那些最先发表观点的人致谢的规则被严格地应用在杰文斯身上，而这对杰文斯不利。[2]

马歇尔对年轻的奥地利人，尤其是庞巴维克的恼怒，也被他归因于他们对早期前辈的不恰当对待。马歇尔与门格尔的关系是正式的、正确的和最低限度的。然而，一个很好的例子可以证明，马歇尔之所以不喜欢庞巴维克和冯·维塞尔，更多地是因为他们对自己的批评，正如在庞巴维克的例子中他勉强地对维克塞尔承认的那样。他在庞巴维克那里亲身经历了“粗暴的捶打方法”（这是他在与 J.B. 克拉克通信时对这种待遇的称呼），这解释了他后来在提到庞巴维克和冯·维塞尔时的居高临下的态度。1870 年至 1874 年，当马歇尔正在完善自己的经济学体系时，他们还只是“学校里的小伙子”，尽管实际上他们只比他小 9 岁。同样居高临下的是，他对维克塞尔说，庞巴维克犯了一些数学错误，而一个 12 岁的小学生如果犯了这些错误就会受到严厉惩罚。马歇尔对冯·维塞尔感到不快，这可能是因为，他在《经济学原理》第 1 版中巧妙但错误地把表示“边际”的德语单词的首次使用归给了冯·屠能，而在第 2 版问世时，马歇尔不情愿地更正了这一说法，支持冯·维塞尔对首次使用的主张。难怪马歇尔和奥地利人之间有充分记录的会面在他们各自的家庭中引起了如此大的震动，尽管马歇尔作为“骑士精神的灵魂”安排了一次“和解之宴”，以补
778 偿他先前对庞巴维克的粗鲁无礼。剑桥经济学和奥地利经济学的领袖们之间的关系以避免这样的会面再次发生这一心照不宣的默契告终，而马歇尔在提到他的奥地利同事时的语气也越来越尖酸刻薄。[3]

在与瓦尔拉斯的关系中，马歇尔的不合群和不礼貌达到了极点。尽管马歇尔后来多次声称早在 1873 年就与瓦尔拉斯有过接触，但他们直到 1883 年才开始通过书信联系，这种联系从未导致私人会面，而且在 19 世纪 80 年代结束之前就停止了。也许是 1882 年福克斯韦尔写给瓦尔拉斯的一封赞扬马歇尔的信，促使瓦尔拉斯给马歇尔寄去了他早期理论论文的合集。马歇尔回赠了瓦尔

[1] *P* Ⅰ，第 544 页注释 1 和第 66 页。

[2] * 贝卡蒂尼在通信中表示，马歇尔对待杰文斯的态度可能有“嫉妒的恶意”的成分，因为杰文斯在经济学荣誉考试中同情地对待玛丽·佩利，把她当作一个“完全成熟的”经济学家，因此玛丽成了杰文斯的一个更热情的崇拜者。这些个人因素是不容忽视的。

[3] 见上文，第 13 章，第 476–477 页。

拉斯自己的《产业经济学》，不久之后又收到了瓦尔拉斯赠送的《纯粹经济学要义》。马歇尔对这最后一份礼物的反应显示了他在提出优先权问题上的粗鲁态度，再次表明了马歇尔对这一问题的高度敏感。马歇尔后来对瓦尔拉斯的理论贡献缺乏回应，这可以从他未能深入研究《纯粹经济学要义》这一事实中得到解释。然而，如果马歇尔听说了瓦尔拉斯赞同里斯特 1906 年的言论，他一定会勃然大怒。里斯特说，帕累托和马歇尔都在延续杰文斯、门格尔和瓦尔拉斯所开创的路线。马歇尔总是宣称，在后来被称为 19 世纪 70 年代的“边际革命”中，他占有独立发现的一席之地。如果强调的是这场“革命”的边际方面的内容而不是效用方面的内容，那么马歇尔的宣称并不是不公正的。后来，马歇尔在其公开言论中基本上忽视了瓦尔拉斯，有时甚至会主动地删除和瓦尔拉斯有关的内容。[1]

马歇尔与这些同代人的关系显示出他一些有趣的性格特征，这些特征不容易被描述为慷慨或过度谦虚。对迫切要求优先权和批评之刺痛的敏感更恰当地描述了这些关系。这表明马歇尔有一种强烈的竞争精神，他有一种压倒一切的冲动，想在竞争中成为最终的赢家，这种争第一的欲望在他生活的其他方面也有所体现。虚荣、骄傲和野心都是与这种行为相一致的特质。马歇尔后来获得的慷慨和谦虚的名声更多地来自他给予早已死去的竞争对手的慷慨赞扬，这反而是一种标志，表明马歇尔实际上很关心在更直接的环境中、在活着的人中
拔得头筹。因此，斯密和李嘉图越来越多地得到了他最慷慨的赞扬，其次是 779
冯·屠能，再之后，特别是在他的晚年，古诺和约翰·斯图亚特·穆勒的贡献得到了更有保留的认可。

[1] * 见上文，第 13 章，第 478 页。在这个背景下，关于马歇尔与其他经济学家缺乏合作的讨论，参见约翰·惠特克和科恩·O. 金恩，《瓦尔拉斯在 1873 年与马歇尔沟通了吗？》，《国际经济与商业科学杂志》，23（4），1976 年，第 386–391 页，特别是第 388–389 页。在这里不妨提及马歇尔向福克斯韦尔所作的对其他一些法语经济学家的评论。评论的背景是经济学学生的书单。“你会注意到，我没能找到好的法文书籍。我认为帕累托是最有能力的，但他非常不切实际和古怪……纪德，我认为他很空洞。”（马歇尔致福克斯韦尔的信，1903 年 8 月 2 日，弗里曼收藏，13/244）

帕斯卡尔·布里德尔告诉我，瓦尔拉斯收藏的马歇尔著作也很有意思。其中包括马歇尔的就职演讲稿，上面简单地题写着“作者赠”。演讲稿上有很多下划线。瓦尔拉斯有一本马歇尔的后期著作《产业经济学要义》的复印本，上面有一些关于用货币测量效用的批评性评注，而瓦尔拉斯似乎只拥有《经济学原理》的法文译本（1906–1908）。帕累托持有的马歇尔著作包括一本未加评注的《经济学原理》第 2 版的复印本，以及马歇尔题词赠予帕累托的两份论文复印件，即《老一代经济学家与新一代经济学家》，《经济学季刊》，1897 年和《分配与交换》，《经济学杂志》，1898 年。马歇尔拥有一本帕累托的《政治经济学手册》法文版复印本，未加评注。

对死者的赞扬最显著地体现在马歇尔的就职演讲中，他在其中详尽地讲述了英国最杰出的一些经济学家（因此也是他的潜在对手）最近的逝世，而当时马歇尔自己通过获得剑桥大学的教席成功地赢得了赞誉。此前十年中那些杰出经济学家的逝世极大地支持了福克斯韦尔在1887年为他所做的这一宣称，即马歇尔在英国经济学界享有卓越地位，而此时《经济学原理》甚至尚未出版。马歇尔终其一生都保持着这种卓越和领导地位。他非常享受这给他带来的地位，以及由此人们对他产生的敬意。一个很好的例子就是他对经济学家团体在他八十大寿时寄给他的信的反应。一旦身居高位，宽宏大量就取代了竞争精神。马歇尔会摆出谦逊和慷慨的姿态，因此，在他去世后，许多颂词都称赞他具有这两种特质，它们使他更容易受到尊敬。[1]

学院 R.F. 斯科特在读完凯恩斯的马歇尔回忆录后写信给他说，在圣约翰学院，“马歇尔对我们来说有点神秘”，他的教学习惯和学院生活都很特别。[2] 马歇尔似乎从未在他的学院里受到很大的欢迎。除了在他最初当选为研究员十二年后被任命为管事（Steward）之外，他没有担任过其他学院职务。鉴于他1885年后在大学中的地位，他当然被授予教授研究员的身份，并成为学院理事会的成员。缺乏住校身份，再加上可能缺乏兴趣，这意味着马歇尔不会去利用这种资历。福克斯韦尔讲述的关于罗森斯坦所画的马歇尔肖像被转移到学院的故事表明，圣约翰学院对马歇尔的爱很少。无论如何，很少有其他有形的纪念物来纪念马歇尔与他的学院的长期关系。马歇尔从数学荣誉考试第二名到成为大学教授，这给学院带来了荣誉，学院的社区对此表示感激。然而，他从未被提升到类似于宠儿的地位。

与此同时，马歇尔从来没有把在学院的本科生活当作他人生的亮点。玛丽·佩利在他去世后指出，马歇尔倾向于谈论“1864到1867年的光辉岁月”以及他当时的同伴，其中可能包括他与之联系紧密的圣约翰学院小圈子，这个小圈子共同阅读莎士比亚的作品，其中，他与比他年轻一点的同代人克利福德和莫尔顿一起担任领导职务。然而，即使马歇尔受到尊敬，也不能说他在刚毕业的这些年里很受欢迎。他被排除在谈天说地俱乐部之外是一个被排斥的很好的例子，而福克斯韦尔对他与克利福德（来自三一学院）和莫尔顿结成小团体的评论则表明了他学院社交生活中的其他古怪之处。尽管他是圣约翰划船俱乐

[1] 见上文，第10章，第309页；第17章，第649–650页，第20章，第739–742页。

[2] R.F. 斯科特致梅纳德·凯恩斯的信，1924年10月23日（KMF）。

部的成员，但他在读本科时的友谊显然仅限于和莱维特一个人交往，而且时间并不长。作为一名本科生，他可能没有时间，当然也没有钱，来积极参加学院里的社交活动。哪怕他发展出了对社交的喜爱，他的背景、行为和阶级也会使这种社交变得困难。他在学院考试中获得头名的倾向，以及这可能在他的同学中引发的情感，同样不利于他变得更受欢迎。学院里的社交领袖们几乎肯定会 780
把这种赤裸裸的野心和对好成绩的渴望视为书呆子的粗鲁行为并对之皱眉。由于环境所迫，这些特点使他在本科期间过着相对隐居的生活，而他在中小学期间就已经养成了一些过这种生活的倾向，那时候他就没有多少温暖而持久的友谊。

当马歇尔在荣誉考试中取得成功之后（尽管没有达到马歇尔的野心所渴望的程度），更多的放松变得可行了。然而，即使在那时，可能也没有什么放松的时刻。隐士的形象依然存在。在白天的“荒野”上和夜晚的“回廊”下的孤独的思考者和阅读者的形象是这种内向性格的一个表现。马歇尔和一群精选出来的年轻人聚在一起，在他们中间，马歇尔会觉得自己相对优越；而他与从事道德科学的人建立的友谊则是另外一种。后者构成了一个圈子，随着 19 世纪 60 年代接近尾声，他的兴趣在野心的帮助下逐渐将他引向了这个圈子。即使在这些光辉岁月里，他在中小学时代和本科生时代就表现出的那种明显的发光倾向仍在继续。如果先前的假设是正确的，[1] 并且马歇尔选择经济学而不是心理学部分地反映出经济学提供了更好的成名机会，那么这个相对不受欢迎的年轻人渴望成功的愿望很容易被看作是满足马歇尔强烈的心理需求。尽管在关于女性学位的争论中，马歇尔自以为是地谈论着男性学生从学院生活中获得的独特价值，但他自己的学生生活并没有从这种特权中得到什么明显的好处，除了这一点，即它通过荣誉考试和随后的学术生涯为他提供了通往伟大的道路。

朋友　马歇尔的友谊强化了他的这一形象：骄傲、内向、有智力天赋、雄心勃勃，但常常不善社交。此外，这些友谊还揭示了他偶尔的冷酷无情、自我中心主义的性格特征、他在选择友谊时一定程度的不安全感和对被拒绝的恐惧，以及消化不良的后果所带来的变化无常对社交生活的阻碍和影响。1867 年，当马歇尔之前的旅伴莫兹利兄弟离开，把他独自留在阿尔卑斯山间的壮丽景色中时，他感到很高兴。这位孤独的阿尔卑斯山漫游者和登山家在某种程度

[1] 见上文，第 4 章，第 127–128 页。

上象征着阿尔弗雷德·马歇尔将要成为的处于巅峰状态的孤独者形象。同样，作为一位雄心勃勃的教授，他的目光牢牢地盯着子孙后代，盯着他的学科在国家的未来中必须发挥的更重要作用；当必须为这样崇高的目标做出牺牲时，他不允许友谊挡道，即使这种友谊已经持续了近半个世纪。马歇尔的忠诚更多地是对原则和规矩的，而不是对朋友的。

在马歇尔的四段主要友谊中，这种功利特征都很明显。作为早期的导师和榜样，西季威克是有用的，值得学习和钦佩，而当马歇尔不再需要他时，或者当他阻碍了马歇尔设想的大学改革的主要任务时，他就被抛弃了。由于马歇尔担心西季威克的政治经济学成为竞争对手，他们在 1867 年至 1877 年的良好关系开始恶化，直到西季威克和马歇尔先后被提升为剑桥大学道德科学教授，这种隐含的威胁才被消除。马歇尔对待西季威克的方式中有一种特殊的自私和粗暴，甚至费伊也注意到了这一点，[1] 尽管公平地说，西季威克并不是一个无可指责的、长期受苦受难的“圣人”，而他的兄弟和遗孀却把他的这一形象呈现给了后代。[2]

781 长期以来，福克斯韦尔一直是一位真诚而忠实的朋友，在这种关系中，他总是付出多于收获，部分原因是友谊所蕴含的责任感，部分原因（也许是越来越大的原因）是，他认为非教授级的教职员工应该对某一学科的教授无条件地忠诚。马歇尔有时很会滥用这种善意：在确定教学任务时；在重新安排教学大纲和书目时；在任命教职员工时；以及在他反对扩大剑桥大学妇女权利的权威性运动中。交换红木桌子、结婚礼物、建议和珍本书的相互友爱，逐渐被关于复本位制、历史的运用、自由贸易和应用经济学的争吵所取代。在选择马歇尔的继任者时，友谊最终被牺牲了，马歇尔为了经济学荣誉考试和剑桥经济学的声誉，采用了各种有原则或无原则的手段让庇古当选。马歇尔不能冒着使他为之奋斗已久的经济学荣誉考试消亡的风险，任命年纪大得多而且不那么投入的福克斯韦尔。这一裂隙后来被证明是无法弥补的。马歇尔在最后的十六年里曾多次尝试与福克斯韦尔和解，但都无果而终，这表明他对福克斯韦尔饱受折磨的情感理解得不够充分。

约翰·内维尔·凯恩斯是马歇尔的第三位道德科学专业的朋友，或许也是三位朋友中最不亲密的一位。同样，这一友谊似乎是单方面的，最终只能靠凯

[1] C.R. 费伊致梅纳德·凯恩斯的信，1924 年 11 月 13 日（KMF）。

[2] 也就是 A. 西季威克和 E.M. 西季威克，《亨利·西季威克回忆录》。

恩斯的一种责任感来维持，而不是靠建立友谊所需要的相互喜欢和尊重。凯恩斯与福西特，尤其与西季威克的关系发展迅速，与此形成鲜明对比的是，凯恩斯对马歇尔最初的陪伴只是慢慢热络起来，而且总是带着批评和尊重。另一方面，马歇尔从一开始就利用凯恩斯。凯恩斯立即被视为一个通过其扎实且技艺精湛的教学推动经济学事业发展的工具，而且他受到了马歇尔本人的良好训练。在马歇尔前往布里斯托时，剑桥需要凯恩斯来维持教学标准；马歇尔从牛津辞职后，凯恩斯立即被任命为他不情愿的、尽管是暂时的替代者。后来，凯恩斯在道德科学课程改革的行政事务上扮演了主要的传声筒和顾问角色。从 1887 年底开始的三年里，他们相互交换校稿，这是他们交往中最亲密的时期；与此同时，道德科学委员会开始了一段相对平静的时期，之后出现了课程改革的新问题和各种形式的妇女问题，导致了激烈的冲突。到了新世纪，凯恩斯已经从心底里厌倦了他同事的行事方式，并尽可能地避免与马歇尔为伴。到 1905 年，如果不是更早的话（回想一下 1904 年英国经济学会剑桥会议期间梅纳德 · 凯恩斯出席晚宴的情形），马歇尔开始越来越多地把儿子视为父亲的替代品，把自己作为经济学教师和传播者的希望和抱负寄托在儿子身上，而父亲约翰 · 内维尔 · 凯恩斯最终只能部分地、暂时地阻挠这种转移了的愿望。到 1908 年，这段昔日的友谊完全消失了。马歇尔的退休最终使约翰 · 内维尔 · 凯恩斯摆脱了对这位前同事的任何进一步的职业义务。在接下来的几年里，他们只保持了零星的联系，主要是由马歇尔发起的。在马歇尔去世的时候，约翰 · 内维尔 · 凯恩斯甚至没有参加他的葬礼，尽管，也许是象征性地，儿子梅纳德代表凯恩斯家族出席了葬礼。

马歇尔最终不可避免地未能维持友谊，因为他把友谊推得太远，太自私地 782
为自己的利益服务，这一事实是以上三段友谊的主要共同点。然而，这三段友谊的共同起源和最终存在理由都是道德科学，这一事实同样重要，它解释了马歇尔利用这些友谊的可能性，这种利用对它们最后的终结产生了很大的影响。

马歇尔与乔伊特的友谊则截然不同。它无疑是从相互尊重和喜爱开始的。此外，年纪更大的乔伊特是马歇尔的上级，他先是布里斯托大学学院的理事会成员，后来当马歇尔加入贝利奥尔学院任教时，他又担任院长。这一事实促进了他们的友谊。马歇尔获得剑桥教席后，他们的友谊不再有任何功利性，除了以下这一事实，即马歇尔试图利用乔伊特在牛津大学毋庸置疑的强大影响力来帮助凯恩斯的学术生涯，从而明显但并不经常地利用了他们的关系。这或许可以解释为什么这段友谊得以延续，尽管玛丽 · 佩利作为忠实的通信者和思想交流者在友谊的延续中发挥了不可忽视的重要作用。

毫无疑问，这两个人在共同的道德价值观和哲学兴趣上有着紧密的联系。这也延伸到了政治经济学领域。他们也很好地适应了他们彼此钦佩的独特的谈话才能。玛丽·佩利是乔伊特在牛津、剑桥和伊利的建筑游览的同伴，这增进了友谊。乔伊特足够年长，这使得他能够成功地扮演父亲的角色。马歇尔在布里斯托任职期间，乔伊特在关键时刻提供了谨慎而不引人注目的建议和帮助，后来又把他介绍给了贝尔福和阿斯奎思等政治家，这或许巩固了乔伊特的父亲角色。因此，他们的关系和其他关系截然不同。它没有被学术委员会和大学的共同成员资格经常带来的问题困扰。此外，在和乔伊特在一起时，马歇尔无需因出身背景而感到自己社会地位低下，而在剑桥时，这种感觉肯定一直存在。最终他与乔伊特平起平坐。毕竟，他也是一个类似的学术成功故事，从相对卑微的环境出发，克服重重困难，仅凭智力优势就取得了成功。

马歇尔为数不多的友谊有助于说明他的不安全感、自我中心、内向、无情和偶尔的慷慨。它们的过程同样说明了为什么他最后只关心他的一些亲戚和他最近的学生。

妻子 “亲切的情感”和自私的剥削；相互冲突的观点和利益的一致；自由开明的宽容和禁止性的压制：这些就是马歇尔与妻子 47 年婚姻关系中的相互冲突的情感。他高度依赖她，并会事无巨细地关怀她的幸福，但在他的工作领域却并非如此。因此，他们之间并不存在真正的智力伙伴关系。然而，他在任何可以想象的领域都依赖于她的判断。据他说，她批评了他的作品并不断地改善它，但在与《经济学原理》有关的问题上，分配给她的是最平凡的研究协助工作，例如校对和为新版本准备勘误表。婚后，他从未将自己经济学中的任何重要观点归功于她，尽管他们合著过一本书，而且她从他的材料中构建出了以他的名义出版的最后一卷书的相当大一部分内容。她处理并且确实也贡献了家庭的大部分经济资源；她保证了他在国内外的物质舒适，并组织安排了他们
783 广泛的旅行。但据梅纳德·凯恩斯所说，她不被允许参与餐桌上和客厅里的经济学对话。她用茶招待他的学生，而他则以居高临下的态度接待她的学生。[1]对他们婚姻生活的一种描述是，她浪费了 47 年的时间，“在自我牺牲的奴役中为阿尔弗雷德服务”。[2]在这之前是 27 年的婚前生活，包括快乐但严格的童年

[1] 见上文，第 258、324 页。

[2] 奥斯汀·罗宾逊爵士，《评玛丽·佩利·马歇尔的〈我的回忆〉》，第 123 页。

和作为剑桥大学女学生和住校讲师的先锋式生活。在这之后是“光荣地重新发现世界”的最后 20 年，在这段时光里，她会见老朋友，结交新朋友，管理着“她的”图书馆，其中的大部分藏书都是他的书。这位特殊的后马歇尔剑桥经济学家的描述与其他人的相冲突。许多熟人和朋友都说她对阿尔弗雷德的名声忠心耿耿，或者说她能够在自己的起居室里私下“讲述阿尔弗雷德是一个多么嫉妒和自私的知识分子”。[1] 克莱登作为图书管理员，在玛丽·佩利·马歇尔的丈夫去世后与她密切合作。克莱登告诉贝卡蒂尼，她总是把自己的婚姻生活描述为一段“不间断的幸福时光”；而在其他场合，她很可能会反驳这种夸张的说法。[2]

我们能够确定的东西很少，关于这段关系尤其如此，但其中有许多迹象表明，马歇尔作为丈夫，乃至作为情人和恋爱中的人，其生活有许多奇特之处。毫无疑问，这段婚姻是双方都渴望的，即使最初的求爱动力似乎来自她。同样可以肯定的是，从一开始，他们的婚姻伴侣关系就具有不寻常的特点。他们的婚礼只有经过遴选的少数人参加，几乎是秘密进行的，而且他们一致同意从仪式程序中删除宣誓服从的环节。在之后的生活中，这些不寻常的方面延续了下来。他们在克利夫顿和康沃尔的蜜月被打断了；他们没有孩子，而且在他的同意下，她几乎在一年之内就恢复了在三所大学担任教师的有偿工作，而他本人也受雇于这三所大学。他们在许多问题上存在分歧。他们似乎并不分享对各自亲朋好友的爱。然而，他们后来的所有夏天和其他大部分假期都是一起度过的，他从事写作，她从事绘画，两人都喜欢观光，无论到了哪里都观察工厂和工人阶级生活的各个方面。在慈善组织协会和剑桥伦理学会的会议上，她是他的眼睛和耳朵；之后，他们在晚餐或早餐时一起讨论，一起重温这些经历。在偶尔短暂的离别中，他们也总是通信，比如当他在伦敦参加政治经济学俱乐部的会议或劳工委员会的听证会时，或者当她在伯恩茅斯看望她的父母时。在许多方面，他们的婚姻是循规蹈矩的，而在其他方面，则是与传统的彻底背离；最重要的是，马歇尔的婚姻体现了“这个人身上一半绝妙、一半荒谬的个人特质”。[3]

---

[1] 见上文，第 8 章，第 225 页。

[2] 给作者的信。

[3] A.C. 斯滕森致梅纳德·凯恩斯，1924 年 11 月 17 日（KMF）。

性格、方法和事实

马歇尔写作和教授经济学的最终目的，是希望广大读者从他的作品中获得的经济学知识，能够通过提高社会生活水平来帮助提升人们的性格。穆勒对一门性格科学的展望吸引了刚毕业的马歇尔，因为它提出了用科学方法研究性格
784 形成的可能性。需要经济基础来使人类的普遍改善成为可能，这是马歇尔把注意力转向政治经济学研究的一个重要因素。从 19 世纪 60 年代开始兴起的新自由主义观点是，通过使所有的男人都成为完整意义上的“绅士”，使所有的女人都在家庭和社会中履行指定给她们的角色，来为每个人创造美好的生活，这需要阐明适当的经济结构，以使这一愿景成为现实。[1]

这一目标对马歇尔的经济学著作提出了双重要求。它产生了对一种健全的理论结构的技术性要求，这种理论结构能够为解决产业、市场、竞争、监管、生产、积累和进步等问题提供工具。此外，他的经济学不仅需要传达给现在和未来的学术专家。它必须被更积极地参与社会改善和进步过程的各方所阅读。因此，《经济学原理》被有意识地设计成供改革派牧师以及工人阶级和慈善组织的领导人阅读。对于那些不能理解《经济学原理》的人来说，编写一本《产业经济学要义》是迫切需要的。马歇尔向许多工人学校和工会领导人免费寄送了这本书，这一事实确证了它的更广泛的目的，也确证了在这本主要著作的初级版本中增加专门论述工会的一章的必要性。[2]

从正文中删除数学是这种增加读者的策略的一个众所周知的标志。这是朋友乔伊特敦促马歇尔做的，他更关心这部巨著的社会目的，而不是完善李嘉图的理论。看似简单的风格隐藏了最复杂的命题，这是达到目的的另一种手段。甚至内容的组织也服务于这一目的。篇幅较长、相对简单的介绍性材料被放在第五篇中艰难的理论核心之前。在这些风格问题上，布道者、道德家和改良者的手制约着社会和经济研究者的手。[3]

马歇尔传播《经济学原理》的方法与他的写作风格相结合，既反映了他本人的性格，也反映了他的主要著作塑造性格的意图。它反映了马歇尔对完美性

[1] 见上文，第 6 章，第 141–143 页。

[2] 在第 12 章讨论过，特别是第 426–428、434 页。

[3] 见上文，第 12 章，特别是第 412–413、434、436–437 页。

的追求，这种追求一方面是为了完美无瑕地解决棘手的问题，另一方面则是一种更加自负的野心，想要对复杂的论证做出完美的阐释。对事实的无休止的探索，是想要完美地呈现现实这一无法实现的欲望的一部分。[1]不断地修改以消除文本中的瑕疵和明显错误，以及重新安排和重构现有的内容，也是这种难以实现的追求的一部分。在这个不断修改和修订的过程中，有多少傲慢、不安全感和科学上的骄傲与对“真理”的单纯渴望交织在一起，这是很难说清的。正如吉尔博曾经暗示的那样，其中一些肯定是源于潜意识的恐惧，以及在错误和惩罚之间所建立的联想，这种联想要归因于他的父亲，他可能用伦敦版的苏格兰“皮鞭（tawse）”来向小马歇尔灌输拉丁语变格。[2]

对已经完成的胜利成果进行无休止的修订，也是推迟出版第二卷的一个有用借口，而第二卷能否取得成功是不确定的，特别是在人们对其期望如此高的情况下。马歇尔对“大而无用的累赘”投入了十年之久，之后，第二卷在 20 世纪初被重新改编为多本“姊妹篇”，其中有很强的拖延症的因素在起作用，这种拖延症通过设定完美无缺的文本这一无法实现的目标来掩饰自身。[3]然而， 785
正如他的妻子回忆的那样，他的性格不允许他在“白热化”中写作，所有的东西都需要经过深思熟虑、权衡和平衡，逐渐形成的段落和章节也要经过同样仔细的分析，以确定它们的相对优点，其方式就像马歇尔家庭中的所有决定都要经过仔细审查和评估一样。[4]

和在书信中为个人读者写作不同，为出版而写作的方式揭示了马歇尔的这样一个性格特征，即他的眼睛牢牢盯着未来的人会怎么想。写信是一种一时兴起的活动，它使个人情感得以流露，也许后来会因为不谨慎的言辞而后悔。一部宏大的著作则不允许这样处理，即使它在半个世纪甚或一代人的时间里就会成为废纸。它需要经过深思熟虑，慢慢地、小心翼翼地分批完成。[5]是力量缺乏还是恐惧造成了这个习惯？他在学生时代末期通过观察摄政街的一位招牌书写者而养成了这个习惯。[6]他对精确和人道的热诚渴望与谨慎和骄傲交织在一起。马歇尔告诉休因斯，他的写作速度非常慢，这是许多长期以来根深蒂固的

[1] 参见第 19 章关于《产业与贸易》的内容，第 714–715 页。

[2] 见上文，第 2 章，第 23 页，第 12 章，第 426 页。

[3] 见上文，第 12 章，第 428–430 页，第 19 章，第 715 页。

[4] 在写给梅纳德·凯恩斯的信中，上文引用过，第 17 章，第 638–639 页。

[5] 参见马歇尔写给本杰明·基德的信，上文引用过，第 1 章，第 14–15 页。

[6] 见上文，第 3 章，第 63–64 页。

性格特征混合起来造成的结果。[1]

马歇尔的方法和性格的各个方面鲜明地体现在他对待事实的态度和他与事实的联系中。马歇尔热爱事实，"贪婪"地追求事实。在他晚年的大部分时间里，他只是为了获取事实而读书，他的暑假总是与一阵阵的事实观察和随意的经验主义交织在一起。他的书需要现实感，而只有熟悉事实才能赋予这些书现实感；同时，这种雄心勃勃的目标又阻碍了这些书的快速构建或范围方面的务实设计。就像朋友一样，事实也有能力在马歇尔的头脑中产生相互冲突的关系。

马歇尔在《经济学原理》中对事实的使用说明了这种矛盾关系的各个方面。马歇尔很少用事实来证明自己的观点；他选择事实主要是为了说明问题，这些事实往往平淡无奇，给人一种轶事的印象，而不是经过精心研究的。比阿特丽斯·韦伯第一次读这本书时的反应是，"马歇尔对商业事实的说明和概括与寻常观点相差不远，颇像一个门外汉的观点"；几年后，她在剑桥拜访了马歇尔夫妇后，对马歇尔处理事实的方式进行了更直白的描述。"马歇尔教授比以往任何时候都更惹人生气……因为真的，当你和他谈话而他给自己的草率概括提出微妙的小限定时，你会感到恼火，而当他为了反驳某些'流行的'观念做出与事实毫无关系的惊人断言时，你也会感到几乎同样恼火。"[2] 在另一个层面上，马歇尔在 19 世纪 80 年代耗时甚多的工厂之旅在《经济学原理》[3] 或《产业与贸易》中很少留下明确的标记，后者的事实来源主要局限于印刷材料。马歇尔对事实的渴求几乎是一种病态的冲动，他想满足一种永不知足的好奇心，想知道一切，理解一切，从而成为真正的专家。

搜集事实的旅行似乎很少意味着直接利用所获得的信息。似乎是一种理解知识的愿望驱使他去做这些旅行。尽管马歇尔曾向弗拉克斯解释说，他的大部分工厂研究都致力于解决古诺问题，即如何协调报酬递增和持续的竞争，但他在给福克斯韦尔的信中说，他需要先搞清楚自己所面对的"困难"，然后才能令人满意地完成他的艰巨的写作目标，[4] 而这实际上是一个不可能完成的任务。

---

[1] 见上文，第 12 章，第 400 页。

[2] 比阿特丽斯·韦伯致西德尼·韦伯的信，1890 年 8 月 9 日，载于《西德尼和比阿特丽斯·韦伯通信集》，第 1 卷，第 161 页；1897 年 2 月 23 日的日记，《比阿特丽斯·韦伯日记》，第 2 卷，第 109 页。

[3] 见上文，第 7 章，第 208–214 页，特别是第 211–213 页。

[4] 马歇尔致弗拉克斯的信，1898 年 3 月 7 日，载于《纪念集》，第 406–407 页；马歇尔致福克斯韦尔的信，1897 年 4 月 14 日（马歇尔档案，1：56）。

从他“经济学学徒期”的目标中也可以看出这种渴望。这些目标中包括获得 786
一种能力，即能够“在头脑中重构出每种……主要工业中使用的主要机器的重要部件”，以及在误差不超过每周两先令的范围内，猜测出他正观察其工作的工人的工资。[1] 也许这就是为什么有些人把马歇尔比作乔治·艾略特的《米德尔马契》中女主人公的丈夫卡苏朋的原因，[2] 因为他具有“对工作的执着和对学习的渴望”。卡苏朋对知识的追求近乎痴迷，但“很容易忘记促使他从事这些工作的任何目的”。他未完成的作品和对作者身份的渴望既受到疾病的困扰，也受到对无法实现的完美的错误渴望的困扰，在其他人看来，后者是一个“干瘪的学究……死抠细小解释者”的奇怪追求。[3]

查普曼正确地认为这种“影射”是“不公正的”，他只是承认马歇尔越来越相信“如果事实足够详尽和具有代表性，从事实中概括就能产生丰硕的成果”，并且也承认马歇尔永远不会对拥有足够多的事实感到满足。查普曼进一步解释说，这种现实主义的一面对马歇尔来说至关重要，它可以缓解他“对纯粹演绎的赤裸裸结果的日益增长的不信任”，这或许也是因为他倾向于“低估抽象推理的价值，因为抽象推理对他来说太容易了”。[4] 然而，正是这种复杂的生活事务和商业生活的关键方面，对于局外人来说是最难获知的，对于一个幽闭在大学的象牙塔里、自愿逃离现实世界的人来说尤其如此。西德尼·韦伯认为这是《经济学原理》的主要缺点之一。“学术生活……产生了深思熟虑的作品，但它与日常行动的脱节、它不可避免的‘半吊子’以及它的智力盲目性是很糟糕的。”[5] 马歇尔作品中的这一弱点被其理论力量所弥补，他的作品中有一系列与这一弱点相抵消的品质。福克斯韦尔在给沃克写信讨论金银混合本位制时更直率地评论了这些品质：

> 作为一个理论家，马歇尔的声誉是当之无愧的，但作为一个实干家，他的声誉却越来越低。在过去的三天里，他最喜欢和最好的两个学生，凯恩斯博士和亨利·克宁汉，都独立地对我说，他们发现与马

[1] 片段，转载于《纪念集》，第 358–359 页。

[2] 西德尼·查普曼爵士，《自传》，第 25 页。

[3] 乔治·艾略特，《米德尔马契》，引文来自第 20、21、42 章。

[4] 西德尼·查普曼爵士，《自传》，第 35–36 页。

[5] 西德尼·韦伯致比阿特丽斯·韦伯的信，1890 年 10 月 17 日，载于《西德尼和比阿特丽斯·韦伯通信集》，第 1 卷，第 221–222 页。

> 歇尔讨论问题是没有用的，也是不可能的。就个人而言，他是世界上最善良、最有骑士精神的人，但令人遗憾的是，他缺乏实践的本能……马歇尔和埃奇沃思变得越来越迂腐和教条。他们既不和实干家打交道，也不和他们产生共鸣。我可能要排除工业问题，在这些问题上，马歇尔更多地看到了人的因素，但在我看来，他也总是透过一副特殊的学术眼镜来看的。[1]

与这种对事实性知识的痴迷形成鲜明对比的是，马歇尔偶尔会对事实表现出非常随意的态度。比阿特丽斯·韦伯认为，如果需要支持草率的概括，他很有能力编造事实；玛丽·佩利回忆说，马歇尔本人大方地把他讲的一些精彩而不寻常的故事归功于生动的想象力。西季威克夫人充分体会到，对马歇尔来说（就像对迪斯雷利那样），在政治争论中，统计调查和谎言之间的界限可能非常模糊。当马歇尔这位剑桥教授感到自己受到轻视时，埃奇沃思和其他许多通信人有时候就会感受到马歇尔迂腐地卖弄事实的全部力量。[2] 在辩论策略上的这种弱点是经济学家的通病，但仍然是不能原谅的。

787 马歇尔与事实的关系的另一个特点是，他有时倾向于忘记或隐瞒不方便的事实。这一点在他对妇女问题的看法中有所体现，在他与皮尔逊的争论等事件中也在较小的程度上有所体现。然而，当情况看起来需要时就随意地对待真相，这种态度并不局限于他更“科学的”工作。福克斯韦尔在竞选马歇尔接班人失败这一事件中，充分体会到了马歇尔的这种不那么讨人喜欢的品质。他不仅间接地听说，马歇尔在他的候选人资格上玩弄花招，以支持自己偏爱的庇古，他还在事后收到的“前”朋友的信中，看到了马歇尔的虚伪谎言。马歇尔身上错综复杂的关系正好对应了他复杂的性格。

历史上的马歇尔：教育家、社会科学家和经济学家——道德家、布道者和科学家

马歇尔在历史上的各种角色已经被广泛地记载下来。特别是，作为经济

[1] 福克斯韦尔致弗朗西斯·A. 沃克的信，1896 年 11 月 16 日，美国国会图书馆，编号 AC.4539，引自丽塔·麦克威廉斯–塔尔伯格，《阿尔弗雷德·马歇尔与经济学的男祭司》，第 258 页。

[2] 见上文，第 17 章，第 634–636 页。

学家的马歇尔受到了广泛的评论。[1]在他去世的时候，以及后来在他的诞辰和《经济学原理》出版的重大纪念日活动中，人们对他的经济学表示敬意。已经有了大量对马歇尔的评论，这使得他的经济理论的基础和细枝末节都被知名或不太知名的后继者放在显微镜下进行研究和评价。在这些研究和评价中，有一些篇幅足以成书，大多数则采用了文章和短札等篇幅较为适中的形式。这样一个过程既产生了迷思和误解，也产生了新的洞见和理解。我们已经在前面的章节中破除了其中的一些迷思。[2]

最重要的迷思是，马歇尔只写了《经济学原理》这一本书。尽管这本书对马歇尔的历史评价很重要，但它只涵盖了他的重要著作的一部分。其他重要著作首先包括《产业与贸易》，它是另一项引人入胜的、完全不同的经济学研究，它有可能继续为经济学家提供新的洞见，特别是关于如何实践他们的技艺。还有大量的文章和备忘录，比《纪念集》中重印的还要多；两本较小的著作，其中较早的《产业经济学》提供了马歇尔在其他地方没有详细讨论过的主题；以及二十多年来向皇家委员会提供的证词。在他去世前出版的尚未真正完成的《货币、信用与商业》以及仅以粗略大纲的形式存在的计划中的第四卷表明，马歇尔在 1867 年以来的半个世纪里写了大量未发表的手稿材料，其中较为重要的部分现在已经付梓。简单地从《经济学原理》的角度来回顾马歇尔，没有公正地对待他打算从事的庞大事业，也因此而扭曲了他的目的。马歇尔一生的经历展现了他逐渐构想出来的经济学任务的广度，以及这个任务已经完成的和本可以完成的程度。

关于经济学家马歇尔的第二个迷思与他的新古典主义者的身份有关。这一
身份遭到了各种各样的误解。“新古典主义者”这个词在其发明者凡勃仑和其 788
他最初使用它的人那里的含义是“通过修正和完善古典结构来重建它的人”，马歇尔本人也喜欢这么说自己。[3]他的经济学的多种来源（我们之前详细地讨论过）说明，[4]他在上述意义上是一个新古典主义者。在这一过程中，他改变了古典体系，并保留了它的许多特征，这并不像有些人所说的只是出于对前辈的崇拜，而是因为保留这些特征对于解释经济生活和经济活动是有用和重要

[1] 关于这一点，见上文，第 12 章，第 434–437 页，第 19 章，第 712–715 页，第 20 章，第 760–762 页。

[2] 见上文，第 3 章，第 57–61 页，第 20 章，第 761 页。

[3] A. 阿斯普罗莫戈斯（Aspromourgos），《新古典主义》，载于《新帕尔格雷夫经济学大辞典》，第 3 卷，第 625 页。

[4] 见上文，第 6 章，第 145–154、158–168 页。

的。[1] 杰文斯以及门格尔和瓦尔拉斯（后两者在较小的程度上）反对穆勒、李嘉图和斯密的旧经济学，因而他们是反古典的。在这个意义上，马歇尔的著作从来不是反古典的。作为供给和需求理论家，马歇尔也经常被描述为新古典主义作家。如果从这个观点推断出，马歇尔主要从调整供给和需求（二者仅仅被视为价格的函数）而达到均衡位置这个角度来思考问题，那么这个观点就是危险的。正如之前所强调的，[2] 对马歇尔来说，供给和需求不仅仅是函数关系。他把它们看作两个基本范畴，用来分析生产和消费、欲望和活动等辩证地相关的对立面。作为一个自认的边际主义者，马歇尔也经常被明确地归入现代新古典主义阵营。这又是一个有问题的归类。马歇尔不是一个只关注资源配置的狭隘的人类行为学家，不是一个静态的资源再配置者，这样的再配置者将稀缺的、可替代的资源再配置给由一只看不见的手从外部给予的诸多目标。马歇尔更为现实和复杂的思想体系大大超越了这种简化版的所谓“经济学问题”，他在罗宾斯正式提出这一简化版本之前就警告说，如果一个人以这种方式简化价值问题，他就不太可能成为一名优秀的经济学家。[3] 更重要的是，马歇尔的经济学强调演化，因而他总是意识到变化、动态、进步和时间。对于这样一个人来说，对经济学的任何罗宾斯式的关注都太狭隘了。不论是好是坏，“自然没有飞跃”这句格言抓住了马歇尔式的演化精神，这种精神指导着《经济学原理》和他的其他著作的内容。[4]

马歇尔也不能被简单地描述为一个为二战后的当代经济学所理解的价值理论奠定了基础的微观经济学家。他会坚决反对微观经济学和宏观经济学的区分中固有的混乱，并会认为这一区分既狭隘又过于简单化。首先，马歇尔会认为这一区分过于简单化，因为它在原则上而不是出于实用的分析上的必要性，将太多的基本因素视为外生的。马歇尔的座右铭“一中有多，多中有一”赞扬了这一方法论观点以及其他观点。其次，马歇尔会谴责这一区分过于狭隘，因为它所关注的有趣问题范围太小，而把太多重要的东西留给了其他学科。尽管马歇尔把国家、货币、国际贸易、联合和托拉斯等问题留到了第二卷，[5] 但他总

[1] 见上文，第 12 章，第 411 页。

[2] 见上文，第 20 章，第 761 页。

[3] 莱昂内尔·罗宾斯，《经济科学的性质和意义》，伦敦：麦克米伦出版社，1934 年，第 16 页，以及各处；*P* Ⅶ，第 368 页。

[4] 见上文，第 12 章，第 411–412 页。

[5] 见上文，第 12 章，第 429–430 页。

是提醒已完成的第一卷的读者，鉴于这些问题尚未讨论，他提出的所有解决方案都是临时性的。他对利率的处理就是一个鲜明的例证，但这同样贯穿于他对劳动、土地使用和价格决定的分析中。[1] 马歇尔同样拒绝了当代微观经济学的实证主义基础，尽管他并不反对追求科学的超然。他一直致力于在不偏不倚的观察者和热心、务实的改革者之间保持一种艰难的平衡。马歇尔还将他的经济学牢牢地置于社会科学之中，始终意识到它与其他学科尤其是政治学和历史学的重要联系。

论及马歇尔社会科学家的身份为我们提供了一个机会，来澄清一些关于他 789
作为教育家所做工作的误解。马歇尔压倒一切的教育改革雄心是在他心爱的剑桥大学扩大经济学专业化的机会。同时，他还强烈关注拓宽建设性经济辩论的途径。他支持成立一个出版定期刊物的经济学学会，并对为其他教育机构培训和提供经济学教师表现出极大的兴趣，这些都体现了他的后一个目标。然而，马歇尔拓展剑桥经济学的个人抱负，必须与该学科此前享有的非常有限的地位相比较来判断。在他青年时代一直到他最初担任教授期间的剑桥，经济学在教学大纲中的地位都不高。有必要提醒人们，经济学最初的角色是温和的，这样就可以强调，马歇尔会认为经济学的过度专业化是完全荒谬和高度危险的。马歇尔完全赞同穆勒的格言，即“一个人如果除了是经济学家之外什么都不是，就不太可能成为好的经济学家”。[2] 他设计的教学大纲，包括为更专业的经济学和政治学荣誉考试设计的教学大纲，都完全符合穆勒的原则。它涵盖的内容远不止经济学。在这一点上，它遵循了他自己在经济学学徒期间研究该学科的实践。那时候，马歇尔本人广泛而贪婪地阅读了该学科的以及与该学科相关的书。后来，他鼓励他的学生们也这样做。他的阅读范围包括历史、哲学、政治、城市规划和经济学，他还经常通过阅读《经济学家》、《统计学家》、《泰晤士报》和《卫报》等报纸和期刊，使自己跟上时事的步伐。对他来说，这是一个原则问题，是他所有较优秀的学生都被传授并且接受了的。[3] 他对“经济人”概念的激烈批评就说明了这一点。他主要把矛头指向人为地将经济动机与其他动机分开的错误观念。马歇尔认为这样一种抽象的方法是完全不合理的。尽管

[1] *P* Ⅷ，第 594–595、722 页。

[2] *P* Ⅷ，第 771 页。

[3] 见上文，第 6 章，第 154 页注释 *，第 163–165 页，第 10 章，第 317、332 页，第 15 章，附录，特别是第 568–569 页。

他强调经济学知识对解决广泛的问题是有用的，但他从不赞同“人的生活应当只受经济学指导”这一说法。[1]

马歇尔的教育家特质在他所采用的教学方法上也很明显。对他来说，除了帮助学生学习思考的艺术之外，讲课是一种糟糕的教学手段。马歇尔认为，讲课如果成了一种灌输教科书信息的手段，那就绝对是有害的。个别指导和定期仔细批改论文是让学生掌握这门学科的更好方法。他的许多学生都回忆起他们从他的这种教学方法中获得的好处。[2]马歇尔同样认为，良好的图书馆资源是至关重要的。这不仅需要为学生提供书籍，还需要提供来自尽可能多的国家的杂志文章、报纸、期刊和蓝皮书，以便为理解实际的经济体系提供必要的比较广度。马歇尔投入了自己的大量资源来弥补剑桥在这方面的不足。他能够在普莱姆为此留下的基础上展开工作，因为普莱姆的继任者福西特更注重教科书和讲课，往往忽视了学生的这一需求。[3]广阔的视野、思考的能力以及对实地考察的重视是马歇尔教育理念的关键特质，它们使得马歇尔相对较少的学生中有很多人脱颖而出。对于培养优秀的经济学家而言，这些特质仍保持着它们的价
790 值，它们表明，在学校和大型的本科课程中对经济学家进行大规模教育是一项愚蠢而错误的事业，它只会通过将复杂事物简单化来误导人们。

马歇尔之所以认为他所选择的学科需要广泛的才能，是因为他充分认识到经济学既是一门社会科学，也是一门道德科学。它是人类科学的一部分，更具体地指向日常生活事务中的行为。[4]马歇尔赋予经济学的这种社会科学视角，既源于他早期的剑桥背景，也源于他后来对这门学科之复杂性的累积性经验。它结合了道德家和科学家、干涉主义者和竞争的信仰者、能从蓝皮书和“社会主义狂想曲”中学习的人、工厂参观者和坐而论道的理论家。它使经济学本身无法解决任何问题；它避免了通常被视为经济理性主义的非黑即白的方法。马歇尔将经济学视为进步理论的一部分，尽管这一观点的某些结果是危险的和误导性的，但它始终把该学科的局限性放在突出的位置上。同样，他也始终把这一点摆在读者的眼前。因此，他对获得实际问题和理论问题的精确解决方案不太感兴趣。他想做的只是指导别人如何才能得到这样的解决方案，但他也时不

[1] *P* Ⅷ，第 20–27 页，特别是第 27 页。

[2] 见上文，第 10 章，第 315–316 页。

[3] 见上文，第 10 章，第 331–332 页，第 20 章，第 750–751 页。

[4] *P* Ⅷ，第 14–17、38–48、770–771 页。

时地偏离这条教育原则，宣扬他所谓的自己的特殊爱好，例如自由贸易和花园城市的可取性。

因此，在马歇尔身上，道德家、改革家、科学家甚至政治家总是结合在一起的，构成了多中之一，有时候是一中之多。马歇尔可以宣扬妇女在促进种族利益方面所发挥的作用，也可以宣扬自由贸易。他可以就酗酒问题、赌博的邪恶以及富人不恰当的炫耀性消费进行道德说教。他可以就为失业者和老年人提供慷慨的户外救济等政治权宜之计提出建议，也可以就邀请工人阶级领袖参加皇家委员会和其他政府咨询机构提出建议。他还可以冷静地谈论特定成本曲线与供给曲线之间的差异、报酬随着时间推移而递增的不可逆性以及边际成本与价值之间的复杂关系。作为经济学家，他可以给报纸写信，讨论邮局的作用，以及一战期间德国封锁的道德问题。他希望以这种方式为他的世界、他的国家、他的学生和他的时代服务。这种服务的愿望体现在为公众而写作上，他的作品面向他的学科的所有特殊学生，无论是理论家、商人，还是教区或主教宫殿里的神职人员中的慈善事业活动家。这使得他的《经济学原理》获得了不同寻常的地位，它在世界各地的报纸和期刊上得到了广泛的评论。这使得他的惊讶不已的出版商将《产业与贸易》的销售业绩与“廉价小说”相比较。[1]

熊彼特在指出马歇尔《经济学原理》的这一特点时，还提请人们注意马歇尔作品的另一个特点。“他对社会问题的看法，他对公共领域和私人领域的总体观点恰好与他的国家和时代的思想、看法和观点一致……他接受了他周围的制度，特别是私人所有的企业和家庭，并且对它们的生命力或围绕着它们成长起来的文明的生命力毫不怀疑。”[2]这种说法将马歇尔看作他那个时代的人，就此而言，它是无可非议的。这种说法在某种程度上强调了马歇尔“在背后领导”的品质（借用科茨的妙语），[3]就此而言，它同样是贴切的，正如包括韦伯夫妇在内的其他人所指出的那样。[4]然而，如果认为这意味着马歇尔不加批判 791
地接受了他的环境，并且始终反对变革，那就错了。的确，他对所有的变革建

[1] 玛丽·佩利·马歇尔，《MSS 笔记》（NCA）。

[2] J.A. 熊彼特，《阿尔弗雷德·马歇尔的〈经济学原理〉：半世纪后的评价》，*AMCA*，I，第 108–109 页。

[3] A.W. 科茨，《英国经济思想的社会学方面》，第 711 页。

[4] * 西德尼·韦伯致比阿特丽斯·韦伯的信，1890 年 10 月 30 日，载于《西德尼和比阿特丽斯·韦伯通信集》，第 229 页（“我确实对马歇尔怀有一种敬意，他是我们的经济学‘领袖’……但我希望他能发挥一点领导作用”）；参见我的《马歇尔论税收》，第 103 页，其中指出，马歇尔遵循了英国关于累进性和资本税的财政政策声明中所实际执行的政策。

议都持谨慎和渐进的态度，在支持变革事业时很少冲动或冒险。正如熊彼特令人信服地指出的那样，[1]这使他能够同情“社会主义的理想，同时又居高临下地与社会主义者交谈”，这同样使他能够在最后一部重要作品中将竞争和市场当作抵御混乱的堡垒来捍卫，而混乱将会带来“军事专制”，同时又怀着浪漫的希望憧憬未来，希望能从其他星球学到关于个人与国家之间关系的东西。[2]然而，他也在布尔战争期间和其他场合下公开地大力抨击英国的帝国主义，反对第一次世界大战期间仇视德国的运动，愿意为了清洁的空气和为所有人提供花园和运动场的开放空间而牺牲土地的私有财产权，并支持通过资本税和累进所得税进行实质性的再分配，以维护他所认为的公共利益。他的渐进式改革方法不能仅仅被视为固有的保守倾向；这也是对预测特定行动的后果的不确定性的敏锐认识，尤其是当这些后果有可能非常持久时。

正是这种混合体造就了马歇尔。它造就了一位伟大的经济学家和一位谨慎的改革家。它造就了一位孜孜不倦地追求真理的科学家，但他却能够隐藏自己的家庭出身和令人尴尬的出生地。它造就了一位道德家，他毫无顾忌地宣扬良好的消费习惯和普遍的生活标准对于塑造性格的价值，却又担心“现代女性”获得选举权或剑桥学位的社会后果。这些特征体现在这样一位教育家身上，他勇敢而不懈地为自己钟爱的经济学专业中的“男人们”争取阳光下更大的位置，但他同样强烈而执着地谴责女性为大学男女混合班授课所带来的未经研究的后果，并对两名女性在他最后的经济学和政治学荣誉考试中名列前茅感到恼怒。它造就了一个行业领袖，他慷慨地对待行业前辈，但在必要时，他也愿意投身到争论中来，以维护自己的声誉和原则，并为《经济学杂志》保留了一扇敞开的大门，使其能够将正统科学中的一些概念视为术语矛盾并与之斗争。他常常显得幽默感缺乏、迂腐、虚荣、自私、吝啬，甚至以自我为中心，但他同时又能体察他人的需要，勇敢地支持不受欢迎的事业，慷慨地投入时间和金钱来支持他的学科和学生，并在他的著作中对经济学作出了持久的贡献。从这个人和他的一生中，我们仍然可以学到很多东西，知道应该采纳什么，应该摒弃什么。在这个意义上，马歇尔这只雄鹰仍在翱翔。

[1] J.A. 熊彼特，《阿尔弗雷德·马歇尔的〈经济学原理〉：半世纪后的评价》，第 109 页。

[2] 见上文，第 19 章，第 712 页。

索引*

* 索引页码为原书页码，即本书页边码。